**Como a obra pode auxiliar no seu aprendizado?**

O livro *Direito Processual Penal* tem o propósito de expor, de modo adequado à importância e complexidade da matéria, os principais delineamentos normativos e precedentes judiciais da disciplina, para que os leitores possam, depois, aprofundar-se em um tema específico.

A obra permite que o leitor adquira conhecimentos precisos do instituto do Direito Processual Penal e esteja pronto para enfrentar questionamentos, os novos rumos e os desafios da matéria.

**O que o livro oferece?**

A grande novidade da nova edição é a proximidade que a obra proporciona entre leitor e autor. O direito sempre está em constante transformação, principalmente em uma sociedade dinâmica. Nesse contexto, o leitor encontrará em nossa plataforma, ao longo do ano, material didático acompanhando as alterações legislativas e jurisprudenciais que impactam a matéria. Dessa forma, poderá aprofundar o seu estudo de maneira mais dinâmica e interativa.

**Este livro oferece materiais digitais exclusivos para você.**

Para isso:

- Acesse o *link* https://somos.in/DPP18 ou use seu celular para ler o *QRCode* abaixo



- Faça seu cadastro
    - o Clique em "não tem conta? Cadastre-se"
    - o Preencha as informações – insira um *e-mail* que você costuma usar, ok?
    - o Crie sua senha e finalize seu cadastro

Pronto! Agora é só aproveitar o conteúdo digital desta obra.

OBS.: Se você já tem uma conta conosco, basta entrar com seu login e senha já criados.
Qualquer dúvida, não deixe de entrar em contato pelo *e-mail* suportedigital@saraivaconecta.com.br

AURY LOPES JR.

Doutor em Direito Processual Penal pela Universidad Complutense de Madrid. Professor Titular de Direito Processual Penal da PUCRS. Professor no Programa de Pós-Graduação – Doutorado, Mestrado e Especialização – em Ciências Criminais da PUCRS. Professor do Complexo de Ensino Renato Saraiva (CERS) e Coordenador da Pós-Graduação *online* em Ciências Criminais. Membro da Associação Brasileira dos Advogados Criminalistas (ABRACRIM), do Instituto Brasileiro de Ciências Criminais (IBCCRIM) e Membro Emérito do Instituto Baiano de Direito Processual Penal – IBADPP. Parecerista e conferencista. Advogado Criminalista integrante do Escritório Aury Lopes Junior Advogados Associados, com sede em Porto Alegre e Brasília.

# DIREITO PROCESSUAL PENAL

18ª edição

2ª tiragem

2021

saraiva jur

Av. Paulista, 901, 3º andar
Bela Vista – São Paulo – SP – CEP: 01311-100

SAC sac.sets@saraivaeducacao.com.br

| | |
|---|---|
| **Diretoria executiva** | Flávia Alves Bravin |
| **Diretoria editorial** | Renata Pascual Müller |
| **Gerência de projetos e produção editorial** | Fernando Penteado |
| **Planejamento** | Josiane de Araujo Rodrigues |
| **Novos projetos** | Sérgio Lopes de Carvalho<br>Dalila Costa de Oliveira |
| **Edição** | Clarissa Boraschi Maria (coord.)<br>Aline Darcy Flôr de Souza |
| **Produção editorial** | Daniele Debora de Souza (coord.)<br>Verônica Pivisan Reis |
| **Arte e digital** | Mônica Landi (coord.)<br>Camilla Felix Cianelli Chaves<br>Claudirene de Moura Santos Silva<br>Deborah Mattos<br>Guilherme H. M. Salvador<br>Tiago Dela Rosa |
| **Projetos e serviços editoriais** | Daniela Maria Chaves Carvalho<br>Kelli Priscila Pinto<br>Laura Paraíso Buldrini Filogônio<br>Marília Cordeiro<br>Nicoly Wasconcelos Razuk |
| **Diagramação** | Rafael Padovan |
| **Revisão** | Bárbara Peroni Fazolari |
| **Capa** | Aero Comunicação/Danilo Zanott |
| **Produção gráfica** | Marli Rampim<br>Sergio Luiz Pereira Lopes |
| **Impressão e acabamento** | EGB Editora Gráfica Bernardi Ltda. |

**DADOS INTERNACIONAIS DE CATALOGAÇÃO NA PUBLICAÇÃO (CIP)**
**ANGÉLICA ILACQUA CRB-8/7057**

Lopes Jr., Aury
Direito processual penal / Aury Lopes Jr. – 18. ed. – São Paulo: Saraiva Educação, 2021.
1248 p.

Bibliografia
ISBN 978-65-5559-008-1 (impresso)

1. Direito processual penal. 2. Direito penal - Brasil. I. Título.

20-0483 CDD 340
CDU 343(81)

Índice para catálogo sistemático:
1. Direito processual penal : Brasil

**Data de fechamento da edição: 17-11-2020**

Dúvidas? Acesse www.editorasaraiva.com.br/direito



CL 606769 CAE 751934

Para o velho Aury, pelo exemplo de vida e de superação.
Para minha mãe, simplesmente por tudo.

Faltam palavras que deem conta da complexidade
dos sentimentos que me unem a vocês.

Agradeço a Deus, Ele sabe por quê...

Para Thaisa, Carmella, Guilhermina e Vicenzo...

Por vocês conseguiria até ficar alegre
Pintaria todo o céu de vermelho
Eu teria mais herdeiros que um coelho
Eu aceitaria a vida como ela é
Viajaria a prazo pro inferno
Eu tomaria banho gelado no inverno
Eu mudaria até o meu nome
Eu viveria em greve de fome
Desejaria todo dia
A mesma mulher...
(*Por Você*/Barão Vermelho)

Maíra...

'Cause all of me
Loves all of you
Love your curves and all your edges
All your perfect imperfections
Give your all to me
I'll give my all to you
You're my end and my beginning
Even when I lose I'm winning
'Cause I give you all of me
And you give me all of you
(*All of me*/John Legend)

Esta edição vai especialmente dedicada ao meu querido amigo Luiz Flávio Gomes. Uma perda gigantesca para todos nós. Não ouvirei mais aquele verdadeiro grito de guerra que tanto me ajudou na vida: "Avante, Aury! Vai lá, dá o teu *show*! Avante!". Eu adorava quando ele dizia isso. Assim era LFG, um grande jurista, e, acima de tudo, um visionário, genial e com um coração imenso. Descanse em paz parceiro, sentimos muito a tua falta.

A presente obra é resultado parcial das investigações desenvolvidas no Grupo de Pesquisa "Processo Penal e Estado Democrático de Direito", cadastrado no CNPq e vinculado ao Programa de Pós-Graduação em Ciências Criminais da PUC-RS.

*Mama...*

*'Cause all of me*
*Loves all of you*
*Love your curves and all your edges*
*All your perfect imperfections*
*Give your all to me*
*I'll give my all to you*
*You're my end and my beginning*
*Even when I lose I'm winning*
*'Cause I give you all of me*
*And you give me all of you*
*(All of me/John Legend)*

Esta obra vai especialmente dedicada ao meu querido amigo Luiz Mário Gomes. Uma pessoa gigantesca para todos nós. Não ouvirei mais aquele [illegible] grito [illegible] que tanto me ajudou na vida: "Avante, Aury! [illegible] Avante!" Eu adorava quando ele dizia isso. Assim era LC, um grande artista [illegible] de tudo, um visionário, genial, com um coração imenso. [illegible] sentimos muito a sua falta.

A presente obra é resultado parcial das investigações desenvolvidas no Grupo de Pesquisa "Processo Penal e Estado Democrático de Direito", cadastrado no CNPq e vinculado ao Programa de Pós-Graduação em Ciências Criminais da PUC-RS.

# Sumário

## Capítulo II

## Capítulo XIV

Capítulo XV

## Capítulo XVI



## Capítulo XVII

Nota do Autor

# À 18ª EDIÇÃO

Tenho o prazer de trazer ao leitor mais uma edição da obra, que foi inteiramente revisada e atualizada, não apenas com as profundas alterações trazidas pela Lei n. 13.964, de 24 de dezembro de 2019, que alterou significativamente o processo penal brasileiro, mas, principalmente, com posições mais consolidadas e amadurecidas frente às mudanças legislativas. Seguimos, contudo, com o impasse causado pela Medida Liminar na Medida Cautelar nas ADIn's n. 6.298, 6.299, 6.300 e 6.305 concedida pelo Min. FUX no dia 22/1/2020, que suspendeu a eficácia de vários dispositivos. Recordemos a decisão do Min. FUX:

"*Ex positis*, na condição de relator das ADIn's n. 6.298, 6.299, 6.300 e 6.305, com as vênias de praxe e pelos motivos expostos:

**(a) Revogo a decisão monocrática constante das ADIn's n. 6.298, 6.299, 6.300, e suspendo *sine die* a eficácia *ad referendum* do Plenário,**

(a1) da implantação do juiz das garantias e seus consectários (arts. 3º-A, 3º-B, 3º-C, 3º-D, 3ª-E, 3º-F, do Código de Processo Penal); e

(a2) da alteração do juiz sentenciante que conheceu de prova declarada inadmissível (art. 157, § 5º, do Código de Processo Penal);

**(b) Concedo a medida cautelar requerida nos autos da ADIn n. 6.305, e suspendo *sine die* a eficácia *ad referendum* do Plenário,**

(b1) da alteração do procedimento de arquivamento do inquérito policial (art. 28, *caput*, Código de Processo Penal);

(b2) da liberalização da prisão pela não realização da audiência de custódia no prazo de 24 horas (art. 310, § 4º, do Código de Processo Penal)".

Em suma, o Min. FUX suspende, sem prazo, institutos e avanços importantíssimos para o processo penal, a saber:

- suspende a expressa recepção pelo CPP do sistema acusatório (art. 3º-A);
- suspende a criação do juiz das garantias e, com isso, mantém o sistema inquisitório antigo, onde o mesmo juiz (contaminado) atua da investigação até a sentença;
- suspende a exclusão física dos autos do inquérito (outra grande evolução para assegurar que o juiz julgasse com base na "prova" e não nos atos inquisitórios da investigação, meros atos informativos);
- permite que o juiz que teve contato com a prova ilícita continue no processo e até repita seu julgamento (art. 157, § 5º), mantendo a suspensão de vigência já determinada pelo Min. Toffoli;
- mantém o atual sistema de arquivamento do art. 28 (com aquela estrutura inquisitória que permitia o controle por parte do juiz), suspendendo a implantação de um modelo mais dinâmico e de acordo com o sistema acusatório, que é o arquivamento determinado e revisado no âmbito do Ministério Público (MP);
- especificamente na parte das prisões cautelares, ele suspendeu apenas a determinação de soltura do preso caso a audiência de custódia não fosse realizada no prazo de 24h[1] (outro avanço importante, pois consagrava, finalmente, o sistema de prazo com sanção).

**O restante dos dispositivos da Lei n. 13.964/2019 estão em pleno vigor e uso.**

Como se trata de medida liminar, mantive a análise dos dispositivos legais que poderão ter sua vigência restabelecida a qualquer momento. Portanto, enquanto estiver valendo a medida liminar, o artigo e suas consequências estarão suspensas, valendo o sistema anterior e a redação do CPP. Expliquei isso em cada trecho do livro afetado pela reforma e pela decisão contrarreformista do Min. FUX. Sei que isso gera uma situação de insegurança mas, infelizmente, é o cenário que temos neste momento.

---

[1] Inclusive em espantosa contradição com seu próprio voto, proferido na ADIn n. 5.240, conforme apontamos em artigo publicado com Alexandre Morais da Rosa em: <https://www.conjur.com.br/2020-jan-24/limite-penal-liminar-ministro-fux-revogou-decisao-plenario>.

Daí a importância, cada vez maior, de o leitor me acompanhar nas redes sociais (Instagram, preferencialmente), na coluna semanal "Limite Penal" publicada no *site* <www.conjur.com.br> e no *podcast* "Criminal Player", que serão canais constantes de atualização e esclarecimento. Também recomendo meu canal do YouTube (aurylopesjr), onde posto vídeos com temas importantes, por meio palestras, aulas ou vídeos curtos, mas sempre cruciais para manter-se atualizado.

Recordo que os capítulos iniciais (sistemas processuais, objeto e natureza jurídica) foram sintetizados, pois estavam muito volumosos. Contudo, preocupado com a seriedade e verticalidade do estudo de base, acabei escrevendo um outro livro, intitulado *Fundamentos do Processo Penal*, também publicado pela Editora Saraiva, para o qual remeto o leitor interessado em aprofundar esses temas.

E finalizo com um pouco de história e um pedido.

Tempos atrás, respondendo a uma crítica nas redes sociais, escrevi: quando eu comecei na docência e na advocacia, em 1993, réu citado por edital era condenado à revelia; interrogatório era o primeiro ato do processo; ninguém perguntava ou mesmo participava do interrogatório, porque era ato pessoal o juiz; silêncio era interpretado como prejudicial para o réu; até poucos anos atrás, acusado pronunciado era automaticamente preso, pois só poderia aguardar o julgamento preso; enfim... Os julgamentos não eram "legítimos"? Até eram. Mas primitivos, arcaicos, com sistemáticas ultrapassadas.

Em 1999, regressei do meu doutorado em Madrid e comecei a escrever e palestrar ferozmente sobre a necessidade do juiz das garantias, da exclusão física dos autos do inquérito, da necessidade de prazo razoável (do processo e da prisão preventiva) com sanção, sobre o dever de revisar, periodicamente, a superação de categorias civilistas (trazidas pela TGP) e uma série de medidas desconhecidas aqui ou, pelo menos, pouco estudadas. Fui vítima, por muitos anos, de críticas ácidas e até com desprezo pelos defensores do sistema (autoritário e primitivo) vigente.

Mas nada como um dia depois do outro para calar os críticos. Os anos passaram, as reformas vieram e hoje posso dizer com Victor Hugo: *Utopia ontem, carne e osso amanhã*. Hoje, quem não conhece esse passado, não compreende tudo o que se caminhou para chegar até aqui, ainda que muito se tenha pela frente, pois nosso processo continua "primitivo"[2].

Essa sumária digressão serve para fazer um pedido: sejam críticos do estado atual, sejam inconformados, estudem muito e de forma interdisciplinar. Sejam

---

2 <https://www.conjur.com.br/2018-mar-16/limite-penal-processo-penal-brasileiro-primitivo-inquisitorio>.

meus parceiros, cobrando mudanças e avanços, pois esse é o meu lugar, esse é o lugar da doutrina cientificamente comprometida. Lutemos juntos pela reforma global do processo penal, pela melhoria de qualidade dos julgamentos, por medidas de redução de danos "no" e "do" processo penal.

Renovo o agradecimento à excelente receptividade que a obra tem no meio acadêmico e profissional. Um carinhoso agradecimento aos professores que a indicam, principalmente porque comprometidos com um processo penal democrático e constitucional, conscientes da importância da docência, da responsabilidade de "abrir" e "formar cabeças pensantes".

Por fim, convido você leitor(a) a ser meu(minha) seguidor(a):

– Instagram: @aurylopesjr

– Facebook: http://www.facebook.com/aurylopesjr

– Coluna Limite Penal: www.conjur.com.br

– *Podcast*: Criminal Player

– Canal YouTube: Aury Lopes Jr.

– *Site* para venda de livros com dedicatória: www.aurylopesjr.com.br

– *Site* do Escritório: www.aurylopes.com.br

– *E-mail* para contatos, críticas e sugestões: aurylopes@terra.com.br

Cordial abraço e muito obrigado pela confiança!

Aury Lopes Jr.

Capítulo I

# UM PROCESSO PENAL PARA QUÊ(M)? ANÁLISE DO FUNDAMENTO, NATUREZA JURÍDICA, SISTEMAS PROCESSUAIS E OBJETO

## 1. Pena e Processo Penal: Princípio da Necessidade

Existe uma íntima relação e interação entre a história das penas e o nascimento do processo penal, na medida em que o processo penal é um caminho necessário para alcançar-se a pena e, principalmente, um caminho que condiciona o exercício do poder de penar (essência do poder punitivo) à estrita observância de uma série de regras que compõe o devido processo penal (ou, se preferirem, são as *regras do jogo*, se pensarmos no célebre trabalho *Il processo come giuoco* de CALAMANDREI)[1]. Esse é o núcleo conceitual do "Princípio da Necessidade".

Como explica ARAGONESES ALONSO[2], pode-se resumir a evolução da pena da seguinte forma: inicialmente a reação era eminentemente coletiva e orientada contra o membro que havia transgredido a convivência social. A reação social é, na sua origem, basicamente religiosa, e só de modo paulatino se transforma em civil. O principal é que nessa época existia uma vingança coletiva, que não pode ser considerada como pena, pois vingança e pena são dois fenômenos distintos. A vingança implica liberdade, força e disposições individuais; a pena, a existência de um poder organizado.

---

1 CALAMANDREI, Piero. Il processo come giuoco. *Rivista di Diritto Processuale*, v. 5, parte I, Padova, 1950.

2 No "Prefácio" da sua obra *Instituciones de Derecho Procesal Penal*.

O processo penal atrela-se à evolução da pena, definindo claramente seus contornos quando a pena adquire seu caráter verdadeiro, como pena pública, quando o Estado vence a atuação familiar (vingança do sangue e composição) e impõe sua autoridade, determinando que a pena seja pronunciada por um juiz imparcial, cujos poderes são juridicamente limitados.

Assim, a titularidade do direito de penar por parte do Estado surge no momento em que se suprime a vingança privada e se implantam os critérios de justiça.

A evolução do processo penal está intimamente relacionada com a própria evolução da pena, refletindo a estrutura do Estado em um determinado período, ou, como prefere J. GOLDSCHMIDT[3], *los principios de la política procesal de una nación no son otra cosa que segmentos de su política estatal en general. Se puede decir que la estructura del proceso penal de una nación no es sino el termómetro de los elementos corporativos o autoritarios de su Constitución. Partiendo de esta experiencia, la ciencia procesal ha desarrollado un número de principios opuestos constitutivos del proceso.*

O Princípio da Necessidade também demarca o (primeiro) ponto de ruptura do processo penal com o processo civil, evidenciando mais uma vez o equívoco da "teoria geral do processo". O Direito Penal, contrariamente ao Direito Civil, não permite, em nenhum caso, que a solução do conflito – mediante a aplicação de uma pena – se dê pela via extraprocessual. O direito civil se realiza todos os dias, a todo momento, sem necessidade de "processo". Somente é chamado o processo civil quando existe uma lide, carnelutianamente pensada como o conflito de interesses qualificado por uma pretensão resistida. E o direito penal? Não é assim. O direito penal não tem realidade concreta fora do processo penal, ou seja, não se efetiva senão pela via processual. Quando alguém é vítima de um crime, a pena não se concretiza, não se efetiva imediatamente. Somente depois do processo penal teremos a possibilidade de aplicação da pena e realização plena do direito penal.

Existe uma íntima e imprescindível relação entre delito, pena e processo, de modo que são complementares. Não existe delito sem pena, nem pena sem delito e processo, nem processo penal senão para determinar o delito e impor uma pena.

Assim, fica estabelecido o caráter instrumental do processo penal com relação ao Direito Penal e à pena, pois *o processo penal é o caminho necessário para a pena.*

É o que GÓMEZ ORBANEJA[4] denomina *principio de la necesidad del proceso penal*, amparado no art. 1º da LECrim[5], pois *não existe delito sem pena, nem pena sem delito e processo, nem processo penal senão para determinar o delito e atuar a pena.* O

[3] *Problemas Jurídicos y Políticos del Proceso Penal*, p. 67.

[4] *Comentarios a la Ley de Enjuiciamiento Criminal*, t. I, p. 27.

[5] Norma processual penal espanhola – *Ley de Enjuiciamiento Criminal.*

princípio apontado pelo autor resulta da efetiva aplicação no campo penal do adágio latino *nulla poena et nulla culpa sine iudicio*, expressando o monopólio da jurisdição penal por parte do Estado e também a instrumentalidade do processo penal.

Por fim, o processo não pode mais ser visto como um simples instrumento a serviço do poder punitivo (Direito Penal), senão que desempenha o papel de limitador do poder e garantidor do indivíduo a ele submetido. Há que se compreender que o respeito às garantias fundamentais não se confunde com impunidade, e jamais se defendeu isso. O processo penal é um caminho necessário para chegar-se, legitimamente, à pena. Daí por que somente se admite sua existência quando ao longo desse caminho forem rigorosamente observadas as regras e garantias constitucionalmente asseguradas (as regras do devido processo legal).

Assim, existe uma necessária simultaneidade e coexistência entre repressão ao delito e respeito às garantias constitucionais, sendo essa a difícil missão do processo penal, como se verá ao longo da obra.

Mas é importante destacar: o princípio da necessidade está hoje relativizado e caminha, cada vez mais, para uma mitigação da lógica do confronto e a ampliação da lógica negocial. A ampliação dos espaços de consenso e da justiça negocial é um caminho sem volta. Iniciou no Brasil com a Lei n. 9.099/95, ganhou maior amplitude com o instituto da delação premiada (especialmente com a Lei n. 12.850/2013) e será substancialmente ampliado se passar a proposta contida no Projeto do CPP (aplicação imediata de pena nos crimes cuja sanção máxima cominada não ultrapasse 8 anos). Nessa nova lógica negocial ampliada, admite-se a aplicação de pena sem prévio processo ou, ao menos, sem integral processo, na medida em que a negociação poderá ocorrer antes de iniciada a instrução e implicará aceleração procedimental pela imediata aplicação da pena (proposta contida no projeto do CPP). É preciso, portanto, estar tecnicamente preparado para a relativização do princípio da necessidade (concepção tradicional) e aprender a trabalhar na perspectiva negocial, qualquer que seja o lugar que se ocupe na estrutura processual.

## 2. Natureza Jurídica do Processo (Penal)

Questão muito relevante é compreender a natureza jurídica do processo penal, o que ele representa e constitui. Trata-se de abordar a determinação dos vínculos que unem os sujeitos (juiz, acusador e réu), bem como a natureza jurídica de tais vínculos e da estrutura como um todo.

O tema é complexo e envolve o estudo de várias teorias que se foram sucedendo na tentativa de dar uma explicação a fenomenologia processual. Analisaremos neste momento apenas as três principais teorias: processo como relação jurídica (Bülow); processo como situação jurídica (Goldschmidt) e processo como procedimento em contraditório (Fazzalari).

Para um estudo mais amplo e aprofundado, remetemos o leitor para nossa obra *Fundamentos do Processo Penal*, também publicado pela Editora Saraiva, na qual tratamos de forma mais abrangente o tema. Aqui faremos apenas uma análise superficial e introdutória, coerente com a proposta da obra.

## 2.1. Processo como Relação Jurídica – Bülow

A obra de BÜLOW *La teoría de las excepciones dilatorias y los presupuestos procesales*, publicada em 1868[6], foi um marco definitivo para o processo, pois estabeleceu o rompimento do direito material com o direito processual e a consequente independência das relações jurídicas que se estabelecem nessas duas dimensões. É o definitivo sepultamento das explicações privativistas em torno do processo.

Com Bülow, a concepção muda radicalmente, sendo o processo visto uma relação jurídica de natureza pública que se estabelece entre as partes e o juiz, dando origem a uma reciprocidade de direitos e obrigações processuais. A natureza pública decorre do fato de que existe um vínculo entre as partes e um órgão público da administração da justiça, numa atividade essencialmente pública. Nessa linha, o processo é concebido como uma relação jurídica de direito público, autônoma e independente da relação jurídica de direito material. O réu passa a ser visto como um sujeito de direitos e deveres processuais. É uma relação jurídica triangular, como explica WACH[7] (seguindo a BÜLOW), e dada sua natureza complexa se estabelece entre as partes e entre as partes e o juiz, dando origem a uma reciprocidade de direitos e obrigações. Pode ser assim representada:

WACH (BÜLOW)

JUIZ

↗↙ ↘↖

↗↙ ↘↖

sujeito ativo → → sujeito passivo

← ←

[6] Posteriormente, BÜLOW voltou ao tema, perfeccionando sua teoria diante das críticas que sucederam sua primeira exposição, mas manteve a linha básica. Segundo CHIOVENDA (*La Acción en el Sistema de los Derechos*, p. 41), em maio de 1903, na obra *Klage und Urteil*, BÜLOW volta ao tema para rechaçar as críticas de WACH sobre a ação e, entre outros pontos, aceita a teoria da ação como direito potestativo defendida por CHIOVENDA.

[7] No seu *Manual de Derecho Procesal Civil*, v. 1.

Partindo dos fundamentos apontados por BÜLOW, aperfeiçoados por WACH[8] e posteriormente por CHIOVENDA, pode-se afirmar que o processo penal é uma relação jurídica pública, autônoma e complexa, pois existem, entre as três partes, verdadeiros direitos e obrigações recíprocos. Somente assim estaremos admitindo que o acusado não é um mero objeto do processo, tampouco que o processo é um simples instrumento para a aplicação do *jus puniendi* estatal.

O acusado é parte integrante do processo, em igualdade de armas com a acusação (seja ela estatal ou não), e, como tal, possuidor de um conjunto de direitos subjetivos dotados de eficácia em relação ao juiz e à acusação.

Teoriza ainda sobre a existência de "pressupostos processuais", que podem ser de existência ou de validade, que seriam pressupostos para seu nascimento ou desenvolvimento válido.

A teoria do processo como relação jurídica recebeu críticas, tanto na sua aplicação para o processo civil como também para o processo penal, mas acabou sendo adotada pela maior parte da doutrina processualista.

A crítica mais contundente e profunda veio, sem dúvida, de GOLDSCHMIDT, por meio de sua tese de que o processo é uma situação jurídica, como se verá na continuação.

## 2.2. Processo como Situação Jurídica – James Goldschmidt

Foi JAMES GOLDSCHMIDT e sua *Teoria do Processo como Situação Jurídica*, tratada na sua célebre obra *Prozess als Rechtslage*, publicada em Berlim em 1925 e posteriormente difundida em diversos outros trabalhos do autor[9], quem melhor evidenciou as falhas da construção de BÜLOW, mas, principalmente, quem formulou a melhor teoria para explicar e justificar a complexa fenomenologia do processo.

---

[8] Sem embargo, no processo penal, WACH nega a existência de partes, por considerar o acusado um meio de prova e não sujeito da relação jurídico-processual. Infelizmente, algumas vezes ocorre que um excelente processualista civil, quando incursiona pelo processo penal, não o faz com similar brilho. A negação de WACH é um inegável reflexo do verbo totalitário no processo penal.

[9] Para compreensão da temática, consultamos as seguintes obras de James Goldschmidt: *Derecho Procesal Civil, Principios Generales del Proceso, Derecho Justicial Material, Problemas Jurídicos y Políticos del Proceso Penal* e a recente tradução brasileira *Princípios Gerais do Processo Civil*. Destaque-se, ainda, a magistral análise feita por Pedro Aragoneses Alonso na obra *Proceso y Derecho Procesal*, p. 235 e s., especialmente no que se refere à crítica feita por Piero Calamandrei e à resposta de Goldschmidt, que levou o processualista italiano a, nos últimos anos de vida, retificar sua posição e admitir o acerto da teoria do processo como situação jurídica.

Para o autor, o processo é visto como um conjunto de situações processuais pelas quais as partes atravessam, caminham, em direção a uma sentença definitiva favorável. Nega ele a existência de direitos e obrigações processuais e considera que os pressupostos processuais de BÜLOW são, na verdade, pressupostos de uma sentença de fundo.

Demonstra o erro da visão estática de Bülow ao evidenciar que o processo é dinâmico e pautado pelo risco e a incerteza. O processo é uma complexa situação jurídica, no qual a sucessão de atos vai gerando chances, que bem aproveitadas permitem que a parte se libere das cargas (por exemplo, probatórias) e caminhe em direção a uma sentença favorável (expectativas). O não aproveitamento de uma chance e a não liberação de uma carga, gera uma situação processual desvantajosa, conduzindo a uma perspectiva de sentença desfavorável.

Às partes não incumbem obrigações, mas cargas processuais, sendo que, no processo penal, não existe distribuição de cargas probatórias, na medida em que toda a carga de provar o alegado está nas mãos do acusador. Destaca-se no pensamento do autor as noções de dinâmica, movimento e fluidez do processo, bem como o abandono da equivocada e sedutora ideia de segurança jurídica que brota da teoria de Bülow.

Ao assumir a epistemologia da incerteza e o risco inerente ao processo, o pensamento do autor permite reforçar o valor e a eficácia das regras do devido processo penal.

É importante recordar que, no processo penal, a carga da prova está inteiramente nas mãos do acusador, não só porque a primeira afirmação é feita por ele na peça acusatória (denúncia ou queixa), mas também porque o réu está protegido pela presunção de inocência.

*Carga* é um conceito vinculado à noção de *unilateralidade*, logo, não passível de distribuição, mas sim de atribuição. A defesa assume riscos pela perda de uma chance probatória. Assim, quando facultado ao réu fazer prova de determinado fato por ele alegado e não há o aproveitamento dessa chance, assume a defesa o risco inerente à perda de uma chance, logo, assunção do risco de uma sentença desfavorável. Exemplo típico é o exercício do direito de silêncio, calcado no *nemo tenetur se detegere*. Não gera um prejuízo processual, pois não existe uma carga. Contudo, potencializa o risco de uma sentença condenatória. Isso é inegável.

A *liberação de uma carga processual* pode decorrer tanto de um agir positivo (praticando um ato que lhe é possibilitado) como também de um não atuar, sempre que se encontre numa situação *que le permite abstenerse de realizar algún acto procesal sin temor de que le sobrevenga el perjuicio que suele ser inherente a tal conducta*[10].

Já a *perspectiva* de uma sentença desfavorável irá depender sempre da não realização de um ato processual em que a lei imponha um prejuízo (pela inércia). A justificativa encontra-se no princípio dispositivo. A não liberação de uma carga (acusação) leva à perspectiva de um prejuízo processual, sobretudo de uma sentença desfavorável, e depende sempre que o acusador não tenha se desincumbido de sua carga processual[11].

Essa rápida exposição[12] do pensamento de GOLDSCHMIDT serve para mostrar que o processo – assim como a guerra – está envolto por uma nuvem de incerteza. A expectativa de uma sentença favorável ou a perspectiva de uma sentença desfavorável está sempre pendente do aproveitamento das chances e liberação da carga. Em nenhum momento tem-se a certeza de que a sentença será procedente. A acusação e a defesa podem ser verdadeiras ou não; uma testemunha pode ou não dizer a verdade, assim como a decisão pode ser acertada ou não (justa ou injusta), o que evidencia sobremaneira o risco no processo.

## 2.3. Processo como Procedimento em Contraditório – Elio Fazzalari

Estruturada pelo italiano Elio FAZZALARI (1924-2010), a teoria do processo como procedimento em contraditório pode ser considerada como uma continuidade dos estudos de James GOLDSCHMIDT (processo como situação jurídica), ainda que isso não seja assumido pelo autor (nem pela maioria dos seus seguidores), mas é notória a influência do professor alemão. Basta atentar para as categorias de "posições subjetivas", "direitos e obrigações probatórias", que se desenvolvem em uma dinâmica, por meio do conjunto de "situações jurídicas" nascidas do "procedere", e que geram uma posição de vantagem (proeminência) em relação ao objeto do processo etc., para verificar que as categorias de situação jurídica, chances, aproveitamento de chances, liberação de cargas processuais, expectativas e perspectivas de GOLDCHMIDT, foram internalizadas conceitualmente por FAZZALARI, que também

---

10 Idem, ibidem.

11 Ibidem, p. 68.

12 Para uma melhor compreensão da teoria de GOLDSCHMIDT, é necessário conhecer as críticas feitas por CALAMANDREI, bem como as respostas dadas pelo autor. Sobre o tema, recomendamos a leitura de nossa obra *Fundamentos do Processo Penal*, publicada pela Editora Saraiva, em que aprofundamos o estudo.

é um crítico da teoria de BÜLOW, cuja teoria rotula de "vecchio e inadatto cliché pandettistico del rapporto giuridico processuale"[13], ou seja, um velho e inadequado clichê pandetístico.

Supera a visão formalista-burocrática da concepção de procedimento até então vigente, resgatando a importância do contraditório que deve orientar todos os atos do procedimento até o provimento final (sentença), construído em contraditório (núcleo imantador e legitimador do poder jurisdicional).

O contraditório é visto em duas dimensões (*informazione* e *reazione*), como direito a informação e reação (igualdade de tratamento e oportunidades). Todos os atos do procedimento são pressupostos para o provimento final, no qual são chamados a participar todos os interessados (partes).

A essência do processo está na simétrica paridade da participação dos interessados, reforçando o papel das partes e do contraditório. Os atos do procedimento miram o provimento final e estão inter-relacionados, de modo que a validade do subsequente depende da validade do antecedente, e da validade de todos eles, depende a sentença. Isso reforça a unidade do processo e exige (re)pensar a teoria das nulidades. Com FAZZALARI o conceito e a amplitude da teoria da "contaminação" adquirem outra dimensão, à luz da unidade processual por ele concebida e o atrelamento de todos os atos ao provimento final, havendo uma relação de prejudicialidade na dimensão da validade entre eles.

Também existe uma revaloração da jurisdição na estrutura processual, pois permite superar a concepção tradicional de poder-dever jurisdicional para a dimensão de poder condicionado (ao contraditório), além de situar o juiz como garantidor do contraditório e não de "contraditor", fazendo uma recusa ao ativismo judicial característico do sistema inquisitório.

A teoria de FAZZALARI deve ser pensada em conjunto com o pensamento de GOLDSCHMIDT, contribuindo decisivamente para a construção de um processo penal democrático e constitucional, que preze pelo contraditório e as demais regras do jogo (devido processo). O maior inconveniente é que FAZZALARI é um processualista civil e, como tal, sua obra alinha-se na Teoria Geral do Processo, tão combatida por nós. Daí por que podemos trabalhar com FAZZALARI no Processo Penal, desde que respeitadas as categorias jurídicas próprias do processo penal e feitas as devidas correções com a concepção de GOLDSCHMIDT.

---

13 FAZZALARI, Elio. *Istituzioni di Diritto Processuale*, p. 75.

## 3. Sistemas Processuais Penais: Inquisitório, Acusatório e (o Ilusório) Misto

A estrutura do processo penal variou ao longo dos séculos, conforme o predomínio da ideologia punitiva ou libertária. Goldschmidt afirma que a estrutura do processo penal de um país funciona como um termômetro dos elementos democráticos ou autoritários de sua Constituição.

Cronologicamente, em linhas gerais[14], o sistema acusatório predominou até meados do século XII, sendo posteriormente substituído, gradativamente, pelo modelo inquisitório que prevaleceu com plenitude até o final do século XVIII (em alguns países, até parte do século XIX), momento em que os movimentos sociais e políticos levaram a uma nova mudança de rumos. A doutrina brasileira, majoritariamente, aponta que o sistema brasileiro contemporâneo é misto (predomina o inquisitório na fase pré-processual e o acusatório, na processual).

Ora, afirmar que o "sistema é misto" é absolutamente insuficiente, é um reducionismo ilusório, até porque não existem mais sistemas puros (são tipos históricos), todos são mistos. A questão é, a partir do reconhecimento de que não existem mais sistemas puros, identificar o princípio informador de cada sistema, para então classificá-lo como inquisitório ou acusatório, pois essa classificação feita a partir do seu núcleo é de extrema relevância.

O estudo dos sistemas processuais demandaria uma longa explanação, que extrapolaria a proposta da presente obra. Destarte, havendo interesse por parte do leitor, sugerimos como leitura complementar nossa obra *Fundamentos do Processo Penal*, em que tratamos dos *Sistemas Processuais Penais* com mais profundidade e abrangência.

Antes de analisar a situação do processo penal brasileiro contemporâneo, vejamos – sumariamente – algumas das características dos sistemas acusatório e inquisitório.

### 3.1. Sistema Processual Inquisitório

O sistema inquisitório, na sua pureza, é um modelo histórico. Até o século XII, predominava o sistema acusatório, não existindo processos sem acusador legítimo e idôneo. As transformações ocorrem ao longo do século XII até o XIV, quando o sistema acusatório vai sendo, paulatinamente, substituído pelo inquisitório.

---

14 Recomendamos, para aprofundar o estudo, a leitura (entre outras) das seguintes obras: Julio Maier, *Derecho Procesal Penal*: fundamentos (especialmente o Capítulo II, § 5º); Vincenzo Manzini, *Derecho Procesal Penal*, t. I; Alfredo Vélez Mariconde, *Derecho Procesal Penal*, t. I; Ernst Beling, *Derecho Procesal Penal*; Franco Cordero, *Procedimiento Penal* (ou na obra *Guida alla Procedura Penale*); José Henrique Pierangelli, *Processo Penal*: evolução histórica e fontes legislativas; e Geraldo Prado, *Sistema Acusatório*: a conformidade constitucional das leis processuais penais.

Originariamente, com relação à prova, imperava o sistema legal de valoração (a chamada tarifa probatória). A sentença não produzia coisa julgada, e o estado de prisão do acusado no transcurso do processo era uma regra geral[15].

No transcurso do século XIII foi instituído o *Tribunal da Inquisição* ou *Santo Ofício*, para reprimir a heresia e tudo que fosse contrário ou que pudesse criar dúvidas acerca dos Mandamentos da Igreja Católica. Inicialmente, eram recrutados os fiéis mais íntegros para que, sob juramento, se comprometessem a comunicar as desordens e manifestações contrárias aos ditames eclesiásticos que tivessem conhecimento. Posteriormente, foram estabelecidas as comissões mistas, encarregadas de investigar e seguir o procedimento.

Na definição de JACINTO COUTINHO[16]: "trata-se, sem dúvida, do maior engenho jurídico que o mundo conheceu; e conhece. Sem embargo de sua fonte, a Igreja, é diabólico na sua estrutura (o que demonstra estar ela, por vezes e ironicamente, povoada por agentes do inferno!), persistindo por mais de 700 anos. Não seria assim em vão: veio com uma finalidade específica e, porque serve – e continuará servindo, se não acordarmos –, mantém-se hígido".

**É da essência do sistema inquisitório a aglutinação de funções na mão do juiz e atribuição de poderes instrutórios ao julgador, senhor soberano do processo. Portanto, não há uma estrutura dialética e tampouco contraditória. Não existe imparcialidade, pois uma mesma pessoa (juiz-ator) busca a prova (iniciativa e gestão) e decide a partir da prova que ela mesma produziu.**

O *actus trium personarum* já não se sustenta e, como destaca JACINTO COUTINHO[17], "ao inquisidor cabe o mister de acusar e julgar, transformando-se o imputado em mero objeto de verificação, razão pela qual a noção de parte não tem nenhum sentido". Com a Inquisição, são abolidas a acusação e a publicidade. O juiz-inquisidor atua de ofício e em segredo, assentando por escrito as declarações das testemunhas (cujos nomes são mantidos em sigilo, para que o réu não os descubra).

O sistema inquisitório predominou até finais do século XVIII, início do XIX, momento em que a Revolução Francesa[18], os novos postulados de valorização do homem e os movimentos filosóficos que surgiram com ela repercutiam no processo

---

15 Cf. ARAGONESES ALONSO. *Instituciones de Derecho Procesal Penal*, p. 42.

16 COUTINHO, Jacinto Nelson de Miranda. O Papel do Novo Juiz no Processo Penal. In: *Crítica à Teoria Geral do Processo Penal*, p. 18.

17 Idem, ibidem, p. 23.

18 Na realidade, alguns câmbios iniciaram antes mesmo da Revolução Francesa, impelidos pelo clima reformista e os ideais que predominavam na época, e que posteriormente foram tomando força até culminar com a efetiva luta armada.

penal, removendo paulatinamente as notas características do modelo inquisitivo. Coincide com a adoção dos Júris Populares, e se inicia a lenta transição para o sistema misto, que se estende até os dias de hoje.

Em definitivo, o sistema inquisitório foi desacreditado – principalmente – por incidir em um erro psicológico[19]: crer que uma mesma pessoa possa exercer funções tão antagônicas como investigar, acusar, defender e julgar.

As principais características do sistema inquisitório são:

- gestão/iniciativa probatória nas mãos do juiz (figura do juiz-ator e do ativismo judicial = princípio inquisitivo);
- ausência de separação das funções de acusar e julgar (aglutinação das funções nas mãos do juiz);
- violação do princípio *ne procedat iudex ex officio*, pois o juiz pode atuar de ofício (sem prévia invocação);
- juiz parcial;
- inexistência de contraditório pleno;
- desigualdade de armas e oportunidades.

### 3.2. Sistema Processual Acusatório

Na atualidade – e a luz do sistema constitucional vigente – pode-se afirmar que a forma acusatória se caracteriza por:

a) clara distinção entre as atividades de acusar e julgar;

b) a iniciativa probatória deve ser das partes (decorrência lógica da distinção entre as atividades);

c) mantém-se o juiz como um terceiro imparcial, alheio a labor de investigação e passivo no que se refere à coleta da prova, tanto de imputação como de descargo;

d) tratamento igualitário das partes (igualdade de oportunidades no processo);

e) procedimento é em regra oral (ou predominantemente);

f) plena publicidade de todo o procedimento (ou de sua maior parte);

g) contraditório e possibilidade de resistência (defesa);

h) ausência de uma tarifa probatória, sustentando-se a sentença pelo livre convencimento motivado do órgão jurisdicional;

19 GOLDSCHMIDT, James. *Problemas Jurídicos y Políticos del Proceso Penal*, p. 29.

i) instituição, atendendo a critérios de segurança jurídica (e social) da coisa julgada;
j) possibilidade de impugnar as decisões e o duplo grau de jurisdição.

É importante destacar que a posição do "juiz" é fundante da estrutura processual. **Quando o sistema aplicado mantém o juiz afastado da iniciativa probatória (da busca de ofício da prova), fortalece-se a estrutura dialética e, acima de tudo, assegura-se a imparcialidade do julgador.**

O estudo dos sistemas processuais penais na atualidade tem que ser visto com o **"olhar da complexidade"** e não mais com o **"olhar da Idade Média"**. Significa dizer que a configuração do "sistema processual" deve atentar para a garantia da "imparcialidade do julgador", a eficácia do contraditório e das demais regras do devido processo penal, tudo isso à luz da Constituição. Assegura a imparcialidade e a tranquilidade psicológica do juiz que irá sentenciar, garantindo o trato digno e respeitoso com o acusado, que deixa de ser um mero *objeto* para assumir sua posição de autêntica parte passiva do processo penal.

Em última análise, **é a separação de funções e, por decorrência, a gestão da prova na mão das partes e não do juiz (juiz-espectador), que cria as condições de possibilidade para que a imparcialidade se efetive.** Somente no processo acusatório-democrático, em que o juiz se mantém afastado da esfera de atividade das partes, é que podemos ter a figura do juiz imparcial, fundante da própria estrutura processual.

Não podemos esquecer, ainda, da importância do contraditório para o processo penal e que somente uma estrutura acusatória o proporciona. Como sintetiza CUNHA MARTINS[20], no processo inquisitório há um "desamor" pelo contraditório, somente possível no sistema acusatório.

O processo penal acusatório caracteriza-se, portanto, pela clara separação entre juiz e partes, que assim deve se manter ao longo de todo o processo (por isso de nada serve a separação inicial das funções se depois permite-se que o juiz atue de ofício na gestão da prova, determine a prisão de ofício etc.) para garantia da imparcialidade (juiz que vai atrás da prova está contaminado, prejuízo que decorre dos pré-juízos, como veremos no próximo capítulo) e efetivação do contraditório. A posição do julgador é fundada no *ne procedat iudex ex officio*, cabendo às partes, portanto, a iniciativa não apenas inicial, mas ao longo de toda a produção da prova. É absolutamente

---

20 CUNHA MARTINS, Rui. O *Ponto Cego do Direito*. The Brazilian lessons. Rio de Janeiro, Lumen Juris, 2010.

incompatível com o sistema acusatório (também violando o contraditório e fulminando com a imparcialidade) a prática de atos de caráter probatório ou persecutório por parte do juiz, ou, como existia no sistema brasileiro até a reforma de 2019, em que se permitia que o juiz decretasse a prisão preventiva de ofício, pudesse determinar de ofício a produção de provas ou ainda pudesse condenar o réu sem pedido do Ministério Público. Portanto, são absolutamente incompatíveis com o sistema acusatório e estão tacitamente revogados (no todo ou em parte, conforme o caso), entre outros, os arts. 156, 385, 209, 242, etc., como se verá ao longo dessa obra.

Importante sublinhar que finalmente com a Lei n. 13.964/2019, o CPP consagrou expressamente que:

> Art. 3º-A. O processo penal terá estrutura acusatória, vedadas a iniciativa do juiz na fase de investigação e a substituição da atuação probatória do órgão de acusação.

ADVERTÊNCIA: Com a concessão de Liminar na Medida Cautelar nas ADIn's n. 6.298, 6.299, 6.300 e 6.305 pelo Min. FUX, está suspensa, *sine die*, a eficácia do art. 3º-A. Como se trata de medida liminar, manteremos a análise do dispositivo legal, que poderá ter sua vigência restabelecida a qualquer momento. Portanto, enquanto estiver valendo a medida liminar, o artigo e suas consequências estarão suspensas, valendo o sistema anterior e a redação do CPP (que não possuía esse artigo). Mas manteremos nossas considerações, não só porque o(s) dispositivo(s) pode(m) entrar em vigor, mas também porque reflete(m) um avanço importante para o processo penal e serve(m) como fundamentação teórica para criticar o superado modelo do CPP. Pedimos a compreensão do leitor para essa situação de insegurança jurídica gerada por motivos alheios a nossa vontade.

Comentaremos o alcance desse dispositivo a continuação, mas é importante já deixar registrado sua existência e nova orientação que se deve ter a partir dele nos mais diversos institutos e dispositivos do CPP.

Ademais, a Constituição demarca o modelo acusatório, pois desenha claramente o núcleo desse sistema ao afirmar que a acusação incumbe ao Ministério Público (art. 129), exigindo a separação das funções de acusar e julgar (e assim deve ser mantido ao longo de todo o processo) e, principalmente, ao definir as regras do devido processo no art. 5º, especialmente na garantia do juiz natural (e imparcial, por elementar), e também inciso LV, ao fincar pé na exigência do contraditório.

De qualquer forma, para aprofundar o estudo, remetemos o leitor para nossa obra *Fundamentos do Processo Penal*.

### 3.3. Sistema Processual Misto e sua Insuficiência Conceitual

O chamado "Sistema Misto" nasce com o Código Napoleônico de 1808 e a divisão do processo em duas fases: fase pré-processual e fase processual, sendo a primeira de caráter inquisitório e a segunda acusatória. É a definição geralmente feita do sistema brasileiro (misto), pois muitos entendem que o inquérito é inquisitório e a fase processual acusatória (pois o MP acusa).

É lugar-comum na doutrina processual penal a classificação de "sistema misto", com a afirmação de que os sistemas puros seriam modelos históricos sem correspondência com os atuais. Ademais, a divisão do processo penal em duas fases (pré-processual e processual propriamente dita) possibilitaria o predomínio, em geral, da forma inquisitiva na fase preparatória e acusatória na fase processual, desenhando assim o caráter "misto". Ademais, muitos ainda estão atrelados à reducionista concepção histórica de que bastaria a mera "separação inicial" das "funções de acusar e julgar" para caracterizar o processo acusatório.

Esse pensamento tradicional de sistema misto, que é criticado por nós, deve ser revisado porque:

- é reducionista, na medida em que atualmente **todos os sistemas são mistos,** sendo os modelos puros apenas uma referência histórica;
- por ser misto, é crucial analisar qual o núcleo fundante para definir o predomínio da estrutura inquisitória ou acusatória, ou seja, se o princípio informador é o inquisitivo (**gestão da prova nas mãos do juiz**) ou acusatório (**gestão da prova nas mãos das partes**);
- a noção de que a (mera) separação das funções de acusar e julgar seria suficiente e fundante do sistema acusatório é uma concepção reducionista, na medida em que **de nada serve a separação inicial das funções se depois se permite que o juiz tenha iniciativa probatória**, determine de ofício a coleta de provas (v.g. art. 156), decrete de ofício a prisão preventiva, ou mesmo condene diante do pedido de absolvição do Ministério Público (problemática do art. 385);
- a concepção de sistema processual **não pode ser pensada de forma desconectada do princípio supremo do processo, que é a imparcialidade**, pois existe um imenso prejuízo que decorre dos pré-juízos (conforme consolidada jurisprudência do Tribunal Europeu de Direitos Humanos[21]), isto é, juiz que vai de ofício atrás da prova está contaminado (como explicaremos no próximo capítulo) e não pode julgar, pois ele decide primeiro (quebra da imparcialidade) e depois vai atrás da prova necessária para justificar a

---

[21] Sobre o tema, crucial estudar os Casos De Cubber, Piersack e outros julgados do TEDH. Para tanto, recomendamos consultar nossa obra *Fundamentos do Processo Penal*, publicado pela Editora Saraiva, na qual aprofundamos o estudo.

decisão já tomada (quebra da concepção de processo como procedimento em contraditório);

- também é incompatível com a visão de Fazzalari, na medida em que o **ativismo judicial quebra o imprescindível contraditório** e o provimento judicial deixa de ser construído em contraditório para ser um mero ato de poder (decisionismo).

O processo tem por finalidade buscar a reconstituição de um fato histórico (o crime sempre é passado, logo, fato histórico), de modo que a gestão da prova é erigida à espinha dorsal do processo penal, estruturando e fundando o sistema a partir de dois princípios informadores, conforme ensina JACINTO COUTINHO:

- **Princípio dispositivo ou acusatório**[22]**:** funda o sistema acusatório, a gestão da prova está nas mãos das partes (juiz-espectador).
- **Princípio inquisitivo:** a gestão da prova está nas mãos do julgador (juiz-ator [inquisidor]); por isso, ele funda um sistema inquisitório.

Daí estar com plena razão JACINTO COUTINHO[23] quando explica que *não há – e nem pode haver – um princípio misto, o que, por evidente, desconfigura o dito sistema.* Para o autor, os sistemas, assim como os paradigmas e os tipos ideais, não podem ser mistos; eles são informados por um princípio unificador. Logo, na essência, o sistema é sempre puro. E explica, na continuação, que *o fato de ser misto significa ser, na essência, inquisitório ou acusatório, recebendo a referida adjetivação por conta dos elementos (todos secundários), que de um sistema são emprestados ao outro.* Portanto, é reducionismo pensar que basta ter uma acusação (separação inicial das funções) para constituir-se um processo acusatório. **É necessário que se mantenha a separação para que a estrutura não se rompa e, portanto, é decorrência lógica e inafastável que a iniciativa probatória esteja (sempre) nas mãos das partes. Somente isso permite a imparcialidade do juiz.**

E, por fim, ninguém nega a imprescindibilidade do contraditório, ainda mais em democracia, e ele somente é possível numa estrutura acusatória na qual o juiz mantenha-se em alheamento e, como decorrência, possa assegurar a igualdade de

---

22 Sempre recordando que o processo penal tem suas *categorias jurídicas próprias*, para evitar perigosas e muitas vezes errôneas analogias com o processo civil, que foram e são feitas até hoje. Com uma justificada preocupação, J. GOLDSCHMIDT (*Problemas Jurídicos y Políticos del Proceso Penal*, p. 28 e s.) destaca que a construção do modelo acusatório no processo penal deve ser distinta daquela aplicável ao processo civil (uma concepção distinta do princípio dispositivo), pois a situação jurídica da parte ativa é completamente diferente da do autor (processo civil).

23 Em diversos trabalhos, mas especialmente no artigo: Introdução aos Princípios Gerais do Processo Penal Brasileiro. *Revista de Estudos Criminais*, Porto Alegre, Nota Dez Editora, n. 1, 2001.

tratamento e oportunidade às partes. Retomamos a lição de CUNHA MARTINS: no processo inquisitório há um "desamor" pelo contraditório; já o modelo acusatório constitui uma declaração de amor pelo contraditório.

### 3.4. E o Sistema Processual Penal Brasileiro?

ADVERTÊNCIA INICIAL: Com a concessão de Liminar na Medida Cautelar nas ADIn's n. 6.298, 6.299, 6.300 e 6.305 pelo Min. FUX, está suspensa, *sine die*, a eficácia do art. 3º-A. Como se trata de medida liminar, manteremos a análise do dispositivo legal, que poderá ter sua vigência restabelecida a qualquer momento. Portanto, enquanto estiver valendo a medida liminar, o artigo 3º-A está suspenso. Assim, o processo penal segue com a estrutura inquisitória (do CPP) em confronto direto com o modelo acusatório desenhado pela Constituição (e também pelo art. 3ª-A suspenso). Mas manteremos nossas considerações, não só porque o(s) dispositivo(s) pode(m) entrar em vigor, mas também porque reflete(m) um avanço importante para o processo penal e serve(m) como fundamentação teórica para criticar o superado modelo do CPP. Pedimos a compreensão do leitor para essa situação de insegurança jurídica gerada por motivos alheios a nossa vontade.

Até o advento da reforma trazida pela Lei n. 13.964, de 24 de dezembro de 2019, sempre afirmamos que o processo penal brasileiro era inquisitório (ou neoinquisitório), e que não concordávamos com grande parte da doutrina que classificava nosso sistema como "misto", ou seja, inquisitório na primeira fase (inquérito) e acusatório na fase processual. E não concordávamos (e seguimos divergindo se insistirem) com tal afirmação porque dizer que um sistema é "misto" é não dizer quase nada sobre ele, pois misto todos são. O ponto crucial é verificar o núcleo, o princípio fundante, e aqui está o problema. Outros preferiam afirmar que o processo penal brasileiro é "acusatório formal", incorrendo no mesmo erro dos defensores do sistema misto. BINDER[24], corretamente, afirma que "o acusatório formal é o novo nome do sistema inquisitivo que chega até nossos dias". Nesse cenário (e até 2020) sempre dissemos categoricamente: O processo penal brasileiro é essencialmente inquisitório, ou **neoinquisitório** se preferirem, para descolar do modelo histórico medieval. Ainda que se diga que o sistema brasileiro é *misto*, a fase processual não é acusatória, mas inquisitória ou neoinquisitória, na medida em que o princípio informador era inquisitivo, pois a gestão da prova estava nas mãos do juiz.

Finalmente o cenário mudou e nossas críticas (junto com Jacinto Nelson de Miranda Coutinho, Geraldo Prado, Alexandre Morais da Rosa, e tantos outros

---

24 BINDER, Alberto M. *Descumprimento das Formas Processuais*, p. 51.

excelentes processualistas que criticavam a estrutura inquisitória brasileira) foram ouvidas. Compreenderam que a **Constituição de 1988 define um processo penal acusatório**, fundando no contraditório, na ampla defesa, na imparcialidade do juiz e nas demais regras do devido processo penal. Diante dos inúmeros traços inquisitórios do processo penal brasileiro, era necessário fazer uma "filtragem constitucional" dos dispositivos incompatíveis com o princípio acusatório (como os arts. 156, 385 etc.), pois são "substancialmente inconstitucionais" (e, agora, estão tacitamente revogados pelo art. 3º-A do CPP, com a redação da Lei n. 13.964). Assumido o problema estrutural do CPP, a luta passa a ser pela acoplagem constitucional e pela filtragem constitucional, expurgando de eficácia todos aqueles dispositivos que, alinhados ao núcleo inquisitório, são incompatíveis com a matriz constitucional acusatória e, principalmente, pela mudança de cultura, pelo abandono da cultura inquisitória e a assunção de uma postura acusatória por parte do juiz e de todos os atores judiciários.

Agora, a estrutura acusatória está expressamente consagrada no CPP e não há mais espaço para o juiz-ator-inquisidor, que atue de ofício violando o *ne procedat iudex ex officio*, ou que produza prova de ofício, pilares do modelo acusatório. Vejamos a redação do art. 3º-A do CPP [25]:

> Art. 3º-A. O processo penal terá estrutura acusatória, vedadas a iniciativa do juiz na fase de investigação e a substituição da atuação probatória do órgão de acusação.

A redação, mesmo que façamos algumas críticas pontuais, representa uma evolução para o nosso atrasado processo penal inquisitório e repete aquela que estava no PLS 156/2009 (Projeto do CPP do Senado). Naquela época, foi foco de intensa discussão na Comissão, chegando-se nessa redação intermediária. É preciso recordar que um processo penal verdadeiramente acusatório assegura a radical separação das funções de acusar e julgar, mantendo a gestão e iniciativa probatória nas mãos das partes (e não do juiz). A observância do *ne procedat iudex ex officio*, marca indelével de um processo acusatório, que mantenha um Juiz-espectador e não juiz-ator, e que, assim, crie as condições de possibilidade para termos um "juiz imparcial".

É preciso que cada um ocupe o seu "lugar constitucionalmente demarcado" (clássica lição de Jacinto Nelson de Miranda Coutinho), com o MP acusando e provando (a carga da prova é dele), a defesa trazendo seus argumentos (sem carga probatória) e o juiz, julgando. Simples? Nem tanto, basta ver que a estrutura

---

[25] Recordando que o referido artigo está suspenso por conta da decisão liminar do Min. FUX anteriormente referida.

inquisitória e a cultura inquisitória (fortíssima) faz com que se resista a essa estrutura dialética por vários motivos históricos, entre eles o mito da "busca da verdade real" e o anseio mítico pelo juiz justiceiro, que faça justiça mesmo que o acusador não produza prova suficiente.

A redação artigo do artigo expressamente adota o sistema acusatório, e prevê duas situações:

1º) veda a atuação do juiz na fase de investigação, o que é um acerto, proibindo portanto que o juiz atue de ofício para decretar prisões cautelares, medidas cautelares reais, busca e apreensão, quebra de sigilo bancário, etc.

2º) veda – na fase processual – a substituição pelo juiz da atuação probatória do órgão acusador.

No primeiro caso não há críticas a redação, está coerente com o que se espera do agir de um juiz no marco do sistema acusatório. Consagra o juiz das garantias e afasta o juiz inquisidor. Nessa perspectiva, só faltou o legislador revogar expressamente o art. 156 do CPP, pois não mais pode subsistir (está tacitamente revogado), até para evitar a resistência inquisitória. E mantemos essa afirmação mesmo com a decisão do Min. FUX de suspender a eficácia do art. 3º-A, na medida em que a Constituição estabelece uma estrutura acusatória. Então, o dispositivo é ainda substancialmente inconstitucional.

Diz o art. 156, I:

> Art. 156. A prova da alegação incumbirá a quem a fizer, sendo, porém, facultado ao juiz de ofício:
> I – ordenar, mesmo antes de iniciada a ação penal, a produção antecipada de provas consideradas urgentes e relevantes, observando a necessidade, adequação e proporcionalidade da medida;
> II – determinar, no curso da instrução, ou antes de proferir sentença, a realização de diligências para dirimir dúvida sobre ponto relevante.

Dessarte, não cabe mais esse agir de ofício, na busca de provas, por parte do juiz, seja na investigação, seja na fase processual de instrução e julgamento. Obviamente que não basta mudar a lei, é preciso mudar a cultura, e esse sempre será o maior desafio. Não tardarão em aparecer vozes no sentido de que o art. 156, I deve permanecer, cabendo o agir de ofício do juiz quando a prova for urgente e relevante. Tal postura constitui uma burla à mudança, mantendo hígida a estrutura inquisitória antiga. Afinal, basta questionar: o que é uma prova urgente e relevante? Aquela que o juiz quiser que seja. E a necessidade, adequação e proporcionalidade, quem afere? O mesmo juiz que determina sua produção. Essa é a circularidade inquisitória clássica, que se quer abandonar. Fica a advertência para o movimento contrarreformista – ou o movimento da sabotagem inquisitória, como define Alexandre Morais da Rosa – pois virá.

Mas o maior problema está na segunda parte do artigo e nas interpretações conservadoras e restritivas que dará margem, afinal, o que significa "substituição da atuação probatória do órgão de acusação?".

A nosso juízo, toda e qualquer iniciativa probatória do juiz, que determinar a produção de provas de ofício, já representa uma "substituição" da atuação probatória do julgador.

Considerando que no processo penal a atribuição da carga probatória é inteiramente do acusador (pois – como já ensinava James Goldschmidt – não existe distribuição de carga probatória, mas sim a "atribuição" ao acusador, pois a defesa não tem qualquer carga probatória, pois marcada pela presunção de inocência), qualquer invasão nesse terreno por parte do juiz representa uma "substituição da atuação probatória do acusador".

Ademais, esse raciocínio decorre do próprio conceito de sistema acusatório: radical separação de funções e iniciativa/gestão da prova nas mãos das partes (ainda que a defesa não tenha "carga", obviamente pode ter iniciativa probatória) mantendo o juiz como espectador (e não um juiz-ator, figura típica da estrutura inquisitória abandonada). Nada impede, por elementar, que o juiz questione testemunhas, após a inquirição das partes, para esclarecer algum ponto relevante que não tenha ficado claro (na linha do que preconiza o art. 212 do CPP, que se espera agora seja respeitado), ou os peritos arrolados pelas partes.

Portanto, o juiz pode "esclarecer" algo na mesma linha de indagação aberto pelas partes, não podendo inovar/ampliar com novas perguntas, nem, muito menos indicar provas de ofício[26].

Por fim, a interpretação prevalecente do artigo 212, do CPP, também não poderá mais subsistir, porque juiz não pergunta: a) quem pergunta são as partes; b) se o juiz pergunta, substitui as partes; e c) o artigo 3º-A proíbe que o juiz substitua a atividade probatória das partes. Como dito, excepcionalmente poderá perguntar para esclarecer algo que não compreendeu. Não mais do que isso.

Nessa perspectiva, entre outros, entendemos revogados tacitamente o art. 209 (que permite ao juiz ouvir outras testemunhas além das arroladas pelas partes) e o art. 385 (absolutamente incompatível com a matriz acusatória um juiz condenando sem pedido, ou seja, diante do pedido expresso de absolvição do MP) como já explicamos a exaustão anteriormente (ou seja, muito antes dessa reforma de 2019).

---

26 Como adverte Alexandre Morais da Rosa em artigo que publicamos em coautoria no dia 3/1/2020: <https://www.conjur.com.br/2020-jan-03/limite-penal-estrutura-acusatoria-atacada-msi-movimento-sabotagem-inquisitoria>.

Mas é importante combater outra fraude: juiz produzindo prova de ofício a título de "ajudar a defesa". Em um processo acusatório existe um preço a ser pago: o juiz deve conformar-se com a atividade probatória incompleta das partes.

Não se lhe autoriza a descer para a arena das partes e produzir (de ofício) provas nem para colaborar com a acusação e nem para auxiliar a defesa. Ele não pode é "descer" na estrutura dialética, nem para um lado e nem para o outro. Mais grave ainda, como adverte MORAIS DA ROSA, é quando o juiz, "fingindo que age em prol da defesa, passará a produzir provas para condenação. Fique bem claro: juiz com dúvida absolve (CPP, art. 386, VII), porque não é preciso dúvida qualificada, bastando dúvida razoável. Temos visto magistrados, "em nome da defesa", decretarem de ofício a quebra de sigilo telefônico, dados, de todos os acusados com *smartfones* apreendidos, para o fim de ajudar a defesa. É um sintoma da perversão acusatória"[27].

Mas, infelizmente, existe o risco de a incompreensão do que seja um sistema acusatório, ou sua reducionista compreensão, somada a tal vagueza conceitual (substituição da atuação probatória) conduza ao esvaziamento desta cláusula, até mesmo pela fraude da relativização das nulidades e seu princípio curinga (prejuízo). Isso já aconteceu, por exemplo, quando o STJ decretou a pena de morte do art. 212 do CPP, tomara que não se repita. O correto e adequado é reconhecer a revogação tácita do art. 156 (e do art. 385 e tantos outros na mesma linha) e absoluta incompatibilidade com a matriz acusatória constitucional e a nova redação do art. 3º-A.

É preciso compreender ainda a complexidade da discussão acerca dos sistemas, pois todas essas questões giram em torno do tripé **sistema acusatório, contraditório e imparcialidade**. Porque a imparcialidade é garantida pelo modelo acusatório e sacrificada no sistema inquisitório, de modo que somente haverá condições de possibilidade da imparcialidade quando existir, além da separação inicial das funções de acusar e julgar, um afastamento do juiz da atividade investigatória/instrutória. Portanto, pensar no sistema acusatório desconectado do princípio da imparcialidade e do contraditório é incorrer em grave reducionismo.

Em suma, respondendo a questão inicial, agora podemos afirmar que o processo penal brasileiro é legal (art. 3º-A do CPP) e constitucionalmente acusatório, mas para efetivação dessa mudança é imprescindível afastar a vigência de

[27] Em artigo que publicamos em coautoria no dia 3/1/2020: <https://www.conjur.com.br/2020-jan-03/limite-penal-estrutura-acusatoria-atacada-msi-movimento-sabotagem-inquisitoria>.

vários artigos do CPP e mudar radicalmente as práticas judiciárias. É preciso, acima de tudo, que os juízes e tribunais brasileiros interiorizem e efetivem tamanha mudança.

E esperamos que o art. 3º-A finalmente tenha plena vigência, quando do julgamento do mérito das ADIn's já mencionadas e da relatoria do Min. FUX.

## 4. Objeto do Processo Penal: a Pretensão Acusatória

Novamente aqui faremos uma análise introdutória e superficial acerca do "objeto do processo penal", remetendo o leitor para nossa obra "Fundamento do Processo Penal" como leitura complementar nesse tema.

Partindo de GUASP[28], entendemos que *objeto do processo é a matéria sobre a qual recai o complexo de elementos que integram o processo e não se confunde com a causa ou princípio, nem com o seu fim*. Por isso, não é objeto do processo o fundamento a que deve sua existência (instrumentalidade constitucional) nem a função ou fim a que, ainda que de forma imediata, está chamado a realizar (a satisfação jurídica da pretensão ou resistência). Também não se confunde com sua natureza jurídica – situação processual.

Como já explicamos anteriormente, o processo penal é regido pelo Princípio da Necessidade, ou seja, é um caminho necessário para chegar a uma pena. Irrelevante, senão inadequada, a discussão em torno da existência de uma lide no processo penal, até porque ela é inexistente. Isso porque não pode haver uma pena sem sentença, pela simples e voluntária submissão do réu. O conceito de *lide* deve ser afastado do processo penal, pois o poder de apenar somente se realiza no processo penal, por exigência do princípio da necessidade.

A discussão em torno do objeto do processo nos parece fundamental, na medida em que desvela um grave erro histórico derivado da concepção de KARL BINDING (a ideia de pretensão punitiva), e que continua sendo repetida sem uma séria reflexão. O principal erro está em transportar as categorias do processo civil para o processo penal, colocando o Ministério Público como verdadeiro "credor" de uma pena, como se fosse um credor do processo civil postulando seu "bem jurídico".

No processo penal, o Ministério Público exerce uma pretensão acusatória (*ius ut procedatur*), ou seja, o poder de proceder contra alguém quando exista a

28 GUASP, Jaime. La Pretensión Procesal. In: ALONSO, Pedro Aragoneses (Coord.). *Estudios Jurídicos*. Madrid, Civitas, 1996. p. 593 e s.

fumaça da prática de um crime (*fumus commissi delicti*). É uma pretensão processual que tem como elementos[29]:

a) **elemento objetivo:** é o caso penal, ou seja, o fato aparentemente punível praticado;
b) **elemento subjetivo:** composto por aquele que exerce a pretensão (acusador) e contra quem se pretende fazer valer essa pretensão (acusado);
c) **elemento de atividade ou declaração petitória:** não basta a existência de um fato aparentemente punível (daí a insuficiência daqueles que sustentam ser o "caso penal" o objeto do processo penal), é necessário que exista uma declaração de vontade que peça a satisfação da pretensão. É por meio da ação penal, como poder político constitucional de invocação do poder jurisdicional, que será realizada a acusação que dará causa ao nascimento do processo.

**No processo penal, o Ministério Público (ou querelante) exerce uma pretensão acusatória, isto é, o poder de proceder contra alguém (*ius ut procedatur*), cabendo ao juiz, acolhendo a acusação, exercer o poder de punir. São, portanto, dois poderes distintos: o de acusar e o de punir.** Somente se criam as condições de possibilidade de punição por parte do juiz quando o acusador tiver êxito na prova da acusação. O poder de punir é condicionado ao exercício da acusação, até por imposição do sistema acusatório anteriormente analisado.

O **erro da visão tradicional** (pretensão punitiva de Binding) está em considerar que o objeto do processo é uma pretensão punitiva, pois isso significaria dizer que o Ministério Público atuaria, no processo penal, da mesma forma que o credor no processo civil. A premissa equivocada está em desconsiderar que o Ministério Público não exerce pretensão punitiva, porque não detém o poder de punir, tanto que não pode pedir uma determinada quantidade de pena, senão apenas a condenação. No processo penal, **quem detém o poder de punir é o juiz e não o Ministério Público**. Ao contrário do processo civil, no penal o autor (Ministério Público) não pede a adjudicação de um direito de punir, pois não lhe corresponde esse poder, que está nas mãos do juiz. Ao acusador não compete o poder de castigar, mas apenas de promover o castigo (Carnelutti). Por isso, no processo penal o acusador exerce uma pretensão acusatória (*ius ut procedatur*), o poder de proceder contra alguém, que é uma condição indispensável para que, ao final, o juiz exerça o poder de punir.

---

29 Seguindo GUASP, em tudo o que se refere ao estudo da pretensão, na obra "La Pretensión Procesal". In: ALONSO, Pedro Aragoneses (Coord.). *Estudios Jurídicos*. Madrid, Civitas, 1996, p. 593 e s.

Em síntese: no processo penal existem duas categorias distintas: o acusador exerce o *ius ut procedatur*, o direito potestativo de acusar (pretensão acusatória) contra alguém, desde que presentes os requisitos legais; e, de outro lado, está o poder do juiz de punir. Contudo, o poder de punir é do juiz (recordando Goldschmidt: o símbolo da justiça é a balança, mas também é a espada, que está nas mãos do juiz e pende sobre a cabeça do réu), e esse poder está condicionado (pelo princípio da necessidade) ao exercício integral e procedente da acusação. Ao juiz somente se abre a possibilidade de exercer o poder punitivo quando exercido com integralidade e procedência o *ius ut procedatur*.

Concluindo, o **objeto do processo penal é uma pretensão acusatória**, vista como a faculdade de solicitar a tutela jurisdicional, afirmando a existência de um delito, para ver ao final concretizado o poder punitivo estatal pelo juiz através de uma pena ou medida de segurança. O titular da pretensão acusatória será o Ministério Público ou o particular. Ao acusador (público ou privado) corresponde apenas o poder de invocação (acusação), pois o Estado é o titular soberano do poder de punir, que será exercido no processo penal através do juiz, e não do Ministério Público (e muito menos do acusador privado).

## SÍNTESE DO CAPÍTULO



- É imprescindível compreender a evolução da pena de prisão para chegar-se ao nascimento e evolução do processo penal. A relação entre o processo e a pena corresponde às categorias de meio e de fim.
- O processo penal deve se constitucionalizar, ser lido à luz da Constituição. Logo, ele funciona como um termômetro dos elementos autoritários ou democráticos da Constituição. O processo deve se democratizar e ser "constituído" a partir da Constituição.
- PRINCÍPIO DA NECESSIDADE: o direito penal é despido de poder coercitivo direto, somente se efetivando através do processo. Por isso, o processo penal é um caminho necessário para chegar-se a uma pena. Inexiste possibilidade de aplicação de pena sem prévio processo penal. *Nulla poena et nulla culpa sine iudicio*. Contudo, tal princípio vem sendo – gradativamente – mitigado pela ampliação dos espaços de consenso e de negociação, através da transação penal, da delação premiada e da imediata aplicação de pena com abreviação do rito se vingar a proposta contida no Projeto do CPP.
- NATUREZA JURÍDICA DO PROCESSO, TEORIAS MAIS RELEVANTES:

A) Teoria da relação jurídica: estruturada por Bülow: concepção de que existe uma relação jurídica de direito material e outra de direito processual, autônomas e independentes. O processo é visto como uma relação jurídica de natureza pública que se estabelece entre as partes e o juiz, dando origem a uma reciprocidade de direitos e obrigações processuais. É uma relação jurídica triangular, como explica Wach. Teoriza a existência de "pressupostos processuais", que podem ser de existência ou de validade, que seriam pressupostos para seu nascimento ou desenvolvimento válido.

B) Processo como situação jurídica: estruturada por James Goldschmidt: o processo passa a ser visto como um conjunto de situações processuais, pelas quais as partes atravessam em direção à sentença definitiva favorável. Nega a existência de direitos e obrigações processuais e considera um erro a teoria dos pressupostos processuais de Bülow. Evidencia que o processo é dinâmico e pautado pelo risco e a incerteza. O processo é uma complexa situação jurídica, cuja sucessão de atos vai gerando chances que, bem aproveitadas, permitem que parte se libere das cargas (por exemplo, probatórias) e caminhe em direção a uma sentença favorável (expectativas). O não aproveitamento de uma chance e a não liberação de uma carga geram uma situação processual desvantajosa, conduzindo a uma perspectiva de sentença desfavorável. Às partes não incumbem obrigações, mas cargas processuais, sendo que, no processo penal, não existe distribuição de cargas probatórias, na medida em que toda a carga de provar o alegado está nas mãos do acusador.

C) Processo como procedimento em contraditório – Elio Fazzalari sustenta que o processo é um procedimento em contraditório. Situa-se numa linha de continuidade do pensamento de Goldschmidt, superando a visão formalista-burocrática da concepção de procedimento até então vigente, resgatando a importância do contraditório que deve orientar todos os atos do procedimento até o provimento final (sentença), construído em contraditório (núcleo imantador e legitimador do poder jurisdicional). O contraditório é visto em duas dimensões (*informazione* e *reazione*), como direito à informação e reação (igualdade de tratamento e oportunidades). Todos os atos do procedimento são pressupostos para o provimento final, ao qual são chamados a participar todos os interessados (partes). A essência do processo está na simétrica paridade da participação dos interessados, reforçando o papel das partes e do contraditório. Também existe uma revaloração da jurisdição na estrutura processual, pois permite superar a concepção tradicional de poder-dever jurisdicional para a dimensão de poder condicionado (ao contraditório), além de situar o juiz como garantidor do contraditório e não de "contraditor", fazendo uma recusa ao ativismo judicial característico do sistema inquisitório.

▪ SISTEMAS PROCESSUAIS INQUISITÓRIO, ACUSATÓRIO E MISTO:

▪ Características do Sistema Inquisitório:

a) gestão/iniciativa probatória nas mãos do juiz (figura do juiz-ator e do ativismo judicial = princípio inquisitivo);

b) ausência de separação das funções de acusar e julgar (aglutinação das funções nas mãos do juiz);

c) violação do princípio *ne procedat iudex ex officio*, pois o juiz pode atuar de ofício (sem prévia invocação);

d) juiz parcial;

e) inexistência de contraditório pleno;

f) desigualdade de armas e oportunidades.

▪ Características do Sistema Acusatório:

a) gestão/iniciativa probatória nas mãos das partes (juiz-espectador = princípio acusatório ou dispositivo);

b) radical separação das funções de acusar e julgar (durante todo o processo);

c) observância do princípio *ne procedat iudex ex officio*;

d) juiz imparcial;

e) pleno contraditório;

f) igualdade de armas e oportunidades (tratamento igualitário).

- Definição do Sistema Misto: nasce com o Código Napoleônico de 1808 e a divisão do processo em duas fases, fase pré-processual e fase processual, sendo a primeira de caráter inquisitório e a segunda, acusatório. É a definição geralmente feita do sistema brasileiro (misto), pois muitos entendem que o inquérito é inquisitório e a fase processual acusatória (pois o MP acusa). Para os que sustentam isso, bastaria a mera separação inicial das funções de acusar e julgar para caracterizar o processo acusatório.

Esse pensamento tradicional de sistema misto, que é criticado por nós, deve ser revisado porque:

a) é reducionista, na medida em que atualmente todos os sistemas são mistos, sendo os modelos puros apenas uma referência histórica;

b) por ser misto, é crucial analisar qual o núcleo fundante para definir o predomínio da estrutura inquisitória ou acusatória, ou seja, se o princípio informador é o inquisitivo ou o acusatório;

c) a noção de que a (mera) separação das funções de acusar e julgar seria suficiente e fundante do sistema acusatório é uma concepção reducionista, na medida em que de nada serve a separação inicial das funções se depois se permite que o juiz tenha iniciativa probatória, determine de ofício a coleta de provas (ver crítica ao art. 156), decrete de ofício a prisão preventiva, ou mesmo condene diante do pedido de absolvição do Ministério Público (problemática do art. 385);

d) a concepção de sistema processual não pode ser pensada de forma desconectada do princípio supremo do processo, que é a imparcialidade, pois existe um imenso prejuízo que decorre dos pré-juízos (conferir decisões do Tribunal Europeu de Direitos Humanos mencionadas), isto é, juiz que vai de ofício atrás da prova está contaminado e não pode julgar, pois ele decide primeiro (quebra da imparcialidade) e depois vai atrás da prova necessária para justificar a decisão já tomada (quebra da concepção de processo como procedimento em contraditório).

A Lei n. 13.964/2019 veio para determinar que o processo penal seja orientado pelo sistema acusatório, estabelecendo essa diretriz na nova redação do art. 3º-A, mas para isso é preciso reconhecer que o art. 156 está tacitamente revogado, bem como diversos outros artigos do CPP que ainda atribuem ao juiz a faculdade de agir de ofício na produção de provas.

- OBJETO DO PROCESSO PENAL: entendemos que o objeto do processo penal é a "pretensão acusatória" pretensão acusatória (*ius ut procedatur*), o poder de proceder contra alguém, que é uma condição indispensável para que, ao final, o juiz exerça o poder de punir. São dois os poderes exercidos no processo penal: a pretensão acusatória (acusador) e o poder de punir (juiz). O poder de punir é condicionado ao integral exercício do poder de acusar, pois somente se criam as condições de possibilidade de punição por parte do juiz, quando o acusador tiver êxito na prova da acusação. É um equívoco falar em pretensão punitiva, pois significaria pensar, no processo penal, que o Ministério Público atuaria como se fosse o credor do processo civil, pedindo a adjudicação de um direito próprio. Ao acusador não compete o poder de punir, apenas de promover a punição através da acusação.

Estrutura da pretensão acusatória:

a) elemento subjetivo: composto por aquele que exerce a pretensão (acusador) e contra quem se pretende fazer valer essa pretensão (acusado);

b) elemento objetivo: é o caso penal, ou seja, o fato aparentemente punível praticado;

c) elemento de atividade: é a existência da acusação (ação processual penal), do instrumento processual que, portando a pretensão acusatória, irá solicitar sua satisfação (com a condenação).

Capítulo II

# INTRODUÇÃO AO ESTUDO DOS PRINCÍPIOS CONSTITUCIONAIS DO PROCESSO PENAL

Como já foi exposto até aqui, pensamos ser imprescindível que o processo penal passe por uma constitucionalização, sofra uma profunda filtragem constitucional, estabelecendo-se um (inafastável) sistema de garantias mínimas. Como decorrência, o fundamento legitimante da existência do processo penal democrático é sua *instrumentalidade constitucional*, ou seja, o processo enquanto instrumento[1] a serviço da máxima eficácia de um sistema de garantias mínimas. Ou ainda, pensamos o processo penal desde seu inegável sofrimento, a partir de uma lógica de redução de danos.

Todo poder tende a ser autoritário e precisa de limites, controle. Então, as garantias processuais constitucionais são verdadeiros *escudos protetores*[2] contra o (ab)uso do poder estatal.

Como consequência, o fundamento da legitimidade da jurisdição e da independência do Poder Judiciário está no reconhecimento da sua função de garantidor dos direitos fundamentais inseridos ou resultantes da Constituição. Nesse contexto, a função do juiz é atuar como *garantidor* dos direitos do acusado no processo penal.

---

1 Importante que o leitor tenha compreendido a dimensão com que empregamos a expressão "instrumentalidade do processo", anteriormente explicado.

2 A expressão é de BINDER, *Introdução ao Direito Processual Penal*. Rio de Janeiro, Lumen Juris, 2003. p. 85.

Quando se lida com o processo penal, deve-se ter bem claro que, aqui, forma é garantia. Por se tratar de um ritual de exercício de poder e limitação da liberdade individual, a estrita observância das *regras do jogo*[3] (devido processo penal) é o fator legitimante da atuação estatal. Nessa linha, os princípios constitucionais devem efetivamente constituir o processo penal. Esse sistema de garantias está sustentado – a nosso juízo – por cinco princípios básicos que configuram, antes de mais nada, um esquema epistemológico que conduz à identificação dos desvios e (ab)usos de poder.

## 1. Jurisdicionalidade – *Nulla Poena, Nulla Culpa sine Iudicio*

A garantia da jurisdição significa muito mais do que apenas "ter um juiz", exige ter um juiz imparcial, natural e comprometido com a máxima eficácia da própria Constituição.

Não só como necessidade do processo penal, mas também em sentido amplo, como garantia orgânica da figura e do estatuto do juiz. Também representa a exclusividade do poder jurisdicional, direito ao juiz natural, independência da magistratura e exclusiva submissão à lei.

Ainda que o princípio da jurisdicionalidade tenha um importante matiz interno (exclusividade dos tribunais para impor a pena e o processo como caminho necessário), ela não fica reclusa a esses limites. Fazendo um questionamento mais profundo, FERRAJOLI vai se debruçar nos diversos princípios que configuram um verdadeiro esquema epistemológico, de modo que a categoria de garantia sai da tradicional concepção de confinamento para colocar-se no espaço central do sistema penal.

Como aponta IBÁÑEZ[4], não se trata de garantir unicamente as *regras do jogo*, mas sim um respeito real e profundo aos *valores em jogo*, com os que – agora – já não cabe jogar. A garantia da jurisdicionalidade deve ser vista no contexto das garantias orgânicas da magistratura, de modo a orientar a inserção do juiz no marco institucional da independência, pressuposto da imparcialidade, que deverá orientar sua relação com as partes no processo. Ademais, o acesso à jurisdição é premissa material e lógica para a efetividade dos direitos fundamentais.

---

3 Com toda a seriedade que o termo exige e sempre remetendo à clássica concepção de CALAMANDREI, desenvolvida no texto Il Processo Come Giuoco, *Revista di Diritto Processuale*, Padova, 1950, v. 5, parte I.

4 IBÁÑEZ, Andrés Perfecto. Garantismo y Proceso Penal. *Revista de la Facultad de Derecho de la Universidad de Granada*, n. 2, Granada, 1999, p. 49.

O juiz assume uma nova posição[5] no Estado Democrático de Direito, e a legitimidade de sua atuação não é política, mas constitucional, consubstanciada na função de proteção dos direitos fundamentais de todos e de cada um, ainda que para isso tenha que adotar uma posição contrária à opinião da maioria. Deve tutelar o indivíduo e reparar as injustiças cometidas e absolver quando não existirem provas plenas e legais (abandono completo do mito da verdade real).

BUENO DE CARVALHO[6], questionando para que(m) serve a lei, aponta que a "a lei é o limite ao poder desmesurado – leia-se, limite à dominação. Então, a lei – eticamente considerada – é proteção ao débil. Sempre e sempre, é a lei do mais fraco: aquele que sofre a dominação". Nesse contexto insere-se o juiz. Em última análise, cumpre ao juiz buscar a máxima eficácia da *ley del más débil*[7]. No momento do crime, a vítima é o débil e, por isso, recebe a tutela penal. Contudo, no processo penal opera-se uma importante modificação: o mais débil passa a ser o acusado, que, frente ao poder de acusar do Estado, sofre a violência institucionalizada do processo e, posteriormente, da pena. O sujeito passivo do processo, aponta GUARNIERI[8], passa a ser o protagonista, porque ele é o eixo em torno do qual giram todos os atos do processo.

Esse princípio impõe, ainda, a inderrogabilidade do juízo, no sentido de infungibilidade e indeclinabilidade da jurisdição.

Ademais, o acesso à jurisdição é premissa material e lógica para a efetividade dos direitos fundamentais.

## 1.1. A Função do Juiz no Processo Penal

Não basta apenas *ter um juiz*; devemos perquirir quem é esse juiz, que garantias ele deve possuir e a serviço de que(m) ele está. Vamos nos concentrar, agora, em definir a função do juiz no processo (*a serviço de que[m] ele está*).

Inicialmente, cumpre recordar a *garantia do juiz natural*, enquanto portadora de um tríplice significado[9]:

---

5 SILVA FRANCO, Alberto. O Juiz e o Modelo Garantista. In: *Doutrina do Instituto Brasileiro de Ciências Criminais*, disponível no *site* do Instituto (www.ibccrim.com.br) em março de 1998.

6 Lei, Para Que(m)?. In: WUNDERLICH, Alexandre (Coord.). *Escritos de Direito e Processo Penal em Homenagem ao Professor Paulo Cláudio Tovo*. Rio de Janeiro, Lumen Juris, 2001. p. 56 e s.

7 Na clássica expressão de FERRAJOLI, Luigi. *Derechos y Garantías*. La ley del más débil. Trad. Perfecto Andrés Ibáñez e Andrea Greppi. Madrid, Trotta, 1999.

8 GUARNIERI, José. *Las Partes en el Proceso Penal*. Trad. Constancio Bernaldo de Queirós. México, José M. Cajica, 1952. p. 272.

9 BONATO, Gilson. *Devido Processo Legal e Garantias Processuais Penais*. Rio de Janeiro, Lumen Juris, 2003. p. 138.

a) somente os órgãos instituídos pela Constituição podem exercer jurisdição;
b) ninguém poderá ser processado e julgado por órgão instituído após o fato;
c) há uma ordem taxativa de competência entre os juízes pré-constituídos, excluindo-se qualquer alternativa deferida à discricionariedade de quem quer que seja.

Trata-se de verdadeira exclusividade do juiz legalmente instituído para exercer a jurisdição, naquele determinado processo, sem que seja possível a criação de juízos ou tribunais de exceção (art. 5º, XXXVII, da CB). Considerando que as normas processuais não podem retroagir para prejudicar o réu, é fundamental vedar-se a atribuição de competência *post facto*, evitando-se que a juízes ou tribunais sejam especialmente atribuídos poderes (após o fato) para julgar um determinado delito. Por fim, a ordem taxativa de competência é indisponível, não havendo possibilidade de escolha.

O princípio do juiz natural não é mero atributo do juiz, senão um verdadeiro pressuposto para a sua própria existência.

Nesse tema, imprescindível a leitura de ADELINO MARCON[10], que considera o Princípio do Juiz Natural como um princípio universal, fundante do Estado Democrático de Direito. Consiste, na síntese do autor, no direito que cada cidadão tem de saber, de antemão, a autoridade que irá processá-lo e qual o juiz ou tribunal que irá julgá-lo, caso pratique uma conduta definida como crime no ordenamento jurídico-penal.

Importante que MARCON sublinha o necessário deslocamento do nascimento da garantia para o momento da prática do delito e não para o do início do processo, como o fazem outros. Isso significa uma ampliação na esfera de proteção, evitando manipulações nos critérios de competência, bem como a definição posterior (ao fato, mas antes do processo) do juiz da causa. Elementar que essa definição posterior afetaria, também, a garantia da imparcialidade do julgador, que será tratada no próximo tópico.

Quando se questiona *a serviço de quem está o juiz*, transferimos a discussão para outra esfera: a das garantias orgânicas da magistratura. FERRAJOLI[11] chama de garantias orgânicas aquelas relativas à *formação do juiz* e *sua colocação funcional em relação aos demais poderes do Estado* (independência, imparcialidade, responsabilidade,

---

10 MARCON, Adelino. *O Princípio do Juiz Natural no Processo Penal*. Curitiba, Juruá, 2004. p. 47 e s.

11 FERRAJOLI, Luigi. *Derecho y Razón* – teoría del garantismo penal. Trad. Perfecto Andrés Ibáñez; Alfonso Ruiz Miguel; Juan Carlos Bayón Mohino; Juan Terradillos Basoco e Rocío Cantarero Bandrés. 2. ed. Madrid, Trotta, 1997. p. 539.

separação entre juiz e acusação, juiz natural, obrigatoriedade da ação penal etc.). Considera como *garantias processuais* aquelas relativas à formação do processo, isto é, à coleta da prova, exercício do direito da defesa e à formação da convicção do julgador (contraditório, correlação, carga da prova etc.).

Dentro das garantias orgânicas, nos centraremos, agora, na independência, pois para termos um juiz natural, imparcial e que verdadeiramente desempenhe sua função (de garantidor) no processo penal deve estar acima de quaisquer espécies de pressão ou manipulação política. Não que com isso estejamos querendo o impossível – um juiz neutro[12] – senão um juiz independente; alguém que realmente possua condições de formar sua *livre* convicção. Essa liberdade é em relação a fatores externos, ou seja, não está obrigado a decidir conforme queira a maioria ou tampouco deve ceder a pressões políticas.

A independência deve ser vista como a sua *exterioridade ao sistema político* e, num sentido mais geral, como a *exterioridade a todo sistema de poderes*[13]. O juiz não tem por que ser um sujeito representativo, posto que nenhum interesse ou vontade que não seja a tutela dos direitos subjetivos lesados deve condicionar seu juízo, nem sequer o interesse da maioria, ou, inclusive, a totalidade dos lesados. Ao contrário do Poder Executivo ou do Legislativo, que são poderes de maioria, o juiz julga em nome do povo – mas não da maioria – para a tutela da liberdade das minorias.

A legitimidade democrática do juiz deriva do caráter democrático da Constituição, e não da vontade da maioria. O juiz tem uma nova posição dentro do Estado de Direito, e a legitimidade de sua atuação não é política, mas constitucional, e seu fundamento é unicamente a intangibilidade dos direitos fundamentais. É uma legitimidade democrática, fundada na garantia dos direitos fundamentais e baseada na democracia substancial.

Contudo, a independência não significa uma liberdade plena (arbitrária), pois sua decisão está limitada pela prova produzida no processo, com plena observância das garantias fundamentais (entre elas a vedação da prova ilícita) e devidamente fundamentada (motivação enquanto fator legitimante do poder). Não significa possibilidade de *decisionismo*.

Não está o juiz obrigado a decidir conforme deseja a maioria, pois a legitimação de seu poder decorre do vínculo estabelecido pelo caráter cognoscitivo da atividade jurisdicional.

---

12 Da mesma forma, quando tratarmos da imparcialidade (objetiva e subjetiva), não estaremos aludindo a um *juiz neutro*.

13 FERRAJOLI, Luigi. *Derecho y Razón*, cit., p. 580.

Então, no Estado Democrático de Direito, se o juiz não está obrigado a decidir conforme deseja a maioria, qual é o fundamento da independência do Poder Judiciário?

O fundamento da legitimidade da jurisdição e da independência do Poder Judiciário está no reconhecimento da sua função de garantidor dos direitos fundamentais inseridos ou resultantes da Constituição. Nesse contexto, a função do juiz é atuar como *garantidor* da eficácia do sistema de direitos e garantias fundamentais do acusado no processo penal.

## 1.2. A (Complexa) Garantia da Imparcialidade Objetiva e Subjetiva do Julgador

### 1.2.1. (Re)Pensando os Poderes Investigatórios/Instrutórios do Juiz

Mas não basta a garantia da jurisdição, não é suficiente *ter um juiz*, é necessário que ele reúna algumas qualidades mínimas, para estar apto a desempenhar seu papel de garantidor.

A imparcialidade do órgão jurisdicional é um "princípio supremo do processo"[14] e, como tal, imprescindível para o seu normal desenvolvimento e obtenção do reparto judicial justo. Sobre a base da imparcialidade está estruturado o processo como tipo heterônomo de reparto.

Aponta CARNELUTTI[15] que *el juicio es un mecanismo delicado como un aparato de relojería: basta cambiar la posición de una ruedecilla para que el mecanismo resulte desequilibrado e comprometido*. Seguindo WERNER GOLDSCHMIDT[16], o termo "partial" expressa a condição de parte na relação jurídica processual e, por isso, a *impartialidade* do julgador constitui uma consequência lógica da adoção da heterocomposição, por meio da qual um terceiro *impartial* substitui a autonomia das partes.

Já a *parcialidade* significa um estado subjetivo, emocional, um estado anímico do julgador. A imparcialidade corresponde exatamente a essa posição de terceiro que o Estado ocupa no processo, por meio do juiz, atuando como órgão supraordenado às partes ativa e passiva. Mais do que isso, exige uma posição de *terzietà*[17], um *estar alheio* aos interesses das partes na causa, ou, na síntese de JACINTO COU-

14 A expressão é de PEDRO ARAGONESES ALONSO, na obra *Proceso y Derecho Procesal*, cit., p. 127.

15 *Derecho Procesal Civil y Penal*. Trad. Enrique Figueroa Alfonzo. México, Episa, 1997, p. 342.

16 No magistral trabalho: La Imparcialidad como Principio Básico del Proceso. *Revista de Derecho Procesal*, n. 2, 1950, p. 208 e s.

17 Para FERRAJOLI (*Derecho y Razón*, cit., p. 580), é a *ajenidad del juez a los intereses de las partes en causa*.

TINHO[18], *não significa que ele está acima das partes, mas que está para além dos interesses delas.*

Por isso, W. GOLDSCHMIDT[19] sintetiza que *la imparcialidad del juez es la resultante de las parcialidades de los abogados* [ou das partes].

Mas tudo isso cai por terra quando se atribuem poderes instrutórios (ou investigatórios) ao juiz, pois a gestão ou iniciativa probatória é característica essencial do princípio inquisitivo, que leva, por consequência, a fundar um sistema inquisitório[20]. A gestão/iniciativa probatória nas mãos do juiz conduz à figura do *juiz-ator* (e não espectador), núcleo do sistema inquisitório. Logo, destrói-se a estrutura dialética do processo penal, o contraditório, a igualdade de tratamento e oportunidades e, por derradeiro, a imparcialidade – o princípio supremo do processo.

Esse é um risco sempre presente no modelo brasileiro, que carrega uma tradição inquisitória fortíssima (e com ela uma cultura inquisitória ainda mais resistente) pois somente com a Lei n. 13.964/2019 e a inserção do art. 3º-A é que nosso CPP consagrou expressamente a adoção do sistema acusatório e, portanto, o afastamento do agir de ofício do juiz na busca de provas, decretação de prisão, etc. É por conta disso que seguimos sublinhando a importância da correta compreensão dos sistemas processuais e, por conseguinte, do lugar do juiz no processo penal.

Recordemos que não se pode pensar sistema acusatório desconectado do princípio da imparcialidade e do contraditório, sob pena de incorrer em grave reducionismo.

A imparcialidade é garantida pelo modelo acusatório e sacrificada no sistema inquisitório, de modo que somente haverá condições de possibilidade da imparcialidade quando existir, além da separação inicial das funções de acusar e julgar, um afastamento do juiz da atividade investigatória/instrutória.

É isso que precisa ser compreendido por aqueles que pensam ser suficiente a separação entre acusação-julgador para constituição do sistema acusatório no modelo constitucional contemporâneo. É um erro separar em conceitos

18 O Papel do Novo Juiz no Processo Penal. In: *Crítica à Teoria Geral do Direito Processual Penal*. Rio de Janeiro, Renovar, 2001. p. 11.

19 *Introducción Filosófica al Derecho*, p. 321.

20 Consultem-se os diversos trabalhos de JACINTO COUTINHO, especialmente o artigo Introdução aos Princípios Gerais do Direito Processual Penal Brasileiro. *Revista de Estudos Criminais*, Porto Alegre, Nota Dez, n. 1, 2001; e também o Glosas ao "Verdade, Dúvida e Certeza" de Francesco Carnelutti, para os operadores do Direito. In: *Anuário Ibero-Americano de Direitos Humanos*. Rio de Janeiro, Lumen Juris, 2002.

estanques a imensa complexidade do processo penal, fechando os olhos para o fato de que a posição do juiz define o nível de eficácia do contraditório e, principalmente, da imparcialidade.

A imparcialidade do juiz fica evidentemente comprometida quando estamos diante de um juiz-instrutor (poderes investigatórios) ou quando lhe atribuímos poderes de gestão/iniciativa probatória. É um contraste que se estabelece entre a posição totalmente ativa e atuante do instrutor, contrastando com a inércia que caracteriza o julgador. Um é sinônimo de *atividade*, e o outro, de *inércia*.

É por isso que os arts. 156, 127, 242, 209, 385 e tantos outros que permitem que o juiz atue de ofício na busca de provas e adoção de medidas cautelares, estão tacitamente revogados pelo art. 3º-A além de serem substancialmente inconstitucionais.

ADVERTÊNCIA: Com a concessão de Liminar na Medida Cautelar nas ADIn's n. 6.298, 6.299, 6.300 e 6.305 pelo Min. FUX, está suspensa, *sine die*, a eficácia do art. 3º-A. Como se trata de medida liminar, manteremos a análise do dispositivo legal, que poderá ter sua vigência restabelecida a qualquer momento. Portanto, enquanto estiver valendo a medida liminar, o artigo 3ª-A está suspenso. Assim, o processo penal segue com a estrutura inquisitória (do CPP) em confronto direto com o modelo acusatório desenhado pela Constituição, com gravíssimos sacrifícios para a garantia da imparcialidade. Mas manteremos nossas considerações, não só porque o(s) dispositivo(s) pode(m) entrar em vigor, mas também porque reflete(m) um avanço importante para o processo penal e serve(m) como fundamentação teórica para criticar o superado modelo do CPP. Pedimos a compreensão do leitor para essa situação de insegurança jurídica gerada por motivos alheios a nossa vontade.

É insuficiente pensar que o sistema acusatório se funda a partir da separação inicial das atividades de acusar e julgar. Isso é um reducionismo que desconsidera a complexa fenomenologia do processo penal. De nada basta uma separação inicial, com o Ministério Público formulando a acusação, se depois, ao longo do procedimento, permitirmos que o juiz assuma um papel ativo na busca da prova ou mesmo na prática de atos tipicamente da parte acusadora.

Nesse contexto, o art. 156 do CPP funda um sistema inquisitório, e não pode mais viger, pois representa uma quebra da igualdade, do contraditório, da própria estrutura dialética do processo. Como decorrência, fulminam a principal garantia da jurisdição, que é a imparcialidade do julgador. Está desenhado um processo inquisitório.

O juiz deve manter-se afastado da atividade probatória, para ter o alheamento necessário para valorar essa prova. A figura do *juiz-espectador* em oposição à figura inquisitória do *juiz-ator* é o preço a ser pago para termos um sistema acusatório.

Mais do que isso, é uma questão de respeito às esferas de exercício de poder. São as limitações inerentes ao jogo democrático.

Enfrentando esses resquícios inquisitórios, o Tribunal Europeu de Direitos Humanos (TEDH), especialmente nos casos *Piersack*, de 1º/10/1982, e *De Cubber*, de 26/10/1984, consagrou o entendimento de que o juiz com poderes investigatórios é incompatível com a função de julgador. Ou seja, se o juiz lançou mão de seu poder investigatório na fase pré-processual, não poderá, na fase processual, ser o julgador. É uma violação do direito ao juiz imparcial consagrado no art. 6.1 do Convênio para a Proteção dos Direitos Humanos e das Liberdades Fundamentais, de 1950. Segundo o TEDH, a contaminação resultante dos "pré-juízos" conduzem à falta de imparcialidade subjetiva ou objetiva.

Desde o caso *Piersack*, de 1982, entende-se que a subjetiva alude à convicção pessoal do juiz concreto, que conhece de um determinado assunto e, desse modo, a sua falta de "pré-juízos".

Já a imparcialidade objetiva diz respeito a se tal juiz se encontrar em uma situação dotada de garantias bastantes para dissipar qualquer dúvida razoável acerca de sua imparcialidade. Em ambos os casos, a parcialidade cria a desconfiança e a incerteza na comunidade e nas suas instituições. Não basta estar subjetivamente protegido; é importante que se encontre em uma situação jurídica objetivamente imparcial (é a visibilidade).

Seguindo essas decisões do TEDH, aduziu o Tribunal Constitucional espanhol (STC 145/88), entre outros fundamentos, que o juiz-instrutor não poderia julgar, pois violava a chamada imparcialidade objetiva, aquela *que deriva não da relação do juiz com as partes, mas sim de sua relação com o objeto do processo.*

Ainda que a investigação preliminar suponha uma investigação objetiva sobre o fato (consignar e apreciar as circunstâncias tanto adversas como favoráveis ao sujeito passivo), o contato direto com o sujeito passivo e com os fatos e dados pode provocar no ânimo do juiz-instrutor uma série de "pré-juízos" e impressões a favor ou contra o imputado, influenciando no momento de sentenciar.

Destaca o Tribunal uma fundada preocupação com a aparência de imparcialidade que o julgador deve transmitir para os submetidos à Administração da Justiça, pois, ainda que não se produza o "pré-juízo", é difícil evitar a impressão de que o juiz (instrutor) não julga com pleno alheamento. Isso afeta negativamente a confiança que os tribunais de uma sociedade democrática devem inspirar nos justiçáveis, especialmente na esfera penal.

Dessa forma, há uma presunção de parcialidade do juiz-instrutor, que lhe impede julgar o processo que tenha instruído[21].

Outra decisão sumamente relevante, que vai marcar uma nova era no processo penal europeu, foi proferida pelo TEDH no caso "Castillo-Algar contra España" (STEDH de 28/10/1998), na qual declarou vulnerado o direito a um juiz imparcial o fato de dois magistrados, que haviam formado parte de uma Sala que denegou um recurso interposto na fase pré-processual, também terem participado do julgamento.

Essa decisão do TEDH levará a outras de caráter interno, nos respectivos tribunais constitucionais dos países europeus, e sem dúvida acarretará uma nova alteração legislativa. Frise-se que esses dois magistrados não atuaram como juízes de instrução, mas apenas haviam participado do julgamento de um recurso interposto contra uma decisão interlocutória tomada no curso da instrução preliminar pelo juiz-instrutor. Isso bastou para que o TEDH entendesse comprometida a imparcialidade deles para julgar em grau recursal a apelação contra a sentença.

Imaginem o que diria o TEDH diante do sistema brasileiro, em que muitas vezes os integrantes de uma Câmara Criminal irão julgar do primeiro *habeas corpus* – interposto contra a prisão preventiva –, passando pela apelação e chegando até a decisão sobre os agravos interpostos contra os incidentes da execução penal...

Mas não apenas os espanhóis enfrentaram esse problema. Seguindo a normativa europeia ditada pelo TEDH, o art. 34 do *Codice di Procedura Penale* prevê,

---

[21] É importante destacar que existiu uma posterior oscilação na jurisprudência do TEDH, especialmente na década de 90, no sentido de relativizar essa presunção, recorrendo à análise do caso concreto (entre outros: Casos *Hauschild, Sainte-Marie vs. França* e *Padovani vs. Itália*). Essa variação é perfeitamente compreensível, na medida em que, como qualquer tribunal, o TEDH está suscetível de mudanças de humor em razão dos influxos e pressões que sofre. Ademais, há que se compreender que os casos citados (Piersack [1982] e De Cubber vs. Bélgica [1984]) são do início da década de 80, momento sensível no que tange ao processo penal europeu, onde o modelo de juizado de instrução (juiz instrutor/inquisidor) ainda era predominante e começava a ser seriamente questionado. Era o modelo em que um mesmo juiz investigava e julgava, na maior parte dos países, e esse sistema estava em crise. Basta recordar que a Alemanha fez uma grande reforma em 1974 para abandonar o juizado de instrução (substituído pelo promotor investigador), seguida, posteriormente, por Itália (1988) e Portugal (1988). Portanto, as decisões proferidas nesses casos refletem uma preocupação que não mais existe atualmente nos principais sistemas processuais penais europeus, seja pelo completo abandono do modelo de juizado de instrução (v.g. Alemanha, Itália e Portugal) seja pela vedação completa de que o juiz que instrui possa julgar (como é o caso do modelo espanhol). Inobstante, o Brasil segue uma perigosa tendência de retrocesso, com a constante atribuição de mais poderes instrutórios aos juízes, como se vê na nova redação do art. 156, I, do CPP, que consagra um absurdo cenário de juiz instrutor/inquisidor. Diante disso, é de extrema importância toda a doutrina construída pelo TEDH em torno do caso Piersack e De Cubber, pois, se na Europa a matéria já está consolidada a ponto de poder-se recorrer a eventuais relativizações, no Brasil o problema é grave e longe de atingir-se uma solução satisfatória. Daí por que, aqui, precisamos sim de todo o rigor da regra "o juiz que investiga não pode julgar", pois temos – por culpa do art. 156 e de uma forte cultura inquisitória – um cenário bastante perigoso e que exige uma postura intransigente.

entre outros casos, a incompatibilidade do juiz que ditou a resolução de conclusão da audiência preliminar para atuar no processo e sentenciar. Posteriormente, a *Corte Costituzionale*, através de diversas decisões[22], declarou a inconstitucionalidade por omissão desse dispositivo legal, por não haver previsto outros casos de incompatibilidade com relação à anterior atuação do juiz na *indagine preliminare*.

Em síntese, consagrou o princípio anteriormente explicado, de que o juiz que atua na investigação preliminar está prevento e não pode presidir o processo, ainda que somente tenha decretado uma prisão cautelar (Sentença da *Corte Costituzionale* n. 432, de 15 de setembro de 1995).

A jurisprudência brasileira engatinha neste terreno, mas há decisões interessantes e que precisam ser estudadas.

Conforme o Informativo do STF n. 528, de novembro de 2008, o Supremo Tribunal Federal, no HC 94641/BA, Rel. orig. Min. Ellen Gracie, Rel. p/ o acórdão Min. Joaquim Barbosa, julgado em 11/11/2008, "a Turma, por maioria, concedeu, de ofício, *habeas corpus* impetrado em favor de condenado por atentado violento ao pudor contra a própria filha, para anular, em virtude de ofensa à garantia da imparcialidade da jurisdição, o processo desde o recebimento da denúncia. No caso, no curso de procedimento oficioso de investigação de paternidade (Lei n. 8.560/92, art. 2º) promovido pela filha do paciente para averiguar a identidade do pai da criança que essa tivera, surgiram indícios da prática delituosa *supra*, sendo tais relatos enviados ao Ministério Público. O *parquet*, no intuito de ser instaurada a devida ação penal, denunciara o paciente, vindo a inicial acusatória a ser recebida e processada pelo mesmo juiz daquela ação investigatória de paternidade. Entendeu-se que o juiz sentenciante teria atuado como se autoridade policial fosse, em virtude de, no procedimento preliminar de investigação de paternidade, em que apurados os fatos, ter ouvido testemunhas antes de encaminhar os autos ao Ministério Público para a propositura de ação penal" (grifo nosso).

Verifica-se que o ponto fundamental para a anulação foi: viola a garantia da imparcialidade o fato de o juiz ter realizado atos de natureza instrutória de ofício, apurando fatos e ouvindo testemunhas.

No mesmo processo, o voto-vista do Min. Cezar Peluso, concluiu que, "pelo conteúdo da decisão do juiz, restara evidenciado que ele teria sido influenciado pelos elementos coligidos na investigação preliminar. Dessa forma, considerou que teria ocorrido hipótese de ruptura da denominada imparcialidade objetiva do

---

22 Decisões 496/90, 401/91, 502/91, 124/92, 186/92, 399/92, 439/93, 432/95, entre outras.

magistrado, cuja falta, incapacita-o, de todo, para conhecer e decidir causa que lhe tenha sido submetida. Esclareceu que a imparcialidade denomina-se objetiva, uma vez que não provém de ausência de vínculos juridicamente importantes entre o juiz e qualquer dos interessados jurídicos na causa, sejam partes ou não (imparcialidade dita subjetiva), mas porque corresponde à condição de originalidade da cognição que irá o juiz desenvolver na causa, no sentido de que não haja ainda, de modo consciente ou inconsciente, formado nenhuma convicção ou juízo prévio, no mesmo ou em outro processo, sobre os fatos por apurar ou sobre a sorte jurídica da lide por decidir. Assim, sua perda significa falta da isenção inerente ao exercício legítimo da função jurisdicional. Observou, por último, que, mediante interpretação lata do art. 252, III, do CPP ("Art. 252. O juiz não poderá exercer jurisdição no processo em que:... III – tiver funcionado como juiz de outra instância, pronunciando-se, de fato ou de direito, sobre a questão;"), mas conforme com o princípio do justo processo da lei (CF, art. 5º, LIV), não pode, sob pena de imparcialidade objetiva e por consequente impedimento, exercer jurisdição em causa penal o juiz que, em procedimento preliminar e oficioso de investigação de paternidade, se tenha pronunciado, de fato ou de direito, sobre a questão" (grifo nosso).

Interessante, ainda, como o voto do Min. Cezar Peluso menciona exatamente os mesmos fundamentos, de imparcialidade objetiva e subjetiva, empregados pelo Tribunal Europeu de Direitos Humanos desde o Caso Piersack, de 1982, e constantemente por nós referidos, inclusive neste tópico.

Crer na imparcialidade de quem está totalmente absorvido pelo labor investigador é o que J. GOLDSCHMIDT[23] denomina *erro psicológico*. Foi essa incompatibilidade psicológica que levou ao descrédito do modelo inquisitório. Sem dúvida, chegou o momento de repensar a prevenção e também a relação juiz/inquérito, pois, em vez de caminhar em direção à figura do *juiz garante* ou de *garantias*, alheio à investigação e verdadeiro órgão suprapartes, está sendo tomado o caminho errado do *juiz-instrutor*. JACINTO COUTINHO[24] aponta o erro da visão tradicional, que *tem a larga desvantagem de desconectar a matéria referente à competência do princípio do juiz natural*. Deve-se descortinar essa cruel estrutura e assumir o problema.

Em definitivo, pensamos que *a prevenção deve ser uma causa de exclusão da competência*. O juiz-instrutor é prevento e como tal não pode julgar. Sua imparcialidade está comprometida não só pela atividade de reunir o material ou estar em

---

[23] *Problemas Jurídicos y Políticos del Proceso Penal*. Barcelona, Bosch, 1935. p. 29.

[24] O Papel do Novo Juiz no Processo Penal, cit., p. 12.

contato com as fontes de investigação, mas pelos diversos prejulgamentos que realiza no curso da investigação preliminar[25] (como na adoção de medidas cautelares, busca e apreensão, autorização para intervenção telefônica etc.). E foi, exatamente nessa linha, que a reforma de 2019 consagrou a figura do juiz das garantais (infelizmente com sua implantação suspensa pela decisão do Min. FUX, que suspendeu a eficácia do art. 3º, "a", "b", "c", "d", "e" e "f") e vedação de que o mesmo juiz atuasse na fase de investigação e depois na fase processual. Estabeleceu e recepcionou exatamente essa tese: a prevenção é causa de exclusão, de impedimento da competência, como explicaremos ao tratar do juiz das garantias.

### 1.2.2. Contributo da Teoria da Dissonância Cognitiva para a Compreensão da Imparcialidade do Juiz

Na mesma linha de tudo o que acabamos de explicar (mostrando a importância da preocupação com a imparcialidade e a necessidade do juiz das garantias) mas com outra leitura do problema, está o excelente trabalho do consagrado jurista alemão Bernd SCHÜNEMANN, em obra organizada pelo Prof. Luís Greco (*Estudos de Direito Penal e Processual Penal e Filosofia do Direito*. Org. Luís Greco. Ed. Marcial Pons, 2013) na qual ele dedica um interessante artigo sobre a teoria da "Dissonância Cognitiva". Em que pesem algumas divergências pontuais que temos em relação ao ilustre autor alemão (e a estrutura do processo penal alemão), especialmente no que tange à concepção de sistema acusatório e inquisitório, a ambição de verdade (a mitológica verdade real), bem como ao papel do juiz, sua análise sobre a dissonância cognitiva e os problemas acerca dos pré-julgamentos é bastante enriquecedora.

Como explica SCHÜNEMANN, grave problema existe no fato de o mesmo juiz receber a acusação, realizar a audiência de instrução e julgamento e posteriormente decidir sobre o caso penal. Existe não apenas uma "cumulação de papéis", mas um "conflito de papéis", não admitido como regra pelos juízes, que se ancoram na "formação profissional comprometida com a objetividade". Tal argumento nos remete a uma ingênua crença na "neutralidade" e supervalorização de uma (impossível) objetividade na relação sujeito-objeto, já tão desvelada pela superação do paradigma cartesiano (ainda não completamente compreendido). Ademais, desconsidera a influência do inconsciente, que cruza e permeia toda a linguagem e a dita "razão".

---

25 OLIVA SANTOS, Andrés. *Jueces Imparciales, Fiscales Investigadores y Nueva Reforma para la Vieja Crisis de la Justicia Penal*. Barcelona, PPU, 1988. p. 30.

Em linhas introdutórias, a teoria da "dissonância cognitiva", desenvolvida na psicologia social, analisa as formas de reação de um indivíduo frente a duas ideias, crenças ou opiniões antagônicas, incompatíveis, geradoras de uma situação desconfortável, bem como a forma de inserção de elementos de "consonância" (mudar uma das crenças ou as duas para torná-las compatíveis, desenvolver novas crenças ou pensamentos etc.) que reduzam a dissonância e, por consequência, a ansiedade e o estresse gerado. Pode-se afirmar que o indivíduo busca – como mecanismo de defesa do ego – encontrar um equilíbrio em seu sistema cognitivo, reduzindo o nível de contradição entre o seu conhecimento e a sua opinião. É um anseio por eliminação das contradições cognitivas, explica SCHÜNEMANN.

O autor traz a teoria da dissonância cognitiva para o campo do processo penal, aplicando-a diretamente sobre o juiz e sua atuação até a formação da decisão, na medida em que precisa lidar com duas "opiniões" antagônicas, incompatíveis (teses de acusação e defesa), bem como com a "sua opinião" sobre o caso penal, que sempre encontrará antagonismo frente a uma das outras duas (acusação ou defesa). Mais do que isso, considerando que o juiz constrói uma imagem mental dos fatos a partir dos autos do inquérito e da denúncia, para recebê-la, é inafastável o pré--julgamento (agravado quando ele decide anteriormente sobre prisão preventiva, medidas cautelares etc.). É de se supor – afirma SCHÜNEMANN – que "tendencialmente o juiz a ela se apegará (a imagem já construída) de modo que ele tentará confirmá-la na audiência (instrução), isto é, tendencialmente deverá superestimar as informações consoantes e menosprezar as informações dissonantes".

Para diminuir a tensão psíquica gerada pela dissonância cognitiva, haverá dois efeitos (SCHÜNEMANN):

- **efeito inércia ou perseverança:** mecanismo de autoconfirmação de hipóteses, superestimando as informações anteriormente consideradas corretas (como as informações fornecidas pelo inquérito ou a denúncia, tanto que ele as acolhe para aceitar a acusação, pedido de medida cautelar etc.);
- **busca seletiva de informações:** onde se procuram, predominantemente, informações que confirmam a hipótese que em algum momento prévio foi aceita (acolhida pelo ego), gerando o efeito confirmador-tranquilizador.

A partir disso SCHÜNEMANN desenvolve uma interessante pesquisa de campo que acaba confirmando várias hipóteses, entre elas a já sabida – ainda que empiricamente – por todos: quanto maior for o nível de conhecimento/envolvimento do juiz com a investigação preliminar e o próprio recebimento da acusação, menor é o interesse dele pelas perguntas que a defesa faz para a testemunha e (muito) mais provável é a frequência com que ele condenará. Toda pessoa procura um equilíbrio do seu sistema cognitivo, uma relação não contraditória. A tese da defesa gera uma relação contraditória com as hipóteses iniciais (acusatórias) e conduz à (molesta) dissonância cognitiva. Como consequência existe o efeito inércia ou perseverança, de autoconfirmação das hipóteses, por meio da busca seletiva de informações.

Demonstra SCHÜNEMANN que – em grande parte dos casos analisados – – o juiz, ao receber a denúncia e posteriormente instruir o feito, passa a ocupar – de fato – a posição de parte contrária diante do acusado que nega os fatos e, por isso, está impedido de realizar uma avaliação imparcial, processar as informações de forma adequada. Grande parte desse problema vem do fato de o juiz ler e estudar os autos da investigação preliminar (inquérito policial) para decidir se recebe ou não a denúncia, para decidir se decreta ou não a prisão preventiva, formando uma imagem mental dos fatos para, depois, passar à "busca por confirmação" dessas hipóteses na instrução. O quadro agrava-se se permitirmos que o juiz, de ofício, vá em busca dessa prova sequer produzida pelo acusador. Enfim, o risco de pré-julgamento é real e tão expressivo que a tendência é separar o juiz que recebe a denúncia (que atua na fase pré-processual) daquele que vai instruir e julgar ao final.

Conforme as pesquisas empíricas do autor, "os juízes dotados de conhecimentos dos autos (a investigação) não apreenderam e não armazenaram corretamente o conteúdo defensivo" presente na instrução, porque eles só apreendiam e armazenavam as informações incriminadoras que confirmavam o que estava na investigação. "O juiz tendencialmente apega-se à imagem do ato que lhe foi transmitida pelos autos da investigação preliminar; informações dissonantes desta imagem inicial são não apenas menosprezadas, como diria a teoria da dissonância, mas frequentemente sequer percebidas." O quadro mental é agravado pelo chamado "efeito aliança", onde o juiz tendencialmente se orienta pela avaliação realizada pelo promotor. O juiz "vê não no advogado criminalista, mas apenas no promotor, a pessoa relevante que lhe serve de padrão de orientação". Inclusive, aponta a pesquisa, o "efeito atenção" diminui drasticamente tão logo o juiz termine sua inquirição e a defesa inicie suas perguntas, a ponto de serem completamente desprezadas na sentença as respostas dadas pelas testemunhas às perguntas do advogado de defesa.

Tudo isso acaba por constituir um "caldo cultural" onde o princípio do *in dubio pro reo* acaba sendo virado de ponta cabeça – na expressão de SCHÜNEMANN – pois o advogado vê-se incumbido de provar a incorreção da denúncia! Entre as conclusões de SCHÜNEMANN, encontra-se a impactante constatação de que o juiz é "um terceiro inconscientemente manipulado pelos autos da investigação preliminar".

Em suma:

a) é uma ameaça real e grave para a imparcialidade a atuação de ofício do juiz, especialmente em relação à gestão e iniciativa da prova (ativismo probatório do juiz) e à decretação (de ofício) de medidas restritivas de direitos fundamentais (prisões cautelares, busca e apreensão, quebra de sigilo telefônico etc.), tanto na fase pré-processual como na processual (referente à imparcialidade, nenhuma diferença existe com relação a qual momento ocorra);
b) é uma ameaça real e grave para a imparcialidade o fato de o mesmo juiz receber a acusação e depois, instruir e julgar o feito;
c) precisamos da figura do juiz das garantias, que não se confunde com o "juizado de instrução", sendo responsável pelas decisões acerca de medidas restritivas de direitos fundamentais requeridas pelo investigador (polícia ou MP) e que ao final recebe ou rejeita a denúncia;
d) é imprescindível a exclusão física dos autos do inquérito, permanecendo apenas as provas cautelares ou técnicas irrepetíveis, para evitar a contaminação e o efeito perseverança (como finalmente consagrado no art. 3º-C, § 3º do CPP infelizmente suspenso pela decisão do Min. FUX anteriormente referida).

Considerando a complexidade do processo e de termos – obviamente – "um juiz-no-mundo", deve-se buscar medidas de redução de danos, que diminuam a permeabilidade inquisitória e os riscos para a imparcialidade e a estrutura acusatória constitucionalmente demarcada.

## 1.3. O Direito de Ser Julgado em um Prazo Razoável (art. 5º, LXXVIII, da CF): o Tempo como Pena e a (De)Mora Jurisdicional

### 1.3.1. Introdução Necessária: Recordando o Rompimento do Paradigma Newtoniano

O "tempo" mereceria – ainda que a título de introdução – uma obra que o tivesse como único objeto. Nossa intenção, nos estreitos limites do presente trabalho, é fazer um pequeno recorte dessa ampla temática[26].

Num proposital salto histórico, recordemos que para NEWTON o universo era previsível, um autômato, representado pela figura do relógio. Era a ideia do

[26] Como leitura complementar, recomendamos consultar a obra *Direito ao Processo Penal no Prazo Razoável*, escrita em coautoria com GUSTAVO HENRIQUE BADARÓ e publicada pela Editora Lumen Juris.

tempo absoluto e universal, independente do objeto e de seu observador, eis que considerado igual para todos e em todos os lugares. Existia um *tempo cósmico* em que Deus era o grande relojoeiro do universo. Tratava-se de uma visão determinista com a noção de um *tempo linear*, pois, para conhecermos o futuro, bastava dominar o presente.

Com EINSTEIN e a Teoria da Relatividade[27], opera-se uma ruptura completa dessa racionalidade, com o tempo sendo visto como algo relativo, variável conforme a posição e o deslocamento do observador, pois ao lado do tempo objetivo está o tempo subjetivo.

Sepultou-se de vez qualquer resquício dos juízos de certeza ou verdades absolutas, pois tudo é relativo: a mesma paisagem podia ser uma coisa para o pedestre, outra coisa totalmente diversa para o motorista, e ainda outra coisa diferente para o aviador. A percepção do tempo é completamente distinta para cada um de nós. A verdade absoluta somente poderia ser determinada pela soma de todas as observações relativas[28]. HAWKING[29] explica que EINSTEIN derrubou os paradigmas da época: o repouso absoluto, conforme as experiências com o éter, e o tempo absoluto ou universal que todos os relógios mediriam. Tudo era relativo, não havendo, portanto, um padrão a ser seguido. Outra demonstração importante é o chamado "paradoxo dos gêmeos", em que um dos gêmeos (a) parte em uma viagem espacial, próximo à velocidade da luz, enquanto seu irmão (b) permanece na Terra, em virtude do movimento do gêmeo (a), o tempo flui mais devagar na

---

27 Composta pela Teoria da Relatividade Especial, desenvolvida no artigo *Sobre a Eletrodinâmica dos Corpos em Movimento*, publicado no dia 5 de junho de 1905, na Revista *Annalen der Physik*, e, posteriormente, complementada pela Teoria da Relatividade Geral, no texto *Teoria da Relatividade Geral* publicado em Berlim em 1916, cujo reconhecimento culminou com o recebimento do Nobel de Física em 1921 (mas pelo trabalho realizado em 1905, pois a relatividade geral ainda enfrentava muita resistência). No texto publicado em 1905, Einstein demonstra que a ideia do éter (experimento de Fitzgerald e Lorentz) era supérflua e que as leis da ciência deveriam parecer as mesmas para todos os observadores em movimento livre. Eles deveriam medir a mesma velocidade da luz, sem importar o quão rápido estivessem se movendo, pois a velocidade da luz é independente do movimento deles, sendo a mesma em todas as direções. Isso exigia o abandono da ideia de que existe uma quantidade universal chamada tempo que todos os relógios mediriam. Ao contrário, explica HAWKING, Stephen (*O Universo numa Casca de Noz*. 2. ed. São Paulo, Mandarim, 2002. p. 9), cada um teria seu tempo pessoal. Os tempos de duas pessoas coincidiriam se elas estivessem em repouso uma em relação à outra, mas não se estivessem em movimento. Vários experimentos foram feitos, incluindo uma versão do paradoxo dos gêmeos, feita com dois relógios de alta precisão viajando a bordo de aviões que voavam em direções opostas ao redor do mundo. Eles retornavam mostrando horas ligeiramente diferentes, demonstrando que o tempo era relativo, variável conforme a posição e o deslocamento do observador. Mas foi em 1916, com a *Teoria da Relatividade Geral*, que Einstein rompe a base da teoria newtoniana do tempo absoluto, demonstrando a superação das três dimensões (altura, largura e comprimento) para acrescentar o *tempo* como quarta dimensão.

28 EINSTEIN, *Vida e Pensamentos*. São Paulo, Martin Claret, 2002. p. 16-18.

29 HAWKING, op. cit., p. 11.

espaçonave. Assim, ao retornar do espaço, o viajante (a) descobrirá que seu irmão (b) envelheceu mais do que ele. Como explica HAWKING[30], embora isso pareça contrariar o senso comum, várias experiências indicam que, nesse cenário, o gêmeo viajante realmente voltaria mais jovem.

O tempo é relativo à posição e velocidade do observador, mas também a determinados estados mentais do sujeito, como exterioriza EINSTEIN[31] na clássica explicação que deu sobre Relatividade à sua empregada: *quando um homem se senta ao lado de uma moça bonita, durante uma hora, tem a impressão de que passou apenas um minuto. Deixe-o sentar-se sobre um fogão quente durante um minuto somente – e esse minuto lhe parecerá mais comprido que uma hora. – Isso é relatividade.*

Até EINSTEIN, consideravam-se apenas as três dimensões espaciais de altura, largura e comprimento, pois o tempo era imóvel. Quando se verificou que o tempo se move no espaço, surge a quarta dimensão: o espaço-tempo. NORBERTO ELIAS[32] considera como a dimensão social do tempo, em que o relógio é uma construção do homem a partir de uma convenção, de uma medida adotada. Isso está tão arraigado que não imaginamos que o tempo exista independentemente do homem. Sem embargo, o paradoxo do tempo é o fato de o relógio marcar 2h ontem e hoje novamente, quando na verdade as duas horas de ontem jamais se repetirão ou serão iguais às 2h de hoje.

Na perspectiva da relatividade, podemos falar em tempo *objetivo* e *subjetivo*, mas principalmente de uma percepção do tempo e de sua dinâmica, de forma completamente diversa para cada observador. Como dito anteriormente, vivemos numa sociedade regida pelo tempo, em que a velocidade é a alavanca do mundo contemporâneo (VIRILIO).

Desnecessária maior explanação em torno da regência de nossas vidas pelo tempo, principalmente nas sociedades contemporâneas, dominadas pela aceleração e a lógica do tempo curto. Vivemos a angústia do presenteísmo, buscando expandir ao máximo esse fragmento de tempo que chamamos de presente, espremido entre um passado que não existe, uma vez que já não é um futuro contingente, que ainda não é, e que por isso também não existe. Nessa incessante corrida, o tempo rege nossa vida pessoal, profissional e, como não poderia deixar de ser, o próprio direito.

---

30 HAWKING, op. cit., p. 11.

31 EINSTEIN, op. cit., p. 100.

32 Especialmente na obra *Sobre o Tempo*. Rio de Janeiro, Jorge Zahar Editor, 1998.

No que se refere ao Direito Penal, o tempo é fundante de sua estrutura, na medida em que tanto cria como mata o direito (prescrição), podendo sintetizar-se essa relação na constatação de que *a pena é tempo e o tempo é pena*[33]. Pune-se através da quantidade de tempo e permite-se que o tempo substitua a pena. No primeiro caso, é o tempo do castigo; no segundo, o tempo do perdão e da prescrição. Como identificou MESSUTI[34], *os muros da prisão não marcam apenas a ruptura no espaço, senão também uma ruptura do tempo*. O tempo, mais que o espaço, é o verdadeiro significante da pena.

Sem embargo, gravíssimo paradoxo surge quando nos deparamos com a inexistência de um tempo absoluto, tanto sob o ponto de vista físico, como também social ou subjetivo, frente à *concepção jurídica de tempo*. O Direito não reconhece a relatividade ou mesmo o *tempo subjetivo*, e, como define PASTOR[35], o jurista parte do reconhecimento do tempo enquanto "realidade", que pode ser fracionado e medido com exatidão, sendo absoluto e uniforme. O Direito só reconhece o tempo do calendário e do relógio, juridicamente objetivado e definitivo. E mais, para o Direito, é possível acelerar e retroceder a flecha do tempo, a partir de suas alquimias do estilo "antecipação de tutela" e "reversão dos efeitos", em manifesta oposição às mais elementares leis da física.

No Direito Penal, em que pese as discussões em torno das teorias justificadoras da pena, o certo é que a pena mantém o significado de tempo fixo de aflição, de retribuição temporal pelo mal causado. Sem dúvida que esse "intercâmbio negativo", na expressão de MOSCONI[36], é fator legitimante e de aceitabilidade da pena ante a opinião pública. O contraste é evidente: a pena de prisão está fundada num tempo fixo[37] de retribuição, de duração da aflição, ao passo que o tempo

33 PASTOR, Daniel. *El Plazo Razonable en el Proceso del Estado de Derecho*, Buenos Aires, Ad Hoc, 2002. p. 85.

34 MESSUTI, Ana. *O Tempo como Pena*. São Paulo, RT, 2003. p. 33.

35 PASTOR, Daniel. Op. cit., p. 79.

36 MOSCONI, Giuseppe. Tiempo Social y Tiempo de Cárcel. In: BEIRAS, Iñaki Rivera; DOBON, Juan (Org.). *Secuestros Institucionales y Derechos Humanos*: la cárcel y el manicomio como laberintos de obediencias fingidas. Barcelona, Bosch, 1997. p. 91-103.

37 Devemos considerar que o Direito construiu seus instrumentos artificiais de "aceleração", buscando amenizar a rigidez do tempo carcerário. Exemplo típico é a remição, comutação e o próprio sistema progressivo como um todo. Contudo, ao lado do critério temporal estão os requisitos subjetivos, fazendo com que a aceleração dependa do "mérito" do apenado. Poderíamos até cogitar de uma teoria da relatividade na execução penal, onde 10 anos de pena para um não é igual a 10 anos de pena para outro. O problema são os critérios que o Direito utiliza para imprimir maior fluidez ao tempo carcerário.

social é extremamente fluido, podendo se contrair ou se fragmentar, e está sempre fugindo de definições rígidas.

Interessa-nos, agora, abordar o choque entre o tempo absoluto do direito e o tempo subjetivo do réu, especialmente no que se refere ao direito de ser julgado num prazo razoável e à (de)mora judicial enquanto grave consequência da inobservância desse direito fundamental.

### 1.3.2. Tempo e Penas Processuais

A concepção de *poder* passa hoje pela temporalidade, na medida em que o verdadeiro detentor do poder é aquele que está em condições de impor aos demais o seu ritmo, a sua dinâmica, a sua própria temporalidade. Como já explicamos em outra oportunidade, o Direito Penal e o processo penal são provas inequívocas de que o *Estado-Penitência* (usando a expressão de LOÏC WACQUANT) já tomou, ao longo da história, o corpo e a vida, os bens e a dignidade do homem. Agora, não havendo mais nada a retirar, apossa-se do *tempo*[38].

Como veremos, quando a duração de um processo supera o limite da duração razoável, novamente o Estado se apossa ilegalmente do tempo do particular, de forma dolorosa e irreversível. E esse apossamento ilegal ocorre ainda que não exista uma prisão cautelar, pois o processo em si mesmo é uma pena.

Já advertimos do grave problema que constitui o atropelo das garantias fundamentais pelas equivocadas políticas de aceleração do *tempo do direito*. Agora, interessa-nos o difícil equilíbrio entre os dois extremos: de um lado, o processo demasiadamente expedito, em que se atropelam os direitos e garantias fundamentais, e, de outro, aquele que se arrasta, equiparando-se à negação da (tutela da) justiça e agravando todo o conjunto de penas processuais ínsitas ao processo penal.

Mas a questão da dilação indevida do processo também deve ser reconhecida quando o imputado está solto, pois ele pode estar livre do cárcere, mas não do estigma e da angústia. É inegável que a submissão ao processo penal autoriza a ingerência estatal sobre toda uma série de direitos fundamentais, para além da liberdade de locomoção, pois autoriza restrições sobre a livre disposição de bens, a privacidade das comunicações, a inviolabilidade do domicílio e a própria dignidade do réu.

O caráter punitivo está calcado no tempo de submissão ao constrangimento estatal, e não apenas na questão espacial de estar intramuros. Com razão

---

38 Parecer: tempo e direito. *Boletim do Instituto Brasileiro de Ciências Criminais – IBCCRIM*, n. 122, janeiro/2003, p. 669.

MESSUTI[39], quando afirma que não é apenas a separação física que define a prisão, pois os muros não marcam apenas a ruptura no espaço, senão também uma ruptura do tempo. A marca essencial da pena (em sentido amplo) é "por quanto tempo"? Isso porque *o tempo, mais que o espaço, é o verdadeiro significante da pena.*

O processo penal encerra em si uma pena (*la pena de banquillo*)[40], ou conjunto de penas se preferirem, que, mesmo possuindo natureza diversa da prisão cautelar, inegavelmente cobra(m) seu preço e sofre(m) um sobrecusto inflacionário proporcional à duração do processo. Em ambas as situações (com prisão cautelar ou sem ela), a dilação indevida deve ser reconhecida, ainda que os critérios utilizados para aferi-la sejam diferentes, na medida em que, havendo prisão cautelar, a urgência se impõe a partir da noção de *tempo subjetivo.*

A primeira garantia que cai por terra é a da Jurisdicionalidade insculpida na máxima latina do *nulla poena, nulla culpa sine iudicio.* Isso porque o processo se transforma em pena prévia à sentença, através da estigmatização[41], da angústia prolongada[42], da restrição de bens e, em muitos casos, através de verdadeiras penas

39 MESSUTI, Ana. Op. cit., p. 33.

40 Ilustrativa é a expressão *pena de banquillo*, consagrada no sistema espanhol, para designar a pena processual que encerra o "sentar-se no banco dos réus". É uma pena autônoma, que cobra um alto preço por si mesma, independentemente de futura pena privativa de liberdade (que não compensa nem justifica, senão que acresce o caráter punitivo de todo o ritual judiciário).

41 O termo 'estigmatizar' encontra sua origem etimológica no latim *stigma*, que alude à marca feita com ferro candente, o sinal da infâmia, que foi, com a evolução da humanidade, sendo substituída por diferentes instrumentos de marcação. Atualmente, não há como negar que o processo penal assume a marca da infâmia e a função do ferro candente. A Criminologia crítica aponta para o *labeling approach* (FIGUEIREDO DIAS, Jorge; COSTA ANDRADE, Manuel. *Criminologia* – o homem delinquente e a sociedade criminógena. Coimbra, 1992. p. 42) como essa atividade de etiquetamento que sofre a pessoa e tal fenômeno pode ser perfeitamente aplicado ao processo penal. O *labeling approach*, como perspectiva criminológica, entende que o *self* – a identidade – não é um dado, uma estrutura sobre a qual atuam as "causas" endógenas ou exógenas, mas algo que se vai adquirindo e modelando ao longo do processo de interação entre o sujeito e os demais. Nesse panorama, o processo penal assume a atividade de etiquetamento, retirando a identidade de uma pessoa, para outorgar-lhe outra, degradada, estigmatizada. É claro que essa estigmatização é relativa e não absoluta, na medida em que varia conforme a complexidade que envolve a situação do réu (o observador na visão da relatividade de EINSTEIN) e a própria duração do processo. Não há dúvida de que tanto maior será o estigma, quanto maior for a duração do processo penal, especialmente se o acusado estiver submetido a medidas cautelares. O processo penal constitui o mais grave *status-degradation ceremony*. Como explicam Figueiredo Dias e Costa Andrade (*Criminologia*, cit., p. 350), o conceito de cerimônia degradante foi introduzido em 1956, por H. Garfinkel, como sendo os processos ritualizados em que uma pessoa é condenada e despojada de sua identidade e recebe outra, degradada. O processo penal é a mais expressiva de todas as cerimônias degradantes.

42 A expressão *stato di prolungata ansia* resume esse fenômeno. Foi empregada na Exposição de Motivos do atual Código de Processo Civil italiano, para justificar a crise do procedimento civil ordinário e a necessidade de implementar formas de tutela de urgência, mas encontra no processo penal um amplo campo de aplicação, levando em conta a natureza do seu *custo*. Como explicamos em outra oportunidade (*Sistemas de Investigação Preliminar no Processo Penal*, p. 54), o processo penal submete o

privativas de liberdade aplicadas antecipadamente (prisões cautelares). É o que CARNELUTTI[43] define como a *misure di sofferenza spirituale* ou *di umiliazione*. O mais grave é que o custo da pena-processo não é meramente econômico, mas social e psicológico.

Na continuação, é fulminada a Presunção de Inocência, pois a demora e o prolongamento excessivo do processo penal vão, paulatinamente, sepultando a credibilidade em torno da versão do acusado. Existe uma relação inversa e proporcional entre a estigmatização e a presunção de inocência, na medida em que o tempo implementa aquela e enfraquece esta.

O direito de defesa e o próprio contraditório também são afetados, na medida em que a prolongação excessiva do processo gera graves dificuldades para o exercício eficaz da resistência processual, bem como implica um sobrecusto financeiro para o acusado, não apenas com os gastos em honorários advocatícios, mas também pelo empobrecimento gerado pela estigmatização social. Não há que olvidar a eventual indisponibilidade patrimonial do réu, que por si só é gravíssima, mas que, se for conjugada com uma prisão cautelar, conduz à inexorável bancarrota do imputado e de seus familiares. A prisão (mesmo cautelar) não apenas gera pobreza, senão que a exporta, a ponto de a "intranscendência da pena" não passar de romantismo do Direito Penal.

A lista de direitos fundamentais violados cresce na mesma proporção em que o processo penal se dilata indevidamente.

---

particular a uma instituição que, em geral, lhe é absolutamente nova e repleta de mistérios e incógnitas. A profissionalização da justiça e a estrutura burocrática, que foi implantada devido também à massificação da criminalidade, fazem com que o sujeito passivo tenha que se submeter a um mundo novo e desconhecido. Isso sem considerar o sistema penitenciário, que, sem dúvida, é um mundo à parte, com sua própria escala e hierarquia de valores, linguagem etc. Esse ambiente da justiça penal é hostil, complexo e impregnado de simbolismos. Para o sujeito passivo, todo o cenário revela um mistério, que somente poderá compreender depois de submeter-se a toda uma série de cerimônias degradantes. A arquitetura das salas dos tribunais configura um plágio das construções religiosas, com suas estátuas e inclusive com um certo vazio, onde deverá ser "exposto" o acusado. Tudo isso traduz, em última análise, que o binômio crime-pecado ainda não foi completamente superado pelo homem. Os membros do Estado – juízes, promotores e auxiliares da justiça – movem-se em um cenário que lhes é familiar, com a indiferença de quem só cumpre mais uma tarefa rotineira. Utilizam uma indumentária, vocabulário e todo um ritualismo que contribui de forma definitiva para que o indivíduo adquira a plena consciência de sua inferioridade. Dessa forma, o mais forte é convertido no mais impotente dos homens frente à supremacia punitiva estatal. Tudo isso acrescido do peso da espada de Dâmocles que pende sobre sua cabeça, leva o sujeito passivo a um estado de angústia prolongada. Enquanto dura o processo penal, dura a incerteza e isso leva qualquer pessoa a níveis de estresse jamais imaginados. Não raros serão os transtornos psicológicos graves, como a depressão exógena. O sofrimento da alma é um custo que terá que pagar o submetido ao processo penal, e tanto maior será sua dor quanto maior seja a injustiça a que esteja sendo submetido.

43 *Lezioni sul Processo Penale*. Roma, Edizioni Dell'Ateneo, 1946. v. I, p. 67 e s.

### 1.3.3. A (De)Mora Jurisdicional e o Direito a um Processo sem Dilações Indevidas[44]

BECCARIA[45], a seu tempo, já afirmava com acerto que o processo deve ser conduzido sem protelações. Demonstrava a preocupação com a (de)mora judicial, afirmando que, quanto mais rápida for a aplicação da pena e mais perto estiver do delito, mais justa e útil ela será. Mais justa porque poupará o acusado do cruel tormento da incerteza, da própria demora do processo enquanto pena. Explica que a rapidez do julgamento é justa ainda porque a perda da liberdade (em sede de medida cautelar) já é uma pena. E, enquanto pena sem sentença, deve limitar-se pela estrita medida que a necessidade o exigir[46], pois, segundo o autor[47], *um cidadão detido só deve ficar na prisão o tempo necessário para a instrução do processo; e os mais antigos detidos têm o direito de ser julgados em primeiro lugar*.

Cunhamos a expressão *(de)mora jurisdicional* porque ela nos remete ao próprio conceito (em sentido amplo) da 'mora', na medida em que existe uma injustificada procrastinação do dever de adimplemento da obrigação de prestação jurisdicional. Daí por que nos parece adequada a construção (de)mora judicial no sentido de não cumprimento de uma obrigação claramente definida, que é a da própria prestação da tutela (jurisdicional) devida.

Cumpre agora analisar os contornos e os problemas que rodeiam o direito de ser julgado num prazo razoável ou a um processo sem dilações indevidas.

### 1.3.4. A Recepção pelo Direito Brasileiro

A (de)mora na prestação jurisdicional constitui um dos mais antigos problemas da Administração da Justiça. Contudo, como aponta PASTOR[48], somente após a Segunda Guerra Mundial é que esse direito fundamental foi objeto de uma preocupação mais intensa. Isso coincidiu com a promulgação da Declaração

---

44 Para um estudo mais aprofundado desse direito fundamental, recomendamos a leitura de nossa obra *Direito ao Processo Penal no Prazo Razoável*, escrita em coautoria com GUSTAVO HENRIQUE BADARÓ e publicada pela Editora Lumen Juris.

45 BECCARIA, Cesare. *Dos Delitos e das Penas*, p. 59.

46 Essa é a base do pensamento liberal clássico nas prisões cautelares: a cruel necessidade. Acompanhada do caráter de excepcionalidade e brevidade (provisoriedade).

47 Não concordamos, contudo, quando o autor (p. 42) distingue duas espécies de delitos e a eles atribui regras de probabilidade para diferenciar a duração dos processos. Afirma Beccaria que os crimes mais graves são "mais raros, deve diminuir-se a duração da instrução e do processo, porque a inocência do acusado é mais provável do que o crime. Deve-se, porém, prolongar o tempo da prescrição. (...) Ao contrário, nos delitos menos consideráveis e mais comuns, é preciso prolongar o tempo dos processos porque a inocência do acusado é menos provável, e diminuir o tempo fixado para a prescrição, porque a impunidade é menos perigosa". Trata-se de uma premissa equivocada e de uma relação nunca demonstrada. Sem embargo, isso em nada prejudica o brilhantismo da obra, pois devemos considerar o espaço-tempo em que ela foi concebida (Itália, 1764/65), bem como a importância de seu conjunto.

48 PASTOR, Daniel. Op. cit., p. 103.

Universal dos Direitos do Homem, em 10/12/1948, especialmente no art. 10, que foi fonte direta tanto do art. 6.1 da Convenção Europeia para Proteção dos Direitos Humanos e das Liberdades Fundamentais (CEDH) como também dos arts. 7.5 e 8.1 da CADH.

Quanto à recepção pelo direito brasileiro, cumpre sublinhar que esse direito fundamental já estava expressamente assegurado nos arts. 7.5 e 8.1 da CADH[49], recepcionados pelo art. 5º, § 2º, da Constituição.

A Emenda Constitucional n. 45, de 8 de dezembro de 2004, não inovou em nada com a inclusão do inciso LXXVIII no art. 5º da Constituição, apenas seguiu a mesma diretriz protetora da CADH, com a seguinte redação:

> LXXVIII – a todos, no âmbito judicial e administrativo, são assegurados a razoável duração do processo e os meios que garantam a celeridade de sua tramitação.

### 1.3.5. A Problemática Definição dos Critérios: a Doutrina do Não Prazo (ou a Ineficácia de Prazos sem Sanção)

Tanto a Convenção Americana de Direitos Humanos como a Constituição não fixaram prazos máximos para a duração dos processos e tampouco delegaram para que lei ordinária regulamentasse a matéria.

Adotou o sistema brasileiro a chamada "doutrina do não prazo", persistindo numa sistemática ultrapassada e que a jurisprudência do Tribunal Europeu de Direitos Humanos vem há décadas debatendo. O fato de o Código de Processo Penal fazer referência a diversos limites de duração dos atos (v.g. arts. 400, 412, 531 etc.) não retira a crítica, posto que são prazos despidos de sanção. Ou seja, aplica-se aqui a equação *prazo-sanção = ineficácia*. Portanto, quando falamos em não prazo significa dizer: ausência de prazos processuais com uma sanção pelo descumprimento.

Dessa forma, a indeterminação conceitual do art. 5º, LXXVIII, da Constituição nos conduzirá pelo mesmo (tortuoso) caminho da jurisprudência do TEDH e da CIDH, sendo importante explicar essa evolução para melhor compreensão da questão.

Foi no caso "Wemhoff"[50] (STEDH de 27/6/1968) que se deu o primeiro passo na direção da definição de certos critérios para a valoração da "duração indevida", através do que se convencionou chamar de "doutrina dos sete

---

[49] O Brasil aderiu à Convenção Americana sobre Direitos Humanos (Pacto de São José da Costa Rica, de 22 de novembro de 1969) através do Decreto n. 678, de 6 de novembro de 1992.

[50] Cf. PASTOR, Daniel. *El Plazo Razonable en el Proceso del Estado de Derecho*, cit., p. 111 e s.

critérios". Para valorar a situação, a Comissão sugeriu que a razoabilidade da prisão cautelar (e consequente dilação indevida do processo) fosse aferida considerando-se:

a) a duração da prisão cautelar;
b) a duração da prisão cautelar em relação à natureza do delito, à pena fixada e à provável pena a ser aplicada em caso de condenação;
c) os efeitos pessoais que o imputado sofreu, tanto de ordem material como moral ou outros;
d) a influência da conduta do imputado em relação à demora do processo;
e) as dificuldades para a investigação do caso (complexidade dos fatos, quantidade de testemunhas e réus, dificuldades probatórias etc.);
f) a maneira como a investigação foi conduzida;
g) a conduta das autoridades judiciais.

Mas a doutrina dos sete critérios não restou expressamente acolhida pelo TEDH como referencial decisivo, mas tampouco foi completamente descartada, tendo sido utilizada pela Corte em diversos casos posteriores e servido de inspiração para um referencial mais enxuto: a teoria dos três critérios básicos; a saber:

a) a complexidade do caso;
b) a atividade processual do interessado (imputado);
c) a conduta das autoridades judiciárias.

Esses três critérios têm sido sistematicamente invocados, tanto pelo TEDH, como também pela Corte Interamericana de Direitos Humanos. Ainda que mais delimitados, não são menos discricionários.

O ideal seria a clara fixação da duração máxima do processo e da prisão cautelar, impondo uma sanção em caso de descumprimento (extinção do processo ou liberdade automática do imputado). Para falar-se em dilação "indevida", é necessário que o ordenamento jurídico interno defina limites ordinários para os processos, um referencial do que seja a "dilação devida", ou o "estándar medio admisible para proscribir dilaciones más allá de él"[51].

Mas não foi essa a opção, ao menos por ora, do legislador brasileiro, cabendo a análise da demora processual ser feita à luz dos critérios anteriormente analisados e acrescido do princípio da razoabilidade.

---

51 PEDRAZ PENALVA, Ernesto. El Derecho a un Proceso sin Dilaciones Indebidas, cit., p. 395.

O princípio da razoabilidade ou proporcionalidade[52] é critério inafastável na ponderação dos bens jurídicos em questão.

A questão pode ser ainda abordada desde uma interpretação gramatical, como o faz GIMENO SENDRA[53], em que deverá haver, em primeiro lugar, uma "dilação", e, em segundo lugar, que essa dilação seja "indevida".

Por *dilação* entende-se a (de)mora, o adiamento, a postergação em relação aos prazos e termos (inicial-final) previamente estabelecidos em lei, sempre recordando o dever de impulso (oficial) atribuído ao órgão jurisdicional (o que não se confunde com poderes instrutórios-inquisitórios). Incumbe às partes o interesse de impulsionar o feito (enquanto *carga* no sentido empregado por James Goldschmidt) e um dever jurisdicional em relação ao juiz.

Já o adjetivo "indevida", que acompanha o substantivo "dilação", constitui o ponto nevrálgico da questão, pois a simples dilação não constitui o problema em si, eis que pode estar legitimada. Para ser "indevida", deve-se buscar o referencial "devida", enquanto marco de legitimação, verdadeiro divisor de águas (para isso é imprescindível um limite normativo, conforme tratado na continuação).

GIMENO SENDRA[54] aponta que a dilação indevida corresponde à mera inatividade, dolosa, negligente ou fortuita do órgão jurisdicional. Não constitui causa de justificação a sobrecarga de trabalho do órgão jurisdicional, pois é inadmissível transformar em "devido" o "indevido" funcionamento da Justiça. Como afirma o autor, "*lo que no puede suceder es que lo normal sea el funcionamiento anormal de la justicia, pues los Estados han de procurar los medios necesarios a sus tribunales a fin de que los procesos transcurran en un plazo razonable* (SSTEDH Bucholz cit., Eckle, S. 15 julio 1982; Zimmerman-Steiner, S. 13 julio 1983; DCE 7.984/77, 11 julio; SSTC 223/1988; 37/1991)".

Em síntese, o art. 5º, LXXVIII, da Constituição recepcionou o direito ao processo penal no prazo razoável, mas infelizmente a legislação ordinária (com meritórias exceções) em geral não fixou prazos com sanção, acolhendo assim a doutrina do não prazo, fazendo com que exista uma indefinição de critérios e conceitos. Nessa vagueza, cremos que quatro deverão ser os referenciais adotados pelos tribunais brasileiros, a exemplo do que já acontece nos TEDH e na CIDH:

---

52 Com base na razoabilidade, já decidiram o TEDH e a Corte Interamericana que uma prisão cautelar supere o prazo fixado no ordenamento jurídico interno e, ainda assim, esteja justificada (a partir da complexidade, da conduta do imputado, da proporcionalidade etc.). No "Caso Firmenich *versus* Argentina", a Corte Interamericana de Direitos Humanos entendeu que uma prisão cautelar, que havia durado mais de 4 anos, estava justificada, ainda que superasse o prazo fixado pelo ordenamento interno (2 anos).

53 GIMENO SENDRA, Vicente et al. *Derecho Procesal Penal*, Madrid, Colex, 1996. p. 108 e s.

54 Idem, ibidem, p. 109.

- complexidade do caso;
- atividade processual do interessado (imputado), que obviamente não poderá se beneficiar de sua própria demora;
- a conduta das autoridades judiciárias como um todo (polícia, Ministério Público, juízes, servidores etc.);
- princípio da razoabilidade.

Ainda não é o modelo mais adequado, mas, enquanto não se tem claros limites temporais por parte da legislação interna, já representa uma grande evolução.

### 1.3.6. *Nulla Coactio sine Lege*: a (Urgente) Necessidade de Estabelecer Limites Normativos

Assim como o Direito Penal está estritamente limitado pelo princípio da legalidade e o procedimento pelas diversas normas que o regulam, também a duração dos processos deve ser objeto de regulamentação normativa clara e bem definida.

No Brasil, a situação é gravíssima. Não existe limite algum para a duração do processo penal (não se confunda isso com prescrição)[55] e, o que é mais grave, nem sequer existe limite de duração das prisões cautelares, especialmente a prisão preventiva, mais abrangente de todas.

O CPP prevê vários prazos procedimentais, mas sem sanção:

a) no rito comum ordinário, a audiência de instrução e julgamento deve ser realizada no prazo máximo de 60 dias (art. 399, § 2º, c/c art. 400);
b) no rito comum sumário, a audiência de instrução e julgamento deve ser realizada no prazo máximo de 30 dias (art. 399, § 2º, c/c art. 531);
c) no rito relativo aos processos da competência do Tribunal do Júri, a primeira fase do procedimento deve encerrar-se no prazo máximo de 90 dias (art. 412).

Contudo, persistem duas graves lacunas:

- não existe a definição do prazo máximo de duração do processo (até a sentença de primeiro grau e, depois, até o trânsito em julgado);
- não existe uma "sanção" processual pela violação do prazo fixado em lei.

---

[55] No Brasil, os prazos previstos para a ocorrência da prescrição da pretensão punitiva (pela pena aplicada ou *in abstrato*) são inadequados para o objeto em questão, pois excessivos (principalmente pela pena em abstrato). Ainda que se cogite de prescrição pela pena aplicada, tal prazo, em regra, está muito além do que seria uma duração razoável do processo penal. Devemos considerar ainda, diante da imensa resistência dos tribunais em reconhecer a prescrição antecipada, que o imputado terá de suportar toda a longa duração do processo, para só após o trânsito em julgado buscar o reconhecimento da prescrição pela pena concretizada.

Assim, se a instrução não for realizada no prazo fixado, qual é a sanção aplicável? Nenhuma. Portanto, estamos diante de prazo sem sanção, o que conduz a ineficácia do direito fundamental.

Noutra dimensão, persiste a completa ausência de fixação do prazo máximo de duração da prisão cautelar (especialmente a prisão preventiva, pois a temporária tem sua duração fixada na Lei n. 7.960/89). Essa é outra lacuna inadmissível.

Deveria o legislador estabelecer de forma clara os limites temporais das prisões cautelares (e do processo penal, como um todo), a partir dos quais a segregação é ilegal. A Lei n. 13.964/2019 introduziu duas medidas da maior importância no que se refere ao prazo das medidas cautelar, que infelizmente não tiveram toda a eficácia legal reconhecida pelos tribunais:

a) determinou que o juiz da instrução, em até 10 dias após o recebimento dos autos do juiz das garantias, reexamine as medidas cautelares (dispositivo infelizmente suspenso pela decisão do Min. FUX já referida);
b) estabeleceu o dever de revisar, periodicamente, a cada 90 dias, a prisão preventiva (art. 316, parágrafo único), mediante decisão fundamentada, de ofício, sob pena de tornar a prisão ilegal – era um importantíssimo avanço (prazo com sanção) que infelizmente acabou esvaziado por posteriores decisões do STJ e do STF (Caso André do Rap – HC 191.836/SP)[56].

---

[56] A duração da prisão provisória é pautada pela necessidade e manutenção dos pressupostos que a originaram. Na Espanha, o Tribunal Constitucional – STC 178/85 – definiu que a duração deve ser tão somente a que se considere indispensável para conseguir a finalidade pela qual foi decretada. No mesmo sentido também já tem decidido o Tribunal Europeu de Direitos Humanos nos casos Weinhoff (junho/68), Neumeister (junho/68), Bezicheri (out./85), entre outros. Para evitar abusos, o art. 17.4. da Constituição da Espanha dispõe que por lei irá se determinar o prazo máximo de duração da prisão provisória. O regramento do dispositivo constitucional encontra-se no art. 504 da LECrim (com a nova redação dada pela LO 13/2003), que disciplina o prazo máximo de duração dessa medida cautelar, levando-se em consideração a pena abstratamente cominada no tipo penal incriminador. Assim, a prisão cautelar poderá durar no máximo até 1 ano se a pena cominada for até 3 anos; até 2 anos se a pena cominada for superior a 3 anos. É possível a prorrogação, em situações excepcionais, por mais 6 meses no primeiro caso e até 2 anos no segundo. Se o imputado for condenado e recorrer da sentença, a prisão cautelar poderá estender-se até o limite de metade da pena imposta.
Interessante ainda, que se a prisão cautelar foi decretada para tutela da prova, não poderá durar mais do que 6 meses. Por fim, atento ao direito fundamental de ser julgado em um prazo razoável, o legislador espanhol alterou a redação do art. 507, para estabelecer que o recurso de apelação contra a decisão que decreta, prorrogue ou negue o pedido de prisão provisória, deverá ser julgado no prazo máximo de 30 dias.
Na Alemanha – StPO § 121 – a regra geral é a de que a prisão provisória não possa durar mais de 6 meses, salvo quando a especial dificuldade, a extensão da investigação ou outro motivo importante não permita prolatar a sentença e justifique a manutenção da prisão. Em caso de prorrogação, se poderá encomendar ao Tribunal Superior do "Land" que faça um exame sobre a necessidade de manutenção da prisão no máximo a cada 3 meses (dever de revisar periodicamente).
Em Portugal o juiz tem a obrigação de revisar a cada 3 meses a medida cautelar decretada, verificando se ainda permanecem os motivos e pressupostos que a autorizaram – art. 213.1. Além disso, se passados 6 meses da prisão ainda não tiver sido iniciado o processo, com efetiva acusação, o imputado deverá ser colocado em liberdade, salvo situação de excepcional complexidade. Também como

O dever de revisar periodicamente a medida é crucial para verificar se a prisão ainda é realmente necessária (*atualidade do "periculum libertatis"*) e também para evitar uma triste realidade: a dos juízes que simplesmente "esquecem" do réu preso, recordando o suplício narrado por BECCARIA[57]: "*¿Cuál contraste más cruel que la indolencia de un juez y las angustias de un reo? ¿Las comodidades y placeres de un magistrado insensible, de una parte, y, de otra las lágrimas y la suciedad de un encarcelado?*".

Um bom exemplo de limite normativo interno encontramos no Código de Processo Penal do Paraguai (Ley n. 1.286/98), que, em sintonia com a CADH, estabelece importantes instrumentos de controle para evitar a dilação indevida.

Segundo o art. 136 do CPP paraguaio, o prazo máximo de duração do processo penal será de 4 anos, após o qual o juiz o declarará extinto (adoção de uma solução processual extintiva). Também fixa um limite para a fase pré-processual (art. 139) (a investigação preliminar), que, uma vez superado, impedirá o futuro exercício da ação penal pela perda do poder de proceder contra alguém (*ius ut procedatur*).

Por fim, cumpre destacar a *resolução ficta*, insculpida nos arts. 141 e 142 do CPP paraguaio, através da qual, em síntese, se um recurso contra uma prisão cautelar não for julgado no prazo fixado no Código, o imputado poderá exigir que o despacho seja proferido em 24h. Caso não o seja, se entenderá que lhe foi concedida a liberdade.

Igual sistemática resolutiva opera-se quando a Corte Suprema não julgar um recurso interposto no prazo devido. Se o recorrente for o imputado, uma vez superado o prazo máximo previsto para tramitação do recurso, sem que a Corte

---

regra geral, o CPP português prevê que, se passados 18 meses sem sentença ou 2 anos sem trânsito em julgado, deve o acusado ser posto em liberdade, salvo se a gravidade do delito ou sua complexidade justificar a ampliação do prazo.

Na Itália, o CPP utiliza o critério de quantidade da pena em abstrato para determinar o tempo máximo de duração da prisão cautelar e para isso existe uma grande variedade de prazos, conforme a gravidade do delito e a fase em que se encontra o processo. É importante ressalvar que o legislador italiano determinou que os prazos devem ser considerados independentes e autônomos para cada fase do processo.

É óbvio que a duração fixada pode ser considerada, dependendo do caso, excessiva, mas ao menos existe um referencial normativo para orientar a questão e, até mesmo, definir o objeto da discussão. O que é inadmissível é a inexistência total de limites normativos, como sucede no sistema brasileiro.

Outra questão muito relevante é que, em observância à provisionalidade da prisão cautelar (são situacionais), existe em alguns países europeus um dever de revisar a medida adotada após determinado lapso de tempo. Na Itália, art. 294.3 do *Codice de Procedura Penale*, o juiz deverá revisar a decisão que determinou a prisão em no máximo 5 dias desde que se iniciou seu cumprimento. Na Alemanha, StPO § 122, o exame sobre se a prisão deve ser mantida ou não deverá ser revisada no máximo a cada 3 meses. Em Portugal, art. 213,1 do CPP, também a cada 3 meses, no máximo, deverá o juiz revisar a medida e decidir sobre a necessidade de sua manutenção.

57 *De los Delitos y de las Penas*, p. 61.

tenha proferido uma decisão, entender-se-á que o pedido foi provido. Quando o postulado for desfavorável ao imputado (recurso interposto pelo acusador), superado o prazo sem julgamento, o recurso será automaticamente rechaçado.

Definida assim a necessidade de um referencial normativo claro da duração máxima do processo penal e das prisões cautelares, bem como das "soluções" adotadas em caso de violação desses limites.

### 1.3.7. A Condenação do Brasil no Caso Ximenes Lopes

Em 1º de outubro de 1999, o senhor DAMIÃO XIMENES LOPES, que já apresentava um histórico de doença mental, teve uma crise e foi internado na Casa de Repouso de Guararapes (município de Sobral, estado do Ceará), que mantinha leitos para atender pelo SUS. Em 3 de outubro, em surto de agressividade, teria entrado em um dos banheiros da clínica e de lá se recusado a sair, tendo os funcionários da clínica o imobilizado e o retirado à força. A vítima foi espancada e sedada (com os medicamentos Haldol e Fenargan).

No dia seguinte, 4 de outubro, às 9h, sua mãe foi visitá-lo e o encontrou sangrando, com diversas lesões e hematomas, a roupa rasgada, sujo de fezes e com as mãos amarradas nas costas. Segundo seu depoimento, a vítima apresentava dificuldades para respirar e agonizava, pedindo que chamasse a polícia. Ela então saiu para buscar ajuda, entre os enfermeiros e médicos da clínica.

Às 11h30min daquele mesmo dia, Damião Ximenes Lopes estava morto.

Segundo narra a sentença proferida pela Corte Interamericana de Direitos Humanos, os médicos da clínica atestaram que houve "morte natural por parada cardiorrespiratória". A necropsia foi extremamente falha, tendo concluído que a causa da morte foi "indeterminada". Detalhe interessante, como destaca a sentença, é que o mesmo médico da clínica também atuava no IML (Instituto Médico Legal), onde foi feita a necropsia, ainda que firmada por outro médico. Muito tempo depois, já no processo, foi realizada a exumação do cadáver, mas pouco foi apurado.

Nos dias posteriores ao ocorrido, a família – especialmente a irmã da vítima, Irene Ximenes Lopes Miranda –, inconformada com o ocorrido, fez notícia-crime junto à autoridade policial, denúncia na Secretaria da Saúde e também na Comissão de Direitos Humanos do Ceará. O inquérito policial foi instaurado e, em 27 de março de 2000, oferecida denúncia pelo Ministério Público. O processo foi extremamente tumultuado e censurada, pela Corte Interamericana, a forma como foi conduzido. A denúncia foi incompleta, obrigando a que houvesse posterior aditamento para inclusão de mais réus, gerando inegável tumulto processual, como apontou a Comissão.

Incrivelmente, até o dia 4 de julho de 2006, quando o Brasil foi condenado na Corte Interamericana, não havia sequer sentença de primeiro grau na esfera penal. No cível, a ação de indenização ajuizada pela família da vítima em 1999 também não havia sido sentenciada.

Logo após o fato, a irmã da vítima, percebendo a ineficácia da justiça brasileira, apresentou uma petição na Comissão Interamericana de Direitos Humanos[58] contra o Brasil, através de uma ONG (*Centro por la Justicia Global*). O feito tramitou na Comissão (etapa prévia ao processo na Corte) e foi solicitado ao Estado brasileiro que informasse se foram esgotados os recursos e as vias judiciárias internas. O Brasil ignorou o pedido. Foram colocados instrumentos para solução amistosa e o Brasil não se manifestou.

Finalmente a Comissão entendeu, a partir dos documentos juntados pela peticionária, que haviam sido violados os arts. 4º (direito à vida), 5º (direito à integridade física), 8º (direito às garantias judiciais) e 25 (direito à proteção judicial) da Convenção Americana de Direitos Humanos (Pacto de San José da Costa Rica).

A Comissão recomendou ao Estado brasileiro uma série de medidas para sanar essas violações e fixou o prazo de 2 meses para que o país informasse as medidas tomadas. Só então o país se manifestou, postulando prorrogação desse prazo e, após, de forma absolutamente intempestiva, contestou.

Diante das graves violações praticadas e a inércia do País, em 30 de setembro de 2004 a Comissão decidiu submeter o caso à Corte Interamericana e, no dia 4 de julho de 2006, o País foi condenado por violação do direito à vida, integridade física e negação de jurisdição pela demora (violação do direito de ser julgado no prazo razoável).

Interessa-nos, neste tópico, destacar que a Corte Interamericana de Direitos Humanos também considerou que houve uma injustificada demora na prestação da tutela penal (e cível). Para tanto, a Corte analisou três elementos em absoluta sintonia com os critérios por nós apontados:

- complexidade do caso;
- atuação do Estado;
- atuação processual dos interessados.

---

58 Sobre o funcionamento e estrutura da Comissão e da Corte Interamericana, recomendamos a leitura da obra que escrevemos em coautoria com GUSTAVO HENRIQUE BADARÓ, intitulada *Direito ao Processo Penal no Prazo Razoável*, cit.

Censurando a indevida dilação que o processo penal teve no caso em tela, a Corte proferiu a primeira sentença condenatória por violação do disposto no art. 8.1 da Convenção e também consagrado no art. 5º, LXXVIII, da Constituição brasileira. Em que pese não se tratar de uma demanda por violação exclusiva desse direito e tampouco ter como reclamante o réu (mas sim a família da vítima), a condenação é um marco histórico na matéria. Sinaliza, ainda, os critérios para aferir-se a violação do direito ao processo penal no prazo razoável.

Ao final, o Brasil foi condenado a pagar[59]:

a) 125 mil dólares a título de compensação financeira à família;
b) mais 10 mil dólares a título de ressarcimento das despesas processuais;
c) o País deverá pagar esses valores no prazo máximo de 1 ano a contar da data da intimação da sentença;
d) sobre esse valor não podem incidir impostos de qualquer natureza;
e) em caso de atraso, incidem juros moratórios bancários.

Em até 1 ano, o Brasil deverá informar os pagamentos e cumprimento das demais determinações da sentença. Ainda, no prazo de 6 meses, deverá publicar no *Diário Oficial* e em outro jornal de circulação nacional o capítulo VII da sentença, relativo aos fatos provados da sentença e a parte dispositiva.

Mesmo que o valor da indenização seja baixo para quem recebe – os familiares da vítima – e irrisório para o país condenado, a sentença é de um valor imensurável em termos de conquista de eficácia dos direitos humanos (e fundamentais constitucionalmente previstos, como o direito de ser julgado no prazo razoável).

### 1.3.8. Em Busca de "Soluções": Compensatórias, Processuais e Sancionatórias

Reconhecida a violação do direito a um processo sem dilações indevidas, deve-se buscar uma das seguintes soluções[60]:

1. **Soluções Compensatórias:** na esfera do Direito Internacional, pode-se cogitar de uma responsabilidade por "ilícito legislativo", pela omissão em dispor da questão quando já reconhecida a necessária atividade legislativa na CADH (que está incorporada ao sistema normativo interno). Noutra dimensão, a compensação poderá ser de natureza civil ou penal. Na esfera civil, resolve-se com a indenização dos danos materiais e/ou morais

[59] Convém sublinhar que todos esses valores já foram pagos, nos termos da decisão e sem serem submetidos ao regime de "precatórios", no ano de 2007.

[60] A classificação é de PASTOR, Daniel, op. cit., p. 504-538.

produzidos, devidos ainda que não tenha ocorrido prisão preventiva. Existe uma imensa e injustificada resistência em reconhecer a ocorrência de danos, e o dever de indenizar, pela (mera) submissão a um processo penal (sem prisão cautelar), e que deve ser superada. Já a compensação penal poderá ser através da atenuação da pena ao final aplicada (aplicação da atenuante inominada, art. 66 do CP) ou mesmo concessão de perdão judicial, nos casos em que é possível (v.g., art. 121, § 5º, art. 129, § 8º, do CP). Nesse caso, a dilação excessiva do processo penal – uma consequência da infração – atingiu o próprio agente de forma tão grave que a sanção penal se tornou desnecessária. Havendo prisão cautelar, a detração (art. 42 do CP) é uma forma de compensação, ainda que insuficiente.

2. **Soluções Processuais:** a melhor solução é a extinção do feito, mas encontra ainda sérias resistências[61]. Ao lado dele, alguns países preveem o arquivamento (vedada nova acusação pelo mesmo fato) ou a declaração de nulidade dos atos praticados após o marco de duração legítima[62]. Como afirmado no início, a extinção do feito é a solução mais adequada, em termos processuais, na medida em que, reconhecida a ilegitimidade

---

61 Adotando uma inédita "solução processual extintiva", diante da violação do direito de ser julgado em um prazo razoável, proferiu o TJRS, em acórdão da lavra do Rel. Des. Nereu GIACOMOLLI, 6ª Câmara Criminal, Apelação 70019476498, j. 14/06/2007, a seguinte decisão absolutória:

ROUBO. TRANSCURSO DE MAIS DE SEIS ANOS ENTRE O FATO E A SENTENÇA. PROCESSO SIMPLES EM COMPLEXIDADE. ABSOLVIÇÃO.

*1. O tempo transcorrido, no caso em tela, sepulta qualquer razoabilidade na duração do processo e influi na solução final. Fato e denúncia ocorridos há quase sete anos. O processo, entre o recebimento da denúncia e a sentença demorou mais de cinco anos. Somente a intimação do Ministério Público da sentença condenatória tardou quase de cinco meses. Aplicação do artigo 5º, LXXVIII. Processo sem complexidade a justificar a demora estatal.*

*2. Vítima e réu conhecidos; réu que pede perdão à vítima, já na fase policial; réu, vítima e testemunha que não mais lembram dos fatos.*

*3. Absolvição decretada.*

Da leitura do acórdão, percebe-se claramente que o relator decidiu pela absolvição do réu, tendo como fundamento a dilação indevida e, diante da inexistência de uma solução processual extintiva no sistema brasileiro, revestiu-a do caráter "absolutório". Sem dúvida, uma decisão inovadora e muito relevante para a problemática em tela.

62 Similar à *pena de inutilizzabilità*, prevista no art. 407.3 do CPP italiano, mas apenas em relação aos atos da investigação preliminar:

*Art. 407. Termini di durata massima delle indagini preliminari.*

*3. Salvo quanto previsto dall'art. 415-bis, qualora il pubblico minitero non abbia esercitato l'azione penale o richiesto l'archiviazione nel termine stabilito dalla legge o prorogato dal giudice, gli atti di indagine compiuti dopo la scadenza del termine non possono essere utilizzati (408, 411).*

Para assegurar a eficácia da limitação temporal fixada para a fase pré-processual (*indagini preliminari*), o CPPI determina que, se o MP não exercitar a ação penal ou solicitar o arquivamento no prazo estabelecido na lei (ou prorrogado pelo juiz), os atos de investigação praticados depois de expirado o prazo (dilação indevida) não poderão ser utilizados no processo. É o que a doutrina define como *pena de inutilizzabilità* (pena de inutilidade), em clara alusão à ineficácia jurídica desses atos.

do poder punitivo pela própria desídia do Estado, o processo deve findar. Sua continuação, além do prazo razoável, não é mais legítima e vulnera o Princípio da Legalidade, fundante do Estado de Direito, que exige limites precisos, absolutos e categóricos – incluindo-se o limite temporal – ao exercício do poder penal estatal. Também existe uma grande resistência em compreender que a instrumentalidade do processo é toda voltada para impedir uma pena sem o devido processo, mas esse nível de exigência não existe quando se trata de não aplicar pena alguma. Logo, para não aplicar uma pena, o Estado pode prescindir completamente do instrumento, absolvendo desde logo o imputado, sem que o processo tenha que tramitar integralmente. Finalizando, também são apontados como soluções processuais: possibilidade de suspensão da execução ou dispensabilidade da pena, indulto e comutação.

3. **Soluções Sancionatórias:** punição do servidor (incluindo juízes, promotores etc.) responsável pela dilação indevida. Isso exige, ainda, uma incursão pelo Direito Administrativo, Civil e Penal (se constituir um delito). A Emenda Constitucional n. 45, além de recepcionar o direito de ser julgado em um prazo razoável, também previu a possibilidade de uma sanção administrativa para o juiz que der causa à demora. A nova redação do art. 93, II, "e", determina que:

> e) não será promovido o juiz que, injustificadamente, retiver autos em seu poder além do prazo legal, não podendo devolvê-los ao cartório sem o devido despacho ou decisão;

Cumpre agora esperar para ver se a sanção ficará apenas nessa dimensão simbólica ou se os tribunais efetivamente aplicarão a sanção.

Na atual sistemática brasileira, não vemos dificuldade na aplicação das soluções compensatórias de natureza cível (devidas ainda que não exista prisão cautelar), bem como das sancionatórias. A valoração das consequências da dilação indevida pode ser considerada quando da quantificação da medida reparatória; contudo, é importante destacar que a responsabilidade estatal independe dos efeitos causados pela dilação.

Na esfera penal, não compreendemos a timidez em aplicar a atenuante genérica do art. 66 do CP. Assumido o caráter punitivo do tempo, não resta outra coisa ao juiz que (além da elementar detração em caso de prisão cautelar) compensar a demora reduzindo a pena aplicada, pois parte da punição já foi efetivada pelo tempo. Para tanto, formalmente, deverá lançar mão da atenuante genérica do art. 66 do Código Penal. É assumir o *tempo do processo* enquanto *pena* e que, portanto, deverá ser compensado na *pena de prisão* ao final aplicada.

Ainda que o campo de incidência seja limitado, não vislumbramos nenhum inconveniente na concessão do perdão judicial, nos casos em que é possível (v.g. art. 121, § 5º, art. 129, § 8º, do CP), pois a dilação excessiva do processo penal é uma consequência da infração – que atinge o próprio agente de forma tão grave que a sanção penal se tornou desnecessária.

As soluções compensatórias são meramente paliativas, uma falsa compensação, não só por sua pouca eficácia (limites para atenuação), mas também porque representam um "retoque cosmético", como define PASTOR[63], sobre uma pena inválida e ilegítima, eis que obtida através de um instrumento (processo) viciado. Ademais, a atenuação da pena é completamente ineficiente quando o réu for absolvido ou a pena processual exceder o suplício penal. Nesse caso, o máximo que se poderá obter é uma paliativa e, quase sempre, tímida indenização.

Em relação à indenização pela demora, evidencia-se o paradoxo de obrigar alguém a cumprir uma pena – considerada legítima e conforme o Direito – e, ao mesmo tempo, gerar uma indenização pela demora do processo que impôs essa pena – processo esse, em consequência, ilegítimo e ilegal.

Quanto às soluções processuais, o problema é ainda mais grave. O sistema processual penal brasileiro está completamente engessado e inadequado para atender às diretrizes da CADH. Não dispõe de instrumentos necessários para efetivar a garantia do direito a um processo sem dilações indevidas. Sequer possui um prazo máximo de duração das prisões cautelares.

O ideal seria uma boa dose de coragem legislativa para prever claramente o prazo máximo de duração do processo e das prisões cautelares, fixando condições resolutivas pelo descumprimento. Na fase de investigação preliminar, deve-se prever a impossibilidade de exercício da ação penal após superado o limite temporal, ou, no mínimo, fixar a pena de inutilidade para os atos praticados após o prazo razoável.

Outra questão de suma relevância brota da análise do "Caso Metzger", da lúcida interpretação do TEDH, no sentido de que o reconhecimento da culpabilidade do acusado através da sentença condenatória não justifica a duração excessiva do processo. É um importante alerta, frente à equivocada tendência de considerar que qualquer abuso ou excesso está justificado pela sentença condenatória ao final proferida, como se o "fim" justificasse os arbitrários "meios" empregados. Desnecessária qualquer argumentação em torno do grave erro desse tipo de premissa,

63 Idem, ibidem, p. 513.

mas perigosamente difundida atualmente pelos movimentos repressivistas de lei e ordem, tolerância zero etc.

### 1.3.9. Concluindo: o Difícil Equilíbrio entre a (De)Mora Jurisdicional e o Atropelo das Garantias Fundamentais

Até aqui nos ocupamos do direito de ser julgado num prazo razoável, seu fundamento, recepção pelo sistema jurídico brasileiro, dificuldade no seu reconhecimento e os graves problemas gerados pela (de)mora jurisdicional.

Dessarte, pensamos que:

a) Deve haver um marco normativo interno de duração máxima do processo e da prisão cautelar, construído a partir das especificidades do sistema processual de cada país, mas tendo como norte um prazo fixado pela Corte Interamericana de Direitos Humanos. Com isso, os tribunais internacionais deveriam abandonar a doutrina do não prazo, deixando de lado os axiomas abertos, para buscar uma clara definição de "prazo razoável", ainda que admitisse certo grau de flexibilidade atendendo às peculiaridades do caso. Inadmissível é a total abertura conceitual, que permite ampla manipulação dos critérios.

b) São insuficientes as soluções compensatórias (reparação dos danos) e atenuação da pena (sequer aplicada pela imensa maioria de juízes e tribunais brasileiros), pois produz pouco ou nenhum efeito inibitório da arbitrariedade estatal. É necessário que o reconhecimento da dilação indevida também produza a extinção do feito, enquanto inafastável consequência processual. O poder estatal de perseguir e punir deve ser estritamente limitado pela Legalidade, e isso também inclui o respeito a certas condições temporais máximas. Entre as regras do jogo, também se inclui a limitação temporal para exercício legítimo do poder de perseguir e punir. Tão ilegítima como é a admissão de uma prova ilícita, para fundamentar uma sentença condenatória, é reconhecer que um processo viola o direito de ser julgado num prazo razoável e, ainda assim, permitir que ele prossiga e produza efeitos. É como querer extrair efeitos legítimos de um instrumento ilegítimo, voltando à (absurda) máxima de que os fins justificam os meios.

c) O processo penal deve ser agilizado. Insistimos na necessidade de acelerar o tempo do processo, mas desde a perspectiva de quem o sofre, enquanto forma de abreviar o tempo de duração da pena-processo. Não se

> trata da aceleração utilitarista como tem sido feito, através da mera supressão de atos e atropelo de garantias processuais, ou mesmo a completa supressão de uma jurisdição de qualidade, como ocorre na justiça negociada, senão de acelerar através da diminuição da demora judicial com caráter punitivo. É diminuição de tempo burocrático (verdadeiros *tempos mortos*) através da inserção de tecnologia e otimização de atos cartorários e mesmo judiciais. Uma reordenação racional do sistema recursal, dos diversos procedimentos que o CPP e leis esparsas absurdamente contemplam e ainda, na esfera material, um (re)pensar os limites e os fins do próprio Direito Penal, absurdamente maximizado e inchado. Trata-se de reler a aceleração não mais pela perspectiva utilitarista, mas sim pelo viés garantista, o que não constitui nenhum paradoxo.

Em suma, um capítulo a ser escrito no processo penal brasileiro é o direito de ser julgado num prazo razoável, num processo sem dilações indevidas, mas também sem atropelos. Não estamos aqui buscando soluções ou definições cartesianas em torno de tão complexa temática, senão dando um primeiro e importante passo em direção à solução de um grave problema, e isso passa pelo necessário reconhecimento desse "jovem direito fundamental".

## 2. Princípio Acusatório: Separação de Funções e Iniciativa Probatória das Partes. A Imparcialidade do Julgador

Para compreensão dessa garantia, é imprescindível a leitura dos capítulos anteriores, quando tratamos dos *Sistemas Processuais Penais Inquisitório e Acusatório*. Partindo dos conceitos lá definidos, cumpre agora destacar alguns aspectos.

Inicialmente, não prevê nossa Constituição – expressamente – a garantia de um processo penal orientado pelo sistema acusatório. Contudo, nenhuma dúvida temos da sua consagração, que não decorre da "lei", mas da interpretação sistemática da Constituição. Para tanto, basta considerar que o projeto democrático constitucional impõe uma valorização do homem e do valor dignidade da pessoa humana, pressupostos básicos do sistema acusatório. Recorde-se que a transição do sistema inquisitório para o acusatório é, antes de tudo, uma transição de um sistema político autoritário para o modelo democrático. Logo, democracia e sistema acusatório compartilham uma mesma base epistemológica. Para além disso, possui ainda nossa Constituição uma série de regras que desenha um modelo acusatório, como por exemplo:

- titularidade exclusiva da ação penal pública por parte do Ministério Público (art. 129, I);
- contraditório e ampla defesa (art. 5º, LV);
- devido processo legal (art. 5º, LIV);
- presunção de inocência (art. 5º, LVII);
- exigência de publicidade e fundamentação das decisões judiciais (art. 93, IX).

Essas são algumas regras inerentes ao sistema acusatório, praticamente inconciliáveis com o inquisitório, que dão os contornos do modelo (acusatório) constitucional.

Compreende-se assim que o modelo constitucional é acusatório, em contraste com o CPP, que é nitidamente inquisitório.

O problema situa-se, agora, em verificar a falta de conformidade entre a sistemática prevista no Código de Processo Penal de 1941 e aquela da Constituição, levando a que afirmemos, desde já, que todos os dispositivos do CPP que sejam de natureza inquisitória são substancialmente inconstitucionais e devem ser rechaçados.

ADVERTÊNCIA INICIAL: Com a concessão de Liminar na Medida Cautelar nas ADIn's n. 6.298, 6.299, 6.300 e 6.305 pelo Min. FUX, está suspensa, *sine die*, a eficácia do art. 3º-A. Como se trata de medida liminar, manteremos a análise do dispositivo legal, que poderá ter sua vigência restabelecida a qualquer momento. Portanto, enquanto estiver valendo a medida liminar, o artigo 3ª-A está suspenso. Assim, o processo penal segue com a estrutura inquisitória (do CPP) em confronto direto com o modelo acusatório desenhado pela Constituição. Mas manteremos nossas considerações, não só porque o(s) dispositivo(s) pode(m) entrar em vigor, mas também porque reflete(m) um avanço importante para o processo penal e serve(m) como fundamentação teórica para criticar o superado modelo do CPP. Pedimos a compreensão do leitor para essa situação de insegurança jurídica gerada por motivos alheios a nossa vontade.

Crucial neste terreno foi a reforma de 2019, através da qual foi inserido no CPP o art. 3º-A com a seguinte redação:

> Art. 3º-A. O processo penal terá estrutura acusatória, vedadas a iniciativa do juiz na fase de investigação e a substituição da atuação probatória do órgão de acusação.

Como já explicamos ao tratar dos sistemas processuais – e a repetição parcial aqui é necessária – a redação do artigo prevê duas situações:

1º) veda a atuação do juiz na fase de investigação, o que é um acerto, proibindo portanto que o juiz atue de ofício para decretar prisões cautelares, medidas cautelares reais, busca e apreensão, quebra de sigilo bancário, etc.

2º) veda – na fase processual – a substituição pelo juiz da atuação probatória do órgão acusador.

No primeiro caso não há críticas a redação, está coerente com o que se espera do agir de um juiz no marco do sistema acusatório. Consagra o juiz das garantias e afasta o juiz inquisidor. Nessa perspectiva, estão revogados tacitamente diversos artigos do CPP, como os arts. 156, 209, 385, etc., pois não cabe mais esse agir de ofício, na busca de provas, por parte do juiz na fase de investigação. Obviamente que não basta mudar a lei, é preciso mudar a cultura, e esse sempre será o maior desafio.

A segunda parte do artigo veda a "substituição da atuação probatória do órgão de acusação". Mas, afinal, o que isso significa? A nosso juízo toda e qualquer iniciativa probatória do juiz, que determinar a produção de provas de ofício, já representa uma "substituição" da atuação probatória do julgador. Considerando que no processo penal a atribuição da carga probatória é inteiramente do acusador (pois – como já ensinava James Goldschmidt – não existe distribuição de carga probatória, mas sim a "atribuição" ao acusador, pois a defesa não tem qualquer carga probatória, pois marcada pela presunção de inocência), qualquer invasão nesse terreno por parte do juiz representa uma "substituição da atuação probatória do acusador". Ademais, esse raciocínio decorre do próprio conceito de sistema acusatório: radical separação de funções e iniciativa/gestão da prova nas mãos das partes (ainda que a defesa não tenha "carga", obviamente pode ter iniciativa probatória) mantendo o juiz como espectador (e não um juiz-ator, figura típica da estrutura inquisitória abandonada). Nada impede, por elementar, que o juiz questione testemunhas, após a inquirição das partes, para esclarecer algum ponto relevante que não tenha ficado claro (na linha do que preconiza o art. 212 do CPP, que se espera agora seja respeitado), ou os peritos arrolados pelas partes.

Portanto, o juiz pode "esclarecer" algo na mesma linha de indagação aberto pelas partes, não podendo inovar/ampliar com novas perguntas, nem, muito menos, indicar provas de ofício[64]. Por fim, a interpretação prevalecente do artigo 212, do CPP, também não poderá mais subsistir, porque juiz não pergunta: a) quem pergunta são as partes; b) se o juiz pergunta, substitui as partes; e c) o artigo 3º-A proíbe que o juiz substitua a atividade probatória das partes. Como dito, excepcionalmente poderá perguntar para esclarecer algo que não compreendeu. Não mais do que isso.

---

[64] Como adverte Alexandre Morais da Rosa em artigo que publicamos em coautoria no dia 3/1/2020: <https://www.conjur.com.br/2020-jan-03/limite-penal-estrutura-acusatoria-atacada-msi-movimento-sabotagem-inquisitoria>.

Também não se pode admitir o juiz produzindo prova de ofício a título de "ajudar a defesa". Em um processo acusatório existe um preço a ser pago: o juiz deve conformar-se com a atividade probatória incompleta das partes. Não se lhe autoriza a descer para a arena das partes e produzir (de ofício) provas nem para colaborar com a acusação nem para auxiliar a defesa. Ele não pode é "descer" na estrutura dialética, nem para um lado nem para o outro.

Dessarte, a gestão da prova deve estar nas mãos das partes (mais especificamente, a carga probatória está inteiramente nas mãos do acusador), assegurando-se que o juiz não terá iniciativa probatória, mantendo-se assim suprapartes e preservando sua imparcialidade.

## 3. Presunção de Inocência: Norma de Tratamento, Probatória e de Julgamento

A presunção de inocência remonta ao Direito romano (escritos de Trajano), mas foi seriamente atacada e até invertida na inquisição da Idade Média. Basta recordar que na inquisição a dúvida gerada pela insuficiência de provas equivalia a uma semiprova, que comportava um juízo de semiculpabilidade e semicondenação a uma pena leve. Era na verdade uma presunção de culpabilidade. No *Directorium Inquisitorum*, EYMERICH orientava que "o suspeito que tem uma testemunha contra ele é torturado. Um boato e um depoimento constituem, juntos, uma semiprova e isso é suficiente para uma condenação".

A presunção de inocência e o princípio de jurisdicionalidade foram, como explica FERRAJOLI[65], finalmente, consagrados na Declaração dos Direitos do Homem de 1789. A despeito disso, no fim do século XIX e início do século XX, a presunção de inocência voltou a ser atacada pelo verbo totalitário e pelo fascismo, a ponto de MANZINI chamá-la de "estranho e absurdo extraído do empirismo francês".

Como já explicamos em outra oportunidade[66], "doutrinariamente, pela mão de Vincenzo Manzini, há um esvaziamento da tutela da inocência no processo penal, justamente pela crítica que fora oposta à democracia francesa. Como assevera Manzini, 'la pseudo democracia de tipo francés, superficial, gárrula y confucionista en todo, ha cometido también aquí el desacierto de enturbiar los conceptos, afirmando que la finalidad del proceso penal es principalmente la de tutelar la inocencia, o que ella se asocia a la de la represión de la delincuencia (finalidades jurídicas), agregando

65 *Derecho y Razón*, cit., p. 550.

66 Na obra *Investigação Preliminar*, 5ª edição, em coautoria com Ricardo Jacobsen Gloeckner, publicada pela Editora Saraiva.

también la intención (finalidad política) de dar al pueblo la garantía de la exclusión del error y de la arbitrariedad'[67]. E percebe-se uma inversão muito sutil nos argumentos trazidos a lume por Manzini, até mesmo por se tratar de argumentos próprios da escolástica, como a distinctio, a divisio e a subdivisio. Alude Manzini, segundo o operar 'normal das coisas' (natureza das coisas) é de se presumir o fundamento da imputação e a verdade da decisão e não o contrário, taxando o processualista de irracional e paradoxal a defesa do princípio da presunção de inocência. Manzini se apropria aqui da doutrina de Perego, para quem a presunção de inocência surgiu como uma verdadeira atenuação da presunção de culpabilidade implícita na tautologia de que a ação penal nasce do delito[68]. No mesmo sentido é possível se acrescentar aqui as palavras de Ferrari[69] e de Vitali[70]".

Partindo de uma premissa absurda, MANZINI chegou a estabelecer uma equiparação entre os indícios que justificam a imputação e a prova da culpabilidade. O raciocínio era o seguinte: como a maior parte dos imputados resultavam ser culpados ao final do processo, não há o que justifique a proteção e a presunção de inocência. Com base na doutrina de Manzini, o próprio Código de Rocco de 1930 não consagrou a presunção de inocência, pois era vista como um excesso de individualismo e garantismo.

Como explica Gustavo BADARÓ[71], em parecer que elaboramos em coautoria, a "presunção de inocência é a primeira, e talvez a mais importante forma de analisar este princípio, é como garantia política do cidadão. A presunção de inocência é, antes de tudo, um princípio político[72]! O processo, e em particular o

---

67 MANZINI, Vincenzo. *Tratado de Derecho Procesal Penal*. t. I. Trad. Santiago Sentís Melendo y Marino Ayerra Redin. Barcelona, Ediciones Jurídicas Europa-América, 1951. p. 252.

68 Para Perego, duas são as presunções que movimentam a dinâmica do processo: a de culpabilidade e a de inocência. Para o autor, dentro da lógica, não é possível que ambas emirjam simultaneamente. Isso somente pode ocorrer quando uma presunção seja racional e a outra intuitiva ou sentimental, uma vez que a concorrência da razão e do sentimento é justamente o que compõe o juízo. Todavia, Perego nega que seja possível, filosoficamente, uma presunção ser sentimental. O indiciado, portanto, não passa de um indiciado culpável (caso contrário não se procederia contra ele), mas não um presumível culpado ou inocente. PEREGO, Luigi. *I Nuovi Valori Filosofici e Il Diritto Penale*. Milano: Società Editrice Libraria, 1918. p. 198.

69 FERRARI, Ubaldo. *La Verità Penale e la sua Ricerca nel Diritto Processuale Penale Italiano*. Milano, Inst. Ed. Scientifico, 1927.

70 VITALI, Giovanni. Sul Principio della Presunzione di Colpa Dell'Imputato. In: *Cassasione Unica*, XXVII, 1916. p. 1009.

71 Em Parecer Jurídico sobre a Presunção de Inocência que foi utilizado no HC 126.292/SP, quando da discussão no STF sobre a execução antecipada da pena.

72 Nesse sentido: Bettiol, Giuseppe. Sulle Presunzioni nel Diritto e nel Processo Penale. In: BETTIOL, Giuseppe. *Scritti Giuridici*. Padova, Cedam, 1966, t. I, p. 385; ILLUMINATI, Giullio. *La Presunzione d'Innocenza dell'Imputato*. Bologna, Zanichelli, 1979, p. 5; BORGHESE, Sofo. Presunzioni (diritto penale e diritto processuale penale). *Novissimo digesto italiano*. Torino, Utet, 1966, v. XIII, p. 774.

processo penal, é um microcosmos no qual se refletem a cultura da sociedade e a organização do sistema político[73]. Não se pode imaginar um Estado de Direito que não adote um processo penal acusatório e, como seu consectário necessário, a presunção de inocência que é, nas palavras de PISANI, um 'presupposto implicito e peculiare del processo accusatorio penale'[74]. O princípio da presunção de inocência é reconhecido, atualmente, como componente basilar de um modelo processual penal que queira ser respeitador da dignidade e dos direitos essenciais da pessoa humana[75]. Há um valor eminentemente ideológico na presunção de inocência[76]. Liga-se, pois, à própria finalidade do processo penal: um processo necessário para a verificação jurisdicional da ocorrência de um delito e sua autoria"[77].

No Brasil, a presunção de inocência está expressamente consagrada no art. 5º, LVII, da Constituição, sendo o princípio reitor do processo penal e, em última análise, podemos verificar a qualidade de um sistema processual através do seu nível de observância (eficácia). Define a Constituição:

> Art. 5, LVII – ninguém será considerado culpado até o trânsito em julgado de sentença penal condenatória.

Na Convenção Americana de Direitos Humanos:

> Art. 8.
> (...)
> 2. Toda pessoa acusada de delito tem direito a que se presuma sua inocência enquanto não se comprove legalmente sua culpa. Durante o processo, toda pessoa tem direito, em plena igualdade, às seguintes garantias mínimas:
>    a) direito do acusado de ser assistido gratuitamente por tradutor ou intérprete, se não compreender ou não falar o idioma do juízo ou tribunal;
>    b) comunicação prévia e pormenorizada ao acusado da acusação formulada;

---

73 NAPPI, Aniello. *Guida al Codice di Procedura Penale*. 8. ed. Milano, Giuffrè, 2001. p. 3.

74 PISANI, Mario. Sulla Presunzione di Non Colpevolezza. *Il Foro Penale*, 1965, p. 3. Aliás, como lembra Giulio Ubertis (*Principi di Procedura Penale Europea. Le Regole del Giusto Processo*. Milano, Raffaello Cortina, 2000, p. 64), a presunção de inocência é um princípio "che sorge come reazione al sistema inquisitorio".

75 CHIAVARIO, Mario. La Presunzione d'Innocenza nella Giurisprudenza della Corte Europea dei Diritti dell'Uomo. In: *Studi in Ricordo di Gian Domenico Pisapia*. Milano, Giuffrè, 2000. v. 2, p. 76.

76 PAULESU, Pier Paolo. Presunzione di Non Colpevolezza. *Digesto – Discipline Penalistiche*. 4. ed. Torino, Utet, 1995. vol. IX, p. 671.

77 A contraposição é destacada por Oreste Dominioni (Il 2º comma dell'art. 27. In: BRANCA, Giuseppe; PIZZORUSSO, Alessandro [Coord.]. *Commentario della Costituzione – Rapporti Civili*. Bologna, Zanichelli, 1991, p. 187) que, comentando a matriz política e ideológica do Código Rocco, observa que "la premessa politica che lo Stato fascista, a differenza dello Stato democratico liberale, non considera la libertà individuale come un diritto preminente, bensì come una concessione dello Stato accordata nell'interesse della collettività, determina il radicale ripudio dell'idea che la disciplina del processo penale trovi nella tutela dell'innocenza la propria essenziale funzione e porta, per contrapposto, a riaffermare l'interesse repressivo come suo elemento specifico".

c) concessão ao acusado do tempo e dos meios adequados para a preparação de sua defesa;
d) direito do acusado de defender-se pessoalmente ou de ser assistido por um defensor de sua escolha e de comunicar-se, livremente e em particular, com seu defensor;
e) direito irrenunciável de ser assistido por um defensor proporcionado pelo Estado, remunerado ou não, segundo a legislação interna, se o acusado não se defender ele próprio nem nomear defensor dentro do prazo estabelecido pela lei;
f) direito da defesa de inquirir as testemunhas presentes no tribunal e de obter o comparecimento, como testemunhas ou peritos, de outras pessoas que possam lançar luz sobre os fatos;
g) direito de não ser obrigado a depor contra si mesma, nem a declarar-se culpada; e
h) direito de recorrer da sentença para juiz ou tribunal superior.

Podemos extrair da presunção de inocência[78] que a formação do convencimento do juiz deve ser construído em contraditório (Fazzalari), orientando-se o processo, portanto, pela estrutura acusatória que impõe a estrutura dialética e mantém o juiz em estado de alheamento (rechaço à figura do juiz-inquisidor – com poderes investigatórios/instrutórios – e consagração do juiz de garantias ou garantidor).

A partir da análise constitucional e também do art. 9º da Declaração dos Direitos do Homem e do Cidadão[79], de 1789, VEGAS TORRES[80] aponta para as três principais manifestações (não excludentes, mas sim integradoras) da presunção de inocência:

a) É um princípio fundante, em torno do qual é construído todo o processo penal liberal, estabelecendo essencialmente garantias para o imputado frente à atuação punitiva estatal;
b) É um postulado que está diretamente relacionado ao tratamento do imputado durante o processo penal, segundo o qual haveria de partir-se da ideia de que ele é inocente e, portanto, deve reduzir-se ao máximo as medidas que restrinjam seus direitos durante o processo (incluindo-se, é claro, a fase pré-processual);
c) Finalmente, a presunção de inocência é uma regra diretamente referida ao juízo do fato que a sentença penal faz. É sua incidência no âmbito

78 Baseamo-nos na divisão de Perfecto Andrés Ibáñez, *Garantismo y Proceso Penal*, cit., p. 53.

79 "Art. 9º Todo homem presume-se inocente enquanto não houver sido declarado culpado; por isso, se se considerar indispensável detê-lo, todo rigor que não seria necessário para a segurança de sua pessoa deve ser severamente punido pela lei."

80 VEGAS TORRES, Jaime. *Presunción de Inocencia y Prueba en el Proceso Penal*, p. 35 e s.

probatório, vinculando à exigência de que a prova completa da culpabilidade do fato é uma carga da acusação, impondo-se a absolvição do imputado se a culpabilidade não ficar suficientemente demonstrada.

Mas será que podemos afirmar que a Constituição "não recepcionou a presunção de inocência"?

Em primeiro lugar, afirmar que a Constituição recepcionou apenas a "presunção de não culpabilidade" é uma concepção reducionista, pois seria alinhar-se ao estágio "pré-presunção de inocência" não recepcionada pela Convenção Americana de Direitos Humanos e tampouco pela base democrática da Constituição. A essa altura do estágio civilizatório, Constitucional e Democrático, como ensina Bueno de Carvalho[81], o Princípio da Presunção de Inocência "não precisa estar positivado em lugar nenhum: é pressuposto – para seguir Eros – neste momento histórico, da condição humana". Não se pode olvidar, ainda, a expressa recepção no art. 8.2 da Convenção Americana de Direitos Humanos.

Dessarte, o Brasil recepcionou sim a presunção de inocência e, *como presunção, exige uma pré-ocupação* (como adverte Rui Cunha Martins) nesse sentido durante o processo penal, um verdadeiro *dever imposto ao julgador de preocupação com o imputado, uma preocupação de tratá-lo como inocente*.

Muito importante sublinhar que a presunção constitucional de inocência tem um marco claramente demarcado: *até o trânsito em julgado*. Neste ponto nosso texto constitucional supera os diplomas internacionais de direitos humanos e muitas constituições tidas como referência. Há uma afirmação explícita e inafastável de que o acusado é presumidamente inocente até o "trânsito em julgado da sentença penal condenatória". Mas também não é uma construção única, basta ler as Constituições italiana e portuguesa, que também asseguram até o trânsito em julgado[82].

**E o conceito de trânsito em julgado tem fonte e história** e não cabe que seja manejado irrefletidamente (Geraldo Prado) ou distorcido de forma autoritária e a "golpes de decisão". Não pode o STF, como fez no HC 126.292 (autorizando a execução antecipada da pena), com a devida vênia e máximo respeito,

---

81 CARVALHO, Amilton Bueno de. Lei, Para Que(m)?. In: *Escritos de Direito e Processo Penal em Homenagem ao Professor Paulo Claudio Tovo*. Rio de Janeiro, Lumen Juris, 2001. p. 51.

82 É o caso da Constituição italiana, de 1948, que no art. 27, *comma* 2º, assegura: "l'imputato non è considerato colpevole *sino alla condanna definitiva*". O mesmo conteúdo foi adotado pela Constituição Portuguesa, de 1974, no art. 32.2, que, entre as garantias do processo criminal, assegura: "Todo o arguido *se presume inocente até ao trânsito em julgado da sentença de condenação*, devendo ser julgado no mais curto prazo compatível com as garantias de defesa".

reinventar conceitos processuais assentados em – literalmente – séculos de estudo e discussão, bem como em milhares e milhares de páginas de doutrina. O STF é o guardião da Constituição, não seu dono e tampouco o criador do Direito Processual Penal ou de suas categorias jurídicas. Há que se ter consciência disso, principalmente em tempos de decisionismo e ampliação dos espaços impróprios da discricionariedade judicial. Quando o Brasil foi descoberto, em 1500, o mundo já sabia o que era trânsito em julgado... É temerário admitir que o STF possa "criar" um novo conceito de trânsito em julgado, numa postura solipsista e aspirando ser o marco zero de interpretação. Trata-se de conceito assentado, com fonte e história. Mas, apenas para esclarecer, o fato de a presunção de inocência perdurar até o trânsito em julgado não significa que ninguém possa ser preso antes disso. É perfeitamente possível prender em qualquer fase da investigação ou processo, e para isso existem as prisões cautelares, com seus requisitos, fundamentos e princípios, que coexistem com a presunção de inocência.

Também não há que se pactuar com qualquer visão gradualista da presunção de inocência, como bem explica Maurício Zanoide de Moraes: "Essa visão 'gradualista' da presunção de inocência não deixa de esconder um ranço técnico-positivista da 'presunção de culpa', pois sob seu argumento está uma 'certeza' de que, ao final, a decisão de mérito será condenatória. Desconsiderando a importância da cognição dos tribunais, 'crê' que a análise do juízo *a quo* pela condenação prevalecerá e, portanto, 'enquanto se espera por um desfecho já esperado', mantém-se uma pessoa presa 'provisoriamente'"[83].

Mas isso não se confunde com a redução de *standard* probatório, que é admitida, como explicamos no tópico específico do capítulo da teoria da prova, para onde remetemos o leitor.

A presunção de inocência irradia sua eficácia em três dimensões, constituindo as seguintes normas[84]:

- **norma de tratamento:** a presunção de inocência impõe um verdadeiro *dever de tratamento* (na medida em que exige que o réu seja tratado como inocente), que atua em duas dimensões: interna ao processo e exterior a ele.

---

83 ZANOIDE DE MORAES, Maurício. *Presunção de Inocência no Processo Penal Brasileiro: Análise de sua Estrutura Normativa para a Elaboração Legislativa e para a Decisão Judicial*, 2008. Tese (Livre-docência). Faculdade de Direito da Universidade de São Paulo, São Paulo, cap. IV, p. 483.

84 Neste tema, nos baseamos e recomendamos a leitura de dois excelentes trabalhos da doutrina nacional: ZANOIDE DE MORAES, Maurício. *Presunção de Inocência no Processo Penal Brasileiro: Análise de sua Estrutura Normativa para a Elaboração Legislativa e para a Decisão Judicial*. Rio de Janeiro, Lumen Juris, 2010 e GOMES FILHO, Antonio Magalhães. *Presunção de inocência e prisão cautelar*, São Paulo, Saraiva, 1991.

Internamente, é a imposição – ao juiz – de tratar o acusado efetivamente como inocente até que sobrevenha eventual sentença penal condenatória transitada em julgado. Isso terá reflexos, entre outros, no uso excepcional das prisões cautelares, como explicaremos no capítulo específico. Na dimensão externa ao processo, a presunção de inocência exige uma proteção contra a publicidade abusiva e a estigmatização (precoce) do réu. Significa dizer que a presunção de inocência (e também as garantias constitucionais da imagem, dignidade e privacidade) deve ser utilizada como verdadeiro limite democrático à abusiva exploração midiática em torno do fato criminoso e do próprio processo judicial. O bizarro espetáculo montado pelo julgamento midiático deve ser coibido pela eficácia da presunção de inocência. Também na perspectiva de norma de tratamento, a presunção de inocência repudia o uso desnecessário de algemas e todas as formas de tratamento análogo ao de culpado para alguém que ainda não foi condenado definitivamente.

- **norma probatória:** no processo penal não existe "distribuição de cargas probatórias", como no processo civil, senão mera "atribuição" de carga ao acusador (James Goldschmidt), de modo que a carga da prova é inteiramente do acusador (pois, se o réu é inocente, não precisa provar nada). Como adverte ZANOIDE DE MORAES[85], a presunção de inocência como norma probatória "exige que o material probatório necessário para afastá-la seja produzido pelo órgão acusador de modo lícito e tenha conteúdo para incriminador. No cumprimento de seu ônus probatório a acusação deverá utilizar apenas de provas lícitas e voltadas a demonstrar a culpa do imputado e a materialidade da infração, em todos os seus aspectos. Esse significado da presunção de inocência é objetivo e antecede, por motivos lógicos, o seu significado de 'norma de juízo'". Não se admite, ainda, nenhum tipo de inversão de carga probatória, sendo censuráveis – por violadores da presunção de inocência – todos os dispositivos legais neste sentido. Mas não basta "qualquer" prova, é preciso que seja lícita, buscada, produzida e valorada dentro dos padrões constitucionais e legais[86]. Nessa perspectiva, acrescentamos a garantia de ser julgado com base em "prova" e não "meros atos de investigação" ou "elementos informativos" do inquérito. Explica ZANOIDE DE MORAES[87] que as meras suspeitas, opiniões ou "convicções" do julgador, formadas fora do processo (ou dos limites de

85 ZANOIDE DE MORAES, Maurício. *Presunção de Inocência no Processo Penal Brasileiro*, p. 538.
86 Idem, ibidem, p. 463.
87 Idem, ibidem, p. 465.

legalidade probatória) ou na fase de investigação, não podem ser usadas pelo juiz na motivação da sentença, sob pena de violação da presunção de inocência como "norma probatória". Para evitar repetições, remetemos o leitor para o capítulo em que estudamos o inquérito policial e seu valor probatório, pois lá fazemos essa distinção.

- **norma de julgamento:** nessa perspectiva, a presunção de inocência é uma "norma para o juízo", diretamente relacionada à definição e observância do "*standard probatório*", atuando no nível de exigência de suficiência probatória para um decreto condenatório. Difere-se da norma probatória na medida em que atua na perspectiva subjetiva, ao passo que as regras probatórias têm natureza objetiva. Trata-se de uma regra que incide após a norma probatória, pois somente poderá ocorrer sobre o material já produzido[88]. ZANOIDE DE MORAES explica que a presunção de inocência, como norma de julgamento, exige a concretização do "*in dubio pro reo*" e do "*favor rei*", enquanto preceitos tradicionais da cultura jurídica, vinculados a valores humanitários de igualdade, respeito à dignidade da pessoa humana e liberdade, que devem ser os critérios axiológicos orientadores de toda e qualquer decisão judicial no âmbito criminal. Isso se manifesta na interpretação e aplicação da norma, mas também como "critério pragmático de resolução da incerteza judicial" (na clássica expressão de Ferrajoli). A presunção de inocência – e sua dimensão de norma de julgamento – incide não apenas no "julgamento" em sentido estrito, mas ao longo de toda a persecução criminal, da fase de inquérito até o trânsito em julgado (e inclusive na fase de revisão criminal, como explicamos no tópico a ela destinado, porque lá também incidem os valores constitucionais que devem estar presentes em qualquer decisão judicial, seja interlocutória ou mesmo no julgamento de uma revisão criminal). Essencialmente a presunção de inocência, enquanto norma de julgamento, diz respeito à suficiência probatória e constitui, assim, o "*standard* probatório". Sobre o tema, para evitar repetições, remetemos o leitor para o capítulo "Teoria Geral da Prova no Processo Penal", onde tratamos do tema.

Por fim, destacamos que também se reflete na garantia da "motivação das decisões judiciais", a seguir tratada, pois somente através da fundamentação e motivação da decisão é que se pode avaliar se a presunção de inocência foi respeitada, especialmente nas dimensões de norma probatória e de julgamento.

---

[88] Idem, ibidem, p. 468 e s.

## 4. Contraditório e Ampla Defesa

### 4.1. Direito ao Contraditório

O contraditório pode ser inicialmente tratado como um método de confrontação da prova e comprovação da verdade, fundando-se não mais sobre um juízo potestativo, mas sobre o conflito, disciplinado e ritualizado, entre partes contrapostas: a acusação (expressão do interesse punitivo do Estado) e a defesa (expressão do interesse do acusado [e da sociedade] em ficar livre de acusações infundadas e imune a penas arbitrárias e desproporcionadas). É imprescindível para a própria existência da estrutura dialética do processo.

O ato de "contradizer"[89] a suposta verdade afirmada na acusação (enquanto declaração petitória) é ato imprescindível para um mínimo de configuração acusatória do processo. O contraditório conduz ao direito de audiência e às alegações mútuas das partes na forma dialética.

Por isso, está intimamente relacionado com o princípio do *audiatur et altera pars*, pois obriga que a reconstrução da "pequena história do delito" seja feita com base na versão da acusação (vítima), mas também com base no alegado pelo sujeito passivo. O adágio está atrelado ao direito de audiência, no qual o juiz deve conferir a ambas as partes, sob pena de *parcialidade*. Para W. GOLDSCHMIDT[90], também serve para justificar a face igualitária da justiça, pois "quien presta audiencia a una parte, igual favor debe a la otra".

O juiz deve dar "ouvida" a ambas as partes, sob pena de parcialidade, na medida em que conheceu apenas metade do que deveria ter conhecido. Considerando o que dissemos acerca do "processo como jogo", das chances e estratégias que as partes podem lançar mão (legitimamente) no processo, o sistema exige apenas que seja dada a "oportunidade de fala". Ou seja, o contraditório é observado quando se criam as condições ideais de fala e oitiva da outra parte, ainda que ela não queira utilizar-se de tal faculdade.

A interposição de alegações contrárias frente ao órgão jurisdicional, a própria *discussão*, explica GUASP[91], não só é um eficaz instrumento técnico que utiliza o

---

[89] A relação inafastável entre contraditório e o ato de contradizer explica porque J. GOLDSCHMIDT utiliza como sinônimos as expressões, ao definir como "principio de controversia o contradicción". Sobre o tema, veja-se sua obra *Derecho Procesal Civil*, p. 82.

[90] GOLDSCHMIDT, Werner. La Imparcialidad como Principio Básico del Proceso. *Revista de Derecho Procesal*, n. 2, 1950. p. 189.

[91] Administración de Justicia y Derechos de la Personalidad. In: *Estudios Jurídicos*. Madrid, Civitas, 1996. p. 182 e s.

direito para obter a descoberta dos fatos relevantes para o processo, senão que se trata de verdadeira *exigência de justiça que nenhum sistema de Administração de Justiça pode omitir*. É autêntica prescrição do direito natural, dotada de inevitável conteúdo imperativo. Talvez seja o princípio de direito natural mais característico, entre todos os que fazem referência à Administração da Justiça.

Contudo, contraditório e direito de defesa são distintos, pelo menos no plano teórico. PELLEGRINI GRINOVER[92] explica que "defesa e contraditório estão indissoluvelmente ligados, porquanto é do contraditório (visto em seu primeiro momento, da informação) que brota o exercício da defesa; mas é esta – como poder correlato ao de ação – que garante o contraditório. A defesa, assim, garante o contraditório, mas também por este se manifesta e é garantida. Eis a íntima relação e interação da defesa e do contraditório".

Por fim, não se pode falar em contraditório sem mencionar o pensamento de FAZZALARI (já abordado, anteriormente, no tópico "natureza jurídica do processo"), para quem "processo é procedimento em contraditório". O núcleo fundante do pensamento de FAZZALARI está na ênfase que ele atribui ao contraditório, com importante papel na democratização do processo penal, na medida em que desloca o núcleo imantador, não mais a jurisdição, mas o efetivo contraditório entre as partes. A sentença – provimento final – deve ser construída em contraditório e por ele legitimada. Não mais concebida como (simples) ato de poder e dever, a decisão deve brotar do contraditório real, da efetiva e igualitária participação das partes no processo. Isso fortalece a situação das partes, especialmente do sujeito passivo no caso do processo penal. O contraditório, na concepção do autor, deve ser visto em duas dimensões: no primeiro momento, é o direito à informação (conhecimento); no segundo, é a efetiva e igualitária participação das partes. É a igualdade de armas, de oportunidades.

Trata-se (contraditório e direito de defesa) de direitos constitucionalmente assegurados no art. 5º, LV, da CB:

> Aos litigantes, em processo judicial ou administrativo, e aos acusados em geral são assegurados o contraditório e ampla defesa, com os meios e recursos a ela inerentes.

A partir desse postulado, vejamos agora algumas questões em torno do direito de defesa (técnica e pessoal [positiva e negativa]) e, após, a incidência, juntamente com o contraditório, nas fases pré-processual, processual e de execução penal.

---

92 PELLEGRINI GRINOVER, Ada; SCARANCE FERNANDES, Antônio; GOMES FILHO, Antônio Magalhães. *As Nulidades no Processo Penal*. 2. ed. São Paulo, Malheiros, 1992. p. 63.

## 4.2. Direito de Defesa: Técnica e Pessoal

### 4.2.1. Defesa Técnica

A defesa técnica supõe a assistência de uma pessoa com conhecimentos[93] teóricos do Direito, um profissional, que será tratado como *advogado de defesa*, *defensor* ou simplesmente *advogado*. É o profissional do direito, com conhecimento técnico e habilitação específica para exercer essa atividade defensiva no processo judicial.

A justificação da defesa técnica decorre de uma *esigenza di equilibrio funzionale*[94] entre defesa e acusação e também de uma acertada *presunção de hipossuficiência* do sujeito passivo, de que ele não tem conhecimentos necessários e suficientes para resistir à pretensão estatal, em igualdade de condições técnicas com o acusador. Essa hipossuficiência leva o imputado a uma situação de inferioridade ante o poder da autoridade estatal encarnada pelo promotor, policial ou mesmo juiz. Pode existir uma dificuldade de compreender o resultado da atividade desenvolvida na investigação preliminar, gerando uma absoluta intranquilidade e descontrole. Ademais, havendo uma prisão cautelar, existirá uma impossibilidade física de atuar de forma efetiva.

Para FOSCHINI[95], a defesa técnica é uma exigência da sociedade, porque o imputado pode, a seu critério, defender-se pouco ou mesmo não se defender, mas isso não exclui o interesse da coletividade de uma verificação negativa no caso do delito não constituir uma fonte de responsabilidade penal. A estrutura dualística do processo expressa-se tanto na esfera individual como na social.

O direito de defesa está estruturado no binômio:

- defesa privada ou autodefesa;
- defesa pública ou técnica, exercida pelo defensor.

Por esses motivos apontados por FOSCHINI, a defesa técnica é considerada indisponível, pois, além de ser uma garantia do sujeito passivo, existe um interesse coletivo na correta apuração do fato. Trata-se, ainda, de verdadeira condição de paridade de armas, imprescindível para a concreta atuação do contraditório. Inclusive, fortalece a própria imparcialidade do juiz, pois, quanto mais

[93] Na Espanha, utiliza-se a expressão 'letrado' em clara alusão ao (presumido) conhecimento que o advogado deve ter, não só técnico-jurídico, mas também de outras áreas.

[94] FOSCHINI, Gaetano. *L'Imputato*. Milano, Dott. A. Giuffrè, 1956. p. 26.

[95] FOSCHINI, Gaetano. *L'Imputato*, cit., p. 27 e s.

atuante e eficiente forem ambas as partes, mais alheio ficará o julgador (terzietà = alheamento).

No mesmo sentido, MORENO CATENA[96] leciona que a defesa técnica atua também como um mecanismo de autoproteção do sistema processual penal, estabelecido para que sejam cumpridas as regras do jogo da dialética processual e da igualdade das partes. É, na realidade, uma satisfação alheia à vontade do sujeito passivo, pois resulta de um imperativo de ordem pública, contido no princípio do *due process of law*.

O Estado deve organizar-se de modo a instituir um sistema de "Serviço Público de Defesa", tão bem estruturado como o Ministério Público, com a função de promover a defesa de pessoas pobres e sem condições de constituir um defensor. Assim como o Estado organiza um serviço de acusação, tem esse dever de criar um serviço público de defesa, porque a tutela da inocência do imputado não é só um interesse individual, mas social[97].

Nesse sentido, a Constituição garante, no art. 5º, LXXIV, que *o Estado prestará assistência jurídica integral e gratuita aos que comprovarem insuficiência de recursos*. Para efetivar tal garantia, o sistema brasileiro possui uma elogiável instituição: a Defensoria Pública, prevista no art. 134 da CB, como instituição essencial à função jurisdicional do Estado, incumbindo-lhe a orientação jurídica e a defesa, em todos os graus, dos necessitados.

A necessidade da defesa técnica está expressamente consagrada no art. 261 do CPP, onde se pode ler que *nenhum acusado, ainda que ausente ou foragido, será processado ou julgado sem defensor*.

### 4.2.2. A Defesa Pessoal: Positiva e Negativa

#### 4.2.2.1. Defesa Pessoal Positiva

Junto à defesa técnica, existem também atuações do sujeito passivo no sentido de resistir pessoalmente à pretensão estatal. Através dessas atuações, o sujeito atua pessoalmente, defendendo a si mesmo como indivíduo singular, fazendo valer seu critério individual e seu interesse privado[98].

A chamada defesa pessoal ou autodefesa manifesta-se de várias formas, mas encontra no interrogatório policial e judicial seu momento de maior relevância.

---

96 *La Defensa en el Proceso Penal*. Madrid, Civitas, 1982. p. 112.

97 GUARNIERI, op. cit., p. 116.

98 FOSCHINI, Gaetano. *L'Imputato*, cit., p. 27.

Classificamos a autodefesa a partir de seu caráter exterior, como uma atividade positiva ou negativa. O interrogatório é o momento em que o sujeito passivo tem a oportunidade de atuar de forma efetiva – comissão –, expressando os motivos e as justificativas ou negativas de autoria ou de materialidade do fato que se lhe imputa.

Ao lado deste *atuar* que supõe o interrogatório, também é possível uma completa omissão, um atuar negativo, através do qual o imputado se nega a declarar. Não só pode se negar a declarar, como também pode se negar a dar a mínima contribuição para a atividade probatória realizada pelos órgãos estatais de investigação, como ocorre nas intervenções corporais, reconstituição do fato, fornecer material escrito para a realização do exame grafotécnico etc.

Também a autodefesa negativa reflete a disponibilidade do próprio conteúdo da defesa pessoal, na medida em que o sujeito passivo pode simplesmente se negar a declarar. Se a defesa técnica deve ser indisponível, a autodefesa é renunciável. A autodefesa pode ser renunciada pelo sujeito passivo, mas é indispensável para o juiz, de modo que o órgão jurisdicional sempre deve conceder a oportunidade para que aquela seja exercida, cabendo ao imputado decidir se aproveita a oportunidade para atuar seu direito de forma ativa ou omissiva.

A autodefesa positiva deve ser compreendida como o direito disponível do sujeito passivo de praticar atos, declarar, constituir defensor, submeter-se a intervenções corporais, participar de acareações, reconhecimentos etc. Em suma, praticar atos dirigidos a resistir ao poder de investigar do Estado, fazendo valer seu direito de liberdade.

Mesmo no interrogatório policial, o imputado tem o direito de saber em que qualidade presta as declarações[99], de estar acompanhado de advogado e, ainda, de reservar-se o direito de só declarar em juízo, sem qualquer prejuízo. O art. 5º, LV, da CB é inteiramente aplicável ao IP. O direito de silêncio, ademais de estar contido na ampla defesa (autodefesa negativa), encontra abrigo no art. 5º, LXIII, da CB, que ao tutelar o estado mais grave (preso) obviamente abrange e é aplicável ao sujeito passivo em liberdade.

O interrogatório deve ser um ato espontâneo, livre de pressões ou torturas (físicas ou mentais). É necessário estabelecer um limite máximo para a busca da verdade e para isso estão os direitos fundamentais. Por isso, hoje em dia, o dogma da verdade material cedeu espaço para a *verdade juridicamente válida*, obtida com

---

99 É censurável a práxis policial de tomar declarações sem informar se a pessoa que as presta o faz como informante/testemunha ou como suspeito, subtraindo-lhe ainda o direito de silêncio e demais garantias do sujeito passivo. É patente a violação do contraditório e da ampla defesa nesses casos.

pleno respeito aos direitos e garantias fundamentais do sujeito passivo e conforme os requisitos estabelecidos na legislação.

Como consequência, os métodos "tocados por um certo charlatanismo", como classifica GUARNIERI[100], devem ser rejeitados no processo penal. Assim, não deve ser aceito o interrogatório mediante hipnose, pois é um método tecnicamente inadequado e inclusive perigoso, pois, estando o hipnotizado disposto a aceitar qualquer sugestão, direta ou indireta do hipnotizador, não pode ser considerado digno de fé, inclusive porque pode ser conduzido para qualquer sentido.

Também devem ser rechaçados, por insuficientes e indignos de confiança, os métodos químicos ou físicos. No primeiro grupo encontram-se os chamados "soros da verdade", que, como explica GUARNIERI, são barbitúricos injetados intravenosamente juntamente com outros estupefacientes, anestésicos ou hipnóticos, que provocam um estado de inibição no sujeito, permitindo que o experto – mediante a narcoanálise – conheça o que nele existe de reprimido ou oculto.

Como método físico, os detectores de mentira são aparelhos mecânicos que marcam o traçado do batimento cardíaco e da respiração, e, conforme o tempo de reação às perguntas dirigidas ao interrogando, permitiriam assinalar as falsidades em que incorreu. Conforme o intervalo das reações, o experto poderia definir, em linhas gerais, um padrão de comportamento para as afirmações "verdadeiras" e outro para as supostas "mentiras".

Ambos os métodos não são dignos de confiança e de credibilidade, de modo que não podem ser aceitos como meios de prova juridicamente válidos. Ademais, são atividades que violam a garantia de que *ninguém será submetido à tortura nem a tratamento desumano ou degradante*, prevista no art. 5º, II, da CB.

Concluindo e sempre buscando um modelo ideal melhor que o atual, entendemos que o interrogatório deve ser encaminhado de modo a permitir a defesa do sujeito passivo e, por isso, submetido a toda uma série de regras de lealdade processual[101], que pode ser assim resumida:

a) deve ser realizado de forma imediata, ou, ao menos, num prazo razoável após a prisão;
b) presença de defensor, sendo-lhe permitido entrevistar-se prévia e reservadamente com o sujeito passivo;
c) comunicação verbal não só das imputações, mas também dos

100 *Las Partes en el Proceso Penal*, cit., p. 299.

101 Em alguns pontos, nos baseamos em FERRAJOLI, *Derecho y Razón*, cit., p. 608.

argumentos e resultados da investigação e que se oponham aos argumentos defensivos;

d) proibição de qualquer promessa ou pressão direta ou indireta sobre o imputado para induzi-lo ao arrependimento ou a colaborar com a investigação;

e) respeito ao direito de silêncio, livre de pressões ou coações;

f) tolerância com as interrupções que o sujeito passivo solicite fazer no curso do interrogatório, especialmente para instruir-se com o defensor;

g) permitir-lhe que indique elementos de prova que comprovem sua versão e diligenciar para sua apuração;

h) negação de valor decisivo à confissão.

#### **4.2.2.2.** Defesa Pessoal Negativa (*Nemo Tenetur se Detegere*)

O interrogatório deve ser tratado como um verdadeiro ato de defesa, em que se dá oportunidade ao imputado para que exerça sua defesa pessoal. Para isso, deve ser considerado como um direito e não como dever, assegurando-se o direito de silêncio e de não fazer prova contra si mesmo, sem que dessa inércia resulte para o sujeito passivo qualquer prejuízo jurídico. Além disso, entendemos que deve ser visto como um ato livre de qualquer pressão ou ameaça.

Quando o imputado submete-se a algum ato destinado a constituir uma prova de cargo, colaborando com a acusação, essa atividade não deve ser considerada como autodefesa positiva, mas sim como renúncia à autodefesa negativa, pois nesse caso o imputado deixa de exercer seu direito de não colaborar com a atividade investigatória estatal (e a própria acusação em última análise).

O direito de silêncio está expressamente previsto no art. 5º, LXIII, da CB (*o preso será informado de seus direitos, entre os quais o de permanecer calado* (...)). Parece-nos inequívoco que o direito de silêncio aplica-se tanto ao sujeito passivo preso como também ao que está em liberdade. Contribui para isso o art. 8.2, g, da CADH, onde se pode ler que toda pessoa (logo, presa ou em liberdade) tem o *direito de não ser obrigada a depor contra si mesma nem a declarar-se culpada*. Encontra ainda previsão no art. 186 do CPP.

O direito de calar também estipula um novo dever para a autoridade policial ou judicial que realiza o interrogatório: o de advertir o sujeito passivo de que não está obrigado a responder às perguntas que lhe forem feitas. Se calar constitui um direito do imputado e ele tem de ser informado do alcance de suas garantias, passa a existir o correspondente dever do órgão estatal a que assim o informe, sob pena de nulidade do ato por violação de uma garantia constitucional.

O direito de silêncio é apenas uma manifestação de uma garantia muito maior, insculpida no princípio *nemo tenetur se detegere*, segundo o qual o sujeito passivo não pode sofrer nenhum prejuízo jurídico por omitir-se de colaborar em uma atividade probatória da acusação ou por exercer seu direito de silêncio quando do interrogatório.

Sublinhe-se: do exercício do direito de silêncio não pode nascer nenhuma presunção de culpabilidade ou qualquer tipo de prejuízo jurídico para o imputado.

Dessarte, o imputado não pode ser compelido a participar de acareações, reconstituições, fornecer material para realização de exames periciais (exame de sangue, DNA, escrita etc.) etc. Por elementar, sendo a recusa um direito, obviamente não pode causar prejuízos ao imputado e muito menos ser considerado delito de desobediência.

Mas, é importante sublinhar, a Lei n. 12.654, de 28 de maio de 2012, prevê a coleta de material genético como forma de identificação criminal, tendo gerado uma grande polêmica, na medida em que parece querer fulminar o direito de não produzir provas contra si mesmo ao obrigar o investigado à extração compulsória em caso de recusa. A nova lei altera dois estatutos jurídicos distintos: a Lei n. 12.037/2009, que disciplina a identificação criminal e tem como campo de incidência a investigação preliminar e, por outro lado, a Lei n. 7.210/84 (LEP), que regula a Execução Penal.

A possibilidade ou não de extração compulsória de material genético divide a doutrina, mas entendemos que é inconstitucional, exatamente por violar o direito de não produzir prova contra si mesmo (*nemo tenetur se detegere*).

Voltaremos a tratar da problemática em torno das intervenções corporais quando formos tratar das provas no processo penal.

## 5. Fundamentação das Decisões Judiciais. Superando o Cartesianismo

A fundamentação das decisões judiciais é uma garantia expressamente prevista no art. 93, IX, da Constituição e é fundamental para a avaliação do raciocínio desenvolvido na valoração da prova. Serve para o controle da eficácia do contraditório, e de que existe prova suficiente para derrubar a presunção de inocência. Só a fundamentação permite avaliar se a racionalidade da decisão predominou sobre o poder, principalmente se foram observadas as regras do devido processo penal. Trata-se de uma garantia fundamental e cuja eficácia e observância legitimam o poder contido no ato decisório. Isso porque, no sistema constitucional-democrático, o poder não está autolegitimado, não se basta por si próprio. Sua legitimação se dá pela estrita observância das regras do devido processo penal, entre elas o dever (garantia) da fundamentação dos atos decisórios.

O processo está destinado a comprovar se um determinado ato humano realmente ocorreu na realidade empírica. Com isso, o *saber* – enquanto obtenção de conhecimento – sobre o fato é o fim a que se destina o processo, que deverá ser um instrumento eficaz para sua obtenção.

O juiz é um ser ontologicamente concebido para ser *ignorante*, pois ele ignora o fato. Por isso, explica MIRANDA COUTINHO[102], "falar de processo, todavia, é, antes de tudo, falar de *atividade recognitiva*: a um juiz com jurisdição que não sabe, mas que precisa saber, dá-se a missão (mais preciso seria dizer Poder, com o peso que o substantivo tem) de dizer o direito no caso concreto, com o escopo (da sua parte) pacificador, razão por que precisamos da coisa julgada".

A dimensão do *poder* – considerado como *coação que afeta o sujeito passivo da atuação processual* – necessário para atingir esse saber tem que ocupar um lugar secundário e permanecer sujeito a regras muito estritas, presididas pelos princípios da necessidade (e respeito aos direitos fundamentais) e proporcionalidade (racionalidade na relação meio/fim). FERRAJOLI defende não só a humanização do *poder*, mas também uma importante inversão do paradigma clássico, eis que agora o *saber* deve predominar. O poder somente está legitimado quando calcado no *saber judicial*, de modo que não mais se legitima por si mesmo. Isso significa uma *verdadeira revolução cultural* – como define IBÁÑEZ[103] – por parte dos operadores jurídicos e dos *atores processuais*.

Nesse contexto, a fundamentação serve para o controle da racionalidade da decisão judicial. Não se trata de gastar folhas e folhas para demonstrar erudição jurídica (e jurisprudencial) ou discutir obviedades. O mais importante é explicar o porquê da decisão, o que o levou a tal conclusão sobre a autoria e materialidade. A fundamentação sobre a matéria fática demonstra o *saber* que legitima o *poder*, pois a pena somente pode ser imposta a quem – racionalmente – pode ser considerado autor do fato criminoso imputado.

Mais, a fundamentação não deve estar presente apenas na "sentença", mas também em todas as decisões interlocutórias tomadas no curso do procedimento, especialmente aquelas que impliquem restrições de direitos e garantias fundamentais, como os decretos de prisão preventiva, interceptação das comunicações telefônicas, busca e apreensão etc.

---

102 Glosas ao "Verdade, Dúvida e Certeza", de Francesco Carnelutti, para os Operadores do Direito, cit., p. 176.

103 *Garantismo y Proceso Penal*, cit., p. 55.

Como define IBÁÑEZ[104], o *ius dicere* em matéria de direito punitivo deve ser uma *aplicação/explicação*: um exercício de poder fundado em um saber consistente por ser demonstradamente bem adquirido. Essa *qualidade* na aquisição do saber é condição essencial para a legitimidade do atuar jurisdicional.

Voltaremos à questão da "Decisão Penal" mais adiante, no Capítulo XIV, para onde remetemos o leitor.

---

[104] Idem, ibidem, p. 59.

# SÍNTESE DO CAPÍTULO

**Aviso ao leitor:** A compreensão da síntese exige a prévia leitura do capítulo!

Os Princípios Constitucionais do Processo Penal são constitutivos das chamadas "regras do jogo", ou do devido processo (*due process of law*), servindo, ao mesmo tempo, como mecanismos de limitação e legitimação do poder de punir. Pensamos o processo penal a partir da "instrumentalidade constitucional", ou seja, um instrumento a serviço da máxima eficácia do sistema de garantias da Constituição e um caminho necessário para chegar-se a uma pena (ou não pena), permeado por regras que limitam o exercício do poder punitivo. Os princípios gozam de plena eficácia normativa, pois são verdadeiras normas (Bobbio).

1. JURISDICIONALIDADE: decorre da exclusividade do órgão jurisdicional para impor a pena através do (devido) processo penal. Não basta "ter um juiz", é necessário que seja imparcial, natural e comprometido com a máxima eficácia da própria Constituição.

1.1. O subprincípio do juiz natural não é mero atributo do juiz, senão um pressuposto de sua existência. É necessária a existência de um juiz com competência preestabelecida por lei, sendo que o nascimento desta garantia se dá com a prática do delito e não com o início do processo.

1.2. A imparcialidade é outro pressuposto de sua existência, sendo uma construção teórica do processo, para exigir o estranhamento, o alheamento (*terzietà*) do julgador. A imparcialidade somente existe em uma estrutura processual acusatória, que mantenha o juiz afastado das atividades que são inerentes às partes. Por isso, não deve o juiz ter iniciativa probatória, não deve determinar de ofício a produção de provas, pois, ao fazer isso, ele quebra o equilíbrio entre as partes, fere de morte o contraditório e fulmina a imparcialidade, dado que é inafastável o imenso prejuízo que decorre dos pré-juízos. Quem procura, procura algo. Logo, quando o juiz vai atrás da prova de ofício, ele decide primeiro e sai em busca dos elementos que justificam a decisão já tomada. Devem ser evitados os atos que impliquem pré-julgamento. Grave problema do processo penal brasileiro decorre dos inúmeros dispositivos que permitem o "ativismo judicial", com sacrifício da garantia da imparcialidade e do sistema acusatório (exigindo, portanto, uma filtragem constitucional). Outro grave equívoco é a figura da "prevenção", onde o juiz que primeiro examinou a questão fica prevento e irá julgar o caso. Conforme pacífica jurisprudência do Tribunal Europeu de Direitos Humanos, juiz prevento é juiz contaminado, que não pode julgar.

1.3. O direito de ser julgado em um prazo razoável também se vincula à garantia da jurisdição. Para seu estudo, é necessário compreender o rompimento do paradigma newtoniano e o caráter punitivo do tempo. Ser processado já é uma punição, que vai agravada pela (de)mora jurisdicional. O ideal é a fixação do prazo máximo de duração do processo e também das prisões cautelares, definindo assim, claramente, até que ponto a demora é legítima e quando passa a ser indevida. No processo penal brasileiro existem muitos prazos, mas sem sanção (prazo − sanção = ineficácia), por isso afirmamos que adotou a "teoria do não prazo". Na falta de um prazo máximo de duração do processo, o TEDH e a CADH adotam a teoria dos três critérios, ou seja, analisando o caso concreto: a) complexidade do caso; b) atividade processual do interessado; c) conduta das autoridades judiciárias (polícia, Ministério Público, juízes e tribunais). Esses três elementos devem passar pelo filtro da "Razoabilidade", para afirmar-se se houve uma dilação indevida ou não. Foi analisando esses referenciais que a CADH – no caso Ximenes Lopes – condenou o Brasil, entre outras, pela violação do direito de ser julgado em um prazo razoável. Reconhecida a (de)mora jurisdicional, deve-se aplicar uma "solução", que poderá ser: a) compensatória cível (fixação de uma indenização); b) compensatória penal (atenuação da pena, perdão judicial etc.); c) processual (a melhor solução seria a extinção do feito, mas não há previsão legal no CPP); d) sancionatória (punição administrativa do servidor público responsável pela dilação indevida).

Deve-se buscar o difícil equilíbrio, evitando a demora excessiva no processo, mas também não admitindo o atropelo das garantias fundamentais em nome da pressa em punir. A solução passa por: a) definição de um marco normativo interno que defina a duração máxima do processo e da prisão cautelar; b) as soluções compensatórias são insuficientes e produzem pouco efeito inibitório, devendo se estabelecer uma solução processual extintiva; c) deve-se agilizar o processo penal com a diminuição dos tempos mortos, de tempos burocráticos, através da inserção de tecnologia e otimização dos atos cartorários.

2. PRINCÍPIO ACUSATÓRIO: para consagração do sistema processual acusatório na linha da Constituição e do art. 3º-A do CPP, deve-se manter a iniciativa e gestão da prova nas mãos das partes e evitando o ativismo judicial. Postula-se pela máxima eficácia do *ne procedat iudex ex officio* para garantia da imparcialidade do julgador e do contraditório. Remetemos o leitor para o Capítulo anterior, onde tratamos dos sistemas processuais.

3. PRESUNÇÃO DE INOCÊNCIA: consagrada no art. 5º, LVII, da Constituição, é um princípio reitor do processo penal e seu nível de eficácia denota o grau de evolução civilizatória de um povo. Do "não tratar o réu como condenado antes do trânsito em julgado", podemos extrair que a presunção de inocência é um "dever de tratamento processual", que estabelece regras de julgamento e de tratamento no processo e fora dele. Manifesta-se numa dupla dimensão: a) interna: estabelecendo que a carga da prova seja integralmente do acusador; impondo a aplicação do *in*

*dubio pro reo*; limitando o campo de incidência das prisões cautelares; b) externa: exige uma proteção contra a publicidade abusiva e a estigmatização do acusado, assegurando a imagem, dignidade e privacidade do réu.

4. CONTRADITÓRIO E AMPLA DEFESA: previstos no art. 5º, LV, da CB, são princípios distintos, mas, dada a íntima relação e interação, estudados juntos. 4.1. O contraditório nos remete às lições de Fazzalari, em suma, de igualdade de tratamento e oportunidades no processo. O contraditório tem dois momentos: informação e reação. É, essencialmente, o direito de ser informado e de participar do processo com igualdade de armas. É possível o contraditório no inquérito policial, mas restrito ao seu primeiro momento (informação). 4.2. O direito de defesa é concebido numa dupla dimensão: a) defesa técnica: ninguém pode ser acusado ou julgado sem defensor (constituído ou dativo), exercida por advogado habilitado, diante da presunção absoluta de hipossuficiência técnica do réu (arts. 261 do CPP; 5º, LXXIV, e 134 da CB; 8.2 da CADH); b) defesa pessoal ou autodefesa, exercida pelo próprio acusado. A defesa pessoal subdivide-se ainda em positiva (quando o réu presta depoimento ou tem uma conduta ativa frente a determinada prova, v.g. participando do reconhecimento, acareação etc.) ou negativa (utiliza o direito de silêncio ou se recusa a participar de determinada prova), concretizando o princípio do *nemo tenetur se detegere* (nada a temer por se deter) do art. 5º, LXIII, da CB; art. 186 do CPP; e 8.2. "g" da CADH. Importante destacar o disposto na Lei n. 12.654/2012 que estabelece a coleta compulsória de material genético do suspeito ou condenado, excepcionando assim o direito de silêncio.

5. FUNDAMENTAÇÃO DAS DECISÕES JUDICIAIS: expressamente prevista no art. 93, IX, da CB, essa garantia processual permite o controle da racionalidade e da legalidade das decisões, sendo exigível inclusive nas decisões interlocutórias. É necessário superar a visão cartesianista moderna (juiz "boca da lei") e assumir a subjetividade no ato de decidir, mas sem cair no outro extremo que é o decisionismo, onde o juiz "diz qualquer coisa sobre qualquer coisa" (Streck). Nesse ponto, remetemos o leitor para Capítulo posterior, onde tratamos da "Decisão Penal".

Capítulo III

# LEI PROCESSUAL PENAL NO TEMPO E NO ESPAÇO

## 1. Lei Processual Penal no Tempo

### 1.1. A Leitura Tradicional: Princípio da Imediatidade

Ensina a doutrina tradicional que o processo penal é guiado pelo Princípio da Imediatidade (art. 2º do CPP), de modo que as normas processuais penais teriam aplicação imediata, independentemente de serem benéficas ou prejudiciais ao réu, tão logo passasse a *vacatio legis*, sem prejudicar, contudo, os atos já praticados, eis que não retroagiria jamais.

Para tanto, é recorrente a seguinte distinção[1]:

- leis penais puras;
- leis processuais penais puras;
- leis mistas.

A lei penal pura é aquela que disciplina o poder punitivo estatal. Dispõe sobre o conteúdo material do processo, ou seja, o Direito Penal. Diz respeito à

---

[1] Entre outros, adotam essa posição Fernando da Costa Tourinho Filho (*Processo Penal*. 26. ed. São Paulo, Saraiva, 2004. v. 1, p. 110 e s.) e PACELLI DE OLIVEIRA, Eugênio (*Curso de Processo Penal*. 3. ed. Rio de Janeiro, Lumen Juris. 2008. p. 14).

tipificação de delitos, pena máxima e mínima, regime de cumprimento etc. Para essas, valem as regras do Direito Penal, ou seja, em linhas gerais: retroatividade da lei penal mais benigna e irretroatividade da lei mais gravosa.

A lei processual penal pura regula o início, desenvolvimento ou fim do processo e os diferentes institutos processuais. Exemplo: perícias, rol de testemunhas, forma de realizar atos processuais, ritos etc. Aqui vale o princípio da imediatidade, onde a lei será aplicada a partir dali, sem efeito retroativo e sem que se questione se mais gravosa[2] ou não ao réu.

Assim, se no curso do processo penal surgir uma nova lei exigindo que as perícias sejam feitas por três peritos oficiais, quando a lei anterior exigia apenas dois, deve-se questionar: a perícia já foi realizada? Se não foi, quando for levada a cabo, deverá sê-lo segundo a regra nova. Mas, se já foi praticada, vale a regra vigente no momento de sua realização. A lei nova não retroage.

Por fim, existem as leis mistas, ou seja, aquelas que possuem caracteres penais e processuais. Nesse caso, aplica-se a regra do Direito Penal, ou seja, a lei mais benigna é retroativa e a mais gravosa não. Alguns autores chamam de normas mistas com prevalentes caracteres penais[3], eis que disciplinam um ato realizado no processo, mas que diz respeito ao poder punitivo e à extinção da punibilidade. Exemplo: as normas que regulam a representação, ação penal, queixa-crime, perdão, renúncia, perempção etc.

Seguindo essa doutrina, se alguém comete um delito hoje, em que a ação penal é pública incondicionada, e posteriormente passa a ser condicionada à representação, o juiz deverá abrir prazo para que a vítima, querendo, represente, sob pena de extinção da punibilidade. É retroativa porque mais benéfica para o réu. Foi o que aconteceu com a Lei n. 9.099/95 e a representação nos delitos de lesões leves e culposas. Os processos que não tinham transitado em julgado baixaram para a vítima representar e, se não o fizesse, extinguia a punibilidade.

Por outro lado, se quando o crime é cometido, existe uma lei que diga que a ação penal é privada e, posteriormente, vem outra dizendo que a ação penal é

---

2 A questão de ser ou não mais gravosa para o réu deve ser compreendida de forma ampla, à luz dos princípios fundantes do processo penal e que foram por nós analisados no início desta obra. Não basta verificar, apenas, se houve cerceamento de defesa ou não. Não é apenas a ampla defesa que funda a instrumentalidade constitucional do processo penal, senão também a garantia da jurisdição, do sistema acusatório, do contraditório, da presunção de inocência e da motivação das decisões judiciais.

3 Quem emprega expressão quase idêntica, mas em espanhol (*prevalentes caracteres de derecho penal material*) e entre aspas, é TOURINHO FILHO (op. cit., p. 115). Infelizmente, o autor não indica a fonte de onde extraiu a expressão.

pública incondicionada, a ação continuará sendo privada, porque isso é melhor para o réu (ultra-atividade da lei mais benigna).

### 1.2. Uma (Re)Leitura Constitucional: Retroatividade da Lei Penal e Processual Penal Mais Benéfica

Pensamos que o Princípio da Imediatidade contido no art. 2º do CPP, assim aplicado, não resistiria a uma filtragem constitucional, ou seja, quando confrontado com o art. 5º, XL, da Constituição.

A questão foi muito bem tratada por PAULO QUEIROZ e ANTONIO VIEIRA[4], que lecionam que a irretroatividade da "lei penal" deve também compreender, pelas mesmas razões, a lei processual penal, a despeito do que dispõe o art. 2º do Código de Processo Penal, que determina, como regra geral, a aplicação imediata da norma, uma vez que deve ser (re)interpretado à luz da Constituição Federal.

Isso porque não há como se pensar o Direito Penal completamente desvinculado do processo e vice-versa. Recordando o princípio da necessidade, não poderá haver punição sem lei anterior que preveja o fato punível e um processo que o apure. Tampouco pode haver um processo penal senão para apurar a prática de um fato aparentemente delituoso e aplicar a pena correspondente. Assim, essa íntima relação e interação dão o caráter de coesão do "sistema penal", não permitindo que se pense o Direito Penal e o processo penal como compartimentos estanques. Logo, as regras da retroatividade da lei penal mais benéfica devem ser compreendidas dentro da lógica sistêmica, ou seja, retroatividade da lei penal ou processual penal mais benéfica e vedação de efeitos retroativos da lei (penal ou processual penal) mais gravosa ao réu.

Portanto, impõe-se discutir se a nova lei processual penal é mais gravosa ou não ao réu, como um todo. Se prejudicial, porque suprime ou relativiza garantias – v.g., adota critérios menos rígidos para a decretação de prisões cautelares ou amplia os seus respectivos prazos de duração, veda a liberdade provisória mediante fiança, restringe a participação do advogado ou a utilização de algum recurso etc. –, limitar-se-á a reger os processos relativos às infrações penais consumadas após a sua entrada em vigor.

Afinal, também aqui advertem os autores – é dizer, "não apenas na incriminação de condutas, mas também na forma e na organização do processo – a lei

[4] No excelente trabalho Retroatividade da Lei Processual Penal e Garantismo, publicado no *Boletim do IBCCrim*, n. 143, de outubro de 2004.

deve cumprir sua função de garantia, de sorte que, por norma processual menos benéfica, se há de entender toda disposição normativa que importe diminuição de garantias, e, por mais benéfica, a que implique o contrário: aumento de garantias processuais".

Então, a lei processual penal mais gravosa não incide naquele processo, mas somente naqueles cujos crimes tenham sido praticados após a vigência da lei.

Por outro lado, a lei processual penal mais benéfica poderá perfeitamente retroagir para beneficiar o réu, ao contrário do defendido pelo senso comum teórico.

Como explicam PAULO QUEIROZ e ANTONIO VIERA, "sempre que a lei processual dispuser de modo mais favorável ao réu – v.g., passa a admitir a fiança, reduz o prazo de duração de prisão provisória, amplia a participação do advogado, aumenta os prazos de defesa, prevê novos recursos etc. – terá aplicação efetivamente retroativa. E aqui se diz retroativa advertindo-se que, nestes casos, não deverá haver tão somente a sua aplicação imediata, respeitando-se os atos validamente praticados, mas até mesmo a renovação de determinados atos processuais, a depender da fase em que o processo se achar".

Por fim, concluem os autores, "quando estivermos diante de normas meramente procedimentais, que não impliquem aumento ou diminuição de garantias, como sói ocorrer com regras que alteram tão só o processamento dos recursos, a forma de expedição ou cumprimento de cartas precatórias/rogatórias etc. –, terão aplicação imediata (CPP, art. 2º), incidindo a regra geral, porquanto deverão alcançar o processo no estado em que se encontra e respeitar os atos validamente praticados".

Também tratando desse tema, CIRINO DOS SANTOS[5] explica que o princípio constitucional da *lei penal mais favorável* condiciona a legalidade processual penal, sob dois aspectos:

- "primeiro, o *primado do direito penal substancial* determina a extensão das garantias do *princípio da legalidade* ao subsistema de *imputação* (assim como aos subsistemas de *indiciamento* e de *execução penal*), porque a *coerção processual* é a própria realização da coação punitiva;
- segundo, o gênero *lei penal* abrange as espécies *lei penal material* e *lei penal processual*, regidas pelo mesmo princípio fundamental".

---

[5] Com a mesma autoridade com que leciona sobre Direito Penal, o excepcional jurista JUAREZ CIRINO DOS SANTOS também muito nos ensina em Direito Processual Penal. Daí por que imprescindível a leitura, entre outras, da obra *Direito Penal* – Parte Geral. Rio de Janeiro, Lumen Juris, 2006. Especificamente nessa citação, veja-se p. 53.

Assim, voltando aos exemplos anteriores, em nada afetará os casos de leis mistas. O reflexo mais efetivo ocorrerá nas leis processuais penais puras, pois agora deveremos discutir se houve ampliação ou restrição da esfera de proteção.

O princípio da imediatidade segue tendo plena aplicação nos casos de leis meramente procedimentais, de conteúdo neutro (a ser aferido no caso concreto), na medida em que não geram gravame para a defesa. E, nessa situação, é necessário analisar-se o caso em concreto, não havendo possibilidade de criar-se uma estrutura teórica que dê conta da diversidade e complexidade que a realidade processual pode produzir.

Assim, por exemplo, a indenização a ser fixada na sentença (art. 387) – inovação introduzida pela reforma de 2008 – somente pode ser aplicada pelo juiz em relação aos fatos ocorridos após 23/8/2008. Trata-se de lei processual penal mais gravosa e que não pode retroagir. Ademais, especificamente nesse caso, há dois outros graves inconvenientes: não ter havido pedido de indenização na denúncia e tampouco contraditório em relação a essa questão. Quando o juiz fixa um valor indenizatório mínimo, nos termos do art. 387, IV, em casos penais ocorridos antes da vigência da Lei n. 11.719/2008, o faz de forma ilegal, na medida em que está dando um indevido efeito retroativo a uma lei processual penal mais gravosa. Ademais, deve-se atentar para o fato de – certamente – não ter havido pedido do Ministério Público (até porque, se a denúncia é anterior à lei, nem cabia tal pedido), violando assim o princípio da correlação.

Outro exemplo é a nova disciplina da ação penal no crime de **estelionato** (art. 171, § 5º, do CP), trazido pela Lei n. 13.964/2019, que passa a ser – como regra, mas há exceções – um crime de ação penal pública condicionada a representação (antes era de ação penal pública incondicionada). Essa nova lei é mais benigna para o réu e deve retroagir, cabendo aos juízes e tribunais (pois ela se aplica em grau recursal) suspender o feito e intimar a vítima para que se manifeste. E qual o prazo? A nova lei não menciona, mas pensamos ser plenamente aplicável o prazo de 30 dias[6] previsto na Lei n. 9.099 (art. 91), que começará a contar da data em que a vítima for intimada. Se a vítima representar no prazo, o feito prossegue. Se não representar (deixar passar o prazo) ou se manifestar expressamente no sentido de renunciar ao direito de representar, o feito será extinto, diante da extinção da punibilidade do art. 107, IV do CP.

É possível aplicar esse novo regime da ação penal após o trânsito em julgado? Pensamos que não há obstáculos e o caminho é a revisão criminal (será explicada ao final desse livro), instruída com a manifestação da vítima de que não tem

---

6 Importante destacar que não é pacífico o entendimento de que o prazo será de 30 dias, havendo entendimento no sentido de que deve ser aplicada a regra geral (6 meses).

interesse em representar (renúncia). Poderá inclusive ser feita uma produção antecipada de provas para que, em audiência, a vítima renuncie. Essa prova irá instruir a revisão criminal a ser ajuizada no tribunal competente.

Contudo, advertimos: na contramão da doutrina e também das decisões anteriormente tomadas em casos similares (como foi o caso da Lei n. 9.099, anteriormente explicado), na 1ª Turma do STF, no HC 187.341, j. em 13/10/2020, a unanimidade entendeu (na esteira do voto do Min. Alexandre de Moraes, relator) que a nova regra da ação penal do crime de estelionato não tem efeito retroativo. Segundo o relator, "a representação da vítima é obrigatória nos casos em que não tenha sido iniciada a ação penal, em razão da incidência do parágrafo 5º do artigo 171 do Código Penal. No entanto, a nova regra não pode retroagir às hipóteses em que o Ministério Público tiver oferecido a denúncia antes da entrada em vigor da Lei 13.964/2019, pois, naquele momento, a norma processual em vigor definia a ação como pública incondicionada para o delito de estelionato[7]". Entendeu assim a 1ª Turma do STF que tal norma não tem efeito retroativo, contrariando toda a doutrina e a jurisprudência consolidada (no sentido da retroatividade). Fica a advertência e a sugestão de que a evolução da discussão seja acompanhada no âmbito dos tribunais superiores.

### 1.3. A Discussão Sobre a Aplicação no Tempo das Regras do "Juiz das Garantias"

ADVERTÊNCIA INICIAL: Com a concessão de Liminar na Medida Cautelar nas ADIn's n. 6.298, 6.299, 6.300 e 6.305 pelo Min. FUX, está suspensa, *sine die*, a eficácia do art. 3º-A. Como se trata de medida liminar, manteremos a análise do dispositivo legal, que poderá ter sua vigência restabelecida a qualquer momento. Portanto, enquanto estiver valendo a medida liminar, a implantação do juiz das garantias está suspensa. Mas manteremos nossas considerações, não só porque o(s) dispositivo(s) pode(m) entrar em vigor, mas também porque reflete(m) um avanço importante para o processo penal e serve(m) como fundamentação teórica para criticar o superado modelo do CPP. Pedimos a compreensão do leitor para essa situação de insegurança jurídica gerada por motivos alheios a nossa vontade.

Especial discussão trouxe e trará, por algum tempo, a aplicação no tempo da figura do juiz das garantias e do impedimento de que o mesmo juiz que participou da investigação atue no processo.

Vamos trazer para o leitor duas posições provisórias, já que ainda não existe paz conceitual e jurisprudencial (que virá com o tempo), e distintas.

---

7 Disponível em: <http://portal.stf.jus.br/noticias/verNoticiaDetalhe.asp?idConteudo=453253&ori=1>.

A primeira posição veio demarcada na Decisão proferida pelo Min. Dias Toffoli na Medida Cautelar na Ação Direta de Inconstitucionalidade n. 6.298/Distrito Federal, no dia 15/1/2020, onde, em síntese, decidiu liminarmente o Ministro que:

a) no tocante às ações penais que já tiverem sido instauradas no momento da efetiva implementação do juiz das garantias pelos tribunais (lembrando que no momento desta decisão o Ministro suspendeu a implantação do juiz das garantias pelo prazo máximo de 180 dias), a eficácia da lei não acarretará qualquer modificação do juízo competente. O fato de o juiz da causa ter atuado na fase investigativa não implicará seu automático impedimento;
b) quanto às investigações que estiverem em curso no momento da efetiva implementação do juiz das garantias pelos tribunais (ou quando esgotado o prazo máximo de 180 dias), o juiz da investigação tornar-se-á o juiz das garantias do caso específico. Nessa hipótese, cessada a competência do juiz das garantias, com o recebimento da denúncia ou queixa, o processo será enviado ao juiz competente para a instrução e o julgamento da causa.

Entendeu o Min. Toffoli que ao "instituir o juiz das garantias, a Lei n. 13.964/2019 criou nova regra de competência funcional, delimitando a atuação do juiz em função da fase da persecução criminal e criando, a partir da rígida separação das fases de investigação e do processo, uma regra de impedimento, para a fase da ação penal, ao magistrado que houver atuado como juiz das garantias na fase da investigação (art. 3º-D do Código de Processo Penal, com a redação dada pela Lei n. 13.964/2019)".

Portanto, como forma de preservar o Juiz Natural, entendeu o Ministro que "a incidência da nova lei processual é prospectiva, e não retroativa, não se aplicando, portanto, a atos já praticados. Some-se a isso o disposto no art. 2º do Código de Processo Penal, segundo o qual 'a lei processual penal aplicar-se-á desde logo, sem prejuízo da validade dos atos realizados sob a vigência da lei anterior'. Por outro lado, uma adequada regra de transição também deve assegurar, na maior medida possível, a segurança jurídica, evitando o surgimento ou o prolongamento de discussões judiciais acerca do tema. Afinal, uma das funções precípuas do STF é promover a segurança jurídica, possibilitando que as normas sejam interpretadas de maneira coerente e previsível".

Mas é possível pensar noutra perspectiva, trazendo uma segunda posição sobre o tema, conforme fizemos em coautoria com Alexandre MORAIS DA ROSA[8] em texto publicado na Coluna "Limite Penal", que transcrevo – parcialmente – agora:

---

8 <https://www.conjur.com.br/2020-jan-17/limite-penal-juiz-garantias-direito-intertemporal-onde-stf--resvala>.

A primeira premissa é a de que o Juiz das garantias é um avanço democrático, uma ampliação do sistema de garantias da Constituição, a serviço da garantia da imparcialidade e do devido processo penal. Portanto, é uma lei que amplia garantias e, como explicamos anteriormente, deve retroagir para beneficiar os réus. É uma lei que cria uma nova hipótese de "competência funcional", regra inderrogável, cuja inobservância é causa de nulidade absoluta.

Aqui começa a divergência em relação à decisão do Min. Toffoli.

Como explica MORAIS DA ROSA, é caso de aplicação analógica (CPP, art. 2º) com o Código de Processo Civil de 2015 (arts. 14, 1.046, §§ 1º e 5º, 1.047, 1.054, 1.056 e 1.057), segundo a qual se adota, desde longa tradição, a lógica do isolamento dos atos processuais. Traz Alexandre a clássica lição de GALENO LACERDA[9], baseada em Paul Roubier, no sentido de não se confundir aplicação imediata da lei com irretroatividade: "*Como o processo compreende uma sequência complexa de atos que se projetam no tempo, preordenados para um fim, que é a sentença, deve ele ser considerado, em termos de direito transitório, como um fato jurídico complexo e pendente, sobre o qual a normatividade inovadora há de incidir*". O que importa é o momento da constituição do ato processual, a saber, a superação de momento processual. Isso porque embora não tenha efeitos sobre atos processuais passados, ou seja, não se poderia exigir que uma parte tivesse que observar regra não vigente (precisaria adivinhar o futuro), no campo do Processo Penal (foro de garantias) não há direito processual adquirido do Estado em manter normas restritivas de Direitos Humanos e de Direitos Fundamentais, como bem pontua Luis Lanfredi[10]. Assim, conclui MORAIS DA ROSA, "a nova Lei n.

---

9 LACERDA, Galeno. *O novo direito processual civil e os feitos pendentes*. Rio de Janeiro: Forense, 1974, p. 12.

10 LANFREDI, Luís Geraldo Sant'Ana. *El "Juez de Garantías" y el sistema penal: (Re)planteamientos sócio-criminológicos hacia la (re)significación de los desafíos del poder Judicial frente a la política criminal brasileña*. Florianópolis: Empório do Direito, 2017, p. 204-205: "De esta forma, el 'juez de garantías' nasce con la connotación de ser 'un nuevo órgano judicial' que debe, según Bertolino (2000: p. 9), entenderse en el ámbito de un modelo de enjuiciamiento distinto, ya que proyecta alteraciones en sus relaciones con las otras instancias que intervienen en la persecución penal. Su función, del todo ajena a la gestión de la investigación de hechos y bajo ningún concepto representativa de la longa manus de los órganos encargados de perseguir al delincuente, se ejerce y tan solo se justifica en la medida en que se instituye para establecer los límites de la discrecionalidad de aquéllos, así como los requisitos esenciales que configuran la operatividad de 'agresivos' institutos manejados a lo largo de ésta primera fase del proceso penal (como, por ejemplo, la prisión provisional, las escuchas telefónicas, la infiltración de agentes y otras tantas medidas cautelares que limitan derechos en concreto en nombre de un mal planteado incremento de la eficiencia punitiva). Así que no es impropio admitir que la instrucción procesal penal llega a ser, muchas veces, una fase cuya fuerza es tal que puede desnaturalizar el juicio, merced la estructura y repercusión de las pruebas o presunciones implícitas con las que opera. Ese juez al que se alude con el epíteto de 'garantizador', como refiere Ferraioli (2006: p. 2), es un juez 'para la instrucción' y no 'de la instrucción', algo que refuerza su estatuto como órgano que interviene (en), pero que no compone o integra, la estructura de esta fase, al contrario de lo que ocurre con la policía y el ministerio público".

13.964/2019 somente vale para o futuro e, no futuro, quando da Audiência de Instrução e Julgamento, há reconhecido o direito de não ser julgado pelo mesmo magistrado que atuou na nova fase das garantias. O acusado adquiriu o direito subjetivo de ser julgado por um Juiz não contaminado/poluído pelos atos praticados durante a Investigação Preliminar, sob pena de se dar ultratividade a regime de julgamento incompatível com a cisão funcional. Por isso o equívoco da regra de transição (iv) item "a" contida na decisão do Min. Toffoli.

E prossegue MORAIS DA ROSA explicando com acerto que "assim é que a regra do art. 3º, do CPP (*princípio do tempus regit actum*) não pode invalidar etapa processual produzida em sua conformidade, assim como não pode validar ato processual não realizado/finalizado no tempo de sua vigência, como aponta a regra de transição da medida cautelar deferida (item 'iv', 'a'). Em resumo: se pendente o ato de instrução e julgamento, a aplicabilidade será imediata, com a anulação dos atos realizados e a remessa ao Juiz de Julgamento, sem contato com os atos anteriores".

O isolamento válido somente acontece nos casos de instruções finalizadas. Dito de outra forma: não se pode dar efeito retroativo para anular instruções finalizadas conforme a regra em vigor, ao mesmo tempo em que não se pode validar instruções pendentes, a saber, não finalizadas, porque o ato – audiência de instrução e julgamento – não se findou. Negar eficácia imediata à Lei n. 13.964/19, neste caso, seria apagar a garantia do julgamento justo, mesmo estando em vigência novo regramento. Enfim, não há um direito processual adquirido ao Juiz contaminado.

Dessarte, nossa proposta, diversa daquela adotada pelo Min. Toffoli, é:

a) **Investigações sem denúncia/queixa:** Juiz de Garantias deve agir dentro dos limites definidos no art. 3º-B e s. do CPP.

b) **Ações Penais em Curso:** Juiz de Garantias deve:

(i) **se ofertada denúncia sem absolvição sumária**, processar a acusação e rejeitada a absolvição sumária (total ou parcialmente), preparar os autos a serem remetidos ao Juiz de Julgamento, acautelando os demais (ficam à disposição das partes/julgadores);

(ii) **se já iniciada a instrução e julgamento**, mas não finalizado o ato (não se ouviram as testemunhas ou mesmo o interrogatório, por exemplo), diante da nova regulamentação, desde que tenha atuado em alguma das atribuições do Juiz das Garantias, anular todos os atos de instrução, pós art. 399, do CPP, preparando os autos a se remeter ao Juiz de Julgamento, acautelando os demais (ficam à disposição das partes/julgadores);

(iii) **se já finalizada a instrução e julgamento**, proferir decisão na forma do regime anterior, promovendo novos autos para fins recursais, porque mesmo sendo a decisão válida, o recurso já se insere no regime de cisão (Juiz das Garantias e Juiz de Julgamento) restringindo o conteúdo a ser encaminhado à superior instância (a questão da exclusão física dos autos do inquérito precisa ser assegurada);

Entendemos que a reforma processual ampliou garantias, é uma nova lei mais benigna e que precisa ser efetivada, especialmente na perspectiva de que o réu tem o direito de ser julgado por um Juiz imparcial (objetiva, subjetiva e cognitivamente). Não há um direito processual adquirido ao Juiz contaminado. Logo, será preciso sanear todos os processos em tramitação. Por isso a nossa objeção ao item (iv), "a", da decisão.

## 2. Lei Processual Penal no Espaço

Ao contrário do que ocorre no Direito Penal, onde se trava longa e complexa discussão sobre a extraterritorialidade da lei penal, no processo penal a situação é mais simples. Aqui vige o princípio da territorialidade. As normas processuais penais brasileiras só se aplicam no território nacional, não tendo qualquer possibilidade de eficácia extraterritorial.

A questão da territorialidade está vinculada ao fato de a jurisdição constituir um exercício de poder. Portanto, poder condicionado aos limites impostos pela soberania, ou, como prefere SARA ARAGONESES[11], "el ejercicio de la Jurisdicción penal es una manifestación de la soberanía del Estado". Assim, o poder jurisdicional brasileiro somente pode ser exercido no território nacional.

Eventualmente, no campo teórico (especialmente nas pirotecnias surreais que costumam produzir-se em alguns concursos públicos), criam-se complexas questões envolvendo a prática de atos processuais no exterior, como, por exemplo, o cumprimento de uma carta rogatória. Em síntese, o questionamento é: ainda que realizado no exterior, o ato processual (a oitiva de uma testemunha, vítima etc.) deve observar a forma e o ritual exigido pelo nosso CPP? Se for praticado de outra forma, segundo as regras do sistema daquele país, o ato é nulo?

A resposta é não. O ato processual será realizado naquele país segundo as regras lá vigentes. Não têm nossas leis processuais penais extraterritorialidade,

11 Na obra coletiva *Derecho Procesal Penal*. 2. ed. Madrid, Centro de Estudios Ramón Areces, 1996. p. 82.

para regrar os atos praticados fora do território nacional[12]. Tampouco há que se falar de nulidade. Ao necessitar da cooperação internacional, deve o País conformar-se com a forma como é exercido, lá, o poder jurisdicional.

Como explica ARAGONESES ALONSO[13], as normas processuais de um país se aplicam sempre pelos tribunais de dito país e adverte: mais do que no princípio de territorialidade, deve-se falar no princípio da *lex fori*, isto é, a aplicação das normas processuais corresponde ao país a que esse tribunal serve.

---

[12] Interessante, contudo, é o disposto no art. 26 do CPC, especialmente no § 3º, cuja aplicação por analogia seria perfeitamente viável:
Art. 26. A cooperação jurídica internacional será regida por tratado de que o Brasil faz parte e observará:
I – o respeito às garantias do devido processo legal no Estado requerente;
II – a igualdade de tratamento entre nacionais e estrangeiros, residentes ou não no Brasil, em relação ao acesso à justiça e à tramitação dos processos, assegurando-se assistência judiciária aos necessitados;
III – a publicidade processual, exceto nas hipóteses de sigilo previstas na legislação brasileira ou na do Estado requerente;
IV – a existência de autoridade central para recepção e transmissão dos pedidos de cooperação;
V – a espontaneidade na transmissão de informações a autoridades estrangeiras.
§ 1º Na ausência de tratado, a cooperação jurídica internacional poderá realizar-se com base em reciprocidade, manifestada por via diplomática.
§ 2º Não se exigirá a reciprocidade referida no § 1º para homologação de sentença estrangeira.
§ 3º Na cooperação jurídica internacional não será admitida a prática de atos que contrariem ou que produzam resultados incompatíveis com as normas fundamentais que regem o Estado brasileiro.
§ 4º O Ministério da Justiça exercerá as funções de autoridade central na ausência de designação específica.

[13] ARAGONESES ALONSO, Pedro. *Instituciones de Derecho Procesal Penal*. 5. ed. Madrid, Editorial Rubí Artes Gráficas, 1984. p. 61.

## SÍNTESE DO CAPÍTULO

Aviso ao leitor: A compreensão da síntese exige a prévia leitura do capítulo!

### LEI PROCESSUAL PENAL NO TEMPO:

1. Princípio da Imediatidade: art. 2º do CPP, segundo o qual as normas processuais penais têm aplicação imediata, independentemente de serem benéficas ou prejudiciais ao réu, sem efeito retroativo. É a posição tradicional, sendo que os doutrinadores recorrem à seguinte distinção:

1.1. Leis Penais Puras: disciplinam o poder punitivo estatal, que diz respeito à tipificação de delitos, penas, regimes etc. Aplicam-se os princípios do direito penal: retroatividade da lei penal mais benigna e irretroatividade da lei mais gravosa. 1.2. Leis Processuais Penais Puras: regulam o início, o desenvolvimento e o fim do processo penal, como perícias, rol de testemunhas, ritos etc. Aplica-se o princípio da imediatidade e não têm efeito retroativo. 1.3. Leis Mistas: possuem caracteres penais e processuais, visto que disciplinam um ato do processo, mas que diz respeito ao poder punitivo. Exemplos: normas que regulam ação penal, representação, perdão, renúncia, perempção, causas de extinção da punibilidade etc. Aplica-se a regra do direito penal da retroatividade da lei mais benigna.

2. (Re)Leitura Constitucional do Princípio da Imediatidade: o art. 2º do CPP deve ser lido à luz do art. 5º, XL, da CB. Não se pode pensar o direito penal desconectado do processo penal e vice-versa, devendo ser feita uma análise à luz do sistema penal. O gênero "lei penal" abrange as espécies lei penal material e lei penal processual, regidas pelo mesmo princípio constitucional da irretroatividade da lei mais gravosa e retroatividade da lei mais benigna. O caráter mais benigno ou mais gravoso é feito a partir da ampliação ou compressão da esfera de proteção constitucional. As normas meramente procedimentais, que não impliquem aumento ou diminuição de garantias, são consideradas de conteúdo neutro, sendo regidas, então, pelo princípio da imediatidade.

### LEI PROCESSUAL PENAL NO ESPAÇO:

Vige o princípio da territorialidade do art. 1º do CPP, não havendo a mesma problemática do direito penal, que admite a extraterritorialidade. Assim, a lei penal pode ser aplicada fora do território nacional nos casos do art. 7º do CP, mas as leis processuais penais não podem, pois não possuem extraterritorialidade.

Capítulo IV

# A INVESTIGAÇÃO PRELIMINAR BRASILEIRA: O INQUÉRITO POLICIAL

O inquérito policial foi mantido no CPP de 1941, pois entendeu o legislador da época que "o ponderado exame da realidade brasileira, que não é apenas a dos centros urbanos, senão também a dos remotos distritos das comarcas do interior, desaconselha o repúdio ao sistema vigente". Naquele momento histórico, o sistema de juiz de instrução era amplamente adotado, principalmente na Europa, onde vivia momentos de glória em países como Espanha, França, Itália e Alemanha. O Brasil, ao contrário, seguia com a superada investigação preliminar policial.

Abordaremos a continuação apenas do inquérito policial, sob seus aspectos mais relevantes, remetendo o leitor para nossa obra "Investigação Preliminar no Processo Penal", publicada pela Editora Saraiva, como leitura complementar, pois lá fazemos uma ampla e profunda análise de todos os sistemas de investigação preliminar (modelos policial, juiz de instrução e promotor investigador) e também do próprio inquérito.

## 1. Considerações Prévias. Fundamento da Existência e Natureza Jurídica

A investigação preliminar situa-se na fase pré-processual, sendo o gênero do qual são espécies o inquérito policial, as comissões parlamentares de inquérito, sindicâncias etc. Constitui o conjunto de atividades desenvolvidas concatenadamente por órgãos do Estado, a partir de uma notícia-crime, com caráter prévio e de natureza preparatória com relação ao processo penal, e que pretende averiguar a autoria e as circunstâncias de um fato aparentemente delituoso, com o fim de justificar o processo ou o não processo.

Questão relevante é: qual é o fundamento da existência da investigação preliminar? Por que precisamos ter um inquérito policial prévio ao processo?

a) Busca do fato oculto: o crime, na maior parte dos casos, é total ou parcialmente oculto e precisa ser investigado para atingir-se elementos suficientes de autoria e materialidade (*fumus commissi delicti*) para oferecimento da acusação ou justificação do pedido de arquivamento.
b) Função simbólica: a visibilidade da atuação estatal investigatória contribui, no plano simbólico, para o restabelecimento da normalidade social abalada pelo crime, afastando o sentimento de impunidade.
c) Filtro processual: a investigação preliminar serve como filtro processual para evitar acusações infundadas, seja porque despidas de lastro probatório suficiente, seja porque a conduta não é aparentemente criminosa. O processo penal é uma pena em si mesmo, pois não é possível processar sem punir e tampouco punir sem processar, pois é gerador de estigmatização social e jurídica (etiquetamento) e sofrimento psíquico. Daí a necessidade de uma investigação preliminar para evitar processos sem suficiente *fumus commissi delicti*.

Quanto à natureza jurídica do *inquérito policial*, vem determinada pelo sujeito e pela natureza dos atos realizados, de modo que deve ser considerado como um procedimento administrativo pré-processual.

A atividade carece do mando de uma autoridade com potestade jurisdicional e por isso não pode ser considerada como atividade judicial e tampouco processual, até porque não possui a estrutura dialética do processo. Como explica MANZINI[1], só pode haver uma relação de índole administrativa entre a polícia, que é um órgão administrativo igual ao MP (quando vinculado ao Poder Executivo), e aquele sobre quem recaia a suspeita de haver cometido um delito.

## 2. Órgão Encarregado. Atuação Policial e do Ministério Público

Como determina o art. 4º do CPP e o próprio nome indica, o inquérito é realizado pela polícia judiciária. Essa foi, desafortunadamente, a opção mantida pelo legislador de 1941, justificada na Exposição de Motivos como o modelo mais

1 *Tratado de Derecho Procesal Penal*. Barcelona, Ediciones Jurídicas Europa-América, 1951. v. I, p. 120.

adequado à realidade social e jurídica daquele momento. Sua manutenção era, segundo o pensamento da época, necessária, atendendo às grandes dimensões territoriais e às dificuldades de transporte. Foi rechaçado o sistema de instrução preliminar judicial, ante a impossibilidade de que o juiz instrutor pudesse atuar de forma rápida nos mais remotos povoados, a grandes distâncias dos centros urbanos, e que às vezes exigiam vários dias de viagem.

Mas o inquérito não é necessariamente policial. Nesse sentido dispõe o parágrafo único do art. 4º, determinando que a competência da polícia não exclui a de outras autoridades administrativas que tenham competência legal para investigar. Dessa forma, é possível que outra autoridade administrativa – v.g., nas sindicâncias e processos administrativos contra funcionários públicos – realize a averiguação dos fatos e, com base nesses dados, seja oferecida a denúncia pelo Ministério Público. Da mesma forma, um delito praticado por um militar será objeto de um *inquérito policial militar*, e, ao final, concluindo a autoridade militar que o fato não é crime militar, mas sim comum, ou ainda que foram praticados crimes militares e comuns[2], deverá remeter os autos do IPM ao Ministério Público, que poderá diretamente oferecer a denúncia.

Também pode a investigação ser realizada por membros do Poder Legislativo nas chamadas *Comissões Parlamentares de Inquérito*. Segundo o art. 58, § 3º, da CB, as *CPIs* têm poderes de investigação e são criadas pela Câmara dos Deputados e pelo Senado Federal, em conjunto ou separadamente, mediante requerimento de um terço de seus membros, para a apuração de fato determinado e por prazo certo, sendo que suas conclusões, quando afirmarem a existência de um delito, serão remetidas ao Ministério Público para que promova – diretamente se entender viável – a respectiva ação penal.

Não obstante, nosso estudo está limitado ao inquérito policial, realizado pela polícia judiciária, e nele nos centraremos. Trata-se de um modelo de investigação preliminar policial, de modo que a polícia judiciária leva a cabo o inquérito policial com autonomia e controle. Contudo, depende da intervenção judicial para a adoção de medidas restritivas de direitos fundamentais.

A polícia brasileira desempenha dois papéis (nem sempre) distintos: a polícia judiciária e a polícia preventiva. A polícia judiciária está encarregada da investigação preliminar, sendo desempenhada nos estados pela Polícia Civil e, no âmbito federal, pela Polícia Federal. Em regra, nenhum problema existe no fato de a polícia

2 Nesse caso, cumpre recordar que crime militar e comum não se misturam, sendo cada um julgado na sua respectiva jurisdição, conforme determina o art. 79, I, do CPP.

civil estadual investigar um delito de competência da Justiça Federal (como o tráfico ilícito de substâncias entorpecentes e demais delitos previstos no art. 109 da Constituição); ou de a polícia federal realizar um inquérito para apuração de um delito de competência da Justiça Estadual. Contudo, em geral, a atuação de cada polícia tende a limitar-se ao âmbito de atuação da respectiva Justiça (Federal ou Estadual).

Já o policiamento preventivo ou ostensivo é levado a cabo pelas Polícias Militares dos estados, que não possuem atribuição (como regra) para realizar a investigação preliminar. Em se tratando de inquérito policial, está ele a cargo da polícia judiciária (não cabendo à polícia militar realizá-lo, salvo nos crimes militares definidos no Código Penal Militar).

Quanto à atuação do Ministério Público, está o *parquet* legalmente autorizado a requerer abertura como também acompanhar a atividade policial no curso do inquérito. Contudo, por falta de uma norma que satisfatoriamente defina o chamado controle externo da atividade policial – subordinação ou dependência funcional da polícia em relação ao MP –, não podemos afirmar que o Ministério Público pode assumir o mando do inquérito policial, mas sim participar ativamente, requerendo diligências e acompanhando a atividade policial.

Em definitivo, não pairam dúvidas de que o Ministério Público poderá requisitar a instauração do inquérito e/ou acompanhar a sua realização. Mas sua presença é secundária, acessória e contingente, pois o órgão encarregado de dirigir o inquérito policial é a polícia judiciária.

Quanto aos poderes investigatórios do Ministério Público, considerando as manifestações favoráveis por parte do STF, entendemos que o MP poderá instruir seus procedimentos investigatórios criminais, devendo observar, no mínimo, o regramento do inquérito. Deverá ainda observar o rol de direitos e garantias do investigado, previstos no CPP, em leis extravagantes (como a Lei n. 8.906) e na Constituição, além de submeter-se ao rígido controle de legalidade por parte do Juiz das Garantias.

## 3. A Posição do Juiz Frente ao Inquérito Policial: O Juiz das Garantias

A efetividade da proteção está em grande parte pendente da atividade jurisdicional, principal responsável por dar ou negar a tutela dos direitos fundamentais. Como consequência, o fundamento da legitimidade da jurisdição e da independência do Poder Judiciário está no reconhecimento da sua função de garantidor dos direitos fundamentais inseridos ou resultantes da Constituição.

ADVERTÊNCIA INICIAL: Com a concessão de Liminar na Medida Cautelar nas ADIn's n. 6.298, 6.299, 6.300 e 6.305 pelo Min. FUX, está suspensa, *sine die*, a eficácia do art. 3º-A. Como se trata de medida liminar, manteremos a análise do dispositivo legal, que poderá ter sua vigência restabelecida a qualquer momento. Portanto, enquanto estiver valendo a medida liminar, a implantação do juiz das garantias está suspensa. Seguirá sendo o mesmo juiz durante a fase investigatória e depois no processo, com os imensos prejuízos que mostraremos a continuação. Por isso, manteremos nossas considerações, não só porque o(s) dispositivo(s) pode(m) entrar em vigor, mas também porque reflete(m) um avanço importante para o processo penal e serve(m) como fundamentação teórica para criticar o superado modelo do CPP. Pedimos a compreensão do leitor para essa situação de insegurança jurídica gerada por motivos alheios a nossa vontade.

Nesse contexto, a função do juiz é atuar como *garantidor*[3] dos direitos do acusado no processo penal. Esse é o lugar do juiz das garantias, nos termos do art.3º-C do CPP:

Sem dúvida uma das mais importantes inovações da Lei n. 13.964/2019 foi a recepção do instituto – já consagrado há décadas em diversos países e por nós defendidos desde 1999 – do juiz das garantias. O nome dado não foi dos melhores, principalmente porque no Brasil existe uma costumeira e errônea confusão entre garantias e impunidade. Talvez tivesse andado melhor o legislador se tivesse seguido a sistemática italiana e denominado de "juiz da investigação" (*il giudice per le indagini preliminari*), talvez evitasse uma parcela da injustificada resistência.

Premissa básica é compreender que não estamos falando de "juizado de instrução" ou "juiz instrutor", pois essa é uma figura arcaica, inquisitória e superada, na qual o juiz tem uma postura ativa, indo atrás da prova de ofício, investigando e decidindo sobre medidas restritivas de direitos fundamentais que ele mesmo determina. Essa é uma figura superada, em que pese ainda vigente na Espanha e na França, por exemplo. Sobre o tema, remetemos o leitor para um longo e profundo estudo que fazemos na obra "Investigação Preliminar no Processo Penal".

Portanto, o juiz das garantias (nomenclatura utilizada também, por exemplo, pelo CPP do Chile, mas igualmente consagrada ainda que com outro nome em Portugal, Paraguai, Uruguai, e tantos outros países) ou "il giudice per le indagini" dos italianos, não tem uma postura inquisitória, não investiga e não produz prova de ofício. Também conhecido como sistema "doble juez", como define a doutrina chilena e uruguaia em representativa denominação, na medida em que estabelece a necessidade de dois juízes diferentes, ou seja, modelo "duplo juiz", em que dois juízes distintos atuam no feito. O primeiro intervém – quando invocado – na fase

[3] Utilizamos indistintamente as expressões "juiz garante" e "juiz de garantias".

pré-processual até o recebimento da denúncia, encaminhando os autos para outro juiz que irá instruir e julgar, sem estar contaminado, sem pré-julgamentos e com a máxima originalidade cognitiva [4].

Ele se posta como juiz, inerte, que atua mediante invocação (observância do *ne procedat iudex ex officio* que funda a estrutura acusatória e cria as condições de possibilidade de ter um juiz imparcial) permitindo que se estabeleça uma estrutura dialética, onde o MP e a polícia investigam os fatos, o imputado exerce sua defesa e ele decide, quando chamado, sobre medidas restritivas de direitos fundamentais submetidas a reserva de jurisdição (como busca e apreensão, quebras de sigilo, prisões cautelares, medidas assecuratórias, etc.) e como guardião da legalidade e dos direitos e garantias do imputado. Portanto, atua como juiz e não como instrutor-inquisidor. Não se confunde assim, de modo algum, com o superado sistema de "juizado de instrução" [5].

## 3.1. Por Que Precisamos do Juiz das Garantias? Qual o Fundamento do Sistema "Duplo Juiz"?

E por que um mesmo juiz não pode "fazer tudo"? Em síntese [6] porque:

1. É da essência do sistema inquisitório a aglutinação de funções na mão do juiz e atribuição de poderes instrutórios ao julgador, senhor soberano do processo. Portanto, não há uma estrutura dialética e tampouco contraditória. Não existe imparcialidade, pois uma mesma pessoa (juiz-ator) busca a prova (iniciativa e gestão) e decide a partir da prova que ela mesma produziu. Portanto, incompatível com a matriz acusatória constitucional.
2. O Tribunal Europeu de Direitos Humanos (TEDH), especialmente nos casos *Piersack*, de 1º/10/1982, e *De Cubber*, de 26/10/1984, consagrou o entendimento de que o juiz com poderes investigatórios é incompatível

---

[4] Sobre o tema remetemos o leitor para artigo escrito em coautoria com Alexandre Morais da Rosa, publicado na Coluna "Limite Penal", no *site*: <https://www.conjur.com.br/2016-abr-29/limite-penal--quando-juiz-sabia-importancia-originalidade-cognitiva-processo-penal>.

[5] No superado modelo de juizado de instrução ou juiz instrutor, ainda parcialmente vigente na Espanha e França, o juiz tem uma postura inquisidora, produzindo provas e ofício e comandando a investigação. Para aprofundar, remetemos o leitor para nossa obra "Investigação Preliminar no Processo Penal", publicado pela Editora Saraiva, onde esgotamos o tema.

[6] Já escrevemos sobre esse tema a exaustão, desde 1999 em nossa tese "Sistemas de Investigação Preliminar" publicada a partir de 2001, posteriormente no livro "Investigação Preliminar" e também nas obras "Fundamentos do Processo Penal" e nas edições anteriores deste "Direito Processual Penal". Também dedicamos diversos artigos na Coluna "Limite Penal", que subscrevemos em parceria com Alexandre Morais da Rosa na Revista Eletrônica CONJUR, sobre originalidade cognitiva, teoria da dissonância cognitiva e a necessidade do juiz das garantias. Portanto, para evitar repetições, remetemos o leitor para esses escritos, pois aqui faremos apenas uma breve síntese diante dos limites da obra.

com a função de julgador. Ou seja, se o juiz lançou mão de seu poder investigatório na fase pré-processual, não poderá, na fase processual, ser o julgador. É uma violação do direito ao juiz imparcial consagrado no art. 6.1 do Convênio para a Proteção dos Direitos Humanos e das Liberdades Fundamentais, de 1950. Segundo o TEDH, a contaminação resultante dos "pré-juízos" conduzem à falta de imparcialidade subjetiva ou objetiva. Desde o caso *Piersack*, de 1982, entende-se que a subjetiva alude à convicção pessoal do juiz concreto, que conhece de um determinado assunto e, desse modo, a sua falta de "pré-juízos".

3. A imparcialidade, no decorrer do tempo, desde pelo menos o julgamento do Tribunal Europeu de Direitos Humanos (TEDH), no caso *Piersack vs.* Bélgica, distinguiu-se entre objetiva (em relação ao caso penal) e subjetiva (no tocante aos envolvidos). Também deve-se valorizar a "estética de imparcialidade", ou seja, a aparência, a percepção que as partes precisam ter de que o juiz é realmente um "juiz imparcial", ou seja, que não tenha tido um envolvimento prévio com o caso penal (por exemplo, na fase pré-processual, decretando prisões cautelares ou medidas cautelares reais) que o contamine, que fomente os pré-juízos que geram um imenso prejuízo cognitivo. É importante que o juiz mantenha um afastamento que lhe confira uma "estética de julgador"' e não de acusador, investigador ou inquisidor. Isso é crucial para que se tenha a "confiança" do jurisdicionado na figura do julgador. Mas todas essas questões perpassam por um núcleo imantador, que é a *originalidade cognitiva.*
4. A garantia da "originalidade cognitiva" exige que o juiz criminal — para efetivamente ser juiz e, portanto, imparcial — conheça do caso penal originariamente no processo (na fase processual, na instrução). Deve formar sua convicção pela prova colhida originariamente no contraditório judicial, sem pré-juízos e pré-cognições acerca do objeto do processo. Do contrário, o modelo brasileiro que se quer abandonar faz com que o juiz já entre na fase processual "sabendo demais", excessivamente contaminado, já "sabedor" e, portanto, jamais haverá a mesma qualidade cognitiva com a versão antagônica (da defesa, por elementar). Não existe igualdade de condições cognitivas, não existe contraditório real (pois impossível o mesmo tratamento) e, portanto, jamais haverá um devido processo frente a um juiz verdadeiramente imparcial.
5. Não podemos ter um juiz que já formou sua imagem mental sobre o caso e que entra na instrução apenas para confirmar as hipóteses previamente estabelecidas pela acusação e tomadas como verdadeiras por ele (e

estamos falando de inconsciente, não controlável), tanto que decretou a busca e apreensão, a interceptação telefônica, a prisão preventiva, etc. e ainda recebeu a denúncia. É óbvio que outro juiz deve entrar para que exista um devido processo. Do contrário, a manter o mesmo juiz, a instrução é apenas confirmatória e simbólica de uma decisão previamente tomada. Para compreender isso, recordemos o que diz a Teoria da Dissonância Cognitiva.

6. O contributo da Teoria da Dissonância Cognitiva (já tratada)[7] também é crucial para compreender o imenso prejuízo que decorre dos pré-juízos (expressão também utilizada pelo TEDH), pois é absolutamente irrefutável que o juiz constrói uma imagem mental dos fatos (inconscientemente e não dominável) a partir do momento em que começa a decidir sobre as medidas incidentais da investigação, como uma quebra de sigilo telefônico (e suas sucessivas prorrogações), depois sobre a quebra de sigilo bancário, fiscal, determina a busca e a apreensão e finalmente decreta uma prisão cautelar (roteiro bastante comum na imensa maioria dos processos, com pequenas variações), é evidente que já pré-julgou, que já decidiu sobre as hipóteses, que já tem suas "convicções" e obviamente irá receber a denúncia. Uma vez iniciado o processo, ele se transforma em mero golpe de cena, destinado apenas a confirmar as hipóteses acusatórias já tomadas como verdadeiras (tanto que decidiu sobre aquelas medidas todas). A instrução para um juiz contaminado é marcada: a) **pela autoconfirmação de hipóteses**, superestimando as informações anteriormente consideradas corretas (como as informações fornecidas pelo inquérito ou a denúncia, tanto que ele as acolhe para aceitar a acusação, pedido de medida cautelar etc.); b) **busca seletiva de informações**, onde se procuram, predominantemente, informações que confirmam a hipótese que em algum momento prévio foi aceita (acolhida pelo ego), gerando o efeito confirmador-tranquilizador.

7. A partir disso, SCHÜNEMANN desenvolve uma interessante pesquisa de campo que acaba confirmando várias hipóteses, entre elas a já sabida – ainda que empiricamente – por todos: quanto maior for o nível de conhecimento/envolvimento do juiz com a investigação preliminar e o próprio recebimento da acusação, menor é o interesse dele pelas perguntas que a defesa faz para a testemunha e (muito) mais provável é a

[7] Anteriormente tratada, quando abordamos a imparcialidade do juiz, e para onde remetemos o leitor para evitar repetições. Aqui faremos apenas uma síntese.

frequência com que ele condenará. Toda pessoa procura um equilíbrio do seu sistema cognitivo, uma relação não contraditória. A tese da defesa gera uma relação contraditória com as hipóteses iniciais (acusatórias) e conduz à (molesta) dissonância cognitiva. Como consequência existe o efeito inércia ou perseverança, de autoconfirmação das hipóteses, por meio da busca seletiva de informações.

Portanto, em apertada síntese, fica evidente a incompatibilidade psíquica ou o **erro psicológico** (nomenclatura utilizada por James Goldschmidt no clássico "Problemas Jurídicos y Políticos del Proceso Penal") de que uma mesma pessoa atue na fase de investigação e depois seja um julgador imparcial no processo.

Por fim, chamamos a atenção para uma questão que não está expressa na Lei n. 13.964/2019, mas que exigirá ampla discussão: como ficam os processos de competência originária dos tribunais? Em que um desembargador ou ministro é chamado a atuar na investigação preliminar, para autorizar medidas restritivas de direitos fundamentais submetidas à reserva de jurisdição, e depois participa da instrução e julgamento do futuro processo penal?

Pensamos que a exigência de imparcialidade do julgador é a mesma (ainda que se trate de órgão colegiado, cada magistrado tem dever de imparcialidade) e, portanto, aplicável todos os argumentos que justificam a figura do magistrado das garantias que não pode participar do julgamento. Por coerência e óbvia necessidade de originalidade cognitiva e imparcialidade, o desembargador ou ministro que atua na fase pré-processual, desempenha o papel de juiz das garantias e não poderá participar da instrução e julgamento. Neste caso, como se tratam de órgãos colegiados, não é preciso criar nada, simplesmente aquele desembargador ou ministro que atuou na fase de investigação preliminar está impedido de participar da fase processual e, portanto, da instrução e julgamento. Está prevento e, portanto, impedido de julgar. Não vislumbramos qualquer argumento racional para impedir essa sistemática, até porque, desembargadores e ministros não possuem qualquer atributo psíquico que os diferencie dos demais magistrados ou seres humanos, para lhes imunizar dos naturais pré-julgamentos, contaminações e efeitos decorrentes da dissonância cognitiva.

### 3.2. Atuação do Juiz das Garantias: Análise do Art. 3º-B e Seguintes do CPP

ADVERTÊNCIA INICIAL: Com a concessão de Liminar na Medida Cautelar nas ADIn's n. 6.298, 6.299, 6.300 e 6.305 pelo Min. FUX, está suspensa, *sine die*, a eficácia do art. 3º-B. Como se trata de medida liminar, manteremos a análise do dispositivo legal, que poderá ter sua vigência restabelecida a qualquer momento e também porque reflete um avanço importante para o processo penal e serve como fundamentação teórica para criticar o superado modelo do CPP. Pedimos a compreensão do leitor para essa situação de insegurança jurídica gerada por motivos alheios a nossa vontade.

O juiz das garantias foi concebido para atuar na fase pré-processual, contudo, nossa reforma fez uma construção híbrida, ao permitir que ele atue até o momento procedimental previsto no art. 399. Com isso, ele não apenas recebe ou rejeita a denúncia ou queixa, como, se receber, cita o réu para apresentação da resposta preliminar. Após, decide se absolve sumariamente ou não, sendo que neste último caso – decidindo pela continuidade do processo – irá marcar a audiência de instrução e julgamento. Não vislumbramos qualquer problema em que essa última parte do dispositivo (que é anterior a reforma de 2019) seja adequada a questões operacionais e de pauta, permitindo-se que o juiz das garantias deixe de aprazar a audiência de instrução e julgamento (que não será realizada por ele) e remeta os autos para o juiz do processo, que então designará a audiência prevista no art. 400 e s.

O argumento positivo é que essa sistemática assegura ainda mais a originalidade cognitiva e a imparcialidade do julgador, na medida em que se a decisão sobre a absolvição sumária estivesse nas mãos do juiz julgador, ele teria, no mais das vezes, que conhecer dos atos de investigação (do inquérito), prejudicando inclusive a previsão do parágrafo 3º do art. 3º-C (não ingresso no processo dos atos do inquérito para não poluir a cognição do julgador com esses meros atos de investigação).

Por outro lado, pode-se criticar tal sistemática, na medida em que prolonga excessivamente a atuação do juiz das garantias, que inclusive pode absolver sumariamente um acusado, ingressando assim na fase processual (o que é contrário a sua natureza).

Mas, sopesando os argumentos a favor e contra, preferimos a forma como posta pelo legislador, pois representa um ganho maior em termos de preservação da cognição do juiz julgador, melhorando a qualidade epistêmica da decisão.

Ainda que suspensos pela decisão do Min. FUX, como já explicado, faremos a análise do disposto nos arts. 3º-B, C, D, E e F, que disciplina a atuação do juiz das garantias, pois podem entrar em vigor a qualquer momento:

> Art. 3º-B. O juiz das garantias é responsável pelo controle da legalidade da investigação criminal e pela salvaguarda dos direitos individuais cuja franquia tenha sido reservada à autorização prévia do Poder Judiciário, competindo-lhe especialmente:

COMENTÁRIO:

O juiz das garantias é o controlador da legalidade da investigação realizada pelo MP e/ou Polícia, na medida em que existem diversas medidas restritivas de direitos fundamentais que exigem uma decisão judicial fundamentada (reserva de jurisdição). Também é fundamental como garantidor da eficácia de direitos fundamentais exercíveis nesta fase, como direito de acesso (contraditório, no seu primeiro momento), defesa (técnica e pessoal), direito a que a defesa produza provas e requeira diligências do seu interesse, enfim, guardião da legalidade e da eficácia das garantias constitucionais que são exigíveis já na fase pré-processual.

**I – receber a comunicação imediata da prisão, nos termos do inciso LXII do *caput* do art. 5º da Constituição Federal;**

COMENTÁRIO:

Determina a CF dispositivo mencionando que "a prisão de qualquer pessoa e o local onde se encontre serão comunicados imediatamente ao juiz competente e à família do preso ou à pessoa por ele indicada". Esse dispositivo se refere, especialmente, a prisão em flagrante e o disposto no art. 306 do CPP.

**II – receber o auto da prisão em flagrante para o controle da legalidade da prisão, observado o disposto no art. 310 deste Código;**

COMENTÁRIO:

Muito importante é a aplicação do art. 310 do CPP [8], que é objeto de comentário específico no capítulo destinado as prisões cautelares, especialmente quando abordamos a prisão em flagrante, para onde remetemos o leitor para evitar repetições. Cumpre sublinhar, ainda, que o momento correto e adequado para esse controle é na audiência de custódia, a ser presidida pelo juiz das garantias.

---

8 Art. 310. Após receber o auto de prisão em flagrante, no prazo máximo de até 24 (vinte e quatro) horas após a realização da prisão, o juiz deverá promover audiência de custódia com a presença do acusado, seu advogado constituído ou membro da Defensoria Pública e o membro do Ministério Público, e, nessa audiência, o juiz deverá, fundamentadamente: **(Redação dada pela Lei n. 13.964, de 2019)**
I – relaxar a prisão ilegal; ou **(Incluído pela Lei n. 12.403, de 2011)**
II – converter a prisão em flagrante em preventiva, quando presentes os requisitos constantes do art. 312 deste Código, e se revelarem inadequadas ou insuficientes as medidas cautelares diversas da prisão; ou **(Incluído pela Lei n. 12.403, de 2011)**
III – conceder liberdade provisória, com ou sem fiança. **(Incluído pela Lei n. 12.403, de 2011)**
§ 1º Se o juiz verificar, pelo auto de prisão em flagrante, que o agente praticou o fato em qualquer das condições constantes dos incisos I, II ou III do *caput* do art. 23 do Decreto-lei n. 2.848, de 7 de dezembro de 1940 (Código Penal), poderá, fundamentadamente, conceder ao acusado liberdade provisória, mediante termo de comparecimento obrigatório a todos os atos processuais, sob pena de revogação. **(Renumerado do parágrafo único pela Lei n. 13.964, de 2019)**
§ 2º Se o juiz verificar que o agente é reincidente ou que integra organização criminosa armada ou milícia, ou que porta arma de fogo de uso restrito, deverá denegar a liberdade provisória, com ou sem medidas cautelares. **(Incluído pela Lei n. 13.964, de 2019)**
§ 3º A autoridade que deu causa, sem motivação idônea, à não realização da audiência de custódia no prazo estabelecido no *caput* deste artigo responderá administrativa, civil e penalmente pela omissão. **(Incluído pela Lei n. 13.964, de 2019)**
§ 4º Transcorridas 24 (vinte e quatro) horas após o decurso do prazo estabelecido no *caput* deste artigo, a não realização de audiência de custódia sem motivação idônea ensejará também a ilegalidade da prisão, a ser relaxada pela autoridade competente, sem prejuízo da possibilidade de imediata decretação de prisão preventiva. **(Incluído pela Lei n. 13.964, de 2019)**

III – zelar pela observância dos direitos do preso, podendo determinar que este seja conduzido à sua presença, a qualquer tempo;

COMENTÁRIO:

O preso possui diversos direitos estabelecidos no art. 5º da CF, especialmente nos incisos III, LIV, LV, LVII,LVIII, LXI, LXII, LXIII, LXIV, LXV, LXVI, LXVII, LXVIII, entre outros. Havendo dúvida sobre o respeito e observância dos direitos do preso poderá (ou melhor, "deverá") o juiz determinar a imediata apresentação do preso, para certificar-se de que seus direitos estão sendo respeitados.

IV – ser informado sobre a instauração de qualquer investigação criminal;

COMENTÁRIO:

A instauração de qualquer investigação preliminar, seja pela polícia (inquérito policial) ou pelo Ministério Público (procedimento investigatório criminal – PIC), deverá ser imediatamente informada ao respectivo juiz das garantias, para que possa exercer sua função de controlador da legalidade. Evita-se, com isso, a abertura de investigações que ficam sem qualquer controle, inclusive de tempo e requisitos formais. Importante sublinhar que o juiz das garantias não investiga, apenas controla a legalidade da investigação.

V – decidir sobre o requerimento de prisão provisória ou outra medida cautelar, observado o disposto no § 1º deste artigo;

COMENTÁRIO:

Importantíssima missão do juiz das garantias é a de efetivar a garantia da reserva de jurisdição, especialmente em relação as medidas cautelares pessoais, reais ou diversas (art. 319). Portanto, cabe a ele, diante do pedido do MP ou representação da autoridade policial, decretar ou não uma prisão temporária ou preventiva, por exemplo, verificando se estão presentes os requisitos legais (*fumus commissi delicti* e *periculum libertatis*) e a efetiva necessidade cautelar, além da observância da principiologia aplicável. Tal decisão deverá ser especificamente fundamentada, como explicaremos (junto com as demais questões atinentes) no Capítulo das Prisões Cautelares.

VI – prorrogar a prisão provisória ou outra medida cautelar, bem como substituí-las ou revogá-las, assegurado, no primeiro caso, o exercício do contraditório em audiência pública e oral, na forma do disposto neste Código ou em legislação especial pertinente;

COMENTÁRIO:

A prorrogação a que se refere esse inciso é da prisão temporária, que tem prazo máximo de duração previsto na Lei n. 7.960/89, já que a prisão preventiva (infelizmente) não tem prazo de duração estabelecido em lei. Igualmente caberá ao juiz das garantias a decretação (mediante pedido) ou revogação (mediante pedido ou mesmo de ofício) de qualquer prisão cautelar ou outra medida cautelar (sejam medidas cautelares patrimoniais (art. 125 e s.) ou medidas cautelares diversas (art. 319). Importante a menção ao contraditório – para substituição, diz o dispositivo, mas entendemos que também para decretação – e a necessidade de audiência pública e oral neste momento. Tal exigência encontra ainda abrigo no art. 282, § 3º, que determina: *Ressalvados os casos de urgência ou de perigo de ineficácia da medida, o juiz, ao receber o pedido de medida cautelar, determinará a intimação da parte contrária, acompanhada de cópia do requerimento e das peças necessárias, permanecendo os autos em juízo*. Vai reforçado, portanto, o direito ao contraditório e a cultura de audiência, na medida em que deverá o juiz das garantias marcar uma audiência pública e oral para debate e decisão sobre a substituição ou mesmo decretação da medida cautelar, não se admitindo as simples manifestações escritas.

VII – decidir sobre o requerimento de produção antecipada de provas consideradas urgentes e não repetíveis, assegurados o contraditório e a ampla defesa em audiência pública e oral;

COMENTÁRIO:

Importante sublinhar que se trata de "decidir sobre o requerimento" de produção antecipada de provas. Não se admite a produção de provas de ofício pelo juiz! Assim, revogado tacitamente o disposto no art. 156, I, do CPP. Portanto, havendo pedido de produção antecipada de provas, deverá o juiz analisar a pertinência da postulação, se realmente existe a urgência apontada e se é uma prova irrepetível. Não comprovando o interessado esses elementos, deverá o pedido ser denegado, pois a prova deve – como regra – ser produzida na fase processual, na audiência de instrução e julgamento (art. 400 e s.). Se presente a real necessidade da produção antecipada de provas, poderá o juiz das garantias marcar audiência pública e oral (novamente um reforço para a cultura de audiência e oralidade) para sua produção, assegurando o contraditório (presença e participação de ambos os interessados – futuras partes, em tese) e a ampla defesa (pessoal e técnica). Situação complexa é quando essa prova tiver que ser produzida antes que exista indiciamento, ou seja, antes que se defina formalmente quem é o imputado. Nesse caso, excepcional e que deve ser evitado ao máximo, o juiz deverá intimar a defensoria pública (ou nomear um defensor dativo) para acompanhar a audiência. Ainda assim, inevitavelmente acarretará prejuízos para o contraditório e a ampla defesa, pois o posterior imputado não terá participado. Isso faz com que tal medida seja realmente excepcional e restrita. Ademais, como forma de redução de danos, todo o ato deverá ser registrado da melhor maneira possível, preferencialmente em vídeo e áudio, para posterior controle da qualidade epistêmica por parte do interessado. Por fim, é aplicável aqui, por analogia, o disposto na Súmula 455 do STJ, no sentido de que a decisão que determina a produção antecipada de provas deve ser concretamente fundamentada, não a justificando unicamente o mero decurso do tempo.

VIII – prorrogar o prazo de duração do inquérito, estando o investigado preso, em vista das razões apresentadas pela autoridade policial e observado o disposto no § 2º deste artigo;

COMENTÁRIO:

A prorrogação do inquérito estando o investigado em liberdade (ou mesmo quando não definido ainda) se dará de forma direta entre polícia e MP, sem intervenção do juiz das garantias, que somente será chamado para decidir quando o investigado estiver preso. Neste caso, o inquérito (ou o PIC a cargo do MP) poderá ser prorrogado por até 15 dias, uma única vez, como determina o § 2º, após o que, se a investigação não for concluída, a prisão será relaxada (importantíssimo avanço, pois o legislador adotou a sistemática de prazo com sanção, um reclame antigo da doutrina). O prazo de até 15 dias inova em relação ao disposto no art. 10 do CPP, que entendemos vai afetado pela nova regra. Assim, o inquérito em caso de imputado preso poderá durar até 10 dias (regra do art. 10), cabendo uma única prorrogação por até 15 dias (nova disciplina contida no § 2º deste artigo) por meio de decisão fundamentada do juiz das garantias.

IX – determinar o trancamento do inquérito policial quando não houver fundamento razoável para sua instauração ou prosseguimento;

COMENTÁRIO:

Interessante inovação foi a possibilidade de o juiz das garantias "trancar" o inquérito policial (ou qualquer investigação preliminar, por óbvia analogia) quando não houver fundamento razoável para sua instauração ou prosseguimento. Sem dúvida é uma situação excepcional, na medida em que a investigação serve exatamente para apuração de um fato aparentemente criminoso, buscando fundamentos razoáveis para formulação da acusação, portanto, demonstrar que existem condições de admissibilidade da acusação (ou seja, aquilo que se convencionou chamar civilisticamente de condições da ação). Portanto, o trancamento aqui terá lugar quando, por exemplo, a conduta for manifestamente atípica; faltar punibilidade concreta diante da ocorrência de uma causa de extinção da punibilidade (v.g. prescrição, decadência, etc.); for manifesta a ilegitimidade do imputado; não houver justa causa, enfim, quando não se vislumbrar as condições necessárias para o exercício do futuro poder de acusar. Nesse caso, a investigação será trancada pelo juiz das garantias, inclusive de ofício, na medida em que ele é o guardião da legalidade desta fase.

X – requisitar documentos, laudos e informações ao delegado de polícia sobre o andamento da investigação;

COMENTÁRIO:

Mais uma situação de atuação no controle da legalidade da investigação, que não se confunde com a antiga postura inquisitória de produção de provas de ofício. Aqui ele requisita documentos, laudos e informações ao delegado, para controlar a legalidade do que está sendo feito, para verificar se é caso ou não de trancar o inquérito ou mesmo para atender a um pedido de acesso feito pela defesa diante da recusa do órgão policial. Não se confunde com determinar a realização de perícia ou requisitar documentos de outros órgãos para investigar, pois isso está vedado ao juiz das garantias (e também ao juiz do processo, diante do disposto no art. 3º-A).

XI – decidir sobre os requerimentos de:

a) interceptação telefônica, do fluxo de comunicações em sistemas de informática e telemática ou de outras formas de comunicação;
b) afastamento dos sigilos fiscal, bancário, de dados e telefônico;
c) busca e apreensão domiciliar;
d) acesso a informações sigilosas;
e) outros meios de obtenção da prova que restrinjam direitos fundamentais do investigado;

COMENTÁRIO:

Função precípua do juiz das garantias é a tomada de decisão, mediante requerimento (jamais de ofício), sobre a concessão ou não de medidas restritivas de direitos fundamentais submetidas a reserva de jurisdição, como o são as enumeradas nas alíneas "a" a "e" do presente inciso. Tais medidas, dada a gravidade do direito fundamental limitado, exigem uma fundamentação idônea e específica, calcada em argumentos jurídicos e fáticos que a ampare e legitime.

XII – julgar o *habeas corpus* impetrado antes do oferecimento da denúncia;

COMENTÁRIO:

Trata-se de hipótese bastante restrita e limitada, na medida em que o juiz das garantias somente julga o *habeas corpus* impetrado contra ato coator emanado de autoridade policial (ou administrativa similar) que constitua uma coação ilegal, como, por exemplo, a recusa em dar vista do inquérito (ainda que neste caso o melhor caminho processual seja o mandado de segurança, a jurisprudência costuma aceitar o uso do HC) ao investigado; a prática de ato ilegal por parte da autoridade policial; a recusa por parte da autoridade policial em realizar alguma diligência postulada pela defesa, etc. Quando a ilegalidade emanar de membro do Ministério Público, predomina o entendimento (ao menos por ora) de que o HC deve ser impetrado junto ao respectivo Tribunal de Justiça ou Regional Federal, não cabendo ao juiz das garantias essa decisão. De qualquer forma, para melhor compreensão da matéria e, ao mesmo tempo, para evitar repetições, remetemos o leitor para o capítulo específico no final deste livro, onde tratamos do *habeas corpus*.

XIII – determinar a instauração de incidente de insanidade mental;

COMENTÁRIO:

Tal medida está prevista nos arts. 149 a 154 do CPP, cabendo ao juiz das garantias a instauração do incidente de insanidade mental quando lhe for encaminhado o pedido na fase da investigação preliminar e estiverem presentes os requisitos legais.

XIV – decidir sobre o recebimento da denúncia ou queixa, nos termos do art. 399 deste Código;

COMENTÁRIO:

Mais uma alteração importante e na direção correta, pois como já demonstrou SCHÜNEMANN[9] ao tratar da teoria da dissonância cognitiva, o fato de um juiz analisar os atos da investigação e receber a denúncia gera uma imensa contaminação, não sendo recomendável que ele seja o mesmo juiz a participar da instrução e julgamento. Nessa perspectiva, andou bem o legislador ao deixar a decisão acerca do recebimento ou rejeição da denúncia ou queixa nas mãos do juiz das garantias, até porque, na nova sistemática, o juiz da instrução não deve ter contato – como regra – com os atos da investigação preliminar. Mas é importante recordar a confusão gerada pela reforma de 2008, que estabeleceu – aparentemente – dois recebimentos para denúncia ou queixa: um no art. 396 e outro no art. 399. Explicamos essa questão no Capítulo XIII – Morfologia dos procedimentos, para onde remetemos o leitor para exata compreensão do problema. A questão é que o dispositivo em análise faz expressa referência a atuação do juiz das garantias até o momento procedimental do art. 399, com isso, ele acabou avançando em demasia no procedimento, pois recordemos que (seguindo o rito ordinário): é oferecida a denúncia ou queixa; o juiz das garantias recebe ou rejeita (art. 396); se rejeitar caberá recurso em sentido estrito (art. 581,I) sendo irrecorrível o recebimento; uma vez recebida a acusação, o juiz das garantias citará o acusado (arts. 396 e 396-A) para oferecer resposta à acusação; após a resposta, os autos voltam para o juiz das garantias decidir se absolve sumariamente ou não (art. 397). Aqui encerra a atuação do juiz das garantias, pois se não absolver sumariamente, ratificará o recebimento da denúncia ou queixa e então remeterá os autos para o juiz do processo. É verdade que o art. 399 (fruto da reforma anterior, em 2008) diz que "recebida a denúncia ou queixa, o juiz designará dia e hora para a audiência, ordenando a intimação do acusado, de seu defensor, do Ministério Público e, se for o caso, do querelante e do assistente". Esse artigo foi elaborado na sistemática anterior, em que o mesmo juiz atuava da investigação até a sentença. Pensamos que agora, até por questões pragmáticas de pauta e funcionamento cartorário, o juiz das garantias deverá – caso não absolva sumariamente o imputado – ratificar o recebimento da acusação e remeter os autos para o juiz do processo, que conforme sua pauta e disponibilidade marcará a audiência de instrução e julgamento, procedendo nos termos do art. 400 e s. do CPP. Novamente, para evitar repetições, remetemos o leitor para o Capítulo XIII onde explicamos essas decisões (recebimento, rejeição e absolvição sumária) e o procedimento ordinário (e demais procedimentos).

---

9 "O juiz como um terceiro manipulado no processo penal? Uma confirmação empírica dos efeitos perseverança e aliança." In: *Estudos de Direito Penal e Processual Penal e Filosofia do Direito*. Org. Luís Greco. Ed. Marcial Pons, 2013.

XV – assegurar prontamente, quando se fizer necessário, o direito outorgado ao investigado e ao seu defensor de acesso a todos os elementos informativos e provas produzidos no âmbito da investigação criminal, salvo no que concerne, estritamente, às diligências em andamento;

COMENTÁRIO:

Papel fundamental do juiz das garantias (e também do juiz do processo) é ser o controlador da legalidade do procedimento e o guardião da eficácia dos direitos e garantias constitucionais do imputado. Nessa perspectiva, incumbe ao juiz das garantias assegurar todos os direitos do investigado, incluindo o de acesso (vista) aos elementos informativos do inquérito policial (ou de qualquer investigação preliminar a ele submetida), ressalvando, é claro, as diligências ainda em andamento. Esse artigo deve ser lido em harmonia com o art. 7º da Lei n. 8.906 (especialmente o inciso XIV e os §§ 11 e 12) e também a Súmula Vinculante n. 14 do STF[10]. Sobre o tema, remetemos o leitor para o Capítulo IV, quando tratamos do acesso do advogado aos autos do inquérito policial.

XVI – deferir pedido de admissão de assistente técnico para acompanhar a produção da perícia;

COMENTÁRIO:

No curso da investigação preliminar é recorrente a realização de perícias, sendo – nos termos do art. 159, § 3º, do CPP – "facultadas ao Ministério Público, ao assistente de acusação, ao ofendido, ao querelante e ao acusado a formulação de quesitos e indicação de assistente técnico". Portanto, caberá ao juiz das garantias decidir sobre o pedido de admissão de assistente técnico para acompanhar a produção da perícia realizada na investigação.

XVII – decidir sobre a homologação de acordo de não persecução penal ou os de colaboração premiada, quando formalizados durante a investigação;

COMENTÁRIO:

Tratamos em tópico específico o chamado acordo de não persecução penal, inserido no art. 28-A, para onde remetemos o leitor para evitar repetições. Tanto o acordo de não persecução penal como o de colaboração premiada (previsto na Lei n. 12.850), quando realizados antes da fase do art. 399 do CPP, estarão sujeitos a homologação (ou não) do juiz das garantias.

XVIII – outras matérias inerentes às atribuições definidas no *caput* deste artigo.

COMENTÁRIO:

Trata-se de cláusula genérica que, depois da determinação exemplificativa de um rol de atos de competência do juiz das garantias, abre para a possibilidade de sua atuação em outras situações não previstas, respeitados é claro o limite de sua atuação

---

10 "É direito do defensor, no interesse do representado, ter acesso amplo aos elementos de prova que, já documentados em procedimento investigatório realizado por órgão com competência de polícia judiciária, digam respeito ao exercício do direito de defesa."

procedimental (até o momento do art. 399 ou similar nos demais procedimentos) e a própria função do juiz das garantias: *ser o responsável pelo controle da legalidade da investigação criminal e pela salvaguarda dos direitos individuais cuja franquia tenha sido reservada à autorização prévia do Poder Judiciário*.

§ 1º (VETADO).

§ 2º Se o investigado estiver preso, o juiz das garantias poderá, mediante representação da autoridade policial e ouvido o Ministério Público, prorrogar, uma única vez, a duração do inquérito por até 15 (quinze) dias, após o que, se ainda assim a investigação não for concluída, a prisão será imediatamente relaxada.

COMENTÁRIO:

Determina o art. 10 que, como regra geral, o inquérito deverá ser concluído no prazo de 10 dias (se o imputado estiver preso). Esse prazo sempre foi por nós criticado pela ausência de sanção (como explicamos ao tratar do direito de ser julgado em um prazo razoável, de nada adianta prever prazos sem uma sanção processual, sob pena de absoluta ineficácia). Agora o legislador traz duas importantes inovações: a primeira é que estando o investigado preso, poderá haver uma única prorrogação e por até 15 dias; a segunda inovação relevantíssima é o estabelecimento de prazo com sanção, ou seja, se transcorrido o prazo de 15 dias da prorrogação a investigação não for concluída, a prisão será imediatamente relaxada. Com isso, determina-se a soltura do investigado e se dá efetividade ao prazo legal. Noutra dimensão, estando o investigado em liberdade, não haverá – como regra – intervenção do juiz das garantias, operando-se uma tramitação direta entre polícia e Ministério Público acerca da prorrogação. Obviamente, quando essa tramitação violar o direito ao prazo razoável, poderá o investigado requerer a intervenção do juiz das garantias, tanto para fixar um prazo de conclusão como ainda, em casos excepcionais, determinar o trancamento da investigação pela violação do art. 5º, LXXVIII, da CF e/ou ausência de fundamento razoável para o seu prosseguimento.

Art. 3º-C. A competência do juiz das garantias abrange todas as infrações penais, exceto as de menor potencial ofensivo, e cessa com o recebimento da denúncia ou queixa na forma do art. 399 deste Código.

COMENTÁRIO:

As infrações penais de menor potencial ofensivo (contravenções e crimes cuja pena máxima não exceda a 2 anos), submetidas ao juizado especial criminal nos termos da Lei n. 9.099/1995, não serão submetidas na fase pré-processual ao juiz das garantias. É uma medida coerente porque tais infrações penais de menor potencial ofensivo sequer podem ser objeto de inquérito policial, havendo apenas a elaboração de um termo circunstanciado. Tampouco haverá prisão temporária, preventiva ou mesmo imposição de prisão em flagrante. Portanto, considerando ainda a celeridade e falta de complexidade dessas questões, não se justifica a intervenção do juiz das garantias, até porque nenhuma intervenção judicial haverá, como regra. Por fim, estabelece o inciso que a competência do juiz das garantias abrange todas as infrações penais – ressalvadas as de menor potencial ofensivo, como explicado – e cessa com o recebimento da denúncia ou queixa nos termos do art. 399 do CPP (que, como já explicado, é uma ratificação do recebimento anterior em caso de não haver absolvição sumária).

§ 1º Recebida a denúncia ou queixa, as questões pendentes serão decididas pelo juiz da instrução e julgamento.

COMENTÁRIO:

Na verdade a atuação do juiz das garantias não cessa com o recebimento da acusação (que ocorre nos termos do art. 396), pois ela vai até a fase do art. 399, isto é, após a decisão de absolver sumariamente (art. 397) ou ratificar o recebimento. Portanto, após o momento procedimental do art. 399, cessa a atuação do juiz das garantias e eventuais questões pendentes (como, por exemplo, que digam respeito a restituição de bens apreendidos, levantamento de medidas assecuratórias, revogação de prisão preventiva, etc.) serão decididas pelo juiz do processo, responsável pela instrução e julgamento.

§ 2º As decisões proferidas pelo juiz das garantias não vinculam o juiz da instrução e julgamento, que, após o recebimento da denúncia ou queixa, deverá reexaminar a necessidade das medidas cautelares em curso, no prazo máximo de 10 (dez) dias.

COMENTÁRIO:

O juiz do processo não está vinculado às decisões proferidas anteriormente pelo juiz das garantias, especialmente aquelas que digam respeito a medidas cautelares (pessoais ou patrimoniais) ainda em curso. Não só poderá haver um pedido de reconsideração, como ainda trouxe a Lei n. 13.964/2019 mais uma inovação muito importante e também reclamada por nós há muito tempo: o dever de revisar periodicamente a prisão cautelar e demais medidas cautelares patrimoniais. O primeiro reexame em até 10 dias após o juiz do processo receber os autos (após o art. 399, portanto, e antes da realização da audiência de instrução e julgamento). Deverá essa, portanto, ser a primeira decisão a ser tomada pelo juiz da instrução, revisando para manter ou revogar as medidas cautelares em curso e, obviamente, fundamentando sua decisão. Depois, deverá revisar a cada 90 dias (art. 316,§ único), sob pena de também tornar a prisão ilegal (prazo com sanção, finalmente).

§ 3º Os autos que compõem as matérias de competência do juiz das garantias ficarão acautelados na secretaria desse juízo, à disposição do Ministério Público e da defesa, e não serão apensados aos autos do processo enviados ao juiz da instrução e julgamento, ressalvados os documentos relativos às provas irrepetíveis, medidas de obtenção de provas ou de antecipação de provas, que deverão ser remetidos para apensamento em apartado.

§ 4º Fica assegurado às partes o amplo acesso aos autos acautelados na secretaria do juízo das garantias.

COMENTÁRIO:

Medida importantíssima e também por nós reclamada desde 1999 é a "exclusão física dos autos do inquérito" (ou sua não inclusão), para que não ingressem no processo. Trata-se de medida da maior importância para evitar o que o legislador espanhol de 1995 definiu como *indesejáveis confusões de fontes cognoscitivas atendíveis*, *contribuindo assim a orientar sobre o alcance e a finalidade da prática probatória realizada no debate* (ante os jurados). É uma técnica que também utiliza o sistema italiano, eliminando dos autos que formarão o processo penal todas as peças da investigação preliminar (*indagine preliminare*), com exceção do corpo de delito e das antecipadas, produzidas no respectivo incidente probatório. Essa exclusão (ou não inclusão) serve exatamente para evitar a contaminação do juiz pelos elementos obtidos no inquérito, com severas limitações de contraditório, defesa e, principalmente, que não servem e não se destinam à sentença. O objetivo é a absoluta *originalità* do processo penal, de modo que na fase pré-processual não é atribuído o poder de aquisição da prova. A função do inquérito e de qualquer sistema de investigação preliminar é recolher elementos úteis à determinação do fato e da autoria, em grau de probabilidade, para justificar a ação penal. Com isso, evita-se a contaminação e garante-se que a valoração probatória recaia exclusivamente sobre aqueles atos praticados na fase processual e com todas as garantias.

Somente através da exclusão do inquérito dos autos do processo é que se evitará a condenação baseada em meros atos de investigação, ao mesmo tempo em que se efetivará sua função endoprocedimental.

Para evitar repetições e ter uma melhor compreensão da matéria, remetemos o leitor para o Capítulo IV, especialmente nos tópicos em que fazemos a distinção entre atos de investigação e atos de prova, mas também quando tratamos da contaminação do julgador e a necessidade de exclusão dos atos do inquérito de dentro do processo, ressalvados, como determina o dispositivo, *os documentos relativos às provas irrepetíveis*, *medidas de obtenção de provas ou de antecipação de provas*, *que deverão ser remetidos para apensamento em apartado*.

Por fim, sublinhamos: os autos da investigação preliminar ficarão acautelados na secretaria do juiz das garantias, permitindo-se o acesso por parte da defesa e Ministério Público, mas não se permitindo a juntada aos autos do processo que será enviado ao juiz do processo. Assim, vedado o ingresso das peças do inquérito (exceto as ressalvadas pelo dispositivo), não poderá a parte simplesmente postular a juntada, o apensamento ou mesmo juntar cópias, sob pena de burla à vedação legal. Isso gera a ilicitude dessa prova e necessário desentranhamento, devendo-se avaliar ainda se não é caso de exclusão do próprio juiz do processo, a teor do disposto no art. 157, § 5º, do CPP.

É importante compreender que houve uma mudança radical no processo e no atuar do juiz. Agora, o juiz das garantias, quando remete os autos para o juiz da instrução e julgamento, não encaminha automaticamente a integralidade dos autos! Os autos ficarão acautelados na secretaria do juízo das garantias, que remeterá para o juiz da instrução apenas:

– a denúncia ou queixa;

– a decisão de recebimento, para compreensão do que foi recebido e do que foi rejeitado, por exemplo;

– decisão que decretou medidas cautelares ou prisão cautelar, para controle e também para revisão no prazo de 10 dias;

– decisão que manteve o recebimento e não absolveu sumariamente (art. 397).

Em autos apartados, deverão ser enviados e assim permanecer os documentos relativos às provas irrepetíveis, medidas de obtenção de provas ou de antecipação de provas. Esse material não deve ser juntado ao processo principal, pois se destina às partes (MP e defesa), que poderão utilizar ou não na audiência de instrução e julgamento.

Assim, um exemplo trazido por Alexandre MORAIS DA ROSA[11] é bem ilustrativo: "o fato de se arrolar uma testemunha já ouvida na fase de investigação preliminar não autoriza a juntada de seu depoimento anterior, porque somente valerá o que disser em contraditório e oralmente por oportunidade da Audiência de Instrução e Julgamento". Exatamente. O processo penal brasileiro mudou e precisamos mudar as práticas judiciárias.

Art. 3º-D. O juiz que, na fase de investigação, praticar qualquer ato incluído nas competências dos arts. 4º e 5º deste Código ficará impedido de funcionar no processo.

COMENTÁRIO:

Finalmente está consagrada uma lição de décadas do Tribunal Europeu de Direitos Humanos (1982 em diante), igualmente por nós invocada há muito tempo: juiz que atua na fase de investigação preliminar é um juiz prevento, contaminado, que não pode julgar, pois a prevenção é causa de exclusão da competência e não de fixação, como previa o modelo brasileiro. O dispositivo menciona os arts. 4º e 5º do CPP, remetendo assim para o inquérito ou qualquer forma de investigação preliminar (art. 4º), desde o momento da sua abertura (que se dará nos termos do art. 5º do CPP). Essa remissão, para alguns, estaria errada, seria um erro material na tramitação legislativa. O correto deveria ser "arts. 6º e 7º deste Código", que são os atos praticados dentro da investigação e que iriam vincular o feito ao juiz das garantias, estabelecendo assim o

11 *Guia compacto do processo penal conforme a teoria dos jogos*, edição 2020.

impedimento de que ele também atuasse na fase de instrução e julgamento. Aqui seria uma prevenção como causa de exclusão da competência, de impedimento de que o mesmo juiz atuasse da investigação ao julgamento. Feita essa ressalva, não vislumbramos nessa remissão aos arts. 4º e 5º (certa ou errada) um motivo para afastar a incidência do art. 3º-D, ou qualquer justificativa para a não implantação do juiz das garantias. Tampouco prejudica a compreensão de que esse juiz das garantias está impedido de atuar no processo. Portanto, está estabelecida – corretamente – uma nova causa de impedimento dos juízes que demarca a necessidade do sistema de *doble juez*, com a necessidade de dois juízes diferentes. Um atuará na fase pré-processual, até o recebimento da acusação (art. 399 na nossa sistemática) e outro, com originalidade cognitiva, que ingressará no feito para realizar a instrução e julgar.

Parágrafo único. Nas comarcas em que funcionar apenas um juiz, os tribunais criarão um sistema de rodízio de magistrados, a fim de atender às disposições deste Capítulo.

COMENTÁRIO:

O principal argumento dos críticos do juiz das garantias é exatamente esse: inviabilidade de implantação dada a quantidade de comarcas que contam com apenas um juiz. É um argumento pueril, que não se sustenta. Alguns simplesmente ignoram as soluções, que são simples, como apontaremos a continuação. Outros, manipulam o argumento, pois no fundo querem apenas manter hígida estrutura inquisitória, a aglutinação de poderes e o justicialismo (óbvio que o juiz das garantias é uma tragédia para um juiz justiceiro...). E quais são as soluções?[12] [13]

- Existem diversas comarcas com apenas um juiz, mas que já deveriam ter dois, dado o volume de processos criminais e cíveis (logo, faz uma distribuição cruzada). A reforma justifica a abertura de concursos que estão

[12] Como já explicamos em artigo publicado na Coluna "Limite Penal", em coautoria com Alexandre Morais da Rosa, disponível na íntegra no *site*: <https://www.conjur.com.br/2019-dez-27/limite-penal-entenda-impacto-juiz-garantias-processo-penal>.

[13] Ainda é preciso considerar os esclarecimentos trazidos pelo Min. Dias Toffoli na decisão proferida na Medida Cautelar na Ação Direta de Inconstitucionalidade n. 6.298/Distrito Federal, no dia 15/1/2020: "Ademais, segundo consta do Relatório do Conselho Nacional de Justiça referido acima, 59% das comarcas e subseções judiciárias do país atuam como juízos únicos – ou seja, como varas com competência genérica, cabendo-lhes também julgar e processar feitos criminais. No entanto, em 2018, apenas 19% delas atuou com um único juiz durante todo o ano de 2018, sem qualquer sistema de substituição (foram descontados os períodos de atividade inferiores a 60 dias, a fim de evitar o cômputo das substituições automáticas que ocorrem em razão de férias). Ou seja, em 81% das unidades judiciárias, registrou-se a atuação, no decorrer de 2018, de dois ou mais juízes. Além disso, o relatório também demonstrou que essas comarcas de juízo único recebem 10% dos processos criminais e 13% dos procedimentos investigatórios de todo país. Esses dados demonstram que, diferentemente do que sugerem os autores das ações, o Poder Judiciário brasileiro dispõe sim de estrutura capaz de tornar efetivos os juízos de garantia. A questão, portanto, não é de reestruturação, e sim de reorganização da estrutura já existente. Não há órgão novo. Não há competência nova. O que há é divisão funcional de competência já existente. É disso que se trata".

represados e são necessários. Não se faz uma reforma processual ampla e séria sem investimento. Mas não se preocupem, sigam lendo que vamos mostrar outras soluções sem precisar aumentar gastos...

- Existem centenas de comarcas com apenas um juiz, mas com comarcas contíguas (as vezes a menos de 100 km) em que existem dois ou mais juízes, que poderiam atuar como juiz das garantias (inclusive *online*, através de inquérito eletrônico).
- Em outros casos, existem comarcas contíguas com apenas um juiz, onde também poderia haver uma distribuição cruzada (inclusive com atuação *online*).
- Em todos os casos, diante da ampla implementação dos processos e inquéritos eletrônicos, é possível criar centrais de inquéritos em comarcas maiores para atender as comarcas pequenas na mesma região.
- Enfim, com o processo (e inquérito) eletrônicos, não interessa mais o lugar, o "onde", mas apenas o "quando", isto é, estar na mesma temporalidade. Ora sabemos todos desse novo referencial, basta ver que trabalhamos o tempo todo no virtual, com várias pessoas em tempo real e o que menos importa é "onde" se está. Eis um "novo" paradigma que na verdade já integra o nosso cotidiano há décadas. Caberá assim ao Poder Judiciário implementar as diferentes ferramentas disponíveis para efetivar o sistema duplo juiz e o juiz das garantias.

Art. 3º-E. O juiz das garantias será designado conforme as normas de organização judiciária da União, dos Estados e do Distrito Federal, observando critérios objetivos a serem periodicamente divulgados pelo respectivo tribunal.

## COMENTÁRIO:

Uma vez implantado, como se dará a escolha do juiz das garantias? Não é um novo "cargo" ou uma nova figura de juiz a exigir um concurso e carreira específica. Nada disso. O juiz das garantias será designado a partir de normas de organização judiciária, entre os juízes estaduais e federais, seguindo as orientações gerais do Conselho Nacional de Justiça.

Art. 3º-F. O juiz das garantias deverá assegurar o cumprimento das regras para o tratamento dos presos, impedindo o acordo ou ajuste de qualquer autoridade com órgãos da imprensa para explorar a imagem da pessoa submetida à prisão, sob pena de responsabilidade civil, administrativa e penal.

## COMENTÁRIO:

Função importantíssima do juiz das garantias é assegurar o respeito a imagem e dignidade do imputado, esteja ou não submetido à prisão, impedindo os costumeiros espetáculos midiáticos até agora praticados pelas autoridades policiais ou administrativas. Inclusive, constitui crime de abuso de autoridade, nos termos do art. 13 da

Lei n. 13.869/2019, a conduta de constranger o preso ou o detento, mediante violência, grave ameaça ou redução de sua capacidade de resistência, a:

I – exibir-se ou ter seu corpo ou parte dele exibido à curiosidade pública;

II – submeter-se a situação vexatória ou a constrangimento não autorizado em lei;

III – produzir prova contra si mesmo ou contra terceiro:

Pena – detenção, de 1 (um) a 4 (quatro) anos, e multa, sem prejuízo da pena cominada à violência.

Parágrafo único. Por meio de regulamento, as autoridades deverão disciplinar, em 180 (cento e oitenta) dias, o modo pelo qual as informações sobre a realização da prisão e a identidade do preso serão, de modo padronizado e respeitada a programação normativa aludida no *caput* deste artigo, transmitidas à imprensa, assegurados a efetividade da persecução penal, o direito à informação e a dignidade da pessoa submetida à prisão.

COMENTÁRIO:

É preciso encontrar o difícil equilíbrio entre a liberdade de imprensa, e, portanto, de divulgação de crimes, prisões e investigações, e os direitos, igualmente fundamentais, de respeito a imagem e dignidade do imputado preso ou solto. Para tanto, o CPP delega para as autoridades policiais e também jurisdicionais o dever de regulamentar e disciplinar essa difícil relação entre a imprensa e os órgãos de persecução penal, para que as informações sejam transmitidas sem violação dos direitos do preso.

### 3.3. A Exclusão do Juiz das Garantias dos Processos de Competência Originária dos Tribunais, do Rito do Tribunal do Júri, dos Casos de Violência Doméstica e Familiar e dos Processos Criminais de Competência da Justiça Eleitoral

Na decisão proferida pelo Min. Dias Toffoli na Medida Cautelar na Ação Direta de Inconstitucionalidade n. 6.298/Distrito Federal, no dia 15/1/2020, que precisa ser acompanhada ao longo do ano de 2020, pois pende de julgamento de mérito, foi decidido que: "Pelo exposto, neste juízo preliminar, confiro cautelarmente interpretação conforme às normas relativas ao juiz das garantias (arts. 3º-B a 3º-F do CPP), para esclarecer que não se aplicam às seguintes hipóteses: (i) processos de competência originária dos tribunais, os quais são regidos pela Lei n. 8.038/1990; (ii) processos de competência do Tribunal do Júri; (iii) casos de violência doméstica e familiar; e (iv) processos de competência da Justiça Eleitoral".

ADVERTÊNCIA INICIAL: Com a concessão de Liminar na Medida Cautelar nas ADIn's n. 6.298, 6.299, 6.300 e 6.305 pelo Min. FUX, foi cassada a decisão do Min. Toffoli e também suspensa, *sine die*, a implantação do juiz das garantias. Mas manteremos nossas considerações, não só porque o(s) dispositivo(s) pode(m) entrar em vigor, mas também porque reflete(m) um avanço importante para o processo penal e serve(m) como fundamentação teórica para criticar o superado modelo do CPP. Pedimos a compreensão do leitor para essa situação de insegurança jurídica gerada por motivos alheios a nossa vontade.

São situações diversas e com argumentos de diferentes matrizes, mas com os quais não concordamos. Vejamos em síntese os argumentos da decisão e nossa crítica:

a) Não haveria juiz das garantias nos processos de competência originária dos tribunais em nome do princípio da colegialidade, porque ao serem vários julgadores, não haveria prejuízo o fato de um dos ministros/desembargadores terem feito o papel de juiz das garantias na fase investigatória. As decisões colegiadas reforçam a independência e imparcialidade judiciais. Discordamos. A garantia da imparcialidade é exigível de cada magistrado, é atributo pessoal de cada julgador, que não guarda nenhuma relação com o fato de o julgamento ser colegiado ou singular. Basta um magistrado estar contaminado, para afetar todo o julgamento, pois o devido processo não relativiza a garantia da imparcialidade e não negocia com juiz contaminado. É um grande equívoco que decorre de uma visão reducionista da garantia constitucional e verdadeiro princípio supremo do processo penal: a imparcialidade do julgador e de cada um deles, em caso de órgão colegiado. Noutra dimensão, também é um equívoco, pois seria a forma mais fácil e simples de dar eficácia à garantia. Se em primeiro grau existe a discussão acerca das varas de um único juiz, que já refutamos, nos tribunais esse problema operacional sequer existe. Se uma turma tem, por exemplo, 5 ministros, aquele que atuou na fase pré-processual e desempenhou as funções de juiz das garantias, simplesmente está impedido de participar daquele julgamento, permanecendo o colegiado apto a decidir. Poderia se argumentar: mas e nos casos em que são apenas 3 julgadores (como algumas câmaras e turmas criminais)? Haveria então a necessidade de convocar um desembargador de outra turma/câmara e fazer uma espécie de rodízio. Simples, para isso a colegialidade facilita tudo. Enfim, não concordamos com o argumento trazido pelo Min. Toffoli nesta decisão liminar.

b) Nos processos de competência do tribunal do júri não haveria juiz das garantias, pois quem decide são os jurados e não o juiz. Segundo a decisão, "visto que, nesses casos, o veredicto fica a cargo de um órgão coletivo, o Conselho de Sentença. Portanto, opera-se uma lógica semelhante à dos Tribunais: o julgamento coletivo, por si só, é fator de reforço da imparcialidade". Discordamos. O argumento da colegialidade já foi refutado e mais, só para ampliar o argumento anterior: nenhuma dúvida temos de que havendo um jurado impedido, todo o júri é nulo. Esse argumento poderia ser usado no tópico anterior. Mas, voltando ao júri. É um equívoco pensar que não haveria prejuízo para a garantia da imparcialidade porque são os jurados – e não o juiz – quem decide. Errado. Inicialmente o juiz togado profere diversas decisões da maior importância que exigem a imparcialidade, inexistente quando ele está contaminado por ter atuado no inquérito policial. Isso passa por medidas cautelares que podem ser tomadas no curso do processo, mas também pelas relevantíssimas decisões de pronúncia, impronúncia, absolvição sumária ou desclassificação que é chamado a tomar. Aqui, nesta fase, a falta de imparcialidade, pela contaminação, cobra um preço que não pode ser desconsiderado. Ademais, não se pode esquecer de que no plenário do júri, não só o juiz preside o ato (e sua postura imparcial é fundamental), como também é chamado a decidir em caso de desclassificação. Portanto, se os jurados em plenário desclassificarem para crime culposo – por exemplo – quem irá proferir sentença será o juiz presidente, o mesmo que atuou desde o inquérito e que está contaminado. Portanto, todos os argumentos que justificam a existência do juiz das garantias seguem presentes no rito do júri.

c) Nos casos de violência doméstica e familiar "é um fenômeno dinâmico, caracterizado por uma linha temporal que inicia com a comunicação da agressão. Depois dessa comunicação, sucede-se, no decorrer do tempo, ou a minoração ou o agravamento do quadro. Uma cisão rígida entre as fases de investigação e de instrução/julgamento impediria que o juiz conhecesse toda a dinâmica do contexto de agressão. Portanto, pela sua natureza, os casos de violência doméstica e familiar exigem disciplina processual penal específica, que traduza um procedimento mais dinâmico, apto a promover o pronto e efetivo amparo e proteção da vítima de violência doméstica". Discordamos. O argumento da relevância do bem jurídico tutelado, da urgência de tutela, é perfeitamente válido, mas não justifica o afastamento do juiz das garantias pelo simples fato de que esse instituto não é causador de "demora" de *per si*. Quanto ao argumento de que a cisão das fases impediria que o juiz conhecesse toda a dinâmica da agressão é contraditório, pois é exatamente isso que se argumenta para existir o juiz das garantias. Evitar a contaminação, os pré-julgamentos e a falta de originalidade cognitiva. É isso que se quer evitar com o juiz das garantias e que aqui vem como argumento de legitimação da sua não aplicação. Ademais, exatamente por lidar com fatos graves e que geram um envolvimento emocional mais intenso por parte do próprio juiz (afinal, é um ser-no-mundo), é que se deveria ter o sistema de duplo juiz.

d) Por fim, não se aplicaria o juiz das garantias nos processos de competência da justiça eleitoral, porque "em sua arquitetura ímpar, estruturada para conduzir o processo democrático, dotada de competências administrativa e jurisdicional, não dispõe de quadro próprio de magistrados, sendo composta por membros oriundos de outros ramos da Justiça, situação que poderá dificultar a aplicação do juiz de garantias". Enfim, um argumento de falta de estrutura que poderia ser contornado, como igualmente é contornado na justiça comum (estadual e federal), nas comarcas de vara única. É verdade que a justiça eleitoral tem uma estrutura peculiar, mas igualmente é verdadeira a constatação de que a demanda criminal eleitoral é mínima, infinitamente menor do que na justiça comum, de modo que seria perfeitamente contornável o argumento. No mais, não se enfrenta o próprio fundamento da existência do juiz das garantias em momento algum na decisão.

Enfim, refutados os argumentos, vejamos como se posiciona de forma definitiva o STF ao julgar o mérito desta ação, mas esperamos que a implantação do juiz das garantias seja uniforme e alcance a todas essas situações que foram liminarmente excluídas.

## 4. Objeto e sua Limitação

O objeto da investigação preliminar[14] é o fato constante na *notitia criminis*, isto é, o *fumus commissi delicti* que dá origem à investigação e sobre o qual recai a totalidade dos atos desenvolvidos nessa fase. Toda a investigação está centrada em esclarecer, em grau de verossimilitude, o fato e a autoria, sendo que esta última (autoria) é um elemento subjetivo acidental da notícia-crime. Não é necessário que seja previamente atribuída a uma pessoa determinada. A atividade de identificação e individualização da participação será realizada no curso da investigação preliminar.

Destarte, o objeto do inquérito policial será o fato (ou fatos) constante na notícia-crime ou que resultar do conhecimento adquirido através da investigação de ofício da polícia. No que se refere ao *quanto de conhecimento (cognitio) do fato*, deverá ser alcançado no inquérito; o modelo brasileiro adota o chamado sistema misto, estando limitado qualitativamente e também no tempo de duração.

---

14 Não há que se confundir objeto da investigação preliminar com objeto do processo, que, como vimos, é a pretensão acusatória. Na investigação não existe pretensão e tampouco processo. É um procedimento administrativo pré-processual.

### 4.1. Limitação Qualitativa

O inquérito policial serve – essencialmente – para averiguar e comprovar os fatos constantes na *notitia criminis*. Nesse sentido, o poder do Estado de averiguar as condutas que revistam a aparência de delito *é uma atividade que prepara o exercício da pretensão acusatória que será posteriormente exercida no processo penal.*

É importante recordar que, para a instauração do inquérito policial, basta a mera *possibilidade* de que exista um fato punível. A própria autoria não necessita ser conhecida no início da investigação. Sem embargo, para o exercício da ação penal e a sua admissibilidade, deve existir um maior grau de conhecimento: exige-se a *probabilidade* de que o acusado seja autor (coautor ou partícipe) de um fato aparentemente punível.

Logo, o inquérito policial nasce da mera possibilidade, mas almeja a probabilidade.

Para atingir esse objetivo, o IP tem seu campo de cognição limitado. No plano horizontal, está limitado a demonstrar a probabilidade da existência do fato aparentemente punível e a autoria, coautoria ou participação do sujeito passivo. Essa restrição recai sobre o campo probatório, isto é, os dados acerca da situação fática descrita na *notitia criminis*. O que se busca é averiguar e comprovar o fato em grau de probabilidade.

No plano vertical está o direito, isto é, os elementos jurídicos referentes à existência do crime vistos a partir do seu conceito formal (fato típico, ilícito e culpável). O IP deve demonstrar a tipicidade, a ilicitude e a culpabilidade aparente, também em grau de probabilidade. A antítese será a certeza sobre todos esses elementos e está reservada para a fase processual.

Para compreender melhor, vejamos a seguinte representação gráfica, iniciando pela fase processual (processo penal de conhecimento):

Fase Processual = Cognição Plenária

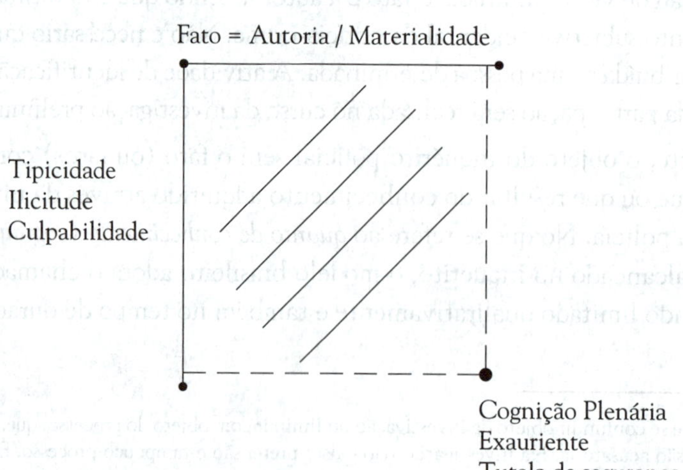

Nota-se que na fase processual, as partes podem discutir toda a matéria fática (prova de autoria e materialidade/existência do fato) e jurídica (possibilidade de discussão sobre todos e cada um dos elementos do conceito analítico de crime, ou seja, tipicidade, ilicitude e culpabilidade). A cognição é plenária e permite o exaurimento de todas as teses e argumentos. O resultado final é a sentença, em que se profere uma tutela de segurança, resultado da plena discussão de todo o caso penal.

Situação completamente distinta ocorre na investigação preliminar, onde a cognição é limitada, sumária:

Fase Pré-Processual / Inquérito Policial
Cognição Sumária

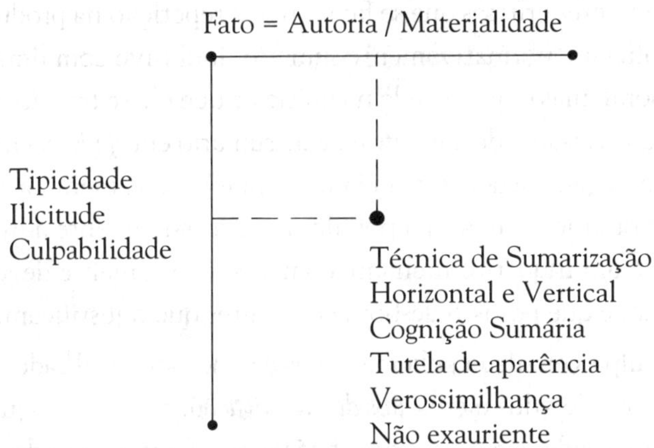


Reparem que o conhecimento das questões fáticas (plano horizontal) e jurídico-penais (plano vertical) são limitados, não se permitindo a ampla discussão sobre elas. Emprega-se uma limitação nas duas dimensões, fazendo com que a cognição seja limitada, mera tutela de aparência. É por isso que o inquérito policial busca apenas a verossimilhança do crime, a mera fumaça (*fumus commissi delicti*), não havendo possibilidade de plena discussão das teses, pois a cognição plenária fica reservada para a fase processual.

Sublinhamos, ainda, que uma das grandes inovações trazidas pela reforma de 2019/2020 foi a exclusão física dos autos do inquérito, permanecendo apenas as provas técnicas e irrepetíveis, conforme determina o art. 3º-C, §§ 3º e 4º, do CPP. Mas também advertimos que essa inovação foi suspensa – sem prazo – pela decisão do Min. FUX já referida. Portanto, até que a questão seja resolvida no âmbito do STF, o inquérito segue sendo anexado integralmente ao processo como no velho sistema do CPP. Esclarecido isso, prossigamos.

O inquérito policial não é obrigatório e poderá ser dispensado sempre que a notícia-crime dirigida ao MP disponha de suficientes elementos para a imediata propositura da ação penal. Da mesma forma, se com a representação (art. 39, § 5º, do CPP) forem aportados dados suficientes para acusar, o MP deverá propor a denúncia no prazo de 15 dias. Isso porque o IP está destinado apenas a formar a convicção do MP, que poderá acusar desde que disponha de suficientes elementos para demonstrar a probabilidade do delito e da autoria. O problema, de ordem prática, está na efetividade da sumariedade, que é sistematicamente negada pela polícia, que investiga até que ela entenda provado o fato, quando na verdade a convicção deve partir do titular da ação penal. Ademais, o fato não deve estar "provado", senão demonstrado em grau de probabilidade.

Uma das maiores críticas que se faz ao IP é a repetição na produção da prova. O inquérito policial é normativamente sumário, inclusive com limitação quantitativa ou temporal, mas o que sucede na prática é que ele se transforma de fato em plenário. Essa conversão – de *normativamente* sumário em *efetivamente* plenário – é uma gravíssima degeneração. A polícia demora excessivamente a investigar, investiga mal e, por atuar mal, acaba por alongar excessivamente a investigação. O resultado final é um inquérito inchado, com atos que somente deveriam ser produzidos em juízo, e que por isso desborda os limites que o justificam.

Parte da culpa vem dada pela má valoração dos atos realizados, pois, se realmente fossem considerados meros *atos de investigação*, não haveria justificativa em estender uma atividade que esgota sua eficácia no oferecimento da ação penal.

Em suma, a cognição deve ser limitada. Atingido um grau de convencimento tal que o promotor possa oferecer a denúncia com suficientes elementos – probabilidade do *fumus commissi delicti* –, ele deverá determinar a conclusão do inquérito e exercer a ação penal. Ou então, não se chega ao grau de probabilidade exigido para a admissão da acusação e a única alternativa é o pedido de arquivamento.

### 4.2. Limitação Temporal: Prazo Razoável (Prazo – Sanção = Ineficácia)

Normativamente, o IP é célere, tendo em vista a limitação temporal que lhe é imposta pela lei. Adotando o sistema misto, o Direito brasileiro limita o inquérito policial tanto qualitativamente como também quantitativamente.

É importante destacar que não assiste à polícia judiciária o poder de esgotar os prazos previstos para a conclusão do IP, principalmente existindo uma prisão cautelar. O inquérito deverá ser concluído com a maior brevidade possível e, em todo caso, dentro do prazo legal. Ademais, não há que se esquecer do direito de ser julgado no prazo razoável, previsto no art. 5º, LXXVIII, da Constituição e já explicado anteriormente em tópico específico, cuja incidência na fase pré-processual é imperativa e inafastável.

Assim, como regra geral, o inquérito policial deve ser concluído no prazo de 10 dias – indiciado preso – ou 30 dias no caso de não existir prisão cautelar (art. 10 do CPP). Esse prazo de 10 dias será computado a partir do momento do ingresso em prisão, pois o que se pretende limitar é que a prisão se prolongue além dos 10 dias.

Situação interessante foi criada pelo art. 3º-B, VIII, e o § 2º:

> Art. 3º-B. O juiz das garantias é responsável pelo controle da legalidade da investigação criminal e pela salvaguarda dos direitos individuais cuja franquia tenha sido reservada à autorização prévia do Poder Judiciário, competindo-lhe especialmente:
>
> VIII – prorrogar o prazo de duração do inquérito, estando o investigado preso, em vista das razões apresentadas pela autoridade policial e observado o disposto no § 2º deste artigo;
>
> § 2º Se o investigado estiver preso, o juiz das garantias poderá, mediante representação da autoridade policial e ouvido o Ministério Público, prorrogar, uma única vez, a duração do inquérito por até 15 (quinze) dias, após o que, se ainda assim a investigação não for concluída, a prisão será imediatamente relaxada.

Portanto, o inquérito estando o imputado preso, deve ser concluído em 10 dias, mas a prorrogação poderá ser por mais 15 dias. A prorrogação do inquérito estando o investigado em liberdade (ou mesmo quando não definido ainda) se dará de forma direta entre polícia e MP, sem intervenção do juiz das garantias, que somente será chamado para decidir quando o investigado estiver preso. Neste caso, o inquérito (ou o PIC a cargo do MP) poderá ser prorrogado por até 15 dias, uma única vez, como determina o § 2º, após o que, se a investigação não for concluída, a prisão será relaxada (importantíssimo avanço, pois o legislador adotou a sistemática de prazo com sanção, um reclame antigo da doutrina). O prazo de até 15 dias inova em relação ao disposto no art. 10 do CPP, que entendemos vai afetado pela nova regra. Assim, o inquérito em caso de imputado preso poderá durar até 10 dias (regra do art. 10), cabendo uma única prorrogação por até 15 dias (nova disciplina contida no §2º deste artigo) por meio de decisão fundamentada do juiz das garantias.

Mas, repetindo a advertência inicial: Com a concessão de Liminar na Medida Cautelar nas ADIn's n. 6.298, 6.299, 6.300 e 6.305 pelo Min. FUX, está suspensa, *sine die*, a eficácia do art. 3º-B. Como se trata de medida liminar, manteremos a análise do dispositivo legal, que poderá ter sua vigência restabelecida a qualquer momento. Portanto, enquanto estiver valendo a medida liminar, o art. 3º-B está suspenso e deve ser observado o prazo previsto no CPP.

Quando o sujeito passivo estiver em liberdade, atendendo à complexidade do caso (difícil elucidação), o prazo de 30 dias poderá ser prorrogado a critério do juiz competente para o processo (art. 10, § 3º, do CPP), desde que existam motivos razoáveis para isso. O que não se pode admitir, como destaca ESPÍNOLA FILHO[15], é que a dilatação fique ao arbítrio ou critério da autoridade policial. A lei é clara e exige a concorrência de dois fatores: *fato de difícil elucidação + indiciado solto*. Mas existem, em leis especiais, outros prazos máximos de duração e também de prorrogação da duração mediante autorização do juiz (das garantias), que pensamos seguem valendo.

Assim, nos processos de competência da Justiça Federal, prevê o art. 66 da Lei n. 5.010/66 que o prazo de conclusão do IP quando o sujeito passivo estiver em prisão será de 15 dias – prorrogáveis por mais 15. Nesse caso, a polícia deverá apresentar o preso ao juiz e a decisão judicial deverá ser fundamentada, levando-se em consideração a gravidade da medida adotada. Mantém-se o limite de 30 dias quando o sujeito passivo estiver em liberdade.

Nos delitos de tráfico de entorpecentes, o art. 51 da Lei n. 11.343/2006 prevê que o inquérito será concluído no prazo de 30 dias se o indiciado estiver preso e de 90 dias se estiver solto. Esses prazos, substancialmente maiores do que aqueles previstos no CPP, poderão ainda ser duplicados pelo juiz. Destaque-se a possibilidade de um inquérito durar até 60 dias com indiciado preso, o que, dependendo das circunstâncias do caso, pode constituir uma violação do direito fundamental de ser julgado em um prazo razoável, previsto no art. 5º, LXXVIII, da Constituição.

Essa sistemática segue a diretriz anteriormente definida pela problemática Lei n. 8.072/90, que prevê, no seu art. 2º, § 4º, que a prisão temporária terá o prazo de 30 dias, prorrogável por igual período em caso de extrema e comprovada necessidade. Aqui, nada dispõe sobre o prazo de duração do inquérito policial. Por isso, devemos analisar o tema a partir do fundamento da existência da prisão temporária, pois ela serve para "possibilitar" as investigações do inquérito policial. Tem um claro caráter instrumental em relação ao IP, não podendo subsistir uma prisão dessa natureza após o oferecimento da denúncia. Por isso, sua duração é curta, 5 dias, prorrogável por igual período em caso de extrema e comprovada necessidade.

Conjugando esses elementos, identifica-se mais uma grave medida criada pela hedionda Lei n. 8.072: um inquérito policial, com indiciado preso, cuja duração pode ser de 30 dias ou mais. Ainda que a lei preveja a possibilidade de prorrogação por igual período, entendemos que na prática ela jamais deveria ocorrer. O prazo inicial já é excessivamente longo, muito além do necessário para que a polícia realize as diligências imprescindíveis que exijam a prisão do imputado. É inegável que, ocorrendo uma excepcionalíssima situação de "extrema e comprovada necessidade", o MP (ou a polícia) deverá solicitar uma prisão preventiva, cabendo ao juiz decidir de forma fundamentada.

---

15 *Código de Processo Penal Brasileiro Anotado*. 5. ed. Rio de Janeiro, Editora Rio, 1976. v. I, p. 297.

Caso decida pela prisão, imediatamente o preso deve ser trasladado da respectiva delegacia para o estabelecimento prisional adequado, não ficando mais à disposição da polícia e das suas práticas investigatórias. Também é prudencial que o MP ou a defesa solicite ao juiz fixar um prazo exíguo para a conclusão do IP ou mesmo a sua imediata conclusão e remessa.

Novamente, o que se vê é uma situação violadora do direito ao processo penal no prazo razoável, previsto no art. 5º, LXXVIII, da Constituição.

Sublinhamos que a Lei n. 13.869/2019 – Abuso de Autoridade – estabeleceu que constitui crime:

> Art. 31. Estender injustificadamente a investigação, procrastinando-a em prejuízo do investigado ou fiscalizado:
>
> Pena – detenção, de 6 (seis) meses a 2 (dois) anos, e multa.
>
> Parágrafo único. Incorre na mesma pena quem, inexistindo prazo para execução ou conclusão de procedimento, o estende de forma imotivada, procrastinando-o em prejuízo do investigado ou do fiscalizado.

Trata-se de um tipo penal novo, que contribuiria para evitar investigações que abusivamente se prolongam no tempo, mas que encontrará severas dificuldades de eficácia na falta de um prazo claro e determinado de duração do inquérito (ou qualquer forma de investigação preliminar).

Para concluir, destacamos que a regra geral é o descumprimento sistemático dos prazos, reforçando a crítica que fizemos – ao tratar do direito fundamental de ser julgado em um prazo razoável – em relação à teoria do não prazo e à falta de sanção processual. Ou seja, pensamos que os prazos do inquérito devem ser fixados categoricamente e a partir de critérios mais razoáveis. Descumprido o prazo fixado em lei, deveria haver uma sanção (algo inexistente), como a pena de "inutilidade dos atos praticados depois de esgotado o prazo" ou mesmo a perda do poder de acusar do Estado pelo decurso do tempo.

## 5. Análise da Forma dos Atos do Inquérito Policial

### 5.1. Atos de Iniciação – Art. 5º do CPP

O inquérito policial tem sua origem na *notitia criminis* ou mesmo na atividade de ofício dos órgãos encarregados da segurança pública. Formalmente, o IP inicia com um ato administrativo do delegado de polícia, que determina a sua instauração através de uma *portaria*. Sem embargo, a relevância está no ato que dá causa à portaria, que, em última análise, carece de importância jurídica. Por isso, dispõe o art. 5º do CPP que o IP será iniciado:

### 5.1.1. De Ofício pela Própria Autoridade Policial

A própria autoridade policial, em cuja jurisdição territorial ocorreu o delito que lhe compete averiguar em razão da matéria, tem o dever de agir de ofício, instaurando o inquérito policial. É uma verdadeira *inquisiti ex officio*. A chamada cognição direta pode surgir, como aponta ARAGONESES ALONSO[16]:

- por informação reservada;
- em virtude da situação de flagrância;
- por meio da voz pública;
- através da notoriedade do fato.

Na realidade, excetuando-se o flagrante, são raros os casos de *self-starter* da polícia, que em geral só atua mediante invocação. Como explicam FIGUEIREDO DIAS e COSTA ANDRADE[17], o Estado, seja por meio da polícia, do Ministério Público ou dos órgãos jurisdicionais (juiz de instrução), não atua em regra pelo sistema de *self-starter*, mas sim através de uma reação a uma *notitia criminis*. Para ilustrar essa realidade, segundo dados fornecidos pelos autores, nos Estados Unidos e Alemanha, calcula-se que o início das investigações depende, em cerca de 85% a 95%, da iniciativa dos particulares.

### 5.1.2. Requisição do Ministério Público (ou Órgão Jurisdicional?)

Quando chega ao conhecimento de algum desses órgãos a prática de um delito de ação penal de iniciativa pública ou se depreende dos autos de um processo em andamento a existência de indícios da prática de uma infração penal de natureza pública, a autoridade deverá diligenciar para sua apuração. Decorre do dever dos órgãos públicos de contribuir para a persecução de delitos dessa natureza.

Em sendo o possuidor da informação um órgão jurisdicional, deverá enviar os autos ou papéis diretamente ao Ministério Público (art. 40) para que decida se exerce imediatamente a ação penal, requisite a instauração do IP ou mesmo solicite o arquivamento (art. 28). A Constituição, ao estabelecer a titularidade exclusiva da ação penal de iniciativa pública, esvaziou em parte o conteúdo do artigo em tela. Em que pese o disposto no art. 5º, II, do CPP, entendemos que não cabe ao juiz requisitar abertura de inquérito policial, não só porque a ação penal de iniciativa pública é de titularidade exclusiva do MP, mas também porque é um imperativo do sistema acusatório.

Inclusive, quando a representação é feita ao juiz – art. 39, § 4º –, entendemos que ele não deverá remeter à autoridade policial, mas sim ao MP. Não só

---

16 *Instituciones de Derecho Procesal Penal*. 5. ed. Madrid, Editorial Rubí Artes Gráficas, 1984. p. 230.

17 *Criminologia* – o homem delinquente e a sociedade criminógena. Coimbra, 1992. p. 133.

porque é o titular da ação penal, mas porque o próprio § 5º do art. 39 permite que o MP dispense o IP quando a representação vier suficientemente instruída e quem deve decidir sobre isso é o promotor, e não o juiz.

Em definitivo, não cabe ao juiz requisitar a instauração do IP, em nenhum caso, pois viola a matriz constitucional do sistema acusatório e o art. 3º-A do CPP. Mesmo quando o delito for, aparentemente, de ação penal privada ou condicionada, deverá o juiz remeter ao MP, para que este arquive ou providencie a representação necessária para o exercício da ação penal.

Se for o próprio MP quem tomar conhecimento da existência do delito, deverá exercer a ação penal no prazo legal, requisitar a instauração do IP ou ordenar o arquivamento (art. 28). Quem deve decidir sobre a necessidade de diligências (e quais) é o titular da ação penal, que poderá considerar-se suficientemente instruído para o imediato oferecimento da denúncia. Tudo isso sem esquecer que o próprio MP poderá instaurar um procedimento administrativo pré-processual destinado a aclarar os pontos que julgue necessário, prescindindo da atuação policial.

Em sentido estrito, a requisição é uma modalidade de notícia-crime qualificada, tendo em vista a especial condição do sujeito ativo e a imperatividade, pois dá notícia de um acontecimento com possível relevância jurídico-penal e determina a sua apuração.

De qualquer forma, recebendo a requisição, a autoridade policial deverá imediatamente instaurar o inquérito policial e praticar as diligências necessárias e as eventualmente determinadas pelo MP. O § 2º do art. 5º refere-se exclusivamente ao requerimento do ofendido, não se aplicando à requisição.

Por fim, os requisitos previstos no art. 5º, II, § 1º, não se aplicam à requisição, mas somente ao requerimento do ofendido. Sem embargo, por imposição lógica, a requisição deverá descrever o fato aparentemente delituoso a ser investigado, cabendo ao promotor indicar aqueles elementos que já possui e que possam facilitar o trabalho policial. Nada obsta a que o MP reserve-se o poder de não informar aquilo que julgar desnecessário ou mesmo que não deva ser informado à polícia para não prejudicar o êxito da investigação (principalmente quando o segredo for imprescindível e existir a possibilidade de publicidade abusiva por parte da polícia ou que, pela natureza do fato, a reserva de informação esteja justificada).

### 5.1.3. Requerimento do Ofendido (Delitos de Ação Penal de Iniciativa Pública Incondicionada)

É uma notícia-crime qualificada, pois exige uma especial condição do sujeito (ser o ofendido), que, ademais de comunicar a ocorrência de um fato aparentemente punível, requer que a autoridade policial diligencie no sentido de apurá-lo.

No sistema adotado pelo CPP, nos delitos de ação penal de iniciativa pública, a fase pré-processual está nas mãos da polícia, e a ação penal, com o Ministério Público. Sem embargo, cabe à vítima atuar em caso de inércia dos órgãos oficiais, da seguinte forma:

- requerendo a abertura do IP se a autoridade policial não o instaurar de ofício ou mediante a comunicação de qualquer pessoa;
- exercer a ação penal privada subsidiária da pública em caso de inércia do Ministério Público (art. 5º, LIX, da CB c/c art. 29 do CPP).

Ao lado desses mecanismos de impulso em caso de inércia, a vítima poderá acompanhar a atividade dos órgãos públicos da seguinte forma:

- solicitando diligências no curso do inquérito (art. 14), que poderão ser realizadas ou não a juízo da autoridade policial[18], bem como facilitando dados, documentos e objetos que possam contribuir para o êxito da investigação;
- no processo, habilitando-se como assistente da acusação e dessa forma propondo meios de prova, requerendo perguntas às testemunhas, participando do debate oral e arrazoando os recursos interpostos pelo MP ou por ele próprio, nos termos dos arts. 268 e seguintes do CPP.

O art. 5º, II, § 1º, enumera determinados requisitos que conterão – sempre que possível – o requerimento. O primeiro é de ordem lógica, pois necessariamente deve descrever um fato, ainda que não o faça "com todas as circunstâncias", até porque um dos fundamentos da existência do inquérito policial, como instrução preliminar, é apurar as circunstâncias do fato.

A letra *b* refere-se à indicação da autoria, cabendo ao ofendido facilitar à polícia os dados que possua e fundamentar sua suspeita. Mas tampouco é imprescindível, pois outra das funções do IP é exatamente a sua determinação.

A nomeação das testemunhas com dados que permitam identificá-las, sendo desnecessário indicar a profissão. O que pretende a lei é que o ofendido indique dados que permitam à autoridade identificar e contatar as testemunhas. Tampouco poderá ser indeferido o requerimento por falta de indicação de testemunhas. Em síntese, o que deve ficar claro é que se trata de um delito de ação penal de iniciativa pública e que a polícia tem a obrigação de apurar, seja através do conhecimento de ofício, através de notícia-crime realizada pela vítima ou por qualquer pessoa.

---

[18] Em caso de indeferimento, poderá o ofendido reiterar o pedido junto ao MP. Se o promotor concordar com os motivos alegados, irá requisitar à autoridade policial, que necessariamente deverá cumprir com o requerido, pois não existe poder discricional do delegado ante um requerimento do MP.

Para atender aos requisitos legais, o requerimento deverá ser feito por escrito e firmado pela vítima ou seu representante legal, até porque a falsa comunicação ou imputação contida no requerimento poderá configurar o delito do art. 340 ou do art. 339 do CP.

Não existe um prazo fixado em lei, mas deverá ser feita antes da prescrição pela pena abstratamente cominada.

Prevê o § 2º do art. 5º que do despacho que indeferir o requerimento de abertura do inquérito policial caberá "recurso" para o chefe de polícia. É um recurso inominado, de caráter administrativo e de pouca ou nenhuma eficácia. Vislumbramos outras duas alternativas:

- impetrar um Mandado de Segurança contra o ato do delegado, que será julgado pelo juiz;
- levar ao conhecimento do Ministério Público, oferecendo-lhe todos os dados disponíveis, nos termos do art. 27.

Especialmente na segunda opção, quiçá a melhor, se o MP insistir no sentido do arquivamento das peças de informação, nada mais poderá ser feito. Poderá sim repetir o pedido de abertura se surgirem novos elementos que possam justificar uma mudança de opinião.

### 5.1.4. Comunicação Oral ou Escrita de Delito de Ação Penal de Iniciativa Pública

É a típica notícia-crime, em que qualquer pessoa, sem um interesse jurídico específico, comunica à autoridade policial a ocorrência de um fato aparentemente punível. Inclusive a vítima poderá fazer essa notícia-crime simples, quando comunica o fato sem formalizar um *requerimento*. O IP somente poderá formalmente ser instaurado se for um delito de ação penal de iniciativa pública e a autoridade policial verificar a procedência das informações. Caso a comunicação tenha por objeto um delito de ação penal de iniciativa privada, não terá eficácia jurídica para dar origem ao inquérito policial, pois exige o art. 5º, § 5º, que a vítima (ou quem tenha qualidade para representá-la) apresente um requerimento.

No Brasil, como regra, a notícia-crime é facultativa, pois aos cidadãos assiste uma faculdade, e não uma obrigação de denunciarem a prática de um delito que tenham presenciado ou que sabem ter ocorrido. Em sentido oposto está a notícia-crime obrigatória[19], que no nosso sistema é uma exceção.

---

[19] Em alguns países, a regra geral é a notícia-crime obrigatória, numa tentativa de alcançar o total *enforcement* através da obrigação legal de todos os indivíduos noticiarem os fatos delituosos que tenham presenciado ou que tenham conhecimento por outras fontes de cognição. Na Espanha, onde vigora o sistema de notícia-crime obrigatória, prevê o art. 259 da LECrim que a pessoa que presenciar a prática de qualquer delito público está obrigada a levá-lo imediatamente ao conhecimento do juiz de

Como exemplos de notícia-crime obrigatória citamos o art. 66 da Lei n. 3.688/41, segundo o qual constitui a contravenção de *omissão de comunicação de crime* o ato de deixar de comunicar à autoridade competente crime de ação penal de iniciativa pública incondicionada de que teve conhecimento no exercício de função pública. O inciso II do referido dispositivo prevê a punição de quem teve conhecimento, no exercício da medicina ou de outra profissão sanitária, de um crime de ação penal pública incondicionada e cuja comunicação não exponha o cliente a procedimento penal.

Logo, a regra é que qualquer pessoa pode (faculdade, e não um dever) comunicar a ocorrência de um delito de ação penal de iniciativa pública, cabendo à polícia verificar a procedência da *delatio criminis* e instaurar o inquérito policial, que, uma vez iniciado, não poderá ser arquivado (salvo quando assim o requerer o MP ao juiz competente).

Ainda que não possua forma ou qualquer requisito – salvo o de ser um delito de ação penal de iniciativa pública –, é importante documentar essa comunicação, reduzir a termo quando feita oralmente ou anexar ao inquérito o documento escrito que a materializou. Na polícia, essa notícia-crime simples assume a forma de *Boletim* ou *Termo de Ocorrência*. Ademais de consignar o fato e as suas circunstâncias, é importante, conforme o caso, questionar sobre os motivos que levaram a realizar a notícia-crime, pois podem interessar à investigação, principalmente quando motivada por vingança ou uma forma dissimulada de pressionar ou constranger.

A comunicação de um delito em que caiba ação penal de iniciativa pública também poderá ser realizada diretamente ao Ministério Público, a teor do art. 27, cabendo ao promotor decidir entre:

- oferecer a denúncia com base nos dados fornecidos;
- em se tratando de um delito de ação penal de iniciativa pública condicionada, poderá oportunizar[20] à vítima para que – querendo – ofereça a representação, se não for ela mesma quem noticia o fato;
- instaurar um procedimento administrativo pré-processual de caráter investigatório, com o fim de apurar o fato e a autoria noticiada;
- requisitar a instauração do inquérito policial;

---

instrução, do MP ou da polícia, no lugar mais próximo ao que se encontre, sob pena de incidir no delito previsto no art. 450 do CP. Estão excluídos dessa obrigação os incapazes, cônjuge do delinquente, ascendentes, descendentes etc., previstos nos arts. 260 e 261 da LECrim.

20 A representação é um ato jurídico regido por critérios de oportunidade e conveniência de quem tem legitimidade e capacidade para realizá-lo. O MP poderá – sem qualquer tipo de pressão – dar oportunidade para que o ofendido, querendo, represente. Jamais poderá exigir. É prudente que comunique a situação de pendência em que se encontra o processo e o prazo legal disponível para – querendo – representar.

- solicitar o arquivamento (redação original do art. 28 do CPP) ou, quando entrar em vigor a nova redação do art. 28 (suspensa pelo Min. FUX), ordenar o arquivamento das peças de informação.

Se a notícia do delito tiver como destinatário o órgão jurisdicional, deverá este remetê-la imediatamente ao MP, pois, como vimos, não cabe ao juiz requisitar a abertura do IP.

Quando falsa, a comunicação possui relevância jurídico-penal. Destarte, poderá adequar-se à conduta descrita no art. 340 do CP aquele que der causa à instauração do inquérito policial por meio de uma falsa comunicação de crime ou contravenção. Exige o tipo penal que o agente atue dolosamente, com plena consciência da falsidade que comete.

Quando, ademais de comunicar a existência de um delito, imputa-o a uma pessoa determinada, o delito será o de denunciação caluniosa (art. 339 do CP), exigindo o tipo penal a presença do dolo, pois deve imputar a conduta a uma pessoa determinada e que sabe ser inocente.

### 5.1.5. Representação do Ofendido nos Delitos de Ação Penal de Iniciativa Pública Condicionadas

Quando se tratar de um delito de ação penal de iniciativa pública condicionada, a teor do art. 5º, § 4º, sequer poderia ser iniciado o IP sem a representação da vítima.

Cumpre advertir que, com o advento da Lei n. 9.099/95 e a posterior alteração do art. 61 pela Lei n. 11.313/2006, são consideradas *infrações penais de menor potencial ofensivo* as contravenções penais e os crimes a que a lei comine pena máxima não superior a 2 anos, cumulada ou não com multa. Não existe mais nenhuma restrição aos crimes a que a lei preveja procedimento especial, como na redação original da Lei n. 9.099. Com isso, diminuiu sensivelmente a incidência de inquérito policial em crimes dessa natureza, posto que, nesses casos, não haverá inquérito policial, mas mero termo circunstanciado.

Contudo, para os demais casos não sujeitos à competência dos Juizados Especiais Criminais, a representação segue sendo normalmente utilizada para abertura do inquérito e, em relação à ação penal, como uma *condição de procedibilidade*. É, na verdade, uma notícia-crime qualificada. Isso porque exige uma especial qualidade do sujeito que a realiza. Ademais, ao mesmo tempo que dá notícia de ter sido ofendido por um delito, demonstra a intenção de que o Estado inicie a perseguição.

Vejamos agora a representação numa análise sistemática:

Sujeito: a vítima ou seu representante legal (cônjuge, ascendente, descendente ou irmão). A representação poderá, ainda, ser prestada através de procurador com poderes especiais. Com o advento do novo Código Civil, entendemos que desapareceu a legitimidade concorrente[21] (antes adotada quando o ofendido tinha entre 18 e 21 anos), de modo que: ou o ofendido tem menos de 18 anos e a representação deve ser feita pelo representante legal; ou ele é maior de 18 anos, situação em que somente ele poderá representar (desaparece a possibilidade de o representante o fazer).

Sem entrar na infindável discussão sobre o alcance da Súmula 594 do STF, destacamos apenas que, a nosso juízo, trata-se de um único direito. Logo, se o menor de 18 anos levar ao conhecimento do representante legal, o prazo de 6 meses começa a fluir. Se o responsável legal não representar, não poderá o menor, ao atingir a maioridade, fazer a representação, pois o direito em tela terá sido atingido pela decadência. Contudo, se o menor não levar ao conhecimento do representante legal, contra ele não flui o prazo (eis que menor) e contra o representante também não (pois não tem ciência). Logo, quando completar a maioridade, poderá representar, dentro do limite de 6 meses.

Objeto: os objetos da representação são o fato noticiado e a respectiva autorização para que o Estado proceda contra o suposto autor. Não é necessário que a representação venha instruída com prova plena da autoria e da materialidade, mas sim que sejam apresentadas informações suficientes para convencer que há um crime a apurar. A própria indicação do autor não é imprescindível, pois uma das finalidades do IP é descobri-lo. Sem embargo, deverá conter todas as informações que possam servir para que a autoridade policial esclareça o ocorrido.

Atos: a representação está sujeita a requisitos de ordem formal e deverá ser feita obedecendo ao:

*a)* Lugar: poderá ser oferecida ao juiz, ao órgão do MP ou à autoridade policial. No primeiro caso, o juiz deverá encaminhar diretamente ao MP, que deverá decidir entre denunciar, pedir o arquivamento, investigar por si mesmo ou requisitar a instauração do IP. Entendemos que o art. 39, § 4º, do CPP não se coaduna com os poderes conferidos pela Constituição de 1988, que outorga ao MP a titularidade exclusiva da ação penal pública, ademais de poderes investigatórios e de controle externo da atividade policial, como apontamos anteriormente. Quando oferecida a representação diretamente à polícia, deverá esta apurar a infração penal apontada através do IP.

---

21 O mesmo raciocínio aplica-se a todos os casos em que o CPP prevê uma legitimidade concorrente entre o menor (com mais de 18 e menos de 21 anos) e o representante legal para a prática de algum ato processual, como, por exemplo, na renúncia ou no perdão.

*b)* Tempo: o prazo para representar é decadencial de 6 meses, contados a partir da data em que o ofendido vier a saber quem é o autor do delito (art. 38). Por ser um prazo decadencial, não pode ser interrompido ou suspenso. Realizada no prazo legal, será irrelevante que a denúncia seja oferecida após os 6 meses, pois o prazo decadencial está atrelado exclusivamente à representação e, uma vez realizada esta, não se fala mais em decadência. A representação poderá ser oferecida a qualquer dia e hora, junto à autoridade policial, e, nos dias e horas úteis, ao juiz ou promotor.

*c)* Forma: a representação é *facultativa*, cabendo ao ofendido valorar a oportunidade e a conveniência da persecução penal, podendo inclusive preferir a impunidade do agressor à difamação e humilhação gerada pela publicidade do fato no curso do processo. Não poderá haver qualquer forma de pressão ou coação para que a vítima represente, pois deve ser um ato de livre manifestação de vontade. O vício de consentimento anula a representação e leva à ilegitimidade ativa (falta a condição legitimadora exigida pela lei) do MP para promover a ação penal. Poderá ser prestada *oralmente* ou por *escrito*. No primeiro caso, será reduzida a termo pela autoridade; no segundo, poderá ser manuscrita ou datilografada, mas deverá ter a firma reconhecida por autenticidade. Quando não cumprir esse requisito legal, a autoridade que a recebeu deverá intimar a vítima para que compareça, querendo, a fim de representar oralmente (reduzindo-se a escrito). Outra solução, tendo em vista a tendência em flexibilizar os requisitos formais da representação, é solicitar a ratificação no momento em que a vítima for ouvida – desde que o faça antes de oferecida a denúncia.

A jurisprudência amenizou muito a rigidez da forma da representação e atualmente entende-se que a mera notícia-crime já é suficiente para implementar-se o requisito legal. Prevalece a doutrina da instrumentalidade das formas, com uma flexibilização dos requisitos formais[22].

A representação atende, essencialmente, aos interesses do ofendido, que, conforme seus critérios de conveniência e oportunidade, pode impedir que a perseguição estatal agrave ainda mais a sua situação.

---

22 Contudo, merece especial atenção o disposto no art. 569 do CPP, pois a possibilidade de suprimento das omissões da denúncia, queixa ou representação deve ser interpretada de forma restritiva. Nesse sentido, explica TOURINHO FILHO (*Comentários*, v. II, p. 253) que: As omissões a que se refere o texto são apenas pequenos erros materiais, como dia, local e hora do fato, correção do nome ou qualificação do réu, da vítima, valor da *res* nos crimes contra o patrimônio. Quando a omissão se referir a outras condutas delituosas, o instrumento legal para emendar a inicial é o aditamento. Tratando-se de ação penal privada, o suprimento da omissão da queixa poderá ser feito a todo tempo. Quando a omissão referir-se à descrição do fato delitivo ou irregularidades no instrumento procuratório, deverá ser sanada antes de esgotado o prazo decadencial.

Por se tratar de um delito de natureza pública, ainda que a ação penal seja condicionada, havendo qualquer forma de concordância do ofendido poderá o Ministério Público exercer a pretensão acusatória. A tendência jurisprudencial é no sentido de que a manifestação de vontade do ofendido deve ser interpretada de forma ampla quando o objetivo for autorizar a perseguição, e de forma estrita quando dirigida a impedi-la.

Para o exercício do direito de representação, basta a manifestação de vontade do ofendido em querer ver apurado o fato apontado como delituoso, sem maiores formalismos.

Ainda, no que se refere ao aspecto formal, o STJ[23] firmou entendimento de que, no crime de lesão corporal culposa, atingido pela vigência da Lei n. 9.099/95, a representação, como condição de procedibilidade, prescinde de rigor formal. Dessa forma, o boletim de ocorrência, lavrado por delegado de polícia, supre a exigência do art. 88 da citada lei, demonstrando a intenção da vítima de responsabilizar o autor do delito.

Havendo concurso de agentes, basta o envolvimento no fato noticiado, não havendo a necessidade de individualização – por parte da vítima – de quem são os autores, até porque essa é a finalidade da investigação.

Por fim, se existe uma flexibilização da forma, o mesmo não ocorre com o prazo para o oferecimento da representação, que é decadencial de 6 meses e não será suspenso ou interrompido pela abertura do inquérito.

### 5.1.6. Requerimento do Ofendido nos Delitos de Ação Penal de Iniciativa Privada

Inicialmente destacamos que com o advento da Lei n. 9.099/95 e a posterior alteração do art. 61 pela Lei n. 11.313/2006 são consideradas *infrações penais de menor potencial ofensivo* as contravenções penais e os crimes a que a lei comine pena máxima não superior a 2 anos, cumulada ou não com multa. Com isso, esvaziaram-se as possibilidades de a vítima fazer um requerimento e a autoridade policial instaurar o inquérito policial. Isso porque, nos delitos de menor potencial ofensivo, não haverá inquérito policial, mas um mero termo circunstanciado.

Não obstante, cumpre enfrentar o tema. Nos casos em que o ofendido não possuir o mínimo de prova necessário para justificar o exercício da ação penal (queixa), o CPP permite-lhe recorrer à estrutura estatal investigatória, através do requerimento de abertura do inquérito policial. O requerimento pode ser classificado como uma notícia-crime qualificada pelo especial interesse jurídico que possui o ofendido e pelo claro caráter postulatório.

---

23 Noticiado no *Informativo* do STJ, n. 2, dezembro/1998.

Não existe uma forma rígida, mas deverá ser escrito, dirigido à autoridade policial competente (razão da matéria e lugar) e firmado pelo próprio ofendido, seu representante legal (arts. 31 e 33) ou por procurador com poderes especiais.

Como determina o art. 5º, § 1º, o requerimento deverá conter:

a) a narração do fato, com todas as circunstâncias;
b) a individualização do indiciado ou seus sinais característicos e as razões de convicção ou de presunção de ser ele o autor da infração, ou os motivos de impossibilidade de o fazer;
c) a nomeação das testemunhas, com indicação de sua profissão e residência.

Se indeferido pela autoridade policial, aplica-se o § 2º do art. 5º, cabendo "recurso" para o chefe de polícia. É um recurso inominado, de caráter administrativo e de pouca ou nenhuma eficácia.

Não existe um prazo definido para formular o requerimento, mas sim para o exercício da ação penal. Tendo sempre presente que o prazo para o ajuizamento da queixa é decadencial de 6 meses e como tal não é interrompido ou suspenso pela instauração do inquérito, sendo o requerimento indeferido, deverá o ofendido analisar se o melhor caminho não é acudir diretamente ao Mandado de Segurança, até porque não necessita esgotar a via administrativa para utilizar o *writ*.

Caso o problema seja a dilação da investigação policial, o ofendido deverá estar atento para evitar a decadência, inclusive ajuizando a queixa antes da conclusão do IP, juntando os elementos de que dispõe e postulando a posterior juntada da peça policial.

### 5.2. Atos de Desenvolvimento: Arts. 6º e 7º do CPP

Com base na notícia-crime, a polícia judiciária instaura o inquérito policial, isto é, o procedimento administrativo pré-processual. Para realizar o IP, praticará a polícia judiciária uma série de atos – arts. 6º e seguintes do CPP –, que de forma concatenada pretendem proporcionar elementos de convicção para a formação da *opinio delicti* do acusador.

Na tarefa de apurar as circunstâncias do fato delitivo e da autoria, determina o art. 6º que a polícia judiciária deverá:

I. Dirigir-se ao local, providenciando para que não se alterem o estado e conservação das coisas, até a chegada dos peritos criminais.

Não por acaso esse é o primeiro inciso, pois na prática esta deve ser a primeira providência a ser tomada pela polícia: dirigir-se ao local e isolá-lo. Isso porque o local do crime será uma das principais fontes de informação para reconstruir a pequena história do delito e desse ato depende, em grande parte, o êxito da investigação. Como explica ESPÍNOLA FILHO[24], *daí, a conveniência de transportar-se a própria autoridade dirigente do inquérito, ou auxiliares por ela designados, ao local da ocorrência que lhe ou lhes proporcionará um contato vivo com a ainda palpitante verdade de um fato anormal, quente na sua projeção, através dos objetos e das pessoas.*

Para efeito de exame do local do delito, a autoridade policial providenciará imediatamente que não se altere o estado das coisas até a chegada dos peritos (oficiais ou nomeados para o ato), que poderão instruir seus laudos com fotografias, desenhos ou esquemas elucidativos (art. 164), registrando, ainda, no laudo, as alterações do estado das coisas e a consequência dessas alterações na dinâmica dos fatos.

II. Apreender os objetos que tiverem relação com o fato, após liberados pelos peritos criminais.

Entre os efeitos jurídicos do inquérito policial está o de gerar uma sujeição de pessoas e coisas. A apreensão dos instrumentos utilizados para cometer o delito, bem como dos demais objetos relacionados direta ou indiretamente com os motivos, meios ou resultados da conduta delituosa, é imprescindível para o esclarecimento do fato. Da sua importância probatória decorre ainda a obrigatoriedade de que esses objetos acompanhem os autos do inquérito (art. 11). Também é importante que se fixe, com exatidão, o lugar onde foram achados, com as circunstâncias em que se verificou o encontro[25]. Para apreender, deve-se proceder a buscas e, dependendo da situação, será necessário que a autoridade policial solicite a correspondente autorização judicial, nos termos dos arts. 240 e seguintes do CPP c/c art. 5º, XI, da CB.

III. Colher todas as provas que servirem para o esclarecimento do fato e suas circunstâncias.

Decorrência lógica da natureza da atividade de investigação, que busca esclarecer o fato e sua autoria. Se o inciso anterior está voltado aos objetos e instrumentos, o presente refere-se aos demais meios de informação, como, por exemplo, à declaração de testemunhas presenciais. É de destacar-se, atendendo ao caráter sumário do inquérito policial, que a polícia não deve perder tempo com testemunhas meramente abonatórias ou que não tenham realmente presenciado o fato e que por isso limitem-se a transmitir o que lhes foi contado.

---

[24] *Código de Processo Penal Brasileiro Anotado*, cit., v. I, p. 280.

[25] ESPÍNOLA FILHO, Eduardo. *Código de Processo Penal Brasileiro Anotado*, cit., v. I, p. 281.

IV. Ouvir o ofendido.

Quando possível, a oitiva da vítima do delito é uma importante fonte de informação para o esclarecimento do fato e da autoria, devendo o ato ser realizado nos termos do art. 201.

V. Ouvir o indiciado, com observância, no que for aplicável, do disposto no Capítulo III do Título VII, deste Livro, devendo o respectivo termo ser assinado por 2 (duas) testemunhas que lhe tenham ouvido a leitura.

Independente do nome que se dê ao ato (interrogatório policial, declarações policiais etc.), o que é inafastável é que ao sujeito passivo devem ser garantidos os direitos de saber em que qualidade presta as declarações[26], de estar acompanhado de advogado e que, se quiser, poderá reservar-se o direito de só declarar em juízo, sem qualquer prejuízo. O art. 5º, LV, da CB é inteiramente aplicável ao inquérito policial. O direito de silêncio, ademais de estar contido na ampla defesa (autodefesa negativa), encontra abrigo no art. 5º, LXIII, da CB, que, ao tutelar o estado mais grave (preso), obviamente abrange e é aplicável ao sujeito passivo em liberdade.

Ademais, não há como negar a necessidade da presença do advogado, bem como a possibilidade de participação da defesa, à luz da nova redação dos arts. 185, 186, 188 e s. do CPP.

O dispositivo exige ainda que o ato seja praticado com observância das disposições legais que disciplinam o interrogatório judicial e que o termo seja firmado por duas *testemunhas de leitura*. Essas testemunhas não necessitam presenciar o ato em si mesmo, de modo que não são fontes dignas para saber se o ato foi realizado com as devidas garantias e respeito ao imputado ou não.

É importante levar isso em consideração naqueles interrogatórios que se produzem sem a presença de defensor (e são muitos os casos). Simplesmente testemunham que ouviram a leitura, na presença do sujeito passivo, do termo do interrogatório. Tampouco são raros os casos em que as assinaturas são colhidas posteriormente, de pessoas que não presenciaram a leitura, ou mesmo que pertencem aos quadros da polícia.

As agressões à forma e às garantias do sujeito passivo ainda hoje acontecem porque existe o discutível e perigoso entendimento de que "eventuais

---

26 É censurável a práxis policial de tomar declarações sem informar se a pessoa que as presta o faz como informante/testemunha ou como suspeito, subtraindo-lhe ainda o direito de silêncio e demais garantias do sujeito passivo. É uma patente violação do contraditório (direito a ser informado) e do direito de defesa. Ambos estão previstos no art. 5º, LV, e se aplicam ao inquérito policial.

irregularidades" do inquérito não alcançam o processo. O problema está em que, na sentença, esse ato irregular influi no convencimento do juiz, até porque integra os autos do processo e pode ser "cotejado" com a prova judicialmente colhida, em claro prejuízo para o acusado.

Mais grave ainda é a situação do preso temporário, que fica à disposição da polícia por um longo período, em que o cansaço, o medo, o desânimo levam a uma situação de absoluta hipossuficiência. Inegavelmente, a confissão obtida em uma situação como essa exige um mínimo de sensibilidade e bom senso do juiz que irá julgar, que deve valorar este ato com suma cautela.

O interrogatório policial abusivo poderá ainda constituir o crime previsto no art. 18 da Lei n. 13.869/2019:

> Art. 18. Submeter o preso a interrogatório policial durante o período de repouso noturno, salvo se capturado em flagrante delito ou se ele, devidamente assistido, consentir em prestar declarações:
>
> Pena – detenção, de 6 (seis) meses a 2 (dois) anos, e multa.

Outro aspecto criticável é utilizar o termo indiciado quando ainda não se produziu o indiciamento. Isso é decorrência, em realidade, da grave lacuna legislativa sobre a figura do indiciamento, gerando o mais absoluto confusionismo sobre o momento em que se produz e que efeitos jurídicos gera (direitos e cargas). O sistema jurídico brasileiro não define claramente quando, como e quem faz o indiciamento.

### VI. Proceder a reconhecimento de pessoas e coisas e a acareações.

Para proceder ao reconhecimento de pessoas e coisas, deverá a autoridade policial orientar-se pelo disposto nos arts. 226 e seguintes. Não apenas o suspeito pode ser objeto de reconhecimento, mas também todas as pessoas envolvidas ativa ou passivamente no fato, inclusive testemunhas. Da mesma forma, são passíveis de reconhecimento todos os objetos que interessarem à investigação do delito.

Diversos problemas e questionamentos podem ser feitos em relação ao "reconhecimento pessoal", mas para evitar repetições, remetemos o leitor ao Capítulo das Provas, quando abordaremos essa questão.

A acareação está disciplinada nos arts. 229 e seguintes do CPP. E também será objeto de estudo no Capítulo das Provas, para onde remetemos o leitor.

Por fim, destacamos que a nosso juízo o sujeito passivo não pode ser compelido a participar do reconhecimento ou acareação, eis que lhe assiste o direito de silêncio e de não fazer prova contra si mesmo (*nemo tenetur se detegere*), como explicamos anteriormente, ao tratar do princípio do direito de defesa.

VII. Determinar, se for caso, que se proceda a exame de corpo de delito e a quaisquer outras perícias.

O exame de corpo de delito pode ser realizado tanto na vítima como também no autor do delito, conforme o caso, e assegurando-se ao último o direito de não se submeter a tal exame como uma manifestação do direito de autodefesa negativo. O ponto nevrálgico da questão está nas consequências jurídicas da recusa em submeter-se a uma intervenção corporal, que foi tratado quando analisamos – nos Princípios da Instrumentalidade Constitucional – o "direito de defesa negativo". Também recomendamos a leitura do Capítulo destinado ao estudo das provas no processo penal.

VIII. Ordenar a identificação do indiciado pelo processo datiloscópico (e também coleta de DNA, se for o caso), se possível, e fazer juntar aos autos sua folha de antecedentes.

A identificação criminal prevista no art. 5º, LVIII, da CB, foi regulamentada pela Lei n. 12.037/2009 e constitui o gênero, do qual são espécies a identificação datiloscópica, a identificação fotográfica e a coleta de material genético (modificação introduzida pela Lei n. 12.654/2012). A regra é que o civilmente identificado não seja submetido à identificação criminal (ou seja, nem datiloscópica, nem fotográfica, nem coleta de material genético), definindo a lei que a identificação civil pode ser atestada por qualquer dos seguintes documentos: carteira de identidade; carteira de trabalho; carteira profissional; passaporte; carteira de identificação funcional; outro documento público que permita a identificação do indiciado. A lei equipara aos documentos civis os de identificação militar. Quanto à extração de material genético, trataremos no final deste tópico, de forma separada.

Não sendo apresentado qualquer desses documentos, será o suspeito submetido à identificação criminal. A lei não menciona prazo, mas se recomenda que seja concedido, pelo menos, 24 horas para apresentação do documento. Em caso de prisão em flagrante, deverá o detido identificar-se civilmente até a conclusão do auto de prisão.

Contudo, estabelece o art. 3º que mesmo apresentando o documento de identificação, poderá ocorrer identificação criminal quando:

> I – o documento apresentar rasura ou tiver indício de falsificação;
> II – o documento apresentado for insuficiente para identificar cabalmente o indiciado;
> III – o indiciado portar documentos de identidade distintos, com informações conflitantes entre si;
> IV – a identificação criminal for essencial às investigações policiais, segundo despacho da autoridade judiciária competente, que decidirá de ofício ou mediante representação da

autoridade policial, do Ministério Público ou da defesa;
V – constar de registros policiais o uso de outros nomes ou diferentes qualificações;
VI – o estado de conservação ou a distância temporal ou da localidade da expedição do documento apresentado impossibilite a completa identificação dos caracteres essenciais.

Destacamos a abertura feita pelo inciso IV, que permite a identificação criminal do civilmente identificado quando "a identificação criminal for essencial às investigações policiais". Portanto, a identificação criminal ficará a livre critério do juiz, bastando apenas uma "maquiagem argumentativa" para fundamentar a decisão. Isso poderá servir como forma de negar eficácia ao direito de não produzir prova contra si mesmo, quando – por exemplo – o imputado se recusa a fornecer suas digitais para confrontação com aquelas encontradas no local do delito. Diante da recusa, determina o juiz a identificação criminal, e o material necessário para a perícia datiloscópica é extraído compulsoriamente, burlando a garantia constitucional do *nemo tenetur se detegere*. Igualmente censurável é a possibilidade de que tal ato seja determinado de ofício pelo juiz, em censurável ativismo probatório/investigatório, como já criticado tantas vezes ao longo desta obra.

Noutra dimensão, é salutar a possibilidade de que a identificação criminal seja solicitada pela própria defesa, como forma de evitar investigações e até prisões cautelares em relação a uma pessoa errada. Não são raros os casos de perda de documentos que acabam sendo utilizados e falsificados por terceiros para a prática de delitos. Tempos depois, é expedido mandado de prisão em relação à pessoa errada, pois o responsável pelo crime apresentou um documento falso. A identificação datiloscópica e/ou por fotografia pode auxiliar a evitar situações dessa natureza.

A identificação criminal, que inclui o processo datiloscópico e o fotográfico, deverá ser feita da forma menos constrangedora possível (art. 4º) e deverá ser juntada aos autos da comunicação da prisão em flagrante, ou do inquérito policial ou outra forma de investigação (art. 5º), não devendo ser mencionada em atestados de antecedentes ou em informações não destinadas ao juízo criminal, antes do trânsito em julgado da sentença condenatória (art. 6º).

Outra inovação importante foi inserida no art. 7º da Lei n. 12.037/2009:

Art. 7º No caso de não oferecimento da denúncia, ou sua rejeição, ou absolvição, é facultado ao indiciado ou ao réu, após o arquivamento definitivo do inquérito, ou trânsito em julgado da sentença, requerer a retirada da identificação fotográfica do inquérito ou processo, desde que apresente provas de sua identificação civil.

O art. 7º cria a possibilidade de que o interessado postule a retirada da identificação fotográfica dos autos do inquérito ou processo, devendo tal pedido ser formulado à autoridade policial (no caso do inquérito) ou ao juiz (quando há absolvição ou rejeição da denúncia). Ainda que o dispositivo fale em "não oferecimento da denúncia", deve-se compreender tal menção ao arquivamento, pois, a rigor, ao Ministério Público somente são oferecidas três possibilidades: oferecer denúncia, postular diligências ou pedir o arquivamento. Não há a opção de – simplesmente – "não oferecer a denúncia". Portanto, deve-se ali considerar a situação do arquivamento do art. 28 do CPP (e aqui novamente o problema: na nova redação do art. 28 (suspensa pelo Min. FUX), o MP determina o arquivamento).

Havendo recusa por parte da autoridade policial ou do juiz, pensamos que o melhor caminho será a impetração do mandado de segurança, pois desenhado o direito líquido e certo do interessado em ver retirada sua identificação fotográfica. Não se desconhece a eventual possibilidade de utilização do *habeas corpus*, mas pensamos não ser o melhor caminho, na medida em que não existe uma efetiva restrição à liberdade de locomoção. Contudo, em sendo eleita a via do *habeas corpus*, o fundamento será o do art. 648, IV, do CPP (quando houver cessado o motivo que autorizou a coação).

A redação do artigo limita a retirada da identificação dos autos do inquérito policial ou processo, mas não resolve um antigo problema que é a dificuldade de retirar a identificação fotográfica dos arquivos policiais (bancos de dados) em caso de absolvição, arquivamento ou rejeição da denúncia. Infelizmente é disseminada a práxis policial de seguir utilizando a foto do imputado não condenado (ou mesmo não denunciado) para o reconhecimento por fotografias por parte de vítimas e testemunhas de outros crimes. Com isso, potencializa-se o estigma e a ilegítima perseguição policial, com a indevida utilização de sua identificação criminal (e até o induzimento ao reconhecimento) em fatos posteriores.

A principal inovação neste tema diz respeito à coleta de material genético (DNA), introduzida pela Lei n. 12.654/2012.

A nova lei altera dois estatutos jurídicos distintos: a Lei n. 12.037/2009, que disciplina a identificação criminal e tem como campo de incidência a investigação preliminar, e, por outro lado, a Lei n. 7.210/84 (LEP), que regula a Execução Penal. Para evitar repetições, remetemos o leitor para o Capítulo IX – Das Provas em Espécie, especialmente nos tópicos 1.4 e 1.5, onde abordamos a coleta de material genético.

IX. Averiguar a vida pregressa do indiciado, sob o ponto de vista individual, familiar e social, sua condição econômica, sua atitude e estado de ânimo antes e depois do crime e durante ele, e quaisquer outros elementos que contribuírem para a apreciação do seu temperamento e caráter.

A disposição legal é absurda, como absurdo é imaginar-se que um juiz, ao fixar a pena (art. 59 do CP), poderá (des)valorar "conduta social" e "personalidade do agente". A principal justificativa do dispositivo é servir de base para o juiz quando da análise dos requisitos do art. 59 do CP. Contudo, juízes não são antropólogos ou sociólogos e – mesmo que fossem – não possuem elementos para fazer tal avaliação. No que se refere à "personalidade do agente", não existe a menor possibilidade de tal avaliação se realizar e, muito menos, ter valor jurídico. Não existe a menor possibilidade (salvo os casos de vidência e bola de cristal) de uma avaliação segura sobre a personalidade de alguém, até porque existem dezenas de definições diferentes sobre a personalidade.

É um dado impossível de ser constatado empiricamente e tão pouco demonstrável objetivamente para poder ser desvalorado. O diagnóstico da personalidade é extremamente complexo e envolve histórico familiar, entrevistas, avaliações, testes de percepção temática e até exames neurológicos, e não se tem notícias de que a polícia ou os juízes tenham feito isso... Não podemos admitir um juízo negativo sem fundamentação e base conceitual e metodológica.

Com a consequente adoção do modelo acusatório, exige-se a plena refutabilidade das hipóteses e o controle empírico da prova e da própria decisão, que só pode ser admitida quando motivada por argumentos cognoscitivos seguros e válidos. A decisão do juiz sempre deve ser verificável pelas partes e refutável, bem como deve-se compreender o processo de racionalização por ele desenvolvido e isso é impossível na avaliação da personalidade de alguém.

X. Colher informações sobre a existência de filhos, respectivas idades e se possuem alguma deficiência e o nome e o contato de eventual responsável pelos cuidados dos filhos, indicado pela pessoa presa.

Trata-se de inovação inserida pela Lei n. 13.257/2016 que busca informações sobre crianças e adolescentes que dependam do imputado e cuja proteção seja necessária, inclusive para conhecimento do julgador quando tiver de ponderar entre uma prisão cautelar ou a concessão de liberdade provisória ao investigado. É um dispositivo útil e que se insere na dimensão de proteção da criança ou adolescente.

Passando para a análise do art. 7º, a polícia poderá ainda recorrer à reprodução simulada dos fatos, para melhor instruir a investigação. A também chamada *reconstituição do crime* é uma valiosa contribuição para esclarecer o fato e tanto pode ser realizada na fase pré-processual como também em juízo; neste último caso, sob a presidência do juiz. Mas a reconstituição possui dois limites normativos:

- não contrariar a moralidade ou a ordem pública;
- respeitar o direito de defesa do sujeito passivo.

O primeiro limite vem dado pelo próprio art. 7º, que recorre a fórmulas jurídicas abertas, como "moralidade" ou ainda a mais indeterminada de "ordem pública". Sobre eles já se escreveu o suficiente. Apenas gostaríamos de destacar um aspecto pouco valorado pela doutrina. Quando o CPP estabelece o limite da moralidade, devemos considerar não só a moral pública, mas também a *inviolabilidade da honra e a imagem das pessoas*, um direito fundamental previsto no art. 5º, X, da Constituição, que também assiste ao sujeito passivo. Dessa forma, entendemos que o conceito de *moralidade* deve ser considerado a partir de um duplo aspecto: público e privado (sujeito passivo), cabendo ao sujeito passivo impugnar[27] a decisão da autoridade policial que determine a realização de uma reconstituição que ofenda a sua própria moralidade.

O segundo limite está na própria Constituição, art. 5º, LV, e na CADH, que assegura, no seu art. 8.2.g, o *direito de não ser obrigado a depor contra si mesmo, nem a declarar-se culpado*. O direito de defesa do sujeito passivo será objeto de estudo específico a seu tempo, mas desde logo cumpre destacar que o referido dispositivo constitucional e o do pacto internacional são inteiramente aplicáveis à fase pré-processual, ainda que alguns insistam no rançoso discurso de "fase inquisitiva". Não é a Constituição que tem de ser adaptada ao CPP, senão todo o contrário, a legislação ordinária é que deve adequar-se à nova Carta Magna e também à Convenção Americana sobre Direitos Humanos.

Com essa série de atos, poderá a polícia judiciária averiguar o fato e o grau de participação do sujeito passivo, proporcionando os elementos necessários para

---

27 Como instrumentos de impugnação, consideramos tanto a possibilidade de utilizar o *habeas corpus* (pela coação em sua liberdade de locomoção e/ou ilegalidade, se a medida atentar contra a inviolabilidade da honra e imagem do sujeito passivo) como também do Mandado de Segurança, tendo em vista que se dirige contra ato da autoridade policial que viola a honra e imagem ou mesmo o direito de defesa (autodefesa negativa). O primeiro está muito difundido, mas, no curso do IP, somos favoráveis a uma atuação processual com maior critério, pois em muitos dos casos em que se utiliza o *habeas corpus*, na verdade, o instrumento adequado é o Mandado de Segurança. De qualquer forma, remetemos o leitor para o capítulo em que tratamos dessas ações de impugnação.

que o Ministério Público ofereça a ação penal ou solicite o arquivamento. Ademais, conforme a necessidade, poderá a polícia solicitar ao juiz a adoção de medidas restritivas de direitos fundamentais, como as cautelares pessoais ou reais, a busca e apreensão domiciliar, escutas telefônicas etc.

Em suma, *o inquérito policial tem por finalidade o fornecimento de elementos para decidir entre o processo ou o não processo, assim como servir de fundamento para as medidas endoprocedimentais que se façam necessárias no seu curso.*

### 5.3. As Medidas Previstas nos Arts. 13-A e 13-B do CPP

A Lei n. 13.344 incluiu os arts. 13-A e 13-B no CPP, com vistas à implantação de meios específicos de investigação, para a apuração dos crimes de tráfico de pessoas (art. 149-A do CP), redução a condição análoga à de escravo (art. 149 do CP), sequestro e cárcere privado (art. 148 do CP), extorsão com restrição da liberdade da vítima (art. 158, § 3º, do CP), extorsão mediante sequestro (art. 159 do CP) e tráfico internacional de crianças (art. 239 da Lei n. 8.069/90).

A primeira alteração introduzida é o poder de requisição, atribuído à autoridade policial e ao Ministério Público, para obter de quaisquer órgãos do poder público ou empresas privadas dados e informações cadastrais da vítima ou de suspeitos da prática dos crimes anteriormente referidos. Trata-se de uma ampliação do poder investigatório desses órgãos, não submetido mais à reserva de jurisdição. É uma disposição similar àquela contida nos arts. 15 a 17 da Lei n. 12.850/2013, destinada à investigação de organizações criminosas, em que o legislador também permitiu o acesso a dados cadastrais diretamente pela autoridade policial ou Ministério Público, independentemente de autorização judicial.

Essa requisição deverá ser atendida no prazo de 24 horas, devendo conter o nome da autoridade requisitante, o número do inquérito policial ou procedimento investigatório instalado no âmbito do Ministério Público (se direta a investigação) e a identificação da unidade de polícia judiciária ou do Ministério Público responsável pela investigação.

Mas a grande inovação trazida pela nova redação do art. 13-B é a possibilidade de obtenção da localização da Estação Rádio Base (ERB), estação de cobertura, antena ou outro meio similar, acionada quando da realização ou recebimento de chamadas de telefone celular da vítima ou de suspeitos dos crimes relacionados ao tráfico de pessoas (aqui, para evitar divergências, teria andado melhor o legislador se tivesse estendido para os demais crimes anteriormente referidos, especialmente a extorsão mediante sequestro, sequestro e cárcere privado e extorsão com restrição da liberdade da vítima) em curso. Tais informações permitem uma localização aproximada do aparelho de telefonia utilizado (através da indicação do local da estação de cobertura ou rádio base) e objeto da requisição, facilitando sobremaneira o encontro do suspeito ou da vítima. As informações sobre a localização aproximada do aparelho não se confundem com o conteúdo da comunicação, que deverá ser objeto do respectivo pedido de interceptação telefônica – necessariamente com autorização judicial –, disciplinada pela Lei n. 9.296/96.

É importante sublinhar que esse meio investigatório:

- exige autorização judicial, mas, se não houver manifestação do juiz no prazo de 12 horas, a autoridade requisitante (polícia ou MP) poderá fazê-la diretamente à empresa prestadora do serviço de telecomunicações e/ou telemática. Essa é uma grande inovação, pois atribui um poder que a autoridade policial/MP não tinha, mas o adquire pela demora judicial em se manifestar. Contudo, considerando que o juiz poderá decidir após esse prazo e que ele é o controlador/garantidor da legalidade dos atos da investigação, pensamos que ele poderá cassar tal ato, ainda que posterior a sua implantação. Significa dizer que, se o juiz não se manifestar em 12 horas, a autoridade administrativa poderá fazer a requisição diretamente à empresa de telecomunicações, mas nada impede que o juiz, após as 12 horas, determine a cessação da medida se entender que ela é ilegal, desnecessária ou desproporcional;
- quando não houver manifestação judicial no prazo de 12 horas, está a autoridade policial/MP autorizada a requisitar diretamente, mas deverá providenciar a imediata comunicação do juiz da implementação (para controle de legalidade e de duração);
- as informações serão prestadas durante um prazo máximo de 30 dias, renováveis uma única vez, por igual período. Dois pontos precisam ser sublinhados: 1) Considerando o disposto no art. 13-B, § 2º, III, do CPP, qualquer prorrogação deverá ser precedida de autorização judicial. 2) A requisição direta não se aplica à prorrogação, que sempre deverá ser judicialmente autorizada. A urgência justifica a primeira intervenção nas comunicações por requisição direta, para rápida implementação (já que, passadas 12 horas do pedido, não houve decisão judicial), ainda que sem autorização judicial, mas não legitima a prorrogação.
- a prestação das informações previstas no art. 13-B poderá ser determinada pelo período de 30 dias (e não 15 dias, como na interceptação das comunicações telefônicas), estando autorizada uma única prorrogação por igual período, desde que judicialmente determinada. Dessa forma, o legislador evita o histórico problema do número indeterminado de renovações das interceptações das comunicações telefônicas, permitindo que elas perdurem por meses a fio, e não raro anos, em manifesta desproporcionalidade e

> evidente distorção de sua natureza, pois passam a ser interceptações prospectivas (corretamente censuradas pela jurisprudência dos tribunais superiores, ainda que tais decisões não sigam um claro parâmetro de aplicação). A medida prevista no art. 13-B somente poderá durar 30 dias e ter uma única prorrogação (necessariamente com autorização judicial) por mais 30 dias, ao fim dos quais não mais poderá ser prorrogada.

Enfim, são medidas necessárias e adequadas para a investigação dos crimes ali estabelecidos, contribuindo ainda com a localização e o resgate das vítimas.

## 6. Estrutura dos Atos do Inquérito Policial: Lugar, Tempo e Forma. Segredo e Publicidade

A estrutura do inquérito policial, no que se refere ao lugar, tempo e forma dos atos de investigação, é a seguinte:

**a) Lugar**

As normas processuais penais brasileiras são inteiramente aplicáveis a todo o território nacional, conforme determina o art. 1º e ressalvados os casos previstos nos incisos do referido dispositivo. Especificamente no caso do inquérito policial, art. 4º do CPP, as atividades da polícia judiciária serão exercidas no território de suas respectivas circunscrições.

No inquérito policial, o critério para definir a competência (atribuição policial) faz-se em razão da matéria ou pelo critério territorial. Em razão da matéria, deve-se considerar que a polícia judiciária é exercida pela polícia federal e pela polícia civil, conforme a situação que se apresente.

Pode-se afirmar que à polícia federal incumbe, nos termos do art. 144, § 1º, da CB (competência em razão da matéria):

a) Apurar as infrações penais contra a ordem política e social ou em detrimento de bens, serviços e interesses da União ou de suas entidades autárquicas e empresas públicas, assim como outras infrações cuja prática tenha repercussão interestadual ou internacional e exija repressão uniforme.
b) Prevenir e reprimir o tráfico ilícito de entorpecentes e drogas afins, o contrabando e o descaminho.
c) Exercer as funções de polícia marítima, aérea e de fronteiras.
d) Exercer, com exclusividade, as funções de polícia judiciária da União.

Ademais, partindo do caráter instrumental da investigação preliminar, podemos afirmar que, no que se refere à matéria, o critério adotado para definir a autoridade policial competente para investigar deverá ser o mesmo que utilizaremos para definir o juiz competente para processar. Se o inquérito policial é um instrumento preparatório e a serviço do processo, o lógico é que se oriente pelos critérios de competência processual. Por isso, se desde logo podemos identificar que se trata de um crime de competência da Justiça Federal (art. 109 da CB), quem deve investigar é a polícia federal.

A polícia civil dos estados atua com caráter residual, isto é, a ela incumbe a apuração das infrações penais que não sejam de competência da polícia federal e que não sejam consideradas *crimes militares* (situação em que o inquérito policial militar será conduzido pela respectiva autoridade militar). Por exclusão, às polícias civis dos estados corresponde a apuração de todos os demais delitos.

Fora desses casos (Justiça Federal e Militar), será a polícia civil a encarregada de apurar a infração penal. Dentro da polícia civil, ainda será possível encontrar setores especializados (roubos e furtos, homicídios, tóxicos, crime organizado etc.), a quem, conforme as diretrizes internas, caberá a apuração daquela espécie de delito.

A regra geral é que o inquérito seja realizado pela autoridade policial cujas atribuições guardem simetria com a respectiva justiça e os critérios de competência em razão da matéria e do lugar. Definida a competência em razão da matéria, cabe agora estabelecer a competência territorial.

O tema não apresenta maior complexidade porque a competência em razão do lugar é relativa e, nessa matéria, eventuais irregularidades do IP não contaminam o processo. Os atos são praticados nas dependências policiais, mas, atendendo às peculiaridades da instrução preliminar, muitos são praticados no local do delito, na residência do suspeito e em outros lugares que possam oferecer elementos que permitam esclarecer o fato. Por fim, nas comarcas em que houver mais de uma circunscrição policial, a autoridade que preside o inquérito poderá ordenar diligências em circunscrição de outra, independentemente de precatórias ou requisições (art. 22 do CPP).

### b) Tempo

O fator tempo pode ser concebido em dois aspectos:

- a habilidade do tempo (dias hábeis para realizar os atos); e
- a duração do ato ou da fase procedimental.

Pela natureza dos atos praticados na investigação preliminar e a necessidade de que sejam realizados no preciso momento em que se considere necessário, conduz a eximir legalmente do requisito de realizar-se em dia e horas hábeis[28].

---

28 ORTELLS RAMOS, Manuel; MONTERO AROCA, Juan; GÓMEZ COLOMER, Juan-Luiz; MONTON REDONDO, Alberto. *Derecho Jurisdiccional* – proceso penal. Barcelona, Bosch, 1996. v. III, p. 122.

Nesse sentido, o sistema brasileiro não prevê limitação de hora ou dia para a prática dos atos, até porque os principais atos de investigação são realizados logo após o descobrimento do delito (seja sábado, domingo, feriado, noite, madrugada etc.). Inobstante, de forma subsidiária e na medida do possível, deve ser seguido o critério definido nos arts. 212 e seguintes do CPC, para que os atos sejam realizados em dias úteis (não o são os domingos e os feriados declarados por lei, art. 216 do CPC), das 6h às 20h.

O fator tempo também está relacionado com a duração do inquérito e os instrumentos de limitação da cognição. Essa matéria deve ser pensada à luz do direito de ser julgado em um prazo razoável, ao qual remetemos o leitor para evitar repetições.

Ademais, existem normas que disciplinam o *tempo* de determinados atos que integram o IP, como aqueles que limitam direitos fundamentais. Nesse sentido, v.g., a busca domiciliar (art. 5º, XI, da CB), sem o consentimento do morador, pode ser realizada durante o dia ou à noite, em caso de flagrante delito ou desastre, ou para prestar socorro. Fora desses casos, somente poderá ser realizada durante o dia e por determinação judicial (à noite nem com ordem judicial).

**c) Forma**

O IP é *facultativo* para o MP, pois pode prescindir dele, mas é *obrigatório* para a polícia judiciária, que, ante uma infração ou notícia-crime por delito de ação penal pública, está obrigada a investigar e não poderá arquivar o IP uma vez instaurado.

Vige a forma *escrita*, e, nos termos do art. 9º, todos os atos do IP devem ser reduzidos a escrito e documentados, pois tanto o MP como o juiz que recebe a acusação têm um contato indireto com o material recolhido na investigação. A falta de imediação sacrifica a oralidade.

O inquérito é *secreto no plano externo* e assim dispõe o art. 20 do CPP, devendo a polícia judiciária assegurar o sigilo necessário para esclarecer o fato. No plano interno, pode ser determinado o segredo interno parcial, impedindo que o sujeito passivo presencie determinados atos.

Sem embargo, o segredo interno não alcança o defensor, isto é, o segredo interno pode ser parcial, mas não total. Nesse sentido, o art. 7º, XIV, da Lei n. 8.906/94 – Estatuto da Advocacia – e a Súmula Vinculante n. 14 do STF asseguram que o defensor poderá examinar em qualquer distrito policial, inclusive sem procuração, os autos da prisão em flagrante e do inquérito, acabado ou em trâmite, ainda que conclusos à autoridade policial, podendo tirar cópias e tomar apontamentos. Sobre o acesso do advogado aos autos do inquérito, remetemos o leitor para o tópico específico, na continuação, onde trataremos da "defesa técnica".

O segredo externo e igualmente o interno parcial não têm sua duração e limites estabelecidos na norma, dependendo da discricionariedade policial, o que, sem dúvida, merece censura.

Por fim, destacamos que, a nosso juízo, o art. 21 do CPP está revogado pelo art. 136, § 3º, IV, da CB, posto que, se está vedada a incomunicabilidade em uma situação de excepcionalidade, com muito mais razão está proibida a incomunicabilidade em uma situação de normalidade constitucional.

## 7. Valor Probatório dos Atos do Inquérito Policial

A valoração probatória dos atos praticados e elementos recolhidos no curso do inquérito policial é extremamente problemática. Por isso, antes de entrar no tema, analisaremos a doutrina que defende que "os atos do IP valem até prova em contrário", recordaremos a fundamental distinção entre *atos de prova* e *atos de investigação* e concluiremos com uma exposição sobre o valor que entendemos devam merecer os atos do IP.

### 7.1. A Equivocada Presunção de Veracidade

Alguma doutrina aponta que *os atos do inquérito policial valem até prova em contrário*, estabelecendo uma presunção de veracidade não prevista em lei. O art. 12 do CPP estabelece que o IP acompanhará a denúncia ou queixa, sempre que servir de base a uma ou outra. Qual o fundamento de tal disposição? Não é atribuir valor probatório aos atos do IP, todo o contrário. Por servir de base para a ação penal, ele deverá acompanhá-la para permitir o juízo de pré-admissibilidade da acusação. Nada mais do que isso. Servirá para que o juiz decida pelo processo ou não processo, pois na fase processual será formada a prova sobre a qual será proferida a sentença.

Considerável doutrina e jurisprudência acabaram por criar, a nosso juízo equivocadamente, uma falsa presunção: a de que os atos de investigação valem até prova em contrário.

Essa presunção de veracidade gera efeitos contrários à própria natureza e razão de existir do IP, fulminando seu caráter instrumental e sumário. Também leva a que sejam admitidos no processo atos praticados em um procedimento de natureza administrativa, secreto, não contraditório e sem exercício de defesa.

Antes da promulgação do atual CPP, alguns códigos estaduais – como o da Capital Federal, segundo aponta ESPÍNOLA FILHO[29] – previam que o inquérito policial acompanharia a denúncia ou queixa, incorporando-se ao processo e "merecendo valor até prova em contrário". Provavelmente está aqui o vício de origem dessa rançosa doutrina e jurisprudência que seguiu afirmando esse valor aos atos do IP, quando o CPP não mais o contemplava.

Claro está que, se o legislador de 1941 quisesse conferir aos atos do IP esse valor probatório, teria feito de forma expressa, a exemplo da legislação anterior.

Outro aspecto que reforça nosso entendimento é a natureza instrumental da investigação preliminar. Serve ela para – provisionalmente – reconstruir o fato e individualizar a conduta dos possíveis autores, permitindo assim o exercício e a admissão da ação penal. No plano probatório, o valor exaure-se com a admissão da denúncia. Servirá sim para indicar os elementos que permitam produzir a prova em juízo, isto é, para a articulação dos meios de prova. Uma testemunha ouvida no inquérito e que aportou informações úteis será articulada como meio de prova e, com a oitiva em juízo, produz uma prova. Em efeito, o inquérito filtra e aporta as fontes de informação úteis. Sua importância está em dizer quem deve ser ouvido, e não o que foi declarado. A declaração válida é a que se produz em juízo, e não a contida no inquérito, tanto que com a reforma de 2019/2020 esse tipo de prova não mais irá integrar os autos que serão remetidos para o juiz da instrução (lembrando que o art. 3º-C, § 3º, está suspenso pela decisão do Min. FUX).

Em síntese, o CPP não atribui nenhuma presunção de veracidade aos atos do IP. Todo o contrário, atendendo a sua natureza jurídica e estrutura, esses atos praticados e os elementos obtidos na fase pré-processual servem para justificar o recebimento ou não da acusação. É patente a função endoprocedimental dos atos de investigação. Na sentença, só podem ser valorados os atos praticados no curso do processo penal, com plena observância de todas as garantias.

## 7.2. Distinção entre Atos de Prova e Atos de Investigação

Como explica ORTELLS RAMOS[30], uma mesma fonte e meio podem gerar atos com naturezas jurídicas distintas e, no que se refere à valoração jurídica, podem ser divididos em dois grupos: atos de prova e atos de investigação.

Sobre os atos de prova, podemos afirmar que:

---

[29] *Código de Processo Penal Brasileiro Anotado*, cit., v. I, p. 256.

[30] Na obra coletiva *Derecho Jurisdiccional* – processo penal, cit., v. III, p. 151 e s. Também no artigo Eficacia Probatoria del Acto de Investigación Sumarial. Estudio de los Artículos 730 y 714 de la LECrim. *Revista de Derecho Procesal Iberoamericana*, ano 1982, n. 2-3, p. 365-427.

a) estão dirigidos a convencer o juiz da verdade de uma afirmação;
b) estão a serviço do processo e integram o processo penal;
c) dirigem-se a formar um juízo de certeza – tutela de segurança;
d) servem à sentença;
e) exigem estrita observância da publicidade, contradição e imediação;
f) são praticados ante o juiz que julgará o processo.

Substancialmente distintos, os atos de investigação (instrução preliminar):

a) não se referem a uma afirmação, mas a uma hipótese;
b) estão a serviço da investigação preliminar, isto é, da fase pré-processual e para o cumprimento de seus objetivos;
c) servem para formar um juízo de probabilidade, e não de certeza;
d) não exigem estrita observância da publicidade, contradição e imediação, pois podem ser restringidas;
e) servem para a formação da *opinio delicti* do acusador;
f) não estão destinados à sentença, mas a demonstrar a probabilidade do *fumus commissi delicti* para justificar o processo (recebimento da ação penal) ou o não processo (arquivamento);
g) também servem de fundamento para decisões interlocutórias de imputação (indiciamento) e adoção de medidas cautelares pessoais, reais ou outras restrições de caráter provisional;
h) podem ser praticados pelo Ministério Público ou pela Polícia Judiciária.

Partindo dessa distinção, conclui-se facilmente que o IP somente gera *atos de investigação* e, como tais, de limitado valor probatório. Seria um contrassenso outorgar maior valor a uma atividade realizada por um órgão administrativo, muitas vezes sem nenhum contraditório ou possibilidade de defesa e ainda sob o manto do segredo.

### 7.3. O Valor Probatório do Inquérito Policial. A Exclusão Física das Peças do Inquérito. A Contaminação Consciente ou Inconsciente do Julgador

ADVERTÊNCIA INICIAL: Com a concessão de Liminar na Medida Cautelar nas ADIn's n. 6.298, 6.299, 6.300 e 6.305 pelo Min. FUX, está suspensa, *sine die*, a eficácia do art. 3º-C, §§ 3º e 4º. Como se trata de medida liminar, manteremos a análise do dispositivo legal, que poderá ter sua vigência restabelecida a qualquer momento. Portanto, enquanto estiver valendo a medida liminar, o artigo e suas consequências estarão suspensas, valendo o sistema anterior (em que o inquérito acompanha a denúncia e integra os autos do processo) e a redação do CPP. Mas manteremos nossas considerações, não só porque o(s) dispositivo(s) pode(m) entrar em vigor, mas também porque reflete(m) um avanço importante para o processo penal e serve(m) como fundamentação teórica para criticar o superado modelo do CPP. Pedimos a compreensão do leitor para essa situação de insegurança jurídica gerada por motivos alheios a nossa vontade.

O art. 155 do CPP estabelece que "o juiz formará sua convicção pela livre apreciação da prova produzida em contraditório judicial, não podendo fundamentar sua decisão exclusivamente nos elementos informativos colhidos na investigação, ressalvadas as provas cautelares, não repetíveis e antecipadas" (grifo nosso).

O artigo inicia bem, quando diz que a decisão deve ter por base a "prova produzida em contraditório", o que nos remete para a correta definição de que "prova" é aquilo produzido em juízo, na fase processual. O grande erro da reforma pontual (Lei n. 11.690/2008) foi ter inserido a palavra "exclusivamente". Perdeu-se uma grande oportunidade de acabar com as condenações disfarçadas, ou seja, as sentenças baseadas no inquérito policial, instrumento inquisitório e que não pode ser utilizado na sentença. Quando o art. 155 afirma que o juiz não pode fundamentar sua decisão "exclusivamente" com base no inquérito policial, está mantendo aberta a possibilidade (absurda) de os juízes seguirem utilizando o inquérito policial, desde que também invoquem algum elemento probatório do processo.

Manteve-se, assim, a autorização legal para que os juízes e tribunais sigam utilizando a versão *dissimulada,* que anda muito em voga, de "condenar com base na prova judicial cotejada com a do inquérito". Na verdade, essa fórmula jurídica deve ser lida da seguinte forma: não existe prova no processo para sustentar a condenação, de modo que vou me socorrer do que está no inquérito.

Isso é violar a garantia da própria jurisdição e do contraditório.

Claro está que só a prova judicial é válida, pois o que se pretende não é a mitológica verdade real – obtida a qualquer custo –, mas sim a formalmente válida, produzida no curso do processo penal. Ou há prova suficiente no processo para condenar, e o veredicto deve ser esse, ou permanece a dúvida, e a absolvição é o único caminho. Recordemos que a dúvida, falta de acusação ou de provas ritualmente formadas impõe a prevalência da presunção de inocência e atribuição de falsidade formal ou processual às hipóteses acusatórias.

Ainda mais grave é a situação que se produz diariamente no Tribunal do Júri, em que os jurados julgam por livre convencimento, com base em qualquer elemento contido nos autos do processo (incluindo-se nele o inquérito), sem distinguir entre ato de investigação e ato de prova. A situação é ainda mais preocupante se considerarmos que na grande maioria dos julgamentos não é produzida nenhuma prova em plenário[31], mas apenas é realizada a mera leitura de peças.

Então, o núcleo do problema está no fato de que os autos do inquérito são anexados ao processo e assim acabam influenciando direta ou indiretamente no convencimento do juiz.

Desde nossa tese doutoral em 1999 e depois em nosso primeiro livro (Sistemas de Investigação Preliminar no Processo Penal, 2001) sustentamos com veemência a necessidade de **exclusão física dos autos do inquérito (ou de qualquer instrumento de investigação preliminar), permanecendo apenas as provas técnicas e as irrepetíveis.**

**Pois bem, finalmente na reforma de 2019/2020 o legislador brasileiro consagrou essa importante regra, não sem enfrentar imensa resistência de quem não compreendeu as distinções que fizemos anteriormente e a própria finalidade da investigação, além de contaminados pela cultura inquisitória.**

**Infelizmente o Min. FUX suspendeu a eficácia dessa regra tão importante.**

Diz o Art. 3º-C, §§3º e 4 º (VIGÊNCIA SUSPENSA PELA DECISÃO LIMINAR DO MIN. FUX):

> § 3º Os autos que compõem as matérias de competência do juiz das garantias ficarão acautelados na secretaria desse juízo, à disposição do Ministério Público e da defesa, e não serão apensados aos autos do processo enviados ao juiz da instrução e julgamento, ressalvados os documentos relativos às provas irrepetíveis, medidas de obtenção de provas ou de antecipação de provas, que deverão ser remetidos para apensamento em apartado.
> § 4º Fica assegurado às partes o amplo acesso aos autos acautelados na secretaria do juízo das garantias.

Trata-se de medida importantíssima para que os atos da investigação preliminar (seja ela qual for) não ingressem no processo. Essa exclusão (ou não inclusão) serve exatamente para evitar a contaminação do juiz da instrução (portanto, o que irá julgar) pelos elementos obtidos no inquérito, com severas limitações de contraditório, defesa e, principalmente, que não servem e não se destinam à sentença. O objetivo é a absoluta *originalità* do processo penal, de modo que na fase pré-processual não é atribuído o poder de aquisição da prova. A função do inquérito e de qualquer sistema de investigação preliminar é recolher elementos úteis à determinação do fato e da autoria, em grau de probabilidade, para justificar a ação penal, como explicamos anteriormente ao fazer a distinção entre atos de

---

31 Exceção feita ao interrogatório do acusado, que decorre de uma imposição legal. Mas tampouco o interrogatório deve ser considerado um puro ato de prova, senão mais bem de defesa e de prova, com claro predomínio do primeiro caráter.

investigação e atos de prova. Com isso, evita-se a contaminação e garante-se que a valoração probatória recaia exclusivamente sobre aqueles atos praticados na fase processual e com todas as garantias.

Somente através da exclusão do inquérito dos autos do processo é que se evitará a condenação baseada em meros atos de investigação, ao mesmo tempo em que se efetivará sua função endoprocedimental.

E, antes que se alegue, não é uma criação "tupiniquim".

No modelo chileno, a "carpeta" de investigação não ingressa no processo, tem sua eficácia limitada a fase pré-processual até o recebimento ou não da acusação (ou eventual negociação sobre a pena feita no início do processo).

Na Espanha, foi adotada a exclusão física dos autos da investigação no rito do tribunal do júri, exatamente para evitar o que o legislador espanhol de 1995 definiu como *indesejáveis confusões de fontes cognoscitivas atendíveis, contribuindo assim a orientar sobre o alcance e a finalidade da prática probatória realizada no debate* (ante os jurados).

É uma técnica que também utiliza o sistema italiano, eliminando dos autos que formarão o processo penal todas as peças da investigação preliminar (*indagine preliminare*), com exceção do corpo de delito e das antecipadas, produzidas no respectivo incidente probatório.

Como explicam DALIA e FERRAJOLI[32], um dos motivos da clara distinção entre o *procedimento per le indagini preliminari* e o processo é exatamente evitar a contaminação do juiz pelos elementos obtidos na fase pré-processual.

O objetivo é a absoluta *originalità* do processo penal, de modo que na fase pré-processual não é atribuído o poder de aquisição da prova. Ela somente deve recolher elementos úteis à determinação do fato e da autoria, em grau de probabilidade, para justificar a ação penal. A efetiva coleta da prova está reservada para a fase processual – *giudice del dibattimento* –, cercada de todas as garantias inerentes ao exercício da jurisdição.

A originalidade é alcançada, principalmente, porque se impede que todos os atos da investigação preliminar sejam transmitidos ao processo – exclusão de peças –, de modo que os elementos de convencimento são obtidos da prova produzida em juízo. Com isso, evita-se a contaminação e garante-se que a valoração probatória recaia exclusivamente sobre aqueles atos praticados na fase processual e com todas as garantias.

---

[32] *Manuale di Diritto Processuale Penale*. Milano, CEDAM, 1997, p. 568 e s. Também sobre a eliminação de peças, vide PELLEGRINI GRINOVER, Influência do Código-Modelo, op. cit., p. 227.

Sempre cabe recordar as palavras de FERRAJOLI [33], de que a única prova válida para uma condenação é a *prueba empírica llevada por una acusación ante un juez imparcial, en un proceso público y contradictorio con la defensa y mediante procedimientos legalmente preestablecidos.*

De forma correta, o legislador brasileiro fez ressalvas à exclusão: *os documentos relativos às provas irrepetíveis, medidas de obtenção de provas ou de antecipação de provas, que deverão ser remetidos para apensamento em apartado.*

Explicaremos a continuação, no próximo tópico, as provas irrepetíveis e o incidente de antecipação de provas.

Por fim, sublinhamos: os autos da investigação preliminar ficarão acautelados na secretaria do juiz das garantias, permitindo-se o acesso por parte da defesa e Ministério Público, mas não se permitindo a juntada aos autos do processo que será enviado ao juiz do processo.

Assim, vedado o ingresso das peças do inquérito (exceto as ressalvadas pelo dispositivo), não poderá a parte simplesmente postular a juntada, o apensamento ou mesmo juntar cópias, sob pena de burla à vedação legal. Isso gera a ilicitude dessa prova e necessário desentranhamento.

É importante compreender que houve uma mudança radical no processo e no atuar do juiz. Agora, o juiz das garantias, quando remete os autos para o juiz da instrução e julgamento, não encaminha automaticamente a integralidade dos autos! Os autos ficarão acautelados na secretaria do juízo das garantias, que remeterá para o juiz da instrução apenas:

– a denúncia ou queixa;

– a decisão de recebimento, para compreensão do que foi recebido e do que foi rejeitado, por exemplo;

– decisão que decretou medidas cautelares ou prisão cautelar, para controle e também para revisão no prazo de 10 dias;

– decisão que manteve o recebimento e não absolveu sumariamente (art. 397).

Em autos apartados, deverão ser enviados e assim permanecer os documentos relativos às provas irrepetíveis, medidas de obtenção de provas ou de antecipação de provas. Esse material não deve ser juntado ao processo principal, pois se destina às partes (MP e defesa), que poderão utilizar ou não na audiência de instrução e julgamento.

---

33 *Derecho y Razón*, cit., p. 103, 104 e 106.

Assim, um exemplo trazido por Alexandre MORAIS DA ROSA[34] é bem ilustrativo: "o fato de se arrolar uma testemunha já ouvida na fase de investigação preliminar não autoriza a juntada de seu depoimento anterior, porque somente valerá o que disser em contraditório e oralmente por oportunidade da Audiência de Instrução e Julgamento". Exatamente. O processo penal brasileiro mudou e precisamos mudar as práticas judiciárias.

Infelizmente, como já apontado, essa evolução está suspensa por conta da decisão liminar do Min. FUX, fiquemos todos atentos ao julgamento do mérito, com a esperança de que o STF casse essa liminar e estabeleça a plena eficácia dos dispositivos legais.

### 7.3.1. Provas Repetíveis. Provas Irrepetíveis. Classificando as Provas Irrepetíveis. A Produção Antecipada de Provas

Se na investigação foram ouvidas testemunhas, elas deverão ser arroladas pela acusação ou defesa, conforme o interesse probatório, para serem ouvidas na audiência de instrução e julgamento perante o juiz da instrução. Assim deve ser para que, produzida em contraditório judicial pleno, e submetida ao exame cruzado das partes (art. 212), ela possa ser devidamente valorada na sentença porque terá o *status* de "prova" (ato de prova anteriormente explicado).

Lembrando que, com a reforma de 2019/2020, os depoimentos prestados na fase da investigação não poderão ser juntados aos autos do processo (exclusão física), não poderá tampouco ser juntado por qualquer das partes. Mas as partes terão acesso ao depoimento prestado na fase preliminar (pois acautelados pela secretaria do juiz das garantias) para elaborar seus questionamentos, decidir se arrolam ou não, etc. Infelizmente tal determinação está suspensa pelo Min. FUX.

Portanto a repetição da prova, na verdade, produção em audiência de instrução e julgamento, é fator de validade desta prova e também condição exigida para que possa ser valorada na sentença

Não cumpre esse requisito de *repetição* a mera leitura do testemunho anteriormente realizado, seja pelo juiz ou pelas partes. Isso é reprodução, e não *repetição*. A única forma hábil de ser valorada pela sentença é a que permita o acesso do juiz e das partes, mediante um contato direto, com a pessoa e o conteúdo de suas declarações.

Logo, somente por meio da *repetição* podem ser observados os princípios constitucionais referentes ao tema. Isso significa, em última análise, chamar

---

34 *Guia compacto do processo penal conforme a teoria dos jogos*, edição 2020.

novamente a mesma pessoa, para que pratique o mesmo ato, sobre o mesmo tema e ante o órgão jurisdicional e as partes processuais.

A única reprodução processualmente válida é aquela que deriva de uma produção antecipada de provas, ou seja, quando na fase processual é lido ou reproduzido em vídeo ou aparelho de áudio o depoimento prestado na fase pré-processual. Isso porque a produção antecipada está justificada pelos *indícios de provável perecimento* e cercada de todas as garantias de jurisdicionalidade, imediação, contraditório e defesa. Essa produção antecipada, em casos excepcionais, deverá ser feita na fase investigatória e na presença do juiz das garantias, a quem competirá inclusive deliberar sobre a sua produção ou não.

Tampouco pode ser considerada *repetição* a ratificação do depoimento anteriormente prestado. A testemunha não só deve comparecer senão que deve declarar de forma efetiva sobre o fato, permitindo a plena *cognitio* do juiz e das partes, ademais de permitir identificar eventuais contradições entre as versões anterior e atual. A oralidade garante a imediação e ilumina o julgador, que, com o contato direto, dispõe de todo um campo de reações físicas imprescindíveis para o ato de valorar e julgar. O ato de confirmar o anteriormente dito, sem efetivamente declarar, impede de alcançar os fins inerentes ao ato. Também é obstáculo a essa prática o fato de os depoimentos da fase pré-processual não poderem ser juntados ao processo.

Noutra dimensão, provas *irrepetíveis* ou *não renováveis* são aquelas que, por sua própria natureza, têm que ser realizadas no momento do seu descobrimento, sob pena de perecimento ou impossibilidade de posterior análise. Na grande maioria dos casos, trata-se de provas técnicas que devem ser praticadas no curso do inquérito policial e cuja realização não pode ser deixada para um momento ulterior, já na fase processual.

Pela impossibilidade de repetição em iguais condições, tais provas deveriam *ser colhidas pelo menos sob a égide da ampla defesa (isto é, na presença fiscalizante da defesa técnica), posto que são provas definitivas e, via de regra, incriminatórias (exemplos: exame de corpo de delito, apreensão de substância tóxica em poder do autor do fato)*[35]. Nesse sentido, é importante permitir a manifestação da defesa, para postulação de outras provas; solicitar determinado tipo de análise ou de meios, bem

[35] TOVO, Paulo Cláudio. Democratização do Inquérito Policial. In: *Estudos de Direito Processual Penal*, cit., v. II, p. 201 e s. O autor também aponta para as provas prontas, como aquelas que estão acabadas mesmo antes da instauração de qualquer persecução penal, de modo que não há como exigir – quanto à sua formação – a observância do contraditório e da defesa técnica.

como formular quesitos aos peritos, cuja resposta seja pertinente para o esclarecimento do fato ou da autoria.

Pensamos que as provas irrepetíveis podem ser classificadas da seguinte forma:

a) **PROVAS IRREPETÍVEIS POR SUA NATUREZA:** são aquelas que precisam ser coletadas e documentadas no momento específico da sua ocorrência e não são passíveis de repetição, é o caso das perícias no local do crime, do exame de corpo de delito, etc. O reconhecimento pessoal deveria ser uma prova irrepetível por sua própria natureza, como explicamos ao tratar dessa prova, pois, se repetido, haverá o imenso risco de indução e falsos reconhecimentos. Portanto, deveria ser feito uma única vez e documentado, mas o CPP não exclui a possibilidade de "repetição" na instrução processual. Por outro lado, temos ainda os meios de obtenção de provas irrepetíveis, como a interceptação telefônica, de dados, escuta ambiental, etc.

b) **PROVAS IRREPETÍVEIS POR CIRCUNSTÂNCIAS ESPECÍFICAS:** São provas que normalmente poderiam ser repetidas, como, por exemplo, a prova testemunhal, a palavra da vítima, uma acareação, etc. A irrepetibilidade não decorre da sua natureza, mas de uma circunstância específica daquele caso. É o exemplo de uma testemunha ou vítima que reside fora do país em local distante e que dificilmente será encontrada para depor novamente ou que está em estado terminal e na iminência de morrer. Para esse tipo de prova, deverá ser usado o incidente de produção antecipada, perante o juiz das garantias.

c) **PROVAS IRREPETÍVEIS POR CIRCUNSTÂNCIAS SUPERVENIENTES:** Aqui a prova era normalmente passível de repetição, pois sua natureza não impede e tampouco existe, naquele momento, uma circunstância específica de risco (como a morte, etc.). Então ela não é produzida no incidente de produção antecipada porque não há urgência alguma. Contudo, posteriormente, sobrevêm uma circunstância inesperada e imprevisível que torna essa prova irrepetível. É o caso, por exemplo, de uma testemunha importante que foi ouvida no inquérito. Seu depoimento não integra o processo (pela regra da exclusão do art. 3º-C, § 3º), sendo ela arrolada pelo MP ou pela defesa para ser ouvida na instrução e julgamento. Contudo, quando procurada, descobre-se que ela faleceu. Seu depoimento era uma prova repetível (testemunhal), mas se tornou irrepetível por uma circunstância superveniente (morte). Ela poderá ser admitida? Pensamos que sim, pois ela se tornou irrepetível e pode ser juntada ao processo. Mas a problemática será na valoração dessa prova pelo juiz da instrução, na medida em que produzida no inquérito (com suas restrições de contraditório, defesa, etc.). Portanto, pode ser admitida, mas caberá ao juiz avaliar sua credibilidade e valor probatório.

O incidente de produção antecipada da prova é uma forma de jurisdicionalizar a atividade probatória no curso do inquérito, através da prática do ato ante uma autoridade jurisdicional (o juiz das garantias) e com plena observância do contraditório e do direito de defesa. Em regra, a prova testemunhal (bem como acareações e reconhecimentos) pode ser repetida em juízo e, na prática, é em torno desse tipo de prova que gira a instrução definitiva. Excepcionalmente, frente ao risco de perecimento e o grave prejuízo que significa a perda irreparável de algum dos elementos recolhidos no inquérito policial, o processo penal instrumentaliza uma forma de colher antecipadamente essa prova, através de um incidente: produção antecipada de prova. Significa que aquele elemento que normalmente seria produzido como mero *ato de investigação* e posteriormente repetido em juízo para ter valor de prova poderá ser realizado uma só vez, na fase pré-processual, e com tais requisitos formais que lhe permitam ter o *status* de *ato de prova*; é dizer, valorável na sentença ainda que não colhido na fase processual.

No CPP, o incidente de produção antecipada de provas está parcamente disciplinado no art. 225 e necessita urgentemente ser revisado. Poderíamos recorrer ao instituto da *produção antecipada de provas*, do processo civil (art. 381 e s. do CPC), mas isso representaria uma perigosa analogia, sem atender às categorias jurídicas próprias do processo penal.

O incidente de produção antecipada da prova somente pode ser admitido em casos extremos, em que se demonstra a fundada probabilidade de que será inviável a posterior repetição na fase processual da prova. Ademais, para justificá-lo, deve estar demonstrada a relevância da prova para a decisão da causa. Em síntese, são requisitos básicos:

a) relevância e imprescindibilidade do seu conteúdo para a sentença;
b) impossibilidade de sua repetição na fase processual, amparado por indícios razoáveis do provável perecimento da prova;
c) ser autorizada pelo juiz das garantias e produzida perante ele, assegurados o contraditório e a ampla defesa em audiência pública e oral.

Nesse sentido determina o art. 3º-B (dispositivo com eficácia suspensa pela liminar do Min. FUX, conforme já explicado):

> Art. 3º-B. O juiz das garantias é responsável pelo controle da legalidade da investigação criminal e pela salvaguarda dos direitos individuais cuja franquia tenha sido reservada à autorização prévia do Poder Judiciário, competindo-lhe especialmente:

(...)

**VII – decidir sobre o requerimento de produção antecipada de provas consideradas urgentes e não repetíveis, assegurados o contraditório e a ampla defesa em audiência pública e oral.**

Presentes os requisitos, o incidente deve ser praticado com a mais estrita observância do contraditório e direito de defesa, logo[36]:

a) em audiência pública, salvo o segredo justificado pelo controle ordinário da publicidade dos atos processuais;
b) o ato será presidido pelo juiz das garantias que o autorizou;
c) na presença dos sujeitos (futuras partes) e seus respectivos defensores;
d) sujeitando-se ao disposto para a produção da prova em juízo, ou seja, com os mesmos requisitos formais que deveria obedecer o ato se realizado na fase processual;
e) deve permitir o mesmo grau de intervenção a que teria direito o sujeito passivo se praticada no processo.

Destarte, desde o ponto de vista do sujeito passivo, estão garantidos o contraditório e o direito de defesa, de modo que a prática antecipada da prova não supõe, em princípio, nenhum prejuízo.

No caso da prova testemunhal, é importante que ela seja fielmente reproduzida, utilizando-se para isso dos melhores meios disponíveis, especialmente a filmagem e a gravação. Diante da impossibilidade de *repetir*, a *reprodução* deve ser a melhor possível.

Concluindo, a produção antecipada da prova deve ser considerada uma medida excepcional, justificada por sua relevância e impossibilidade de repetição em juízo. A nosso juízo, a única forma de valorar na sentença condenatória um ato do inquérito dessa natureza, sem que tenha sido repetido em juízo, é através da produção antecipada, que opera como um instrumento para jurisdicionalizar e conceder-lhe o *status* de **ato de prova**. Resumindo, a produção antecipada de provas tem sua eficácia condicionada aos requisitos mínimos de jurisdicionalidade, contraditório, possibilidade de defesa e fiel reprodução na fase processual.

## 8. O Indiciado no Sistema Brasileiro

Entre os maiores problemas do inquérito policial estava a falta de um indiciamento formal, com momento e forma estabelecidos em lei. A Lei n. 12.830, de 20 de junho de 2013, dispôs sobre a investigação criminal dirigida pelo Delegado de Polícia, trazendo previsões legais para situações já conhecidas através de

---

36 Em alguns pontos nos baseamos em VEGAS TORRES, *Presunción de Inocencia y Prueba en el Proceso Penal*. Madrid, La Ley, 1993, p. 96 e s.

entendimentos doutrinários e jurisprudenciais. Interessa-nos, neste momento, o § 6º do art. 2º, que toca em um instituto relevante dentro do contexto da investigação policial: o indiciamento. Com o advento desta Lei, a autoridade policial passou a possuir maior responsabilidade quando do ato de indiciamento, devendo realizar uma análise mais ampla do fato, adentrando nas questões técnico-jurídicas do crime, de modo a basear-se em circunstâncias coerentes, que expressem a materialidade e a autoria do delito, não bastando a mera transcrição do tipo penal.

O § 6º em comento reflete uma postura um pouco mais cuidadosa, visto que a análise técnico-jurídica do fato afastará os casos de indiciamento em situações, por exemplo, em que o fato é atípico, ou quando já se operou a prescrição. Muito embora tal inovação legislativa contribua para um rascunho do que se entende por indiciamento, ainda subsiste uma grande e problemática lacuna jurídica acerca deste procedimento.

Explica MORAES PITOMBO[37] que o indiciamento deve resultar do encontro de um "feixe de indícios convergentes" que apontam para certa pessoa, ou determinadas pessoas, supostamente autora(s) da infração penal. Declara uma autoria provável. CANUTO MENDES DE ALMEIDA[38] aponta que o corpo de delito evidencia a existência do crime, e os indícios apontam o delinquente.

O indiciamento pressupõe um grau mais elevado de certeza da autoria que a situação de suspeito[39]. Nesse sentido, recordamos as palavras de MORAES PITOMBO, *de que o suspeito sobre o qual se reuniu prova da autoria da infração tem que ser indiciado. Já aquele que contra si possui frágeis indícios, ou outro meio de prova esgarçado, não pode ser indiciado. Mantém-se ele como é: suspeito.* O indiciamento é assim um ato posterior ao estado de suspeito e está baseado em um juízo de probabilidade, e não de mera possibilidade.

O indiciamento deve resultar do instante mesmo em que, no inquérito policial instaurado, verificou-se a probabilidade de ser o agente o autor da infração penal, e, como instituto jurídico, "deverá emergir configurado em ato formal de polícia judiciária"[40].

Logo, o indiciado é sujeito passivo em sede pré-processual. Uma vez realizado o indiciamento, o sujeito só deixará o estado de "indiciado" quando da decisão de arquivamento do inquérito policial, a pedido do Ministério Público, ou

---

37 O Indiciamento como Ato de Polícia Judiciária. *Revista dos Tribunais*, n. 577, p. 313-316.

38 *Princípios Fundamentais do Processo Penal*, São Paulo, 1973, n. 37, p. 41, apud ROGÉRIO LAURIA TUCCI, Indiciamento e Qualificação Indireta. *Revista dos Tribunais*, n. 571, p. 292.

39 Veja-se o que dissemos anteriormente sobre "Terminologia utilizada para designar o sujeito passivo".

40 MORAES PITOMBO, Sérgio Marcos. O Indiciamento como Ato de Polícia Judiciária, cit., p. 315.

quando do recebimento da denúncia, momento em que passará a ser chamado de "acusado" ou "réu". Este instituto jurídico pressupõe a existência de indícios de autoria em um grau mais elevado do que na condição de mero suspeito, refletindo uma probabilidade de o indiciado ser o agente do crime. Indícios são provas circunstanciais, sinais aparentes e prováveis de que uma coisa existe. Se antes já se repudiava o indiciamento quando resultante de ato arbitrário da autoridade policial, porém sem nenhuma previsão formal, agora o Delegado de Polícia possui o encargo legal de fundamentar de forma coerente o ato de indiciamento, mostrando as provas e circunstâncias que apontam para a comprovação da materialidade e da provável autoria.

Do flagrante delito emerge a relativa certeza visual ou presumida da autoria. Por isso, o flagrante válido impõe o indiciamento. Da mesma forma a prisão preventiva, pois exige "indícios suficientes da autoria", e a temporária ("(...) fundadas razões (...) de autoria").

É importante frisar que o indiciamento só pode produzir-se quando existirem indícios razoáveis de probabilidade da autoria, e não como um ato automático e irresponsável da autoridade policial.

Destaca LAURIA TUCCI[41] que indiciamento e qualificação direta ou indireta são institutos distintos e inconfundíveis. O indiciamento é a indicação do autor da infração. A qualificação diz respeito à individuação de pessoa – indiciado ou outrem – mencionada, de qualquer maneira, no desenrolar da investigação criminal. A qualificação direta ou indireta é consequência do indiciamento, uma forma estabelecida pelo legislador de estabelecer a identidade do indiciado. Mas não é o indiciamento em si mesmo.

Ainda que a Lei n. 12.830/2013 tenha melhorado um pouco o cenário, ao exigir o indiciamento formal e fundamentado, ainda existe uma gravíssima lacuna legal: em que momento deve ocorrer o ato de indiciamento?

O momento e a forma do indiciamento deveriam estar disciplinados claramente no CPP, exigindo um ato formal da autoridade policial e a imediata oitiva do sujeito passivo que, na qualidade de indiciado, está sujeito a cargas, mas a quem também assistem direitos. Entre eles, o principal é saber em que qualidade declara, evitando-se assim o grave inconveniente de comparecer como "testemunha" quando na verdade deveria fazê-lo na qualidade de suspeito que está na iminência de ser indiciado.

---

41 Indiciamento e Qualificação Indireta, cit., p. 291-294.

Considerando que o indiciamento constitui uma carga para o sujeito passivo, mas que também marca o nascimento de direitos, entre eles o de defesa, é fundamental definir o momento em que deve ocorrer, pois também é uma garantia para o sujeito passivo.

Deve-se vedar uma acusação de surpresa, mas também deve ser censurada a prática policial de intimar o suspeito para comparecer como "testemunha" (ou informante), quando na realidade é o principal suspeito. Na prática, infelizmente, o indiciamento como ato em si muitas vezes não existe, sendo erroneamente substituído pelo interrogatório e por um formulário destinado a qualificar o sujeito. Uma lamentável degeneração.

Alguma doutrina brasileira – com a qual não estamos de acordo – afirma que o indiciamento não produz nenhuma consequência, pois *o indiciado de hoje não é, necessariamente, o réu de amanhã.* Discordamos, porque concebemos o processo penal como um sistema escalonado, conforme explicamos anteriormente, de modo que esse escalonamento não é de trajetória fixa, mas sim progressivo ou regressivo de culpabilidade. A situação de indiciado supõe um maior grau de sujeição à investigação preliminar e aos atos que compõem o inquérito policial. Também representa uma concreção da autoria, que será de grande importância para o exercício da ação penal. Logo, é inegável que o indiciamento produz relevantes consequências jurídicas. Ademais, o indiciado de hoje não é, necessariamente, o acusado de amanhã. Nada impede que o indiciamento feito hoje seja tornado sem efeito amanhã, tendo em vista o desaparecimento dos indícios de autoria (ou materialidade, conforme o caso). Portanto, não há qualquer obstáculo ao "desindiciamento", ou seja, o desfazimento do ato, uma vez desaparecido o suporte fático ou jurídico que o sustentava. E isso segue sendo uma prerrogativa da autoridade policial, pois o indiciamento é "situacional". A nova lei garante ao investigado que o indiciamento seja motivado, só ocorrerá quando (e se) forem colhidos indícios de sua autoria ou participação e produzidas provas suficientes da existência (materialidade) da infração penal. Desaparecidos os indícios, o indiciamento deve ser tornado sem efeito, com a declaração formal de desindiciamento.

Corrobora nosso entendimento o disposto, por exemplo, no art. 17-D da Lei n. 9.613/98 (modificado pela Lei n. 12.683/2012):

> Art. 17-D. Em caso de indiciamento de servidor público, este será afastado, sem prejuízo de remuneração e demais direitos previstos em lei, até que o juiz competente autorize, em decisão fundamentada, o seu retorno.

Significa dizer que o indiciamento é um ato relevante e que deveria estar claramente disciplinado no Código de Processo Penal.

As medidas cautelares não podem ser consideradas efeito do indiciamento, senão geradoras da situação de indiciado. Quando são adotadas, depois do indiciamento, terão como requisito o *fumus commissi delicti* e como fundamento o *periculum libertatis*. Destarte, o fato de ser indiciado não gera a prisão cautelar, mas pode contribuir para isso, pois o próprio indiciamento supõe um *fumus commissi delicti* mínimo, derivado da imputação. Não existe uma prisão cautelar automática, com fundamento exclusivo no indiciamento.

Em definitivo, é claro que o *status* de indiciado gera um maior grau de sujeição à investigação preliminar e, com isso, nasce para o sujeito passivo uma série de direitos e também de cargas de caráter jurídico-processual.

## 9. Direito de Defesa e Contraditório no Inquérito Policial

É lugar-comum na doutrina a afirmação genérica e infundada de que não existe direito de defesa e contraditório no inquérito policial.

Está errada a afirmação, pecando por reducionismo.

Basta citar a possibilidade de o indiciado exercer no interrogatório policial sua autodefesa positiva (dando sua versão aos fatos); ou negativa (usando seu direito de silêncio). Também poderá fazer-se acompanhar de advogado (defesa técnica) que poderá agora intervir no final do interrogatório. Poderá, ainda, postular diligências e juntar documentos (art. 14 do CPP) e apresentar razões (defesa escrita e outras alegações defensivas), nos termos da Lei n. 8.906/94, art. 7º, XXI. Por fim, poderá exercer a defesa exógena, através do *habeas corpus* e do mandado de segurança.

Então, não existe direito de defesa? Claro que sim, não é "ampla" defesa, mas sim exercício de defesa pessoal e técnica com alcance limitado. E o contraditório? Veremos na continuação que também é possível, mas também com alcance limitado ao seu primeiro momento. O verdadeiro problema nasce daqui. Existe, é exigível, mas sua eficácia é insuficiente e deve ser potencializada. É uma potencialização por exigência constitucional.

O ponto crucial nessa questão é o art. 5º, LV, da CB, que não pode ser objeto de leitura restritiva. A postura do legislador foi claramente *protetora*, e a confusão terminológica (falar em processo administrativo quando deveria ser procedimento) não pode servir de obstáculo para sua aplicação no inquérito policial, até porque o próprio legislador ordinário cometeu o mesmo erro ao tratar como "Do Processo Comum", "Do Processo Sumário" etc., quando na verdade queria dizer "procedimento". Tampouco pode ser alegado que o fato de mencionar *acusados*, e não *indiciados*, seja um impedimento para sua aplicação na investigação preliminar.

Sucede que a expressão empregada não foi só *acusados*, mas sim *acusados em geral*, devendo nela ser compreendidos também o indiciamento e qualquer imputação determinada (como a que pode ser feita numa notícia-crime ou representação), pois não deixam de ser *imputação em sentido amplo*. Em outras palavras, qualquer forma de imputação determinada representa uma *acusação em sentido amplo*. Por isso o legislador empregou *acusados em geral*, para abranger um leque de situações, com um sentido muito mais amplo que a mera acusação formal (vinculada ao exercício da ação penal) e com um claro intuito de proteger o sujeito passivo.

No mesmo sentido, LAURIA TUCCI[42] diz que, "(...) de modo também induvidoso, reafirmou os regramentos do *contraditório* e da *ampla defesa*, com todos os meios e recursos a ela inerentes, estendendo sua incidência, expressamente, aos procedimentos administrativos (...) ora, assim sendo, se o próprio legislador nacional entende ser possível a utilização do vocábulo *processo* para designar *procedimento*, nele se encarta, à evidência, a noção de qualquer *procedimento administrativo* e, consequentemente, a de procedimento administrativo-persecutório de instrução provisória, destinado a preparar a ação penal, que é o *inquérito policial*".

É importante destacar que quando falamos em "contraditório" na fase pré-processual estamos fazendo alusão ao seu primeiro momento, da informação.

Isso porque, em sentido estrito, não pode existir contraditório pleno no inquérito porque não existe uma relação jurídico-processual, não está presente a estrutura dialética que caracteriza o processo. Não há o exercício de uma pretensão acusatória. Sem embargo, esse direito de informação – importante faceta do contraditório – adquire relevância na medida em que será através dele que será exercida a defesa.

Esclarecedoras são as palavras de PELLEGRINI GRINOVER[43] no sentido de que "defesa e contraditório estão indissoluvelmente ligados, porquanto é do contraditório (visto em seu primeiro momento, da informação) que brota o exercício da defesa; mas é esta – como poder correlato ao de ação – que garante o contraditório. A defesa, assim, garante o contraditório, mas também por este se manifesta e é garantida. Eis a íntima relação e interação da defesa e do contraditório".

Logo, o contraditório se manifesta – não na sua plenitude – no inquérito policial através da garantia de "acesso" aos autos do inquérito e à luz do binômio publicidade-segredo, como explicaremos na continuação.

---

42 LAURIA TUCCI, Rogério; CRUZ E TUCCI, José Rogério. *Devido Processo Legal e Tutela Jurisdicional*. São Paulo, RT, 1993. p. 25 e s.

43 PELLEGRINI GRINOVER et al. *As Nulidades no Processo Penal*. 2. ed. São Paulo, Malheiros, 1992. p. 63.

Não há como afastar o sujeito passivo da investigação preliminar da abrangência da proteção, pois é inegável que ele se encaixa na situação de "acusados em geral", pois a imputação e o indiciamento são formas de acusação em sentido amplo.

Reforça nossa posição o disposto na Lei n. 13.245/2016, que alterou o art. 7º da Lei n. 8.906/94, para ampliar a participação do advogado na investigação, especialmente no direito de acesso aos autos (manifestação do contraditório, que foi potencializado) e também no direito de assistir o investigado "durante a apuração de infrações, sob pena de nulidade absoluta do respectivo interrogatório ou depoimento e, subsequentemente, de todos os elementos investigatórios e probatórios dele decorrentes ou derivados, direta ou indiretamente, podendo, inclusive, no curso da respectiva apuração" (nova redação do art. 7º, XXI, da Lei n. 8.906/94): a) apresentar razões e quesitos (potencialização do direito de defesa).

Dessarte, existe direito de defesa (técnica e pessoal – positiva e negativa) e contraditório (no sentido de acesso aos autos), ambos limitados. O desafio é dar-lhes a eficácia assegurada pela Constituição. O que está errado é simplesmente responder "não" como tradicionalmente a doutrina tem feito, sem problematizar e verticalizar. Além disso, há expressa previsão legal de "nulidade absoluta", caso o advogado seja impedido de assistir seu cliente investigado, derrubando mais um erro do senso comum teórico que há muito tempo criticamos: o erro de afirmar que "não existem nulidades no inquérito". É óbvio que existem e inclusive podem contaminar o processo se não forem repetidos os atos, mas sobre isso remetemos o leitor para o Capítulo XV, onde, ao final, fazemos um tópico específico sobre "atos defeituosos no inquérito policial".

## 10. Garantias do Defensor. O Acesso do Advogado aos Autos do Inquérito. Contraditório Limitado. O Problema do Sigilo Interno do Inquérito Policial

Para exercer sua atividade com plena eficácia, o defensor deve atuar rodeado de uma série de garantias que lhe permita uma completa independência e autonomia em relação ao juiz, promotor e à autoridade policial. Nesse sentido, a Constituição brasileira dispõe, no art. 133, que *o advogado é indispensável à administração da justiça, sendo inviolável por seus atos e manifestações no exercício da profissão, nos limites da lei.*

A regulamentação do dispositivo constitucional encontramos na Lei n. 8.906/94, que disciplina a atividade profissional do advogado. Dentre outras importantes garantias vinculadas à atuação do advogado na fase preliminar, destacamos algumas contidas no art. 7º da Lei n. 8.906/94 (após a alteração feita pela Lei n. 13.245/2016):

> III – comunicar-se com seus clientes, pessoal e reservadamente, mesmo sem procuração, quando estes se acharem presos, detidos ou recolhidos em estabelecimentos civis ou militares, ainda que considerados incomunicáveis;
> VI. a) – ingressar livremente nas salas e dependências de audiências, secretarias, cartórios, ofícios de Justiça, serviços notariais e de registro, e, no caso de delegacias e prisões, mesmo fora da hora de expediente e independente da presença de seus titulares;
> XIII – examinar, em qualquer órgão dos Poderes Judiciário e Legislativo, ou da Administração Pública em geral, autos de processos findos ou em andamento, mesmo sem procuração, quando não estejam sujeitos a sigilo, assegurada a obtenção de cópias, podendo tomar apontamentos;
> XIV – examinar, em qualquer instituição responsável por conduzir investigação, mesmo sem procuração, autos de flagrante e de investigações de qualquer natureza, findos ou em andamento, ainda que conclusos à autoridade, podendo copiar peças e tomar apontamentos, em meio físico ou digital;
> XV – ter vista dos processos judiciais ou administrativos de qualquer natureza, em cartório ou na repartição competente, ou retirá-los pelos prazos legais;
> XXI – assistir a seus clientes investigados durante a apuração de infrações, sob pena de nulidade absoluta do respectivo interrogatório ou depoimento e, subsequentemente, de todos os elementos investigatórios e probatórios dele decorrentes ou derivados, direta ou indiretamente, podendo, inclusive, no curso da respectiva apuração:
> a) apresentar razões e quesitos;

Destacamos que não existe sigilo para o advogado no inquérito policial e não lhe pode ser negado o acesso às suas peças nem ser negado o direito à extração de cópias ou fazer apontamentos. Nesse sentido, é importante transcrever o teor do art. 7º, §§ 11 e 12, da Lei n. 8.906:

> § 11. No caso previsto no inciso XIV, a autoridade competente poderá delimitar o acesso do advogado aos elementos de prova relacionados a diligências em andamento e ainda não documentados nos autos, quando houver risco de comprometimento da eficiência, da eficácia ou da finalidade das diligências.
> § 12. A inobservância aos direitos estabelecidos no inciso XIV, o fornecimento incompleto de autos ou o fornecimento de autos em que houve a retirada de peças já incluídas no caderno investigativo implicará responsabilização criminal e funcional por abuso de autoridade do responsável que impedir o acesso do advogado com o intuito de prejudicar o exercício da defesa, sem prejuízo do direito subjetivo do advogado de requerer acesso aos autos ao juiz competente.

No mesmo sentido está posto na Súmula Vinculante n. 14, com o seguinte teor:

> É direito do defensor, no interesse do representado, ter acesso amplo aos elementos de prova que, já documentados em procedimento investigatório realizado por órgão com competência de polícia judiciária, digam respeito ao exercício do direito de defesa.

Assim, vejamos alguns aspectos interessantes:

- É um direito do defensor: portanto, pode ser mantido o sigilo externo (para os meios de comunicação, por exemplo).
- No interesse do representado: logo, pode ser exigida procuração para comprovação da outorga de poderes e também justificar a restrição de acesso aos elementos que sejam do interesse de outros investigados não representados por aquele defensor (isso pode ser relevante na restrição de acesso aos dados bancários ou fiscais de outros investigados que não são representados por aquele advogado). Esse interesse é jurídico e vinculado à plenitude do direito de defesa.
- Ter acesso amplo aos elementos de prova já documentados: o acesso é irrestrito aos atos de investigação (há uma histórica confusão conceitual, pois não são, propriamente, atos de prova, mas meros atos de investigação), desde que já documentados. Com isso, preserva-se o necessário sigilo aos atos de investigação não realizados ou em andamento, como, por exemplo, a escuta telefônica em andamento ou um mandado de prisão ou busca e apreensão ainda não cumprido.
- Procedimento Investigatório realizado por órgão com competência de polícia judiciária: o mandamento dirige-se, obviamente, à polícia judiciária e aos atos realizados no curso do inquérito policial. Contudo, vislumbramos plena aplicação nas eventuais investigações feitas pelo Ministério Público ou mesmo no âmbito de CPIs ou sindicâncias administrativas. Significa dizer que o acesso deve ser garantido a qualquer procedimento investigatório, ainda que realizado por outras autoridades, mas que naquele ato equiparam-se à polícia judiciária no que diz respeito ao conteúdo e finalidade dos atos praticados. Não haveria sentido algum em assegurar – acertadamente – o acesso do advogado aos autos do inquérito policial, mas não ao procedimento investigatório similar realizado pelo Ministério Público, apenas porque a investigação preliminar é levada a cabo por outro agente estatal.

Mas e se ainda assim for denegado o pedido de vista do inquérito policial, o que deve fazer o advogado?

Por se tratar de decisão que nega eficácia à Súmula Vinculante, o remédio processual adequado é a *Reclamação*, feita diretamente ao STF, nos termos dos arts. 102, I, "l", e 103-A, § 3º, da Constituição.

Mas nada impede que o defensor interponha, primeiramente, Mandado de Segurança junto ao juízo de primeiro grau (quando a negativa de acesso for da autoridade policial) ou ao respectivo tribunal (quando o ato coator emana de juiz). Ainda que historicamente o STF e o STJ tenham (felizmente) admitido o *habeas corpus* para uma tutela dessa natureza, entendemos que o desrespeito às prerrogativas profissionais do advogado deve ser remediado por meio de mandado de segurança, instrumento mais adequado para tutelar tal pretensão. Sem embargo, sublinhamos que a cada dia vem tomando força a aceitação do HC diante da flagrante ilegalidade e cerceamento de defesa. Ademais, perfeitamente invocável a fungibilidade entre as ações constitucionais para que uma seja conhecida no lugar da outra. O que importa nesse momento é a eficácia da tutela jurisdicional.

Essa opção pelo mandado de segurança (ou HC para alguns) antes de ingressar com a "Reclamação" no STF é viável e está justificada pela facilidade de acesso aos órgãos locais e em momento algum impede a posterior "Reclamação" no STF, caso persista a recusa em dar acesso aos autos.

Com a possibilidade de "Reclamação" supera-se o obstáculo criado pela famigerada Súmula 691 do STF ("Não compete ao Supremo Tribunal Federal conhecer do *habeas corpus* impetrado contra decisão do relator que, em *habeas corpus* requerido a tribunal superior, indefere a liminar"), pois não é mais necessário esperar a decisão de mérito pelo tribunal de origem para ingressar com novo HC. Agora, pela via da "Reclamação", o acesso ao STF é direto.

Por fim, negar acesso do advogado aos autos do inquérito (ou qualquer outra investigação preliminar), constitui crime, previsto no art. 32 da Lei n. 13.869:

> Art. 32. Negar ao interessado, seu defensor ou advogado acesso aos autos de investigação preliminar, ao termo circunstanciado, ao inquérito ou a qualquer outro procedimento investigatório de infração penal, civil ou administrativa, assim como impedir a obtenção de cópias, ressalvado o acesso a peças relativas a diligências em curso, ou que indiquem a realização de diligências futuras, cujo sigilo seja imprescindível:
> Pena – detenção, de 6 (seis) meses a 2 (dois) anos, e multa.

Tal previsão legal reforça não apenas as prerrogativas funcionais do advogado, mas também o próprio direito de defesa e contraditório do imputado na investigação preliminar.

## 11. A Conclusão do Inquérito Policial. Oferecimento da Denúncia ou Queixa. Arquivamento pelo Ministério Público. Procedimento. A Problemática do Arquivamento Implícito (ou Tácito)

O procedimento finalizará por meio de um *relatório* (art. 10, §§ 1º e 2º), através do qual o delegado de polícia fará uma exposição – objetiva e impessoal – do que foi investigado, remetendo-o ao foro para ser distribuído. Acompanharão o IP os instrumentos utilizados para cometer o delito e todos os demais objetos que possam servir para a instrução definitiva (processual) e o julgamento. Tendo havido prevenção, será encaminhado para o juiz das garantias. Recebido o IP pelo juiz das garantias, dará este vista ao MP. Uma vez mais, a teor do art. 129, I, da CB, o melhor seria que o inquérito fosse distribuído diretamente ao Ministério Público.

Recebendo o IP, o promotor poderá: oferecer a denúncia; determinar o arquivamento; solicitar diligências ou realizar diligências.

Estando o IP suficientemente instruído, o promotor poderá com base nele oferecer a denúncia no prazo legal (art. 46). No relatório, não é necessário que a autoridade policial tipifique o delito apontado, mas, se o fizer, essa classificação legal não vincula o promotor. Nem mesmo as conclusões da autoridade policial vinculam o promotor, que poderá denunciar ou pedir o arquivamento ainda que em sentido completamente contrário ao que aponta o delegado.

Se o crime for de ação penal de iniciativa privada, em tese poder haver inquérito policial desde que exista o requerimento da vítima a que alude o art. 5º, § 5º do CPP e não seja um crime de competência do JECrim, pois nesse caso será feito apenas um auto circunstanciado. Mas sendo uma situação em que exista inquérito, uma vez feito será remetido para o juízo competente (juiz das garantias) onde ficarão aguardando a iniciativa do ofendido, nos termos do art. 19 do CPP, Então, poderá o ofendido oferecer a queixa crime ou não, simplesmente deixar transcorrer o prazo decadencial, na medida em que não está obrigado a acusar. Portanto, não há arquivamento, mas decadência e extinção da punibilidade.

Contudo a regra é que o inquérito tenha por objeto um delito de ação penal de iniciativa pública, afeta, portanto, ao Ministério Público e é dessa hipótese que iremos nos ocupar a continuação.

Uma vez iniciado formalmente o IP, a teor do art. 17 do CPP, não poderá a autoridade policial arquivá-lo, pois não possui competência para isso.

**E, aqui, uma vez mais precisamos fazer a advertência: a Lei n. 13.964/2019 alterou completamente a sistemática do arquivamento, mas infelizmente o art. 28 teve sua eficácia suspensa pela liminar concedida pelo Min. FUX.**

Portanto, vamos ter que explicar os dois sistemas, o antigo e o novo que está suspenso, mas pode viger a qualquer momento.

Sistema antigo do CPP, em vigor por enquanto:

> Art. 28. Se o órgão do Ministério Público, ao invés de apresentar a denúncia, requerer o arquivamento do inquérito policial ou de quaisquer peças de informação, o juiz, no caso de considerar improcedentes as razões invocadas, fará remessa do inquérito ou peças de informação ao procurador-geral, e este oferecerá a denúncia, designará outro órgão do Ministério Público para oferecê-la, ou insistirá no pedido de arquivamento, ao qual só então estará o juiz obrigado a atender.

Nessa sistemática o MP não arquiva, solicita o arquivamento para o juiz que poderá concordar com o pedido do MP e então arquivar o inquérito (controle é judicial, portanto), ou divergir do entendimento do MP e – de forma inquisitória e incompatível com a matriz acusatória do CPP – determinar a remessa para o procurador-geral do MP, que poderá (inclusive através de outro promotor designado) insistir no arquivamento (e então não restará ao juiz outra opção do que arquivar) ou oferecer denúncia (que voltará para aquele mesmo juiz julgar...eis o ranço inquisitório).

Essa é a sistemática do CPP desde 1941, criticada por colocar o juiz em posição incompatível com a matriz acusatória constitucional.

**E como está a nova redação do art. 28, quando entrar em vigor?**

> Art. 28. Ordenado o arquivamento do inquérito policial ou de quaisquer elementos informativos da mesma natureza, o órgão do Ministério Público comunicará à vítima, ao investigado e à autoridade policial e encaminhará os autos para a instância de revisão ministerial para fins de homologação, na forma da lei.
>
> § 1º Se a vítima, ou seu representante legal, não concordar com o arquivamento do inquérito policial, poderá, no prazo de 30 (trinta) dias do recebimento da comunicação, submeter a matéria à revisão da instância competente do órgão ministerial, conforme dispuser a respectiva lei orgânica.
>
> § 2º Nas ações penais relativas a crimes praticados em detrimento da União, Estados e Municípios, a revisão do arquivamento do inquérito policial poderá ser provocada pela chefia do órgão a quem couber a sua representação judicial.

**Como será essa nova sistemática?**

O arquivamento somente será ordenado pelo Ministério Público nos termos do art. 28 do CPP, com a possibilidade de recurso da vítima e a necessidade de reexame pelo órgão superior encarregado do MP.

Trata-se de outra alteração muito relevante trazida pela Lei n. 13.964/2019 com uma sistemática completamente nova para o arquivamento do inquérito (qualquer investigação preliminar), que agora não mais depende de arquivamento pelo juiz e, portanto, está muito mais acorde com a estrutura acusatória.

Se o membro do Ministério Publico entender que não estão presentes as condições de admissibilidade da acusação e, portanto, para o oferecimento da denúncia, ele mesmo promoverá o arquivamento do inquérito ou de qualquer elemento informativo que desempenhe a mesma finalidade, como, v.g., um procedimento investigatório criminal ou a representação fiscal para fins penais, sem necessidade de submeter ao juiz (como no antigo sistema inquisitório).

Essa decisão, em que pese não mais ser submetida a homologação judicial, não é isenta de fundamentação, até porque, no sistema brasileiro, vigoram (ainda que com alguma mitigação) os princípios da obrigatoriedade e indisponibilidade da ação penal de iniciativa pública, de modo que ele precisará fundamentar os motivos do arquivamento, não sendo uma pura e simples faculdade.

Sendo um delito com vítima determinada, ele deverá comunicar a vítima dessa decisão, permitindo que ela – se discordar – possa submeter a matéria à revisão por parte do órgão ministerial estruturado para essa finalidade (no âmbito do Ministério Público, portanto, não jurisdicional), no prazo de 30 dias (a contar da ciência). Não há previsão de nome para esse pedido e tampouco definição quanto ao procedimento, sendo assim, deve ser admitido desde um pedido fundamentando, apontando a divergência, até uma simples petição de reexame, alegando a inconformidade com a decisão de arquivamento. Na ausência de exigência legal, pensamos tal pedido de reexame ser subscrito pela própria vítima (ou representante legal, se menor, por exemplo), sem necessidade de advogado (mas obviamente poderá ser feita por advogado devidamente constituído).

Não havendo esse pedido de revisão por parte da vítima ou não sendo cabível (crimes sem vítima determinada), igualmente deverá o membro do Ministério Público encaminhar (de ofício) os autos para a instância ministerial para que o arquivamento seja homologado. É, dessarte, uma forma de reexame necessário, mas pelo próprio órgão do *parquet*. Caso o órgão revisor do MP não concordar com os fundamentos do arquivamento, será designado outro membro do MP para oferecer a denúncia (não havendo óbice a que peça diligências complementares se entender necessário para melhor instruir a denúncia).

Em crimes praticados em detrimento de bens, serviços ou interesses da União, Estados ou Municípios, estabelece o § 2º que o pedido de revisão poderá ser feito pela chefia do órgão a quem couber a sua representação judicial, mas é necessário, nesses casos, que o agente público seja comunicado da decisão de arquivamento da mesma forma que se comunica ao particular-vítima nos demais casos.

Há previsão ainda de comunicação da decisão de arquivamento para o investigado, até para que saiba do desfecho da investigação e não fique em situação de incerteza ou indeterminação em relação a sua situação jurídica, e também para a autoridade policial que conduziu o inquérito, mas não existe previsão de recurso ou manifestação tanto do investigado como da polícia. No primeiro caso (investigado), por falta de interesse recursal, ainda que não se descarte, em situação excepcional, que maneje o *habeas corpus* para eventualmente rediscutir os fundamentos do arquivamento. Quanto a autoridade policial, além de inexistir qualquer interesse recursal, carece de legitimidade e capacidade postulatória.

Ainda que o artigo não mencione, pensamos que deve haver uma comunicação do arquivamento para o juiz das garantias, da mesma forma que lhe é informada a abertura de um inquérito (art. 3º-B, IV), mas é uma simples comunicação para ciência.

Cumpre sublinhar que mesmo não havendo o pedido de revisão no prazo de 30 dias, deverá o membro do Ministério Público encaminhar os autos para análise homologação da sua decisão por parte da instância ministerial competente.

Então, como explicamos em outra oportunidade, em coautoria com MORAIS DA ROSA[44], o arquivamento deve se dar em duas fases:

a) **primeira fase:** O representante do Ministério Público emite manifestação pelo arquivamento, comunica formalmente vítima e investigados, quando existentes, advertindo expressamente da possibilidade recursal em 30 dias (prazo que se conta da respectiva intimação e não da juntada aos autos, na linha do art. 798, do CPP);

b) **segunda fase:** Efetivadas as comunicações formais, ausente pedido voluntário de revisão da vítima (ou seu representante), investigado ou autoridade investigadora, devidamente certificado o prazo, sobem os autos para homologação do arquivamento pelo órgão competente da Instituição do Ministério Público que pode confirmar ou divergir, total ou parcialmente, caso em que será designado novo membro do Ministério Público para o exercício da ação penal.

Destacamos que a decisão que arquiva o inquérito ou peças de informação, proferida pela instância revisora do MP, ainda que não faça coisa julgada em sentido próprio – porque não é uma decisão judicial – possui estabilidade. Não pode outro membro descumprir essa decisão administrativa e oferecer denúncia, exceto se surgirem novas provas. Com base no mesmo acervo probatório que deu causa ao arquivamento, não poderá ser oferecida denúncia posteriormente.

E aqui surge um novo problema: o arquivamento do inquérito gera coisa julgada material?

A atual redação do art. 28 (não a nova redação inserida pelo pacote anticrime) condiciona o arquivamento a uma decisão judicial. Como regra geral, sempre se entendeu que essa decisão **somente faria coisa julgada formal**. Contudo, é preciso atentar para o fundamento do arquivamento. O STJ vem entendendo que **faz coisa julgada material** quando o arquivamento enfrenta a questão da ilicitude e afirma a existência de causa de exclusão (legitima defesa, estado de necessidade,

[44] Em artigo que publicamos em coautoria na Coluna "Limite Penal": <https://www.conjur.com.br/2020-jan-10/limite-penal-procede-arquivamento-modelo>.

etc.). Inclusive, nesse sentido, é muito importante a decisão da lavra do Min. Nefi Cordeiro no REsp 791.471/RJ[45], um caso paradigmático. Por outro lado, o STF já deu uma oscilada de humor e tomou uma posição contrária, no *Habeas Corpus* 125.101/SP, mas pensamos que o STJ tratou melhor da matéria.

Mas e quando entrarem em vigor o art. 28 introduzido pela Lei 13.964 e a nova sistemática de arquivamento, como ficará a questão da coisa julgada, já que não haverá decisão judicial?

A Súmula 524 do STF estabelece que "**arquivado** o **inquérito** policial, por despacho do juiz, a requerimento do promotor de justiça, não pode a ação penal ser iniciada, sem novas provas". É a posição tradicional de que a decisão de arquivamento não faz coisa julgada material, exceto nas situações apontadas pelo STJ no julgado retroreferido. Mas a Súmula precisa ser lida à luz da nova redação do art. 28, pois ela menciona "despacho do juiz a requerimento do promotor" quando essa sistemática não mais existe na nova redação do art. 28. Da mesma forma, precisamos adequar o art. 18 do CPP à nova sistemática.

Mas o problema nuclear permanece: não temos mais decisão judicial para haver coisa julgada material quando a decisão de arquivamento afirmar a existência de uma causa de exclusão da ilicitude (situação aceita pelo STJ), mas segue o problema da necessidade de estabilidade das decisões e segurança jurídica, ainda que administrativa. Como resolver?

O tema é novo e árido. Pensamos que se pode ir pelo caminho da coisa julgada administrativa, ou, como prefere COUTINHO e MURATA[46], pela linha do ato administrativo composto.

---

[45] PENAL. PROCESSUAL PENAL. RECURSO ESPECIAL. INQUÉRITO POLICIAL ARQUIVADO POR RECONHECIMENTO DA LEGÍTIMA DEFESA. DESARQUIVAMENTO POR PROVAS NOVAS. IMPOSSIBILIDADE. COISA JULGADA MATERIAL. PRECEDENTES. 1. A permissão legal contida no art. 18 do CPP, e pertinente Súmula 524/STF, de desarquivamento do inquérito pelo surgimento de provas novas, somente tem incidência quando o fundamento daquele arquivamento foi a insuficiência probatória – indícios de autoria e prova do crime. 2. A decisão que faz juízo de mérito do caso penal, reconhecendo atipia, extinção da punibilidade (por morte do agente, prescrição...), ou excludentes da ilicitude, exige certeza jurídica – sem esta, a prova de crime com autor indicado geraria a continuidade da persecução criminal – que, por tal, possui efeitos de coisa julgada material, ainda que contida em acolhimento a pleito ministerial de arquivamento das peças investigatórias. 3. Promovido o arquivamento do inquérito policial pelo reconhecimento de legítima defesa, a coisa julgada material impede rediscussão do caso penal em qualquer novo feito criminal, descabendo perquirir a existência de novas provas. Precedentes. 4. Recurso especial improvido (REsp 791.471/RJ, Rel. Min. Nefi Cordeiro, 6ª Turma, julgado em 25/11/2014, *DJe* 16/12/2014).

[46] COUTINHO, Jacinto Nelson de Miranda; MURATA, Ana Lucia Lumi Kamimura. As regras sobre a decisão do arquivamento do inquérito policial: o que muda com a Lei 13.964/19? *Boletim do IBCCRIM*, ano 28, n. 330, maio 2020. p. 11-13.

Para os autores, a nova decisão de arquivamento (feita sem homologação judicial) constitui um ato administrativo composto, que somente se consolida, completa e efetiva após a revisão pela autoridade administrativa superior (neste caso, o órgão colegiado do MP). Após essa revisão, teremos um ato jurídico perfeito. Na visão dos autores, "*nesta toada, o ato administrativo composto, tão só determinado o arquivamento com a homologação a que se refere o caput do art. 28, sujeita-se às condicionantes do art. 18, do CPP, logo, a novas e melhores provas, ou seja, substancialmente novas (como tantas vezes decidiram os tribunais), tudo de modo a não se acolher releituras apressadas, quando não tendenciosas. Deste modo, diante do CPP/41, o que impedia – e segue impedindo – o desarquivamento puro e simples do inquérito policial era a chamada coisa julgada rebus sic stantibus. Agora, o ato administrativo, pela força do art. 18, do CPP, carrega consigo uma estabilidade provisória, em face de se tratar de ato jurídico perfeito, nos moldes do art. 5º, XXXVI, da CR. A garantia jurídica constitucional assegura a estabilidade na forma da lei. Portanto, mesmo que administrativo, não pode ser revisto a bel-prazer pelo órgão administrativo, inclusive em razão da regra constitucional da moralidade, nos termos do art. 37, caput, da CR, embora se sujeite, como qualquer ato administrativo, ao controle da higidez deles, ou seja, à análise sobre a nulidade*".

Pensamos que essa tese é coerente e juridicamente sustentável, mas é um tema novo e que demandará longo debate doutrinário e jurisprudencial até se consolidar. Mas uma coisa é certa: precisamos dar segurança jurídica e estabilidade para essa decisão, em determinados casos.

O art. 16 do CPP dispõe que *o Ministério Público não poderá requerer a devolução do inquérito à autoridade policial, senão para novas diligências, imprescindíveis ao oferecimento da denúncia*. Uma leitura constitucional do dispositivo processual leva-nos inegavelmente à conclusão de que, a teor dos diversos incisos do art. 129 da CB, em conjunto com as Leis n. 75/93 e n. 8.625/93, especialmente o disposto nos arts. 7º e 8º da primeira e 26 da segunda, o MP poderá *requisitar diretamente da autoridade policial* a prática de novos atos de investigação ou praticar ele mesmo os atos que julgue necessários. Não cabe ao juiz decidir sobre a "imprescindibilidade" das diligências e tampouco a sua pertinência. Nem mesmo justifica-se a sua intervenção nesse momento, tendo em vista que o MP, ademais de titular da ação penal, poderá determinar a instauração do IP – *o todo* –, a prática de diligências ou mesmo prescindir do inquérito e instruir seu próprio procedimento.

Por fim, poderá o MP optar por realizar ele mesmo aquelas diligências que julgue imprescindíveis, pois, se possui poderes para instruir todo o procedimento pré-processual, com mais razão para praticar determinadas diligências destinadas a complementar o IP.

Noutra dimensão situa-se o chamado arquivamento implícito ou tácito.

Se o inquérito policial apura que determinado injusto penal foi praticado por "A", "B" e "C", e o Ministério Público oferecer denúncia apenas contra "A" e "B", não incluindo na acusação e tampouco ordenando o arquivamento em relação ao "C", poderá o ofendido oferecer a queixa-crime subsidiária (ação penal privada subsidiária da pública) em face do imputado "C", pois houve inércia do MP em relação a ele.

Mas essa hipótese, **sublinhe-se**, só é possível se o Ministério Público não ordenar formalmente o arquivamento, pois se o fizer, não cabe ação penal subsidiária.

Na doutrina há quem sustente o arquivamento implícito, como JARDIM[47], para quem o arquivamento implícito decorre da má sistematização da matéria por parte do CPP, de modo que se o MP deixar de incluir na denúncia algum fato ou indiciado, sem expressa fundamentação, terá se operado a omissão que o constitui. A matéria é extremamente relevante na medida em que, operado o arquivamento tácito ou implícito, não caberá aditamento ou nova denúncia em relação àquele fato ou autor, salvo se existirem novas provas (pois assim aponta, acertadamente, a Súmula 524 do STF).

Contudo, é fundamental destacar que a aplicação da teoria do arquivamento implícito não é pacífica e, ao contrário, há muita resistência na sua aplicação, inclusive no STF.

Como se vê, além de não acolher a tese do arquivamento implícito, o STF também relativiza o princípio da indivisibilidade da ação penal pública, o que nos parece um paradoxo, principalmente quando interpretado de forma sistemática à luz dos princípios da obrigatoriedade e da indisponibilidade. Sendo obrigatória e indisponível a ação pública, não vemos como sustentar sua divisibilidade... No fundo, essa posição não é técnica, mas de política processual, pois o que está a legitimar é a possibilidade de não denunciar alguém ou algum delito neste momento, para fazê-lo posteriormente, atendendo ao interesse e a estratégia do acusador. É com base nesta relativização do princípio da obrigatoriedade que também estão fulminando as regras da conexão e continência, para separar aqueles que possuem prerrogativa de função dos demais (sem essa prerrogativa), da seguinte forma: o MP denuncia junto ao juízo de primeiro grau aqueles que não possuem prerrogativa de função e, posteriormente, aqueles agentes políticos com prerrogativa (junto ao respectivo tribunal), violando assim a unidade de processo e julgamento imposta pelos arts. 76 e 77 do CPP.

---

47 JARDIM, Afrânio Silva. *Direito Processual Penal*. Rio de Janeiro, Forense, 1999. p. 176 e s.

Mudando o enfoque, nos delitos cuja ação penal é de iniciativa privada, em que foi requerido e instaurado o IP, uma vez concluído, os autos do inquérito serão remetidos para o juízo competente, ficando à disposição do ofendido ou mesmo entregues mediante traslado. Poderá o MP solicitar vista do IP para avaliar se não existe algum delito de ação penal pública e, se for o caso, oferecer a denúncia com base nesses elementos ou solicitar novas diligências, desde que destinadas a apurar um delito de ação penal pública.

Ainda que o IP tenha sido instaurado, o ofendido não está obrigado a exercer a ação penal. Inclusive, um dos motivos que pode tê-lo levado a requerer a instauração do procedimento policial pode ter sido exatamente a dúvida (v.g., sobre a autoria), que, uma vez não dirimida, impediria o exercício da queixa. Não é necessário que o ofendido solicite o arquivamento, bastando deixar fluir o prazo decadencial. Sem embargo, essa situação de pendência cria o *stato di prolungata* ansia no sujeito passivo (imputado) que deveria ser vedada, mas não o é.

## 12. O Acordo de Não Persecução Penal

Uma vez aberto, instruído e concluído o inquérito policial (ou procedimento investigatório do MP), como vimos, deverá o Ministério Público decidir entre denunciar (se presentes as condições necessárias para o exercício da ação penal, como veremos no próximo Capítulo), pedir mais diligências ou ordenar o arquivamento.

Aqui temos mais uma inovação trazida pela reforma de 2019/2020: o acordo de não persecução penal, que poderá ser proposto pelo Ministério Público (e aceito ou não pelo imputado) quando, na dicção do art. 28-A, "não sendo caso de arquivamento e tendo o investigado confessado formal e circunstancialmente a prática de infração penal sem violência ou grave ameaça e com pena mínima inferior a 4 (quatro) anos, o Ministério Público poderá propor acordo de não persecução penal, desde que necessário e suficiente para reprovação e prevenção do crime, mediante as seguintes condições ajustadas cumulativa e alternativamente".

Importante esclarecer que tal dispositivo está plenamente em vigor, não tendo sido suspenso pela liminar anteriormente referida.

Vejamos agora os limites desse acordo e seus requisitos.

Outrora inconstitucional a nosso juízo – pois previsto em uma resolução do CNMP (!) – o acordo de não persecução penal agora ingressa de forma regular no sistema processual penal, pela via legislativa adequada. Trata-se de mais um instrumento de ampliação do espaço negocial, pela via do acordo entre MP e defesa, que pressupõe a confissão do acusado pela prática de crime sem violência ou grave ameaça, cuja pena mínima seja inferior a 4 anos (limite adequado à possibilidade de aplicação de pena não privativa de liberdade), que será reduzida de 1/3 a 2/3 em negociação direta entre acusador e defesa.

Se fôssemos pensar uma estrutura escalonada de negociação, levando em consideração seus requisitos e condições impostas, seria disposta na seguinte ordem:

1º transação penal

2º acordo de não persecução

3º suspensão condicional do processo

4º acordo de delação premiada

Se fizermos um estudo dos tipos penais previstos no sistema brasileiro e o impacto desses instrumentos negociais, não seria surpresa alguma se o índice superasse a casa dos 70% de tipos penais passíveis de negociação, de acordo. Portanto, estão presentes todas as condições para um verdadeiro "desentulhamento" da justiça criminal brasileira, sem cairmos na abertura perversa e perigosa de um *plea bargaining* sem limite de pena, como inicialmente proposto pelo "Pacote Moro" e, felizmente, rechaçada pelo Congresso Nacional.

Portanto, é um poderoso instrumento de negociação processual penal que requer uma postura diferenciada por parte dos atores judiciários, antes forjados no confronto, que agora precisam abrir-se para uma lógica negocial, estratégica, que demanda uma análise do que se pode oferecer e do preço a ser pago (prêmio), do *timing* da negociação, da arte negocial. Nesse terreno, é preciso ler Alexandre MORAIS DA ROSA e seus vários escritos sobre a "teoria dos jogos aplicada ao processo penal"[48].

Entendemos que – preenchidos os requisitos legais – se trata de direito público subjetivo do imputado, mas há divergência no sentido de ser um "poder do Ministério Público" e não um direito do imputado. Uma vez formalizado o acordo e cumpridas as condições estabelecidas, será extinta a punibilidade, não gerando reincidência ou maus antecedentes, registrando-se apenas para o fim de impedir um novo acordo no prazo de 5 anos (inciso III do § 2º).

Quanto à aplicação no tempo, trata-se de norma mais benigna que deverá retroagir. Como explicamos no início dessa obra, ao tratar da lei processual no tempo (para onde remetemos o leitor), na concepção clássica, essa seria uma norma mista, com prevalentes caracteres penais (pois uma vez cumprido, extingue a punibilidade) que retroagem para beneficiar o réu. Portanto, pode ser

---

48 Especialmente do capolavoro de Alexandre Morais da Rosa, "Guia do Processo Penal Conforme a Teoria dos Jogos", publicado pela Editora EMais.

aplicado aos processos nascidos antes da vigência da Lei n. 13.964 e pode ser oferecido até o trânsito em julgado.

O acordo de não persecução penal está previsto no art. 28-A[49] de onde podemos extrair:

---

[49] Art. 28-A. Não sendo caso de arquivamento e tendo o investigado confessado formal e circunstancialmente a prática de infração penal sem violência ou grave ameaça e com pena mínima inferior a 4 (quatro) anos, o Ministério Público poderá propor acordo de não persecução penal, desde que necessário e suficiente para reprovação e prevenção do crime, mediante as seguintes condições ajustadas cumulativa e alternativamente:
I – reparar o dano ou restituir a coisa à vítima, exceto na impossibilidade de fazê-lo;
II – renunciar voluntariamente a bens e direitos indicados pelo Ministério Público como instrumentos, produto ou proveito do crime;
III – prestar serviço à comunidade ou a entidades públicas por período correspondente à pena mínima cominada ao delito diminuída de um a dois terços, em local a ser indicado pelo juízo da execução, na forma do art. 46 do Decreto-lei n. 2.848, de 7 de dezembro de 1940 (Código Penal);
IV – pagar prestação pecuniária, a ser estipulada nos termos do art. 45 do Decreto-lei n. 2.848, de 7 de dezembro de 1940 (Código Penal), a entidade pública ou de interesse social, a ser indicada pelo juízo da execução, que tenha, preferencialmente, como função proteger bens jurídicos iguais ou semelhantes aos aparentemente lesados pelo delito; ou
V – cumprir, por prazo determinado, outra condição indicada pelo Ministério Público, desde que proporcional e compatível com a infração penal imputada.
§ 1º Para aferição da pena mínima cominada ao delito a que se refere o *caput* deste artigo, serão consideradas as causas de aumento e diminuição aplicáveis ao caso concreto.
§ 2º O disposto no *caput* deste artigo não se aplica nas seguintes hipóteses:
I – se for cabível transação penal de competência dos Juizados Especiais Criminais, nos termos da lei;
II – se o investigado for reincidente ou se houver elementos probatórios que indiquem conduta criminal habitual, reiterada ou profissional, exceto se insignificantes as infrações penais pretéritas;
III – ter sido o agente beneficiado nos 5 (cinco) anos anteriores ao cometimento da infração, em acordo de não persecução penal, transação penal ou suspensão condicional do processo; e
IV – nos crimes praticados no âmbito de violência doméstica ou familiar, ou praticados contra a mulher por razões da condição de sexo feminino, em favor do agressor.
§ 3º O acordo de não persecução penal será formalizado por escrito e será firmado pelo membro do Ministério Público, pelo investigado e por seu defensor.
§ 4º Para a homologação do acordo de não persecução penal, será realizada audiência na qual o juiz deverá verificar a sua voluntariedade, por meio da oitiva do investigado na presença do seu defensor, e sua legalidade.
§ 5º Se o juiz considerar inadequadas, insuficientes ou abusivas as condições dispostas no acordo de não persecução penal, devolverá os autos ao Ministério Público para que seja reformulada a proposta de acordo, com concordância do investigado e seu defensor.
§ 6º Homologado judicialmente o acordo de não persecução penal, o juiz devolverá os autos ao Ministério Público para que inicie sua execução perante o juízo de execução penal.
§ 7º O juiz poderá recusar homologação à proposta que não atender aos requisitos legais ou quando não for realizada a adequação a que se refere o § 5º deste artigo.
§ 8º Recusada a homologação, o juiz devolverá os autos ao Ministério Público para a análise da necessidade de complementação das investigações ou o oferecimento da denúncia.
§ 9º A vítima será intimada da homologação do acordo de não persecução penal e de seu descumprimento.
§ 10. Descumpridas quaisquer das condições estipuladas no acordo de não persecução penal, o Ministério Público deverá comunicar ao juízo, para fins de sua rescisão e posterior oferecimento de denúncia.
§ 11. O descumprimento do acordo de não persecução penal pelo investigado também poderá ser utilizado pelo Ministério Público como justificativa para o eventual não oferecimento de suspensão condicional do processo.

**I) Requisitos cumulativos:**

a) Não deve ser caso de arquivamento, devendo estar presentes as condições de admissibilidade da acusação (viabilidade acusatória);

b) O imputado deve confessar formal e circunstancialmente a prática de crime, podendo essa confissão ser feita na investigação ou mesmo quando da realização do acordo;

c) O crime praticado deve ter pena mínima inferior a 4 anos e ter sido praticado sem violência ou grave ameaça. Para aferição dessa pena, deve-se levar em consideração as causas de aumento (como o concurso de crimes, por exemplo) e de redução (como a tentativa), devendo incidir no máximo nas causas de diminuição e no mínimo em relação as causas de aumento, pois o que se busca é a pena mínima cominada;

d) O acordo e suas condições devem ser suficientes para reprovação e prevenção do crime, ou seja, adequação e necessidade (proporcionalidade).

Questão tormentosa é a exigência de confissão para realização do acordo, na medida em que poderá gerar diversos reflexos para além daquele processo.

O primeiro problema que surge é o valor dessa confissão em caso de rescisão do acordo. Nos parece evidente que não poderá ser utilizada contra o réu, devendo ser desentranhada e proibida de ser valorada. Contudo, não se desconhece ou desconsidera o imenso problema que isso gera na formação do convencimento do julgador, na medida em que uma vez conhecida a confissão, será muito difícil que o juiz efetivamente a desconsidere (não existe "delete" mental) e venha a absolver o imputado, mesmo que o contexto probatório seja fraco. Daí por que uma vez mais se evidencia a importância do sistema "*doble juez*", para que o acordo de não persecução penal seja feito perante o juiz das garantias e o feito (em caso de rescisão) tramite perante outro juiz (juiz da instrução). Mas e quando o acordo é formalizado no curso do processo? Não adianta excluir a confissão, seria preciso "excluir" o juiz que teve contato com ela (ou seja, precisaríamos da plena eficácia do art. 157, § 5º).

---

§ 12. A celebração e o cumprimento do acordo de não persecução penal não constarão de certidão de antecedentes criminais, exceto para os fins previstos no inciso III do § 2º deste artigo.

§ 13. Cumprido integralmente o acordo de não persecução penal, o juízo competente decretará a extinção de punibilidade.

§ 14. No caso de recusa, por parte do Ministério Público, em propor o acordo de não persecução penal, o investigado poderá requerer a remessa dos autos a órgão superior, na forma do art. 28 deste Código.

Segundo problema: essa confissão poderá ter efeitos para além daquele processo? Poderá ser usada em um processo cível de indenização sobre aquele fato? Poderá ser utilizada administrativamente, para fins fiscais ou de natureza punitiva disciplinar? A lei não estabelece limite de efeitos e esse risco existe. Daí por que pensamos que deverá haver no acordo uma cláusula de limitação de valor probatório, não sendo permitida a publicidade ou o compartilhamento da confissão ou dos termos do acordo de não persecução penal. Também já existem posições doutrinárias interessantes, sustentando a limitação do valor e alcance dessa confissão, para que sirva exclusivamente para cumprimento do requisito formal do acordo de não persecução penal, sem geração de outros efeitos materiais. Nesse sentido, interessante a posição de SOARES, BORRI e BATTINI[50], no sentido de que "se verifica é que a confissão representa mera formalidade para fins de concretização do acordo, não podendo ser empregada nas demais esferas" (grifo nosso).

E prosseguem, em linha com a qual concordamos integralmente, de que "a confissão efetuada pelo investigado atende meramente à exigência formal para concretização do acordo de não persecução penal, até mesmo por ocorrer em sede de investigação preliminar, vedando-se sua utilização em eventual processo criminal, em caso de descumprimento das condições, bem como na hipótese de instauração de processos cíveis ou administrativos[51].

Feitas essas ressalvas, sigamos.

**II) São causas impeditivas do acordo, de natureza alternativa (basta portanto a existência de uma delas para não ter cabimento):**

a) Não poderá ser proposto o acordo quando for cabível transação penal (cuja proposta antecede e prevalece, pois mais benéfica para o imputado);

b) Quando as circunstâncias pessoais do imputado não recomendarem, por ser ele reincidente ou existirem elementos probatórios suficientes de que se trata de conduta criminosa habitual, reiterada ou profissional, exceto quando as infrações penais anteriores forem insignificantes. Esse é um critério vago e impreciso, que cria inadequados espaços de discricionariedade por parte do MP;

c) O imputado não poder ter-se beneficiado, nos últimos 5 anos anteriores ao crime, de acordo de não persecução, transação penal ou suspensão condicional do processo;

---

50 SOARES, Rafael Junior; BORRI, Luiz Antonio; BATTINI, Lucas Andrey. Breves Considerações Sobre o Acordo de Não Persecução Penal. *Revista do Instituto de Ciências Penais*, Belo Horizonte: Editora D'Plácido, v. 5, p. 213-232, maio 2020.

51 Idem, p. 223.

d) Ainda que a pena mínima seja inferior a 4 anos, não caberá o acordo quando se tratar de crime de violência doméstica ou familiar (Lei n. 11.340/2006)[52] ou praticado constituir violência de gênero (praticado contra mulher em razão da condição de sexo feminino).

**III) Condições a serem acordadas (que são alternativas, mas podem ser cumuladas):**

a) Reparação do dano ou restituição do objeto à vítima, salvo impossibilidade[53];

b) Renúncia (para perdimento) de bens e direitos que sejam instrumentos, produto direto ou adquiridos com os proventos da infração, a serem indicados pelo Ministério Público;

c) Prestação de serviços à comunidade ou a entidade pública, pelo tempo correspondente ao da pena mínima cominada ao delito, que será reduzida de um a dois terços conforme negociação entre MP e imputado;

d) Pagamento de prestação pecuniária, que reverterá, preferencialmente, a entidade pública ou de interesse social que tenha como função proteger bens jurídicos iguais ou semelhantes aos atingidos pelo delito;

e) Cumprir, por prazo a ser negociado e determinado, outra condição indicada pelo MP, desde que proporcional e compatível com o crime imputado.

**IV) Como se dá o procedimento desse acordo?**

a) O acordo de não persecução deverá ser proposto antes do recebimento da denúncia, sendo homologado pelo juiz das garantias;

b) Poderá ser proposto na audiência de custódia, quando for caso de sua realização e a especificidade do caso permitir;

c) O acordo de não persecução penal poderá ser oferecido aos processos em curso quando da sua entrada em vigor, na medida em que se

---

52 Nessa mesma linha de vedação dispõe a Súmula 536 do STJ: A *suspensão condicional do processo e a transação penal não se aplicam na hipótese de delitos sujeitos ao rito da Lei Maria da Penha.*

53 Entendemos que aqui se aplica o mesmo entendimento que adotamos ao explicar a reparação de danos na suspensão condicional do processo, repetimos: a condição de reparação do dano pode gerar problemas no final do período de provas, pois nem sempre é possível sua efetivação, especialmente quando depende da aceitação por parte da vítima. Em que pese a questão ser analisada à luz das especificidades de cada caso, deve-se ter como princípio básico de que basta a demonstração por parte do imputado de que "buscou efetivamente" realizar reparação do dano. Daí por que, quando se trata de reparar um dano patrimonial sofrido pela vítima, se houver consenso e quitação, a questão estará resolvida. Mas, o dever de reparar o dano não se confunde com a obrigação de aceitar uma exigência abusiva ou virar um instrumento de coação e excessos por parte da vítima. Se existe uma ação cível de cunho indenizatório tramitando, onde se discutem a responsabilidade civil e/ou o valor devido, não há obstáculo algum a que se considere cumprida a condição.

trata de norma mista (retroage para beneficiar o réu). Também não vislumbramos obstáculos a que seja oferecido em qualquer fase do procedimento, caso não tenha sido acordado no início do feito;

d) Será formalizado por escrito e firmado pelo MP e o imputado e seu defensor, nada impedindo que seja realizada audiência para a negociação das condições do acordo;

e) Firmado o acordo, será submetido a homologação judicial, na mesma audiência em que se realizou ou em audiência específica para esse fim (caso o acordo tenha se dado apenas por escrito entre as partes), momento em que o juiz deverá ouvir o investigado na presença de seu defensor para avaliar a voluntariedade do acordo e sua legalidade;

f) Homologado o acordo, deverá o MP promover-lhe a execução perante o juízo competente;

g) Se o juiz considerar inadequadas, insuficientes ou abusivas as condições, devolverá os autos para o MP para que reformule as propostas com a concordância do imputado. Se não realizada essa adequação ou não forem atendidos os requisitos legais, o juiz poderá recusar a homologação. Essa postura intervencionista do juiz se justifica apenas quando houver ilegalidade nas condições ou for gravemente abusiva para o imputado;

h) Não homologado o acordo, o juiz devolverá os autos para o MP, para que ofereça denúncia, faça uma adequação no acordo, ou complemente as investigações e faça uma nova proposta. Essa previsão é problemática, na medida em que pode representar uma inquisitória atuação judicial em uma esfera de negociação exclusiva das partes. Ademais, se o juiz não homologar o acordo e devolver os autos, o Ministério Público poderia, em tese, promover o arquivamento e não denunciar (ainda que neste caso exista o reexame necessário nos termos do art. 28). Por outro lado, não homologado o acordo e não oferecida a denúncia, ou pedidas diligências complementares ou promovido o arquivamento, poderia a vítima utilizar a ação penal privada subsidiária da pública (pois haveria inércia do MP);

i) A vítima não participa do acordo, mas é intimada da homologação (ainda que não possa se opor a ele) e de eventual descumprimento. Mesmo que a vítima não possa impedir o acordo, nada impede que sua presença nesse momento seja importante para melhor definição das condições a serem cumpridas, especialmente da reparação do dano. Não há previsão legal, mas pensamos que seria adequado e coerente também intimar a vítima em caso de não homologação, até porque, dependendo da situação que se criar a seguir, poderá propor a ação penal privada subsidiária;

j) Em caso de descumprimento do acordo homologado, o MP comunicará o juiz para fins de rescisão e oferecerá denúncia;

k) Sendo informado pelo MP o descumprimento do acordo, deverá o juiz designar audiência oral e pública para exercício do contraditório, momento em que deverá ouvir o imputado sobre a veracidade e eventuais motivos que justifiquem o descumprimento na presença do seu defensor. Também deverá ser analisada a proporcionalidade do descumprimento em relação às consequências. A revogação, portanto, além do contraditório, deverá ser objeto de decisão fundamentada do juiz, não sendo obrigatória, unilateral ou automática;

l) Considerando a sistemática de homologação do acordo, pensamos que deve ser mantida a coerência com o sistema adotado, que estabelece uma postura intervencionista do juiz, também no momento da rescisão. Assim, eventualmente, poderá o juiz entender que está justificado o descumprimento ou mesmo que ele não ocorreu, indeferindo o pedido de rescisão e determinando a continuidade do acordo. Considerando ainda que estamos diante de um negócio jurídico processual, é aplicável, por exemplo, as teorias civilistas da boa-fé e também a do adimplemento substancial, para fins de manutenção do acordo ou extinção da punibilidade por cumprimento das condições. Somos contra a importação de categorias do direito civil e do processo civil para o processo penal, mas aqui justifica-se, não só por coerência, mas também pela hibridez do próprio instituto da negociação no processo penal.

Uma vez cumprido integralmente o acordo, o juiz deverá declarar a extinção da punibilidade, não subsistindo qualquer efeito, exceto o registro para o fim de impedir um novo acordo no prazo de 5 anos (§ 2º, inciso III). Em caso de rescisão por não cumprimento, deverá o MP oferecer denúncia e o feito prosseguirá sua tramitação.

**Mas em caso de rescisão, como ficam as condições já cumpridas?**

Mais uma questão problemática, pois já que estamos na dimensão negocial (acordo é um negócio jurídico processual), devem ser observados os princípios da boa-fé e do adimplemento substancial, amplamente consagrados na teoria dos negócios jurídicos. Assim, se rescindido o acordo por qualquer motivo, o processo retoma seu curso. Em caso de absolvição deve-se restituir tudo o que foi eventualmente pago a título de reparação dos danos ou prestação pecuniária. Mas e se condenado? Igualmente devemos abater (lógica da detração) a prestação pecuniária já paga, a indenização e o tempo de prestação de serviços à comunidade.

E se presentes os requisitos para o acordo de não persecução penal, não for oferecido pelo Ministério Público?

Determina o § 14 que se deve aplicar por analogia o art. 28 do CPP, com o imputado fazendo um pedido de revisão (prazo de 30 dias) para a instância competente do próprio MP, que poderá manter ou designar outro membro do MP para oferecer o acordo.

Essa é uma leitura possível do novo art. 28 e sua incidência em caso de inércia do MP.

Contudo, pensamos que é possível cogitar de outra alternativa. Como se trata de direito público subjetivo do imputado, presentes os requisitos legais, ele tem direito aos benefícios do acordo. Não se trata, sublinhe-se, de atribuir ao juiz um papel de autor, ou mesmo de juiz-ator, característica do sistema inquisitório e incompatível com o modelo constitucional-acusatório por nós defendido. Nada disso. A sistemática é outra. O imputado postula o reconhecimento de um direito (o direito ao acordo de não persecução penal) que lhe está sendo negado pelo Ministério Público, e o juiz decide, mediante invocação. O papel do juiz aqui é o de garantidor da máxima eficácia do sistema de direitos do réu, ou seja, sua verdadeira missão constitucional. Mas já imaginamos que essa posição encontrará resistência e que a tendência poderá ser pela aplicação do art. 28 do CPP (seja o art. 28 antigo ou pelo novo dispositivo – cuja liminar suspendeu a eficácia – quando entrar em vigor).

E cabe o acordo de não persecução penal na ação penal de iniciativa privada? Pensamos que haverá resistência no início, mas em breve deverá ser aceito, da mesma forma que a transação penal. Portanto, uma vez preenchidos os requisitos legais anteriormente explicados, pode o querelante propor o acordo de não persecução penal, até porque a ação penal de iniciativa privada é plenamente disponível.

Por fim, diversas questões poderão surgir ao longo da aplicação do acordo e pensamos que muitas delas já foram discutidas e resolvidas no âmbito da transação penal e da suspensão condicional do processo, institutos já consagrados e amplamente debatidos, que guardam similitude com o acordo de não persecução penal. Por isso, remetemos o leitor, nesses momentos, para o Capítulo XIII, especificamente no tópico destinado ao Juizado Especial Criminal e os institutos da transação penal e da suspensão condicional do processo, pois lá poderá encontrar uma resposta para suas dúvidas.

## SÍNTESE DO CAPÍTULO

**Aviso ao leitor:** A compreensão da síntese exige a prévia leitura do capítulo!

O modelo brasileiro de investigação preliminar é policial (a autoridade encarregada é a polícia judiciária) e destina-se à apuração das infrações penais e da sua autoria (art. 4º do CPP). Quanto à natureza jurídica, é um procedimento administrativo pré-processual.

1. ÓRGÃO ENCARREGADO: o inquérito policial é um típico modelo de investigação preliminar policial, de modo que a polícia judiciária realiza a investigação com autonomia e controle, dependendo de intervenção judicial apenas para adoção de medidas restritivas de direitos fundamentais (v.g. interceptações telefônicas, busca e apreensão, prisão cautelar etc.). O Ministério Público pode requerer a abertura do inquérito, acompanhar sua realização e fazer, ainda, o controle externo da atividade policial. É bastante discutida a chamada "investigação direta pelo Ministério Público", ou seja, se o modelo brasileiro admite a figura do "promotor-investigador". Quanto à posição do juiz no inquérito (e em qualquer modelo de investigação preliminar, como o PIC do MP), é a de garantidor e não de instrutor (inquisidor), sendo por isso imprescindível a efetivação plena da figura do juiz das garantias em toda sua extensão Nesse ponto, imprescindível a leitura dos arts. 3º-B, C, D, E e F do CPP (CUJA EFICÁCIA ESTÁ SUSPENSA PELA DECISÃO DO MIN. FUX, COMO JÁ EXPLICADO).

A figura do juiz das garantias, trazida pela Lei n. 13.964/2019, e incorporada no art. 3º do CPP é um grande avanço e absolutamente imprescindível para assegurar-se a imparcialidade do julgador, dada a inequívoca e inegável necessidade de separar o juiz da investigação do juiz da instrução processual e sentença. Além de necessário para garantir a imparcialidade do julgador, efetiva a estrutura acusatória constitucional e legalmente prevista, e também assegura a originalidade cognitiva do juiz julgador. Ele atua como controlador da legalidade da investigação realizada pela polícia ou Ministério Público, sendo chamado a decidir sobre todas as medidas restritivas de direitos fundamentais submetidas a reserva de jurisdição e também para garantir a eficácia dos direitos e garantias do investigado.

2. OBJETO E SUA LIMITAÇÃO: o inquérito busca investigar o fato aparentemente criminoso constante na notícia-crime ou descoberto de ofício pela autoridade policial. O inquérito nasce no campo da possibilidade de que exista um fato punível e pretende atingir o grau de probabilidade (*fumus commissi delicti*) para que acusação

seja exercida. É normativamente sumário, ainda que às vezes degenere para um modelo plenário, prolongando-se excessivamente. Existe limitação temporal e possibilidade de prorrogação, sendo que em caso de investigado preso, dependerá de autorização do juiz (das garantias).

3. FORMA DOS ATOS: o início do inquérito se dará nos termos do art. 5º do CPP, podendo ser: de ofício; mediante requisição do MP; a requerimento do ofendido; por comunicação oral ou por escrito (notícia-crime); por representação (nos crimes de ação penal pública condicionada); ou a requerimento da vítima (nos crimes de ação penal de iniciativa privada). Quanto ao desenvolvimento, no curso do inquérito são praticados diversos atos, previstos nos arts. 6º e 7º do CPP. A conclusão do inquérito será por meio de relatório da autoridade policial, não podendo esta arquivar os autos do inquérito policial (art. 17 do CPP). Concluído, será enviado para o Ministério Público, que poderá: oferecer denúncia; requisitar diligências complementares (art. 16 do CPP); ou requerer o arquivamento ao juiz, enquanto estiver vigendo o art. 28 do CPP na sua redação originária. O novo art. 28 (ainda suspenso) estabelece uma sistemática completamente diferente: o MP não mais requer ao juiz, senão que ele mesmo determina o arquivamento, que precisará ser confirmado no âmbito do MP. Uma vez arquivado o inquérito, em nenhum caso poderá ser reaberto sem novas provas, sendo aplicável a Súmula 524 do STF tanto para o art. 28 antigo, como para o novo. A figura do arquivamento tácito ou implícito não é pacífica (sendo inclusive rechaçada pelo STF), ocorrendo quando o Ministério Público deixa de oferecer denúncia, mas também não pede expressamente o arquivamento, em relação a algum dos imputados do inquérito.

Ainda em relação à forma dos atos, o inquérito é facultativo, escrito, secreto no plano externo (ver Súmula Vinculante n. 14 e também o art. 20 do CPP), tendo seus atos limitado valor probatório. Pelo disposto na Lei n. 13.964/2019 (nesta parte suspensa pela decisão liminar do Min. FUX), os autos do inquérito policial não poderão integrar o processo, ressalvados os documentos relativos às provas irrepetíveis, medidas de obtenção de provas ou de antecipação de provas, que deverão ser remetidos para apensamento em apartado.

4. VALOR PROBATÓRIO: os atos do inquérito policial têm limitado valor probatório, devendo-se compreender a distinção entre atos de investigação (feitos no inquérito) e atos de prova (realizados no processo):

Atos de investigação:

a) não se referem a uma afirmação, mas a uma hipótese;

b) estão a serviço da investigação preliminar, isto é, da fase pré-processual e para o cumprimento de seus objetivos;

c) servem para formar um juízo de probabilidade, e não de certeza;

d) não exigem estrita observância da publicidade, contradição e imediação, pois podem ser restringidos;

e) servem para a formação da *opinio delicti* do acusador;

f) não estão destinados à sentença, mas a demonstrar a probabilidade do *fumus commissi delicti* para justificar o processo (recebimento da ação penal) ou o não processo (arquivamento);

g) têm função endoprocedimental, isto é, interna ao procedimento, para legitimar os atos da própria investigação (indiciamento e/ou adoção de medidas cautelares pessoais, reais ou outras restrições de caráter provisional);

h) podem ser praticados pelo Ministério Público ou pela Polícia Judiciária.

Atos de prova:

a) estão dirigidos a convencer o juiz da verdade de uma afirmação;

b) estão a serviço do processo e integram o processo penal;

c) dirigem-se a formar um juízo de certeza – tutela de segurança;

d) exigem estrita observância da publicidade, contradição e imediação;

e) servem à sentença, logo, são destinados ao julgador;

f) destinados a formar o convencimento do juiz, para condenar ou absolver o réu;

g) a produção da prova é essencial para o processo, destinando-se à (re)cognição do juiz acerca do crime (fato passado) para formar sua convicção (função persuasiva);

h) são praticados pelas partes, em contraditório, perante o juiz que julgará o processo. É fundamental compreender que a garantia da jurisdicionalidade assegura o direito de ser julgado com base na prova produzida no processo, à luz do contraditório e perante o juiz competente. Excepcionalmente, as provas técnicas, irrepetíveis, produzidas no inquérito (exame de corpo de delito, necropsia etc.) serão submetidas a contraditório posterior, não sendo repetidas por absoluta impossibilidade. Todas as demais provas repetíveis (testemunhal, acareações etc.) devem ser jurisdicionalizadas e as peças da investigação não devem ser juntadas ao processo. Havendo risco de perecimento de uma prova testemunhal, poderá ser feito o incidente de produção antecipada de provas perante o juiz das garantias. Portanto, o modelo brasileiro finalmente consagra a exclusão física dos autos do inquérito, que não poderão ser juntados ao processo, exceto nos casos estabelecidos na lei. Infelizmente esse grande avanço está SUSPENSO pela liminar do Min. FUX.

5. INDICIADO: o indiciamento é um ato formal e fundamentado, através do qual a autoridade policial afirma a existência de um "feixe de indícios convergentes" que apontam para certa pessoa como autora de um fato aparentemente criminoso. Erroneamente, não há previsão no CPP do momento no qual deve ocorrer o indiciamento, se no final do inquérito (no relatório) ou no curso da investigação (tão logo surjam elementos que apontem concretamente para alguém). O indiciamento é situacional, provisório, pois o indiciado de hoje pode não ser acusado depois no processo, e tampouco vincula o Ministério Público.

6. DIREITO DE DEFESA E CONTRADITÓRIO NO INQUÉRITO: é um reducionismo afirmar que no inquérito não existem defesa e contraditório. Não há plenitude, mas é possível o direito de defesa pessoal positiva ou negativa, bem como a presença de advogado (importante ver o art. 7º da Lei n. 8.906/94). Quanto ao contraditório, é restrito ao primeiro momento, qual seja, o da informação (art. 5º, LV, da CB; 8.2 da CADH e Súmula Vinculante n. 14 do STF). Denegado o pedido de vista do inquérito, poderá a defesa utilizar a reclamação (art. 102, I, "l", da CB) ou, ainda, Mandado de Segurança a ser interposto em primeiro grau (quando a recusa for da autoridade policial).

7. O ACORDO DE NÃO PERSECUÇÃO PENAL: Está plenamente em vigência. É mais um instituto de "justiça negociada", ao lado da transação penal, suspensão condicional do processo e colaboração premiada, ainda que sejam distintos e submetidos a diferentes requisitos e consequências. Mas todos integram um verdadeiro espaço de consenso, de negociação. Especificamente o acordo de não persecução penal é uma forma de negociação entre Ministério Público e o imputado, que evita o processo, sempre que, nos termos do art. 28-A, "sendo caso de arquivamento e tendo o investigado confessado formal e circunstancialmente a prática de infração penal sem violência ou grave ameaça e com pena mínima inferior a 4 (quatro) anos, o Ministério Público poderá propor acordo de não persecução penal, desde que necessário e suficiente para reprovação e prevenção do crime, mediante as seguintes condições ajustadas cumulativa e alternativamente". O dispositivo estabelece requisitos para realização, causas impeditivas e as condições a serem cumpridas. O imputado poderá aceitar ou não (caso em que a acusação prosseguirá), mas uma vez aceito e cumprido integralmente o acordo, o juiz deverá declarar a extinção da punibilidade, não subsistindo qualquer efeito, exceto o registro para o fim de impedir um novo acordo no prazo de 5 anos (§ 2º, inciso III). Em caso de rescisão por não cumprimento, deverá o MP oferecer denúncia e o feito prosseguirá sua tramitação.

Capítulo V

# AÇÃO PROCESSUAL PENAL. (RE)PENSANDO CONCEITOS E CONDIÇÕES DA AÇÃO

## 1. Síntese do Estado da Arte e Natureza Jurídica

Inicialmente, como advertem GÓMEZ ORBANEJA e HERCE QUEMADA[1], é importante destacar que o conceito de *ação penal* é privativo do processo penal acusatório. Isso significa "no sólo que la acción es una cosa y otra diferente el derecho de penar, sino que la acción es un concepto puramente formal".

Na história do direito processual, milhares de páginas foram escritas sobre "ação", tendo como marco mais relevante a famosa Polêmica sobre a "Actio", de WINDSCHEID e MUTHER, passando pela reestruturação do processo com BÜLOW, seguido de WACH, CHIOVENDA e tantos outros autores. A análise desta evolução demandaria um abordagem muito mais ampla, transbordando os limites deste manual. Partiremos assim do estado (atual) da arte, remetendo o leitor para nossa obra *Fundamentos do Processo Penal*, publicado pela Editora Saraiva, como leitura complementar, pois lá fazemos um estudo mais profundo.

Concebemos a "ação" como um poder político constitucional de acudir aos tribunais para formular a pretensão acusatória. É um direito (potestativo) constitucionalmente assegurado de invocar e postular a satisfação da pretensão acusatória.

1 GÓMEZ ORBANEJA, Emilio; HERCE QUEMADA, Vicente. *Derecho Procesal Penal*. 10. ed. Madrid, Agesa, 1997. p. 86.

Mais específico, o art. 129, I, da Constituição assegura o poder exclusivo do Ministério Público de exercer a ação penal (melhor, a acusação pública). ALCALÁ-ZAMORA[2] define como "el poder jurídico de promover la actuación jurisdiccional a fin de que el juzgador pronuncie acerca de la punibilidad de hechos que el titular de aquélla reputa constitutivos de delito... medio de provocar el ejercicio del derecho de penar".

Recordemos que por "pretensão acusatória" entendemos o direito potestativo por meio do qual se narra um fato com aparência de delito (*fumus commissi delicti*) e se solicita a atuação do órgão jurisdicional contra uma pessoa determinada. É composta por elementos subjetivo, objetivo (fato) e de atividade (declaração petitória), como explicamos em capítulos anteriores.

Entendemos por "**acusação**" o ato típico e ordinário de iniciação processual, que assume a forma de uma petição, por meio da qual a parte faz uma declaração petitória, solicitando que se dê vida a um processo e que comece sua tramitação. No processo penal brasileiro, corresponde aos instrumentos "denúncia" (nos crimes de ação penal de iniciativa pública) e "queixa" (delitos de iniciativa privada). É, na verdade, o veículo que transportará a pretensão sem deixar de ser um dos seus elementos.

Por fim, não existe "trancamento da ação penal". Por que não existe "trancamento da ação penal"?

Porque sendo a ação um poder político constitucional de invocação não há que se falar em *trancamento da ação*, um erro que decorre da constante confusão entre ação e pretensão. Inclusive há quem empregue o vocábulo 'ação' como sinônimo de *pretensão*. Contudo, a rigor, *ação* é o poder jurídico de acudir aos tribunais para ver satisfeita uma pretensão. Logo, não há que se falar de "trancamento" do poder que já foi exercido!

Daí por que a boa técnica aconselha a que se fale em trancamento do processo penal, pois é o curso dele (processo) que se quer fazer parar. Ou seja, o trancamento (do processo, não da ação) corresponde a uma forma de extinção anormal, prematura do processo. Ninguém jamais falou em extinção prematura da ação... pois o que impede o prosseguimento é o processo penal.

**Quanto à** natureza jurídica da ação**, é pacífico atualmente que toda** ação processual tem caráter público, porque se estabelece entre o particular e o Estado,

---

2 ALCALÁ-ZAMORA Y CASTILLO, Niceto; LEVENE, Ricardo. *Derecho Procesal Penal*. Buenos Aires, Editorial Guillermo Kraft Ltda., [s.d.]. t. II, p. 62 e 63. Adverte o autor, com acerto, que a ação pena não se dirige "contra" o sujeito passivo, senão "ao" tribunal para que, como detentor do poder de punir, o exerça uma vez acolhida a pretensão acusatória.

para realização do direito penal (público). Superadas as históricas polêmicas[3], considera-se que ação é um direito público autônomo e abstrato. É autônomo e abstrato, pois independe da relação jurídica de direito material. Por isso, a ação é um direito dos que têm razão e também dos que não a têm. Haverá ação ainda que, ao final, o réu seja absolvido (abstração e autonomia).

Tal lição (autonomia e abstração) é perfeita para o processo civil, mas precisa ser redefinida no processo penal. Isso porque, no processo penal, não se admite a plena abstração, pois, para a acusação ser exercida e admitida, dando início ao processo, é imprescindível que fique demonstrado o *fumus commissi delicti*.

No processo penal, há que se buscar o entreconceito, entre o abstrato e o concreto, na esteira de MIRANDA COUTINHO[4] e LIEBMAN, no sentido de que a ação é autônoma e abstrata, mas conexa instrumentalmente ao caso penal, na medida em que desde o início, para que a acusação seja admitida, deve o acusador demonstrar a verossimilhança do alegado, isto é, a fumaça de materialidade e autoria (*fumus commissi delicti*).

Assim, entendemos que a ação processual penal é um direito potestativo de acusar, público, autônomo e abstrato, mas conexo instrumentalmente ao caso penal.

## 2. Condições da Ação Penal: Equívocos da Visão Tradicional-Civilista

Segundo o pensamento majoritário, as condições da ação não integram o mérito da causa, mas são condições para que exista uma manifestação sobre ele. Assim, questões como ilegitimidade de parte ativa ou passiva (negativa de autoria), não ser o fato criminoso ou estar ele prescrito circunscrevem-se às situações previstas no art. 395, II, do CPP, impedindo a manifestação sobre o caso penal (mérito) em julgamento. Também encontramos a ausência de condições da ação nas causas de absolvição sumária, no art. 397, demonstrando o quão próximo estão do mérito, ou seja, do caso penal (elemento objetivo da pretensão acusatória).

Quanto às condições da ação, a doutrina costuma dividi-las em: legitimidade, interesse e possibilidade jurídica do pedido. O problema está em que, na tentativa de adequar ao processo penal, é feita uma verdadeira ginástica de conceitos, estendendo-os para além de seus limites semânticos. O resultado é uma desnaturação

---

3 Sobre o tema, consulte-se nossa obra *Fundamentos do Processo Penal*, em que analisamos com profundidade a temática.

4 MIRANDA COUTINHO, Jacinto Nelson de. *A Lide e o Conteúdo do Processo Penal*. Curitiba, Juruá, 1989. p. 145 e s.

completa, que violenta a matriz conceitual, sem dar uma resposta adequada ao processo penal. Vejamos por que:

a) **Legitimidade:** esse é um conceito que pode ser aproveitado, pois se trata de exigir uma vinculação subjetiva, pertinência subjetiva, para o exercício da ação processual penal. Apenas, como explicaremos na continuação, não há que se falar em "substituição processual" no caso de ação penal de iniciativa privada e tampouco é de boa técnica (em que pese a consagração legislativa e dogmática) a divisão em ação penal pública e privada. Como visto, toda ação é pública, por essência. Não existe ação processual penal (ou processual civil) privada. Trata-se de um direito público. O problema costuma ser contornado através da inserção "de iniciativa" pública ou privada.

b) **Interesse:** para ser aplicado no processo penal, o interesse precisa ser completamente desnaturado na sua matriz conceitual. Lá no processo civil, é visto como "utilidade e necessidade" do provimento. Trata-se de interesse processual de obtenção do que se pleiteia para satisfação do interesse material. É a tradicional concepção de LIEBMAN, do binômio utilidade e necessidade do provimento. No processo penal, alguns autores identificam o interesse de agir com a justa causa, de modo que, não havendo um mínimo de provas suficientes para lastrear a acusação, deveria ela ser rejeitada (art. 395, III).

CRÍTICA: Pensamos que se trata de categoria do processo civil que resulta inaplicável ao processo penal. Isso porque o processo penal vem marcado pelo princípio da necessidade, algo que o processo civil não exige e, portanto, desconhece. Se o interesse, civilisticamente pensado, corresponde à tradicional noção de utilidade e necessidade do provimento, não há nenhuma possibilidade de correspondência no processo penal.

O princípio da necessidade impõe, para chegar-se à pena, o processo como caminho necessário e imprescindível, até porque o Direito Penal somente se realiza no processo penal.

A pena não só é efeito jurídico do delito[5], senão que é um efeito do processo; mas o processo não é efeito do delito, senão da necessidade de impor a pena ao delito por meio do processo.

---

5 *Comentarios a la Ley de Enjuiciamiento Criminal*, cit., t. I, p. 27.

Então ele é inerente à ação processual penal, não cabendo a discussão em torno do interesse. Tanto o Ministério Público – nos crimes de ação penal de sua iniciativa (pública) – como nos crimes de iniciativa privada, o interesse é inerente a quem tiver legitimidade para propor a ação, pois não há outra forma de obter e efetivar a punição.

Então, o que faz a doutrina processual penal para aproveitar essa condição da ação processual civil? Entulhamento conceitual. A intenção é boa, e isso não se coloca em dúvida, mas o resultado final se afasta muito do conceito primevo. Pegam um conceito e o entulham de definições que extrapolam em muito seus limites, culminando por gerar um conceito diverso, mas com o mesmo nome (que não mais lhe serve, por evidente). Nessa linha, costumam tratar como "interesse" questões que dizem respeito à "punibilidade concreta", tal como a inexistência de prescrição, ou mesmo de "justa causa", como o princípio da insignificância.

c) **Possibilidade Jurídica do Pedido:** quanto à possibilidade jurídica do pedido, cumpre, inicialmente, destacar[6] que o próprio LIEBMAN, na terceira edição do *Manuale di diritto processuale civile*, aglutina possibilidade jurídica do pedido com o interesse de agir, reconhecendo a fragilidade da separação. Como conceber que um pedido é juridicamente impossível de ser exercido e, ao mesmo tempo, proveniente de uma parte legítima e que tenha um interesse juridicamente tutelável? Ou ainda, como poderá uma parte legítima ter um interesse juridicamente tutelável, mas que não possa ser postulado? São questões que só podem ser respondidas de forma positiva através de mirabolantes exemplos que jamais extrapolam o campo teórico onírico de alguns. Assim, frágil a categorização, mesmo no processo civil e, principalmente, no processo penal.

Superada essa advertência inicial, o pedido da ação penal, no processo penal de conhecimento, será sempre de condenação, exigindo um tratamento completamente diverso daquele dado pelo processo civil, pois não possui a mesma complexidade. Logo, não satisfaz o conceito civilista de que o pedido deve estar autorizado pelo ordenamento, até porque, no processo penal, não se pede usucapião do Pão de Açúcar... (típico exemplo dos manuais de processo civil).

A doutrina que adota essa estrutura civilista costuma dizer que para o pedido (de condenação, obviamente) ser juridicamente possível a conduta deve ser

[6] Em que pese nossa divergência parcial em relação à primeira condição da ação, partimos da estrutura definida com anterioridade por JACINTO COUTINHO, op. cit., p. 145. Também se recomenda a leitura de Marco Aurélio NUNES DA SILVEIRA, cuja obra *A Tipicidade e o Juízo de Admissibilidade da Acusação*, Lumen Juris, 2005, analisa com acerto a temática.

aparentemente criminosa (o que acaba se confundindo com a causa de absolvição sumária do art. 397, III, do CPP); não pode estar extinta a punibilidade (nova confusão, agora com o inciso IV do art. 397) ou ainda haver um mínimo de provas para amparar a imputação (o que, na verdade, é a justa causa).

CRÍTICA: Na verdade, o que se verifica é uma indevida expansão dos conceitos do processo civil para (ilusoriamente) atender à especificidade do processo penal.

Em suma, o que se percebe claramente é a inadequação dessas categorias do processo civil, cabendo-nos, então, encontrar dentro do próprio processo penal, suas condições da ação, como se fará na continuação.

## 3. Condições da Ação Penal Segundo as Categorias Próprias do Processo Penal

Agora, diante da necessidade de respeitarem-se as categorias jurídicas próprias do processo penal, devemos buscar as condições da ação dentro do próprio Processo Penal, a partir da análise das causas de rejeição da acusação.

Assim, do revogado art. 43 e do atual art. 395, sustentamos que são condições da ação penal[7]:

- prática de fato aparentemente criminoso – *fumus commissi delicti*;
- punibilidade concreta;
- legitimidade de parte;
- justa causa.

### 3.1. Prática de Fato Aparentemente Criminoso – *Fumus Commissi Delicti*

Tradicionalmente, entendeu-se que "evidentemente não constituir crime" significava, apenas, atipicidade manifesta. Contudo, este não é um critério adequado.

Inicialmente, deve considerar que o inciso III do art. 397 do CPP fala em "crime". Ainda que se possa discutir se crime é fato típico, ilícito e culpável ou um injusto típico, ninguém nunca defendeu que o conceito de *crime* se resumia à tipicidade. Logo, atendendo ao referencial semântico da expressão contida no CPP, deve-se trabalhar com o conceito de *crime* e depois de *evidentemente*. Quanto ao

---

[7] Os autores que trabalham com a (civilista e inadequada) categoria de possibilidade jurídica do pedido costumam empregar exemplos como esses para demonstrar situações em que o pedido de condenação seria "juridicamente impossível". Na verdade, a questão situa-se noutra esfera, qual seja, na exigência de que o fato seja aparentemente criminoso.

conceito de *crime*, nenhuma dúvida temos de que a acusação deve demonstrar a tipicidade aparente da conduta.

Para além disso, das duas uma: ou se aceita o conceito de *tipo de injusto*, na esteira de CIRINO DOS SANTOS, em que se exige que, além dos fundamentos positivos da tipicidade, também deve haver a ausência de causas de justificação (excludentes de ilicitude); ou se trabalha com os conceitos de *tipicidade* e *ilicitude* desmembrados.

Em qualquer caso, se houver elementos probatórios de que o acusado agiu – manifestamente – ao abrigo de uma causa de exclusão da ilicitude, deve a denúncia ou queixa ser rejeitada como base no art. 395, II (pois falta uma condição da ação). A problemática situa-se na demonstração manifesta da causa de exclusão da ilicitude. É uma questão de convencimento do juiz (e será o juiz das garantias que fará essa valoração quando entrar em vigor). Mas, uma vez superada essa exigência probatória, se convencido de que o acusado agiu ao abrigo de uma causa de exclusão da ilicitude, deve o juiz (das garantias) rejeitar a acusação.

Caso esse convencimento somente seja possível após a resposta do acusado, a decisão passará a ser de absolvição sumária, nos termos do art. 397, também a cargo do juiz das garantias.

Superada essa questão (tipicidade e ilicitude), surge o questionamento: e se o acusado agiu – manifestamente – ao abrigo de uma causa de exclusão da culpabilidade, pode o juiz rejeitar a acusação?

Pensamos que sim.

Assim, havendo prova da causa de exclusão da culpabilidade (como o erro de proibição, por exemplo), pré-constituída na investigação preliminar, está o juiz autorizado a rejeitar a acusação.

O que nos importa agora é que, uma vez demonstrada e convencido o juiz das garantias, está ele plenamente autorizado a rejeitar a denúncia ou queixa. Ou ainda atender ao pedido de arquivamento feito pelo Ministério Público.

Em suma, a questão deve ser analisada da seguinte forma:

a) se a causa de exclusão da ilicitude ou culpabilidade estiver demonstrada no momento em que é oferecida a denúncia ou queixa, poderá o juiz (das garantias) rejeitá-la, com base no art. 395, II (falta uma condição da ação penal, qual seja, a prática de um fato aparentemente criminoso);
b) se o convencimento do juiz (das garantias) sobre a existência da causa e exclusão da ilicitude ou da culpabilidade, somente for atingido após a resposta do acusado, já tendo sido a denúncia ou queixa recebida portanto, a decisão será de absolvição sumária (art. 397).

### 3.2. Punibilidade Concreta

Exigia o antigo (e já revogado) art. 43, II, do CPP que não se tenha operado uma causa de extinção da punibilidade, cujos casos estão previstos no art. 107 do Código Penal e em leis especiais, para que a ação processual penal possa ser admitida. Agora, essa condição da ação também figura como causa de "absolvição sumária", prevista no art. 397, IV, do CPP. Mas isso não significa que tenha deixado de ser uma condição da ação processual penal ou que somente possa ser reconhecida pela via da absolvição sumária. Nada disso. Deve o juiz (das garantias) rejeitar a denúncia ou queixa quando houver prova da extinção da punibilidade. A decisão de absolvição sumária fica reservada aos casos em que essa prova somente é produzida após o recebimento da denúncia (ou seja, após a resposta escrita do acusado).

Quando presente a causa de extinção da punibilidade, como a prescrição, decadência e renúncia (nos casos de ação penal de iniciativa privada ou pública condicionada à representação), a denúncia ou queixa deverá ser rejeitada ou o réu absolvido sumariamente, conforme o momento em que seja reconhecida.

### 3.3. Legitimidade de Parte

Dessa forma, nos processos que tenham por objeto a apuração de delitos perseguíveis através de denúncia (ou de ação penal de iniciativa pública), o polo ativo deverá ser ocupado pelo Ministério Público, eis que, nos termos do art. 129, I, da Constituição, é o *parquet* o titular dessa ação penal.

Nas ações penais de iniciativa privada, caberá à vítima ou seu representante legal (arts. 30 e 31 do CPP) assumir o polo ativo da situação processual. A doutrina brasileira, na sua maioria, entende que nessa situação ocorre uma *substituição processual*, verdadeira legitimação extraordinária, na medida em que o querelante postularia em nome próprio um direito alheio (*ius puniendi* do Estado). É um erro bastante comum daqueles que, sem atentar para as categorias jurídicas próprias do processo penal, ainda pensam através das distorcidas lentes da teoria geral do processo.

Compreendido que o Estado exerce o poder de punir no processo penal não como acusador, mas como juiz, tanto o Ministério Público como o querelante exercitam um poder que lhes é próprio (*ius ut procedatur*, pretensão acusatória), ou seja, o poder de acusar. Logo, não corresponde o poder de punir ao acusador, seja ele público ou privado, na medida em que ele detém a mera pretensão acusatória. Assim, em hipótese alguma existe substituição processual no processo penal.

A legitimidade deve ser assim considerada:

**Legitimidade ativa:** está relacionada com a titularidade da ação penal, desde o ponto de vista subjetivo, de modo que será o Ministério Público, nos delitos perseguíveis mediante denúncia, e do ofendido ou seu representante legal, nos delitos perseguíveis através de queixa. É ocupada pelo titular da pretensão acusatória. Especificamente no processo penal, a legitimidade decorre da sistemática legal adotada pelo legislador brasileiro e não propriamente do interesse. Por imperativo legal, nos delitos de ação penal de iniciativa pública, o Ministério Público será sempre legitimado para agir. Já nos delitos de ação penal de iniciativa privada, somente o ofendido ou seu representante legal poderá exercer a pretensão acusatório através da queixa-crime.

**Legitimidade passiva:** decorre da autoria do injusto típico. O réu, pessoa contra a qual é exercida a pretensão acusatória, deve ter integrado a situação jurídica de direito material que se estabeleceu com o delito (autor-vítima). Em outras palavras, a legitimação passiva está relacionada com a autoria do delito. Também não se podem desconsiderar os limites impostos pela culpabilidade penal, especialmente no que se refere à inimputabilidade decorrente da menoridade, em que o menor de 18 anos (e de nada interessa eventual emancipação civil) é ilegítimo para figurar no polo passivo do processo penal.

A imputação deve ser dirigida contra quem praticou o injusto típico. Não se deve esquecer que nesse momento não pode ser feito um juízo de certeza, mas sim de mera probabilidade, verossimilhança da autoria.

A ilegitimidade ativa ou passiva leva à rejeição da denúncia ou queixa nos termos do art. 395, II, do CPP, ou, ainda, permite o trancamento do processo através de *habeas corpus*, eis que se trata de processo manifestamente nulo (art. 648, IV) por ilegitimidade de parte (art. 564, II).

A ilegitimidade de parte permite que seja promovida nova ação, eis que tal decisão faz apenas coisa julgada formal. Corrigida a falha, a ação pode ser novamente intentada. É o que acontece, v.g., quando o ofendido ajuíza a queixa em delito de ação penal pública. A rejeição da queixa não impede que o Ministério Público ofereça a denúncia.

### 3.4. Justa Causa

Prevista no art. 395, III, do CPP, a justa causa é uma importante condição da ação processual penal.

Em profundo estudo sobre o tema, ASSIS MOURA[8] adverte sobre a indefinição que paira em torno do conceito, na medida em que "*causa* possui significado vago e ambíguo, enquanto que *justo* constitui um valor". E prossegue[9] lecionando que a *justa causa* exerce uma função mediadora entre a realidade social e a realidade jurídica, avizinhando-se dos "conceitos-válvula", ou seja, de parâmetros variáveis que consistem em adequar concretamente a disciplina jurídica às múltiplas exigências que emergem da trama do tecido social. Mais do que isso, figura como um "antídoto, de proteção contra o abuso de Direito"[10].

Evidencia assim, a autora, que a justa causa é um verdadeiro ponto de apoio (topos) para toda a estrutura da ação processual penal, uma inegável condição da ação penal, que, para além disso, constitui um limite ao (ab)uso do *ius ut procedatur*, ao direito de ação. Considerando a instrumentalidade constitucional do processo penal, conforme explicamos anteriormente, o conceito de *justa causa* acaba por constituir numa condição de garantia contra o uso abusivo do direito de acusar.

A justa causa identifica-se com a existência de uma causa jurídica e fática que legitime e justifique a acusação (e a própria intervenção penal).

Está relacionada, assim, com dois fatores: existência de indícios razoáveis de autoria e materialidade de um lado e, de outro, com o controle processual do caráter fragmentário da intervenção penal.

### 3.4.1. Justa Causa. Existência de Indícios Razoáveis de Autoria e Materialidade

Deve a acusação ser portadora de elementos – geralmente extraídos da investigação preliminar (inquérito policial) – probatórios que justifiquem a admissão da acusação e o custo que representa o processo penal em termos de estigmatização e penas processuais. Caso os elementos probatórios do inquérito sejam insuficientes para justificar a abertura do processo penal, deve o juiz rejeitar a acusação.

Não há que se confundir esse requisito com a primeira condição da ação (*fumus commissi delicti*). Lá, exigimos fumaça da prática do crime, no sentido de demonstração de que a conduta praticada é aparentemente típica, ilícita e culpável. Aqui, a análise deve recair sobre a existência de elementos probatórios de autoria e materialidade. Tal ponderação deverá recair na análise do caso penal à luz dos concretos elementos probatórios apresentados.

---

8 ASSIS MOURA, op. cit., p. 99.

9 Idem, ibidem, p. 119.

10 Idem, ibidem, p. 173.

A acusação não pode, diante da inegável existência de penas processuais, ser leviana e despida de um suporte probatório suficiente para, à luz do princípio da proporcionalidade, justificar o imenso constrangimento que representa a assunção da condição de réu. É o "lastro probatório mínimo", a que alude JARDIM[11], exigido ainda pelos arts. 12, 39, § 5º, 46, § 1º, e 648, I (a contrário senso), do Código de Processo Penal.

### 3.4.2. Justa Causa. Controle Processual do Caráter Fragmentário da Intervenção Penal

Como bem sintetiza BITENCOURT[12], "o caráter fragmentário do Direito Penal significa que o Direito Penal não deve sancionar todas as condutas lesivas a bens jurídicos, mas tão somente aquelas condutas mais graves e mais perigosas praticadas contra bens mais relevantes". É, ainda, um corolário do princípio da intervenção mínima e da reserva legal, como aponta o autor. A filtragem ou controle processual do caráter fragmentário encontra sua justificativa e necessidade na inegável banalização do Direito Penal.

Quando se fala em justa causa, está se tratando de exigir uma causa de natureza penal que possa justificar o imenso custo do processo e as diversas penas processuais que ele contém. Inclusive, se devidamente considerado, o princípio da proporcionalidade visto como proibição de excesso de intervenção pode ser visto como a base constitucional da justa causa. Deve existir, no momento em que o juiz decide se recebe ou rejeita a denúncia ou queixa, uma clara proporcionalidade entre os elementos que justificam a intervenção penal e processual, de um lado, e o custo do processo penal, de outro.

Nessa dimensão, situamos as questões relativas à "insignificância" ou "bagatela". Considerando que toda "categorização" implica reducionismo e frágeis fronteiras à complexidade, não negamos que a insignificância possa ser analisada na primeira condição (fumaça de crime), na medida em que incide diretamente na tipicidade.

Contudo, para além das infindáveis discussões teóricas no campo da doutrina penal, nenhum impedimento existe de que o juiz analise isso, à luz da proporcionalidade, da ponderação dos bens em jogo, ou, ainda, da própria estrutura do bem jurídico e da missão do Direito Penal. E, quando fizer isso, estará atuando na justa causa para a ação processual penal.

---

11 JARDIM, Afrânio Silva. *Direito Processual Penal*, cit., p. 99.

12 BITENCOURT, Cezar Roberto. *Tratado de Direito Penal*. São Paulo, RT, 2005. v. 1, p. 19.

## 4. Outras Condições da Ação Processual Penal

Para além das enumeradas e explicadas anteriormente, existem outras condições, que igualmente condicionam a propositura da ação processual penal. Alguns autores chamam de condições *específicas*, em contraste com as condições *genéricas*, anteriormente apontadas. Mais usual ainda é a classificação de "condições de procedibilidade", especificamente em relação à *representação* e à *requisição do Ministro da Justiça* nos crimes de ação penal pública condicionada.

Contudo, razão assiste a TUCCI quando esclarece que tais classificações não possuem sentido de ser, na medida em que tanto a representação como a requisição do Ministro da Justiça nada mais são do que "outras condições para o exercício do direito à jurisdição penal"[13].

Mas, para além da representação e da requisição do Ministro da Justiça, existem outras condições da ação exigidas pela lei penal ou processual penal, como, por exemplo (enumeração não taxativa):

a) poderes especiais e menção ao fato criminoso na procuração que outorga poderes para ajuizar queixa-crime, nos termos do art. 44 do CPP;
b) a entrada no agente no território nacional, nos casos de extraterritorialidade da lei penal, para atender à exigência contida no art. 7º do Código Penal;
c) o trânsito em julgado da sentença anulatória do casamento no crime do art. 236, parágrafo único, do CP;
d) prévia autorização da Câmara dos Deputados nos crimes praticados pelo Presidente ou Vice-Presidente da República, bem como pelos Ministros de Estado, nos termos do art. 51, I, da Constituição.

Em qualquer desses casos, a denúncia ou queixa deverá ser rejeitada com base no art. 395, II, do CPP. Caso não tenha sido percebida a falta de uma das condições da ação e o processo tenha sido instaurado, deve ser trancado (o processo) através de *habeas corpus*, ou extinto pelo juiz (decisão meramente terminativa). Quanto aos efeitos da decisão, não haverá julgamento de mérito, podendo a ação ser novamente proposta, desde que satisfeita a condição, enquanto não se operar a decadência (no caso da representação ou de procuração com poderes especiais para a queixa) ou a prescrição.

[13] LAURIA TUCCI, op. cit., p. 97.

## 5. Ação Penal de Iniciativa Pública

Na sistemática brasileira, para saber de quem será a legitimidade ativa para propor a ação penal, deve-se analisar qual é o delito (ainda que em tese) praticado, verificando no Código Penal a disciplina definida para a ação processual penal. Mas não basta analisar o tipo penal supostamente praticado, deve-se verificar todo o "Capítulo" e às vezes até o "Título" no qual estão inseridos o capítulo e a descrição típica.

Exemplo de questão que costuma surpreender os concursantes (pois na realidade isso não é nada comum) diz respeito ao delito de furto praticado em prejuízo do cônjuge divorciado ou judicialmente separado, irmão, legítimo ou ilegítimo, tio ou sobrinho com quem o agente coabita. Pela sistemática do art. 155 (e seguintes) do Código Penal, a ação penal é de iniciativa pública incondicionada. Contudo, nesses casos, encontramos lá no art. 182 do CP disciplina diferente: nesses casos, a ação é de iniciativa pública, mas condicionada à representação do ofendido.

Esse exemplo serve apenas de advertência de que a análise deve ser cautelosa antes de afirmar-se qual é a legitimidade ativa da ação processual penal.

Contudo, se verificada a disciplina do Código Penal nenhuma referência existir em relação à ação processual penal, significa que ela será de iniciativa pública e incondicionada, cabendo ao Ministério Público exercê-la. Por outro lado, será de iniciativa pública condicionada quando o tipo penal expressamente disser que "somente se procede mediante representação" ou que "somente se procede mediante requisição do Ministro da Justiça" (v.g. art. 145, parágrafo único, do CP).

Assim, a regra é que os delitos sejam objeto de ações penais de iniciativa pública e incondicionada. As exceções (iniciativa privada ou pública condicionada) são expressamente previstas na lei.

### 5.1. Regras da Ação Penal de Iniciativa Pública (Condicionada ou Incondicionada)

Definidas essas advertências iniciais, cumpre analisar as regras (para alguns autores, princípios) que norteiam a ação penal de iniciativa pública (seja ela condicionada ou incondicionada).

#### 5.1.1. Oficialidade ou Investidura

A ação penal de iniciativa pública é atribuição exclusiva do Ministério Público, nos termos do art. 129, I, da Constituição. Significa que somente os membros do Ministério Público estadual ou federal, devidamente investidos no cargo, é que podem exercê-la através da "denúncia".

### 5.1.2. Obrigatoriedade (ou Legalidade)

A ação penal de iniciativa pública está regida pelo princípio da obrigatoriedade, no sentido de que o Ministério Público tem o dever de oferecer a denúncia sempre que presentes as condições da ação anteriormente apontadas (prática de fato aparentemente criminoso – *fumus commissi delicti*; punibilidade concreta; justa causa). A legitimidade é inequívoca diante da titularidade constitucional para o exercício da ação penal nos delitos de iniciativa persecutória pública.

Não estando presentes essas condições, deverá o promotor:

– postular o arquivamento, enquanto estiver vigendo a redação antiga do art. 28 do CPP;

– ordenar o arquivamento nos termos do NOVO art. 28 do CPP. A obrigatoriedade (não consagrada expressamente, mas extraída da leitura do art. 24 e do seu caráter imperativo) encontra sua antítese nos princípios da oportunidade e conveniência (não adotados no Brasil na ação de iniciativa pública), em que caberia ao Ministério Público ponderar e decidir a partir de critérios de política criminal com ampla discricionariedade.

Em nosso sistema, estando presentes os requisitos legais para o exercício da ação penal, deverá[14] o Ministério Público oferecer a denúncia. Mas cada vez mais esse "deverá" está sendo mitigado. A relativização do princípio da obrigatoriedade, que inicia em 1995 com a Lei n. 9.099 e os institutos do JECrim, e se amplia com a Lei n. 12.850/2013 e a possibilidade de perdão judicial e demais institutos aplicáveis à delação premiada, e agora novamente é enfraquecida (e também a indisponibilidade) com o acordo de não persecução penal inserido no CPP pela reforma de 2019/2020.

### 5.1.3. Indisponibilidade

Não apenas está o MP obrigado a denunciar (ou PEDIR/ordenar o arquivamento se for o caso), senão que, uma vez iniciado o processo, não pode ele desistir, dispor da ação penal. Trata-se de uma medida de política criminal que, a nosso ver, deveria ser repensada à luz do que explicamos ao tratar do objeto do processo penal e da pretensão acusatória. Mas, enquanto isso não for feito, a indisponibilidade segue vigorando. Não pode o Ministério Público desistir da ação penal que tenha interposto, art. 42, ou mesmo do recurso, art. 576 do CPP.

---

14 Chamando a atenção para esse fato – de que a obrigatoriedade não está consagrada expressamente – JACINTO COUTINHO (A Natureza Cautelar da Decisão de Arquivamento do Inquérito Policial. *Revista de Processo*, n. 70, p. 51) explica que esse princípio é uma criação doutrinária e jurisprudencial, "que visa proteger a independência do MP – principalmente – contra ingerências estranhas, mormente de natureza política".

Não se confunde com a indisponibilidade (e tampouco a viola) o fato de o Ministério Público pedir a absolvição do réu em plenário (no júri) ou no debate oral do rito ordinário e sumário. Tampouco significa que seja o MP uma "parte imparcial", até porque tal monstro de duas cabeças é um absurdo juridicamente. No processo penal, o MP não é e nunca foi uma parte imparcial, até porque se é parte, jamais seria imparcial. A imparcialidade é atributo do juiz, pois ele não é parte. Logo, seria o mesmo que tentar reduzir a quadratura ao círculo, na célebre crítica de CARNELUTTI. Ademais, tal construção desconsidera (ou desconhece) que o Ministério Público é uma "parte artificialmente construída" para ser o contraditor natural do sujeito passivo, e que nasce na superação do sistema inquisitório, como uma forma de retirar poderes do juiz (instrutor/inquisidor). Logo, construído para ser parte e assegurar a imparcialidade do juiz (o único verdadeiramente concebido para ser imparcial).

Então, quando o MP pede a absolvição, não o faz por "imparcialidade" e tampouco por dispor da ação penal, senão que, como agente público, está obrigado à estrita observância dos princípios da objetividade, impessoalidade e, principalmente, legalidade. Logo, é absolutamente ilegal acusar alguém, ou pedir a condenação no final do processo, quando não existe justa causa, punibilidade concreta ou prova suficiente de autoria e materialidade. Nessa seara situa-se a discussão.

Por fim, na mesma linha argumentativa da regra anterior, chamamos a atenção do leitor para a relativização do princípio da indisponibilidade, que inicia com a Lei n. 9.099/95 e os institutos do JECrim, amplia na Lei n. 12.850/2013 e a negociação sobre a pena na delação premiada e agora vem ainda mais enfraquecida (a indisponibilidade) com o acordo de não persecução penal. Pensamos que é preciso repensar a 'indisponibilidade' à luz da inequívoca tendência de ampliação do espaço negocial no processo penal. É uma questão de responsabilidade funcional: se o MP é o titular da ação penal pública, deve poder acusar ou não acusar, bem como negociar a pena (dentro de limites razoáveis, é claro, jamais para todo e qualquer crime) no curso do processo. Também é a melhor forma de sistematizar e otimizar o funcionamento da justiça criminal.

### 5.1.4. Indivisibilidade

O princípio da indivisibilidade tem aplicação pacífica na ação penal de iniciativa privada, mas não nos crimes de ação penal pública.

Contrários à aplicação do princípio da indivisibilidade, encontramos algumas decisões do STJ e do STF. Entre outras, citamos a proferida no RHC 95.141-0, Rel. Min. Ricardo Lewandowski, julgado em 6/10/2009, que rechaçou a tese do arquivamento implícito e relativizou o princípio da indivisibilidade da ação penal pública[15]:

Essa é a posição dos tribunais superiores, mas com a qual não concordamos, pois estabelece um paradoxo, principalmente quando interpretado de forma sistemática à luz dos princípios da obrigatoriedade e da indisponibilidade. Sendo obrigatória e indisponível a ação pública, não vemos como sustentar sua divisibilidade... No fundo, essa posição não é técnica, mas de política processual, pois o que está a legitimar é a possibilidade de não denunciar alguém ou algum delito neste momento, para fazê-lo posteriormente, atendendo ao interesse e à estratégia do acusador. É com base nesta relativização do princípio da obrigatoriedade que também estão fulminando as regras da conexão e continência, para separar aqueles que possuem prerrogativa de função dos demais (sem essa prerrogativa), da seguinte forma: o MP denuncia junto ao juízo de primeiro grau aqueles que não possuem prerrogativa de função e, posteriormente, aqueles agentes políticos com prerrogativa (junto ao respectivo tribunal), violando assim a unidade de processo e julgamento imposto pelos arts. 76 e 77 do CPP.

Trata-se de decorrência natural e lógica das regras anteriores, ou seja, se a ação penal é obrigatória e indisponível (como explicado), obviamente é indivisível, no sentido de que deve abranger a todos aqueles que aparentemente tenham cometido a infração.

Mas, por honestidade acadêmica, devemos destacar que nosso entendimento não encontra guarida nas decisões do STF e do STJ, ao menos por ora.

Noutra dimensão, recordemos que, não havendo suficiente *fumus commissi delicti*, legitimidade passiva ou justa causa, o MP deverá PEDIR/ordenar o arquivamento (dependendo da redação do art. 28 que estiver vigendo) em relação àqueles fatos imputados. Em nada resta violada a regra da indivisibilidade nesses casos.

---

15 EMENTA: RECURSO ORDINÁRIO EM *HABEAS CORPUS*. PROCESSUAL PENAL. COMETIMENTO DE DOIS CRIMES DE ROUBO SEQUENCIAIS. CONEXÃO RECONHECIDA RELATIVAMENTE AOS RESPECTIVOS INQUÉRITOS POLICIAIS PELO MP. DENÚNCIA OFERECIDA APENAS QUANTO A UM DELES. ALEGAÇÃO DE ARQUIVAMENTO IMPLÍCITO QUANTO AO OUTRO. INOCORRÊNCIA. PRINCÍPIO DA INDIVISIBILIDADE. INEXISTÊNCIA. AÇÃO PENAL PÚBLICA. PRINCÍPIO DA INDISPONIBILIDADE. RECURSO DESPROVIDO.

I – Praticados dois roubos em sequência e oferecida a denúncia apenas quanto a um deles, nada impede que o MP ajuíze nova ação penal quanto ao delito remanescente.

II – Incidência do postulado da indisponibilidade da ação penal pública que decorre do elevado valor dos bens jurídicos que ela tutela.

III – Inexiste dispositivo legal que preveja o arquivamento implícito do inquérito policial, devendo ser o pedido formulado expressamente, a teor do disposto no art. 28 do Código Processual Penal.

IV – Inaplicabilidade do princípio da indivisibilidade à ação penal pública. Precedentes.

V – Recurso desprovido.

RHC 95.141-0, Rel. Min. Ricardo Lewandowski, j. 06/10/2009.

### 5.1.5. Intranscendência

Da mesma forma que a pena não pode passar da pessoa do condenado, não pode a acusação passar da pessoa do imputado.

A regra não possui maior relevância processual, pois a situação vem circunscrita, previamente, pelo Direito Penal. A acusação está limitada, na sua abrangência subjetiva, aos limites impostos pelo Direito Penal no que se refere à autoria, coautoria e participação. Não havendo o vínculo concursal, não há que se falar em transcendência da pena ou da acusação. Assim, a acusação somente pode recair sobre autor, coautor ou partícipe do delito.

## 5.2. Espécies de Ação Penal de Iniciativa Pública

### 5.2.1. Ação Penal de Iniciativa Pública Incondicionada

É a regra geral do sistema penal brasileiro, no qual os delitos são objeto de acusação pública, formulada, portanto, pelo Ministério Público (estadual ou federal, conforme seja a competência da Justiça Comum Estadual ou [Comum] Federal).

Essa ação será exercida através de "denúncia", instrumento processual específico da ação penal de iniciativa pública e de atribuição exclusiva do Ministério Público (art. 129, I, da Constituição). Daí por que é necessário advertir, o processo penal somente poderá iniciar por denúncia do Ministério Público ou por queixa do ofendido, ou representante legal, nos crimes de iniciativa privada. Não há exceção, estando revogado o art. 26 do CPP, que previa a possibilidade de a ação penal, nas contravenções, ser iniciada pelo auto de prisão em flagrante ou por portaria expedida pela autoridade judiciária ou policial. Isso não foi recepcionado pela Constituição de 1988 e, no caso de contravenção penal, a acusação será feita por denúncia do Ministério Público.

A denúncia deverá conter, como exige o art. 41, a exposição do fato criminoso (descrição da situação fática), com todas as suas circunstâncias (logo, tanto as circunstâncias que aumentem/agravem a pena como também as que diminuam/atenuem a pena), a qualificação do acusado ou esclarecimentos pelos quais se possa identificá-lo (algo impensável atualmente, pois o inquérito policial serve para apurar a autoria e permitir a perfeita identificação do imputado), a classificação do crime (sua tipificação legal, até porque é um reducionismo afirmar que o réu se "defende dos fatos" como explicaremos ao tratar da correlação e do art. 383 do CPP) e, quando necessário, o rol de testemunhas (o que será sempre necessário, salvo situação excepcionalíssima, até porque a pobreza dos meios de investigação e a falta de cientificidade da cultura investigatória fazem com que no Brasil a prova seja essencialmente testemunhal).

Quanto à clara exposição do fato criminoso, além da necessidade de plena compreensão por parte do juiz e da defesa (como se defender de uma acusação incompreensível?), exige-se, ainda, que em caso de concurso de agentes e/ou crimes exista uma clara definição de condutas e agentes. Ou seja, inadmissível uma denúncia genérica que não faça a individualização da conduta praticada por cada réu.

Quanto à prova testemunhal, é importante frisar que o momento para que o Ministério Público arrole, sob pena de preclusão, é o da denúncia, bem como, em se tratando de ação penal de iniciativa privada, as testemunhas devem ser arroladas na queixa (também sob pena de preclusão e impossibilidade de posterior postulação dessa prova).

A ausência dos elementos do art. 41, especialmente a clara exposição do fato criminoso, a identificação do réu e a classificação do crime, que são elementos imprescindíveis, conduz à inépcia da inicial acusatória, devendo o juiz das garantias rejeitá-la, conforme determina o art. 395, I, do CPP. Essa decisão produz apenas coisa julgada formal, não impedindo nova acusação desde que satisfeito o requisito.

Com relação à ausência das circunstâncias agravantes ou atenuantes, bem como de eventuais causas de aumento ou diminuição ou mesmo a indicação do rol de testemunhas (desde que exista suporte probatório documental para demonstrar a justa causa), a denúncia deverá ser recebida. Mas, nesses casos, opera-se, contudo, a preclusão em relação à prova testemunhal da acusação e à incidência dos limites decorrentes do princípio da correlação em relação às causas de aumento/diminuição, agravantes/atenuantes, conforme explicaremos ao tratar desse tema. Inclusive em relação a agravantes não contidas na acusação opera-se a impossibilidade de reconhecimento por parte do juiz, diante da manifesta inconstitucionalidade do art. 385 do CPP, bem como incompatibilidade com o objeto do processo penal (pretensão acusatória).

Quanto ao número de testemunhas, recordando que a vítima não é testemunha e que, portanto, não integra o limite numérico[16], temos como regra geral: 8 testemunhas para o rito comum ordinário (art. 401) e 5 para o rito comum sumário (art. 532). Essa é uma regra geral permeada por exceções previstas em leis especiais, como, por exemplo, o limite de 5 testemunhas para os delitos de tráfico de substâncias entorpecentes (art. 55, § 1º, da Lei n. 11.343).

---

[16] Também não são computadas as que não prestam compromisso de dizer a verdade, as testemunhas referidas e as que nada souberem sobre o caso penal (arts. 208, 209, §§ 1º e 2º). Esses limites numéricos poderão, ainda, sofrer um alargamento pela incidência do art. 209 do CPP, que permite ao juiz ouvir outras testemunhas além daquelas arroladas pelas partes (podendo ser interpretado, assim, como testemunhas além do limite numérico das partes).

A denúncia deverá ser oferecida, como regra, no prazo de 5 dias se o acusado estiver cautelarmente preso ou de 15 dias se estiver solto. Esse prazo, nos termos do art. 46, conta-se da data em que o MP receber os autos do inquérito policial, outro instrumento de investigação preliminar ou outras peças de convicção (até porque o inquérito não é obrigatório).

Considerando que o sistema processual brasileiro não adota a estrutura de *prazo com sanção*, pouca consequência prática terá o descumprimento desses limites temporais. Estando o imputado solto, a violação do prazo acarreta apenas o nascimento do direito de o ofendido ajuizar a queixa subsidiária.

E até quando poderá o MP ajuizar a denúncia? Em tese, até a prescrição da pretensão punitiva pela pena em abstrato, calculada pela maior pena prevista no tipo penal a partir da análise dos prazos previstos no art. 109 do CP. Para nós, cuja posição é minoritária, a *prescrição pela possível pena a ser aplicada* (prescrição em perspectiva), pois não vislumbramos justa causa ou punibilidade concreta nesses casos. Ademais, há que se considerar o direito ao julgamento no prazo razoável, redimensionando a questão do tempo do direito e seu (ab)uso por parte da acusação, sem perder de vista, ainda, a falta de credibilidade de uma prova produzida muitos anos depois do fato, bem como a própria ineficácia da sanção penal (tão) descolada temporalmente do fato criminoso. Mas esse entendimento é minoritário e não tem acolhida nos tribunais.

Estando o imputado preso, a situação é muito mais crítica, e a violação desse prazo deveria conduzir, inexoravelmente, à liberdade do imputado (sem prejuízo de posterior oferecimento da denúncia e, se necessária, nova prisão cautelar, atendendo ao caráter provisional das prisões preventivas, como veremos adiante).

Mas, infelizmente, a jurisprudência brasileira tem sido extremamente complacente com a violação dos prazos processuais, e não há notícias de *habeas corpus* interposto e acolhido pela violação dos 5 dias para oferecimento da denúncia. Em geral, como veremos ao tratar do *writ*, os prazos não são computados de forma isolada para constituição do constrangimento ilegal da prisão, senão globalmente, de modo que somente após superado um limite muito, mas muito maior de tempo, é que se cogita de excesso de prazo e consequente soltura do imputado.

### 5.2.2. Ação Penal de Iniciativa Pública Condicionada

O diferencial nuclear dessa ação em relação à anterior está na exigência legal de que o ofendido (ou representante legal) faça a *representação* (ou *requisição* do Ministro da Justiça, quando a lei exigir) para que o Ministério Público possa oferecer a denúncia. É uma ação de iniciativa pública, mas que está *condicionada* a uma espécie de autorização do ofendido, para que possa ser exercida. Essa autorização é a "representação" ou, nos delitos praticados contra a honra do Presidente da República, a "requisição" do Ministro da Justiça (art. 145, parágrafo único, do CP).

Um mesmo crime poderá ser de ação penal pública incondicionada ou condicionada a representação conforme, por exemplo, a qualidade da vítima. Nessa linha, entre outros, temos o crime de estelionato, que com o advento da Lei n. 13.964/2019, passou a depender de representação, exceto quando a vítima for a administração pública (direta ou indireta), criança ou adolescente, pessoa com deficiência mental, maior de 70 anos ou incapaz, situações em que a ação penal será pública incondicionada.

Para nós, é uma condição da ação, mas alguns autores definem como *condição de procedibilidade*. De qualquer forma, o que importa é que o MP não pode proceder contra alguém sem que exista essa autorização do ofendido (nem mesmo o inquérito pode ser formalmente instaurado sem ela, diante da exigência do art. 5º, § 4º, do CPP).

Vejamos numa análise sistemática os requisitos da representação:

1. **Quanto ao Sujeito:** quem faz a representação é a vítima ou seu representante legal (cônjuge, ascendente, descendente ou irmão, art. 24, § 1º). A representação poderá ainda ser prestada através de procurador com poderes especiais (art. 39). Se o ofendido for:
   1.1. Menor de 18 anos: quem faz a representação é seu representante legal (pai, mãe, avós maternos ou paternos, irmão maior de 18 anos e até mesmo os tios que detenham a guarda legal). Quanto à problemática Súmula 594 do STF, vislumbram-se na doutrina duas correntes:
      1.1.1. A primeira corrente entende que o prazo decadencial não flui enquanto for incapaz, pois, se não pode exercer o direito, não pode haver contagem de prazo. Quando ele fizer 18 anos, terá o prazo de 6 meses para exercer a representação. Isso independe do fato de o representante legal tomar conhecimento ou não do crime. Portanto, seriam dois direitos com dois titulares. O acerto dessa posição está em definir um critério objetivo, que independa de ter havido ou não conhecimento do representante legal, até porque a prova desse conhecimento é dificílima de ser produzida com confiabilidade.
      1.1.2. A segunda corrente entende que é direito único, mas com dois titulares, de modo que, operada a decadência, está fulminado

o direito. Neste caso, é preciso distinguir duas situações: a) o menor leva ao conhecimento do representante legal o delito do qual foi vítima, então começa a correr o prazo de 6 meses para que seja feita a representação. Não sendo realizada, opera-se a decadência; b) o menor não conta para o representante legal, então quando completar 18 anos terá o prazo de 6 meses para fazer a representação. Isso porque contra o menor de 18 anos não corre prazo e, em relação ao representante legal, também não, pois não tinha conhecimento do ocorrido.

1.2. Maior de 18 anos e menor de 21: até o advento do Código Civil, cuja vigência é de 2003, a sistemática do CPP era de legitimidade concorrente, pois a representação (e uma série de outros institutos, como o perdão e a renúncia) poderia ser feita pela vítima, ou pelo representante legal, pois ela era considerada relativamente capaz para a prática dos atos da vida civil. Contudo, com o novo Código Civil, operou-se uma mudança no que se refere ao tratamento da capacidade. Assim, uma pessoa é plenamente capaz aos 18 anos. Logo, acabou toda e qualquer capacidade concorrente – seja para representar, perdoar ou renunciar – quando a vítima tiver mais de 18 anos, pois ela passou a ser plenamente capaz, não havendo mais a possibilidade de o ascendente, por exemplo, representar por ele (salvo se for constituído como seu procurador, através de procuração com poderes especiais)[17].

Para evitar qualquer confusão, é importante destacar que essa alteração da legislação civil não afeta o Direito Penal, de modo que o agente que possua entre 18 e 21 anos segue gozando de tratamento diferenciado, como, por exemplo, com a incidência da atenuante da menoridade e a redução do prazo prescricional. Isso porque, na esfera penal, vale o critério etário. Já para o processo penal, o critério utilizado é a capacidade para a prática dos atos da vida.

No que se refere ao polo passivo da representação – autor do delito – deve-se esclarecer que a representação não precisa identificar o imputado, até porque essa identificação pode depender da investigação policial a ser realizada a partir dela. Daí por que processualmente irrelevante é a representação que não identifique o autor do fato ou mesmo identifique parcialmente os agressores, como pode ocorrer

[17] Mas essa alteração não afeta o Direito Penal, de modo que o agente que possua entre 18 e 21 anos segue gozando de tratamento diferenciado, como, por exemplo, com a incidência da atenuante da menoridade e a redução do prazo prescricional. Isso porque, na esfera penal, vale o critério etário. Já para o processo penal, o critério utilizado é a capacidade para a prática dos atos da vida.

em caso de concurso de agentes. Assim, se a representação imputar a "A" a prática do fato e a investigação apurar que o delito foi praticado em coautoria (ou com a participação) de "B", a denúncia deverá ser formulada contra ambos (princípio da indivisibilidade), ainda que a representação tenha mencionado apenas um deles. Isso porque a representação é uma autorização para que o Estado possa apurar a prática de um delito de ação penal pública condicionada, incluindo aí todas as pessoas cuja responsabilidade penal venha a ser apurada.

Contudo, se a intenção é fazer a representação diretamente no MP, sem prévio inquérito (o que é possível em tese, mas pouco usual), a questão muda radicalmente de tratamento, devendo ela conter todos os elementos necessários para a formulação da denúncia.

2. **Quanto ao Objeto:** a representação tem por objeto um fato, acrescida da autorização para que o Estado possa proceder no sentido de apurar e acusar a todos os envolvidos nesse fato delituoso.
3. **Forma dos Atos:** em que pese a relativização da forma da representação, atualmente consagrada na jurisprudência, existem alguns elementos básicos que devem constar:
   3.1. Quanto ao Lugar: a representação poderá ser feita diretamente ao juiz, MP ou na polícia. Sendo feita ao juiz, deverá ele encaminhá-la imediatamente ao Ministério Público e não à polícia, como prevê o art. 39, § 4º, do CPP, pois à luz do sistema acusatório constitucional não incumbe ao juiz determinar a abertura de inquérito policial, senão encaminhar para o titular da ação penal pública (Ministério Público), para que ele decida entre denunciar direto, pedir arquivamento, investigar por si mesmo, pedir diligência à polícia ou requisitar a instauração do IP. Quando oferecida a representação diretamente à polícia, deverá esta apurar a infração penal apontada através do IP.
   3.2. Tempo: a representação deverá ser feita no prazo decadencial de 6 meses, contados a partir da data em que o ofendido vier a saber[18] quem é o autor do delito (art. 38). Por ser um prazo decadencial, não

[18] Concordamos com Fernando da Costa TOURINHO FILHO (*Processo Penal*, v. 1, p. 362), quando afirma que se a representação (regra também aplicável à queixa- crime, frise-se) for feita após o prazo de 6 meses da data do fato, sob o argumento de que somente em momento posterior o ofendido veio a saber quem era o autor do delito, a carga dessa prova lhe incumbe. Ou seja, é carga probatória do ofendido demonstrar a data em que veio a saber quem era o autor do delito quando esta não coincide com a data da ocorrência do fato. Daí por que, como essa é uma prova muito difícil, na dúvida, é sempre melhor representar ou apresentar a queixa dentro dos 6 meses posteriores ao fato, ainda que isso represente um encurtamento do prazo em caso de posterior descoberta da autoria.

pode ser prorrogado, interrompido ou suspenso. Realizada no prazo legal, será irrelevante que a denúncia seja oferecida após os 6 meses, pois o prazo decadencial está atrelado exclusivamente à representação e, uma vez realizada esta, não se fala mais em decadência. A representação poderá ser oferecida a qualquer dia e hora, junto à autoridade policial e nos dias e horas úteis, ao juiz ou promotor. Importante destacar que o prazo decadencial não se prorroga, logo, se acabar no domingo, por exemplo, não se estende para segunda-feira, devendo a representação ser feita na polícia (no domingo).

Quanto à forma de contagem do prazo, aplica-se a regra do art. 10 do Código Penal, de modo que o dia do começo inclui-se no cômputo do prazo. Assim, para saber o dia final, basta projetar até seis meses depois e retroceder um dia. Exemplo: se tomou conhecimento no dia 03/02, a representação poderá ser feita até o dia 02/08 às 23h59min. No primeiro minuto do dia 03/08, terá se operado a decadência.

Importante destacar que a *requisição do Ministro da Justiça* não tem prazo para ser oferecida, não se aplicando, portanto, ao prazo decadencial de 6 meses previsto para a representação. Não há que se falar em "analogia" por inexistência de lacuna e, principalmente, porque não se pode – por analogia – criar uma causa de extinção desse ou de qualquer direito. Assim, a requisição (e a posterior denúncia) poderá ser feita até a prescrição da pretensão punitiva pela pena em abstrato, ou, como pensamos, até a *prescrição pela possível pena a ser aplicada* (prescrição em perspectiva), pois não vislumbramos justa causa ou punibilidade concreta nesses casos.

3.3. Forma (art. 39 e seus parágrafos):

3.3.1. É *facultativa*, estando subordinada a critérios de oportunidade e conveniência. A vítima não está obrigada a representar e, recorde-se, sem sua autorização não pode o Estado proceder contra o autor do delito.

3.3.2. Deve ser um ato de *livre manifestação de vontade* do ofendido. O vício de consentimento anula a representação e leva à ilegitimidade ativa (falta a condição da ação exigida pela lei) do MP para promover a ação penal.

3.3.3. Poderá ser prestada *oralmente* ou por *escrito*. No primeiro caso será reduzida a termo pela autoridade; no segundo, poderá ser manuscrita ou datilografada, mas deverá ter a firma reconhecida por autenticidade. Quando não cumprir esse requisito legal, a autoridade que o recebeu deverá intimar a vítima para que compareça, querendo, a fim de representar oralmente (reduzindo-se a escrito). Outra solução, tendo em vista a tendência em flexibilizar os requisitos formais da representação, é solicitar a ratificação no momento em que a vítima for ouvida – desde que o faça antes de oferecida a denúncia e dentro do prazo decadencial de 6 meses.

A jurisprudência amenizou muito a forma prescrita no art. 39 e, atualmente, entende-se que a mera notícia-crime já é suficiente para implementar-se o requisito legal. Prevalece a doutrina da instrumentalidade das formas, com uma flexibilização dos requisitos formais. Assim, importa mais o conteúdo (manifestação de vontade da vítima no sentido de autorizar a apuração e acusação pelo Estado) do que a forma.

A representação não é obrigatória e poderá haver retratação do ofendido. Como prevê o art. 25, a representação será irretratável depois de oferecida a denúncia, logo, perfeitamente retratável até o oferecimento da denúncia. Retratar-se aqui é retirar a autorização dada, voltar atrás na representação. Exige atenção o termo final da retratação: oferecimento da denúncia. Não é recebimento pelo juiz, mas o mero oferecimento pelo Ministério Público. E como se comprova o oferecimento da denúncia? Pelo registro feito no "livro carga". Saindo das mãos do Ministério Público com a denúncia ofertada, já não caberá a retratação.

A retratação poderá ser parcial? Não, é geral, atingindo a todos os fatos (cuja ação seja pública condicionada) e todos os envolvidos. Surge como uma decorrência da indivisibilidade da ação penal (seja ela pública ou privada), uma regra básica nessa matéria. Inclusive, em caso de concurso de pessoas em delito de ação penal pública condicionada, havendo a retratação em relação a um dos agentes, opera-se a renúncia, que a todos se estende (art. 49 por analogia).

É possível a retratação da retratação? E como ela é feita? Sim, é possível a retratação da retração e ela se dá através de nova representação. Ou seja, a vítima faz a representação e se arrepende. Desde que não tenha sido oferecida a denúncia, ela pode se retratar, voltar atrás e retirar a autorização que deu para o Estado atuar (ou seja, a representação). Contudo, pode ocorrer que após a retratação ela mude novamente de opinião e se arrependa – agora – da retratação feita. Resolve que deseja ver o agressor submetido ao processo penal. Então o que ela deve fazer? Uma nova representação. Logo, a retratação da retração se dá através de nova representação, desde que, e isso é fundamental, não tenham passado os 6 meses entre a data do fato (ou dia em que vier a saber quem é o autor) e essa nova representação. Isso porque a primeira representação feita e que foi objeto da retratação desaparece e o prazo segue correndo. Contudo, em sentido diverso opina TOURINHO FILHO[19], com propriedade, afirmando que a retratação da representação equivale a uma renúncia e, portanto, gera a extinção da punibilidade. Logo, ao se retratar, estaria o ofendido renunciando ao direito de representação, sendo incabível uma nova representação em momento posterior.

E nos crimes contra a honra de servidor público, caberá retratação? Com certeza. Insere-se na regra geral do art. 25. Ademais, a Súmula 714 do STF consagrou a legitimidade concorrente entre o ofendido – através de queixa – e o Ministério Público – condicionada a ação à representação do servidor. Logo, se representou, pode se retratar (desde que antes de oferecida a denúncia). Se optou pela queixa, tanto poderá renunciar – se ainda não a exerceu – como poderá ofertar o perdão ou mesmo desistir e dar lugar à perempção (se já exerceu a queixa).

É possível retratação da requisição do Ministro da Justiça? Entendemos que sim, na mesma linha de PACELLI[20], pois é submetida aos mesmos critérios de oportunidade e conveniência da vítima (aqui, especialmente, à conveniência e ao interesse político, tendo em vista a especial qualidade do ofendido). Sem olvidar, contudo, que a retratação somente poderá se produzir quando feita antes de oferecida a denúncia.

Feita essa ressalva, finalizamos este tópico deixando claro que uma vez feita a representação, desaparece a condição impeditiva da atuação por parte do Ministério Público. A partir daí, incidem todas as regras anteriormente explicadas sobre a ação penal de iniciativa pública (oficialidade, obrigatoriedade, indisponibilidade, indivisibilidade e intranscendência).

## 6. Ação Penal de Iniciativa Privada

A ação penal será de iniciativa privada quando o Código Penal disser que "somente se procede mediante queixa".

Como explicamos anteriormente, ao tratar do "objeto do processo penal", nos delitos de ação penal de iniciativa privada, não há que se falar em "substituição processual", senão que o ofendido atua, no processo penal, com uma pretensão

---

[19] *Processo Penal*, v. 1, p. 354.

[20] PACELLI DE OLIVEIRA, Eugênio. *Curso de Processo Penal.* Rio de Janeiro, Lumen Juris, 2008. p. 118.

acusatória que lhe é própria e não se confunde com o poder de penar, que está a cargo do Estado-juiz.

O particular é titular de uma pretensão acusatória e exerce o seu direito de ação, sem que exista delegação de poder ou *substituição processual*. Em outras palavras, atua um direito próprio (o de acusar) da mesma forma que o faz o Ministério Público nos delitos de ação penal de iniciativa pública.

Ao ser regida pelos princípios da oportunidade/conveniência e disponibilidade, se o querelante deixar de exercer *sua* pretensão acusatória, deverá o juiz extinguir o feito sem julgamento do mérito ou, pela sistemática do CPP, declarar a extinção da punibilidade pela perempção (art. 60 do CPP). Como se vê, a sistemática do CPP está em plena harmonia – no que tange à ação penal de iniciativa privada – com a posição aqui defendida.

A ação penal de iniciativa privada será exercida pelo ofendido ou seu representante legal através de queixa-crime.

A queixa deverá conter os mesmos requisitos da denúncia, pois assim exige o art. 41 do CPP, razão pela qual remetemos o leitor ao que foi explicado anteriormente. Também deverá o juiz observar, quando do oferecimento da queixa, se estão presentes as condições da ação previstas no art. 395 e anteriormente explicadas. Não estando, deverá rejeitá-la.

A esses requisitos, do art. 41, e condições da ação (art. 395), acrescentamos a necessidade de:

- dar um valor à causa, de alçada, pois a queixa paga custas processuais;
- conter procuração com poderes especiais, nos termos do art. 44 (a descrição do fato constitui uma garantia contra uma eventual responsabilidade por denunciação caluniosa em relação ao advogado);
- ainda que não seja um requisito imprescindível, deverá o querelante pedir a condenação do querelado ao pagamento das custas e honorários advocatícios, pois incide nesse tipo de ação (salvo se for pedida e concedida a assistência judiciária gratuita).

### 6.1. Regras que Orientam a Ação Penal de Iniciativa Privada

Também na ação penal de iniciativa privada existem regras (alguns consideram princípios) que norteiam seu exercício e desenvolvimento:

a) **Oportunidade e conveniência:** a vítima não está obrigada a exercer a ação penal, pois, ao contrário da ação penal de iniciativa pública, não há obrigatoriedade, senão plena faculdade. Caberá ao ofendido analisar o momento em que fará a acusação (desde que respeitado o prazo decadencial de 6 meses), bem como a conveniência de submeter seu caso penal ao processo, ponderando as vantagens e desvantagens.

b) **Disponibilidade:** ao contrário da ação penal de iniciativa pública, a ação penal de iniciativa privada é plenamente disponível, no sentido de que poderá o ofendido renunciar ao direito de ação, desistir do processo dando causa à perempção (art. 60), bem como perdoar o réu (mas somente produzirá efeito em caso de aceitação).

c) **Indivisibilidade:** em que pese a facultatividade e disponibilidade, por opção político-processual, a ação penal privada é indivisível, no sentido de que não poderá o querelante escolher – em caso de concurso de agentes – contra quem irá oferecer a queixa. Evitando um claro caráter vingativo (através da escolha), define o art. 48 que a queixa contra qualquer dos autores do crime obrigará ao processo de todos, e o Ministério Público velará por sua indivisibilidade.

A questão a saber é: como se dará o controle da indivisibilidade por parte do MP?

Há quem entenda que não incluindo o querelante algum dos autores do fato (e, para tanto, deve o inquérito ou contexto probatório demonstrar isso) o MP poderia aditar a queixa para incluir o coautor ou partícipe excluído (interpretação do art. 45). Não concordamos. Não tem o Ministério Público legitimidade para acusar alguém pela prática de um crime de iniciativa privada. É manifesta a ilegitimidade. Pensamos que o MP deve zelar pela indivisibilidade da ação através da aplicação do art. 49, ou seja, manifestando-se pela extinção da punibilidade em relação a todos, pois houve renúncia tácita. Como muito, seguindo a sugestão de NUCCI[21], o Ministério Público invocará o querelante para que faça o aditamento sob pena de, em não o fazendo, ter-se como renunciado o direito a queixa em relação a todos. Essa é a intervenção que o Ministério Público está legitimado a fazer.

E se na instrução surgirem novas provas, indicando novos autores do delito, caberá aditamento por parte do Ministério Público?

Seguimos entendendo que não, por manifesta ilegitimidade. Nesse caso, recordemos o disposto no art. 38, o qual dispõe que o prazo de seis meses para oferecimento da queixa começa a correr do "dia em que vier a saber quem é o autor do crime".

Logo, não houve renúncia, pois o querelante não sabia quem era o coautor ou partícipe.

---

[21] NUCCI, Guilherme de Souza. *Código de Processo Penal Comentado*. São Paulo, RT, 2006. p. 171.

Então terá o querelante o prazo de 6 meses contados da data da audiência ou ato processual que definiu essa nova autoria para ajuizar a queixa-crime. No caso, se ainda estiver tramitando o primeiro processo, deverá haver reunião para julgamento simultâneo, tendo em vista a existência de continência (art. 77, I). Voltaremos a essa questão a seguir, quando tratarmos do aditamento na queixa-crime, onde explicamos que o único aditamento possível (tanto pelo MP como pelo querelante) é o impróprio, que não inclui fato ou sujeitos no processo, mas apenas faz a correção material de dados da situação fática descrita.

d) **Intranscendência:** remetendo o leitor ao que dissemos anteriormente, ao tratar da ação penal de iniciativa pública, a acusação não poderá passar da pessoa do autor do fato.

## 6.2. Titularidade (Querelante) e o Prazo Decadencial

Quanto ao titular da queixa-crime, recebe o nome de *querelante*, sendo o réu designado *querelado*. O querelante é o ofendido pelo delito (art. 30), sendo que, em caso de morte ou ausência declarada por decisão judicial, o direito de prosseguir na ação passará ao cônjuge, ascendente, descendente ou irmão.

Se o ofendido for menor de 18 anos ou mentalmente enfermo, não poderá ele fazer a queixa-crime, por lhe faltar capacidade postulatória. Nos termos do art. 33, caberá ao seu representante legal postular (devidamente representado por advogado, é claro, salvo se estiver habilitado para o exercício da advocacia). Havendo divergência entre o interesse do menor (ou incapaz) e o do representante legal, caberá ao juiz nomear um curador (que não está obrigado a ajuizar a queixa-crime, pois ela não é obrigatória, senão que deverá ponderar a conveniência e oportunidade para o menor).

Repete-se, aqui, a problemática em torno da Súmula 594 do STF, com duas posições:

1. A primeira corrente entende que o prazo decadencial não flui enquanto for incapaz, pois se não pode exercer o direito, não pode haver contagem de prazo. Quando ele fizer 18 anos, terá o prazo de 6 meses para exercer a queixa. Isso independe do fato de o representante legal tomar conhecimento ou não do crime. Portanto, seriam dois direitos com dois titulares.
2. A segunda corrente entende que é direito único, mas com dois titulares, de modo que, operada a decadência, está fulminado o direito. Neste caso, é preciso distinguir duas situações: a) o menor leva ao conhecimento do representante legal o delito do qual foi vítima, então começa a correr o prazo de 6 meses para que seja feita a queixa. Não sendo realizada, opera-se a decadência; b) o menor não conta para o representante legal, então

quando completar 18 anos terá o prazo de 6 meses para fazer a queixa. Isso porque contra o menor de 18 anos não corre prazo e, em relação ao representante legal, também não, pois não tinha conhecimento do ocorrido.

Em relação ao ofendido maior de 18 anos e menor de 21, até o advento do Código Civil, cuja vigência é de 2003, a sistemática do CPP era de legitimidade concorrente (art. 34), pois a queixa (e uma série de outros institutos, como o perdão e a renúncia) poderia ser feita pela vítima, ou pelo representante legal, pois ela era considerada relativamente capaz para a prática dos atos da vida civil. Contudo, com o novo Código Civil, operou-se uma mudança no que se refere ao tratamento da capacidade. Agora, uma pessoa é plenamente capaz aos 18 anos. Logo, acabou toda e qualquer capacidade concorrente – seja para representar, fazer a queixa-crime, perdoar ou renunciar – quando a vítima tiver mais de 18 anos, pois ela passou a ser plenamente capaz, não havendo mais a possibilidade concorrente de o ascendente, por exemplo, fazer a queixa.

Quanto ao prazo, a queixa deverá ser feita no prazo decadencial de 6 meses, contados a partir da data em que o ofendido vier a saber[22] quem é o autor do delito (art. 38). Por ser um prazo decadencial, não pode ser prorrogado, interrompido ou suspenso.

Importante destacar que o prazo decadencial não se prorroga, logo, se acabar no domingo, por exemplo, não se estende para segunda-feira, devendo a queixa ser distribuída na sexta-feira anterior ou no plantão de domingo. Quanto à forma de contagem do prazo, não se conta o dia da ciência e se inclui o do término. Assim, para saber o dia final, basta projetar até seis meses depois e retroceder um dia. Exemplo: se tomou conhecimento no dia 03/02, a queixa poderá ser feita até o dia 02/08 às 23h59min. No primeiro minuto do dia 03/08, terá se operado a decadência do direito de queixa.

### 6.2.1. Procuração com Poderes Especiais: a Menção ao Fato Criminoso

O querelante somente pode postular em juízo através de advogado, cuja procuração deverá conter poderes especiais e fazer a menção ao fato criminoso. Inicialmente, cumpre destacar o erro de alguns advogados que insistem em utilizar, na esfera penal, procuração "com os poderes gerais para o foro previstos no art. 105 do novo CPC...".

---

[22] Recordando a explicação anterior sobre a representação, também a queixa, quando feita após o prazo de 6 meses da data do fato, sob o argumento de que somente em momento posterior o ofendido veio a saber quem era o autor do delito, a carga dessa prova lhe incumbe. Ou seja, é carga probatória do ofendido demonstrar a data em que veio a saber quem era o autor do delito quando esta não coincide com a data da ocorrência do fato. Daí por que, como essa é uma prova muito difícil, na dúvida, é sempre melhor apresentar a queixa dentro dos 6 meses posteriores ao fato, ainda que isso represente um encurtamento do prazo em caso de posterior descoberta da autoria.

Ora, nada mais inadequado do que, no processo penal, receber poderes para *reconvir, intervir como terceiro, proceder a retificação de registros civis, transigir, desistir, receber e dar quitação, prestar compromisso de inventariante, prestar primeiras e últimas declarações etc.* e não ter poderes para defender o réu em processo-crime, interpor recursos, ou, na matéria em questão, deixar de consignar a outorga de poderes para requerer abertura de inquérito policial, ajuizar queixa-crime, oferecer perdão e atos típicos do processo penal.

Mais do que uma procuração adequada para os atos a serem praticados no processo penal, deve ela conter o nome do querelante (pois é o outorgante dos poderes) e do querelado (o réu). O art. 44 do CPP menciona "querelante", o que está incorreto, pois este obviamente deverá estar sempre na procuração, senão não se opera a outorga de poderes. Logo, deve ser lido "querelado" no art. 44.

Atenção especial merece a exigência de "menção do fato criminoso".

Durante muito tempo se entendeu que significava a descrição do fato na procuração, em que o querelante outorgava poderes aos advogados (outorgados) para ajuizarem queixa-crime contra o agressor (querelado) porque no dia tal às tantas horas teria proferido as palavras... (então se descreve a situação fática que constitui o crime). A descrição do fato criminoso era considerada fundamental para assegurar que o advogado, quando da elaboração da queixa, ficaria protegido de uma eventual acusação de denunciação caluniosa por parte do querelado.

Atualmente, até por força das prerrogativas asseguradas na Lei n. 8.906, têm os tribunais entendido que por "menção ao fato criminoso" compreende-se a mera indicação dos crimes praticados. Assim, bastariam os poderes especiais para oferecer queixa-crime contra fulano (querelado), porque no dia tal, às tantas horas, teria praticado os delitos de injúria e difamação (por exemplo).

Toda a problemática em torno da "menção ao fato criminoso" cai por terra quando o ofendido assina, juntamente com seu advogado, a queixa-crime. Como nela existirá a plena descrição do fato criminoso e também a fundamentação jurídica acerca da tipicidade da conduta praticada, assinando o querelante a inicial, estará ratificando todo o afirmado por seu procurador.

Por fim, caso o ofendido não tenha condições econômicas de constituir um advogado, prevê o art. 32 que o juiz lhe nomeará um advogado para promover a ação penal.

## 6.3. Espécies de Ação Penal de Iniciativa Privada

A ação penal de iniciativa privada poderá ser:

a) **Originária ou comum:** trata-se da ação penal de iniciativa privada tradicional, sem qualquer especificidade, podendo ser ajuizada através da queixa, no prazo decadencial de 6 meses, pelo ofendido ou seu representante legal.

b) **Personalíssima:** é uma ação penal de iniciativa privada e, mais do que isso, restrita à iniciativa pessoal da vítima. Atualmente, com a revogação do delito de adultério (art. 240 do CP) pela Lei n. 11.106/2005, persiste em nosso ordenamento apenas um delito de iniciativa personalíssima: o crime de induzimento a erro essencial e ocultação de impedimento, previsto no art. 236 do CP. Nesse crime, exige o parágrafo único do art. 236 que a ação penal somente poderá ser ajuizada pelo contraente enganado. Significa que não se opera a sucessão prevista no art. 31 do CPP e, por consequência, com a morte do ofendido, extinguem-se a punibilidade e a ação penal. Ademais, se o cônjuge enganado for menor de 18 anos, a queixa somente poderá ser prestada após cessada a menoridade. Isso porque a emancipação pelo casamento não gera nenhum efeito no processo penal, nem para torná-lo imputável, nem para lhe outorgar capacidade para exercer a ação penal.

c) **Subsidiária da pública:** também chamada de queixa substitutiva, exige uma atenção maior, pois se trata de uma legitimação extraordinária para o ofendido exercer ação penal em um crime que é de iniciativa pública. Está consagrada constitucionalmente no art. 5º, LIX, e também nos arts. 29 do CPP e 100, § 3º, do CP.

Assim, se recebido o inquérito policial ou peças de informação suficientes para oferecer a denúncia ou pedir o arquivamento (ou, ainda, postular diligências), o Ministério Público ficar inerte, poderá o ofendido, superado o prazo concedido para o MP denunciar (5 dias se o imputado estiver preso ou 15 dias se estiver solto), oferecer uma queixa subsidiária, dando início ao processo e assumindo o polo ativo (como acusador). Por inércia do MP compreende-se o fato de ele não acusar, nem pedir diligências e tampouco ordenar o arquivamento. Caso tenha pedido diligências ou ordenado o arquivamento, mesmo que a vítima não concorde, não há que se falar em inércia e, portanto, inviável a ação penal de iniciativa privada subsidiária da pública.

O prazo para o ofendido exercer essa ação penal inicia com o término do prazo concedido ao Ministério Público, logo, no 6º dia estando o imputado preso ou no 16º dia estando ele em liberdade, findando 6 meses após, conforme disciplina o art. 38 do CPP.

Importante destacar que é uma legitimidade extraordinária, nascida da inércia do MP, mas que não transforma a ação em privada. Ela segue sendo de iniciativa pública, regida pelas regras anteriormente expostas, de obrigatoriedade, indisponibilidade, indivisibilidade e intranscendência.

Assim, não há que se falar em disposição, perdão ou perempção.

Contudo, em tese, pode o ofendido renunciar ao seu direito de oferecer a queixa subsidiária, mas isso em nada afetará o direito de o Ministério Público oferecer a denúncia a qualquer tempo (desde que antes de extinta a punibilidade, por óbvio).

Em que pese a iniciativa do ofendido, exercendo a acusação, não há que se esquecer que estamos diante de um delito de ação penal de iniciativa pública e cuja titularidade constitucional é do Ministério Público. Daí por que, para além das possibilidades de aditar, repudiar e oferecer a denúncia, poderá o MP intervir em todos os termos do processo (devendo ser intimado dos atos, portanto), bem como retomar a qualquer tempo como parte principal. Nesse caso, o ofendido poderá permanecer no processo, mas como assistente da acusação (devendo habilitar-se para tanto, nos termos dos arts. 268 e s. do CPP).

Quanto à discussão acerca da expressão *no caso de negligência do querelante, retomar a ação como parte principal*, contida na última parte do art. 29, pensamos que ela deve ser (re)lida a partir da legitimidade constitucional do MP. Havendo negligência do querelante (o que poderia conduzir a uma perempção, sem, contudo, produção dos efeitos), diante da regra da obrigatoriedade (já descumprida pela inércia inicial do MP), deverá o promotor retomar a ação. Não há possibilidade de perempção de ação pública. Nesse caso, existe um dever legal de agir. Contudo, não é apenas em caso de negligência que o MP pode retomar a ação, pois, sendo ele o titular constitucional (art. 129, I, da Constituição), poderá fazê-lo a qualquer tempo (e não apenas em caso de negligência).

### 6.4. Ação Penal nos Crimes Praticados contra a Honra de Servidor Público

Nos crimes contra a honra de servidor público, praticado em razão do ofício ou função desempenhados (ou seja, *propter officium*), a legitimidade ativa é, atualmente, considerada concorrente entre o ofendido (servidor) e o Ministério Público (condicionada à representação).

Nesse sentido está posta a Súmula 714 do STF:

> É concorrente a legitimidade do ofendido, mediante queixa, e do Ministério Público, condicionada à representação do ofendido, para a ação penal por crime contra a honra de servidor público em razão do exercício de suas funções.

Então, nesses delitos a ação poderá ser de iniciativa privada ou pública condicionada à representação do ofendido. Contudo, há que se ter muito cuidado, pois eleita uma via está fechada a porta para a outra.

No caso em tela, além da preclusão de uma via quando eleita outra (logo, ou o ofendido representa e com isso a ação será pública e a cargo do MP, ou assume integralmente o polo ativo, através do oferecimento de queixa), aponta o STF para o descabimento de ação penal privada subsidiária quando o MP pede diligências à polícia (no caso, abertura de inquérito), na mesma linha do que afirmamos anteriormente.

Por fim, repetindo lição anterior, se o ofendido optar por fazer a representação, poderá ele se retratar? Com certeza. Insere-se na regra geral do art. 25. Logo, se representou, pode se retratar (desde que antes de oferecida a denúncia). Se optou pela queixa, tanto poderá renunciar – se ainda não a exerceu – como poderá ofertar o perdão ou mesmo desistir e dar lugar à perempção (se já exerceu a queixa).

### 6.5. Renúncia, Perdão e Perempção

São causas de extinção da punibilidade previstas no art. 107 do Código Penal, operando-se da seguinte forma:

a) **Renúncia:** a renúncia ao direito de queixa (também possível em relação ao direito de representação) é um ato unilateral do ofendido, que não necessita de aceitação do imputado para produção de efeitos. Somente se pode falar em renúncia antes do exercício do direito de queixa (ou de representação). Poderá ser expressa (por escrito, art. 50) ou tácita (art. 104, parágrafo único, do CP), quando houver a prática de ato incompatível com a intenção de acusar alguém (admitindo-se qualquer meio de prova para sua demonstração, art. 57 do CPP).

Para além dos exemplos manualísticos (v.g. quando o ofendido convida o agressor para ser padrinho do casamento de sua filha e coisas do gênero), é extremamente relevante (e corriqueira) a questão da indenização paga pelo ofensor à vítima. A regra geral prevista no art. 104, parágrafo único, do Código Penal é a de que não implica renúncia "o fato de receber o ofendido a indenização do dano causado pelo crime".

Contudo, tal regra foi excepcionada pelo art. 74, parágrafo único, da Lei n. 9.099, que passou a dispor da seguinte forma: "tratando-se de ação penal de iniciativa privada ou de ação penal pública condicionada à representação, o acordo homologado acarreta a renúncia ao direito de queixa ou representação".

Foi então revogado o art. 104 do Código Penal?[23]

---

[23] Art. 104. O direito de queixa não pode ser exercido quando renunciado expressa ou tacitamente. Parágrafo único. Importa renúncia tácita ao direito de queixa a prática de ato incompatível com a vontade de exercê-lo; não a implica, todavia, o fato de receber o ofendido a indenização do dano causado pelo crime.

Pensamos que não. A questão situa-se noutro nível[24], no da qualificação jurídica das infrações penais e na esfera de competência do Juizado Especial Criminal.

Nos crimes de competência dos Juizados (delitos cuja pena máxima não seja superior a 2 anos), o acordo acarreta a renúncia ao direito de queixa ou representação. Nos demais casos, que excedem a competência do Juizado, segue valendo o art. 104 do CP.

Nos crimes de competência do JECrim, o acordo homologado, além de gerar um título executivo judicial, acarreta inexoravelmente a renúncia do direito de queixa ou de representação (no caso de ação penal pública condicionada). Tal situação é extremamente comum em acidentes de trânsito com a produção de lesões culposas. Se, antes, a indenização não implicava renúncia, agora conduz a ela, quando homologada em juízo. E, se a composição dos danos e pagamento forem efetuados antes da audiência preliminar do JECrim, é salutar que o causador dos danos faça, juntamente com o recibo, uma renúncia expressa da vítima, para evitar discussões posteriores.

Essa nova disciplina da Lei n. 9.099 adquire fundamental importância se considerarmos que a imensa maioria (senão totalidade) dos delitos de ação penal de iniciativa privada ou pública condicionada à representação hoje é de competência dos JECrims.

Também deve ser considerado como *renúncia* o pedido de arquivamento do inquérito policial (instaurado para apuração de um delito de iniciativa privada) feito pelo ofendido ao juiz. Isso porque, nos termos do art. 19 do CPP, "nos crimes em que não couber ação pública, os autos do inquérito serão remetidos ao juízo competente, onde aguardarão a iniciativa do ofendido ou de seu representante legal, ou serão entregues ao requerente, se o pedir, mediante traslado".

Assim, não havendo previsão legal de pedido de arquivamento do inquérito pelo ofendido, eventual manifestação sua nesse sentido deve ser recebida como renúncia, até porque é mais favorável também para o sujeito passivo, pois a decisão de extinção da punibilidade faz coisa julgada formal e material.

Noutra dimensão, sendo o ofendido menor de 18 anos, a renúncia do seu representante legal conduz à extinção da punibilidade. Em tese, havendo divergência entre a vontade do menor e a do representante legal, aplica-se o art. 33, podendo ser nomeado um curador especial.

Sendo o ofendido maior de 18 anos, é plenamente capaz para fazer a queixa ou a representação, bem como renunciar ou perdoar. Destaque-se, ainda, a revogação do

[24] No mesmo sentido, PACELLI DE OLIVEIRA, Eugênio. *Curso de Processo Penal*, cit., p. 131.

art. 50, parágrafo único, pois não existe mais essa legitimidade concorrente: o maior de 18 anos é plena e soberanamente capaz para decidir entre renunciar ou não.

Por fim, a renúncia em relação a qualquer dos autores do crime (em caso de concurso de agentes) a todos se estenderá, mesmo que assim não o deseje o ofendido (art. 49), por imposição da regra da indivisibilidade da ação penal.

**b) Perdão:** trata-se de ato bilateral, na medida em que o ofendido deve oferecer (no curso do processo) e o réu aceitar. É possível a partir do recebimento da queixa (antes o que pode haver é renúncia) até que ocorra o trânsito em julgado da sentença (art. 106, § 2º). Ainda que isso cause estranheza, o processo penal pode nascer, se desenvolver e, quando estiver em julgamento o último recurso cabível, o ofendido poderá oferecer o perdão e o imputado aceitar, extinguindo-se o feito. É a máxima manifestação da disponibilidade da ação penal privada. Mas, advirta-se, é um ato bilateral, logo, não havendo aceitação do réu, nenhum efeito se produz.

Interessante ainda é que, em caso de concurso de agentes, o perdão oferecido a um dos réus a todos aproveita (significa que o ato de oferecimento é estendido a todos os réus), art. 51 do CPP, mesmo que não queira o ofendido (influência da regra, a indivisibilidade coexistindo com a disponibilidade). Contudo, somente em relação aos que aceitarem se produzem os efeitos. Logo, num processo em que foi oferecida queixa contra "A", "B" e "C", o perdão oferecido ao réu "A" a todos os demais é estendido, podendo os corréus "B" e "C" aceitarem (conduzindo à extinção do processo e da punibilidade) e o processo continuar em relação ao "A" que não aceitou.

No plano teórico, tanto o oferecimento como a aceitação podem ser tácitos (como no exemplo do convite para padrinho de crisma do filho do ofendido (oferta de perdão tácito) que foi aceito pelo imputado (aceitação tácita)... gostaríamos de saber se o juiz terá poderes mediúnicos para saber de tudo isso e extinguir – expressamente – o feito...). Elementar que isso tudo somente existirá por escrito no processo penal, sendo lógico que assim se proceda a oferta e aceitação ou recusa.

Por fim, novamente desapareceu a legitimidade concorrente no caso de ofendido maior de 18 anos e menor de 21, estando revogados os arts. 52 e 54 do CPP.

**c) Perempção:** é uma penalidade, sanção de natureza processual imposta ao querelante negligente e que conduz à extinção do processo e da punibilidade. Os casos de perempção estão previstos no art. 60 do CPP. Expressamente não está consagrada a "desistência" do querelante, mas ela poderá ser considerada uma causa supralegal de perempção. Feita a desistência de forma expressa, pelo querelante capaz, o juiz tem duas alternativas: espera o implemento da circunstância fática prevista no art. 60, I (deixar de promover o andamento do processo durante 30 dias seguidos), ou do inciso III (deixar de comparecer sem motivo justificado[25], ou deixar de formular o pedido de condenação nas alegações finais); ou desde logo extingue a punibilidade pela perempção.

Não se confunde o pedido de desistência com a renúncia, pois a desistência ocorre no processo e a renúncia somente é possível antes de recebida a queixa. Tampouco se confunde com o perdão, ato bilateral a seguir exposto. Por sua própria natureza, operando-se a perempção (inclusive através da desistência), o querelante arcará com as custas processuais e os honorários advocatícios do querelado.

Destaque-se, ainda, a situação descrita no art. 60, III, última parte. Ocorre a perempção quando o querelante deixar de pedir, nas alegações finais, a condenação do querelado. Pode parecer algo surreal, mas isso acontece com alguma frequência, diante da mania de alguns advogados de, nas alegações finais, pedir ao final a "mais lídima e costumeira justiça".

Além de ser um jargão esteticamente superado, conduz à perempção, pois pedir "justiça" (às vezes se dão ao trabalho de escrever em "escadinha") não significa pedir a condenação... Logo, deixem-se as fórmulas inúteis e bolorentas de lado – como também de lado devem ser deixados os livros de "modelinhos de petições" que as consagraram – para centrar-se na técnica processual e na correta formulação do pedido (obviamente de condenação nas sanções dos delitos praticados, bem como no pagamento das custas e honorários advocatícios, incidentes na ação penal privada).

## 7. Aditamentos Próprios e Impróprios na Ação Penal de Iniciativa Pública ou Privada. Interrupção da Prescrição. Falhas e Omissões na Queixa-Crime

### 7.1. Aditamentos da Ação Penal de Iniciativa Pública

Aditar significa acrescentar, ampliar, incluir dados fáticos que tinham sido omitidos por desconhecimento do acusador quando do oferecimento da ação penal.

O princípio da indivisibilidade da ação penal, bem como da obrigatoriedade, impõe ao Ministério Público a carga processual de proceder em relação a todos os fatos e todos os agentes. Contudo, situações existem em que o acusador, quando do oferecimento da denúncia, desconhecia a prática de outros fatos correlatos

[25] Importante destacar, aqui, que o não comparecimento do querelante em eventual audiência conciliatória não pode ser considerado perempção, pois ele não está obrigado a comparecer. Sua ausência deve ser vista como uma recusa a qualquer possibilidade de consenso ou acordo, jamais como desídia ou negligência processual.

ou da participação de outros agentes, o que somente vem a ocorrer após iniciado o processo penal.

Como essa questão do aditamento está relacionada à problemática em torno da *mutatio libelli*, prevista no art. 384, eis que guarda íntima relação com o princípio da correlação; faremos agora uma sumária análise, remetendo o leitor para o capítulo posterior, correspondente a essa matéria.

Tratando dessa questão, RANGEL[26] explica que existem dois tipos de aditamento: o próprio e o impróprio.

O aditamento próprio pode ser real ou pessoal, conforme sejam acrescentados fatos (real) ou acusados (pessoal), cuja existência era desconhecida quando do oferecimento da denúncia. Em geral, as informações surgem na instrução, em que a prova demonstra que existiram mais fatos criminosos não contidos na acusação ou mais pessoas envolvidas (e que também não haviam sido acusadas).

Exemplo: em determinado processo o réu "Mané" é denunciado por evasão de divisas (art. 22 da Lei n. 7.492). No curso da instrução, é apurado que também houve sonegação fiscal dos valores evadidos. Nesse caso, estamos diante de um aditamento próprio real, pois deverá o Ministério Público aditar a denúncia para incluir o fato novo (circunstância fática) e, com isso, permitir que o réu se defenda e o juiz, ao final, possa julgá-lo pelos dois delitos. Se não for feito o aditamento, não poderá o juiz julgar a sonegação fiscal (não poderá condenar, nem absolver, pois não está sob julgamento esse fato).

Já o aditamento pessoal ocorre quando é denunciado um agente e, na instrução, apura-se que houve a participação de mais duas pessoas. Nesse caso, deverá o Ministério Público aditar para incluir os demais, atento ao princípio da indivisibilidade da ação penal.

Já o aditamento impróprio ocorre quando, explica RANGEL, embora não se acrescente fato novo ou sujeito, corrige-se alguma falha na denúncia, retificando dados relativos ao fato. Também pode ocorrer que a alteração da competência do juiz conduza à necessidade de ratificação de todos os atos, inclusive os praticados por um promotor agora considerado sem atribuições para tanto. É a situação prevista no art. 108, § 1º, do CPP.

Em qualquer caso, o aditamento sempre deverá ser feito antes da sentença, assegurando-se o contraditório e o direito de manifestação da defesa sobre a questão aditada, por mais simples que seja. O que não se admite, em hipótese alguma, é inovação acusatória e decisão sem prévia manifestação do réu.

---

26 RANGEL, Paulo. *Direito Processual Penal*, cit., p. 265.

E por que aditar? Por força da conexão ou continência, cujas regras serão explicadas ao tratarmos da competência, e que conduzem a um julgamento simultâneo, único, para evitar decisões conflitantes (e também por economia processual e melhor aproveitamento da instrução).

Se não for feito o aditamento, deverá(ia) o Ministério Público oferecer nova denúncia para apurar, em novo processo, os fatos não contidos naquele que está em andamento, ou em face de novos agentes (não acusados originariamente), para apurar suas responsabilidades penais.

Quanto à iniciativa do aditamento, estabelece o art. 384, do CPP:

> Art. 384. Encerrada a instrução probatória, se entender cabível nova definição jurídica do fato, em consequência de prova existente nos autos de elemento ou circunstância da infração penal não contida na acusação, o Ministério Público deverá aditar a denúncia ou queixa, no prazo de 5 (cinco) dias, se em virtude desta houver sido instaurado o processo em crime de ação pública, reduzindo-se a termo o aditamento, quando feito oralmente.
>
> § 1º Não procedendo o órgão do Ministério Público ao aditamento, aplica-se o art. 28 deste Código.
>
> § 2º Ouvido o defensor do acusado no prazo de 5 (cinco) dias e admitido o aditamento, o juiz, a requerimento de qualquer das partes, designará dia e hora para continuação da audiência, com inquirição de testemunhas, novo interrogatório do acusado, realização de debates e julgamento.
>
> § 3º Aplicam-se as disposições dos §§ 1º e 2º do art. 383 ao *caput* deste artigo.
>
> § 4º Havendo aditamento, cada parte poderá arrolar até 3 (três) testemunhas, no prazo de 5 (cinco) dias, ficando o juiz, na sentença, adstrito aos termos do aditamento.
>
> § 5º Não recebido o aditamento, o processo prosseguirá. (NR)

A iniciativa do aditamento deve ser inteiramente do Ministério Público, não cabendo ao juiz invocar o acusador para que promova o aditamento, sob pena de termos uma postura de juiz-inquisidor, incompatível com o sistema acusatório constitucional e expressamente recepcionado pelo art. 3º-A do CPP. Portanto, não cabe ao juiz invocar a atuação do MP, sob pena de completa subversão da lógica processual regida pela inércia do juiz e o sistema acusatório. O juiz é quem sempre deve ser invocado a atuar, jamais ter ele uma postura ativa de pedir para o promotor acusar e ele poder julgar... Isso conduz a uma quebra do sistema acusatório e fulmina com a imparcialidade do julgador, diante do "pré-juízo".

Logo, a iniciativa do aditamento deve ser do próprio Ministério Público.

Quanto à interrupção da prescrição, recordemos que o art. 117, I, do Código Penal estabelece que o recebimento da denúncia ou queixa constitui um marco interruptivo. Como fica essa situação se houver aditamento? Em suma, da seguinte forma:

- quando o aditamento for para inclusão de novo fato, o prazo prescricional desse novo crime somente será interrompido na data em que for recebido o aditamento;

- quando o aditamento for subjetivo, em relação àquele agente, o prazo prescricional será interrompido quando admitido o aditamento que o incluiu no processo.

Por fim, quanto ao recurso que pode surgir dessas decisões relacionadas ao aditamento, pensamos que:

- não cabe recurso contra a decisão que recebe o aditamento, pois, como ocorre na denúncia, a única via possível seria a do *habeas corpus* (que não é recurso);
- se rejeitado o aditamento, nos casos do art. 395, aplicado por analogia, caberá o recurso em sentido estrito.

## 7.2. Falhas e Omissões na Queixa-Crime. Existe Aditamento na Ação Penal de Iniciativa Privada?

Como regra geral, eventuais omissões da queixa podem ser supridas a todo tempo, desde que antes da sentença, como determina o art. 569 do CPP. Contudo, a omissão não pode representar violação ao princípio da correlação, prejudicando a defesa. Logo, resume-se a suprir falhas em torno da correta descrição do fato ou da tipificação legal, mas sem maior relevância e que não conduzam a uma inovação na tese acusatória.

### Cabe aditamento em ação penal de iniciativa privada?

O aditamento próprio real, para inclusão de fato novo, não pode ocorrer por absoluta ausência de previsão legal. O aditamento na ação pública existe, essencialmente, para assegurar a eficácia do princípio da obrigatoriedade. Mas a ação penal de iniciativa privada é regida pelos princípios da oportunidade e da conveniência, não havendo qualquer tipo de obrigação de acusar. Assim, se o autor souber de fato novo no curso do processo, cuja ação penal seja igualmente de iniciativa privada, deverá ajuizar nova queixa-crime em relação a esse fato (observado o prazo decadencial nos termos do art. 38 do CPP), pagando as custas e instruindo com procuração que contenha os poderes especiais exigidos pelo art. 44.

Quanto ao aditamento próprio subjetivo, para inclusão de coautor ou partícipe, deve-se ter muito cuidado com a incidência do princípio da indivisibilidade (art. 48). Se havia elementos indicando a presença de coautores ou partícipes e eles não foram incluídos na queixa, não há que se falar em aditamento, mas sim em extinção da punibilidade para todos, diante da renúncia tácita (art. 49).

Mas, quando não existirem elementos probatórios prévios ao oferecimento da queixa, e somente no curso da instrução o querelante tomar conhecimento dos demais autores ou partícipes, o caminho a ser tomado não é o aditamento. Ele deverá formular nova queixa (sob pena de violar a indivisibilidade, arts. 48 e 49), pagando custas processuais e juntando procuração com poderes especiais (art. 44) dentro do prazo de 6 meses (contados do dia em que vier a saber quem são os coautores do fato, art. 38). Essa nova queixa pode, por força da conexão ou continência (conforme o caso), ser reunida com o processo que já está tramitando, para julgamento simultâneo. Essa reunião é feita posteriormente.

Pensamos que não é caso de simples aditamento diante da necessidade do pagamento das custas, juntada de procuração e eventual possibilidade de conciliação (conforme o rito) ou mesmo transação penal ou suspensão condicional, nos termos da Lei n. 9.099. Ademais, como não há a incidência do princípio da obrigatoriedade, como se procederia no processo que está em curso? Teria de ficar suspenso pelo prazo de 6 meses (prazo decadencial de que dispõe a vítima para proceder contra o agressor) até que fosse feito ou não o aditamento? Pensamos que não é esse o caminho.

O processo originário continua e, se for oferecida a nova queixa antes de proferida a sentença, reúne-se os processos. Mas e se o querelante não oferecer essa nova queixa, ocorre uma renúncia tácita? Sim, ocorre uma renúncia tácita. Nesse caso, a qualquer momento deve ser extinta a punibilidade no processo originário, nos termos do art. 49 do CPP.

O único aditamento cabível na ação penal de iniciativa privada seria o impróprio. É a esse que se refere o art. 45 do CPP, pois constitui uma flagrante ilegitimidade de parte permitir que o MP adite a queixa para incluir fatos e/ou pessoas. O aditamento impróprio nada mais é do que uma mera correção material na descrição dos fatos, como datas, lugares, circunstâncias etc. Não existe inclusão de fato novo, coautor ou partícipe.

Mas, entre as falhas na queixa-crime (desde que não conduzam à inépcia), está a falta de procuração com os poderes especiais ou que contenha a menção ao fato criminoso (art. 44), conforme explicamos anteriormente. Nesse caso, se a queixa foi recebida (pois deveria ter sido rejeitada), o suprimento dessa exigência deve ser feito antes da sentença ser prolatada e, ainda, antes de decorrido o prazo decadencial de 6 meses (contados da data do fato, art. 38 do CPP). Trata-se de grave defeito que compromete a validade da queixa e da decisão que a recebeu, devendo ser sanada dentro do prazo decadencial de 6 meses, pois esse prazo somente é considerado cumprido quando a queixa é regular e válida.

## 8. Fixação de Valor Indenizatório na Sentença Penal Condenatória e os Casos de Ação Civil *Ex Delicti*

Ainda que as esferas da ilicitude civil e penal sejam distintas, há situações em que uma mesma ação ou omissão gera efeitos nos dois (civil ou penal) ou três campos (administrativo). Trata-se de efeitos civis da sentença penal condenatória, posto que as esferas de ilicitude são relativamente independentes. Isso porque, em muitos casos, o delito gera também uma pretensão de natureza indenizatória, pois é igualmente um ato ilícito para o Direito Civil, nos termos do art. 186 do CCB. É o que sucede, por exemplo, com um delito de homicídio doloso ou mesmo culposo. Um mesmo ato é considerado ilícito na esfera penal e civil. E, se estivermos diante de um homicídio culposo ocorrido em um acidente de trânsito, poderá haver ainda reflexos na esfera administrativa, com a suspensão da habilitação para dirigir veículo automotor (art. 293 da Lei n. 9.503).

Mas pode ocorrer que um delito não gere nenhum efeito na esfera cível, como sucede, por exemplo, nos crimes contra a paz pública, tráfico de substâncias entorpecentes etc. Nesses casos, a sentença penal condenatória não gera qualquer efeito cível, até porque não existe uma vítima determinada.

A Lei n. 11.719/2008, rompendo com uma tradição de separação das esferas, inseriu o seguinte parágrafo único no art. 63:

> Parágrafo único. Transitada em julgado a sentença condenatória, a execução poderá ser efetuada pelo valor fixado nos termos do inciso IV do *caput* do art. 387 deste Código sem prejuízo da liquidação para a apuração do dano efetivamente sofrido.

E, no art. 387, que trata da sentença penal condenatória, foi inserido o inciso IV:

> IV – fixará valor mínimo para reparação dos danos causados pela infração, considerando os prejuízos sofridos pelo ofendido.

Como explicamos anteriormente, de forma híbrida, o legislador brasileiro permite cumular, frente ao juiz criminal, uma pretensão acusatória e outra indenizatória.

Condenando o réu, deverá o juiz fixar um valor mínimo para fins de reparação dos danos causados pela infração, sendo que essa reparação feita na esfera penal não impede que a vítima busque, na esfera cível, um montante maior, posto que o fixado na sentença penal é considerado o "valor mínimo" da indenização.

Dispõe o art. 935 do CCB que a responsabilidade civil é independente da criminal, ainda que não se possa mais discutir a existência do fato, ou quem seja o seu autor, quando essas questões se acharem decididas no crime. É o efeito de tornar certa a obrigação de indenizar a que alude o art. 91, I, do CP. De qualquer forma, pelo menos a liquidação de sentença e a execução não incumbem ao juiz penal, o que já é uma grande vantagem.

Essa cumulação é uma deformação do processo penal, que passa a ser também um instrumento de tutela de interesses privados. Não está justificada pela economia processual e causa uma confusão lógica grave, tendo em vista a natureza completamente distinta das pretensões (indenizatória e acusatória). Representa uma completa violação dos princípios básicos do processo penal e, por consequência, de toda e qualquer lógica jurídica que pretenda orientar o raciocínio e a atividade judiciária nessa matéria. Desvirtua o processo penal para buscar a satisfação de uma pretensão que é completamente alheia a sua função, estrutura e princípios informadores.

Como exemplo dessa errônea *privatização do processo penal*, o próprio Direito Penal nos oferece as absurdas "condenações penais disfarçadas de absolvição de fato". Ocorrem quando alguém é condenado a uma insignificante pena de multa (responsabilidade penal) quando o que se pretende, na realidade, é uma substancial indenização na esfera cível (responsabilidade civil), utilizando a sentença penal condenatória como título executivo judicial. Para amparar esse tipo de direito, existem vias próprias e para isso está o processo civil. Cada coisa no seu devido lugar.

Infelizmente a reforma levada a cabo pela Lei n. 11.719, misturou os interesses. Mas voltando ao art. 387 do CPP, para que o juiz penal possa fixar um valor mínimo para reparação dos danos na sentença, é fundamental que:

1. exista um pedido expresso na inicial acusatória de condenação do réu ao pagamento de um valor mínimo para reparação dos danos causados, sob pena de flagrante violação do princípio da correlação;
2. portanto, não poderá o juiz fixar um valor indenizatório se não houve pedido, sob pena de nulidade por incongruência da sentença;
3. a questão da reparação dos danos deve ser submetida ao contraditório e assegurada a ampla defesa do réu;
4. somente é cabível tal condenação em relação aos fatos ocorridos após a vigência da Lei n. 11.719/2008, sob pena de ilegal atribuição de efeito retroativo a uma lei penal mais grave (como explicado anteriormente, ao tratarmos da Lei Processual Penal no Tempo).

Compreendido isso, vejamos agora, sistematicamente, as três situações que podem ocorrer:

1. **Havendo uma sentença penal condenatória com trânsito em julgado:** nesse caso, a sentença penal constitui um título executivo judicial na esfera cível, nos termos do art. 515, VI do CPC, de modo que a parte interessada (vítima do delito ou seu representante legal) poderá ajuizar ação de execução na jurisdição cível. Neste momento, há que se distinguir o seguinte:

a) em relação ao valor já fixado na sentença penal, haverá uma execução por quantia certa;

b) se o valor fixado (é o valor mínimo) for insuficiente, deverá a vítima postular a liquidação da sentença, sem que se discuta mais a causa de pedir, mas apenas o *quantum* a mais da indenização, pois assim autoriza o *caput* do art. 63 do CPP e também o parágrafo único.

**2. Ação Ordinária de Indenização:** poderá o interessado ajuizar antes, durante ou até mesmo depois de findo o processo penal uma ação de indenização na esfera cível, nos termos do art. 64 do CPP:

> Art. 64. Sem prejuízo do disposto no artigo anterior, a ação para ressarcimento do dano poderá ser proposta no juízo cível, contra o autor do crime e, se for caso, contra o responsável civil.
>
> Parágrafo único. Intentada a ação penal, o juiz da ação civil poderá suspender o curso desta, até o julgamento definitivo daquela.

Havendo necessidade, a ação cível poderá ser ajuizada antes de iniciado ou mesmo durante o processo penal. É o caso, por exemplo, da vítima de erro médico (lesões corporais culposas) que necessite de recursos para custear seu imprescindível tratamento. Esperar até que o processo penal termine para então providenciar a execução é inviável, diante da urgência dos recursos financeiros. Nessa situação, ajuizará a ação de indenização postulando a antecipação de tutela (arts. 303 e s. do CPC).

Dependendo da situação concreta, poderá o juiz aplicar o disposto no parágrafo único do art. 64, suspendendo o processo cível, sem prejuízo da antecipação de tutela anteriormente mencionada.

Como regra, a suspensão do processo cível não poderá exceder o prazo de 1 ano[27], nos termos do art. 313, § 4º do CPC. Contudo, considerando que dificilmente um processo criminal terminará em menos de um ano, pensamos – na esteira de RENATO BRASILEIRO[28] – que se o juiz cível entender necessária ou vislumbrar a possibilidade de absolvição criminal, por exemplo, poderá determinar o sobrestamento do seu processo até o trânsito em julgado da sentença criminal.

---

27 Já na primeira sentença em que o Brasil foi condenado pela Corte Interamericana de Direitos Humanos – Caso Ximenes Lopes *versus* Brasil, j. 4 de julho de 2006 – foi constatada, entre outras, a violação do direito de ser julgado no prazo razoável. Lá, também houve uma censura a essa sistemática de suspensão da ação de indenização, pois acabou durando muito mais do que o prazo de 1 ano. Em última análise, a suspensão representa uma negação ao direito de tutela jurisdicional (ainda que na esfera cível), no prazo razoável.

28 LIMA, Renato Brasileiro de. *Manual de Processo Penal*. 3. ed. Salvador, JusPodivm, 2015. p. 306.

Mas, depois de encerrado o processo penal, em que casos a parte interessada poderia ajuizar ação de indenização e não execução?

Primeiro, a execução exige uma sentença penal condenatória transitada em julgado. Sem ela, não há que se falar em execução. Logo, estamos diante de uma sentença penal absolutória ou declaratória da extinção da punibilidade.

Nesse caso, devemos distinguir. Se a sentença é declaratória da extinção da punibilidade, nenhum efeito produz na esfera cível (ou seja, não constitui um título que lá possa ser executado), mas tampouco impede o nascimento de uma pretensão indenizatória (que somente pode ser satisfeita através da ação ordinária de indenização). Assim disciplina o art. 67, II:

> Art. 67. Não impedirão igualmente a propositura da ação civil:
>
> II – a decisão que julgar extinta a punibilidade.

Em se tratando de uma sentença penal absolutória, ainda assim será possível a ação de indenização? Depende do fundamento da absolvição. Vejamos os casos em que o réu, ainda que absolvido na esfera penal, poderá ser condenado na esfera cível a indenizar a vítima, mas, para tanto, é necessário analisar o art. 386 do CPP:

> Art. 386. O juiz absolverá o réu, mencionando a causa na parte dispositiva, desde que reconheça:
>
> I – estar provada a inexistência do fato;
>
> II – não haver prova da existência do fato;
>
> III – não constituir o fato infração penal;
>
> IV – estar provado que o réu não concorreu para a infração penal;
>
> V – não existir prova de ter o réu concorrido para a infração penal;
>
> VI – existirem circunstâncias que excluam o crime ou isentem o réu de pena (arts. 20, 21, 22, 23, 26 e § 1º do art. 28, todos do Código Penal), ou mesmo se houver fundada dúvida sobre sua existência;
>
> VII – não existir prova suficiente para a condenação.

Quando o réu for absolvido com base no art. 386, I, não será possível à vítima demandá-lo na esfera cível, pois incide o disposto no art. 66 do CPP, que dispõe:

> Art. 66. Não obstante a sentença absolutória no juízo criminal, a ação civil poderá ser proposta quando não tiver sido, categoricamente, reconhecida a inexistência material do fato.

Tendo sido categoricamente reconhecida a inexistência material do fato, está inviabilizada a ação de indenização, pois um fato (fato natural, não o fato jurídico) não pode, categoricamente, não existir e existir ao mesmo tempo. Logo, a afirmação de sua inexistência produz coisa julgada na esfera cível para não permitir mais a discussão sobre isso. A busca aqui é pela coerência, lógica e credibilidade do sistema jurídico, impedindo decisões com tamanha contrariedade.

Situação completamente diversa ocorre na absolvição com base no inciso II do art. 386. Aqui não há a afirmação categórica da inexistência do fato, senão que a prova produzida não é suficiente para ensejar a sentença condenatória na esfera penal, mas pode ser perfeitamente válida e suficiente para o processo civil.

É importante compreender que nesse caso a discussão se situa no maior nível de exigência probatória do processo penal em relação ao processo civil. Princípios como a presunção de inocência e o *in dubio pro reo* somente incidem no processo penal, não tendo nenhuma aplicação no processo civil.

Logo, a mesma prova que no processo penal é insuficiente para derrubar a presunção de inocência pode, na esfera cível, ser mais do que suficiente para a procedência do pedido do autor. Então a absolvição no processo penal com base nesse inciso não impede que a vítima ou representante legal ajuíze a respectiva ação de indenização na esfera cível.

Quanto ao inciso III do art. 386, a absolvição penal por ser o fato atípico não impede que a vítima ajuíze a respectiva ação de indenização. Nem todo ato danoso atinge um bem jurídico-penal, pois são esferas distintas de proteção. Uma conduta penalmente atípica pode constituir um ato ilícito para o Direito Civil, nem que seja a título de dano moral. Essa é a previsão do art. 67, III, do CPP:

> Art. 67. Não impedirão igualmente a propositura da ação civil:
>
> III – a sentença absolutória que decidir que o fato imputado não constitui crime.

Quando o réu é absolvido com base no art. 386, IV (estar provado que o réu não concorreu para infração penal), estabelece-se uma situação similar àquela descrita anteriormente para o inciso I. Ou seja, a absolvição no processo penal por existir prova categórica de que o réu não concorreu para infração impede a ação civil de indenização, pois essa decisão faz coisa julgada na esfera cível, não permitindo mais a discussão sobre o caso.

Trata-se, entre outros, de um argumento de lógica jurídica e credibilidade das decisões judiciais: como alguém pode não ser – categoricamente – o autor de um fato para o juiz penal e, na esfera cível, ser considerado o autor (do mesmo fato)?

Diversa é a situação da absolvição com base no inciso V, em que o réu é absolvido porque não há prova de que ele tenha concorrido para a infração penal. A questão aqui é de prova insuficiente para o juízo penal condenatório. Logo, a absolvição penal decorre da fragilidade da prova da autoria ou participação, diante do nível de exigência probatória no processo penal. Daí por que essa decisão não impede a ação de indenização na esfera cível, pois o nível de exigência probatória no processo penal é muito maior do que aquele feito no processo civil.

No inciso VI, o réu foi absolvido porque existem circunstâncias que excluem o crime ou isentam o réu de pena, ou mesmo exista fundada dúvida sobre sua existência. Nesse caso, como regra geral, estará impedida a pretensão indenizatória na esfera cível. Nesse sentido, dispõe o art. 65 do CPP:

> Art. 65. Faz coisa julgada no cível a sentença penal que reconhecer ter sido o ato praticado em estado de necessidade, em legítima defesa, em estrito cumprimento de dever legal ou no exercício regular de direito.

A expressão *faz coisa julgada no cível*[29] significa que não poderá ser novamente discutida, pois é imutável a decisão. Contudo, essa regra possui duas exceções relevantes (em que a absolvição na esfera criminal não impede a demanda cível):

a) estado de necessidade agressivo (arts. 929 e 930 do CCB): trata-se de uma situação de perigo, em que é sacrificado o bem de um terceiro, diverso daquele causador do perigo. Como exemplo de estado de necessidade agressivo, podemos pensar numa situação em que "A", para defender-se de uma situação de perigo causada por "B", acaba sacrificando um bem de "C". Logo, poderá ser absolvido no processo penal e condenado na esfera cível (ação de indenização), tendo, porém, direito regressivo contra "B";
b) legítima defesa real e *aberratio ictus* (art. 73 do CP). É o caso em que "A" agride injustamente "B", que para se defender atira e vem a ferir "C". Nesse caso "B" poderá ser absolvido na esfera penal, mas isso não impede a ação indenizatória a ser ajuizada por "C", cabendo, em caso de condenação, direito de regresso contra "A".

E quanto à legítima defesa ou estado de necessidade putativos? Pensamos que essa decisão não faz coisa julgada na esfera cível e, portanto, não impede a ação de indenização. A figura da descriminante putativa é essencialmente penal, não prejudicando eventual indenização.

Concordamos, assim, com PACELLI[30], quando afirma que o art. 65 do CPP não faz nenhuma referência às descriminantes putativas e que seria inconveniente (melhor, inconsistente) qualquer argumentação no sentido de uma interpretação extensiva ou analógica em tema dessa magnitude. Como estender os efeitos da coisa julgada por analogia? Inviável.

Por fim, quando o réu for absolvido com base no art. 386, VII (não existir prova suficiente para a condenação), nenhum impedimento existirá para a ação

---

29 Regramento similar, incluindo a esfera administrativa, encontramos na Lei n. 13.869/2019 (Abuso de autoridade), ao dispor: Art. 8º Faz coisa julgada em âmbito cível, assim como no administrativo disciplinar, a sentença penal que reconhecer ter sido o ato praticado em estado de necessidade, em legítima defesa, em estrito cumprimento de dever legal ou no exercício regular de direito.

30 PACELLI DE OLIVEIRA, Eugênio. *Curso de Processo Penal*, cit., p. 183.

de indenização. Isso porque, novamente, a questão se situa no maior nível de exigência probatória no processo penal, de modo que a mesma prova reputada insuficiente para a condenação criminal pode ser mais do que suficiente para a condenação cível.

E se o réu foi absolvido sumariamente, nos termos do art. 397 do CPP?

Depende do fundamento. Vejamos agora cada um dos incisos do art. 397:

> *I – a existência manifesta de causa excludente da ilicitude do fato:* quando o réu é absolvido sumariamente porque praticou o fato ao abrigo de causa de exclusão da ilicitude, como regra geral estará impedida a pretensão indenizatória na esfera cível, como determina o art. 65 do CPP. Pensamos, contudo, que se aplicam aqui as duas exceções anteriormente explicadas, do estado de necessidade agressivo e da legítima defesas real e *aberractio ictus*. Nesses dois casos, a vítima poderá postular na esfera cível o valor correspondente aos danos sofridos.
>
> *II – a existência manifesta de causa excludente da culpabilidade do agente, salvo inimputabilidade:* nesse caso, a absolvição penal não impede a propositura da ação indenizatória.
>
> *III – que o fato narrado evidentemente não constitui crime:* é uma situação similar àquela prevista no art. 386, III, do CPP, de modo que essa decisão não impede a propositura de ação indenizatória (art. 67, III, do CPP).
>
> *IV – extinta a punibilidade do agente:* não impede a propositura de ação civil a decisão que julgar extinta a punibilidade do agente, conforme determina o art. 67, II, do CPP.

3. **Composição dos Danos Civis no Juizado Especial Criminal:** nos termos do art. 74 da Lei n. 9.099, o acordo civil gera título executivo no juízo cível, além de extinguir a punibilidade na esfera penal. Voltaremos a esse tema quando tratarmos dos juizados especiais criminais.

**Aviso ao leitor:** A compreensão da síntese exige a prévia leitura do capítulo!

## SÍNTESE DO CAPÍTULO

1. AÇÃO PROCESSUAL PENAL: é o poder político constitucional de invocar a atuação jurisdicional. Constitui o elemento de atividade (declaração petitória) da pretensão acusatória.

Não é adequado falar-se "trancamento da ação penal" pois a ação não é "trancável", ela não possui um prolongamento no tempo. É um poder político constitucional de invocação, que não pode ser obstaculizado. O que se "tranca" é o processo, que nasce com admissão da ação penal, e se prolonga no tempo através do procedimento, do rito. Logo, é trancamento do processo.

2. NATUREZA JURÍDICA: toda ação processual tem caráter público, porque se estabelece entre o particular e o Estado, para realização do direito penal que é público. É autônomo e abstrato, pois independe da relação jurídica de direito material. Contudo, no processo penal, não se admite a plena abstração, pois, para a acusação ser exercida e admitida, dando início ao processo, é imprescindível que fique demonstrado o *fumus commissi delicti*. Assim, entendemos que a ação é um direito potestativo e acusar é um direito público, autônomo e abstrato, mas conexo instrumentalmente ao caso penal.

3. CONDIÇÕES DA AÇÃO: são condições para que a acusação (ação) seja admitida, dando início ao processo e permitindo que exista uma manifestação judicial sobre o mérito da causa.

Para o processo penal, são condições da ação processual penal: a) prática de fato aparentemente criminoso (*fumus commissi delicti*); b) punibilidade concreta; c) legitimidade ativa e passiva; d) justa causa (na sua dupla dimensão, de "existência de indícios razoáveis de autoria e materialidade" e "controle processual do caráter fragmentário do direito penal"). Ao lado dessas, existem outras condições da ação, v.g., representação, requisição, procuração com poderes especiais para queixa crime etc.

4. AÇÃO PENAL DE INICIATIVA PÚBLICA:

4.1. Regras: a) oficialidade ou investidura; b) obrigatoriedade (ou legalidade); c) indisponibilidade; d) indivisibilidade (há divergências sobre sua incidência); e) intranscendência.

4.2. Espécies:

4.2.1. Ação Penal de iniciativa pública incondicionada: é a regra geral, sendo exercida através de denúncia do MP (prazo: 5 dias em caso de acusado preso e 15 se estiver solto).

4.2.2. Ação Penal de iniciativa pública condicionada: neste caso, a acusação depende de "representação" da vítima ou representante legal, constituindo uma condição de procedibilidade. A representação é uma autorização que a vítima concede para que o Estado possa acusar, por isso é uma "condição para que o Estado possa proceder contra alguém". Quanto à representação: a) sujeito: vítima ou representante legal (art. 24, § 1º, e art. 39); b) objeto: um fato aparentemente criminoso acrescido da autorização para que o Estado possa proceder; c) lugar: na polícia, MP ou para o juiz (art. 39, § 4º); d) tempo: deverá ser feita no prazo decadencial (logo, não se interrompe, suspende ou prorroga) de 6 meses, contados nos termos do art. 38 do CPP.

- Ainda, destacamos que a representação é facultativa, oral ou por escrito e não tem forma rígida (bastando a simples notícia-crime/boletim de ocorrência).
- Retratação: é possível nos termos do art. 25 do CPP.

## 5. AÇÃO PENAL DE INICIATIVA PRIVADA:

5.1. Regras: oportunidade e conveniência; disponibilidade; indivisibilidade (art. 48); intranscendência.

5.2. Titularidade e Prazo: o querelante é o ofendido pelo delito, a vítima ou seu representante legal (art. 30). Problemática da vítima menor de 18 anos: Súmula 594 do STF. Quanto ao prazo, será decadencial de 6 meses (art. 38), não se interrompendo, suspendendo ou prorrogando. A procuração deverá conter a exposição sucinta dos fatos criminosos e ter poderes especiais (art. 44 do CPP).

5.3. Espécies: a) originária ou comum; b) personalíssima; c) subsidiária da pública (art. 5º, LIX, da CB; art. 29 do CPP e art. 100, § 3º, do CP).

- Em relação à ação penal privada subsidiária ou substitutiva, cumpre esclarecer que é uma legitimação extraordinária para que a vítima possa exercer a acusação, em um crime de ação penal pública, diante da inércia do MP. Ainda que tenha essa legitimidade extraordinária, a ação segue as regras da ação penal pública.
- Crimes praticados contra a honra de servidor público *propter officium*: legitimidade concorrente do ofendido através de queixa ou do Ministério Público (mediante representação), nos termos da Súmula 714 do STF.

5.4. Renúncia, perdão e perempção: são todas causas de extinção da punibilidade.

5.4.1. Renúncia: é possível a renúncia ao direito de queixa (e também de representação se for o caso), de forma unilateral pelo ofendido, podendo ser expressa ou tácita (arts. 49 e 50 do CPP; 104, parágrafo único, do CP e 57 do CPP). É feita antes de a parte exercer o direito de representação ou de queixa.

5.4.2. Perdão: ato bilateral, que ocorre durante o processo penal e que deve ser aceito pelo querelado para surtir efeitos. Pode ser oferecido a partir do recebimento da queixa e até que ocorra o trânsito em julgado (art. 106, § 2º, do CP). O perdão oferecido a um dos réus a todos aproveita, mas só produz efeito em relação aos que o aceitarem (art. 51 do CPP). Pode ser expresso ou tácito (tanto o oferecimento quanto a aceitação). Não existe mais legitimidade concorrente no caso de ofendido maior de 18 anos e menor de 21, estando revogados os arts. 52 e 54 do CPP.

5.4.3. Perempção: art. 60 do CPP. É uma sanção de natureza processual imposta ao querelante negligente e que conduz à extinção do processo e da punibilidade.

6. Aditamento na ação penal de iniciativa pública: aditar é ampliar a acusação, acrescentar, incluir novos fatos (aditamento próprio real) e/ou pessoas (aditamento próprio pessoal) não contidos na denúncia. Está vinculado à *mutatio libelli* do art. 384 do CPP. Aditamento impróprio é quando não se acrescenta fato novo ou pessoas, mas se retifica uma falha da denúncia. Qualquer aditamento deve ser feito antes da sentença e exige contraditório (conhecimento e manifestação da defesa). Quanto à interrupção da prescrição, em se tratando de aditamento real, o prazo prescricional do novo crime se dará na data em que for recebido o aditamento. No aditamento pessoal, em relação àquele agente, o prazo prescricional é interrompido com o recebimento do aditamento. Não cabe recurso da decisão que recebe, mas pode caber, por analogia, recurso em sentido estrito da decisão de rejeição (art. 395).

7. Aditamento em ação penal de iniciativa privada: não cabe aditamento próprio real, devendo o querelante ingressar com uma nova queixa-crime. Quanto ao aditamento próprio pessoal, pode ser caso de renúncia tácita (art. 49). Se não tinha conhecimento da participação de outras pessoas, deverá ajuizar nova queixa-crime, devendo-se ter cuidado com a decadência (art. 38), que poderá ou não ser reunida por força da conexão ou continência. É cabível o aditamento impróprio, ou seja, a mera correção na descrição dos fatos, datas, lugares etc.

- Falha na procuração: a falta de procuração com poderes especiais (art. 44) pode ser suprida no prazo decadencial de 6 meses (art. 38).

8. Valor Indenizatório: a sentença penal condenatória poderá fixar um valor indenizatório mínimo, que não exclui a possibilidade de a vítima postular, na esfera cível, um complemento (art. 387, IV). Mas, para isso, é necessário que: a) exista pedido expresso na inicial; b) exista contraditório; c) fato criminoso tenha ocorrido após a vigência da Lei n. 11.719/2008.

9. Ação Civil *Ex Delicti*: são três as situações possíveis:

9.1. Com sentença penal condenatória transitada em julgado: a sentença penal constitui um título executivo judicial podendo ser executada no cível.

9.2. Ação ordinária de indenização: poderá a vítima ou representante legal ajuizar, antes, durante ou até mesmo após o processo penal, ação de indenização (art. 64 do CPP). Sendo ajuizada antes ou durante o processo criminal, poderá ser suspensa sua tramitação (art. 64, parágrafo único). A sentença penal absolutória impede ação civil de indenização nos casos do art. 386, I e IV. Nos incisos II, III, V e VII do art. 386, a sentença penal absolutória não impedirá a demanda cível. No caso de absolvição com base no art. 386, VI, como regra geral, impede ação civil de indenização (art. 65 do CPP), exceto nos casos de absolvição por estado de necessidade agressivo (arts. 929 e 930 do CCB) e legítima defesa real e *aberratio ictus* (art. 73 do CP), situações em que o réu, mesmo absolvido, poderá ser demandado no cível.

- Legítima defesa ou estado de necessidade putativo: não impede ação de indenização.
- Nos casos de absolvição sumária (art. 397): nas situações dos incisos II, III e IV não impede ação de indenização. A situação do inciso I (causas de exclusão da ilicitude), como regra, impede ação civil, exceto nos casos de estado de necessidade agressivo e legítima defesa real e *aberratio ictus*.

9.3. Composição dos danos civis (JECrim): nos termos do art. 74 da Lei n. 9.099/95, gera título executivo no cível e extingue a punibilidade penal.

## Capítulo VI

# JURISDIÇÃO PENAL E COMPETÊNCIA: DE PODER-DEVER A DIREITO FUNDAMENTAL

O conceito de *jurisdição* deve iniciar pelo abandono da estéril discussão (para o processo penal) entre jurisdição voluntária e contenciosa. Isso porque no processo penal não existe lide. Assim, com razão TUCCI[1], quando explica que a jurisdição penal deve ser concebida como poder-dever de realização de Justiça Estatal, por órgãos especializados do Estado.

Trata-se de decorrência inafastável da incidência do princípio da necessidade, peculiaridade do processo penal, inexistente no processo civil. Para tanto, é uma jurisdição cognitiva, destinada a conhecer da pretensão acusatória (e de seu elemento objetivo, o caso penal) para, em acolhendo-a, exercer o poder de penar que detém o Estado-juiz.

Assim, é lugar-comum na doutrina vincular o conceito de jurisdição ao de *poder-dever*.

Não *negamos* que seja um poder-dever, mas pensamos que a questão exige, à luz da Constituição, um deslocamento.

Assim, pensamos que jurisdição é um direito fundamental, tanto que, ao tratarmos dos princípios/garantias do processo penal, o primeiro a ser analisado é

1 *Teoria do Direito Processual Penal*, cit., p. 46 e s.

exatamente esse: a garantia da jurisdição. Ou seja, o direito fundamental de ser julgado por um juiz, natural (cuja competência está prefixada em lei), imparcial e no prazo razoável. É nessa dimensão que a jurisdição deve ser tratada, como direito fundamental, e não apenas como um poder-dever do Estado.

Significa descolar da estrutura de pensamento no qual a jurisdição é um poder do Estado e que, portanto, pode pelo Estado ser utilizado e definido segundo suas necessidades. Ao desvelarmos a jurisdição como direito fundamental, consagrado que está na Constituição, ela passa a exigir uma nova estrutura de pensamento, como instrumento a serviço da tutela do indivíduo (recordemos *la ley del más débil*, como sintetizou FERRAJOLI).

Com razão JACINTO COUTINHO[2], quando afirma que a jurisdição, "a par de ser um poder – e como tal deve ser estudado com proficiência –, é uma garantia constitucional do cidadão, da qual não se pode abrir mão" (grifo nosso).

O que se evidencia é a coexistência dos conceitos. Não se nega o caráter de poder-dever, mas, acima de tudo, é um direito fundamental do cidadão. E a ação, como visto, é a invocação necessária para obtenção desse direito fundamental (jurisdição). Essa concepção decorre, ainda, do princípio da necessidade do processo em relação à pena, pois, como visto, não há pena sem processo anterior. Logo, ação, jurisdição e processo formam um núcleo de direitos fundamentais que impedem a aplicação imediata e ilegítima da pena.

Como consequência, a própria conceituação de *competência* também é afetada.

A competência, ao mesmo tempo em que limita o poder, cria condições de eficácia para a garantia da jurisdição (juiz natural e imparcial).

Como explica TAORMINA[3], a disciplina da competência deriva do fato de que a jurisdição penal ordinária se articula em uma multiplicidade de órgãos, devendo se verificar a repartição das tarefas judiciárias. Resultaria extremamente perigoso se não fossem previstos rígidos mecanismos de identificação prévia do juiz competente, pois, antes de tudo, está a garantia da *precostituzione per legge del giudice* que deverá ser *prima del fatto commesso*.

A *competência* impõe severos limites ao poder jurisdicional (*es la medida de la jurisdicción*, sintetiza LEONE)[4] e, por sua vez, está estreitamente disciplinada por regras que, em última análise, asseguram a própria qualidade e legitimidade da

---

2 COUTINHO, Jacinto Nelson de Miranda. Introdução aos Princípios Gerais do Direito Processual Penal Brasileiro. In: *Separata do ITEC*, ano 1, n. 4, janeiro/fevereiro/março de 2000, p. 3 e s.

3 TAORMINA, Carlo. *Diritto Processuale Penale*. Torino, G. Giappichelli Editore, 1995. v. 2, p. 310 e s.

4 LEONE, Giovanni. *Tratado de Derecho Procesal Penal*. Trad. Santiago Sentís Melendo. Buenos Aires, Ediciones Jurídicas Europa-América, 1963. v. 1, p. 341.

jurisdição. Ao final de tudo, está a garantia de ter um juiz natural, imparcial e cuja competência está claramente definida por lei anterior ao fato criminoso.

Nessa dimensão de poder, mas, principalmente, de direito fundamental a jurisdição (e, portanto, as regras de competência), cuja coexistência nem sempre é respeitada e corretamente tratada, abordaremos o tema da competência.

## 1. Princípios da Jurisdição Penal

Em relação aos princípios da jurisdição penal[5], destacamos de forma sintética:

### 1.1. Princípio da Inércia da Jurisdição

Como decorrência do sistema acusatório anteriormente explicado e para garantia da imparcialidade (princípio supremo do processo), a inércia da jurisdição significa que o poder somente poderá ser exercido pelo juiz mediante prévia invocação. Vedada está a atuação *ex officio* do juiz (daí o significado do adágio *ne procedat iudex ex officio*).

Com isso, a jurisdição somente se põe em marcha quando houver uma prévia invocação – declaração petitória – feita por parte legítima. No que tange ao processo penal, a jurisdição somente pode ser exercida quando houver o exercício da pretensão acusatória, através de queixa-crime (se a iniciativa da ação penal for privada), ou da denúncia oferecida pelo Ministério Público, nos termos do art. 129, I, da Constituição (nos delitos cuja ação penal é de iniciativa pública).

Portanto, fazendo uma leitura constitucional, revogado está o art. 26 do CPP[6], pois não existe mais processo penal iniciando por meio de prisão em flagrante ou mesmo portaria (da autoridade judiciária ou policial).

### 1.2. Princípio da Imparcialidade

Considerando o que já explicamos no Capítulo II, ao analisar a garantia da jurisdicionalidade, onde tratamos com profundidade a imparcialidade objetiva, subjetiva, a estética de imparcialidade e também a teoria da dissonância cognitiva, é desnecessário fazermos uma longa repetição.

Portanto, para o tópico "Jurisdicionalidade", desenvolvido no Capítulo II, remetemos o leitor a fim de evitar a repetição.

---

5 Baseamo-nos, em grande parte, nas lições de JACINTO COUTINHO, Introdução aos Princípios Gerais do Direito Processual Penal Brasileiro, cit., p. 3 e s.

6 Art. 26. A ação penal, nas contravenções, será iniciada com o auto de prisão em flagrante ou por meio de portaria expedida pela autoridade judiciária ou policial.

### 1.3. Princípio do Juiz Natural

O princípio do juiz natural não é mero atributo do juiz, senão um verdadeiro pressuposto para a sua própria existência. Como explicamos anteriormente, na esteira de MARCON[7], o Princípio do Juiz Natural é um princípio universal, fundante do Estado Democrático de Direito. Consiste no direito que cada cidadão tem de saber, de antemão, a autoridade que irá processá-lo e qual o juiz ou tribunal que irá julgá-lo, caso pratique uma conduta definida como crime no ordenamento jurídico-penal.

O nascimento da garantia do juiz natural dá-se no momento da prática do delito, e não no início do processo. Não se podem manipular os critérios de competência e tampouco definir posteriormente ao fato qual será o juiz da causa. Elementar que essa definição posterior afetaria, também, a garantia da imparcialidade do julgador, como visto anteriormente.

Importa afastar a criação de tribunais de exceção (*post factum*) e extinguir os privilégios das justiças senhoriais (foro privilegiado). Na clara definição de COUTINHO[8], trata-se de definir qual é o "meu juiz", pois todos passam a ser julgados pelo "seu juiz", cuja competência é previamente estabelecida por uma lei vigente antes da prática do crime.

A consagração Constitucional vem dada pelo texto do art. 5º, LIII, da Constituição.

Por fim, destacamos que não se pode mais desconectar a garantia do juiz natural das regras de competência. Assim, deve-se dar um basta às verdadeiras manipulações feitas nos critérios de competência a partir de equivocadas analogias com o processo civil (o costumeiro desrespeito às categorias jurídicas próprias do processo penal), permitindo que se desloquem processos da cidade onde ocorreu o crime para outras, atendendo a duvidosos e censuráveis critérios de maior eficiência no "combate ao crime", mas ferindo de morte a garantia constitucional.

Em geral, isso é feito sob o argumento de que a competência em razão do lugar é relativa, uma construção civilista, inadequada ao processo penal. Como explica COUTINHO, isso abre a possibilidade de escolher um juiz "mais interessante" (para quem?) para o julgamento de determinados casos,

---

[7] MARCON, Adelino. *O Princípio do Juiz Natural no Processo Penal*, Curitiba, Juruá, 2004. p. 47 e s.

[8] COUTINHO, Jacinto Nelson de Miranda. Introdução aos Princípios Gerais do Direito Processual Penal Brasileiro, cit., p. 5.

atendendo a critérios pessoais (mais liberal ou mais conservador, por exemplo). Nenhuma dúvida existe de que essas manipulações violam a garantia da imparcialidade e do juiz natural. Mas, para além disso, eles estão comprometendo a credibilidade da Justiça.

Voltaremos a essa questão da manipulação dos critérios de competência no final deste capítulo, em tópico destinado à "crítica" da adoção dos critérios civilistas de (in)competência absoluta e relativa e sua manipulação.

### 1.4. Princípio da Indeclinabilidade da Jurisdição

Nenhuma das garantias anteriores teria eficácia se fosse permitido ao juiz declinar ou subtrair-se do dever de julgamento do processo. A garantia da jurisdição careceria de sentido se fosse possível sua fungibilidade. A inderrogabilidade é garantia que decorre e assegura a eficácia da garantia da jurisdição, no sentido de infungibilidade e indeclinabilidade do juízo, assegurando a todos o livre acesso ao processo e ao poder jurisdicional.

Logo, o juiz natural não pode declinar ou delegar a outro o exercício da sua jurisdição, até porque existe uma exclusividade desse poder, de modo a excluir a de todos os demais.

Visto assim, o presente princípio não dá a noção da problemática que pode surgir se o levarmos a sério, algo que não tem sido feito no sistema brasileiro. Por exemplo: como admitir a chamada *prorrogatio fori*, tão utilizada pela Justiça brasileira? Inadmissível, pois incompatível com esse princípio.

A *prorrogatio fori* ocorre quando um juiz que não é competente, em razão do lugar, acaba tendo sua competência ampliada, prorrogada. Tal alquimia somente é possível pelo fato de a competência pelo local do crime ser considerada relativa e, se não arguida pelo réu, é prorrogada pela preclusão, transformando em competente quem inicialmente era incompetente. Esse é o entendimento majoritário, com o qual não concordamos.

Noutra linha, também vemos dificuldades na coexistência entre a garantia da indeclinabilidade da jurisdição e a chamada justiça negociada. A lógica da *plea negotiation* conduz a um afastamento do Estado-juiz das relações sociais, não atuando mais como interventor necessário, mas apenas assistindo de camarote ao conflito. A *negotiation* viola, desde logo, esse pressuposto fundamental, pois a violência repressiva da pena não passa mais pelo controle jurisdicional e tampouco se submete aos limites da legalidade, senão que está nas mãos do Ministério Público e submetida à sua discricionariedade.

Isso significa uma inequívoca incursão do Ministério Público em uma área que deveria ser dominada pelo juiz, que erroneamente limita-se a homologar o resultado do acordo entre o acusado e o promotor. Não sem razão, a doutrina afirma que o promotor é o juiz às portas do tribunal, conduzindo a uma espécie de fungibilidade da jurisdição. Voltaremos a essa crítica quando abordarmos os Juizados Especiais Criminais.

## 2. A Competência em Matéria Penal. A Reforma de 2019/2020 e o Juiz das Garantias

A competência é um conjunto de regras que asseguram a eficácia da garantia da jurisdição e, especialmente, do juiz natural. Delimitando a jurisdição, condiciona seu exercício.

Como regra, um juiz ou tribunal somente pode julgar um caso penal quando for competente em razão da matéria, pessoa e lugar.

Sem negar as críticas que fizemos no princípio da indeclinabilidade da jurisdição, seguiremos o pensamento majoritário, que costuma afirmar que a competência em razão da matéria e pessoa é absoluta, ao passo que o critério local do crime seria relativo.

Logo, a violação das regras de competência para matéria e pessoa, por ser absoluta, não se convalida jamais (não há preclusão ou prorrogação de competência) e pode ser reconhecida de ofício pelo juiz ou tribunal, em qualquer fase do processo.

Com relação à competência em razão do lugar, ao compreendermos que a jurisdição é uma garantia, não pode ela ser esvaziada com a classificação civilista de que é "relativa". Ou seja, a eficácia da garantia do juiz natural não permite que se relativize a competência em razão do lugar. Assim, também consideramos a competência, em razão do lugar, absoluta.

Contudo, até por honestidade acadêmica, destacamos que não é essa a posição majoritária na jurisprudência brasileira. Predomina a noção civilista de que a competência, em razão do *lugar do crime*, é *relativa*. Desde a mera leitura do CPP, defendem que a incompetência em razão do lugar do crime deve ser arguida pelo réu no primeiro momento em que falar no processo, sob pena de preclusão e prorrogação da competência do juiz (*prorrogatio fori*).

O julgador, que inicialmente era incompetente em razão do lugar, adquire competência pela preclusão da via impugnativa. Somente o réu pode alegar a incompetência em razão do lugar, pois o Ministério Público, ao eleger o local onde ofereceu a denúncia, fez sua opção e, portanto, preclusa a via para ele.

Contudo, ao contrário de alguma doutrina que não descola das categorias do processo civil, pensamos que a incompetência em razão do lugar pode também ser conhecida pelo juiz de ofício. Isso porque o art. 109 do CPP não faz nenhuma restrição, todo oposto:

> Art. 109. Se em qualquer fase do processo o juiz reconhecer motivo que o torne incompetente, declará-lo-á nos autos, haja ou não alegação da parte, prosseguindo-se na forma do artigo anterior.

Assim, poderá o juiz de ofício, e até a prolação da sentença, declinar de sua competência, inclusive em razão do lugar. A distinção está em que, na incompetência em razão da matéria e pessoa, por serem critérios absolutos e indisponíveis, não se opera nenhuma espécie de convalidação. Inclusive em grau recursal pode ser declarada a incompetência do juiz. Já em relação ao lugar, ou a defesa alega através da respectiva exceção ou ela se prorroga. Nesse caso, somente o juiz poderá fazê-lo, até a sentença, nos termos do art. 109.

Mas a reforma de 2019/2020 trouxe uma grande inovação: a figura do juiz das garantias e, com ele, o impedimento de que o mesmo juiz atuasse na fase pré-processual e depois, no processo, instruísse e julgasse. Foi um grande avanço na preservação da garantia da imparcialidade, como explicamos anteriormente (e para onde remetemos o leitor para evitar repetições).

Como já advertimos, a figura do juiz das garantias está suspensa pela decisão liminar do Min. FUX. Inobstante, diante da importância da reforma e da precariedade da decisão (inclusive em termos de fundamentação), explicaremos a seguir a prevenção com o olhar do futuro, de como será quando o juiz das garantias entrar em vigor.

Portanto, a garantia do juiz natural segue hígida, e todos os critérios de definição da competência também. Contudo, é preciso explicar algumas consequências da adoção do sistema "duplo juiz", a começar pela "prevenção". O instituto da prevenção, previsto no art. 83 do CPP, precisa ser "resignificado" à luz do disposto no art. 3º-D (nova redação dada pela Lei n. 13.964/2019). Vejamos os dispositivos:

> Art. 83. Verificar-se-á a competência por prevenção toda vez que, concorrendo dois ou mais juízes igualmente competentes ou com jurisdição cumulativa, um deles tiver antecedido aos outros na prática de algum ato do processo ou de medida a este relativa, ainda que anterior ao oferecimento da denúncia ou da queixa (arts. 70, § 3º, 71, 72, § 2º, e 78, II, *c*).

> Art. 3º-D. O juiz que, na fase de investigação, praticar qualquer ato incluído nas competências dos arts. 4º e 5º deste Código ficará impedido de funcionar no processo.

Como conciliar o instituto da prevenção (enquanto causa fixadora da competência na sua concepção tradicional) com a figura do juiz das garantias, onde a prevenção é causa de exclusão da competência? Da seguinte forma:

– a prevenção é causa de exclusão da competência: quando o juiz que decidir na fase preliminar ou praticar quaisquer dos atos previstos no art. 3º-B, assume o lugar do juiz das garantias e, portanto, irá receber a denúncia, decidir sobre a absolvição sumária e remeter para o juiz do processo (que necessariamente será "outro" juiz, pois o primeiro está impedido nos termos do art. 3º-D[9]);

– a prevenção como causa de fixação da competência: quando existirem vários juízes em uma comarca, aquele que anteceder os demais na prática de algum ato na investigação preliminar, passa a ser o prevento, no sentido de que atrairá a competência para eventuais crimes conexos. A prevenção aqui serve, essencialmente, para definir qual dos juízes das garantias será o competente. É um critério entre eles. Também pode servir para definição do juiz do processo, mas quando ocorrer a seguinte situação. Imaginemos uma cidade com vários juízes criminais. O juiz das garantias "a" atua na investigação preliminar e recebe a denúncia sobre determinado caso penal e remete para o juiz "b". Posteriormente, surge uma nova investigação por crime conexo, que acaba sendo vinculada ao juiz das garantias "a" pois prevento. Recebida essa nova denúncia, o juiz do processo será o mesmo juiz "b", pois prevento também. Então aqui a prevenção se opera entre os juízes das garantias (como critério de definição) e também entre os juízes do processo, igualmente definindo entre eles quem será o competente (o prevento).

Dessarte, a prevenção precisa ser ressignificada para adequar-se à nova sistemática processual, sem deixar, todavia, de existir.

Feito esse esclarecimento, voltemos ao tema geral da competência.

A disciplina feita pelo Código de Processo Penal nessa matéria (e em outras) é péssima, sem uma sistemática clara e coerente. Dispõe o art. 69 do CPP:

> Art. 69. Determinará a competência jurisdicional:
> I – o lugar da infração;
> II – o domicílio ou residência do réu;
> III – a natureza da infração;

---

[9] Esclarecimento importante. Por que o art. 3º-D faz menção aos arts. 4º e 5º do CPP? Porque são artigos que dizem respeito a própria existência do inquérito (art. 4º) e a sua abertura (art. 5 º), deixando claro, portanto, que a atuação do juiz das garantias e o impedimento de sua atuação no processo (prevenção como causa de exclusão da competência) se dá desde o nascimento do inquérito ou qualquer forma de investigação preliminar (como o procedimento investigatório a cargo do MP). Reforça esse argumento o disposto no art. 3º-B, inciso IV).

IV – a distribuição;
V – a conexão ou continência;
VI – a prevenção;
VII – a prerrogativa de função.

Desde logo, advertimos que não existe nenhuma hierarquia ou ordem entre os incisos, e qualquer tentativa de extrair uma regra de aplicação a partir daí esbarrará em tantas exceções que a regra se diluirá. Propomos definir a competência a partir de três perguntas básicas:

1ª Qual é a Justiça e órgão competente?

Aqui se discutem os critérios relativos à matéria e pessoa, considerando a existência de:

1. Justiças Especiais
   1.1. Justiça Militar
      1.1.1. Justiça Militar Federal
      1.1.2. Justiça Militar Estadual
   1.2. Justiça Eleitoral
2. Justiças Comuns
   2.1. Justiça Comum Federal
   2.2. Justiça Comum Estadual

Sempre, para definição da "Justiça" competente, deve-se considerar a matéria em julgamento e começar a análise pela esfera mais restrita das Justiças Especiais (começando pela Justiça Militar Federal, depois Estadual e, por fim, a Eleitoral), para, por exclusão, chegar às Justiças Comuns (Primeiro a Federal), para só então chegar à Justiça mais residual de todas: a Justiça Comum Estadual. Assim, um crime somente será de competência da Justiça Comum Estadual quando não for de competência de nenhuma das anteriores.

No próximo ponto definiremos as competências das Justiças Especiais e Comuns, mas, antes, é preciso esclarecer mais alguns aspectos.

Definida a Justiça, deve-se analisar ainda em qual será o nível da jurisdição que terá atuação originária, pois pode ocorrer que, por exemplo, em virtude do cargo que o réu ocupe, o processo já nasça no Tribunal de Justiça, no Superior Tribunal de Justiça ou mesmo no Supremo Tribunal Federal.

Assim, para encontrar o órgão julgador, devemos considerar a existência dos seguintes níveis de jurisdição (Justiça Comum):

Supremo Tribunal Federal

↑

Superior Tribunal de Justiça[10]

↗ ↖

| Tribunais Regionais Federais (Segundo Grau da Justiça Federal) | Tribunais de Justiça dos Estados[11] (Segundo Grau da Justiça Estadual) |
|---|---|
| ↑ | ↑ |
| Órgãos de 1º grau da Justiça Federal<br>Tribunal do Júri<br>Juiz Federal<br>Juizados Especiais Criminais | Órgãos de 1º grau da Justiça Estadual<br>Tribunal do Júri<br>Juízes de Direito<br>Juizados Especiais Criminais[12] |

Mas o problema poderá não estar resolvido ainda, com a mera definição da Justiça.

**É preciso definir o órgão competente.** Em se tratando da justiça comum (federal ou estadual), vamos analisar se a competência é do JECRIM, do juiz singular ou, ainda, se é da competência do júri. Também, neste momento, é crucial identificar se é caso de prerrogativa de função, pois se for prevalece (como regra) sobre os órgãos de primeiro grau. Isso é muito sensível e requer muita atenção. Por esse motivo, no texto que segue, preferimos dividir essa primeira pergunta (Qual a Justiça e Órgão?) em duas. Primeiro analisaremos a justiça e depois a problemática acerca da prerrogativa de função.

**Uma vez respondidos a esses dois questionamentos, que integram a primeira pergunta**, deve-se verificar – em se tratando de primeiro grau de jurisdição – qual é o foro competente, passando então à segunda pergunta. Finalmente

---

10 Nesse mesmo nível estão ainda o Tribunal Superior Eleitoral e o Superior Tribunal Militar, respectivamente jurisdições eleitoral e militar.

11 Destaque-se que em alguns Estados da Federação existiam ainda os Tribunais de Alçada, órgãos de segundo grau da jurisdição estadual, situados em posição inferior aos Tribunais de Justiça no que se referia à competência. Ainda nessa dimensão de jurisdição, encontramos atualmente: na justiça eleitoral, os Tribunais Regionais Eleitorais e, na justiça militar estadual, os Tribunais de Justiça Militar (nos estados que não o possuam, a competência para julgamento em 2º grau de jurisdição será dos Tribunais de Justiça, nos termos do art. 125, § 3º, da Constituição).

12 Em alguns estados ainda existe a figura do Pretor. Trata-se de carreira em extinção, que não foi recepcionada pela Constituição. Os pretores tinham uma competência limitada, na esfera penal, ao julgamento das contravenções e dos crimes apenados com detenção. Com o advento da Lei n. 9.099, os Pretores restantes acabaram por atuar na presidência dos Juizados Especiais Criminais, destinados ao processo e julgamento dos delitos de menor potencial ofensivo.

poderemos responder a última pergunta – qual a vara ou juízo? – que somente será formulada se não for caso de prerrogativa de função (e, portanto, estiver afeta ao primeiro grau de jurisdição).

2ª Qual é o foro competente (local)?

Quando, em razão da natureza do delito (matéria) e qualidade do agente (pessoa), o julgamento for de competência da Justiça de primeiro grau, deve-se ainda definir qual será o foro competente (lugar), atendendo, nesse caso, às regras dos arts. 70 e 71 do CPP. Excepcionalmente, dependendo da situação, poderá ser necessário recorrer às regras dos arts. 88 a 90, quando o delito for cometido a bordo de navio ou aeronave, como explicaremos na continuação.

3ª Qual é a vara ou juízo?

Ainda que respondidas as duas perguntas anteriores, pode a competência não estar definida, como ocorre, por exemplo, com um crime de roubo cometido na cidade de Porto Alegre. A Justiça será a comum estadual (diante da não incidência das demais), o órgão é o juiz de direito (primeiro grau) e o local será a comarca de Porto Alegre. Contudo, ainda assim, quantos juízes igualmente competentes em razão da matéria, pessoa e lugar existem nessa cidade? Dezenas. Logo, qual deles irá julgar? Deveremos recorrer aos critérios da prevenção (mas com a sua nova concepção, como explicamos no início desse capítulo e repetiremos ao tratar dela) ou da distribuição, conforme o caso.

Finalmente, após responder corretamente a essas três perguntas, teremos a exata definição do juiz ou tribunal competente para o julgamento do processo penal. Mas, como advertimos no início, esse é um tema bastante complexo e, ainda que tudo isso tenha sido definido, a ocorrência de conexão ou continência pode alterar substancialmente a resposta final, como veremos.

Vejamos, agora, que definições nos permitirão responder a essas três perguntas, começando pela análise da competência das Justiças Especiais (Militar e Eleitoral) para depois explicar a competência das Justiças Comuns (Federal e Estadual).

### 2.1. Qual é a Justiça Competente? Definição da Competência das Justiças Especiais (Militar e Eleitoral) e Comuns (Federal e Estadual). Qual é o Órgão Competente? Análise da Problemática acerca da Prerrogativa de Função

Nesse ponto, precisamos analisar a natureza da infração, a matéria e/ou a pessoa. Em primeiro lugar, devemos questionar se o crime é da competência da Justiça Especial Militar, cujo campo é o mais restrito (federal e depois estadual); depois, se não for de competência da Justiça Militar, devemos questionar se é de competência da Justiça Eleitoral. Somente com a negativa a ambas as perguntas é que podemos passar para a escolha da Justiça Comum (federal ou estadual) que irá julgar.

É sempre uma análise que parte do mais restrito para o mais residual (Justiça Comum Estadual). Assim, comecemos definindo a competência da Justiça Militar.

Quanto à figura do juiz das garantias e o sistema de "duplo juiz" (já explicada), não vislumbramos motivo para excluir sua aplicação na justiça militar (da União ou Estados). Não há nenhuma exceção e nos parece perfeitamente viável e necessária sua efetivação também na justiça castrense. Portanto, quando entrar em vigor essa parte da reforma, esperamos que tenha aplicação também na justiça castrense, mas por ora está tudo suspenso.

### 2.1.1. Justiça (Especial) Militar da União (Federal)

À Justiça Militar da União compete o julgamento dos militares pertencentes às forças armadas (exército, marinha e aeronáutica), que possuem atuação em todo o território nacional. Essa Justiça está constituída da seguinte forma:

1º grau – auditorias e conselhos permanentes de justiça e conselho especial de justiça.

2º grau – é o Superior Tribunal Militar.

A competência dessa Justiça Especial está prevista no art. 124 da Constituição:

> Art. 124. À Justiça Militar compete processar e julgar os crimes militares definidos em lei.

Ao falar em "crimes militares definidos em lei", a Constituição acaba por remeter para o Código Penal Militar, cujo art. 9º define o que é um "crime militar"[13], mas também permite (inciso II) que ela julgue os crimes previstos em

---

13 Art. 9º Consideram-se crimes militares, em tempo de paz:
I – os crimes de que trata este Código, quando definidos de modo diverso na lei penal comum, ou nela não previstos, qualquer que seja o agente, salvo disposição especial;
II – os crimes previstos neste Código e os previstos na legislação penal, quando praticados:
*a)* por militar em situação de atividade ou assemelhado, contra militar na mesma situação ou assemelhado;
*b)* por militar em situação de atividade ou assemelhado, em lugar sujeito à administração militar, contra militar da reserva, ou reformado, ou assemelhado, ou civil;
*c)* por militar em serviço ou atuando em razão da função, em comissão de natureza militar, ou em formatura, ainda que fora do lugar sujeito à administração militar contra militar da reserva, ou reformado, ou civil;
*d)* por militar durante o período de manobras ou exercício, contra militar da reserva, ou reformado, ou assemelhado, ou civil;
*e)* por militar em situação de atividade, ou assemelhado, contra o patrimônio sob a administração militar, ou a ordem administrativa militar;
*f)* revogada.
III – os crimes praticados por militar da reserva, ou reformado, ou por civil, contra as instituições militares, considerando-se como tais não só os compreendidos no inciso I, como os do inciso II, nos seguintes casos:
*a)* contra o patrimônio sob a administração militar, ou contra a ordem administrativa militar;
*b)* em lugar sujeito à administração militar contra militar em situação de atividade ou assemelhado,

legislação penal especial (e, portanto, não apenas os crimes previstos no CPM). Importante destacar a modificação levada a cabo pela Lei 13.491/2017, que, alterando o art. 9º do CPM, afetou substancialmente a competência da Justiça Militar da União e também estadual.

Até o advento da Lei 13.491/2017, que alterou o art. 9º do CPM, entendia-se que os crimes previstos em leis especiais (como abuso de autoridade [Lei n. 13.869/2019], tortura, associação para o tráfico etc.) não eram de competência da Justiça Militar (da União ou dos Estados), sendo julgados na justiça comum. Se houvesse conexão entre um crime militar e outro crime previsto em lei especial, haveria uma cisão: o crime militar seria julgado pela justiça castrense e o crime não previsto no CPM seria julgado na justiça comum (estadual ou federal conforme o caso). Mas, agora, com a nova redação do art. 9º, II, a competência foi substancialmente ampliada, atingindo também os crimes previstos na legislação penal extravagante:

> II – os crimes previstos neste Código e os previstos na legislação penal, quando praticados:

Significa dizer que a Justiça Militar (federal ou estadual) agora poderá julgar os crimes previstos no CPM e na legislação penal (comum e especial/extravagante). Dessa forma, há uma ampliação significativa da competência das justiças militares estaduais e federais, que passarão a julgar crimes não previstos no CPM, tais como os anteriormente citados. Dessarte, entendemos que também está superada a Súmula 172 do STJ, que dispunha que "compete à justiça comum processar e julgar militar por crime de abuso de autoridade (Lei n. 13.869/2019), ainda que praticado em serviço". Agora, o crime de abuso de autoridade deverá ser julgado na justiça castrense.

Portanto, para que se tenha a competência da justiça militar da União, é preciso:

a) seja uma conduta tipificada no Código Penal Militar ou na legislação penal comum ou especial (diante da abertura dada pela nova redação do art. 9º, II do CPM);

---

ou contra funcionário de Ministério militar ou da Justiça Militar, no exercício de função inerente ao seu cargo;

*c)* contra militar em formatura, ou durante o período de prontidão, vigilância, observação, exploração, exercício, acampamento, acantonamento ou manobras;

*d)* ainda que fora do lugar sujeito à administração militar, contra militar em função de natureza militar, ou no desempenho de serviço de vigilância, garantia e preservação da ordem pública, administrativa ou judiciária, quando legalmente requisitado para aquele fim, ou em obediência a determinação legal superior.

§ 1º Os crimes de que trata este artigo, quando dolosos contra a vida e cometidos por militares contra civil, serão da competência do Tribunal do Júri.

§ 2º Os crimes de que trata este artigo, quando dolosos contra a vida e cometidos por militares das Forças Armadas contra civil, serão da competência da Justiça Militar da União, se praticados no contexto:

b) que seja praticada por militar em situação de atividade (sobre a possibilidade de um civil ser julgado na justiça militar da união, veja comentário a seguir);

c) esteja presente uma daquelas situações descritas no art. 9º, incisos II e III do Código Penal Militar;

d) por fim, a jurisprudência tem (buscando claramente restringir a competência da Justiça Militar) passado a exigir uma *situação de interesse militar*. Isso porque a atuação da Justiça Militar deve ser excepcional somente nos casos de "efetiva violação de dever militar ou afetação direta de bens jurídicos das Forças Armadas"[14]. Trata-se de construção jurisprudencial de natureza subjetiva, que deve ser analisada caso a caso.

Somente quando concorrerem esses elementos teremos um crime de competência da Justiça Militar da União.

Assim, entendemos que deve ser afastada a competência da Justiça Militar – por falta de uma "situação de interesse militar" – a prática de crimes de violência doméstica, por exemplo, cabendo o julgamento à justiça comum, mesmo quando praticado na área sujeita à jurisdição militar e com armamento militar (situações previstas no art. 9°, II do CPM). Na mesma linha, eventuais acidentes de trânsito praticados pelo militar, mesmo com viatura militar, contra civil, especialmente no exercício de atividades administrativas. Não há, nesses casos, real e peculiar interesse militar. Portanto, quando não estiver presente o interesse militar ou não for a conduta inerente à função militar, a competência da Justiça Militar (Federal ou Estadual) poderá ser afastada.

E o crime doloso contra a vida praticado por militar em atividade contra civil?

Recordemos que em 1996 a Lei n. 9.296 – posteriormente incorporada no art. 125, § 4º, da Constituição – atendendo a um reclame de organismos nacionais e internacionais de defesa de direitos humanos, alterou o CPM para que os

---

I – do cumprimento de atribuições que lhes forem estabelecidas pelo Presidente da República ou pelo Ministro de Estado da Defesa;
II – de ação que envolva a segurança de instituição militar ou de missão militar, mesmo que não beligerante; ou
III – de atividade de natureza militar, de operação de paz, de garantia da lei e da ordem ou de atribuição subsidiária, realizadas em conformidade com o disposto no art. 142 da Constituição Federal e na forma dos seguintes diplomas legais:
*a)* Lei n. 7.565, de 19 de dezembro de 1986 – Código Brasileiro de Aeronáutica;
*b)* Lei Complementar n. 97, de 9 de junho de 1999;
*c)* Decreto-Lei n. 1.002, de 21 de outubro de 1969 – Código de Processo Penal Militar; e
*d)* Lei n. 4.737, de 15 de julho de 1965 – Código Eleitoral.

14 DUCLERC, Elmir. *Curso Básico de Direito Processual Penal*. Rio de Janeiro, Lumen Juris, 2006. v. 2, p. 12.

crimes dolosos contra a vida, cometidos por militares contra civis, fossem julgados pelo tribunal do júri.

Essa situação foi alterada pela Lei n. 13.491/2017, que deu uma nova redação para o art. 9º, II, §§ 1º 2º, do CPM, que agora determinam que:

> Art. 9º, II. (...)
>
> § 1º Os crimes de que trata este artigo, quando dolosos contra a vida e cometidos por militares contra civil, serão da competência do Tribunal do Júri.
>
> § 2º Os crimes de que trata este artigo, quando dolosos contra a vida e cometidos por militares das Forças Armadas contra civil, serão da competência da Justiça Militar da União, se praticados no contexto:
>
> I - do cumprimento de atribuições que lhes forem estabelecidas pelo Presidente da República ou pelo Ministro de Estado da Defesa;
>
> II - de ação que envolva a segurança de instituição militar ou de missão militar, mesmo que não beligerante; ou
>
> III - de atividade de natureza militar, de operação de paz, de garantia da lei e da ordem ou de atribuição subsidiária, realizadas em conformidade com o disposto no art. 142 da Constituição Federal e na forma dos seguintes diplomas legais: (...)

Significa dizer que a lei criou um tratamento diferenciado conforme o militar seja estadual ou membro das forças armadas. O policial militar estadual – em atividade – que cometa crime doloso contra a vida de civil, segue sendo julgado no tribunal do júri. A nova lei atinge apenas os militares das forças armadas que, nas chamadas "missões de garantia da lei e da ordem", cometam crimes dolosos contra a vida de civis. Neste caso, eles serão julgados na justiça militar da União e não no tribunal do júri. É verdade que parte da doutrina e inclusive da jurisprudência do STM já sustentavam que a competência do júri só se aplicaria à justiça militar estadual, fazendo uma leitura literal e restritiva do art. 125,§ 4º, da Constituição. Contudo, também é verdade que esse desvio de função das forças armadas, para exercerem um policiamento urbano *a la carte*, é algo novo, posterior à mudança do Texto Constitucional. A aplicação por analogia (ou interpretação extensiva se preferir) do art. 125, § 4º, da CF aos militares das forças armadas, diante dessa nova situação, também seria plenamente sustentável.

Mas, agora, a nova Lei veio para enfrentar o problema e tomar uma clara posição (na contramão do caminho já construído, repetimos) no sentido de que o militar das forças armadas que nas operações de garantia da lei e da ordem (leia-se: cláusula genérica, vaga e imprecisa) cometer crime doloso contra a vida de civil, será processado e julgado na justiça militar da União. Já o policial militar estadual, permanece sendo julgado no tribunal do júri. Eis aqui mais um ponto polêmico: cria-se uma clara diferenciação no tratamento dos militares agindo em idêntica situação. E se, em uma operação conjunta, um policial militar estadual e um membro das forças armadas cometerem um crime doloso contra a vida de um civil em uma abordagem, como ficará o processo e o julgamento? Haverá cisão, pois o militar estadual será julgado na justiça comum estadual, no tribunal do júri; e o militar das forças armadas, será julgado na justiça militar federal.

Outro questionamento importante: **pode um civil ser julgado pela Justiça Militar Federal?** Antes da Constituição de 1988 não havia essa possibilidade, porque era adotado um critério objetivo e subjetivo (exigia-se que o agente fosse militar e tivesse praticado um crime militar). Após a Constituição de 1988 a situação mudou, num grave retrocesso por vacilo do legislador constituinte. Como o art. 124 da Constituição remete para "crimes militares definidos em lei", acaba por transferir para o art. 9º, III do Código Penal Militar a definição da matéria e pessoa, e como o art. 9º prevê a possibilidade de um civil cometer um crime militar[15], a resposta agora é: **sim, pode um civil ser julgado na Justiça Militar da União**, desde que presentes as situações previstas no art. 9º do CPM. Exemplo: um grupo de pescadores foi surpreendido dentro de uma área militar (exército). Foram julgados e condenados pela Justiça Militar Federal pela prática do delito de ingresso clandestino em área de manobras militares (art. 302 do CPM).

Por fim, destacamos ainda que tais alterações sobre a competência da Justiça Militar têm natureza processual penal, devendo ter aplicação imediata (Princípio da Imediatidade, art. 2º do CPP).

Essa é a competência da Justiça Militar da União. Quando a situação não se encaixar nessas condições explicadas, passa-se então para a análise da competência da Justiça Eleitoral e depois das Justiças Comuns.

### 2.1.2. Justiça (Especial) Militar Estadual

A competência da Justiça Militar Estadual está prevista no art. 125, § 4º, da Constituição:

> Art. 125. Os Estados organizarão sua Justiça, observados os princípios estabelecidos nesta Constituição.
>
> (...)
>
> § 3º A lei estadual poderá criar, mediante proposta do Tribunal de Justiça, a Justiça Militar estadual, constituída, em primeiro grau, pelos juízes de direito e pelos Conselhos de Justiça e, em segundo grau, pelo próprio Tribunal de Justiça, ou por Tribunal de Justiça Militar nos Estados em que o efetivo militar seja superior a vinte mil integrantes.
>
> § 4º Compete à Justiça Militar estadual processar e julgar os militares dos Estados, nos crimes militares definidos em lei e as ações judiciais contra atos disciplinares militares, ressalvada a competência do júri quando a vítima for civil, cabendo ao tribunal competente decidir sobre a perda do posto e da patente dos oficiais e da graduação das praças.
>
> § 5º Compete aos juízes de direito do juízo militar processar e julgar, singularmente, os crimes militares cometidos contra civis e as ações judiciais contra atos disciplinares militares, cabendo ao Conselho de Justiça, sob a presidência de juiz de direito, processar e julgar os demais crimes militares.

---

15 Alguns penalistas distinguem crime militar próprio (aqueles que somente podem ser praticados por militares) dos militares impróprios (que podem ser praticados por militares ou por civis).

A competência da Justiça Militar Estadual também remete ao conceito de *crime militar* do art. 9º do CPM, exigindo, assim, que:

a) seja uma conduta tipificada no Código Penal Militar ou na legislação penal comum ou especial (diante da abertura dada pela nova redação do art. 9º, II, do CPM);
b) que seja praticada por militar; (policial militar, bombeiro ou policial rodoviário estadual) em situação de atividade (sobre a possibilidade de um civil ser julgado na justiça militar estadual, veja comentário abaixo);
c) esteja presente uma daquelas situações descritas no art. 9º, incisos II e III, do Código Penal Militar;
d) por fim, a jurisprudência tem (buscando claramente restringir a competência da Justiça Militar) passado a exigir uma *situação de interesse militar*.

   Isso porque a atuação da Justiça Militar deve ser excepcional somente nos casos de "efetiva violação de dever militar ou afetação direta de interesse militar".[16]

Sublinhamos novamente que a Lei n. 13.491/2017 alterou o art. 9º do CPM, de modo que os crimes previstos em leis especiais (como abuso de autoridade, tortura, organização criminosa, associação para o tráfico etc.) que não eram de competência da justiça militar (da União ou dos Estados), agora passaram a sê-lo. Portanto, caberá à Justiça Militar estadual julgar o militar por crimes previstos no CPM, no Código Penal e também nas leis penais especiais. Quanto à Súmula 172 do STJ, entendemos que está superada, pois o crime de abuso de autoridade passou a ser de competência da Justiça Militar.

Pode um civil ser julgado na Justiça Militar Estadual? Não. Ao contrário da justiça militar federal, aqui a Constituição adotou um critério objetivo-subjetivo. Ou seja, deve ser crime militar praticado por militar do Estado (policiais militares bombeiros ou policiais rodoviários estaduais), descartando completamente a possibilidade de um civil ser julgado na Justiça Militar Estadual.

16 Trata-se de construção jurisprudencial de natureza subjetiva, que deve ser analisada caso a caso. Sinalizando essa preocupação com o interesse militar, cumpre ler a Súmula 6 do STJ: "Compete à Justiça Comum Estadual processar e julgar delito decorrente de acidente de trânsito envolvendo viatura de Polícia Militar, salvo se autor e vítima forem policiais militares em situação de atividade". O crime de lesões corporais culposas ou mesmo homicídio culposo, quando decorrentes de acidente de trânsito, não são inerentes e peculiares à atividade militar, todo o oposto. Assim, a súmula restringe a competência da Justiça Militar aos casos em que ambos, autor e vítima, são militares em situação de atividade. Com isso, se a vítima do acidente de trânsito for um civil, situação bastante comum, a competência será da Justiça Comum Estadual. No mesmo sentido, como falamos antes, o crime de violência doméstica praticado por militar, mesmo que com arma da corporação, deverá ser julgado na justiça comum estadual, por falta de peculiar interesse militar.

E se o militar do Estado (PM, bombeiro ou policial militar estadual) praticar, em situação de atividade, um crime doloso contra a vida de um civil, será julgado pelo tribunal do júri ou pela justiça militar estadual? Será julgado na justiça comum estadual pelo tribunal do júri.

O art. 9º, II, § 1º, do CPM determina que "os crimes de que trata este artigo, quando dolosos contra a vida e cometidos por militares contra civil, serão da competência do Tribunal do Júri." Tal regra se aplica exclusivamente ao militar dos Estados, não aos militares das forças armadas, por força de expresso mandamento constitucional:

> Art. 125. (...)
>
> § 4º Compete à Justiça Militar estadual processar e julgar os militares dos Estados, nos crimes militares definidos em lei e as ações judiciais contra atos disciplinares militares, ressalvada a competência do júri quando a vítima for civil, cabendo ao tribunal competente decidir sobre a perda do posto e da patente dos oficiais e da graduação das praças.

O militar estadual – em atividade – que cometa crime doloso contra a vida de civil, será julgado na justiça comum estadual, no tribunal do júri (art. 125, § 4º, da Constituição). A nova Lei n. 13.491/2017, no que tange aos crimes dolosos contra a vida, atinge apenas os militares do exército, marinha e aeronáutica como explicamos no tópico anterior, sendo apenas os militares das forças armadas julgados na justiça militar da União e não no tribunal do júri. E se, em uma operação conjunta, um policial militar estadual e um membro das forças armadas cometerem um crime doloso contra a vida de um civil em uma abordagem, como ficará o processo e julgamento? Haverá cisão, pois o militar estadual será julgado na justiça comum estadual, no tribunal do júri; e o militar das forças armadas, será julgado na justiça militar federal.

Situação interessante pode ocorrer se, no plenário do júri, operar-se uma desclassificação própria, com o afastamento da figura dolosa. Nesse caso, pensamos que não poderá o juiz presidente proferir decisão, pois, se o homicídio doloso contra a vida de um civil, praticado pelo policial militar (estadual) não é de competência da Justiça Militar, o crime culposo permanece sendo. Logo, deverá ele redistribuir o processo para a Justiça Militar Estadual, a quem competirá o processo e julgamento do militar que pratique um crime culposo contra a vida de um civil (se presente, é claro, o interesse militar e demais circunstâncias do art. 9º do CPM). Não há que se falar em prorrogação da competência nesse caso, pois se trata de competência absoluta, em razão da matéria, logo, improrrogável.

Quanto à sua estrutura, em primeiro grau os crimes serão julgados pelos juízes de direito do juízo militar, desde que praticados contra civis. Quando for crime militar praticado contra militar, caberá a competência ao Conselho de Justiça, presidido pelo juiz de direito (militar).

Em segundo grau, o julgamento caberá aos Tribunais de Justiça Militar ou, na sua falta, aos Tribunais de Justiça dos estados.

**2.1.3.** Justiça (Especial) Eleitoral

Ao lado da Militar, a Eleitoral é a outra Justiça Especial. Não existe uma hierarquia entre a Justiça Militar e a Eleitoral, pois elas atuam em esferas distintas. Não se trata, assim, de prevalência, mas de cisão.

Já na relação da Justiça Eleitoral com as Justiças Comuns (Federal e Estadual) existe uma prevalência da Especial sobre a Comum (art. 78, IV, do CPP).

Deve-se destacar que o art. 78, IV, deve sempre ser lido junto com o art. 79, I, do CPP, para compreender-se que a Justiça Especial Eleitoral prevalece sobre as Justiças Comuns.

A competência da Justiça Eleitoral está prevista no art. 121 da Constituição, cuja redação não é das melhores. Sua competência, diante da lacunosa previsão constitucional, acaba sendo dada pelo Código Eleitoral, que prevê ainda quais são os crimes eleitorais[17].

Assim, sempre que tivermos um crime eleitoral conexo com um crime comum, previsto no Código Penal, a competência para julgamento de ambos (reunião por força da conexão) será da Justiça Eleitoral (art. 78, IV).

É pacífico que a Justiça Eleitoral (especializada) prevalece sobre a comum (Justiça Federal), a teor do art. 78, IV, do CPP, combinado com o art. 35, II, do Código Eleitoral. Isso significa que, sempre que tivermos um crime eleitoral conexo com um crime comum, a competência para julgamento de ambos (reunião por força da conexão) será da Justiça Eleitoral. Essa compreensão é sedimentada há mais de duas décadas[18] no âmbito dos Tribunais Superiores, sendo recentemente reafirmada no julgamento do Quarto Agravo Regimental no Inquérito n. 4.435/DF, relatoria Ministro Marco Aurélio, pelo Plenário da Suprema Corte, em que se teve a oportunidade de afirmar que os delitos eleitorais e conexos devem ser julgados pela Justiça Eleitoral, que tem competência absoluta para apreciação do caso.

Firmou-se entendimento também de que, identificada a competência da justiça prevalente (especializada), só cabe a ela tomar decisões jurisdicionais sobre o

17 Pensamos que, se o crime eleitoral tiver uma pena máxima inferior a 2 anos (sendo considerado, portanto, um crime de menor potencial ofensivo), são perfeitamente aplicáveis os institutos da Lei n. 9.099 (incluindo a suspensão condicional do processo se preenchidos os requisitos legais dos arts. 89 e seguintes da Lei n. 9.099).

18 Desde o julgamento pelo STF do CC n. 7033/SP, Rel. Min. SYDNEY SANCHES, Tribunal Pleno, de 2/10/1996.

processo, sendo absolutamente inválido o decotamento por outro juízo investido de competência residual. Em termos práticos, significa – por exemplo – que não pode a Justiça Federal cindir a acusação de "caixa 2" e crimes conexos, *cabendo exclusivamente à Justiça Eleitoral*, por causa da sua condição de prevalência, *concluir sobre a unidade do processo*.

Trata-se de reconhecer que o Juiz natural nasce no momento do cometimento do delito e não no início do processo, como a Suprema Corte já teve a oportunidade de afirmar em diversas outras oportunidades, ao decidir que somente a jurisdição prevalente pode analisar hipóteses de cisão objetiva ou subjetiva sobre os fatos imputados[19].

É importante destacar que se a competência é pressuposto para o exercício da jurisdição, a violação das regras de competência em razão da matéria, por ser absoluta, não se convalida jamais (não há preclusão ou prorrogação [*prorrogatio fori*] em se tratando de competência em razão da matéria) e pode ser reconhecida de ofício pelo juiz ou tribunal, em qualquer fase do processo a teor do art. 109 do CPP. Não é diferente o entendimento desse Egrégio Supremo Tribunal Federal nessa matéria[20].

---

[19] AÇÃO PENAL. QUESTÃO DE ORDEM. COMPETÊNCIA POR PRERROGATIVA DE FORO. DESMEMBRAMENTO DE INVESTIGAÇÕES E AÇÕES PENAIS. PRERROGATIVA PRÓPRIA DA SUPREMA CORTE. 1. O Plenário desta Suprema Corte mais de uma vez já decidiu que "é de ser tido por afrontoso à competência do STF o ato da autoridade reclamada que desmembrou o inquérito, deslocando o julgamento do parlamentar e prosseguindo quanto aos demais" (Rcl 1121, Relator(a): Min. ILMAR GALVÃO, Tribunal Pleno, julgado em 4/5/2000, *DJ* 16/6/2000 PP-00032 EMENT VOL-01995-01 PP-00033). Nessa linha de entendimento, decidiu o Plenário também que, "até que esta Suprema Corte procedesse à análise devida, não cabia ao Juízo de primeiro grau, ao deparar-se, nas investigações então conjuntamente realizadas, com suspeitos detentores de prerrogativa de foro – em razão das funções em que se encontravam investidos –, determinar a cisão das investigações e a remessa a esta Suprema Corte da apuração relativa a esses últimos, com o que acabou por usurpar competência que não detinha" (Rcl 7913 AgR, Relator(a): Min. DIAS TOFFOLI, Tribunal Pleno, julgado em 12/5/2011, *DJe*-173 DIVULG 8/9/2011 PUBLIC 9/9/2011 EMENT VOL-02583-01 PP-00066). 2. Por outro lado, a atual jurisprudência do STF é no sentido de que as normas constitucionais sobre prerrogativa de foro devem ser interpretadas restritivamente, o que determina o desmembramento do processo criminal sempre que possível, mantendo-se sob a jurisdição especial, em regra e segundo as circunstâncias de cada caso, apenas o que envolva autoridades indicadas na Constituição (Inq 3515 AgR, Relator(a): Min. MARCO AURÉLIO, Tribunal Pleno, julgado em 13/2/2014). 3. No caso, acolhe-se a promoção do Procurador-Geral da República, para determinar o desmembramento dos procedimentos em que constam indícios de envolvimento de parlamentar federal, com a remessa dos demais à primeira instância, aí incluídas as ações penais em andamento (AP 871 QO, Relator(a): Min. TEORI ZAVASCKI, Segunda Turma, julgado em 10/6/2014, ACÓRDÃO ELETRÔNICO *DJe*-213 DIVULG 29/10/2014 PUBLIC 30/10/2014).

[20] "*A competência penal em razão da matéria é de ordem pública, podendo ser alegada ou reconhecida a qualquer momento, inclusive de ofício, não sendo suscetível de convalidação*" (HC 107457, Rel. Min. CÁRMEN LÚCIA, Segunda Turma, julgado em 2/10/2012).
E ainda:

No mesmo sentido compreende BADARÓ[21], para quem a incompetência penal, ao gerar nulidade absoluta, "*poderá ser reconhecida a qualquer tempo*", até mesmo por revisão criminal.

É verdade que a competência da Justiça Federal está prevista no art. 109 da Constituição, mas é preciso fazer uma leitura atenta do seu inciso IV:

> *Art. 109. Aos juízes federais compete processar e julgar:*
>
> *(...)*
>
> *IV – os crimes políticos e as infrações penais praticadas em detrimento de bens, serviços ou interesse da União ou de suas entidades autárquicas ou empresas públicas, excluídas as contravenções e* **ressalvada a competência da Justiça Militar e da Justiça Eleitoral**; (grifos nossos)

Não existe, portanto, conflito entre os arts. 109, IV e 121 da Constituição e tampouco entre eles e o art. 78, IV do Código de Processo Penal, senão uma perfeita e sistemática adequação. A competência da Justiça Federal está prevista na Constituição, mas também está **LIMITADA E EXCLUÍDA pela própria Constituição**. Basta ver que o art. 109, IV, define a competência da justiça federal e RESSALVA EXPRESSAMENTE A COMPETÊNCIA DA JUSTIÇA MILITAR E DA JUSTIÇA ELEITORAL. Segundo a Constituição, a competência da Justiça Federal somente pode incidir quando não for de um crime de competência da Justiça Militar ou Eleitoral. E não poderia ser diferente. A Justiça Federal é residual em relação às duas especiais, que prevalecem sobre ela.

É por isso, por exemplo, que um crime praticado a bordo de navio ou aeronave (art. 109, IX) é de competência da Justiça Federal exceto quando o navio ou aeronave for militar, pertencente às forças armadas, situação em que a competência está afeta à justiça castrense por expressa ressalva constitucional.

O mesmo ocorre com a Justiça Eleitoral.

Um crime praticado em detrimento de bens, serviços ou interesses da União, de suas entidades autárquicas ou empresas públicas será de competência da Justiça Federal, EXCETO se afeto à Justiça Eleitoral. Complementa e ajusta esse sistema integrado de competência o disposto nos arts. 78 e 79 do Código de Processo Penal, que precisam ser lidos e interpretados de forma sistêmica.

Como leciona, com imensa clareza, o Exmo. Min. MARCO AURÉLIO (Ag.REg. no IP 4.435 DF), "a ressalva prevista no art. 109, inciso IV, bem como

---

*"Competência absoluta. Matéria de ordem pública. Remessa, de ofício, dos termos de colaboração premiada ao Tribunal Regional Eleitoral do Distrito Federal"* (Pet 6533 AgR, Rel. Min. EDSON FACHIN, Relator(a) p/ Acórdão: Min. DIAS TOFFOLI, Segunda Turma, julgado em 14/8/2018).

21 BADARÓ, Gustavo Henrique. *Juiz Natural no Processo Penal*. São Paulo: Revista dos Tribunais, 2014, p. 566.

a interpretação sistemática dos dispositivos constitucionais, afastam, no caso, a competência da justiça comum, federal ou estadual, e, ante a conexão, implica a configuração, em relação a todos os delitos, da competência da justiça eleitoral". A competência da Justiça Eleitoral encontra assento constitucional, como também a ressalva feita à atuação da Justiça Federal que se rende diante da existência de crime eleitoral, eis que – como explica o Min. CELSO DE MELLO – "a Carta Política expressamente instituiu, na matéria, típica *hipótese de reserva constitucional de lei complementar*, sob cuja égide são definidas as atribuições jurisdicionais desse ramo especializado do Poder Judiciário da União" (grifos nossos).

Concluindo: havendo concurso de crime eleitoral e qualquer outro crime de competência da justiça comum (federal ou estadual), prevalece a competência da Justiça Eleitoral, que deve julgar o crime eleitoral e todos os conexos.

Os únicos crimes em que tal reunião dá ensejo a grande discussão são aqueles de competência do Tribunal do Júri (previstos no art. 74, § 1º, do CPP), especialmente o de homicídio doloso. Nesses casos, tem prevalecido atualmente a posição de que, quando o crime eleitoral for conexo com o homicídio doloso (ou outro de competência do júri), haverá cisão: o crime eleitoral será julgado na Justiça Eleitoral e o homicídio, no Tribunal do Júri. Isso porque a competência do júri é constitucional, prevalecendo sobre o disposto em leis ordinárias (como o Código Eleitoral e o CPP).

Em primeiro grau, a Justiça Eleitoral é composta pelos juízes eleitorais, que são, na verdade, juízes estaduais investidos temporariamente dessa função. Em segundo grau estão os Tribunais Regionais Eleitorais e, acima deles, o Tribunal Superior Eleitoral.

### 2.1.4. Justiça (Comum) Federal

A competência da Justiça Federal é residual em relação às especiais, sendo sua atuação restrita aos crimes que não sejam de competência daquelas. Por outro lado, prevalece sobre a outra Justiça Comum, a Estadual, pois é considerada mais graduada nos termos do art. 78, III, do CPP.

O primeiro passo para verificar se um crime é ou não de competência da Justiça Federal é fazer uma atenta leitura do art. 109 da Constituição[22].

[22] Art. 109. Aos juízes federais compete processar e julgar:
I – as causas em que a União, entidade autárquica ou empresa pública federal forem interessadas na condição de autoras, rés, assistentes ou oponentes, exceto as de falência, as de acidentes de trabalho e as sujeitas à Justiça Eleitoral e à Justiça do Trabalho;
II – as causas entre Estado estrangeiro ou organismo internacional e Município ou pessoa domiciliada ou residente no País;
III – as causas fundadas em tratado ou contrato da União com Estado estrangeiro ou organismo internacional;
IV – os crimes políticos e as infrações penais praticadas em detrimento de bens, serviços ou

Na esfera penal, interessam os incisos IV e seguintes.

No primeiro caso (art. 109, IV, da CF), o crime será de competência da Justiça Federal quando for praticado em detrimento de bens, serviços ou interesse da União ou de suas entidades autárquicas ou empresas públicas. Assim, qualquer delito que atinja bens jurídicos sobre os quais recaia esse interesse será de competência da Justiça Federal o seu processo e julgamento.

Importante que a Constituição excluiu da competência da Justiça Federal as contravenções, mesmo quando praticadas em detrimento de bens, serviços ou interesses da União, autarquias ou empresas públicas. Nessa linha, repetindo apenas o que está na Constituição, insere-se a Súmula 38 do STJ[23]. Também ressalta a Constituição que a competência da Justiça Federal somente pode incidir quando não for de um crime de competência da Justiça Militar ou Eleitoral. E não poderia ser diferente. A Justiça Federal é residual em relação às duas especiais, que prevalecem sobre ela, conforme explicamos anteriormente.

---

interesse da União ou de suas entidades autárquicas ou empresas públicas, excluídas as contravenções e ressalvada a competência da Justiça Militar e da Justiça Eleitoral;
V – os crimes previstos em tratado ou convenção internacional, quando, iniciada a execução no País, o resultado tenha ou devesse ter ocorrido no estrangeiro, ou reciprocamente;
V-A – as causas relativas a direitos humanos a que se refere o § 5º deste artigo;
VI – os crimes contra a organização do trabalho e, nos casos determinados por lei, contra o sistema financeiro e a ordem econômico-financeira;
VII – os *habeas corpus*, em matéria criminal de sua competência ou quando o constrangimento provier de autoridade cujos atos não estejam diretamente sujeitos a outra jurisdição;
VIII – os mandados de segurança e os *habeas data* contra ato de autoridade federal, excetuados os casos de competência dos tribunais federais;
IX – os crimes cometidos a bordo de navios ou aeronaves, ressalvada a competência da Justiça Militar;
X – os crimes de ingresso ou permanência irregular de estrangeiro, a execução de carta rogatória, após o *exequatur*, e de sentença estrangeira, após a homologação, as causas referentes à nacionalidade, inclusive a respectiva opção, e à naturalização;
XI – a disputa sobre direitos indígenas.
§ 1º As causas em que a União for autora serão aforadas na seção judiciária onde tiver domicílio a outra parte.
§ 2º As causas intentadas contra a União poderão ser aforadas na seção judiciária em que for domiciliado o autor, naquela onde houver ocorrido o ato ou fato que deu origem à demanda ou onde esteja situada a coisa, ou, ainda, no Distrito Federal.
§ 3º Serão processadas e julgadas na justiça estadual, no foro do domicílio dos segurados ou beneficiários, as causas em que forem parte instituição de previdência social e segurado, sempre que a comarca não seja sede de vara do juízo federal, e, se verificada essa condição, a lei poderá permitir que outras causas sejam também processadas e julgadas pela justiça estadual.
§ 4º Na hipótese do parágrafo anterior, o recurso cabível será sempre para o Tribunal Regional Federal na área de jurisdição do juiz de primeiro grau.
§ 5º Nas hipóteses de grave violação de direitos humanos, o Procurador-Geral da República, com a finalidade de assegurar o cumprimento de obrigações decorrentes de tratados internacionais de direitos humanos dos quais o Brasil seja parte, poderá suscitar, perante o Superior Tribunal de Justiça, em qualquer fase do inquérito ou processo, incidente de deslocamento de competência para a Justiça Federal.

23 Súmula 38 do STJ: *Compete à Justiça Estadual Comum, na vigência da Constituição de 1988, o processo por contravenção penal, ainda que praticada em detrimento de bens, serviços ou interesse da União ou de suas entidades.*

Excluídas as contravenções e respeitada a prevalência das duas Justiças Especiais, incumbe à Justiça Federal o julgamento dos crimes que se encaixem nos casos previstos no art. 109 da Constituição.

Mas a interpretação não pode ser extensiva ou por analogia, diante do princípio da reserva legal e a garantia do juiz natural. Logo, quando a Constituição fala em empresa pública, por exemplo, não se pode ampliar para alcançar as empresas de economia mista. Assim, os crimes praticados em detrimento da Caixa Econômica Federal, por exemplo, serão julgados na Justiça Federal. Contudo, o mesmo delito de roubo, praticado contra o Banco do Brasil, será julgado na Justiça Estadual, pois se trata de empresa de economia mista.

Pertinente é o disposto na Súmula 42 do STJ:

> Compete à Justiça Comum Estadual processar e julgar as causas cíveis em que é parte sociedade de economia mista e os crimes praticados em seu detrimento.

Quanto à Empresa Brasileira de Correios e Telégrafos, eventual delito praticado em seu detrimento será de competência da Justiça Federal. Contudo, quando estivermos diante de uma loja franqueada dos correios, a situação muda completamente, cabendo à Justiça Estadual o processo e julgamento, pois não há prejuízo efetivo da União, mas do particular que adquiriu a franquia.

Mais complexa é a definição da competência da Justiça Federal a partir do "interesse federal" ou "interesse da União". Considerando que eventuais alterações nos critérios de definição da competência podem violar a garantia constitucional do juiz natural, a questão passa a ser mais sensível e complexa. Pensamos que somente o interesse federal decorrente de lei ou diretamente revelado quando da prática do crime (a partir da efetiva lesão do bem jurídico tutelado) justifica a incidência da Justiça Federal. Nessa linha, os arts. 20 e 21 da Constituição podem constituir elementos sinalizadores da competência da Justiça Federal. Contudo, não estamos afirmando que exista uma aplicação automática dos artigos mencionados. É um critério subsidiário, que deve ser analisado com suma cautela no caso concreto.

Assim, por exemplo, nenhuma dúvida existe de que o delito de falsificação de moeda é de competência da Justiça Federal, pois sua emissão é uma competência exclusiva da União (art. 21, VII, da Constituição). Em que pese o art. 26 da Lei n. 7.492 prever que os crimes contra o sistema financeiro são de competência da Justiça Federal, essa atribuição já existiria, por força do art. 21, VIII, da Constituição, que prevê a competência da União para administrar as reservas cambiais do País e fiscalizar as operações de natureza financeira.

Quanto ao delito de lavagem de capitais, a Lei n. 9.613/98 (modificada pela Lei n. 12.683/2012) define que:

Art. 2º O processo e julgamento dos crimes previstos nesta lei:
I – obedecem às disposições relativas ao procedimento comum dos crimes punidos com reclusão, da competência do juiz singular;
II – independem do processo e julgamento das infrações penais antecedentes, ainda que praticados em outro país, cabendo ao juiz competente para os crimes previstos nesta lei a decisão sobre a unidade de processo e julgamento;
III – são da competência da Justiça Federal:
a) quando praticados contra o sistema financeiro e a ordem econômico-financeira, ou em detrimento de bens, serviços ou interesses da União, ou de suas entidades autárquicas ou empresas públicas;
b) quando a infração penal antecedente for de competência da Justiça Federal.

Portanto, em síntese, será de competência da Justiça Federal quando o crime antecedente for de competência da Justiça Federal e quando praticados contra o sistema financeiro e a ordem econômico-financeira, ou em detrimento de bens, serviços ou interesses da União, ou de suas entidades autárquicas ou empresas públicas (a lei repete aqui a redação do art. 109 da Constituição).

Com isso, é possível processar e julgar um delito de lavagem de dinheiro na Justiça Estadual, como, por exemplo, na ocultação dos valores obtidos com o pagamento de resgate no crime de extorsão mediante sequestro; ou dos valores obtidos com o tráfico interno de entorpecentes etc.

Noutra dimensão, não há que se esquecer que o INSS é uma autarquia federal e que os crimes praticados em seu detrimento são de competência da Justiça Federal, inclusive os relativos à apropriação e sonegação de contribuições previdenciárias (arts. 168-A e 337-A do CP).

Por fim, nesse inciso, deve ser considerada a competência da Justiça Federal para processar e julgar o crime que tiver como autor ou vítima um servidor público federal no exercício de suas funções. Nessa linha, insere-se a Súmula 147 do STJ:

> Compete à Justiça Federal processar e julgar os crimes praticados contra funcionário público federal, quando relacionados com o exercício da função.

É patente o interesse da União na correta e efetiva prestação de seus serviços, cabendo à Justiça Federal o julgamento dos crimes praticados por servidor público ou que o tenham como vítima, desde que, em ambos os casos, fique demonstrado que foi *propter officium*, ou seja, em razão da função exercida.

Não há que se esquecer que na estrutura da Justiça Federal de primeiro grau existe Tribunal do Júri, de modo que, se o delito praticado pelo servidor ou contra ele for um crime doloso contra a vida, tentado ou consumado, a competência será do Tribunal do Júri Federal.

Quanto ao inciso V, serão de competência da Justiça Federal os crimes previstos em tratado ou convenção internacional, quando, iniciada a execução no País, o resultado tenha ou devesse ter ocorrido no estrangeiro, ou reciprocamente. Nessa situação encontram-se, entre outros, o tráfico de mulheres e crianças, e o delito de tráfico de substâncias entorpecentes, que merecerá uma análise mais detida.

Quando presente a internacionalidade do tráfico de drogas, a competência é da Justiça Federal, do contrário, é da Justiça Estadual.

Na mesma linha está a Súmula 522 do STF: salvo ocorrência de tráfico com o exterior, quando, então, a competência será da Justiça Federal, compete à Justiça dos estados o processo e o julgamento dos crimes relativos a entorpecentes.

Importante destacar que não se pode presumir a internacionalidade do tráfico e que a competência somente será da Justiça Federal quando estiver comprovado nos autos que a substância veio do exterior ou para lá se destinava. Assim, não importa a quantidade, nem mesmo a natureza da substância entorpecente. Não se pode presumir que uma carga de 150 kg de cocaína seja tráfico internacional, nem por ser cocaína (substância que aqui não é produzida), nem pela vultosa quantidade.

Destacamos o novo tratamento dado pela Lei n. 11.343/2006 ao crime de tráfico de drogas e outros com ele relacionados (arts. 33 a 37 da Lei n. 11.343). Determina o art. 70 da nova Lei de Tóxicos que nesses delitos, estando caracterizado o ilícito transnacional, a competência será da Justiça Federal. Até aqui, nada de novo em relação ao que já vinha desde a Lei n. 6.368/76 (e da Lei n. 10.409).

A inovação está no parágrafo único do art. 70 da nova Lei: os crimes praticados nos Municípios que não sejam sede da vara federal serão processados e julgados na vara federal da circunscrição respectiva. A diferença está em que, até essa mudança legislativa, o art. 27 da Lei n. 6.368 previa que o "processo e o julgamento do crime de tráfico com exterior caberão à Justiça Estadual com interveniência do Ministério Público respectivo, se o lugar em que tiver sido praticado, for município que não seja sede de vara da Justiça Federal, com recurso para o Tribunal Regional Federal".

Agora, se o município em que for praticado o crime não for sede de vara da Justiça Federal, haverá um deslocamento para a cidade mais próxima, cuja Justiça Federal tenha circunscrição sobre aquela na qual foi apreendida a droga. Isso serve para assegurar que a Justiça será efetivamente a Federal, ainda que, para tanto, tenha-se que arcar com o ônus de tramitar um processo a quilômetros do local do crime e da cidade onde, muitas vezes, residem os réus, com claro prejuízo para a coleta da prova e a duração do processo com expedição de cartas precatórias.

Essa disciplina vale apenas para os delitos previstos nos arts. 33 a 37 da Lei n. 11.343, quando houver prova de se tratar de delito transnacional. Nos demais casos a competência é da Justiça Estadual. Em se tratando de tráfico, frisamos, se não ficar comprovada a internacionalidade, a competência é da Justiça Estadual, independente da natureza ou quantidade da substância apreendida[24].

Questão problemática é a da competência para julgar os crimes praticados pela internet na medida em que geram diversos problemas para o direito processual penal, pois se trata de uma nova e complexa fenomenologia que nem sempre encontra resposta em um CPP de 1941. Os problemas são diversos, desde as dificuldades probatórias até a problemática definição da competência, pois o critério do "lugar do crime" é difuso, bem como incerto muitas vezes o da consumação. Nessa linha, a jurisprudência tem oscilado, por vezes falando em competência da Justiça Federal e, em outros casos, em Justiça Estadual. No CC (conflito de competência) 112.616[25], o STJ entendeu que o crime de difamação praticado contra

---

[24] Neste ponto é importante a leitura das Súmulas 587 e 607, pois acabarão influenciando o tratamento da competência:
*Súmula 587: Para a incidência da majorante prevista no artigo 40, V, da Lei n. 11.343/06, é desnecessária a efetiva transposição de fronteiras entre estados da federação, sendo suficiente a demonstração inequívoca da intenção de realizar o tráfico interestadual.*
*Súmula 607: A majorante do tráfico transnacional de drogas (artigo 40, inciso I, da Lei n. 11.343/06) configura-se com a prova da destinação internacional das drogas, ainda que não consumada a transposição de fronteiras.*
A Súmula 587 infelizmente recorre a conceito aberto e indeterminado da "demonstração inequívoca da intenção de realizar o tráfico interestadual". Ao situar no dolo, ou seja, na "intenção", cai no risco de presumir ou imaginar que se possa – pela via probatória – ingressar na subjetividade do agente. Ainda que o tráfico interestadual seja de competência da justiça estadual, pensamos que essa súmula pode ser utilizada (de forma perigosa e inadequada, a nosso juízo) para justificar a competência da justiça federal através da "demonstração inequívoca da intenção de realizar o tráfico internacional", sem um elemento probatório concreto de transposição de fronteiras ou, pelo menos, tentativa.
Já a Súmula 607 afeta a nossa temática de forma direta, pois o raciocínio que pode ser empregado é: se para a incidência da majorante do tráfico transnacional basta a prova da destinação internacional da droga, ainda que não consumada a transposição de fronteiras, com mais razão tal situação atrai a competência da justiça federal.

[25] Conflito de Competência – CC 112.616: "Crimes de difamação contra menores, praticados pelo site de relacionamento Orkut, devem ser julgados pela Justiça Federal. Para decidir dessa forma, a 3ª Seção do Superior Tribunal de Justiça considerou que como esse tipo de crime fere direitos assegurados em convenção internacional, e o site pode ser acessado de qualquer país, cumpre o requisito da transnacionalidade da Justiça Federal. Segundo o ministro Gilson Dipp, relator do caso, o Brasil é signatário da Convenção Internacional dos Direitos da Criança, que determina a proteção da criança em sua honra e reputação. Além disso, observou que o site não tem alcance apenas no território brasileiro, e que 'esta circunstância é suficiente para a caracterização da transnacionalidade necessária à determinação da competência da Justiça Federal'. Dipp citou decisão da 6ª Turma do STJ, no mesmo sentido. No caso, a corte entendeu que 'a competência da Justiça Federal é fixada quando o cometimento do delito por meio eletrônico se refere a infrações estabelecidas em tratados ou convenções internacionais, constatada a internacionalidade do fato praticado'. O relator observou que a dimensão internacional do site precisa ser demonstrada, porque, segundo entendimento já adotado pelo STJ, o simples fato de o crime ter sido praticado na internet não basta para determinar a competência da Justiça Federal. No caso, o

menores em *site* de relacionamento, deveria ser julgado pela Justiça Federal, pois fere direitos assegurados em Convenção Internacional e o *site* pode ser acessado de qualquer país. Pensamos que a decisão foi acertada porque presente a "violação de tratado ou convenção", prevista no art. 109, V, da CF. Em sentido diverso (mas justificável, pois não houve violação de convenção ou tratado e tampouco presente qualquer situação do art. 109 da CF), há outra interessante decisão do STF (HC 121.283/DF), entendendo que a competência era estadual. É uma nova problemática que exige muita atenção, havendo forte oscilação de entendimento. Nosso entendimento é no sentido da máxima atenção ao art. 109 da CF: presente alguma daquelas situações, competência da Justiça Federal. Do contrário, a regra é Justiça Estadual. E, mais, as situações do art. 109 devem ser concretamente demonstradas – não presumidas – e a transnacionalidade – por si só – não justifica o deslocamento para a Justiça Federal (exceto nos casos expressos em lei, como no tráfico de drogas). Nessa linha vai a recente decisão do STF, proferida pela 1ª Turma no HC 121283/DF, Rel. Min. Roberto Barroso, 29/4/2014, na qual se decidiu que "compete à justiça comum (estadual) processar e julgar crime de incitação à discriminação cometido via internet, quando praticado contra pessoas determinadas e que não tenha ultrapassado as fronteiras territoriais brasileiras. Com base nessa orientação, a 1ª Turma denegou *habeas corpus* e confirmou acórdão do STJ que, em conflito de competência, concluíra que o feito seria da competência da Justiça Comum. Destacou que as declarações preconceituosas dirigidas a particulares participantes de fórum de discussão dentro do território nacional não atrairiam a competência da Justiça Federal (CF, art. 109). A Turma manteve, também, a decisão do STJ na parte em que não conhecera de arguição de suspeição de Ministro daquela Corte. No caso, o STJ dela não conhecera ao fundamento de que o tema deveria ter sido suscitado até o início do julgamento (RISTJ, art. 274) e não após a publicação do acórdão, como ocorrera. A Turma asseverou não ser possível declarar a nulidade de ato processual que não influíra na decisão da causa".

Sigamos na análise do art. 109 da Constituição.

O inciso V-A foi inserido pela Emenda Constitucional n. 45, com uma redação bastante infeliz. O incidente de deslocamento da competência gera um imenso

---

perfil no Orkut de uma adolescente foi adulterado e apresentado como se ela fosse garota de programa, com anúncio de preços e contato. O crime foi cometido em um acesso no qual a senha escolhida pela menor foi trocada. Na tentativa de identificar o autor, agentes do Núcleo de Combate aos Cibercrimes da Polícia Civil do Paraná pediram à Justiça a quebra de sigilo de dados cadastrais do usuário, mas surgiram dúvidas sobre quem teria competência para o caso: se o 1º Juizado Especial Criminal de Londrina ou o Juizado Especial Federal de Londrina. O Ministério Público opinou pela competência federal. *Com informações da Assessoria de Imprensa do Superior Tribunal de Justiça*. CC 112.616".

perigo de manipulação política (e teatralização) de um julgamento. Também peca pela abertura conceitual, pois qualquer homicídio é uma grave violação de direitos humanos. Agrava o quadro o fato de a fórmula utilizada pelo legislador ser vaga, imprecisa e indeterminada, colocando em risco o princípio da legalidade e conduzindo a uma flagrante violação da garantia do juiz natural. Por fim, a tal avocatória prevista no § 5º representa um grave retrocesso antidemocrático, prestando-se, também, de instrumento para a molesta intervenção do Poder Executivo na jurisdição, algo inaceitável, sem falar na quebra do pacto federativo. De qualquer forma, o inciso V-A está na mesma linha do disciplinado no § 5º, de modo que, considerada a grave violação de direitos humanos, a competência é da Justiça Federal.

A primeira decisão do STJ ocorreu no famoso crime da Irmã Dorothy, negando, em que pese a imensa pressão midiática, o deslocamento da competência[26].

Mas, no IDC n. 02, Rel. Ministra LAURITA VAZ, j. 27/10/2010, a Terceira Seção do STJ acolheu o pedido da Procuradoria-Geral da República e determinou que o crime praticado contra o advogado e defensor dos direitos humanos Manoel Mattos, assassinado em 2009 na Paraíba, fosse o primeiro a ser federalizado no País, devendo o feito ser deslocado para a Justiça Federal.

O inciso VI refere-se aos crimes de competência da Justiça Federal por expressa previsão legal, quais sejam, os crimes contra a organização do trabalho, sistema financeiro nacional (Lei n. 7.492) e a ordem econômico-financeira (Leis n. 8.078, 8.137 e 8.176).

Os crimes contra a organização do trabalho estão previstos nos arts. 197 a 207 do CP, mas somente serão de competência da Justiça Federal quando afetarem as instituições do trabalho ou coletivamente os trabalhadores. Nessa linha, quando o crime afetar direito individual dos trabalhadores, a competência é da Justiça Estadual[27].

---

[26] COMPETÊNCIA. DESLOCAMENTO. JUSTIÇA FEDERAL. CRIME HEDIONDO.
A Seção indeferiu o pedido no incidente de deslocamento de competência para a Justiça Federal do processo e julgamento do crime de assassinato da religiosa Irmã Dorothy Stang, ocorrido em Anapu – PA, por considerar descabível a avocatória ante a equivocada presunção vinculada, mormente pela mídia, de haver, por parte dos órgãos institucionais da segurança e judiciário do Estado do Pará, omissão ou inércia na condução das investigações do crime e sua efetiva punição pela grave violação dos direitos humanos, em prejuízo ao princípio da autonomia federativa (EC n. 45/2004, IDC 01/PA, Rel. Min. Arnaldo Esteves Lima, j. 8/6/2005).

[27] Nesse sentido é tranquila a jurisprudência nacional:
"CRIMES CONTRA A ORGANIZAÇÃO DO TRABALHO. REDUÇÃO A CONDIÇÃO ANÁLOGA À DE ESCRAVO/FRUSTRAÇÃO DE DIREITO ASSEGURADO POR LEI TRABALHISTA. COMPETÊNCIA (FEDERAL/ESTADUAL).
1. A competência é federal quando se trata de ofensa ao sistema 'de órgãos e instituições que preservam coletivamente os direitos do trabalho'.

Destaque-se que nos crimes contra a ordem tributária (Lei n. 8.137) a competência somente será da Justiça Federal se houver a supressão ou redução de tributos federais, do contrário, a competência é da Justiça Estadual.

Quanto à "lavagem" ou ocultação de bens, direitos e valores, a competência será da Justiça Federal nos casos previstos no art. 2º, III, da Lei n. 9.613 (alterada pela Lei n. 12.683/2012), quando praticados contra o sistema financeiro e a ordem econômico-financeira, ou em detrimento de bens, serviços ou interesses da União, ou de suas entidades autárquicas ou empresas públicas; ou quando o crime antecedente for de competência da Justiça Federal (art. 2º, III, *b*).

Também com competência federal expressamente determinada, está o art. 26 da Lei n. 7.492, cuja redação é:

> Art. 26. A ação penal, nos crimes previstos nesta lei, será promovida pelo Ministério Público Federal, perante a Justiça Federal.

Mas nem sempre a questão é tão simples, havendo divergência no que se refere, por exemplo, à "ordem econômico-financeira" e à aplicação da Lei n. 8.176.

Cumpre ainda advertir que a competência da Justiça Federal não se presume. Deve estar expressamente prevista no art. 109 da Constituição. Tampouco se confunde a competência da Justiça Federal com eventuais atribuições da Polícia Federal. Ou seja, o fato de a prisão e/ou inquérito terem sido realizados pela Polícia Federal não basta, por si só, para legitimar a competência da Justiça Federal. Deve-se analisar sempre o art. 109 da Constituição. Da mesma forma, nenhum problema existe se o inquérito foi elaborado pela polícia civil do estado e, demonstrada a internacionalidade do tráfico de drogas (por exemplo), distribuído para a Justiça Federal. Lá deverá tramitar o processo.

Nessa linha, é absolutamente irrelevante – em matéria de competência penal – o disposto na Lei n. 10.446. A referida Lei determina que a Polícia Federal deverá proceder a investigação dos casos de repercussão interestadual ou internacional dos delitos de sequestro, cárcere privado, extorsão mediante sequestro, se o agente foi impelido por motivação política ou quando praticado em razão da função pública exercida pela vítima; formação de cartel; violação de direitos humanos;

---

2. Na hipótese, porém, de ofensa endereçada a trabalhadores individualmente considerados, a competência é estadual.
3. Precedentes do STJ.
4. Caso de competência estadual.
5. Recurso ordinário provido (ordem concedida), declarados nulos somente os atos decisórios" (RHC 15.755/MT, Ministro Nilson Naves, 6ª Turma, *DJ* 22/05/2006, p. 249).

furto, roubo ou receptação de cargas, quando houver indícios de ser crime interestadual, ou ainda outros crimes, desde que tal providência seja autorizada ou determinada pelo Ministro da Justiça (cláusula genérica).

Essas são novas atribuições da Polícia Federal, mas não acarretam ampliação da competência da Justiça Federal. Voltamos a destacar, para evitar dúvidas, que a competência da Justiça Federal está exaustivamente prevista no art. 109 da Constituição e lá não estão previstos esses crimes. Logo, ainda que investigados pela Polícia Federal, serão julgados na Justiça Comum Estadual.

Quanto aos incisos VII e VIII, caberá à Justiça Federal o julgamento do *habeas corpus* nos casos em que o constrangimento ilegal decorrer de autoridade federal (exemplo: polícia federal) ou disser respeito à matéria criminal de sua competência, ainda que a investigação esteja a cargo de autoridade estadual (exemplo: investigação pelo delito de tráfico internacional de drogas feita pela polícia estadual, situação em que caberá ao juiz federal apreciar o HC). Em se tratando de Mandado de Segurança em matéria criminal, a competência será da Justiça Federal (atentando-se para a competência do respectivo Tribunal Regional Federal) quando tiver por objeto ato coator emanado de autoridade federal.

Os crimes cometidos a bordo de navios ou aeronaves serão de competência da Justiça Federal, respeitando-se sempre a competência da Justiça Militar para processar e julgar os crimes militares nas situações do art. 9º do Código Penal Militar, anteriormente vista.

Mas, e o que se entende por navio e aeronave[28]? Eis o problema de se utilizar uma cláusula genérica. A jurisprudência ao longo dos anos vem construindo esses

---

[28] Caso interessante e ilustrativo:

Justiça estadual é competente para julgar crime ocorrido a bordo de balão

A Terceira Seção do Superior Tribunal de Justiça (STJ) decidiu que compete à Justiça estadual processar e julgar crime ocorrido a bordo de balão de ar quente, uma vez que esse tipo de veículo não pode ser entendido como aeronave, o que afasta a competência federal. O conflito negativo de competência foi suscitado após a Justiça estadual remeter ao juízo federal em Sorocaba (SP) os autos da investigação sobre possíveis crimes de homicídio culposo e de lesão corporal culposa decorrentes da queda de dois balões no município de Boituva (SP). No acidente, ocorrido em 2010, três pessoas morreram e outras sofreram lesões corporais. Após manifestação do Ministério Público de São Paulo, o juízo estadual declinou da competência por entender que os balões de ar quente seriam equiparados a aeronaves – argumento contestado pela Justiça Federal.

Conceito de aeronave

O relator do conflito na Terceira Seção, ministro Ribeiro Dantas, afirmou que a jurisprudência do STJ se consolidou no sentido de que "é de competência da Justiça Federal processar e julgar delitos cometidos a bordo de aeronaves, nos termos do inciso IX do artigo 109 da Constituição Federal". Segundo ele, não importa se a aeronave se encontra em solo ou voando. Para a definição do conflito, explicou, era preciso considerar a classificação jurídica do termo "aeronave" e estabelecer se os balões de ar quente tripulados estão abrangidos pelo conceito. O ministro adotou como razões de decidir o parecer do Ministério Público Federal, que cita a definição oficial de aeronave trazida no art. 106 do Código

conceitos, para justificar a intervenção da Justiça Federal apenas quando estivermos diante de navios ou aeronaves de grande porte. Não se tratando de navio com capacidade para navegação em alto-mar, em águas internacionais (potencial de deslocamento internacional), ou avião de grande porte, com autonomia para viagens internacionais ou, ao menos, deslocamento por longas distâncias, cruzando mais de um Estado da Federação, a competência é da Justiça Estadual. Também pode ser utilizada como critério para definir esse interesse federal a fiscalização feita pela ANAC (Agência Nacional de Aviação Civil), de modo que somente as aeronaves que estejam realizando transporte aéreo entre aeroportos efetivamente fiscalizados pela ANAC interessariam à Justiça Federal. Nessa matéria, deve-se ainda atentar para o disposto nos arts. 89 e 90 do CPP[29].

No inciso X, está prevista a competência da Justiça Federal para o processo e julgamento dos crimes de ingresso ou permanência irregular de estrangeiro; bem como a execução de carta rogatória, após o *exequatur*, e de sentença estrangeira, após a homologação.

Vejamos agora o tratamento da competência nos crimes ambientais.

Como decidiu a Terceira Seção do STJ (Informativo do STJ, 23/9/2002), como regra geral, a competência para processar e julgar os crimes contra o meio ambiente é da Justiça Estadual, salvo os que vierem a lesar bem, serviço ou interesse da União ou suas entidades, de acordo com o art. 109, IV, da Constituição Federal. Se o crime ocorrer, por exemplo, em Reserva Particular do Patrimônio Natural (RPPN), a competência é da Justiça Federal.

Assim, o crime ambiental é de competência da Justiça Estadual, salvo quando praticado em detrimento de bens, serviços ou interesses da União, suas autarquias ou Empresa Pública, situação em que será de competência da Justiça Federal, mas não por força do inciso XI, senão pela incidência do inciso IV do art. 109 da

Brasileiro de Aeronáutica (Lei n. 7.565/1986). Segundo o parecer, o dispositivo estabelece duas restrições que excluem da Justiça Federal a competência para processar e julgar os crimes ocorridos a bordo de balões e dirigíveis. De acordo com a lei, aeronave é "aparelho manobrável em voo" e que possa "sustentar-se e circular no espaço aéreo, mediante reações aerodinâmicas". Dessa forma, o parecer destacou que os balões e dirigíveis não são manobráveis, mas apenas controlados em voo, já que são guiados pela corrente de ar. Além disso, sua sustentação se dá por impulsão estática decorrente do aquecimento do ar ao seu redor e não por reações aerodinâmicas. "Nesse viés, ainda que de difícil definição jurídica, o termo 'aeronave' deve ser aquele adotado pela Lei 7.565/1986 em seu artigo 106, o que, de fato, afasta dessa conceituação os balões de ar quente, ainda que tripulados", concluiu o relator.
Esta notícia refere-se ao(s) processo(s): CC 143400.

29 Art. 89. Os crimes cometidos em qualquer embarcação nas águas territoriais da República, ou nos rios e lagos fronteiriços, bem como a bordo de embarcações nacionais, em alto-mar, serão processados e julgados pela justiça do primeiro porto brasileiro em que tocar a embarcação, após o crime, ou, quando se afastar do País, pela do último em que houver tocado.

Constituição. É o caso dos crimes ambientais praticados no interior de áreas de proteção ambiental, parques e/ou reservas nacionais, situação em que a competência será da Justiça Federal. Há que se advertir da necessidade de uma leitura atenta do art. 225, § 4º, da Constituição:

> Art. 225. Todos têm direito ao meio ambiente ecologicamente equilibrado, bem de uso comum do povo e essencial à sadia qualidade de vida, impondo-se ao Poder Público e à coletividade o dever de defendê-lo e preservá-lo para as presentes e futuras gerações.
>
> § 4º A Floresta Amazônica brasileira, a Mata Atlântica, a Serra do Mar, o Pantanal Mato-Grossense e a Zona Costeira são patrimônio nacional, e sua utilização far-se-á, na forma da lei, dentro de condições que assegurem a preservação do meio ambiente, inclusive quanto ao uso dos recursos naturais.

Assim, crimes ambientais praticados em detrimento da Floresta Amazônica brasileira, da Mata Atlântica, da Serra do Mar, do Pantanal Mato-Grossense e da Zona Costeira deverão ser julgados na Justiça Federal, pois se trata de patrimônio nacional.

Mas a questão não é pacífica e existe entendimento diverso na jurisprudência no sentido de que o interesse da União tem de ser direto e específico, não sendo considerado o interesse genérico. Nesta linha: "Não é a Mata Atlântica, que integra o patrimônio nacional a que alude o art. 225, § 4º, da CF, bem da União. Por outro lado, o interesse da União para que ocorra a competência da Justiça Federal prevista no art. 109, IV, da Carta Magna tem de ser direto e específico, e não, como ocorre no caso, interesse genérico da coletividade, embora aí também incluído genericamente o interesse da União" (RE 300.244, Rel. Min. Moreira Alves, julgamento em 20/11/2001, 1ª Turma, *DJ* 19/12/2001). No mesmo sentido: RE 349.184, Rel. Min. Moreira Alves, julgamento em 3/12/2002, 1ª Turma, *DJ* 7/3/2003. No mesmo sentido, também existem manifestações do STJ[30].

Também já se decidiu pelo interesse da União quando o crime ambiental afetou um rio interestadual, deslocando a competência para a Justiça Federal.

---

30 PROCESSO PENAL. CONFLITO NEGATIVO DE COMPETÊNCIA. DESMATAMENTO. FLORESTA AMAZÔNICA. DANO OCORRIDO EM PROPRIEDADE PRIVADA. ÁREA DE PARQUE ESTADUAL. COMPETÊNCIA ESTADUAL.
1. Não há se confundir patrimônio nacional com bem da União. Aquela locução revela proclamação de defesa de interesses do Brasil diante de eventuais ingerências estrangeiras. Tendo o crime de desmatamento ocorrido em propriedade particular, área que já pertenceu – hoje não mais – a Parque Estadual, não há se falar em lesão a bem da União. Ademais, como o delito não foi praticado em detrimento do IBAMA, que apenas fiscalizou a fazenda do réu, ausente prejuízo para a União.
2. Conflito conhecido para julgar competente o JUÍZO DE DIREITO DA 1ª VARA DE CEREJEIRAS-RO, suscitante (STJ – CC 99294 RO 2008/0220610-5, Ministra Maria Thereza de Assis Moura, 3ª Seção, *DJe* 21/8/2009).

Nesse sentido decidiu o TRF 3ª Região, 1ª Turma, Recurso em Sentido Estrito n. 2002.61.02.002904-2/SP, Rel. Des. Vesna Kolmar, j. 13/2/2007[31].

Chamamos a atenção ainda para a decisão proferida no RE 835.558, com repercussão geral reconhecida pelo STF:

> Compete à Justiça Federal processar e julgar o crime ambiental de caráter transnacional que envolva animais silvestres, ameaçados de extinção e espécimes exóticas ou protegidas por compromissos internacionais assumidos pelo Brasil.

Quanto ao índio, seja ele autor do delito ou vítima, a tendência é pela aplicação da Súmula 140 do STJ, *verbis*:

> Compete à Justiça Comum Estadual processar e julgar crime em que o indígena figura como autor ou vítima.

Mas a matéria tem sido objeto de constante debate, com forte tendência a passar para a competência da Justiça Federal, pois toda a estrutura da Constituição coloca o índio, sua cultura, terras, direitos e interesses como sendo de interesse da União. Basta atentar para o art. 231 da Constituição, cujo *caput* prevê:

> Art. 231. São reconhecidos aos índios sua organização social, costumes, línguas, crenças e tradições, e os direitos originários sobre as terras que tradicionalmente ocupam, competindo à União demarcá-las, proteger e fazer respeitar todos os seus bens.

Ademais, se no caso concreto o crime for praticado dentro de uma reserva indígena e se entender que houve violação de bens, serviços ou interesses da União ou de suas autarquias, a competência será da Justiça Federal por força do inciso IV.

Importante esclarecer que o inciso XI, ao falar em "disputa sobre direitos indígenas", está tratando de jurisdição cível, não penal. Mas, de alguma maneira, ajuda a reafirmar que a competência será federal quando, por exemplo, o crime contra (ou por) indígenas for praticado na disputa por direitos indígenas, como a terra, por exemplo.

Em suma, quanto ao indígena: como regra geral a competência é da justiça estadual, exceto se houver a afetação a direitos indígenas, sua organização social, costumes, línguas, crenças, tradições e direitos originários sobre a terra, situações em que a competência será da Justiça Federal.

---

[31] PROCESSO PENAL. COMPETÊNCIA. CRIME AMBIENTAL (ART. 34, DA LEI 9.605/98). RIO INTERESTADUAL.
Tratando-se de rio interestadual, presente o interesse direto e específico da União, no julgamento dos crimes que venham a causar potencial lesão a seus bens. A competência da Justiça Federal se impõe sempre que houver interesse da União Federal, nos termos do art. 109, inciso IV, da CF. Recurso provido, para determinar o regular processamento do feito perante a 7ª Vara Federal de Ribeirão Preto/SP.

Por fim, chamamos a atenção para os crimes praticados fora do território nacional, mas com a incidência da Lei Penal brasileira (art. 7º do Código Penal). Qual Justiça será competente para julgá-los? Vejamos um exemplo hipotético: o casal Mané e Tícia, residentes em Campinas, em viagem de lua de mel a Punta del Este (Uruguai), discute violentamente. Após, Mané mata a esposa e a enterra em território uruguaio. De volta ao Brasil, o agressor é preso pela polícia federal brasileira, que em comunhão de esforços com a polícia uruguaia havia apurado a prática do delito.

Estamos diante de um caso de extraterritorialidade da lei penal brasileira (art. 7º, II, "b", do Código Penal). Não se trata de crime militar ou eleitoral, pelo que, desde logo, afastamos a incidência da Justiça Especial. Diante das residuais – Justiça Comum Federal e Estadual –, qual delas será a competente para julgar o réu pelos delitos de homicídio e ocultação de cadáver?

A Justiça Comum Estadual.

Por quê? Porque a situação não se encontra naquelas previstas no art. 109 da Constituição. O simples fato de um crime ter sido praticado no exterior não desloca a competência para a Justiça Federal. Para uma resposta completa, além da Justiça (Estadual), devemos apontar que o órgão será o Tribunal do Júri (nos termos do art. 74, § 1º, do CPP) da comarca de São Paulo (art. 88 do CPP)[32], pois é a capital do Estado onde por último residia o imputado.

Agora, se o crime praticado no exterior for em detrimento de bens, serviços ou interesses da União, a competência será da Justiça Federal, mas não porque foi praticado no exterior, senão porque está presente a situação do art. 109, IV, da Constituição.

Quanto à estrutura, recordemos que a Justiça Federal está dividida da seguinte forma. Em primeiro grau está organizada em Juizados Especiais Criminais Federais, Juízes Federais e Tribunal do Júri. Em segundo grau, estão os Tribunais Regionais Federais.

Por fim, cumpre tecer algumas considerações sobre o Juizado Especial Criminal Federal, cuja competência está prevista no art. 2º da Lei n. 10.259/2001, posteriormente alterada pela Lei n. 11.313:

> Art. 2º Compete ao Juizado Especial Federal Criminal processar e julgar os feitos de competência da Justiça Federal relativos às infrações de menor potencial ofensivo, respeitadas as regras de conexão e continência.

---

32 Art. 88. *No processo por crimes praticados fora do território brasileiro, será competente o juízo da Capital do Estado onde houver por último residido o acusado. Se este nunca tiver residido no Brasil, será competente o juízo da Capital da República.*

**Parágrafo único. Na reunião de processos, perante o juízo comum ou o tribunal do júri, decorrente da aplicação das regras de conexão e continência, observar-se-ão os institutos da transação penal e da composição dos danos civis.**

A referida Lei apenas define a competência dos JECs federais, cabendo à Lei n. 9.099 disciplinar a estrutura, funcionamento e institutos aplicáveis. Trataremos dessas questões posteriormente. Agora nos interessa apenas a questão da competência.

Para que um crime seja de competência dos JECs federais, deverão ser observados dois critérios cumulativos:

- que o delito praticado seja de competência da Justiça Federal, logo, que se encaixe numa daquelas situações previstas no art. 109 da Constituição;
- que o crime[33] tenha uma pena máxima não superior a dois anos ou seja apenado exclusivamente com multa.

Presentes esses dois requisitos, o caso penal deverá ser remetido ao JEC federal. É o que ocorre com o delito de dano contra o patrimônio da União ou qualquer crime praticado por ou contra servidor público federal no exercício de suas funções e cuja pena não seja superior a 2 anos, tais como: peculato culposo, art. 312, § 2º; prevaricação, art. 319; condescendência criminosa, art. 320; advocacia administrativa, art. 321; resistência, art. 329; desobediência, art. 330; desacato, art. 331, entre outros.

No seu parágrafo único, prevê a lei que em caso de conexão (ou continência, se for o caso) entre um crime de competência do JEC e outro que, por sua gravidade, extrapole essa competência, haverá a reunião fora do JEC, mas mantidas as possibilidades de transação penal e composição de danos em relação ao delito de menor potencial ofensivo.

Assim, por exemplo, havendo a conexão entre um crime de ameaça e outro de homicídio, praticados contra servidores públicos federais no exercício de suas funções, haverá reunião para julgamento pelo Tribunal do Júri. Contudo, em relação ao delito de ameaça (art. 147), cuja pena máxima é inferior a 2 anos, deverá ser oportunizada a transação penal (ou, se fosse outro delito que comportasse, deveria ser permitida a composição dos danos).

Por fim, quanto ao funcionamento e institutos dos JECs, remetemos o leitor para tópico posterior específico, onde analisamos essas questões.

### 2.1.5. Justiça (Comum) Estadual

É a mais residual de todas. Um crime somente será julgado na Justiça Comum Estadual quando não for de competência das Especiais (Militar e Eleitoral),

33 Justiça Federal não julga contravenções (isoladas), como estabelece o art. 109, IV, da CF, exceto, é claro, quando conexas com crimes de competência da Justiça Federal.

nem da comum federal. Inclusive, é importante destacar, em eventual conflito entre a Justiça Federal e a Estadual, prevalece a Federal, nos termos do art. 78, III, do CPP. No mesmo sentido, sinaliza a Súmula 122 do STJ:

> Compete à Justiça Federal o processo e julgamento unificado dos crimes conexos de competência federal e estadual, não se aplicando a regra do artigo 78, II, "a", do Código de Processo Penal.

Assim, trata-se de competência alcançada por exclusão. Quanto à estrutura da Justiça Estadual, cumpre recordar que ela está organizada em:

Primeiro Grau

Tribunal do Júri
Juízes de Direito (e aqui também está incluído o juiz das garantias)
Juizados Especiais Criminais

Segundo Grau

Tribunais de Justiça

Chegando-se à competência da Justiça Estadual, deve-se ter muita atenção na definição do órgão encarregado e, principalmente, com a competência prevalente do Tribunal do Júri (em razão da matéria) em relação aos demais órgãos de primeiro grau. Para evitar dúvidas, a competência do Júri vem expressamente prevista no art. 74, § 1º, do CPP:

> Art. 74. A competência pela natureza da infração será regulada pelas leis de organização judiciária, salvo a competência privativa do Tribunal do Júri.
> § 1º Compete ao Tribunal do Júri o julgamento dos crimes previstos nos arts. 121, §§ 1º e 2º, 122, parágrafo único, 123, 124, 125, 126 e 127 do Código Penal, consumados ou tentados.

Esse rol é taxativo e evita erros, como o de considerar que um crime qualificado pelo resultado morte (como latrocínio, estupro ou extorsão mediante sequestro com resultado morte etc.) seja de competência do Júri. Não. A competência para o processo e julgamento desses crimes é do juiz de direito.

No que se refere aos Juizados Especiais Criminais no âmbito da Justiça Estadual, sua competência em razão da matéria é para o processo e julgamento dos delitos de menor potencial ofensivo, nos termos do art. 61 da Lei n. 9.099 (alterado pela Lei n. 11.313):

> Art. 61. Consideram-se infrações penais de menor potencial ofensivo, para os efeitos desta Lei, as contravenções penais e os crimes a que a lei comine pena máxima não superior a 2 (dois) anos, cumulada ou não com multa.

Para que um crime seja de competência dos JECs estaduais, deverão ser observados dois critérios cumulativos:

- que o delito praticado seja de competência da Justiça Estadual (residual em relação às demais);
- que seja contravenção ou crime cuja pena máxima não seja superior a dois anos ou seja apenado exclusivamente com multa.

Presentes esses dois requisitos, o caso penal deverá ser remetido ao JEC. Chamamos a atenção para o disposto no parágrafo único do art. 60 da Lei n. 9.099:

> Parágrafo único. Na reunião de processos, perante o juízo comum ou o tribunal do júri, decorrentes da aplicação das regras de conexão e continência, observar-se-ão os institutos da transação penal e da composição dos danos civis.

No seu parágrafo único, prevê a lei que em caso de conexão (ou continência, se for o caso) entre um crime de competência do JEC e outro que, por sua gravidade, extrapole essa competência, haverá a reunião fora do JEC, mas mantidas as possibilidades de transação penal e composição de danos em relação ao delito de menor potencial ofensivo.

Assim, por exemplo, havendo a conexão entre um crime de lesões corporais leves e outro de homicídio, haverá reunião para julgamento pelo Tribunal do Júri. Contudo, em relação ao delito lesões corporais leves, cuja pena máxima é inferior a 2 anos, deverá ser oportunizada a transação penal (ou, se for o caso, a composição dos danos).

Por fim, quanto ao funcionamento e institutos dos JECs, remetemos o leitor para tópico posterior específico, onde analisaremos essas questões.

Com esses dados, pode-se responder à primeira pergunta anteriormente feita: qual é a Justiça competente?

Agora, cumpre seguir a análise para definir qual é o foro competente (lugar).

### 2.2. Qual o Órgão? Competência em Razão da Pessoa: a Prerrogativa de Função e a Mudança de Entendimento do STF

Algumas pessoas, por exercerem determinadas funções, têm a prerrogativa (não é um privilégio, mas prerrogativa funcional) de serem julgadas originariamente por determinados órgãos. Trata-se, ainda, de assegurar a independência de quem julga. Compreende-se facilmente a necessidade dessa prerrogativa quando imaginamos, por exemplo, um juiz de primeiro grau julgando um Ministro da Justiça ou mesmo um desembargador. Daí por que, para garantia de quem julga e também de quem é julgado, existem certas regras indisponíveis.

Ademais, é equivocada a ideia de que a prerrogativa de função constitui um grande benefício para o réu. Nem sempre. O argumento de que ser julgado por um tribunal composto por juízes (em tese) mais experientes (o que não significa maior qualidade técnica do julgamento) é uma vantagem que esbarra na impossibilidade de um verdadeiro duplo grau de jurisdição.

Assim, um deputado estadual, julgado originariamente pelo Tribunal de Justiça, somente terá recurso especial e extraordinário dessa decisão, e, em ambos, está vedado o reexame da "prova" do processo, limitando-se a discutir eventual violação de norma federal ou constitucional (essas questões serão vistas posteriormente). Imagine-se então quem é julgado originariamente pelo Supremo Tribunal Federal; o duplo grau de jurisdição é inexistente.

Considerada como uma regra absoluta em termos de competência, ao lado da matéria, o fato de o agente exercer determinada função quando da prática do delito pode alterar radicalmente a aplicação dos critérios anteriormente vistos. Prevalece sempre em relação ao lugar do crime, até porque, em geral, o julgamento caberá a um tribunal, e, em alguns casos, também altera a própria competência em razão da matéria, como veremos na continuação.

Sem embargo dessas lições iniciais, é importante sublinhar que a prerrogativa de função é um tema em constante mutação jurisprudencial. Paira sobre ela uma imensa insegurança jurídica por conta das oscilações de humor dos tribunais superiores, especialmente do STF. Não é difícil encontrar, no mesmo tribunal, uma decisão que determina a reunião para julgamento simultâneo de uma pessoa com prerrogativa de função e de outra sem prerrogativa, por conta das regras de conexão e continência, e, ao lado, uma decisão que nega a reunião e determina a cisão! Enfim, um terreno fértil para o decisionismo que gera grande insegurança jurídica. Por conta disso, não faremos afirmações categóricas nessa matéria e advertimos o leitor dos perigos de decisões conflitantes e oscilantes.

Prossigamos.

No julgamento da AP 937, julgada no dia 3/5/2018, o plenário do STF firmou entendimento no sentido de restringir o alcance da prerrogativa de função dos Deputados Federais e Senadores. Em síntese[34], eis o novo entendimento:

1º A prerrogativa de foro dos deputados federais e senadores somente se aplica aos crimes cometidos 'durante' o exercício do cargo, considerando-se como início da data da diplomação. Isso altera radicalmente o entendimento anterior, de que, uma vez empossado, ele adquiria a prerrogativa inclusive para julgamento dos crimes praticados antes da posse. Agora, não mais. O aspecto positivo do novo

---

[34] Na mesma linha são as conclusões do ilustre jurista baiano Rômulo de Andrade Moreira no artigo "Farinha pouca, meu pirão primeiro: eis a conclusão do STF sobre a prerrogativa de função", publicado no *site* <http://emporiododireito.com.br/leitura/farinha-pouca-meu-pirao-primeiro-eis-a-conclusao-do-stf-sobre-a-prerrogativa-de-funcao>, em 4/5/2018.

entendimento é que limita bastante o 'efeito gangorra', ou seja, o sobe-e-desce dos processos conforme o agente seja eleito (sobe) e depois venha a perder o cargo ou não se reeleger (perdia a prerrogativa e o processo 'descia' para o primeiro grau). Por outro lado, a desvantagem é que um juiz de primeiro grau terá de julgar um senador ou deputado federal em exercício, o que pode criar constrangimentos, pressões, favorecimento ou perseguição política (*lawfare*), enfim, criar embaraços e problemas para a independência e imparcialidade da jurisdição. Inclusive, esse era o argumento utilizado pela doutrina e jurisprudência para – antes da mudança de entendimento – justificar que, uma vez empossado, o agente 'adquiria' a prerrogativa para julgamento inclusive dos crimes praticados anteriormente. Também, como advertiu o Min. Gilmar Mendes em seu voto, exclui da competência do STF os crimes cometido antes da posse mas relacionados com a futura atuação parlamentar, tais como o financiamento irregular de campanhas, caixa dois, corrupção, lavagem de dinheiro, evasão de divisas (das 'sobras' de campanha) etc., cometidos antes da posse, mas em razão do cargo que o agente viria a assumir. Tais crimes, diretamente relacionados ao (futuro) cargo, deveriam ser objeto de julgamento pelo STF. Mas não foi esse o entendimento que prevaleceu.

2º A prerrogativa somente se aplica aos crimes praticados durante o exercício do cargo e 'relacionados às funções', ou seja, *propter officium*. Nova alteração do entendimento anterior, que era no sentido de que a prerrogativa se aplicaria a todo e qualquer crime praticado pelo parlamentar. Agora, por maioria, o STF entendeu que é preciso que exista uma relação entre o crime e a função exercida e, portanto, que seja a conduta criminosa praticada em razão do exercício das funções do parlamentar (*propter officium*). Para os Ministros Alexandre de Moraes, Ricardo Lewandowski e Gilmar Mendes, a prerrogativa deveria servir para qualquer crime, e a exigência de uma valoração por parte do julgador acerca de ser ou não o crime cometido em razão das funções abriria um imenso espaço impróprio de discricionariedade judicial. Cria-se a possibilidade de um perigoso exercício de subjetividade que pode conduzir ao decisionismo judicial. Ficaria ao alvedrio do julgador verificar e decidir se é ou não ato próprio do ofício. Existem situações em que fica evidente a desconexão entre crime e cargo, como podem ser os crimes de violência doméstica, lesões corporais causadas em relação a um desafeto pessoal (mas se for político já complica a situação...), tráfico de drogas, porte ilegal de arma etc. Mas em outros casos a distinção pode não ser tão evidente. Se um deputado federal comete um crime de lavagem de dinheiro ou evasão de divisas, de propinas recebidas ou de 'sobras de campanha', como fica? É um crime praticado em razão do cargo? E se comete um homicídio doloso de um antigo rival político? São situações em que o requisito 'em razão do cargo' admitirá dupla valoração, tanto negativa como positiva. Existe, portanto, a ausência de um critério claro e objetivo para definição da competência, o que coloca em risco a própria garantia do juiz natural. Em que pese a crítica fundamentada, prevaleceu o voto do Min. Barroso no sentido de que somente os atos praticados durante o mandato e relacionados às funções (elemento a ser valorado no caso concreto) sejam julgados no STF. Não havendo ato próprio do ofício, o julgamento será remetido à justiça de origem (como regra, juiz de primeiro grau, exceto se persistir alguma prerrogativa que justifique a remessa para o TJ/TRF ou STJ).

3º Uma vez encerrada a instrução, haverá *perpetuatio jurisdictionis.* Uma vez encerrada a instrução, com a publicação do despacho de intimação para apresentação das alegações finais (art. 11 da Lei n. 8.038/90), haverá uma perpetuação da jurisdição, ou seja, ainda que o parlamentar renuncie, seja cassado ou não se reeleja, o processo continuará no STF. É mais uma tentativa de evitar o 'efeito gangorra' (alguns ministros chamam de 'efeito elevador'), que sempre é apontado como gerador de 'impunidade'. Já em casos anteriores (v.g. Ação Penal Originária n. 396, Rel. Ministra Cármen Lúcia) o STF combateu a 'fraude processual inaceitável' da renúncia do parlamentar às vésperas do julgamento, com o fito de fazer cessar a prerrogativa e obter a prescrição diante da remessa dos autos para a justiça de origem (como, por exemplo, ocorreu na AP 333/PB). O princípio da 'atualidade do exercício da função' foi relativizado e o STF seguirá competente para julgar um ex-parlamentar, desde que o crime tenha ocorrido durante o mandato, em razão das funções e a instrução já tenha sido encerrada. Do contrário, se o cargo cessar antes desse marco (art. 11 da Lei n. 8.038/90), cessa a prerrogativa e o processo é redistribuído para o primeiro grau (exceto se existir alguma outra prerrogativa que justifique a remessa para um tribunal, como por exemplo o fato de ser promotor de justiça).

4º O novo entendimento aplicar-se-á a todos os processos pendentes no STF: Na síntese de Rômulo de Andrade Moreira[35], "esqueçam o Princípio do Juiz Natural". Com isso o STF pretende 'desafogar' os processos que lá aguardam julgamento de ex-parlamentares e também daqueles acusados por crimes cometidos anteriormente à posse ou que não tenham sido cometidos em razão do cargo (situação a ser analisada em cada caso). Mas, por outro lado, viola uma garantia básica da jurisdição penal: o juiz natural. Cria uma situação de alteração da competência, pós-fato e no curso do processo, um grave retrocesso, sem dúvida.

---

35 <http://emporiododireito.com.br/leitura/farinha-pouca-meu-pirao-primeiro-eis-a-conclusao-do-stf-sobre-a-prerrogativa-de-funcao>, publicado em 4/5/2018.

5º A decisão – inicialmente – atingiria apenas Deputados Federais e Senadores. Posteriormente, tanto STF quanto STJ também estenderam esse entendimento para Ministros de Estado e governadores[36]. Era imaginável que – por simetria e lógica – também deveria ser adotado esse mesmo entendimento em relação aos demais cargos e funções de natureza política, sejam do poder legislativo ou executivo.

6º E os membros do Poder Judiciário e do Ministério Público? Ao menos por ora, estão fora desse novo entendimento. Até o momento do fechamento desta edição, não houve manifestação do STF sobre o tema e tem prevalecido o entendimento de que se aplicam as regras anteriores, ou seja: se alguém comete um crime (qualquer crime) hoje e posteriormente vem a tomar posse como juiz ou promotor (ou ascende pelo quinto constitucional para algum tribunal), ele adquire a prerrogativa, que valerá para qualquer crime (sem a limitação de ter que ser *propter officium*) até que seja exonerado ou aposentado. Assim, os juízes e promotores, por exemplo, seguem com a prerrogativa de serem julgados pelo respectivo tribunal de justiça, por qualquer crime que venham a praticar (independentemente de ser ou não em razão do cargo) e também pelos crimes cometidos antes da posse. Para eles, segue valendo a regra anterior de que, uma vez empossados, adquirem a prerrogativa inclusive para o julgamento dos crimes praticados anteriormente.

Por fim, tendo em vista a possibilidade de modificação da competência, tanto pela assunção de uma prerrogativa até então inexistente (deslocando então para um tribunal) como pela perda da prerrogativa e consequente deslocamento da competência para o primeiro grau de jurisdição, deve-se analisar o valor dos atos praticados.

Pensamos que a situação aqui é diversa daquela que iremos criticar ao final desse tópico, quando analisamos o art. 567 do CPP. Assim:

a) Quando o processo inicia e se desenvolve frente a um juiz incompetente e, em grau recursal, é reconhecida a incompetência, pensamos que o processo deve ser anulado *ab initio*, com repetição de todos os atos. Somente assim se assegura a eficácia do princípio do devido processo legal, vinculado que está à garantia do juiz natural.

b) Situação completamente diversa é quando surge uma causa modificadora da competência, como a perda do cargo (e consequente perda da prerrogativa) antes do encerramento da instrução. Nesses casos, os atos praticados são válidos e podem ser aproveitados. Como o tempo rege o ato

---

[36] <https://www.conjur.com.br/2018-jun-12/supremo-restringe-foro-especial-tambem-ministros-estado>.

(*tempus regit actum*), naquele momento os atos estavam sendo praticados pelo juiz natural e competente, e a posterior ocorrência de uma causa modificadora não tem efeito retroativo[37].

**2.2.1.** Algumas Prerrogativas Importantes

Inicialmente, há que se frisar o esvaziamento (revogados, portanto) dos arts. 86 e 87 do CPP, pois os casos de prerrogativa de foro estão agora previstos na Constituição.

Ocuparemo-nos da competência penal, logo, para julgamento das "infrações penais comuns", na linguagem da Constituição. Estão fora do nosso estudo os "crimes de responsabilidade", que, como explica PACELLI[38], não configuram, verdadeiramente, infrações penais, senão infrações de natureza política, submetidos, portanto, à jurisdição política, e não penal.

Feitos esses esclarecimentos, vejamos algumas prerrogativas importantes, sem prejuízo do que já explicamos no tópico anterior:

- STF: se qualquer das pessoas[39] do art. 102, I, "b", "c", da Constituição, cometer um crime comum, eleitoral ou militar, será julgado pelo STF. Prevalece a prerrogativa sobre qualquer outra Justiça ou grau de jurisdição. Lembrando que, se for um parlamentar (deputado federal/senador), deve ser a prática do crime em razão do exercício das funções, como explicado no tópico anterior.
- STJ: se qualquer das pessoas[40] previstas no art. 105, I, "a", da Constituição cometer um crime comum, militar ou eleitoral, será julgado no STJ. Como

---

37 Em que pese ser essa – a nosso ver – a melhor posição, não está imune a críticas, na medida em que tensiona com o princípio da identidade física do juiz (art. 399, § 2º, do CPP).

38 PACELLI DE OLIVEIRA, Eugênio. *Curso de Processo Penal*. Rio de Janeiro, Lumen Juris, 2008. p. 200.

39 Art. 102. Compete ao Supremo Tribunal Federal, precipuamente, a guarda da Constituição, cabendo-lhe:
I – processar e julgar, originariamente:
(...)
*b)* nas infrações penais comuns, o Presidente da República, o Vice-Presidente, os membros do Congresso Nacional, seus próprios Ministros e o Procurador-Geral da República;
*c)* nas infrações penais comuns e nos crimes de responsabilidade, os Ministros de Estado e os Comandantes da Marinha, do Exército e da Aeronáutica, ressalvado o disposto no art. 52, I, os membros dos Tribunais Superiores, os do Tribunal de Contas da União e os chefes de missão diplomática de caráter permanente.

40 Art. 105. Compete ao Superior Tribunal de Justiça:
I – processar e julgar, originariamente:
*a)* nos crimes comuns, os Governadores dos Estados e do Distrito Federal, e, nestes e nos de responsabilidade, os desembargadores dos Tribunais de Justiça dos Estados e do Distrito Federal, os membros dos Tribunais de Contas dos Estados e do Distrito Federal, os dos Tribunais Regionais Federais, dos

no caso anterior, também prevalece a competência do STJ sobre qualquer outra Justiça ou grau de jurisdição (salvo a do STF, por elementar). Lembrando que, se for um parlamentar, deve ser a prática do crime em razão do exercício das funções, como explicado no tópico anterior.

- Tribunais de Justiça dos Estados: o art. 96, III, da Constituição prevê a prerrogativa dos TJs para o julgamento dos juízes estaduais e do Distrito Federal, bem como dos membros do Ministério Público dos Estados. Contudo, a Constituição faz uma ressalva expressa, de modo que, se qualquer desses agentes praticar um crime eleitoral, será julgado pelo TRE, órgão de segundo grau da Justiça Eleitoral. Assim, eles estão vinculados a um Tribunal de Justiça do respectivo estado e, mesmo que cometa o agente um delito de competência da Justiça Federal (uma das situações do art. 109 da CF), tem-se entendido que prevalece a prerrogativa de ser julgado pelo seu TJ[41]. Em se tratando de crime de competência do Tribunal do Júri, continua prevalecendo a prerrogativa de função, pois assegurada na Constituição. Ademais, um órgão de primeiro grau como o Tribunal do Júri jamais prevalece sobre um tribunal (jurisdição superior prevalente). Importante recordar, ainda, que nos casos de competência originária dos Tribunais de Justiça o rito do processo será aquele previsto na Lei n. 8.038, por expressa delegação da Lei n. 8.658.
- Tribunais Regionais Federais: em simetria, os juízes federais e da Justiça do Trabalho e membros do MP da União serão julgados nas mesmas condições, mas pelo respectivo Tribunal Regional Federal, art. 108, I, "a", da Constituição. Também existe a ressalva em relação aos crimes eleitorais, de modo que, se um desses agentes cometer um crime dessa natureza, será julgado pelo órgão de segundo grau da Justiça Eleitoral, ou seja, o TRE. Em se tratando de crime de competência do Tribunal do Júri, prevalece a competência do TRF.
- Deputado Estadual: Recordando que o crime deve ser praticado no exercício do cargo e com ele relacionado, o deputado estadual tem a prerrogativa

Tribunais Regionais Eleitorais e do Trabalho, os membros dos Conselhos ou Tribunais de Contas dos Municípios e os do Ministério Público da União que oficiem perante tribunais.

[41] Aproveitando o exemplo de PACELLI (*Curso de Processo Penal*, p. 226-227), situação complexa pode surgir quando tivermos um juiz estadual e um juiz federal acusados da prática do mesmo delito. A continência exige a reunião de processos para julgamento simultâneo. Quem julgará nesse caso? Considerando que ambas as prerrogativas são igualmente constitucionais, concordamos com o autor quando fundamenta no sentido da aplicação da Súmula 122 do STJ, com a prevalência da jurisdição federal sobre a estadual, bem como, pensamos nós, a incidência do art. 78, III, do CPP. Nessa linha, pensamos que ambos deverão ser julgados no TRF. Recordemos, ainda, que eventual conflito de competência surgido nesse caso, entre o TJE e o TRF, deverá ser resolvido pelo STJ.

de ser julgado pelo mais alto tribunal do estado ao qual está vinculado. Logo, se cometer um crime de competência da Justiça Comum Estadual, será julgado pelo Tribunal de Justiça; em se tratando de crime de competência da Justiça Federal, será julgado no TRF; por fim, sendo crime eleitoral, será julgado no TRE. Em se tratando de crime de competência do Tribunal do Júri (mas praticado durante o mandato e *propter officium*), continua prevalecendo a prerrogativa de função, pois está assegurada na Constituição, sendo julgado no Tribunal de Justiça (ou TRF se for o caso de competência federal). Ademais, um órgão de primeiro grau como o Tribunal do Júri jamais prevalece sobre um tribunal (jurisdição superior prevalente).

- Prefeitos: o tratamento dado pelo art. 29, X, da Constituição é pouco representativo do alcance da prerrogativa. Assim, se o prefeito cometer um crime de competência da Justiça Comum Estadual, em razão do cargo e durante o seu exercício, será julgado no Tribunal de Justiça, mesmo que se trate de um crime de competência do Tribunal do Júri. Contudo, se for um crime eleitoral, será julgado pelo TRE. Se o delito for de competência da Justiça Federal será julgado pelo TRF. Nesse sentido afirma a Súmula 702 do STF: a competência do Tribunal de Justiça para julgar prefeitos restringe-se aos crimes de competência da Justiça Comum Estadual; nos demais casos, a competência originária caberá ao respectivo tribunal de segundo grau. Importante ainda, nessa matéria, consultar as Súmulas 208 e 209 do STJ.
- Vereadores: não foram contemplados com nenhuma prerrogativa de foro pela Constituição. Possuem apenas a imunidade por palavras, opiniões e votos no exercício do mandato, nos termos do art. 29, VIII, da Constituição.

Por fim, há que se chamar a atenção para mais um ponto sensível e de grande oscilação de humor jurisprudencial: se uma pessoa com prerrogativa de foro comete o crime junto com um particular, como fica o julgamento? Como regra geral, sendo caso de conexão ou continência (analisaremos no próximo tópico), deveria haver reunião para julgamento simultâneo, ou seja, todos os agentes seriam julgados no tribunal competente para julgar o detentor do cargo. Essa é a regra geral prevista no art. 79 do CPP.

Contudo, existe uma tendência muito forte no STF de cindir, desmembrar, separar as pessoas, ficando no tribunal apenas o detentor do cargo. No Inq 4506 (Caso Aécio Neves) o STF reafirmou que a regra geral é o desmembramento. O Min. Luiz Fux "também observou que a jurisprudência do STF é no sentido do desmembramento, a não ser nos casos em que os fatos estejam de tal forma imbricados que a separação prejudique as investigações. No caso dos autos, ele lembrou a argumentação do Ministério Público de ser necessária a produção de prova unificada"[42]. Especificamente neste caso, o STF – por maioria (vencido o Min. Marco Aurélio) – manteve todos os investigados reunidos (conexão), mas reafirmou que a regra geral é a cisão.

Ou seja, o STF vem fazendo uma leitura bastante restritiva da reunião para julgamento simultâneo em caso de conexão/continência, quando há agentes com prerrogativa de função.

Então, nesse tema, é preciso ficar atento e ter muita cautela com respostas categóricas, pois há grande insegurança jurídica.

### 2.2.2. Alguns Problemas em Torno da Competência Constitucional do Tribunal do Júri

O primeiro problema é: se uma pessoa com prerrogativa de foro cometer um crime de competência do Tribunal do Júri, será julgado por quem?

Primeira questão foi tratada no tópico anterior: segundo recente decisão do STF, em se tratando de parlamentar, é necessário que o crime tenha ocorrido: durante o exercício do cargo e em razão das funções (*propter officium*). Não se encaixando nessas hipóteses, o parlamentar que cometa um crime doloso contra a vida não terá prerrogativa de foro e será julgado no tribunal do júri sem problemas, juntamente com os demais corréus (se houver concurso de pessoas) e por todos os crimes conexos (se for o caso). Recordando que demais casos de prerrogativa de foro (como magistrados e membros do Ministério Público), o STF ainda não aplicou esse entendimento, ou seja, a prerrogativa segue íntegra para qualquer crime.

Superada essa questão, continuemos, partindo da premissa de que se trata de agente com prerrogativa de foro (preenchidos os requisitos anteriormente explicados).

Em que pese a competência do júri ser constitucional, se a prerrogativa de foro também estiver prevista na Constituição, prevalece a prerrogativa de função. Isso porque, quando ambas as competências forem constitucionais, prevalece a jurisdição superior do tribunal. Nesse caso, um órgão de primeiro grau, como o Tribunal do Júri, jamais prevalece sobre um tribunal (jurisdição superior prevalente). Mas, destaque-se, a prerrogativa deve estar prevista na Constituição Federal.

Se a prerrogativa estiver em Constituição estadual ou lei ordinária, o cenário muda radicalmente: prevalece a competência constitucional do Júri. Nessa mesma linha foi editada a Súmula 721 do STF:

---

42 <http://www.stf.jus.br/portal/cms/verNoticiaDetalhe.asp?idConteudo=361832>.

**A competência constitucional do tribunal do júri prevalece sobre o foro por prerrogativa de função estabelecido exclusivamente pela Constituição estadual.**

O segundo problema surge na incidência da conexão e a continência. Como veremos na continuação, exigem, quando presente uma delas, que exista um julgamento simultâneo (reunindo todos os fatos, ou todas as pessoas, no mesmo processo). Quando isso ocorre e uma das pessoas possui a prerrogativa de foro, surge a dúvida: quem julgará todos os agentes (o que tem a prerrogativa de foro e os que não a têm)?

Se um particular comete um crime em concurso de pessoas com alguém que possui uma prerrogativa funcional, todos serão julgados pelo tribunal respectivo. Ou seja, prevalece a competência do tribunal, nos termos do art. 78, III, do CPP.

O problema aparece quando o crime é de competência do Tribunal do Júri, pois, por ser o Júri um órgão da jurisdição de primeiro grau, não poderia prevalecer sobre o Tribunal de Justiça ou Tribunal Regional Federal, por exemplo. Mas, por outro lado, a competência do Júri é constitucional e deve ser respeitada. Eis o problema.

O STF, no HC 69325-3/GO, decidiu que, se um particular praticar um crime de competência do Tribunal do Júri, juntamente com alguém que tenha prerrogativa de foro, haverá uma cisão processual. Por exemplo: se um particular comete um crime doloso contra a vida, a mando de um juiz de direito, haverá uma continência, nos termos do art. 77, I, do CPP. A prerrogativa do juiz de ser julgado pelo Tribunal de Justiça do seu estado é constitucional, como também o é a do Júri. Contudo, havendo essa igualdade de tratamento constitucional, prevalece a competência do TJ por ser o Tribunal um órgão de jurisdição superior (art. 78, III, do CPP). Então, o juiz será julgado no TJ. E o particular? Haverá uma cisão, sendo ele julgado pelo Tribunal do Júri. Isso porque a regra da conexão decorre de lei ordinária, que não pode prevalecer sobre a competência do Júri, que é constitucional.

Esse entendimento – da cisão – também está alinhado aos recentes julgados do STF, anteriormente analisados ao tratarmos da prerrogativa de função, de limitar o alcance do foro privilegiado apenas ao detentor do cargo.

Em suma, pensamos que:

1. A prerrogativa constitucional para julgamento originário no STF, STJ, TJs e TRFs prevalece sobre o Tribunal do Júri, não havendo possibilidade de um juiz, procurador ou promotor ser julgado no Júri.

2. Quanto aos deputados estaduais, federais e senadores, enquanto exercerem a função e o crime estiver a ela relacionado, não estarão sujeitos ao Tribunal

do Júri, mas, cessado o cargo (ou não sendo *propter officium*), perdem a prerrogativa e podem ser julgados no Tribunal do Júri.

3. Quanto ao partícipe ou coautor sem essa prerrogativa, ou, ainda, nos casos de prerrogativa de foro estabelecida nas Constituições estaduais, prevalece a competência constitucional do Tribunal do Júri. O agente com prerrogativa de foro constitucional será julgado pelo respectivo tribunal, operando-se uma cisão processual, para que o particular sem a prerrogativa seja julgado pelo Tribunal do Júri.

Por fim, recordemos que, se a conexão se estabelecer entre um crime eleitoral e outro de competência do Tribunal do Júri, haverá cisão: o crime eleitoral será julgado na Justiça Eleitoral, e o homicídio (ou qualquer outro de competência do Tribunal do Júri), no Tribunal do Júri. Isso porque a competência do Júri é constitucional, prevalecendo sobre o disposto em leis ordinárias (como o Código Eleitoral e o CPP).

### 2.2.3. Prerrogativa de Função para Vítima do Crime?

Como regra, a prerrogativa de foro é destinada ao autor do crime que o pratica no exercício de alguma função pública relevante e que a Constituição assim disciplina.

Contudo, existe uma situação muito peculiar, em que a qualidade funcional da vítima acaba conduzindo a uma modificação da competência, e que vem disciplinada no art. 85 do CPP:

> Art. 85. Nos processos por crime contra a honra, em que forem querelantes as pessoas que a Constituição sujeita à jurisdição do Supremo Tribunal Federal e dos Tribunais de Apelação, àquele ou a estes caberá o julgamento, quando oposta e admitida a exceção da verdade.

Vejamos agora sua incidência num exemplo hipotético:

O empresário Manoel, dono de um supermercado de pequena cidade do interior, divulga amplamente em seu estabelecimento que recebeu um cheque sem provisão de fundos do juiz de direito da comarca. Sentindo-se ofendido pela falsa imputação de um delito (o de estelionato, art. 171, VI, do CP), o magistrado ajuíza uma queixa-crime[43] em face do empresário, acusando-lhe da prática do crime de calúnia, previsto no art. 138 do CP. Recebida a queixa, no prazo legal o empresário faz a "exceção da verdade", propondo-se a demonstrar a veracidade do alegado e, portanto, afastando a incidência do crime de calúnia.

---

[43] Recordando que, nos termos da Súmula 714, o crime contra a honra de servidor público no exercício de suas funções poderá ser de ação penal pública condicionada à representação ou queixa. Em ambos os casos, se couber exceção da verdade e a autoridade pública tiver prerrogativa de foro, deverá ela ser processada no respectivo tribunal.

Nesse momento, existe uma inversão interessante no processo, pois o querelado (empresário) passa para o polo ativo na exceção da verdade, e o querelante (juiz) passa a ser então o imputado do crime de estelionato. Logo, o juiz do processo não pode julgar a exceção da verdade, pois, em última análise, estaria julgado outro juiz.

Assim, diante da exceção da verdade, a prerrogativa de função do querelante (vítima do delito de calúnia) exige que essa exceção seja encaminhada ao Tribunal de Justiça do Estado (órgão competente para julgamento originário dos juízes de direito), que a julgará. Importante que nesse momento, com a exceção, quem passa a ser julgado é o juiz de direito, por isso o deslocamento da competência para o tribunal competente para julgá-lo.

Nesse julgamento pode ocorrer:

- que a exceção da verdade seja rejeitada: posto que não comprovada a veracidade do alegado pelo empresário (logo, não houve a emissão de cheque sem provisão de fundos). Nesse caso, após essa decisão, a exceção volta para a comarca de origem para continuação do julgamento da queixa-crime;
- a exceção da verdade é acolhida: nesse caso, o empresário logrou demonstrar que o juiz efetivamente emitiu um cheque sem provisão de fundos, logo, deve ser extinto o processo iniciado pela queixa-crime, pois não houve a calúnia. O fato atribuído ao juiz era verdadeiro. Mas, nesse momento, apurou-se que o juiz praticou o delito de estelionato do art. 171, VI, do CP. Diante disso, deverá o desembargador relator encaminhar cópia dos autos para o Ministério Público (art. 40 do CPP), para que seja investigada a prática do delito de estelionato (se necessários maiores elementos de convicção) ou diretamente oferecida a denúncia com base nos elementos já apurados na exceção da verdade. Esse processo tramitará originariamente no Tribunal de Justiça do Estado.

Assim, eis uma situação excepcional, em que o detentor da prerrogativa de foro, inicialmente vítima do crime, passa a ser a imputada de outra infração. Para que a conduta criminosa a ela atribuída possa ser apreciada, é fundamental o encaminhamento da exceção para o órgão competente para julgá-la.

Por fim, sublinhamos que muitas dúvidas pairam sobre o processamento da exceção da verdade no tribunal, diante da lacuna legislativa. Pensamos que o melhor procedimento é a apresentação da exceção junto com a resposta à acusação, em primeiro grau. Obedecendo ao disposto no art. 523 do CPP, deve o juiz abrir vista para manifestação do querelante (contestação, diz a lei) no prazo de 2 dias, podendo arrolar testemunhas. Após, preenchidos os requisitos legais de admissibilidade (cabimento legal da exceção da verdade e tempestividade), deverá o juiz *a quo* processar a exceção em autos apartados e enviá-los para o tribunal competente para o julgamento (em razão da prerrogativa de função da vítima). É importante destacar que a prova da exceção da verdade (inclusive a testemunhal) deverá ser produzida no tribunal e não no órgão de primeiro grau. Caberá ao tribunal o processamento e julgamento da exceção da verdade, incluindo a coleta da prova, até mesmo por imposição do princípio da identidade física do juiz, em que o órgão que assistir a coleta da prova deverá julgar (logo, incumbe ao tribunal providenciar a coleta da prova e posteriormente julgar a exceção).

### 2.2.4. O Julgamento Colegiado para os Crimes Praticados por Organização Criminosa – Lei n. 12.694/2012

A Lei n. 12.694, sancionada em 24 de julho de 2012, criou uma nova figura na estrutura jurisdicional, o chamado *órgão colegiado de primeiro grau*. Segundo a nova lei, nos processos de conhecimento (e respectivo procedimento) ou de execução, que tenha por objeto crimes praticados por organizações criminosas[44], o juiz natural do caso penal poderá decidir pela formação de um órgão colegiado, composto por mais dois juízes, para a prática de qualquer ato processual.

Segundo o art. 1º da lei, esse colegiado poderá decidir, "especialmente" (portanto, o rol é exemplificativo), sobre:

I – decretação de prisão ou de medidas assecuratórias;

II – concessão de liberdade provisória ou revogação de prisão;

III – sentença;

IV – progressão ou regressão de regime de cumprimento de pena;

V – concessão de liberdade condicional;

VI – transferência de preso para estabelecimento prisional de segurança máxima; e

VII – inclusão do preso no regime disciplinar diferenciado.

A lei enumera, exemplificativamente, algumas decisões de maior envergadura, tomadas nos processos de conhecimento. São decisões sobre prisão e liberdade provisória (onde agudiza-se o tensionamento do poder punitivo com a liberdade

---

[44] O conceito de organização criminosa vem dado pelo art. 2º:
"Art. 2º Para os efeitos desta Lei, considera-se organização criminosa a associação, de 3 (três) ou mais pessoas, estruturalmente ordenada e caracterizada pela divisão de tarefas, ainda que informalmente, com objetivo de obter, direta ou indiretamente, vantagem de qualquer natureza, mediante a prática de crimes cuja pena máxima seja igual ou superior a 4 (quatro) anos ou que sejam de caráter transnacional".

individual) e a própria sentença, ato jurisdicional por excelência. Depois, segue tratando de decisões interlocutórias tomadas no curso do processo de execução, onde tensiona-se novamente o direito de liberdade, aqui não mais em sede cautelar, mas já na execução da pena privativa de liberdade aplicada.

Portanto, a abrangência da lei vai desde antes do recebimento da denúncia até após o trânsito em julgado, ou seja, **tanto a fase pré-processual (inquérito policial), como também o processo (de conhecimento) e a execução da pena**.

Inclusive, não se exclui a possibilidade de ser instaurado o colegiado para **proceder a instrução e as audiências necessárias**. O art. 1º da lei determina que o juiz poderá decidir pela formação de colegiado "para a prática de qualquer ato processual", logo, nada impede que esse colegiado presida a instrução.

Na reforma de 2019/2020, a Lei n. 13.964/2019 inseriu o seguinte dispositivo:

> Art. 1º-A. Os Tribunais de Justiça e os Tribunais Regionais Federais poderão instalar, nas comarcas sedes de Circunscrição ou Seção Judiciária, mediante resolução, Varas Criminais Colegiadas com competência para o processo e julgamento:
>
> I – de crimes de pertinência a organizações criminosas armadas ou que tenham armas à disposição;
>
> II – do crime do art. 288-A do Decreto-lei n. 2.848, de 7 de dezembro de 1940 (Código Penal); e
>
> III – das infrações penais conexas aos crimes a que se referem os incisos I e II do *caput* deste artigo.
>
> § 1º As Varas Criminais Colegiadas terão competência para todos os atos jurisdicionais no decorrer da investigação, da ação penal e da execução da pena, inclusive a transferência do preso para estabelecimento prisional de segurança máxima ou para regime disciplinar diferenciado.
>
> § 2º Ao receber, segundo as regras normais de distribuição, processos ou procedimentos que tenham por objeto os crimes mencionados no *caput* deste artigo, o juiz deverá declinar da competência e remeter os autos, em qualquer fase em que se encontrem, à Vara Criminal Colegiada de sua Circunscrição ou Seção Judiciária.
>
> § 3º Feita a remessa mencionada no § 2º deste artigo, a Vara Criminal Colegiada terá competência para todos os atos processuais posteriores, incluindo os da fase de execução.

Destacamos aqui a expressa exclusão da figura das garantias nos casos submetidos às varas criminais colegiadas. O § 1º ao dispor que essas varas criminais colegiadas terão competência para todos os atos jurisdicionais no decorrer da investigação, ação penal (o correto seria "procedimento") e execução, exclui a incidência do juiz das garantias. A justificativa para essa exclusão – e, portanto, a manutenção da figura do superado juiz-contaminado, foi o fato de ser um órgão colegiado. Ora, como já explicamos anteriormente, é um grande erro. O fato de ser um órgão colegiado não afasta a garantia da imparcialidade em relação a cada um dos julgadores, isoladamente considerado. Portanto, se um deles atua na investigação criminal está contaminado e não deveria participar do julgamento. O argumento da "colegialidade", também usado para afastar a incidência nos processos de competência originária dos tribunais, é um grande equívoco. Inclusive, ainda que o procedimento investigatório tenha iniciado com a atuação do juiz das garantias, quando verificada uma das situações estabelecidas nos incisos I, II ou III, deverá enviar os autos para o órgão colegiado criado pelo respectivo tribunal, a teor do disposto no § 2º.

Também é criticável a possibilidade de os tribunais criarem, *à la carte*, mediante uma simples resolução, as varas criminais colegiadas, colocando em risco a garantia do juiz natural, que é a garantia de ser julgado por um juiz cuja competência seja preestabelecida por "lei" e não por um órgão colegiado, criado *ad hoc* por uma resolução (viola a reserva de lei e a garantia do juiz natural).

Noutra dimensão, essas varas colegiadas terão competência para atuar da investigação até a execução da pena, passando obviamente pela fase processual de instrução e julgamento. Sempre com os mesmos membros, colocando em evidência a falta de originalidade cognitiva, os problemas denunciados pela teoria da dissonância cognitiva e, enfim, o imenso prejuízo que decorre dos pré-juízos. As varas colegiadas se ocuparão dos seguintes crimes:

> I – de crimes de pertinência a organizações criminosas armadas ou que tenham armas à disposição;
> II – do crime do art. 288-A do CP, e
> III – das infrações penais conexas aos crimes a que se referem os incisos I e II do *caput* deste artigo.

Esse colegiado será composto pelo juiz do processo e por outros 2 (dois) juízes escolhidos por sorteio eletrônico, dentre aqueles que possuam competência criminal em primeiro grau. Caberá aos tribunais (de justiça ou regionais federais) expedir normas regulamentando a composição deste colegiado e os procedimentos a serem adotados para seu funcionamento, incluindo-se a forma deste "sorteio eletrônico". Novamente aqui o legislador delega para os tribunais a disciplina de questões atinentes a sua estrutura e funcionamento, atendendo as peculiaridades regionais. Trata-se de uma delegação que a lei faz, para que os tribunais regulem esse procedimento de formação dos colegiados, mas a decisão sobre a "instauração" é do juiz da causa.

Importante destacar que esse colegiado poderá ser implantado em processos de competência da **justiça estadual ou federal**, pois conforme determina o art. 1º-A, os tribunais de justiça e os tribunais regionais federais poderão instalar.

As reuniões – entre os juízes – poderão ser feitas de forma eletrônica (videoconferência, *e-mails*, etc.) e serão sigilosas, quando a publicidade gerar risco para a eficácia da decisão. O meio (eletrônico) justifica-se na medida em que juízes de cidades diferentes poderão integrar o colegiado, dificultando a reunião no mesmo lugar físico.

Seguindo o mandamento constitucional (art. 93, IX, da CF), as decisões serão fundamentadas e firmadas por todos os integrantes, sendo publicadas. O **maior problema** está na parte final do art. 1º, § 6º, da Lei n. 12.694/2012: as decisões serão publicadas "**sem qualquer referência a voto divergente de qualquer membro**".

Aqui andou muito mal o legislador.

É direito das partes terem integral conhecimento da decisão de cada um dos membros do colegiado e de todos os fundamentos utilizados, para acolher ou rechaçar o pedido. Decorre da **garantia da motivação das decisões** prevista no art. 93, IX, da Constituição. De nada serviria o mandamento constitucional de que "todas as decisões devem ser fundamentadas" se as partes não tivessem amplo acesso à fundamentação. Ademais, determina o mesmo dispositivo legal que "todos os julgamentos serão públicos". Mais do que uma mera publicidade do ato, no sentido de acessibilidade física, o que está determinando a Constituição é a "possibilidade" do conteúdo do julgamento. As decisões devem ser motivadas e acessíveis os fundamentos para os interessados. Não há como conciliar a garantia constitucional com essa "ocultação" do voto divergente.

Dessarte, é a fundamentação das decisões o mais importante instrumento de legitimação do poder exercido, na medida em que permite controlar a racionalidade e legalidade da própria decisão e dos motivos que a suportam. É através da fundamentação que se permite reduzir os danos do *decisionismo*. Portanto, omitir as razões do voto divergente é uma clara violação da garantia da fundamentação das decisões e, por via reflexa, da garantia da jurisdicionalidade.

Subtrair a integralidade da decisão também é uma **grave violação ao direito de defesa**, na medida em que o réu tem o direito de conhecer integralmente o conteúdo da decisão para dela poder se defender. Portanto, sem dúvida, o voto vencido é fundamental para lastrear a impugnação feita pela defesa ao respectivo tribunal. O voto vencido, não raras vezes, como se percebe nos embargos infringentes, acaba sendo a espinha dorsal da impugnação defensiva, que poderá reforçar a fundamentação do julgador minoritário. Partir do "argumento de autoridade" para buscar a decisão favorável é um importante espaço defensivo que não pode ser subtraído pela lei.

Por derradeiro, é gravemente **prejudicado o duplo grau de jurisdição**, na medida em que se subtrai do tribunal *ad quem* a integralidade dos fundamentos decisórios, dando a errônea percepção de que naquilo se exaurem as razões de decidir. Não se desconhece que muitos julgadores de segundo grau privilegiam a manutenção das decisões em nome do "prestígio" e da "proximidade" do julgador de primeiro grau em relação aos fatos. Daí por que é fundamental saber da existência e dos fundamentos do voto vencido, pois ele pode desvelar outra face da questão objeto da decisão interlocutória ou mesmo sentença.

Em suma, por qualquer ângulo que se analise o disposto no art. 1º, § 6º, a crítica é inevitável.

No restante, a Lei n. 12.694/2012 segue disciplinando diversas medidas de segurança para os prédios da justiça e os juízes, bem como altera os arts. 91 do Código Penal e 144-A do Código de Processo Penal, para disciplinar a perda de bens e a alienação antecipada, de todos os bens e valores, equivalentes ao produto ou proveito do crime. Também modifica as Leis n. 9.503/97 (Código de Trânsito) e 10.826/2003, com vistas a ampliar a segurança dos membros do Poder Judiciário e do Ministério Público.

### 2.3. Qual é o Foro Competente (Local)?

Definida a Justiça competente, a partir dos critérios anteriormente explicados, deve-se ainda apontar qual é o foro competente (competência em razão do lugar). Prevalece o entendimento jurisprudencial e doutrinário de que a competência em razão do lugar é relativa (com o que não concordamos, conforme explicado anteriormente), devendo ser arguida no primeiro lugar em que a defesa se manifestar nos autos, sob pena de preclusão (*prorrogatio fori*). Nessa perspectiva, somente a defesa poderá alegá-la, não podendo ser conhecida pelo juiz, de ofício, e tampouco pode ser alegada pelo Ministério Público, na medida em que o promotor, ao oferecer a denúncia, faz sua opção.

Para tanto, utilizam-se as regras dos arts. 70 e 71 do CPP. Iniciemos pelo critério do art. 70, onde o lugar da infração é aquele em que se consumar a infração ou, no caso de tentativa, o lugar em que for praticado o último ato de execução.

Quando o CPP emprega essas categorias "consumação" e "tentativa", deve-se utilizar o Código Penal como norma completiva, na medida em que tais conceitos são estranhos para o processo penal. No art. 14 do CP, está definido que:

> Art. 14. Diz-se o crime:
> I – consumado, quando nele se reúnem todos os elementos de sua definição legal;
> II – tentado, quando, iniciada a execução, não se consuma por circunstâncias alheias à vontade do agente.

Assim, o conceito de *lugar do crime* identifica-se com aquilo que o Direito Penal define como local da consumação ou, em caso de tentativa, aquele onde for praticado o último ato de execução. Vejamos uma situação bastante comum: na cidade de Canoas – interior do Rio Grande do Sul – ocorre um atropelamento. A vítima é conduzida para um hospital de Porto Alegre, com mais recursos, onde, dias depois, vem a falecer em decorrência das lesões sofridas.

O processo penal pelo delito de homicídio culposo irá tramitar em que comarca? Considerando que o crime de homicídio culposo consuma-se no lugar em que a vítima vier a falecer, a competência para o julgamento será da Justiça Comum estadual, do foro de Porto Alegre (lugar da consumação).

Contudo, não é esse o entendimento predominante nos tribunais brasileiros diante de um crime plurilocal (ação em um lugar e resultado/consumação em outro).

Partindo de uma necessidade probatória, tem-se feito uma ginástica jurídica, criando-se um conceito de *consumação* para o processo penal que não corresponde àquele previsto no Código Penal, adotando-se na prática a teoria da atividade.

Nessa linha, "lugar da infração" passou a ser visto como aquele onde se esgotou o potencial lesivo da infração, ainda que distinto do resultado. Isso atende a uma necessidade probatória, pois todos os elementos do crime estão na cidade onde ocorreu o atropelamento, e não onde a vítima morreu. Lá está o lugar do crime (atropelamento) para ser periciado, lá será feita a reconstituição simulada, e lá residem as testemunhas presenciais do fato. No nosso exemplo, o réu será julgado na comarca de Canoas, lugar onde se esgotou o potencial lesivo da infração.

Esse entendimento também tem sido empregado para o crime de homicídio doloso e outros, nos quais a ação criminosa se desenvolve integralmente numa cidade e apenas o resultado se dá em outra.

Noutra dimensão, é importante não esquecer do art. 71 do CPP. Quando forem vários os crimes, praticados em diferentes cidades, mas que, pelas circunstâncias de tempo, lugar e modo de execução, constituam uma continuidade delitiva (art. 71 do Código Penal), a competência pelo lugar da infração será definida a partir da prevenção. A mesma regra também se aplica quando for um crime permanente, praticado em território de duas ou mais jurisdições.

Recordemos o anteriormente explicado sobre a prevenção, no início desse capítulo, que mudará sua concepção com a instituição do juiz das garantias (infelizmente suspensa pela decisão do Min. FUX):

– a prevenção é causa de exclusão da competência: quando o juiz que decidir na fase preliminar ou praticar quaisquer dos atos previstos no art. 3º-B assume o lugar do juiz das garantias e, portanto, irá receber a denúncia, decidir sobre a absolvição sumária e remeter para o juiz do processo (que necessariamente será "outro" juiz, pois o primeiro está impedido nos termos do art. 3º-D);

– a prevenção como causa de fixação da competência: quando existirem vários juízes em uma comarca, aquele que anteceder os demais na prática de algum ato na investigação preliminar, passa a ser o prevento, no sentido de que atrairá a competência para eventuais crimes conexos. A prevenção aqui serve, essencialmente, para definir qual dos juízes das garantias será o competente.

Nesses dois casos, será competente o juiz das garantias que tiver antecedido os demais na fase da investigação preliminar ou mesmo recebido a denúncia (que é de competência do juiz das garantias, mesmo quando não existe um inquérito prévio). E nos crimes contra a honra, praticados pela imprensa: é o local onde ocorreu a impressão ou, no caso de reportagem veiculada pela internet, no local onde se encontra o responsável pela veiculação.

Nesta linha sinaliza a decisão proferida pelo STJ no Conflito de Competência n. 106.625/DF, Rel. Min. Arnaldo Esteves Lima, julgado em 12/5/2010. Neste caso, a Seção entendeu, lastreada em orientação do STF, que a Lei de Imprensa (Lei n. 5.250/67) não foi recepcionada pela CF/1988. Assim, nos crimes contra a honra, aplicam-se, em princípio, as normas da legislação comum, quais sejam, os arts. 138 e seguintes do CP e os arts. 69 e seguintes do CPP. Logo, nos crimes contra a honra praticados por meio de publicação impressa em periódico de circulação nacional, deve-se fixar a competência do juízo pelo local onde ocorreu a impressão, uma vez que se trata do primeiro lugar onde as matérias produzidas chegaram ao conhecimento de outrem, de acordo com o art. 70 do CPP. Quanto aos crimes contra a honra praticados por meio de reportagens veiculadas na internet, a competência fixa-se em razão do local onde foi concluída a ação delituosa, ou seja, onde se encontra o responsável pela veiculação e divulgação das notícias, indiferente a localização do provedor de acesso à rede mundial de computadores ou sua efetiva visualização pelos usuários. Precedentes citados do STF: ADPF 130/DF, *DJe* 6/11/2009; do STJ: CC 29.886/SP, *DJ* 1º/2/2008.

Nos crimes praticados fora do território nacional, mas em que incida a regra da extraterritorialidade da lei penal, será competente o juízo da Capital do Estado onde houver por último residido o acusado e, caso ele nunca tenha residido no Brasil, será julgado em Brasília, nos termos do art. 88 do CPP. Recordemos que o simples fato de o crime ter sido praticado no exterior não significa que será julgado na Justiça Federal. Todo o oposto. A regra é o julgamento pela Justiça Estadual, salvo se estiver presente alguma das causas do art. 109 da Constituição, conforme explicado anteriormente.

Nos crimes praticados a bordo de navios ou aeronaves, incidem as regras dos arts. 89 e 90, com a ressalva de que somente será de competência da Justiça Federal quando se tratar de navio ou aeronave de grande porte, conforme explicado no item anterior.

Por fim, devemos sublinhar que o critério de domicílio ou residência do réu, art. 72 do CPP, é considerado o mais subsidiário de todos, pois somente pode ser utilizado quando desconhecido o lugar do crime.

Existe, ainda, um único caso de eleição de foro no processo penal, previsto no art. 73 do CPP e somente aplicável no caso de ação penal privada. Segundo o art. 73, o querelante poderá optar pelo foro de domicílio ou residência do réu, ainda que conhecido o lugar da infração. É o único caso em que o autor pode eleger o foro onde a ação penal (privada) será processada e julgada.

### 2.4. Qual é a Vara, o Juízo Competente?

Definida a competência em razão da matéria (Justiça Estadual, Federal etc.) e o lugar (cidade), resta saber dentro daquela Justiça, naquela cidade, qual vai ser o juiz competente para o julgamento, pressupondo que existam vários igualmente competentes em razão da matéria, pessoal e lugar.

A questão aqui será resolvida a partir da prevenção ou distribuição.

Sobre a prevenção, repetimos (dada a importância) sobre a necessidade de conciliar os arts. 83 e 3º-D:

> Art. 83. Verificar-se-á a competência por prevenção toda vez que, concorrendo dois ou mais juízes igualmente competentes ou com jurisdição cumulativa, um deles tiver antecedido aos outros na prática de algum ato do processo ou de medida a este relativa, ainda que anterior ao oferecimento da denúncia ou da queixa (arts. 70, § 3º, 71, 72, § 2º, e 78, II, *c*).

> Art. 3º-D. O juiz que, na fase de investigação, praticar qualquer ato incluído nas competências dos arts. 4º e 5º deste Código ficará impedido de funcionar no processo. (SUSPENSO PELA DECISÃO LIMINAR DO MIN. FUX)

Como conciliar o instituto da prevenção (enquanto causa fixadora da competência) com a figura do juiz das garantias (infelizmente suspenso), onde a prevenção é causa de exclusão da competência? Da seguinte forma:

– a prevenção é causa de exclusão da competência: quando o juiz que decidir na fase preliminar ou praticar quaisquer dos atos previstos no art. 3º-B assume o lugar do juiz das garantias e, portanto, irá receber a denúncia, decidir sobre a absolvição sumária e remeter para o juiz do processo (que necessariamente será "outro" juiz, pois o primeiro está impedido nos termos do art. 3º-D);

– a prevenção como causa de fixação da competência: quando existirem vários juízes em uma comarca, aquele que anteceder os demais na prática de algum ato na investigação preliminar, passa a ser o prevento, no sentido de que atrairá a competência para eventuais crimes conexos. A prevenção aqui serve, essencialmente, para definir qual dos juízes das garantias será o competente. É um critério entre eles. Também pode servir para definição do juiz do processo, mas quando ocorrer a seguinte situação. Imaginemos uma cidade com vários juízes criminais. O juiz das garantias "a" atua na investigação preliminar e recebe a denúncia sobre determinado caso penal e remete para o juiz "b". Posteriormente, surge uma nova investigação por crime conexo, que acaba sendo vinculada ao juiz das garantias "a" pois prevento. Recebida essa nova denúncia, o juiz do processo será o mesmo juiz "b", pois prevento também. Então aqui a prevenção se opera entre os juízes das garantias (como critério de definição) e também entre os juízes do processo, igualmente definindo entre eles quem será o competente (o prevento).

Dessarte, a prevenção precisa ser ressignificada para adequar-se à nova sistemática processual, sem deixar, todavia, de existir.

Caso nenhum juiz das garantias esteja prevento, será empregado o sistema de distribuição (art. 75), uma escolha aleatória entre os juízes igualmente competentes, definindo assim qual deles será então o competente para o processo e julgamento.

Enquanto não for instituída a figura do juiz das garantias, a prevenção seguirá sendo aplicada conforme a sistemática antiga do CPP: juiz que primeiro atuar na investigação preliminar é o que irá julgar o processo.

## 3. Causas Modificadoras da Competência: Conexão e Continência

Todas as regras anteriormente explicadas podem ser profundamente alteradas ou mesmo negadas quando estivermos diante de conexão ou continência, verdadeiras causas modificadoras da competência e que têm por fundamento a necessidade de reunir os diversos delitos conexos ou os diferentes agentes num mesmo processo, para julgamento simultâneo. Na conexão, o interesse é evidentemente probatório, pois o vínculo estabelecido entre os delitos decorre da sua estreita ligação. Já na continência, o que se pretende é, diante de um mesmo fato praticado por duas ou mais pessoas, manter uma coerência na decisão, evitando o tratamento diferenciado que poderia ocorrer caso o processo fosse desmembrado e os agentes julgados em separado.

### 3.1. Conexão

Os casos de conexão estão previstos no art. 76 do CPP, sendo ela responsável por unir crimes em um mesmo processo. A conexão, é importante que se fixe isso, exige sempre a prática de dois ou mais crimes. Pode haver ou não pluralidade de agentes, mas não existe conexão quando o crime é único.

Com ela, reúne-se tudo para julgamento *in simultaneus processus*. O problema vai ser decidir quem irá julgar (Justiça e órgão) e onde, mas isso já veremos, ao tratar das regras do art. 78 do CPP.

Vejamos a redação do art. 76 do CPP:

Art. 76. A competência será determinada pela conexão:

I – se, ocorrendo duas ou mais infrações, houverem sido praticadas, ao mesmo tempo, por várias pessoas reunidas, ou por várias pessoas em concurso, embora diverso o tempo e o lugar, ou por várias pessoas, umas contra as outras;

II – se, no mesmo caso, houverem sido umas praticadas para facilitar ou ocultar as outras, ou para conseguir impunidade ou vantagem em relação a qualquer delas;

III – quando a prova de uma infração ou de qualquer de suas circunstâncias elementares influir na prova de outra infração.

No inciso I, tem-se uma conexão intersubjetiva, mas que terá algumas variações, pois o artigo engloba três situações diferentes.

a) **Intersubjetiva ocasional ou por simultaneidade:** quando duas ou mais infrações forem praticadas ao mesmo tempo, por várias pessoas reunidas. Mas esse termo, "reunidas", não se confunde com o concurso de agentes, que estará presente na próxima modalidade. Aqui, a reunião das pessoas é totalmente por acaso, ou seja, ocasional. Não existe prévio ajuste. A situação faz a conexão, com várias pessoas cometendo vários crimes. Exemplo: numa pacífica manifestação de protesto pela alta dos preços da cesta básica, promovida pela associação das donas de casa na frente de um supermercado, a situação começa a fugir do controle. Algumas senhoras, mais exaltadas, incitam as demais a fazerem uma invasão (que, obviamente, não era a intenção inicial do movimento). Eis que uma delas, mais agressiva, joga uma pedra na porta do supermercado, dando início a uma invasão. Assim, na mesma circunstância de tempo e lugar, várias pessoas cometem vários delitos (danos, furtos, ameaças e até lesões corporais), constituindo-se uma conexão intersubjetiva ocasional e implicando o julgamento simultâneo de todas as delinquentes e de todos os delitos praticados.

b) **Intersubjetiva concursal:** quando duas ou mais infrações forem praticadas por várias pessoas em concurso, ainda que diversos o tempo e o lugar. Nesse caso, existe concurso de pessoas, com liame subjetivo e prévio ajuste. Daí por que dispensa o Código que os crimes sejam praticados no mesmo tempo e lugar. A conexão se estabelece a partir da pluralidade de crimes praticados por um grupo de pessoas previamente ajustadas. Essa conexão é bastante rotineira; basta termos, por exemplo, uma quadrilha que, para praticar um roubo a banco, furta ou rouba dois veículos, em dias diferentes, para, finalmente, cometer o roubo ao banco. Assim, temos duas ou mais infrações, cometidas por várias pessoas em concurso.

Todos os crimes e pessoas serão reunidos no mesmo processo para julgamento simultâneo.

c) **Intersubjetiva por reciprocidade:** quando duas ou mais infrações forem praticadas por várias pessoas, umas contra as outras. Não se pode esquecer que a conexão exige duas ou mais infrações, devendo ser afastada desde logo a ideia do crime de rixa (pois é um crime só). Aqui os crimes (plural) são praticados por várias pessoas umas contra as outras, existe uma reciprocidade das agressões. Exemplo: briga entre torcidas de futebol na saída do estádio (vários crimes de lesões corporais leves, algumas graves e até gravíssimas, ameaças etc.) ou, ainda, entre diferentes *gangs* de jovens.

No inciso II, abandona-se a noção de "intersubjetividade", pois pode ser apenas uma pessoa (ou várias), sendo por isso chamada de conexão objetiva ou teleológica (em razão da existência de crime anterior). Mas continua existindo a pluralidade de crimes, unidos, nessa espécie, pelo fato de que um crime é praticado para facilitar ou ocultar o(s) outro(s), ou para conseguir impunidade ou vantagem em relação a ele(s). Exemplo tradicional é o homicídio seguido de ocultação de cadáver, ou, ainda, quando após o roubo a banco a quadrilha mata um dos membros para assegurar maior vantagem econômica ou mesmo garantir a impunidade.

No inciso III, existe um vínculo probatório ou instrumental entre as duas ou mais infrações. Importa aqui essa relação de natureza probatória (a prova de um crime influi na prova do outro) ou de prejudicialidade (quando a existência de um crime depende da existência prévia de outro). Isso pode ocorrer entre os crimes de furto e de receptação, mas também entre o crime antecedente e a lavagem ou ocultação de bens, direitos e valores. Essa é, sem dúvida, a conexão mais ampla, pois o interesse probatório vai muito além de qualquer relação de prejudicialidade penal. Importa aqui a relação probatória, em que uma mesma prova pode servir para o esclarecimento de ambos os crimes. Demonstrado esse interesse probatório, deve-se relativizar a questão da prejudicialidade, e reunir tudo para julgamento (e instrução) único.

### 3.2. Continência

A continência está prevista no art. 77 do CPP:

> Art. 77. A competência será determinada pela continência quando:
> I – duas ou mais pessoas forem acusadas pela mesma infração;
> II – no caso de infração cometida nas condições previstas nos arts. 70, 73 e 74 do Código Penal.

A continência, assim, no inciso I, une as pessoas acusadas de uma mesma infração, para julgamento simultâneo. Não há pluralidade de crimes, mas de pessoas. Quando duas ou mais pessoas cometerem um delito, haverá a reunião de todas no mesmo processo.

A questão terá um complicador quando qualquer delas tiver uma prerrogativa de função, em que deveria haver reunião para que todos fossem julgados no respectivo tribunal competente para processar o detentor do cargo, ofício ou função, ressalvada a competência do Tribunal do Júri nos casos anteriormente explicados. Essa é a leitura que emerge do CPP. Mas, como ressalvamos anteriormente, os tribunais (especialmente o STF) estão aplicando um entendimento diverso: a tendência é o desmembramento, admitindo-se – excepcionalmente – a manutenção do corréu sem prerrogativa quando houver interesse probatório, ou seja, quando a separação prejudicar a investigação ou instrução. Portanto existe um contraste entre o estabelecido no CPP e as oscilações de humor da jurisprudência, causando uma grande insegurança jurídica neste terreno.

No inciso II, existe uma *unidade delitiva por ficção normativa*. São os casos em que as várias ações são consideradas, pelo Direito Penal, como um delito só, por ficção legal. Isso ocorre quando o agente, mediante uma só ação ou omissão, pratica dois ou mais crimes, constituindo o concurso formal (art. 70 do CP), ou, ainda, nos casos de erro na execução (art. 73 do CP) e resultado diverso do pretendido (art. 74 do CP).

### 3.3. Regras para Definição da Competência nos Casos de Conexão ou Continência

Na conexão existe sempre uma pluralidade de infrações, muitas vezes praticadas em diferentes cidades, mas que devem ser reunidas para julgamento simultâneo. Em outros casos, o problema não é apenas as diferentes cidades, mas também o concurso entre crimes comuns e militares ou ainda eleitorais. Na continência, a questão complica quando um dos agentes tiver uma prerrogativa de foro, por exemplo.

Enfim, quem será o competente para o julgamento de todos os crimes e/ou pessoas nesses casos? Para isso, o art. 78 estabelece uma série de regras.

Contudo, antes de analisar as regras do art. 78, recordemos que, na conexão, não se pode esquecer que se for considerado crime continuado o critério definidor da competência será o da prevenção nos termos do art. 71 (com a ressalva acerca da ressignificação do conceito de prevenção, já explicado em tópico específico).

Assim, cuidado: antes de aplicar as regras do art. 78, deve-se ver se não é caso de crime continuado. Se for, será competente o juiz prevento (dentro do conceito de prevenção já explicado). Contudo, problemas concretos nessa matéria podem surgir quando estivermos diante de vários crimes praticados em várias cidades. Eventual continuidade delitiva reconhecida após o processo já ter sido reunido e instaurado em outra cidade, segundo a posição majoritária, não acarretará a nulidade. Isso porque a competência em relação ao lugar é relativa.

Feita essa advertência inicial, vejamos o art. 78 e suas regras:

Art. 78. Na determinação da competência por conexão ou continência, serão observadas as seguintes regras:

I – no concurso entre a competência do júri e a de outro órgão da jurisdição comum, prevalecerá a competência do júri;

II – no concurso de jurisdições da mesma categoria:

*a)* preponderará a do lugar da infração, à qual for cominada a pena mais grave;

*b)* prevalecerá a do lugar em que houver ocorrido o maior número de infrações, se as respectivas penas forem de igual gravidade;

*c)* firmar-se-á a competência pela prevenção, nos outros casos;

III – no concurso de jurisdições de diversas categorias, predominará a de maior graduação;

IV – no concurso entre a jurisdição comum e a especial, prevalecerá esta.

Essa é a regra do CPP, mas não podemos seguir essa ordem, pois ela não está correta.

Inicialmente, há que se ter bem claras as regras anteriormente expostas, principalmente as competências das Justiças Especiais (Militar e Eleitoral) e comuns (federal e estadual). Propomos que a definição da competência em caso de conexão ou continência seja feita após as seguintes perguntas, nessa ordem:

1ª Algum dos crimes praticados é de competência da Justiça Militar? Se for positiva a resposta, prevalece a competência da justiça militar e todos os crimes serão lá reunidos. Importante advertir que até a 16ª edição sustentávamos que deveria haver cisão. Contudo, com o advento da Lei n. 13.491/2017, que alterou a redação do art. 9º do CPM, agora não existem mais crimes que não possam ser julgados na justiça militar para justificar a cisão. Não há mais casos de cisão, como antigamente, agora a justiça especial militar prevalece sobre a comum. Por isso, é preciso fazer uma releitura do art. 79, I, do CPP, porque não há sentido em fazer cisão como antes. Agora a cisão é excepcional.

E aqui, mais uma advertência: somente haverá cisão se não houver o preenchimento das condições previstas no art. 9º do CPP, situação em que a justiça militar julgará o(s) crime(s) a ela afetos e haverá cisão em relação ao restante que não preenche as condições previstas no art. 9º do CPM. É uma situação excepcional, que pode acontecer.

2ª Algum dos crimes praticados é eleitoral? Nesse caso, a Justiça Eleitoral prevalece sobre as demais, atraindo tudo para a Justiça Eleitoral (art. 78, IV). Se a resposta for negativa, passemos para a terceira pergunta.

3ª Algum dos agentes tem prerrogativa de ser julgado por tribunal? Isso conduz à aplicação do inciso III do art. 78, pois a jurisdição de maior categoria dos tribunais prevalece sobre os órgãos de primeiro grau. Há que se considerar aqui a problemática em torno da competência do Tribunal do Júri e também a tendência jurisprudencial de cisão (já explicada). Caso não exista uma situação de concurso de agentes com alguém detentor de uma prerrogativa de foro, passemos à próxima questão.

4ª Não sendo de competência das Justiças Especiais, algum dos crimes é de competência da Justiça Federal (art. 109 da Constituição)? Se algum dos crimes for de competência da Justiça Comum Federal (e isso só ocorre se não for de competência da Justiça Militar nem Eleitoral), incide o art. 78, III, prevalecendo ela sobre a Justiça Comum Estadual. Caso não seja de competência da Justiça Comum Federal (e já afastadas as Especiais Militar e Eleitoral), estamos diante de um caso de competência da Justiça Comum Estadual (caráter residual).

A resposta a essa última questão evidencia que a competência é da Justiça Comum Federal ou Estadual. Se algum dos crimes se encaixar em uma das situações do art. 109 da Constituição anteriormente analisadas, a competência é da Justiça Federal, e ela prevalece sobre a Estadual.

Pois bem, afastada a incidência dos incisos IV e III do art. 78, é porque estamos diante de crimes submetidos a jurisdição de mesma categoria. Ou seja, ou todos os crimes são de competência da Justiça Federal, ou todos são de competência da Justiça Estadual. Não há mais jurisdições de diferentes níveis em conflito.

Eis um ponto a ser compreendido: os incisos I e II somente incidem no conflito entre jurisdições de mesma categoria.

Agora, passemos a uma última pergunta:

Algum dos crimes é de competência do Tribunal do Júri (art. 74, § 1º)? Caso algum dos crimes seja de competência do Júri, todos os crimes irão para o Tribunal do Júri. Isso é a *vis atractiva* do Júri. Mais do que atrair, a competência constitucional do Júri prevalece sobre os demais órgãos de primeiro grau (juiz ou juizado especial). Assim, no conflito entre juízes e Tribunal do Júri, ganha sempre o Tribunal do Júri, incidindo o art. 78, I, do CPP. Caso nenhum dos delitos seja de competência do Tribunal do Júri, passemos então para o inciso II.

Assim, compreende-se que o inciso II é o último a ser considerado. Somente quando tivermos um conflito entre juízes, igualmente competentes em razão da matéria e pessoa, ou seja, de mesma categoria, é que devemos finalmente analisar os incisos (esses, sim, rigorosamente na ordem do Código).

Depois dessas explicações, fica mais fácil compreender que o art. 78 deveria ser lido em ordem completamente diversa daquela prevista no CPP. Seus incisos devem ser lidos nessa ordem:

Art. 78.

IV. Primeiro deve-se verificar se há crime eleitoral, pois a competência da justiça especial eleitoral prevalece sobre as demais. Ou ainda, se há crime militar naquelas situações previstas no art. 9º do CPM, situação em que o julgamento é afeto à justiça militar (estadual ou da União, conforme o caso);

III. Não sendo caso de crime eleitoral ou militar, analisa-se o inciso III. Aqui, a jurisdição federal prevalece sobre a estadual (Súmula 122 do STJ). Se algum dos agentes tiver prerrogativa de foro, prevalece a jurisdição de segundo grau (tribunais) sobre as de primeiro grau (juiz, júri, juizado especial), com as ressalvas feitas anteriormente.

I. Não sendo resolvida a questão com as regras anteriores, deve-se perguntar: algum dos crimes é de competência do júri? Caso afirmativo, todos os crimes e todas as pessoas serão julgados no Tribunal do Júri (*vis atractiva* e prevalente).

II. Se nenhum dos incisos anteriores resolver a questão, é porque estamos diante de vários juízes, de mesmo nível de jurisdição, igualmente competentes. Então passemos para os critérios definidos nesse último inciso, necessariamente nessa ordem:

a) Prepondera o lugar da infração mais grave: até a edição anterior, sustentávamos que o critério para definir se uma infração é mais grave do que outra, era a análise da pena mínima. Contudo, estamos revisando nosso entendimento, e acompanhando BADARÓ[45] no sentido de que "a mais grave será a de maior duração, segundo o limite máximo abstratamente cominado". Esse também é o critério utilizado pelo legislador para definir a competência do JECrim e também do STF[46] (em uma das raras manifestações sobre o tema). Portanto, se um crime tiver uma pena de 1 a 6 anos e o outro de 2 a 4 anos, qual é a mais grave? Aquele cuja pena máxima é mais elevada (6 anos). Se esse critério não resolver, comparam-se os regimes de cumprimento da pena, em que os delitos apenados com reclusão são mais graves que os apenados com detenção. Outro ponto a

---

[45] BADARÓ, Gustavo. *Juiz Natural no Processo Penal*. São Paulo, Revista dos Tribunais, 2014. p. 367-368.

[46] RECURSO ORDINÁRIO EM *HABEAS CORPUS*. PENAL. PROCESSUAL PENAL. CONCURSO DE JURISDIÇÃO ENTRE JUÍZES DE MESMA CATEGORIA. COMPETÊNCIA DO JUÍZO DO LUGAR ONDE PRATICADA A INFRAÇÃO À QUAL FOR COMINADA, ABSTRATAMENTE, A PENA MÁXIMA MAIS ALTA. RECURSO IMPROVIDO.

I – Na hipótese de concurso de jurisdições entre juízes de mesma categoria, a competência é determinada em face da infração penal à qual for cominada, abstratamente, a pena máxima mais elevada, consoante disposto no art. 78, II, *a*, do Código de Processo Penal.

II – Revela-se insubsistente a pretensão de ver estabelecida a competência do juízo tomando-se como parâmetro a sanção mínima prevista para o tipo penal, que é o limite da possibilidade de fazer-se a gradação da pena, ao passo que a sanção máxima representa a qualidade da condenação imposta em virtude da prática da conduta penalmente tipificada.

III – Recurso ordinário em *habeas corpus* a que se nega provimento.

(RHC n. 116.712/RS, Rel. Min. Ricardo Lewandowski, Segunda Turma, j. em 27/8/2013, *DJe*-180 DIVULG 12/09/2013 PUBLIC 13/9/2013).

ser comparado é a existência ou não de pena de multa, pois pena + multa é mais grave.

b) Havendo empate na letra "a", prevalece o lugar onde for praticado o maior número de infrações. Logo, o juiz, em cuja cidade tiver sido praticado o maior número de delitos, será competente para o julgamento.

c) Se houver empate em todos os critérios anteriores, prevalecerá a competência do juiz (das garantias que for) prevento (dentro do conceito revisado de prevenção, como já explicado). Ou seja, aquele que primeiro atuar como juiz (das garantias) prevalece sobre os demais (sempre lembrando que – quando for implantado – o juiz das garantias não será o mesmo a atuar na fase processual, quando então teremos outro juiz para instrução e julgamento).

Finalizando esse tópico, devemos esclarecer que se houverem sido praticados crimes conexos nas cidades "A", "B" e "C" e, erroneamente, tiver sido instaurado em cada cidade um processo pelo delito lá praticado, deverá o juiz com competência prevalente (segundo os critérios que acabamos de explicar) avocar os demais processos para fazer valer a regra do julgamento simultâneo. Assim determina o art. 82 do CPP:

> Art. 82. Se, não obstante a conexão ou continência, forem instaurados processos diferentes, a autoridade de jurisdição prevalente deverá avocar os processos que corram perante os outros juízes, salvo se já estiverem com sentença definitiva. Neste caso, a unidade dos processos só se dará, ulteriormente, para o efeito de soma ou de unificação das penas.

O que se entende por "sentença definitiva" nesse artigo? Significa a mera sentença penal recorrível, ou seja, de primeiro grau e passível de recurso. A redação do Código é ruim e induz a pensar que somente depois do trânsito em julgado é que não poderá mais haver a avocação. Errado. Quando o juiz de primeiro grau der sentença, não caberá mais outro juiz avocar, pois a jurisdição de primeiro grau está exaurida. Ilógico seria imaginar que um juiz de primeiro grau pudesse desconstituir a sentença já proferida por outro juiz, ou, ainda, avocar o processo que está no tribunal, para julgamento de recurso. Havendo sentença (ainda que recorrível), a unificação ou soma das penas será posterior, quando da execução criminal.

Nesse mesmo sentido, e para finalizar, veja-se a Súmula 235 do STJ:

> A conexão não determina a reunião dos processos, se um deles já foi julgado.

### 3.4. Cisão Processual Obrigatória e Facultativa

O art. 79 do CPP prevê em que casos a cisão processual será obrigatória, ainda que exista a conexão ou continência:

> Art. 79. A conexão e a continência importarão unidade de processo e julgamento, salvo:
> I – no concurso entre a jurisdição comum e a militar;
> II – no concurso entre a jurisdição comum e a do juízo de menores.

> § 1º Cessará, em qualquer caso, a unidade do processo, se, em relação a algum corréu, sobrevier o caso previsto no art. 152.
>
> § 2º A unidade do processo não importará a do julgamento, se houver corréu foragido que não possa ser julgado à revelia, ou ocorrer a hipótese do art. 461.

Em relação ao inciso I, atenção: com a alteração do art. 9º por conta da Lei n. 13.491/2017, a regra agora é a reunião de todos os crimes na justiça militar. Ou seja, a militar prevalece. Somente haverá essa cisão do art. 79, I, quando – excepcionalmente – não houver o preenchimento das condições previstas no art. 9º do CPP, situação em que a justiça militar julgará o(s) crime(s) a ela afeto(s) e haverá cisão em relação ao restante que não preenche as condições previstas no art. 9º do CPM.

No inciso II está consagrada a lógica e necessária separação entre a jurisdição penal e aquela destinada à apuração dos atos infracionais praticados por crianças e adolescentes, nos termos do Estatuto da Criança e do Adolescente. Havendo um concurso de agentes entre imputáveis e inimputáveis (menores de 18 anos), os imputáveis cometem crime e respondem a processo penal. Já em relação aos inimputáveis (menores de 18 anos), haverá uma separação, com outro processo tramitando em vara especializada para apuração do ato infracional.

No § 1º, haverá a cisão quando em relação a algum dos corréus se verificar uma doença mental superveniente ao crime. Nesse caso, o processo é separado, pois em relação a esse corréu o processo ficará suspenso, nos termos dos arts. 152 e s. do CPP. Quando a doença é preexistente ao fato criminoso, o réu é considerado inimputável (art. 26 do CP) e o processo segue, com a eventual pena sendo substituída por medida de segurança.

No § 2º, existem duas situações de cisão. No primeiro caso, o processo está suspenso porque um dos corréus está foragido e a sessão de julgamento pelo Tribunal do Júri não pode ocorrer sem a sua presença; ou, ainda, quando um dos réus é citado e o outro não. Em relação ao citado, o processo continua e, em relação ao revel, incide a suspensão do processo, nos termos do art. 366 do CPP. A segunda situação era a cisão ocorrida no momento da composição do conselho de sentença. Ocorre que esse mecanismo de cisão foi substancialmente alterado pela Lei n. 11.689/2008. Agora, nos termos do art. 469, somente haverá separação dos julgamentos se houver estouro de urna, ou seja, se em razão das recusas não for obtido o número mínimo de 7 jurados para compor o conselho de sentença. Nesse caso, será julgado em primeiro lugar o acusado a quem foi atribuída a autoria do fato ou, em caso de coautoria, aplica-se o critério de preferência disposto no art. 429. As situações descritas no art. 81 dizem respeito à desclassificação própria e imprópria no Tribunal do Júri.

Por fim, prevê o art. 80 a separação facultativa dos processos nos casos de crimes praticados em circunstâncias de tempo ou de lugar diferentes, ou, quando, pelo número excessivo de acusados e para não prolongar a prisão provisória de qualquer deles, o juiz reputar conveniente. Aqui o Código deixa um amplo espaço para que o juiz decida pela cisão processual, evitando o julgamento simultâneo decorrente da conexão ou continência.

Esse artigo tem sido muito invocado, especialmente pelos tribunais superiores, para separar aqueles agentes detentores de prerrogativa de função dos demais agentes, sem essa prerrogativa. A rigor, como visto, tudo deveria ser reunido no respectivo tribunal para julgamento simultâneo, mas nem sempre tem sido assim, como já explicado.

Mas, neste caso, existe uma situação muito sensível na cisão quando envolve pessoas com prerrogativa de função, como por exemplo: várias pessoas são investigadas e surge, entre os suspeitos, alguém com prerrogativa de função (deputado federal, estadual etc.). Neste momento, o feito deve ser – imediatamente – remetido para o tribunal competente para o julgamento daquela autoridade detentora da prerrogativa, a quem competirá decidir sobre os atos da investigação e posterior ação penal. Aqui tem surgido hipóteses de cisão, pois a jurisprudência dos tribunais superiores tem oscilado perigosamente entre a reunião para julgamento simultâneo (observando as regras de conexão ou continência conforme o caso) e a cisão (ficando no tribunal apenas o detentor da prerrogativa) como já explicamos anteriormente. **O problema é: a quem compete decidir sobre a cisão do art. 80? O tribunal competente ou o juiz de primeiro grau?** A resposta parece evidente. Somente ao tribunal competente para o julgamento daquele detentor da prerrogativa é que poderá decidir sobre a eventual cisão, sob pena de grave usurpação de sua competência pelo juiz de primeiro grau. A garantia do "juiz natural" surge no momento da prática do delito e não no nascimento do processo. Portanto, ao tribunal competente é que incumbe a decisão, não se podendo falar em *prorrogatio fori* ou, ainda, em *perpetuatio jurisdicionis* em se tratando de (in)competência absoluta. Não existe prorrogação de competência em relação a quem não é absolutamente competente sob pena de rasgar-se a garantia do juiz natural e as regras da competência. Em suma: **o art. 80 não pode ser invocado para evitar a reunião de processo. Primeiro todos os processos devem ser reunidos no juízo de competência prevalente. A ele incumbe, se for o caso, decidir sobre a cisão processual, desmembrando e remetendo os demais réus para o respectivo juízo de primeiro grau.**

## 4. Por uma Leitura Constitucional do Art. 567 do CPP

O art. 567 do CPP prevê que:

> Art. 567. A incompetência do juízo anula somente os atos decisórios, devendo o processo, quando for declarada a nulidade, ser remetido ao juiz competente.

Durante muito tempo seguiu-se a letra do Código, e, quando reconhecida a incompetência do juiz, era anulada apenas a sentença. Um erro.

Atualmente, consagrada que está a garantia do juiz natural e do devido processo legal, uma vez reconhecida a incompetência do juiz, deve ser anulado o ato decisório e, principalmente, todo o processo. A anulação deve ser *ab initio*.

Não basta o juiz competente proferir uma nova sentença. Isso é golpe de cena.

A garantia da jurisdição (incluindo o juiz natural) e do devido processo impõe que todo processo e todos os seus atos sejam praticados na frente do juiz natural, competente e de forma válida. Essas garantias não nascem na sentença, mas no momento em que inicia o processo, com o recebimento da acusação. Logo, desde o início o réu tem a garantia de que todos os atos serão praticados por um juiz competente. Não é a mera garantia de prolação da sentença, mas de jurisdição.

Felizmente, essa é uma tendência claramente definida na jurisprudência (ainda que muitos ainda resistam)[47].

---

[47] Sobre o tema, vejamos algumas decisões: "*HABEAS CORPUS*. PROCESSUAL PENAL. CRIME DE USO DE DOCUMENTO FALSO. NULIDADES. CITAÇÃO INVÁLIDA. INOCORRÊNCIA. TESTEMUNHA DE DEFESA ARROLADA E NÃO OUVIDA. PRECLUSÃO. PREJUÍZO À DEFESA NÃO COMPROVADO. USO DE CERTIDÃO NEGATIVA DE DÉBITO DE TRIBUTO FEDERAL. PARTICIPAÇÃO EM CERTAME LICITATÓRIO PROMOVIDO POR EMPRESA DE SOCIEDADE DE ECONOMIA MISTA ESTADUAL. INCOMPETÊNCIA DA JUSTIÇA FEDERAL PARA PROCESSAR E JULGAR O DELITO. AUSÊNCIA DE LESÃO A BENS, SERVIÇOS OU INTERESSE DA UNIÃO. PRECEDENTES.
1. (...)
2. (...)
3. (...)
4. Na hipótese, o uso de falsa certidão negativa de débito de tributo federal com vistas à participação em concorrência pública da Companhia de Saneamento do Estado do Espírito Santo não causou prejuízo a ente federal, mas, sim, potencial lesão ao interesse da referida empresa estadual de economia mista.
5. Cabe à Justiça Estadual processar e julgar ação penal que cuida de crime de uso de certidões falsas perante autoridades estaduais ou municipais, ainda que se trate de documento expedido pela União, por não haver prejuízo a bens, serviços ou interesses federais. Súmula 42 do STJ.
6. Ordem parcialmente concedida para, reconhecendo a incompetência da Justiça Federal para processar e julgar a presente ação penal, declarar a nulidade *ab initio* do processo-crime e, por conseguinte, determinar a remessa dos autos à Justiça Estadual (STJ – HC 29.056/ES – Min. Laurita Vaz).
Ainda, esclarecendo a questão da competência da Justiça Federal para apurar os crimes cometidos contra a Caixa Econômica Federal:
*Habeas Corpus* – Crime contra a Caixa Econômica Federal – Condenação emanada da justiça local – Incompetência Absoluta – Invalidação do procedimento penal – Ordem concedida. A carta política, ao definir a competência penal da justiça federal comum, incluiu nas suas atribuições jurisdicionais, dentre outras hipóteses, os delitos cometidos contra bens, serviços e interesses das empresas públicas federais. A Caixa Econômica Federal, que é ente revestido de paraestatalidade, subsume-se, em função de explícita definição legal (dl n. 759/69), a noção de empresa pública da União. Incompetente, assim, *ratione personae*, a justiça do estado-membro para processar e julgar crime de roubo cometido contra a Caixa Econômica Federal.
Disso resulta a nulidade absoluta da persecução penal instaurada contra o paciente, a partir da denúncia, inclusive, oferecida pelo Ministério Público local. (STF – HC 68.020/SP, 1ª Turma, Rel. Min. Celso de Mello, *DJU* 26/10/1990, grifo nosso)".

Assim, reconhecida a incompetência absoluta do julgador, há que se renovar todos os atos do processo e, dependendo do caso, até mesmo a acusação. Como demonstrado no acórdão anterior, não há como deixar uma denúncia oferecida por um promotor estadual em um processo que irá tramitar, agora, na Justiça Federal. Assim, até a acusação tem que ser novamente oferecida, agora pelo respectivo procurador da República.

Ainda que a implantação do juiz das garantias esteja, infelizmente, suspensa pela precária decisão liminar do Min. FUX, já vamos explicar as consequências em relação a ele.

Importante destacar que as regras da competência (e, portanto, do juiz natural) também incidem em relação ao juiz das garantias quando for instituído. Dessa forma, se o juiz das garantias for absolutamente incompetente (segundo a posição predominante, seria em relação a matéria e pessoa), uma vez reconhecida a sua incompetência, serão anulados os atos por ele praticados (inclusive o recebimento da denúncia) e, por contaminação, todos os atos praticados pelo juiz da instrução e julgamento.

Não se pode admitir que um juiz absolutamente incompetente atue na fase pré-processual (decidindo, por exemplo, sobre medidas de busca e apreensão, quebra de sigilo bancário, telefônico, etc.), e depois receba a denúncia (art. 399). Mesmo que encaminhe para um juiz competente para instruir e julgar (o que nem sempre ocorrerá), está o processo contaminado pelos atos anteriores praticados por um juiz incompetente.

Vejamos um exemplo simples: um crime praticado em detrimento da caixa econômica federal que é objeto de investigação preliminar perante um juiz das garantias da justiça estadual. Além das decisões que toma na investigação, ele recebe a denúncia, cita o réu, recebe a resposta preliminar e sobre ela se manifesta (deixando de absolver sumariamente, por exemplo). Depois ele remete o feito para quem? Para um juiz estadual que irá instruir e julgar. Uma vez reconhecida a incompetência absoluta da justiça estadual, nenhuma dúvida temos de que tudo é absolutamente nulo, desde o início, desde a atuação do juiz das garantias.

# SÍNTESE DO CAPÍTULO



- Jurisdição é tradicionalmente concebida como poder-dever dizer o direito ao caso concreto, mas, para além disso, é um direito fundamental, uma garantia constitucional do cidadão, de ser julgado por um juiz natural e imparcial.
- Competência é a medida da jurisdição, isto é, um conjunto de regras que definem o limite ao poder jurisdicional, criando condições de eficácia para a garantia da jurisdição (juiz natural e imparcial), condicionando seu exercício.
- Princípios da Jurisdição: a) inércia; b) imparcialidade; c) juiz natural; d) indeclinabilidade.

1. COMPETÊNCIA EM MATÉRIA PENAL: Classificação: A competência é regida por critérios de matéria, pessoa e lugar. O senso comum teórico costuma, importando o regramento do processo civil, considerar a competência em razão da matéria e pessoa como sendo absoluta e, no que se refere ao lugar, como relativa. Sendo absoluta, não se convalida jamais, não haverá preclusão ou prorrogação e poderá ser reconhecida de ofício pelo juiz ou tribunal em qualquer fase do processo. Na competência relativa (lugar), deve ser arguida (não pode ser reconhecida de ofício) pelo réu no primeiro momento em que falar no processo (resposta à acusação, como regra), sob pena de preclusão e prorrogação da competência. Essa é a corrente ainda predominante. Contudo, nossa posição é diversa: pensamos que jurisdição é garantia e que não pode ser esvaziada por critérios importados do processo civil. Ademais, o art. 109 do CPP não faz nenhuma ressalva quanto a isso.

2. DEFININDO A COMPETÊNCIA PENAL A PARTIR DE TRÊS PERGUNTAS:

2.1. Qual é a Justiça e qual o órgão competente? (competência em razão da matéria e pessoa)

Para definição da justiça competente, deve-se analisar a "matéria", começando pela mais restrita das justiças especiais (justiça militar federal, depois estadual e, por fim, a eleitoral) para, por exclusão, chegar às justiças comuns, primeiro a federal e, finalmente, a estadual (mais residual de todas). Para tanto, é necessário saber a competência de cada uma das justiças:

**Justiças Especiais:**

1) Justiça Militar: Justiça Militar Federal – art. 124 da CB – Crimes militares(*)

Justiça Militar Estadual – art. 125, § 4º, da CB. Crimes militares(*) +
ser o agente "militar do Estado"

(*) Requisitos exigidos:

- conduta tipificada no CPM (Código Penal Militar) ou na legislação penal comum ou especial (art. 9º, II do CPM);
- situação do art. 9º do CPM
- situação de interesse militar (construção jurisprudencial)

▪ **Pode um civil ser julgado na Justiça Militar?**

Na JMF sim, desde que preenchidos os requisitos exigidos. Já na JME não, pois, além dos requisitos exigidos, deverá ser praticado por "militar do Estado" (membro da polícia militar estadual, polícia rodoviária estadual ou bombeiro).

▪ **Crime doloso contra a vida de civil (tentado ou consumado):**

Será de competência do Tribunal do Júri quando praticado por militar do Estado (art. 125, § 4º, da CB), em situação de atividade (art. 9º do CPM) e exista interesse militar. Se o militar for federal, e estiver em situação de atividade nos termos do art. 9º do CPM, será julgado na justiça militar da União (nova redação do art. 9º, § 2º, do CPM).

▪ **Súmulas importantes:** n. 6 e n. 53 do STJ.

2) Justiça Eleitoral: julga os crimes eleitorais previstos em lei, art. 121 da CB + Código Eleitoral. Problema: crime eleitoral conexo com crime doloso contra vida. Neste caso, prevalece o entendimento de que haverá cisão, o crime eleitoral será julgado na JE e o crime contra a vida, no Tribunal do Júri.

**Justiças Comuns**

1) Justiça Federal: situações previstas no art. 109 (incisos IV e seguintes) da CB.

▪ Prevalece sobre a justiça comum estadual (art. 78, III, do CPP + Súmula 122 do STJ).

▪ Nunca julga contravenções: Súmula 38 do STJ.

▪ Crimes praticados em detrimento de empresas de economia mista: Justiça Estadual (Súmula 42 do STJ).

▪ Servidor público federal: quando for vítima ou autor (desde que *propter officium*) é Justiça Federal (Súmula 147 do STJ).

▪ Tráfico de entorpecentes: Lei n. 11.343. Tráfico internacional = Justiça Federal. Tráfico interno = Justiça Estadual.

▪ Crimes cometidos a bordo de navios ou aeronaves: competência da Justiça Federal, exceto se for de competência da Justiça Militar (art. 109, IX, da CB).

▪ Crime ambiental: regra geral = Justiça Estadual. Exceção: quando presente uma das situações do art. 109 da CB (cuidado, não se aplica o inciso XI, que é para jurisdição cível!), como, por exemplo, os crimes ambientais praticados no interior de áreas de preservação ambiental, parques e/ou reservas nacionais, bem como nos casos do art. 225, § 4º, da CB). Mas a matéria é controvertida.

▪ Índio: matéria também controvertida, mas prevalece a aplicação da Súmula 140 do STJ.

- Crimes praticados fora do território nacional: desde que presente uma situação de extraterritorialidade da lei penal (art. 7º do CP), como regra, será julgado na Justiça Estadual, aplicando-se o art. 88 do CPP para definir o lugar. Será de competência da Justiça Federal quando presente alguma das situações do art. 109 da CB (cuidado: o inciso II não se aplica na jurisdição penal!).
- Tribunal do Júri: art. 74 do CPP + situação do art. 109 da CB.
- JECrim Federal: desde que presente uma das situações do art. 109 da CB e o crime seja de menor potencial ofensivo nos termos da Lei n. 9.099/95.

2) Justiça Estadual: é a mais residual de todas, somente julgando quando não for de competência de nenhuma das outras justiças.

Para definir o órgão julgador (importante quando há prerrogativa de função):

| STF | |
|---|---|
| STJ | |
| TRFs | TJs |
| Júri | Júri |
| Juiz Federal | Juiz Estadual |
| JECrim | JECrim |

PRERROGATIVA DE FUNÇÃO: pode modificar completamente os critérios de definição da competência. Algumas pessoas, em razão do cargo ou função desempenhada, têm a prerrogativa de serem julgadas originariamente por determinados Tribunais.

- Novo entendimento do STF: Após o julgamento da AP 937, 3/5/2018, firmou-se entendimento de restringir o alcance da prerrogativa de função, especialmente para deputados federais e senadores (mas já estão aplicando também para governadores, e a tendência é atingir também deputados estaduais, ministros de estado etc.). Assim, regras gerais: 1. A prerrogativa de cargos políticos somente se aplica aos crimes cometidos 'durante' o exercício do cargo. Se praticados antes da posse, não adquire a prerrogativa e segue na justiça de 1º grau. 2. A prerrogativa somente se aplica aos crimes praticados durante o exercício do cargo e quando o ato estiver relacionado às funções (*propter officium*). 3. Uma vez encerrada a instrução, o caso continuará no tribunal, ocorrendo *perpetuatio jurisdictionis*. 4. O novo entendimento será aplicado a todos os processos pendentes no STF e, por consequência, aos tribunais inferiores.
- Se o processo inicia e se desenvolve perante um juiz incompetente, deve ser anulado desde o início.
- Se ele inicia no juízo competente e depois surge uma causa modificadora da competência (prerrogativa de função), os atos praticados são válidos até ali.
- Prerrogativas importantes: previstas no art. 102, I, "b" e "c", da CB; art. 105, I, "a", da CB; art. 96, III, da CB; art. 108, I, "a", da CB e art. 29, X, da CB.

E se uma pessoa com prerrogativa de foro comete o crime junto com um particular, como fica o julgamento? Como regra geral, sendo caso de conexão ou continência, deveria haver reunião para julgamento simultâneo, ou seja, todos os agentes seriam julgados no tribunal competente para julgar o detentor do cargo. Essa é a regra geral prevista no art. 79 do CPP. Contudo, existe uma tendência muito forte no STF de cindir, desmembrar, separar as pessoas, ficando no tribunal apenas o detentor do cargo. Permaneceria reunido apenas quando houvesse interesse probatório ou para a investigação.

- Prerrogativa de Função *versus* Tribunal do Júri: se alguém com prerrogativa de função, prevista na Constituição, cometer um crime doloso contra a vida (competência do júri), será julgado no Tribunal competente em razão da prerrogativa (desde que presentes os requisitos firmados pelo STF anteriormente explicados). O júri, órgão de primeiro grau, perde no confronto com qualquer tribunal de segundo grau ou tribunal superior. Essa regra não se aplica quando a prerrogativa não for estabelecida pela Constituição Federal (ver Súmula 721 do STF).
- Prerrogativa de função + conexão/continência × Tribunal do Júri = matéria controvertida, mas seguimos o entendimento de que haverá uma cisão processual. Quem tem prerrogativa vai para o respectivo tribunal competente e o particular (sem prerrogativa) é julgado no Tribunal do Júri.
- Súmulas importantes: STF: 245, 704, 702, 721. STJ: 208 e 209.
- Prerrogativa de Função para vítima de crime: como regra não há qualquer alteração da competência pelo fato de a vítima ter prerrogativa de função. Exceção: quando se tratar de crime contra a honra, em que o querelante (autor) tem prerrogativa de função e é oposta à exceção da verdade pelo querelado (réu). É a situação do art. 85 do CPP, em que a exceção da verdade será encaminhada para o tribunal que seria competente para julgar o detentor da prerrogativa de função.

2.2. Qual é o foro competente? (Local) Se, em razão da natureza do crime e da qualidade do agente (existência ou não de prerrogativa de função), for de competência da justiça de primeiro grau, deve-se definir qual é o foro competente, a partir do disposto nos arts. 70 e 71 ou, ainda, nos arts. 88 a 90 do CPP.

- Lugar do crime/crime plurilocal: prevalece o entendimento de que o lugar da infração é aquele onde se esgotou o potencial lesivo ou ofensivo, ainda que diverso daquele onde se consumou. Vítima atropelada na cidade X é socorrida e falece na cidade Y: local do crime para fins de competência será a cidade X (onde se esgotou a agressão).
- Crime continuado/permanente: no caso do art. 71 do CP, aplica-se a regra da prevenção (art. 71 do CPP).
- Crime cometido no exterior: aplica-se a regra do art. 88 do CPP.
- Navios e aeronaves: aplicam-se as regras dos arts. 89 e 90 do CPP.
- Demais casos não resolvidos pelas regras dos arts. 89 e 90: aplica-se a prevenção (art. 91).

- Domicílio ou residência do réu: é o último critério a ser usado, quando não se souber o local do crime (art. 72).
- Ação penal de iniciativa privada: art. 73 do CPP é o único caso de eleição de foro do processo penal.

2.3. Qual é a vara/juízo? Definido o foro, pode haver mais de um juiz competente em razão de matéria, pessoa e lugar, situação em que se aplicará a regra de prevenção (art. 83) ou distribuição (art. 75).

**IMPORTANTE:** quando for implantado o juiz das garantias e o modelo *doble juez* (suspenso pela precária decisão do Min. FUX), ou seja, o juiz que atua na fase pré-processual até o recebimento da denúncia ou queixa, não pode ser o mesmo que irá instruir e julgar. São assim dois juízes diferentes, como já explicado. A questão aqui é: como conciliar o instituto da prevenção (enquanto causa fixadora da competência) com a figura do juiz das garantias, onde a prevenção é causa de exclusão da competência? Da seguinte forma:

– a prevenção é causa de exclusão da competência: quando o juiz que decidir na fase preliminar ou praticar quaisquer dos atos previstos no art. 3º-B assume o lugar do juiz das garantias e, portanto, irá receber a denúncia, decidir sobre a absolvição sumária e remeter para o juiz do processo (que necessariamente será "outro" juiz, pois o primeiro está impedido nos termos do art. 3º-D);

– a prevenção como causa de fixação da competência: quando existirem vários juízes em uma comarca, aquele que anteceder os demais na prática de algum ato na investigação preliminar, passa a ser o prevento, no sentido de que atrairá a competência para eventuais crimes conexos. A prevenção aqui serve, essencialmente, para definir qual dos juízes das garantias será o competente.

## 3. CAUSAS MODIFICADORAS DA COMPETÊNCIA: CONEXÃO E CONTINÊNCIA

Ambas implicam unidade de processo e julgamento (ou seja, julgamento *in simultaneus processus*), sendo necessário definir quem são os agentes e onde os diferentes crimes serão julgados.

3.1. Conexão: prevista no art. 76 do CPP, exige sempre a prática de dois ou mais crimes.

- Espécies: art. 76, I, engloba três tipos de conexão: a) intersubjetiva ocasional ou por simultaneidade; b) intersubjetiva concursal; c) intersubjetiva por reciprocidade.

O art. 76, II, consagra a conexão objetiva ou teleológica, e o inciso III, a conexão probatória ou instrumental.

3.2. Continência: não existe pluralidade de crimes, mas de pessoas, art. 77, I e II, do CPP.

3.3. Regras para definição da competência em caso de conexão ou continência:

- é crime continuado? Se for, segue a regra do art. 71.
- não sendo caso de crime continuado, devem-se resolver as seguintes questões para definir a justiça, órgão, foro e vara competentes em caso de conexão ou continência:

1ª Algum dos crimes é de competência da Justiça Militar? Se positiva a resposta, a justiça militar prevalece sobre as comuns, exceto se não preenchidas as condições do art. 9º do CPM, situação em que haverá cisão.

2ª Algum dos crimes é eleitoral? Se for, a Justiça Eleitoral prevalece sobre as demais, atraindo/reunindo tudo na Justiça Eleitoral (art. 78, IV). Não havendo, segue para a próxima.

3ª Algum dos agentes tem prerrogativa de função (prevista na CF)? Neste caso reunir e aplicar art. 78, III. Cuidado com o júri! (divergência sobre reunião/cisão).

4ª Não sendo de competência das justiças especiais, algum dos crimes é de competência federal (art. 109 da Constituição)? Em caso positivo, reúne tudo na Justiça Federal (art. 78, III, e Súmula 122 do STJ) que prevalece sobre a Justiça Estadual. Não havendo crimes de competência da Justiça Federal, o processo é de competência da Justiça Estadual (residual).

5ª Cuidado com a competência do Tribunal do Júri (art. 74, § 1º)! O júri prevalece sobre os órgãos de primeiro grau por força do art. 78, I. Logo, reúne tudo no Tribunal do Júri (*vis atractiva*).

6ª Por fim, quando houver conflito entre jurisdições (órgãos) de mesma categoria, aplica-se o inciso II do art. 78, iniciando pela alínea "a", depois a "b" e finalmente a "c".

- Por tudo isso, os incisos do art. 78 devem ser lidos na seguinte ordem: IV, III, I, II ("a", "b", "c").
- Crimes cometidos em várias cidades: atentar para o art. 82 do CPP que permite que o juiz de competência prevalente avoque os processos que corram perante outros juízes. Cuidado: sentença definitiva = sentença recorrível. (Súmula 235 do STJ).

4. CISÃO OBRIGATÓRIA E FACULTATIVA: a separação (cisão) será obrigatória nos casos do art. 79 e facultativa, nas situações do art. 80 do CPP.

5. CRÍTICAS FINAIS:

- A relativização da competência (lugar) é fruto da equivocada transmissão de categorias do processo civil, sendo ainda criticáveis os institutos da *prorrogatio fori* e *perpetuatio jurisdictionis*, pois prorroga ou perpetua o que é improrrogável.
- Art. 567 do CPP: deve ser lido à luz da Constituição, a partir da garantia de ser processado e julgado perante o juiz competente. Por isso, em caso de nulidade por incompetência do juiz, o feito deve ser anulado desde o início (*ab initio*).

Capítulo VII

# DAS QUESTÕES E PROCESSOS INCIDENTES

## 1. Das Questões Prejudiciais

As questões prejudiciais vêm previstas nos arts. 92 e seguintes do CPP, não sendo de competência do juiz penal decidir sobre elas, mas apenas verificar o nível de prejudicialidade que elas têm em relação à decisão penal, bem como decidir pela suspensão do processo penal até que elas sejam resolvidas na esfera cível (tributária ou administrativa). São prejudiciais exatamente porque exigem uma decisão prévia.

Para tanto, é necessário que a solução da controvérsia afete a própria decisão sobre a existência do crime. Cabe ao juiz analisar esse grau de prejudicialidade, que deve ser em torno de uma questão séria e fundada, sobre o estado civil das pessoas. Em última análise, a prova da existência do crime depende da solução, na esfera cível, dessa questão. Nisso reside sua prejudicialidade: na impossibilidade de uma correta decisão penal sem o prévio julgamento da questão.

A questão, ainda que guarde estreitíssima relação com o estudo do objeto do processo penal, geralmente é tratada na doutrina estrangeira como *relação entre a jurisdição penal e outras jurisdições*, ou, ainda, como *limites ou âmbito objetivo de ordem jurisdicional penal*, como prefere CORTÉS DOMÍNGUEZ[1]. Isso porque os

---

1 GIMENO SENDRA, Vicente; MORENO CATENA, Victor; CORTÉS DOMÍNGUEZ, Valentín. *Derecho Procesal Penal*. Madrid, Colex, 1996. p. 236.

fatos da vida não ocorrem respeitando os critérios e categorias abstratamente previstas pelo direito, como adverte ARAGONESES ALONSO[2], senão que sua complexidade permeia, muitas vezes, diferentes jurisdições. Isso se reflete na natureza jurídica do instituto, como se verá ao final.

Como explica LEONE[3], existe uma tendência de concentração processual e de continuidade do processo, atribuindo ao juiz da causa o máximo de poder para decidir sobre todas as questões suscitadas, ou seja, *máxima expansión del poder jurisdiccional* para resolver *incidenter tantum* as questões. Parte dessa necessidade de reunião para julgamento simultâneo, evitando decisões antagônicas sobre questões relacionadas entre si, é resolvida através das regras da conexão. Outra parte, não abrangida pelas regras da conexão – até porque envolve jurisdições diferentes e não apenas competências – acabará sendo tratada nessa dimensão de prejudicialidade.

Assim, há casos em que o juiz penal não pode decidir, por mais que se aceite a expansão do poder jurisdicional. Nesses casos, a quem incumbe a decisão sobre a questão prejudicial?

Esse é um dos pontos a serem resolvidos. Como explica TOURINHO FILHO[4], o sistema brasileiro é misto, pois há hipóteses em que o julgamento da prejudicial é do juízo penal; em outros casos, o juiz penal poderá aproveitar a decisão proferida na esfera cível e, por fim, há casos em que é de exclusiva competência do juízo cível a decisão.

Partindo disso, as prejudiciais podem ser divididas em obrigatórias e facultativas.

A prejudicialidade obrigatória ocorre em situações em que a matéria objeto da controvérsia está completamente afastada, alheia à esfera de atuação da jurisdição penal e que, por sua relevância jurídica, não pode ser objeto da expansão da jurisdição penal. É o que ocorre no caso do art. 92, em que a decisão sobre o estado civil das pessoas incumbe, com exclusividade, ao juízo cível. Exemplo recorrente na doutrina (até pela escassez de situações aplicáveis) é o crime de bigamia (art. 235 do CP). A constituição do crime de bigamia exige a existência de prévio casamento. Da mesma forma, não há que se falar em sonegação fiscal sem a constituição definitiva do débito, ou seja, sem o esgotamento das vias administrativas.

Trata-se daquilo que o Direito Penal considera como elementar do tipo, ou seja, sem o qual (o casamento anterior) a conduta passa a ser atípica (atipicidade absoluta). Assim, se em sede de defesa é arguida a nulidade ou inexistência do

---

2 ARAGONESES ALONSO, Pedro. *Instituciones de Derecho Procesal Penal*. 5. ed. Madrid, Editora Rubí Artes Gráficas, 1984. p. 88.

3 LEONE, Giovanni. *Tratado de Derecho Procesal Penal*. Trad. Santiago Sentís Melendo. Buenos Aires, Ediciones Jurídicas Europa-América, 1963. v. 1, p. 300 e s.

4 TOURINHO FILHO, Fernando da Costa. *Processo Penal*, São Paulo, Saraiva, v. 2, p. 548.

casamento anterior (estado civil da pessoa), o juiz penal deverá suspender o curso do processo penal até que, na esfera cível, seja a controvérsia dirimida por sentença transitada em julgado. Essa decisão poderá ser proferida de ofício ou mediante expresso requerimento de qualquer das partes. Durante essa suspensão, poderá o juiz penal proceder a coleta da prova (inquirição de testemunhas, juntada de documentos etc.) e toda a instrução.

Destaque-se, ainda, que a prescrição ficará suspensa, como prevê o art. 116 do Código Penal:

> Art. 116. Antes de passar em julgado a sentença final, a prescrição não corre:
> I – enquanto não resolvida, em outro processo, questão de que dependa o reconhecimento da existência do crime.

Noutra dimensão situam-se as questões de prejudicialidade facultativa, previstas no art. 93 do CPP:

> Art. 93. Se o reconhecimento da existência da infração penal depender de decisão sobre questão diversa da prevista no artigo anterior, da competência do juízo cível, e se neste houver sido proposta ação para resolvê-la, o juiz criminal poderá, desde que essa questão seja de difícil solução e não verse sobre direito cuja prova a lei civil limite, suspender o curso do processo, após a inquirição das testemunhas e realização das outras provas de natureza urgente.

Da previsão legal, podemos extrair os requisitos da questão prejudicial facultativa:

1. a questão deve versar sobre circunstância elementar, relacionada à existência do crime;
2. já existir ação civil sobre a matéria em andamento;
3. deve versar sobre questão cível que não seja "estado civil das pessoas" e tampouco sobre direito cuja prova a lei civil limite;
4. a questão deve ser de difícil solução.

Observados esses requisitos, a ação penal que tenha por objeto a apuração de um delito de furto poderá ser suspensa quando tramitar no juízo cível ação na qual se discuta a posse ou propriedade da coisa móvel, por exemplo.

Caberá ao juiz, tendo em vista a necessária coerência da decisão judicial e observando esses requisitos, determinar de ofício ou mediante requerimento de qualquer das partes a suspensão ou não do processo penal até que no juízo cível a questão seja resolvida. Se decidir pela suspensão do processo penal, deverá efetivá-la após a coleta da prova, fixando o prazo dessa suspensão, que poderá ser prorrogado. Não há que se esquecer, todavia, o direito ao julgamento em um prazo razoável, conforme anteriormente explicado. Logo, essa suspensão deve ser utilizada com suma prudência e sem perder de vista o direito fundamental previsto no art. 5º, LXXVIII, da Constituição.

Caso não decrete a suspensão, o processo penal prosseguirá até o final do julgamento. Grave prejuízo haverá caso exista incompatibilidade entre as decisões. Dependendo do nível de incompatibilidade, poderá a parte buscar via *habeas corpus* o trancamento do processo por atipicidade do fato. Contudo, se a questão for complexa e demandar uma análise mais detida (cognição ampla), o caminho a ser seguido será o da (tortuosa e difícil) revisão criminal, nos termos do art. 621, III, do CPP.

Por fim, quanto à natureza jurídica das questões prejudiciais, estamos com LEONE[5], quando aponta sua inegável vinculação com o mérito da causa (afastando assim a natureza de condição da ação ou pressuposto processual) para afirmar que ela se refere ao tema das *relações entre jurisdições*.

## 2. Dos Processos Incidentes

### 2.1. Das Exceções Processuais

Antes de analisar as exceções em espécie, são necessários alguns esclarecimentos iniciais, comuns a todas.

As exceções são formas de defesa indireta, pois não atacam o núcleo do caso penal, e, na sistemática do CPP, devem ser autuadas em apartado.

Determina o art. 396-A, § 1º, que:

> Art. 396-A. Na resposta, o acusado poderá arguir preliminares e alegar tudo o que interesse à sua defesa, oferecer documentos e justificações, especificar as provas pretendidas e arrolar testemunhas, qualificando-as e requerendo sua intimação, quando necessário.
>
> § 1º A exceção será processada em apartado, nos termos dos arts. 95 a 112 deste Código.

Tradicionalmente, e com clara inspiração em BÜLOW, na clássica obra *La teoría de las excepciones dilatorias y los presupuestos procesales*, a doutrina costuma classificar as exceções em dilatórias ou peremptórias. As exceções dilatórias são aquelas que não conduzem à extinção do processo, senão que dilatam seu curso pela necessidade de resolução do ponto atacado. Nessa linha situam-se as exceções de suspeição, ilegitimidade de parte e incompetência do juízo. Tais questões apenas dilatam a discussão, sem, contudo, conduzir à extinção do processo.

Noutra dimensão situam-se as exceções peremptórias, na medida em que, uma vez acolhidas, extinguem o processo. São os casos de litispendência e coisa julgada. A litispendência conduzirá inexoravelmente à extinção de um dos processos, daí por que, em que pese a possibilidade de uma dilação, diante da necessidade de

---

5 LEONE, Giovanni. *Tratado de Derecho Procesal Penal*, cit., p. 340.

resolver quem é o juiz com competência prevalente, ela é, na verdade, uma exceção peremptória. Quanto à coisa julgada, a situação é mais fácil e a extinção imediata, desde que comprovada.

As exceções, por sua natureza, assumem um caráter de prejudicialidade em relação ao julgamento do mérito, eis que exigem um julgamento anterior àquele de mérito. Daí por que alguns preferem situar a questão numa dimensão de "preliminar", na medida em que, etimologicamente, o vocábulo "preliminar" vem do latim – prefixo *pre* (antes) e *liminaris* (algo que antecede, de porta de entrada) – deixando em evidência seu caráter de "porta de entrada" em relação à questão de fundo (mérito), pela qual necessariamente deve-se passar (no sentido de conhecer e decidir).

As exceções são, essencialmente, instrumentos de defesa. Contudo, como já advertia ESPÍNOLA FILHO[6], nosso Código de Processo Penal rompe com essa estrutura ao permitir que elas sejam declaradas de ofício pelo juiz, independentemente de serem dilatórias ou peremptórias.

As exceções processuais estão previstas no art. 95 do CPP:

> Art. 95. Poderão ser opostas as exceções de:
> I – suspeição;
> II – incompetência de juízo;
> III – litispendência;
> IV – ilegitimidade de parte;
> V – coisa julgada.

Na sistemática do CPP existem dois tratamentos para as exceções: um para a exceção de suspeição e outro para as demais exceções (incompetência, litispendência, ilegitimidade e coisa julgada).

A exceção de suspeição, por ter um tratamento especial, será vista na continuação. Quanto às demais exceções, vigoram as seguintes regras:

- podem ser opostas verbalmente ou por escrito;
- devem ser apresentadas no prazo da resposta do acusado, nos termos do art. 396-A, § 1º, do CPP;
- serão processadas em autos apartados e não suspenderão, em regra, o andamento do processo;
- podem ser reconhecidas, de ofício, pelo juiz, em qualquer fase do processo.

---

6 ESPÍNOLA FILHO, Eduardo. *Código de Processo Penal Brasileiro Anotado*. 5. ed. Rio de Janeiro, Editora Rio, 1976. v. 2, p. 252.

Contudo, com a reforma de 2019/2020, é preciso considerar que a resposta à acusação e as exceções serão apresentadas, como regra, para o juiz das garantias (quando for implantado), e não para o juiz da instrução e julgamento. Portanto, dependendo da situação, a exceção poderá ter de ser apresentada depois da resposta, já na presença do juiz da instrução, especialmente quando ele é a causa da exceção (por incompetência ou suspeição, por exemplo). Dessa forma, é preciso afastar qualquer hipótese de preclusão, pois o sistema de dois juízes exige que se repense a estrutura antiga à luz da nova sistemática.

Vejamos agora, com mais detalhes, cada uma das exceções.

### 2.1.1. Exceção de Suspeição

Determina o art. 96 do CPP que "*a arguição de suspeição precederá a qualquer outra, salvo quando fundada em motivo superveniente*".

A suspeição cria um motivo para imediata cessação de toda interferência[7] ou atuação daquela pessoa (juiz, promotor, perito, intérpretes, serventuários ou funcionários da Justiça).

Tal sua relevância, que ela precederá a toda e qualquer outra, pois constitui uma questão a ser decidida imediatamente, para só depois de resolvida haver a análise das demais. A exceção de suspeição poderá ser oposta em relação ao julgador, promotor, perito, intérpretes ou servidores da Justiça que tenham qualquer tipo de ingerência sobre aquele processo. A questão é muito relevante, pois envolve, em última análise, a própria credibilidade e legitimidade do sistema de administração da Justiça.

Os casos de suspeição e impedimento estão previstos nos arts. 252 e s.:

> Art. 252. O juiz não poderá exercer jurisdição no processo em que:
> I – tiver funcionado seu cônjuge ou parente, consanguíneo ou afim, em linha reta ou colateral até o terceiro grau, inclusive, como defensor ou advogado, órgão do Ministério Público, autoridade policial, auxiliar da justiça ou perito;
> II – ele próprio houver desempenhado qualquer dessas funções ou servido como testemunha;
> III – tiver funcionado como juiz de outra instância, pronunciando-se, de fato ou de direito, sobre a questão;
> IV – ele próprio ou seu cônjuge ou parente, consanguíneo ou afim em linha reta ou colateral até o terceiro grau, inclusive, for parte ou diretamente interessado no feito.
> Art. 253. Nos juízos coletivos, não poderão servir no mesmo processo os juízes que forem entre si parentes, consanguíneos ou afins, em linha reta ou colateral até o terceiro grau, inclusive.
> Art. 254. O juiz dar-se-á por suspeito, e, se não o fizer, poderá ser recusado por qualquer das partes:
> I – se for amigo íntimo ou inimigo capital de qualquer deles;

7 ESPÍNOLA FILHO, Eduardo. *Código de Processo Penal Brasileiro Anotado*, cit., p. 253.

II – se ele, seu cônjuge, ascendente ou descendente, estiver respondendo a processo por fato análogo, sobre cujo caráter criminoso haja controvérsia;
III – se ele, seu cônjuge, ou parente, consanguíneo, ou afim, até o terceiro grau, inclusive, sustentar demanda ou responder a processo que tenha de ser julgado por qualquer das partes;
IV – se tiver aconselhado qualquer das partes;
V – se for credor ou devedor, tutor ou curador, de qualquer das partes;
VI – se for sócio, acionista ou administrador de sociedade interessada no processo.
Art. 255. O impedimento ou suspeição decorrente de parentesco por afinidade cessará pela dissolução do casamento que lhe tiver dado causa, salvo sobrevindo descendentes; mas, ainda que dissolvido o casamento sem descendentes, não funcionará como juiz o sogro, o padrasto, o cunhado, o genro ou enteado de quem for parte no processo.
Art. 256. A suspeição não poderá ser declarada nem reconhecida, quando a parte injuriar o juiz ou de propósito der motivo para criá-la.

Como explica o Min. Gilmar MENDES no RHC 144.615/PR, o Supremo Tribunal Federal definiu que "suspeição ocorre quando há vínculo do Juiz com qualquer das partes (CPP, art. 254)", enquanto "impedimento configura-se quando há interesse do juiz com o objeto do processo (CPP, art. 252)" (HC 77.622, Rel. Min. Nelson Jobim, 2ª Turma, *DJ* 29/10/1999).

Iniciando pela suspeição do juiz, cumpre destacar que ela poderá ser espontaneamente reconhecida (de ofício, portanto) pelo juiz, que o fará sempre de forma escrita e fundamentada (art. 93, IX, da Constituição), remetendo o feito imediatamente ao seu substituto, intimando-se as partes.

Não o fazendo o juiz, qualquer das partes (réu, Ministério Público ou assistente da acusação) poderá arguir a exceção de suspeição, por escrito, em petição assinada por ela ou por procurador com poderes especiais (não bastando, portanto, a mera outorga de poderes feita quando do interrogatório). A exceção deverá sempre ser fundamentada e instruída com a prova documental e indicação das testemunhas[8] que a amparem. Denomina-se *excipiente* aquela parte que faz a exceção, e *excepto*, o juiz objeto da exceção.

Diante dela, um desses dois caminhos poderá tomar o juiz:

---

[8] Quanto ao número de testemunhas, TOURINHO FILHO (*Código de Processo Penal Comentado*, São Paulo, Saraiva, p. 261) aponta para um limite de 3, que não pode(ria) ser excedido. Em que pese a razoabilidade da proposta, há que se desvelar que tal limitação construída pelo autor não tem base legal, na medida em que o CPP silencia completamente sobre a questão. Assim, baseados na experiência forense, pensamos que a suspeição pode ser perfeitamente demonstrada com esse número de testemunhas. Contudo, nada impede que, em situações excepcionais e complexas, ele seja excedido, pois não se pode limitar probatoriamente o reconhecimento de tão grave questão processual, ainda mais sem expressa previsão legal. Também não se pode olvidar do contraditório, visto como igualdade de tratamento e oportunidades, de modo que o mesmo número de testemunhas deve valer para excepto e excipiente. Seria uma violenta afronta ao contraditório admitir que um deles arrolasse 5 testemunhas e o outro apenas 3. Há que se manter a simetria e paridade de tratamento.

a) Admitir a arguição, suspendendo imediatamente o feito e declarando-se suspeito. Nesse caso, juntará aos autos as provas produzidas e remeterá os autos ao substituto.

b) Não admitir a exceção, situação em que autuará em apartado a exceção, dando sua resposta em três dias. Poderá (o juiz) instruí-la com documentos e também oferecer testemunhas, determinando que os autos da exceção sejam remetidos ao tribunal a quem competir o julgamento. Eventuais testemunhas arroladas serão ouvidas no tribunal[9], pelo relator da exceção.

Considerando que a exceção tramita em autos apartados, permitindo, assim, que o processo principal siga seu curso na origem, pensamos que o excipiente poderá postular no tribunal que seja cautelarmente suspenso o seguimento do processo principal até o julgamento da exceção. Isso porque o acolhimento da exceção acarretará a nulidade de todos os atos do processo, conforme determina o art. 101 do CPP, sendo a suspensão uma salutar medida para evitar-se um prejuízo processual muito maior depois, com a anulação de todos os atos realizados. Por outro lado, caso seja denegada a exceção, os prejuízos de uma eventual suspensão do trâmite do processo principal serão mínimos se comparados com aqueles gerados pela situação inversa.

Tal suspensão vem, parcamente, disciplinada no art. 102 do CPP, mas sua aplicação restritiva (ou seja, nos limites do texto) conduz à mínima eficácia. Daí por que pensamos que a suspensão deve considerar a relevância da matéria tratada e as graves consequências da não suspensão do processo principal, sem limitar-se a concordância ou não da parte contrária. Inclusive, a valer um mínimo de técnica processual, é inegável que a suspensão é uma medida de natureza cautelar, condicionada assim ao *fumus boni iuris* e ao *periculum in mora*[10]. Tal pedido (e concessão) deverá ser feito ao tribunal competente para o julgamento da exceção, salvo no caso do art. 102, em que caberá ao juiz *a quo* a decisão, não sendo óbice a genérica disposição do art. 111 do CPP.

Questão extremamente relevante, mas pouco enfrentada pela doutrina e jurisprudência, é a exceção de suspeição do juiz por violação da imparcialidade em virtude dos prejulgamentos.

---

9 Eventualmente, tais testemunhas poderão residir em cidades diversas daquela onde está situado o tribunal. Nesse caso, pensamos que poderá o relator aplicar, por analogia, o art. 9º, § 1º, da Lei n. 8.038, delegando a oitiva ao juiz da comarca onde resida a testemunha, sempre tomando a cautela de que esse juiz não seja o mesmo objeto da exceção de suspeição (ou seja, o excepto), por motivos evidentes.

10 Tais conceitos (*fumus boni iuris* e *periculum in mora*) aqui são adequados, pois efetivamente se trata de fumaça do direito arguido e dos graves prejuízos que a demora pode causar ao processo. Inadequada é sua utilização nas prisões cautelares, como explicaremos ao tratar dessa temática.

Mas uma questão crucial é: o rol do art. 254 do CPP é taxativo ou exemplificativo? Isso é muito importante quando o fundamento da exceção de suspeição for a quebra da imparcialidade do juiz. E aqui, para evitar repetições sobre esse verdadeiro Princípio Supremo do Processo que se constitui a imparcialidade do juiz, remetemos o leitor para o início dessa obra, quando tratamos do princípio da jurisdicionalidade[11]. Importa dize aqui que realmente existe uma divergência acerca da taxatividade ou não do rol contido no art. 254. Nossa posição é no sentido de que o rol é exemplificativo e que a mais grave das suspeições é exatamente aquela que decorre da parcialidade do julgador, seja ela na dimensão subjetiva, objetiva ou da estética.

Nesse mesmo sentido, ainda que com eventuais oscilações, o STF tem se manifestado pela ausência de taxatividade no art. 254 e a possibilidade de ser arguida, na exceção de suspeição, a quebra da imparcialidade judicial (ARE 1180479[12], Rel. Min. Marco Aurelio, p. 4/2/2019 e HC 164999, Rel. Min. Gilmar Mendes, p. 30/4/2019).

Para atenuar o imenso prejuízo que decorre dos pré-juízos feitos pelo sistema atual de juiz único (onde – como regra – o mesmo juiz é chamado a decidir desde os primeiros atos da investigação preliminar para depois chegar completamente contaminado na fase processual) e também da prevenção como causa de fixação da competência (e não de exclusão como deve ser), a Lei n. 13.964/2019 adotou o sistema "duplo juiz", com a figura do juiz das garantias, já explicado no início da obra. Nesse tema, é importante recordar a teoria da dissonância cognitiva, do efeito halo, do viés confirmatório, enfim, das várias nuances dessa inevitável contaminação, até porque, infelizmente, o art. 3º está

---

11 E ainda, para aprofundar, remetemos para nossa obra *Fundamentos do Processo Penal*, publicado pela Editora Saraiva, onde tratamos da imparcialidade com mais densidade.

12 EXCEÇÃO DE SUSPEIÇÃO JULGADA PROCEDENTE. NULIDADE DO TODOS OS ATOS PRATICADOS APÓS O FATO QUE OCASIONOU A SUSPEIÇÃO. MANTIDOS, CAUTELARMENTE, OS BLOQUEIOS E APREENSÕES DE BENS. PAGAMENTO DE CUSTAS AFASTADO. SUSPENSÃO DO FEITO ATÉ A RESPOSTA DA CONSULTA ENCAMINHADA AO CNJ ACERCA DA REDISTRIBUIÇÃO DOS PROCESSOS. **I – A jurisprudência majoritária vem se orientando no sentido de que o rol das hipóteses caracterizadoras da suspeição, previsto no artigo 254 do Código de Processo Penal, é meramente exemplificativo e não taxativo.** II – A violação ao princípio da imparcialidade do juiz restou devidamente demonstrada nos presentes autos, conforme se observa dos documentos trazidos pelo excipiente, que comprovam que o juiz excepto emitiu juízo de valor sobre o acusado e sua personalidade, antecipou decisões à imprensa e revelou à mídia dados cobertos pelo sigilo bancário e fiscal do acusado e de seus familiares, ferindo frontalmente o comando contido no artigo 36 da Lei Orgânica da Magistratura Nacional. III – Exceção de Suspeição julgada procedente. Nulidade de todos os atos praticados pelo MM. Juiz excepto após o fato que ocasionou o reconhecimento de sua suspeição, em 18/11/2014 (ARE 1.180.479, rel. Min. Marco Aurélio, j. 19/12/2018 e publicado em 4/2/2019.) (grifos nossos).

com sua eficácia suspensa pela decisão liminar do Min. FUX já explicada. Portanto, enquanto seguirmos com o "juiz-faz-tudo", a exceção de suspeição por quebra da imparcialidade é um importante instrumento para assegurar o justo processo, ainda que, infelizmente, os tribunais sejam extremamente tímidos em acolher e reconhecer a tese de suspeição.

Quanto à suspeição de promotores, peritos, intérpretes e serventuários da Justiça, algumas questões devem ser destacadas.

O agente do Ministério Público poderá ser objeto de suspeição. Os casos de suspeição e impedimento do Ministério Público estão previstos no art. 258 do CPP (complementado pelos arts. 252 a 256):

> Art. 258. Os órgãos do Ministério Público não funcionarão nos processos em que o juiz ou qualquer das partes for seu cônjuge, ou parente, consanguíneo ou afim, em linha reta ou colateral, até o terceiro grau, inclusive, e a eles se estendem, no que lhes for aplicável, as prescrições relativas à suspeição e aos impedimentos dos juízes.

Por se tratar de um órgão público, sua atuação está vinculada aos princípios de legalidade e impessoalidade. Contudo, não há que se falar em imparcialidade (da parte). A exceção não tem por base a pseudoquebra da imparcialidade, pois constitui uma aberração jurídica (e semântica) falar em imparcialidade do MP no processo penal. A questão não é nova e já foi muito bem desvelada por CARNELUTTI[13], ainda que muitos não tenham compreendido isso até hoje (o que também não causa espanto, considerando a quantidade de juristas que ainda falam em verdade real, homem médio e coisas do gênero).

Como já explicamos, não existe parte imparcial; isso é uma construção equivocada e que não encontra qualquer amparo lógico ou semântico. O MP é, no processo penal, uma parte artificialmente criada e construída para ser o contraditor natural do sujeito passivo, retirando poderes do juiz para, com isso, criar condições de possibilidade para que se estabeleça uma estrutura dialética e um processo penal

---

[13] São múltiplas as críticas à artificial construção jurídica da imparcialidade do promotor no processo penal. O crítico mais incansável foi, sem dúvida, o mestre CARNELUTTI (Poner en su puesto al Ministerio Público. In: *Cuestiones sobre el Proceso Penal*. Trad. Santiago Sentís Melendo. Buenos Aires, Librería el Foro. 1960. p. 211 e s.), que, em diversas oportunidades, pôs em relevo a impossibilidade *de la cuadratura del círculo*: *¿No es como reducir un círculo a un cuadrado, construir una parte imparcial? El ministerio público es un juez que se hace parte. Por eso, en vez de ser una parte que sube, es un juez que baja.* Em outra passagem (*Lecciones sobre el Proceso Penal*, v. II, p. 99), CARNELUTTI explica que não se pode ocultar que, se o promotor exerce verdadeiramente a função de acusador, querer que ele seja um órgão imparcial não representa no processo mais que uma inútil e "hasta molesta duplicidad". Para GOLDSCHMIDT (*Problemas Jurídicos y Políticos del Proceso Penal*. Barcelona, Bosch, 1935. p. 29), o problema de exigir imparcialidade de uma parte acusadora significa cair *en el mismo error psicológico que ha desacreditado al proceso inquisitivo*, qual seja, o de crer que uma mesma pessoa possa exercitar funções tão antagônicas como acusar, julgar e defender.

acusatório. Na exata definição de WERNER GOLDSCHMIDT, quanto mais parcial forem as partes, mais imparcial é o juiz (esse, sim, estruturado e constituído a partir da concepção jurídica de *terzietà*/imparcialidade).

Sem esquecer, ainda, a precisa definição de GUARNIERI[14], quando afirma que *acreditar na imparcialidade do Ministério Público é uma ilusão. A mesma ilusão de confiar ao lobo a melhor defesa do cordeiro...*

Logo, a suspeição do MP não tem por pressuposto a quebra da sua imparcialidade, pois ele jamais foi concebido como *parte-imparcial* (notem a incompatibilidade semântica do termo!). A questão situa-se noutra dimensão.

Dessa forma, não há que se falar do mesmo impedimento que existe para o juiz das garantias em relação ao MP. Não há absolutamente nenhum impedimento em que o mesmo promotor atue na investigação preliminar e depois na fase de instrução e julgamento. Imparcialidade é atributo de juiz, não de acusador, que deverá ter, inobstante, atuação dentro da mais estrita legalidade, objetividade e impessoalidade (inerente aos agentes públicos).

Voltando à sistemática do CPP, arguida a suspeição do Ministério Público, caberá ao juiz decidir após ouvi-lo e produzir a prova eventualmente postulada.

Nada impede que o próprio promotor/procurador se dê por suspeito, de ofício, evitando assim grave prejuízo para o processo.

Considerando que ao juiz incumbe o papel de garantidor da máxima eficácia da Constituição (e, portanto, do devido processo penal), pensamos que a suspeição do Promotor ou Procurador da República também poderá ser suscitada pelo próprio juiz. Nesse caso, deverá instruir a exceção (ouvindo o excepto) e encaminhá-la ao respectivo Tribunal (de Justiça ou Regional Federal) a quem competirá o julgamento. Então, marque-se a distinção: quando a exceção de suspeição do MP for oposta pela defesa, caberá ao juiz decidir; por outro lado, quando suscitada pelo juiz, caberá ao tribunal o julgamento.

Por fim, se acolhida a exceção, os efeitos são aqueles previstos no art. 101: ficarão nulos os atos do processo principal em que houver intervindo o promotor/procurador. Muito cuidado deve-se ter em relação às nulidades por derivação, de modo que devem ser anulados todos os atos praticados diretamente pelo promotor/procurador, bem como todos aqueles em que ele tiver intervindo (principalmente na instrução).

---

14 GUARNIERI, José. *Las Partes en el Proceso Penal*. Trad. Constancio Bernaldo de Quirós. México, José M. Cajica, 1952, p. 285.

Para acima de qualquer frágil construção de economia processual ou instrumentalidade das formas, está, no processo penal, a garantia constitucional do *due process of law*.

Também haverá exceção de suspeição de peritos, intérpretes e serventuários da Justiça, nos termos dos arts. 105, 274 e 281 do CPP. Os casos de suspeição desses agentes são os mesmos previstos para os juízes, nos arts. 252 a 256 do CPP, cuja leitura é imprescindível. Em todos esses casos, caberá ao juiz da causa decidir, seguindo o mesmo procedimento anteriormente explicado.

Não se poderá opor suspeição às autoridades policiais, nos atos do inquérito, mas deverão elas declararem-se suspeitas, quando ocorrer motivo legal, prevê o art. 107 do CPP. A opção legal – como sói ocorrer em tudo o que se relaciona ao inquérito policial – é péssima. Se o CPP cria um dever legal para que os policiais declarem-se suspeitos, obviamente deve haver um instrumento de controle do cumprimento desse dever. Ou seja, se a autoridade policial silenciar, nada mais poderá ser feito, o que constitui, no mínimo, uma aberração jurídica.

Não se pode esquecer que, com base nos atos do inquérito policial, pode-se privar uma pessoa de seus bens (através das medidas assecuratórias) e também de sua liberdade pessoal (prisões cautelares). Ou seja, tiramos o "eu" e minhas "circunstâncias", diria Ortega y Gasset, logo, o todo.

Há que se tratar com mais seriedade, técnica e menos reducionismo o inquérito policial, entre outros, para reconhecer a possibilidade de uma arguição, para o juiz das garantias, da suspeição da autoridade policial. Enquanto a mudança legislativa (e, principalmente, de mentalidade) não vem, essas questões acabam sendo tratadas de forma diluída, no bojo dos *habeas corpus* e mandados de segurança impetrados para atacar os atos ilegais já praticados. Às autoridades policiais aplicam-se as mesmas causas de suspeição e impedimento que aos demais, juízes, promotores, servidores, peritos e intérpretes. O problema é que o sistema não prevê um instrumento processual que dê eficácia a isso.

Em suma, é equivocada a vedação feita pelo CPP, além de substancialmente inconstitucional, por ir de encontro ao princípio do devido processo legal.

### 2.1.2. Exceção de Incompetência

Essa matéria está intimamente vinculada à questão da "competência" em matéria penal, anteriormente analisada. Assim, recordando a sistemática do CPP, a competência poderá ser considerada a partir da matéria, pessoa e lugar, sendo as duas primeiras consideradas absolutas e, portanto, passíveis de reconhecimento pelo juiz (inclusive pelo juiz das garantias) de ofício ou a requerimento das partes, a qualquer tempo.

Quanto à incompetência em razão do lugar, por ser considerada relativa, deve ser arguida pela parte passiva (pois o MP e o querelante já escolhem o "lugar" quando do oferecimento da denúncia, havendo assim uma preclusão dessa matéria para eles), no momento da resposta à acusação (art. 396-A), sob pena de preclusão, e, portanto, *prorrogatio fori*. Poderá ainda ser reconhecida pelo juiz, de ofício, nos termos do art. 109 do CPP, a qualquer tempo.

Em se tratando de competência absoluta, não há que se falar em preclusão ou *prorrogatio fori*, podendo a respectiva exceção de incompetência ser arguida a qualquer momento e em qualquer fase do processo.

Assim, recebendo o juiz a denúncia ou queixa, por julgar-se competente em razão da matéria, pessoa e lugar, a exceção deve ser apresentada pela defesa na primeira oportunidade que se manifestar nos autos, em regra, na resposta escrita do art. 396-A. Quando o próprio juiz entender não ser o competente, declinará (por isso é chamada *declinatoria fori*), redistribuindo o feito para aquele que ele julgar ser o competente.

Se o problema da incompetência surgir depois da apresentação da resposta, ou seja, quando o processo for encaminhado para o juiz da instrução e julgamento (incompetente), a exceção poderá ser apresentada perante ele.

A exceção de incompetência poderá ser oposta pelo réu (ou querelado), bem como mediante invocação do Ministério Público nos crimes de ação penal privada, em que esse órgão atua como fiscal da lei (e não como autor)[15].

Quanto ao processamento da exceção, em linhas gerais:

a) deverá ser oposta pela defesa;
b) será por escrito, ou, se feita oralmente, àquela forma será reduzida;
c) deve ser apresentada no prazo da resposta à acusação ou no primeiro momento em que o rito permitir a manifestação da defesa técnica;
d) será processada em autos apartados e não suspenderá o andamento do processo.

Oposta a exceção, será ouvido o Ministério Público (salvo quando ele é o proponente, no caso de ação penal privada), cabendo, a seguir, ao juiz proferir decisão.

Se julgar procedente a exceção, declinará para o juiz que entenda ser o competente, cabendo a ele ratificar os atos já praticados (art. 108, § 1º, do CPP). Dessa decisão, caberá recurso em sentido estrito, nos termos do art. 581, II, do CPP, pela outra parte prejudicada (acusador). Deve-se considerar, ainda, nesse

---

15 Daí por que não se deve admitir exceção de incompetência oposta pelo assistente do Ministério Público, na medida em que, se não é autorizada a medida para a parte principal (MP), não há que se aceitar sua interposição pela parte secundária ou acessória. O campo de atuação do assistente vem, primordialmente, circunscrito pelo âmbito de atuação do MP, de modo a não extrapolar os poderes da parte principal.

caso, que o juiz que recebe o processo poderá, se não concordar com a redistribuição, suscitar o respectivo conflito negativo de competência ou jurisdição, nos termos dos arts. 113 e seguintes, como será explicado na continuação.

Em não acolhendo a exceção, afirmará sua competência e continuará presidindo o feito. Infelizmente, na sistemática do CPP, a exceção não é remetida automaticamente para o respectivo tribunal. Diante da ausência de recurso para atacar essa decisão denegatória, poderá ser impetrado *habeas corpus* como instrumento de ataque colateral, fundado na nulidade do processo por violação do devido processo legal e o direito ao juiz natural, ou, ainda, deixar a matéria para ser objeto de arguição em preliminar da apelação, quando da prolação da sentença final desfavorável.

### 2.1.3. Exceção de Litispendência

Inicialmente, cumpre ressaltar a inadequação da expressão *litispendência* para o processo penal, na medida em que resulta de uma transmissão mecânica de categorias do processo civil. Como já explicado, não existe lide no processo penal, de modo que a noção de "lides" pendentes, como definição de litispendência, não nos serve[16]. Deve-se estruturar essa exceção a partir do conceito de *acusações* ou *imputações repetidas*, igualmente pendentes de julgamento. Trata-se, então, de duplicidade de acusações em curso relativas ao mesmo réu, pelo mesmo fato.

A litispendência, então considerada na dimensão de imputação ou acusação repetida e pendente de julgamento, no processo penal, tem importância já na fase preliminar. Isso porque não há que se admitir duas investigações preliminares tramitando em paralelo, em diferentes órgãos, em relação ao mesmo caso penal. Com mais razão, jamais se deve admitir o *bis in idem* (duplicidade) de acusações em relação ao mesmo fato aparentemente criminoso, de modo que a exceção de litispendência conduzirá inexoravelmente à extinção de um dos feitos (é uma exceção peremptória). Permanecerá aquele cujo juiz tiver competência prevalente, seja pela prevenção ou por qualquer dos critérios anteriormente expostos.

Para identificação da litispendência deve-se atentar para o fato natural que integra o caso penal, bem como para o imputado. Necessariamente, deve haver pendência de duas acusações em relação ao mesmo fato natural (ainda que recebam diferentes

---

16 Nesse erro incide, entre outros, FREDERICO MARQUES (*Elementos de Direito Processual Penal*. Campinas, Bookseller, 1996. v. 2, p. 244), ao afirmar que "a litispendência é fenômeno resultante da apresentação de uma lide em juízo (...) no processo penal, tanto como no processo civil, a litispendência consiste na pendência de aspirações e expectativas derivadas do litígio", e também FERNANDO CAPEZ (*Curso de Processo Penal*, 13. ed. São Paulo, Saraiva, 2006. São Paulo, Saraiva, 2006. p. 379). Trata-se de um erro bastante comum de quem pensa o processo penal desde a lente do processo civil, desconsiderando assim sua especificidade e categorias jurídicas próprias.

nomes jurídicos, ou seja, ainda que a tipificação dada seja diversa em cada processo) e em relação ao mesmo imputado. Irrelevante no processo penal, nesse caso, a igualdade de partes, pois o órgão acusador será sempre o mesmo. Logo, a relevância da análise está na legitimidade passiva (o réu deve ser o mesmo nos dois processos). Da mesma forma, não há que se considerar o pedido como elemento identificador, pois o pedido na ação processual penal é sempre igual (de condenação)[17].

Tal matéria poderá ser arguida sob a forma de exceção, apresentada, portanto, na resposta à acusação (sem nenhum impedimento a que seja impetrado *habeas corpus* para o trancamento do processo), ou reconhecida de ofício, a qualquer momento.

Como determina o CPP, a exceção de litispendência seguirá o mesmo procedimento previsto para a exceção de incompetência, com algumas especificidades:

a) deverá ser oposta pela defesa, pelo Ministério Público[18], ou reconhecida de ofício a qualquer tempo;
b) será por escrito, ou, se feita oralmente, àquela forma será reduzida;
c) não há prazo para essa exceção, pois enquanto não for julgada a pretensão acusatória, surgindo contra o mesmo réu, pelo mesmo fato, novo processo, poderá ela ser arguida[19];
d) será processada em autos apartados e não suspenderá o andamento do processo.

Se acolhida a exceção de litispendência, o feito será extinto. Dessa decisão caberá recurso em sentido estrito, nos termos do art. 581, III, do CPP. Em não sendo acolhida a exceção, caberá à parte – na ausência de previsão de recurso – impetrar *habeas corpus* para o trancamento do processo instaurado em duplicidade.

### 2.1.4. Exceção de Ilegitimidade de Parte

Recordemos que a ação penal pública é de legitimidade ativa exclusiva do Ministério Público. Excepcionalmente, poderá o ofendido ou seu representante legal, em caso de inércia do MP, ajuizar a ação penal privada subsidiária. Fora

---

17 Assim, equivocada a afirmação de CAPEZ (op. cit., p. 379) quando, partindo do (igualmente errôneo) conceito de demanda, afirma que os elementos que identificam a litispendência são *pedido, as partes em litígio e a causa de pedir*. Inclusive, na continuação da exposição, o próprio autor se contradiz, ao afirmar em momento posterior (agora sim, com acerto) que "não importa também quem figura no polo ativo da ação penal; tratando-se do mesmo réu e do mesmo fato, é cabível a exceção". Por fim, desconsidera que o pedido no processo penal assume uma dimensão completamente diferente (e com muito menos relevância) do que aquela que lhe é dada pelo processo civil.

18 Na exceção de litispendência, ao contrário do que ocorre com a exceção de incompetência, não vemos qualquer óbice a que o Ministério Público, tomando conhecimento da existência de outra acusação contra o mesmo réu, pelo mesmo fato, utilize-a.

19 Como adverte TOURINHO FILHO, *Código de Processo Penal Comentado*, cit., v. 1, p. 282.

desse caso, em sendo oferecida uma queixa-crime por parte da vítima em crime de ação penal pública, deve o imputado opor a presente exceção. Na prática forense, por se tratar de manifesta ilegitimidade, a via do *habeas corpus* para o trancamento do processo instaurado a partir da queixa-crime é o caminho mais adequado, até por sua celeridade. Não obstante, em tese, nada impede a utilização da exceção de ilegitimidade, tanto para atacar a ilegitimidade *ad processum* (capacidade processual) como também a ilegitimidade *ad causam* (que nos remete à titularidade da ação, conforme seja pública ou privada). Inclusive, deve-se considerar que o CPP não faz qualquer distinção entre elas nessa matéria ou mesmo quando, no art. 395, II, disciplina a rejeição da acusação.

A ilegitimidade pode ser arguida pela parte passiva ou reconhecida pelo juiz a qualquer momento. Quando reconhecida a ilegitimidade *ad causam* – aquela relativa à titularidade da ação penal – deverá o juiz rejeitar a denúncia ou queixa (art. 395, II, do CPP) ou, caso já tenha sido recebida, extinguir o feito sem julgamento do mérito. Isso não impede que nova ação seja proposta, desde que feita por parte legítima.

Em se tratando de ilegitimidade *ad processum*, poderá igualmente ser arguida pela parte passiva ou reconhecida pelo juiz de ofício. Nesse caso, aplica-se o disposto no art. 568 do CPP:

> Art. 568. A nulidade por ilegitimidade do representante da parte poderá ser a todo tempo sanada, mediante ratificação dos atos processuais.

Seguindo a sistemática das demais exceções, poderá ser oposta verbalmente ou por escrito, sendo, no primeiro caso, reduzida a termo. Considerando que a ilegitimidade ativa conduz à nulidade absoluta, não vemos qualquer possibilidade de fixação de um prazo preclusivo, podendo assim ser aduzida a qualquer tempo.

Após a exceção apresentada pela defesa, será dada vista para que o autor (MP ou querelante) se manifeste. Como nas demais exceções, será autuada em apartado.

Por fim, se acolhida a exceção, caberá o recurso em sentido estrito, previsto no art. 581, III, do CPP. Não sendo acolhida a exceção, significa que o processo continuará com a parte ativa (i)legítima. E, contra essa decisão, não há previsão de recurso algum. Daí por que caberá ao réu interpor *habeas corpus* (art. 648, VI, do CPP) para trancamento do processo, por sua manifesta nulidade em virtude da ilegitimidade ativa. Nada impede que a questão volte a ser ventilada em preliminar da apelação interposta contra a sentença (condenatória) ao final proferida.

### 2.1.5. Exceção de Coisa Julgada

Trata-se de exceção peremptória, pois, se acolhida, conduz à extinção do processo. A exceção de coisa julgada terá por objeto a alegação de que o réu já foi definitivamente julgado (condenado ou absolvido) por aquele mesmo fato natural. Deve haver identidade de sujeito passivo e fato entre o processo já encerrado e aquele que agora está em tramitação. Como explica GÓMEZ ORBANEJA[20], em posição compartilhada por ARAGONESES ALONSO, *a coisa julgada fica circunscrita, subjetivamente, pela identidade da pessoa do réu, e, objetivamente, pela identidade do fato.*

Como já explicamos ao tratar da litispendência (cuja distinção fundamental é que na litispendência os dois processos estão tramitando, ao passo que na exceção de coisa julgada um deles já foi definitivamente encerrado), para identificação da duplicidade, deve-se atentar para o fato natural que integra o caso penal, bem como para o imputado.

Necessariamente, deve haver uma nova acusação em relação ao mesmo fato natural[21] (ainda que recebam diferentes nomes jurídicos, ou seja, ainda que a tipificação dada seja diversa em cada processo) e em face do mesmo imputado, que já foram objeto de processo anterior. Novamente, o que se busca é evitar um *bis in idem* (de processos e de punições em relação ao mesmo fato).

Daí decorrem os limites objetivos e subjetivos da coisa julgada.

Os limites objetivos dizem respeito ao fato natural objeto do processo e posterior sentença, não interessando a qualificação jurídica que receba. Como explica CORTÉS DOMÍNGUEZ[22], o princípio do *ne bis in idem* é uma exigência da liberdade individual que impede que os mesmos fatos sejam processados repetidamente, sendo indiferente que eles possam ser contemplados em ângulos penais, formais e tecnicamente distintos.

Mas é importante compreender a vinculação entre os limites objetivos e os limites subjetivos da coisa julgada, que vêm dados pela identidade do imputado ou imputados. Ou seja, impossibilidade de novo processamento em relação ao mesmo fato e mesmo autor.

Como explica MAIER[23], para que a regra da coisa julgada funcione e produza *seu efeito impeditivo característico*, a imputação tem de ser idêntica, e isso somente ocorre quando tiver por objeto o mesmo comportamento atribuído à mesma pessoa.

---

20 GÓMEZ ORBANEJA, Emilio; HERCE QUEMADA, Vicente. *Derecho Procesal Penal*, cit., v. II, p. 313. ARAGONESES ALONSO, Pedro. *Instituciones de Derecho Procesal Penal*, p. 317.

21 Aquilo que MAIER, Julio B. J. (*Derecho Procesal Penal fundamentos*. 2. ed. Buenos Aires, Editorial Del Puerto, 2002. v. 1, p. 606) chama de *hecho como acontecimiento real*, circunscrito assim a um lugar e momento determinado.

22 Com MORENO CATENA; GIMENO SENDRA, na obra *Derecho Procesal Penal*, cit., p. 626.

23 MAIER, Julio. *Derecho Procesal Penal*, cit., p. 606.

Assim, nada impede que outras pessoas sejam acusadas pelo mesmo fato (seja porque se demonstrou a participação ou coautoria, ou ainda porque o réu foi absolvido), ou, ainda, que o réu seja novamente processado por outros fatos criminosos praticados.

Seguindo a clássica distinção, a coisa julgada poderá ser formal ou material, sendo que a segunda pressupõe a primeira. Logo, surge inicialmente a irrecorribilidade da decisão, a preclusão (coisa julgada formal) e, após, a imutabilidade da decisão, ou seja, a produção exterior de seus efeitos (coisa julgada material). É a consagrada lição de LIEBMAN, dos degraus da escada, ou seja, o primeiro degrau seria a produção da coisa julgada formal, dentro do processo, através da impossibilidade de novos recursos. Superado o primeiro degrau, pode a coisa julgada ser material, atingindo o segundo degrau. Nesse nível, os efeitos vinculatórios da decisão extrapolam os limites do processo originário, impedindo novos processos penais sobre o mesmo caso (ou seja, tendo por objeto o mesmo fato natural e o mesmo réu), sendo assim imutável.

Explica ROXIN[24] que com os conceitos de coisa julgada formal e material são descritos os diferentes efeitos da sentença, sendo que a coisa julgada formal se refere à *inimpugnabilidad de una decisión en el marco del mismo proceso*, denominado pelo autor *efecto conclusivo*; ao passo que a coisa julgada material provoca que a causa definitivamente julgada não possa ser novamente objeto de outro procedimento, pois o direito de perseguir penalmente está esgotado (efeito impeditivo).

A coisa julgada no processo penal é peculiar, pois somente produz sua plenitude de efeitos (coisa soberanamente julgada) quando a sentença for absolutória ou declaratória de extinção da punibilidade, pois nesses casos não se admite revisão criminal contra o réu (ou *pro societate*), ainda que surjam (novas) provas cabais da autoria e materialidade. Trata-se de uma opção democrática (fortalecimento do indivíduo) de cunho político-processual, de modo que, uma vez transitada em julgado a sentença penal absolutória, em nenhuma hipótese aquele réu poderá ser novamente acusado por aquele fato natural.

Já a sentença condenatória, por ser passível de revisão criminal a qualquer tempo, inclusive após a morte do réu (art. 623 do CPP), jamais produzirá uma plena imutabilidade de seus efeitos.

Quando ocorre somente a coisa julgada formal, diz-se que houve preclusão; já o trânsito em julgado conduz à coisa julgada material, e somente se produz nos

---

24 ROXIN, Claus. *Derecho Procesal Penal*. Trad. Daniel Pastor e Gabriela Córdoba. Buenos Aires, Del Puerto, 2000. p. 434.

julgamentos de mérito. As decisões de natureza processual, como pronúncia, impronúncia ou, dependendo do caso, de rejeição da denúncia (art. 395 do CPP), por não implicarem análise de mérito, somente conduzem à coisa julgada formal, ou seja, mera preclusão das vias recursais.

Mudando o enfoque, quando estivermos diante de concurso formal, material ou crime continuado, a situação deve ser analisada à luz das regras de conexão ou continência, conforme o caso, para reunião e julgamento simultâneo. Contudo, quando os processos tramitarem em paralelo ou de forma sucessiva, a soma (concurso material) ou unificação das penas (concurso formal ou crime continuado) deverá ocorrer na fase de execução penal (art. 82). Recordemos que tanto o concurso formal como o crime continuado são unidades delitivas por ficção normativa, ou seja, são um delito por ficção do direito penal, pois são diferentes situações fáticas.

Assim, se Mané, mediante uma única ação, praticar dois ou mais crimes, nos termos do art. 70 do Código Penal, haverá continência (art. 77, II, do CPP), implicando julgamento simultâneo. Contudo, se por equívoco ou ausência de provas for ele acusado por apenas um dos crimes e, após a sentença (tanto faz condenatória ou absolutória), forem descobertos os demais, em relação a eles poderá o réu ser novamente processado, pois não há identidade de fatos naturais para constituição da coisa julgada. Se condenado, a unificação das penas ocorrerá na fase de execução penal, nos termos do art. 82 do CPP.

Da mesma forma será o tratamento caso o réu seja processado por apenas um dos crimes e, posteriormente, vierem a ser descobertos outros, praticados em continuidade delitiva ou concurso material. Como são fatos diversos, nada impedirá o nascimento de novo processo, pois não há coisa julgada em relação a eles.

Não se desconhece a importância de uma análise específica para cada caso, até porque, tanto no crime continuado como no concurso formal, dependendo do fundamento da sentença absolutória e do contexto probatório, um novo processo por fato não incluído na acusação anterior pode ser completamente desnecessário. Contudo, isso será objeto de discussão noutra dimensão, como falta de justa causa ou mesmo ausência de suficiente *fumus commissi delicti*. Não se trata propriamente de coisa julgada, pois o fato natural é diverso.

Quanto ao crime habitual, em que sua constituição exige várias ações, com uma unidade substancial de fatos caracterizada pela habitualidade, há sim produção do efeito impeditivo da coisa julgada material. Isoladamente, os fatos são atípicos. Daí por que se alguém for acusado de exercício ilegal da medicina (art. 282 do CP), crime que exige a habitualidade para sua configuração, e, após a sentença penal condenatória transitar em julgado, forem descobertos novos fatos ocorridos naquele mesmo período de tempo, não poderá ser o agente novamente acusado. O crime somente se configura se presente a habitualidade, de modo que os fatos posteriormente descobertos (mas ocorridos naquele mesmo período) estão abrangidos pela punição. Contudo, se após a sentença o réu vier novamente a praticar habitualmente a conduta descrita no tipo, esse novo conjunto de ações constituirá um novo crime não atingido pela coisa julgada.

Noutra dimensão, deve-se analisar se a coisa julgada impede novo processo quando houver a produção posterior de resultado mais grave. Por exemplo: se "A" for acusado de tentativa de homicídio, porque em determinado local e data desferiu tiros contra a vítima "B", não tendo o resultado morte se produzido por motivos alheios à sua vontade. Se a vítima morrer em decorrência dos ferimentos e o réu ainda não tiver sido julgado, deverá o Ministério Público promover o aditamento nos termos do art. 384 do CPP. Contudo, quando sobrevier sentença transitada em julgado, seja absolutória ou condenatória, pensamos que a coisa julgada impedirá novo processo. Haveria *bis in idem* em submeter o réu a novo processo, e a exceção de coisa julgada deve ser oferecida, pois há identidade substancial do fato natural e também do imputado.

Assim, deve ser reconhecido o efeito impeditivo inerente à coisa julgada material, pelos mesmos postulados de política processual que impedem revisão criminal *pro societate* (e, portanto, contra o réu). Do contrário, estaria sendo criada uma situação de pendência, na qual mesmo após o trânsito em julgado o réu poderia, a qualquer tempo, voltar a ser processado – agora por delito consumado – em caso de morte da vítima.

Os mesmos fundamentos da necessária estabilidade das decisões e de que as situações penais tenham uma solução definitiva fazem com que a coisa julgada produzida em relação ao delito tentado impeça novo processo em caso de posterior consumação. Na mesma linha encontra-se, ainda, a imutabilidade da sentença absolutória nula. Como se verá ao tratar das nulidades, a sentença penal absolutória, mesmo que absolutamente nula, uma vez transitada em julgado, produz plenamente os efeitos da coisa julgada material, não mais podendo ser alterada.

Por fim, a coisa julgada poderá ser conhecida pelo juiz a qualquer tempo (inclusive pelo juiz das garantias), extinguindo o feito com a sua comprovação. Não o sendo, a exceção poderá ser arguida pela parte passiva, no prazo da resposta à acusação do art. 396-A (mas nada impede que o faça a qualquer tempo), sendo processada em autos apartados, nos termos do art. 111 c/c art. 396-A, § 1º, do CPP.

Da decisão que julgar procedente a exceção, caberá recurso em sentido estrito, art. 581, III, do CPP. Em sendo reconhecida a coisa julgada de ofício pelo juiz, o recurso cabível será a apelação, art. 593, II, do CPP. Sendo rejeitada a exceção de coisa julgada, não caberá recurso algum. Contudo, nada impede que a parte interessada alegue a coisa julgada na preliminar do recurso de apelação interposto contra a sentença condenatória proferida em primeiro grau.

## 2.2. Conflito de Jurisdição e de Competência

Haverá conflito de jurisdição ou competência, nos termos do art. 114 do CPP, quando:

> Art. 114. Haverá conflito de jurisdição:
> I – quando duas ou mais autoridades judiciárias se considerarem competentes, ou incompetentes, para conhecer do mesmo fato criminoso;
> II – quando entre elas surgir controvérsia sobre unidade de juízo, junção ou separação de processos.

Haverá o conflito negativo de jurisdição ou de competência quando duas ou mais autoridades judiciárias se disserem igualmente incompetentes para o julgamento. Será positivo o conflito quando dois juízes (ou tribunais) se acharem igualmente competentes para o julgamento do processo.

O conflito será de jurisdição quando ocorrer entre órgãos da jurisdição especial (militar e eleitoral); entre órgãos da jurisdição especial e comum (federal ou estadual), bem como entre órgãos da Justiça Comum Federal em relação a outro da Justiça Estadual. Será de competência o conflito quando ocorrer entre órgãos julgadores pertencentes à mesma "Justiça" e vinculados ao mesmo tribunal.

Assim, haverá conflito de jurisdição entre juiz eleitoral e juiz de direito; ou entre juiz militar e um juiz federal, por exemplo. Também será de jurisdição o conflito entre juiz federal e juiz de direito (estadual), ou, ainda, entre juízes federais subordinados a diferentes Tribunais Regionais Federais.

Haverá conflito de competência quando for entre juízes de direito de diferentes cidades; entre juiz e Tribunal do Júri; entre juízes federais subordinados ao mesmo TRF etc.

Relevante nessa matéria é a definição do órgão competente para julgar o respectivo conflito positivo ou negativo, que será sempre jurisdição superior àqueles entre os quais se estabeleceu o conflito.

Assim, exemplificativamente, se o conflito for entre juízes de direito (estaduais), competirá ao respectivo Tribunal de Justiça, ao qual estão vinculados, a decisão; se forem juízes de diferentes estados, caberá ao STJ o julgamento do conflito;

entre juízes federais, caberá ao respectivo TRF ao qual eles estão vinculados, mas, se pertencerem a tribunais de regiões diferentes, caberá ao STJ o julgamento do conflito.

Relevante, ainda, é o conflito positivo ou negativo de jurisdição que pode ocorrer entre um juiz de direito e um juiz federal. Nesse caso, caberá ao STJ o julgamento. Inviável que o julgamento seja proferido pelo TJ, pois a ele não está vinculado o juiz federal. Na mesma dimensão, também não poderá o conflito ser resolvido pelo TRF, pois a ele não se vincula o juiz de direito. Daí por que o órgão jurisdicional superior a ambos é o STJ, cabendo a ele o julgamento do conflito.

Por fim, ao lado dos conflitos de jurisdição e competência, é possível ocorrer um conflito de atribuições entre autoridades administrativas, como Ministério Público e Polícia Judiciária. Nesses casos, o conflito de poderes administrativos acabará sendo resolvido no âmbito da própria administração (caso da polícia judiciária) ou com a intervenção do poder jurisdicional.

# SÍNTESE DO CAPÍTULO



## 1. QUESTÕES PREJUDICIAIS:

- Questões Prejudiciais: arts. 92 e seguintes do CPP. A prova da existência do crime depende de decisão prévia sobre uma questão controversa, séria e fundada, na esfera cível sobre o estado civil das pessoas. A prejudicialidade reside nesta impossibilidade de uma correta decisão penal sem o prévio julgamento da questão.
- Prejudicialidade obrigatória: a existência do crime depende de prévia decisão de jurisdição extrapenal. O processo penal será suspenso (e a prescrição) até que a controvérsia seja dirimida por sentença transitada em julgado (art. 116).
- Prejudicialidade facultativa: o juiz poderá suspender o processo criminal quando a questão versar sobre circunstância ou elementar do crime, que não seja "estado civil das pessoas" e tampouco sobre direito cuja prova a lei civil limite, e de difícil solução.

## 2. PROCESSOS INCIDENTES:

### 2.1. Das Exceções Processuais

Exceções são formas de defesa indireta, que não atacam o núcleo do caso penal. Estão previstas nos arts. 95 a 112 do CPP, e podem ser alegadas na resposta à acusação, art. 396-A. São autuadas em apartado, podendo ser opostas por escrito ou verbalmente e, como regra, não suspendem o andamento do processo, podendo ser conhecidas de ofício pelo juiz, em qualquer fase do processo. Podem ser opostas exceções de:

2.1.1. Suspeição: os casos de suspeição/impedimento estão previstos nos arts. 252 a 256. Acolhida, o juiz suspende o feito e encaminha para outro juiz. Não admitida, será remetida ao tribunal que, acolhendo, determina a nulidade de todos os atos do processo (art. 101). Pode haver suspensão do feito (art. 102). Pode haver alegação de suspeição de membro do MP (arts. 258, 252 a 256); e também de peritos, intérpretes e serventuários da justiça (arts. 105, 274 e 281). Não pode ser alegada suspeição de autoridades policiais, mas deverão elas declarar-se suspeitas (art. 107). A exceção de suspeição do juiz por violação da imparcialidade não está expressamente definida, mas o art. 254 não é taxativo, sendo admitida quando houver prejulgamento ou quebra da imparcialidade objetiva (decorrente do ativismo judicial, quando o juiz, rompendo com a estrutura do sistema acusatório, vai de ofício em busca de provas).

2.1.2. Incompetência de juízo: predomina o entendimento de que a competência em razão do lugar é relativa e deve ser alegada pelo réu na resposta à acusação, sob pena de preclusão. A competência em razão da pessoa e matéria é absoluta e pode ser conhecida, inclusive, de ofício e em qualquer fase do processo. Se acolhida, serão os autos encaminhados ao juiz competente. Se rejeitada, seguirá o processo e não há previsão de recurso.

2.1.3. Litispendência: quando há duplicidade de acusações, contra o mesmo réu, pelo mesmo fato. Se acolhida, o feito será extinto, cabendo RSE, art. 581, III. Não sendo acolhida, não há recurso previsto, podendo a parte impetrar HC para o trancamento do processo instaurado em duplicidade.

2.1.4. Ilegitimidade de parte: a exceção de ilegitimidade pode ser oposta pela defesa contra o acusador (legitimidade ativa), tanto para atacar a ilegitimidade *ad processum* (capacidade processual) como também *ad causam* (remete-nos para a titularidade da ação, conforme seja pública ou privada). Pode ser oposta pela defesa ou conhecida de ofício pelo juiz, a qualquer momento. Se acolhida, caberá RSE, art. 581, III. Não sendo acolhida, não há previsão de recurso, podendo ser interposto HC ou ventilada posteriormente, em preliminar de apelação.

2.1.5. Coisa julgada: é uma exceção peremptória, pois se acolhida conduz à extinção do processo. É oposta quando o mesmo réu já foi julgado definitivamente pelo mesmo fato (*ne bis in idem*). A coisa julgada tem limites objetivos (fato natural, não interessando a qualificação jurídica) e subjetivos (identidade do imputado). Poderá ser formal (irrecorribilidade da decisão, preclusão) ou material (imutabilidade da decisão, produção exterior de seus efeitos), sendo que a segunda pressupõe a primeira. A coisa julgada no processo penal somente produz a plenitude de seus efeitos (coisa soberanamente julgada) em relação à sentença absolutória, pois a sentença condenatória pode ser objeto de revisão criminal a qualquer tempo (arts. 621 e s.). Pode ser alegada a qualquer tempo e também conhecida de ofício pelo juiz. Se acolhida, caberá RSE, art. 581, III. Mas se for declarada de ofício, caberá apelação, art. 593, II. Se rejeitada, não caberá recurso, mas nada impede que seja impetrado HC ou alegada em preliminar de apelação.

2.2. Conflito de jurisdição e competência: está previsto no art. 114 do CPP. O conflito será de jurisdição quando ocorrer entre órgãos da jurisdição especial, entre especial e comum ou entre órgãos da justiça comum federal ou estadual. Será de competência quando ocorrer entre julgadores da mesma "justiça", vinculados ao mesmo tribunal. O conflito será sempre resolvido por um órgão de jurisdição superior àqueles entre os quais se estabeleceu o conflito.

É possível o conflito de "atribuições" entre autoridades administrativas, seja entre membros do Ministério Público, da polícia ou entre MP e polícia judiciária.

Será negativo o conflito quando duas ou mais autoridades judiciárias se disserem incompetentes; e positivo, quando dois ou mais julgadores se acharem igualmente competentes para o julgamento do processo.

Capítulo VIII

# TEORIA GERAL DA PROVA NO PROCESSO PENAL

## 1. Conceito e Função da Prova

### 1.1. O Ritual de Recognição

O processo penal é um instrumento de retrospecção, de reconstrução aproximativa de um determinado fato histórico. Como ritual, está destinado a instruir o julgador, a proporcionar o conhecimento do juiz por meio da reconstrução histórica de um fato. Nesse contexto, as provas são os meios através dos quais se fará essa reconstrução do fato passado (crime). O tema probatório é sempre a afirmação de um fato (passado), não sendo as normas jurídicas, como regra, tema de prova (por força do princípio *iura novit curia*)[1].

Isso decorre do paradoxo temporal ínsito ao ritual judiciário: um juiz julgando no presente (hoje) um homem e seu fato ocorrido num passado distante (anteontem), com base na prova colhida num passado próximo (ontem) e projetando efeitos (pena) para o futuro (amanhã). Assim como o fato jamais será real, pois histórico, o homem que praticou o fato não é o mesmo que está em julgamento e, com certeza, não será o mesmo que cumprirá essa pena, e seu presente, no futuro, será um constante reviver o passado[2].

1 GOLDSCHMIDT, James. *Derecho Procesal Civil*. Trad. Prieto Castro. Barcelona, Labor, 1936. p. 256.

2 Pois uma função inerente à pena de prisão é obrigar a um constante reviver o passado no presente. Devemos recordar ainda que o cárcere é um instrumento de caricaturização e potencialização de distintos

O processo penal, inserido na complexidade do ritual judiciário, busca fazer uma reconstrução (aproximativa) de um fato passado. Através – essencialmente – das provas, o processo pretende criar condições para que o juiz exerça sua atividade recognitiva, a partir da qual se produzirá o convencimento externado na sentença. É a prova que permite a atividade recognoscitiva do juiz em relação ao fato histórico (*story of the case*) narrado na peça acusatória. O processo penal e a prova nele admitida integram o que se poderia chamar de *modos de construção do convencimento* do julgador, que formará sua convicção e legitimará o poder contido na sentença.

Assim, a atividade do juiz é sempre recognitiva, pois, como define JACINTO COUTINHO, *a um juiz com jurisdição que não sabe, mas que precisa saber, dá-se a missão de dizer o direito no caso concreto*. Daí por que o juiz é, por essência, um ignorante: ele desconhece o fato e terá de conhecê-lo através da prova. Logo, a prova para ele é sempre indireta.

A rigor, a classificação entre provas diretas e indiretas é um desacerto, pois, como explica CORDERO[3], excetuando-se os delitos cometidos *na sala de audiência*[4], todas as provas são indiretas, pois *consistem em signos do suposto fato*.

---

aspectos da sociedade, de modo que a dinâmica do tempo também vai extremar-se no interior da instituição total, levando ao que denominamos "patologias de natureza temporal". Isso significa, em apertada síntese, que o tempo de prisão é tempo de involução, que a prisão gera uma total perda do referencial social de tempo, pois a dinâmica intramuros é completamente desvinculada da vivida extramuros, onde a sociedade atinge um nível absurdo de aceleração, em total contraste com a inércia do apenado. Existe uma clara defasagem entre o tempo social e o tempo do cárcere, como bem percebeu MOSCONI (Tiempo Social y Tiempo de Cárcel. In: BEIRAS, Iñaki Rivera; DOBON, Juan (Orgs.). *Secuestros Institucionales y Derechos Humanos*: la cárcel y el manicomio como laberintos de obediencias fingidas. Barcelona, Bosch, 1997, p. 91-103). A prisão possui um "tempo mumificado pela instituição" em contraste com a dinâmica e complexidade do exterior. Assim, essa ruptura de existências e significados, de potencialidades, identidades e perspectivas, causa um sofrimento muito maior do que antigamente. Isso exige um repensar a proporcionalidade e adequação da pena a partir de outro paradigma temporal, aliado à velocidade do tempo externo e ao congelamento do tempo interno. Não há dúvida de que o tempo da prisão é muito mais lento e longo do que há algum tempo. O choque não está apenas no tempo subjetivo do apenado e no sofrimento, mas também na inutilidade da pena diante do contraste com o tempo social. É por isso que afirmamos que a pena de prisão é *tempo de involução*: o apenado não sairá do cárcere em condições de acompanhar o tempo social, pois está literalmente à margem (por isso, novamente marginalizado) dessa dinâmica. Eis aqui mais um elemento a evidenciar a falácia ressocializadora. Com razão MOSCONI (op. cit.) quando conclui apontando a necessidade de reduzir ao máximo a duração da pena de prisão, para evitar um prejuízo ainda maior. A pena, enquanto resposta à inadequação social, é obsoleta e igualmente inadequada, pois está em conflito com o pluralismo dinâmico da atual complexidade social. Para o autor, o tempo da prisão deverá pluralizar-se e diferenciar-se necessariamente, inclusive com várias formas de experiência, que abandonem qualquer resíduo ideológico ou rigidez preconcebida. Ademais, essa defasagem temporal se transforma em fonte de somatização e enfermidade, de modo que o uso prolongado da instituição penitenciária somente poderá produzir novas patologias sociais (daí, novamente, a necessidade de redução do tempo de duração da pena de prisão).

[3] CORDERO, Franco. *Procedimiento Penal*. Trad. Jorge Guerrero. Bogotá, Temis, 2000. v. 2, p. 3.

[4] Em casos assim, em que o juiz tem a experiência direta do delito, ele deixa de ser "juiz" e passa a ser testemunha (ou vítima), pois tal contaminação despoja-lhe das condições de necessário alheamento

Analisando a *semiótica*[5] *das provas*, verifica-se que as provas indiretas servem para, através dos *equivalentes sensíveis*, estabelecer se algo ocorreu[6]. As provas são signos do fato que se quer conhecer, isto é, uma relação semiótica configurável de diversos modos, em que da correspondente análise surge a mais útil das possíveis classificações.

*Instruere* chegou a ser um verbo próprio da arquitetura, significando "construir, edificar, ordenar com método"[7]. Trasladado ao Direito, instruir corresponde à tarefa de recolher as provas que permitam uma aproximação do fato histórico. Analisando o *metabolismo do juízo histórico*, CORDERO[8] afirma que os processos são *máquinas retrospectivas* que se dirigem a estabelecer se algo ocorreu e quem o realizou, cabendo às partes formular hipóteses, e ao juiz acolher a mais provável, com estrita observância de determinadas normas, trabalhando com base em um conhecimento empírico.

## 1.2. Função Persuasiva da Prova: Crença, Fé e Captura Psíquica

Nessa atividade, a instrução (preliminar ou processual) e as provas nela colhidas são fundamentais para a seleção e eleição das hipóteses históricas aventadas[9]. As provas são os materiais que permitem a reconstrução histórica e sobre os quais recai a tarefa de verificação das hipóteses, com a finalidade de convencer o juiz (função persuasiva)[10].

Nesse mister persuasivo, CORDERO aponta para uma palavra-chave: fé. Os locutores pretendem ser acreditados e tudo o que dizem tem valor enquanto os destinatários crerem. Os resultados dependem de variáveis relacionadas aos aspectos subjetivos e emocionais do ato de julgar (crer = fé).

---

que o constituem juiz. Ou seja, o que constitui o juiz é a imparcialidade, incompatível, pois, com o contato direto com o fato a ser julgado.

5 A semiótica (do grego *semeiotiké*) é a ciência dos signos e sinais usados em comunicação. Explica SAUSSURE que através do signo (entidade psíquica de duas faces, que cria uma relação entre um conceito – significado – e uma imagem acústica – significante) podemos conceber uma ciência que estude a vida dos sinais no seio da vida social, envolvendo parte da psicologia social e, por conseguinte, da psicologia geral, chamada de semiologia. Trata-se do estudo dos signos e das regras que os regem. Os signos pertencem ao mundo da representação, sendo compostos por significante (a parte física do signo) e pelo significado (a parte mental, o conceito). A semiótica, assim, é a ciência dos signos, ou seja, do processo de significação ou representação, na natureza e na cultura, do conceito ou da ideia.

6 CORDERO, Franco. *Procedimiento Penal*, cit., p. 11.

7 Idem, ibidem, p. 6.

8 Idem, ibidem, v. 2, p. 7.

9 Idem, ibidem, v. 2, p. 3.

10 TARUFFO, Michele. *La Prueba de los Hechos*. Madrid, Trotta, 2002. p. 83.

Como ensina GARAPON[11], o ritual judiciário está eivado de simbolismo "sagrado". As provas desempenham uma *função ritual* na medida em que são inseridas e chamadas a desempenhar um papel de destaque na complexidade do ritual judiciário. Basta atentar para a arquitetura dos tribunais (principalmente os mais antigos) para verificar que são plágios das construções religiosas (templos e igrejas), com suas portas imensas, estátuas por todos os lados, crucifixo na sala de audiência pendendo sobre a cabeça do juiz etc. Como se não bastasse, os atores que ali circulam utilizam diversas expressões em latim e, pasmem, usam a toga preta! Depois de tudo isso, o depoente ainda presta o compromisso de dizer a verdade (e, em alguns sistemas, presta o juramento colocando a mão no peito ou sobre a bíblia).

É todo um ritual de intimidação que reforça as relações de poder e de subordinação, ao mesmo tempo em que deixa claro que o binômio crime-pecado nunca foi superado. No que se refere às provas, o simbolismo também deve ser considerado na perspectiva da função persuasiva, como "atrativos para tentar uma captura psíquica" (CORDERO) de quem está declarando (e também dar maior credibilidade [fé] para quem julga).

Ademais, como explica TARUFFO[12], além da função persuasiva em relação ao julgador, as provas servem para "fazer crer" que o processo penal determina a "verdade" dos fatos, porque é útil que os cidadãos assim o pensem, ainda que na realidade isso não suceda, e quiçá precisamente, porque na realidade essa tal verdade não pode ser obtida, é que precisamos reforçar essa crença.

Mas, para tanto, o primeiro destinatário da "crença" é o juiz. Com a costumeira precisão de seus conceitos, ARAGONESES ALONSO[13] nos ensina que o conceito de *prova* está vinculado ao de *atividade encaminhada a conseguir o convencimento psicológico do juiz*.

É inafastável que o juiz "elege" versões (entre os elementos fáticos apresentados) e até o significado (justo) da norma. Esse *eleger* também se expressa na valoração da prova (crença) e na própria axiologia, incluindo a carga ideológica, que faz da norma (penal ou processual penal) aplicável ao caso.

Em suma, o processo penal tem uma finalidade retrospectiva, em que, através das provas, pretende-se criar condições para a atividade recognitiva do juiz acerca de um fato passado, sendo que o saber decorrente do conhecimento desse fato legitimará o poder contido na sentença.

---

11 Sempre que falamos do "ritual judiciário" estamos nos referindo às lições de Antoine Garapon, na excelente obra *Bem Julgar*: ensaio sobre o ritual judiciário, publicado pela Editora Piaget, Lisboa, 1997.

12 TARUFFO, op. cit., p. 81.

13 ARAGONESES ALONSO, Pedro. *Instituciones de Derecho Procesal Penal*. 5. ed. Madrid, Editorial Rubí Artes Gráficas, 1984. p. 251.

## 2. Epistemologia da Prova e o "Lugar" da Verdade no Processo Penal

Uma das questões "perenes" do processo penal é a luta pelo controle do poder punitivo que se manifesta na decisão judicial e reflete a valoração da prova produzida. Existe um tensionamento constante entre prova e decisão que culmina na necessidade de um controle epistêmico que permeia a admissão, produção, valoração e decisão.

Não basta controle rígido na admissão e produção da prova se depois abrirmos espaço para o decisionismo, para o decido-conforme-a-minha-consciência, que tem sido objeto de certeira crítica de Lenio STRECK em inúmeros escritos e também de diversos autores.

Existe, portanto, uma íntima relação e interação entre prova e decisão penal, de modo a estabelecer mecanismos de controle em ambas as dimensões e, com isso, reduzir o autoritarismo e o erro judiciário. É necessário, além de estabelecer as regras de admissão e produção da prova, que se defina "o que é necessário" em termos de prova (qualidade e credibilidade) para proferir uma sentença condenatória ou absolutória.

A epistemologia jurídica – e nossas considerações são epidérmicas e introdutórias –, enquanto ramo da filosofia que se ocupa de uma teoria do conhecimento e dos problemas relacionados a ele, é fundamental para o direito probatório. A prova penal, enquanto meio através do qual o juiz-ignorante (porque ignora os fatos) conhece de algo que, em não conhecendo, precisa muito conhecer para julgar, dialoga constantemente com a epistemologia.

É através da prova que ele "conhece", mas também existe um ritual para que esse conhecimento seja obtido e limites a ele. Quando se estrutura, por exemplo, uma teoria da prova ilícita, se está interditando o conhecimento através daquela prova, impondo – e esse é o preço a ser pago – um obstáculo e limitação epistemológico.

Por outro lado, uma testemunha ou perito, ao presenciar um acontecimento da vida ou um objeto (no caso do perito), coloca a atividade cognitiva em ação, com suas limitações e problemas. Se estabelece uma relação sujeito-objeto, ou, mais especificamente, uma complexa relação entre sujeito cognoscente e o objeto cognoscível. Esse conhecimento obtido interessa para o binômio prova-sentença, e precisa ser valorado e avaliado, pois deve ter um nível de qualidade epistêmica.

E aqui entra mais uma variável importante: **a questão da verdade no processo penal**. Ou, especificamente, qual é o lugar da verdade no processo penal e na discussão sobre a epistemologia da prova?

A doutrina majoritária que atualmente trata da epistemologia jurídica da prova no processo penal, incide, com meritórias exceções, no erro da "teoria geral do processo". Ou seja, partindo de concepções e doutrina civilista (como por exemplo Michele Taruffo, que é um excelente autor, mas civilista), pretende analisar a prova penal, desconsiderando uma premissa básica: a diferente fenomenologia do processo penal em relação ao processo civil. Já tratamos desse tema no início desta obra e para lá remetemos o leitor, para evitar repetições, mas em suma: é um erro fazer transmissões mecânicas das categorias do processo civil para o processo penal, desconsiderando a especificidade do objeto do processo penal e o complexo ritual de exercício de poder estabelecido (absolutamente diferente do processo civil).

Nesta perspectiva – do erro da TGP –, é comum lermos autores afirmando que "a averiguação da verdade (ou a busca da) é o objeto fundamental do processo". O erro está na centralidade da verdade[14], como objetivo e fator de legitimação do processo penal. Quando se trata da prova no processo penal, culminamos por discutir também "que verdade" foi buscada no processo. Isso porque, como explicamos anteriormente, o processo penal é um "modo de construção do convencimento do juiz", fazendo com que as limitações imanentes à prova afetem a construção e os próprios limites desse convencimento.

Daí por que de nada serve lutar pela efetivação do modelo acusatório e a máxima eficácia do sistema de garantias da Constituição, quando tudo isso esbarra na atuação substancialista de quem busca uma inalcançável "verdade real".

Historicamente[15], está demonstrado empiricamente que o processo penal, sempre que buscou uma "verdade mais material e consistente" e com menos limites na atividade de busca, produziu uma "verdade" de menor qualidade e com pior trato para o imputado. Esse processo, que não conhecia a ideia de limites – admitindo inclusive a tortura –, levou mais gente a confessar não só delitos não cometidos, mas também alguns impossíveis de serem realizados.

O mito da verdade real está intimamente relacionado com a estrutura do sistema inquisitório; com o "interesse público" (cláusula geral que serviu de argumento para as maiores atrocidades); com sistemas políticos autoritários; com a

---

[14] Sobre o tema, entre outras, sugerimos a leitura de STRECK, Lenio. *Verdade e Consenso: Constituição, Hermenêutica e Teorias Discursivas*. São Paulo, Saraiva, 2017, e KHALED JR., Salah. A *Busca da verdade no processo penal: para além da ambição inquisitorial*. São Paulo, Atlas, 2013.

[15] IBÁÑEZ, Perfecto Andrés. Garantismo y Proceso Penal. *Revista de la Facultad de Derecho de la Universidad de Granada*, n. 2, Granada, 1999, p. 53.

busca de uma "verdade" a qualquer custo (chegando a legitimar a tortura em determinados momentos históricos); e com a figura do juiz-ator (inquisidor).

O maior inconveniente da verdade real foi ter criado uma "cultura inquisitiva" que acabou se disseminando por todos os órgãos estatais responsáveis pela persecução penal. A partir dela, as práticas probatórias mais diversas estão autorizadas pela nobreza de seus propósitos: a verdade.

Noutra dimensão, devemos sublinhar – na esteira de FERRAJOLI[16] – que a *verdade substancial*, ao ser perseguida fora das regras e controles e, sobretudo, de uma exata predeterminação empírica das hipóteses de indagação, degenera o juízo de valor, amplamente arbitrário de fato, assim como o cognoscitivismo ético sobre o qual se embasa o substancialismo penal, e resulta inevitavelmente solidário com uma concepção autoritária e irracionalista do processo penal.

Dessarte, há que se "*des-cobrir*" a origem e a finalidade do mito da verdade real: nasce na Inquisição e, a partir daí, é usada para justificar os atos abusivos do Estado, na mesma lógica de que "os fins justificam os meios".

Assim, no processo penal, só se legitimaria a *verdade formal ou processual*. Trata-se de uma verdade perseguida pelo modelo formalista como fundamento de uma condenação e que só pode ser alcançada mediante o respeito das regras precisas e relativas aos fatos e circunstâncias considerados como penalmente relevantes.

Como explica FERRAJOLI[17], a verdade processual não pretende ser *a verdade*. Não é obtida mediante indagações inquisitivas alheias ao objeto processual, mas sim condicionada em si mesma pelo respeito aos procedimentos e garantias da defesa. A *verdade formal* é mais controlada quanto ao método de aquisição e mais reduzida quanto ao conteúdo informativo que qualquer hipotética *verdade substancial*.

Essa limitação se manifesta em quatro sentidos:

> I – a tese acusatória deve estar formulada segundo e conforme a norma;
> II – a acusação deve estar corroborada pela prova colhida através de técnicas normativamente preestabelecidas;
> III – deve ser sempre uma verdade passível de prova e oposição;
> IV – a dúvida, falta de acusação ou de provas ritualmente formadas impõem a prevalência da presunção de inocência e atribuição de *falsidade formal* ou *processual* às hipóteses acusatórias.

O valor do formalismo está em presidir normativamente a indagação judicial, protegendo a liberdade dos indivíduos contra a introdução de verdades

---

16 FERRAJOLI, Luigi. *Derecho y Razón*, cit., p. 44 e s.

17 Idem, ibidem.

substancialmente arbitrárias ou incontroláveis. FERRAJOLI[18] vai definir a verdade processual como uma *verdade aproximativa*, aquela limitada "por lo que sabemos", e, portanto, sempre contingente e relativa. Diferencia o autor a *verdade processual fática* da *verdade processual jurídica*. A primeira é uma verdade *histórica*, porque se refere a fatos passados. Já a verdade processual jurídica é *classificatória*, pois diz respeito à qualificação jurídica dos fatos passados a partir do rol de opções que as categorias jurídicas oferecem.

Essa distinção é relevante para definir como se dará a verificabilidade dessas proposições. Os fatos passados não são passíveis de experiência direta, senão verificados a partir de suas consequências, de seus efeitos. Trata-se de interpretar os *signos do passado*, deixados no presente. O presente é experimentável. O passado tem de ser provado. Nessa atividade, o juiz assemelha-se ao historiador, de modo que, após um raciocínio indutivo, chegará a uma conclusão que tem o valor de hipótese provável (probabilidade).

Portanto, quem fala em verdade real confunde o "real" com o "imaginário", pois o crime é sempre um fato passado, logo, é história, memória, fantasia, imaginação. É sempre imaginário, nunca é real. Já a verdade processual jurídica está relacionada com a subsunção do fato à norma, um procedimento classificatório. A lógica aqui é dedutiva, o conhecido silogismo que se realiza na sentença. Claro que não se trata de mera adequação do fato à norma. Permeia essa atividade uma série de variáveis de natureza axiológica, inerentes à subjetividade específica do ato decisório, até porque toda reconstrução de um fato histórico está eivada de contaminação, decorrente da própria atividade seletiva desenvolvida.

Mas desconstruir o mito da verdade real não é suficiente, é necessário questionar também a "verdade processual" e, principalmente, a "ambição de verdade". A "verdade processual" não está isenta de críticas, como veremos. Não se trata, desde logo advertimos, de negar a verdade no processo penal, senão de discutir qual é o "lugar" que ela ocupa: legitimante do poder jurisdicional ou contingencial, deslocando o argumento de legitimação para o respeito ao devido processo.

A questão "verdade" no processo está diretamente vinculada à "função da prova" no processo penal, como bem identifica TARUFFO[19], sendo que situamos a discussão no terreno da semiótica e das narrativas do processo. A premissa fundamental é que o processo é uma situação (situação jurídica – GOLDSCHMIDT) na

---

[18] Idem, ibidem, p. 50.

[19] TARUFFO, Michele. *La Prueba de los Hechos*. Madrid, Trotta, 2002, p. 80-87.

qual se desenvolvem diálogos e se narram fatos. Essas narrativas e diálogos (melhor, discursos) têm relevância desde sua estrutura semiótica e linguística, não sendo relevante a relação entre narrativa e realidade empírica. Não existe uma determinação de veracidade, ou melhor, não é a verdade elemento fundante. Cada prova é tomada como um fragmento da história (TARUFFO emprega a palavra *story*), um pedaço da narrativa, interessando pela dimensão linguística e semiótica do processo como uma das tantas ocorrências do debate. As provas são utilizadas pelas partes para dar suporte à *story of the case* que cada advogado propõe ao juiz. A decisão final é a adoção de uma ou outra das narrativas. Fica excluída qualquer referência à veracidade das teses. É, em síntese, uma função persuasiva da prova (criticada pelo autor por uma suposta vagueza e incerteza de conceitos e limites). Nessa dimensão dialógico-narrativa, a única função que pode ser imputada à prova é a de avalizar a narrativa desenvolvida por um dos personagens do diálogo, tornando-a idônea para ser assumida como própria por outro personagem, o juiz. TARUFFO, ainda vinculado à razão moderna (clássico racionalismo jurídico), não admite essa corrente. Elementar que, superado o paradigma cartesiano, assumida a subjetividade e o caráter (inegável) de ritual do processo judicial, compreende-se que o processo penal, principalmente o acusatório, é uma estrutura de discursos. E o que o juiz faz, ao final, é exatamente a eleição dos significados de cada um deles para construção do seu (sentença). Daí por que nossa posição se situa na coexistência da função ritual com a persuasiva.

Feita essa distinção, pensamos que é o momento de, retomando CARNELUTTI (apenas como ponto de partida), problematizar se a *verdade processual* é adequada. Com razão CARNELUTTI quando dizia (já em 1925) ser estéril a discussão a respeito de viger a verdade real (material) ou a verdade processual (formal). O problema é a "verdade". Para o autor, inspirado em HEIDEGGER, a verdade é inalcançável, até porque a *verdade está no todo, não na parte; e o todo é demais para nós*[20]. Além de inalcançável, tampouco existem verdades absolutas, como a própria ciência encarregou-se de demonstrar, pois todo o saber é datado e tem prazo de validade (Einstein). Uma teoria só vale até que outra venha para negá-la. Logo, a verdade está no todo e o todo é excessivo, jamais pode ser alcançado pelo homem[21].

Então, propõe CARNELUTTI o abandono da noção de verdade e sua substituição por certeza (jurídica). Mas isso resulta numa mera substituição por outra

---

20 CARNELUTTI, Francesco. Verità, Dubbio e Certezza. *Rivista di Diritto Processuale*, v. XX (II serie), 1965, p. 4-9.

21 Idem, ibidem.

categoria igualmente excessiva: certeza. Com o atual nível de evolução da ciência, especialmente da física quântica, operou-se o "fim das certezas", como definiu PRIGOGINE. É chegado o momento de o direito reconhecer que a incerteza está tão arraigada nas diferentes dimensões da vida (para tanto, imprescindível a leitura da "sociologia do risco", especialmente em BECK) que a discussão superou há muito o nível da "certeza" para situar-se na "probabilidade", com forte tendência de rumar para a "possibilidade", ou, ainda, "propensões". Contudo, não é nesse campo que opera o processo penal.

Nossa posição vai com CARNELUTTI até o abandono da verdade. Dali em diante, ele segue com a "certeza", categoria igualmente insatisfatória, e nós propomos um giro no pensamento jurídico-processual.

Nossa proposta é: a verdade (ainda que processual) não é fundante ou legitimante do processo, senão contingencial. Importa fortalecer o respeito às regras do devido processo e evitar-se o outro extremo – decisionismo.

O problema da verdade, no processo penal, é uma questão de lugar, como explica Rui Cunha Martins[22]. Se no modelo inquisitório a verdade é fundante e legitimante do poder, bem como sustentação de uma ambição de verdade que atribui ao juiz o poder de "buscar a prova" (que conduzirá a uma "verdade" por ele revelada na sentença), no sistema acusatório ela é contingencial.

No sistema acusatório, a verdade não é fundante (e não deve ser), pois a luta pela captura psíquica do juiz, pelo convencimento do julgador, é das partes, sem que ele tenha a missão/poder de revelar uma verdade. Logo, com muito mais facilidade o processo acusatório assume a sentença como ato de convencimento, a partir da atividade probatória das partes, dirigida ao juiz. Essa luta de discursos para convencer o juiz marca a diferença do acusatório com o processo inquisitório. Não se nega que acidentalmente a sentença possa corresponder ao que ocorreu (conceito de *verdade* como correspondente), mas não se pode atribuir ao processo esse papel ou missão. Não há mais como pretender justificar o injustificável nem mesmo por que aceitar o argumento de que, ainda que não alcançável, a verdade deve ser um horizonte utópico...

O ponto-chave é negar a "verdade" como função do processo (até para fugir da armadilha do sistema inquisitório, fundado na busca da verdade). É uma ingenuidade que reflete a crença na onipotência do conhecimento jurídico moderno. A equação, até então, é(era): razão moderna + juiz + ritual judiciário = mito da verdade. E o mito fundador da sentença e até do processo (inquisitório) é a verdade. Daí por

---

22 CUNHA MARTINS, Rui. *O Ponto Cego do Direito*. 3. ed. São Paulo, Atlas, 2013.

que desvelar é preciso, inclusive para, liberto da missão de revelador da verdade, caminhar em direção ao processo penal acusatório e democrático.

A decisão judicial não é a revelação da verdade (material, processual, divina etc.), mas um ato de convencimento formado em contraditório e a partir do respeito às regras do devido processo. Se isso coincidir com a "verdade", muito bem. Importa é considerar que a "verdade" é contingencial, e não fundante. O juiz, na sentença, constrói – pela via do contraditório – a sua convicção acerca do delito, elegendo os significados que lhe parecem válidos (dentro das regras do jogo, é claro). O resultado final nem sempre é (e não precisa ser) a "verdade", mas sim o resultado do seu convencimento – construído nos limites do contraditório e do devido processo penal. Com a costumeira precisão de suas lições, ARAGONESES ALONSO[23] nos ensina que o conceito de *prova* está vinculado ao de atividade encaminhada a *conseguir o convencimento psicológico do juiz*. O determinante é convencer o juiz segundo as regras do devido processo penal. É assim que funciona o sistema acusatório que, liberto da verdade, não permite que o juiz tenha atividade probatória (recordemos o que já foi dito sobre os sistemas processuais).

Por derradeiro, já antecipando-nos à crítica, não estamos incidindo no erro do relativismo absurdo (fruto do ceticismo extremado), pois temos consciência de que isso abre um perigoso espaço para legitimar o decisionismo, o que nos conduziria a um erro similar ao da verdade real. Então, é fundamental destacar que as regras do devido processo penal, fundantes da instrumentalidade constitucional por nós defendida, impõem os limites que devem impedir o decisionismo e o substancialismo. Esse respeito às regras do jogo cria condições de possibilidade para o equilíbrio entre o relativismo cético e a mitológica verdade real.

Assim, o processo não deixa de ser um método, limitador e caminho necessário para a decisão. Há que se encontrar o entrelugar, onde se recuse a razão moderna e o dogmatismo oitocentista, mas também o relativismo cético tipicamente pós-moderno.

Importante sublinhar nesse final que não negamos a verdade no processo penal. Até porque seria um erro. Negar a verdade é também pretender construir uma verdade que é falsa na sua essência. Tampouco pensem que estamos negando a verdade e afirmando que a sentença diz uma mentira. Elementar que não; isso seria um reducionismo grosseiro, como grosseiro e errôneo seria esse tipo de crítica à nossa posição. O que propomos não é negar a verdade, mas sim um deslocamento da discussão para outra dimensão, em que a verdade é contingencial e não estruturante do processo.

---

23 ARAGONESES ALONSO, Pedro. *Instituciones de Derecho Procesal Penal*, cit., p. 251.

Dessa forma, não se nega a verdade, mas tampouco a idolatramos (evitando assim incidir no erro de dar ao processo a missão de revelar a verdade na sentença, o que conduziria à matriz inquisitorial). A verdade, assim, é contingencial e a legitimação da decisão se dá por meio da estrita observância do contraditório e das regras do devido processo. São essas regras que, estruturando o ritual judiciário, devem proteger do decisionismo e também do outro extremo, em que se situa o processo inquisitório e sua verdade real.

Gostaríamos apenas de advertir para a necessidade de pensar-se acerca da íntima relação entre sistema processual inquisitório, gestão da prova nas mãos do juiz e a "busca da verdade".

Com CUNHA MARTINS[24] compreendemos que a arquitetura do problema passa a contar com as seguintes plataformas: uma determinada noção de processo; uma determinada noção de sistema processual; uma determinada noção de verdade enquanto elemento do sistema processual; e uma determinada noção do modo como esse processo-feito-sistema elege os seus critérios de fundamentação. É a íntima relação e interação entre processo, sistema processual e (busca ou não da) verdade.

Essa "ambição de verdade"[25], que nunca deixa de perigosamente rondar o processo penal, deve ser limitada, como limitado deve ser o poder (ao qual ela adere para se realizar). A ambição de verdade acaba por matar o contraditório e, portanto, o ponto nevrálgico do processo penal democrático e constitucional.

O Código Napoleônico de 1808 engendra um inteligente sistema bifásico, em que a primeira fase (investigação preliminar) transcorre no sigilo da inquisição: é o *locus* destinado a colher a prova do fato delitivo. É ali que se faz o juízo dos fatos, a reconstituição do passado, a revelação da *verdade dos fatos*. Esse é o momento crucial para definir a base fático-probatória sobre a qual irá se desenvolver o processo, ou melhor, a jurisdição, na concepção tradicional e histórica de *poder de dizer o direito*. Nessa estrutura, brilhante, diga-se de passagem, o poder de "revelar a verdade fática" está nas mãos do inquisidor, que a manipula no sigilo e no labor solitário da fase inquisitória, pouco caso fazendo do contraditório, inexistente aqui, por suposto.

Quando se chega ao processo, então ilusoriamente acusatório e contraditório, a verdade histórica já foi definida. Ao juiz cabe apenas aplicar o direito ao

---

24 *O ponto cego do direito*, p. 82.

25 Expressão que tomamos emprestada de KHALED JR., Salah H. *A busca da verdade no processo penal*, op. cit.

caso concreto, dizer a lei (juiz-boca-da-lei) que deve incidir, fazendo o famoso silogismo tão valioso para os modernos.

Por esse motivo, a defesa do sistema misto é um engodo.

Nessa estrutura inquisitória, o poder e o controle sobre a produção do saber não se veem diminuídos ou enfraquecidos pelo sistema acusatório, que chega tarde demais, quando todo o cenário já está montado. Quando entra em cena o (ingênuo) julgador, o cenário já está montado e o roteiro definido. Então lhe são apresentadas a "verdade histórica" e o juízo de fato, obtidos na fase inquisitória, para que ele diga o direito aplicável ao caso. O próprio contraditório passa a ser simbólico, e não real e efetivo.

Daí a imensa importância do sistema de duplo juiz, com a separação do juiz das garantias do juiz da instrução e julgamento e, principalmente, da exclusão física dos autos do inquérito, que não mais integram os autos do processo. Isso representa uma imensa evolução, especialmente para evitar a contaminação do julgador com os atos informativos do inquérito, produzidos em uma estrutura inquisitória e com imenso sacrifício do contraditório.

É, ainda, necessário dar-se conta de que a *gestão da prova* está vinculada à noção de *gestão do fato histórico*, e, portanto, deve estar nas mãos das partes. Do contrário, atribuindo-se ao juiz, estamos incorrendo no erro (psicológico) da inquisição de permitir-lhe (re)construir a história do crime da forma como lhe aprouver para justificar a decisão já tomada (o já tratado "primado das hipóteses sobre os fatos"). Permitir que o juiz seja o gestor do fato histórico é incorrer no mais grave dos erros: aderir ao núcleo imantador do sistema inquisitório. Pior é quando eles, os juízes, sequer se dão conta de quão genial (e perverso, por evidente) é o engenho da inquisição, que os faz agir como inquisidores, sem se darem conta! Isso quando não invocam a bondade... bom para quê e para quem?

Daí a importância de repensar a forma como é construído, pelas partes em contraditório (sistema acusatório), ou dado (sistema inquisitório), o *saber* sobre o qual se funda o poder jurisdicional.

Cada vez mais estamos convictos de que o processo acusatório impõe um repensar à construção do saber jurisdicional desde a perspectiva do contraditório, delimitando, portanto, o campo de exercício do poder. Para tanto, imprescindível que a gestão da prova esteja nas mãos das partes (juiz-espectador) e que, para dar eficácia a esse princípio, seja efetivada a exclusão física dos autos do inquérito policial (ou qualquer outra forma de investigação preliminar que se tenha), garantindo-se assim a máxima originalidade do julgamento.

Para além dessa questão, é crucial levar a sério os quatro momentos da prova, especialmente no que tange à separação entre "admissão" e "valoração". O primeiro trabalha na perspectiva do filtro de legalidade/ilegalidade, a partir do respeito ao devido processo (e toda a base principiológica já explicada) e a tipicidade processual. Para valorar, a prova deve ser necessariamente objeto de admissão em momento distinto, até para não prejudicar o contraditório. Portanto, não pode o julgador, diante da impugnação de determinada prova, postergar a admissão para a sentença, sob pena de grave confusão entre admissão e valoração e, por conseguinte, violação do contraditório e da ampla defesa (Como posso me defender sem saber se uma prova vale ou não vale? se será admitida ou não? Faço defesas alternativas? Inviável!).

Sem desconsiderar, ainda, que uma prova somente pode ser produzida, se admitida, o que reforça ainda mais a importância da separação e observância dos momentos da prova.

Mas, superado o filtro de admissão, a prova pode ser produzida e valorada na sentença, ou seja, ingressamos no último momento da prova, que coincide com o momento decisório (sentença/acórdão): a análise da pertinência, relevância, credibilidade e confiabilidade da prova. É a valoração ou desvaloração da prova para formação do convencimento do julgador.

Portanto, abandonadas as concepções civilistas e demarcado o lugar da verdade no processo penal, é preciso definir os meios por meio dos quais se pode obter o conhecimento – prova – e o que é necessário (qualidade e credibilidade) para proferir uma sentença condenatória (ou absolutória se não for atingido o *standard*).

E aqui entra o tema do *standard* probatório.

## 2.1. *Standard* Probatório

Mas afinal, o que é *standard*[26] de prova?

Podemos definir como os critérios para aferir a suficiência probatória, o "quanto" de prova é necessário para proferir uma decisão, o grau de confirmação da hipótese acusatória. É o preenchimento desse critério de suficiência que legitima a decisão.

O *standard* é preenchido, atingido, quando o grau de confirmação alcança o padrão adotado. É um marco que determina "o grau mínimo de prova"[27] exigido

---

[26] Nesse tema, usamos e recomendamos a leitura da obra VÁZQUEZ, Carmen (org.). *Estándares de prueba y prueba científica: ensayos de epistemología jurídica*. Madrid, Marcial Pons, 2013.

[27] VÁZQUEZ, Carmen. A modo de presentación. In: Vázquez, Carmen (org.). *Estándares de prueba y prueba científica*, op. cit., p. 14.

para considerar-se provado um fato. Susan HAACK[28] acrescenta ainda que *standard* probatório está relacionado com o "grau de confiança que a sociedade crê que o juiz deveria ter ao decidir".

E prossegue a autora explicando que *standards* de prova são graus de "aval", confiabilidade, credibilidade, confiança (sempre subjetivo, portanto). Esses graus de "aval" não são probabilidades matemáticas.

E quais são os principais padrões probatórios (*standard*) adotados?

Basicamente, a partir da matriz teórica mais bem elaborada, que é a anglo-saxã, são estabelecidos os seguintes padrões:

- prova clara e convincente (*clear and convincing evidence*)
- prova mais provável que sua negação (*more probable than not*)
- preponderância da prova (*preponderance of the evidence*)
- prova além de toda a dúvida razoável (*beyond a/any reasonable doubt* – BARD)

O mais exigente deles é o *beyond a reasonable doubt* (BARD), sendo, portanto, o utilizado na sentença penal e os demais no âmbito civil e administrativo.

Como adverte HAACK[29], não é suficiente que uma parte produza "melhores provas" que a outra. O *standard* é mais rigoroso: a prova deve ser suficiente para avalizar a conclusão no grau exigido. Deve ser uma prova robusta e que seja além de qualquer dúvida razoável. Trataremos desse *standard* probatório, na perspectiva do processo penal brasileiro, a continuação.

E por que se adota um *standard* ou outro?

É uma decisão de política pública com base na gestão do "erro judiciário", ou, como define VÁZQUEZ[30], "uma decisão de política pública sobre o benefício da dúvida que se pretende dar a cada uma das partes implicadas e, com isso, a distribuição de erros, entre as mesmas que se busca conseguir em um processo judicial". E a epistemologia se relaciona com a construção do *standard* de prova, mas não com a sua escolha, com a definição do grau mínimo de preenchimento. Esta última é uma escolha de política processual.

Pensamos que essa "política processual" que escolhe o *standard* é fruto do nível de evolução civilizatória de um povo, sendo que quanto mais alto for esse nível

---

28 HAACK, Susan. El probabilismo jurídico: una disensión epistemológica. In: VÁZQUEZ, Carmen (org.). *Estándares de prueba y prueba científica*, op. cit., p. 65-98.

29 No trabalho anteriormente citado, p. 85.

30 VÁZQUEZ, Carmen, op. cit., p. 14.

de comprometimento democrático e civilizatório, maior é a eficácia da presunção de inocência e, portanto, mais alto é o *standard* probatório exigido para condenação. Obviamente, é sempre importante advertir que a adoção de um *standard* probatório como o BARD não é a solução para todos os males do decisionismo, senão mais uma medida de redução de danos e de ampliação de garantias, bem como de aumento do nível de exigência de qualidade da própria decisão penal que, cravada na racionalidade probatória, precisa demonstrar racionalmente a valoração da prova e dos fatos em julgamento.

### 2.2. *In Dubio Pro Reo* e Prova Além de Toda a Dúvida Razoável

E no Brasil, existe um *standard* probatório? Podemos trabalhar com o "além de toda a dúvida razoável"?

O tema é complexo e polêmico, mas pensamos que, ao consagrar constitucional e convencionalmente a presunção de inocência, fez o legislador uma escolha de política processual importante. A presunção de inocência – recordando o que já explicamos no início desta obra, na parte de "princípios do processo penal" – é concebida como norma (ou regra) de tratamento, norma probatória e norma de juízo, na classificação de ZANOIDE DE MORAES[31].

O *in dubio pro reo* é uma manifestação da presunção de inocência enquanto regra probatória e também como regra para o juiz, no sentido de que não só não incumbe ao réu nenhuma carga probatória, mas também no sentido de que para condená-lo é preciso prova robusta e que supere a dúvida razoável. Na dúvida, a absolvição se impõe.

E essa opção também é fruto de determinada escolha no tema da gestão do erro judiciário: na dúvida, preferimos absolver o responsável do que condenar um inocente.

Portanto, ao consagrar a presunção de inocência e seu subprincípio *in dubio pro reo*, a Constituição e a Convenção Americana sinalizam a possibilidade de adoção do *standard* probatório de "além de toda a dúvida razoável", que somente preenchido autoriza um juízo condenatório. Novamente advertirmos que a adoção do BARD não é garantia de imunização contra o decisionismo, senão mais uma medida de redução de danos e de ampliação de garantias, bem como de aumento do nível de exigência de qualidade da própria decisão penal, que, cravada na racionalidade probatória, precisa demonstrar racionalmente que um fato está

[31] Sobre o tema, consulte-se o excelente trabalho de ZANOIDE DE MORAES, Maurício. *Presunção de Inocência no Processo Penal Brasileiro*, cit.

provado, quais elementos probatórios que sustentam essa afirmação e o caminho lógico percorrido para chegar a ela.

Também não estamos defendendo uma "americanização" ou importação[32] acrítica de um modelo da tradição "*common law*", senão uma aplicação adequada à presunção de inocência e à especificidade do sistema processual penal brasileiro, com toda a preocupação em limitar espaços impróprios da subjetividade (jamais eliminável, mas sempre em busca de limite) do julgador, que deve construir a decisão e fundamentá-la por meio da valoração racional da prova licitamente produzida em contraditório judicial.

Evidente que o ponto nevrálgico sempre será: qual é a "suficiência probatória" necessária para uma condenação segura, que minimize ao máximo o erro judiciário de condenar um inocente? Nesse ponto, todas as exigências feitas – da adoção de *standard* probatório, passando pelo estrito respeito as regras do devido processo até chegar na imprescindibilidade de fundamentação e racionalidade decisória – constituem medidas de redução de danos, de restrição do decisionismo, de interdição do decido-conforme-a-minha-consciência (STRECK), mas jamais vão imunizar o sistema, dada a absoluta inafastabilidade da subjetividade do ato humano de julgar. Sempre há subjetividade em qualquer critério de "suficiência" probatória.

Nessa mesma linha, VASCONCELLOS[33] afirma que o atual sistema brasileiro "impõe a adoção de um *standard* rigoroso, em reforço à presunção de inocência; por outro lado é fundamental realizar-se uma alteração legislativa para inserir previsão de modo expresso e delimitar adequadamente o seu conteúdo. Em resumo, a regulamentação legislativa seria bem-vinda, mas não impede o aprimoramento da prática atual a partir da legislação vigente." E prossegue o autor, considerando as críticas que se faz em relação à vagueza conceitual do BARD como sendo procedentes, mas podem ser reduzidas por meio da adoção de algumas regras.

Porém, antes de expô-las, sublinhamos que concordamos com a crítica de vagueza conceitual e, principalmente, de que não se pode admitir que o BARD seja utilizado como um "elemento puramente retórico de justificação"[34],

---

32 Compartilhamos aqui a fundada preocupação de LUCCHESI, Guilherme Brenner. O necessário desenvolvimento de *standards* probatórios compatíveis com o direito processual penal brasileiro. *Revista Brasileira de Ciências Criminais*, São Paulo: RT, v. 156, ano 27, p. 165-188, jun. 2019.

33 VASCONCELLOS, Vinicius Gomes de. *Standard* probatório para condenação e dúvida razoável no processo penal: análise das possíveis contribuições ao ordenamento brasileiro. *Revista Direito* GV, São Paulo, v. 16, n. 2, maio/ago. 2020. doi: http://dx.doi.org/10.1590/2317-6172201961.

34 MATIDA, Janaína; VIEIRA, Antonio. Para além do BARD: uma crítica à crescente adoção do *standard* de prova "para além de toda a dúvida razoável" no processo penal brasileiro. *Revista Brasileira de Ciências Criminais*, São Paulo: RT, v. 156, ano 27, p. 221-248, jun. 2019.

verdadeiro argumento de autoridade, completamente autorreferenciado e sem uma efetiva ancoragem na argumentação racionalmente exposta na fundamentação da decisão, sob pena de transformar-se em um "*anti-standard*"[35].

O grande problema das críticas à adoção do *standard* probatório da decisão acima de toda dúvida razoável, como regra, é que são incapazes de apresentar uma solução ao problema do decisionismo que seja melhor ou imune a ele, basta ver que a "valoração racional da prova" é atacável pela crença em um juiz-razão e na razão moderna, desconsiderando o quanto o juiz, enquanto sujeito, é conduzido pelo inconsciente freudiano ou pela "intuição" (se preferirmos, na perspectiva do sistema 1 e 2)[36]. Não raras vezes, o juiz decide primeiro (primado das hipóteses sobre os fatos), de forma inconsciente ou intuitiva e, depois, busca os argumentos racionais que justificam a decisão já tomada. Enfim, quando se trabalha com valoração, ainda que se exija fundamentação e demonstração dos argumentos racionais que levaram a tal conclusão, é inafastável também a influência marcante da subjetividade não controlável (sequer pelo próprio juiz).

Feita essa ressalva, voltemos à proposta de VASCONCELLOS[37] para aperfeiçoamento da aplicação do *standard* de "prova além de toda a dúvida razoável", extraído da presunção de inocência (e, portanto, incorporando tudo o que sobre ela escrevemos anteriormente, especialmente nas dimensões de normas probatórias e de julgamento):

"§ 1º A hipótese acusatória deve ser capaz de explicar de modo coerente e íntegro todos os elementos fáticos comprovados no processo, apresentando critérios confirmatórios disponíveis.

§ 2º Considera-se dúvida razoável a hipótese alternativa à tese incriminatória que se mostre logicamente possível e amparada pelo lastro probatório do processo.

§ 3º A sentença ou acórdão deve apresentar motivação fática consistente, a partir de critérios objetivos e racionais, indicando elementos probatórios que justifiquem cada afirmação fática e analisando eventuais hipóteses alternativas de potencial dúvida razoável."

---

35 MATIDA, Janaína; VIEIRA, Antonio. Para além do BARD: uma crítica à crescente adoção do *standard* de prova "para além de toda a dúvida razoável" no processo penal brasileiro. *Revista Brasileira de Ciências Criminais*, São Paulo: RT, v. 156, ano 27, p. 221-248, jun. 2019.

36 Além do clássico *Rápido e Devagar: duas formas de pensar* de Daniel Kahneman, sugerimos a leitura da obra *Vieses da Justiça: como as heurísticas e vieses operam nas decisões penais e a atuação contraintuitiva* de Alexandre Morais da Rosa e Paola Bianchi Wojciechowski.

37 VASCONCELLOS, Vinicius Gomes de. *Standard* probatório para condenação e dúvida razoável no processo penal: análise das possíveis contribuições ao ordenamento brasileiro. *Revista Direito* GV, São Paulo, v. 16, n. 2, maio/ago. 2020. doi: http://dx.doi.org/10.1590/2317-6172201961.

Tais regras contribuem para uma melhor efetividade da presunção de inocência, do *in dubio pro reo* e, como consequência, como elementos a serem integrados ao *standard* de "prova além de toda a dúvida razoável", para que se possa elevar o nível de exigência probatória em uma sentença penal condenatória, devidamente fundamentada, por elementar.

Somente havendo prova robusta, forte, altamente confiável, de indiscutível qualidade epistêmica, que se traduza em um alto grau de verossimilhança, de probabilidade (ou certeza, para quem admite essa categoria na perspectiva processual), que supere toda e qualquer dúvida fundada sobre questões relevantes do caso penal, é que autoriza uma sentença penal condenatória, pois é apta a superar a barreira do "acima da dúvida razoável" e consegue dar conta do nível de exigência da garantia da presunção de inocência.

### 2.3. Rebaixamento de *Standard*

Compreendido que, para um juízo condenatório, é preciso superar o *standard* de "além de toda a dúvida razoável", admite-se um menor nível de exigência probatória para determinadas decisões interlocutórias, que não se confundem com a sentença final.

Portanto, perfeitamente sustentável um rebaixamento do *standard* probatório conforme a fase procedimental. Assim, é razoável e lógico que a exigência probatória seja menor para receber uma acusação ou decretar uma medida cautelar do que o exigido para proferir uma sentença condenatória. É por isso que o CPP fala em indícios razoáveis, indícios suficientes etc. para decisões interlocutórias com menor exigência probatória (rebaixamento de *standard*).

Os "indícios" são, portanto, concebidos como provas mais fracas, de menor confiabilidade e credibilidade, insuficientes para um juízo condenatório, mas suficientes para decretação de medidas incidentais ou decisões interlocutórias, como recebimento da acusação, pronúncia, decretação de medidas cautelares pessoais, de medidas assecuratórias etc. Ao se admitir tais decisões com base em "indícios", se está consagrando um rebaixamento do *standard* probatório (de prova além da dúvida razoável) lógico e coerente, pois não se pode ter o mesmo nível de exigência probatória para receber uma acusação do que aquele exigido para uma sentença condenatória.

Dessarte, admite-se o rebaixamento do *standard* conforme a fase procedimental, *mas não conforme a natureza do crime*.

Constitui um grande erro supor que determinados crimes (seja pela gravidade ou complexidade) admitam "menos prova" para condenar do que outros. É absolutamente equivocada a prática decisória brasileira de, por exemplo, supervalorizar a palavra da vítima em determinados crimes (violência doméstica, crimes sexuais, crimes contra o patrimônio mediante violência ou grave ameaça etc.) e admitir a condenação exclusivamente com base na palavra da vítima ou quase exclusivamente, quando se recorre, por exemplo, a "testemunhas de ouvir dizer" (*hearsay*) que nada viram, mas apenas ouviram...

Em outros casos, se tem a palavra da vítima mais o reconhecimento pessoal (feito pela própria vítima), ou seja, não se rompe com a circularidade probatória da "palavra da vítima" e em última análise, ainda que não pareça, se está condenando apenas com base na palavra dela.

Tal prática se traduz em um rebaixamento não justificado e não autorizado do *standard* probatório. Até porque a presunção de inocência não é "maior ou menor", "mais robusta ou mais frágil", conforme a natureza do crime.

Nessa mesma perspectiva se situa o inaceitável rebaixamento do *standard* nos julgamentos levados a cabo nos Juizados Especiais Criminais, onde, sob o equivocado argumento de "menor gravidade da infração" (e, portanto, da própria pena), acaba por se exigir menos em termos de qualidade probatória para um juízo condenatório. E voltamos ao ponto: a presunção de inocência não é menor porque o crime é de menor gravidade. Ela permanece hígida e não varia conforme a pena.

Tal erro histórico encontra definição naquilo que CORDERO[38] chama de *equação homeopática: à* "plena probatio" *correspondem as penas ordinárias; as* "semiplenae probationes" *implicam as penas diminuídas*. Essa era a lógica probatória do sistema inquisitório, absolutamente incompatível, por óbvio, com o processo penal contemporâneo.

## 3. Provas e Modos de Construção do Convencimento: (Re)Visitando os Sistemas Processuais

Ao longo da História, diferentes *modos de construção do convencimento* (ou da "verdade") foram admitidos pelo Direito Processual, fazendo com que exista uma íntima relação e interação entre o *regime legal das provas* e o *sistema processual* adotado. Até porque, como bem explica JACINTO COUTINHO[39], pelo *conhecimento do fato, tem um preço a ser pago pela democracia (não avançar nos direitos e*

---

38 CORDERO, Franco. *Procedimiento Penal*, v. 2, cit., p. 273.

39 COUTINHO, Jacinto Nelson de Miranda. Glosas ao "Verdade, Dúvida e Certeza", de Francesco Carnelutti, para os operadores do Direito. In: *Anuário Ibero-Americano de Direitos Humanos (2001/2001)*. Rio de Janeiro, Lumen Juris, 2002. p. 177.

*garantias individuais*). Isso demonstra, ainda, o acerto de GOLDSCHMIDT[40] ao afirmar que a estrutura do processo penal de uma nação não é senão um termômetro dos elementos autoritários ou democráticos de sua Constituição. Partindo dessa experiência, o predomínio de um ou outro sistema não é mais do que um trânsito do direito passado ao direito futuro.

Como afirmamos anteriormente, o processo tem por finalidade buscar a reconstituição de um fato histórico (o crime sempre é passado, logo, fato histórico), de modo que a gestão da prova é erigida a espinha dorsal do processo penal, estruturando e fundando o sistema a partir de dois princípios informadores, conforme ensina JACINTO COUTINHO[41]:

- Princípio dispositivo[42]: funda o sistema acusatório; a gestão da prova está nas mãos das partes (juiz-espectador).
- Princípio inquisitivo: a gestão da prova está nas mãos do julgador (juiz-ator [inquisidor]); por isso, ele funda um sistema inquisitório.

Não se pretende, aqui, definir os sistemas processuais, senão recordar que a gestão/iniciativa probatória é fundante do próprio sistema, e que atribuir a gestão e o poder de ter iniciativa probatória ao juiz funda um sistema inquisitório e, como consequência, afeta o próprio regime legal das provas. Como explica CORDERO[43], os processos inquisitórios são máquinas analíticas movidas por inesgotáveis curiosidades experimentais. Isso retrata bem o substancialismo e a ausência de limites do sistema inquisitório, que está por detrás da própria busca da mitológica (e sempre

---

40 GOLDSCHMIDT, James. *Problemas Jurídicos y Políticos del Proceso Penal*, Barcelona, Bosch, 1935. p. 67.

41 Em diversos trabalhos, mas especialmente no artigo Introdução aos Princípios Gerais do Processo Penal Brasileiro. *Revista de Estudos Criminais*, Porto Alegre, Nota Dez Editora, n. 1, 2001.

42 Sempre recordando que o processo penal tem suas categorias jurídicas próprias, para evitar perigosas e muitas vezes errôneas analogias com o processo civil que foram e são feitas até hoje. Com uma justificada preocupação, J. GOLDSCHMIDT (*Problemas Jurídicos y Políticos del Proceso Penal*, cit., p. 28 e s.) destaca que a construção do modelo acusatório no processo penal deve ser distinta daquela aplicável ao processo civil (uma concepção distinta do princípio dispositivo), pois a situação jurídica da parte ativa é completamente diferente da do autor (processo civil). O Ministério Público não faz valer no processo penal um direito próprio e pede a sua adjudicação (como o autor no processo civil), senão que afirma o nascimento de um direito judicial de penar e exige o exercício deste direito, que ao mesmo tempo representa um dever para o Estado (titular do direito de penar e que realiza seu direito no processo não como parte, mas como juiz). Para compreender esse pensamento é imprescindível partir da premissa de que o objeto do processo penal é uma pretensão acusatória (*ius ut procedatur*). A título de ilustração, uma má interpretação do que seja o modelo acusatório, e uma errada analogia com o processo civil, leva alguns sistemas (como o espanhol) a permitir que a acusação peça uma determinada quantidade de pena – "x" anos – e mais errado ainda é pensar que esse pedido vincule o juiz. Outro erro que diariamente vem sendo cometido é afirmar que a chamada "justiça negociada" (*plea negotiation*) é uma manifestação do modelo acusatório, quando na verdade se trata de uma degeneração completa do processo penal e uma distorcida visão do que seja um processo de partes, o sistema acusatório ou mesmo o verdadeiro objeto do processo penal.

43 CORDERO, Franco. *Procedimiento Penal*, cit., p. 40.

inalcançável) verdade real. No processo penal inquisitório conta o resultado obtido (condenação) a qualquer custo ou de qualquer modo, até porque quem vai atrás da prova e valora sua legalidade é o mesmo agente (que ao final ainda irá julgar).

Não há nenhum exagero ao se afirmar que o sistema inquisitório busca um determinado resultado (condenação). Basta compreender como funciona sua lógica. Ao atribuir poderes instrutórios a um juiz – em qualquer fase[44] – opera-se o *primato dell'ipotesi sui fatti*, gerador de *quadri mentali paranoidi*[45]. Isso significa que mentalmente (e mesmo inconscientemente) o juiz opera a partir do primado (prevalência) das hipóteses sobre os fatos, porque, como ele pode ir atrás da prova (e vai), decide primeiro (definição da hipótese) e depois vai atrás dos fatos (prova) que justificam a decisão (que na verdade já foi tomada). O juiz, nesse cenário, passa a fazer quadros mentais paranoicos.

Na certeira síntese de JACINTO COUTINHO[46], "abre-se ao juiz a possibilidade de decidir antes e, depois, sair em busca do material probatório suficiente para confirmar a sua versão, isto é, o sistema legitima a possibilidade da crença no imaginário, ao qual toma como verdadeiro". E, como prova é crença (fé), obviamente ele crê no que buscou e produziu.

Na admissibilidade das provas, também influi a opção pelo sistema acusatório ou inquisitório, na medida em que intrinsecamente relacionado o trinômio admissibilidade-limites-sistema adotado. Basta atentar para a *morfologia da admissão*[47], para constatar o quão íntima é a relação com o sistema processual vigente. A admissão da prova incumbe ao juiz, e, no sistema inquisitório, como a gestão da prova está igualmente nas mãos do juiz, opera-se uma perigosíssima mescla entre aquisição da prova e sua admissão, pois ambos os atos são feitos pela mesma pessoa. Não existe a necessária separação entre o agente encarregado da aquisição e aquele que deve fazer o juízo de admissibilidade da prova no processo. Quando um mesmo juiz vai atrás da prova, é elementar que ele não pode valorar a licitude do próprio ato no momento da admissibilidade dessa mesma prova no processo. Foi exatamente isso que desacreditou o sistema inquisitório, aponta GOLDSCHMIDT[48]: o erro psicológico de crer que uma mesma pessoa possa exercer

---

44 A crítica serve para reforçar a necessidade de efetivação do sistema acusatório recepcionado pelo art. 3º-A do CPP e, por conseguinte, da absoluta vedação de atribuição de poderes instrutórios ao juiz, em qualquer fase do processo.

45 CORDERO, Franco. *Guida alla Procedura Penale*. Torino, UTET, 1986, p. 51.

46 COUTINHO, Jacinto Nelson de Miranda. Introdução aos Princípios Gerais do Processo Penal Brasileiro, cit., p. 37.

47 CORDERO, Franco. *Procedimiento Penal*, cit., p. 43.

48 GOLDSCHMIDT, James. *Problemas Jurídicos y Políticos del Proceso Penal*, cit., p. 29.

funções antagônicas, como acusar, julgar e defender; ou, em termos probatórios, ter iniciativa (probatória), realizar o juízo de admissibilidade e gerir sua produção.

Portanto, uma vez mais, reforçamos a importância de efetivar o sistema acusatório desenhado na Constituição e expressamente estabelecido no art. 3º-A do CPP, afirmando assim a revogação de diversos artigos do CPP que ainda permitem uma postura inquisitória, o ativismo probatório do juiz, tais como os arts. 156, 209, 127, 242, 385 e todos os que permitirem ao juiz "de ofício" agir na busca de provas, decretação de medidas cautelares, etc.

Infelizmente, como já mencionado, o art. 3º-A está com sua eficácia suspensa pela liminar do Min. FUX.

Já no sistema acusatório (que se pretende), o juiz mantém uma posição – não meramente simbólica, mas efetiva – de alheamento (*terzietà*) em relação à arena das verdades onde as partes travam sua luta. Isso porque ele assume uma posição de espectador, sem iniciativa probatória. Forma sua convicção através dos elementos probatórios trazidos ao processo pelas partes (e não dos quais ele foi atrás).

Se no processo inquisitório, explica CORDERO[49], os inquisidores empreendem verdadeiras lutas contra o Diabo, no processo acusatório o que se tem é uma pura operação técnica, em que um resultado equivale ao outro (tanto faz a condenação ou a absolvição, ao contrário da lógica inquisitiva dirigida para a condenação). O grande valor do processo acusatório está na justiça, o que equivale a dizer no jogo limpo. Literalmente, afirma o autor que *este modelo* (acusatório), *ideológicamente neutro, reconoce un solo valor: la justicia, el juego limpio (fair play)*.

Voltando para o processo acusatório, existe um formalismo que deve ser sublinhado: quanto menos espaço ocupa o órgão julgador (juiz-espectador e não juiz-ator), tanto mais pesam os ritos (não no sentido de procedimento, mas sim de ritual) e o valor da forma dos atos[50]. O ritual judiciário está constituído, essencialmente, por discursos e, no sistema acusatório, forma é garantia.

Como bem definiu OLIVEIRA[51], não há que se *confundir formalismos despidos de significados com significados revestidos de forma*, e, emendamos, não há que se transportar automaticamente categorias – como a famigerada *pas nullité sans grief* – do processo civil para o processo penal. Forma é garantia, e o "estilo acusatório impõe severos rituais à palavra"[52].

---

49 CORDERO, Franco. *Procedimiento Penal*, cit., v. 1, p. 90.

50 CORDERO, Franco. *Procedimiento Penal*, cit., v. 1, p. 88.

51 OLIVEIRA, Ana Sofia Schmidt de. Resolução 05/2002: interrogatório on-line [Parecer]. *Boletim IBCCRIM*, São Paulo, v. 10, n. 120, p. 2-4, nov. 2002.

52 CORDERO, Franco. *Procedimiento Penal*, cit., v. 1, p. 208.

Inspirado na doutrina de JAMES GOLDSCHMIDT (processo como situação jurídica), a quem CORDERO define como *última obra maestra de la ciencia procesal alemana*, afirma o autor que o *processo é uma máquina verbal*, em contraste com o estilo inquisitório, verdadeira *máquina monologadora* (com seu automatismo teoricamente perfeito, onde nada se deixa ao acaso, pois se prevê tudo o que se (pré)julga).

No sistema inquisitório, o instrutor trabalha solitário: *elabora hipóteses e as cultiva, buscando as provas; quando as descobre, as colhe*[53]. É um sistema que exclui os diálogos e, quando muito, monologam juiz e Ministério Público, e essa simbiose entre o Ministério Público e o juiz com poderes instrutórios conduz a uma *metástase inquisitorial*[54].

Essas lições são fundamentais quando se trata de analisar o art. 156 do CPP, que absurdamente atribui poderes instrutórios ao juiz antes mesmo de haver processo, fundando assim um sistema inquisitório substancialmente inconstitucional, além de estar tacitamente revogado pelo art. 3º-A do CPP (SUSPENSO PELA LIMINAR DO MIN. FUX).

É elementar que atribuir poderes investigatórios ao juiz é violar de morte a garantia da imparcialidade sobre a qual se estruturam o processo penal e o sistema acusatório, e ainda não existe qualquer possibilidade "de bom uso" de tais poderes, pois eles somente serão invocados pelos inquisidores de plantão, de quem da bondade sempre há que se duvidar. Recordemos as palavras da Exposição de Motivos do Código Modelo de Processo Penal para Iberoamérica: "o bom inquisidor mata o bom juiz, ou ao contrário, o bom juiz desterra o inquisidor"[55]. São posturas incompatíveis.

Como bem pontuou GIACOMOLLI[56], *eventual erro na escolha da profissão não justifica o exercício ideológico de outra atividade*.

Em síntese, o sistema legal das provas varia conforme tenhamos um sistema inquisitório ou acusatório, pois é a gestão da prova que funda o sistema. Quando se atribuem poderes instrutórios ou investigatórios (conforme a fase) a um juiz, cria-se a figura do juiz-ator, característico de modelos processuais inquisitórios (ou neoinquisitórios como o nosso). Por outro lado, quando a gestão das provas está nas mãos das partes, o juiz assume seu verdadeiro papel de espectador (alheamento), essencial para assegurar a imparcialidade e a estrutura do modelo processual acusatório. Ademais, o limite probatório também é dado pelo sistema processual.

---

53 CORDERO, op. cit., v. 1, p. 47.

54 Idem, ibidem, p. 322.

55 *Exposición de Motivos del Código Procesal Penal Modelo para Iberoamérica.*

56 GIACOMOLLI, Nereu. *Reformas (?) do Processo Penal*, Rio de Janeiro, Lumen Juris, 2008. p. 86.

Se por um lado o sistema inquisitório admite um substancialismo e uma relativização da garantia da forma em nome da "verdade real" (inalcançável), de outro, o modelo acusatório pauta-se por um formalismo protetor, respeitando a *forma enquanto valor*. O grande valor do processo acusatório está no seu conteúdo ético, externado no estrito respeito às regras do jogo (forma) e, principalmente, no fato de que *condenação* ou *absolvição* são equivalentes axiológicos para o resultado, abandonando o ranço inquisitório de buscar a condenação.

## 4. Principiologia da Prova. Distinção entre Meios de Prova e Meios de Obtenção de Provas

Antes de ingressar na Principiologia da Prova, é importante compreender a distinção entre "meios de prova" e "meios de obtenção de provas":

a) Meio de prova: é o meio através do qual se oferece ao juiz meios de conhecimento, de formação da história do crime, cujos resultados probatórios podem ser utilizados diretamente na decisão. São exemplos de meios de prova: a prova testemunhal, os documentos, as perícias etc.

b) Meio de obtenção de prova: ou *mezzi di ricerca della prova* como denominam os italianos, são instrumentos que permitem obter-se, chegar-se à prova. Não é propriamente "a prova", senão meios de obtenção. Explica MAGALHÃES GOMES FILHO[57] que os meios de obtenção de provas não são por si fontes de conhecimento, mas servem para adquirir coisas materiais, traços ou declarações dotadas de força probatória, e que também podem ter como destinatários a polícia judiciária. Exemplos: delação premiada, buscas e apreensões, interceptações telefônicas etc. Não são propriamente provas, mas caminhos para chegar-se à prova.

Na síntese de BADARÓ, "enquanto os meios de prova são aptos a servir, diretamente, ao convencimento do juiz sobre a veracidade ou não de uma afirmação fática (p. ex., o depoimento de uma testemunha, ou o teor de uma escritura pública), os meios de obtenção de provas (p. ex.: uma busca e apreensão) são instrumento para a colheita de elementos ou fontes de provas, estes sim, aptos a convencer o julgador (p. ex.: um extrato bancário [documento] encontrado em uma busca e apreensão domiciliar). Ou seja, enquanto o meio de prova se presta ao convencimento direto do julgador, os meios de obtenção de provas somente

---

57 Notas sobre a terminologia da prova – reflexos no processo penal brasileiro. In: YARSHELL, Flávio Luiz; ZANOIDE DE MORAES, Maurício (Orgs.). *Estudos em Homenagem à Professora Ada Pellegrini Grinover*. São Paulo, DSJ Ed., 2005. p. 303-318.

indiretamente, e dependendo do resultado de sua realização, poderão servir à reconstrução da história dos fatos"[58].

### 4.1. Garantia da Jurisdição: Distinção entre Atos de Investigação e Atos de Prova

Considerando que a principal garantia que temos é a da jurisdição e, como consectário lógico dela, a de ser julgado com base na prova produzida dentro do processo, com todas as garantias do *due process of law*, é muito importante distinguir os atos (verdadeiramente) de prova daqueles meros atos de investigação (produzidos na fase "pré-processual").

Assim, são atos de prova aqueles que:

1. estão dirigidos a convencer o juiz de uma afirmação;
2. estão a serviço do processo e integram o processo penal;
3. dirigem-se a formar a convicção do juiz para o julgamento final – tutela de segurança;
4. servem à sentença;
5. exigem estrita observância da publicidade, contradição e imediação;
6. são praticados ante o juiz que julgará o processo.

Substancialmente distintos, os atos de investigação (realizados na investigação preliminar):

1. não se referem a uma afirmação, mas a uma hipótese;
2. estão a serviço da investigação preliminar, isto é, da fase pré-processual e para o cumprimento de seus objetivos;
3. servem para formar um juízo de probabilidade, e não a convicção do juiz para o julgamento;
4. não exigem estrita observância da publicidade, contradição e imediação, pois podem ser restringidas;
5. servem para a formação da *opinio delicti* do acusador;
6. não estão destinados à sentença, mas a demonstrar a probabilidade do *fumus commissi delicti* para justificar o processo (recebimento da ação penal) ou o não processo (arquivamento);
7. também servem de fundamento para decisões interlocutórias de imputação (indiciamento) e adoção de medidas cautelares pessoais, reais ou

[58] BADARÓ, Gustavo. *Processo Penal*. Rio de Janeiro, Campus, Elsevier, 2012. p. 270.

outras restrições de caráter provisional;

8. podem ser praticados pelo Ministério Público ou pela Polícia Judiciária.

Partindo dessa distinção, conclui-se facilmente que o inquérito policial somente gera *atos de investigação* e, como tais, de limitado valor probatório. Seria um contrassenso outorgar maior valor a uma atividade realizada por um órgão administrativo, muitas vezes sem nenhum contraditório ou possibilidade de defesa e ainda sob o manto do segredo.

Portanto, está justificada exclusão física dos autos da investigação, prevista no art. 3º-C, § 3º, do CPP e que precisa ser levada a sério, não admitindo burlas (como, por exemplo, a juntada por parte do MP das peças do inquérito, violando assim a expressa determinação de que não serão apensadas). INFELIZMENTE TAL DISPOSITIVO ESTÁ COM SUA EFICÁCIA SUSPENSA PELA LIMINAR DO MIN. FUX.

Somente são considerados atos de prova e, portanto, aptos a fundamentarem a sentença, aqueles praticados dentro do processo, à luz da garantia da jurisdição e demais regras do devido processo penal.

### 4.2. Presunção de Inocência

A presunção de inocência foi motivo de burla por parte de VINCENZO MANZINI, para quem ela não passa de *uma absurda teoria ideada pelo empirismo francês*. Partindo de uma premissa absurda, MANZINI chegou a estabelecer uma equiparação entre os indícios que justificam a imputação e a prova da culpabilidade. O raciocínio era o seguinte: como a maior parte dos imputados resultavam ser culpados ao final do processo, não há o que justifique a proteção e a presunção de inocência. Com base na doutrina de Manzini, o próprio Código de Rocco, de 1930, não consagrou a presunção de inocência, pois era vista como um excesso de individualismo e garantismo.

Com razão, CORDERO[59] define MANZINI como "xenófobo, partidário da repressão, defensor do glorioso passado inquisitório, alheio a investigação do direito comparado", para quem, em seu "exíguo, opaco e fóbico universo mental, *filosofia* significa vírus subversivo". Isso é extremamente relevante se considerarmos que nosso atual Código de Processo Penal, em sua Exposição de Motivos, idolatra o Código de Rocco que, por sua vez, foi elaborado por ninguém menos que VINCENZO MANZINI. A consciência desse complexo contexto histórico

---

59 CORDERO, Franco. *Procedimiento Penal*, cit., v. 1, p. 85.

é fundante de uma posição crítica e extremamente preocupada com os níveis de eficácia dos direitos fundamentais previstos na Constituição e de difícil implementação num Código como o nosso.

No Brasil, a presunção de inocência está expressamente consagrada no art. 5º, LVII, da Constituição, sendo o princípio reitor do processo penal, e, em última análise, podemos verificar a qualidade de um sistema processual através do seu nível de observância (eficácia). Tal é sua relevância que AMILTON B. DE CARVALHO[60] afirma que "o Princípio da Presunção de Inocência não precisa estar positivado em lugar nenhum: é 'pressuposto' – para seguir Eros –, nesse momento histórico, da condição humana".

A complexidade do conceito de *presunção de inocência*[61] faz com que dito princípio atue em diferentes dimensões no processo penal. Contudo, a essência da presunção de inocência pode ser sintetizada nas seguintes expressões: *norma de tratamento*, *norma probatória e norma de julgamento*.

Para evitar repetições, remetemos o leitor para o Capítulo II, onde tratamos especificamente da presunção de inocência no tópico 3.

Ademais, como ensina Rui Cunha Martins, a presunção de inocência deve conduzir a uma pré-ocupação dos espaços mentais decisórios do juiz, gerando uma respectiva preocupação, por parte do juiz, em assim tratar o acusado até que a acusação derrube a presunção, comprovando a autoria e a materialidade do crime. Sempre recordando que no processo penal não existe distribuição de cargas probatórias, senão atribuição, exclusiva, ao acusador. Não há que se fazer analogias com o processo civil, uma vez mais advertimos.

### 4.3. Carga da Prova e *In Dubio Pro Reo*: Quando o Réu Alega uma Causa de Exclusão da Ilicitude, Ele Deve Provar?

A partir do momento em que o imputado é presumidamente inocente, não lhe incumbe provar absolutamente nada. Existe uma presunção que deve ser

---

[60] CARVALHO, Amilton Bueno de. Lei, para que(m)? In: WUNDERLICH, Alexandre (Coord.). *Escritos de Direito e Processo Penal em Homenagem ao Professor Paulo Cláudio Tovo*. Rio de Janeiro, Lumen Juris, 2001. p. 51.

[61] Estamos com CORDERO (*Procedimiento Penal*, cit., v. 1, p. 398) quando equipara as expressões "presunção de inocência" e "não seja considerado culpado antes da sentença definitiva". Para tanto, utiliza a equivalência explícita de três famosas fórmulas:
– art. 11 da Declaração Universal dos Direitos do Homem, de 1948 (*everyone charged with a penal offence has the right to be presumed innocente until proved guilty*);
– art. 2º da Convenção para a Proteção dos Direitos do Homem, Roma, 1950;
– art. 14.2 do Pacto Internacional sobre os Direitos Civis e Políticos, Nova Iorque, 1966.

destruída pelo acusador, sem que o réu (e muito menos o juiz) tenha qualquer dever de contribuir nessa desconstrução (direito de silêncio – *nemo tenetur se detegere*).

FERRAJOLI[62] esclarece que a acusação tem a carga de descobrir hipóteses e provas, e a defesa tem o *direito* (não dever) de contradizer com contra-hipóteses e contraprovas. O juiz, que deve ter por hábito profissional a imparcialidade e a dúvida, tem a tarefa de analisar todas as hipóteses, aceitando a acusatória somente se estiver provada e, não a aceitando, se desmentida ou, ainda que não desmentida, não restar suficientemente provada.

É importante recordar que, no processo penal, não há distribuição de cargas probatórias, senão atribuição ao acusador, ou seja, a carga da prova está inteiramente nas mãos do acusador, não só porque a primeira afirmação é feita por ele na peça acusatória (denúncia ou queixa), mas também porque o réu está protegido pela presunção de inocência.

Erro crasso pode ser percebido quase que diariamente nos foros brasileiros: sentenças e acórdãos fazendo uma absurda distribuição de cargas no processo penal, tratando a questão da mesma forma que no processo civil. Não raras são as sentenças condenatórias fundamentadas na "falta de provas da tese defensiva", como se o réu tivesse que provar sua versão de negativa de autoria ou da presença de uma excludente.

O que podemos conceber, como já explicamos ao tratar do pensamento de GOLDSCHMIDT, é uma assunção de riscos. A defesa assume riscos pela perda de uma chance probatória. Assim, quando facultado ao réu fazer prova de determinado fato por ele alegado e não há o aproveitamento dessa chance, assume a defesa o risco inerente à perda de uma chance, logo, assunção do risco de uma sentença desfavorável. Exemplo típico é o exercício do direito de silêncio, calcado no *nemo tenetur se detegere*. Não gera um prejuízo processual, pois não existe uma carga. Contudo, potencializa o risco de uma sentença condenatória. Isso é inegável.

Não há uma carga para a defesa exatamente porque não se lhe atribui um prejuízo imediato e tampouco possui ela um dever de liberação. A questão desloca-se para a dimensão da distribuição do risco pela perda de uma chance de obter a captura psíquica do juiz. O réu que cala assume o risco decorrente da perda da chance de obter o convencimento do juiz da veracidade de sua tese.

---

62 FERRAJOLI, Luigi. *Derecho y Razón* – teoría del garantismo penal. Trad. Perfecto Andrés Ibáñez; Alfonso Ruiz Miguel; Juan Carlos Bayón Mohino; Juan Terradillos Basoco e Rocío Cantarero Bandrés. 2. ed. Madrid, Trotta, 1997. p. 152.

Com uma construção teórica um pouco distinta, mas alcançando uma conclusão similar à nossa, HUERTAS MARTIN[63] afirma que "no processo penal unicamente caberia se falar em carga da prova em sentido negativo: não recai sobre o acusado, em nenhum caso, a carga de provar sua própria inocência que, por outra parte, se presume enquanto não exista uma atividade probatória suficiente de onde se possa depreender o contrário" (tradução nossa).

Interessante ainda é a afirmação de ILLUMINATI[64] de que não há que se falar em *carga da prova*, mas sim em regra de julgamento (*regla de juicio*). O processo penal define uma situação jurídica em que o problema da carga probatória é, na realidade, uma regra para o juiz, proibindo-o de condenar alguém cuja culpabilidade não tenha sido completamente provada.

Ao lado da presunção de inocência, como critério pragmático de solução da incerteza (dúvida) judicial, o princípio do *in dubio pro reo* corrobora a atribuição da carga probatória ao acusador e reforça a regra de julgamento (não condenar o réu sem que sua culpabilidade tenha sido suficientemente demonstrada). A única certeza exigida pelo processo penal refere-se à prova da autoria e da materialidade, necessárias para que se prolate uma sentença condenatória. Do contrário, em não sendo alcançado esse grau de convencimento (e liberação de cargas), a absolvição é imperativa.

Isso porque, ao estar a inocência assistida pelo postulado de sua presunção, até prova em contrário, essa prova contrária deve aportá-la quem nega sua existência, ao formular a acusação[65]. Trata-se de estrita observância ao *nulla accusatio sine probatione*.

A parte inicial do *caput* do art. 156 do CPP exige uma leitura à luz da presunção de inocência, quando diz que "a prova da alegação incumbirá a quem a fizer". Na verdade, a primeira alegação é feita pelo MP na denúncia, quando afirma a autoria e a materialidade, cabendo a ele acusador ônus total e intransferível de provar a existência do delito (inclusive na perspectiva formal, de fato típico, ilícito e culpável). O restante do art. 156 viola o sistema acusatório e, portanto, além de substancialmente inconstitucional, está tacitamente revogado pelo art. 3º-A do CPP (infelizmente tal dispositivo está com sua eficácia suspensa pela liminar do Min. FUX).

---

63 HUERTAS MARTIN, Maria Isabel. *El Sujeto Pasivo del Proceso Penal como Objeto de la Prueba*. Barcelona, Bosch, 1999. p. 39.

64 ILLUMINATI, G. *La Presunzione d'Inocenza dell'Imputato*, p. 107. Apud HUERTAS MARTIN, op. cit., p. 40.

65 FERRAJOLI, Luigi. *Derecho y Razón*, cit., p. 610.

Gravíssimo erro é cometido por numerosa doutrina (e rançosa jurisprudência), ao afirmar que à defesa incumbe a prova de uma alegada excludente. Nada mais equivocado, principalmente se compreendido o dito até aqui. A carga do acusador é de provar o alegado; logo, demonstrar que alguém (autoria) praticou um crime (fato típico, ilícito e culpável). Isso significa que incumbe ao acusador provar a presença de todos os elementos que integram a tipicidade, a ilicitude e a culpabilidade e, logicamente, a inexistência das causas de justificação.

Essa é a *regla de juicio*, ou seja, a regra para o julgamento por parte do juiz.

No mesmo sentido, GUARNIERI[66] afirma categoricamente que *incumbe a la acusación la prueba positiva, no sólo de los hechos que constituyan el delito, sino también de la inexistencia de los que le excluyan.*

Explica JUAREZ TAVARES[67], ao tratar da complexidade que envolve o conceito de (análise dialética do) *injusto*, que "só haverá ilicitude quando esgotados todos os recursos em favor da prevalência da liberdade". E, como adverte o autor, a operação mental que deve ser feita é exatamente inversa àquela que normalmente realiza a doutrina penal (e, advertimos nós, também a processual penal). Eis o ponto-chave: "em vez de perquirir se existe uma causa que exclua a antijuridicidade, porque o tipo de injusto já a indicia (o que constituiria uma presunção *juris tantum* de ilicitude) deve-se partir de que só se autoriza a intervenção se não existir em favor do sujeito uma causa que autorize a conduta". Isso porque o tipo penal não constitui indício da antijuridicidade, mas uma etapa metodológica, um requisito que deve ser perquirido para que a intervenção estatal possa efetivar-se, como adverte o autor.

Também chama a atenção para a influência da presunção de inocência, uma preocupação rara entre os penalistas, que erroneamente pensam que princípios como este não afetam o Direito Penal, apenas o Processual. É elementar que a presunção de inocência afeta a estrutura e as normas, tanto do Direito Penal como também do Processual Penal.

Sempre atento ao primado da Constituição, TAVARES[68] aponta que "não se pode considerar indiciado o injusto pelo simples fato da realização do tipo, antes que se esgote em favor do sujeito a análise das normas que possam autorizar sua conduta".

---

66 GUARNIERI, José. *Las Partes en el Proceso Penal*, Trad. Constancio Bernaldo de Quirós. México, José M. Cajica, 1952. p. 305.

67 TAVARES, Juarez. *Teoria do Injusto Penal*. 3. ed. Belo Horizonte, Del Rey, 2003. p. 166.

68 TAVARES, Juarez. *Teoria do Injusto Penal*, cit., p. 166.

Então, tanto pela compreensão da regra para o juiz como também pela dimensão de atribuição exclusiva da carga probatória ao acusador, se o réu aduzir a existência de uma causa de exclusão da ilicitude, cabe ao acusador provar que o fato é ilícito e que a causa não existe (através de prova positiva)[69].

Ao adotarmos a teoria do processo como situação jurídica, de JAMES GOLDSCHMIDT, entendemos que no processo penal o acusador inicia com uma imensa "carga probatória", constituída não apenas pelo ônus de provar o alegado (autoria de um crime), mas também pela necessidade de derrubar a presunção de inocência instituída pela Constituição. Para chegar à sentença favorável (acolhimento da tese acusatória sustentada), ele deve aproveitar as chances do processo (instrução etc.) para liberar-se dessa carga. À medida que o acusador vai demonstrando as afirmações feitas na inicial, ele se libera da carga e, ao mesmo tempo, enfraquece a presunção (inicial) de inocência, até chegar ao ponto de máxima liberação da carga e consequente desconstrução da presunção de inocência com a sentença penal condenatória.

Caso isso não ocorra, a absolvição é um imperativo (regra para o juiz).

Por fim, outro aspecto que deve ser tratado neste momento é uma equivocada prática de rebaixamento de *standard* probatório para determinados crimes, como já explicado no início desse capítulo, além de uma igualmente errada concepção de menor exigência probatória para os delitos de menor gravidade, bastante difundida a partir da criação dos Juizados Especiais Criminais e que decorre, também, do baixo nível de qualidade da prestação jurisdicional lá efetivada.

Trata-se de raciocínio rotineiramente empregado nos julgados, vinculando o nível de exigência probatória à gravidade do delito, de modo que, para delitos de menor gravidade, uma prova mais frágil serviria para amparar um juízo condenatório (até porque a sanção penal seria mais branda).

Nada mais equivocado. O nível de exigência probatória não varia. Trata-se de mais um resquício de práticas (e de uma verdadeira racionalidade) inquisitoriais, ainda tão arraigadas no sistema contemporâneo e na forma de pensar de muitos daqueles que atuam no processo penal.

---

[69] Antes que algum incauto leitor pense que estamos exigindo a (impossível) prova negativa, esclarecemos que não se trata disso. Por exemplo, se a defesa alega que o delito foi cometido ao abrigo da excludente da legítima defesa, incumbe ao acusador provar que não houve a repulsa a uma injusta agressão (logo, provando que a agressão era justa), ou que dita agressão não era atual ou iminente (logo, era passada ou futura), que o réu não repeliu dita agressão usando moderadamente os meios necessários (logo, demonstrando o excesso), enfim, trata-se de prova positiva que afaste a excludente.

Não se pode relativizar a presunção de inocência e o *in dubio pro reo* a partir de uma pseudomenor gravidade do fato. A proteção é processual e em relação ao exercício de poder corporificado na sentença condenatória, e esse poder (e consequente proteção-limite) não varia conforme a pena.

Tal erro histórico encontra definição naquilo que CORDERO[70] chama de *equação homeopática: à* "plena probatio" *correspondem as penas ordinárias; as* "semiplenae probationes" *implicam as penas diminuídas.* Essa era a lógica probatória do sistema inquisitório, absolutamente incompatível, por óbvio, com o processo penal contemporâneo. No restante, remetemos a leitora e o leitor para o início desse capítulo, quando explicamos o problema do rebaixamento de *standard* probatório.

### 4.4. *In Dubio Pro Societate*: (Des)Velando um Ranço Inquisitório

Importante destacar que a presunção de inocência e o *in dubio pro reo* não podem ser afastados no rito do Tribunal do Júri. Ou seja, além de não existir a mínima base constitucional para o *in dubio pro societate* (quando da decisão de pronúncia), é ele incompatível com a estrutura das cargas probatórias definida pela presunção de inocência.

A questão foi tratada com muito acerto por RANGEL[71], que ao atacar tal construção, afirma que *o chamado princípio do* in dubio pro societate *não é compatível com o Estado Democrático de Direito, onde a dúvida não pode autorizar uma acusação, colocando uma pessoa no banco dos réus.* (...) *O Ministério Público, como defensor da ordem jurídica e dos direitos individuais e sociais indisponíveis, não pode, com base na dúvida, manchar a dignidade da pessoa humana e ameaçar a liberdade de locomoção com uma acusação penal.*

Com razão, o autor destaca que *não há nenhum dispositivo legal que autorize esse chamado princípio do* in dubio pro societate. *O ônus da prova, já dissemos, é do Estado e não do investigado.* Por derradeiro, enfrentando a questão na esfera do Tribunal do Júri, segue o autor explicando que, *se há dúvida, é porque o Ministério Público não logrou êxito na acusação que formulou em sua denúncia, sob o aspecto da autoria e materialidade, não sendo admissível que sua falência funcional seja resolvida em desfavor do acusado, mandando-o a júri, onde o sistema que impera, lamentavelmente, é o da íntima convicção.* (...) *A desculpa de que os jurados são soberanos não pode autorizar uma condenação com base na dúvida.*

Outro momento em que o famigerado *in dubio pro societate* cobra seu preço é na revisão criminal. É lugar-comum o discurso de que nessa ação (desconstitutiva) incumbe ao réu a prova integral do fato modificativo sem que a revisão seja

---

70 CORDERO, Franco. *Procedimiento Penal*, v. 2, cit., p. 273.

71 RANGEL, Paulo. *Direito Processual Penal*. 6. ed. Rio de Janeiro, Lumen Juris, 2002. p. 79.

acolhida quando a questão não superar o campo da dúvida. Essa problemática costuma aparecer quando o fundamento da revisão situa-se na dimensão probatória ("evidência dos autos", "novas provas de inocência", "depoimentos, exames ou documentos comprovadamente falsos" etc.).

Nesses casos, cumpre perguntar:

a) onde está a previsão constitucional do tal *in dubio pro societate*?
b) em que fase do processo (e com base em que) o réu perde a proteção constitucional?
c) como justificar que, no momento da decisão (seja ela pelo juiz ou tribunal), a dúvida conduza inexoravelmente à absolvição, mas essa mesma dúvida, quando surgir apenas em sede de revisão criminal, não autorize a absolvição?
d) e se, quando da decisão de primeiro grau (ou mesmo em grau recursal, mas antes do trânsito em julgado), existir um contexto probatório que permita afastar a dúvida e alcançar um alto grau de probabilidade autorizador da condenação, mas, depois do trânsito em julgado, surgir uma prova nova "x" que gere uma dúvida (em relação ao suporte probatório existente), por que devemos afastar o *in dubio pro reo*?
e) como justificar que essa prova, se tivesse sido conhecida quando da sentença, implicaria absolvição, mas agora, porque estamos numa revisão criminal, ela não mais serve para absolver?

Em suma, nossa posição é a de que a sentença condenatória só pode manter-se enquanto não surgir uma prova que crie uma dúvida fundada. Logo, o *in dubio pro reo* é um critério pragmático para solução da incerteza processual, qualquer que seja a fase do processo em que ocorra!

Mas o tema exige uma análise mais detida, especificamente no caso da pronúncia. Por conta disso, remetemos o leitor para o capítulo em que tratamos dos procedimentos, no tópico do tribunal do júri, onde voltamos a tratar do *in dubio pro societate* ao explicar a decisão de pronúncia.

### 4.5. Contraditório e Momentos da Prova

O contraditório pode ser inicialmente tratado como um método de confrontação da prova e comprovação da verdade, fundando-se não mais sobre um juízo potestativo, mas sobre o conflito, disciplinado e ritualizado entre partes contrapostas: a acusação (expressão do interesse punitivo do Estado) e a defesa (expressão do interesse do acusado [e da sociedade] em ficar livre de acusações infundadas e imune a penas arbitrárias e desproporcionadas). É imprescindível para a própria existência da estrutura dialética do processo.

Trata-se (contraditório e direito de defesa) de direitos constitucionalmente assegurados no art. 5º, LV, da CB:

> Aos litigantes, em processo judicial ou administrativo, e aos acusados em geral são assegurados o contraditório e ampla defesa, com os meios e recursos a ela inerentes.

O ato de "contradizer"[72] a versão afirmada na acusação (enquanto declaração petitória) é ato imprescindível para um mínimo de configuração acusatória do processo. O contraditório conduz ao direito de audiência e às alegações mútuas das partes na forma dialética.

Por isso, está intimamente relacionado com o princípio do *audiatur et altera pars*, pois obriga que a reconstrução da "pequena história do delito" seja feita com base na versão da acusação (vítima), mas também com base no alegado pelo sujeito passivo. O adágio está atrelado ao direito de audiência, o qual o juiz deve conferir a ambas as partes, sob pena de *parcialidade*. Para W. GOLDSCHMIDT[73], também serve para justificar a face igualitária da justiça, pois "quien presta audiencia a una parte, igual favor debe a la otra".

O contraditório é uma nota característica do processo, uma exigência política, e, mais do que isso, confunde-se com a própria essência do processo. Inspirado em ELIO FAZZALARI, o conceito moderno de processo necessariamente deve envolver o *procedimento* e o *contraditório*, sem o que não existe processo.

A interposição de alegações contrárias frente ao órgão jurisdicional, a própria *discussão*, explica GUASP[74], não só é um eficaz instrumento técnico que utiliza o direito para obter a descoberta dos fatos relevantes para o processo, senão que se trata de verdadeira *exigência de justiça que nenhum sistema de Administração de Justiça pode omitir*. É autêntica prescrição do direito natural, dotada de inevitável conteúdo imperativo. Talvez seja o princípio de direito natural mais característico entre todos os que fazem referência à Administração da Justiça.

Não podemos esquecer que Ministério Público e Defesa foram feitos para contraditarem-se, a ponto de CARNELUTTI[75] afirmar que *la loro contraddizione è necessaria al giudice come l'ossigeno nell'aria che respira. Il dubbio è un passaggio obbligato sulla via della verità; guai al giudice che non dubita! (...) Non tanto la possibilità quanto la*

---

72 A relação inafastável entre "contraditório" e o "ato de contradizer" explica por que J. GOLDSCHMIDT utiliza como sinônimas as expressões, ao definir como "princípio de controvérsia o contradicción". Sobre o tema, veja-se sua obra *Derecho Procesal Civil*, cit., p. 82.

73 GOLDSCHMIDT, Werner. La Imparcialidad como Principio Básico del Proceso. *Revista de Derecho Procesal*, n. 2, 1950, p. 189.

74 GUASP, Jaime. Administración de Justicia y Derechos de la Personalidad. In: ALONSO, Pedro Aragoneses (Coord.). *Estudios Jurídicos*. Madrid, Civitas, 1996. p. 182 e s.

75 CARNELUTTI, Francesco. *Principi del Processo Penale*. Napoli, 1960. p. 139.

*effettività del contraddittorio sono una garanzia imprescindibile della istruzione. Tanto più vale codesta garanzia quanto più siano equilibrate le forze dei due lottatori.*

Numa visão contemporânea, o contraditório engloba o direito das partes de debater perante o juiz, mas não é suficiente que tenham a faculdade de ampla participação no processo; é necessário também que o juiz participe intensamente (não confundir com juiz-inquisidor ou com a atribuição de poderes instrutórios ao juiz), respondendo adequadamente às petições e requerimentos das partes, fundamentando suas decisões (inclusive as interlocutórias), evitando atuações de ofício e as surpresas. Ao sentenciar, é crucial que observe a correlação acusação-defesa-sentença[76].

Contudo, contraditório e direito de defesa são distintos, pelo menos no plano teórico. PELLEGRINI GRINOVER[77] explica que "defesa e contraditório estão indissoluvelmente ligados, porquanto é do contraditório (visto em seu primeiro momento, da informação) que brota o exercício da defesa; mas é esta – como poder correlato ao de ação – que garante o contraditório. A defesa, assim, garante o contraditório, mas também por este se manifesta e é garantida. Eis a íntima relação e interação da defesa e do contraditório".

No mesmo sentido, LEONE[78] faz a distinção e afirma que não se pode identificar contraditório e direito de defesa, pois o último pode ser exercido sem que seja instaurado o contraditório. Para o autor, o contraditório consiste na participação contemporânea e contraposta de todas as partes no processo. Ademais, destaca que o contraditório é da essência da estrutura dialética sobre a qual deve estruturar-se o processo penal.

---

76 O conhecimento da acusação formulada nos leva à necessária correlação entre acusação-defesa-sentença. A correlação fixa os limites da sentença e possibilita a resistência da parte passiva. É importante destacar que o modelo acusatório não exige a vinculação do julgador à qualificação jurídica nem ao *petitum* das partes, até porque ao acusador não incumbe pedir uma determinada pena, pois a ele corresponde uma pretensão meramente acusatória (*ius ut procedatur*). Nesse sentido, ARAGONESES MARTINEZ (Del Principio Inquisitivo al Principio Dispositivo. In: *XII Jornadas Iberoamericanas de Derecho Procesal*, p. 1.693 e 1.698) sublinha que "entender que la sentencia criminal debe guardar con la acusación la misma correlación que la sentencia civil con la demanda es una grave confusión entre el principio acusatorio con el dispositivo". Como explica a autora, "(...) como garantía esencial del moderno proceso penal, debe dársele (al acusado) la posibilidad de ser oído respecto de todas y cada una de las cuestiones de trascendencia penal: la calificación jurídica de los hechos, el grado de participación y de ejecución, la concurrencia de circunstancias eximentes, atenuantes o agravantes de la responsabilidad etc.". A correlação exige que o julgamento recaia sobre o mesmo fato natural que integra a pretensão acusatória, como seu elemento objetivo. A correlação no processo penal está, acima de tudo, a serviço da defesa, evitando o segredo e a surpresa.

77 PELLEGRINI GRINOVER, Ada; SCARANCE FERNANDES, Antonio; GOMES FILHO, Antônio Magalhães. *As Nulidades no Processo Penal*. 2. ed. São Paulo, Malheiros, 1992. p. 63.

78 LEONE, Giovanni. *Elementi di Diritto e Procedura Penale*. 5. ed. Napoli, Jovene, 1981. p. 212.

Assim, o contraditório deve ser visto basicamente como o direito de participar, de manter uma contraposição em relação à acusação e de estar informado de todos os atos desenvolvidos no *iter procedimental*.

A relevância da distinção reside na possibilidade de violar um deles sem a violação simultânea do outro, com reflexos no sistema de nulidades dos atos processuais. É possível cercear o direito de defesa pela limitação no uso de instrumentos processuais, sem que necessariamente também ocorra violação do contraditório. A situação inversa é, teoricamente, possível, mas pouco comum, pois em geral a ausência de comunicação gera a impossibilidade de defesa.

Destacamos que – na teoria – é facilmente apontável a distinção entre contraditório e direito de defesa. Sem embargo, ninguém pode omitir que o limite que separa ambos é tênue e, na prática, às vezes quase imperceptível. Desse modo, entendemos que não constitui *pecado mortal* afirmar que em muitos momentos processuais o contraditório e o direito de defesa se fundem, e a distinção teórica fica isolada diante da realidade do processo. Nessa linha, parte da doutrina[79] não faz uma distinção clara entre ambos, chegando inclusive a afirmar que a defesa é um elemento do contraditório.

Os dois polos da garantia do contraditório são: informação e reação. A efetividade do contraditório no Estado Democrático de Direito está amparada no direito de informação e participação dos indivíduos na Administração de Justiça. Para participar é imprescindível ter a informação. A participação no processo se realiza por meio da reação, vista como resistência à pretensão jurídica (acusatória e não punitiva)[80] articulada, e isso expressa a dificuldade prática, em certos casos, de distinguir entre a reação e o direito de defesa.

Assim, o contraditório é, essencialmente, o direito de ser informado e de participar no processo. É o conhecimento completo da acusação, o direito de saber o que está ocorrendo no processo, de ser comunicado de todos os atos processuais. Como regra, não pode haver segredo (antítese) para a defesa, sob pena de violação ao contraditório.

O juiz deve dar "ouvida" a ambas as partes, sob pena de parcialidade, na medida em que conheceu apenas metade do que deveria ter conhecido. Considerando o que dissemos acerca do "processo como jogo", das chances e estratégias de que as partes podem lançar mão (legitimamente) no processo, o sistema exige

79 Na esteira de MANZINI, *Tratado de Derecho Procesal Penal*. Trad. Santiago Sentís Melendo y Marino Ayerra Redin. Barcelona, Ediciones Jurídicas Europa-América, 1951. v. 1, p. 281.

80 Isso porque seguimos a lição de JAMES GOLDSCHMIDT, para quem o objeto do processo penal é uma pretensão acusatória e não punitiva, como entendia BINDING. Sobre o tema, consulte-se sua obra *Problemas Jurídicos y Políticos del Proceso Penal*, cit.

apenas que seja dada a "oportunidade de fala". Ou seja, o contraditório é observado quando se criam as condições ideais de fala e oitiva da outra parte, ainda que ela não queira utilizar-se de tal faculdade, até porque pode lançar mão do *nemo tenetur se detegere*[81].

A essa concepção tradicional de contraditório propomos uma reflexão mais específica para o direito probatório: o contraditório como "igualdade cognitiva".

Se pensarmos o contraditório enquanto igualdade de armas e oportunidades, na perspectiva do direito probatório veremos que ele exige uma verdadeira "**igualdade cognitiva**", ou seja, que o juiz esteja colocado em tal lugar que lhe permita efetivamente tratar as partes com igualdade de atenção e de captura psíquica. É preciso que o julgador esteja cognitivamente disponível, de forma paritária, para ambas as partes. Portanto, a contaminação, os pré-julgamentos e as certezas previamente construídas impedem que a defesa esteja em igualdade cognitiva com a acusação diante do julgador. Novamente invocamos aqui tudo o que já foi dito acerca da imparcialidade, da imprescindibilidade do juiz das garantias, da dissonância cognitiva e da originalidade cognitiva para acrescentar no contraditório a garantia de que acusação e defesa estejam em igualdade de oportunidades e armas a fim de obter a captura psíquica do juiz.

É inegável que, na estrutura sem juiz das garantias, o acusado entra no processo com um imenso "prejuízo cognitivo", nadando contra uma corrente fortíssima, para tentar desconstruir uma imagem mental já formada na cabeça do julgador a partir da versão unilateral apresentada pelo binômio investigador/acusador. É uma tarefa hercúlea de desconstrução, que encontra óbvias resistências cognitivas (e daí a importância de compreender a dissonância e a forma como o juiz reage através do efeito primazia – e também do efeito halo) e que demonstra a desigualdade do jogo processual. Portanto, é possível pensar o "**contraditório enquanto igualdade cognitiva**"[82] para exigir efetiva igualdade de tratamento e de luta pela captura psíquica do julgador.

Feitas essas considerações, sigamos.

Especificamente em matéria probatória, o contraditório deve ser rigorosamente observado nos quatro momentos da prova:

1º Postulação (denúncia ou resposta escrita): contraditório está na possibilidade de também postular a prova, em igualdade de oportunidades e condições.

---

[81] Direito de silêncio, "nada a temer por se deter".

[82] Sobre o tema, consulte-se nosso artigo em coautoria com RUIZ RITTER. Disponível em: <https://www.conjur.com.br/2020-mai-08/juiz-garantias-fim-faz-conta>.

2º Admissão (pelo juiz): contraditório e direito de defesa concretizam-se na possibilidade de impugnar a decisão que admite a prova.

3º Produção (instrução): o contraditório manifesta-se na possibilidade de as partes participarem e assistirem a produção da prova.

4º Valoração (na sentença): o contraditório manifesta-se através do controle da racionalidade da decisão (externada pela fundamentação) que conduz à possibilidade de impugnação pela via recursal.

Sublinhe-se a imprescindibilidade do contraditório, que deve permear todos os atos e momentos da prova.

Ademais, contraditório é uma abertura necessária para evitar a manipulação da prova por parte do juiz (ainda que inconscientemente). Sua ausência, além de constituir uma grave e insanável violação das regras do jogo (forma enquanto garantia), faz com que, segundo CORDERO[83], abram-se as portas ao pensamento paranoide, pois, como dono do tabuleiro, o (juiz) inquisidor dispõe das peças como lhe convém: a inquisição é um mundo verbal semelhante ao onírico, onde tempos, lugares, coisas, pessoas e acontecimentos flutuam e se movem em quadros manipuláveis.

### 4.6. Provas e Direito de Defesa: o *Nemo Tenetur se Detegere*

Em matéria probatória, além do contraditório, deve haver estrita observância do direito de defesa (também presente nos quatro momentos anteriormente apontados), tanto da defesa técnica como da defesa pessoal (positiva ou negativa).

A defesa técnica obriga (e garante) a presença de defensor em todos os atos do processo, principalmente em matéria probatória. Não apenas a comunicação dos atos e oportunidade para que os exerça, senão que a garantia da defesa também impõe a presença efetiva do defensor nos atos que integram a instrução, sendo absolutamente ilegal a prática neoinquisitória de alguns (prepotentes) juízes que resolvem colher a prova sem a presença do réu e de seu defensor (!). Nem o art. 93, IX, da Constituição, nem o art. 217 do CPP autorizam essa prática absurdamente ilegal.

A defesa técnica é indisponível e imprescindível; decorre de uma *esigenza di equilibrio funzionale*[84] entre defesa e acusação e também de uma acertada presunção de hipossuficiência do sujeito passivo, de que ele não tem conhecimentos necessários e suficientes para resistir à pretensão estatal em igualdade de condições técnicas com o acusador. Essa hipossuficiência leva o imputado a uma situação de

---

[83] CORDERO, Franco. *Procedimiento Penal*, cit., v. 1, p. 23.

[84] FOSCHINI, Gaetano. *L'Imputato*. Milano, Dott. Q. Giuffrè, 1956. p. 26.

inferioridade ante o poder da autoridade estatal encarnada pelo promotor, policial ou mesmo juiz. Pode existir uma dificuldade de compreender o resultado da atividade desenvolvida na investigação preliminar, gerando absoluta intranquilidade e descontrole. Ademais, havendo uma prisão cautelar, existirá uma impossibilidade física de atuar de forma efetiva.

Para FOSCHINI[85], a defesa técnica é *anche una esigenza della società, perchè la regiudicanda penale implica non solo una responsabilità individuale ma anche una responsabilità della collettività sociale*. Prossegue o autor afirmando que *l'imputato, infatti, alla stregua dei propri criteri, potrebbe anche difendersi poco o non difendersi o addirittura ammettere la propria certamento negativo se, alla stregua dei valori sociali tradotti nell'ordinamento giuridico, è da ritenere che il fatto non costituisca reato o che non sai fonte di responsabilità (ad es. perchè costituisce un'azione bellica, o perchè commesso in stato di necessità)*.

Isso significa que a defesa técnica é uma exigência da sociedade, porque o imputado pode, a seu critério, defender-se pouco ou mesmo não se defender, mas isso não exclui o interesse, da coletividade, em uma verificação negativa no caso de o delito não constituir uma fonte de responsabilidade penal. A estrutura dualística do processo expressa-se tanto na esfera individual como na social.

Assim, defesa técnica é indisponível, pois, além de ser uma garantia do sujeito passivo, existe um interesse coletivo na correta apuração do fato. Trata-se, ainda, de verdadeira condição de paridade de armas, imprescindível para a concreta atuação do contraditório. Inclusive, fortalece a própria imparcialidade do juiz, pois, quanto mais atuante e eficiente forem ambas as partes, mais alheio ficará o julgador (*terzietà* = alheamento).

No mesmo sentido, MORENO CATENA[86] leciona que a defesa técnica atua também como um mecanismo de autoproteção do sistema processual penal, estabelecido para que sejam cumpridas as regras do jogo da dialética processual e da igualdade das partes. É, na realidade, uma satisfação alheia à vontade do sujeito passivo, pois resulta de um imperativo de ordem pública, contido no princípio do *due process of law*.

O Estado deve organizar-se de modo a instituir um sistema de "Serviço Público de Defesa", tão bem estruturado como o Ministério Público, com a função de promover a defesa de pessoas pobres e sem condições de constituir um defensor. Assim como o Estado organiza um serviço de acusação, tem o dever de criar

---

[85] FOSCHINI, Gaetano. *L'Imputato*, cit., p. 27 e s.

[86] *La Defensa en el Proceso Penal*, p. 112.

um serviço público de defesa, porque a tutela da inocência do imputado não é só um interesse individual, mas social[87].

Já a defesa pessoal ou autodefesa é a possibilidade de o sujeito passivo resistir pessoalmente à pretensão acusatória, seja através de atuações positivas ou negativas. A autodefesa positiva deve ser compreendida como direito disponível do sujeito passivo de praticar atos, declarar, participar de acareações, reconhecimentos, submeter-se a exames periciais etc. A defesa pessoal negativa, como o próprio nome diz, estrutura-se a partir de uma recusa, um não fazer. É o direito de o imputado não fazer prova contra si mesmo, podendo recusar-se a praticar todo e qualquer ato probatório que entenda prejudicial à sua defesa (direito de calar no interrogatório, recusar-se a participar de acareações, reconhecimentos, submeter-se a exames periciais etc.).

### 4.7. Valoração das Provas: Sistema Legal de Provas, Íntima Convicção e Livre(?) Convencimento Motivado

Sem pretender analisar a evolução histórica dos sistemas de valoração das provas, faremos uma sumária exposição dos três mais relevantes.

No sistema legal de provas o legislador previa *a priori*, a partir da experiência coletiva acumulada, um sistema de valoração hierarquizada da prova (estabelecendo uma tarifa probatória ou tabela de valoração das provas). Era chamado de sistema legal de provas, exatamente porque o valor vinha previamente definido em lei, sem atentar para as especificidades de cada caso. A confissão era considerada uma prova absoluta, uma só testemunha não tinha valor etc. Saltam aos olhos os graves inconvenientes de tal sistema, na medida em que não permitia uma valoração da prova por parte do juiz, que se via limitado a aferir segundo os critérios previamente definidos na lei, sem espaço para sua sensibilidade ou eleições de significados a partir da especificidade do caso.

Na acertada síntese de BACILA[88], *tabelar significa cercear a capacidade de o julgador fazer uma análise mais inteligente no caso concreto. É o medo da falha humana que fez com que este sistema falhasse como um todo.*

Resquícios da estrutura lógica desse modelo podem ser observados no sistema brasileiro, em que o art. 158 do CPP exige que a prova nas infrações que deixam vestígios deve ser feita por exame de corpo de delito, direto ou indireto, não

---

87 GUARNIERI, op. cit., p. 116.

88 BACILA, Carlos Roberto. Princípios de Avaliação das Provas no Processo Penal e as Garantias Fundamentais. In: BONATO, Gilson (Org.). *Garantias Constitucionais e Processo Penal.* Rio de Janeiro, Lumen Juris, 2002. p. 100.

podendo supri-lo a confissão do acusado. É um exemplo de que a lógica do sistema legal de provas não foi completamente abandonada, na medida em que existem limitações no espaço de decisão do juiz a partir de critérios previamente definidos pelo legislador na lei.

O princípio da íntima convicção surge como uma superação do modelo de *prova tarifada ou tabelada*. O juiz não precisa fundamentar sua decisão e, muito menos, obedecer a critérios de avaliação das provas[89]. Estabelece, aqui, um rompimento com os limites estabelecidos pelo sistema anterior, caindo no outro extremo: o julgador está completamente livre para valorar a prova (íntima convicção, sem que sequer tenha de fundamentar sua decisão). Para sair do positivismo do sistema anterior, caiu-se no excesso de discricionariedade e liberdade de julgamento, em que o juiz decide sem demonstrar os argumentos e elementos que amparam e legitimam a decisão. Evidentes os graves inconvenientes que traz esse sistema.

Contudo, é adotado no Brasil, até hoje, no Tribunal do Júri, onde os profanos julgam com plena liberdade, sem qualquer critério probatório, e sem a necessidade de motivar ou fundamentar suas decisões. A "íntima convicção", despida de qualquer fundamentação, permite a imensa monstruosidade jurídica de ser julgado a partir de qualquer elemento, pois a supremacia do poder dos jurados chega ao extremo de permitir que eles decidam completamente fora da prova dos autos e até mesmo decidam contra a prova[90]. Isso significa um retrocesso ao direito penal do autor, ao julgamento pela "cara", cor, opção sexual, religião, posição socioeconômica, aparência física, postura do réu durante o julgamento ou mesmo antes do julgamento, enfim, é imensurável o campo sobre o qual pode recair o juízo de (des)valor que o jurado faz em relação ao réu. E, tudo isso, sem qualquer fundamentação. A amplitude do mundo extra-autos de que os jurados podem lançar mão sepulta qualquer possibilidade de controle e legitimação desse imenso poder de julgar.

Como sistema intermediário em relação ao radicalismo dos dois anteriores, o livre convencimento motivado ou persuasão racional é um importante princípio a sustentar a garantia da fundamentação das decisões judiciais, estando previsto no art. 155 do CPP.

---

89 BACILA, op. cit., p. 99.

90 Basta que façam isso duas vezes. Explicamos: se alguém submetido a julgamento pelo tribunal do júri for condenado (ou absolvido) e entender que a decisão dos jurados é manifestamente contrária à prova dos autos, poderá apelar, nos termos do art. 593, III, "d", do CPP. Acolhido o recurso, o Tribunal de Justiça determinará que o réu seja submetido a novo julgamento. Contudo, se nesse novo júri o réu for novamente condenado (ou novamente absolvido) e a decisão dos jurados for igualmente contrária à prova dos autos, nada mais poderá ser feito, pois o art. 593, § 3º, do CPP não permite nova apelação por esse motivo. Logo, se os profanos julgarem (condenarem ou absolverem) duas vezes contra a prova dos autos, estará juridicamente avalizado o absurdo.

Não existem limites e regras abstratas de valoração (como no sistema legal de provas), mas tampouco há a possibilidade de formar sua convicção sem fundamentá-la (como na íntima convicção).

Cumpre então analisar mais detidamente o alcance dessa *liberdade* que o julgador tem para formar sua convicção.

Ela se refere à não submissão do juiz a interesses políticos, econômicos ou mesmo à vontade da maioria. A legitimidade do juiz não decorre do consenso, tampouco da democracia formal, senão do aspecto substancial da democracia, que o legitima enquanto guardião da eficácia do sistema de garantias da Constituição na tutela do débil submetido ao processo.

Também decorre da própria ausência de um sistema de prova tarifada, de modo que todas as provas são relativas, nenhuma delas tem maior prestígio ou valor que as outras, nem mesmo as provas técnicas (a experiência já demonstrou que se deve ter cuidado com o endeusamento da tecnologia e da própria ciência).

Contudo, essa liberdade não é plena na dimensão jurídico-processual, pois, como aponta LEONE[91], não pode significar liberdade do juiz para substituir a prova (e, por conseguinte, a crítica valoração dela) por meras conjeturas ou, por mais honesta que seja, sua opinião.

Ainda que o juiz não esteja vinculado ou adstrito à vontade da maioria, tampouco se deve avalizar uma decisão que reflita "somente a opinião do juiz"[92]. Daí a necessidade de que a decisão seja reconhecida como justa e, por isso, respeitada. Não está legitimado o decisionismo, por óbvio.

A convicção do julgador deve, ainda, respeito ao tempo do processo. Não há que confundir economia processual com economia do seu próprio tempo, ensina LEONE[93]. Não pode o juiz atropelar, como vimos anteriormente, a dinâmica da dialeticidade do processo, cabendo a ele respeitar o tempo da acusação, da defesa, da prova e da própria maturação do ato decisório.

Deve o julgador ter a dúvida (e a paciência de duvidar) como hábito, evitando ao máximo os *juízos apriorísticos de inverossimilitude das circunstâncias ou fatos alegados*. Como sublinha LEONE[94], *la vida es demasiado variada, demasiado rica en incógnitas, en singularidades y hasta en rarezas, para que pueda encerrársela en esquemas prefabricados a la realidad.*

---

91 LEONE, Giovanni. *Tratado de Derecho Procesal Penal.* Trad. Santiago Sentís Melendo. Buenos Aires, Ediciones Jurídicas Europa-América, 1963. v. II, p. 157.

92 Idem, ibidem, p. 158.

93 Idem, ibidem, p. 159.

94 Idem, ibidem, p. 159.

Em definitivo, o livre convencimento é, na verdade, muito mais *limitado* do que *livre*. E assim deve sê-lo, pois se trata de poder e, no jogo democrático do processo, todo poder tende a ser abusivo. Por isso, necessita de controle. Não se pode pactuar com o decisionismo de um juiz que julgue "conforme a sua consciência", dizendo "qualquer coisa sobre qualquer coisa" (STRECK). Não se nega a subjetividade, por elementar, mas o juiz deve julgar conforme a prova e o sistema jurídico penal e processual penal, demarcando o espaço decisório pela conformidade constitucional. Voltaremos ao tema (e para lá remetemos o leitor) quando tratarmos das "Decisões Judiciais".

## 4.8. O Princípio da Identidade Física do Juiz

O art. 399, § 2º, do CPP consagrou o princípio da identidade física do juiz, de modo que o "juiz" que presidiu a instrução deverá proferir sentença.

Para tanto, a reforma nos procedimentos comuns ordinário e sumário veio no sentido de aglutinação de atos, em uma única audiência (art. 400), onde a prova é produzida, seguem-se debates e sentença.

Eventualmente, se a complexidade do caso exigir, os debates orais serão substituídos por memoriais.

A concentração dos atos (necessários para a identidade física) impõe que a instrução seja realizada em uma única audiência ou, caso isso não seja possível, em audiências realizadas em breve espaço de tempo.

O princípio da identidade física do juiz exige, por decorrência lógica, a observância dos subprincípios da oralidade, concentração dos atos e imediatidade. Foi seguindo essa lógica que se procedeu a alteração procedimental para criar condições de máxima eficácia dos subprincípios. É um "encadeamento sistêmico", como define PORTANOVA[95], que começa com a necessidade de uma atuação direta e efetiva do juiz em relação à prova oralmente produzida, sem que possa ser mediatizada através de interposta pessoa.

Considerando que a adoção do sistema *doble juez*, com o juiz das garantias, o juiz da instrução e julgamento não é o mesmo da investigação. Logo, esse juiz da instrução, que vai conhecer do caso penal através da prova produzida na audiência, terá o contato direto com as testemunhas, peritos, vítimas e o imputado, e assim tem melhores condições de julgamento.

O processo penal é um instrumento no qual as partes lutam pela captura psíquica do juiz, um ritual de recognição em que o importante é convencer o

95 PORTANOVA, Rui. *Princípios do Processo Civil*. 3. ed. Porto Alegre, Livraria do Advogado, 1999. p. 221.

julgador. Daí por que tudo pode ser em vão quando a decisão é proferida por alguém que não participou desse complexo ritual (instrução judicial), como ocorre nas sentenças proferidas por juízes que não participaram da coleta da prova. PORTANOVA[96] também sublinha a vantagem do julgador que criou "laços psicológicos com as partes e as testemunhas", de modo que essas impressões podem contribuir para a melhor valoração da prova na sentença.

Constituem uma exceção ao princípio da identidade física as provas colhidas à distância, tais como os depoimentos produzidos em outras comarcas através de carta precatória (ou rogatória, se for exterior). Contudo, a jurisprudência tem relativizado bastante o princípio da identidade física, importando as exceções previstas no art. 132[97] do antigo CPC (revogado).

## 5. Dos Limites à Atividade Probatória

### 5.1. Os Limites Extrapenais da Prova

O art. 155, parágrafo único, do CPP, expressa a existência de limites extrapenais da prova, na medida em que remete à lei civil e exige que se observem as restrições que lá se fazem em relação à prova quanto ao estado das pessoas. Diz o dispositivo legal que "somente quanto ao estado das pessoas serão observadas as restrições estabelecidas na lei civil".

Assim, por exemplo, para que incida a agravante do art. 61, II, "e", do CP, deve haver a prova – nos termos da lei civil – de que o crime foi praticado contra ascendente, descendente, irmão ou cônjuge. Tais circunstâncias de parentesco ou matrimônio devem ser provadas através da respectiva certidão de nascimento ou casamento, conforme o caso. Não se comprova o parentesco por prova testemunhal, por exemplo, de modo que na falta do documento civil respectivo não poderá tal circunstância ser provada de outro modo, não incidindo, portanto, a agravante.

Na mesma linha, a extinção da punibilidade por morte do agente somente pode ser declarada quando houver a prova civilmente prevista, ou seja, a certidão de óbito, como prevê o art. 62 do CPP (e não poderia ser diferente a disciplina legal).

---

[96] PORTANOVA, op. cit., p. 241.

[97] "Art. 132. O juiz, titular ou substituto, que concluir a audiência julgará a lide, salvo se estiver convocado, licenciado, afastado por qualquer motivo, promovido ou aposentado, casos em que passará os autos ao seu sucessor.
Parágrafo único. Em qualquer hipótese, o juiz que proferir a sentença, se entender necessário, poderá mandar repetir as provas já produzidas."

### 5.2. Provas típicas e atípicas

Os sistemas processuais, ao longo de sua evolução, adotaram diferentes disciplinas em relação à taxatividade ou não dos meios de prova.

Na sistemática atual, existe uma restrição inicial em relação aos limites da prova penal, que vem imposto pela lei civil, nos termos do art. 155 do CPP, anteriormente comentado.

Superada essa questão, a pergunta agora é: somente as provas previstas no CPP podem ser admitidas no processo penal? O rol é taxativo? Podemos admitir provas "atípicas" ou seja, não tipificadas e nominadas no CPP?

Como regra, o rol de provas previsto no CPP é taxativo e não se poderia admitir provas atípicas, inominadas, não previstas expressamente no ordenamento.

Contudo, não se pode desconhecer a velocidade com que o conhecimento científico é construído, geralmente muito maior do que a velocidade do direito. É normal que o conhecimento científico evolua, estabeleça formas e métodos de comprovação de determinadas circunstâncias que se constituam como meios cientificamente confiáveis e embasados para atingir o conhecimento e comprovação de algo, como já vimos no passado em relação ao exame de DNA, por exemplo. A ciência já havia atingido um nível de conhecimento e comprovação acerca do DNA e o direito processual penal não estabelecia uma tipicidade probatória para que ele fosse admitido e produzido no processo como meio de prova – algo que hoje já temos (Lei n. 12.654 e outras), inclusive com a definição da cadeia de custódia (art. 158 A e s.).

Mas sempre é importante sublinhar: jamais pode haver violação da legalidade probatória, ou seja, ainda que a prova seja atípica, é imprescindível que respeite a base principiológica legal e constitucional comum a todas as provas. No tensionamento entre a epistemologia e o respeito às regras do jogo, é importante sempre destacar: há que se buscar um lugar comum, um equilibrio, mas na falta ou impossibilidade disso, prevalecem sempre as regras do devido processo e as garantias constitucionais.

Dessarte, atendendo a esse contraste entre a velocidade do conhecimento científico e a velocidade do direito processual penal, excepcionalmente podem ser admitidas as provas atípicas, desde que:

a) Não se trate de uma prova "típica", mas sim feita em desconformidade com o padrão legal estabelecido, pois, nesse caso, a atipicidade decorre de uma violação da forma, da lei que estabelece seus requisitos, e essa defraudação conduz a ilicitude probatória. Portanto, cuidado: o fato de admitirmos as provas atípicas não significa que permitimos que se burle a sistemática legal. Assim, não pode ser admitida uma prova "disfarçada" de inominada quando na realidade ela decorre de uma variação (ilícita) de outro ato estabelecido na lei processual penal, cujas garantias não foram observadas. Exemplo típico de prova inadmissível é o reconhecimento do imputado por fotografia, utilizado, em muitos casos, quando o réu se recusa a participar do reconhecimento pessoal exercendo seu direito de silêncio (*nemo tenetur se detegere*). O reconhecimento fotográfico, como explicaremos a seu tempo, somente pode ser utilizado como ato preparatório do reconhecimento pessoal, nos termos do art. 226, inciso I, do CPP, nunca como um substitutivo àquele ou como uma prova inominada.

b) Observada a regra anterior, a prova atípica pode ser admitida quando cumprir o *standard* de legalidade e constitucionalidade estabelecido para todas as provas, ou seja, a base principiológica que orienta a teoria geral das provas no processo penal. Portanto, no tensionamento entre epistemologia e regras do devido processo penal (muitas vezes contraepistêmicas), prevalece a regra ou princípio legal aplicável para que a prova seja proibida (inadmissível) ou excluída se já juntada. Não se pode, em nome da "busca da verdade" (independentemente do adjetivo que se una ao substantivo), violar os limites constitucionais e processuais da prova, sob pena de ilicitude dessa prova, conforme será explicado nos próximos itens.

c) Além de respeitar a principiologia das provas, ela deve ter fiabilidade epistêmica, confiabilidade científica, comprovação da sua idoneidade à luz dos critérios metodológicos estabelecidos (exemplo de prova atípica que não pode ser admitida por não ter credibilidade científica é o interrogatório com uso de "detector de mentiras"). Sobre as provas inominadas, CORDERO[98] defende a admissão de tudo aquilo que não for vedado, afirmando que é admissível todo signo útil ao juízo histórico contanto que sua aquisição não viole proibições explícitas ou decorrentes do sistema de garantias. Aceita-se o reconhecimento olfativo, sonoro, táctil, mas veda-se a narcoanálise e o detector de mentira, pois são cientificamente inadmissíveis, além de violarem a dignidade[99] do agente.

---

[98] CORDERO, Franco. *Procedimiento Penal*, cit., v. 2, p. 44.

[99] Interessante exemplo de prova inominada, mas que não pode ser aceita (entre outros) por violar a dignidade da pessoa humana, nos traz a seguinte notícia:
"UE CONDENA 'TESTES FALOMÉTRICOS' PARA GAYS NA REPÚBLICA TCHECA
Quem pedir asilo afirmando ser homossexual e, por esse motivo, perseguido em seu país de origem, tem, em alguns casos, que passar por testes humilhantes na República Tcheca. União Europeia critica

Com isso, definimos as três regras básicas para admissibilidade de uma prova atípica, recordando sempre que, como regra, somente podem ser admitidas as provas tipificadas no CPP. Excepcionalmente, podem ser admitidas provas atípicas ou inominadas, desde que não constituam subversão da forma estabelecida para uma prova nominada, guardem estrita conformidade com as regras constitucionais e processuais atinentes à prova penal e tenham confiabilidade, respeitabilidade e base científica.

### 5.3. Limites à Admissibilidade da Prova Emprestada e à Transferência de Provas

Por prova emprestada entende-se aquela obtida a partir de outra, originariamente produzida em processo diverso. Há que se distinguir as provas testemunhais e técnicas da mera prova documental.

Em relação à prova documental, em que a parte se limita a fazer cópia de documento juntado em processo diverso, para trasladá-lo ao processo atual, não vemos maiores problemas. Claro que estamos considerando documentos públicos ou particulares que não envolvam qualquer tipo de sigilo, não se encaixando nessa situação cópias de extratos bancários, documentos fiscais e outros protegidos (até porque o traslado para outro processo implicaria um desvio da finalidade da prova).

---

agora o procedimento. Nos assim chamados 'testes falométricos' para gays requerentes de asilo na República Tcheca, é acoplado ao candidato um aparelho que mede seu grau de estimulação sexual enquanto é obrigado a assistir vídeos pornôs heterossexuais. Dessa forma, as autoridades de imigração pretendem constatar se o solicitante é realmente homossexual ou se somente o afirma para obter asilo. Caso mostre sinais de excitação, seu pedido será possivelmente rejeitado.
Ativistas tchecos de direitos humanos se mostram indignados. 'Sabemos que, aqui na República Tcheca, este 'exame falométrico' foi realizado até mesmo em casos em que os candidatos puderam comprovar através de documentos que eram, por exemplo, perseguidos no Irã devido a assim chamados atos imorais', afirmou Martin Rozumek, da organização de ajuda a refugiados OPU. A agência de direitos fundamentais da União Europeia (UE) critica agora o fato de a República Tcheca ser o único país que aplica o controverso teste sexual. A agência afirma que esse método não é confiável e que não leva a resultados evidentes. Além disso, tal ingerência na esfera íntima violaria os direitos humanos. As acusações incomodaram o Ministério tcheco do Interior. Entre 2008 e 2009, o exame teria sido aplicado menos de dez vezes, explica Tomas Haismann, responsável por questões de asilo e imigração no ministério. 'Assim que a ONU nos criticou pela primeira vez, paramos de realizar o teste. Agora, iremos ler o relatório da agência de direitos fundamentais da UE e tirar as devidas consequências.'
Nos casos em que os testes foram aplicados, os atingidos sempre deram seu aval por escrito, assegurou o ministério tcheco. O ministro do Interior Radek John afirmou até mesmo que os candidatos insistiram em fazer o exame. 'Eles queriam provar de qualquer forma que eram realmente homossexuais.' John assumiu a pasta em julho último, e desde então os testes não foram mais aplicados, afirmou. O caso veio à tona na Alemanha. Um requerente de asilo iraniano fugiu da República Tcheca para a Alemanha, após ser obrigado a fazer o teste. Um tribunal do estado alemão de Schleswig-Holstein rejeitou o pedido de recondução do requerente de asilo à República Tcheca, alegando que o iraniano teria sido exposto a 'testes falométricos' naquele país" (Deutsche Welle. Disponível em: <http://www.dw.de/ue-condena-testes-falom%C3%A9tricos-para-gays-na-rep%C3%BAblica-tcheca/a-6319792>. Acesso em: 18/3/2013).

A autorização judicial para quebra do sigilo bancário ou fiscal limita-se ao processo em questão, não os transformando em "públicos" para serem utilizados em outro processo criminal. Feita essa ressalva, como regra, não há problema em utilizar documentos juntados em um processo para fazer prova em outro, até porque não há qualquer prejuízo para a acusação ou defesa (em havendo, o tratamento deve ser diverso).

Questão complexa envolve a juntada de denúncias, sentenças ou acórdãos proferidos em outros processos contra o mesmo réu. Os inconvenientes situam-se noutra dimensão, na medida em que são documentos públicos e acessíveis. A questão aqui é, novamente, a cultura inquisitória que ainda domina o ambiente jurídico.

O que se pretende, na maior parte dos casos, é mostrar a "periculosidade" do réu e sua "propensão ao delito" (pior ainda quando argumentam em torno da "personalidade voltada para o crime"...), fomentando no juiz um verdadeiro "direito penal de autor" (em oposição ao direito penal do fato), para que o réu seja punido não pelo que eventualmente fez (ou não) naquele processo, mas sim por sua conduta social, vida pregressa, e outras ilações do estilo. Incumbe ao juiz considerar que tais documentos não interessam ao processo, não contribuindo para averiguação daquele fato em julgamento, e determinar o desentranhamento.

Inclusive, invocando a lição de GOMES FILHO[100], entendemos que existe um verdadeiro *direito à exclusão* das provas inadmissíveis, impertinentes ou irrelevantes, como o são essas que acabamos de referir. Esse direito à exclusão é correlato ao direito à prova, e serve como importante filtro para evitar o grave retrocesso de construir um processo penal para atender aos inquisitórios fins do direito penal do autor. O instrumento adequado, em não sendo atendido o pedido de desentranhamento, é o Mandado de Segurança, impetrado no tribunal com competência para revisar os atos daquele julgador de primeiro grau (Tribunal de Justiça ou Tribunal Regional Federal, conforme o coator seja juiz de direito ou juiz federal).

Quanto à prova testemunhal ou técnica tomada emprestada de processo diverso, a limitação é insuperável.

Inicialmente, cumpre perguntar: por que trasladar uma prova testemunhal ou técnica de outro processo? Porque existe um interesse probatório, é a resposta comumente utilizada. Pois bem, eis aqui o primeiro obstáculo: se realmente existisse tal interesse probatório, ambos os processos deveriam ter sido reunidos

---

100 GOMES FILHO, Antônio Magalhães. *Direito à Prova no Processo Penal*, São Paulo, RT, 1997. p. 89.

para julgamento simultâneo por força da conexão probatória (art. 76, III, do CPP); se não o foram, é porque a prova não tem essa importância comum.

Igualmente insuperável é o segundo aspecto a ser considerado: a violação do contraditório (e da ampla defesa, dependendo do caso). Não há como negar que a prova produzida em um processo está vinculada a um determinado fato e réu (ou réus). Daí por que, ao ser trasladada automaticamente, está-se esquecendo a especificidade do contexto fático que a prova pretende reconstruir. É elementar que uma mesma prova sirva para reconstruir (ainda que em parte, é claro) diferentes faces de um mesmo acontecimento.

Em outras palavras, o diálogo que se estabelece com a prova é vinculado ao fato que se quer apurar ou negar. Logo, diferentes diálogos são estabelecidos com uma mesma prova quando se trata de apurar diferentes fatos. É uma relação semiótica completamente diversa. A prova emprestada desconsidera isso e causa sérios prejuízos para todos no processo penal.

Por fim, advertimos: a prova emprestada não pode servir de burla ao disposto no art. 3º-C, § 3º, do CPP (INFELIZMENTE TAL DISPOSITIVO ESTÁ COM SUA EFICÁCIA SUSPENSA PELA LIMINAR DO MIN. FUX), ou seja, a exclusão física dos autos do inquérito de dentro do processo. Portanto, não se admite a juntada (está vedado o apensamento) de elementos de uma investigação preliminar (respeitadas as exceções que o dispositivo faz) no processo que dela deriva ou em qualquer outro.

### 5.4. Encontro Fortuito e Princípio da Serendipidade. O Problema do Desvio da Vinculação Causal da Prova. Limites à Admissibilidade da Prova Emprestada

Imaginemos uma busca e apreensão de provas em investigação de um delito de tráfico de drogas, em que também são apreendidos documentos relativos ao delito de sonegação fiscal, que não estava sendo apurado. Essa prova encontrada, por acaso, é válida?

Ou uma interceptação telefônica autorizada para a apuração de um determinado crime, em que também surgem provas da prática de outro delito, desconhecido até então. É válido esse desvio causal para que essa prova sirva para apuração de ambos os delitos?

É nesse terreno que se situa o desvio causal da prova, também tratado como "encontro fortuito" ou "conhecimento fortuito", como prefere a doutrina portuguesa[101]. No Brasil, o STJ já aplicou o chamado "Princípio de Serendipidade", que vem nessa mesma linha.

---

[101] Neste ponto recomenda-se a leitura da obra *Conhecimento Fortuito*, de Manuel Guedes Valente, publicado pela Editora Almedina, Coimbra, 2006.

O tema também se relaciona com a chamada prova emprestada, compartilhamento ou transferência de provas. Neste caso, obtém-se determinada prova na apuração de um crime e, posteriormente, essa prova é "emprestada", transferida, para outro processo (criminal ou não), onde também é valorada. Exemplo típico são as informações sobre a movimentação bancária obtidas a partir da quebra do sigilo autorizada em determinado processo criminal e, com base nesse ato, as informações financeiras são compartilhadas com órgãos administrativos (como Receita Federal, COAF etc.) para apuração das respectivas infrações. Isso é válido?

Iniciemos pela questão do encontro fortuito de provas.

No Brasil, o STJ tem adotado o chamado "Princípio da Serendipidade", para aceitar a colheita acidental de provas mesmo quando não há conexão entre os crimes. A palavra "serendipidade" vem da lenda oriental sobre os três príncipes de Serendip, que eram viajantes e, ao longo do caminho, fizeram descobertas sem ligação com o objetivo original. Assim, tal "princípio" vai de encontro ao que sustentamos e também à doutrina da vinculação causal, anteriormente exposta. Inclusive a colheita de provas, mesmo quando não há conexão[102] entre os crimes, como decidido pelo STJ na Ap 690. No HC 187.189, o STJ aceitou a prova colhida em interceptação telefônica para apurar conduta diversa daquela que originou a quebra, em nome da descoberta fortuita. Ainda, sobre o tema, recomenda-se a consulta às decisões proferidas no RHC 28.794; HC 144.137; HC 69.552; HC 189.735; HC 282.096; RHC 45.267 e RHC 41.316. Em suma, no STJ predomina o entendimento da admissibilidade da prova obtida através do encontro fortuito.

O STF também já aceitou e validou o encontro fortuito de provas em interceptações telefônicas (HC 5. Em revisão INQ 4130 QO / PR 81.260/ES, Pleno, Rel. Min. Sepúlveda Pertence, *DJ* 19/4/2002; HC 83.515/RS, Pleno, Rel. Min. Nelson Jobim, *DJ* 4/3/2005; HC 84.224/DF, Segunda Turma, Relator para o acórdão o Min. Joaquim Barbosa, *DJe* 16/5/2008; AI 626.214/MG-AgR, Segunda Turma, Rel. Min. Joaquim Barbosa, *DJe* 8/10/2010; HC 105.527/DF, Segunda Turma, Rel. Min. Ellen Gracie, *DJe* 13/5/2011; HC 106.225/SP, Primeira Turma, Relator para o acórdão o Min. Luiz Fux, *DJe* 22/3/2012; RHC 120.111/SP, Primeira Turma, de minha relatoria, *DJe* 31/3/2014).

Mas, em que pese a aceitação pela jurisprudência do STJ e do STF, sem maior definição de cabimento e alcance, o desvio causal da prova exige uma análise crítica, que desvele seus perigos, como faremos agora.

---

102 No mínimo deveria ser exigida a conexão entre os delitos, como explicaremos à continuação.

Inicialmente, é preciso compreender que o ato judicial que autoriza, por exemplo, a obtenção de informações bancárias, fiscais ou telefônicas – com o sacrifício do direito fundamental respectivo – é plenamente vinculado e limitado. Há todo um contexto jurídico e fático necessário para legitimar a medida que institui uma "especialidade" da medida. Ou seja, a excepcionalidade e lesividade de tais medidas exigem uma eficácia limitada de seus efeitos e, mais ainda, uma vinculação àquele processo.

Trata-se de uma vinculação causal, em que a autorização judicial para a obtenção da prova naturalmente vincula a utilização naquele processo (e em relação àquele caso penal), sendo assim, ao mesmo tempo, vinculada e vinculante.

Essa decisão, ao mesmo tempo em que está vinculada ao pedido (imposição do sistema acusatório), é vinculante em relação ao material colhido, pois a busca e apreensão, interceptação telefônica, quebra do sigilo bancário, fiscal etc., está restrita à apuração daquele crime que ensejou a decisão judicial.

Não há que se admitir o abuso do poder de polícia no cumprimento de medidas judicialmente determinadas e limitadas, pois isso conduz à ilegalidade do excesso cometido.

Em sentido diverso do nosso, mas com muito mais critério do que o tratamento normalmente dado pelos tribunais, SCARANCE FERNANDES analisa a questão da conexão entre o crime originário e aquele descoberto de forma fortuita.

Como cita SCARANCE FERNANDES[103], ao tratar da interceptação telefônica (mas o raciocínio pode ser empregado para outras provas), parte da doutrina procura situar a questão num ponto "médio", admitindo a ilicitude por desvio do objeto da interceptação ou busca autorizada (por exemplo), mas considerando que nem toda prova obtida em relação a crime diverso daquele da autorização será ilícita. Aponta o autor que essa corrente utiliza o critério da "existência de nexo entre os dois crimes". O critério do "crime conexo" até poderia ser adotado, para permitir que a prova obtida a partir do desvio causal seja admitida desde que se refira a um crime conexo àquele que motivou o ato probatório (busca e apreensão, interceptação telefônica etc.). Contudo o problema passa a ser o seguinte: o que se pode entender por "crime conexo", especificamente nessa matéria de especialidade da prova? Serve a sistemática do art. 76 do CPP?

---

[103] SCARANCE FERNANDES, Antonio. *Processo Penal Constitucional*. São Paulo, Revista dos Tribunais, 1999. p. 94.

Se considerarmos que a conexão implica reunião das infrações penais para julgamento simultâneo, a prova passará a integrar o mesmo processo. Logo, se o caso penal de determinado processo é composto por dois crimes conexos, ainda que a medida probatória restritiva de direitos fundamentais seja determinada para apurar apenas um dos crimes, é inevitável que o material probatório ingresse no processo regido pelo princípio da comunhão da prova, de modo que passará a ser "prova do processo", podendo ser utilizada por ambas as partes e em relação a todos os fatos lá apurados.

Nossa restrição diz respeito à abertura do conceito "conexão" na sistemática do CPP e aos eventuais abusos a que pode – essa abertura – dar azo.

Entre os incisos do art. 76 do CPP, por exemplo, temos a chamada conexão probatória (inciso III), extremamente abrangente. Nela, o interesse probatório vai muito além de qualquer relação de prejudicialidade penal, permitindo um amplo espaço de discricionariedade judicial. Daí por que, nesse ponto, a leitura deve ser restritiva, somente se admitindo o aproveitamento em casos de conexão evidente. Na mesma linha (leitura restritiva), pensamos situar-se a conexão objetiva ou teleológica do inciso II.

Outra espécie de conexão problemática nessa matéria é a intersubjetiva, cujas modalidades estão no inciso I do art. 76 do CPP. Como se percebe, o núcleo imantador é (além da pluralidade de crimes, imprescindível para que se fale em conexão) a existência de "várias pessoas". Ou seja, a reunião se dá pela "intersubjetividade". Aqui, a única conexão que pode interessar (e ser admitida) é a intersubjetiva concursal (segunda modalidade do inciso I), na qual há concurso de agentes para a prática de dois ou mais crimes. Além de se reunirem os crimes, também há reunião dos agentes, tudo para simultaneidade de processo e julgamento. Logo, a busca e apreensão da casa de um dos corréus pode gerar material probatório em relação a todos, reunidos por força do concurso de agentes.

Aqui, precisamos abrir um parêntese: seguindo essa linha, quando dois ou mais agentes forem acusados pelo mesmo crime (unidade delitiva), haverá reunião de todos para julgamento simultâneo por força da continência (art. 77, I). Portanto também a continência permite o desvio causal, pois a prova obtida de um dos réus passará a integrar o processo no qual também figura(m) o(s) corréu(s). Recordemos e reforcemos nossa posição de que o terceiro não pode ser alcançado. Mas, no caso da conexão intersubjetiva concursal ou da continência do art. 77, I, o corréu não é "terceiro", mas sim parte no processo. Por consequência, a prova integrará o processo e poderá ser utilizada a favor ou contra ambos os réus.

Em suma, há que se atentar para a vinculação causal da prova como forma de evitar-se o substancialismo inquisitório e as investigações genéricas, verdadeiros "arrastões" sem qualquer vinculação com a causa que os originou. Todo ato judicial que autoriza, por exemplo, a obtenção de informações bancárias, fiscais ou telefônicas – com o sacrifício do direito fundamental respectivo – é plenamente vinculado e limitado[104]. As regras da conexão podem ser admitidas como forma de relativizar o princípio da especialidade da prova, mas exigem sempre uma leitura restritiva desse conceito, bem como a demonstração da real existência dos elementos que a compõem. O que não se pode tolerar é a fraude de etiquetas, em que a conexão é engendrada para permitir o desvio da vinculação causal imposta pelo princípio da especialidade.

Ademais, quando se trata de restrição de direitos fundamentais, a leitura deve sempre ser restritiva e a aplicação devidamente legitimada, pois não se presume a legitimidade da restrição, todo o oposto. A regra é a liberdade, em sentido amplo, ou seja, "*el derecho al libre desarrollo de la personalidad*", sendo as formas de restrição, exceções, que devem sempre ser legitimadas e restritivamente aplicadas.

Em suma, essa é a nossa posição, sem negar a possibilidade de que a prova obtida a partir do desvio causal sirva como *starter* da investigação do novo crime (se preferir, como notícia-crime)[105], sendo assim uma "fonte de prova", mas não como "prova". Não será "a" prova, mas um elemento indiciário para o início da investigação, de modo que nova investigação pode ser instaurada e novas buscas, interceptações etc. podem ser adotadas. Mas a prova desse crime deve ser construída de forma autônoma.

---

[104] Não concordamos, assim, com a seguinte decisão do STJ:
"ESCUTA TELEFÔNICA. TERCEIRO. MP. DILIGÊNCIAS. Desde que esteja relacionada com o fato criminoso investigado, é lícita a prova de crime diverso obtida mediante a interceptação de ligações telefônicas de terceiro não arrolado na autorização judicial da escuta. Outrossim, é permitido ao MP conduzir diligências investigatórias para a coleta de elementos de convicção, pois isso é um consectário lógico de sua própria função, a de titular da ação penal (LC n. 75/93). Precedentes citados: HC 37.693/SC, *DJ* 22/11/2004; RHC 10.974/SP, *DJ* 18/03/2002; RHC 15.351/RS, *DJ* 18/10/2004, e HC 27.145/SP, *DJ* 25/08/2003. HC 33.462/DF, Rel. Min. Laurita Vaz, julgado em 27/09/2005".
A decisão peca por excessiva abertura, sem vincular a prova – sequer – à demonstração de ser o crime conexo. O risco dessa amplitude é admitir um substancialismo inquisitório em que se perquira sem qualquer limite objetivo ou subjetivo.

[105] Na Espanha, sem excluir opiniões diversas, mas minoritárias, LÓPEZ-FRAGOSO (citado na obra coletiva *Ley de Enjuiciamiento Criminal y Ley del Jurado: concordancias y comentarios a los procedimientos ordinario, abreviado y ley del jurado, con su aplicación práctica*, p. 407) esquematiza da seguinte forma o tratamento da problemática:
1. se os fatos descobertos tiverem conexão (art. 17 da LECrim) com os que são objeto da interceptação, os "descubrimientos ocasionales" surtirão efeitos investigatórios e probatórios;
2. se os fatos ocasionalmente conhecidos não tiverem essa conexão, mas tiverem uma gravidade penal aparentemente suficiente para tolerar proporcionalmente sua adoção, serão considerados meras "notitia criminis" para dar início às correspondentes investigações.

Em que pese a maior parte da doutrina que trata do tema admitir que a prova obtida (mediante desvio causal) seja o *starter* de uma nova investigação, há que se ponderar o seguinte: se usarmos a prova obtida com desvio causal, ainda que a título de "conhecimento fortuito", estaremos utilizando uma prova ilícita derivada. Isso gera um paradoxo insuperável: a prova é ilícita (despida de valor probatório, portanto) em um processo, mas vale(ria) como notícia-crime em outro... Ora, partindo do Princípio da Legalidade, a investigação tem que iniciar a partir de prova lícita e não de uma prova ilícita, sob pena de contaminarmos todos os atos praticados na continuação!

Infelizmente não é esse o entendimento jurisprudencial predominante, como vimos no início deste tópico.

Quanto ao compartilhamento de provas, também se verifica uma banalização de sua aceitação pelos tribunais brasileiros[106]. Destacamos que os tribunais brasileiros, de forma recorrente, têm banalizado o instituto do compartilhamento de provas, exigindo apenas a existência de "autorização judicial". Entendemos que a questão é muito mais complexa e que a mera "autorização judicial", muitas vezes sem a devida fundamentação e nem sequer fazendo uma análise de proporcionalidade, não é suficiente.

O chamado princípio da especialidade da prova situa-se numa linha de tensão com a chamada *transferência ou compartilhamento de provas*, cuja discussão costuma

---

[106] Como dito, a questão do compartilhamento de provas tem sido, infelizmente, banalizada e tratada de forma superficial no Brasil, mas há julgados que constituem importantes exceções, alinhando-se à nossa posição. No caso abaixo, a Receita Federal obteve – diretamente – o acesso aos dados bancários do contribuinte para instruir o procedimento administrativo fiscal. Para isso, não necessitaria de autorização judicial. O problema surge quando essa prova é utilizada em processo criminal, havendo um claro "desvio causal da prova", considerada ilícita pelo STJ, na mesma linha que sustentamos.
DIREITO PROCESSUAL PENAL. UTILIZAÇÃO NO PROCESSO PENAL DE INFORMAÇÕES OBTIDAS PELA RECEITA FEDERAL MEDIANTE REQUISIÇÃO DIRETA ÀS INSTITUIÇÕES BANCÁRIAS.
Os dados obtidos pela Receita Federal com fundamento no art. 6º da LC 105/2001, mediante requisição direta às instituições bancárias no âmbito de processo administrativo fiscal sem prévia autorização judicial, não podem ser utilizados no processo penal, sobretudo para dar base à ação penal. Há de se ressaltar que não está em debate a questão referente à possibilidade do fornecimento de informações bancárias, para fins de constituição de créditos tributários, pelas instituições financeiras ao Fisco sem autorização judicial – tema cuja repercussão geral foi reconhecida no RE 601.314-SP, pendente de apreciação. Discute-se se essas informações podem servir de base à ação penal. Nesse contexto, reafirma-se, conforme já decidido pela Sexta Turma do STJ, que as informações obtidas pelo Fisco, quando enviadas ao MP para fins penais, configuram inadmissível quebra de sigilo bancário sem prévia autorização judicial. Não cabe à Receita Federal, órgão interessado no processo administrativo e sem competência constitucional específica, requisitar diretamente às instituições bancárias a quebra do sigilo bancário. Pleito nesse sentido deve ser necessariamente submetido à avaliação do magistrado competente, a quem cabe motivar concretamente sua decisão, em observância aos arts. 5º, XII e 93, IX, da CF. Precedentes citados: HC 237.057-RJ, Sexta Turma, *DJe* 27/2/2013; REsp 1.201.442-RJ, Sexta Turma, *DJe* 22/8/2013; AgRg no REsp 1.402.649-BA, Sexta Turma, *DJe* 18/11/2013. RHC 41.532-PR, Rel. Min. Sebastião Reis Júnior, julgado em 11/2/2014.

aparecer no campo do Direito Penal econômico, em que órgãos estatais, como Receita Federal, COAF, BACEN etc., fazem intercâmbio de documentos e provas.

Empregando raciocínio similar, no âmbito da Cooperação Penal Internacional, o princípio da especialidade é usado, não no sentido estritamente probatório, como estamos fazendo, mas de forma parecida. No Estatuto de Roma encontramos o princípio da especialidade no seu art. 101[107].

Aqui, a especialidade se refere à vinculação causal entre o crime que motivou a entrega do imputado ao tribunal e o julgamento a ser feito, não podendo o tribunal processar por crime diverso daquele que tenha constituído a base causal do pedido. A regra da especialidade[108] também é adotada em matéria de extradição, conforme dispõe o art. 91, I, da Lei n. 6.815/80.

Ainda no campo da cooperação internacional, é possível a invocação do princípio da especialidade da prova, de modo que, se a prova obtida através da cooperação foi pedida com fundamento em um determinado tipo penal (corrupção, sonegação fiscal etc.), não poderá ser utilizada para legitimar uma denúncia por tipo penal diverso.

A vinculação causal da prova (especialidade) é decorrência natural da adoção de um processo penal minimamente evoluído, como forma de recusa ao substancialismo inquisitorial e às investigações abertas e indeterminadas.

---

[107] Art. 101.
Princípio da Especialidade
1. Um indivíduo entregue ao Tribunal em virtude do presente Estatuto não será processado, punido ou detido por conduta anterior a sua entrega, distinta da conduta que constitua a base dos crimes pelos quais houver sido entregue.
2. O Tribunal poderá solicitar ao Estado que fez a entrega que o dispense do cumprimento dos requisitos estabelecidos no parágrafo 1º e, se necessário, fornecerá informações adicionais, em conformidade com o artigo 91. Os Estados-partes estarão facultados a conferir essa dispensa ao Tribunal e deveriam procurar fazê-lo.

[108] Nesse sentido, entre as várias decisões proferidas pelo STF, destacamos a seguinte (Extradição 646-extensão, Rel. Min. Maurício Corrêa, julgamento em 2/9/1998, *DJ* de 2/10/1998):
PEDIDO DE EXTENSÃO DE EXTRADIÇÃO. PRINCÍPIO DA ESPECIALIDADE. IMPUTAÇÃO DOS DELITOS DE RECEPTAÇÃO, CONTRABANDO OU DESCAMINHO, ESTELIONATO, FALSIFICAÇÃO E SONEGAÇÃO FISCAL, PRATICADOS ANTERIORMENTE AO PRIMEIRO PEDIDO, MAS SÓ POSTERIORMENTE APURADOS PELO ESTADO REQUERENTE. INEXIGIBILIDADE DE MANDADO DE PRISÃO.
O princípio da especialidade, previsto expressamente na legislação de ambos os Países, impede que o extraditado seja preso ou processado por fatos anteriores ao primeiro pedido (art. 91, I, da Lei n. 6.815/80, e Código Penal eslovaco). A prisão e o processo por outros delitos praticados pelo extraditado antes do primeiro pedido, mas posteriormente apurados, exigem autorização adicional do País requerido. Por estas razões não se pode exigir que o pedido de extensão da extradição venha acompanhado de cópia de mandado de prisão (arts. 79, II, e 80, *caput*, da Lei n. 6.815/80), pois a lei não pode exigir que se faça aquilo que ela proíbe.

Como decidiu o Tribunal Supremo da Espanha, em 3/10/1996, interpretando o art. 579 da LECrim, que disciplina a interceptação telefônica, "*rige el llamado principio de especialidad, que justifica la intervención solo al delito investigado*".

Outro não pode ser o tratamento da prova que – por limitar direitos fundamentais – exige e impõe a reserva de jurisdição como garantia (e limite ao exercício do poder). Daí por que o problema situa-se, a nosso juízo, numa dimensão muito mais profunda. Quando se desvia o foco da investigação de um fato certo e determinado para abranger qualquer tipo de ilícito que eventualmente tenha praticado o réu, opera-se no campo do substancialismo inquisitorial.

Trata-se de perquirir sem uma exata predeterminação empírica das hipóteses de indagação, o que resulta inevitavelmente solidário com uma concepção autoritária e irracionalista do processo penal (FERRAJOLI), inserindo-se no referencial inquisitório, o que constitui uma postura incompatível com os limites de um processo penal democrático e acusatório.

Constitui um desvio ilegítimo obter – por exemplo – uma autorização judicial para realização de uma interceptação telefônica para apuração do delito de tráfico de substâncias entorpecentes e, posteriormente, utilizar esse mesmo material probatório para instauração de outro processo criminal, pelo delito de sonegação fiscal.

Existe um ilegal desvio causal da prova autorizada para apuração de um crime e utilizada para punição de outro. Torna-se ainda mais grave a ilegalidade, no exemplo citado, se a prova for utilizada no segundo processo e este tiver sido instaurado para apuração do delito previsto no art. 2º da Lei n. 8.137 apenado com detenção (recordemos que o art. 2º da Lei n. 9.296 veda a interceptação telefônica quando o fato for apenado com detenção).

Igualmente inadmissível é que seja determinada judicialmente a restrição de determinado direito fundamental do réu (inviolabilidade do domicílio, sigilo das comunicações telefônicas etc.) e essa prova venha a ser utilizada contra terceiros. Imaginemos que em determinado processo seja autorizada a interceptação telefônica do réu "A" e, na execução dessa medida, venha a ser obtida uma conversa que incrimine um terceiro "C" por outro delito. É válida essa prova em relação a "C"?

Em situação similar, assim entendeu o STF[109], pois se a autorização judicial limitava o sigilo das comunicações de determinados réus, permitindo a inter-

---

[109] Quebra de Sigilo Bancário e Direito à Intimidade
O Tribunal, por maioria, deu parcial provimento a agravo regimental interposto contra decisão do

ceptação de suas conversas telefônicas, parece-nos óbvio que o sigilo de terceiros não está abrangido por essa medida, pois a autorização judicial obviamente não os alcança. Já constitui uma violência ilegítima, mas inevitável diante da natureza do instrumento probatório empregado, que terceiros tenham suas conversas com o réu gravadas. Isso é inevitável, compreende-se. Contudo, é elementar que, em relação a terceiros, o produto dessa interceptação telefônica não possa ser utilizado, pois viola a especialidade e vinculação da prova. Mas a matéria não é pacífica, como dito inicialmente, e existe grande oscilação jurisprudencial e banalização, infelizmente.

A questão assemelha-se à da prova emprestada, por nós rechaçada, com a agravante de que normalmente refere-se a uma prova cuja obtenção tenciona direitos fundamentais, exigindo assim autorização judicial.

Dessarte, o tema é complexo e repleto de nuances, exigindo muita cautela no trato.

Por fim, noutra dimensão, não há que se confundir o limite que defendemos com a possibilidade de prisão/apreensão em caso de flagrante delito ou mesmo de crime permanente (até porque o flagrante é também permanente nesse caso). Assim, se ao ser realizada a busca e apreensão de documentos para apuração de um delito de evasão de divisas – por exemplo – forem encontradas armas ilegais ou drogas no local, esses objetos poderão ser apreendidos sem qualquer problema, pois constituem o próprio corpo de delito de outro crime. Sublinhemos essa ressalva para evitar interpretações equivocadas da limitação causal que estamos defendendo.

---

Min. Joaquim Barbosa, relator, proferida nos autos de inquérito instaurado para apurar a suposta prática dos crimes de quadrilha, peculato, lavagem de dinheiro, gestão fraudulenta, corrupção ativa e passiva e evasão de divisas, pela qual deferira a quebra de sigilo bancário de conta de não residente da agravante, utilizada por diversas pessoas físicas e jurídicas, determinando a remessa de informações ao STF unicamente no que concerne aos dados dos titulares dos recursos movimentados na referida conta. Entendeu-se que, em face do art. 5º, X, da CF, que protege o direito à intimidade, à vida privada, à honra e à imagem das pessoas, a quebra do sigilo não poderia implicar devassa indiscriminada, devendo circunscrever-se aos nomes arrolados pelo Ministério Público como objeto de investigação no inquérito e estar devidamente justificada. Recurso parcialmente provido para que fique autorizada a remessa relativa a duas pessoas físicas e uma pessoa jurídica, deixando ao Ministério Público a via aberta para outros pedidos fundamentados. Vencidos os Ministros Joaquim Barbosa, relator, e Carlos Britto que negavam provimento ao recurso, por considerar que o sigilo bancário, apesar de constitucionalmente amparado, não se reveste de caráter absoluto e pode ser afastado por ordem judicial, desde que tal quebra seja concretamente necessária à apuração de fatos delituosos previamente investigados, como no caso, em que presentes fortes indícios da prática de ilícitos, ressaltando, ademais, inexistir devassa, haja vista que as informações cujo fornecimento a decisão agravada determina não incluem os valores movimentados (grifo nosso).

### 5.5. Limites à Licitude da Prova: Distinção entre Prova Ilícita e Prova Ilegítima

Intimamente relacionado com as questões anteriores, especialmente a compreensão dos modos de construção do convencimento do juiz, da eficácia da principiologia probatória e da superação do dogma da verdade real, os limites à atividade probatória surgem como decorrência do nível de evolução do processo penal que conduz à valoração da forma dos atos processuais enquanto "garantia" a ser respeitada.

Assim, a problemática em torno da prova ilícita e da prova ilegítima deve ser analisada nesse contexto. Importante destacar, novamente, que não se podem fazer analogias ou transmissão mecânica das categorias do processo civil para o processo penal, pois, aqui, partimos da inafastável premissa de que a forma dos atos é uma garantia, na medida em que implica limitação ao exercício do poder estatal de perseguir e punir. Portanto, desde logo, em que pesem as diversas manifestações do senso comum teórico e jurisprudencial, devem ser repelidas as noções de prejuízo e finalidade que têm conduzido os tribunais brasileiros a absurdos níveis de relativização das nulidades (e, portanto, das próprias regras e garantias do devido processo).

Feita essa ressalva introdutória, passemos ao tema.

O cânon processual da admissibilidade pode ser sintetizado na seguinte negativa: uma prova é admissível sempre que nenhuma norma a exclua[110].

CORDERO[111] explica que existe uma relação de ato anterior a posterior. Dessa forma, a prova admitida deve ser produzida e, a contrário senso, somente pode ser admitida aquela prova que possa ser produzida. No que se refere à contaminação, uma prova ilicitamente admitida, ainda que produzida segundo os cânones endoprocessuais, será nula por derivação. Por outro lado, quando regularmente admitida, mas com defeito na aquisição, não haverá qualquer contaminação da decisão de admissão, pois a contaminação não tem efeito retroativo que lhe permita alcançar o ato precedente. Válida a admissão e defeituosa a produção, repete-se somente este último ato. Já a problemática envolvendo a contaminação de outros atos probatórios será analisada na continuação.

A Constituição prevê no seu art. 5º, LVI, que são "inadmissíveis, no processo, as provas obtidas por meios ilícitos". Estamos diante de uma norma geral, que simplesmente menciona "processo", sem fazer qualquer distinção entre processo civil

---

110 CORDERO, Franco. *Procedimiento Penal*, cit., v. 2, p. 44.

111 Idem, ibidem, p. 49.

e penal, exigindo assim uma interpretação adequada à especificidade do processo penal e às exigências das demais normas constitucionais que o disciplinam. Inclusive, nessa matéria, a vedação absoluta deve, em determinado caso, ser relativizada, como veremos na continuação.

A Lei n. 11.690/2008 inseriu o tratamento da prova ilícita no Código de Processo Penal, assim dispondo:

> Art. 157. São inadmissíveis, devendo ser desentranhadas do processo, as provas ilícitas, assim entendidas as obtidas em violação a normas constitucionais ou legais.

Para o legislador, não há distinção entre provas ilícitas e provas ilegítimas, na medida em que o art. 157 consagra as duas espécies sob um mesmo conceito, o de prova ilícita. Ao afirmar que são ilícitas as provas que violem normas constitucionais ou legais, coloca ambas – ilícitas e ilegítimas – na mesma categoria. Esse é o tratamento legal. Contudo, ainda encontramos na doutrina[112] a distinção entre prova ilegal, ilegítima e ilícita. A prova "ilegal"[113] é o gênero, do qual são espécies a prova ilegítima e a prova ilícita. Assim, doutrinariamente, podemos encontrar as seguintes categorias:

- **prova ilegítima:** quando ocorre a violação de uma regra de direito processual penal no momento da sua produção em juízo, no processo. A proibição tem natureza exclusivamente processual, quando for imposta em função de interesses atinentes à lógica e à finalidade do processo[114]. Exemplo: juntada fora do prazo, prova unilateralmente produzida (como o são as declarações escritas e sem contraditório) etc.;
- **prova ilícita:** é aquela que viola regra de direito material ou a Constituição no momento da sua coleta, anterior ou concomitante ao processo, mas sempre exterior a este (fora do processo). Nesse caso, explica MARIA THEREZA[115], embora servindo, de forma imediata, também a interesses processuais, é vista, de maneira fundamental, em função dos direitos que o ordenamento reconhece aos indivíduos, independentemente do processo. Em geral, ocorre uma violação da intimidade, privacidade ou dignidade (exemplos: interceptação telefônica ilegal, quebra ilegal do sigilo bancário, fiscal etc.).

Mas essa distinção, à luz da redação do art. 157, perdeu sentido. Portanto, adotaremos a categoria prova ilícita na perspectiva do CPP.

---

112 ASSIS MOURA, Maria Thereza Rocha de. *A Ilicitude na Obtenção da Prova e sua Aferição*. Originais gentilmente cedidos pela autora.

113 Também adota essa classificação SCARANCE FERNANDES, *Processo Penal Constitucional*, cit., p. 78.

114 Conforme ASSIS MOURA, op. cit.

115 Conforme ASSIS MOURA, op. cit.

## 5.6. Teorias sobre a Admissibilidade das Provas Ilícitas

Ainda que a Constituição seja categórica[116] – não admissibilidade da prova ilícita –, encontramos na doutrina, e também na jurisprudência, situações de flexibilização desta regra.

### 5.6.1. Admissibilidade Processual da Prova Ilícita

Para essa corrente, a prova poderia ser admitida desde que não fosse vedada pelo ordenamento processual. Não interessava a violação do direito material.

Para seus seguidores (minoritários hoje), o responsável pela prova ilícita poderia utilizá-la no processo, respondendo em outro processo pela eventual violação da norma de direito material (que poderia constituir um delito ou mesmo um ilícito civil).

Nessa linha, CORDERO[117] afirma que não interessa a violação de normas de direito material, apenas a vedação processual. Explica o autor que "*queda por decir cuándo una prueba es admisible; y conviene decirlo por la negativa; lo es siempre que ninguna norma la excluya. Normas procesales, claro está. No importa que haya sido descubierta o establecida ilícitamente. Un caso típico es la requisa no ordenada por el magistrado y realizada por la policía fuera de los casos previstos en el artículo 352, apartado 1º (delito flagrante o evasión); los que efectúan la requisa responden por el abuso (C.P., art. 609), pero si han descubierto cosas referentes al delito, nada impide la convalidación del secuestro (art. 355, apdo. 2º); y lo hallado (por ejemplo, el arma homicida) termina en los materiales destinados al debate (art. 431, letra f). En el fondo, es obvio: hasta dónde las pruebas son admisibles (fenómeno del proceso), lo dicen reglas internas al sistema, o sea procesales*".

A crítica a essa corrente nasce exatamente dessa paradoxal situação criada: um mesmo objeto, diante da ilicitude com que foi obtido, seria considerado como corpo de delito para ensejar a condenação de alguém e, ao mesmo tempo, seria perfeitamente válido para produzir efeitos no processo penal. Como dito, no Brasil, hoje, é uma posição que não encontra mais qualquer abrigo na jurisprudência.

---

116 Inclusive constitui crime previsto na Lei n. 13.869/2019:
Art. 25. Proceder à obtenção de prova, em procedimento de investigação ou fiscalização, por meio manifestamente ilícito:
Pena – detenção, de 1 (um) a 4 (quatro) anos, e multa.
Parágrafo único. Incorre na mesma pena quem faz uso de prova, em desfavor do investigado ou fiscalizado, com prévio conhecimento de sua ilicitude.

117 CORDERO, Franco. *Procedimiento Penal*, cit., v. 2, p. 44.

### 5.6.2. Inadmissibilidade Absoluta

Defendem essa posição os que fazem uma leitura literal do art. 5º, LVI, da Constituição, onde está previsto que são "inadmissíveis, no processo, as provas obtidas por meios ilícitos".

Tal teoria encontra eco, principalmente, nos casos em que na obtenção da prova (ilícita) são violados direitos constitucionalmente assegurados. Partem, ainda, da premissa de que a vedação constitucional não admitiria exceção ou relativização. É uma corrente que possui vários seguidores e que encontra algum abrigo na jurisprudência (inclusive do STF).

A crítica é exatamente em relação à "absolutização" da vedação, num momento em que a ciência (desde a teoria da relatividade) e o próprio direito constitucional negam o caráter absoluto de regras e direitos. Para nós, desde Einstein, não há mais espaço para tais teorias que têm a pretensão de serem "absolutas", ainda mais quando é evidente que todo saber é datado e tem prazo de validade e, principalmente, que a Constituição, como qualquer lei, já nasce velha, diante da incrível velocidade do ritmo social. Logo, a inadmissibilidade absoluta tem a absurda pretensão de conter uma razão universal e universalizante, que pode(ria) prescindir da ponderação exigida pela complexidade que envolve cada caso na sua especificidade.

### 5.6.3. Admissibilidade da Prova Ilícita em Nome do Princípio da Proporcionalidade (ou da Razoabilidade)[118]

Para os seguidores dessa corrente, a prova ilícita, em certos casos, tendo em vista a relevância do interesse público a ser preservado e protegido, poderia ser admitida. Abranda a proibição para admitir a prova ilícita, em casos excepcionais e graves, quando a obtenção e a admissão forem consideradas a única forma possível e razoável para proteger a outros valores fundamentais.

A intenção é evitar aqueles resultados repugnantes e flagrantemente injustos. No Brasil é adotada com reservas, sobretudo, nas questões de direito de família. Em matéria penal, são raras as decisões que a adotam[119].

---

[118] Importante destacar que não desconhecemos a divergência existente em torno da distinção ou não dos princípios da proporcionalidade (Alemanha) e razoabilidade (Estados Unidos). Contudo, seguimos a corrente daqueles que, como Suzana TOLEDO BARROS (*O Princípio da Proporcionalidade e o Controle de Constitucionalidade das Leis Restritivas de Direitos Fundamentais*, Brasília, Editora Brasília Jurídica, 1996), não veem uma distinção nuclear relevante. Sobre o tema e as diferentes posições teóricas, leia-se, ainda, SOUZA DE OLIVEIRA, Fabio Correa. *Por uma Teoria dos Princípios*. O *Princípio Constitucional da Razoabilidade*. Rio de Janeiro, Lumen Juris, 2003.

[119] Noticia MARIA THEREZA ROCHA DE ASSIS MOURA (op. cit.) a existência de, pelo menos, duas decisões nessa linha, proferidas pelo STJ, a saber: HC 3.982, *RSTJ* 82/322 e s., jun. 1996 e HC 4.138, *RF* 336/394, out./dez. 1996. Em ambos os recursos, foi relator o Ministro Adhemar Maciel.

O perigo dessa teoria é imenso, na medida em que o próprio conceito de *proporcionalidade* é constantemente manipulado e serve a qualquer senhor. Basta ver a quantidade imensa de decisões e até de juristas que ainda operam no reducionismo binário do *interesse público x interesse privado*, para justificar a restrição de direitos fundamentais (e, no caso, até a condenação) a partir da "prevalência" do interesse público...

É um imenso perigo (grave retrocesso) lançar mão desse tipo de conceito jurídico indeterminado e, portanto, manipulável, para impor restrição de direitos fundamentais[120]. Recordemos que o processo penal é democratizado por força da Constituição, e isso implica a revalorização do homem, *en toda la complicada red de las instituciones procesales que sólo tienen un significado si se entienden por su naturaleza y por su finalidad política y jurídica de garantía de aquel supremo valor que no puede nunca venir sacrificado por razones de utilidad: el hombre*[121].

E, mais, aqueles que ainda situam a discussão no campo público *versus* privado, além de ignorarem a inaplicabilidade de tais categorias quando estamos diante de direitos fundamentais, possuem uma visão autoritária do direito e equivocada do que seja sociedade (e das respectivas categorias de *interesse público, coletivo* etc.).

Entendemos que *sociedade* deve ser compreendida dentro da fenomenologia da coexistência, e não mais como um ente superior, de que dependem os homens

---

[120] Eis dois casos em que se tentou fazer valer uma prova ilícita contra o réu em nome do interesse público, e até da falaciosa "verdade real", tendo em ambos sido repelida a construção.
"Da explícita proscrição da prova ilícita, sem distinções quanto ao crime objeto do processo (CF, art. 5º, LVI), resulta a prevalência da garantia nela estabelecida sobre o interesse na busca, a qualquer custo, da verdade real no processo: consequente impertinência de apelar-se ao princípio da proporcionalidade – à luz de teorias estrangeiras inadequadas à ordem constitucional brasileira – para sobrepor, à vedação constitucional da admissão da prova ilícita, considerações sobre a gravidade da infração penal objeto da investigação ou da imputação" (HC 80.949, Rel. Min. Sepúlveda Pertence, *DJ* 14/12/2001) (grifo nosso).
"Objeção de princípio – em relação à qual houve reserva de Ministros do Tribunal – à tese aventada de que à garantia constitucional da inadmissibilidade da prova ilícita se possa opor, com o fim de dar-lhe prevalência em nome do princípio da proporcionalidade, o interesse público na eficácia da repressão penal em geral ou, em particular, na de determinados crimes: é que, aí, foi a Constituição mesma que ponderou os valores contrapostos e optou – em prejuízo, se necessário da eficácia da persecução criminal – pelos valores fundamentais, da dignidade humana, aos quais serve de salvaguarda a proscrição da prova ilícita. De qualquer sorte – salvo em casos extremos de necessidade inadiável e incontornável – a ponderação de quaisquer interesses constitucionais oponíveis à inviolabilidade do domicílio não compete *a posteriori* ao juiz do processo em que se pretenda introduzir ou valorizar a prova obtida na invasão ilícita, mas sim àquele a quem incumbe autorizar previamente a diligência" (HC 79.512, Rel. Min. Sepúlveda Pertence, *DJ* 16/5/2003) (grifo nosso).

[121] BETTIOL, Giuseppe. *Instituciones de Derecho Penal y Procesal Penal*. Trad. Faustino Gutièrrez-Alviz y Conradi. Barcelona, Bosch, 1976. p. 174.

que o integram. Inadmissível uma concepção antropomórfica, na qual a sociedade é concebida como um ente gigantesco, no qual os homens são meras células, que lhe devem cega obediência. Nossa atual Constituição e, antes dela, a Declaração Universal dos Direitos Humanos consagram certas limitações necessárias para a coexistência e não toleram tal submissão do *homem* ao *ente superior*, essa visão antropomórfica que corresponde a um sistema penal autoritário[122]. Em suma, no processo penal, há que se compreender o conteúdo de sua instrumentalidade, recusar tais construções.

### 5.6.4. Admissibilidade da Prova Ilícita a Partir da Proporcionalidade *Pro Reo*

Nesse caso, a prova ilícita poderia ser admitida e valorada apenas quando se revelasse a favor do réu. Trata-se da proporcionalidade *pro reo*, em que a ponderação entre o direito de liberdade de um inocente prevalece sobre um eventual direito sacrificado na obtenção da prova (dessa inocência).

Situação típica é aquela em que o réu, injustamente acusado de um delito que não cometeu, viola o direito à intimidade, imagem, inviolabilidade do domicílio, das comunicações etc. de alguém para obter uma prova de sua inocência.

Como explica GRECO FILHO[123], "uma prova obtida por meio ilícito, mas que levaria à absolvição de um inocente (...) teria de ser considerada, porque a condenação de um inocente é a mais abominável das violências e não pode ser admitida ainda que se sacrifique algum outro preceito legal".

Desnecessário argumentar que a condenação de um inocente fere de morte o valor "justiça", pois o princípio supremo é o da proteção dos inocentes no processo penal.

Ademais, deve-se recordar que o réu estaria, quando da obtenção (ilícita) da prova, acobertado pelas excludentes da legítima defesa[124] ou do estado de necessidade, conforme o caso. Também é perfeitamente sustentável a tese da inexigibilidade de conduta diversa (excluindo agora a culpabilidade). Tais excludentes afastariam a ilicitude da conduta e da própria prova, legitimando seu uso no processo.

---

[122] ZAFFARONI, Eugenio Raúl e PIERANGELI, José Henrique. *Manual de Direito Penal Brasileiro*, 2. ed. São Paulo, RT, 1999. p. 96.

[123] GRECO FILHO, Vicente. *Tutela Constitucional das Liberdades*, p. 112-113, apud SCARANCE FERNANDES, Antonio. *Processo Penal Constitucional*, cit., p. 81.

[124] Utilização de gravação de conversa telefônica feita por terceiro com a autorização de um dos interlocutores sem o conhecimento do outro quando há, para essa utilização, excludente da antijuridicidade. Afastada a ilicitude de tal conduta – a de, por legítima defesa, fazer gravar e divulgar conversa telefônica ainda que não haja o conhecimento do terceiro que está praticando crime –, é ela, por via de consequência, lícita e, também consequentemente, essa gravação não pode ser tida como prova ilícita, para invocar-se o artigo 5º, LVI, da Constituição com fundamento em que houve violação da intimidade (art. 5º, X, da Carta Magna) (HC 74.678, Rel. Min. Moreira Alves, *DJ* 15/8/1997).

Na mesma linha, RANGEL[125] aponta o acerto da aplicação da chamada *teoria da exclusão da ilicitude*, em que a conduta do réu ao obter a prova ilícita está amparada pelo direito (causa de exclusão da ilicitude) e, portanto, essa prova não pode mais ser considerada ilícita. Assim, por exemplo, pode ser admitida a interceptação telefônica feita pelo próprio réu, sem ordem judicial, desde que destinada a fazer prova de sua inocência em processo criminal que busca sua condenação. Ou, ainda, quando comete um delito de invasão de domicílio ou violação de correspondência, para buscar elementos que demonstrem sua inocência, estaria ao abrigo do estado de necessidade, que excluiria a ilicitude de sua conduta e conduziria à admissão da prova.

Questão interessante que pode surgir é a seguinte: se, em determinado processo criminal, admite-se a prova ilícita porque benéfica ao réu (proporcionalidade *pro reo*), pode-se, após, utilizar essa prova para em outro processo penal punir terceiros?

Entendemos que não. Essa prova ilícita, que excepcionalmente está sendo admitida para evitar o absurdo que representa a condenação de um inocente, não pode ser utilizada contra terceiro.

Ou seja, a mesma prova que serviu para a absolvição do inocente não pode ser utilizada contra terceiro, na medida em que, em relação a ele, essa prova é ilícita e assim deve ser tratada (inadmissível, portanto). Não há nenhuma contradição nesse tratamento, na medida em que a prova ilícita está sendo, excepcionalmente, admitida para evitar a injusta condenação de alguém (proporcionalidade).

Essa admissão está vinculada a esse processo.

Não existe uma convalidação, ou seja, ela não se torna lícita para todos os efeitos, senão que apenas é admitida em um determinado processo (em que o réu que a obteve atua ao abrigo do estado de necessidade). Ela segue sendo ilícita e, portanto, não pode ser utilizada em outro processo para condenar alguém, sob pena de, por via indireta, admitirmos a prova ilícita contra o réu (sim, porque ele era "terceiro" no processo originário, mas assume agora a posição de réu).

Tampouco pode ser invocada a proporcionalidade (contra réu), pelos motivos expostos na crítica à terceira corrente. Em definitivo, não pode ser utilizada contra terceiro, pois frente a ele essa prova continua ilícita.

Com certeza, diante das demais teorias expostas, é a mais adequada ao processo penal e ao conteúdo de sua instrumentalidade, na medida em que o processo

125 RANGEL, Paulo. *Direito Processual Penal*, cit., p. 431.

penal é um instrumento a serviço da máxima eficácia dos direitos e garantias fundamentais previstos na Constituição. A jurisprudência não é pacífica, mas há acórdãos acolhendo esse entendimento.

## 5.7. Prova Ilícita por Derivação

### 5.7.1. O Princípio da Contaminação e sua (Perigosa) Relativização

Definida a questão da admissibilidade, ou não, passemos ao problema da contaminação da prova ilícita sobre as demais.

Uma vez considerada ilícita a prova (e não tendo sido ela admitida, conforme as teorias anteriormente tratadas) deve ser verificada a eventual contaminação que essa prova produziu em outras e até mesmo na sentença, conforme exigência feita pelo art. 573, § 1º, do CPP.

Vejamos a redação do art. 157:

> Art. 157. (...)
>
> § 1º São também inadmissíveis as provas derivadas das ilícitas, salvo quando não evidenciado o nexo de causalidade entre umas e outras, ou quando as derivadas puderem ser obtidas por uma fonte independente das primeiras.
>
> § 2º Considera-se fonte independente aquela que por si só, seguindo os trâmites típicos e de praxe, próprios da investigação ou instrução criminal, seria capaz de conduzir ao fato objeto da prova.
>
> § 3º Preclusa a decisão de desentranhamento da prova declarada inadmissível, esta será inutilizada por decisão judicial, facultado às partes acompanhar o incidente.

Desses enunciados, extraem-se algumas regras:

- inadmissibilidade da prova derivada (princípio da contaminação);
- não há contaminação quando não ficar evidenciado o nexo de causalidade;
- não há contaminação quando a prova puder ser obtida por uma fonte independente daquela ilícita;
- desentranhamento e inutilização da prova considerada ilícita.

A redação do art. 157 é muito ruim, contraditória e mistura conceitos. Inicia o § 1º afirmando que são inadmissíveis as provas derivadas, o que está correto e consagra o princípio da contaminação. Mas erra ao dizer que são inadmissíveis as provas derivadas, "salvo quando não evidenciado o nexo de causalidade". Ora, se não existe nexo de causalidade, obviamente não há contaminação porque não existe derivação! Redação infeliz.

A seguir o artigo diz – *a contrario sensu* – que são admissíveis as provas "derivadas (que) puderem ser obtidas por uma fonte independente das primeiras". Para muitos, seria a consagração da teoria norte-americana da "fonte independente" (*independent source*). A redação também é dúbia, pois, se a fonte é independente, não há derivação. Sem embargo, o legislador parece ter ido além: ao considerar que uma prova derivada de outra ilícita pode ser admitida, desde que obtida por fonte independente, parece sinalizar para uma abertura do conceito, estabelecendo a aceitação de uma prova derivada, desde que – em tese – pudesse ser obtida por uma fonte independente. Eis a perigosa abertura para o campo da suposição. É uma arriscada relativização da teoria da contaminação que insere o argumento de legitimação no campo da simples hipótese (poderia ser obtida por uma fonte independente? Então se admite). Vejamos agora o nascimento do princípio da contaminação e da fonte independente.

O princípio da contaminação tem sua origem no caso *Silverthorne Lumber & Co. v. United States*, em 1920, tendo a expressão *fruits of the poisonous tree* sido cunhada pelo Juiz Frankfurter, da Corte Suprema, no caso *Nardone v. United States*, em 1937. Na decisão, afirmou-se que "proibir o uso direto de certos métodos, mas não pôr limites a seu pleno uso indireto apenas provocaria o uso daqueles mesmos meios considerados incongruentes com padrões éticos e destrutivos da liberdade pessoal"[126]. A lógica é muito clara, ainda que a aplicação seja extremamente complexa, de que se a árvore está envenenada, os frutos que ela gera estarão igualmente contaminados (por derivação).

Exemplo típico é a apreensão de objetos utilizados para a prática de um crime (armas, carros etc.) ou mesmo que constituam o corpo de delito, e que tenham sido obtidos a partir da escuta telefônica ilegal ou através da violação de correspondência eletrônica. Mesmo que a busca e apreensão seja regular, com o mandado respectivo, é um ato derivado do anterior, ilícito. Portanto, contaminado está.

Voltando ao princípio da contaminação, entendemos que o vício se transmite a todos os elementos probatórios obtidos a partir do ato maculado, literalmente contaminando-os com a mesma intensidade. Dessa forma, devem ser desentranhados o ato originariamente viciado e todos os que dele derivem ou decorram, pois igualmente ilícita é a prova que deles se obteve.

O maior inconveniente é a timidez com que os tribunais tratam da questão, focando no "nexo causal" de forma bastante restritiva para verificar o alcance da contaminação. Existe uma tendência muito clara na jurisprudência brasileira de evitar o "efeito dominó", sem considerar que diante de uma ilicitude, há que se reconhecer a contaminação, até para sinalizar os demais órgãos da administração da

---

126 Conforme PIEROBOM DE ÁVILA, Thiago André. *Provas Ilícitas e Proporcionalidade*. Rio de Janeiro, Lumen Juris, 2007. p. 152.

justiça (incluindo a polícia judiciária) de que é preciso agir, mas dentro da legalidade. A Suprema Corte norte-americana ensina a importância de nos preocuparmos com a "integridade judicial", ou seja, em não dar aprovação judicial aos abusos e às provas colhidas em desacordo com as regras legais. É a incorporação do efeito dissuasório – *deterrent effect*. Os tribunais superiores têm a missão de "comunicar" o padrão de ética e o padrão de legalidade do processo penal. É compromisso do STF e do STJ "comunicar" a validade e o alcance das regras do devido processo e de exclusão da prova ilícita (*exclusionary rules*) de forma clara e objetiva, sem o casuísmo conveniente que se vê hoje. E mais: quando se anula um processo por ilicitude da prova, não se pode pensar na proporcionalidade vinculada àquele caso, senão em relação ao sistema de administração de justiça. É uma ponderação, mas em relação àquele caso pontual, senão em relação à lisura do sistema de administração da justiça, para evitar que dezenas ou centenas de outras ilegalidades sigam sendo praticadas na coleta de provas. Essa é uma comunicação eficiente do alcance e eficácia das regras do devido processo.

Assim, acabam tornando lícitas provas que estão contaminadas, sob o argumento de que não está demonstrada claramente uma relação de causa e efeito. Significa considerar que não existe conexão com a prova ilícita ou que essa conexão é tênue, não se estabelecendo uma clara relação de causa e efeito.

Sem falar que o conceito de "fonte independente" hipotética adotada pelo CPP é perigosíssimo, dada sua porosidade e abertura.

Para o CPP, "considera-se fonte independente aquela que por si só, seguindo os trâmites típicos e de praxe, próprios da investigação ou instrução criminal, seria capaz de conduzir ao fato objeto da prova".

A redação é péssima: o que significa "trâmites típicos e de praxe"? Será aquilo que quiser o intérprete... Sem falar no perigo de recorrer à "praxe" investigatória como argumento para justificar uma fonte independente hipotética ou imaginária. Ou seja: essa prova é derivada de outra ilícita, mas, seguindo os trâmites típicos e de praxe, nós – talvez e não se sabe quando ou como – também teríamos chegado àquela prova. É, sem dúvida, uma validação de uma prova derivada e ilícita. Reparem a perigosa abertura para o decisionismo, para o julgador fazer o que quiser.

O legislador brasileiro importou a teoria da fonte independente de forma precária. A origem da teoria da fonte independente (*independent source doctrine*) remonta ao caso *Murray v. United States*, em 1988, em que policiais entraram ilegalmente em uma casa onde havia suspeita de tráfico ilícito de drogas e confirmaram a suspeita. Posteriormente requereram um mandado judicial para busca e apreensão, indicando apenas as suspeitas e sem mencionar que já haviam entrado na residência. De posse do mandado, realizaram a busca e apreenderam as drogas. A Corte entendeu que a prova era válida, e que não estava contaminada. Isso porque, no entendimento da Corte nesse caso, o mandado de busca para justificar a segunda entrada seria obtido de qualquer forma, apenas com os indícios iniciais. Essa fonte era independente e pré-constituída em relação à primeira entrada ilegal.

Mas a redação do art. 157 também mistura conceitos e alguns autores sustentam que, *além da teoria da fonte independente, também estaria abrangida a teoria da descoberta inevitável*. Ao consagrar o raciocínio hipotético de que, "seguindo os trâmites típicos e de praxe, próprios da investigação ou instrução criminal, seria capaz de conduzir ao fato objeto da prova", estaria o legislador brasileiro adotando – tacitamente – a teoria da descoberta inevitável.

A teoria da descoberta inevitável (*inevitable discovery exception*) foi utilizada no caso *Nix v. Williams*, em 1984, para validar-se a prova que poderia ser, certamente, obtida por qualquer outra forma. No caso em julgamento[127], o acusado havia matado uma criança e escondido seu corpo. Foi realizada uma busca no município, com 200 voluntários, divididos em zonas de atuação. Durante essa busca, a polícia obteve ilegalmente a confissão do imputado, o qual especificou o local onde havia ocultado o corpo, tendo ele sido efetivamente encontrado no local indicado. Contudo, pela sistemática das buscas realizadas, em poucas horas os voluntários também teriam encontrado o cadáver. Logo, a descoberta foi considerada inevitável e, portanto, válida a prova.

Em relação a essas teorias, especialmente a última, a Corte Suprema entendeu que a carga de provar que a descoberta era inevitável é inteiramente da acusação.

Ainda que se adotem as duas teorias – dada a vagueza e imprecisão do art. 157 –, é preciso ressalvar que expressamente só foi adotada a teoria da fonte independente.

No Brasil, o STF proferiu interessante decisão sobre a prova ilícita e, especialmente, sobre a *independent source*, no julgamento do RHC 90.376/ RJ, relator Min. CELSO DE MELLO, 2ª Turma, julgado em 3/4/2007[128].

---

[127] PIEROBOM DE ÁVILA, op. cit., p. 158.

[128] EMENTA:
(...)
ILICITUDE DA PROVA – INADMISSIBILIDADE DE SUA PRODUÇÃO EM JUÍZO (OU PERANTE QUALQUER INSTÂNCIA DE PODER) – INIDONEIDADE JURÍDICA DA PROVA RESULTANTE DA TRANSGRESSÃO ESTATAL AO REGIME CONSTITUCIONAL DOS DIREITOS E GARANTIAS INDIVIDUAIS. (...)
A QUESTÃO DA DOUTRINA DOS FRUTOS DA ÁRVORE ENVENENADA ("*FRUITS OF THE POISONOUS TREE*"): A QUESTÃO DA ILICITUDE POR DERIVAÇÃO. – Ninguém pode ser investigado, denunciado ou condenado com base, unicamente, em provas ilícitas, quer se trate de

No caso em comento, em apertada síntese, tratava-se de uma busca e apreensão de materiais e equipamentos, realizada em quarto de hotel, sem o respectivo mandado judicial. O STF entendeu que o quarto de hotel merece a mesma tutela de inviolabilidade que a "casa", art. 5º, XI, da Constituição, sendo ilícita a prova produzida sem a respectiva autorização judicial. A seguir, travou-se a discussão acerca da contaminação dos atos subsequentes, tendo o STF sustentado a necessidade de exclusão da prova originariamente ilícita e de todas aquelas posteriores, que mesmo produzidas validamente estavam contaminadas pelo efeito da repercussão causal. São igualmente ilícitos os elementos obtidos pelas autoridades estatais, que somente a eles tiveram acesso em razão da prova originariamente ilícita.

Contudo, e aqui se revela o problema da teoria da fonte independente, "se o órgão da persecução penal demonstrar que obteve, legitimamente, novos elementos de informação a partir de uma fonte autônoma de prova – que não guarde qualquer relação de dependência nem decorra da prova originariamente ilícita, com esta não

---

ilicitude originária, quer se cuide de ilicitude por derivação. Qualquer novo dado probatório, ainda que produzido, de modo válido, em momento subsequente, não pode apoiar-se, não pode ter fundamento causal nem derivar de prova comprometida pela mácula da ilicitude originária. – A exclusão da prova originariamente ilícita – ou daquela afetada pelo vício da ilicitude por derivação – representa um dos meios mais expressivos destinados a conferir efetividade à garantia do "due process of law" e a tornar mais intensa, pelo banimento da prova ilicitamente obtida, a tutela constitucional que preserva os direitos e prerrogativas que assistem a qualquer acusado em sede processual penal. Doutrina. Precedentes. – A doutrina da ilicitude por derivação (teoria dos "frutos da árvore envenenada") repudia, por constitucionalmente inadmissíveis, os meios probatórios, que, não obstante produzidos, validamente, em momento ulterior, acham-se afetados, no entanto, pelo vício (gravíssimo) da ilicitude originária, que a eles se transmite, contaminando-os, por efeito de repercussão causal. Hipótese em que os novos dados probatórios somente foram conhecidos, pelo Poder Público, em razão de anterior transgressão praticada, originariamente, pelos agentes da persecução penal, que desrespeitaram a garantia constitucional da inviolabilidade domiciliar. – Revelam-se inadmissíveis, desse modo, em decorrência da ilicitude por derivação, os elementos probatórios a que os órgãos da persecução penal somente tiveram acesso em razão da prova originariamente ilícita, obtida como resultado da transgressão, por agentes estatais, de direitos e garantias constitucionais e legais, cuja eficácia condicionante, no plano do ordenamento positivo brasileiro, traduz significativa limitação de ordem jurídica ao poder do Estado em face dos cidadãos. – Se, no entanto, o órgão da persecução penal demonstrar que obteve, legitimamente, novos elementos de informação a partir de uma fonte autônoma de prova – que não guarde qualquer relação de dependência nem decorra da prova originariamente ilícita, com esta não mantendo vinculação causal –, tais dados probatórios revelar-se-ão plenamente admissíveis, porque não contaminados pela mácula da ilicitude originária. – A QUESTÃO DA FONTE AUTÔNOMA DE PROVA ("*AN INDEPENDENT SOURCE*") E A SUA DESVINCULAÇÃO CAUSAL DA PROVA ILICITAMENTE OBTIDA – DOUTRINA – PRECEDENTES DO SUPREMO TRIBUNAL FEDERAL – JURISPRUDÊNCIA COMPARADA (A EXPERIÊNCIA DA SUPREMA CORTE AMERICANA): CASOS "SILVERTHORNE LUMBER CO. V. UNITED STATES (1920); SEGURA V. UNITED STATES (1984); NIX V. WILLIAMS (1984); *MURRAY V. UNITED STATES* (1988)", v.g.

**Decisão**

A Turma, por votação unânime, deu provimento ao recurso ordinário, nos termos do voto do Relator, para restabelecer a sentença penal absolutória proferida nos autos do Processo-crime 1998.001.082771-6 (19ª Vara Criminal da Comarca do Rio de Janeiro/RJ). Ausente, justificadamente, neste julgamento o Senhor Ministro Gilmar Mendes, 2ª Turma, 3/4/2007.

mantendo vinculação causal –, tais dados probatórios revelar-se-ão plenamente admissíveis, porque não contaminados pela mácula da ilicitude originária".

Como construção teórica, a tese da fonte independente (e também do encontro inevitável) é bastante clara e lógica, mas revela-se perversa quando depende da casuística e da subjetividade do julgador, na medida em que recorre a conceitos vagos e imprecisos (como o é a própria discussão em torno do nexo causal) que geram um espaço impróprio para a discricionariedade judicial.

Ambas as teorias (fonte independente e encontro inevitável) atacam o nexo causal e servem para mitigar a teoria da contaminação, restringindo ao máximo sua eficácia, de modo que, como sintetiza MARIA THEREZA[129], se a prova ilícita não foi absolutamente determinante para a descoberta da prova derivada, ou se esta derivar de fonte própria, não fica contaminada e pode ser produzida em juízo.

O princípio da contaminação (*fruit of the poisonous tree*) constituiu um grande avanço no tratamento da prova ilícita, mas que foi, infelizmente, atenuado, a ponto de a matéria tornar-se perigosamente casuística. O tal raciocínio hipotético, a ser desenvolvido para aferir se uma fonte é independente ou não, conduz ao esvaziamento do princípio da contaminação. Na mesma esteira, ZILLI[130] afirma que "a operação proposta é perigosa podendo levar a um alargamento da tolerância judicial das provas derivadas, desvirtuando o sentido da teoria" (da contaminação).

Assim, predomina o entendimento nos tribunais superiores de que não se anula a condenação se a sentença não estiver fundada exclusivamente na prova ilícita. Tampouco se anula a decisão condenatória, em que pese existir uma prova ilícita, se existirem outras provas, lícitas, aptas a fundamentar a condenação. Por derradeiro, a teoria da contaminação é bastante mitigada, levada quase à ineficácia, pela aplicação da teoria da fonte independente e suas variações.

Feita essa exposição do entendimento em vigor, passemos à crítica.

### 5.7.2. Visão Crítica: a Recusa ao Decisionismo e ao Reducionismo Cartesiano

A disciplina adotada no art. 157 do CPP conduz ao enfraquecimento excessivo, quase erradicação, da doutrina dos frutos da árvore envenenada, retirando a eficácia da garantia processual e constitucional. Também é mais um exemplo de expansão do espaço impróprio da subjetividade judicial, conduzindo ao terreno

---

129 Op. cit. Importante destacar que a autora critica essa posição jurisprudencial, advertindo que "tal entendimento, levado às últimas consequências, tolheria, a nosso ver, inteiramente, a eficácia da garantia constitucional. É preciso ter muita cautela quando prova ilícita integrar o conjunto probatório".

130 ZILLI, Marcos. O Pomar e as Pragas, cit., p. 3.

da *ilicitude à la carte*, ou seja, mais um excesso de subjetividade que permite ao juiz/tribunal afirmar ou não a existência da conexão de ilicitude apenas com uma boa retórica. E tudo isso é gerador de tratamento desigual para situações jurídicas iguais, antidemocrático e fomentador de imensa insegurança jurídica. Uma vez mais o que se postula é: regras claras do jogo, para aplicação igualitária.

Também gera o risco de permitir uma concepção reducionista do processo, uma ilusão de que os atos processuais são compartimentos estanques, facilmente isoláveis, para salvar os demais atos.

É preciso estudar e compreender ELIO FAZZALARI e a concepção de processo como procedimento em contraditório[131], para atingir a consciência de que o procedimento não é uma atividade que se esgota, se realiza, em um único ato, senão que exige toda uma série de atos e de normas que os disciplinam, conexamente vinculadas, que definem a sequência do seu desenvolvimento. Cada um dos atos está ligado ao outro, como consequência do ato que o precede e pressuposto daquele que o sucede. Todos os atos processuais miram o provimento final e estão inter-relacionados, de modo que a validade do subsequente depende da validade do antecedente. E da validade de todos eles depende a sentença.

Uma vez mais se evidencia o erro de limitar excessivamente o nexo causal para atenuar ou mesmo evitar o "efeito dominó", ou seja, é a limitação do efeito expansivo contaminante das demais provas em relação àquela obtida ilicitamente. Trata-se de exigir, cada vez com mais rigor, o chamado "nexo funcional de dependência" entre a prova ilícita[132] e as apontadas como derivadas (que os italianos chamam de *inutilizzabilità derivata*). O grande problema deste tema é que a ausência de "regras claras de exclusão" (exclusionary rules) faz com que a discussão sobre se é ou não uma *conexão causal juridicamente relevante* acabe virando um *sistema de exclusão à la carte*. É mais uma inadequada ampliação dos espaços impróprios da discricionariedade judicial a contribuir para a expansão do decisionismo tão criticado por LENIO STRECK.

A mesma crítica deve ser feita à "descoberta inevitável", acrescentando-se que "a debilidade dessa teoria reside em que a descoberta inevitável pode não estar baseada em fatos que possam ser provados claramente, mas sim em hipóteses e

---

131 Sobre a teoria e o pensamento de Fazzalari, leia-se nossa obra *Fundamentos do Processo Penal*, publicado pela Editora Saraiva.

132 Sobre o tema, nos inspiramos em diferentes passagens do excelente livro "A *Prova Ilícita*: um estudo comparado", de Teresa Armenta Deu, publicado pela Editora Marcial Pons, São Paulo, 2014, para onde remetemos o leitor para um estudo mais aprofundado.

suposições"[133]. Enfim, uma porta aberta para o decisionismo e o tratamento desigual. Não se pode mais aceitar que uma prova seja ilícita quando o tribunal quiser, para quem ele quiser e com o alcance que ele quiser dar...

Mas qual seria a medida de redução de danos? Primeiro é a clara definição das regras de exclusão, como já falamos. Em relação ao nexo causal, deve ser ampliada a compreensão. Ou seja, até que se demonstre o contrário, a prova produzida na continuação daquela ilícita deverá ser tida como contaminada, desde que mantenha um mínimo de relação de causa-efeito (obviamente, se ficar evidente a independência, não há que se anular as demais provas).

Isso significa uma inversão completa do tratamento do nexo causal em relação àquele empregado pelos tribunais, em que a prova somente é anulada por derivação se ficar inequivocamente demonstrada a contaminação, admitindo-se todo tipo de ginástica argumentativa para "salvar" a prova (contaminada). Defendemos exatamente o oposto: salvo se ficar inequivocamente demonstrada a independência, as provas subsequentes deverão ser anuladas por derivação. É uma questão de respeito às regras do devido processo penal e, principalmente, dos valores em jogo. Não se pode admitir que o processo penal vire um instrumento para legitimar a prática de atos ilegais por parte dos agentes do Estado; isso é um absurdo. E, com certeza, se não toda, a imensa maioria das discussões travadas sobre a prova ilícita diz respeito a atos ilegais praticados por agentes do Estado. E, com isso, não se pode pactuar.

Outro problema seríssimo no art. 157 foi o veto ao § 4º, que tinha sido inserido pela reforma de 2008 e infelizmente vetado pelo presidente da época. Um grande erro.

Posteriormente, com a Lei n. 13.964/2019, foi inserido o § 5º, com a mesma redação, que agora foi sancionado:

> Art. 157, § 5º O juiz que conhecer do conteúdo da prova declarada inadmissível não poderá proferir a sentença ou acórdão.

Esse dispositivo representa uma grande evolução, rumo ao desvelamento do infantil (ou perverso?) cartesianismo vigente. O juiz, que teve contato com a prova ilícita, está contaminado e não pode julgar ou atuar no feito como juiz das garantias. Não basta desentranhar a prova; deve-se "desentranhar" o juiz!

---

133 ARMENTA DEU, Teresa. A *Prova Ilícita*: um estudo comparado. São Paulo, Marcial Pons, 2014. p. 121.

A desconsideração de que se opera uma grave contaminação psicológica (consciente ou inconsciente) do julgador faz com que a discussão seja ainda mais reducionista. Esse conjunto de fatores psicológicos que afetam o ato de julgar[134] deveria merecer atenção muito maior por parte dos juristas, especialmente dos tribunais, cuja postura até agora tem se pautado por uma visão positivista, cartesiana até, na medida em que separa emoção e razão, o que se revela absolutamente equivocado no atual nível de evolução do processo.

Na mesma linha de redução do alcance da contaminação, são comuns os acórdãos dos tribunais brasileiros que, reconhecendo que no processo existe uma prova ilícita (ou nulidade processual), não anulam a sentença por entenderem que não ficou demonstrado que a decisão se baseou na prova ilícita. Assim, se o juiz não mencionou expressamente na fundamentação a prova, demonstrando a importância na formação de sua convicção, dificilmente a sentença será anulada.

Mais interessante ainda são as decisões[135] que, em que pese a prova ilícita existir e ter sido utilizada na sentença para condenação do réu, argumentam: *subtraindo mentalmente aquela prova (ilícita), ainda subsistem elementos para justificar a condenação*. E, assim, mantêm a sentença condenatória... avalizando as ilegalidades praticadas...

Não concordamos com o entendimento de que, se no processo existir alguma prova ilícita, a sentença condenatória somente será anulada se ficar demonstrado que ela se baseou exclusivamente nessa prova. Tampouco podemos admitir a tal "exclusão mental", fruto de uma visão positivista e cartesiana, como se o ato de julgar fosse algo compartimentalizado, mecânico, de que se pudesse excluir alguma peça sem comprometer o funcionamento do motor... quando, na verdade, é todo o oposto!

Quem nos garante que o juiz não está decidindo a partir da prova ilícita, ainda que inconscientemente (até porque a emoção é mais intensa) e, na fundamentação, apenas cria uma blindagem argumentativa de que a decisão foi tomada com base na prova lícita?

---

134 Nesse tema reputamos imprescindível a leitura, pelo menos, das obras de ALMEIDA PRADO, Lídia Reis. O *Juiz e a Emoção. Aspectos da Lógica da Decisão Judicial*. Campinas, Millennium, 2003; e ZIMERMAN, David. A Influência dos Fatores Psicológicos Inconscientes na Decisão Jurisdicional. In: David Zimerman e Antônio Mathias Coltro (Orgs.). *Aspectos Psicológicos na Prática Jurídica*. Campinas, Millennium, 2002.

135 Entendemos que posições desse estilo devem ser revistas: "Por fim, a jurisprudência da Corte é pacífica ao afirmar que não se anula condenação se a sentença condenatória não se apoia apenas na prova considerada ilícita. Nesse sentido o decidido no HC 75.611/SP e no HC 82.139/BA (...)" (AI 503.617-AgR, Rel. Min. Carlos Velloso, *DJ* 4/3/2005). No mesmo sentido: HC 84.316, *DJ* 24/08/2004; HC 77.015, *DJ* 13/11/1998; HC 76.231, *DJ* 16/10/1998; RHC 74.807, *DJ* 20/6/1997; HC 73.461, *DJ* 13/12/1996; HC 75.497, *DJ* 9/5/1993.

A partir de uma reflexão sobre o alcance dessa pergunta, parece-nos que a questão (inclusive do nexo causal) deve, ao menos, ser tratada com muito mais cautela e compreensão de sua complexidade.

Em muitos casos, a sentença deve ser anulada, ainda que sequer mencione a prova ilícita, pois não há nenhuma garantia de que a convicção foi formada (exclusivamente) a partir do material probatório válido. A garantia da jurisdição vai muito além da mera presença de um juiz (natural, imparcial etc.): ela está relacionada com a *qualidade da jurisdição*. A garantia de que alguém será julgado somente a partir da prova judicializada (nada de condenações com base nos atos de investigação do inquérito policial)[136] e com plena observância de todas as regras do devido processo penal.

Sublinhamos o "somente", porque esse advérbio constitui – na feliz definição de CORDERO[137] – *um exorcismo verbal contra as espirais* ad infinitum, *congênitas a fome desaforada da inquisição*.

Daí por que não basta anular o processo e desentranhar a prova ilícita: deve-se substituir o juiz do processo, na medida em que sua permanência representa um imenso prejuízo, que decorre dos "pré-juízos" (sequer é prejulgamento, mas julgamento completo!) que ele fez. Imagine-se uma escuta telefônica que posteriormente vem a ser considerada ilícita por falha de algum requisito formal e a sentença anulada em grau recursal. Basta remeter novamente ao mesmo juiz, avisando-lhe de que a prova deve ser desentranhada? Elementar que não, pois ele, ao ter contato com a prova, está contaminado e não pode julgar.

Infelizmente na Medida Cautelar na ADIn n. 6.298/DF, o Min. Dias Toffoli concedeu liminar em 15/1/2019, e, posteriormente, também a decisão do Min. FUX, suspendendo a eficácia do § 5º do art. 157 do CPP. Alegou que "a norma em tela é extremamente vaga, gerando inúmeras dúvidas". O que significa "conhecer do conteúdo da prova declarada inadmissível"? Significa apenas travar contato com a prova ou pressupõe que o juiz necessariamente tenha emitido algum juízo de valor sobre o material probatório? Como se materializaria a demonstração desse "conhecimento"? O juiz, após "conhecer" do conteúdo da prova, ainda poderá proferir decisões interlocutórias e presidir a instrução, ficando impedido apenas para a sentença, ou ficará impedido desde logo? Ademais, fez referência ao veto de 2008 e seus fundamentos.

---

136 Daí a imensa importância da exclusão física dos autos, nos termos do art. 3º-C, § 3º, do CPP.

137 CORDERO, Franco. *Procedimiento Penal*, cit., v. 2, p. 47.

Portanto, ainda que obviamente não concordemos com esses argumentos pelas razões já expostas, o fato é que o dispositivo teve sua eficácia suspensa e, ao longo do ano de 2020, é preciso estar atento para o que o STF dirá quando julgar o mérito dessa ação (e das demais que atacam o juiz das garantias e alguns aspectos da Lei n. 13.964/2019).

## 5.8. A Importância da Cadeia de Custódia da Prova Penal

Outra importante inovação trazida pela Lei n. 13.964/2019, na reforma de 2019/2020, foi a recepção da teoria da cadeia de custódia da prova e sua inserção no CPP. Uma grande evolução para qualidade epistêmica e a própria credibilidade da prova. Nesta perspectiva, foram inseridos no CPP os arts. 158-A, B, C, D, E e F.

Tais dispositivos estão em plena vigência, não tendo sido prejudicados pela liminar do Min. FUX.

A definição legal do que seja "cadeia de custódia" da prova vem dada pelo art. 158-A:

> Art. 158-A. Considera-se cadeia de custódia o conjunto de todos os procedimentos utilizados para manter e documentar a história cronológica do vestígio coletado em locais ou em vítimas de crimes, para rastrear sua posse e manuseio a partir de seu reconhecimento até o descarte.
>
> § 1º O início da cadeia de custódia dá-se com a preservação do local de crime ou com procedimentos policiais ou periciais nos quais seja detectada a existência de vestígio.
>
> § 2º O agente público que reconhecer um elemento como de potencial interesse para a produção da prova pericial fica responsável por sua preservação.
>
> § 3º Vestígio é todo objeto ou material bruto, visível ou latente, constatado ou recolhido, que se relaciona à infração penal.

Cadeia de custódia da prova nos remete ao conjunto de procedimentos, concatenados, como elos de uma corrente, que se destina a preservar a integridade da prova, sua legalidade e confiabilidade. Uma corrente que liga duas pontas, que vai da identificação dos vestígios até o seu descarte. A quebra equivale ao rompimento de um dos elos da corrente.

É preciso considerar que haverá diferentes morfologias da cadeia de custódia conforme o tipo de prova que estamos tratando. Uma prova pericial de exame de DNA, por exemplo, possui especificidades que obrigam ao estabelecimento de determinada rotina de coleta, transporte, armazenagem, análise, etc. que será completamente diferente da perícia sobre o material obtido em uma interceptação telefônica, por exemplo.

Dados como local do crime, temperatura, condições meteorológicas e condições específicas de transporte e armazenagem nada dizem quando se trata de uma interceptação telefônica, mas são absolutamente cruciais em se tratando de coleta de DNA. Essa especificidade também irá se refletir no tema da "quebra da cadeia de custódia", como explicaremos a seguir.

A preservação das fontes de prova é fundamental, principalmente quando se trata de provas cuja produção ocorre fora do processo, como é o caso da coleta de DNA, interceptação telefônica etc. Trata-se de verdadeira condição de validade da prova. O tema foi objeto de interessante decisão proferida pelo STJ no HC 160.662-RJ, no qual se fez uma discussão pontual sobre a cadeia de custódia como condição de validade da prova.

Como explica GERALDO PRADO[138], a alteração das fontes contamina os meios e sua não preservação afeta a credibilidade desses meios. De nada adianta argumentar em torno do "livre convencimento motivado", pois existem *standards* de validade não disponíveis, que asseguram o caráter racional-legal da decisão e a imuniza dos espaços impróprios da discricionariedade e do decisionismo (o absurdo "decido conforme a minha consciência", exaustivamente denunciado por LENIO STRECK).

A preservação das fontes de prova, através da manutenção da cadeia de custódia, situa a discussão no campo da "conexão de antijuridicidade da prova ilícita", consagrada no art. 5º, LVI, da Constituição, acarretando a inadmissibilidade da prova ilícita. Existe, explica GERALDO PRADO, um sistema de controle epistêmico da atividade probatória que assegura (e exige) a autenticidade de determinados elementos probatórios.

Para essa preservação das fontes de prova, através da manutenção da cadeia de custódia, exige a prática de uma série de atos, um verdadeiro protocolo de custódia, cujo passo a passo vem dado pelo art. 158-B e s.:

> Art. 158-B. A cadeia de custódia compreende o rastreamento do vestígio nas seguintes etapas:
>
> I – reconhecimento: ato de distinguir um elemento como de potencial interesse para a produção da prova pericial;
>
> II – isolamento: ato de evitar que se altere o estado das coisas, devendo isolar e preservar o ambiente imediato, mediato e relacionado aos vestígios e local de crime;
>
> III – fixação: descrição detalhada do vestígio conforme se encontra no local de crime ou no corpo de delito, e a sua posição na área de exames, podendo ser ilustrada por fotografias, filmagens ou croqui, sendo indispensável a sua descrição no laudo pericial produzido pelo perito responsável pelo atendimento;
>
> IV – coleta: ato de recolher o vestígio que será submetido à análise pericial, respeitando suas características e natureza;
>
> V – acondicionamento: procedimento por meio do qual cada vestígio coletado é embalado

---

[138] O que segue é uma síntese de vários pontos tratados na magistral obra de Geraldo Prado, intitulada *Prova Penal e sistema de controles epistêmicos. A quebra da cadeia de custódia das provas obtidas por métodos ocultos*, São Paulo, Marcial Pons, 2014. Também consultamos o artigo "Ainda sobre a quebra da cadeia de custódia das provas", in *Boletim do IBCCrim*, n. 262, setembro de 2014, p. 16-17, do mesmo autor.

de forma individualizada, de acordo com suas características físicas, químicas e biológicas, para posterior análise, com anotação da data, hora e nome de quem realizou a coleta e o acondicionamento;

VI – transporte: ato de transferir o vestígio de um local para o outro, utilizando as condições adequadas (embalagens, veículos, temperatura, entre outras), de modo a garantir a manutenção de suas características originais, bem como o controle de sua posse;

VII – recebimento: ato formal de transferência da posse do vestígio, que deve ser documentado com, no mínimo, informações referentes ao número de procedimento e unidade de polícia judiciária relacionada, local de origem, nome de quem transportou o vestígio, código de rastreamento, natureza do exame, tipo do vestígio, protocolo, assinatura e identificação de quem o recebeu;

VIII – processamento: exame pericial em si, manipulação do vestígio de acordo com a metodologia adequada às suas características biológicas, físicas e químicas, a fim de se obter o resultado desejado, que deverá ser formalizado em laudo produzido por perito;

IX – armazenamento: procedimento referente à guarda, em condições adequadas, do material a ser processado, guardado para realização de contraperícia, descartado ou transportado, com vinculação ao número do laudo correspondente;

X – descarte: procedimento referente à liberação do vestígio, respeitando a legislação vigente e, quando pertinente, mediante autorização judicial.

Art. 158-C. A coleta dos vestígios deverá ser realizada preferencialmente por perito oficial, que dará o encaminhamento necessário para a central de custódia, mesmo quando for necessária a realização de exames complementares.

§ 1º Todos vestígios coletados no decurso do inquérito ou processo devem ser tratados como descrito nesta Lei, ficando órgão central de perícia oficial de natureza criminal responsável por detalhar a forma do seu cumprimento.

§ 2º É proibida a entrada em locais isolados bem como a remoção de quaisquer vestígios de locais de crime antes da liberação por parte do perito responsável, sendo tipificada como fraude processual a sua realização.

Art. 158-D. O recipiente para acondicionamento do vestígio será determinado pela natureza do material.

§ 1º Todos os recipientes deverão ser selados com lacres, com numeração individualizada, de forma a garantir a inviolabilidade e a idoneidade do vestígio durante o transporte.

§ 2º O recipiente deverá individualizar o vestígio, preservar suas características, impedir contaminação e vazamento, ter grau de resistência adequado e espaço para registro de informações sobre seu conteúdo.

§ 3º O recipiente só poderá ser aberto pelo perito que vai proceder à análise e, motivadamente, por pessoa autorizada.

§ 4º Após cada rompimento de lacre, deve se fazer constar na ficha de acompanhamento de vestígio o nome e a matrícula do responsável, a data, o local, a finalidade, bem como as informações referentes ao novo lacre utilizado.

§ 5º O lacre rompido deverá ser acondicionado no interior do novo recipiente.

Art. 158-E. Todos os Institutos de Criminalística deverão ter uma central de custódia destinada à guarda e controle dos vestígios, e sua gestão deve ser vinculada diretamente ao órgão central de perícia oficial de natureza criminal.

§ 1º Toda central de custódia deve possuir os serviços de protocolo, com local para conferência, recepção, devolução de materiais e documentos, possibilitando a seleção, a classificação e a distribuição de materiais, devendo ser um espaço seguro e apresentar condições ambientais que não interfiram nas características do vestígio.

§ 2º Na central de custódia, a entrada e a saída de vestígio deverão ser protocoladas, consignando-se informações sobre a ocorrência no inquérito que a eles se relacionam.

§ 3º Todas as pessoas que tiverem acesso ao vestígio armazenado deverão ser identificadas e deverão ser registradas a data e a hora do acesso.

§ 4º Por ocasião da tramitação do vestígio armazenado, todas as ações deverão ser registradas, consignando-se a identificação do responsável pela tramitação, a destinação, a data e horário da ação.

Art. 158-F. Após a realização da perícia, o material deverá ser devolvido à central de custódia, devendo nela permanecer.

Parágrafo único. Caso a central de custódia não possua espaço ou condições de armazenar determinado material, deverá a autoridade policial ou judiciária determinar as condições de depósito do referido material em local diverso, mediante requerimento do diretor do órgão central de perícia oficial de natureza criminal.

Todo esse cuidado é necessário e justificado: quer-se impedir a manipulação indevida da prova com o propósito de incriminar (ou isentar) alguém de responsabilidade, com vistas a obter a melhor qualidade da decisão judicial e impedir uma decisão injusta. Mas o fundamento vai além: não se limita a perquirir a boa ou má-fé dos agentes policiais/estatais que manusearam a prova. Não se trata nem de presumir a boa-fé, nem a má-fé, mas sim de objetivamente definir um procedimento que garanta e acredite a prova independente da problemática em torno do elemento subjetivo do agente. A discussão acerca da subjetividade deve dar lugar a critérios objetivos, empiricamente comprováveis, que independam da prova de má-fé ou "bondade e lisura" do agente estatal. Do contrário, ficaremos sempre na circularidade ingênua de quem, acreditando na "bondade dos bons" (AGOSTINHO RAMALHO MARQUES NETO), presume a legitimidade de todo e qualquer ato de poder, exigindo que se demonstre (cabalmente, é claro) uma conduta criminosa e os "motivos" pelos quais uma "autoridade" manipularia uma prova... Eis a postura a ser superada.

Essa exigência vai projetar efeitos no segundo momento – no processo – como forma de diminuir o espaço impróprio da discricionariedade judicial, fazendo com que a decisão não dependa da valoração do juiz acerca da interioridade/subjetividade dos agentes estatais, sob pena de incorrer numa dupla subjetividade com incontrolabilidade ao quadrado. Regras claras e objetivas são mecanismos de proteção contra o decisionismo.

A discussão acerca da quebra da cadeia de custódia adquire especial relevância nas provas que têm pretensão de "evidência"[139], verdadeiros atalhos para obtenção da tão almejada (e ilusória) "verdade", que sedam os sentidos e têm a pretensão de bastar-se por si sós, de serem autorreferenciadas, tais como as interceptações telefônicas ou o DNA. São provas que acabam por sedar os sentidos e anular o contraditório. Nestas situações, por serem obtidas "fora do processo", é crucial que se

---

[139] Sobre o tema, consulte-se RUI CUNHA MARTINS, O *Ponto Cego do Direito*: The Brazilian lessons, 2. ed. Rio de Janeiro, Lumen Juris, 2011.

demonstre de forma documentada a cadeia de custódia e toda a trajetória feita, da coleta até a inserção no processo e valoração judicial.

É o que GERALDO PRADO[140] nos traz como exigência dos Princípios da "Mesmidade" e da "Desconfiança". Por "mesmidade" (forma aproximada à empregada na língua espanhola, que não possui correspondente em português e não pode ser traduzido como "mesmice"), entende-se a garantia de que a prova valorada é exatamente e integralmente aquela que foi colhida, correspondendo portanto "a mesma". Não raras vezes, por diferentes filtros e manipulações feitas pelas autoridades que colhem/custodiam a prova, o que é trazido para o processo não obedece à exigência de "mesmidade", senão que corresponde ao signo de "parte do", que constitui, em última análise, "a outro" e não "ao mesmo".

Questão recorrente nas interceptações telefônicas está na violação da "mesmidade" e, por via de consequência, do direito da defesa de ter acesso à integralidade da prova na sua originalidade (manifestação do contraditório=direito a informação e paridade de armas), na medida em que a prova é "filtrada" pela autoridade policial ou órgão acusador, que traz para o processo (e submete ao contraditório diferido) apenas o que lhe interessa. Não é "a mesma" prova colhida, mas apenas aquela que interessa ao acusador, subtraindo o acesso da defesa. A manipulação (e aqui se emprega no sentido físico do vocábulo, sem juízo de desvalor ou atribuição de má-fé ao "manipulador") é feita durante a custódia e viola exatamente as regras de preservação da idoneidade.

Já a "Desconfiança" (decorrência salutar em democracia, onde se desconfia do poder, que precisa ser legitimado sempre) consiste na exigência de que a prova (documentos, DNA, áudios etc.) deva ser "acreditada", submetida a um procedimento que demonstre que tais objetos correspondem ao que a parte alega ser. Como explica PRADO, o tema de provas exige a intervenção de regras de "acreditação", pois nem tudo que ingressa no processo pode ter valor probatório, há que ser "acreditado", legitimado, valorado desde sua coleta até a produção em juízo para ter valor probatório.

A cadeia de custódia exige o estabelecimento de um procedimento regrado e formalizado, documentando toda a cronologia existencial daquela prova, para permitir a posterior validação em juízo e exercício do controle epistêmico.

A preservação da cadeia de custódia exige grande cautela por parte dos agentes do estado, da coleta à análise, de modo que se exige o menor número de

---

140 Citando BAYTELMAN A., Andrés y DUCE J., Mauricio, na obra *Litigación Penal:* juicio oral y prueba, México, FCE, 2005, p. 285. PRADO, Geraldo. "Ainda sobre a quebra da cadeia de custódia das provas", in *Boletim do IBCCrim*, n. 262, setembro de 2014, p. 16-17.

custódios possível e a menor manipulação do material. O menor número de pessoas manipulando o material faz com que seja menos manipulado e a menor manipulação conduz a menor exposição. Expor menos é proteção e defesa da credibilidade do material probatório.

Provas dessa natureza (DNA, interceptações telefônicas etc.) são muito importantes para o processo, mas trazem consigo um perigoso alucinógeno: a evidência. Como muito bem analisado por RUI CUNHA MARTINS[141], o "ponto cego" do direito é o evidente, pois ele seda os sentidos e tem um alto grau de alucinação. O "evidente" cega, pois não nos permite ver, ele é "simulacro de autorreferencialidade" e se basta por si só. Erroneamente, somos levados a crer que o "evidente" dispensa prova, afinal, é evidente! E aqui está o perigo: o desamor do contraditório (CUNHA MARTINS). O processo penal, então, deve ser um instrumento de correção do caráter alucinatório do evidente, instaurando o contraditório e submetendo tudo ao *fair play*, ao jogo limpo de prova e contraprova, exigindo do juiz um alto grau de maturidade psíquica para não se deixar sedar e cegar pelo evidente. Eis uma questão extremamente complexa e que vai cobrar um alto preço em vários pontos do processo penal, como, por exemplo, na prisão em flagrante (afinal, não são poucos os que mentalmente operam assim: se foi "pego em flagrante", para que processo penal?), ou diante de uma "evidência" do DNA. Se o material genético do suspeito foi encontrado no local do delito, está provado! É evidente que foi ele... Infelizmente esse atalho para o lugar de conforto proporcionado pelo binômio evidente=verdade é o sonho de consumo de todo ato decisório (especialmente na cultura inquisitória vigente), valorizando a "cadeia de custódia" como espaço apto ao contraditório e ao julgamento justo. Não podemos tomar o atalho DNA=evidente=verdade sem antes fazer uma profunda perquirição acerca dos meios de obtenção desta prova e todo o *iter* procedimental de coleta, armazenagem e análise desta amostra.

É a discussão sobre a validação científica dos métodos de análise, ou seja, como no caso do questionamento acerca da validade dos testes a partir da natureza das amostras biológicas utilizadas. É sabido, por exemplo, que as amostras encontradas em superfícies não estéreis (como sói ocorrer) podem sofrer danos após o contato com a luz solar, micro-organismos e solventes naturais, podendo levar a equívocos na interpretação ou diminuição da confiabilidade dos resultados.

A luta pela qualidade da decisão judicial passa pela melhor prova possível. Nesse terreno, a estrita observância do acusatório, com claro afastamento das funções de acusar e julgar, mas, principalmente, pela imposição de que a iniciativa

---

[141] CUNHA MARTINS, Rui. O *Ponto Cego do Direito*: The Brazilian lessons, cit.

probatória seja das partes e não do juiz (recusa ao ativismo judicial), bem como pela maximização do contraditório, são fundamentais. Outra premissa básica neste tema (e em todo processo penal) é: forma é garantia e limite de poder. A importância da "tipicidade processual" é novamente evidenciada.

A manutenção da cadeia de custódia garante a "mesmidade", evitando que alguém seja julgado não com base no "mesmo", mas no "selecionado" pela acusação. A defesa tem o direito de ter conhecimento e acesso às fontes de prova e não ao material "que permita" a acusação (ou autoridade policial). Não se pode mais admitir o desequilíbrio inquisitório, com a seleção e uso arbitrário de elementos probatórios pela acusação ou agentes estatais.

Tema diretamente vinculado, ensina GERALDO PRADO, é o da "conexão de antijuridicidade", onde a contaminação deve ser ponderada através da causalidade naturalística ou da causalidade normativa. A primeira (naturalística) faz com que toda prova derivada (nexo causal físico, naturalístico) seja necessariamente declarada ilícita e excluída do processo. Já a causalidade normativa interdita o emprego do conhecimento obtido pela prova ilícita para interpretar provas aparentemente produzidas sem uma filiação direta e imediata com a prova declarada ilícita. É por isso que uma vez reconhecida a ilicitude de uma prova, não se pode, por exemplo, fazer posteriormente perguntas para testemunhas sobre o mesmo objeto, buscando validar por via transversa. Ainda que a prova testemunhal seja válida e não derive da ilícita (não há causalidade naturalística), existe um impedimento decorrente da causalidade normativa, que veda o emprego do conhecimento ilicitamente obtido. É um mecanismo com ambição de evitamento da "lavagem da prova ilícita".

A questão final é: qual a consequência da quebra da cadeia de custódia (*break on the chain of custody*)? Tema da maior relevância é o das consequências da quebra da cadeia de custódia, porque não existe uma clara definição legal.

Preferimos pensar a quebra da cadeia de custódia como temática diretamente vinculada às regras do devido processo penal, na medida em que significa o descumprimento de uma forma-garantia. Portanto, como regra, deve conduzir ao campo da ilicitude probatória, devendo esbarrar no filtro da admissibilidade/inadmissibilidade. Utilizando o mesmo raciocínio desenvolvido ao tratar das invalidades processuais, onde explicamos que a violação da forma traz a lesão atrelada a um direito fundamental, é preciso compreender que a disciplina da cadeia de custódia é um meio para o cumprimento de regras probatórias diretamente vinculadas à concepção de devido processo penal. Dessarte, quebrar a cadeia de custódia é violar as regras que a definem e, portanto, é violar o devido processo.

A quebra da cadeia de custódia faz com que ela seja considerada uma prova ilícita, na medida em que, na dicção do art. 157 do CPP, viola normas legais (CPP).

Sendo prova ilícita, não deve ser admitida (esbarra no filtro de admissibilidade, que é o segundo momento da prova), mas se já estiver incorporada ao processo (quando a quebra é detectada posteriormente ao ingresso, por exemplo, ou se produz no curso do próprio processo), deve ser declarada ilícita, desentranhada e proibida a valoração probatória.

Quando se trabalha com prova ilícita e quebra da cadeia de custódia da prova, a lógica é: existe um preço a ser pago para construir uma cultura de respeito ao devido processo penal em países com processo primitivo e cultura inquisitória, como é o caso do Brasil. Em outras palavras, é preciso incorporar o "efeito dissuasório" (*deterrent effect*) com um caráter pedagógico, para comunicar às instâncias inferiores e às autoridades policiais sobre a existência de um *standard* de legalidade a ser observado. Quando se anula um processo por práticas ilegais dos agentes do Estado, se evita a anulação de centenas de outros, pois se comunica o padrão de legalidade exigido e se desestimula a prática de ilegalidades, ao mesmo tempo em que se fomenta as boas práticas policiais, periciais e judiciais.

É por isso que não se pode transigir, não se pode flexibilizar, porque o movimento da resistência inquisitória vai trabalhar para que nada mude e o vale-tudo punitivista siga vigendo. Nesse tema, não se pode ser ingênuo. A efetivação do devido processo no Brasil é algo em construção, longe de ser acabado, de modo que não podemos flexibilizar, sob pena de retrocesso e recrudescimento da lógica substancialista. Não temos maturidade para permitir concessões, sob pena de a concessão voltar a ser a regra geral.

Mas e se a quebra é produzida em relação a uma prova fundamental para a defesa? Pensamos que é perfeitamente aplicável a doutrina da admissibilidade da prova ilícita "*pro reo*" em nome da proporcionalidade, anteriormente explicada quando tratamos da prova ilícita. Também pode ser caso de uma quebra produzida pelo órgão estatal encarregado da custódia, situação em que, inclusive, pode ser invocado o efeito dissuasório (*deterrent effect*), evitando que provas que interessem à defesa tenham sua cadeia de custódia quebrada para não poderem ser valoradas. Logo, é preciso aceitar a prova favorável à defesa que teve sua cadeia de custódia quebrada pelo órgão estatal por ela responsável, para evitar inclusive manobras maliciosas e, também, comunicar a inadmissibilidade de tais práticas, ao gerar um efeito diverso daquele pretendido.

Não se desconhece, entretanto, posição doutrinária diversa que situa a quebra da cadeia de custódia no campo da "valoração", ou seja, superado o filtro da admissibilidade, avalia-se a violação das regras na valoração probatória feita na decisão final. Para tanto, argumenta-se que as regras da cadeia de custódia servem para acreditação da prova, para assegurar sua credibilidade e confiabilidade, de modo que a inobservância vai afetar essa dimensão. Caberia ao juiz, quando da decisão final, valorar ou desvalorar aquela prova em que houve o rompimento de um elo da cadeia de custódia. Afeta, assim, a credibilidade da prova produzida, que terá maior ou menor valor conforme a gravidade da quebra da cadeia de custódia.

Não se descarta a aplicação desse raciocínio quando a violação da forma for irrelevante diante daquele específico meio de prova, pois, como dissemos no início, existem diferentes morfologias da cadeia de custódia conforme o tipo de prova que estamos tutelando. Logo, excepcionalmente, a questão poderá se resolver no filtro de valoração e não no de admissão da prova.

Mas essa posição não pode ser aplicada de forma geral, na medida em que comete o grave erro de desconectar a problemática das regra do devido processo e de uma premissa básica: forma é legalidade, forma é garantia. Portanto, a quebra situa-se na perspectiva de violação mais ampla das regras probatórias. Também conduz a um terreno perigosíssimo do decisionismo, dos espaços impróprios da discricionariedade judicial, na ingênua "crença na bondade dos bons". Desloca-se para uma crença excessiva na valoração dos juízes, desconsiderando que existe uma violação prévia da legalidade que deveria ter conduzido para a inadmissibilidade. Em outras palavras, as regras probatórias servem para interditar o conhecimento do juiz, na medida em que houve a violação da legalidade.

## 6. A Produção Antecipada de Provas no Processo Penal

Partindo da compreensão de que as regras do devido processo penal exigem que o julgamento recaia sobre "provas" e que somente são considerados atos de prova aqueles praticados em juízo, é imprescindível tratar da *produção antecipada de provas*[142]. Frente ao risco de perecimento e o grave prejuízo que significa a perda irreparável de algum dos elementos recolhidos na investigação preliminar, o processo penal instrumentaliza uma forma de colher antecipadamente essa prova, através de um incidente. Significa que aquele elemento que normalmente seria produzido como mero ato de investigação, e posteriormente repetido em juízo para ter valor

---

142 Contribui para a eficácia dessa garantia a determinação de exclusão física – ou não inclusão – dos atos do inquérito, finalmente consagrado no art. 3º-C, § 3º, do CPP, infelizmente suspenso pela precária liminar do Min. FUX. Diante disso, adquire relevância a produção antecipada de provas, que deverá ser decidida e realizada pelo juiz das garantias (também suspenso pelo Min. FUX).

de prova, poderá ser realizado uma só vez, na fase pré-processual, e com tais requisitos formais que lhe permitam ter o *status* de ato de prova, isto é, valorável na sentença, ainda que não colhido na fase processual.

Infelizmente a matéria não está suficientemente disciplinada no CPP (mera menção no art. 366 e no art. 3º-B), carecendo de limites de cabimento e forma de produção. A produção antecipada de provas será realizada perante o juiz das garantias, nos termos do art. 3º-B:

> VII – decidir sobre o requerimento de produção antecipada de provas consideradas urgentes e não repetíveis, assegurados o contraditório e a ampla defesa em audiência pública e oral;

**Infelizmente, o art. 3º-B teve sua eficácia suspensa pela liminar do Min. FUX já explicada.**

Portanto, a prova deve ser urgente – diante do risco de perecimento ou desaparecimento – e não repetível (ou seja, se não colhida agora, não será possível quando da instrução processual). Dessarte, pensamos que o incidente de produção antecipada da prova somente pode ser admitido em casos extremos, em que se demonstra a fundada probabilidade de ser inviável a posterior repetição na fase processual da prova. Ademais, para justificá-la, deve estar demonstrada a relevância da prova para a decisão da causa. Em síntese, são requisitos básicos:

a) relevância e imprescindibilidade do seu conteúdo para a sentença;
b) impossibilidade de sua repetição na fase processual, amparado por indícios razoáveis do provável perecimento da prova.

Presentes tais requisitos, o incidente deve ser praticado com a mais estrita observância do contraditório e direito de defesa. Logo, a prova antecipada deve ser produzida[143]:

a) em audiência pública e oral, salvo o segredo justificado pelo controle ordinário da publicidade dos atos processuais;
b) o ato será presidido pelo juiz das garantias;
c) na presença dos sujeitos (futuras partes) e seus respectivos defensores;
d) sujeitando-se ao disposto para a produção da prova em juízo, ou seja, com os mesmos requisitos formais a que deveria obedecer o ato se realizado na fase processual;
e) deve permitir o mesmo grau de intervenção a que teria direito o sujeito passivo se praticada no processo.

---

143 Em alguns pontos, baseamo-nos em VEGAS TORRES, Jaime. *Presunción de Inocência y Prueba en el Proceso Penal.* Madrid, La Ley, p. 96 e s.

Dessa forma, desde o ponto de vista do sujeito passivo, está garantido o contraditório e o direito de defesa, de modo que a prática antecipada da prova não supõe, em princípio, nenhum prejuízo. Esses requisitos devem ser cumpridos para toda e qualquer modalidade de prova produzida antecipadamente.

No caso da prova testemunhal, em que a falta de contato direto é mais relevante, é importante que ela seja fielmente reproduzida, utilizando-se para isso os melhores meios disponíveis, especialmente a filmagem e a gravação. Diante da impossibilidade de *repetir*, a *reprodução* deve ser a melhor possível.

Concluindo, a produção antecipada da prova deve ser considerada uma medida excepcional, justificada por sua relevância e impossibilidade de repetição em juízo. Sua eficácia estará condicionada aos requisitos mínimos de jurisdicionalidade, contraditório, possibilidade de defesa e fiel reprodução na fase processual.

Por fim, chamamos a atenção para a edição da Súmula 455 do STJ, com o seguinte verbete:

SÚMULA 455: A decisão que determina a produção antecipada deve ser concretamente fundamentada, não a justificando unicamente o mero decurso do tempo.

Reforça nossa posição de que a produção antecipada de provas é uma medida extrema, que deve ser objeto de estrita fundamentação e que não pode basear-se em argumentos vagos, como o mero decurso do tempo. Deve estar demonstrada sua necessidade e urgência.

# SÍNTESE DO CAPÍTULO

**Aviso ao leitor:** A compreensão da síntese exige a prévia leitura do capítulo!

- O processo penal é um instrumento de reconstrução aproximativa de um determinado fato histórico (máquina retrospectiva – Cordero), sendo as provas o meio através dos quais se fará essa reconstrução.
- O juiz desempenha uma atividade recognitiva, visto que é um ignorante, ele ignora os fatos. Sua *cognitio* se dará sempre de forma indireta, mediante a prova testemunhal, documental, pericial etc.
- Por meio das provas, as partes buscam a captura psíquica do julgador. O conceito de prova está vinculado ao de atividade encaminhada a conseguir o convencimento psicológico do juiz.
- O "modo de construção do convencimento do juiz" varia conforme se adote o sistema acusatório ou inquisitório, pois no primeiro as partes produzem a prova em busca da formação do convencimento do juiz; no segundo, regido pelo princípio inquisitivo, o juiz vai de ofício atrás da prova, decidindo primeiro e buscando a seguir as provas que justificam a decisão já tomada (primado das hipóteses sobre os fatos), com inegável sacrifício da imparcialidade. O modelo brasileiro é neoinquisitorial, pois, ao manter a iniciativa probatória nas mãos do juiz (art. 156), observa o princípio inquisitivo. Considerando que a Constituição desenha um processo penal acusatório, deve-se buscar a máxima conformidade constitucional, afirmando a substancial inconstitucionalidade desses dispositivos que permitem a produção de provas de ofício pelo juiz.

- ***STANDARD* PROBATÓRIO:** é um critério adotado – opção de política processual – que vai definir o "quanto" de prova é necessário para que uma decisão condenatória possa ser proferida. No Brasil, em razão da presunção de inocência consagrada na Constituição e na Convenção Americana de Direitos Humanos, o julgador somente pode condenar alguém quando houver prova robusta, segura, e pleno convencimento, na medida em que, havendo dúvida, deve ser aplicado o "*in dubio pro reo*". Daí por que é possível sustentar que adotamos o BARD (*beyond a reasonable doubt*), ou seja, condenação apenas quando houver prova além da dúvida razoável. Importante destacar que a teoria do *standard* probatório não imuniza o sistema de sentença injustas ou mesmo do decisionismo, pois obviamente acaba por recorrer a um juízo (subjetivo sempre) de valor, mas, sem dúvida, é um instrumento importante para controle do ato decisório e redução de danos.

- **REBAIXAMENTO DE *STANDARD*:** significa que, para determinadas decisões (inter-locutórias), seria possível um rebaixamento do nível de exigência probatória, do "quanto" de prova necessário, autorizando-se a decisão com base em indícios. Isso somente é possível para decisões interlocutórias, como a que recebe a denúncia ou queixa, decreta uma prisão preventiva, decreta uma medida assecuratória, pronuncia o réu, etc., em que se admite a decisão com base em indícios. Pode haver, portanto, um rebaixamento por fase procedimental. Mas não se pode admitir a condenação por indícios, ou seja, o rebaixamento do nível de exigência probatória na sentença. Isso viola a presunção de inocência. Constitui um erro supor que determinados crimes (seja pela gravidade ou complexidade) admitam "menos prova" para condenar do que outros, como se vislumbra em julgados sobre violência doméstica, crimes sexuais, crimes patrimoniais, tráfico de drogas, etc.).

1. PRINCIPIOLOGIA DA PROVA:

1.1. Garantia da Jurisdição: significa o direito de ser julgado com base na prova produzida no processo, em contraditório e perante o juiz natural, com todas as garantias. Neste ponto é fundamental compreender a distinção entre "atos de investigação" e "atos de prova".

1.2. Presunção de Inocência: art. 5º, LVII, da Constituição. Decorre do nível de evolução civilizatória, impondo um dever de tratamento que se manifesta na dimensão interna (carga da prova nas mãos do acusador, *in dubio pro reo*, limitação da prisão cautelar) e externa (limite à publicidade abusiva e à estigmatização do imputado).

1.3. *In dubio pro reo*: no processo penal não há distribuição de cargas probatórias, mas atribuição ao acusador, que tem em mãos a carga integral de provar que alguém cometeu um crime. É uma regra de julgamento para o juiz, proibindo-o de condenar alguém cuja culpabilidade não tenha sido completamente provada (*nulla accusatio sine probatione*). Quando a defesa alega uma causa de exclusão (da ilicitude ou culpabilidade) ou de atipicidade, ainda existe uma parcela significativa da doutrina e jurisprudência sustentando que a carga da prova de excludente corresponderia à defesa. Não é essa nossa posição: entendemos que incumbe à acusação a prova positiva, não só dos fatos que constituam o delito, mas também da inexistência das causas de exclusão. Quanto ao *in dubio pro societate*, inexiste dispositivo legal ou constitucional que o recepcione.

1.4. Contraditório e momento da prova: é o direito de participar de todos os atos da instrução, de manter uma contraposição em relação à acusação e de ser informado de todos os atos probatórios. É importante que exista "igualdade cognitiva", no sentido de que o juiz efetivamente trate as partes com igualdade de atenção e disponibilidade de captura psíquica (ausência de pré-julgamentos). Engloba o direito de informação e reação. O contraditório deve ser rigorosamente observado nos 4 momentos da prova: a) postulação; b) admissão; c) produção; d) valoração.

1.5. Direito de defesa e o *nemo tenetur se detegere*: a defesa (técnica e pessoal) também deve se fazer presente nos 4 momentos da prova. A defesa técnica, exercida por advogado, é indisponível. A defesa pessoal, exercida pelo imputado, é disponível e pode ser positiva (fazer/falar) ou negativa (não fazer/calar). Grave problema encerra a Lei n. 12.654/2012 que permite a extração compulsória de DNA do acusado.

1.6. Livre convencimento motivado: os três principais sistemas de valoração da prova são: A) Sistema legal de provas: em que o legislador fixa uma tabela de valoração das provas, o peso de cada prova vem previsto em lei. Com menor rigor, é o art. 158 do CPP que representa um resquício deste sistema. O inconveniente do modelo é que retira a capacidade de valoração e avaliação do julgador, caindo no erro de pretender uma objetividade matemática para a prova. B) Íntima convicção: é a superação do modelo anterior, mas caindo no outro extremo, em que o julgador está completamente livre para valorar a prova e decidir. É o erro do decisionismo, permitindo uma decisão autoritária. Ainda é adotado no Tribunal do Júri, em que os jurados decidem por íntima convicção e sem fundamentar. C) Livre convencimento motivado ou persuasão racional: é o modelo adotado, art. 155 do CPP. Não há regras objetivas e critérios matemáticos de julgamento, cabendo ao juiz formar sua convicção pela livre apreciação da prova, sendo que nenhuma prova tem maior valor ou prestígio que as demais. Todas são relativas. Contudo, não se pode cair no decisionismo. A decisão do juiz, ainda que liberta de tarifa probatória, deve estar adstrita à prova válida, lícita, produzida em contraditório judicial, bem como delimitada pela estrita legalidade. Sobre o tema, é importante complementar com o que explicaremos ao tratar das "decisões judiciais".

1.7. Identidade Física do Juiz: prevista no art. 399, § 2º, do CPP, segundo o qual, o juiz que presidir a instrução deverá, como regra, ser o mesmo que irá proferir sentença. Contudo tal regra passou a ser objeto de várias exceções (por exemplo, art. 132 do antigo CPC) a ponto de enfraquecê-lo substancialmente.

## 2. PROBLEMA DA VERDADE NO PROCESSO PENAL:

- A visão de que o processo penal busca a mitológica "verdade real" é um ranço inquisitório superado há séculos. Trata-se de uma concepção vinculada ao sistema inquisitório e aos sistemas autoritários, que em nome da "busca da verdade" legitimaram as maiores atrocidades que a história da humanidade conheceu. Ademais é uma tese absurda, na medida em que confunde o real com o imaginário, pois o crime é sempre passado, logo, nunca é real. É memória, história, imaginação. É sempre imaginário, nunca é real.

- Superada a concepção de "verdade real", passou-se a sustentar a existência de uma "verdade processual", condicionada pelos limites legais e do devido processo. É a verdade "possível" de ser alcançada no processo. É uma posição que tem muitos adeptos.
- Nossa visão é mais crítica. Seguindo Carnelutti, pensamos que o problema está na "verdade" e não apenas no adjetivo que a ela se pretende unir (real ou processual), na medida em que "a verdade está no todo, não na parte, e o todo é demais para nós" e demais para o processo. A verdade contém um excesso epistêmico, na perspectiva do processo. Pensamos que a verdade não é fundante, mas contingencial. Não se trata de negar a "verdade" ou afirmar que a sentença é uma "mentira". Mas sim de "retirar o peso da verdade do processo", na medida em que a "ambição de verdade" é fundante de estruturas inquisitórias e do ativismo judicial (juiz-ator = inquisidor). Por isso, sustentamos que as provas servem para obter, dentro das regras do jogo, o convencimento do juiz. A sentença é um ato de convencimento, de crença, formado dentro do contraditório. Não é a sentença ou o juiz o "revelador" da verdade, senão que a decisão é uma manifestação do convencimento judicial formado em contraditório. Se ela (decisão) corresponde ou se aproxima do que aconteceu (ou não), isso é contingencial, não fundante ou legitimante. O que legitima a decisão é o fato de ter sido construída em contraditório (Fazzalari), segundo as regras do devido processo penal.
- Existe uma íntima relação entre sistema inquisitório, gestão da prova nas mãos do juiz e a "busca da verdade". A ambição de verdade acaba por matar o contraditório e colocar o juiz na perspectiva do erro psicológico de acreditar que pode (e deve) buscar a prova e ainda julgar com imparcialidade. O processo penal constitucional e acusatório impõe um afastamento do juiz da atividade probatória, que é das partes (juiz espectador e não ator), concebendo-o como destinatário da prova e do agir das partes na busca da sua captura psíquica (convencimento).

### 3. LIMITES À ATIVIDADE PROBATÓRIA:

3.1. Limites extrapenais: art. 155, parágrafo único. Somente quanto ao estado das pessoas serão observadas as restrições estabelecidas na lei civil, assim, por exemplo, para incidir a agravante do art. 61, II, "e", do CP (v.g. contra cônjuge) é imprescindível a prova do matrimônio, feita por meio de certidão de casamento.

3.2. Provas Nominadas e Inominadas: como regra, o rol de provas do CPP é taxativo, podendo, excepcionalmente, ser admitidos outros meios de prova não previstos, desde que não violem os limites constitucionais e processuais da prova. Não se pode admitir como "inominada" uma prova que constitua uma variação (ilícita) de outra prova prevista na lei processual penal (exemplo, o reconhecimento por fotografia).

3.3. Prova emprestada e transferência de provas: deve-se distinguir entre provas testemunhais, técnicas e mera prova documental. Transferir a prova testemunhal ou técnica de um processo para outro é bastante discutível, na medida em que representa uma violação do contraditório e da ampla defesa, pois a prova produzida em um processo está vinculada a um determinado caso penal e a determinada parte. Já a transferência de documentos de um processo para outro, inicialmente, não representaria qualquer ilegalidade, desde que não se trate de documentos protegidos por sigilo. Mas a questão deve ser analisada em cada caso.

3.4. Desvio Causal da Prova – Princípio da Especialidade: algumas provas implicam restrição de direitos fundamentais (busca e apreensão, quebra de sigilo bancário, fiscal etc.) e exigem prévia autorização judicial para sua realização. O problema surge quando há um desvio no nexo causal, para que essa prova sirva para apuração de outro crime. Entendemos que as medidas restritivas de direitos fundamentais são excepcionais e, portanto, vinculadas e limitadas. A decisão judicial está vinculada ao pedido (decorrente da investigação de um determinado delito) e acaba por vincular a atividade policial (que a cumprirá nos limites definidos), sendo que o resultado está atrelado a determinado processo (e caso penal respectivo). É uma vinculação causal da prova. Há um tensionamento entre o Princípio da Especialidade (intervenção vinculada ao delito investigado) e a "transferência de provas" (entre processos). Desta forma, a prova obtida em situação de desvio causal seria, no máximo, admitida como "starter" de outra investigação (fonte de prova e não prova). Infelizmente a questão do compartilhamento/transferência de provas não está claramente disciplinada na lei e revela-se bastante controvertida.

Situação diferente ocorre nos casos de crime permanente (porte ilegal de armas, ter em depósito substâncias entorpecentes, ocultação de cadáveres etc.), em que predomina o entendimento de que não há desvio causal, na medida em que a situação de flagrante permanente legitimaria o ato.

3.5. Provas Ilícitas e Provas Ilegítimas: Premissa básica: forma é garantia e limite de poder. Devem-se observar as regras do devido processo sempre. A violação da forma conduz à nulidade/ilicitude da prova.

- Prova Ilegítima: é aquela que viola uma regra de direito processual no momento da sua produção em juízo, no processo. Ex.: juntada de prova fora do prazo, após encerrada a instrução.
- Prova Ilícita: quando há violação de uma norma de direito material (Código Civil, Penal etc.) ou da Constituição no momento de sua coleta, fora do processo. Ex.: busca e apreensão em domicílio sem o respectivo mandado, quebra ilegal de sigilo telefônico ou bancário, confissão extraída mediante tortura ou ameaça etc.

Contudo, o art. 157 do CPP não adotou a distinção entre provas ilegítimas e provas ilícitas, consagrando ambos os casos como prova ilícita.

3.5.1. Teorias sobre a admissibilidade da prova ilícita: art. 157 do CPP

a) admissibilidade processual da prova ilícita: posição superada, que sustentava ser admissível a prova ilícita desde que legítima, ou seja, desde que observasse as regras do processo;

b) inadmissibilidade absoluta: decorre da literalidade do art. 5º, LVI, da CB. É uma corrente que encontra ainda muitos seguidores e decisões neste sentido. A crítica que se faz a essa posição é a "absolutização" da vedação, sem ponderar a gravidade ou as circunstâncias do caso;

c) admissibilidade da prova ilícita em nome da proporcionalidade: relativiza a posição anterior, tomando como critério a lógica da ponderação (proporcionalidade). São poucas as decisões em matéria penal que a recepcionam. A principal crítica reside na abertura conceitual da "proporcionalidade", permitindo manipulação discursiva para ser utilizada sem critério objetivo e claro. Alberga o risco de decisionismo;

d) admissibilidade da prova ilícita a partir da proporcionalidade *pro reo*: neste caso uma prova ilícita poderia ser admitida e valorada apenas quando se revelasse a favor do réu. Ademais, o réu estaria acobertado pela legítima defesa ou estado de necessidade, que são causas de exclusão da ilicitude da conduta. Mas, mesmo admitida naquele processo para defender um réu injustamente acusado, não pode ser utilizada contra terceiros.

3.6. Prova ilícita por derivação: a redação dos §§ 1º e 2º do art. 157 estabelece as seguintes regras:

a) inadmissibilidade da prova ilícita derivada (princípio da contaminação);

b) não há contaminação quando não ficar evidenciado o nexo causal;

c) não há contaminação quando a prova puder ser obtida por uma fonte independente daquela considerada ilícita;

d) a prova ilícita deve ser desentranhada.

Vejamos agora as teorias da descoberta inevitável e da fonte independente. Ambas atuam sobre o nexo causal e servem para mitigar o princípio da contaminação:

- Teoria da fonte independente (*independent source doctrine*): é quando se demonstra que não há nexo causal entre as demais provas e aquela considerada ilícita. A fonte de uma prova independente é geneticamente desvinculada da ilícita, sendo, portanto, válida. Não se estabelece um nexo de causa e efeito. Está expressamente consagrada no art. 157, § 2º, do CPP.
- Teoria da descoberta inevitável (*inevitable discovery exception*): quando se demonstra que a prova poderia ser obtida por qualquer outra forma; seria descoberta de outra maneira, inevitavelmente. Mas a carga de provar que a descoberta era inevitável é inteiramente da acusação. Não está expressamente consagrada no CPP.
- CRÍTICA: ambas as teorias recorrem a categorias vagas e manipuláveis, gerando um perigoso alargamento da tolerância judicial em relação às provas (ilícitas) derivadas. O maior inconveniente é a falta de critérios claros e precisos, dando margem ao decisionismo (espaços impróprios da discricionariedade judicial), com os juízes e tribunais "dizendo qualquer coisa sobre qualquer coisa" (Streck). Por

fim, é um grave erro manter o mesmo juiz no processo, após ter sido reconhecida a ilicitude de uma prova, na medida em que está contaminado e não pode mais julgar (erro do cartesianismo).

4. PRODUÇÃO ANTECIPADA DE PROVAS: quando na investigação preliminar surgir uma prova relevante e imprescindível, que corra o risco de não poder ser repetida em juízo (risco de perecimento), deve ser colhida antecipadamente. Não está suficientemente disciplinada no CPP. É uma medida excepcional e sua eficácia está condicionada aos requisitos mínimos de jurisdicionalidade (ser produzida na frente do juiz das garantias), contraditório, defesa e fiel reprodução na fase processual (filmagem e gravação).

5. CADEIA DE CUSTÓDIA DA PROVA: diz respeito ao conjunto de procedimentos concatenados, como uma corrente, que se destina a preservar a integridade da prova, sua confiabilidade e sua legalidade. Existem diferentes morfologias para a cadeia de custódia, conforme o tipo de prova penal. A quebra da cadeia de custódia – por inobservância das regras e procedimentos estabelecidos – conduz a ilicitude probatória (teoria da prova ilícita) e consequente desentranhamento e proibição de valoração. Não se desconhece, contudo, autores que situam a quebra da cadeia de custódia na dimensão da valoração probatória.

Capítulo IX

# DAS PROVAS EM ESPÉCIE

## 1. Prova Pericial e Exame de Corpo de Delito

No sistema inquisitório, o perito era o instrumento pensante do juiz, subministrava-lhe conhecimentos. Opera-se, assim, uma metamorfose do resíduo inquisitorial ao sistema acusatório: o perito muda de identidade e se transforma em órgão útil para as partes antes que ao juiz. Ele serve para aportar premissas necessárias para o debate acusatório[1].

Claro que isso não retira o valor probatório da perícia (relativo, como de todas as provas), mas acima de tudo ele deve atender o interesse das partes antes que o do juiz. Uma vez mais, evidencia-se que o caráter acusatório buscado no processo penal contemporâneo potencializa a atividade probatória das partes e restringe a iniciativa do juiz (juiz-ator) nesse campo[2].

Assim, a perícia subministra fundamentos para um conhecimento comum às partes e ao juiz, sobre questões que estão fora da órbita do saber ordinário[3].

---

1 CORDERO, Franco. *Procedimiento Penal*. Trad. Jorge Guerrero. Bogotá, Temis, 2000. v. 2, p. 123.

2 Idem, ibidem, p. 123.

3 Idem, ibidem, p. 124.

Quanto às perícias, é importante afastar o endeusamento da ciência, ainda com forte presença no Direito. Como sublinhou DENTI[4] "o progresso da ciência não garante uma pesquisa imune a erros e seus métodos, aceitos pela generalidade dos estudiosos em um determinado momento, podem parecer errôneos no momento seguinte".

Trata-se de uma afirmação inspirada numa das mais notórias bases do relativismo de Einstein e que devemos sempre recordar: todo saber é datado e tem prazo de validade, pois toda a teoria (e conhecimento) nasce para ser superada.

Assim, nenhuma dúvida temos do valor do conhecimento científico, mas não há que endeusá-lo com o absolutismo, pois mesmo o saber científico é relativo e possui prazo de validade. Dizemos isso para, desde logo, advertir que não existe "a rainha das provas" no processo penal, e muito menos o é a prova pericial.

Uma prova pericial demonstra apenas um grau – maior ou menor – de probabilidade de um aspecto do delito, que não se confunde com a prova de toda complexidade que envolve o fato. Assim, um exame de DNA feito a partir da comparação do material genético do réu "A" com os vestígios de esperma encontrados no corpo da vítima demonstra apenas que aquele material coletado pertence ao réu. Daí até provar-se que o réu "A" violentou e matou a vítima, existe uma distância imensa e que deve ser percorrida lançando mão de outros instrumentos probatórios.

Recordemos sempre a talvez mais lúcida passagem da exposição de motivos do CPP: "todas as provas são relativas; nenhuma delas terá, *ex vi legis*, valor decisivo, ou necessariamente maior prestígio que outras".

Também é importante recordar o disposto no art. 182 do CPP:

> Art. 182. O juiz não ficará adstrito ao laudo, podendo aceitá-lo ou rejeitá-lo, no todo ou em parte.

Em suma, o juízo feito pelo perito acerca do material examinado não vincula o julgador, que continua livre para avaliar a perícia dentro do complexo contexto probatório formado por diferentes elementos de convicção. O juiz é o *peritus peritorum* (LEONE)[5], sem com isso admitir alguma presunçosa capacidade de onisciência por parte do julgador, senão sua independência axiológica e, ao mesmo tempo, o correspondente dever de motivar[6] sua decisão à luz da prova válida produzida no processo.

---

4 Citado por GOMES FILHO, Antônio Magalhães. *Direito à Prova no Processo Penal*. São Paulo, RT, 1997. p. 155.

5 LEONE, Giovanni. *Tratado de Derecho Procesal Penal*. Trad. Santiago Sentís Melendo. Buenos Aires, Ediciones Jurídicas Europa-América, 1963. v. 2, p. 202.

6 Para além do dever genérico de fundamentação (no Brasil, previsto no art. 93, IX, da Constituição), o CPP português determina, no art. 163.2, que "sempre que a convicção do julgador divergir do juízo contido no parecer dos peritos, deve aquele fundamentar a divergência".

O perito, por elementar, não é meio de prova ou sujeito de prova, sendo estéril (senão descabida) tal discussão. É ele um "auxiliar da Justiça", na definição do Título VIII do CPP, mas cuja produção (laudo) é sim um meio de prova.

A perícia, explica LEONE[7], *é uma declaração técnica acerca de um elemento de prova*.

A prova pericial é considerada uma prova técnica, na medida em que sua produção exige o domínio de determinado saber técnico. MORENO CATENA[8] explica que o perito é uma pessoa com conhecimentos científicos ou artísticos dos quais o juiz, por sua formação jurídica específica, pode carecer. É chamado para apreciar, através das máximas da experiência próprias de sua especializada formação, algum fato, ou circunstância, obtido anteriormente por outro meio de averiguação, e que seja de interesse ou necessidade para a investigação ou processo.

Mas é importante advertir: na perspectiva epistêmica da prova é preciso superar a ilusão de objetividade da prova pericial. Quando um perito faz a análise de determinado objeto de prova e elabora um laudo, não há a objetividade pretendida por alguns. Isso porque a *prova pericial é uma espécie de prova testemunhal*[9], na medida em que o perito "diz sobre o objeto" observado sob a mesma base epistêmica que uma testemunha diz sobre a "situação" observada. Obviamente que existe uma diferença na metodologia da prova, na medida em que o perito tem um compromisso científico, mas o que ele faz é dar um depoimento sobre o que está observando, mediado pelo conhecimento específico que possui. Mas não deixa de existir uma interação sujeito-objeto também suscetível de contaminação. O perito diz o que diz, desde um lugar de fala, contaminado, portanto. Assim, é preciso compreender a superação da ilusão de objetividade na relação sujeito-objeto.

Desse modo, é muito importante que cada vez mais se fortaleça a cultura de audiência e da oralidade, exigindo-se que o perito deponha em juízo para sustentar – em contraditório – seu laudo e conclusões.

O laudo, na sistemática do CPP, deve ser realizado por um perito oficial ou dois peritos nomeados, como determina o art. 159 do CPP e também a Súmula 361 do STF. Os peritos oficiais são servidores públicos de carreira, devidamente concursados, com conhecimento em determinada área, havendo assim peritos médicos, contadores, químicos, engenheiros etc.

---

7 LEONE, Giovanni. *Tratado de Derecho Procesal Penal*, cit., v. 2, p. 195.

8 MORENO CATENA, Victor et al. *Derecho Procesal Penal*, p. 422.

9 No mesmo sentido VÁZQUEZ, Carmen. In: VÁZQUEZ, Carmen (org.). *Estándares de prueba y prueba científica*, op. cit., p. 19.

Define o art. 159, o seguinte:

> Art. 159. O exame de corpo de delito e outras perícias serão realizados por perito oficial, portador de diploma de curso superior.
>
> § 1º Na falta de perito oficial, o exame será realizado por 2 (duas) pessoas idôneas, portadoras de diploma de curso superior preferencialmente na área específica, dentre as que tiverem habilitação técnica relacionada com a natureza do exame.
>
> § 2º Os peritos não oficiais prestarão o compromisso de bem e fielmente desempenhar o encargo.
>
> § 3º Serão facultadas ao Ministério Público, ao assistente de acusação, ao ofendido, ao querelante e ao acusado a formulação de quesitos e indicação de assistente técnico.
>
> § 4º O assistente técnico atuará a partir de sua admissão pelo juiz e após a conclusão dos exames e elaboração do laudo pelos peritos oficiais, sendo as partes intimadas desta decisão.
>
> § 5º Durante o curso do processo judicial, é permitido às partes, quanto à perícia:
>
> I – requerer a oitiva dos peritos para esclarecerem a prova ou para responderem a quesitos, desde que o mandado de intimação e os quesitos ou questões a serem esclarecidas sejam encaminhados com antecedência mínima de 10 (dez) dias, podendo apresentar as respostas em laudo complementar;
>
> II – indicar assistentes técnicos que poderão apresentar pareceres em prazo a ser fixado pelo juiz ou ser inquiridos em audiência.
>
> § 6º Havendo requerimento das partes, o material probatório que serviu de base à perícia será disponibilizado no ambiente do órgão oficial, que manterá sempre sua guarda, e na presença de perito oficial, para exame pelos assistentes, salvo se for impossível a sua conservação.
>
> § 7º Tratando-se de perícia complexa que abranja mais de uma área de conhecimento especializado, poder-se-á designar a atuação de mais de um perito oficial, e a parte indicar mais de um assistente técnico.

Quando não houver perito oficial, o exame deverá ser realizado por duas pessoas idôneas, portadoras de diploma de curso superior, escolhidas, de preferência, entre as que tiverem habilitação técnica relacionada à natureza do exame, como prevê o art. 159, § 1º, do CPP.

Nesse caso, os peritos nomeados deverão prestar compromisso, incorrendo, inclusive, nas sanções do art. 342 do CP em caso de falsa perícia (sanções também aplicáveis ao perito oficial).

O perito oficial ou os dois peritos nomeados deverão ter acesso ao lugar ou objeto a ser periciado e, no prazo máximo de 10 dias (podendo haver prorrogação em casos excepcionais – art. 160, parágrafo único, do CPP), deverão apresentar um laudo minucioso sobre o examinado, bem como responderão os eventuais quesitos (perguntas) que lhes forem feitos pelo juiz, MP ou querelante, assistente da acusação e defesa.

Importante destacar que, com o advento da Lei n. 11.690/2008, passou a admitir-se no processo penal a figura do assistente técnico, até então desconhecida. Ainda que o § 3º mencione que o ofendido possa formular quesitos e indicar assistente técnico, não vislumbramos como, processualmente, isso possa ocorrer. Para que a vítima possa atuar no processo, é necessário que esteja devidamente habilitada como assistente da acusação, postulando em juízo através de seu advogado. Do contrário, não tem capacidade postulatória e não poderá, no processo, requerer nada.

Assim, além de formular quesitos para que o perito oficial (ou os dois peritos nomeados) responda, poderão as partes indicar um assistente técnico, que elaborará seu parecer. Para tanto, o material probatório que foi utilizado para a perícia será disponibilizado, mediante requerimento das partes, para que o assistente o examine e formule seu parecer. Contudo, esse material deverá ser disponibilizado no órgão oficial (instituto geral de perícias, instituto médico legal etc.), na presença do perito oficial. Esse controle é para evitar a destruição, manipulação ou uso inadequado do material probatório.

Quando os peritos forem nomeados, caberá a eles definir o local em que o assistente técnico terá acesso ao material periciado.

O assistente técnico elabora seu parecer após o laudo apresentado pelo perito oficial ou pelos nomeados, agindo com base no que foi, por eles, realizado.

Quando a perícia for complexa, poderá o juiz nomear mais de um perito oficial e, nesse caso, a parte também poderá indicar mais de um assistente técnico, havendo, assim, uma paridade. Situações assim podem ocorrer quando a perícia exigir um conhecimento interdisciplinar, em que uma junta de técnicos deve ser formada para uma análise mais completa do caso.

A qualidade da perícia depende, em grande parte, das condições em que estiver o lugar ou objeto a ser periciado. Assim, é imprescindível o cumprimento do disposto no art. 6º do CPP, especialmente o determinado no inciso I:

> Art. 6º (...)
> I – dirigir-se ao local, providenciando para que não se alterem o estado e conservação das coisas, até a chegada dos peritos criminais.

Não por acaso esse é o primeiro inciso, pois na prática esta deve ser a primeira providência a ser tomada pela polícia: dirigir-se ao local e isolá-lo. Isso porque o local do crime será uma das principais fontes de informação para reconstruir a pequena história do delito, e desse ato depende, em grande parte, o êxito da investigação.

Para efeito de exame do local do delito, a autoridade policial providenciará imediatamente que não se altere o estado das coisas até a chegada dos peritos (oficiais ou nomeados para o ato), que poderão instruir seus laudos com fotografias, desenhos ou esquemas elucidativos (art. 164), registrando ainda, no laudo, as alterações do estado das coisas e a consequência dessas alterações na dinâmica dos fatos.

Por fim, poderão as partes requerer a oitiva do perito oficial ou dos nomeados, para esclarecer o laudo. Para tanto, deve-se atentar para o disposto no art. 400, § 2º, do CPP, em que as partes deverão requerer a oitiva dos peritos, que será realizada na audiência de instrução e julgamento. O requerimento para a oitiva dos peritos deve ser realizado com antecedência mínima de 10 dias da audiência de instrução e julgamento, nos termos do art. 159, § 5º, I, do CPP.

### 1.1. Contraditório e Direito de Defesa na Prova Pericial

Como adverte GOMES FILHO[10], é imperativa a incidência dos princípios constitucionais do contraditório e do direito de defesa na prova pericial, de modo que a participação dos interessados é essencial também nesse tipo de prova, seja através da possibilidade de crítica e pedidos de esclarecimento em relação aos laudos já apresentados, seja pela formulação de quesitos antes da realização dos exames, bem como, com o advento da Lei n. 11.690/2008, indicar assistente técnico.

Sob inspiração de SCARANCE FERNANDES[11], entendemos que assistem às partes os seguintes direitos em relação à prova pericial:

- requerer sua produção;
- apresentar quesitos com antecedência mínima de 10 dias da realização da perícia;
- se possível, pela natureza do ato, acompanhar a colheita de elementos pelos peritos (extração de sangue, vestígios químicos no local etc.);
- manifestar-se sobre a prova, podendo requerer nova perícia, sua complementação ou esclarecimento dos peritos;
- indicar assistente técnico, que elaborará parecer sobre a perícia realizada;
- obter uma manifestação do juiz sobre a prova pericial realizada.

Com esses direitos, em relação à prova pericial, efetiva-se o contraditório e o direito de defesa, havendo cerceamento (e nulidade, portanto) quando injustificadamente lhe for negado.

### 1.2. Perícia Particular. Possibilidade de Contraprova Pericial. Limitações da Fase Pré-Processual

Além da possibilidade de nomear assistente técnico, que elaborará um parecer sobre a perícia oficial realizada, nada impede[12] que a parte interessada recorra a "peritos particulares" (ou seja, profissionais que possuam conhecimento técnico

[10] GOMES FILHO, Antônio Magalhães. *Direito à Prova no Processo Penal*. São Paulo, RT, 1999. p. 157.

[11] SCARANCE FERNANDES, Antonio. *Processo Penal Constitucional*, p. 76.

[12] Posição também compartilhada por SCARANCE FERNANDES na obra *Processo Penal Constitucional*, cit., p. 76.

naquela área, mas que não sejam peritos oficiais ou nomeados pelo juiz) para fazer uma contraprova pericial. Assim, os "peritos particulares" poderão emitir pareceres técnicos que serão juntados ao processo (como prova documental), para serem avaliados pelo juiz. Com isso, havendo contradição entre a perícia oficial e a contraperícia particular, poderá o juiz determinar a realização de uma nova perícia (com outros profissionais) que dê conta das contradições apontadas, ou, ainda, aplicar o princípio do *in dubio pro reo* naquela matéria controvertida.

Situação sensível se apresenta na investigação preliminar (anteriormente tratada), em que o baixo nível de constitucionalização do inquérito, aliado ao fato de que importantes provas periciais são feitas nessa fase (até pela proximidade com o momento do delito), conduz a uma perigosa negação de eficácia dos direitos constitucionais do contraditório e da ampla defesa (que, como explicado anteriormente, incidem também). Daí por que é imprescindível uma atuação consistente do juiz das garantias no controle da legalidade e da qualidade da prova, inclusive no que tange a integridade da cadeia de custódia anteriormente explicada.

Nos termos do art. 3º-B, XVI, caberá ao juiz das garantias:

> XVI – deferir pedido de admissão de assistente técnico para acompanhar a produção da perícia;

**Infelizmente o art. 3º-B teve sua eficácia suspensa pela liminar do Min. FUX já explicada.**

De qualquer maneira, independente da vigência desse artigo, com base no direito de defesa, no art. 14 do CPP e também dos dispositivos da Lei n. 8.906, PODE o imputado[13] requerer a produção da prova pericial; apresentar quesitos; indicar assistente técnico; e acompanhar a colheita de elementos pelos peritos (extração de sangue, vestígios químicos no local etc.); manifestar-se sobre a prova, podendo requerer nova perícia, sua complementação ou esclarecimento dos peritos.

Tal participação no inquérito policial (ou na investigação realizada pelo MP) está perfeitamente autorizada, também pelo art. 14 do CPP, cabendo mandado de segurança para o juiz (das garantias) contra o ato do delegado que injustificadamente recusar o pedido feito pela defesa.

### 1.3. O Exame de Corpo de Delito Direto e Indireto

A mais importante das perícias é exatamente o exame de corpo de delito, ou seja, o exame técnico da coisa ou pessoa que constitui a própria materialidade do

[13] O ideal seria o "indiciado", mas considerando que o indiciamento é geralmente postergado para o final, com a clara intenção de subtrair os direitos inerentes a esse estado jurídico, preferimos a categoria mais ampla de sujeito passivo, incluindo aqui o já indiciado e o mero suspeito.

crime (portanto, somente necessário nos crimes que deixam vestígios). O corpo de delito é composto pelos vestígios materiais deixados pelo crime. É o cadáver que comprova a materialidade de um homicídio; as lesões deixadas na vítima em relação ao crime de lesões corporais; a coisa subtraída no crime de furto ou roubo; a substância entorpecente no crime de tráfico de drogas; o documento falso no crime de falsidade material ou ideológica etc. Nesse tema é importante o disposto no art. 158 do CPP:

> Art. 158. Quando a infração deixar vestígios, será indispensável o exame de corpo de delito, direto ou indireto, não podendo supri-lo a confissão do acusado.
> Parágrafo único. Dar-se-á prioridade à realização do exame de corpo de delito quando se tratar de crime que envolva:
> I – violência doméstica e familiar contra mulher;
> II – violência contra criança, adolescente, idoso ou pessoa com deficiência.

Antes de tratar do tema, devemos destacar que não se pode confundir o exame de corpo de delito com as perícias em geral. O exame de corpo de delito é a perícia feita sobre os elementos que constituem a própria materialidade do crime. Daí por que sua presença ou ausência afeta a prova da própria existência do crime e gera uma nulidade absoluta do processo (art. 564, III, "b"). Já as perícias em geral são feitas em outros elementos probatórios e sua presença ou ausência afetam apenas o convencimento do juiz sobre o crime. Ou seja, a falta de perícia no lugar do crime, ou na arma utilizada, não afeta sua materialidade (existência).

O exame de corpo de delito diz respeito não apenas à materialidade do fato principal, mas também às suas eventuais causas de aumento, ou qualificadoras, conforme o caso. Nessa linha, a título de exemplo, verifique-se o disposto no art. 171 do CPP:

> Art. 171. Nos crimes cometidos com destruição ou rompimento de obstáculo a subtração da coisa, ou por meio de escalada, os peritos, além de descrever os vestígios, indicarão com que instrumentos, por que meios e em que época presumem ter sido o fato praticado.

Assim, sem que se efetive a respectiva perícia no lugar do crime para comprovação da qualificadora, não poderá o réu ser condenado por essa figura típica, mas apenas pelo tipo simples, previsto no *caput* do art. 155 (considerando que o crime foi de furto).

Importante destacar que a confissão do acusado não é suficiente para comprovação da materialidade do delito, sendo indispensável o exame de corpo de delito direto ou indireto, sob pena de nulidade do processo (art. 564, III, "b", do CPP).

Diz-se que o exame de corpo de delito é direto quando a análise recai diretamente sobre o objeto, ou seja, quando se estabelece uma relação imediata entre o perito e aquilo que está sendo periciado. O conhecimento é dado sem intermediações entre o perito e o conjunto de vestígios deixado pelo crime.

Essa é a regra: a materialidade (existência) dos crimes que deixam vestígios deve ser comprovada através de exame de corpo de delito direto.

Mas, em situações excepcionais, em que o exame de corpo de delito direto é impossível de ser feito porque desapareceram os vestígios do crime, o art. 167 do CPP admite o chamado exame indireto.

O exame de corpo de delito indireto é uma exceção excepcionalíssima, admitido quando os vestígios desapareceram e a prova testemunhal vai suprir a falta do exame direto. Mas não só ela; também pode haver a comprovação indireta através de filmagens, fotografias, gravações de áudio etc.

A rigor, o exame indireto deveria corresponder à perícia feita pelos técnicos a partir de outros elementos que não o corpo de delito, tais como depoimento de testemunhas, fotografias, filmagens etc. Seria um laudo emitido a partir dessas informações. Isso é, tecnicamente, o exame indireto. Ocorre que, na prática forense, isso não é observado, e o chamado exame indireto acaba sendo a produção de outras provas (testemunhal, fotografias etc.) para suprir a falta do exame direto. Ou seja, o chamado exame indireto não é, tecnicamente, um exame indireto, senão o suprimento da falta de exame direto por outros meios de prova. Trata-se de se admitir que a materialidade de um delito seja demonstrada de outra forma.

Feita a ressalva, analisemos o exame indireto.

A materialidade de um crime de roubo, por exemplo, se dá através da apreensão e avaliação dos objetos subtraídos. Nesse caso, o exame é direto. Contudo, se os autores do roubo venderem os objetos a um terceiro não identificado, impossibilitando a apreensão da *res*, ainda assim haverá a possibilidade de condenação por meio do exame dito "indireto", obtido através do conjunto probatório (palavra da vítima, prova testemunhal, eventuais filmagens de circuito interno de TV etc.).

Mas é importante destacar: a regra é o exame direto, sendo o indireto uma exceção.

Como muito bem sintetizou HASSAN CHOUKR[14], cuja lição deve ser transcrita literalmente por representar exatamente o que pensamos, "deve ficar claro que a impossibilidade da realização do exame há de ser compreendida apenas pela inexistência de base material para a realização direta, a dizer, quando o exame não é realizado no momento oportuno pela desídia do Estado, ou sua realização é imprestável pela falta de aptidão técnica dos operadores encarregados de

---

[14] HASSAN-CHOUKR, Fauzi. *Código de Processo Penal* – comentários consolidados e crítica jurisprudencial. Rio de Janeiro, Lumen Juris, 2005. p. 306.

fazê-lo, não há que onerar o réu com uma prova indireta em vez daquela que poderia ter sido imediatamente realizada" (grifo nosso).

Não deve ser admitida a banalização do exame indireto. Assim, quando a infração deixar vestígios, sendo perfeitamente possível fazer o exame, a prova testemunhal não pode suprir sua falta sob pena de nulidade (art. 564, III, "b").

Situação bastante complexa, e que eventualmente ocupa os tribunais brasileiros, é a (im)possibilidade de condenação pelo crime de homicídio quando não se encontra o cadáver da vítima (corpo de delito). A ocultação do cadáver (muitas vezes levada a cabo pelo próprio autor do homicídio) impossibilita o exame direto. Contudo, é predominante a jurisprudência brasileira no sentido de admitir o exame de corpo de delito indireto, consubstanciado em prova testemunhal suficiente, aliada, em alguns casos, à prova pericial feita em armas ou vestígios de sangue, cabelos, tecidos etc. encontrados no local do crime ou até mesmo no carro utilizado pelo réu para transportar o corpo.

Por fim, existem crimes em que, por sua própria natureza, não se pode admitir o exame indireto, em nenhuma hipótese. E isso não tem absolutamente nenhuma relação com a gravidade do crime, mas sim com sua natureza e o *corpus delicti* que o constituem.

É o que ocorre, por exemplo, nos delitos envolvendo substâncias entorpecentes. Não é razoável um juízo condenatório pelo delito de tráfico de drogas sem o exame direto que comprove a natureza da substância (por exemplo, o princípio ativo *tetrahidrocanabinol* – THC – no caso da maconha). Não bastam fotos ou depoimentos dizendo que a substância transportada, por exemplo, tinha cheiro e aspecto de maconha, e que, portanto, era maconha... A questão é técnica, exige o exame químico, sendo imprescindível o exame direto para verificar o princípio ativo.

Em suma, concluindo esse tópico, frisamos que, nos crimes que deixam vestígios, o exame de corpo de delito direto é imprescindível, nos termos do art. 158. Somente em situações excepcionais, em que o exame direto é impossível de ser realizado, por haverem desaparecido os vestígios, é que se pode lançar mão do exame indireto (prova testemunhal, filmagens, gravações etc.) nos termos do art. 167 do CPP.

Por derradeiro, destacamos a inserção, em 2018, da priorização da realização do exame de corpo de delito quando se tratar de crime que envolva violência doméstica e familiar contra a mulher, contra criança, adolescente, idoso ou pessoa com deficiência, reforçando o viés de proteção dessas vítimas pelo sistema jurídico.

### 1.4. Intervenções Corporais e os Limites Assegurados pelo *Nemo Tenetur se Detegere*. A Extração Compulsória de Material Genético. Alterações Introduzidas pela Lei n. 12.654/2012

Situação complexa é o ranço histórico de tratar o imputado (seja ele réu ou mero suspeito, ainda na fase pré-processual) como um mero "objeto" de provas, ou melhor, o "objeto" do qual deve ser extraída a "verdade" que funda o processo inquisitório. Com a superação dessa coisificação do réu e a assunção de seu *status* de sujeito de direito, funda-se o mais sagrado de todos os direitos: o direito de não produzir prova contra si mesmo (nada a temer por se deter – *nemo tenetur se detegere*). Desse verdadeiro princípio, desdobram-se importantes vertentes, como o direito de silêncio e a autodefesa negativa.

Assim, no processo penal contemporâneo, com o nível de democratização alcançada, o imputado pode perfeitamente recusar-se a se submeter a intervenções corporais, sem que dessa recusa nasça qualquer prejuízo jurídico-processual. Essa é a premissa básica para discutirmos a problemática que será apresentada agora.

As provas genéticas desempenham um papel fundamental na moderna investigação preliminar e podem ser decisivas no momento de definir ou excluir a autoria de um delito. Entretanto, sua eficácia está condicionada, em muitos casos, a uma comparação entre o material encontrado e aquele a ser proporcionado pelo suspeito.

Não existe problema quando as células corporais necessárias para realizar, v.g., uma investigação genética encontram-se no próprio lugar dos fatos (mostras de sangue, cabelos, pelos etc.), no corpo ou vestes da vítima ou em outros objetos. Nesses casos, poderão ser recolhidas normalmente, utilizando os normais instrumentos jurídicos da investigação preliminar, como a busca e/ou apreensão domiciliar ou pessoal. Como aponta GÖSSEL[15], a obtenção de células corporais na roupa do suspeito (camisa manchada de sangue, com cabelos ou a roupa interior com células de sêmen etc.) ou na sua casa, por exemplo, nas vestes, mesmo que não utilizadas no momento do delito, roupa de cama ou outros objetos de sua propriedade poderão ser obtidos sem problemas, utilizando a busca e/ou apreensão previstas nos arts. 240 e seguintes do CPP.

Portanto, não há problema em obter-se o material genético através da busca e apreensão de roupas, travesseiros, escova de cabelo e outros objetos do imputado e que possam ser encontrados em sua residência.

Da mesma forma, havendo o consentimento do suspeito, poderá ser realizada qualquer espécie de intervenção corporal, pois o conteúdo da autodefesa é disponível e, assim, renunciável.

---

15 GÖSSEL, Karl-Heinz. Las Investigaciones Genéticas como Objeto de Prueba en el Proceso Penal. *Revista del Ministerio Fiscal*, n. 3, janeiro/junho de 1996, p. 147.

O problema está quando necessitamos obter as células corporais diretamente do organismo do sujeito passivo e este se recusa a fornecê-las. Se no processo civil o problema pode ser resolvido por meio da inversão da *carga da prova* e a presunção de veracidade das afirmações não contestadas, no processo penal a situação é muito mais complexa, pois existe um obstáculo insuperável: o direito de não fazer prova contra si mesmo, que decorre da presunção de inocência e do direito de defesa negativo (silêncio).

O sujeito passivo encontra-se protegido pela presunção de inocência e a totalidade da carga probatória está nas mãos do acusador. O direito de defesa, especialmente sob o ponto de vista negativo, não pode ser limitado, principalmente porque a seu lado existe outro princípio básico, muito bem apontado por CARNELUTTI[16]: a carga da prova da existência de todos os elementos positivos e a ausência dos elementos negativos do delito incumbe a quem acusa. Por isso, o sujeito passivo não pode ser compelido a auxiliar a acusação a liberar-se de uma carga que não lhe incumbe.

Submeter o sujeito passivo a uma intervenção corporal sem seu consentimento é o mesmo que autorizar a tortura para obter a confissão no interrogatório quando o imputado cala, ou seja, um inequívoco retrocesso (gerando assim uma prova ilícita).

Constitui ainda o crime de abuso de autoridade, previsto no art. 13 da Lei n. 13.869/2019, a seguinte conduta:

> Art. 13. Constranger o preso ou o detento, mediante violência, grave ameaça ou redução de sua capacidade de resistência, a:
> I – exibir-se ou ter seu corpo ou parte dele exibido à curiosidade pública;
> II – submeter-se a situação vexatória ou a constrangimento não autorizado em lei;
> ~~III – (VETADO).~~
> III – produzir prova contra si mesmo ou contra terceiro:
> Pena – detenção, de 1 (um) a 4 (quatro) anos, e multa, sem prejuízo da pena cominada à violência.

Portanto, além do direito de não produzir prova contra si, constitui crime qualquer ato de constrangimento para que o preso (ou em liberdade) produza prova contra si mesmo.

No Brasil, a Lei n. 12.654/2012 prevê a coleta de material genético como forma de identificação criminal, alterando dois estatutos jurídicos distintos: a Lei n. 12.037/2009, que disciplina a identificação criminal e tem como campo de

16 CARNELUTTI, Francesco. *Lecciones sobre el Proceso Penal*. Trad. Santiago Sentís Melendo. Buenos Aires, Bosch, 1950. v. II, p. 180.

incidência a investigação preliminar, e, por outro lado, a Lei n. 7.210/84 (LEP), que regula a Execução Penal.

Diante disso, nosso entendimento é: deve ser respeitado o direito de não produzir provas contra si mesmo (*nemo tenetur se detegere*) e não poderá haver extração compulsória (não consentida) de material genético. Contudo, a possibilidade ou não de extração compulsória de material genético divide a doutrina e só terá uma palavra final quando o STF decidir sobre a constitucionalidade ou não da medida coercitiva.

Neste tema é importante ainda a leitura da Resolução n. 09, de 13 de abril de 2018, do Comitê Gestor da Rede Integrada de Bancos de Perfis Genéticos, que dispõe sobre a padronização de procedimentos relativos à coleta compulsória de material biológico para fins de inclusão, armazenamento e manutenção dos perfis genéticos nos bancos de dados que compõem a Rede Integrada de Bancos de Perfis Genéticos.

A extração se dará de forma "adequada e indolor", através da coleta de células da mucosa oral e vedada a extração de sangue, conforme determina o art. 2º da Resolução n. 09/2018. É importante advertir que a Resolução anterior vedava a extração compulsória, mas a atual não mais. Diz o art. 3º da Resolução n. 09:

> Art. 3º – A coleta obrigatória de material biológico para fins de identificação criminal será realizada mediante despacho da autoridade judiciária, em conformidade com o disposto no inciso IV do art. 3º da Lei n. 12.037, de 1º de outubro de 2009.
>
> Art. 4º – No caso de condenados no rol dos crimes previstos no art. 9º-A da Lei n. 7.210, de 11 de julho de 1984, exigir-se-á para a realização da coleta obrigatória do material biológico:
>
> I – guia de recolhimento do condenado ou documento equivalente que atenda às exigências do art. 106 da Lei n. 7.210/84;
>
> II – sentença condenatória; ou
>
> III – manifestação expressa do Poder Judiciário determinando a coleta de material biológico para fins de inserção no banco de perfis genéticos.
>
> (...)
>
> Art. 7º – Antes da realização da coleta de material biológico, a pessoa submetida ao procedimento deverá ser informada sobre sua fundamentação legal, na presença de pelo menos uma testemunha, além do responsável pela coleta.
>
> Art. 8º – Em caso de recusa, o fato será consignado em documento próprio, assinado pela testemunha e pelo responsável pela coleta.
>
> Parágrafo único – O responsável pela coleta comunicará a recusa à autoridade judiciária competente, solicitando que decida sobre a submissão do acusado à coleta compulsória ou a outras providências que entender cabíveis, a fim de atender à obrigatoriedade prevista na Lei n. 12.654/2012.

Esse material não poderá revelar traços somáticos ou comportamentais das pessoas, exceto a determinação genética de gênero. Os dados coletados integrarão o banco de dados de perfis genéticos, assegurando-se o sigilo dos dados. Para fins probatórios, o código genético será confrontado com as amostras de sangue, saliva, sêmen, pelos etc. encontradas no local do crime, no corpo da vítima, em armas ou vestes utilizadas para prática do delito, por exemplo. A partir da comparação, será elaborado laudo pericial firmado por perito oficial devidamente habilitado que analisará a coincidência ou não.

A lei disciplina, como dito antes, duas situações distintas: a do investigado e a do apenado. A finalidade da coleta do material biológico será diferenciada: para o investigado, destina-se a servir de prova para um caso concreto e determinado (crime já ocorrido); já em relação ao apenado, a coleta se destina ao futuro, a alimentar o banco de dados de perfis genéticos e servir de apuração para crimes que venham a ser praticados e cuja autoria seja desconhecida.

Vejamos agora as situações previstas na Lei n. 12.654/2012:

1) Suspeito do crime: é inserido parágrafo único no art. 5º da Lei n. 12.037 para prever a inclusão da coleta de material genético na situação descrita no art. 3º, IV, ou seja: "quando a identificação criminal for essencial às investigações policiais, segundo despacho da autoridade judiciária competente, que decidirá de ofício ou mediante representação da autoridade policial, do Ministério Público ou da defesa".

Aproveitou a *novatio legis* a abertura do inciso IV, de modo que, embora o suspeito apresente documento de identidade, poderá ser feita a identificação criminal e a extração de material genético, sempre que for "essencial às investigações policiais" e houver decisão judicial. Ou seja, poderá o juiz determinar a extração de material genético de ofício ou mediante representação da autoridade policial, do Ministério Público ou da defesa.

Sustentamos ainda a existência de uma vinculação causal (Princípio da Especialidade), ou seja, a prova genética somente poderá ser utilizada naquele caso penal e o material poderá ser utilizado até a prescrição (daquele crime). Tanto há essa vinculação causal que o legislador define como limite de disponibilidade do material genético a prescrição do crime. Ou seja, o uso está relacionado a este crime e a disponibilidade temporalmente regulada pela prescrição (ou a absolvição definitiva, como explicaremos a seguir).

A nosso juízo, portanto, incidem aqui os limites do princípio da especialidade da prova, limitando o nexo causal legitimante ao caso penal investigado. Diversa é a situação do apenado submetido à extração compulsória de material genético, onde se busca a constituição do banco de dados para o futuro, de forma aberta e indeterminada. Pelos mesmos motivos, não deve ser permitido o compartilhamento de provas, ainda que a jurisprudência brasileira tenha uma postura permissivista como explicamos anteriormente, no tópico da prova ilícita.

Outro aspecto relevante é que a lei, neste caso em que se tutela o interesse da investigação, não define um rol de crimes nos quais poderia ser feita a extração de material genético (ao contrário da situação jurídica do condenado, em que há uma definição taxativa dos crimes). Com isso, abre-se a possibilidade de que a intervenção ocorra em qualquer delito, desde que necessário para comprovação da autoria, exigindo por parte da autoridade judiciária suma cautela e estrita observância da proporcionalidade, especialmente no viés de necessidade e adequação. Se o imputado se dispuser a fornecer o material genético, será ele colhido e enviado para análise e armazenamento no banco de dados. Se houver recusa, não poderá ser realizada a coleta, pois assegurado o direito de não autoincriminação.

Por fim, a exclusão do banco de dados também ocorrerá, determina a Lei n. 12.037:

> Art. 7º No caso de não oferecimento da denúncia, ou sua rejeição, ou absolvição, é facultado ao indiciado ou ao réu, após o arquivamento definitivo do inquérito, ou trânsito em julgado da sentença, requerer a retirada da identificação fotográfica do inquérito ou processo, desde que apresente provas de sua identificação civil.
>
> Art. 7º-A. A exclusão dos perfis genéticos dos bancos de dados ocorrerá:
>
> I – no caso de absolvição do acusado; ou
>
> II – no caso de condenação do acusado, mediante requerimento, após decorridos 20 (vinte) anos do cumprimento da pena.

Significa dizer que, rejeitada a denúncia em relação ao investigado ou absolvido sumariamente ou absolvido ao final do processo, poderá o interessado (não mais réu, pois absolvido ou nem recebida a acusação em relação a ele) solicitar a retirada do processo criminal da perícia que utilizou seu material genético; e ainda a retirada do seu material genético e respectivos registros, do banco de dados. Não se justifica que nestas situações se constranja alguém a figurar eternamente no banco de dados genético. Haveria uma absurda e indeterminada subordinação ao poder de polícia do Estado, uma injustificável estigmatização, violadora da presunção de inocência e demais direitos da personalidade. Excetua-se, neste caso, a situação do "arquivamento", pois a teor da Súmula 524 do STF (*a contrario sensu*) poderá ser proposta a ação penal em caso de novas provas. Quanto à extração de material genético do condenado por crime hediondo ou por crime doloso cometido com violência de natureza grave contra pessoa, a situação é distinta.

Neste caso o material genético irá para o banco de dados visando ser usado como prova em relação a fatos futuros.

Quanto à natureza do crime objeto da condenação, parece que o legislador partiu de uma absurda presunção de "periculosidade" de todos os autores de determinados tipos penais abstratos. Trata-se de inequívoca discriminação e estigmatização desses condenados. Optou o legislador por (re)estigmatizar os crimes hediondos e o chamado agora "crime doloso cometido com violência de natureza grave contra pessoa".

O que é "violência de natureza grave contra pessoa"? No mínimo crimes dolosos que resultem lesões graves, gravíssimas ou morte da vítima. Portanto, violência real contra pessoa, com resultado grave, logo, lesão grave, gravíssima ou morte. Mas antevemos uma grande discussão sobre os limites desta intervenção.

Ainda que a lei fale apenas em "condenados", considerando a gravidade da restrição de direitos fundamentais, é imprescindível a existência de sentença condenatória transitada em julgado. Não é proporcional, e tampouco compatível com a presunção de inocência, impor-se tal medida em caso de sentença recorrível.

Uma vez colhido o material genético e incorporado ao banco de dados, poderá ser acessado pela autoridade policial, estadual ou federal, mediante prévia autorização judicial.

A reforma de 2019/2020, através da Lei n. 13.964/2019, alterou a Lei n. 12.037, especialmente ao inserir o art. 7º-C, para ampliar o banco de dados:

> Art. 7º-C. Fica autorizada a criação, no Ministério da Justiça e Segurança Pública, do Banco Nacional Multibiométrico e de Impressões Digitais.
>
> § 1º A formação, a gestão e o acesso ao Banco Nacional Multibiométrico e de Impressões Digitais serão regulamentados em ato do Poder Executivo federal.
>
> § 2º O Banco Nacional Multibiométrico e de Impressões Digitais tem como objetivo armazenar dados de registros biométricos, de impressões digitais e, quando possível, de íris, face e voz, para subsidiar investigações criminais federais, estaduais ou distritais.
>
> § 3º O Banco Nacional Multibiométrico e de Impressões Digitais será integrado pelos registros biométricos, de impressões digitais, de íris, face e voz colhidos em investigações criminais ou por ocasião da identificação criminal.
>
> § 4º Poderão ser colhidos os registros biométricos, de impressões digitais, de íris, face e voz dos presos provisórios ou definitivos quando não tiverem sido extraídos por ocasião da identificação criminal.
>
> § 5º Poderão integrar o Banco Nacional Multibiométrico e de Impressões Digitais, ou com ele interoperar, os dados de registros constantes em quaisquer bancos de dados geridos por órgãos dos Poderes Executivo, Legislativo e Judiciário das esferas federal, estadual e distrital, inclusive pelo Tribunal Superior Eleitoral e pelos Institutos de Identificação Civil.
>
> § 6º No caso de bancos de dados de identificação de natureza civil, administrativa ou eleitoral, a integração ou o compartilhamento dos registros do Banco Nacional Multibiométrico e de Impressões Digitais será limitado às impressões digitais e às informações necessárias para identificação do seu titular.
>
> § 7º A integração ou a interoperação dos dados de registros multibiométricos constantes de outros bancos de dados com o Banco Nacional Multibiométrico e de Impressões Digitais ocorrerá por meio de acordo ou convênio com a unidade gestora.
>
> § 8º Os dados constantes do Banco Nacional Multibiométrico e de Impressões Digitais terão caráter sigiloso, e aquele que permitir ou promover sua utilização para fins diversos

dos previstos nesta Lei ou em decisão judicial responderá civil, penal e administrativamente.
§ 9º As informações obtidas a partir da coincidência de registros biométricos relacionados a crimes deverão ser consignadas em laudo pericial firmado por perito oficial habilitado.
§ 10. É vedada a comercialização, total ou parcial, da base de dados do Banco Nacional Multibiométrico e de Impressões Digitais.
§ 11. A autoridade policial e o Ministério Público poderão requerer ao juiz competente, no caso de inquérito ou ação penal instaurados, o acesso ao Banco Nacional Multibiométrico e de Impressões Digitais.

Aproveitando a Lei n. 12.037, que disciplina a identificação criminal, o legislador foi além da coleta das impressões digitais e a extração do DNA, criou o Banco Nacional Multibiométrico e de Impressões Digitais que conterá registros biométricos, de impressões digitais, de íris, face e voz colhidos em investigações criminais ou por ocasião da identificação criminal.

A grande questão é: será que esse material poderá ser extraído compulsoriamente? Como fica o direito de não produzir provas contra si? Entendemos que se houver o fornecimento voluntário ou a coleta em locais de crime, não há problemas. Mas e se o suspeito se recusar, poderá ser compelido a fornecer material para alimentar esse Banco Multibiométrico? Entendemos que não, mas sem dúvida é uma questão que exigirá uma manifestação do Supremo Tribunal Federal.

### 1.5. Valor Probatório da Identificação do Perfil Genético. É a Prova Técnica a "Rainha das Provas"?

Uma vez realizada a coleta de material genético (ou de outros elementos, como estabelece o Banco Nacional Multibiométrico, e coincidindo com as amostras colhidas no local do crime, terá essa prova técnica maior valor que as demais (v.g. a testemunhal)? É definitiva? Ou pode o juiz decidir contra o laudo?

O discurso científico é muito sedutor, até porque, em situação similar ao dogma religioso, tem uma encantadora ambição de verdade. Sob o manto do saber científico, opera-se a construção de uma (pseudo)verdade, com a pretensão de irrefutabilidade, absolutamente incompatível com o processo penal e o convencimento do juiz formado a partir do contraditório e do conjunto probatório. Não se nega o imenso valor do saber científico no campo probatório, mas não existe "a rainha das provas" no processo penal.

Quando se estudam "provas" no processo penal, não se pode fugir dos problemas que encerram a (ambição de) verdade, a evidência e o caráter alucinatório do evidente. O evidente (ao contrário do que se pensa) não é visto, é o "ponto cego do direito" (Rui Cunha Martins), é aquilo que está ali e seda os sentidos, dado o caráter alucinógeno, aparentemente excessivo e completo. Pensamos que o evidente não precisa de "prova", ele se basta por si só. Caso típico de "evidente" é o flagrante delito. Discutir o que se é surpreendido em flagrante? É evidente a autoria, a materialidade (e até a responsabilidade penal...), por qual motivo devemos ter um processo?

Também existe a prova cujo resultado é "evidente", indiscutível, acabado. Nesse tema se situa, por exemplo, a prova genética e a paixão pelo "atalho à verdade" que o DNA permite. Se o DNA comprova, é evidente a culpabilidade penal.

E neste ponto reside o problema: o evidente precisa sim ser provado.

O evidente precisa do "olhar" do processo penal, como **instrumento de correção do caráter alucinatório da evidência**. Portanto, é incrível como **o evidente cega**, impede a discussão, seda os sentidos e mata o contraditório. O evidente é inimigo do contraditório. E aqui está o grande perigo, o ovo da serpente, pois, sem contraditório e de olhos fechados, a única coisa que se faz é injustiça.

Uma prova pericial como essa demonstra apenas um grau, maior ou menor, de probabilidade de um aspecto do delito, que não se confunde com a prova de toda a complexidade que constitui o fato. O exame de DNA, por exemplo, feito a partir da comparação do material genético do réu "A" com os vestígios de esperma encontrados no corpo da vítima demonstra apenas que aquele material coletado pertence ao réu. Daí até provar que o réu "A" violentou e matou a vítima existe uma distância que deve ser percorrida lançando mão de outros instrumentos probatórios.

Pode, ainda, ser estabelecida uma discussão sobre a validação científica dos métodos de análise, ou seja, discutir a validade dos testes a partir da natureza das amostras biológicas utilizadas, por exemplo. Não raras vezes, as amostras são encontradas em superfícies não estéreis, podendo sofrer danos após o contato com a luz solar, micro-organismos e solventes. Isso pode levar a equívocos na interpretação.

Outro ponto fundamental é discutir o nexo causal, ou seja, como aquele material genético foi parar ali e até que ponto pode o réu ser responsabilizado penalmente pelo resultado pelo simples fato de ter estado com a vítima, por exemplo.

Por isso, é crucial a preservação e o estudo da "cadeia de custódia da prova", para certificação da sua autenticidade durante todo o procedimento, ou seja, da coleta até o ingresso no processo penal. Dada a importância do tema, remetemos o leitor para o Capítulo VIII, onde, ao final, tratamos da cadeia de custódia da prova.

Também não se pode desconsiderar a possibilidade de manipulação desta prova, não apenas no sentido mais simples, de falhas na cadeia de custódia da prova, laudos falsos, enxerto de provas etc., mas também na possibilidade de fraudar o próprio DNA. O conhecido periódico *The New York Times*[17] noticiou que "*cientistas*

---

[17] Notícia publicada em 17/8/2009 no *site*: <http://www.nytimes.com/2009/08/18/science/18dna.html>: DNA EVIDENCE CAN BE FABRICATED, SCIENTISTS SHOW – By ANDREW POLLACK Published: August 17, 2009.

*israelenses divulgam em artigo a possibilidade de introduzir, com certa facilidade, em uma amostra qualquer de sangue ou saliva, o código genético de qualquer pessoa a cujo perfil de DNA se tenha acesso – sem que seja sequer necessário possuir uma amostra de seu material genético. A notícia é bastante relevante no sentido de minar a infalibilidade com que são tratadas as evidências e provas baseadas em testes genéticos a partir dos procedimentos usuais de perícia forense. E, ainda, as novas possibilidades de fraude que se abrem com o recurso a esta técnica podem aumentar os riscos potenciais do manejamento de informação genética, com reflexos claros para a atual tendência à compilação de gigantescos bancos de dados genéticos".*

---

"Scientists in Israel have demonstrated that it is possible to fabricate DNA evidence, undermining the credibility of what has been considered the gold standard of proof in criminal cases. The scientists fabricated blood and saliva samples containing DNA from a person other than the donor of the blood and saliva. They also showed that if they had access to a DNA profile in a database, they could construct a sample of DNA to match that profile without obtaining any tissue from that person. 'You can just engineer a crime scene', said Dan Frumkin, lead author of the paper, which has been published online by the journal Forensic Science International: Genetics. 'Any biology undergraduate could perform this'. Dr. Frumkin is a founder of Nucleix, a company based in Tel Aviv that has developed a test to distinguish real DNA samples from fake ones that it hopes to sell to forensics laboratories. The planting of fabricated DNA evidence at a crime scene is only one implication of the findings. A potential invasion of personal privacy is another. Using some of the same techniques, it may be possible to scavenge anyone's DNA from a discarded drinking cup or cigarette butt and turn it into a saliva sample that could be submitted to a genetic testing company that measures ancestry or the risk of getting various diseases. Celebrities might have to fear 'genetic paparazzi', said Gail H. Javitt of the Genetics and Public Policy Center at Johns Hopkins University. Tania Simoncelli, science adviser to the American Civil Liberties Union, said the findings were worrisome. 'DNA is a lot easier to plant at a crime scene than fingerprints', she said. 'We're creating a criminal justice system that is increasingly relying on this technology'. John M. Butler, leader of the human identity testing project at the National Institute of Standards and Technology, said he was 'impressed at how well they were able to fabricate the fake DNA profiles'. However, he added, 'I think your average criminal wouldn't be able to do something like that'. The scientists fabricated DNA samples two ways. One required a real, if tiny, DNA sample, perhaps from a strand of hair or drinking cup. They amplified the tiny sample into a large quantity of DNA using a standard technique called whole genome amplification. Of course, a drinking cup or piece of hair might itself be left at a crime scene to frame someone, but blood or saliva may be more believable. The authors of the paper took blood from a woman and centrifuged it to remove the white cells, which contain DNA. To the remaining red cells they added DNA that had been amplified from a man's hair. Since red cells do not contain DNA, all of the genetic material in the blood sample was from the man. The authors sent it to a leading American forensics laboratory, which analyzed it as if it were a normal sample of a man's blood. The other technique relied on DNA profiles, stored in law enforcement databases as a series of numbers and letters corresponding to variations at 13 spots in a person's genome. From a pooled sample of many people's DNA, the scientists cloned tiny DNA snippets representing the common variants at each spot, creating a library of such snippets. To prepare a DNA sample matching any profile, they just mixed the proper snippets together. They said that a library of 425 different DNA snippets would be enough to cover every conceivable profile. Nucleix's test to tell if a sample has been fabricated relies on the fact that amplified DNA – which would be used in either deception – is not methylated, meaning it lacks certain molecules that are attached to the DNA at specific points, usually to inactivate genes."

Ainda que a questão esteja longe de qualquer pacificação, pois estes estudos também estão sendo questionados, não podemos esquecer que todo saber é datado e tem prazo de validade. Uma teoria ou conhecimento reina até que venha outra teoria que a contrarie ou modifique. Não sem razão, a exposição de motivos do CPP é categórica: "todas as provas são relativas; nenhuma delas terá, *ex vi legis*, valor decisivo ou necessariamente maior prestígio que as outras".

Mais do que isso: o juiz não está adstrito ao laudo, podendo acolhê-lo ou refutá-lo, no todo ou em parte. Do contrário, teríamos a substituição do juiz pelo perito, transformando o julgador num mero homologador de laudos e perícias, algo absolutamente incompatível com a garantia da jurisdição e do devido processo penal.

Portanto, o exame de DNA é muito importante, e com certeza terá uma grande influência na formação da convicção do julgador, mas é apenas *mais uma prova*, sem qualquer supremacia jurídica sobre a prova testemunhal, por exemplo.

Destarte, duas lições são básicas:

– nenhuma prova é absoluta ou terá, por força de lei, maior prestígio ou maior valor que as outras, logo, um exame de DNA que comprove a existência de material genético do réu no corpo da vítima não conduz, inexoravelmente, à sua condenação;

– o juiz (ou os jurados) pode perfeitamente decidir contra o laudo, isto é, aceitá-lo ou rejeitá-lo no todo ou em parte (art. 182), pois vale o livre convencimento motivado e formado a partir do contexto probatório.

Em síntese, a prova técnica, por mais sedutor que possa parecer o discurso da "verdade científica", não é prova plena nem tem maior prestígio que as demais. Deve ser analisada no contexto probatório e pode ser perfeitamente refutada no ato decisório.

## 2. Interrogatório

### 2.1. A Defesa Pessoal Positiva

Mesmo no interrogatório policial, o imputado tem o direito de saber em que qualidade presta as declarações[18], de estar acompanhado de advogado e, ainda, de reservar-se o direito de só declarar em juízo, sem qualquer prejuízo. O art. 5º, LV,

[18] É censurável a práxis policial de tomar declarações sem informar se a pessoa que as presta o faz como informante/testemunha ou como suspeito, subtraindo-lhe ainda o direito de silêncio e demais garantias do sujeito passivo. É patente a violação do contraditório e da ampla defesa nesses casos.

da CB é inteiramente aplicável ao IP. O direito de silêncio, ademais de estar contido na ampla defesa (autodefesa negativa), encontra abrigo no art. 5º, LXIII, da CB, que ao tutelar o estado mais grave (preso) obviamente abrange e é aplicável ao sujeito passivo em liberdade.

A presença do defensor no momento das declarações do suspeito diante da autoridade judiciária ou policial é imprescindível, pela expressa previsão no art. 185 do CPP. Tanto na fase policial como em juízo, o advogado não é um "convidado de pedra", senão que poderá participar ativamente do interrogatório, como assegura o art. 188 do CPP.

Com relação ao valor probatório do interrogatório, propugnamos por um modelo constitucional em que o interrogatório seja orientado pela presunção de inocência, visto assim como o principal meio de exercício da autodefesa e que tem, por isso, a função de dar materialmente vida ao contraditório, permitindo ao sujeito passivo refutar a imputação ou aduzir argumentos para justificar sua conduta[19].

Especificamente na investigação preliminar, o interrogatório deve estar dirigido a verificar se existem ou não motivos suficientes para a abertura do processo criminal. Dentro da lógica que orienta a fase pré-processual, a eventual confissão obtida nesse momento tem um valor *endoprocedimental*, como típico ato de investigação e não ato de prova, servindo apenas para justificar as medidas adotadas nesse momento e justificar o processo ou o não processo. Sem esquecer que quando entrar em vigor o art. 3º-C, § 3º (infelizmente suspenso pela liminar do Min. FUX), que determina a exclusão física (ou não inclusão) do processo das peças do inquérito policial (exceto as ressalvas legais, e entre elas não está o interrogatório policial), esse interrogatório não deverá integrar os autos que serão enviados ao juiz da instrução e julgamento.

PELLEGRINI GRINOVER[20] explica que, através do interrogatório, o juiz (e a polícia) pode tomar conhecimento de elementos úteis para a descoberta do delito, mas não é para essa finalidade que o interrogatório está orientado. Pode constituir fonte de prova, mas não meio de prova. Em outras palavras, o interrogatório não serve para provar o fato, mas para fornecer outros elementos de prova que possam conduzir à sua comprovação.

19 FERRAJOLI, Luigi. *Derecho y Razón* – teoría del garantismo penal. Trad. Perfecto Andrés Ibáñez; Alfonso Ruiz Miguel; Juan Carlos Bayón Mohino; Juan Terradillos Basoco e Rocío Cantarero Bandrés. 2. ed. Madrid, Trotta, 1997. p. 608.

20 PELLEGRINI GRINOVER, Ada. Pareceres – Processo Penal. In: O *Processo em Evolução*. Rio de Janeiro, Forense, 1996. p. 343 e s.

De qualquer forma, é estéril aprofundar a discussão sobre a "natureza jurídica" do interrogatório, como bem percebeu DUCLERC[21], pois as alternativas "meio de prova" e "meio de defesa" não são excludentes, senão que coexistem de forma inevitável. Assim, se de um lado potencializamos o caráter de meio de defesa, não negamos que ele também acaba servindo como meio de prova, até porque ingressa na complexidade do conjunto de fatores psicológicos que norteiam o *sentire* judicial materializado na sentença.

Noutra dimensão, como explica LEONE[22], o interrogatório também se destina a delimitar o âmbito da decisão do juiz, no sentido de que ele não pode pronunciar uma decisão sobre um fato diferente do imputado. Assim, a correlação entre imputação e decisão se opera tanto no interior da instrução como também nas relações que se estabelecem entre a instrução e o julgamento, e não apenas nessa segunda hipótese (julgamento, decisão). Isso é fundamental para compreender que a correlação já se faz valer no momento do interrogatório e ao longo de toda a instrução. A correlação, na verdade, não é apenas entre acusação e sentença, mas entre acusação, defesa, instrução e sentença.

O interrogatório deve ser um ato espontâneo, livre de pressões ou torturas (físicas ou mentais). Como consequência, os métodos "tocados por um certo charlatanismo", como classifica GUARNIERI[23], devem ser rejeitados no processo penal. Assim, não deve ser aceito o interrogatório mediante hipnose, pois é um método tecnicamente inadequado e inclusive perigoso, pois, estando o hipnotizado disposto a aceitar qualquer sugestão, direta ou indireta do hipnotizador, não pode ser considerado digno de fé, inclusive porque pode ser conduzido para qualquer sentido.

Também devem ser rechaçados, por insuficientes e indignos de confiança, os métodos químicos ou físicos. No primeiro grupo encontram-se os chamados "soros da verdade", que, como explica GUARNIERI, são barbitúricos injetados intravenosamente com outros estupefacientes, anestésicos ou hipnóticos, que provocam um estado de inibição no sujeito, permitindo que o experto – mediante a narcoanálise – conheça o que nele existe de reprimido ou oculto.

Como método físico, os detectores de mentira são aparelhos mecânicos que marcam o traçado do batimento cardíaco e da respiração, e, conforme o tempo de

---

[21] DUCLERC, Elmir. *Curso Básico de Direito Processual Penal*. Rio de Janeiro, Lumen Juris, 2006. v. 2, p. 252.

[22] LEONE, Giovanni. *Tratado de Derecho Procesal Penal*, cit., v. 2, p. 252.

[23] GUARNIERI, José. *Las Partes en el Proceso Penal*. Trad. Constancio Beraldo de Quirós. México, José M. Cajica, 1952. p. 299.

reação às perguntas dirigidas ao interrogando, permitiriam assinalar as falsidades em que incorreu. Conforme o intervalo das reações, o experto poderia definir, em linhas gerais, um padrão de comportamento para as afirmações "verdadeiras" e outro para as supostas "mentiras".

Ambos os métodos não são dignos de confiança e de credibilidade, de modo que não podem ser aceitos como meios de prova juridicamente válidos. Ademais, são atividades que violam a garantia de que *ninguém será submetido à tortura nem a tratamento desumano ou degradante*, prevista no art. 5º, II, da CB.

O interrogatório deve ser encaminhado a permitir a defesa do sujeito passivo e, por isso, submetido a toda uma série de regras de lealdade processual[24], que podem ser assim resumidas:

a) deve ser realizado de forma imediata, ou, ao menos, num prazo razoável após a prisão;
b) presença de defensor, sendo-lhe permitido entrevistar-se prévia e reservadamente com o sujeito passivo;
c) comunicação verbal não só das imputações, mas também dos argumentos e resultados da investigação e que se oponham aos argumentos defensivos;
d) proibição de qualquer promessa ou pressão direta ou indireta sobre o imputado para induzi-lo ao arrependimento ou a colaborar com a investigação;
e) respeito ao direito de silêncio, livre de pressões ou coações;
f) tolerância com as interrupções que o sujeito passivo solicite fazer no curso do interrogatório, especialmente para instruir-se com o defensor;
g) permitir-lhe que indique elementos de prova que comprovem sua versão e diligenciar para sua apuração;
h) negação de valor decisivo à confissão.

Constituem, ainda, crimes de abuso de autoridade, previstos na Lei n. 13.869/2019, arts. 15 e 18, as seguintes condutas:

Art. 15. Constranger a depor, sob ameaça de prisão, pessoa que, em razão de função, ministério, ofício ou profissão, deva guardar segredo ou resguardar sigilo:
Pena – detenção, de 1 (um) a 4 (quatro) anos, e multa.
~~Parágrafo único. (VETADO).~~
Parágrafo único. Incorre na mesma pena quem prossegue com o interrogatório: (Promulgação partes vetadas)
I – de pessoa que tenha decidido exercer o direito ao silêncio; ou

[24] Em alguns pontos, baseamo-nos em FERRAJOLI, *Derecho y Razón*, cit., p. 608.

II – de pessoa que tenha optado por ser assistida por advogado ou defensor público, sem a presença de seu patrono.

Art. 18. Submeter o preso a interrogatório policial durante o período de repouso noturno, salvo se capturado em flagrante delito ou se ele, devidamente assistido, consentir em prestar declarações:

Pena – detenção, de 6 (seis) meses a 2 (dois) anos, e multa.

A criminalização como abuso de autoridade reforça a proteção do imputado e do próprio interrogatório, enquanto momento sagrado de defesa.

Quanto ao acusado menor (com mais de 18 e menos de 21 anos), a que se referia o art. 194 do CPP, esse tratamento foi completamente abandonado (estando revogado assim o art. 194 e diversos outros que tratem dessa forma a questão) com o advento do novo Código Civil. Assim, como já explicamos anteriormente (ao tratar da ação penal), o agente com mais de 18 anos é plenamente capaz, não se podendo mais exigir a presença de curador (seja para o interrogatório ou qualquer outro ato processual).

## 2.2. A Defesa Pessoal Negativa. Direito de Silêncio. O *Nemo Tenetur se Detegere*

Como antítese à garantia do *nemo tenetur se detegere*, CORDERO[25] explica que na inquisição vigorava a fórmula do *reus tenetur se detegere*, na medida em que o imputado era interrogado sob juramento e estava obrigado a "descobrir-se", isto é, sofria a intervenção corporal (tortura) para descobrir e eliminar a heresia que ocultava na sua alma[26], até porque, naquele marco cultural pessimista, "*el animal humano nace culpable; estando corrompido el mundo, basta excavar en un punto culaquiera para que aflore el mal*". Tal racionalidade – ainda que continue seduzindo alguns (neo)inquisidores de plantão – é absolutamente incompatível com o processo penal contemporâneo.

O direito de silêncio está expressamente previsto no art. 5º, LXIII, da CB (*o preso será informado de seus direitos, entre os quais o de permanecer calado*...). Parece-nos inequívoco que o direito de silêncio se aplica tanto ao sujeito passivo preso como também ao que está em liberdade. Contribui para isso o art. 8.2, g, da CADH, onde se pode ler que toda pessoa (logo, presa ou em liberdade) tem o *direito de não ser obrigado a depor contra si mesma nem a declarar-se culpada*.

Recordamos ainda que constitui crime não respeitar o direito de silêncio, como determina a Lei n. 13.869/2019, art. 15:

---

25 CORDERO, Franco. *Procedimiento Penal*, cit., v. 1, p. 22.

26 Sobre o tema, imprescindível a leitura do *Directorium Inquisitorum*, escrito por NICOLAU EYMERICH em 1376.

Art. 15. Constranger a depor, sob ameaça de prisão, pessoa que, em razão de função, ministério, ofício ou profissão, deva guardar segredo ou resguardar sigilo:
Pena – detenção, de 1 (um) a 4 (quatro) anos, e multa.
~~Parágrafo único. (VETADO).~~
Parágrafo único. Incorre na mesma pena quem prossegue com o interrogatório: (Promulgação partes vetadas)
I – de pessoa que tenha decidido exercer o direito ao silêncio; ou
II – de pessoa que tenha optado por ser assistida por advogado ou defensor público, sem a presença de seu patrono.

Ao estar assegurado o direito de silêncio sem qualquer reserva na Constituição e na Convenção Americana de Direitos Humanos, por lógica jurídica, o sistema interno não pode atribuir ao seu exercício qualquer prejuízo e assim vai a previsão do art. 186.

Art. 186. Depois de devidamente qualificado e cientificado do inteiro teor da acusação, o acusado será informado pelo juiz, antes de iniciar o interrogatório, do seu direito de permanecer calado e de não responder perguntas que lhe forem formuladas.
Parágrafo único. O silêncio, que não importará em confissão, não poderá ser interpretado em prejuízo da defesa.

O direito de calar também estipula um novo dever para a autoridade policial ou judicial que realiza o interrogatório: o de advertir o sujeito passivo de que não está obrigado a responder as perguntas que lhe forem feitas. Se calar constitui um direito do imputado e ele tem de ser informado do alcance de suas garantias, passa a existir o correspondente dever do órgão estatal a que assim o informe, sob pena de nulidade do ato por violação de uma garantia constitucional.

O direito de silêncio é apenas uma manifestação de uma garantia muito maior, insculpida no princípio *nemo tenetur se detegere*, segundo o qual o sujeito passivo não pode sofrer nenhum prejuízo jurídico por omitir-se de colaborar em uma atividade probatória da acusação ou por exercer seu direito de silêncio quando do interrogatório.

Sublinhe-se: do exercício do direito de silêncio não pode nascer nenhuma presunção de culpabilidade ou qualquer tipo de prejuízo jurídico para o imputado.

Destarte, através do princípio do *nemo tenetur se detegere*, o sujeito passivo não pode ser compelido a declarar ou mesmo participar de qualquer atividade que possa incriminá-lo ou prejudicar sua defesa, ressalvando-se, como explicado, a extração de material genético (Lei n. 12.654/2012).

Especificamente no que tange ao exame de alcoolemia (teste do bafômetro), com as alterações inseridas pela Lei n. 11.705/2008 no Código de Trânsito, há que se fazer um breve esclarecimento.

Com relação à sanção administrativa decorrente da recusa em submeter-se ao exame de alcoolemia (multa e suspensão do direito de dirigir por 12 meses), pensamos que o argumento de substancial inconstitucionalidade encontrará muita resistência e as sanções serão aplicadas.

Completamente diversa é a situação penal. Aqui, a recusa não autoriza qualquer presunção e, menos ainda, punição. O delito previsto no art. 306 deverá ser apurado em devido processo penal, em que caberá ao acusador fazer prova indireta da embriaguez e o exercício do direito de silêncio em nada prejudicará o acusado.

Feita essa ressalva, continuemos.

Não é somente a legalidade estrita que deve nortear o processo penal e, principalmente, não é só ela que deve orientar a atuação dos órgãos públicos que nele intervêm, desde a fase pré-processual (com a atuação policial, ministerial e jurisdicional) até o trânsito em julgado e a própria execução da pena. Ao lado dela, é fundamental uma abertura para a dimensão substancial de validade das normas (e do próprio proceder), e a assunção de uma postura ética. O Estado (e seus agentes) não só é uma reserva de legalidade, mas, principalmente, é uma reserva ética. Daí por que existem imperativos éticos não consagrados formalmente, mas igualmente exigíveis, que conduzem a uma necessária abertura conceitual do direito de silêncio e de não fazer prova contra si mesmo.

Exemplo a ser seguido, encontramos no art. 63 do *Codice di Procedura Penale* da Itália:

> Art. 63.1. Se davanti all'autorità giudiziaria o alla polizia giudiziaria una persona non imputata ovvero una persona non sottoposta alle indagini rende dichiarazioni dalle quali emergono indizi di reità a suo carico, l'autorità procedente ne interrompe l'esame, avvertendola che a seguito di tali dichiarazioni potranno essere svolte indagini nei suoi confronti e la invita a nominare un difensore. Le precedenti dichiarazioni non possono essere utilizzate contro la persona che le há rese.
>
> 2. Se la persona doveva essere sentita sin dall'inizio in qualità di imputato o di persona sottoposta alle indagini, le sue dichiarazioni non possono essere utilizzate.

Dessa forma, o que se pretende evitar é que alguém não submetido à investigação, ao declarar-se como testemunha, por exemplo, acabe por ter suas palavras utilizadas contra si mesmo. Se de sua declaração emergirem indícios de culpabilidade (sentido amplo), a autoridade que está realizando o ato (especialmente a policial, dada a tradicional resistência ao sistema de garantias) deve interrompê-lo, advertindo-o de que a partir dali poderá utilizar seu direito de silêncio, na medida em que suas palavras poderão dar origem a uma investigação contra si. Imprescindível, ainda, é a nomeação de defensor e a garantia de que poderá entrevistar-se reservadamente com ele antes de continuar a declarar (analogia com o art. 7º, III, da Lei n. 8.906).

O dito, nesse momento despido das garantias necessárias a quem é imputado, não pode valer contra o declarante e tampouco justificar medidas cautelares pessoais ou outras decisões que de qualquer forma lhe prejudiquem. E, se dessas declarações, obtidas sem o devido respeito ao direito de defesa (incluindo o silêncio), surgirem novas provas, perfeitamente invocável a nulidade por derivação, diante da manifesta contaminação.

Com isso, o que se busca, além de um mínimo de ética processual, é a máxima eficácia do direito de silêncio, pois de nada adianta assegurá-lo depois (no processo ou investigação que decorreu da declaração), quando o defeito está na origem de tudo, até porque sempre haverá uma valoração sobre a declaração inicial, ou, ainda, um juízo de desvalor diante da contradição entre ambas as declarações.

Em suma, o direito de silêncio é uma manifestação de uma garantia muito maior, insculpida no princípio *nemo tenetur se detegere*, segundo o qual o sujeito passivo não pode sofrer nenhum prejuízo jurídico por omitir-se de colaborar em uma atividade probatória da acusação ou por exercer seu direito de silêncio quando do interrogatório.

### 2.3. Interrogatório do Corréu. Separação. Perguntas da Defesa do Corréu. Repetição do Interrogatório. Momento da Oitiva do Corréu Delator

No que tange à disciplina processual do ato, cumpre destacar que – havendo dois ou mais réus – deverão eles ser interrogados separadamente, como exige o art. 191 do CPP. Mas tanto a defesa como a acusação podem formular perguntas ao final. Isso é manifestação do contraditório, inclusive a defesa de corréu tem o direito de perguntar. Não obstante, o réu também não está obrigado a responder as perguntas do MP ou das demais defesas. O direito de silêncio pode ser exercido na sua integralidade ou em relação a alguns sujeitos processuais. Está legitimada a estratégia defensiva de, por exemplo, somente responder as perguntas do juiz, usando o direito de silêncio em relação ao acusador, assistente da acusação e/ou demais corréus.

E como fica a oitiva do corréu delator? Quando ele deverá ser ouvido?[27].

No HC 157.627, a 2ª Turma acolheu a tese de Aldemir Bendine, afirmando que o corréu delatado deve apresentar alegações finais por último, pois o corréu delator tem uma posição processual com carga acusatória. Nesse sentido, a apresentação de memoriais em prazo comum representaria uma

[27] O que segue é uma transcrição parcial do texto que publicamos com Vitor Paczek na Coluna "Limite Penal", no dia 27/9/2019: https://www.conjur.com.br/2019-set-27/limite-penal-correu-delator-ouvido-antes-testemunhas-defesa.

violação ao contraditório e à ampla defesa, na medida em que não seria possível ao delatado fazer o confronto da manifestação incriminatória. Essa discussão volta à pauta no Tribunal Pleno, na apreciação do HC 166.373, paciente Márcio de Almeida Ferreira.

A decisão do STF está correta e não precisa de maiores explicações, mas nossa proposta é outra: a decisão do STF é tímida e não resolve o problema, pois não basta o delator ser ouvido antes dos demais, ele precisa ser ouvido antes das testemunhas de defesa. Eis o ponto que a decisão do STF não alcançou.

O colaborador premiado precisa ser ouvido, na instrução, antes das testemunhas de defesa, pois estamos diante de sensíveis questões de prova e contraprova, que influenciarão diretamente na captura psíquica do juiz; e só há "prova" quando os elementos são submetidos ao contraditório, sendo necessário saber dos conhecimentos disponíveis pelo colaborador para submeter ao confronto o *thema probandum*.

Mesmo que a Lei n. 12.850/13 não indique qual é o momento adequado para a oitiva do delator, a conclusão adequada deve se dar pela compreensão do alcance da garantia do contraditório, da ampla defesa, da instrumentalidade constitucional e das imposições do sistema acusatório constitucional, que estrutura a cadeia de significância do processo penal. Essas premissas para atribuição de sentido das normas procedimentais cobram um preço: o delator deve ser ouvido antes das testemunhas de defesa.

É importante restringir o alcance deste posicionamento à situação em que o delator tenha assinado o contrato com a Polícia ou Ministério Público antes do início da instrução processual: nessa situação se tem conhecimento desde o início da produção de provas que existe um compromisso do delator com a hipótese acusatória. Caso ele tenha assinado o contrato após a sentença ou durante a tramitação do Recurso Especial por exemplo (a lei de lavagem de dinheiro permite colaboração a "*qualquer tempo*"), a princípio não incidiria a tese – pois não haveria compromisso probatório com a hipótese acusatória do caso concreto –, salvo se reaberta a instrução processual com base no art. 616 do CPP ou algum outro permissivo regimental dos tribunais. Ademais, parte-se do princípio da lealdade processual, sendo totalmente ilegal o pacto com delatores informais para burlar a regra de corroboração.

Mas qual seria o momento adequado para a oitiva do corréu delator? Quando o delator não for corréu não haverá problema, porque ele será testemunha de acusação. A questão sensível é quando ele é corréu. Nesse caso, tendo em vista a carga acusatória dos seus depoimentos e a imposição de que seja falada a verdade

(§ 14 do art. 4º da Lei n. 12.850/13), com a apresentação de elementos de corroboração do fato e da autoria delitiva, o delator assume uma posição de endosso (e não de confronto) com a tese acusatória, sendo equivocada a sua oitiva no fim da instrução. O delator assume uma carga acusatória, devendo provar o fato para receber benefícios penais. Ele tem o dever contratual de acusar.

A finalidade da oitiva no fim da instrução é de que o acusado se defenda das hipóteses acusatórias. Mas para o delator corréu essa refutação foi consensualmente descartada no momento da assinatura do contrato com os órgãos de persecução penal. Ele passa a defender sua liberdade, mas através da incriminação do corréu delatado e da aderência à hipótese acusatória. Trata-se de uma acusação qualificada. Ele assume assim o papel de uma *testemunha acusatória qualificada* ou *sui generis*, na medida em que não é puramente uma testemunha e tampouco réu. O delator acusado é uma figura híbrida, mista, que serve como prova trazida pela acusação e para comprovação de sua tese, ainda que também esteja sendo acusado (mas, com a peculiaridade, de que irá assumir a hipótese acusatória e com ela "colaborar", para obter o prêmio). Essa hibridez exige um tratamento diferenciado dos padrões estabelecidos até então.

Ao aceitar sofrer consensualmente a punição, o delator abre mão de sua posição processual de confronto, assumindo o papel de assistente na produção probatória da tese acusatória. Não pode, portanto, falar ao término da instrução, pois o delatado que confronta a tese acusatória não poderá produzir contraprovas, através das testemunhas de defesa que já foram ouvidas, pois desconhece até então o conteúdo do depoimento do delator.

Em termos práticos, caso não tenha sido respeitada a ordem proposta, é caso de decretação da invalidade processual, por dois motivos objetivos. O primeiro está na noção de captura psíquica, que coloca o contraditório como elemento fundante da produção da prova, que está estritamente vinculada ao aproveitamento das chances e possibilidades da situação jurídica processual (Goldschmidt). Se o delator não foi ouvido antes das testemunhas de defesa, impõe-se um encargo ilegal à defesa, que é a perda de uma chance probatória. É a imposição da perda da chance de fazer a contraprova da hipótese acusatória.

Sem falar que é decorrência básica do direito de defesa ter conhecimento de toda a tese e prova acusatória antes de exercê-la. É por isso que a prova testemunhal trazida pela acusação tem que ser, sempre, produzida antes das testemunhas arroladas pela defesa. Considerando que o delator-corréu é talvez a mais importante "testemunha" da acusação (ainda que seja uma testemunha *sui generis*, como mencionamos), é imprescindível que diga tudo o que tem para dizer (colaborando, portanto, com a tese acusatória) antes da oitiva das testemunhas arroladas pela defesa, para que existam – efetivamente – condições de possibilidade de defesa e de produção de contraprova.

Feita essa ressalva, sigamos.

O art. 196 permite que o interrogatório possa ser repetido a qualquer momento por iniciativa do juiz ou a pedido de qualquer das partes. Até a reforma processual penal de 2008, tal possibilidade era muito importante, na medida em que o interrogatório era o primeiro ato da instrução. Agora, com a reforma, foi para seu devido lugar: é o último ato da instrução. Com isso, o dispositivo perdeu muito de sua eficácia. Mas continua vigendo e tem sido utilizado na transição do rito ordinário antigo para o novo. De qualquer forma, havendo necessidade, o interrogatório pode ser repetido.

Por fim, há que se recordar que o réu pode ter sido retirado da sala, por força do disposto no art. 217, não tendo assistido à coleta da prova testemunhal, exigindo assim uma atenção especial do juiz em relação à situação criada. O direito de defesa, especialmente no seu viés de autodefesa, deve ser observado quando é determinada a retirada do réu da sala de audiências com base no art. 217 do CPP, exigindo um especial cuidado para que o juiz não proceda, imediatamente após a coleta da prova testemunhal, ao interrogatório. Ao réu é assegurado o direito a última palavra pressupondo, sempre, que tenha pleno conhecimento de todas as provas que foram produzidas contra si. Desta forma, se não presenciou algum depoimento porque foi determinada sua retirada da sala de audiências, deverá o juiz garantir-lhe acesso integral e pelo tempo que for necessário a esses depoimentos, para somente após proceder ao interrogatório.

Nesse sentido, precisa é a assertiva de DEZEM[28], de que *deve o magistrado franquear o acesso aos termos de depoimentos das testemunhas para que, apenas então, o acusado possa ser interrogado. Caso esse procedimento não seja efetivado e o interrogatório se dê sem o conhecimento do material probatório produzido sem a presença do acusado, não se terá o interrogatório como meio de defesa, desnaturando-se sua natureza jurídica*.

Na mesma linha desta problemática situa-se o interrogatório colhido por carta precatória, que deverá ser instruída com todo o material probatório já colhido no juízo da causa (ou em outras precatórias) para só então, com a ciência do réu de toda a prova produzida, ser realizado o interrogatório.

---

[28] DEZEM, Guilherme Madeira. Produção da Prova Testemunhal e Interrogatório: correlações necessárias. *Boletim do IBCCrim*, n. 207, fevereiro de 2010, p. 6.

### 2.4. O Interrogatório por Videoconferência

O primeiro aspecto a ser abordado é o fato de o interrogatório por videoconferência ser uma medida excepcional, somente aplicável nas hipóteses previstas no art. 185 e para o interrogatório de réu preso, não se justificando quando o imputado estiver em liberdade.

A regra, conforme estabelecido no *caput*, é que o interrogatório seja realizado no próprio estabelecimento prisional, ou seja, interrogatório presencial.

Para que o interrogatório seja realizado por videoconferência, deve existir uma decisão judicial fundamentada, da qual serão intimadas as partes com, no mínimo, 10 dias de antecedência. Trata-se de medida salutar para permitir o controle dos critérios de excepcionalidade e necessidade por meio das ações autônomas de impugnação do *habeas corpus* ou mandado de segurança (conforme o caso e fundamentação).

Graves inconvenientes são as fórmulas abertas, vagas e imprecisas, utilizadas pelo legislador nos incisos do § 2º do art. 185 para definir os casos em que a oitiva por videoconferência estaria justificada. A utilização de expressões como "risco à segurança pública", "fundada suspeita", "relevante dificuldade" e "gravíssima questão de ordem pública" cria indevidos espaços para o decisionismo e a abusiva discricionariedade judicial, por serem expressões despidas de um referencial semântico claro. Serão, portanto, aquilo que o juiz quiser que sejam. O risco de abuso é evidente.

Com a mudança nos ritos sumário, ordinário e do júri, o interrogatório passou a ser o último ato da audiência de instrução e julgamento, de modo que, quando determinado o interrogatório por videoconferência do réu preso, ele, obviamente, não poderá participar da instrução.

Eis um ponto importante: quando se determina o interrogatório por videoconferência do réu preso, ele não é conduzido à audiência e, portanto, é impedido de assistir a toda a instrução. Mais do que lhe retirar a possibilidade de ser interrogado pessoalmente, a medida impede sua participação em toda a instrução.

Esse grave prejuízo poderá ser atenuado quando – interessante ironia – não for observado o princípio da unidade da audiência de instrução e julgamento. Somente assim o réu poderá participar e acompanhar alguns atos da instrução. Do contrário, quando a lei for cumprida e a audiência for única, ser-lhe-á subtraída toda a possibilidade de participar do processo.

Portanto, o § 4º não cria nenhum benefício, senão que estabelece o óbvio: já que o preso não comparece à audiência e será interrogado por videoconferência, o mínimo que se poderia fazer era permitir-lhe acompanhar pelo monitor do computador a realização das oitivas. O problema é como efetivar o contraditório e o direito de defesa nessas condições...

O § 5º cria a entrevista prévia e "reservada"(?) entre o réu e seu defensor, também por videoconferência, através de canais telefônicos "reservados". Ora, não é necessário maior esforço para perceber os gravíssimos problemas gerados por essa sistemática. Como confiar no caráter "reservado" dessa comunicação? Com a banalização das escutas telefônicas, não existe a menor possibilidade de confiar na "bondade dos bons".

Por fim, o § 8º amplia substancialmente o campo de incidência da oitiva por videoconferência, para abranger outros atos processuais que dependam da participação de pessoa presa, que será ouvida como vítima ou testemunha, bem como participar de acareação, ou mesmo reconhecimento.

E, ainda, o novo § 3º do art. 222 vai além, criando a possibilidade de oitiva de testemunhas residentes fora da comarca onde tramita o processo, não mais por carta precatória, mas também por videoconferência.

Enfim, a medida foi criada com ampla abrangência, para muito além do interrogatório *on-line*.

## 3. Da Confissão

A própria *Exposição de Motivos do CPP*, ao falar sobre as provas, diz categoricamente que *a própria confissão do acusado não constitui, fatalmente, prova plena de sua culpabilidade. Todas as provas são relativas; nenhuma delas terá,* ex vi legis, *valor decisivo, ou necessariamente maior prestígio que outra.* Em suma, a confissão não é mais, felizmente, a rainha das provas, como no processo inquisitório medieval. Não deve mais ser buscada a todo custo, pois seu valor é relativo e não goza de maior prestígio que as demais provas.

Como adverte HASSAN CHOUKR[29], há que se fazer um ajustamento da confissão aos termos da Constituição e da CADH, de modo que somente pode ser valorada a confissão feita com plena liberdade e autonomia do réu; que ele tenha sido informado e "compreendido substancialmente" seus direitos constitucionais; que ela tenha se produzido em juízo (jurisdicionalizada); e que tenha sido assistido por defensor técnico.

Com isso, concordamos com o autor quando afirma que perdeu completamente o sentido a distinção entre confissão "judicial" e "extrajudicial", pois somente pode

---

[29] HASSAN CHOUKR, Fauzi. *Código de Processo Penal* – comentários consolidados e crítica jurisprudencial, cit., p. 368.

ser valorada a confissão feita em juízo. Perdeu sentido, assim, o art. 199 do CPP. Ademais, a confissão eventualmente feita na fase policial não será juntada ao processo, dada a vedação prevista no art. 3º-C, § 3º, do CPP, que consagrou a exclusão física dos autos da investigação. Lembrando que esse dispositivo foi suspenso pela liminar do Min. FUX, mas que poderá ter vigência a qualquer momento.

A confissão deve ser analisada no contexto probatório, não de forma isolada, mas sim em conjunto com a prova colhida, de modo que, sozinha, não justifica um juízo condenatório[30], mas, por outro lado, quando situada na mesma linha da prova produzida, em conformidade e harmonia, poderá ser valorada pelo juiz na sentença.

Deve-se insistir na necessidade de abandonar-se o ranço inquisitório (e a mentalidade nessa linha estruturada), em que a confissão era considerada a "rainha das provas", pois o réu era portador de uma verdade que deveria ser extraída a qualquer custo. No fundo, a questão situava-se (e situa-se, ainda) no campo da culpa judaico-cristã, em que o réu deve confessar e arrepender-se, para assim buscar a remissão de seus pecados (inclusive com a atenuação da pena, art. 65, III, "d", do Código Penal). Também é a confissão, para o juiz, a possibilidade de punir sem culpa. É a possibilidade de fazer o mal através da pena, sem culpa, pois o herege confessou seus pecados.

Tudo isso deve ser abandonado rumo ao processo penal acusatório-constitucional, em que o interrogatório é acima de tudo um meio de defesa e, a confissão, apenas mais um elemento na axiologia probatória, que somente pode ser considerado quando compatível e conforme o resto da prova produzida.

O art. 198 do CPP deve ser lido à luz do direito constitucional de silêncio e em conformidade com a estrutura do devido processo. Assim, o silêncio não importará confissão, e tampouco pode ser (des)valorado pelo juiz. Ou seja, é substancialmente inconstitucional a última parte do referido artigo, quando afirma que o silêncio do acusado "poderá constituir elemento para a formação do convencimento do juiz". Não, isso não sobrevive a uma filtragem constitucional. Assim, o silêncio não pode prejudicar, em nenhuma hipótese, o réu, e tampouco pode ser utilizado como elemento para o convencimento do juiz.

---

30 Questão tormentosa na história do processo penal é a confissão, conduzindo sempre ao seguinte questionamento: Por que um inocente confessa? Ainda que o tema extrapole os limites do presente trabalho, cumpre transcrever parte de um estudo divulgado no *site* <www.conjur.com.br/2012-set-08/instituicao-estuda-porque-pessoas-confessam-crimes-nao-cometeram> e que pode contribuir para a compreensão desta complexa problemática, bem como advertir dos perigos da "crença na confissão": "Um levantamento recente do 'Projeto Inocência' revelou que, de todos os prisioneiros libertados nos últimos anos com base em provas de DNA, 25% foram presos porque se incriminaram, fizeram confissões por escrito ou gravadas em fita cassete à polícia ou se declararam culpados. Estudos de casos

## 4. Das Perguntas ao Ofendido. A Palavra da Vítima

Na sistemática do CPP, vítima (ofendido) não é considerada testemunha, tanto que merece tratamento diferenciado. A vítima não presta compromisso de dizer a verdade e tampouco pode ser responsabilizada pelo delito de falso testemunho (mas sim pelo crime de denunciação caluniosa, art. 339 do CP, conforme o caso). Também não é computada no limite numérico das testemunhas.

A vítima não pode negar-se a comparecer para depor (art. 201, § 1º), sob pena de condução (inclusive na fase policial). Poderá, contudo, pedir que o réu

---

mostram que essas confissões não derivaram de conhecimento dos réus sobre o caso, mas foram motivadas por influências externas. Em princípio, é difícil entender por que uma pessoa confessa um crime que não cometeu, diz um artigo do Projeto Inocência. Mas uma pesquisa psicológica forneceu algumas respostas. Uma variedade de fatores pode contribuir para uma confissão falsa, durante o interrogatório policial. Os casos examinados no estudo mostram que há uma combinação dos seguintes fatores: 1) pressão; 2) coerção; 3) embriaguez; 4) capacidade reduzida; 5) deficiência mental; 6) desconhecimento da lei; 7) medo de violência; 8) sofrimento real infligido; 9) ameaça de uma sentença mais dura; 10) falta de compreensão da situação. Algumas confissões falsas, dizem os especialistas, podem ser explicadas pelo estado mental do réu:

– Confissões obtidas de crianças não são confiáveis, diz o estudo do Projeto Inocência. Crianças são facilmente manipuláveis. E nem sempre têm noção clara do que está acontecendo. Crianças e adolescentes são facilmente convencidas de que poderão 'voltar para casa', assim que admitirem a culpa.

– Pessoas com deficiência mental fazem confissões falsas porque, de uma maneira geral, são tentadas a conciliar e a concordar com autoridades, especialmente as policiais. Além disso, os interrogadores policiais não têm qualquer tipo de treinamento para questionar suspeitos com deficiência mental. Qualquer estado mental debilitado, em razão de deficiência mental, drogas, bebidas alcoólicas, pode provocar falsas admissões de culpa.

– Adultos mentalmente capazes também fazem confissões falsas por uma variedade de fatores, tais como excessiva duração do interrogatório, exaustão ou pela falsa ideia de que, se confessarem, podem ser soltos e, mais tarde, provar sua inocência.

Seja qual for a idade, a capacidade ou o estado mental das pessoas que confessam crimes que não cometeram, normalmente elas têm a impressão comum, a um certo ponto do processo de interrogatório, de que a confissão será mais benéfica para elas do que continuar insistindo em suas inocências.

Algumas vezes, investigadores usam 'táticas de interrogatório implacável' que, na prática, equivalem à tortura ou chegam à beira da tortura. Mas existem outras táticas, menos abusivas fisicamente, que também podem levar a confissões falsas. Por exemplo, alguns policiais altamente treinados em interrogatório, convencidos da culpa do suspeito, usam táticas tão 'persuasivas' que uma pessoa inocente se sente compelida a confessar, diz o artigo do Projeto Inocência. O estudo mostrou que alguns suspeitos fizeram uma confissão falsa para evitar danos ou desconforto físico. Outros são advertidos de que serão condenados com ou sem uma confissão e que a sentença será muito mais leve se confessarem. Alguns são aconselhados a confessar porque essa seria a única maneira de evitar a pena de morte ou de prisão perpétua. São muitos os casos de inocentes presos nos EUA. Mas o Projeto Inocência elegeu o de Eddie Joe Lloyd o favorito para sua campanha para aperfeiçoar o sistema penal por duas razões. Primeira, a Promotoria de Detroit foi muito cooperativa com os advogados e com os estudantes de Direito que se empenhavam em provar a inocência de Lloyd, reconhecendo as falhas de processo e se propondo a colaborar para desfazer um erro judicial. A segunda razão é mais forte. Depois de provada a inocência de Lloyd, condenado graças a armações de policiais para levá-lo a se incriminar, a Polícia de Detroit pediu desculpas formais à família e prometeu que, daí para a frente, todos os interrogatórios policiais, em casos que podem terminar em sentença de prisão perpétua, seriam gravados em vídeo, para serem apresentados nos tribunais. Começou a fazer isso em 2006. Muitas jurisdições nos EUA seguiram o exemplo de Detroit".

seja retirado da sala de audiências no momento em que for depor, se a presença daquele influir no seu estado de ânimo ao depor (art. 217 por analogia). Aplica-se, ainda, por analogia, o disposto nos arts. 220 a 225 do CPP quando do depoimento da vítima.

Tampouco pode invocar "direito de silêncio", pois essa é uma garantia que apenas o imputado possui. Contudo, é importante advertir: se a certa altura do depoimento, como vítima, surgirem fatos ou questionamentos que possam incriminá-la (que possam constituir crime), sobre estes ela tem o direito de não autoincriminação, logo, nesse momento, nasce para ela o direito de silêncio, diante do risco de vir a ser imputada de um crime.

No seu depoimento, poderão fazer perguntas tanto o acusador quanto o(s) réu(s), através de seu(s) advogado(s), como define o art. 201[31].

O § 2º estabelece que o ofendido será comunicado dos atos processuais relativos à prisão ou liberdade do acusado. Trata-se de inovação, pois até o advento da Lei n. 11.690 essa comunicação não existia, e o ofendido, para tomar conhecimento dos atos do processo, deveria se habilitar como assistente da acusação. O maior inconveniente é que esse tipo de comunicação servirá para aguçar eventuais atos de vingança. Por outro lado, a comunicação da sentença é importante, principalmente para permitir o recurso do assistente da acusação não habilitado, cujo prazo para interposição é de 15 dias (art. 598, parágrafo único, do CPP). Sublinhe-se que essa comunicação não se confunde com a intimação do assistente habilitado, que, por ser parte, deverá ser intimado de todos os atos, correndo da intimação o prazo de 5 dias para o recurso de apelação. A vítima, quando não estiver habilitada como assistente, não é parte no processo e, portanto, não será

---

[31] Art. 201. Sempre que possível, o ofendido será qualificado e perguntado sobre as circunstâncias da infração, quem seja ou presuma ser o seu autor, as provas que possa indicar, tomando-se por termo as suas declarações.
§ 1º Se, intimado para esse fim, deixar de comparecer sem motivo justo, o ofendido poderá ser conduzido à presença da autoridade.
§ 2º O ofendido será comunicado dos atos processuais relativos ao ingresso e à saída do acusado da prisão, à designação de data para audiência e à sentença e respectivos acórdãos que a mantenham ou modifiquem.
§ 3º As comunicações ao ofendido deverão ser feitas no endereço por ele indicado, admitindo-se, por opção do ofendido, o uso de meio eletrônico.
§ 4º Antes do início da audiência e durante a sua realização, será reservado espaço separado para o ofendido.
§ 5º Se o juiz entender necessário, poderá encaminhar o ofendido para atendimento multidisciplinar, especialmente nas áreas psicossocial, de assistência jurídica e de saúde, a expensas do ofensor ou do Estado.
§ 6º O juiz tomará as providências necessárias à preservação da intimidade, vida privada, honra e imagem do ofendido, podendo, inclusive, determinar o segredo de justiça em relação aos dados, depoimentos e outras informações constantes dos autos a seu respeito para evitar sua exposição aos meios de comunicação.

intimada. A inovação é essa "comunicação" da sentença, que não altera em nada o prazo recursal do art. 598, parágrafo único.

O § 6º também representa uma inovação digna de nota. Trata-se de uma necessária proteção à intimidade, vida privada, honra e imagem da vítima, podendo o juiz decretar o segredo de Justiça em relação aos dados que a identificam, depoimentos prestados e demais informações relevantes. Mas, é importante frisar, tal sigilo é para "evitar sua exposição aos meios de comunicação". Logo, não existe qualquer tipo de segredo para as partes no processo, seja acusador ou defesa. É um típico caso de segredo no plano externo, ou seja, para "os estranhos", na expressão de VÉLEZ MARICONDE[32], cujo objetivo é limitar a publicidade abusiva e o bizarro espetáculo dos meios de comunicação.

### 4.1. A Problemática Acerca da Valoração da Palavra da Vítima. O Errôneo Rebaixamento de *Standard* Probatório nos Crimes Sexuais

Desenhar o papel da vítima no processo penal sempre foi uma tarefa das mais tormentosas. Se de um lado pode ela ser portadora de diferentes tipos de intenções negativas (vingança, interesses escusos etc.), que podem contaminar o processo, de outro não se pode deixá-la ao desabrigo e tampouco negar valor ao que sabe.

O ponto mais problemático é, sem dúvida, o valor probatório da palavra da vítima.

Deve-se considerar, inicialmente, que a vítima está contaminada pelo "caso penal", pois dele fez parte. Isso acarreta interesses (diretos) nos mais diversos sentidos, tanto para beneficiar o acusado (por medo, por exemplo) como também para prejudicar um inocente (vingança, pelos mais diferentes motivos). Para além desse comprometimento material, em termos processuais, a vítima não presta compromisso de dizer a verdade (abrindo-se a porta para que minta impunemente).

Assim, se no plano material está contaminada (pois faz parte do fato criminoso) e, no processual, não presta compromisso de dizer a verdade (também não pratica o delito de falso testemunho), é natural que a palavra da vítima tenha menor valor probatório e, principalmente, menor credibilidade, por seu profundo comprometimento com o fato.

Logo, apenas a palavra da vítima jamais poderá justificar uma sentença condenatória. Mais do que ela, vale o resto do contexto probatório, e, se não houver prova robusta para além da palavra da vítima, não poderá o réu ser condenado.

---

32 VÉLEZ MARICONDE, Alfredo. *Derecho Procesal Penal*. 2. ed. Buenos Aires, Lerner, 1969. v. II, p. 393.

Contudo, a jurisprudência brasileira tem feito duas – perigosas – ressalvas:

- crimes contra o patrimônio, cometidos com violência ou grave ameaça (roubo, extorsão etc.);
- crimes sexuais e os praticados na ambiência doméstica (violência doméstica).

Nesses casos, considerando que tais crimes são praticados – majoritariamente – às escondidas, na mais absoluta clandestinidade, pouco resta em termos de prova do que a palavra da vítima e, eventualmente, a apreensão dos objetos com o réu (no caso dos crimes patrimoniais), ou a identificação de material genético (nos crimes sexuais). Isso tem levado a uma valoração probatória distinta, atribuindo um valor maior e, às vezes, decisivo.

O erro está na presunção *a priori* (no sentido kantiano, de antes da experiência) de veracidade desses depoimentos. O endeusamento da palavra da vítima é um erro tão grande como seria a sua demonização. Nem tanto ao céu, nem tanto ao inferno. Como bem explica MORAIS DA ROSA[33], ao tratar do depoimento policial, mas perfeitamente aplicável à palavra da vítima a lógica de "acreditar que todo depoimento policial (ou da vítima, incluo) é verdadeiro como pressuposto, é um erro lógico e simplificador. Mas tem gente que é enganado pelas aparências e gosta. O depoimento deverá ser considerado por sua qualidade, coerência e credibilidade. Em qualquer caso e conforme o contexto probatório. Lógica faz bem à democracia processual". E prossegue explicando que a armadilha lógica do "*a priori*" dos depoimentos decorre da impossibilidade de atribuir-se como verdadeiro o depoimento antes de ser prestado. O ponto nuclear do problema está exatamente nisso: existe uma predisposição condicionante, uma vontade prévia de acreditar e tomar como verdadeiro. Parte-se, não raras vezes inconscientemente, da premissa (reducionista e possivelmente falsa) de que a vítima está falando a verdade e não teria porque mentir. Por consequência dessa predisposição, tomamos como verdadeiro tudo o que é dito. E esse tem sido um foco de inúmeras e graves injustiças. Condenações baseadas em depoimentos mentirosos, ou frutos de falsa memória, falso reconhecimento e até erros de boa-fé. É preciso, também nesses delitos, fazer uma recusa aos dois extremos valorativos: não endeusar, mas também não demonizar. É preciso cautela e disposição para duvidar do que está sendo dito, para fomentar o desejo de investigar para além do que lhe é dado, evitando o atalho sedutor de acreditar na palavra da vítima sem tensionar com o restante do contexto probatório.

A palavra coerente e harmônica da vítima, bem como a ausência de motivos que indicassem a existência de falsa imputação, cotejada com o restante do

---

33 <http://www.conjur.com.br/2016-ago-19/limite-penal-depoimento-policial-belo-recatado-lar-ilogico>.

conjunto probatório (ainda que frágil), têm sido aceitas pelos tribunais brasileiros para legitimar uma sentença condenatória. Mas, principalmente nos crimes sexuais, o cuidado deve ser imenso. Como acabamos de explicar, de um lado não se pode desprezar a palavra da vítima (até porque seria uma odiosa discriminação), por outro não pode haver precipitação por parte do julgador, ingênua premissa de veracidade, pois a história judiciária desse país está eivada de imensas injustiças nesse terreno.

Como já explicamos (no capítulo anterior, ao tratar de *standard* de prova), é possível haver um rebaixamento do nível de exigência probatória para a tomada de decisões interlocutórias, ou seja, rebaixamento conforme a fase procedimental. Mas sublinhamos: não existe rebaixamento de *standard* probatório conforme a natureza do crime. Repetindo o que dissemos, pois necessário, "Constitui um grande erro supor que determinados crimes (seja pela gravidade ou complexidade) admitam 'menos prova' para condenar do que outros. É absolutamente equivocada a prática decisória brasileira de, por exemplo, supervalorizar a palavra da vítima em determinados crimes (violência doméstica, crimes sexuais, crimes contra o patrimônio mediante violência ou grave ameaça etc.) e admitir a condenação exclusivamente com base na palavra da vítima ou quase exclusivamente, quando se recorre, por exemplo, a 'testemunhas de ouvir dizer' (*hearsay*) que nada viram, mas apenas ouviram...".

A presunção de inocência não é menor ou maior, mais robusta ou mais frágil, conforme a natureza do crime. Inclusive, o raciocínio deveria ser inverso, na medida em que a palavra da vítima é extremamente sensível dada a contaminação com o crime, interesses em jogo, sentimento de vingança, necessidade de corresponder às expectativas criadas pelas autoridades e até mesmo a falsa memória e a mentira, como se verá a continuação.

### 4.2. Falsas Memórias e os Perigos da Palavra da Vítima (e da Prova Testemunhal). O Paradigmático "Caso Escola Base"

A palavra da vítima constitui uma prova bastante sensível, em que devem ser recusados os dois extremos: não se pode endeusar, mas também não se pode – *a priori* – demonizar e desprezar. É preciso muita atenção e cautela.

Como uma espécie de prova similar à prova testemunhal, no sentido de que ambas dependem de narrativa e memória, é bastante sensível, perigosa, manipulável e pouco confiável. Esse grave paradoxo agudiza a crise de confiança existente em torno do processo penal e do próprio ritual judiciário. Diante dos limites desta obra, pretendemos aqui apenas "introduzir" o leitor na perspectiva de um pensamento crítico e maduro, que recuse a ingenuidade do senso comum teórico de muitos juristas, ainda adeptos da razão moderna e que preferem, em nome dessa crença, alienar-se da complexidade que marca as sociedades contemporâneas.

Entre as inúmeras variáveis que afetam a qualidade e confiabilidade da palavra da vítima e da prova testemunhal, propomos um recorte pouco comum na doutrina jurídica: as falsas memórias.

As falsas memórias se diferenciam da mentira, essencialmente, porque, nas primeiras, o agente crê honestamente no que está relatando, pois a sugestão é externa (ou interna, mas inconsciente), chegando a sofrer com isso. Já a mentira é um ato consciente, em que a pessoa tem noção[34] do seu espaço de criação e manipulação.

Ambos são perigosos para a credibilidade da palavra da vítima e da prova testemunhal, mas as falsas memórias são mais graves, pois a testemunha ou vítima desliza no imaginário sem consciência disso. Daí por que é mais difícil identificar uma falsa memória do que uma mentira, ainda que ambas sejam extremamente prejudiciais ao processo.

É importante destacar que, diferentemente do que se poderia pensar, as imagens não são permanentemente retidas na memória[35] sob a forma de miniaturas ou microfilmes, tendo em vista que qualquer tipo de "cópia" geraria problemas de capacidade de armazenamento, devido à imensa gama de conhecimentos adquiridos ao longo da vida.

É o que explica ANTÓNIO DAMÁSIO[36]: "as imagens não são armazenadas sob forma de fotografias fac-similares de coisas, de acontecimentos, de palavras ou de frases. O cérebro não arquiva fotografias *Polaroid* de pessoas, objetos, paisagens; não armazena fitas magnéticas com música e fala; não armazena filmes de cenas de nossa vida; nem retém cartões com 'deixas' ou mensagens de *teleprompter* do tipo daquelas que ajudam os políticos a ganhar a vida. (...) Se o cérebro fosse uma biblioteca esgotaríamos suas prateleiras à semelhança do que acontece nas bibliotecas".

Nessa complexidade insere-se a questão da palavra da vítima e da prova testemunhal e dos reconhecimentos, pois, em ambos os casos, tudo gira em torno da (falta de) "memória".

---

34 Em que pese ser essa uma afirmação dos autores citados, pensamos que ela deve ser esclarecida, até porque é um erro pensar as dimensões do consciente e do inconsciente como estanques, compartimentalizadas. A linha é tênue, se não indefinida. Também se deve compreender que a falsa memória pode nascer de uma confusão mental, de uma informação inicial verdadeira, mas que sofre uma poluição em decorrência de um processo de mistura com o imaginário, gerando uma confusão de dados por parte do sujeito, que passa a tomar como verdadeiro o fato distorcido.

35 Tratando da "ação e esquecimento" e sua relevância penal nos casos de omissão de atividade devida, JUAREZ TAVARES traz importantes lições sobre a memorização declarativa e a memorização procedimental, bem como dos processos de esquecimento. Sobre o tema, consulte-se a obra *Direito Penal da Negligência – Uma Contribuição à Teoria do Crime Culposo*. 2. ed. Rio de Janeiro, Lumen Juris, 2003, p. 221-224.

36 *O Erro de Descartes*, cit., p. 128-129.

Provavelmente a maior autoridade nessa questão das falsas memórias, na atualidade, seja ELIZABETH LOFTUS[37], cujo método revolucionou os estudos nessa área ao demonstrar a possibilidade de implantação das falsas memórias (procedimento de sugestão de falsa informação). Uma informação enganosa tem o potencial de criar uma memória falsa, afetando nossa recordação, e isso pode ocorrer até mesmo quando somos interrogados sugestivamente ou quando lemos e assistimos a diversas notícias sobre um fato ou evento de que tenhamos participado ou experimentado[38].

Em diversos experimentos, LOFTUS e seus pesquisadores demonstraram que é possível implantar uma falsa memória de um evento que nunca ocorreu. Mais do que mudar detalhes de uma memória – o que não representa grande complexidade –, a autora demonstrou que é possível criar inteiramente uma falsa memória (portanto, de um evento que nunca ocorreu). O estudo de "perdido no *shopping*" demonstra que é relativamente fácil implantar uma falsa memória de estar perdido, chegando ao preocupante extremo de implantar uma falsa memória de ter sido molestado sexualmente na infância.

No primeiro caso, foi montado um grupo de 24 indivíduos de idades variadas (de 18 a 53 anos), para tentarem recordar de eventos da infância que teriam sido contados aos pesquisadores por pais, irmãos e outros parentes mais velhos. Partindo daí, foi confeccionada uma brochura pelos pesquisadores, construindo um falso evento sobre um possível passeio ao *shopping* (que comprovadamente nunca ocorreu) onde o participante teria ficado perdido durante um período prolongado, incluindo choro, ajuda e consolo por uma mulher idosa e finalmente o reencontro com a família. Após lerem o material, foram submetidos a uma série de entrevistas para verificar o que recordavam.

Em suma, sintetizando a experiência de LOFTUS, ao final, 29% dos participantes lembram-se tanto parcialmente como totalmente do falso evento construído para eles. Nas duas entrevistas seguintes, 25% continuaram afirmando que eles lembravam do evento fictício.

Cita a autora as pesquisas de HYMAN, também sobre a implantação de falsas memórias (como a hospitalização à noite devido a uma febre alta e uma possível

---

37 Professora de Psicologia e Direito na Universidade de Washington, é PhD em Psicologia, com dezenas de trabalhos publicados sobre o tema. Nessa breve apresentação, utilizamos os seguintes trabalhos: Criando Falsas Memórias. *Scientific American*, set. 1997, trad. disponível em: <www.geocities.com/athens/acropolis/6634/falsamemoria.htm>; As falsas memórias. *Revista Viver, Mente & Cérebro*.

38 Nesse sentido, também, DI GESU, Cristina. *Prova Penal e Falsas Memórias*. Rio de Janeiro, Lumen Juris, 2010.

infecção de ouvido), em que, na primeira entrevista, nenhum participante recordou o evento falso, mas 20% disseram na segunda entrevista que se lembravam de algo sobre o evento falso. Um dos participantes chegou ao extremo de lembrar de um médico, uma enfermeira e de um amigo da igreja que veio visitá-lo. Tudo fruto da implantação de uma falsa memória.

Ainda mais apavorantes são algumas "técnicas terapêuticas" empregadas no trato de vítimas de delitos sexuais ocorridos na infância. O perigo está naquilo que LOFTUS chama de inflação da imaginação, em que, através de interrogatórios ou terapias, se utilizam *exercícios imagéticos* para encorajar os praticantes a imaginar eventos infantis como forma de recuperar memórias supostamente escondidas. As consequências de tais "técnicas" (costumeiramente empregadas) são trágicas.

A implantação da falsa memória é potencializada quando um membro da família afirma que o remoto incidente aconteceu. Isso foi testado, entre outros, no caso "perdidos no *shopping*" e demonstrou que a confirmação do evento por uma pessoa é uma técnica poderosa para induzir a uma falsa memória.

Citando um estudo de KASSIN e COLLEGE, ELIZABETH LOFTUS explica a grande influência que exerce uma falsa evidência na implantação de uma falsa memória. Foram investigadas as reações de indivíduos inocentes acusados de terem danificado um computador apertando uma tecla errada. Os participantes inocentes inicialmente negaram as acusações. Contudo, quando uma pessoa associada ao experimento disse que os havia visto executarem a ação, muitos participantes assinaram a confissão, absorvendo a culpa pelo ato. Mais do que aceitarem a culpa por um crime que não cometeram, chegaram a desenvolver recordações para apoiar esse sentimento de culpa.

A confusão sobre a origem da informação é um poderoso indutor da criação de falsas memórias, e isso ocorre quando falsas recordações são construídas combinando-se recordações verdadeiras como conteúdo das sugestões recebidas de outros, explica a autora.

Mas é nos crimes sexuais o terreno mais perigoso da prova testemunhal (e, claro, da palavra da vítima), pois é mais fértil para implantação de uma falsa memória.

Os profissionais de saúde mental (psicólogos, psiquiatras, analistas, terapeutas etc.) têm um poder imenso de influenciar e induzir as recordações e eventos traumáticos. Cita a autora que, em 1986, Nadean Cool, auxiliar de enfermagem de Wisconsin, consultou um psiquiatra porque não conseguia lidar com as consequências de um acidente sofrido pela filha. No tratamento foram utilizados pelo terapeuta técnicas de sugestão, hipnose e outras. Após algumas sessões, explica LOFTUS, "Nadean se convenceu de que tinha sido usada na infância por uma seita satânica que a violentara, a obrigara a manter relações sexuais com animais e a forçara a assistir ao assassinato de um amigo de 8 anos. O psiquiatra acabou por fazê-la acreditar que ela tinha mais de 120 personalidades em decorrência dos abusos sexuais e da violência sofridos quando criança".

Isso dá uma dimensão do que é possível criar em termos de falsas memórias e das graves consequências penais e processuais que elas podem gerar. No caso narrado pela autora, após compreender o que estava acontecendo, a vítima processou o psiquiatra e, em março de 1997, após cinco semanas de julgamento, o caso foi resolvido fora do tribunal, através do pagamento de uma indenização de 2 milhões e 400 mil dólares.

Situação similar, também narrada por LOFTUS, foi documentada em 1992, quando um terapeuta ajudou Beth Rutherford, então com 22 anos, a "recordar" que entre os 7 e os 14 anos havia sido violentada com regularidade pelo pai (um pastor), inclusive com a ajuda da mãe. Recordou também, a partir das técnicas de induzimento, que havia ficado grávida duas vezes, tendo realizado sozinha os abortos, utilizando um cabide. Finalmente, exames médicos demonstraram que a jovem ainda era virgem e que nunca havia engravidado. Ela processou o terapeuta e, em 1996, recebeu 1 milhão de dólares de indenização.

Casos assim ocorrem com regularidade[39], mas dificilmente são documentados e desmascarados. Diferenciar lembranças verdadeiras de falsas é sempre muito difícil, ocorrendo apenas quando se consegue demonstrar que os fatos contradizem as (falsas) lembranças. Mas, e nos demais casos? As consequências são gravíssimas.

No Brasil, ainda que não suficientemente estudado, temos o paradigmático caso Escola Base em São Paulo, que, para além de demonstrar o despreparo de nossa polícia judiciária, se colocou na agenda pública a discussão sobre o papel da mídia, sua postura (a)ética e irresponsável, bem como a mercantilização da violência e do medo. Claro que muito ainda se deve evoluir nessas duas dimensões (preparo policial e responsabilidade midiática).

---

39 Entre outros, sugerimos o estudo dos seguintes casos:
– Caso Frank Lee Smith, condenado à morte nos Estados Unidos pelo homicídio de Sandra Whitehead;
– Caso MacMartin, ocorrido nos anos 1980 no subúrbio de Los Angeles, em que os empregados da pré-escola Virginia MacMartin foram acusados de violentar sexualmente um menino de 2 anos e meio;
– Caso Friedman, também ocorrido nos anos 1980 nos Estados Unidos, dando origem ao documentário *Capturing the Friedmans*, de 2003;
– Caso Orteu, considerado o "Chernobyl Judiciário" francês, cujo processo iniciou em 2000;
– Caso da Casa Pia, um internato de Lisboa, cujas notícias iniciam em 2002, divulgando que crianças e adolescentes que lá residiam haviam sofrido abusos sexuais por parte de pessoas influentes e até um ex-ministro português.

Em 1994[40], duas mães denunciam que seus filhos participavam de orgias sexuais organizadas pelos donos da Escola de Educação Infantil Base, localizada no bairro da Aclimação em São Paulo. Uma das mães disse que seu filho de 4 anos de idade lhe teria contado que havia tirado fotos em uma cama redonda, que uma mulher adulta teria deitado nua sobre ele e o teria beijado.

A fantasia inicial toma contornos de rede de pedofilia e, após um laudo não conclusivo sobre a violência sexual que o menino teria sofrido (depois ficou demonstrado que tudo não passou de problemas intestinais), é expedido um mandado de busca e apreensão que foi cumprido com irresponsável publicidade por parte da polícia. Era o início de uma longa tragédia a que foram submetidos os donos da escola infantil.

A notícia correu o país e foi explorada de forma irresponsável (senão criminosa) por parte dos meios de comunicação, encontrando no imaginário coletivo um terreno fértil para se alastrar, até porque, num país onde a cultura do medo é alimentada diariamente, a possibilidade de que nossos filhos estejam sendo vítimas de abuso sexual na escola é o ápice do terror.

Chegou-se ao extremo de, em 31 de março, um telejornal de penetração nacional noticiar o consumo de drogas e a possibilidade de contágio com o vírus da aids. Manchetes sensacionalistas inundavam o País.

Recorda DOMENICI[41] títulos como: "Kombi era motel na escolinha do sexo", "Perua escolar levava crianças para orgia no maternal do sexo" e "Exame procura a aids nos alunos da escolinha do sexo". A revista *Veja* publicou em 6 de abril: "Uma escola de horrores".

Finalmente, em junho de 1994, após o delegado ter sido afastado, o inquérito policial foi arquivado, pois nada foi demonstrado. Ações de indenização contra o Estado de São Paulo (pela absurda atuação policial) e também contra diversos jornais e emissoras de televisão ainda tramitam nos tribunais superiores.

Para além dos graves erros cometidos pela polícia e pelos principais meios de comunicação do país, evidencia-se a implantação de falsas memórias nas duas crianças e também a manipulação dos depoimentos.

Impressiona a forma como foram conduzidos os depoimentos e a verdadeira indução ali operada. As perguntas eram fechadas e induziam as respostas, quase sempre dadas pela criança (recordemos, com 4 anos de idade) através de monossílabos (sim e não) ou, ainda, respostas que consistiam na mera repetição da própria pergunta.

---

40 Sobre o tema, consulte-se o trabalho de DOMENICI, Thiago, disponível em: <http://escola.base.sites.uol.com.br/reus.html>, e também o videodocumentário *O Caso da Escola Base*. Imprescindível, ainda, a leitura de RIBEIRO, Alex. *Caso Escola Base: os abusos da imprensa*. São Paulo, Ática, 2000.

41 <http://escola.base.sites.uol.com.br/reus.html>.

Naquele contexto, onde a indução era constante, e a pressão imensa, é elementar que as duas crianças sob holofote fantasiavam e também buscavam corresponder às expectativas criadas pelos adultos e pelo contexto.

O caldo midiático criado e a desastrosa condução da investigação policial foram fundamentais para a inflação da imaginação das crianças e até das duas mães (sendo que uma delas era a principal fonte de tudo). A forma como foi conduzida a investigação policial (especialmente na oitiva das crianças envolvidas) serviu como um conjunto de *exercícios imagéticos* para alimentar as supostas vítimas. As consequências foram trágicas.

Em outro processo[42], Embargos Infringentes 70016395915, julgados pelo 3º Grupo Criminal do TJRS, o réu foi acusado pelo delito de estupro, reiteradas vezes. Após a realização de exame de conjunção carnal, constatando a virgindade da ofendida, a investigação foi direcionada ao antigo delito de atentado violento ao pudor. Descreveu a denúncia ter o denunciado *colocado, sem penetrar, o pênis na vulva da vítima, bem com obrigando-a a beijar seu órgão sexual*.

Explica a autora que a menina vivia em um ambiente de promiscuidade sexual, pois sua genitora se dedicava à prostituição e a menor frequentava a boate. Daí advieram os estímulos erotizados inadequados à sua idade que acabaram contribuindo para a falsificação da memória. Em juízo, a menor descreveu a "cobra" colocada pelo réu em sua vagina: "*(...) tinha aproximadamente 1,20 m, era cinza com preto e branco, tinha olhos, mas não tinha boca; tinha pés, parecia uma lagartixa. O pai encontrou a cobra enrolada no caule de uma árvore, na frente de casa. Ele desenrolou e passou a cobra na pexereca da depoente (...)*".

Em seguida, a menina ainda sustentou ter o réu cortado a cobra em pedacinhos e preparado um risoto para ela comer.

Após criteriosa análise de todo o contexto fático no qual se inseriu a acusação, conclui o tribunal pela inveracidade da imputação, tendo o réu – por maioria – sido absolvido. É um caso que demonstra, claramente, a existência de falsa memória infantil.

Na Apelação Crime 70017367020, julgada pela 5ª Câmara Criminal do TJRS, na sessão do dia 27 de dezembro de 2006, foi mantida a absolvição do padrinho da suposta vítima por atentado violento ao pudor. Explica DI GESU[43] que as acusações começaram quando a menina de 8 anos assistia, juntamente com sua

---

42 Citado por DI GESU, Cristina. *Prova Penal e Falsas Memórias*, cit., p. 122.

43 Idem, ibidem, p. 199 e s.

mãe, ao programa Globo Repórter, o qual abordava a questão do abuso sexual contra crianças. A vítima ficou impressionada com a história do pai que havia engravidado a própria filha e vivia maritalmente com ela. Diante disso questionou se beijar na boca engravidava. A mãe ficou nervosa e procurou esclarecer a questão e, ao mesmo tempo, procurou imputar a prática do delito a alguém. Não incriminou o pai, mas sim o padrinho da menor.

Como a genitora não conseguia falar sobre o assunto com a filha, pediu para que esta escrevesse um bilhete contando o que havia ocorrido e, num pedaço de papel, a menina escreveu uma experiência, de conotação sexual, contudo ocorrida na creche onde estudava. Lá, as meninas teriam se beijado na boca e mostrado a "bunda" umas para as outras. Além disso, também teriam chamado os meninos e pegado no "tico" deles.

No bilhete, não soube expressar se havia gostado ou não da experiência. Esse fato não foi explorado na investigação, somente o foi em juízo. Associado a tudo isso, descobriu-se que a menina beijava o irmão na boca, tinha visto acidentalmente um filme pornográfico na televisão a cabo, bem como seu pai costumava andar nu pela casa.

Todo esse contexto foi fundamental para a decisão da causa, pois ficou demonstrado que o ambiente era totalmente propício para a ocorrência das falsas memórias, por indução da própria mãe da vítima, a partir de uma experiência sexual vivenciada na escola.

Muita cautela deve-se ter diante do depoimento infantil, especialmente nos crimes contra a liberdade sexual (e, mais ainda, naqueles que não deixam vestígios), em que a palavra da vítima acaba sendo a principal prova. Não se trata de demonizar a palavra da vítima, nada disso, senão de acautelar-se contra o endeusamento desta prova.

Deve-se, com a maior amplitude possível, trazer toda a complexidade do crime e das circunstâncias em que ele ocorreu para dentro do processo.

Algumas pessoas[44] são mais suscetíveis à formação das falsas lembranças: geralmente aquelas que sofreram algum tipo de traumatismo ou lapso de memória. Contudo, o terreno mais fértil são, sem dúvida, as crianças, avaliadas como mais vulneráveis à sugestão. Isso porque, como explica a autora, a tendência infantil é de justamente corresponder às expectativas do que deveria acontecer, bem como

---

44 DI GESU, op. cit., p. 120.

às expectativas do adulto entrevistador. Daí por que "há um alerta geral para o depoimento infantil", na medida em que[45]:

a) as crianças não estão acostumadas a fornecer narrativas sobre suas experiências;
b) a passagem do tempo dificulta a recordação de eventos;
c) há dificuldade de se reportar a informações sobre eventos que causem dor, estresse ou vergonha;
d) a criança raramente responde que não sabe e muda constantemente a resposta para agradar o adulto entrevistador.

A estrutura psíquica da criança é sabidamente mais frágil que a de um adulto, sendo, portanto, mais facilmente violada ou contaminada sua memória.

Como explica PISA[46], "as crianças foram historicamente avaliadas como mais vulneráveis para a sugestão", e aponta dois fatores:

a) cognitivo ou autossugestão, porque a criança desenvolve uma resposta segundo sua expectativa do que deveria acontecer;
b) o desejo de se ajustar às expectativas ou pressões de um entrevistador.

A linguagem e o método do interrogador em situações assim são de grande relevância para preservação ou violação da memória da vítima/testemunha, devendo, por isso, serem filmados todos os depoimentos prestados. Busca-se, com isso, avaliar – principalmente – o entrevistador.

Aponta ainda PISA[47] que a memória não funciona como uma filmadora, que grava a imagem e pode ser revista várias vezes. Cada vez que recordamos, interpretamos e agregamos ou suprimimos dados. Daí por que, na recuperação da memória de um evento, distorções endógenas ou exógenas se produzirão. As falsas memórias podem ser espontâneas ou autossugeridas, ou ainda, resultado de sugestão externa (acidental ou deliberada). Sempre recordando que a distorção consciente conduz à mentira. As falsas memórias não são dominadas pelo agente e podem decorrer até mesmo de uma interpretação errada de um acontecimento.

---

45 Idem, ibidem, p. 124.

46 PISA, Osnilda. *Psicologia do Testemunho: os Riscos na Inquirição de Crianças*. Dissertação de Mestrado. Programa de Pós-Graduação em Psicologia da PUCRS. Lílian Milnitsky Stein (orientadora). Porto Alegre, jul. 2006, p. 15 e s. Esse mesmo trecho também pode ser encontrado na sentença proferida pela Juíza Osnilda Pisa, que foi transcrita no Acórdão 70017367020, 5ª Câmara Criminal do TJRS, Rel. Des. Amilton Bueno de Carvalho, julgado em 27/12/2006.

47 PISA, Osnilda, op. cit., p. 15 e s.

Quanto às entrevistas realizadas com a vítima/testemunha por psicólogos, psiquiatras e outros profissionais da área da saúde, costumeiramente realizadas em processos que envolvam violência sexual, deve-se atentar para dois fatores:

a) necessidade de acompanhamento por parte de ambas as partes (acusação e defesa), vedando-se completamente as entrevistas privadas por violação do contraditório[48] e impossibilidade de controle;
b) gravação de áudio e vídeo de todas as entrevistas e avaliações realizadas.

Finalizando, devem os atores judiciários estar atentos para esse grave problema que ronda a prova testemunhal, a palavra da vítima e os reconhecimentos, buscando apurar técnicas de interrogatórios que reduzam a indução e facilitem a identificação das falsas memórias.

Por elementar, o risco de tal problema jamais poderá ser eliminado.

O que se deve buscar são medidas de redução de danos, com o abandono da cultura da prova testemunhal, o emprego de técnicas não indutivas nos interrogatórios, utilização de técnicas específicas nos interrogatórios de crianças vítimas ou testemunhas (especialmente nos crimes sexuais), a inserção de recursos tecnológicos (gravação de áudio e vídeo de todos os depoimentos prestados, para controle do tipo de interrogatório empregado) e conhecimento científico na investigação preliminar. Essas são algumas formas de reduzir os danos das falsas memórias no processo penal.

Sugerem-se[49], em síntese, as seguintes medidas redutoras de danos:

1. As contaminações a que está sujeita a prova penal podem ser minimizadas através da colheita da prova em um prazo razoável, objetivando suavizar a influência do tempo (esquecimento) na memória.
2. A adoção de técnicas de interrogatório e a entrevista cognitiva permitem a obtenção de informações quantitativa e qualitativamente superiores às entrevistas tradicionais, altamente sugestivas.
3. O objetivo é evitar a restrição das perguntas ou sua formulação de maneira tendenciosa por parte do entrevistador, sugerindo o caminho mais adequado para a resposta.
4. A gravação das entrevistas realizadas na fase pré-processual (feitas por assistentes sociais e psicólogos) permite ao juiz o acesso a um completo

---

48 Imprescindível aqui a estrita observância das regras da prova pericial, conforme explicado anteriormente. Não se pode admitir como prova atípica um ato que, na verdade, mascara uma prova típica, mas produzida com defeito (violação da forma prescrita).

49 Cf. DI GESU, op. cit., p. 172 e s.

registro eletrônico da entrevista. Isso possibilita ao julgador o conhecimento do modo como os questionamentos foram formulados, bem como os estímulos produzidos nos entrevistados. Assume especial importância não como indício de prova propriamente dito, mas para que o magistrado aprecie como foi realizado o procedimento e que métodos foram utilizados, a fim de avaliar o possível grau de contaminação dessa prova.

5. Também é de grande valia que as entrevistas não explorem tão somente a versão acusatória. É interessante que se faça uma abordagem de outros aspectos ofertados pelas vítimas, pois é bastante comum que as vítimas crianças e adolescentes utilizem a acusação de abuso sexual para fazer cessar outras formas de violência física e psicológica. Nesses casos, a prisão do agressor (pai ou padrasto) representa o afastamento do lar. Além disso, denúncias de abuso sexual figuram como uma arma poderosa nas ações de separação ou divórcio, em que há disputa pela guarda dos menores.

Como conclui a autora, a palavra da vítima é, sem dúvida, o fator humanizante do processo e não pode ser abandonada, mas somente através da inserção de novas tecnologias é que se poderão reduzir os danos decorrentes da baixa qualidade da prova produzida atualmente.

## 5. Da Prova Testemunhal

Com as restrições técnicas que infelizmente a polícia judiciária brasileira – em regra – tem, a prova testemunhal acaba por ser o principal meio de prova do nosso processo criminal. Em que pese a imensa fragilidade e pouca credibilidade que tem (ou deveria ter), a prova testemunhal culmina por ser a base da imensa maioria das sentenças condenatórias ou absolutórias proferidas.

Quanto à ordem em que ocorrerá a inquirição, no rito comum ordinário (art. 400), inicia-se com a tomada de declarações do ofendido, passando-se em seguida à inquirição das testemunhas arroladas pela acusação e pela defesa, nessa ordem, bem como aos esclarecimentos dos peritos, às acareações, reconhecimentos e, por derradeiro, com o interrogatório do acusado.

Nessa lógica, quando a testemunha é arrolada pela acusação, incumbe ao acusador fazer suas perguntas e, após, à defesa; já em relação às testemunhas arroladas pela defesa, incumbe a ela elaborar suas perguntas e, após, ao acusador. Nenhuma regra é imposta ao juiz: pode questionar qualquer testemunha a qualquer momento enquanto estiver esta depondo, desde que o faça para complementar a inquirição sobre os pontos não esclarecidos (art. 212, parágrafo único).

### 5.1. A Polêmica em Torno do Art. 212 e a Resistência da Cultura Inquisitória. A Expressa Adoção do Sistema Acusatório no CPP

Com a Reforma Processual de 2008, o art. 212 foi substancialmente alterado, passando a ter a seguinte redação:

> Art. 212. As perguntas serão formuladas pelas partes diretamente às testemunhas, não admitindo o juiz aquelas que puderem induzir a resposta, não tiverem relação com a causa ou importarem na repetição de outra já respondida.
>
> Parágrafo único. Sobre os pontos não esclarecidos, o juiz poderá complementar a inquirição.

A mudança foi muito importante e adequada, para conformar o CPP à estrutura acusatória desenhada na Constituição que, como visto anteriormente ao tratarmos dos sistemas processuais, retira do juiz o papel de protagonista da instrução. Ao demarcar a separação das funções de acusar e julgar e, principalmente, atribuir a gestão da prova às partes, o modelo acusatório redesenha o papel do juiz no processo penal, não mais como juiz-ator (sistema inquisitório), mas sim de juiz-espectador. Trata-se de atribuir a responsabilidade pela produção da prova às partes, como efetivamente deve ser num processo penal acusatório e democrático.

Portanto, o juiz deixa de ter o papel de protagonismo na realização das oitivas, para ter uma função completiva, subsidiária. Não mais, como no modelo anterior, terá o juiz aquela postura proativa, de fazer dezenas de perguntas, esgotar a fonte probatória, para só então passar a palavra às partes, para que, com o que sobrou, complementar a inquirição.

Neste modelo inserido pela reforma de 2008, o juiz abre a audiência, compromissando (ou não, conforme o caso) a testemunha, e passa a palavra para a parte que a arrolou (MP ou defesa). Caberá à parte interessada na produção da prova efetivamente produzi-la, sendo o juiz – neste momento – o fiscalizador do ato, filtrando as perguntas ofensivas, sem relação com o caso penal, indutivas ou que já tenham sido respondidas pela testemunha. Após, caberá à outra parte fazer suas perguntas. O juiz, como regra, questionará ao final, perguntando apenas sobre os pontos relevantes não esclarecidos. É, claramente, uma função completiva, e não mais de protagonismo.

Sem embargo, tal cenário está muito longe de colocar o juiz como uma "samambaia" na sala de audiência, como chegaram a afirmar maldosamente alguns, no pós-reforma de 2008, demonstrando a virulência típica daqueles adeptos da cultura inquisitória e resistentes à mudança alinhada ao sistema constitucional acusatório. Nada disso.

O juiz preside o ato, controlando a atuação das partes para que a prova seja produzida nos limites legais e do caso penal. Ademais, poderá fazer perguntas sim, para complementar os pontos não esclarecidos. Jamais se disse que o juiz não poderia perguntar para as testemunhas na audiência!

O ponto nevrálgico é: poderá o juiz fazer perguntas para a testemunha, mas não como protagonista da inquirição. O mais difícil, com certeza, não é compreender a nova redação do artigo, mas abandonar o ranço inquisitório que ainda domina o senso comum dos atores judiciários.

É a adoção do sistema de *cross-examination* com a assunção do papel de protagonismo das partes e subsidiário do juiz, inclusive para garantia da imparcialidade do julgador (e, recordemos, a íntima relação entre sistema acusatório e imparcialidade, pois somente este modelo processual cria condições de eficácia da garantia da imparcialidade). Infelizmente, gradativamente, o STJ foi matando a eficácia do art. 212 ao – erroneamente – aplicar a teoria das nulidades relativas.

Mas pensamos que o cenário deve mudar com a reforma de 2019/2020, onde a Lei n. 13.964/2019 inseriu o art. 3º-A que expressamente estabelece:

> Art. 3º-A. O processo penal terá estrutura acusatória, vedadas a iniciativa do juiz na fase de investigação e a substituição da atuação probatória do órgão de acusação.

**Infelizmente esse dispositivo foi suspenso pela liminar na Medida Cautelar nas ADIn's n. 6.298, 6.299, 6.300 e 6.305 concedida pelo Min. Luiz Fux, no dia 22/1/2020. Esperamos que o STF casse essa medida liminar e restabeleça o dispositivo, absolutamente fundamental para a evolução constitucional e democrática do CPP.**

Mas, mesmo com o artigo suspenso, a Constituição desenha claramente, desde 1988, a estrutura acusatória, que precisa ser respeitada. Com isso, pensamos que o art. 212 do CPP precisa ser ressuscitado e torcemos para que o STJ e o STF respondam a necessária mudança cultural, para dar-lhe o merecido respeito e eficácia.

No STF houve uma importante decisão proferida no HC 161.658/SP, j. 2/6/2020[50], no sentido de anular a instrução na qual não foi observada a regra do art. 212. Mas

---

50 INFORMATIVO DO STF n. 980: "DIREITO PROCESSUAL PENAL – NULIDADES Nulidade e inquirição de perguntas realizadas diretamente pelo juiz A Primeira Turma, ante o empate na votação, concedeu a ordem de *habeas corpus* para assentar a nulidade processual a partir da audiência de instrução e julgamento. Além disso, afastou a prisão preventiva do paciente, por excesso de prazo, com extensão da medida aos demais corréus que se encontram na mesma situação. No caso, a defesa alegou nulidade processual por desrespeito ao art. 212 do Código de Processo Penal (CPP) (1), por ter o juízo inquerido diretamente as testemunhas. A magistrada que presidia a audiência reputou observados o contraditório e a ampla defesa, porque oportunizado aos defensores e ao órgão acusador fazerem questionamentos e colocações no tocante aos depoimentos prestados. Os ministros Marco Aurélio (relator) e Rosa Weber concederam a ordem. Consideraram que não foi respeitada a aludida norma processual. Por sua vez, os ministros Alexandre de Moraes e Luiz Fux concederam a ordem, em

ainda precisamos evoluir muito para que o dispositivo e o próprio sistema acusatório sejam amplamente assimilados e consagrados nas práticas judiciárias.

## 5.2. Quem Pode Ser Testemunha? Restrições, Recusas, Proibições e Compromisso. Contraditando a Testemunha

Toda pessoa poderá ser testemunha, afirma o art. 202 do CPP. Essa regra surge como recusa a discriminações historicamente existentes em relação a escravos, mulheres e crianças, ou ainda às chamadas "pessoas de má-reputação" (prostitutas, drogados, travestis, condenados etc.), que ao longo da evolução do processo penal sofreram restrições em termos probatórios.

Da mesma forma, não há que se falar em restrição ao depoimento dos policiais. Eles podem depor sobre os fatos que presenciaram e/ou dos quais têm conhecimento, sem qualquer impedimento. Obviamente, deverá o juiz ter muita cautela na valoração desses depoimentos, na medida em que os policiais estão naturalmente contaminados pela atuação que tiveram na repressão e apuração do fato. Além dos prejulgamentos e da imensa carga de fatores psicológicos associados à atividade desenvolvida, é evidente que o envolvimento do policial com a investigação (e prisões) gera a necessidade de justificar e legitimar os atos (e eventuais abusos) praticados. Assim, não há uma restrição ou proibição de que o policial seja ouvido como testemunha, senão que deverá o juiz ter muita cautela no momento de valorar esse depoimento. A restrição não é em relação à possibilidade de depor, mas sim ao momento de (des)valorar esse depoimento.

Contudo, é recorrente o Ministério Público arrolar como testemunhas apenas os policiais que participaram da operação e da elaboração do inquérito. Busca, com isso, judicializar a palavra dos policiais para driblar a vedação de condenação "exclusivamente" (art. 155 do CPP) com base nos elementos informativos colhidos na investigação e também a obrigatória exclusão física dos autos (art. 3º-C, §3º, infelizmente suspenso pela liminar do Min. FUX).

No fundo, é um golpe de cena, um engodo, pois a condenação se deu, exclusivamente, com base nos atos da fase pré-processual e no depoimento contaminado de seus agentes, natural e profissionalmente comprometidos com o resultado por eles

menor extensão, para revogar a prisão preventiva em razão de o paciente ter cumprido mais da metade da pena inicialmente imposta. Para eles, a alteração efetuada no art. 212 do CPP, ao permitir que as partes façam diretamente perguntas às testemunhas, não retirou do juiz, como instrutor do processo, a possibilidade de inquiri-las diretamente. (1) CPP: "Art. 212. As perguntas serão formuladas pelas partes diretamente à testemunha, não admitindo o juiz aquelas que puderem induzir a resposta, não tiverem relação com a causa ou importarem na repetição de outra já respondida. (Redação dada pela Lei n. 11.690, de 2008); Parágrafo único. Sobre os pontos não esclarecidos, o juiz poderá complementar a inquirição." HC 161658/SP, rel. Min. Marco Aurélio, julgamento em 2/6/2020."

apontado, violando o disposto no art. 155 do CPP. Portanto, se não há impedimento para que os policiais deponham, é elementar que não se pode condenar só com base nos seus atos de investigação e na justificação que fazem em audiência.

No que tange ao valor da prova testemunhal, JANAÍNA MATIDA[51] chama a atenção para a "injustiça testemunhal", ou seja, para uma espécie do gênero "injustiça epistêmica", por meio da qual se questiona e desqualifica, de partida e de forma injusta, a capacidade de um falante de conhecer os fatos e contribuir de forma confiável e com credibilidade para a reconstrução dos fatos. Isso em geral está vinculado ao pertencimento da testemunha a determinado grupo social ou étnico, operando-se uma infundada falta de credibilidade quanto ao conteúdo. Como adverte MATIDA, se o mesmo conteúdo fosse afirmado por alguém do mesmo grupo social ou étnico do interlocutor (julgador), teria uma valoração completamente diversa, revelando como os preconceitos atribuem uma "descredibilidade prévia" e estabelecem uma injustiça testemunhal. Mas a autora vai acertadamente além e, invocando Fricker, complementa: "também há injustiça testemunhal quando se atribui *credibilidade a mais* do que a devida, única e exclusivamente, por grupo social, étnico e mesmo profissional a que o falante pertença. No que se refere à palavra dos policiais, não há porque lhe atribuir credibilidade prévia, ao menos não em grau superior à credibilidade devida a qualquer pessoa. Policiais ou não, ninguém está livre de cometer enganos, embaralhar ideias e até mesmo incorrer no erro de mentir[52]" (grifos nossos).

Dessarte, o que se combate aqui é todo e qualquer preconceito, seja positivo ou negativo, operado "*a priori*" (antes da experiência, portanto), pois configura uma injustiça testemunhal. Pensamos que o julgador erra quando desacredita um depoimento com base no grupo social, ético ou mesmo profissional da testemunha, e também quando lhe é atribuído um maior valor ou prestígio com base nesses mesmos critérios.

Em última análise, uma prova testemunhal deve ser acreditada ou desacreditada com base na sua qualidade epistêmica, no seu conteúdo, nas circunstâncias nas quais se deu a cognição, na sua coerência e verossimilhança, e não de forma apriorística. Um depoimento técnico, por exemplo, vale pelo conhecimento externado e demonstrado na análise daquele caso concreto e não apenas por ser o

[51] MATIDA, Janaína. *É preciso superar as injustiças epistêmicas na prova testemunhal*. In: Coluna Limite Penal. Disponível em: <https://www.conjur.com.br/2020-mai-22/limite-penal-preciso-superar-injusticas-epistemicas-prova-testemunhal>. Acesso em: 22/5/2020.

[52] MATIDA, Janaína. *É preciso superar as injustiças epistêmicas na prova testemunhal*. In: Coluna Limite Penal. Disponível em: <https://www.conjur.com.br/2020-mai-22/limite-penal-preciso-superar-injusticas-epistemicas-prova-testemunhal>. Acesso em: 22/5/2020.

falante um "técnico". Enfim, é preciso substituir o "argumento de autoridade" pela "autoridade no argumento".

Continuemos.

Ao lado da regra geral de que toda pessoa poderá ser testemunha, há que se fazer algumas observações.

O Código de Processo Penal, ao referir "pessoa"[53], está fazendo alusão à pessoa natural, ao ser humano, homem ou mulher. Assim, não há que se falar em pessoa jurídica como testemunha (e, para tanto, sequer é preciso enfrentar a questão da responsabilidade penal da pessoa jurídica). Quem depõe é uma pessoa natural, ainda que o faça na qualidade de diretor, sócio ou administrador de uma pessoa jurídica. Não há a menor possibilidade de arrolar-se a "empresa" como testemunha, mas sim o empresário.

Como regra, ninguém pode recusar-se a depor. Contudo, prevê o art. 206 do CPP que poderão "recusar-se a fazê-lo o ascendente ou descendente, o afim em linha reta, o cônjuge, ainda que desquitado, o irmão e o pai, a mãe, ou o filho adotivo do acusado, salvo quando não for possível, por outro modo, obter-se ou integrar-se a prova do fato e de suas circunstâncias". O artigo constitui uma proteção para aquelas pessoas que, em razão do parentesco e presumida proximidade, não sejam obrigadas a depor.

A regra, obviamente, é coerente. Contudo, peca ao final, quando define que esse direito de recusar-se a depor não poderá ser exercido quando não for possível, por outro modo, obter-se a prova do fato. Isso cria situações constrangedoras e depoimentos despidos de qualquer credibilidade. Exemplo típico é o do delito cometido no ambiente doméstico, como no caso da mãe que assiste a um filicídio, onde o pai mata o próprio filho. Obrigar essa mãe a depor é inútil. Um depoimento voluntário é de grande valia, mas de nada serve retirar-lhe o direito de recusar-se a depor.

Noutra dimensão estão as pessoas proibidas de depor. Determina o art. 207 do CPP que "são proibidas de depor as pessoas que, em razão de função, ministério, ofício ou profissão, devam guardar segredo, salvo se, desobrigadas pela parte interessada, quiserem dar o seu testemunho". Aqui o objeto de tutela é o sigilo profissional, reforçado pela proibição de que aqueles profissionais (psiquiatra, padre, analista etc.) deponham sobre fatos envolvendo seus clientes (réus no processo).

Por se tratar de um direito disponível, excepciona o artigo, permitindo que deponham, desde que desobrigados pelo interessado. Uma vez desobrigados pela

---

[53] NUCCI, Guilherme de Souza. *Código de Processo Penal Comentado*, cit., p. 444.

parte interessada, esses profissionais são obrigados a depor, como qualquer testemunha. Essa autorização para depor deve ser expressa, exceto quando o profissional é arrolado como testemunha do próprio interessado, situação em que a autorização é tácita (decorrendo do próprio fato de ter sido arrolado como testemunha).

Quanto ao advogado, deve ser considerado como alguém proibido de depor sobre aquilo de que teve conhecimento em razão de seu ofício, nos termos do art. 207 do CPP, mas com um diferencial: nem mesmo quando desobrigado pelo interessado ele pode depor como determina o art. 26 do Código de Ética e Disciplina da OAB[54]:

Assim, a proibição decorre de imperativo ético da profissão e nem mesmo quando autorizado pelo interessado pode o advogado depor sobre os fatos de que teve conhecimento em processo no qual atuou ou deva atuar.

NUCCI[55] adverte que a proibição dos juízes e promotores de depor, em outro processo, sobre os fatos de que tiveram conhecimento em razão da função (logo, colhido nos autos) é indisponível, pois existe um interesse público de que o magistrado (e promotor) preserve o sigilo profissional. Assim, mesmo que desobrigados pelo réu, não poderão depor. Mas isso não significa que juízes e promotores não possam ser testemunhas. Eles poderão depor sobre fatos de que tenham conhecimento através de fontes externas ao feito (logo, extra-autos), estando, contudo, impedidos de atuarem profissionalmente por força dos arts. 252, II, e 258 do CPP.

Pertinente é a exigência de PACELLI[56], de que deve ser levado em conta o *nexo causal entre o conhecimento do fato criminoso e a relação profissional*, funcional, ministerial etc. mantida entre o acusado e a testemunha. Significa que a proibição de depor funda-se a partir de uma situação concreta e não hipotética ou genérica.

Assim, além dos exemplos anteriormente referidos (advogado, analista, psiquiatra etc.), pensamos que nos crimes de sonegação fiscal e demais delitos econômicos o contador da empresa (independente do nome que a função receba) também está proibido de depor. Trata-se aqui de analisar a atividade efetivamente exercida pela testemunha, estabelecendo-se o nexo causal entre o crime fiscal ou econômico e o conhecimento profissional que a atividade proporciona. É

---

54 Art. 26. O advogado deve guardar sigilo, mesmo em depoimento judicial, sobre o que saiba em razão de seu ofício, cabendo-lhe recusar-se a depor como testemunha em processo no qual funcionou ou deva funcionar, ou sobre fato relacionado com pessoa de quem seja ou tenha sido advogado, mesmo que autorizado ou solicitado pelo constituinte.

55 NUCCI, op. cit., p. 460 e 463.

56 PACELLI DE OLIVEIRA, Eugênio. *Curso de Processo Penal*. Rio de Janeiro, Lumen Juris, 2008. p. 410.

inadmissível que em um processo dessa natureza o contador seja obrigado a depor contra a empresa, em decorrência dos conhecimentos obtidos pelo exercício de sua atividade profissional. A situação é similar à do psiquiatra ou advogado.

São raras as decisões que analisam os limites do sigilo profissional imposto ao contador, sendo relevante a proferida no Recurso Ordinário em Mandado de Segurança 17.783/SP, 5ª Turma do STJ, Rel. Min. FELIX FISCHER, j. 6/4/2004[57].

É interessante que neste caso o contador ao qual se garantiu o sigilo profissional teria feito uma auditoria particular na empresa onde foi apurada a irregularidade praticada por um funcionário. O contador atuou como perito particular e, mesmo assim, foi assegurada a proibição de depor (art. 207) em relação às questões internas da empresa de que teve conhecimento quando da análise dos dados contábeis e fiscais.

Portanto, com muito mais razão, o contador de uma empresa está proibido de depor sobre os fatos e informações contábeis e fiscais, na medida em que somente teve acesso a tais dados em razão da profissão que exerce e da confiança estabelecida a partir da garantia do sigilo profissional.

Qual é a consequência de, em que pese a proibição, esse profissional depor?

Pensamos que se trata de uma prova ilícita, com uma dupla ilegalidade: viola-se a norma de direito material que impõe à profissão, ofício ou função o sigilo e, ao ser produzida em juízo, descumpre-se a proibição imposta pela norma de direito processual. Logo, não pode ser valorada, devendo ser desentranhada. Caso isso não ocorra e a sentença condenatória a valore, deverá a parte interessada arguir a nulidade em preliminar do recurso de apelação. Para evitar repetições, remetemos o leitor ao que foi explicado anteriormente sobre "prova ilícita".

Sem esquecer que nenhuma nulidade ocorrerá se o profissional foi desobrigado pela parte interessada (autorização expressa ou quando for arrolado como testemunha pelo próprio interessado).

---

57 PROCESSUAL PENAL. TESTEMUNHA. ESCUSA. ART. 207 DO CPP. CONTADOR. REALIZAÇÃO DE AUDITORIA. QUESTÕES INTERNAS DA EMPRESA. DEVER DE SIGILO.

I – É possível a um contador prestar esclarecimentos sobre o método de realização de uma auditoria específica e o porquê das conclusões a que chegou, sem que adentre a questões *interna corporis* da empresa auditada.

II – Relevância do depoimento do experto, porquanto os fatos por ele relatados, em razão da feitura da auditoria, é que levaram à instauração da *persecutio criminis* contra o recorrido, diante da suposta prática de estelionato contra a empresa.

III – Hipótese em que o acórdão recorrido resguardou o sigilo profissional em relação às questões internas da empresa, contudo, afastou a sua aplicação no tocante aos termos da perícia realizada. Conclusões que levam, na verdade, a uma concessão parcial da segurança, e não à sua denegação.
Recurso parcialmente provido.

Constitui ainda crime, previsto no art. 15 da Lei n. 13.869/2019, a conduta de:

> Art. 15. Constranger a depor, sob ameaça de prisão, pessoa que, em razão de função, ministério, ofício ou profissão, deva guardar segredo ou resguardar sigilo:
> Pena – detenção, de 1 (um) a 4 (quatro) anos, e multa.

Noutra dimensão, o compromisso, ou juramento, a que alude o art. 208, tem sua fórmula definida no art. 203, quando define que "a testemunha fará, sob palavra de honra, a promessa de dizer a verdade do que souber e lhe for perguntado (...)". Essa promessa de dizer a verdade do que souber e lhe for perguntado constitui o "compromisso".

É uma formalidade necessária, ainda que não garanta, por óbvio, a veracidade do depoimento. Trata-se de mais um instrumento no complexo ritual de "captura psíquica" (CORDERO) que ocorre no processo de recognição (instrução), que atua numa dimensão simbólica.

Também devemos recordar que no Direito Penal alguma discussão ainda perdura sobre a necessidade do compromisso para a configuração do crime de falso testemunho (art. 342 do CP), havendo parte da doutrina e da jurisprudência que somente aceita a prática desse delito quando a testemunha tiver sido formalmente compromissada. Do contrário, não há que se falar nesse delito. Eis um efeito concreto do compromisso.

Determina o art. 208 do CPP que não prestam compromisso de dizer a verdade, sendo, portanto, meras testemunhas informantes, os doentes e deficientes mentais, os menores de 14 (quatorze) anos, e as pessoas a que se refere o art. 206 (ascendente ou descendente, o afim em linha reta, o cônjuge, ainda que desquitado, o irmão e o pai, a mãe, ou o filho adotivo do acusado). Essas pessoas não estão impedidas de depor; contudo, por não serem compromissadas, suas declarações deverão ser vistas com reservas e menor credibilidade quando da valoração da prova na sentença.

Por fim, prevê o art. 214 a possibilidade de, antes de iniciado o depoimento, qualquer das partes contraditar a testemunha. Trata-se de uma forma de impugnar a testemunha, apontando os motivos que a tornam suspeita ou indigna. A contradita é um instrumento de controle da eficácia, pelas partes, das causas que geram a proibição (art. 207) ou impedem que a testemunha preste compromisso (arts. 208 e 206). Com essa impugnação, deverá o juiz questionar a testemunha sobre a veracidade do arguido, consignando tudo na ata da audiência.

A questão deverá ser resolvida em audiência, com a exclusão da testemunha caso fique demonstrado que está ela proibida de depor ou com sua oitiva sem que preste compromisso, nos casos dos arts. 206 e 208. Daí por que é importante que a parte interessada na impugnação o faça antes de iniciado o depoimento e, nesse momento, apresente as eventuais provas da veracidade do alegado, pois não há qualquer tipo de dilação probatória.

## 5.3. Classificando as Testemunhas. Caracteres do Testemunho

Entre as diversas classificações possíveis à prova testemunhal, destacamos:

1. **Testemunha presencial:** é aquela que teve contato direto com o fato, presenciando os acontecimentos. Sem dúvida é a testemunha mais útil para o processo.
2. **Testemunha indireta:** é aquela testemunha que nada presenciou, mas ouviu falar do fato ou depõe sobre fatos acessórios. HASSAN CHOUKR[58] explica que a testemunha "de ouvir dizer"[59] não está excluída do sistema probatório brasileiro, sendo ouvida "a critério do juiz" (o que constitui um erro, pois se deve fortalecer o depoimento da testemunha presencial). Pensamos que tais depoimentos devem ser valorados pelo juiz atendendo às restrições de sua cognição, pois não se trata de uma testemunha presencial, daí decorrendo um maior nível de desconhecimento do fato e, portanto, de contaminação.
3. **Informantes:** são aquelas pessoas que não prestam compromisso de dizer a verdade e, portanto, não podem responder pelo delito de falso testemunho (até porque, a rigor, não são testemunhas, mas meros informantes). Por não prestarem compromisso, não entram no limite numérico das testemunhas, não sendo computadas. Seu depoimento deve ser valorado com reservas, conforme os motivos que lhes impeçam de ser compromissadas.
4. **Abonatórias:** as (testemunhas) abonatórias são aquelas pessoas que não presenciaram o fato e, dele, nada sabem por contato direto. Servem para abonar a conduta social do réu, tendo seu depoimento relevância na

---

58 HASSAN CHOUKR, Fauzi. *Código de Processo Penal...*, cit., p. 382.

59 O QUE É HEARSAY TESTIMONY? É a testemunha do "ouvi dizer", ou seja, ela não viu ou presenciou o fato e tampouco ouviu diretamente o que estava ocorrendo, senão que sabe através de alguém, por ter ouvido alguém narrando ou contando o fato. No nosso sistema, esse tipo de depoimento não é proibido, mas deveria ser considerado imprestável em termos de valoração, na medida em que é frágil e com pouca credibilidade. É ainda bastante manipulável e pode representar uma violação do contraditório, eis que, quando submetida ao exame cruzado (*cross examination*) na audiência, não permite a plena confrontação. A título de curiosidade, no sistema inglês existem três provas passíveis de exclusão (*exclusionary rules*) e proibição valoratória: a) *hearsay*: testemunha de "ouvi dizer"; b) *bad character*: prova sobre o mau caráter. Importante para evitar o direito penal do autor (eis outra proibição de prova que poderíamos adotar, especialmente no tribunal do júri); c) prova ilegal. Enfim, a testemunha de "ouvi dizer" (*hearsay*) não é propriamente uma prova ilícita, mas deveria ser evitada pelos riscos a ela inerentes e, quando produzida, valorada com bastante cautela.

avaliação das circunstâncias do art. 59 do CP. Quando se tratar de alguma das pessoas previstas no art. 206, não prestará compromisso de dizer a verdade. A despeito da sua eficácia limitada, as testemunhas abonatórias influem na aplicação da pena e devem ser ouvidas.

Constitui, pensamos, um ilegal cerceamento a prática de alguns juízes de limitar sua produção em juízo, exigindo a substituição de seus depoimentos por declarações escritas (o que acarreta a violação do contraditório – por ser uma produção unilateral e fora da audiência – e também da oralidade, característica da prova testemunhal, nos termos do art. 204 do CPP).

5. **Testemunhas referidas:** são aquelas pessoas que foram mencionadas, referidas por outra(s) testemunha(s) que declarou(declararam) no seu depoimento a sua existência. Logo, elas não constavam no rol de testemunhas originariamente elencado. Por terem sido citadas como sabedoras do ocorrido, poderá (melhor, deverá) o juiz ouvi-las, para melhor esclarecimento do fato. Estabelece o art. 209, § 1º, que "se ao juiz parecer conveniente, serão ouvidas as pessoas a que as testemunhas se referirem". Deixa o Código a critério do juiz a valoração da necessidade e pertinência de ouvir a testemunha referida. Sem embargo, há que se analisar cada caso, pois através do depoimento da testemunha originária pode-se ter noção da importância ou não da oitiva da pessoa referida. Quando evidente essa relevância, não deverá o juiz impedir a produção dessa prova.

Como aponta SCARANCE FERNANDES[60], podemos extrair da sistemática do CPP três caracteres do testemunho:

- oralidade: determina o art. 204 que os depoimentos deverão ser prestados oralmente, não sendo permitido à testemunha trazê-lo por escrito. Está permitida, entretanto, a breve consulta a apontamentos, principalmente quando a questão é mais complexa, com vários fatos e agentes. Constitui uma exceção a essa regra o disposto no art. 221, § 1º, do CPP[61], que, con-

---

[60] SCARANCE FERNANDES, Antonio. *Processo Penal Constitucional*, cit., p. 71.

[61] Art. 221. O Presidente e o Vice-Presidente da República, os senadores e deputados federais, os ministros de Estado, os governadores de Estados e Territórios, os secretários de Estado, os prefeitos do Distrito Federal e dos Municípios, os deputados às Assembleias Legislativas Estaduais, os membros do Poder Judiciário, os ministros e juízes dos Tribunais de Contas da União, dos Estados, do Distrito Federal, bem como os do Tribunal Marítimo serão inquiridos em local, dia e hora previamente ajustados entre eles e o juiz.
§ 1º O Presidente e o Vice-Presidente da República, os presidentes do Senado Federal, da Câmara dos Deputados e do Supremo Tribunal Federal poderão optar pela prestação de depoimento por escrito,

tudo, deve ser uma prática desaconselhável[62], pois ao permitir que essas pessoas deponham por escrito, de forma unilateral e fora do processo, viola-se a garantia da jurisdição e do contraditório (pela impossibilidade de participação das partes na sua produção);

- objetividade: a objetividade está prevista no art. 213 e exige uma abordagem (crítica) mais detida, como faremos na continuação;
- retrospectividade: o delito é sempre um fato passado, é história. A testemunha narra hoje um fato presenciado no passado, a partir da memória (com todo peso de contaminação e fantasia que isso acarreta), numa narrativa retrospectiva. A atividade do juiz é recognitiva (conhece através do conhecimento de outro) e o papel da testemunha é o de narrador da historicidade do crime. Não existe função prospectiva legítima no testemunho, pois seu olhar só está autorizado quando voltado ao passado. Daí por que não cabe à testemunha um papel de vidente, nem exercícios de futurologia.

### 5.4. A (Ilusão de) Objetividade do Testemunho – Art. 213 do CPP

Com acerto, CORDERO[63] aponta que a objetividade do testemunho, exigida pela norma processual (art. 213 do CPP), é ilusória para quem considera a interioridade neuropsíquica, na medida em que o aparato sensorial elege os possíveis estímulos, que são codificados segundo os modelos relativos a cada indivíduo, e as impressões integram uma experiência perceptiva, cujos fantasmas variam muito no processo mnemônico (memória). E essa variação é ainda influenciada conforme a recordação seja espontânea ou solicitada, principalmente diante da complexidade fática que envolve o ato de testemunhar em juízo, fortissimamente marcado pelo ritual judiciário e sua simbologia. As palavras que saem desse manipuladíssimo processo mental, não raras vezes, estão em absoluta dissonância com o fato histórico.

Se imaginarmos a testemunha como o pintor, encontramos em MERLEAU-PONTY[64] a lição magistral de que *falta ao olho condições de ver o mundo e falta ao quadro, condições de representar o mundo*. Isso porque, ensina o autor, a ideia de uma pintura universal, de uma totalização da pintura, de uma pintura inteiramente realizada, é destituída de sentido. Ainda que durasse milhões de

caso em que as perguntas, formuladas pelas partes e deferidas pelo juiz, lhes serão transmitidas por ofício (grifo nosso).

62 No mesmo sentido, NUCCI, op. cit., p. 480.

63 CORDERO, Franco. Op. cit., p. 55.

64 MERLEAU-PONTY, Maurice. *O Olho e o Espírito*. Rio de Janeiro, Grifo, 1969.

anos, para os pintores, o mundo, se permanecer mundo, ainda estará por pintar, findará sem ter sido acabado.

Isso não significa – explica MERLEAU-PONTY – que o pintor (ou a testemunha, em nosso caso) não saiba o que quer, mas sim que ele está aquém das metas e dos meios... até pela impossibilidade de apreensão do todo.

Ademais, a ideia de objetividade remonta ao equivocado dualismo cartesiano e à separação de mente do cérebro e do corpo, substanciando o "penso, logo existo", pilar de toda uma noção de superioridade da racionalidade e do sentimento consciente sobre a emoção.

Especialmente com ANTÓNIO DAMÁSIO[65], compreendemos o rompimento da separação cartesiana entre razão e sentimento, operando-se assim um fenômeno exatamente oposto àquele descrito por DESCARTES, na medida em que "existimos e depois pensamos e só pensamos na medida em que existimos, visto o pensamento ser, na verdade, causado por estruturas e operações do ser".

O *penso, logo existo*, deve ser lido como *existo (e sinto)*, *logo penso*, num assumido anticartesianismo que recusa todo discurso científico (incluindo o positivismo, o mito da neutralidade, da objetividade do observador em relação ao objeto etc.) baseado na separação entre emoção e razão.

O golpe final vem de um cânon antropológico: o observador é parte integrante do objeto de estudo. Logo, uma testemunha – assim como um antropólogo retratado por LAPLANTINE[66] – quando "pretende uma neutralidade absoluta, pensa ter recolhido fatos objetivos, elimina dos resultados de sua pesquisa tudo o que contribui para a sua realização e apaga cuidadosamente as marcas de sua implicação pessoal no objeto de seu estudo, é que ele corre o maior risco de afastar-se do tipo de objetividade (necessariamente aproximada) e do modo de conhecimento específico de sua disciplina".

Se é necessário distinguir aquele que observa (testemunha) daquele ou daquilo que é observado, é impensável dissociá-los, pois "nunca somos testemunhas objetivas observando objetos, e sim sujeitos observando outros sujeitos"[67].

---

[65] DAMÁSIO, António. *O Erro de Descartes*. São Paulo, Companhia das Letras, 1996. p. 280 e s.

[66] LAPLANTINE, François. *Aprender Antropologia*, trad. Marie-Agnès Chauvel. 15. reimpressão da primeira edição. São Paulo, Brasiliense, 2003, p. 169 e s.

[67] Muito relevante para o Direito é a consciência de que, como ensina LAPLANTINE (op. cit., p. 171 e s.), "a ideia de que se possa construir um objeto de observação independentemente do próprio observador provém na realidade de um modelo *objetivista*, que foi o da física até o final do século XIX, mas que os próprios físicos abandonaram há muito tempo. É a crença de que é possível *recortar* objetos, *isolá-los*, e *objetivar* um campo de estudo do qual o observador estaria ausente, ou pelo menos

E, ao final desse longo labirinto cognoscitivo, a imagem mental se converte em palavra e novamente o resultado varia enormemente de locutor a locutor, de sua capacidade de expressar o que viu (ou melhor, o que *pensa* que viu, que não necessariamente corresponde ao ocorrido, até porque *o todo é demais para nós*)[68] e de se fazer compreender. E, se o discurso não flui, uma nova variável adquire grande relevância: quem faz a inquirição. E um novo campo se desvela para afastar ainda mais o testemunho da "objetividade" e, obviamente, de sua credibilidade.

Assim, fica fácil compreender que o art. 213 do CPP contém um obstáculo lógico evidente, ao afirmar que "o juiz não permitirá que a testemunha manifeste suas apreciações pessoais, salvo quando inseparáveis da narrativa do fato". Eis uma assertiva tipicamente cartesiana, superada, como vimos, pela impossibilidade de que exista uma narrativa do fato separada da apreciação pessoal.

A "objetividade" do testemunho deve ser conceituada a partir da assunção de sua impossibilidade, reduzindo o conceito à necessidade de que o juiz procure filtrar os excessos de adjetivação e afirmativas de caráter manifestamente (des)valorativo. O que se pretende é um depoimento sem excessos valorativos, sentimentais e muito menos um julgamento por parte da testemunha sobre o fato presenciado. É o máximo que se pode tentar obter.

### 5.5. Momento de Arrolar as Testemunhas. Limites Numéricos. Substituição e Desistência. Pode o Assistente da Acusação Arrolar Testemunhas? Oitiva por Carta Precatória e Rogatória

As testemunhas devem ser arroladas no momento procedimental previsto, sob pena de preclusão e recusa da produção de tal prova. Assim, as testemunhas da acusação devem – necessariamente – ser arroladas na denúncia (crimes de ação penal de iniciativa pública) ou na queixa (ação penal de iniciativa privada), conforme determina o art. 41 do CPP.

No que se refere às testemunhas da defesa, como regra, devem ser arroladas na resposta escrita (art. 396-A do CPP). Na Lei n. 11.343 (Lei de Tóxicos), as testemunhas também devem ser arroladas na resposta escrita. No Juizado Especial

---

substituível. Esse modelo de objetividade por objetivação é, sem dúvida, pertinente quando se trata de medir ou pesar (pouco importa, neste caso, que o observador tenha 25 ou 70 anos, que seja africano ou europeu, socialista ou conservador). Não pode ser conveniente para compreender comportamentos humanos que veiculam sempre significações, sentimentos e valores".

68 Célebre lição de CARNELUTTI, de que a verdade é inalcançável, até porque *a verdade está no todo, não na parte*; *e o todo é demais para nós*, tão bem analisada por JACINTO COUTINHO, Glosas ao "Verdade, Dúvida e Certeza", de Francesco Carnelutti, para os operadores do Direito. In: *Anuário Ibero-Americano de Direitos Humanos*, Rio de Janeiro, Lumen Juris, 2002. p. 175 e s.

Criminal, Lei n. 9.099, as testemunhas de defesa devem ser levadas diretamente à audiência de instrução e julgamento (sem necessidade de prévia indicação, portanto), ou, caso seja necessária a prévia intimação, deverá o réu apresentar requerimento para intimação, no mínimo, 5 dias antes da realização dessa audiência (art. 78, § 1º, da Lei n. 9.099).

Deve-se atentar para o art. 396-A do CPP, que passou a exigir que a defesa arrole suas testemunhas "requerendo sua intimação, quando necessário". Até a reforma, a regra era: testemunha arrolada deveria ser intimada, exceto se a parte, expressamente, dissesse que ela compareceria independente de intimação. Isso mudou?

Uma leitura superficial conduziria à conclusão de que a defesa sempre deveria requerer expressamente a intimação, sob pena de comprometer-se a conduzir a testemunha. E se não fizer esse pedido e, no dia da audiência, ninguém comparecer, preclusa a via probatória?

Pensamos que não. Isso porque não apenas o direito de ampla defesa impede que um processo tramite nessas condições, senão porque o contraditório exige um tratamento igualitário. Se o Ministério Público não está obrigado a pedir a intimação das testemunhas, porque a defesa teria esse ônus? Logo, o tratamento igualitário conduz a que a regra siga sendo a mesma: testemunha arrolada por qualquer das partes deverá ser intimada, exceto se expressamente for dispensada a intimação.

Superado o momento procedimental definido, a prova testemunhal não poderá mais ser requerida. Contudo, poderá a parte interessada invocar o art. 209 do CPP, sem, contudo, ter um verdadeiro direito público subjetivo de que tal prova seja produzida. Trata-se, agora, de faculdade do juiz.

No que se refere ao limite numérico, tem-se por regra geral:

a) crime cuja sanção máxima cominada for igual ou superior a 4 (quatro) anos de pena privativa de liberdade seguirá o rito comum ordinário, podendo ser arroladas até oito testemunhas para cada parte, não se computando as que não prestam compromisso e as referidas (art. 401, § 1º, do CPP);
b) crime cuja sanção máxima cominada for inferior a 4 (quatro) anos de pena privativa de liberdade seguirá o rito comum sumário, podendo ser arroladas até cinco testemunhas para cada parte, com as mesmas ressalvas do item anterior (art. 532).

Há, contudo, exceções expressamente previstas em leis especiais, como ocorre com a Lei n. 11.343 (Lei de Tóxicos), em que, independente da pena, o número de testemunhas é de apenas 5 (cinco) para cada parte.

No Tribunal do Júri, na instrução (primeira fase), poderão ser ouvidas até 8 testemunhas para cada parte (art. 406, §§ 2º e 3º). Contudo, em plenário, esse número é reduzido para 5 (cinco), nos termos dos art. 422, do CPP.

Quanto à desistência da oitiva de testemunhas, art. 401, § 2º, algumas considerações devem ser feitas.

As testemunhas, uma vez arroladas, são "do processo" e não mais "da parte". Daí por que, até para evitar manobras fraudulentas, não se deve admitir a possibilidade de desistência unilateral, senão que necessariamente deve ser submetido ao contraditório o pedido (de desistência) e, se não houver a concordância da outra parte, não produz efeito. Ainda que o § 2º do art. 401 afirme que a parte poderá desistir da inquirição de qualquer das testemunhas arroladas, tal dispositivo deve ser interpretado conforme a Constituição e a garantia do contraditório. Em suma, ainda que a parte possa desistir a qualquer tempo, deverá o juiz dar vista para a outra parte e, havendo discordância, então (e só nesse caso), manter a sua oitiva.

Por exemplo, se o Ministério Público arrola as testemunhas "A", "B" e "C" e posteriormente desiste da oitiva de "A", deverá o juiz intimar a defesa para que se manifeste. Se concordar, não se produzirá a coleta desse depoimento, mas, se insistir, a testemunha deverá depor. Isso porque a defesa poderá ter deixado de arrolar a testemunha "A" exatamente porque ela já tinha sido arrolada pela acusação. Uma desistência unilateral seria muito prejudicial.

Quanto à aplicação do art. 209, por indicação do art. 401, § 2º, também se devem fazer algumas considerações. Entendemos que o art. 209 é substancialmente inconstitucional, por violação do sistema acusatório constitucional, e está ainda tacitamente revogado pelo art. 3º-A do CPP (infelizmente suspenso pela liminar do Min. FUX), que expressamente consagra o sistema acusatório e a vedação da iniciativa probatória por parte do juiz. Portanto, se as partes desistirem da oitiva de determinada testemunha, não poderá o juiz determinar a sua oitiva, pois estaria produzindo prova de ofício.

A substituição de testemunhas era uma possibilidade prevista no art. 397 do CPP, quando alguma das testemunhas não fosse encontrada. Contudo, a Lei n. 11.719 alterou substancialmente o procedimento, estabelecendo, na nova redação do artigo, a possibilidade de absolvição sumária. Analisando os demais dispositivos que disciplinam os procedimentos e também a prova testemunhal, não se encontra previsão legal para a substituição. Não se trata, pensamos, de mera omissão legislativa, mas sim de uma decorrência da sistemática implantada, que privilegiou a celeridade e a aglutinação dos atos em uma única audiência, de modo que a substituição das testemunhas não encontradas prejudicaria a celeridade pretendida.

Mas impedir a substituição das testemunhas não encontradas, desde que isso não constitua uma manobra para burlar a exigência dos arts. 41 e 396-A, implica cerceamento de defesa ou limitação indevida do contraditório, conforme o caso. Para evitar isso, deve-se permitir a substituição, se possível, antes da audiência de instrução e julgamento, devendo a parte ser intimada quando do retorno do mandado. Do contrário, deve a audiência de instrução e julgamento ser suspensa, permitindo-se a substituição da testemunha, cuidando para não haver inversão na ordem das oitivas.

Nesse sentido, o Supremo Tribunal Federal noticiou (*Notícias do STF*, 23/10/2008) que os ministros admitiram a substituição de testemunha não localizada no chamado Caso "Mensalão". Segundo informado, "os ministros entenderam que o ordenamento jurídico brasileiro admite a substituição de testemunha não localizada", mesmo após a Lei n. 11.719/2008, tendo o relator destacado "que não se pode concluir ter sido da vontade do legislador impedir eventuais substituições de testemunhas no curso da instrução criminal, até porque não houve uma revogação direta expressa do antigo texto do artigo 397, mas sim uma reforma de capítulos inteiros do código por leis esparsas". Prosseguiu explicando que "não se pode imaginar que o processo, guiado que deve estar para um provimento final que realmente resolva e pacifique a questão debatida, exclua a possibilidade de substituição das testemunhas não encontradas por outras eventualmente existentes", disse.

Por fim, entendeu o relator que na hipótese pode ser aplicado o art. 408, inciso III, do Código de Processo Civil, segundo o qual a parte só pode substituir a testemunha:

I – que falecer;

II – que, por enfermidade, não estiver em condições de depor;

III – que, tendo mudado de residência, não for encontrada pelo oficial de justiça.

Assim, em suma, pensamos ser possível a substituição de testemunhas, nos termos acima.

Outro questionamento pode surgir: pode o assistente da acusação arrolar testemunhas?

Não, pois é intempestivo tal pedido.

Ainda que o art. 271 preveja que o assistente pode "propor meios de prova", isso não alcança a prova testemunhal, por um detalhe muito importante: o assistente somente pode ser admitido quando já houver uma "acusação", ou seja, denúncia oferecida e recebida. Logo, o assistente ingressa no processo após o momento procedimental previsto para que o acusador arrole suas testemunhas (que é na denúncia). É, assim, intempestivo o pedido de oitiva de testemunhas por parte do assistente da acusação.

A única exceção diz respeito às testemunhas de plenário no rito do Tribunal do Júri, em que o assistente já está habilitado e, portanto, poderia arrolá-las. Contudo, nesse caso excepcional, somente poderá fazê-lo para complementar o rol do Ministério Público, se ainda não houver completado o limite de 5 testemunhas. Se o rol do Ministério Público já estiver completo, não poderá o assistente indicar mais testemunhas de plenário.

Mudando o enfoque, chamamos a atenção para o art. 217 do CPP:

> Art. 217. Se o juiz verificar que a presença do réu poderá causar humilhação, temor, ou sério constrangimento à testemunha ou ao ofendido, de modo que prejudique a verdade do depoimento, fará a inquirição por videoconferência e, somente na impossibilidade dessa forma, determinará a retirada do réu, prosseguindo na inquirição, com a presença do seu defensor.
> Parágrafo único. A adoção de qualquer das medidas previstas no *caput* deste artigo deverá constar do termo, assim como os motivos que a determinaram.

A oitiva de vítima ou testemunha por videoconferência está autorizada, mas em situações extremas. Ou seja, é uma medida excepcional e que deve ser utilizada com suma prudência pelo juiz e devidamente fundamentada, expondo os motivos que efetivamente a exigiam.

De qualquer sorte, a tendência segue sendo a de simplesmente retirando o réu da sala, até que se criem salas especiais nos foros criminais para realizar a videoconferência.

Mas, quando o réu é retirado da sala de audiências, com base no art. 217 do CPP, deve ter o juiz um especial cuidado: não proceder imediatamente ao interrogatório. Ao réu é assegurado o direito a última palavra pressupondo, sempre, que tenha pleno conhecimento de todas as provas que foram produzidas contra si. Desta forma, se não presenciou algum depoimento porque foi determinada sua retirada da sala de audiências, deverá o juiz garantir-lhe acesso integral e pelo tempo que for necessário a esses depoimentos, para somente após proceder ao interrogatório.

Neste sentido, repetimos a assertiva de DEZEM[69]: *deve o magistrado franquear o acesso aos termos de depoimentos das testemunhas para que, apenas então, o acusado possa ser interrogado. Caso esse procedimento não seja efetivado e o interrogatório se dê sem o conhecimento do material probatório produzido sem a presença do acusado, não se terá o interrogatório como meio de defesa, desnaturando-se sua natureza jurídica.*

Na mesma linha desta problemática situa-se o interrogatório colhido por carta precatória, que deverá ser instruída com todo o material probatório já colhido no juízo da causa (ou em outras precatórias) para só então, com a ciência do réu de toda a prova produzida, ser realizado o interrogatório.

---

69 DEZEM, Guilherme Madeira. Produção da Prova Testemunhal e Interrogatório: correlações necessárias, cit., p. 6.

Feita essa ressalva, continuemos.

O art. 221, no seu *caput* e também no parágrafo primeiro, estabelece uma prerrogativa digna de nota, para que algumas autoridades (enumeradas taxativamente) possam ser inquiridas em local, dia e hora previamente ajustados com o juiz.

Relevante ainda é o disposto no parágrafo primeiro: "o Presidente e o Vice-Presidente da República, os presidentes do Senado Federal, da Câmara dos Deputados e do Supremo Tribunal Federal poderão optar pela prestação de depoimento por escrito, caso em que as perguntas, formuladas pelas partes e deferidas pelo juiz, lhes serão transmitidas por ofício". Contudo, o STF, em decisão da lavra do Min. CELSO DE MELLO, entendeu que a prerrogativa processual do art. 221 somente será exigível quando aqueles agentes forem ouvidos na condição de vítima ou testemunhas, não sendo aplicável quando acusados ou investigados. Nessa linha é precisa a lição do Min. CELSO DE MELLO no sentido de que "vê-se, desse modo, que o art. 221 do CPP – que constitui típica regra de direito singular e que, por isso mesmo, deve merecer estrita exegese – não se estende nem ao investigado nem ao réu, os quais, independentemente da posição funcional que ocupem na hierarquia de poder do Estado, deverão comparecer, perante a autoridade competente, em dia, hora e local por ela unilateralmente designados (Inq 1.628/DF, Rel. Min. CELSO DE MELLO)[70]".

As testemunhas residentes em outras comarcas serão ouvidas nas suas respectivas cidades, por meio de carta precatória (art. 222 do CPP)[71], ou, se residentes

---

[70] Ainda: "Congressista que não é testemunha, mas que figura como indiciado ou réu: ausência da prerrogativa processual a que se refere a lei (CPP, art. 221). – Os Senadores e os Deputados somente dispõem da prerrogativa processual de serem inquiridos em local, dia e hora previamente ajustados entre eles e a autoridade competente, quando arrolados como testemunhas (CPP, art. 221; CPC, art. 411, VI). Essa especial prerrogativa não se estende aos parlamentares, quando indiciados em inquérito policial ou quando figurarem como réus em processo penal. – O membro do Congresso Nacional, quando ostentar a condição formal de indiciado ou de réu, não poderá sofrer condução coercitiva, se deixar de comparecer ao ato de seu interrogatório, pois essa medida restritiva, que lhe afeta o 'status libertatis', é vedada pela cláusula constitucional que assegura, aos parlamentares, o estado de relativa incoercibilidade pessoal (CF, art. 53, § 1º, primeira parte)". (Inq 1.504/DF, Rel. Min. CELSO DE MELLO, *DJU* de 28/6/99.)

[71] Art. 222. A testemunha que morar fora da jurisdição do juiz será inquirida pelo juiz do lugar de sua residência, expedindo-se, para esse fim, carta precatória, com prazo razoável, intimadas as partes.
§ 1º A expedição da precatória não suspenderá a instrução criminal.
§ 2º Findo o prazo marcado, poderá realizar-se o julgamento, mas, a todo tempo, a precatória, uma vez devolvida, será junta aos autos.
§ 3º Na hipótese prevista no *caput* deste artigo, a oitiva de testemunha poderá ser realizada por meio de videoconferência ou outro recurso tecnológico de transmissão de sons e imagens em tempo real, permitida a presença do defensor e podendo ser realizada, inclusive, durante a realização da audiência de instrução e julgamento.

no exterior, por carta rogatória, conforme o disposto no art. 222-A[72]. Quanto a carta rogatória, exige-se que a parte interessada demonstre previamente a imprescindibilidade da oitiva, o que equivale a comprovar a pertinência e relevância para o caso penal em julgamento da prova postulada. O risco de cerceamento na produção dessa prova é grande, na medida em que a valoração dos critérios de utilidade e pertinência é atribuída ao juiz, gerando, inclusive, um terreno fértil para os censuráveis prejulgamentos. De qualquer forma, o que se pretende impedir são as manobras procrastinatórias historicamente utilizadas para gerar grande atraso no julgamento, o que é compreensível. O problema é o risco concreto de cerceamento de defesa, com o juiz filtrando a prova que a parte poderá ou não produzir.

Deverá ainda a parte (passiva) requerente arcar com os custos de envio, exceto se beneficiada com a Justiça gratuita. Novo desequilíbrio processual é gerado com essa exigência, na medida em que não há custas processuais para o Ministério Público, pois é o acusador estatal, sendo um ônus exclusivo da defesa.

Logo, o réu terá de pagar todas as despesas para que a carta rogatória seja cumprida, ao passo que o Ministério Público está dispensado. Não há previsão expressa de realização de videoconferência para oitiva de testemunha no exterior, mas havendo concordância das partes e usando-se, por analogia, a disciplina legal existente, pensamos que pode ser realizada.

## 6. Reconhecimento de Pessoas e Coisas

### 6.1. (In)Observância das Formalidades Legais. Número de Pessoas e Semelhança Física

O reconhecimento é um ato através do qual alguém é levado a analisar alguma pessoa ou coisa e, recordando o que havia percebido em um determinado contexto, compara as duas experiências[73]. Quando coincide a recordação empírica com essa nova experiência levada a cabo em audiência ou no inquérito policial, ocorre o reconhecer.

Partimos da premissa de que é reconhecível tudo o que podemos perceber, ou seja, só é passível de ser reconhecido o que pode ser conhecido pelos sentidos.

---

72 Art. 222-A. As cartas rogatórias só serão expedidas se demonstrada previamente a sua imprescindibilidade, arcando a parte requerente com os custos de envio.
Parágrafo único. Aplica-se às cartas rogatórias o disposto nos §§ 1º e 2º do art. 222 deste Código.

73 CORDERO, Franco. *Procedimiento Penal*, cit., v. 2, p. 106.

Nessa linha, o conhecimento por excelência é o visual, assim previsto no CPP. Contudo, silencia o Código no que se refere ao reconhecimento que dependa de outros sentidos, como o acústico, olfativo ou táctil[74].

O reconhecimento de pessoas e coisas está previsto nos arts. 226 e s. do CPP, e pode ocorrer tanto na fase pré-processual como também processual. O ponto de estrangulamento é o nível de (in)observância por parte dos juízes e delegados da forma prevista no Código de Processo Penal[75]:

Trata-se de uma prova cuja forma de produção está estritamente definida e, partindo da premissa de que – em matéria processual penal – forma é garantia, não há espaço para *informalidades judiciais*. Infelizmente, prática bastante comum na praxe forense consiste em fazer "reconhecimentos informais", admitidos em nome do princípio do livre convencimento motivado.

É uma perigosa informalidade[76] quando um juiz questiona a testemunha ou vítima se "reconhece(m) o(s) réu(s) ali presente(s) como sendo o(s) autor(es) do fato". Essa "simplificação" arbitrária constitui um desprezo à formalidade do ato probatório, atropelando as regras do devido processo e, principalmente, violando o direito de não fazer prova contra si mesmo. Por mais que os tribunais brasileiros façam vista grossa para esse abuso, argumentando às vezes em nome do "livre convencimento do julgador", a prática pode ensejar nulidade[77].

---

74 Carecemos de um dispositivo similar ao art. 216 do *Codice di Procedura Penale* italiano, que prevê:
Art. 216. Altre Ricognizioni
1. Quando dispone la ricognizione di voci, suoni o di quanto altro può essere oggetto di percezione sensoriale, il giudice procede osservando le disposizioni dell'art. 213 *[que trata do reconhecimento de pessoas]*, in quanto applicabili.

75 Determina o art. 226: Art. 226. Quando houver necessidade de fazer-se o reconhecimento de pessoa, proceder-se-á pela seguinte forma:
I – a pessoa que tiver de fazer o reconhecimento será convidada a descrever a pessoa que deva ser reconhecida;
II – a pessoa, cujo reconhecimento se pretender, será colocada, se possível, ao lado de outras que com ela tiverem qualquer semelhança, convidando-se quem tiver de fazer o reconhecimento a apontá-la;
III – se houver razão para recear que a pessoa chamada para o reconhecimento, por efeito de intimidação ou outra influência, não diga a verdade em face da pessoa que deve ser reconhecida, a autoridade providenciará para que esta não veja aquela;
IV – do ato de reconhecimento lavrar-se-á auto pormenorizado, subscrito pela autoridade, pela pessoa chamada para proceder ao reconhecimento e por duas testemunhas presenciais.
Parágrafo único. O disposto no n. III deste artigo não terá aplicação na fase da instrução criminal ou em plenário de julgamento.

76 Nesse sentido, interessante é a previsão de proibição de valoração probatória do reconhecimento feito sem observância das regras legais, contido no art. 147.7 do CPP português:
Art. 147
7 – O reconhecimento que não obedecer ao disposto neste artigo não tem valor como meio de prova, seja qual for a fase do processo em que ocorrer.

77 Na Espanha, "la diligencia de reconocimiento en rueda" está previsto nos arts. 368 e s. da LECrim e é considerada uma prova típica da fase pré-processual, sendo "atipica e inidónea para ser

É ato formal que visa a confirmar a identidade de uma pessoa ou coisa. O problema é a forma como é feito o reconhecimento. Em audiência, o código afasta apenas o inciso III (que pode perfeitamente ser utilizado...). Logo, não é reconhecimento quando o juiz simplesmente pede para a vítima virar e reconhecer o réu (único presente e algemado...), pois descumpre a forma e é um ato induzido. Contudo, os juízes fazem a título de "livre convencimento", com sério risco de nulidade processual (ilicitude da prova) na medida em que viola o sistema acusatório (gestão da prova nas mãos das partes); quebra a igualdade de tratamento, oportunidades e fulmina a imparcialidade; constitui flagrante nulidade do ato, na medida em que praticado em desconformidade com o modelo legal previsto; e, por fim, nega eficácia ao direito de silêncio e de não fazer prova contra si mesmo[78-79].

Importante sublinhar: o réu ou investigado não é obrigado a participar do reconhecimento pessoal, podendo se recusar. Trata-se de exercício do direito de defesa negativo, ou seja, de não autoincriminação. Corrobora esse entendimento a declaração de inconstitucionalidade da condução coercitiva feita nas ADPF 395 e 444, em que decidiu o STF que a condução coercitiva de investigados e réus para serem interrogados é inconstitucional, na esteira do voto do relator Min. Gilmar Mendes. Conforme extrato da decisão, "o Tribunal, por maioria e nos termos do voto do Relator,

---

practicada en el plenário o acto del juicio oral" (as primeiras sentenças do Tribunal Supremo nesse sentido são de 7/12/1984 e 5/3/1986). Argumentam que a identificação do acusado é uma função típica da investigação preliminar, sem a qual não se pode produzir a acusação. Por outro lado, há uma preocupação muito grande (e incrivelmente desconsiderada pelo sistema judiciário brasileiro) de que a repetição dessa prova em juízo é extremamente problemática, pois é praticamente inviável repetir em juízo a "roda de reconhecimento" com as mesmas pessoas que estavam presentes na fase preliminar. Logo, a única pessoa cuja presença estaria sendo repetida em ambos os atos seria o réu, e isso constitui um inequívoco induzimento ao reconhecimento. Na sentença de 24/06/1991, o Tribunal Supremo da Espanha alertou ainda da dificuldade de repetir o reconhecimento quando da primeira vez foi realizado de forma incorreta, pois "existe el grave peligro de que la persona que en la primera ocasión reconoció mal porque la rueda estaba mal constituída, siga reconociendo no al participe del hecho criminal, sino a quien ya fue defectuosamente identificado". Tais questões são da maior relevância, mas nunca mereceram qualquer atenção por parte da doutrina ou jurisprudência brasileira... Daí por que há uma errônea cultura de simplificação das formas, que ao informalizar o ato reduz a esfera de garantias fundamentais.

78 O ideal é a pena de nulidade, mas, pelo menos, em não sendo adotada essa sistemática, que seja sancionada como "não tendo valor probatório", nos termos do art. 147.4 do CPP português.

79 Contrastando com o atraso de nossas práticas judiciárias, o *Codice di Procedura Penale* italiano prevê, no seu art. 213, um verdadeiro procedimento preliminar ao reconhecimento. Sob pena de nulidade cominada (art. 213.3), deverá o juiz convidar a vítima ou testemunha a descrever a pessoa, indicando todas suas características, perguntando ainda se já fez o reconhecimento anteriormente ou se já a viu anteriormente (através de fotografias ou imagens), bem como se existe alguma circunstância que possa influir no reconhecimento (exatamente igual está disposto no art. 147 do CPP português, claramente inspirado – nesse ponto – no italiano). Todas as perguntas e respostas deverão ser consignadas na ata da audiência por expressa determinação legal (art. 213.2). Só então dará início ao reconhecimento. Tais requisitos também deveriam ser observados no sistema brasileiro, até porque em sentido similar dispõe o art. 226, I, ainda que de forma não tão completa.

julgou procedente a arguição de descumprimento de preceito fundamental, para pronunciar a não recepção da expressão 'para o interrogatório', constante do art. 260 do CPP, e declarar a incompatibilidade com a Constituição Federal da condução coercitiva de investigados ou de réus para interrogatório, sob pena de responsabilidade disciplinar, civil e penal do agente ou da autoridade e de ilicitude das provas obtidas, sem prejuízo da responsabilidade civil do Estado. A decisão, a nosso juízo, alcance também a vedação de condução coercitiva para reconhecimento pessoal".

Mas, se feito reconhecimento com as devidas cautelas legais (inclusive respeitando o direito do réu de não participar), deverá o juiz (ou autoridade policial, se for o caso) providenciar que o imputado seja colocado ao lado de outras pessoas fisicamente semelhantes. Nesse ponto, deve-se atentar para dois aspectos:

- **número de pessoas:** o Código é omisso nessa questão, mas recomenda-se que o número não seja inferior a 5 (cinco)[80], ou seja, quatro pessoas mais o imputado[81], para maior credibilidade do ato e redução da margem de erro;
- **semelhanças físicas:** questão crucial nesse ato é criar um cenário cujo nível de indução seja o menor possível, daí por que deverá o juiz atentar para a formação de uma roda de reconhecimento com pessoas de características físicas similares (estatura, porte físico, cor de cabelo e pele etc.). A questão da vestimenta também deverá ser observada pelo juiz, para que não existam contrastes absurdos entre os participantes[82].

Tais cuidados, longe de serem inúteis formalidades, constituem condição de credibilidade do instrumento probatório, refletindo na qualidade da tutela jurisdicional prestada e na própria confiabilidade do sistema judiciário de um país.

Nesse sentido **é paradigmática a decisão proferida pelo STJ, 6ª Turma, *HABEAS CORPUS* Nº 598.886 – SC, j. 27/10/2020, Rel. Min. Schietti**, e que pode representar um marco histórico para acabar com uma máquina de gerar injustiças e erros judiciários: os reconhecimentos informais, por fotografia, por *show up*, induzidos, etc. e que não observam os requisitos do art. 226 do CPP. A 6ª turma do STJ decidiu que:

---

80 Entre 5 e 9 participantes é o número sugerido por REAL MARTINEZ, FARIÑA RIVERA e ARCE FERNANDEZ (no trabalho Reconocimiento de Personas Mediante Ruedas de Identificación. In: *Psicología e Investigación Judicial*. Madrid, Fundación Universidad-Empresa, 1997, p. 93 e s.) a partir de diversos estudos realizados no campo da psicologia judicial.

81 Em sentido diverso – e de forma insatisfatória, pensamos – o *Codice di Procedura Penale* italiano prevê no art. 214.1 um mínimo de duas pessoas, além do réu, para realização do reconhecimento. Reproduzindo o sistema italiano, também dispõe dessa forma o CPP português no seu art. 147.2.

82 Como adverte HUERTAS MARTIN, Maria Isabel (*El Sujeto Pasivo del Proceso Penal como Objeto de la Prueba*. Barcelona, Bosch, 1999, p. 263), o Código de Processo Penal Militar espanhol prevê, no seu art. 155.2, que, se o delito foi cometido com a utilização de uniforme militar, todos os participantes do reconhecimento deverão vestir-se do mesmo modo. Iguais cautelas também deveríamos adotar no sistema brasileiro, para melhor qualidade do material probatório produzido.

I) O reconhecimento de pessoas deve observar o procedimento previsto no art. 226 do CPP, cujas formalidades constituem garantia mínima para quem se encontra na condição de suspeito da prática de um crime.

II) À vista dos efeitos e dos riscos de um reconhecimento falho, a inobservância do procedimento descrito na referida norma processual torna inválido o reconhecimento da pessoa suspeita e não poderá servir de lastro a eventual condenação, mesmo se confirmado o reconhecimento em juízo.

III) Pode, porém, o magistrado realizar em juízo o ato de reconhecimento formal desde que observado o devido procedimento probatório, bem como pode ele se convencer da autoria delitiva a partir do exame de outras provas que não guardem relação de causa e efeito com o ato viciado de reconhecimento.

IV) O reconhecimento do suspeito por mera exibição de fotografia, a par de dever seguir o mesmo procedimento do reconhecimento pessoal, há de ser visto como etapa antecedente a eventual reconhecimento pessoal e, portanto, não pode servir como prova em ação penal, ainda que confirmado em juízo.

Sem dúvida, é um grande avanço na análise dessa questão que, por décadas, foi tratada de forma completamente errada pela jurisprudência brasileira, que relativizou os requisitos legais a ponto de admitir práticas degeneradas que induzem a falsos reconhecimentos. Esperamos que essa decisão represente uma mudança de cultura e das práticas policiais e judiciais em relação ao reconhecimento de pessoas.

Quanto ao reconhecimento de coisas, aplica-se – no que for cabível – toda a explicação anteriormente feita. Em geral faz-se o reconhecimento de armas e demais objetos utilizados na prática do crime, adequando-se às formalidades do art. 226 do CPP.

## 6.2. Reconhecimento por Fotografia. (Im)Possibilidade de Alteração das Características Físicas do Imputado. Novas Tecnologias

Noutra linha, deve-se advertir que o fato de admitirmos as provas inominadas tampouco significa permitir que se burle a sistemática legal. Assim, não pode ser admitida uma prova rotulada de inominada quando na realidade ela decorre de uma variação (ilícita) de outro ato estabelecido na lei processual penal, cujas garantias não foram observadas.

Exemplo típico de prova inadmissível é o reconhecimento do imputado por fotografia, utilizado, em muitos casos, quando o réu se recusa a participar do reconhecimento pessoal, exercendo seu direito de silêncio (*nemo tenetur se detegere*). O reconhecimento fotográfico somente pode ser utilizado como ato preparatório do reconhecimento pessoal, nos termos do art. 226, inciso I, do CPP, nunca como um substitutivo àquele ou como uma prova inominada[83].

[83] Deve-se considerar, ainda, a advertência de HUERTAS MARTIN (op. cit., p. 243), de que o reconhecimento fotográfico deve ter sempre escassa validade probatória, pois a experiência judicial demonstra que é um instrumento com grande propensão a erros. A situação é agravada quando a fotografia do suspeito passa a ser amplamente difundida pelos meios de comunicação, criando um clima de induzimento

Quanto à identificação civil, é importante a leitura da Lei n. 12.037/2009, que prevê a identificação datiloscópica e fotográfica daqueles agentes que não comprovem identificação civil (carteira de identidade), ou ainda nos demais casos previstos na referida Lei n. 12.037. Com base nesse diploma legal (e mais alguma dose de manipulação na interpretação de seus dispositivos), acabaram sendo ressuscitados os "álbuns de identificação" nas delegacias policiais brasileiras.

Em suma, no que tange ao reconhecimento por fotografias, somente poderá ser admitido como instrumento-meio, substituindo a descrição prevista no art. 226, I, do CPP.

Mas a matéria não é pacífica e há decisões – no âmbito dos tribunais de justiça e também no STJ – admitindo o reconhecimento por fotografia, desde que seja observado o disposto no art. 226 (a questão a saber é: como isso será feito?).

Outra questão pouco discutida diz respeito à (im)possibilidade de alteração das características físicas do réu (raspar a barba, cortar o cabelo, tingi-lo de outra cor etc.)[84], vestir-se com determinada roupa, colocar-se em determinada posição (ficar de lado, de costas, deitado etc.) ou, ainda, falar ou emitir sons buscando maior aproximação daquilo visto (ou ouvido) pela vítima ou testemunha no cenário do crime.

A questão resolve-se pela observância de uma das principais regras probatórias de nosso sistema: respeitar o direito de silêncio e o de não produzir prova contra si mesmo, que assistem ao réu. Ele pode negar-se a participar, no todo ou em parte, do ato, sem que dessa recusa se presuma ou extraia qualquer consequência que lhe seja prejudicial (*nemo tenetur se detegere*).

Por outro lado, havendo a concordância válida e expressa do réu, poderão ser praticados quaisquer dos atos acima citados. A questão situa-se, assim, no campo do consentimento.

Por fim, há que se considerar que, ao tempo em que foi promulgado nosso CPP, não existiam os meios científicos e técnicos de que dispomos atualmente. Assim, em que pese a lacuna, devem ser admitidos no campo das perícias os exames de DNA, dactiloscópicos[85] e também alguns pouco conhecidos no Brasil,

---

extremamente perigoso (prova disso é a quantidade de pessoas que, após a divulgação, passam a afirmar terem visto o agente, ao mesmo tempo, em lugares completamente distantes e diversos).

84 A título de curiosidade – nunca como exemplo a ser seguido – no processo penal alemão (§ 81b da StPO) existe a possibilidade de modificar o aspecto físico do imputado (cortar barba, cabelo) para permitir a identificação, bem como obrigá-lo a deixar-se fotografar para os álbuns da polícia. ROXIN, citado por HUERTAS MARTIN (*El Sujeto Pasivo*..., p. 223), adverte que essas medidas devem ser proporcionais e não estão permitidas se a identidade pode ser investigada de outra maneira mais fácil (o que não atenua muito o absurdo dessas medidas...).

85 Como aponta HUERTAS MARTIN (*El Sujeto Pasivo del Proceso Penal como Objeto de la Prueba*, cit., p. 224-225), a "lofoscopia" consiste no estudo das impressões provenientes de qualquer parte da epiderme, podendo distinguir-se três ramos principais: a datiloscopia (que se ocupa das impressões digitais dos dedos das mãos), a quiroscopia (que se centra na palma das mãos), e, por último, a pelmatoscopia (cujo objeto de estudo é a planta dos pés).

como a palatoscopia (estudo das rugosidades palatinais), a queiloscopia (estudo das impressões dos lábios, marcas da mordida e características histológicas do dente) e outros, cujas modernas tecnologias e o conhecimento científico venham a desenvolver para auxiliar a identificação de pessoas.

Nessa linha, o art. 349.2 do CPP italiano prevê que "alla identificazione della persona nei cui confronti vengono svolte le indagini può procedersi anche eseguendo, ove ocorra, rilievi dattiloscopici, fotografici e antropometrici nonché altri accertamenti" (note-se que no final o legislador utiliza uma abertura conceitual, algo como "assim como outras formas de investigação").

Assim, as formas de reconhecimento ou identificação do imputado que possam ser obtidas a partir de novas tecnologias, inserem-se no campo da prova pericial, anteriormente analisada.

### 6.3. Breve Problematização do Reconhecimento desde a Psicologia Judiciária

Como visto anteriormente, a prova testemunhal tem sua credibilidade seriamente afetada pela mentira e as falsas memórias. Nessa mesma dimensão, situa-se o reconhecimento do imputado, cuja valoração probatória não pode desconsiderar esses fatores, pois igualmente dependente da complexa variável "memória".

Tomando por ponto de partida os estudos de REAL MARTINEZ, FARIÑA RIVERA e ARCE FERNANDEZ[86], que necessariamente devem ser complementados pelas lições de LOFTUS[87], deve-se considerar a existência de diversas variáveis que modulam a qualidade da identificação, tais como o tempo de exposição da vítima ao crime e de contato com o agressor; a gravidade do fato (a questão da memória está intimamente relacionada com a emoção experimentada); o intervalo de tempo entre o contato e a realização do reconhecimento; as condições ambientais (visibilidade, aspectos geográficos etc.); as características físicas do agressor (mais ou menos marcantes); as condições psíquicas da vítima (memória, estresse, nervosismo etc.); a natureza do delito (com ou sem violência física; grau de violência psicológica etc.), enfim, todo um feixe de fatores que não podem ser desconsiderados.

A presença de arma distrai a atenção do sujeito de outros detalhes físicos importantes do autor do delito, reduzindo a capacidade de reconhecimento. O chamado *efeito do foco na arma* é decisivo para que a vítima não se fixe nas feições do agressor, pois o fio condutor da relação de poder que ali se estabelece é a arma.

---

86 REAL MARTINEZ, Santiago; FARIÑA RIVERA, Francisca; ARCE FERNANDEZ, Ramón. Reconocimiento de Personas Mediante Ruedas de Identificación, cit., p. 93 e s.

87 Imprescindível nesse tema consultar o que explicamos anteriormente sobre as falsas memórias e os estudos realizados por ELIZABETH LOFTUS.

Assim, tal variável deve ser considerada altamente prejudicial para um reconhecimento positivo, especialmente nos crimes de roubo, extorsão e outros delitos em que o contato agressor-vítima seja mediado pelo uso de arma de fogo.

Também se devem considerar as expectativas da testemunha (ou vítima), pois as pessoas tendem a ver e ouvir aquilo que querem ver e ouvir. Daí por que os estereótipos culturais (como cor, classe social, sexo etc.) têm uma grande influência na percepção dos delitos, fazendo com que as vítimas e testemunhas tenham uma tendência de reconhecer em função desses estereótipos (exemplo típico ocorre nos crimes patrimoniais com violência – roubo – em que a raça e perfil socioeconômico são estruturantes de um verdadeiro estigma)[88].

Ainda que o criminoso nato de LOMBROSO seja apenas um marco histórico da criminologia, é inegável que ele habita o imaginário de muitos (principalmente em países com profundos contrastes sociais, baixo nível cultural e, por consequência, alto índice de violência urbana como o nosso). Assim, um dos estereótipos mais presentes, apontam os autores, é o de que "lo que es hermoso es bueno". Um rosto mais bonito e atraente possui – aos olhos de muitos – mais traços de uma conduta socialmente desejável e aceita, do que uma cara feia...

Cicatrizes, principalmente na face ou em lugares visíveis, são consideradas anormais, indicando uma conduta também anormal. Elementar que tudo isso é um absurdo a nossos olhos, mas basta que olhemos em volta, para ver que tais pensamentos habitam o imaginário de muita gente.

Outra variável é a "transferência inconsciente", quando a testemunha ou vítima indica uma pessoa que viu, em momento concomitante ou próximo àquele em que ocorreu o crime, dentro do crime, geralmente como autor. Citam os autores[89] o estudo de BUCKHOUT, que simulou um roubo na frente de 141 estudantes e, 7 semanas depois, pediu-lhes que reconhecessem o assaltante em um grupo de 6 fotografias. Sessenta por cento dos sujeitos realizaram uma identificação incorreta. Entre eles, 40% selecionaram uma pessoa que viram na cena do crime, mas que era um inocente espectador. LOFTUS obteve resultados similares em experiências do gênero.

O "efeito compromisso" (GORENSTEIN y ELLSWORTH) é definido quando ocorre uma identificação incorreta (por exemplo, quando a pessoa analisa muitas fotografias e elege erroneamente o sujeito) e posteriormente realiza um reconhecimento pessoal.

---

88 Infelizmente, vivemos uma realidade social em que o racismo (entre outros) constitui uma metarregra a orientar todo o sistema jurídico-penal, desde a abordagem policial, passando pelo reconhecimento da vítima, até chegar no momento da sentença, em que o juiz não raras vezes julga a partir dessa metarregra (ainda que inconscientemente, é claro). É uma triste realidade, da qual temos muito de que nos envergonhar. Sobre o tema, sugerimos a leitura de BACILA, Carlos Roberto. *Estigmas* – um estudo sobre os preconceitos. Rio de Janeiro, Lumen Juris, 2005.

89 REAL MARTINEZ, Santiago; FARIÑA RIVERA, Francisca; ARCE FERNANDEZ, Ramón. Reconocimiento de Personas Mediante Ruedas de Identificación, cit., p. 93 e s.

Nesse caso, o agente tende a persistir no erro, advertindo os autores de que não se deve proceder ao reconhecimento pessoal depois do reconhecimento por fotografias, pois há um risco muito grande de que ele mantenha o compromisso anterior, ainda que tenha dúvidas. Afirmam ainda que "esto resulta muy peligroso dado que la policía en su pesquisa utiliza este tipo de estrategias con los testigos presenciales"[90].

Muitas vezes, antes da realização do reconhecimento pessoal, a vítima/testemunha é convidada pela autoridade policial a examinar "albuns de fotografia", buscando já uma pré-identificação do autor do fato. O maior inconveniente está no efeito indutor disso, ou seja, estabelece-se uma "percepção precedente", ou seja, um pré-juízo que acaba por contaminar o futuro reconhecimento pessoal. Não há dúvida de que o reconhecimento por fotografia (ou mesmo quando a mídia noticia os famosos "retratos falados" do suspeito) contamina e compromete a memória, de modo que essa ocorrência passada acaba por comprometer o futuro (o reconhecimento pessoal), havendo uma indução em erro. Existe a formação de uma imagem mental da fotografia, que culmina por comprometer o futuro reconhecimento pessoal. Trata-se de uma experiência visual comprometedora.

Portanto, é censurável e deve ser evitado o reconhecimento por fotografia (ainda que seja mero ato preparatório do reconhecimento pessoal), dada a contaminação que pode gerar, poluindo e deturpando a memória. Ademais, o reconhecimento pessoal também deve ter seu valor probatório mitigado, pois evidente sua falta de credibilidade e fragilidade.

Elementar que a confiabilidade do reconhecimento também deve considerar a pressão policial ou judicial (até mesmo manipulação) e a inconsciente necessidade das pessoas de corresponder à expectativa criada, principalmente quando o nível sociocultural da vítima ou testemunha não lhe dá suficiente autonomia psíquica para descolar-se do desejo inconsciente de atender (ou de não frustrar) o pedido da "autoridade" (pai-censor).

Muitas pessoas creem que a polícia somente realiza um reconhecimento quando já tem um bom suspeito, contribuindo para um reconhecimento positivo. Mais grave ainda é a situação do reconhecimento feito em juízo, pois, nesse caso, há a certeza da presença do acusado entre aquelas pessoas a serem reconhecidas.

MALPASS e DEVINE, citados pelos autores, realizaram uma simulação interessante. Montado o reconhecimento, foi informado aos presentes (aqueles que deveriam proceder à identificação) que o autor do delito estava provavelmente presente (quando na verdade não estava). Setenta e oito por cento dos sujeitos reconheceram erroneamente o agressor. Mas quando avisaram que o autor podia não estar presente, o índice de reconhecimento caiu para 33%.

90 REAL MARTINEZ, FARIÑA RIVERA e ARCE FERNANDEZ, op. cit., p. 99.

Definitivamente, a forma como é conduzido e montado o reconhecimento afeta o resultado final, de forma muito relevante.

A situação é mais preocupante quando verificamos que a imensa parcela dos reconhecimentos, no Brasil, é feita sem a presença de advogado, sem oportunidade de recusa por parte do imputado (pois preso temporariamente ou até ilegalmente conduzido coercitivamente), no interior de delegacias de polícia, sem qualquer controle.

## 6.4. (Re)Pensando o Reconhecimento Pessoal. Necessidade de Redução de Danos. Reconhecimento Sequencial

Para além das ilegalidades costumeiramente realizadas no reconhecimento pessoal, como anteriormente explicado, é importante uma visão prospectiva, mirando futuras reformas processuais.

Existem duas formas de reconhecimento pessoal: simultâneo e sequencial. Nosso Código de Processo Penal, como visto, optou pelo sistema simultâneo, em que todos os membros são mostrados ao mesmo tempo. Esse é o método mais sugestivo e perigoso.

Atualmente, a psicologia judicial tem apontado para o reconhecimento sequencial como mais seguro e confiável. Nesse modelo, os suspeitos são apresentados um de cada vez. Citando Lindasy e Wells, WILLIAMS[91] explica que no reconhecimento sequencial os suspeitos são apresentados um de cada vez e, para cada um, é solicitado à testemunha ou vítima que, antes de ver o próximo suspeito, responda se foi esse o autor do fato ou não.

Isso implica uma tomada de decisão por parte de quem está reconhecendo, sem que saiba quantos participam do reconhecimento. Diminui-se, assim, o nível de indução, e potencializa-se a qualidade do ato, pois, se no reconhecimento simultâneo a vítima ou testemunha "faz um julgamento relativo no processo de tomada de decisão (Wells, 1984), isto é, ela toma sua decisão julgando qual o membro mais semelhante ao culpado, comparando os membros entre si", no reconhecimento sequencial, "a testemunha faz um julgamento absoluto, comparando cada membro do reconhecimento com a sua própria memória do culpado"[92].

Devem-se agregar, ainda, as variações de reconhecimento "com suspeito presente" e "sem suspeito presente", ou seja, deve-se permitir que o reconhecimento seja feito (de forma simultânea ou sequencial) apenas com distratores (pessoas que sabidamente não são autoras do crime).

---

91 WILLIAMS, Anna Virginia. *Implicações Psicológicas no Reconhecimento de Suspeitos: avaliando o efeito da emoção na memória de testemunhas oculares*, Trabalho de Conclusão de Curso (Graduação em Psicologia) – Pontifícia Universidade Católica do Rio Grande do Sul. Orientador: Celito Francisco Mengarda, 2003.

92 WILLIAMS, op. cit.

O reconhecimento apenas com distratores (sem autor presente) evidencia como o sistema brasileiro atual é viciado, pois tanto vítimas como testemunhas sabem que somente se procede ao reconhecimento quando existe um suspeito. Essa pré-compreensão atua de forma indutiva, encerrando graves índices de erro.

Aponta WILLIAMS que "uma recente meta-análise com 25 estudos comparando reconhecimentos sequenciais e simultâneos indicou que o reconhecimento sequencial diminui a probabilidade de erro em quase metade nos estudos com o suspeito alvo ausente (Steblay et al., 2001)".

Assim, uma cautela simples que deve ser incorporada à rotina de reconhecimentos pessoais (tanto na fase policial como judicial, ainda que mais eficiente na primeira) é a de advertir a testemunha ou vítima de que o suspeito pode estar ou pode não estar presente. Isso reduz a margem de erros de um reconhecimento feito a partir da pré-compreensão (e indução, ainda que endógena) de que o suspeito está presente.

Mesmo sem qualquer alteração legislativa, o que pode sim perfeitamente ser feito no sistema brasileiro é um teste de confiabilidade da testemunha ou vítima, da seguinte forma: "apresentar, primeiramente, um reconhecimento somente com a presença de suspeitos distratores, contudo, não é dito a ela que será apresentado mais de um grupo de suspeitos. Caso a testemunha faça alguma identificação nesse reconhecimento, então ela pode ser descartada, e, caso a testemunha não faça nenhuma identificação no primeiro reconhecimento, então pode ser dada continuidade ao procedimento, apresentando o segundo reconhecimento com a presença do suspeito alvo. Dados indicam que testemunhas que não fazem identificações no primeiro reconhecimento são muito mais confiáveis"[93].

É um procedimento bastante simples e que pode ser perfeitamente incorporado ao método brasileiro de identificação, sem a necessidade de qualquer alteração legislativa ou custo elevado.

A forma de atuar de quem co(i)nduz o reconhecimento é fundamental. Para além da possibilidade de criar falsas memórias (falsos reconhecimentos) de forma explícita, também existe a indução involuntária, através do comportamento verbal ou não verbal.

Sugere-se, assim, que nos reconhecimentos feitos na fase policial o investigador do caso não esteja presente. A pessoa que conduz o reconhecimento não pode fazer parte do grupo que realiza a investigação. O que se pretende é criar condições para que a vítima ou testemunha sofra o menor nível de indução ou contaminação possível.

Quanto ao reconhecimento levado a efeito por crianças, os problemas aqui são similares àqueles apontados anteriormente, quando do estudo das falsas

---

93 WILLIAMS, op. cit.

memórias. Além da fragilidade psíquica, há a necessidade de corresponder às expectativas criadas em torno do ato. Como afirma WILLIAMS[94], "a performance do testemunho de crianças muito pequenas e longevos é significativamente pior do que o testemunho de adultos jovens. Quando o culpado está presente no *reconhecimento*, o testemunho de crianças é quase tão bom quanto o de adultos jovens. Contudo, quando o culpado está ausente no *reconhecimento*, crianças têm taxas de falsa identificação mais altas do que os adultos jovens (Pozzulo e Lindsay, 1998)".

Em suma, o problema das falsas memórias e dos falsos reconhecimentos é uma realidade inconteste, que deve ser considerada pelos atores judiciários.

Por último, de nada serve tamanha preocupação em bem realizar o reconhecimento pessoal quando, previamente ao ato, existe a excessiva exposição midiática, com fotografias e imagens do suspeito. Há, nesse caso, inegável prejuízo para o valor probatório do ato, pois a indução é evidente. Assim, ao mesmo tempo em que se busca reduzir os danos processuais das falsas memórias na prova testemunhal e no reconhecimento pessoal, há que se restringir a publicidade abusiva.

Pensamos estar seriamente comprometida a credibilidade e validade probatória do reconhecimento quando, previamente ao ato, há o induzimento decorrente da publicidade abusiva. Daí a necessidade, novamente evidenciada, de dar um limite ao bizarro espetáculo midiático.

Nosso objetivo não é apontar "soluções" (até porque não existem soluções simples para problemas complexos, pois isso demandaria um amplo estudo interdisciplinar para muito além do saber jurídico), mas problematizar para despertar a consciência do imenso perigo que encerra o reconhecimento, pois, da mesma forma que a prova testemunhal, é de pouquíssima confiabilidade.

Ademais, através de mudanças legislativas, ou mesmo pequenos cuidados – perfeitamente incorporáveis ao formato existente –, pode-se buscar formas de redução dos danos e, portanto, redução da própria (elevada) cifra de injustiça.

## 7. Reconstituição do Delito. Reprodução Simulada

A reconstituição do delito está prevista no art. 7º do CPP – inquérito policial –, mas não está disciplinada no Título VII do Código, que se destina à disciplina "Da Prova". Isso gera uma lacuna, pois o meio de prova está previsto (logo, é uma prova típica), mas não regulado.

A também chamada *reconstituição do crime* é uma valiosa contribuição para esclarecer o fato e tanto pode ser realizada na fase pré-processual como

94 WILLIAMS, op. cit.

também em juízo; nesse último caso, sob a presidência do juiz. Como sintetiza CORDERO[95], a reconstituição dos fatos é útil quando surgem dúvidas sobre a compatibilidade de uma hipótese histórica com os marcos do fisicamente exigível ou aceitável.

A reconstituição possui dois limites normativos:

- não contrariar a moralidade ou a ordem pública;
- respeitar o direito de defesa do sujeito passivo.

O primeiro limite vem dado pelo art. 7º, que recorre a fórmulas jurídicas abertas, como "moralidade" ou ainda a mais indeterminada de "ordem pública". Sobre eles já se escreveu o suficiente. Apenas gostaríamos de destacar um aspecto pouco valorado pela doutrina. Quando o CPP estabelece o limite da moralidade, devemos considerar não só a moral pública, mas também a *inviolabilidade da honra* e *a imagem das pessoas*, um direito fundamental previsto no art. 5º, X, da Constituição, que também assiste ao sujeito passivo. Dessa forma, entendemos que o conceito de *moralidade* deve ser considerado a partir de um duplo aspecto: público e privado (sujeito passivo), cabendo ao sujeito passivo impugnar a decisão da autoridade judiciária ou policial que determine a realização de uma reconstituição que ofenda a sua própria moralidade.

O segundo limite está na própria Constituição, art. 5º, LV, e na CADH, que assegura, no seu art. 8.2.g, o *direito de não ser obrigado a depor contra si mesmo, nem a declarar-se culpado*. O direito de não produzir prova já foi abordado, quando tratamos do direito de defesa negativo.

Na falta de definição sobre a "forma do ato", deve-se ter especial cautela para que os princípios gerais da prova sejam plenamente assegurados. Quando realizada na fase judicial, é imprescindível a presença física do juiz, acusador e defesa. Somente assim haverá contraditório e direito de defesa eficazes.

É sempre recomendado – ainda que não seja exigência legal – que a reconstituição seja devidamente documentada através de uma ata circunstanciada, contendo a descrição da atividade desenvolvida.

Também é importante que seja devidamente filmada, pois se realizada na fase policial permitirá o controle e conhecimento por parte do juiz. Quando feita na fase processual, a filmagem permitirá uma melhor valoração no momento da sentença (até porque é possível que o juiz sentenciante não seja o mesmo que presidiu o ato), bem como na fase recursal (para que o tribunal, em sendo

---

95 CORDERO, Franco. *Procedimiento Penal*, cit., v. 2, p. 115.

discutida a prova, possa também valorá-la). Importa, assim, documentar da melhor forma possível o ato, para assegurar sua plena utilização pelas partes e controle posterior por parte do juiz ou tribunal.

Diante da lacuna legislativa, é importante definir a forma, bem como limites e garantias que o ato deve ter. Ainda que não exista essa determinação expressa, é imprescindível a prévia decisão sobre a produção da prova, com indicação do dia, hora e forma de realização.

Essa decisão (tanto na fase policial como em juízo) deve ser comunicada ao imputado, permitindo assim o contraditório, bem como assegurando seu direito de participar ou não do ato, pois não se pode esquecer seu direito de não fazer prova contra si mesmo (*nemo tenetur se detegere*)[96].

A rigor, a inspeção ocular judicial não é tão complexa quanto a reconstituição (e o CPP não regulamenta nenhuma delas), na medida em que o ato busca apenas proporcionar o conhecimento direto do juiz em relação ao lugar do fato e não tanto do fato que teria ocorrido naquele lugar. De qualquer forma, além do contraditório, devem-se tomar as cautelas anteriormente referidas tanto para a mera inspeção ocular judicial como para a reconstituição.

Por fim, pertinente a advertência de CORDERO[97]: se a reconstituição é feita quando há dúvidas sobre a possibilidade de que o crime tenha ocorrido de uma determinada forma, o resultado positivo não demonstra que esse ato ocorreu (mas apenas que era possível); mas o resultado negativo decide a questão, pois é impossível que tivesse ocorrido.

Ou seja, a reconstituição demonstra que o crime poderia ter ocorrido daquela forma, não que ocorreu assim, pois essa possibilidade, por si só, não pode ser aceita como elemento fundante de uma condenação. Há que se comprovar através de outros meios probatórios. Contudo, se a reconstituição demonstrar que fisicamente é impossível de ter ocorrido, então a questão está decidida. Daí por que

---

[96] Certo andará o juiz que buscar a inspiração no art. 150 do Código de Processo Penal português:
Art. 150.
1. Quando houver necessidade de determinar se um facto poderia ter ocorrido de certa forma, é admissível a sua reconstituição. Esta consiste na reprodução tão fiel quanto possível, das condições em que se afirma ou se supõe ter ocorrido o facto e na repetição do modo de realização do mesmo.
2. O despacho que ordenar a reconstituição do facto deve conter uma indicação sucinta do seu objecto, do dia, hora e local em que ocorrerão as diligências e da forma da sua efectivação, eventualmente com recursos a meios audiovisuais. No mesmo despacho pode ser designado perito para execução de operações determinadas.
3. A publicidade da diligência deve, na medida do possível, ser evitada.
Na mesma linha, dispõe o art. 219 do Código de Processo Penal italiano, § 86 da StPO alemã e, com mais detalhamento, os arts. 326 e seguintes da LECrim (Espanha).

[97] CORDERO, Franco. *Procedimiento Penal*, cit., v. 2, p. 115.

a reconstrução negativa é muito mais útil, pois se bem executadas acabam com hipóteses insustentáveis.

## 8. Acareação

A acareação, que etimologicamente significa *colocar cara a cara os acusados*, era um procedimento bastante utilizado pelos inquisidores, como recorda CORDERO[98]. Está prevista no art. 229 do CPP e será admitida:

- entre os acusados;
- entre acusados e testemunhas;
- entre testemunhas;
- entre acusado e vítima;
- entre testemunha e vítima;
- entre vítimas.

A acareação poderá ser realizada tanto na fase policial como judicial, sempre se respeitando o direito do imputado de não participar do ato, sempre que as declarações divergirem sobre fatos ou circunstâncias relevantes. O ato deverá ser feito em audiência, constando na ata a descrição das perguntas e respostas.

Para que a acareação seja feita, devem concorrer os seguintes pressupostos[99]:

a) existência prévia de declarações, ou seja, que as pessoas que venham a participar da acareação tenham sido interrogadas antes;
b) que entre as declarações exista divergência;
c) que o fato ou circunstância que se pretende esclarecer seja relevante para o processo.

Na linha do que já explicamos sobre a função persuasiva da prova e a captura psíquica do julgador, é patente que a acareação pode ser de grande valia para o convencimento do juiz, pois representa a possibilidade de confrontar versões divergentes, elegendo aquela que reputa mais verossímil.

Esse meio de prova não pode ser banalizado, como adverte ESPÍNOLA FILHO[100], não podendo o juiz ou autoridade policial submeter os inquiridos sempre que houver divergência entre suas declarações. Somente se justifica

98 CORDERO, Franco. *Procedimiento Penal*, cit., v. 2, p. 103.

99 MORENO CATENA, Victor et al. *Derecho Procesal Penal*. Madrid, Colex, 1996. p. 415.

100 ESPÍNOLA FILHO, Eduardo. *Código de Processo Penal Brasileiro Anotado*. 5. ed. Rio de Janeiro, Editora Rio, 1976. v. 3, p. 149.

quando o desacordo disser respeito a fatos e circunstâncias importantes, ou seja, pontos essenciais, capazes de excluir ou modificar a acusação, ou afetar a própria defesa na sua essência.

Ainda, considerando nosso rechaço à iniciativa probatória do juiz e à necessidade de fortalecimento do sistema acusatório (em que o juiz jamais pode assumir uma posição ativa, ou seja, é a recusa ao juiz-ator), a acareação deve depender de iniciativa das partes. Não deve ser determinada, de ofício, pelo juiz, até porque a dúvida impõe a absolvição, jamais o autoriza a ir atrás da prova (que obviamente seria para condenar, pois se fosse para absolver, não seria necessária a iniciativa probatória)[101].

Nada impede que a acareação seja feita por precatória, desde que as pessoas a acarear estejam no mesmo lugar, mas fora da jurisdição do juiz onde tramita o processo. Claro que, nesse caso, a falta de contato direto do juiz com as pessoas envolvidas diminui muito o caráter persuasivo (mas ainda assim tem utilidade probatória, na medida em que um dos envolvidos pode desdizer-se). Inclusive, não vemos qualquer óbice a que se faça a acareação por videoconferência, nos mesmos termos em que se colhe o depoimento de testemunha por videoconferência. Inclusive se revela muito mais eficaz – desde a perspectiva da epistemologia da prova – do que fazer por carta precatória no superado modelo desenhado pelo CPP.

Por fim, chamamos a atenção para a crítica, de PACELLI[102], no sentido de que a acareação entre acusado e testemunhas pode se revelar sem sentido, na medida em que as testemunhas prestam compromisso e o réu não tem qualquer compromisso com a "verdade". Mais complicada ainda, pensamos, pode ser a acareação entre acusado e vítima, principalmente em delitos que envolvam violência ou grave ameaça. Em ambos os casos, não deve ser feito um juízo prematuro de recusa; há que se ponderar as circunstâncias do caso concreto, mas sem perder de vista a crítica, pois é pertinente.

## 9. Da Prova Documental

### 9.1. Conceito de Documento. Abertura e Limites Conceituais

O conceito de *documento* já foi bastante discutido no âmbito do Direito, especialmente Civil e Penal, mas para o processo penal documentos são "quaisquer

---

[101] Imprescindível, para compreensão dessa afirmação, a leitura do que explicamos anteriormente sobre sistemas processuais e a crítica feita ao art. 156 do CPP.

[102] PACELLI DE OLIVEIRA, Eugênio. *Curso de Processo Penal*, cit., p. 426.

escritos, instrumentos ou papéis, públicos ou particulares", como define o art. 232 do CPP[103]. Diante da pobreza conceitual e da necessidade de permitir-se a produção da prova, há que se proceder uma abertura – sem olvidar os limites da prova anteriormente referidos – dessa categoria, para fins processuais.

ARAGONESES ALONSO[104], partindo de GUASP, ensina-nos que a prova documental acaba por ser *toda classe de objetos que tenham uma função probatória, contanto que esses, por sua índole, sejam suscetíveis de ser levados ante a presença judicial; isto é, que documento é qualquer objeto móvel que dentro do processo possa ser utilizado como prova, contrapondo-se neste sentido, a prova de inspeção ocular que se pratica naqueles objetos que não possam ser incorporados ao processo.*

Dessa maneira, além de ser considerado *documento* qualquer escrito, abre-se a possibilidade da juntada de fitas de áudio, vídeo, fotografias, tecidos e objetos móveis que fisicamente possam ser incorporados ao processo e que desempenhem uma função persuasiva (probatória).

Em última análise, ainda que não sejam *documento* no sentido estrito do termo, acabam a ele se equiparando, para fins de disciplina probatória, objetos móveis, que possam ser juntados ao processo, que tenham uma função probatória. Significa que tais objetos devem ser submetidos ao mesmo regime probatório dos documentos.

Sempre recordando o que já dissemos sobre os princípios gerais das provas, não se pode fazer uma abertura conceitual para, na verdade, ludibriar as regras probatórias para inserir uma prova ilicitamente produzida, ou, ainda, subverter a disciplina estabelecida para sua produção.

AINDA QUE SUSPENSO PELA LIMINAR DO MIN. FUX, é importante mencionar a exclusão física do autos do inquérito, disposta no art. 3º-C, §§ 3º e 4º do CPP:

> § 3º Os autos que compõem as matérias de competência do juiz das garantias ficarão acautelados na secretaria desse juízo, à disposição do Ministério Público e da defesa, e não serão apensados aos autos do processo enviados ao juiz da instrução e julgamento, ressalvados os documentos relativos às provas irrepetíveis, medidas de obtenção de provas ou de antecipação de provas, que deverão ser remetidos para apensamento em apartado.
> § 4º Fica assegurado às partes o amplo acesso aos autos acautelados na secretaria do juízo das garantias.

---

103 O art. 164 do CPP português define documento como sendo "a declaração, sinal ou notação corporizada em escrito ou qualquer outro meio técnico, nos termos da lei penal".
O CPP italiano, no seu art. 234, prevê que poderá ser juntado ao processo "scritti o di altri documenti che rappresentano fatti, persone o cose mediante la fotografia, la cinematografia, la fonografia o qualsiasi altro mezzo".

104 ARAGONESES ALONSO, Pedro. *Instituciones de Derecho Procesal Penal*. 5. ed. Madrid, Editorial Rubí Artes Gráficas, 1984. p. 278.

Portanto, não poderá o MP (ou a defesa) utilizar o conceito de "documento" para juntar ao processo, cópia integral ou parcial do inquérito, burlando a expressa vedação legal. Trata-se de uma prática ilegal e que não pode ser tolerada, devendo ser imediatamente desentranhados.

Também é importante sublinhar que o art. 234 do CPP, ao permitir a juntada de documentos de ofício pelo juiz, é incompatível com a matriz constitucional-acusatória; ele também foi revogado tacitamente pelo art. 3º A do CPP (por ora, com a vigência suspensa pela liminar do Min. Fux).

## 9.2. Momento da Juntada dos Documentos. Exceções. Cautelas ao Aplicar o Art. 479 do CPP

Quanto ao momento da juntada, como regra, os documentos podem ser juntados ao processo (ou inquérito policial) até o encerramento da instrução.

Há que se observar, sempre, a garantia do contraditório, dando à outra parte a possibilidade de conhecer e impugnar. Ainda que o CPP não o preveja, e não é necessário diante do art. 5º, LV, da Constituição, sempre que o Ministério Público juntar um documento, deverá o juiz dar vista para a defesa conhecer e manifestar-se (e a recíproca é verdadeira) em um prazo razoável (art. 5º, LXXVIII, da Constituição).

Exceção a essa regra está prevista no rito dos crimes de competência do Tribunal do Júri, em que o art. 479[105] exige a juntada com antecedência mínima de 3 dias úteis[106].

Para evitar a prova surpresa no momento do plenário. O Tribunal do Júri é muito sensível, a começar pela decisão dos sete jurados, que decidem sem qualquer fundamentação. Daí por que a complexidade do seu ritual exige cuidados muito maiores do que aqueles que devemos ter nos julgamentos feitos por juiz singular.

---

105 Art. 479. Durante o julgamento não será permitida a leitura de documento ou a exibição de objeto que não tiver sido juntado aos autos com a antecedência mínima de 3 (três) dias úteis, dando-se ciência à outra parte.

Parágrafo único. Compreende-se na proibição deste artigo a leitura de jornais ou qualquer outro escrito, bem como a exibição de vídeos, gravações, fotografias, laudos, quadros, croqui ou qualquer outro meio assemelhado, cujo conteúdo versar sobre a matéria de fato submetida à apreciação e julgamento dos jurados.

106 Ainda que o CPP não esclareça, recomenda-se que o prazo de 3 dias úteis seja contado da efetiva ciência da parte contrária. Para evitar a surpresa – objetivo do dispositivo legal – não basta apenas juntar 3 dias úteis antes do júri, é importante assegurar que a parte contrária tenha – efetivamente – 3 dias úteis para analisar o documento. Inclusive, considerando a eventual complexidade e o volume de documentos juntados, por não haver "prazo razoável" para que a outra parte tenha ciência, conhecimento e possa estar pronta para o júri, caberá ao juiz, se instado, transferir o júri aprazado para evitar prejuízo ao contraditório.

Situação bastante problemática e que acabou se tornando comum na atualidade é a seguinte: no curso do júri, quando dos debates, uma das partes postula ao juiz a utilização de um determinado documento que – pelos mais variados motivos – não pôde ser juntado com a antecedência legal de 3 dias. O que fazem os juízes, na sua maioria? Questionam a outra parte se concorda com a produção.

Pronto, está criado o problema. Errou o juiz.

Nesse momento, a parte adversa fica numa situação dificílima e que pode – definitivamente – comprometer o julgamento. Se aceitar a produção, estará em situação de desvantagem pela surpresa gerada, que dependendo do conteúdo do documento será impossível de ser contraditado. Está perdido o júri e uma grave injustiça pode se produzir.

Por outro lado, se não aceitar a produção, o estrago é ainda maior.

Basta que o adversário saiba explorar a curiosidade dos jurados, fazendo-os deslizar no imaginário, para extrair de lá (do imaginário, lugar do logro, portanto) a decisão que pretende. É até mais útil explorar o imaginário em torno do que não foi mostrado (agravado pela recusa da outra parte, logo, se recusou é porque algo tinha para esconder...), do que trabalhar com a realidade do documento. Isso é elementar, basta saber lidar com a situação.

Daí por que das duas uma: ou o juiz veda categoricamente a produção do documento (sem questionar a outra parte para não comprometê-la frente aos jurados) e não permite qualquer menção a ele no julgamento; ou, verificando sua relevância, dissolve o conselho de sentença, determina a juntada do documento assegurando o necessário contraditório e, após, marca novo júri (com novos jurados, é claro, sob pena de nulidade por violação da imparcialidade dos julgadores).

Assim, relevante é a proibição do art. 479 (pois é uma garantia revestida de forma), e firmeza devem demonstrar os juízes na sua aplicação, evitando o comprometimento da outra parte com o ingênuo questionamento "concorda com a leitura do documento?". Tal prática, muitas vezes fundamentada na (pseudo)garantia do contraditório, causa danos irreparáveis ao julgamento.

Como regra, não se deve admitir a juntada de documentos após a sentença, pois implicaria supressão de um grau de jurisdição. Mas é preciso recordar o disposto no art. 616 do CPP:

> Art. 616. No julgamento das apelações poderá o tribunal, câmara ou turma proceder a novo interrogatório do acusado, reinquirir testemunhas ou determinar outras diligências.

Portanto, se o caso exigir, poderá o tribunal determinar a juntada ou mesmo admitir um documento juntado após a sentença, assegurando o contraditório, ou seja, vista e manifestação da outra parte. Após o contraditório, poderá o tribunal proceder ao julgamento do recurso e valorar o documento juntado após a sentença.

### 9.3. Autenticações. Documentos em Língua Estrangeira (Recusa ao) Ativismo Judicial. O que São "Públicas-Formas"?

Decorrência de termos um Código ultrapassado, da década de 40, é, para além de toda crítica feita, termos de conviver com estruturas anacrônicas e instrumentos que não mais existem.

Por *fotografia do documento*, leia-se fotocópia, que, devidamente autenticada, terá o mesmo valor do documento original. Atualmente, predomina o (acertado) entendimento de que as fotocópias não necessitam de autenticação, exceto quando colocada em dúvida sua veracidade, circunstância em que a parte interessada na produção dessa prova deverá providenciar os originais ou fotocópias autenticadas.

Quanto às cartas referidas no art. 233 (alguém ainda escreve cartas em plena era do *e-mail*, SMS, WhatsApp e outros recursos virtuais?), destaque-se a preexistência de um problema: sua obtenção através da busca e apreensão. Essa problemática será enfrentada na continuação, quando tratarmos da busca e apreensão.

Dispõe o art. 234 que o juiz, quando tiver notícia da existência de documento relativo a ponto relevante da acusação ou defesa, providenciará de ofício sua juntada, independentemente de qualquer requerimento das partes.

Novamente estamos diante do tão criticado juiz-ator, ou seja, do ativismo probatório judicial, que compromete seriamente a estrutura dialética do processo, fulmina com o contraditório e com a própria imparcialidade do julgador.

Como já explicamos em diversos momentos ao longo desta obra, não cabe ao juiz a iniciativa probatória no processo penal constitucional-acusatório. Para evitar repetições, remetemos o leitor ao que já foi dito sobre sistemas processuais, imparcialidade e poderes instrutórios do juiz.

No que se refere a documentos em língua estrangeira, podem ser eles imediatamente juntados, mas é imprescindível que sejam traduzidos por tradutor juramentado. Não havendo a tradução, ou sendo ela objeto de impugnação, deverá o juiz determinar que o faça um tradutor público.

Considerando que peritos e intérpretes são equiparados no art. 281, não seria excesso que se observasse a regra geral das perícias, prevista no art. 159 do CPP, nomeando-se um tradutor público ou, na sua falta, duas pessoas idôneas e com reconhecido domínio do idioma. Tal cautela, especialmente quando o documento for de grande relevância para a constituição do crime (como ocorre nas falsidades documentais) ou prova de alguma de suas circunstâncias, é sempre importante.

Os documentos, da mesma forma que os objetos apreendidos, poderão em regra ser restituídos quando não mais interessarem ao processo, como preceitua o art. 118 do CPP.

Por fim, o que significa a expressão *públicas-formas*, prevista no art. 237?

Nada relevante, apenas o resto anacrônico de um Código de 1940. ESPÍNOLA FILHO[107], cuja obra é contemporânea a essas práticas, explica que as públicas-formas eram "cópias literais avulsas de qualquer documento feito por oficial público". Há décadas não se usam mais esses artifícios, substituídos pelas fotocópias autenticadas.

## 10. Dos Indícios

Estabelece o art. 239 que "considera-se indício a circunstância conhecida e provada, que, tendo relação com o fato, autorize, por indução, concluir-se a existência de outra ou outras circunstâncias".

Não há que se confundir indícios com provas (ainda que toda prova seja um indício do que ocorreu)[108], ainda que o Código os tenha colocado dentro do Título VII, muito menos quando se trata de valoração na sentença. Ou seja, ninguém pode ser condenado a partir de meros indícios, senão que a presunção de inocência exige prova robusta para um decreto condenatório.

Mas o problema é que o CPP emprega diversas vezes o termo "indícios", geralmente vinculado a um adjetivo (razoáveis, suficientes etc.), em outro sentido, diverso da definição do art. 239. O CPP emprega a expressão *indícios* em diversos momentos, como, por exemplo, nos arts. 126 (indícios veementes para o sequestro de bens), 134 (hipoteca legal), 290 (ao definir a perseguição do suspeito), 312 (para prisão preventiva) e 413 (pronúncia)[109]. Em todos esses casos, a expressão "indícios" é empregada no sentido de rebaixamento de *standard* probatório, no sentido de "prova fraca", de menor nível de exigência probatória, de menor nível de verossimilhança, suficiente para justificar uma decisão interlocutória, mas jamais para legitimar uma sentença condenatória.

No mesmo sentido é a lição de DUCLERC[110], afirmando que para decretar essas medidas "o juiz não pode fazê-lo de forma imotivada, mas também não é preciso que tenha já em mãos um conjunto de informações que lhe permitiria

---

107 ESPÍNOLA FILHO, Eduardo. *Código de Processo Penal Brasileiro Anotado*, cit., v. 3, p. 173.

108 Isso porque, como explicamos ao tratar da "verdade" no processo penal, o crime é sempre um fato passado, que será parcialmente reconstruído no presente através da prova. São signos do passado avaliados no presente. Logo, como explica CORDERO (*Procedimiento Penal*, cit., v. 2, p. 21), "en el significado amplio (y menos útil) indica cualquier signo (toda prueba es indicio), ya que viene de *indico* (*indicare est manifestare*, *detegere*, *patefacere*, en los idiomas modernos *dinunziare*, *dévoiler*, *descubrir*, *anzeigen*, *to disclose*)".

109 Sobre a pronúncia, remetemos o leitor para o capítulo dos procedimentos, especificamente no tópico do tribunal do júri, em que analisamos os requisitos para pronúncia e o *standard* probatório adotado pelo art. 413.

110 DUCLERC, Elmir. *Curso Básico de Direito Processual Penal*, cit., v. 2, p. 271.

exarar uma sentença condenatória". Assim, prossegue o autor, "a única diferença entre *indícios* e *provas*, segundo pensamos, tem a ver mesmo com menor ou maior grau de confiabilidade que os elementos de informação ofereçam ao juiz".

Mas existe diferença entre indícios razoáveis e indícios suficientes? Ou seja, considerando que o legislador emprega diferentes adjetivos, eles possuem efetivamente um sentido distinto? Entendemos que não. Nosso CPP é uma colcha de retalhos, fruto das diversas reformas pontuais feitas nas últimas décadas, por diferentes comissões e sem qualquer rigor técnico, especialmente no que tange a terminologia. Portanto, indícios razoáveis, suficientes e demais adjetivos significam a mesma coisa: elementos probatórios mais frágeis, fracos, que não justificam uma decisão condenatória, mas podem perfeitamente ser utilizados para a tomada de decisões interlocutórias, como recebimento de denúncia, decretação de prisão cautelar, de medidas cautelares diversas, de medidas assecuratórias etc., diante da adoção de um rebaixamento de *standard* probatório (menor nível de exigência probatória).

Por fim, se os indícios de autoria justificam uma prisão cautelar (na visão do senso comum teórico, com a qual não concordamos) ou um sequestro de bens, pois a cognição é sumária e limitada ao *fumus commissi delicti*, jamais legitimam uma sentença penal condenatória.

Para melhor compreensão do que seja "*standard* probatório" e "rebaixamento de *standard*", remetemos o leitor para um tópico específico do capítulo anterior, sobre a "teoria geral da prova no processo penal".

## 11. Da Busca e (da) Apreensão

### 11.1. Distinção entre os Dois Institutos. Finalidade. Direitos Fundamentais Tensionados

A sistemática do CPP não é, tecnicamente, a melhor, pois mistura uma medida cautelar com meios de prova e, ainda, sob uma mesma designação, dois institutos diversos (busca de um lado e a apreensão de outro). Contudo, para seguir a estrutura do Código e facilitar o estudo, vamos tratar da busca e da apreensão dentro deste capítulo cujo objeto são as provas em espécie.

Inicialmente, há que se distinguir os dois institutos, como bem ensina BASTOS PITOMBO[111]:

---

[111] BASTOS PITOMBO, Cleunice. *Da Busca e da Apreensão no Processo Penal*. 2. ed. São Paulo, RT, 2005. p. 102 e s.

- **Busca:** é uma medida instrumental[112] – meio de obtenção da prova – que visa encontrar pessoas ou coisas.
- **Apreensão:** é uma medida cautelar probatória[113], pois se destina à garantia da prova (ato fim em relação à busca, que é ato meio) e ainda, dependendo do caso, para a própria restituição do bem ao seu legítimo dono[114] (assumindo assim uma feição de medida assecuratória).

Ainda, não se pode deixar de lado que a apreensão (decorra ela da busca ou não) pode ainda atender a interesse assecuratório, ou seja, indisponibilizar o bem para posteriormente ser restituído à vítima.

São institutos diversos, mas que foram tratados de forma unificada. Nem sempre a busca gera a apreensão (pois pode ocorrer que nada seja encontrado) e nem sempre a apreensão decorre da busca (pode haver a entrega voluntária do bem).

Feita essa distinção, compreende-se que a busca se destina a algo, ou seja, quem busca, busca algo. E esse algo será – uma vez encontrado – apreendido. Logo, a busca é uma medida instrumental, cuja finalidade é encontrar objetos, documentos, cartas, armas, nos termos do art. 240, com utilidade probatória. Encontrado, é o objeto apreendido, para, uma vez acautelado, atender sua função probatória no processo.

A busca (que pode ser domiciliar ou pessoal, como se verá) encontra-se em constante tensão com a:

- inviolabilidade do domicílio;
- dignidade da pessoa humana;
- intimidade e a vida privada;
- incolumidade física e moral do indivíduo.

Como bem adverte HINOJOSA SEGOVIA[115], não se pode perder de vista o ideal de equilíbrio, de ponderação entre os interesses em jogo, através da incidência

---

112 No sentido de ato de investigação que compromete direitos fundamentais (*diligencias de averiguación y comprobación restrictivas de derechos fundamentales)*, como prefere SARA ARAGONESES MARTINEZ (na obra coletiva *Derecho Procesal Penal*. 2. ed. Madrid, Centro de Estudios Ramón Areces, 1996. p. 368). No mesmo sentido, de ato de investigação, mas sem enfatizar a tensão estabelecida com os respectivos direitos fundamentais, HINOJOSA SEGOVIA, Rafael (*La Diligencia de Entrada y Registro en Lugar Errado en el Proceso Penal*, Madrid, Edersa, 1996, p. 49).

113 Aspecto destacado por ARAGONESES ALONSO (*Instituciones de Derecho Procesal Penal*, cit., p. 405), ao analisar "la perquisición domiciliaria", com uma clara característica de medida assecuratória (cautelar) da prova.

114 É o que ocorre quando se apreende o objeto direto do crime, isto é, por exemplo, a coisa alheia móvel subtraída no crime de furto ou roubo. Uma vez apreendido, o bem poderá ser restituído ao seu legítimo proprietário nos termos dos arts. 118 e s. do CPP.

115 HINOJOSA SEGOVIA, op. cit., p. 53.

do princípio da proporcionalidade, mas, frise-se, no sentido de proibição de excesso de intervenção.

Trata-se de ponderar a medida a partir de sua necessidade, adequação e proporcionalidade em sentido estrito, de modo que seja sempre uma medida excepcional, não automática, condicionada sempre às circunstâncias do caso concreto e proporcional ao fim que se persegue[116].

## 11.2. Momentos da Busca e da Apreensão

Tanto a busca como a apreensão podem ocorrer no curso do inquérito policial ou durante o processo (e, excepcionalmente, até na fase de execução da pena, nos termos do art. 145 da LEP).

A busca poderá ser domiciliar ou pessoal. Iniciemos pela busca domiciliar, prevista no art. 240, § 1º, do CPP, que somente poderá ocorrer quando judicialmente autorizada. Importante frisar, a busca domiciliar somente poderá se realizar mediante mandado judicial[117], sob pena de incorrer a autoridade policial no crime de abuso de autoridade (Lei n. 13.869/2019)[118] e ser o resultado considerado prova ilícita.

O primeiro problema da busca domiciliar reside na expressão ambígua *fundadas razões*, empregada no art. 240, § 1º, cuja abertura remete a um perigoso espaço de discricionariedade e subjetividade judicial. Somente a consciência da gravidade e violência que significa a busca domiciliar permite compreender o nível de exigência que um juiz consciente deve ter ao decidir por uma medida dessa natureza, devendo exigir a demonstração do *fumus commissi delicti*, entendendo-se por tal uma prova da autoria e da materialidade com suficiente lastro fático para legitimar tão invasiva medida estatal. A busca domiciliar deve estar previamente legitimada

---

[116] São palavras de SARA ARAGONESES MARTINEZ (*Derecho Procesal Penal*, cit., p. 389) para as medidas cautelares pessoais, mas perfeitamente aplicáveis à busca e apreensão.

[117] Salvo nos casos de crime permanente, em que a situação de flagrância é igualmente permanente (art. 303 do CPP). Assim, havendo flagrante delito, o art. 5º, XI, da Constituição permite a realização da busca independentemente da existência de mandado judicial.

[118] Art. 22. Invadir ou adentrar, clandestina ou astuciosamente, ou à revelia da vontade do ocupante, imóvel alheio ou suas dependências, ou nele permanecer nas mesmas condições, sem determinação judicial ou fora das condições estabelecidas em lei:
Pena – detenção, de 1 (um) a 4 (quatro) anos, e multa.
§ 1º Incorre na mesma pena, na forma prevista no *caput* deste artigo, quem:
I – coage alguém, mediante violência ou grave ameaça, a franquear-lhe o acesso a imóvel ou suas dependências;
II – (VETADO);
III – cumpre mandado de busca e apreensão domiciliar após as 21h (vinte e uma horas) ou antes das 5h (cinco horas).
§ 2º Não haverá crime se o ingresso for para prestar socorro, ou quando houver fundados indícios que indiquem a necessidade do ingresso em razão de situação de flagrante delito ou de desastre.

pela prova colhida e não ser o primeiro instrumento utilizado. Para controle da observância desse requisito, a fundamentação da decisão judicial é o segundo ponto a ser destacado.

Ao contrário do que se costuma ver, a busca domiciliar não pode ser banalizada; deve ter uma finalidade clara, bem definida e estar previamente justificada pelos elementos da investigação preliminar.

### 11.3. Da Busca Domiciliar. Conceito de Casa. Finalidade da Busca

O primeiro problema que surge na análise da busca domiciliar é definir o que se entende por *casa*. Tal conceito deve ser interpretado de forma ampla, muito mais abrangente que o conceito do Código Civil brasileiro. Assim, deve abranger[119]:

a) habitação definitiva ou moradia transitória;
b) casa própria, alugada ou cedida;
c) dependências da casa, sendo cercadas, gradeadas ou muradas (pátio);
d) qualquer compartimento habitado;
e) aposento ocupado de habitação coletiva em pensões, hotéis, motéis etc.;
f) estabelecimentos comerciais e industriais, fechados ao público;
g) local onde se exerce atividade profissional, não aberto ao público;
h) barco, *trailer*, cabine de trem[120], navio e barraca de acampamento;
i) áreas comuns de condomínio, vertical ou horizontal.

A busca domiciliar, como especifica o Código de Processo Penal, destina-se a:

a) **Prender criminosos:** trata-se aqui de buscar, não para apreender, mas sim para prender pessoas cuja prisão tenha sido previamente decretada. O mandado de prisão, por si só, não autoriza o ingresso na casa de terceiros onde eventualmente o agente se esconda, sendo necessária a duplicidade de mandados (de prisão e de busca).
b) **Apreender coisas achadas ou obtidas por meios criminosos:** as coisas achadas devem ser devolvidas ao seu legítimo proprietário ou entregues

119 BASTOS PITOMBO, op. cit., p. 71 e s.

120 Ainda que a jurisprudência oscile bastante nesse tema, a cabine de caminhão não tem merecido a proteção devida. Claro, estamos falando de transporte de longa distância e caminhões dotados de cabine com cama e espaço para o pernoite. É interessante como se dá a proteção da *casa* para quartos de hotéis, barcos, e até para cabine de trem (como se alguém viajasse em cabine de trem no Brasil...), mas não para a cabine de caminhão, local onde os motoristas passam efetivamente mais tempo trabalhando e dormindo do que a maioria das pessoas passa em casa ou num quarto de hotel. Assim, segundo o entendimento majoritário, a busca na cabine de um caminhão não necessita de mandado, ainda que com isso não concordemos.

à autoridade policial, sob pena de incorrer o agente nas sanções do art. 169 do CP[121] (apropriação de coisa achada). As coisas obtidas por meios criminosos, por vezes, confundem-se com o próprio corpo de delito. Assim, as coisas subtraídas de alguém no crime de furto ou roubo (quando há violência ou grave ameaça) foram obtidas por meio criminoso, devendo ser buscadas e apreendidas (até para permitir a restituição a seu devido proprietário).

c) **Apreender instrumentos de falsificação ou de contrafação e objetos falsificados ou contrafeitos:** o documento ou objeto que seja um falso material ou ideológico deve ser apreendido, pois constitui o corpo de delito. Também tipifica o Código Penal, art. 294, os petrechos de falsificação, ou seja, é crime a posse de instrumentos e objetos destinados à fabricação ou contrafação do falso. Em ambos os casos, está autorizada a busca e apreensão.

d) **Apreender armas e munições, instrumentos utilizados na prática de crime ou destinados a fim delituoso:** claro que somente podem ser buscadas e apreendidas as armas e munições ilegais ou, se legais, tenham sido utilizadas para a prática de crime. Mas não são apenas as armas utilizadas no crime que podem ser objeto de busca, mas também "instrumentos" utilizados para sua prática, como ferramentas, carros, disfarces, computadores, telefones celulares etc.

e) **Descobrir objetos necessários à prova de infração ou à defesa do réu:** a primeira parte é uma cláusula genérica, onde os objetos devem ter uma conexão probatória com o crime. Interessante, ainda que seja de pouca eficácia prática, é a possibilidade de busca no interesse da defesa do réu (melhor seria imputado, pois essa medida pode ser tomada na fase de investigação preliminar).

f) **Apreender cartas, abertas ou não, destinadas ao acusado ou em seu poder, quando haja suspeita de que o conhecimento do seu conteúdo**

---

[121] Art. 169. Apropriar-se alguém de coisa alheia vinda ao seu poder por erro, caso fortuito ou força da natureza:
Pena – detenção, de 1 mês a 1 ano, ou multa.
Parágrafo único. Na mesma pena incorre:
Apropriação de tesouro
I – quem acha tesouro em prédio alheio e se apropria, no todo ou em parte, da quota a que tem direito o proprietário do prédio;
Apropriação de coisa achada
II – quem acha coisa alheia perdida e dela se apropria, total ou parcialmente, deixando de restituí-la ao dono ou legítimo possuidor ou de entregá-la à autoridade competente, dentro no prazo de 15 (quinze) dias.

**possa ser útil à elucidação do fato:** o Código ainda está no tempo das cartas, quando a problemática atual está por conta dos *e-mails* e *messengers*... As cartas, pela leitura do CPP, podem ser objeto de busca judicialmente autorizada, e assim defende a doutrina majoritária. Contudo, numa dimensão crítica e constitucional, tal dispositivo não resiste a uma filtragem. Nessa linha, explica BASTOS PITOMBO[122] que o art. 5º, XII, da Constituição assegura a inviolabilidade do sigilo da correspondência e das comunicações telegráficas, de dados e das comunicações telefônicas, salvo, no último caso, por ordem judicial, nas hipóteses e na forma que a lei estabelecer para fins de investigação criminal ou instrução processual penal. A Constituição excepciona, apenas, as comunicações telefônicas (o "último caso", na expressão constitucional), não a inviolabilidade de cartas e, como não se admite analogia para ampliar a restrição de direitos fundamentais, é inconstitucional essa medida. Noutra dimensão, autorizada que está a intervenção das comunicações de dados e telefônicas, nenhum problema existe na apreensão judicialmente autorizada de computadores, discos rígidos, CDs, contendo dados, *e-mails* etc.

g) **Apreender pessoas vítimas de crimes:** não se confunde com a prisão do imputado, pois o dispositivo se refere à "vítima", logo, será ela custodiada pelo Estado. Na prática, pouco uso tem esse dispositivo.

h) **Colher qualquer elemento de convicção:** típica cláusula genérica, de perigosa abertura e indeterminação. O problema é que dispositivos assim autorizam uma busca domiciliar sem um objetivo claramente definido, dando espaço para o substancialismo inquisitorial e o autoritarismo judicial. À luz da proteção constitucional do domicílio e da privacidade, o mandado de busca deverá ser o mais específico possível, evitando ao máximo as cláusulas genéricas ainda empregadas pelo CPP de 1941. Inclusive, defendemos a ilegalidade da busca feita exclusivamente com base na alínea "h", pois implicaria inequívoca violação do art. 5º, incisos X e XI, da Constituição.

Considerando a extensão do rol, sua amplitude conceitual e a existência de cláusulas genéricas, não vislumbramos possibilidade de interpretação extensiva ou mesmo analogias, ainda mais em se tratando de medida restritiva de direitos fundamentais.

---

[122] BASTOS PITOMBO, op. cit., p. 122.

### 11.4. Busca Domiciliar. Consentimento do Morador. Invalidade do Consentimento Dado por Preso Cautelar. Busca em Caso de Flagrante Delito

A busca domiciliar tem por pressupostos alternativos (pois basta que um deles esteja presente):

a) com consentimento válido do morador, durante o dia ou noite;
b) em caso de flagrante delito, durante o dia ou noite;
c) com ordem judicial, somente durante o dia.

Os demais casos citados pela Constituição (desastre e prestar socorro) não se aplicam ao processo penal, pois seria um contrassenso aceitar que a autoridade policial ingressasse numa residência a pretexto de "prestar socorro" e já aproveitar para fazer uma busca e apreender objetos e documentos que incriminem o imputado...

Com o consentimento válido do morador, a autoridade policial poderá entrar na casa a qualquer hora do dia ou da noite e lá realizar a busca (e posterior apreensão do que interessar ao processo/investigação, nos termos do art. 240), mesmo sem mandado judicial. Destaque-se, ainda, que "a qualquer momento pode o morador interromper o consentimento dado, expulsando os agentes da autoridade de seu domicílio"[123].

Esse consentimento deverá ser dado por pessoa capaz, que compreenda perfeitamente o objeto do requerimento policial, de forma expressa, ainda que oralmente. Situação essa que, como adverte HINOJOSA SEGOVIA[124], não ocorre quando se entrega um documento por escrito para um sujeito analfabeto ou estrangeiro que não compreenda a língua nacional.

A autoridade policial deve certificar-se de que o sujeito que está autorizando o ingresso em sua residência tem plena consciência e compreensão do ato. Inclusive, considerando que o direito de silêncio inclui o de não produzir prova contra si mesmo, de modo que ninguém está obrigado a consentir que a autoridade policial ingresse na sua residência sem mandado judicial, é fundamental que o sujeito saiba as consequências que podem surgir dessa autorização.

Como dito, esse consentimento deve ser expresso, jamais presumido, e prestado espontaneamente pelo agente. Daí por que é nulo o consentimento (e,

---

123 NUCCI, op. cit., p. 523.

124 Idem, ibidem, p. 74.

portanto, a busca e eventual apreensão) quando viciado, como pode ocorrer quando os policiais não se identificam como tais, induzindo o agente em erro[125].

Uma questão bastante problemática da busca e apreensão em residências ocorre quando a autoridade policial realiza a busca, sem autorização judicial, mas a partir do "consentimento do preso" (prisão cautelar) ou quando justifica a partir da existência de "flagrante delito". Especialmente neste último caso, nas situações de crimes permanentes por tráfico de drogas ou porte ilegal de arma, em geral não têm merecido a devida atenção por parte da doutrina e jurisprudência, e, por isso, faremos uma breve análise da complexidade que envolve essas situações:

a) **consentimento viciado:** quando alguém está cautelarmente preso (prisão preventiva ou temporária) ou em flagrante e é conduzido pela autoridade policial até sua residência, "consentindo" que os policiais ingressem no seu interior e façam a busca e apreensão, entendemos que há uma inequívoca ilegalidade, pois estamos diante de um consentimento viciado, inválido portanto. É insuficiente o consentimento dado nessa situação, por força da intimidação ambiental ou situacional a que está submetido o agente. Deve-se considerar viciado o consentimento dado nestas situações e, portanto, ilegal a busca domiciliar, pois há um inegável constrangimento situacional. Analisando um caso desses, o Tribunal Supremo da Espanha (STS, 13 de junho de 1992)[126] entendeu na mesma linha, ou seja, de que o detido não está em condições de expressar livremente sua vontade e existe uma "intimidação ambiental" que macula o ato:

> o problema radica em saber se um detido ou preso está em condições de expressar sua vontade favoravelmente a busca e apreensão, em razão precisamente da privação de liberdade a que está submetido, o que conduziria a afirmar que se trata de uma vontade viciada por uma intimidação *sui generis*... e dizemos *sui generis* porque o temor racional e fundado de sofrer um mal iminente e grave em sua pessoa e bens, ou pessoa e bens de seu cônjuge, descendentes ou ascendentes, não nasce de um comportamento de quem formula o *convite ou pedido* de autorização para realizar a busca com o consentimento do agente, senão da situação mesma de preso, isto é, de uma intimidação ambiental (grifo e tradução nossa).

Corretíssima a decisão, de modo que a busca e apreensão em domicílio de imputado cautelarmente preso somente pode ser realizada com mandado judicial. Há uma presunção de vício de consentimento em decorrência da situação em que se encontra.

---

[125] Assim já decidiu o Tribunal Constitucional espanhol, na STC n. 341/93, cujo acerto da decisão é perfeitamente aplicável em nosso sistema.

[126] Citada por HINOJOSA SEGOVIA, op. cit., p. 75-76.

b) **insuficiência de consentimento em se tratando de agentes públicos:** outra linha de argumentação, apontando para a ilegalidade da busca domiciliar feita por autoridades públicas com base no consentimento do morador (mesmo estando em liberdade), vai no sentido de que "inexiste previsão legal de busca domiciliar mediante o mero e suposto consentimento do proprietário, já que a anuência, quando de fato há, é evidentemente dada sob constrangimento. Ingresso não autorizado judicialmente, quando as investigações poderiam facilmente ter conduzido à representação por mandado de busca e apreensão. Pela clara violação ao art. 5º, IX, da Constituição Federal, deverá ser decretada nula a apreensão dos objetos na residência do réu, remanescendo apenas a apreensão decorrente da busca pessoal e as provas dela derivadas." Esse é o entendimento da 3ª Câmara Criminal do TJRS[127], Rel. Des. DIÓGENES V. HASSAN RIBEIRO, Proc. n. 70058172628, que parte da premissa de que quando a Constituição fala em "consentimento" isso não se dirige aos agentes do Estado, quaisquer que sejam, pois esses devem, previamente, obter o mandado judicial. Portanto, quanto ao consentimento, essa autorização constitucional refere-se a particulares cujo ingresso e permanência é autorizado pelo proprietário para afastar o crime de invasão de domicílio do art. 150 do CP.

c) **flagrante sem prévia visibilidade do delito:** havendo flagrante delito (art. 302 do CPP), poderá a autoridade policial ingressar na casa e proceder à busca dos elementos probatórios necessários. Chamamos a atenção para os delitos permanentes (em que o momento consumativo se prolonga no tempo), pois, nesses casos, o flagrante é igualmente permanente (art. 303). O problema é: como a autoridade policial pode saber, antes de ingressar na residência, que lá havia, por exemplo, armas ilegais

[127] APELAÇÃO-CRIME. TRÁFICO DE ENTORPECENTES. BUSCA DOMICILIAR ILEGAL. NULIDADE DA APREENSÃO. PROVA REMANESCENTE. INSUFICIÊNCIA.
I. Nulidade por violação de direito constitucional. Inexiste previsão legal de busca domiciliar mediante o mero e suposto consentimento do proprietário, já que a anuência, quando de fato há, é evidentemente dada sob constrangimento. Ingresso não autorizado judicialmente, quando as investigações poderiam facilmente ter conduzido à representação por mandado de busca e apreensão. Pela clara violação ao artigo 5º, IX, da Constituição Federal, deverá ser decretada nula a apreensão dos objetos na residência do réu, remanescendo apenas a apreensão decorrente da busca pessoal e as provas dela derivadas.
II. Tráfico de Entorpecentes. Não há provas da atividade de traficância. A investigação procedida pela Polícia Civil conta apenas com fotografias em nada comprometedoras, pessoas não identificadas e imputações pouco detalhadas. Em juízo, nada consta além do depoimento dos policiais e da negativa do réu. Impositiva a absolvição. (Tribunal de Justiça do Rio Grande do Sul, 3ª CCrim, Rel. Des. Diógenes V. Hassan Ribeiro. Ap. n. 70058172628. Porto Alegre, 15 de maio de 2014)

ou depósito de substâncias entorpecentes? Partindo disso, alguns setores da doutrina e jurisprudência passaram a exigir que a polícia comprove de que forma soube, previamente, da ocorrência do crime permanente e, principalmente, que a situação de flagrância corresponda – efetivamente – à visibilidade do delito. Deve-se considerar que o flagrante corresponde à atualidade do crime, sua realização efetiva e visível naquele momento. Portanto, como ensina CARNELUTTI[128], a noção de flagrância está diretamente relacionada à "chama que denota com certeza a combustão, quando se vê a chama, é induvidável que alguma coisa arde", é a possibilidade para uma pessoa de comprová-lo mediante a prova direta, é a visibilidade do delito. Assim, somente quando presente essa "prévia visibilidade" é que está autorizada a busca domiciliar sem mandado judicial e legitimada pelo flagrante delito previsto no art. 5º, XI, da CF. Nos demais casos, em que não existe essa prévia visibilidade e apenas após o ingresso na residência é que a autoridade policial consegue buscar e encontrar a substância ou armas, é necessário o mandado judicial de busca e apreensão.

No mesmo sentido é precisa a lição de MORAIS DA ROSA[129] de que "de fato, o art. 303 do CPP autoriza a prisão em flagrante nos crimes permanentes enquanto não cessada a permanência. Entretanto, **a permanência deve ser anterior à violação de direitos**. *Dito diretamente:* ***deve ser posta e não pressuposta/imaginada***. Não basta, por exemplo, que o agente estatal afirme ter recebido uma ligação anônima, sem que indique quem fez a denúncia, nem mesmo o número de telefone, dizendo que havia chegado droga, na casa "x", bem como que "*acharam*" que havia droga porque era um traficante conhecido, muito menos que pelo comportamento do agente "*parecia*" que havia droga. **É preciso que o flagrante esteja visualizado *ex ante*. Inexiste flagrante permanente imaginado**[130]. Assim é que a

---

128 CARNELUTTI, Francesco. *Lecciones sobre el Proceso Penal*, v.2, p. 77.

129 MORAIS DA ROSA, Alexandre. "O mantra do crime permanente entoado para legitimar ilegalidades nos flagrantes criminais". Publicado na Coluna "Limite Penal", no *site* www.conjur.com.br. Acesso em: 31/7/2014.

130 Nesse sentido, entre outros julgados:
RECURSO EM SENTIDO ESTRITO. PRISÃO EM FLAGRANTE. INVIOLABILIDADE DO DOMICÍLIO. AUTO DE PRISÃO NÃO HOMOLOGADO. 1. O ingresso dos policiais em residência alheia, sem mandado judicial, é autorizado na hipótese de flagrante delito, quando a situação fática permita a formação de um juízo de certeza *ex ante* acerca da prática do crime. A mera suspeita da ocorrência do ilícito autoriza exclusivamente a realização de diligências investigativas ou a representação por mandado de busca e apreensão. Não homologação do auto de prisão em flagrante que segue o entendimento afirmado nesta Câmara Criminal. Precedentes. (...) RECURSO

atuação policial será abusiva e inconstitucional, por violação do domicílio do agente, quando movida pelo imaginário, mesmo confirmado posteriormente. A materialidade estará contaminada pela árvore dos frutos envenenados" (grifos nossos).

Neste tema, para finalizar, duas decisões são muito importantes:

1ª) Recurso Extraordinário 603.616[131], Rel. Min. Gilmar Mendes, j. 21/6/2016;

---

DESPROVIDO. (Recurso em Sentido Estrito n. 70061066254, Terceira Câmara Criminal, TJRS, Rel. Sérgio Miguel Achutti Blattes, j. 5/2/2015).

APELAÇÃO. TRÁFICO DE ENTORPECENTES E POSSE ILEGAL DE ARMA DE FOGO. INVIOLABILIDADE DO DOMICÍLIO. ILICITUDE POR DERIVAÇÃO DA PROVA PRODUZIDA. 1. O ingresso de policiais em residências, mesmo diante de informações anônimas da prática de delitos, é permitida apenas quando os policiais tenham, antes da entrada na casa, certeza da situação de flagrante. O juízo *ex ante* de certeza, no entanto, deve ser comprovado e analisado em cotejo com a legalidade. (...) RECURSO PROVIDO. (Apelação Crime n. 70057356313, Terceira Câmara Criminal, TJRS, Rel. Nereu José Giacomolli, j. 5/6/2014).

APELAÇÃO CRIMINAL. RECURSO DEFENSIVO. TRÁFICO ILÍCITO DE DROGAS. PEDIDOS DE ABSOLVIÇÃO, DESCLASSIFICAÇÃO PARA POSSE DE DROGAS PARA CONSUMO PESSOAL E AFASTAMENTO DA PENA DE MULTA. Apreensão de drogas feita no curso de busca domiciliar não autorizada constitui prova material ilícita, a impedir condenação. Ilicitude da invasão reconhecida conforme precedentes da Terceira Câmara Criminal, com a consequente absolvição do acusado. (...) RECURSO PROVIDO. (Apelação Crime n. 70053999611, Terceira Câmara Criminal, TJRS, Rel. João Batista Marques Tovo, j. 26/3/2015).

131 Recurso extraordinário representativo da controvérsia. Repercussão geral. 2. Inviolabilidade de domicílio – art. 5º, XI, da CF. Busca e apreensão domiciliar sem mandado judicial em caso de crime permanente. Possibilidade. A Constituição dispensa o mandado judicial para ingresso forçado em residência em caso de flagrante delito. No crime permanente, a situação de flagrância se protrai no tempo. 3. Período noturno. A cláusula que limita o ingresso ao período do dia é aplicável apenas aos casos em que a busca é determinada por ordem judicial. Nos demais casos – flagrante delito, desastre ou para prestar socorro – a Constituição não faz exigência quanto ao período do dia. 4. Controle judicial *a posteriori*. Necessidade de preservação da inviolabilidade domiciliar. Interpretação da Constituição. Proteção contra ingerências arbitrárias no domicílio. Muito embora o flagrante delito legitime o ingresso forçado em casa sem determinação judicial, a medida deve ser controlada judicialmente. A inexistência de controle judicial, ainda que posterior à execução da medida, esvaziaria o núcleo fundamental da garantia contra a inviolabilidade da casa (art. 5, XI, da CF) e deixaria de proteger contra ingerências arbitrárias no domicílio (Pacto de São José da Costa Rica, artigo 11, 2, e Pacto Internacional sobre Direitos Civis e Políticos, artigo 17, 1). O controle judicial *a posteriori* decorre tanto da interpretação da Constituição, quanto da aplicação da proteção consagrada em tratados internacionais sobre direitos humanos incorporados ao ordenamento jurídico. Normas internacionais de caráter judicial que se incorporam à cláusula do devido processo legal. 5. Justa causa. A entrada forçada em domicílio, sem uma justificativa prévia conforme o direito, é arbitrária. Não será a constatação de situação de flagrância, posterior ao ingresso, que justificará a medida. Os agentes estatais devem demonstrar que havia elementos mínimos a caracterizar fundadas razões (justa causa) para a medida. 6. Fixada a interpretação de que a entrada forçada em domicílio sem mandado judicial só é lícita, mesmo em período noturno, quando amparada em fundadas razões, devidamente justificadas *a posteriori*, que indiquem que dentro da casa ocorre situação de flagrante delito, sob pena de responsabilidade disciplinar, civil e penal do agente ou da autoridade e de nulidade dos atos praticados. 7. Caso concreto. Existência de fundadas razões para suspeitar de flagrante de tráfico de drogas. Negativa de provimento ao recurso.

2ª) Recurso Especial 1.574.681-RS[132], Rel. Min. Schietti Cruz, j. 20/4/2017.

Essas decisões começam a desenhar certos limites para a visão tradicional sobre a legitimação da situação de crime/flagrante permanente para o ingresso da polícia em domicílio sem mandado de busca. Em ambas, o que se destaca é que deve haver controle judicial posterior, que verifique se realmente havia "justa causa" prévia ao ingresso. Como explica o Min. Gilmar Mendes, no RExt 603.616, "a entrada forçada em domicílio, sem uma justificativa prévia conforme direito é arbitrária. Não será a constatação de situação de flagrância, posterior ao ingresso que justificará a medida". Na mesma linha, a decisão unânime do STJ, no REsp 1.574.681, em que o Min. Schietti explica que: "o ingresso regular em domicílio alheio depende, para sua validade e regularidade, da existência de fundadas razões (justa causa) que sinalizem para a possibilidade de mitigação do direito fundamental em questão. É dizer, somente quando o contexto fático anterior a invasão permitir concluir a conclusão acerca da ocorrência de crime no interior da residência é que se mostra possível sacrificar o direito a inviolabilidade do domicílio". E prossegue: "a ausência de justificativas e de elementos seguros a legitimar a ação dos agentes públicos, diante da discricionariedade policial na identificação de situações suspeitas relativas a ocorrência de tráfico de drogas (era o caso em julgamento), pode fragilizar e tornar írrito o direito à intimidade e à inviolabilidade domiciliar". Obviamente – segue o Min. Schietti –, não se trata de transformar o domicílio em um espaço de salvaguarda do criminoso, senão de ter uma situação fática emergencial de flagrância, com elementos mínimos de concretude, para demonstrar a impossibilidade de buscar a autorização judicial. É preciso ter elementos prévios à entrada para legitimar a própria entrada emergencial, sob pena de ilegalidade da busca e apreensão.

Ainda, no REsp 1.574.681-RS, o julgado faz uma dupla advertência:

– a mera intuição, por si só, não permite o ingresso no domicílio sem autorização judicial, na mesma linha da advertência que fizemos sobre a necessidade de demonstração da "prévia visibilidade" do flagrante, mesmo sendo um crime permanente;

– a impossibilidade de se reputar como válido o consentimento do morador quando submetido ao "constrangimento situacional" ou em relação a "autoridades" (ainda que em liberdade), como já explicamos.

Por fim, destacamos, não se pode – na busca domiciliar – concordar com a mera alegação de "fundadas suspeitas" (dicção dos arts. 244 e 240, § 2º do CPP), sob pena

---

132 RECURSO ESPECIAL. TRÁFICO DE DROGAS. FLAGRANTE. DOMICÍLIO COMO EXPRESSÃO DO DIREITO À INTIMIDADE. ASILO INVIOLÁVEL. EXCEÇÕES CONSTITUCIONAIS. INTERPRETAÇÃO RESTRITIVA. INVASÃO DE DOMICÍLIO PELA POLÍCIA. NECESSIDADE DE JUSTA CAUSA. NULIDADE DAS PROVAS OBTIDAS. TEORIA DOS FRUTOS DA ÁRVORE ENVENENADA. ABSOLVIÇÃO DO AGENTE. RECURSO NÃO PROVIDO.

de igualarmos o nível de exigência/proteção feito para legitimar a busca pessoal com aquele necessário para a busca domiciliar. Ou seja, a generalidade da "fundada suspeita" até pode autorizar uma busca pessoal em via pública, mas jamais a busca domiciliar, na medida em que se esvaziaria a tutela constitucional e convencional do domicílio. Não se pode igualar a proteção do domicílio (que é asilo inviolável do indivíduo, na dicção da Constituição) com a proteção da integridade física de quem está em via pública. São níveis diferentes de tutela e proteção. Obviamente, a busca domiciliar exige muito mais em termos de legitimação dos agentes estatais.

## 11.5. Requisitos do Mandado de Busca. A Ilegalidade da Busca Genérica. A Busca em Escritórios de Advocacia

Determina o art. 243 que o mandado de busca deverá conter uma série de requisitos, sob pena de nulidade, na medida em que implica uma grave restrição de direitos fundamentais. A estrita observância dos limites legais é fator legitimante da medida, até porque, ontologicamente, o que diferencia a busca de um crime patrimonial qualquer, como furto ou até roubo praticado em uma residência? Nada. Em ambos existe a invasão do domicílio e a subtração de coisa alheia móvel. A diferença se dá noutra dimensão, na legitimidade ou ilegitimidade da violência praticada. A busca é uma violência estatal legitimada, mas que exige, para isso, a estrita observância das regras legais estabelecidas. Então, nessa matéria, não há espaço para informalidades, interpretações extensivas ou analogias.

A indicação da casa ou local onde a busca será realizada é imprescindível. Não se justifica que a autoridade policial (ou o MP) postule a busca e apreensão como primeiro ato da investigação. Não se busca para investigar, senão que se investiga primeiro e, só quando necessário, postula-se a busca e apreensão. Logo, inexiste justificativa para que uma busca seja genérica nesse requisito (endereço correto). Que primeiro a autoridade policial investigue e defina o que precisa buscar e onde.

Situação absolutamente ilegal a nosso sentir são os mandados de busca e apreensão genéricos, muitas vezes autorizando a diligência em quarteirões inteiros (obviamente na periferia...), conjuntos residenciais ou mesmo nas "favelas" de tal ou qual vila. É inadmissível o "mandado incerto, vago ou genérico. A determinação do varejamento, ou da revista, há de apontar, de forma clara, o local, o motivo da procura e a finalidade, bem como qual a autoridade judiciária que a expediu. É importantíssima a indicação detalhada do *motivo e os fins da diligência*"[133], como determina o art. 243, II, do CPP.

[133] BASTOS PITOMBO, Cleunice. A Desfuncionalização da Busca e da Apreensão. *Boletim do IBCCrim*, n. 151, junho de 2005, p. 2.

Nesse tema das buscas genéricas, é importante referir a decisão proferida pelo **STJ no HC 435.934**, um *habeas corpus* coletivo impetrado pela Defensoria Pública do Rio de Janeiro, no qual a 6ª Turma, a unanimidade, considerou ilegal a decisão judicial que autorizou busca e apreensão coletiva em residências, de forma genérica, em duas favelas do Rio de Janeiro. Como sintetizou o Min. Sebastião Reis Junior, "a carta branca à polícia é inadmissível, devendo-se respeitar os direitos individuais. A suspeita de que na comunidade existam criminosos e que crimes estejam sendo praticados diariamente, por si só, não autoriza que toda e qualquer residência do local seja objeto de busca e apreensão", afirmando ainda que a falta de individualização contraria, entre outros, os arts. 240, 242, 244, 245, 248 e 249 do CPP, bem com o art. 5º, XI, da Constituição[134].

É imprescindível para a validade do ato que o mandado de busca e apreensão (e sua consequente execução) tenha um foco claramente definido previamente. Como ato decisório, o mandado judicial deve ser devidamente fundamentado, nos termos do art. 93, IX, da Constituição, não bastando, por elementar, instrumentos padronizados ou formulários. A decisão judicial que a decreta deve ser muito bem fundamentada, apontando os elementos que a legitimam, a sua necessidade probatória e as razões que amparam essa decisão. Exigível, ainda, que a decisão que decreta a busca e apreensão observe o *standard* de legalidade/qualidade estabelecido no **art. 315, § 2º, do CPP**, que novamente advertimos: deve ser aplicado a "**qualquer decisão judicial, seja ela interlocutória, sentença ou acórdão**".

A inobservância dessas regras conduz à ilicitude da prova obtida. Como muito bem sintetiza BASTOS PITOMBO[135], *eventual resultado positivo da busca e da apreensão não torna válida decisão abusiva e ilegal.* Seguindo com a autora, concluímos que *mandado vazio é perigoso e difícil de debelar-se. Autoritário, traz risco ínsito, arraigado na forma. Arbitrária e sem eficácia mostra-se a busca que desatenda aos aludidos preceitos legais. E sem serventia a apreensão dela decorrente.*

Quanto ao motivo e fins da diligência, exige-se uma rigorosa fundamentação por parte da autoridade judiciária que a autoriza, devendo para tanto apontar a necessidade e a finalidade da busca.

---

134 Disponível em: <https://www.conjur.com.br/2019-nov-05/stj-considera-ilegal-busca-apreensao-coletiva-rio>.

135 BASTOS PITOMBO. A Desfuncionalização da Busca e da Apreensão, op. cit., p. 2.

O motivo relaciona-se com a definição do *fumus commissi delicti* e a necessidade de obter-se aquela prova para a investigação e posterior processo. Exige, ainda, que não possa a prova ser obtida por outro meio menos violento, devendo evidenciar-se assim a imprescindibilidade da diligência. Os fins da diligência impõem a clara definição – de forma apriorística – do que se busca. Ou seja, impede-se a busca genérica de documentos e objetos.

Se possível, deve ser delimitado o objeto ou objetos buscados, para evitar um substancialismo inquisitório. Se o que se busca é uma arma, que se faça a busca direcionada para isso, não estando a autoridade policial autorizada a buscar e apreender documentos, cartas ou computadores. Em muitos casos, sabe-se, de antemão, o que se busca. Logo, que se defina.

Inclusive, quando a busca é por documentos referentes a uma determinada pessoa, mas que estão na posse de terceiros, especialmente médicos, psiquiatras, psicólogos e até advogados (explicaremos na continuação a busca em escritórios de advocacia), o mandado deve ser estritamente delimitado e assim cumprido.

Explicamos. Se estiver sendo investigada determinada pessoa, cujos documentos estão em poder de um profissional, a busca no consultório ou escritório deve limitar-se a esses documentos (referentes, portanto, apenas ao suspeito ou réu). Não pode a autoridade apreender todos os documentos ou prontuários que o profissional detém, pois isso seria uma ilegal violação da privacidade e intimidade de terceiros que nada têm a ver com o processo. Imprescindível que o juiz tenha essa preocupação ao expedir o mandado, advertindo expressamente os limites da atuação da autoridade policial.

Infelizmente, o CPP contempla no art. 240, § 1º, "e" e "h", duas cláusulas genéricas que exigem uma restrição judicial, até por imposição dos valores constitucionais em jogo. Na alínea "e", prevê o Código que a busca pode ter por fim "descobrir objetos necessários à prova de infração ou à defesa do réu".

Portanto, diante de um pedido de busca e apreensão, deve o juiz restringir a finalidade do ato, tendo por base a lógica correlação existente entre a natureza da infração e o tipo de prova. Ou seja, se a busca é pela arma utilizada no crime, a apreensão de um computador não está na linha lógica da prova necessária para esse tipo de delito. Assim, somente os objetos verdadeiramente necessários e úteis à prova é que podem ser apreendidos.

Na segunda parte da alínea "e", abre o CPP a possibilidade de que a defesa peça uma busca e apreensão na casa de um terceiro, desde que demonstre a necessidade do ato à luz da prova que se pretende produzir. Trata-se de medida pouco utilizada, mas que em tese está perfeitamente autorizada.

Mas a pior abertura conceitual está no inciso "h", no qual se abre a possibilidade de que a autoridade policial ou o MP postule a busca e apreensão de "qualquer elemento de convicção". Pensamos que esse dispositivo não resiste a uma filtragem constitucional, e não pode, por si só, justificar a busca.

A busca em Escritórios de Advocacia está prevista no art. 243, § 2º, do CPP. É a apreensão de documentos em poder do defensor do acusado, quando constituir elemento do corpo de delito. Refere-se o Código aos casos em que o advogado é o depositário de documentos ou papéis que constituam a própria materialidade do crime (v.g. no crime de falsidade material ou ideológica de documento público ou particular) como também naqueles em que os documentos guardados são imprescindíveis para a comprovação do delito. Mais grave ainda é a situação do advogado que guardar a arma do crime, pois, nesse caso, além de sujeitar-se a busca, poderá incorrer nas sanções previstas na Lei n. 10.826/2003.

Importante ainda a leitura do art. 7º, §§ 6º e 7º, da Lei n. 8.906/94[136], que determina a necessidade da presença de representante da OAB, sendo, em qualquer hipótese, vedada a utilização dos documentos, das mídias e dos objetos pertencentes a clientes do advogado averiguado, bem como dos demais instrumentos de trabalho que contenham informações sobre clientes. Exige ainda, o art. 7º, § 6º, da Lei:

- a existência de decisão motivada;
- que o mandado de busca e apreensão seja específico e pormenorizado;
- seja cumprido na presença de representante da OAB;
- vedando-se a utilização de documentos, mídias e objetos de clientes.

O problema da busca em Escritórios de Advocacia é que ela tem sido banalizada de forma perigosa, muitas vezes com a (encoberta) intenção de intimidar ou mesmo humilhar e estigmatizar o profissional do que propriamente com fins realmente probatórios.

---

136 Art. 7º São direitos do advogado:
(...)
II – a inviolabilidade de seu escritório ou local de trabalho, bem como de seus instrumentos de trabalho, de sua correspondência escrita, eletrônica, telefônica e telemática, desde que relativas ao exercício da advocacia;
§ 6º Presentes indícios de autoria e materialidade da prática de crime por parte de advogado, a autoridade judiciária competente poderá decretar a quebra da inviolabilidade de que trata o inciso II do *caput* deste artigo, em decisão motivada, expedindo mandado de busca e apreensão, específico e pormenorizado, a ser cumprido na presença de representante da OAB, sendo, em qualquer hipótese,

Elementar que não se pode confundir o advogado delinquente com o advogado do delinquente. O primeiro, por tornar-se coautor ou partícipe, está sujeito às mesmas medidas processuais e judiciais que seu cliente. Já o segundo, desempenha um papel constitucional, imprescindível para a correta Administração da Justiça. Nisso fundam-se as garantias e prerrogativas profissionais do advogado e que exigem respeito, na mesma dimensão com que são respeitadas as prerrogativas dos juízes e membros do Ministério Público.

Não se pode esquecer, ainda, que a busca em escritório de advocacia significa a violação de (mais um) direito fundamental: a ampla defesa, prevista no art. 5º, LV, da Constituição. Afeta, mais especificamente, a garantia da defesa técnica, que ao lado da defesa pessoal integralizam o direito de ampla defesa constitucionalmente assegurado.

### 11.6. Busca Domiciliar. Requisitos para o Cumprimento da Medida Judicial (Dia e Noite). Realização Pessoal da Busca pelo Juiz. Violação do Sistema Acusatório

Havendo mandado judicial de busca (e apreensão), ele somente poderá ser cumprido durante o dia. É ilegal (e viciado está o ato e seu resultado) o cumprimento de ordem judicial à noite.

Isso conduz à discussão do que se entende por dia e noite em termos processuais. Pensamos que o melhor nessa matéria é a aplicação analógica do art. 212 do CPC, sendo considerado noite o período compreendido entre 20h e 6h. Logo, o mandado judicial de busca deve ser cumprido entre 6h e 20h, sendo que, iniciado nesse marco temporal, nada impede que se prolongue noite adentro. O que importa é que o início do cumprimento do ato se dê nesse intervalo.

O que não se pode aceitar, à luz dos direitos fundamentais tensionados, é uma indeterminação tal que admita o cumprimento entre o "alvorecer e o anoitecer"[137], pois isso abriria um perigoso espaço para arbitrariedades policiais, bem como criaria um terreno fértil para infindáveis discussões em cada processo cuja busca se realizasse próxima a esses dois extremos. Por anoitecer se entende o quê? O pôr do sol basta? E se o dia estiver nublado? Quando se dá o amanhecer numa chuvosa ma-

vedada a utilização dos documentos, das mídias e dos objetos pertencentes a clientes do advogado averiguado, bem como dos demais instrumentos de trabalho que contenham informações sobre clientes.
§ 7º A ressalva constante do § 6º deste artigo não se estende a clientes do advogado averiguado que estejam sendo formalmente investigados como seus partícipes ou coautores pela prática do mesmo crime que deu causa à quebra da inviolabilidade.

137 Como sustenta NUCCI, op. cit., p. 522.

nhã invernal na serra? E a neblina, como fica? Enfim, ficaríamos à mercê do que disser a autoridade policial?

É inconcebível tal abertura quando se trata de exercício de poder e restrição de direitos fundamentais, sendo imperiosa a aplicação analógica para assegurar limites ao poder persecutório.

No mesmo sentido, HINOJOSA SEGOVIA[138] leciona que, tendo em conta a variabilidade do final das horas diurnas (luz do sol, estações do ano, localização geográfica e até costumes locais), deixar tal valoração ao alvedrio da discricionariedade judicial, quando da limitação de direitos fundamentais, não é a melhor opção. Daí por que sugere que tal definição deva ser sempre legalmente determinada, a partir de critérios objetivos. É isso o que buscamos: suprir a lacuna legislativa do processo penal através da analogia com o art. 212 do CPC. Sem abrir mão de nossa postura crítica em relação ao emprego de analogias e à (indevida) utilização das categorias do processo civil no processo penal, trata-se de uma medida excepcional, extrema, mas necessária e adequada.

Nos termos do art. 248 do CPP, a busca – como toda medida restritiva de direitos fundamentais – deve ser realizada de forma menos invasiva ou prejudicial àquele que a suporta, até porque ainda está sob a proteção da presunção de inocência (sem esquecer dos demais direitos fundamentais já abordados).

Além das restrições de horário, é necessário que a autoridade policial dê ciência ao morador, apresentando e lendo o mandado, dando-lhe ainda oportunidade para que permita o acesso. Ou seja, a autoridade policial poderá arrombar a porta quando o morador não a abrir, mas é necessário que se lhe permita franquear o acesso.

Não estando presente o morador, ainda que a redação do Código não seja clara, parece-nos evidente que é imprescindível a presença de, no mínimo, duas testemunhas para validade da busca e respectiva apreensão. Trata-se de uma cautela necessária para a própria credibilidade e segurança dos policiais que cumprem a ordem. Não sem razão, exige o art. 245, § 7º, do CPP, que duas testemunhas presenciais assinem o auto circunstanciado. A diligência de busca e apreensão deverá sempre ser documentada, através de relatório circunstanciado e pormenorizado elaborado pela autoridade que realizou o ato. Não há espaço para informalidades.

O art. 250 atualmente foi esvaziado pela ampla utilização das cartas precatórias, ou seja, com as novas tecnologias, velocidade e diluição de fronteiras,

138 HINOJOSA SEGOVIA, op. cit., p. 121.

mandados de busca são deprecados entre cidades ou Estados da Federação com grande frequência, sem falar na necessária cooperação existente entre as polícias e a ampla penetração da polícia federal.

Quanto ao art. 241, algumas considerações devem ser feitas. Após a Constituição de 1988, a busca e apreensão somente poderá ser realizada mediante prévia expedição de mandado por parte da autoridade judiciária competente (determinação judicial, diz a Constituição). Assim, não existe mais a possibilidade de a autoridade policial realizar pessoalmente a busca sem prévio mandado. Se realizada na investigação preliminar, será a busca autorizada pelo juiz das garantias, quando implantado.

Em relação à formalização do ato, é imprescindível que da busca resulte um relatório circunstanciado, sendo ela exitosa (caso em que também deverá haver o respectivo auto de apreensão dos objetos recolhidos) ou não. Não pode a autoridade policial realizar uma medida tão invasiva como essa sem plena formalização da diligência, até porque, às vezes, pequenos detalhes podem ser úteis para a prova em juízo, como a localização da coisa buscada, as pessoas presentes, e demais elementos que integraram o cenário do ato.

Quanto ao juiz, pensamos que o tratamento é igual, ou seja, ainda que ele esteja presente na diligência, deverá haver prévia expedição de mandado, devidamente fundamentada essa decisão.

Existe ainda um diferencial importante. Não cabe ao juiz, na estrutura acusatória consagrada na Constituição, realizar pessoalmente atos de natureza investigatória ou instrutória, sob pena de grave retrocesso à figura do juiz-inquisidor, fulminando a estrutura dialética, o equilíbrio processual e, principalmente, a imparcialidade do julgador (princípio supremo do processo, recordando W. GOLDSCHMIDT).

Dessarte, é imprescindível a prévia e fundamentada expedição do mandado, não a suprindo a presença física do juiz no ato (o que, a rigor, não poderia acontecer, pois não cabe ao juiz uma postura policialesca).

Por esses mesmos argumentos, acrescidos do que dissemos anteriormente sobre o sistema acusatório e a imparcialidade do julgador, é inconstitucional a busca e apreensão determinada (ou realizada) de ofício pelo juiz. Ademais, tal dispositivo está tacitamente revogado pelo art. 3º-A, que recepcionou expressamente a estrutura acusatória que é incompatível com a atuação de ofício por parte do juiz.

Caso a busca domiciliar seja ilegal, além da contaminação da prova produzida, poderão incorrer os agentes nas sanções do art. 150 do CP ou art. 3º, "b", da Lei n. 13.869/2019, que tipifica os delitos de abuso de autoridade.

### 11.7. Apreensão. Formalização do Ato. Distinção entre Apreensão e Medidas Assecuratórias (Sequestro e Arresto)

Ainda que possa haver busca sem apreensão – quando o objeto não for encontrado – e apreensão sem busca (quando há a entrega voluntária), ambos os institutos costumam guardar uma relação de meio-fim. É a apreensão que permitirá indisponibilizar a coisa, com o fim de assegurá-la para o processo, seja com fins probatórios ou mesmo para posterior restituição à vítima ou terceiro de boa-fé. Assim, a apreensão é suficientemente complexa para ser, ao mesmo tempo, um meio coercitivo de prova, uma medida probatória e até mesmo uma medida cautelar real. Tudo vai depender do caso concreto, sem descartar a possibilidade de coexistência desses diferentes fins.

A apreensão dos objetos deve ser estritamente formalizada, através de respectivo auto descritivo. É fundamental a documentação do ato para permitir a correta utilização no processo daquele meio de prova ou, ainda, para permitir que a vítima, terceiro de boa-fé ou até mesmo o imputado, postule a sua restituição.

Por fim, muito importante é não confundir o instituto da apreensão com as medidas assecuratórias, previstas nos arts. 125 a 144, especialmente o sequestro e arresto de bens móveis. Voltaremos a essas questões ao tratar das medidas cautelares, mas desde logo esclarecemos que:

- a apreensão é sempre do objeto direto do crime, ou seja, do automóvel furtado, roubado etc.;
- o sequestro de bens móveis do art. 125 recai sobre todo e qualquer bem adquirido com os proventos da infração, por exemplo: sequestra-se o carro adquirido com o dinheiro obtido no roubo de um banco, as joias adquiridas com a venda de objetos anteriormente furtados etc.;
- o arresto do art. 137 tem por objeto os bens móveis de origem lícita, diversa do crime. Assim, no crime de homicídio, por exemplo, pode ser arrestado o automóvel do imputado, tendo por fim resguardar os efeitos indenizatórios decorrentes da (eventual) sentença penal condenatória.

Exceção deve ser feita quando, com os proventos da infração (dinheiro, eletrodomésticos etc.), o agente adquire coisas cujo fabrico, alienação, uso, porte ou detenção constitua fato ilícito. Exemplo: com o dinheiro obtido no roubo ou com a venda dos objetos subtraídos, o agente adquire substâncias entorpecentes (cocaína, maconha etc.) ou armas ilegais. Nesse caso, haverá apreensão do objeto ilícito.

Somente tendo presente essa distinção é possível compreender a confusa redação do art. 132 do CPP, quando diz que:

> Art. 132. Proceder-se-á ao sequestro dos bens móveis se, verificadas as condições previstas no art. 126, não for cabível a medida regulada no Capítulo XI, do Título VII, deste Livro.

Significa que caberá o sequestro quando não for caso de busca e apreensão, ou seja, quando o bem móvel é adquirido com os proventos da infração e, portanto, não é passível de busca e apreensão (somente para objeto direto).

## 11.8. O Problemático Desvio da Vinculação Causal. O Encontro Fortuito

Imagine-se o caso em que é autorizada judicialmente a busca e apreensão de provas de um delito de tráfico de drogas, mas também são apreendidos documentos relativos ao delito de sonegação fiscal. É válido esse desvio causal para que essa prova sirva para apuração de ambos os delitos?

Inicialmente, é preciso compreender que o ato judicial que autoriza a busca domiciliar é plenamente vinculado e limitado. Há todo um contexto jurídico e fático necessário para legitimar a medida que institui uma "especialidade" de seus fins. Ou seja, a excepcionalidade e lesividade de tais medidas exigem uma eficácia limitada de seus efeitos e, mais ainda, uma vinculação àquele processo.

Trata-se de uma vinculação causal, em que a autorização judicial para a obtenção da prova naturalmente vincula a utilização naquele processo (e em relação àquele caso penal), sendo assim, simultaneamente, vinculada e vinculante.

Essa decisão, ao mesmo tempo em que está vinculada ao pedido (imposição do sistema acusatório), é vinculante em relação ao material colhido, pois a busca e apreensão, interceptação telefônica, quebra do sigilo bancário, fiscal etc., está restrita à apuração daquele crime que ensejou a decisão judicial.

Mas a jurisprudência brasileira tem sido excessivamente permissiva em relação ao encontro fortuito, não fazendo sequer a exigência de conexão. Para evitar repetições inúteis, remetemos o leitor para o Capítulo anterior, quando tratamos da prova ilícita e do "encontro fortuito".

## 11.9. Da Busca Pessoal. Vagueza Conceitual da "Fundada Suspeita". Busca em Automóveis. Prescindibilidade de Mandado. Possibilidades e Limites. Busca Pessoal Não se Confunde com Intervenção Corporal

Ao lado da busca e apreensão domiciliar, está a busca pessoal, ou seja, aquela que incide diretamente sob o corpo do agente.

Autoriza o art. 240, § 2º, que se proceda a busca pessoal quando "houver fundada suspeita de que alguém oculte consigo arma proibida ou objetos mencionados nas letras *b* a *f* e letra *h* do parágrafo anterior".

Assim, a autoridade policial (militar ou civil, federal ou estadual) poderá revistar o agente quando houver "fundada suspeita". Mas, o que é "fundada suspeita"? Uma cláusula genérica, de conteúdo vago, impreciso e indeterminado, que remete à ampla e plena subjetividade (e arbitrariedade) do policial.

Pouco se tem manifestado a jurisprudência sobre o tema, até mesmo pela dinâmica dos fatos, que não permite uma pronta intervenção jurisdicional. Mas é interessante a manifestação do STF no HC 81.304-4/Goiás, da relatoria do Min. Ilmar Galvão, que determinou o arquivamento de termo circunstanciado realizado pela suposta prática do crime de desobediência. O imputado negou-se a submeter-se a revista pessoal pela polícia militar, tendo sido realizado termo circunstanciado. Como apontou o Ministro, "a fundada suspeita, prevista no art. 244 do CPP, não pode fundar-se em parâmetros unicamente subjetivos, exigindo elementos concretos que indiquem a necessidade da revista, em face do constrangimento que causa. Ausência, no caso, de elementos dessa natureza, que não se pode ter configurado na alegação de que trajava, o paciente, 'blusão' suscetível de esconder uma arma, sob risco de referendo a condutas arbitrárias, ofensivas a direitos e garantias individuais e caracterizadoras de abuso de poder".

Trata-se de ranço autoritário de um Código de 1941. Assim, por mais que se tente definir a "fundada suspeita", nada mais se faz que pura ilação teórica, pois os policiais continuarão abordando quem e quando eles quiserem[139]. Elementar que os alvos são os clientes preferenciais do sistema, por sua já conhecida seletividade. Eventuais ruídos podem surgir quando se rompe a seletividade tradicional, mas dificilmente se vai além de mero ruído. Daí por que uma mudança legislativa é imprescindível para corrigir tais distorções.

A busca pessoal somente pode(ria) ser feita quando houver a "fundada suspeita" de que alguém oculte consigo arma proibida (ou sem o porte regular), ou, ainda, coisas achadas ou obtidas por meios criminosos; instrumentos de falsificação ou de contrafação e objetos falsificados ou contrafeitos; munições,

---

[139] Exemplo típico desses abusos são as buscas pessoais feitas em ônibus urbanos, especialmente nas periferias, vilas e "favelas" das grandes cidades brasileiras. Como sustentar que, em relação a 50 pessoas desconhecidas (muitas retornando para casa após uma longa jornada de trabalho), existe "fundada suspeita" de que alguém oculte armas, coisas achadas por meios criminosos etc.? Como justificar que todos tenham que descer, ficar de costas, com braços e pernas abertos, para serem revistados (muitas vezes sob a mira de armas, com nervosos dedos no gatilho)? Ora, nada mais é do que uma atitude calcada nas metarregras do sistema punitivo, especialmente nas revoltantes discriminações raciais, econômicas e sociais. Imagine-se um arrastão policial desse tipo feito na saída do aeroporto de Brasília, São Paulo ou qualquer outra capital? Ou mesmo num badalado *shopping center*? Impensável! Até porque, após tamanho suicídio político, cairia toda a cúpula da segurança pública... É assim que nasce a seletividade penal, tão bem explicada pelo *labeling approach*.

instrumentos utilizados na prática de crime ou destinados a fim delituoso; descobrir objetos necessários à prova de infração ou à defesa do réu; apreender cartas, abertas ou não, destinadas ao acusado ou em seu poder, quando haja suspeita de que o conhecimento do seu conteúdo possa ser útil à elucidação do fato; colher qualquer elemento de convicção.

Como se não bastasse a amplitude do dispositivo, inclui ainda o legislador a alínea "h"... dando uma abertura preocupante aos poderes de busca pessoal aos policiais.

A busca pessoal também vai legitimar a busca em automóveis, não havendo qualquer necessidade de ordem judicial.

Assim, a autoridade policial poderá proceder à revista pessoal (e nos automóveis, caminhões, ônibus etc.), a qualquer hora do dia ou da noite, sem a necessidade de mandado judicial, bastando, para tanto, que alegue a "fundada suspeita" de que alguém possa estar ocultando (quase que) qualquer coisa...

Claro, em tese, há a possibilidade de o policial ser responsabilizado pelo crime de abuso de autoridade, previsto na Lei n. 13.869/2019, quando não houver "fundada suspeita". O problema é que, ao dar-se tal abertura para o uso da autoridade, fica extremamente difícil a demonstração de que houve abuso. O que separa o uso do abuso quando há tal indefinição da lei?

O problema de medidas assim, com amplo espaço para abusos, poderia ser atenuado com maior rigor no preparo técnico dos policiais e, principalmente, efetivo controle da validade dos atos por parte dos juízes e tribunais. Infelizmente nada disso ocorre e, com ampla complacência dos julgadores, os abusos são frequentes. Não raras vezes, os próprios juízes legitimam as buscas de "arrastão" e sem qualquer critério legítimo, sob o argumento de que são "meros dissabores, justificados pelos altos índices de violência urbana" (claro, até porque eles estão imunes a tais dissabores...). Outros ainda, com precários subterfúgios discursivos, recorrem à lógica de que os fins justificam a (ilegalidade) dos meios.

Reza ainda o art. 249 que a busca pessoal em mulher deve ser realizada por outra mulher. Nada mais natural, ainda mais com os notórios abusos praticados nesse campo. Mas o (ranço autoritário do) CPP relativiza até isso:

> Art. 249. A busca em mulher será feita por outra mulher, se não importar retardamento ou prejuízo da diligência.

Basta que a autoridade policial executante da medida argumente que esperar até a chegada de outra mulher (policial, é claro) implicaria "retardamento ou prejuízo da diligência", para que a pseudogarantia caia por terra. Logo, o caminho para a ineficácia do dispositivo é dado por ele mesmo.

Noutro campo, a busca pessoal também está automaticamente autorizada quando realizada no bojo de uma busca domiciliar. Essa disposição do art. 244 é lógica e necessária para eficácia da própria busca domiciliar. Aqui a situação é diferente, pois foi judicialmente autorizada a busca domiciliar, de modo que a revista dos presentes é englobada e imprescindível para a obtenção da prova buscada. Ainda que não houvesse essa disposição expressa, o art. 240, § 2º, "h", autorizaria a busca pessoal de quem na casa estivesse.

Situação interessante ocorre nos casos de tráfico de substância entorpecente, em que o agente ingere a droga que irá transportar. Será que a "busca pessoal" com o fim de apreender a substância pode autorizar uma intervenção corporal (cirúrgica, ou ministrando medicamento adequado) para apreensão da substância?

Não, salvo se houver o consentimento válido do agente. Isso porque, nesse caso, a questão é deslocada para outra esfera, a da intervenção corporal. Como já explicamos anteriormente, ao tratar do direito de silêncio (e do *nemo tenetur se detegere*), não existe a possibilidade de extração compulsória de fluidos, sangue ou mesmo da substância entorpecente ingerida.

Não havendo consentimento e estando o agente cautelarmente preso, deverá a autoridade aguardar até que ele naturalmente evacue, expelindo de seu organismo a substância. Claro que tal procedimento poderá ser abreviado se o imputado concordar com a ingestão de laxantes, até para abreviar o inevitável e reduzir os riscos de rompimento do(s) invólucro(s) onde a droga está acondicionada.

# SÍNTESE DO CAPÍTULO

**Aviso ao leitor:** A compreensão da síntese exige a prévia leitura do capítulo!

1. PROVA PERICIAL E EXAME DE CORPO DE DELITO:

- A prova pericial é uma prova técnica, mediante a qual são trazidos ao processo conhecimentos que estão fora do saber ordinário. Contudo, todas as provas são relativas, e o juiz não ficará adstrito ao laudo, podendo aceitá-lo ou rejeitá-lo, no todo ou em parte (art. 182 do CPP).
- O laudo deve ser realizado por um perito oficial ou dois peritos nomeados, art. 159.
- Admite-se a figura do assistente técnico, indicado por qualquer das partes, que elaborará seu parecer após o laudo apresentado pelo perito oficial.
- Poderá ser requerida a oitiva do perito oficial ou nomeado, para esclarecer o laudo, art. 400, § 2º, do CPP.

1.1. Exame de Corpo de Delito Direto e Indireto:

- Não confundir "exame de corpo de delito" (espécie) com as perícias em geral (gênero).
- Corpo de delito são os vestígios materiais deixados pelo crime. Exame de corpo de delito é o exame técnico da coisa ou pessoa que constitui a própria materialidade do crime (necessário nos crimes que deixem vestígios).
- Exame direto é quando a análise recai diretamente sobre o objeto, uma relação imediata entre o perito e aquilo que está sendo periciado.
- Exame indireto: quando impossível de ser feito o exame direto, por haverem desaparecido os vestígios do crime, a prova testemunhal, filmagens, fotografias, áudios etc. podem suprir-lhe a falta. A regra é o exame direto, sendo o indireto uma excepcionalidade.
- Confissão do acusado não é suficiente para comprovar a materialidade do crime, sendo indispensável o exame de corpo de delito direto ou indireto (art. 158).

1.2. Intervenções Corporais e Extração de Material Genético – Lei n. 12.654/2012

- Está constitucionalmente assegurado o direito de silêncio e o direito de não produzir prova contra si mesmo – *nemo tenetur se detegere*.
- A Lei n. 12.654/2012 é objeto de muita controvérsia, pois permite a extração compulsória de material genético, violando o direito de não produzir prova contra si mesmo. Tem dois campos de aplicação: na investigação preliminar e na execução penal.

1.2.1. Coleta de material genético na investigação: a lei da identificação criminal (Lei n. 12.037) foi alterada, permitindo agora que, além da identificação criminal (coleta de digitais e foto), seja coletado (coercitivamente, se houver recusa) material genético do suspeito – em qualquer crime – quando houver:

a) necessidade para a investigação: qualquer que seja o crime (crítica: proporcionalidade), desde que demonstrada a imprescindibilidade para a investigação;

b) autorização judicial: reserva de jurisdição, cabendo ao juiz decidir de forma fundamentada, demonstrando a estrita necessidade e proporcionalidade da medida invasiva, bem como a impossibilidade de constituir-se a prova por outro meio menos lesivo e gravoso.

1.2.2. Coleta de material genético do condenado: autoriza a coleta compulsória de material genético do condenado definitivamente por crime hediondo ou doloso cometido com violência de natureza grave contra pessoa. Não é necessária autorização judicial para coleta, mas sim para acesso ao banco de dados.

1.2.3. Valor probatório: todas as provas são relativas e nenhuma delas terá valor decisivo ou maior prestígio que as outras (Exposição de Motivos do CPP). O juiz também não está adstrito ao laudo (art. 182).

2. INTERROGATÓRIO: arts. 185 a 196. Momento em que poderá ser exercido o direito de defesa pessoal positivo ou negativo (silêncio). Imprescindível a presença de defensor, que poderá fazer perguntas. É um meio de defesa por excelência, mas também tem valor probatório.

- Havendo dois ou mais réus, o interrogatório será realizado separadamente. A defesa do corréu pode fazer perguntas, bem como a acusação. O interrogatório de corréu delator deverá ser realizado antes dos demais corréus delatados e, preferencialmente, após as testemunhas de acusação e antes das testemunhas de defesa.
- O interrogatório poderá ser repetido a qualquer momento (art. 196), por iniciativa do juiz ou a pedido das partes.
- O art. 217 permite que o réu seja retirado da sala se o juiz verificar que sua presença pode causar humilhação, temor ou constrangimento à vítima ou testemunha, permanecendo na sala o defensor.
- Interrogatório por videoconferência: art. 185. É medida excepcional, em caso de réu preso, assegurado o direito a entrevista prévia e reservada com o defensor.

3. CONFISSÃO: arts. 197 a 200. Tem valor relativo, é divisível e retratável. O art. 198 deverá ser lido à luz do direito constitucional de silêncio, de modo que o exercício do direito de silêncio não pode ser utilizado em prejuízo do réu.

4. PERGUNTAS AO OFENDIDO: art. 201. Vítima não presta compromisso de dizer a verdade, não é computada no limite numérico das testemunhas e não pode negar-se a comparecer (tampouco tem direito de silêncio). Poderá requerer que o réu seja retirado da sala (art. 217). Problemática é a questão do valor probatório da palavra da vítima. Como regra, tem menor credibilidade, pois está diretamente contaminada pelo caso penal, além de não prestar compromisso de dizer a verdade. Contudo, a jurisprudência tem ressalvado os casos de crimes sexuais ou contra o

patrimônio cometidos com violência ou grave ameaça, em que a palavra da vítima passa a ter maior valor. De qualquer forma, isoladamente jamais poderá justificar uma sentença condenatória.

- Falsas memórias: é possível a implantação de falsas memórias em adultos e, especialmente, em crianças. O procedimento de sugestão de falsa informação pode gerar uma falsa recordação, na qual a testemunha/vítima acredita, honestamente, que tal fato tenha ocorrido, sem que isso corresponda à realidade. Isso pode acontecer por autossugestão ou por fator externo (indução). Existe um alerta geral sobre o depoimento infantil, pois as crianças não estão acostumadas a fornecer narrativas sobre suas experiências; a passagem do tempo dificulta a recordação; há dificuldade de se reportar a eventos que causem dor, estresse ou vergonha; a criança raramente responde que não sabe e muda de resposta para corresponder à expectativa criada pelo entrevistador.

5. PROVA TESTEMUNHAL: arts. 202 a 228.

- Art. 212: com a nova redação, consagra a *cross examination*, ou seja, as perguntas diretamente feitas pelas partes às testemunhas, assegurando o protagonismo da coleta da prova às partes (na perspectiva do sistema acusatório constitucional em que a gestão/iniciativa probatória é das partes e não do juiz), cabendo ao juiz a função de presidir o ato e, ao final, sobre os pontos não esclarecidos, complementar a inquirição. A função do juiz na audiência é a de presidir o ato, mas sem protagonismo no que tange à coleta da prova testemunhal. A inversão nesta ordem, com o juiz iniciando as perguntas, viola a regra do art. 212, mas tal nulidade tem sido considerada como "relativa" pelo STJ, posição com a qual não concordamos. Com a nova redação do art. 3º-A do CPP e a expressa recepção pelo CPP da estrutura acusatória, espera-se que o art. 212 volte a ter plena eficácia.
- Toda pessoa poderá ser testemunha, art. 202. Como regra, não poderá recusar-se a depor.
- Art. 206: poderão recusar-se a depor o ascendente, descendente, afim em linha reta, cônjuge – ainda que separado ou divorciado –, irmão, pai, mãe ou o filho adotivo, salvo quando impossível obter-se a prova por outro modo.
- Estão proibidas de depor, art. 207, aquelas pessoas que, em razão de função, ministério, ofício ou profissão, devam guardar segredo, salvo se, desobrigadas pela parte interessada, quiserem dar seu testemunho (ex.: psiquiatra, psicólogo, advogado, padre, contador etc.). Deve haver nexo causal entre o conhecimento do fato criminoso e a relação profissional.
- Compromisso: art. 208, com a fórmula do art. 203, onde a testemunha se compromete a dizer a verdade do que souber (sob o risco de, em tese, incorrer no crime de falso testemunho do art. 342 do CP).
- Não prestam compromisso: art. 208. São meros informantes, os doentes e deficientes mentais, os menores de 14 anos e as pessoas referidas pelo art. 206.

- O art. 209 é incompatível com o sistema acusatório constitucional e está tacitamente revogado pelo art. 3º-A do CPP.
- Contraditar testemunha: art 214. É uma forma de impugnar a testemunha, apontando os motivos que a tornam suspeita ou indigna.
- Classificação das testemunhas: presenciais, indiretas, informantes, abonatórias e referidas.
- Caracteres do testemunho: oralidade, objetividade e retrospectividade.
- Momento de arrolar. Limite numérico. Substituição/desistência. Assistente: as testemunhas da acusação devem ser arroladas na denúncia ou queixa (art. 41). O assistente não pode arrolar testemunhas, pois ingressa no processo após a denúncia ter sido recebida (preclusão para ele). As testemunhas de defesa são arroladas na resposta à acusação (art. 396-A). Limite numérico: até 8 testemunhas para o rito ordinário, até 5 para o rito sumário. Não são computadas as testemunhas que não prestam compromisso, a vítima e as referidas. Rito do júri: 8 testemunhas na primeira fase e até 5 em plenário (art. 422). Desistência (art. 401, § 2º), não sendo possível a desistência unilateral (violação do contraditório).

6. RECONHECIMENTO DE PESSOAS E COISAS: arts. 226 a 228.

- Ato através do qual alguém é levado a analisar alguma pessoa ou coisa, com a finalidade de recordar um fato criminoso e verificar se coincide com a recordação empírica. É um ato formal, previsto no art. 226. Pode ocorrer no inquérito policial e/ou no processo criminal.
- O Código de Processo Penal é omisso em relação ao número mínimo de participantes (recomenda-se que não seja inferior a 5). Deve-se ter cuidado para que o nível de indução seja o menor possível (características físicas similares).
- Reconhecimento por fotografia: não é pacífica sua aceitação. Recomenda-se que seja ato preparatório, ato-meio e não um fim em si mesmo.
- Falso reconhecimento: problemática decorrente das falsas memórias e dos processos de indução. O reconhecimento pessoal é um meio de prova bastante sensível à indução e aos falsos reconhecimentos, devendo por isso ser realizado com suma prudência e cautela e valorado pelo juiz com reservas, em conjunto com as demais provas, nunca com valor decisivo ou única prova para legitimar a sentença condenatória.

7. RECONSTITUIÇÃO DO DELITO: prevista no art. 7º, a reconstituição do crime é uma valiosa contribuição para esclarecer o caso penal, podendo ser realizada na fase de inquérito ou processo, desde que não contrarie a moralidade ou ordem pública, e seja respeitado o direito de defesa (positivo e negativo) do sujeito passivo.

8. ACAREAÇÃO: arts. 229 e 230. Pode ser realizada na fase processual ou pré-processual e consiste em colocar cara a cara duas pessoas que tenham prestado declarações divergentes e relevantes.

9. PROVA DOCUMENTAL: arts. 231 a 238. Entende-se por documento toda classe de objetos que tenham uma função probatória, tais como escritos, fitas de áudio,

vídeo, fotografias, tecidos e objetos móveis que possam ser incorporados ao processo e que desempenhem uma função persuasiva. Os documentos podem ser juntados a qualquer momento, até o encerramento da instrução.

- Tribunal do Júri: documentos devem ser juntados com antecedência mínima de 3 dias úteis.

10. INDÍCIOS: art. 239. São provas de menor nível de confiabilidade, de verossimilhança, que podem justificar uma medida cautelar, mas jamais uma sentença condenatória.

11. DA BUSCA E APREENSÃO: arts. 240 a 250.

- A busca é uma medida instrumental, meio de obtenção de prova. Apreensão é uma medida cautelar probatória, pois se destina à garantia da prova ou como medida assecuratória. São institutos diversos, mas tratados de forma unificada.
- Ainda que normalmente seja realizada na fase de investigação, pode ser feita no curso do processo ou na execução penal.
- Tensiona os seguintes direitos fundamentais: inviolabilidade do domicílio; dignidade da pessoa humana; intimidade e vida privada; incolumidade física e moral do indivíduo.

11.1. Busca domiciliar: art. 240. Amplitude do conceito de "casa".

- O mandado de busca deverá atentar para os requisitos formais, art. 243. Exige uma decisão judicial fundamentada e que descreva os motivos e os fins da diligência (finalidade específica).
- Art. 5º, XI, da CF: busca domiciliar poderá ser feita:

a) durante o dia (art. 212 do CPC, das 6h às 20h): com consentimento válido do morador, em caso de flagrante delito ou com ordem judicial;

b) durante a noite: com consentimento válido do morador ou em caso de flagrante delito. Não pode ser realizada busca domiciliar com ordem judicial à noite (depois das 20h e antes das 6h).

- Trata-se de ato formal, do qual dever resultar um relatório circunstanciado.
- Problema do desvio causal da prova/princípio da especialidade.
- Crime permanente = flagrante permanente. Art. 303.

11.2. Busca pessoal: art. 240, § 2º.

- Vagueza conceitual: "fundada suspeita".
- Não é necessário mandado judicial, consentimento ou situação de flagrância (basta "fundada suspeita"). Também poderá ser realizada no curso de uma busca domiciliar.
- Busca em mulher: art. 249 (será feita por mulher, "se não importar retardamento ou prejuízo da diligência").
- Carros, caminhões, ônibus e demais veículos entram no conceito de "busca pessoal", independendo de autorização judicial.

12. RESTITUIÇÃO DE COISAS APREENDIDAS: arts. 118 a 124, 91 do CP e 243 da CF. Como regra, todos os bens apreendidos podem ser restituídos, desde que: a) não interessem mais ao processo (necessidade probatória); b) não sejam bens cujo fabrico, alienação, uso, porte ou detenção constitua fato ilícito ou, ainda, que não sejam produto de crime ou proveito auferido com o delito.

- A restituição atende a dois interesses: probatório ou reparador dos danos.
- Pedido de restituição pode ser feito no curso do inquérito ou do processo.

Capítulo X

# SUJEITOS E PARTES DO PROCESSO. A COMUNICAÇÃO DOS ATOS PROCESSUAIS AO ACUSADO. INATIVIDADE PROCESSUAL. DO ASSISTENTE DA ACUSAÇÃO

## 1. Sujeitos Processuais e a Problemática em Torno da (In)Existência de Partes no Processo Penal

No processo penal, intervêm três sujeitos: juiz, acusador e réu.

Quando falamos de um processo de partes, estamos fazendo alusão a um processo penal de partes, conforme os limites e categorias jurídicas próprias do processo penal. Acima de tudo, o que se busca é reforçar a posição da *parte passiva*, fortalecendo o sistema acusatório com o estabelecimento da igualdade de armas, do contraditório, e, por fim, com o abandono completo de todo e qualquer resíduo do verbo totalitário. Em última análise, significa o abandono completo da concepção do acusado como um objeto, considerando-se agora no seu devido lugar: como parte no processo penal.

Tanto mais forte será sua posição quanto mais clara for a delimitação da esfera jurídica de cada parte, pois somente assim poderá efetivar-se o contraditório. O fortalecimento da *estrutura dialética do processo* beneficia a todos os intervenientes e, principalmente, contribui para uma melhor Administração da Justiça.

Devemos destacar que no processo penal o *elemento subjetivo determinante do objeto* é exclusivamente a pessoa do acusado[1], pois não vige a doutrina das três

[1] GIMENO SENDRA, Vicente; MORENO CATENA, Victor; CORTÉS DOMÍNGUEZ, Valentín. *Derecho Procesal Penal*. Madrid, Colex, 1996. p. 209.

identidades da coisa julgada civil, pois nem o pedido nem a identidade das partes acusadoras são essenciais para a pretensão e a coisa julgada.

## 2. Do Acusado. Citação, Notificação e Intimação como Manifestações do Direito Fundamental ao Contraditório e à Ampla Defesa. Ausência Processual e Inadequação da Categoria "Revelia"

Na fase pré-processual (inquérito policial), não há que se falar em acusado ou réu, senão em suspeito ou indiciado (caso já tenha ocorrido o indiciamento). O *status* de acusado ou réu somente é adquirido com o recebimento da denúncia ou queixa (nesse caso, também poderá se falar em querelado) pelo juiz das garantias.

Contudo, há que se esclarecer que o tratamento constitucional de "acusados em geral", previsto no art. 5º, LV, da CF, é suficientemente amplo para alcançar tanto o inquérito policial como o processo. A expressão abrange um leque de situações, com um sentido muito mais amplo que a mera acusação formal (vinculada ao exercício da ação penal) e com um claro intuito de proteger também o suspeito ou indiciado.

No mesmo sentido, LAURIA TUCCI e CRUZ E TUCCI[2] afirmam que "percebe-se, desde logo, sem mínimo esforço de raciocínio, que o nosso legislador constituinte pontuou, no primeiro dos incisos transcritos, a real diferença entre o conteúdo do processo civil, cuja já verificada finalidade é a compositiva de litígios, e o do processo penal, em que pessoa física, integrante da comunidade, é indiciada, acusada e, até, condenada pela prática de infração penal". Mais adiante, ainda referindo-se à proteção constitucional, apontam que, "(...) de modo também induvidoso, reafirmou os regramentos do contraditório e da ampla defesa, com todos os meios e recursos a ela inerentes, estendendo sua incidência, expressamente, aos procedimentos administrativos... ora, assim sendo, se o próprio legislador nacional entende ser possível a utilização do vocábulo processo para designar procedimento, nele se encarta, à evidência, a noção de qualquer procedimento administrativo e, consequentemente, a de procedimento administrativo-persecutório de instrução provisória, destinado a preparar a ação penal, que é o inquérito policial".

É importante destacar que quando falamos em "contraditório" na fase pré-processual estamos fazendo alusão ao seu primeiro momento, da informação. Isso porque, em sentido estrito, não pode existir contraditório no inquérito porque

2 LAURIA TUCCI, Rogério; CRUZ E TUCCI, José Rogério. *Devido Processo Legal e Tutela Jurisdicional*. São Paulo, RT, 1993. p. 25 e s.

não existe uma situação jurídico-processual, não está presente a estrutura dialética que caracteriza o processo. Não havendo o exercício de uma pretensão acusatória, não pode existir a resistência. Sem embargo, esse direito à informação – importante faceta do contraditório – adquire relevância na medida em que será através dele que será exercida a defesa.

Ora, não é preciso maior capacidade de abstração para verificar que qualquer notícia-crime que impute um fato aparentemente delitivo a uma pessoa determinada constitui uma imputação, no sentido jurídico de agressão, capaz de gerar no plano processual uma resistência. Foi isso que o legislador constitucional protegeu com a expressão *acusados em geral* (note-se bem, o texto constitucional não fala simplesmente em "acusados", o que daria abrigo a uma leitura mais formalista, mas sim em "acusados em geral", o que sem dúvida é muito mais amplo e protecionista).

Feito esse esclarecimento, nos ocuparemos agora, especificamente, do chamamento e presença ou ausência do acusado no processo.

## 2.1. A Comunicação dos Atos Processuais como Manifestação do Contraditório e da Ampla Defesa

Ainda que pertencentes ao gênero "comunicação dos atos processuais", notificação, intimação e citação do acusado são institutos distintos, com diferentes finalidades e consequências. Contudo, o mais importante é que são todos instrumentos a serviço da eficácia dos direitos fundamentais do contraditório e da ampla defesa. Não se pode mais pensar a comunicação dos atos processuais de forma desconectada do contraditório, na medida em que, como explicamos anteriormente, é ele o direito de ser informado de todos os atos desenvolvidos no *iter procedimental*.

Maior é a relevância da comunicação dos atos processuais se considerarmos que o *processo é um procedimento em contraditório*, sendo essa a nota distintiva entre o processo judicial e os demais tipos de processo (administrativo, legislativos etc.), como explica FAZZALARI. Na lição do autor[3], *l'essenza stessa del contraddittorio esige che vi partecipino almeno due soggetti, un "interessato" e un "controinteressato": sull'uno dei quali l'atto finale è destinato a svolgere effetti favorevoli e sull'altro affetti pregiudizievoli*. A igualdade de oportunidades e de tratamento ao longo do processo é imposição do contraditório, que por sua vez é fundante do próprio conceito de *processo*.

---

3 FAZZALARI, Elio. *Istituzioni di Diritto Processuale*. 8. ed. Padova, CEDAM, 1996. p. 86.

Fazendo um recorte na imensa gama de consequências que a concepção de FAZZALARI traz para o processo penal contemporâneo, o controle das partes sobre os atos do juiz é de suma importância e, nesse aspecto, sublinha PLINIO GONÇALVES[4], a publicidade e a comunicação, a cientificação do ato processual às partes (que é, também, garantia processual) é de extrema relevância. A função do juiz é assegurar o contraditório, logo, para isso, deve ter uma postura ativa, sem, contudo, jamais colocar-se como contraditor.

Não existe "contraditório com o juiz", senão "contraditório assegurado pelo juiz". Nessa linha, PLINIO GONÇALVES explica que "as partes não se colocam em combate com o juiz, nem este em contraditório com as partes". Para finalizar, pontualiza com acerto o autor[5] a partir da doutrina de FAZZALARI: "O contraditório realizado entre as partes não exclui que o juiz participe atentamente do processo, mas, ao contrário, o exige, porquanto, sendo o contraditório um princípio jurídico, é necessário que o juiz a ele se atenha, adote as providências necessárias para garanti-lo, determine as medidas adequadas para assegurá-lo, para fazê-lo observar, para observá-lo, ele mesmo".

Logo, tem o juiz um dever de informar e de garantir que a informação seja dada às partes[6], para que elas, querendo, possam intervir. Não há que se pensar na existência de um "dever" de intervenção das partes, senão de "possibilidade" e, dependendo da situação jurídica, de "carga" ou "assunção de riscos", na linha goldschmidtiana por nós adotada e anteriormente explicada.

Assim, para o contraditório, é essencial a eficácia da comunicação processual, revestida da forma de citação, intimação ou notificação, conforme o caso. A falha na comunicação processual viola o contraditório e conduz à nulidade absoluta, na concepção tradicional (melhor, um defeito que poderá ser sanável ou insanável conforme o momento em que seja reconhecido).

O direito de defesa, ainda que distinto do contraditório, como explicamos anteriormente, está a ele umbilicalmente ligado, pois o contraditório cria condições de possibilidade para a defesa se efetivar. E ambos dependem da eficácia da comunicação dos atos processuais. Eis a íntima relação entre eles.

Compreendida assim a vinculação dessa matéria com a eficácia do direito fundamental do contraditório e da ampla defesa, vejamos agora os atos em espécie.

---

[4] PLINIO GONÇALVES, Aroldo. *Técnica Processual e Teoria do Processo*. São Paulo, Aide, 1992. p. 122.

[5] Idem, ibidem, p. 122-123.

[6] Idem, ibidem, p. 126.

### 2.2. A Citação do Acusado. Garantia do Prazo Razoável. Requisitos e Espécies. Citação por Carta Precatória e Rogatória. Citação do Militar, do Servidor Público e do Réu Preso

A citação no processo penal é um ato da maior importância, pois dela depende diretamente a eficácia do direito fundamental do contraditório e, posteriormente, da ampla defesa. Também, a teor do art. 363 do CPP, *o processo terá completada a sua formação quando realizada a citação do acusado*.

Trata-se de comunicação ao réu da existência de uma acusação, dando-lhe assim a "informação" que caracteriza o primeiro momento do contraditório. A partir dessa informação, cria-se a necessária condição de possibilidade para eficácia do direito de defesa pessoal e técnica.

Na atual sistemática processual, a citação é a comunicação da existência de uma acusação, para que ele "responda por escrito" no prazo de 10 dias (art. 396). É citação para responder à acusação e não mais para ser interrogado. De qualquer forma, em nada diminui a importância do ato, pois segue sendo um momento crucial para o direito de defesa. Então, mais do que um mero chamamento do réu a juízo para defender-se, é a citação uma manifestação do próprio direito fundamental do contraditório.

Daí por que é a citação uma garantia para o réu, solto ou preso, acarretando a invalidade processual (art. 564, III, "e", do CPP) qualquer violação à forma prescrita.

Se o réu devidamente citado não apresentar a resposta escrita no prazo legal, deverá o juiz nomear um defensor para oferecê-la, concedendo-lhe vista dos autos por 10 dias (art. 396-A, § 2º).

Também é importante atentar para o novo procedimento comum (ordinário ou sumário), que prevê a audiência de instrução e julgamento, em que, após a produção da prova, será o réu interrogado (arts. 400 e 531 do CPP). Para esse ato, será o réu intimado, mas com suficiente antecedência, de modo a permitir que o réu e seu defensor possam preparar a defesa técnica e pessoal (pois o réu será interrogado). Integra o direito de ser julgado em um prazo razoável (art. 5º, LXXVIII, da Constituição, anteriormente analisado) a vedação ao "atropelo procedimental", encontrando ainda abrigo no art. 8.2, alínea "c", da Convenção Americana de Direitos Humanos.

#### 2.2.1. Concessão ao Acusado do Tempo e dos Meios Adequados para a Preparação de sua Defesa

Nisso se inscreve a proibição de intimar-se o réu na véspera da data do interrogatório[7], ou com poucos dias de antecedência em complexo e volumoso processo.

---

7 Interessante decisão foi proferida nessa matéria pela 5ª Câmara Criminal do TJRS, no Acórdão 70019067545, da lavra do eminente Desembargador ARAMIS NASSIF, onde o processo foi anulado

Deve-se atentar para a razoável antecedência do ato, de modo a permitir o pleno conhecimento e adequada preparação de sua defesa. Como insistimos desde o início desta obra, há que se respeitar as regras do jogo e isso, o respeito às regras, não se confunde com impunidade. Todo o oposto. É condição de legitimidade do processo e da eventual pena.

Feita essa ressalva, voltemos à citação.

A citação no processo penal deve ser feita através de mandado, cumprido por oficial de justiça, devendo constar os requisitos previstos nos arts. 352 e 357 do CPP. Quando o réu residir em local diverso daquele onde tramita o processo, a citação será feita através de carta precatória (arts. 353 e 354 do CPP) ou rogatória, se cumprida em outro país (arts. 368 e 369).

O réu é citado para apresentar resposta à acusação. Não residindo na comarca onde se desenvolve o processo, poderá ser, posteriormente, deprecado seu interrogatório.

Falando-se de carta precatória, deve-se esclarecer que a chamada "precatória itinerante" nada mais é do que a possibilidade de uma precatória expedida em Porto Alegre, para ser cumprida em Curitiba, por exemplo, seja redirecionada para Londrina, onde está o réu. Isso porque, recebendo a carta precatória, o juiz de Curitiba verifica – pela certidão do oficial de justiça, por exemplo – que o réu se mudou para Londrina. Então, para evitar a inútil burocracia de devolver para Porto Alegre a carta precatória sem cumprimento por estar o réu em Londrina, ele simplesmente redireciona para aquela comarca. Evita-se, assim, o inútil retorno à origem para nova emissão. Nenhum problema.

Nada impede, ainda, o uso de fax ou mesmo *e-mail* (que deverá ser devidamente impresso para integrar os autos) para o ágil cumprimento da carta precatória. O art. 356 do CPP (como outros tantos) deve ser relido à luz do nível atual de evolução tecnológica, de modo que não se pode mais falar em "via telegráfica" e "reconhecimento de firma" do juiz...

---

pela não concessão de tempo razoável para a elaboração da tese defensiva. No caso, o réu foi citado no dia 07 e ouvido no segundo dia após a citação, ou seja, no dia 9. Entendeu a câmara, à unanimidade, que é necessário prazo razoável desde a citação até o ato de interrogatório, para que, além da ciência da acusação, possa preparar a defesa, inclusive elaborando a tese pessoal e mantendo contato com o defensor de sua preferência, tudo em nome da ampla defesa, constitucionalmente assegurada. O voto foi no sentido de anular o interrogatório e, por consequência, o encerramento da instrução, renovando aquele ato com observância das garantias constitucionais do processo. Após, devem ser reabertos os prazos dos arts. 499 e 500 do CPP (rito antigo), bem como proferida nova sentença.

Quanto à citação por carta rogatória (por estar sabidamente o acusado no estrangeiro), destacamos que a Lei n. 9.271/96 alterou a redação original, para estabelecer que o prazo prescricional será suspenso até o seu cumprimento (na verdade, devolução com o devido cumprimento). E se não for o réu encontrado no exterior? Devolvida a carta rogatória com esse fundamento, entendemos que deverá o juiz proceder à citação do réu por edital (na comarca onde tramita o processo) e, após, com o seu não comparecimento, suspender o processo e a prescrição, nos termos do art. 366 do CPP. Não poderá diretamente suspender o processo, pois exige o art. 366 a prévia citação por edital, o que constitui uma cautela razoável e que deverá ser observada (ainda que a citação por edital tenha pouca eficácia).

Voltando à questão da citação feita por mandado, aos requisitos dos arts. 352 e 357 deve-se acrescentar mais um: a cópia da denúncia ou queixa.

O contraditório, visto em seu primeiro momento, que é o da informação, exige que o réu saiba previamente o inteiro teor da acusação e, para tanto, deve ser-lhe entregue uma cópia da peça acusatória. Não basta a mera leitura por parte do oficial de justiça.

Peculiar é a citação do militar e do servidor público.

No caso do militar, a citação deverá ser feita através do chefe do respectivo serviço, determina o art. 358. Contudo, há que se considerar, ainda, o disposto no art. 221, § 2º, que aponta a necessidade de que seja feita uma requisição à autoridade superior.

São dois instrumentos distintos: o mandado de citação do militar, contendo todos os requisitos legais (art. 352); e um ofício requisitando o comparecimento do militar no dia e hora designados para a audiência de instrução e julgamento.

Aqui deve ser feito um esclarecimento: até o advento da Lei n. 11.719, o réu era citado para ser interrogado, de modo que, junto com a citação, requisitava-se o militar para comparecer no dia do interrogatório. Agora, o réu é citado para apresentar resposta à acusação. Ainda não existe data para o interrogatório, que somente será efetivado após a resposta apresentada pela defesa, se não houver absolvição sumária ou mesmo rejeição (pois pensamos que não existe preclusão para o juiz em relação à análise das condições da ação previstas no art. 395).

Então, o que se faz é comunicar que o militar deverá comparecer no dia e hora designados para a audiência de instrução e julgamento, onde também será interrogado.

Essa exigência do CPP decorre do fato de a estrutura militar ser rigidamente hierarquizada, de modo que, para um militar ausentar-se do quartel para comparecer no fórum, deve ser liberado pelo seu superior. Assim, se não for feita a citação através da autoridade superior, mas o militar comparecer, nenhum problema. Contudo, se não comparecer porque não foi liberado (posto que não houve a devida comunicação ao superior hierárquico), a citação será considerada nula e deverá ser repetida. Não poderá o réu ser prejudicado, devendo o ato ser repetido.

Situação similar ocorre na citação do servidor público. Determina o art. 359 que haverá, além da citação do réu, a notificação do chefe de sua repartição. Os motivos são os mesmos: viabilizar a presença do réu em juízo.

Mas, atualmente, essa dupla comunicação (tanto no caso do militar como também do servidor público) pode ser um perigoso gerador de estigma. É elementar que o simples fato de estar sendo processado já é gerador de estigma social (e jurídico), conduzindo a uma rotulação do servidor público ou militar no seu local de trabalho. Se considerarmos que tal comunicação ocorre em qualquer processo criminal, independentemente do tipo penal imputado, compreende-se que ela poderá gerar um grande constrangimento para o réu no seu local de trabalho. Daí por que não se pode desconsiderar seu direito a que a comunicação não se realize. Explicamos: pode o servidor público (ou militar) preferir tirar férias no período em que for realizada a audiência de instrução e julgamento, ou mesmo preferir, por sua conta, faltar ao dia de trabalho. Tudo isso para evitar a exposição de seu caso penal aos colegas de trabalho.

Assim, em nome do direito ao respeito a sua dignidade, imagem e vida privada, poderá o réu peticionar previamente ao juiz para que seja feita apenas a sua citação, sem a comunicação ao chefe da repartição ou instituição militar. Nesse momento, está ele assumindo a responsabilidade de comparecimento ao ato, não podendo depois alegar o defeito processual por falta de comunicação ao chefe...

Não sendo feito o pedido, ainda assim deverá o juiz tomar certas cautelas, como sugere PACELLI[8], para que na notificação (ou requisição se militar) conste apenas e unicamente a existência do compromisso do funcionário público (ou militar), sem maiores referências à imputação penal, para que se preserve o direito à intimidade e privacidade do acusado.

Noutra dimensão, a citação do réu preso deverá ser feita pessoalmente. Impede-se, com isso, a mera requisição para o diretor do estabelecimento prisional providenciar a condução do réu para audiência. Independente da requisição para condução do preso (medida meramente administrativa), tem ele o direito de ser citado, pessoalmente, recebendo cópia da denúncia.

---

8 PACELLI DE OLIVEIRA, Eugênio. *Curso de Processo Penal*. Rio de Janeiro, Lumen Juris, 2008. p. 577.

Se não apresentar a resposta à acusação no prazo legal, deverá o juiz nomear um defensor para fazê-lo, nos termos do art. 396-A, § 2º, do CPP.

O art. 360 do CPP – modificado pela Lei n. 10.792/2003 – foi alterado para adequar-se à Súmula 351 do STF, que afirmava: "é nula a citação por edital de réu preso na mesma unidade da Federação em que o juiz exerce sua jurisdição". Se a citação por edital já é uma frágil ficção, de baixíssima eficácia, completamente absurda era a citação por edital de réu preso. Ora, como admitir que o Estado não tenha controle de seus presos, a ponto de citar por edital quem está em lugar muito certo e sem a menor possibilidade de ocultar-se...?

Então, o réu preso deve sempre ser citado pessoalmente, não cabendo a simples requisição ou a citação por edital.

Por fim, chamamos a atenção para o fato de que o mandado de citação pode ser cumprido em qualquer dia e hora.

Havendo – em qualquer caso – recusa por parte do réu em assinar o mandado, deverá ser devidamente certificado pelo oficial de justiça.

### 2.3. Citação Real e Ficta (Edital)

A citação real é aquela feita através de mandado, cumprido por meio de oficial de justiça, que comunica ao réu – pessoalmente – do inteiro teor da acusação e de que deverá responder à acusação, por escrito, no prazo de 10 dias. É a efetiva comunicação da existência da acusação, com a entrega de cópia da denúncia ou queixa. Também a citação deprecada (feita através de carta precatória) para outra comarca é uma forma de citação real, pois será cumprida através de oficial de justiça que comunicará pessoalmente ao réu da imputação e do prazo para apresentar defesa escrita. Quando a citação for solicitada a juiz de outro país, onde se encontra o réu, se realizará através de carta rogatória (arts. 783 a 786 do CPP).

A citação ficta é aquela realizada através de edital e somente poderá ser utilizada quando esgotadas todas as possibilidades de encontrar-se o réu para realizar-se a citação real.

Inclusive, caso não seja encontrado, é recomendável que se oficie a órgãos públicos (como a Justiça Eleitoral) ou mesmo privados, como empresas de telefonia, fornecimento de água e energia elétrica, para verificar se em seus registros não consta algum endereço onde possa ser encontrado o réu.

Então, primeiro deverá ser procurado o réu em todos os endereços constantes nos autos e nas informações obtidas, e somente quando esgotadas as possibilidades de encontrá-lo (o que deve ser devidamente certificado pelo oficial de justiça) pode-se lançar mão do edital.

É inegável que a citação por edital é uma ficção, descolada da realidade, pois ninguém acorda de manhã e lê o diário oficial ou procura nos principais jornais para ver se está sendo citado em algum edital... Daí por que, ciente disso, deve a citação ficta ser – verdadeiramente – a última forma de comunicação do ato processual[9].

O art. 361 determina que, se o réu não for encontrado, será citado por edital, com o prazo de 15 dias. Esse dispositivo deve ser lido junto com o art. 396, parágrafo único.

Significa dizer que o réu é citado para no prazo de 15 dias comparecer pessoalmente no cartório ou através de defensor constituído. Comparecendo (pessoalmente ou através de defensor com procuração), será citado e comunicado do inteiro teor da acusação, abrindo-se então o prazo de 10 dias para apresentar resposta escrita. Assim, esse prazo para defesa escrita somente começa a fluir após o comparecimento.

Se o réu não comparecer, aplica-se o disposto no art. 366, a seguir abordado.

No que tange à citação por edital, há que se ter presente um princípio básico: trata-se de uma ficção jurídica, com baixíssimo nível de eficácia e que deve ser a última *ratio* do sistema.

Comparecendo o réu citado por edital, será observada a disciplina específica do rito a ser seguido pelo processo. Isso porque, se o réu havia sido citado por edital e não compareceu, o processo está suspenso (art. 366). Logo, será citado para apresentar resposta à acusação e posteriores atos, conforme o processo siga o rito comum ordinário, sumário ou especial.

Por fim, considerando a excepcionalidade da citação por edital, deve sempre ser providenciada a publicação na imprensa e sua afixação no átrio do foro. Após, deve ser certificada a afixação no foro e juntado o exemplar do jornal, onde constem a página e a data da publicação (art. 365, parágrafo único). A falta de um deles conduz ao defeito processual da citação.

## 2.4. Citação com Hora Certa

Em que pese a resistência dos processualistas penais, a Lei n. 11.719 trouxe – numa infeliz transmissão de categorias do processo civil – a chamada "citação

---

[9] Inclusive, com razão, DELMANTO JUNIOR, Roberto (*Inatividade no Processo Penal Brasileiro*. São Paulo, RT, 2004. p. 152) defende que seja abolida do ordenamento processual penal a citação por edital. Sugere, entre outras medidas, a mudança legislativa para que os oficiais de justiça fiquem permanentemente com os mandados de citação a serem cumpridos, podendo realizá-la, por exemplo, em épocas de eleição, com a efetiva colaboração da Justiça Eleitoral, citando os acusados quando fossem votar.

por hora certa" (art. 362) para o processo penal brasileiro. É uma forma extremamente perigosa de comunicação ao réu da existência de uma acusação.

Com razão, DELMANTO JUNIOR[10] aponta que "a citação por hora certa, por acabar ressuscitando a possibilidade de haver processo sem o conhecimento da acusação, nomeando-se defensor dativo, com base em critérios subjetivos do oficial de justiça de que ele tem ciência da acusação". A isso se acrescente o perigo de confiar a um oficial de justiça o poder (e consequente abuso) de determinar a situação de inatividade processual do acusado, com as graves consequências que pode gerar.

É uma imensa responsabilidade que se deposita nas mãos de um oficial de justiça e que deve ser estritamente controlada pelo juiz, eis que se presta a todo tipo de manobra fraudulenta ou mesmo para prejudicar o réu. Deverá ter o juiz extrema cautela em aceitar uma certidão com esse conteúdo, sendo aconselhável a repetição do ato e, se houver alguma suspeita sobre a veracidade do conteúdo, substituir o servidor. Não sem razão, a jurisprudência construída em torno da citação por hora certa no processo civil aponta para a relativização da fé pública do oficial de justiça, na medida em que cede diante de prova em contrário[11]. Com muito mais razão no processo penal, diante dos valores em jogo.

Feita essa advertência, continuemos. Por expressa remissão, deve-se analisar o disposto nos arts. 252 a 254 do CPC, onde consta que, além de dirigir-se por – no mínimo – duas vezes ao domicílio do réu, é importante que o oficial de justiça realize essas diligências em horários diferentes. De nada vale a procura realizada sempre no mesmo horário, na medida em que pode corresponder ao horário de trabalho do réu, que naquelas condições nunca será encontrado (e isso não significa que esteja se ocultando, ainda que assim possa interpretar o oficial de justiça).

Deverá o oficial de justiça fazer uma certidão pormenorizada, indicando os dias, horários e, principalmente, os fundamentos da suspeita de que o réu estivesse se ocultando. Também deverá apontar o nome completo do familiar (e o grau de parentesco) ou do vizinho (com o endereço dessa pessoa) com quem fez contato.

Todo o procedimento de realização da citação com hora certa deve ser certificado pelo oficial de justiça, pormenorizadamente, para permitir o posterior controle de legalidade do ato por parte do juiz (das garantias).

---

10 DELMANTO JUNIOR, op. cit., p. 155.

11 NERY JUNIOR, Nelson; ANDRADE NERY, Rosa Maria. *Código de Processo Civil Comentado*. 7. ed., São Paulo, RT, 2003. p. 609.

Nenhuma dúvida temos de que a ausência desses requisitos formais conduz a grave defeito processual, ou, na classificação tradicional, a uma nulidade absoluta do processo, sendo errônea a exigência de demonstração de prejuízo. Trata-se de prejuízo presumido ou manifesto, que não precisa ser demonstrado pelo réu.

Considerando o juiz como válida a citação com hora certa, se o acusado não apresentar resposta escrita ou constituir defensor, ser-lhe-á nomeado defensor dativo. Eis aqui o grande perigo dessa forma de citação: ressuscita a possibilidade de haver processo sem o conhecimento do acusado. Cabe ao juiz o controle da legalidade e da real necessidade do ato.

Quando não é apresentada a resposta à acusação, mas o réu constitui defensor, sendo juntada a respectiva procuração, a citação pode ser considerada como válida.

O problema surge quando, realizada a citação com hora certa, não existe a resposta escrita nem a constituição de defensor. Nesse caso, pensamos que o juiz deve ser muito cauteloso e o melhor caminho é determinar a citação por edital e, persistindo a inatividade processual do imputado, determinar a suspensão do processo e da prescrição, nos termos do art. 366 do CPP.

No mesmo sentido, MARQUES DA SILVA[12], ao comentar o § 2º do art. 396-A, afirma que "essa regra deve ser válida *apenas* para os casos em que a citação se deu pessoalmente. Agiu mal o legislador ao não especificar a modalidade de citação, pois, caso o réu seja citado por edital, não comparecer nem constituir defensor, o juiz não irá nomear defensor para o réu, e sim aplicar a regra do art. 366 do CPP, preservada na base do veto presidencial: suspende-se o processo e a prescrição até que o réu seja encontrado" (grifo nosso).

## 2.5. (Re)Definindo Categorias. Inatividade Processual Real e Ficta do Réu. Ausência e Não Comparecimento (Réu não Encontrado)

Compreendido isso, pode-se falar – como muito bem leciona DELMANTO JUNIOR[13] – de *inatividade processual real* ou *ficta*, conceitos vinculados aos de citação real e ficta[14].

---

12 MARQUES DA SILVA, Ivan Luís. *Reforma Processual Penal de 2008*. São Paulo, RT, 2008. p. 37.

13 DELMANTO JUNIOR, op. cit., p. 66, 242 e 243. Trata-se de obra imprescindível para a compreensão da problemática abordada, cuja profundidade extravasa os limites de nosso trabalho, cujo objeto aqui é a inatividade processual do acusado. Assim recomenda-se a leitura integral da obra de DELMANTO JUNIOR para melhor compreensão das diferentes dimensões da inatividade no processo penal, não apenas em relação ao imputado, senão também em relação ao acusador (público ou privado).

14 DELMANTO JUNIOR, op. cit., p. 242-243.

A inatividade processual real gera a situação de *ausência* do réu. Diz-se ausente o réu que, tendo conhecimento da acusação, pois devidamente citado (citação real), não apresenta sua resposta escrita à acusação nem constitui defensor. Nesse caso, deve o juiz aplicar o art. 367 c/c o art. 396-A, § 2º, nomeando um defensor para oferecê-la e determinando o prosseguimento do feito em seus ulteriores termos.

Já a inatividade processual ficta sucede na citação editalícia, conduzindo à situação de não comparecimento. Nesse caso, fracassam as tentativas de citação real, não se encontrando o acusado. Lança-se mão, então, da citação ficta, por edital. Passado o prazo de 15 dias, o réu não comparece em cartório para ser citado (e tampouco apresenta resposta escrita ou constitui defensor). Essa é a situação de não comparecimento cujos efeitos estão previstos no art. 366: suspendem-se o processo e a prescrição. Apenas para esclarecer, o não comparecimento é um estado processual que somente se perfaz quando o réu não é encontrado para ser citado e não surte eficácia a citação editalícia.

Tanto a ausência como o não comparecimento não podem gerar qualquer tipo de punição ou sanção processual, como explicaremos na continuação.

## 2.6. Aplicação do Art. 366 do CPP

### 2.6.1. Não Comparecimento. Suspensão do Processo e da Prescrição. Problemática

O art. 366[15] do CPP disciplina a situação processual do não comparecimento do acusado que, procurado em todos os endereços constantes no processo para a realização da citação real (através de mandado cumprido por oficial de justiça), não é encontrado. Passa-se, então, para a citação editalícia, após a qual, sem que o réu apresente sua resposta escrita à acusação ou constitua defensor (situação em que não apresenta a resposta escrita por estratégia defensiva), opera-se a inatividade processual ficta, ou seja, é considerado como réu não encontrado, nos termos do art. 366, suspendendo-se o processo e a prescrição.

Antes de entrar na problemática do sistema binário adotado (suspensão do processo e da prescrição), sublinhe-se que o art. 366 somente tem incidência quando após a citação editalícia o réu não comparece pessoalmente ou através de advogado constituído para ser cientificado do inteiro teor da acusação.

---

[15] Art. 366. Se o acusado, citado por edital, não comparecer, nem constituir advogado, ficarão suspensos o processo e o curso do prazo prescricional, podendo o juiz determinar a produção antecipada das provas consideradas urgentes e, se for o caso, decretar prisão preventiva, nos termos do disposto no art. 312.
§ 1º (REVOGADO)
§ 2º (REVOGADO)

A expressão não comparecimento prevista nos arts. 366 e 367 deve ser lida à luz das reformas levadas a cabo pela Lei n. 11.719/2008. Até então, o réu era citado para ser interrogado. Agora, é citado para apresentar resposta à acusação. Logo, esse não comparecimento significa que, no prazo fixado no edital, o réu não comparece no fórum para tomar ciência da acusação.

Caso o imputado não compareça pessoalmente, mas fizer-se presente seu advogado, devidamente constituído através de instrumento procuratório, haverá a citação e abertura do prazo de 10 dias para apresentação de resposta à acusação. Comparecendo pessoalmente, deverá indicar seu defensor ou, se não tiver condições econômicas de constituir um advogado, postular que lhe seja nomeado um defensor.

Mas, voltando ao não comparecimento do réu citado por edital, a suspensão do processo nesse caso é um imperativo lógico (uma conquista democrática, sem dúvida) de que ninguém pode ser processado sem que tenha conhecimento da existência da acusação. Incrivelmente, até 1996, ainda existia no Brasil a possibilidade de processos em estado de revelia, ou seja, sem que o acusado tivesse sido citado (citação real). Eram processos nitidamente inquisitórios (ou melhor, ainda mais inquisitório que o atual...), em que se nomeava um defensor (in)ativo, na verdade, um convidado de pedra, absolutamente inativo e impossibilitado de produzir prova.

O chamado "princípio de audiência"[16] é fundamental para existência do contraditório e, por conseguinte, para ter-se verdadeiramente um processo judicial, eis que pensado a partir do conceito de *processo como procedimento em contraditório* (FAZZALARI).

Assim, é exigência do contraditório de que ninguém possa ser condenado sem ser ouvido, ou, ao menos, sem que se lhe tenham oportunizado condições reais de ser ouvido (inatividade processual real). Não é suficiente, portanto, a mera citação ficta para o desenvolvimento do processo. Quando não citado o réu, pessoalmente, não pode o processo continuar. A exceção a essa regra fica, agora, com a perigosa e problemática citação com hora certa, que demanda uma cautela ainda maior por parte dos juízes que, na dúvida em relação ao certificado pelo oficial de justiça, deve citar o réu por edital.

No Brasil, foi adotado o (criticado) sistema binário, suspendendo o processo e a prescrição – sem limite de tempo – até que o réu compareça.

[16] MUERZA ESPARZA, Julio et al. *Derecho Procesal Penal*. 2. ed. Madrid, Centro de Estudios Ramón Areces, 1996. p. 153.

Com a alteração legislativa, um grande acerto e um grande erro: o acerto de suspender o processo e o erro de também suspender a prescrição (agravado pela ausência de limite temporal dessa suspensão), como se verá na continuação.

#### 2.6.1.1. Aplicação Literal do Art. 366. Suspendendo o Processo e a Prescrição por Tempo Indeterminado. Recurso Cabível

Em que pese as críticas à suspensão da prescrição por tempo indeterminado, como se verá na continuação, muitos juízes e tribunais seguem aplicando o disposto no art. 366.

O STF afirmou a constitucionalidade da suspensão da prescrição por prazo indeterminado, entendendo que ela não se confunde com a imprescritibilidade, na medida em que apenas condiciona a evento futuro e incerto. Ademais, entendeu que a legislação ordinária poderia criar outras hipóteses de imprescritibilidade para além daquelas enumeradas no art. 5º, XLII e XLIV, da Constituição. Por fim, entendeu o relator que não cabe sujeitar o período de suspensão de que trata o art. 366 ao tempo da prescrição em abstrato.

Com a devida vênia, não podemos concordar com essa posição.

Pensamos que se trata sim de criar uma categoria de crimes imprescritíveis, pois estabelece essa possibilidade, ou seja, de não ocorrer nunca a prescrição. O condicionar a evento futuro e incerto significa assumir como possível a inocorrência da condição, e, portanto, como possível e válida a imprescritibilidade. Também não podemos aceitar que o legislador ordinário crie crimes imprescritíveis diante da taxatividade constitucional. Não houve uma delegação da Constituição para que lei ordinária determinasse quais crimes seriam imprescritíveis (como ocorreu, noutra dimensão, em relação aos crimes hediondos), senão o claro estabelecimento de um rol. Considerando a gravidade da medida no que tange à limitação de direitos fundamentais, inviável tal abertura.

Mas, além disso, existem outros fundamentos para não aceitar a aplicação incondicional do art. 366 do CPP, como explicaremos na continuação.

Igualmente complicada é a inserção das decisões de:

a) suspensão do processo e da prescrição;
b) revogação dessa decisão;
c) omissão na determinação do lapso suspensivo da prescrição.

Como se verá ao final, o sistema recursal brasileiro é bastante confuso e impreciso. As decisões apontadas não são propriamente terminativas ou com força de terminativa, para autorizar o recurso de apelação. Tampouco sugerimos o uso do

Recurso em Sentido Estrito, pois seu rol de aplicação é taxativo (para a maioria da doutrina e jurisprudência) e não contempla nenhuma das decisões acima apontadas.

Logo, concordando com HASSAN CHOUKR[17], viável a utilização da Correição Parcial para atacar qualquer das três decisões, desde que demonstrado o *error in procedendo* por parte do juiz, no caso concreto.

Ainda, dependendo do caso concreto e do conteúdo da decisão, em tese, é viável a utilização das ações impugnativas do *habeas corpus* e do Mandado de Segurança, sempre ressalvada a necessidade de análise específica do conteúdo da decisão atacada, bem como da demonstração do cabimento dessas ações segundo suas condições legais. Em suma, há que se demonstrar (e convencer) do cabimento do meio utilizado, pois não há previsão legal de recurso específico.

Em relação à omissão de fixação do prazo da suspensão, considerando que o CPP efetivamente não o faz, a situação recursal é ainda mais difícil, até porque, a rigor, não há ilegalidade alguma. A fundamentação deve ser construída e o cabimento do recurso também. Nesse caso, o melhor é lançar mão, inicialmente, dos embargos declaratórios (diante da omissão em fixar um prazo de suspensão) e, após, da correição parcial.

#### 2.6.1.2. Crítica à Suspensão Indefinida da Prescrição. Da Inconstitucionalidade à Ineficácia da Pena. A Súmula 415 do STJ.

Em caso de não comparecimento do réu citado por edital, o processo ficará suspenso até que ele seja encontrado, sem qualquer previsão de limite de tempo.

Inicialmente, há um obstáculo constitucional: como suportar uma nova categoria de crimes imprescritíveis, à margem da previsão constitucional (art. 5º, incisos XLII e XLIV) e que pode alcançar até a mais leve das infrações penais? Inviável. Significa, ainda, uma violação ao princípio da proporcionalidade, sob o viés de proibição de excesso, pois constitui, sem dúvida, um excesso punitivo gerado pela imprescritibilidade.

Ainda na dimensão constitucional, viola-se o direito de ser julgado em um prazo razoável, previsto no art. 5º, LXXVIII, da Constituição. Na verdade, há que se compreender o alcance desse direito fundamental, pois ele funda-se no direito que as pessoas têm de que suas questões cíveis ou os casos penais sejam resolvidos judicialmente em um prazo razoável, sem dilações indevidas. Daí por que, entre as soluções compensatórias adotadas, está a extinção do processo diante da (de)mora

---

17 HASSAN CHOUKR, Fauzi. *Código de Processo Penal* – comentários consolidados e crítica jurisprudencial. Rio de Janeiro, Lumen Juris, 2005. p. 562-563.

judicial. O poder punitivo estatal também está condicionado no tempo, seja pela prescrição, seja pela duração razoável do processo. Existe um verdadeiro direito a que as questões sejam resolvidas ou o acusado "esquecido"[18].

Em termos processuais, de forma mais rasteira, enquanto estivermos voltados para o passado, desengavetando processos velhos, produzindo provas frágeis (pois o tempo as enfraquece) e gerando penas inúteis, não teremos tempo de nos ocupar do presente. Ocupados que estamos com o velho, permitimos que o novo também fique velho, aumentando a dilação indevida dos casos penais. Eis porque a demora gera ainda mais demora. Dessarte, cria-se uma situação absurda e insustentável: como reabrir um processo 30 ou 40 anos depois do fato? Criará o Poder Judiciário *bunker's* climatizados para armazenamento dos autos? E a prova, como será conservada? E a prova testemunhal – que ainda é o principal meio probatório no sistema brasileiro –, como será "conservada"? Ou sempre se lançará mão da produção antecipada de provas[19], desvirtuando o instituto (que é um ilustre desconhecido do CPP; basta ver a imensa lacuna legislativa) e ferindo de morte o contraditório e o direito de defesa?

Por fim, desde o Direito Penal, vem o questionamento: como justificar e legitimar uma pena aplicada muitos anos depois do fato? O núcleo do problema da (de)mora, como bem identificou o Tribunal Supremo da Espanha na STS 4519[20],

---

[18] O *tempo do direito* estrutura-se a partir de um ligar-desligar, ou seja, ensina OST (*O Tempo do Direito*. Lisboa, Piaget, 1999, p. 162 a 170), a memória liga o passado e o perdão desliga o passado; a promessa liga o futuro e o requestionamento desliga o futuro. O esquecimento é ameaçador, mas absolutamente necessário, até porque seu reverso (a memória) também possui essa natureza ambígua (necessária e perigosa). Não há sinal mais revelador de um Estado totalitário do que um "tribunal que não esquece nada", explica OST, invocando a célebre frase de KAFKA em *O Processo*. O esquecimento é necessário para desligar do passado e ligar com o futuro, por meio da promessa.
Nisso reside a imprescindibilidade do instituto da prescrição para o Direito (em todas as suas áreas). O esquecimento é fundamental para o sistema jurídico, pois sem ele "não há felicidade, não há serenidade, não há esperança, não há orgulho, não poderia existir fruição do instante presente". Eis o valor do *esquecimento-apaziguamento*. Sem desligar do passado, não se vive o presente. É ao mesmo tempo aquisição (de liberdade) e extinção (do direito ou poder de alguém). A prescrição atua como limite ao exercício do poder, mas, acima de tudo, porque existe um verdadeiro direito ao esquecimento. Mais, a prescrição é um *esquecimento programado* e necessário para o Direito. Com acerto, afirma OST que o *direito ao esquecimento* surge como uma das *múltiplas facetas do direito ao respeito da vida privada*.

[19] Não se pode desprezar o fato de os §§ 1º e 2º do art. 366 do CPP terem sido revogados pela Lei n. 11.719/2008. Assim, não existe mais autorização legal para a produção antecipada de provas no caso de suspensão do processo pela incidência do art. 366.

[20] "Es indudable y resulta obvio que cuando se juzga más allá de un plazo razonable (cualquiera que sea la causa de la demora) se está juzgando a un hombre distinto en sus circunstancias personales, familiares y sociales, por lo que la pena no cumple, ni puede cumplir con exactitud las funciones de ejemplaridad y de reinserción social del culpable, que son fines justificantes de la sanción, como con fina sensibilidad dice la Sentencia de 26.6.1992." Apud PEDRAZ PENALVA, Ernesto. El Derecho a un Proceso sin Dilaciones Indebidas. In: COLOMER, Juan-Luis Gómez; CUSSAC, José-Luis González (Coords.). *La Reforma de la Justicia Penal*. Publicações da Universitat Jaume I, 1997. p. 387.

está em que, quando se julga além do prazo razoável, independentemente da causa da demora, se está julgando um homem completamente distinto daquele que praticou o delito, em toda complexa rede de relações familiares e sociais em que ele está inserido, e, por isso, a pena não cumpre suas funções de prevenção específica e retribuição (muito menos da falaciosa "ressocialização"). Para os que acreditam no caráter "ressocializador" da pena privativa de liberdade, como legitimá-la tantos anos depois do fato? Imaginamos a situação de alguém que, aos 20 anos de idade, comete um delito qualquer e, após o fato, muda de cidade. Constitui família, emprego, enfim, vira um "homem médio" (figura clássica da mitologia penal...) e, passados 30 anos, volta às origens e se descobre réu. Reabre-se o processo, a prova já foi colhida antecipadamente e sem a sua presença, e a sentença condenatória surge quase que naturalmente... Como legitimar uma pena de prisão, sob o argumento da ressocialização, num caso assim? Impossível.

Então, existem pelo menos três obstáculos à suspensão por prazo indeterminado da prescrição: de ordem constitucional, processual e penal. A solução é suspender o processo e a prescrição, mas nesse último caso, por um período determinado.

Mas não é esse o entendimento atual do Supremo Tribunal Federal, para quem a suspensão indeterminada é constitucional.

Buscando uma solução para esse problema, ainda que invadindo o espaço legislativo e desconsiderando a posição do STF, editou o STJ a Súmula 415, com o seguinte verbete:

*O período de suspensão do prazo prescricional é regulado pelo máximo da pena cominada.*

Passou o STJ, assim, a sustentar uma posição contrária àquela firmada no STF, de que não se pode admitir essa suspensão indefinida da prescrição. Adotando-se esse entendimento[21], não comparecendo o réu, após a citação editalícia,

---

[21] Contudo, pensamos que esse ainda não é o melhor tratamento da questão. A Súmula 415 não resolve o problema, por ainda serem excessivos os prazos (uma prescrição em dobro, na realidade), bem como incorre no erro de substituir a atividade legislativa, abrindo espaço para o decisionismo. É um imenso perigo quando um juiz ou tribunal acaba substituindo a própria atividade legislativa, criando prazo onde não há espaço na lei para isso, o que não se confunde com a salutar filtragem constitucional. Uma situação é o controle de constitucionalidade (direto ou difuso) de uma lei, afastando sua incidência. Outra é afastar a incidência e criar um limite quando a lei não o faz e tampouco existe lacuna para autorizar tal recurso hermenêutico. Daí por que uma (nova) mudança legislativa é necessária. E, nesse caso, pensamos que o melhor é buscar inspiração na *Ley de Enjuiciamiento Criminal* espanhola, que no seu Título VII, arts. 834 a 846, disciplina o procedimento contra réus ausentes e também o instituto da "rebeldia" (a nossa antiga revelia). Não sendo encontrado o réu, é expedida a requisitória (espécie de edital) e, não comparecendo, suspende-se o processo. Até aqui, igual ao nosso sistema. A diferença está no fato de que a prescrição é interrompida com o início do processo, não correndo mais. Quando declarado o não comparecimento, o prazo prescricional volta a correr (cria um marco

deverá ser suspenso o processo e a prescrição, sendo essa última suspensa pelo período de tempo correspondente ao da prescrição pela pena em abstrato (para tanto, deve-se verificar a pena máxima do tipo penal e buscar, no art. 109 do CP, o respectivo lapso prescricional). Após esse período, a prescrição voltaria a correr de novo. Ou seja, suspende primeiro por um período de tempo e, depois, permanece suspenso o processo, mas volta a fluir a prescrição. Por exemplo: diante de um processo por um crime de furto, cuja pena máxima é 4 anos, a prescrição se opera em 8 anos (art. 109, IV, do CP). Significa que se o réu não for encontrado, o prazo prescricional (e o processo) ficará suspenso por 8 anos, voltando a correr normalmente a partir do implemento desse prazo. Portanto, a efetiva extinção da punibilidade somente ocorrerá após 16 anos. É quase o mesmo que estabelecer uma prescrição em dobro.

Por fim, chamamos a atenção para a distinção entre interrupção e suspensão. O prazo é inicialmente interrompido (zerado, portanto) quando a denúncia é recebida. Mas entre o recebimento da denúncia e o esgotamento da via editalícia, podem se passar vários meses. Com a decisão que aplica o art. 366, opera-se uma suspensão da prescrição, de modo que, quando o prazo prescricional voltar a fluir (após os primeiros 8 anos, no exemplo acima), devemos retomar a contagem considerando aqueles meses de tramitação inicial do processo. Isso porque, quando se suspende o prazo, ele volta a correr pelo tempo restante, ou seja, considera-se o período entre o recebimento da denúncia e a decisão que determinou a suspensão.

### 2.6.2. A (Injustificável) Exclusão de Incidência do Art. 366 do CPP na Lei n. 9.613/98 (Nova Redação Dada pela Lei n. 12.683/2012)

Noutra dimensão, equivocada nos parece a linha seguida pelo art. 2º, § 2º, da Lei n. 9.613/98, com a nova redação dada pela Lei n. 12.683/2012, ao determinar que:

> Art. 2º O processo e julgamento dos crimes previstos nesta Lei:
> § 2º No processo por crime previsto nesta Lei, não se aplica o disposto no art. 366 do Decreto-Lei n. 3.689, de 3 de outubro de 1941 (Código de Processo Penal), devendo o acusado que não comparecer nem constituir advogado ser citado por edital, prosseguindo o feito até o julgamento, com a nomeação de defensor dativo.

---

interruptivo da prescrição) nesse momento, podendo perfeitamente operar-se durante a suspensão do processo. Nossa sugestão para uma reforma legislativa é no seguinte sentido: uma vez declarada a ausência, opera-se uma interrupção do prazo prescricional, ou seja, zera e começa a correr de novo. Nada de suspensão da prescrição, apenas do processo. A prescrição é interrompida quando recebida a denúncia (art. 117, I, do CP) e novamente interrompida com a decisão de ausência (após a citação editalícia ineficaz). Após, o processo fica suspenso, e a prescrição flui. Trata-se de prescrição pela pena em abstrato, regida pela pena máxima definida no tipo penal, que se implementará no prazo fixado no art. 109 do CP.

Significa um retrocesso – com inegável violação da garantia do devido processo penal – permitir que o processo prossiga seu curso quando o acusado não é encontrado para ser citado. Para todo e qualquer crime, quando o réu citado por edital (o que pressupõe o esgotamento das tentativas de citação real) não comparece e nem constitui defensor, suspendem-se o processo e a prescrição. Por que no crime de lavagem de dinheiro isso não se aplica? Por tratar-se de criminalidade econômica? Não se justifica tal tratamento diferenciado[22].

Esse tipo de discurso – *a la* esquerda punitiva – é tão disparatado quanto os maniqueístas interesseiros do direito penal do inimigo ou do *zero tolerance*, cujas bases já foram refutadas no início deste trabalho.

Também não podemos aceitar o argumento de que o tratamento diferenciado justifica-se pela "necessidade de se bloquear e confiscar os bens ilícitos, conseguidos através da lavagem de dinheiro"[23]. Não é essa uma justificativa plausível, pelo simples fato de que as medidas assecuratórias também podem ser decretadas, bastando a presença de seus requisitos. Logo, não é esse um argumento jurídico válido. Ademais, a própria Lei n. 9.613 (com a nova redação da Lei n. 12.683/2012) estabelece no art. 4º, § 3º, que "nenhum pedido de liberação será conhecido sem o comparecimento pessoal do acusado ou de interposta pessoa a que se refere o *caput* deste artigo, podendo o juiz determinar a prática de atos necessários à conservação de bens, direitos ou valores, sem prejuízo do disposto no § 1º". Ou seja, a questão patrimonial é tratada noutra dimensão e não justifica o afastamento da incidência do art. 366 do CPP.

Enfim, representa uma quebra da isonomia de tratamento processual do imputado sem qualquer argumento legitimante, sendo, portanto, de discutível constitucionalidade.

Contudo, por dever de lealdade acadêmica, destacamos que tal dispositivo foi mantido na alteração legislativa ocorrida em 2012, com a Lei n. 12.683, e é aplicado sem restrições pela maioria dos juízes e tribunais.

### 2.6.3. Não Comparecimento. Prisão Preventiva. Produção Antecipada de Provas

A Lei n. 11.719/2008 revogou os §§ 1º e 2º do art. 366, que disciplinava, no § 1º, a produção antecipada de provas e, no § 2º, que, comparecendo o acusado (citado por edital), prosseguirá o processo em seus ulteriores termos. Essa revogação em nada afeta a sistemática legal.

---

[22] No mesmo sentido, mas com um pouco mais de cometimento, DELMANTO JUNIOR aponta a "ilogicidade e consequente inaplicabilidade" do art. 2º, § 2º, e também do art. 4º, § 3º, da Lei n. 9.613.

[23] NUCCI, Guilherme de Souza. *Código de Processo Penal Comentado*. São Paulo, RT, 2006. p. 655.

Interessa-nos, agora, a previsão do art. 366, no sentido de que pode "*o juiz determinar a produção antecipada das provas consideradas urgentes e, se for o caso, decretar prisão preventiva, nos termos do disposto no art. 312*", mas isso não significa uma ampliação das hipóteses autorizadoras da prisão preventiva[24]. Mais, não existe prisão cautelar obrigatória e tampouco qualquer tipo de presunção de fuga que conduza, automaticamente, à legitimidade de uma medida cautelar pessoal.

Quando o artigo diz "se for o caso", está remetendo para os casos do art. 312, não ampliando ou facilitando a adoção da (excepcionalíssima) prisão preventiva.

Em suma: *a inatividade processual ficta não autoriza, por si só, a decretação da prisão preventiva.*

Há que se demonstrar e fundamentar, com argumentos cognoscitivos robustos e suporte probatório real, a necessidade da prisão preventiva, em igualdade de condições com os demais casos do art. 312 do CPP.

Melhor teria andado o legislador se não tivesse feito qualquer menção no art. 366 à prisão preventiva. Isso porque, ao dizer que cabe a prisão preventiva se for o caso, nos termos do art. 312, nada mudou, apenas confundiu. Trata-se de lembrança inteiramente desnecessária, pois é elementar que a prisão preventiva sempre terá cabimento nos casos previstos em lei, ou seja, se presentes o *fumus commissi delicti* e o *periculum libertatis* exigidos pelo art. 312.

E mais, deve-se atentar para os limites do art. 313, I, ou seja, com o advento da Lei n. 12.403/2011, que inseriu o novo regime jurídico da prisão cautelar, não cabe prisão preventiva quando a pena máxima cominada ao crime for igual ou inferior a 4 anos. Assim, pensamos que o art. 366 tem que ser lido à luz dos arts. 312 e 313, só tendo cabimento essa prisão preventiva se presentes o *fumus commissi delicti*, o *periculum libertatis* e a pena cominada for superior a 4 anos. Do contrário, haverá apenas a suspensão do processo e da prescrição, sendo ilegal a decretação de prisão preventiva.

Quanto à produção antecipada de provas, muita cautela.

Colher antecipadamente uma prova, sem a presença do réu ou seu defensor (sim, pois a defesa dativa nesse caso é meramente simbólica, sem qualquer eficácia

---

24 No mesmo sentido, DELMANTO JUNIOR (op. cit., p. 161). Contraditória é a posição de NUCCI (op. cit., p. 603) quando afirma que "a prisão preventiva não pode ser decretada automaticamente, sem a constatação dos requisitos previstos no art. 312 do CPP". Na continuação (infelizmente), o autor nega sua própria afirmação, ao dizer que, se a citação por edital ocorreu justamente porque o acusado oculta-se ou fugiu do distrito da culpa (duas perigosas aberturas conceituais), "é natural que possa ser decretada a prisão cautelar". Ao "naturalizar" a prisão cautelar na citação por edital, em duas situações de excessiva abertura conceitual, acaba por avalizar a banalização da prisão preventiva e, praticamente, negar a afirmativa inicial.

real), é uma flagrante violação da garantia do contraditório e, por contaminação, do direito de defesa, ambos assegurados no art. 5º, LV, da Constituição. Daí por que o ideal é que a produção antecipada seja reservada para casos extremos, em que a prova efetivamente é relevante e sofre risco real de perecimento. Ainda, nesse caso, devem-se tomar todas as cautelas para documentar da forma mais ampla possível, incluindo gravações de áudio e vídeo.

Posteriormente, foi editada a Súmula 455 do STJ, com o seguinte verbete:

> **A decisão que determina a produção antecipada de provas com base no art. 366 do CPP deve ser concretamente fundamentada, não a justificando unicamente o mero decurso do tempo.**

Reafirmou assim o STJ o entendimento de que a produção antecipada de provas, em caso de citação por edital e posterior suspensão do processo (e da prescrição), é uma medida excepcional, em que deve ser demonstrado concretamente o risco de a prova não poder ser produzida mais tarde no processo. Apenas as provas relevantes e urgentes podem ter sua produção antecipada realizada, não sendo suficientes afirmações genéricas sobre o risco de perecimento e tampouco a mera argumentação em torno do decurso de tempo (em virtude da suspensão do processo).

## 2.7. Aplicação do Art. 367 do CPP. Ausência. A "Condução Coercitiva" do Art. 260 do CPP. Inconstitucionalidade

Noutra dimensão está o tratamento jurídico-processual do acusado ausente, estabelecido no art. 367[25], em que o réu foi encontrado, citado pessoalmente e não oferece resposta à acusação (o que equivale ao não comparecimento do sistema anterior) de forma injustificada (inatividade real). O processo continua com seu defensor (se houver um constituído) ou mediante a nomeação de defensor dativo.

Então, duas situações podem ocorrer, partindo da premissa de que houve citação válida:

a) o acusado não oferece resposta escrita à acusação no prazo legal e tampouco constitui defensor;

b) o acusado constitui defensor, mas não apresenta resposta escrita à acusação.

No primeiro caso, deverá o juiz nomear um defensor para que, no prazo de 10 dias, apresente a resposta à acusação e prossiga na defesa do réu ausente ao longo

[25] Art. 367. O processo seguirá sem a presença do acusado que, citado ou intimado pessoalmente para qualquer ato, deixar de comparecer sem motivo justificado, ou, no caso de mudança de residência, não comunicar o novo endereço ao juízo.

de todo o processo (que, portanto, seguirá sem a presença do imputado que foi validamente citado).

No segundo caso, há defensor constituído, mas não é apresentada a resposta à acusação. Essa inatividade poderia, perfeitamente, ser considerada mera opção da defesa, que, por alguma estratégia, prefere silenciar nesse momento. Contudo, o art. 396-A, § 2º, determina que não apresentada a resposta no prazo legal, ou se o acusado, citado, não constituir defensor, o juiz nomeará defensor para oferecê-la, concedendo-lhe vista dos autos por 10 (dez) dias.

Assim, essa defesa preliminar é obrigatória e, se não apresentada no prazo legal, deverá o juiz nomear um defensor para oferecê-la. Após, o processo continuará ainda que ausente o réu.

Mesma solução será adotada quando, no curso da instrução, o réu é intimado e não comparece ou ainda, uma vez citado, muda de residência sem comunicar ao juízo, não sendo mais encontrado. Em todas essas situações, o processo seguirá com a ausência do réu.

Mas, deve-se compreender, a presença do réu no processo é um direito que lhe assiste e não um dever processual (não é, portanto, carga, senão assunção de risco). Não está o juiz legitimado a praticar qualquer tipo de ato de reprovação, sendo completamente errada a decisão de "decretar a revelia" do réu ausente à instrução, como se isso fosse constitutivo de um novo estado jurídico-processual ou tivesse algum efeito prejudicial ao imputado. O comparecimento ou não do réu na(s) audiência(s) de instrução é uma faculdade da defesa, atendendo aos seus interesses e estratégias probatórias, jamais uma carga processual.

Situação diversa opera-se quando o réu estiver descumprindo alguma das condições impostas em sede de liberdade provisória, pois entre elas pode estar o dever de comparecer a todos os atos do processo ou qualquer outra medida cautelar prevista no art. 319 do CPP. Nesse caso, poderá haver quebramento da fiança ou mesmo ser considerado que houve o descumprimento da medida cautelar diversa, de modo que o não comparecimento do réu implicará revogação da liberdade provisória, com a decretação da prisão preventiva.

Não ocorrendo essas situações, o não comparecimento do réu não conduzirá a nenhum tipo de punição processual, exceto o fato de o processo continuar seu curso em sua ausência (mas com a defesa técnica e todas as comunicações processuais, sob pena de nulidade por violação do contraditório e da ampla defesa).

**Tendo em vista a estrita relação com a matéria ora abordada, é importante analisar a "condução coercitiva" prevista no art. 260 do CPP.**

Além de completamente absurda no nível de evolução democrática alcançado, é substancialmente inconstitucional, por violar as garantias da presunção de inocência e do direito de silêncio.

Ora, mais do que nunca, é preciso compreender que o *estar presente no processo* é um direito[26] do acusado, nunca um dever. Considerando que o imputado não é objeto do processo e que não está obrigado a submeter-se a qualquer tipo de ato probatório (pois protegido pelo *nemo tenetur se detegere*), sua presença física ou não é uma opção dele. Há que se abandonar o ranço inquisitório, em que o juiz (inquisidor) dispunha do corpo do herege, para dele extrair a verdade real... O acusado tem o direito de silêncio e de não se submeter a qualquer ato probatório, logo, está logicamente autorizado a não comparecer.

Infelizmente, esse é um nível de evolução democrática e processual ainda não alcançado por muitos juízes e tribunais, que ainda operam na lógica inquisitória, determinando a condução do imputado que não comparece.

Mais grave ainda são aqueles que admitem que a polícia possa fazer a condução coercitiva de suspeitos. Ora, a condução coercitiva é uma espécie de detenção, pois há uma inegável restrição da liberdade de alguém, que se vê cerceado em sua liberdade de ir e vir. A Constituição somente admite a restrição da liberdade em caso de flagrante delito ou por ordem escrita e fundamentada de um juiz (competente, é claro). Não há justificativa ou fundamento constitucional para a condução coercitiva, na medida em que viola o direito de silêncio, a presunção de inocência e a própria dignidade do imputado.

Nessa linha, em 14/6/2018, no julgamento das ADPF 395 e 444, decidiu o STF que a condução coercitiva de investigados e réus para serem interrogados é inconstitucional, na esteira do voto do relator Min. Gilmar Mendes. Conforme extrato da decisão, "o Tribunal, por maioria e nos termos do voto do Relator, julgou procedente a arguição de descumprimento de preceito fundamental, para pronunciar a não recepção da expressão 'para o interrogatório', constante do art. 260 do CPP, e declarar a incompatibilidade com a Constituição Federal da condução coercitiva de investigados ou de réus para interrogatório, sob pena de responsabilidade disciplinar, civil e penal do agente ou da autoridade e de ilicitude das provas obtidas, sem prejuízo da responsabilidade civil do Estado. O Tribunal destacou, ainda, que esta decisão não desconstitui interrogatórios realizados até a data do presente julgamento, mesmo que os interrogados tenham sido coercitivamente conduzidos para tal ato. Vencidos, parcialmente, o Ministro Alexandre de Moraes, nos termos de seu voto, o Ministro Edson Fachin, nos termos de seu voto,

---

26 No mesmo sentido, DELMANTO JUNIOR, op. cit., p. 162.

no que foi acompanhado pelos Ministros Roberto Barroso, Luiz Fux e Cármen Lúcia (Presidente). Plenário, 14/06/2018."

Inclusive, com a Lei n. 13.869/2019, constitui crime:

> Art. 10. Decretar a condução coercitiva de testemunha ou investigado manifestamente descabida ou sem prévia intimação de comparecimento ao juízo: Pena – detenção, de 1 (um) a 4 (quatro) anos, e multa.

Por fim, sobre a degeneração feita por alguns juízes, de decretar a prisão temporária como burla à vedação da condução coercitiva, remetemos o leitor para o tópico final do estudo da "prisão temporária" (adiante, no capítulo das prisões cautelares), onde tratamos desse assunto.

## 2.8. Inadequação da Categoria "Revelia" no Processo Penal

O primeiro ponto a ser destacado é que, pela enésima vez, advertimos o leitor da inadequação de analogias com o processo civil em quase todos os casos em que é feita. Logo, deve-se (re)definir algumas categorias nesse tema.

No processo penal, não existe distribuição de cargas, pois o réu – ao ser (constitucionalmente) presumidamente inocente – não tem qualquer dever de atividade processual. Mais do que isso, da sua inércia nenhum prejuízo jurídico-processual pode brotar. Assim, toda carga está nas mãos do acusador.

De outro lado, é inegável que existe – por parte do réu – a assunção de riscos decorrentes de sua inércia. Explicamos. Quando surge uma chance (sempre na linha do léxico goldschmidtiano) nas diferentes situações processuais, que podem ser probatórias ou defensivas, não se lhe atribui qualquer carga ou ônus, senão riscos. O não agir probatório do réu (que pode se dar, por exemplo, no exercício do direito de silêncio, recusa em participar de acareações, reconhecimentos etc.) não conduz a nenhum tipo de punição processual ou presunção de culpa. Não existe um dever de agir para o imputado para que se lhe possa punir pela omissão.

Inclusive, quando o art. 367 do CPP permite que o processo prossiga sem a presença do réu citado, essa omissão processual gera, apenas, risco. Não se trata de prejuízo processual, pois não existe uma carga, de modo que não se pode presumir nada em sentido diverso da sua inocência.

É completamente diferente do fenômeno do processo civil, em que se operam verdadeiras distribuições de cargas e a decorrente necessidade de liberar-se delas.

Com a modificação levada a cabo pela Lei n. 9.271/96, finalmente abandonou-se a "revelia" e os absurdos processos penais sem réu presente (em caso de inatividade processual ficta).

Atualmente, não há que se falar em "revelia" no processo penal (ou pelo menos não no sentido próprio do termo, o que significa dizer que a utilização seria sempre imprópria e inadequada), pois a inatividade do réu não conduz a nenhum tipo de sanção processual.

A contumácia ou revelia, como explica DELMANTO JUNIOR[27], é carregada de conotação negativa, extremamente pejorativa, significando ultraje, desdém, ilícito, rebeldia[28] etc.; daí por que, como afirma o autor, "sua aplicação afigura-se, por si só, totalmente incompatível com a concepção de que não há como dissociar a inatividade do acusado, de um lado, do exercício dos direitos a ele constitucionalmente assegurados da ampla defesa e do silêncio, de outro". Não existe censura ou verdadeiro prejuízo jurídico em relação à conduta do réu que não comparece ao interrogatório ou não permite que se lhe extraia material genético para realização de perícia.

Não existe, no processo penal, revelia em sentido próprio. A inatividade processual (incluindo a omissão e a ausência) não encontra qualquer tipo de reprovação jurídica. Não conduz a nenhuma presunção, exceto a de inocência, que continua inabalável. Nada de presumir-se a autoria porque o réu não compareceu...! Jamais.

Também se deve ponderar que admitir a revelia e seus efeitos conduziria a admitir um *processo penal contumacial*, absolutamente incompatível com o *processo penal contraditório*[29] *assegurado no art. 5º, LV, da Constituição e também no art. 261 do CPP*[30]*.*

A presença da defesa técnica, ainda que o acusado esteja ausente (ou seja, citado não comparece nem constitui defensor), é uma imposição inarredável, fruto da opção constitucional por um procedimento em contraditório, que impede a produção dos efeitos da revelia.

Em suma, por qualquer lado que se aborde, a revelia e a contumácia são incompatíveis com o processo penal brasileiro.

Infelizmente, por falta de rigor técnico, é bastante comum a utilização pelos tribunais brasileiros do termo "revelia", quando na verdade estamos diante de mera ausência.

## 2.9. Notificação e Intimação do Acusado. Contagem de Prazos

Quando se analisa o nosso CPP, passa a ser repetitiva a crítica de falta de sistematização, confusão de critérios e pouco rigor técnico. Aqui, mais uma vez essa crítica se faz necessária, pois o Código emprega os termos notificação e

---

27 DELMANTO JUNIOR, op. cit., p. 71.

28 Expressão essa (rebeldia) escolhida pelo legislador espanhol na *Ley de Enjuiciamiento Criminal* para definir a situação jurídica do réu que não comparece no processo penal quando chamado.

29 Conforme DELMANTO JUNIOR, op. cit., p. 373.

30 Art. 261. Nenhum acusado, ainda que ausente ou foragido, será processado ou julgado sem defensor.

intimação com pouco rigor, levando a que alguns autores concluam pela unificação dos conceitos. Nenhuma censura a essa posição. Contudo, pensamos ser necessário fazer a distinção conceitual, pois o Direito Processual Penal não se resume ao que está codificado.

A notificação é a comunicação da existência de uma acusação, gerando a chance (no léxico goldschmidtiano) de oferecimento de uma defesa prévia ao recebimento da denúncia. O art. 55 da Lei n. 11.343 estabelece que, oferecida a denúncia, "o juiz ordenará a notificação do acusado para oferecer defesa prévia, por escrito, no prazo de 10 (dez) dias". No mesmo sentido, o art. 514 do CPP determina, no rito dos crimes de responsabilidade dos funcionários públicos, que o juiz "ordenará a notificação do acusado, para responder por escrito, dentro do prazo de 15 (quinze) dias".

A intimação é a comunicação de determinado ato processual feita ao acusado, testemunha ou pessoas que devam tomar conhecimento do ato, como peritos, intérpretes e demais auxiliares da justiça. Em relação aos últimos (testemunhas e demais pessoas que participem do processo), a intimação poderá revestir um caráter coercitivo, verdadeiro dever de agir ou comparecer. Tal dever ou carga inexiste em relação ao imputado pelos motivos já explicados anteriormente.

A intimação das testemunhas, peritos, intérpretes etc. deverá ser feita pessoalmente, através do respectivo mandado (art. 370). Já quanto à intimação dos defensores, o CPP faz uma distinção no tratamento:

a) Defensor constituído poderá ser intimado através de publicação no Diário da Justiça (ou órgão incumbido da publicação) ou, caso não exista, a intimação poderá ser através de mandado ou via postal. Também é recomendável a intimação através da via postal quando o advogado constituído possui escritório profissional em unidade da federação diversa daquela onde tramita o feito. Tal cautela é muito importante, pois esse defensor poderá não ter acesso ao diário da justiça daquele estado, frustrando a comunicação do ato. Se considerarmos que a eficácia da intimação é condição de possibilidade para o exercício do contraditório e do direito de defesa, conclui-se que todos os cuidados são úteis para evitar um ato processual que venha a ser considerado, posteriormente, defeituoso (com sério risco de nulidade).

b) Defensor nomeado poderá ser de duas categorias: defensor público ou dativo. O defensor público será sempre intimado pessoalmente, em igualdade de tratamento com o Ministério Público, atendendo assim ao chamado princípio da pessoalidade, por força do art. 5º, § 5º, da Lei n. 1.060/50.

Contudo, quando a defesa for levada a cabo por defensor dativo ou por entidade de assistência jurídica gratuita (os "serviços de assistência judiciária" de muitas faculdades de Direito, por exemplo), predomina o entendimento de que não se aplica essa regra, e a intimação poderá ser feita através do diário da justiça.

Por fim, chamamos a atenção de que os prazos processuais, nos termos do art. 798 do CPP, correm em cartório, sendo contínuos e peremptórios, não se interrompendo por férias, domingo ou feriados. Uma vez iniciada sua contagem, não serão interrompidos. Nesse cômputo, não se considera o dia da intimação, ou seja, exclui-se o dia em que se dá a comunicação do ato, começando a fluir no dia seguinte, se útil. Logo, se a intimação ocorreu numa sexta-feira, o prazo começa a correr na segunda-feira e não no sábado. Da mesma forma, quando um prazo terminar no sábado, domingo ou feriado, será automaticamente prorrogado para o primeiro dia útil (art. 798, § 3º, do CPP).

Também é muito importante compreender que no processo penal, ao contrário do que ocorre no processo civil, os prazos começam a fluir a partir da realização da comunicação processual e não da juntada aos autos do mandado de intimação.

Nessa linha, corretamente dispõe a Súmula 710 do STF:

> No processo penal, contam-se os prazos da data da intimação, e não da juntada aos autos do mandado ou carta precatória ou de ordem.

Assim, nada de analogias com o processo civil.

## 3. Assistente da Acusação

Nos crimes em que a iniciativa da ação penal é privada, a vítima (ou seu representante legal) assume no processo penal o polo ativo, como parte (acusadora) principal.

Contudo, nos crimes em que a ação penal seja de iniciativa pública, a denúncia será oferecida pelo Ministério Público, a quem competirá promover privativamente[31] a ação penal. Mas o sistema processual penal brasileiro contempla a possibilidade de o ofendido ingressar no polo ativo, ao lado do Ministério Público, auxiliando-o na acusação e também fiscalizando sua atuação. Vejamos agora o instituto do assistente de acusação.

---

31 Sem esquecer a possibilidade de que a vítima, em caso de inércia do Ministério Público, ofereça a queixa subsidiária ou substitutiva, nos termos do art. 29 do CPP, conforme explicamos anteriormente ao tratar da Ação Processual Penal.

### 3.1. Natureza Jurídica. Legitimidade, Capacidade e Interesse Processual. Pode o Assistente Recorrer para Buscar Aumento de Pena? Crítica à Figura do Assistente da Acusação

O assistente da acusação é uma parte secundária, acessória, contingencial, pois o processo independe dele para existir e se desenvolver. É, assim, recorrente dizer-se que sua natureza jurídica é a de parte contingente, secundária. É uma parte, mas não principal, pois sua atividade processual é acessória em relação àquela desenvolvida pela parte principal, que é o Ministério Público.

Quanto à legitimidade, estabelece o art. 268 do CPP que poderá intervir como assistente o ofendido ou representante legal, ou, na falta, qualquer das pessoas mencionadas no art. 31, quais sejam: cônjuge, ascendente, descendente ou irmão.

Excepcionalmente, admite-se que órgãos ou entidades sejam assistentes da acusação, mas os casos são taxativamente previstos em lei. Nessa linha, nos crimes contra o Sistema Financeiro Nacional, a Lei n. 7.492, no seu art. 26, parágrafo único, estabelece que, "sem prejuízo do disposto no art. 268 do CPP, será admitida a assistência da Comissão de Valores Mobiliários – CVM, quando o crime tiver sido praticado no âmbito de atividade sujeita à disciplina e à fiscalização dessa autarquia, e do Banco Central do Brasil quando, fora daquela hipótese, houver sido cometido na órbita de atividade sujeita à sua disciplina e fiscalização".

Nos crimes contra as relações de consumo, determinam os arts. 80 c/c 82, III e IV, ambos da Lei n. 8.078, que poderão intervir como assistente do Ministério Público "as entidades e órgãos da administração pública, direta ou indireta, ainda que sem personalidade jurídica, especificamente destinados à defesa dos interesses e direitos protegidos por este Código" (de defesa do consumidor), e também as "associações legalmente constituídas há pelo menos 1 (um) ano e que incluam entre seus fins institucionais a defesa dos interesses e direitos protegidos por este Código, dispensada a autorização assemblear".

Comungamos, ainda, do entendimento de que não caberá a intervenção de pessoa jurídica de direito público como assistente. Inicialmente, porque a figura do assistente da acusação é geneticamente problemática e deveria ser abolida do processo penal brasileiro, como explicaremos ao final desse tópico. Mas, enquanto permanece, os casos e as possibilidades de intervenção devem ser lidos de forma restritiva. Nessa linha, a regra é a de que somente a vítima – pessoa física – ou seu representante legal possam intervir como assistentes. Excepcionalmente isso é relativizado e, quando ocorre, é de forma expressa. Nesse sentido, os casos anteriormente referidos nas Leis n. 7.492 e 8.078.

Ademais, não há que se esquecer de que se o crime for praticado em detrimento do patrimônio ou interesse da União, Estado e Município, a ação penal será de iniciativa pública. Logo, quem defende em juízo os interesses do órgão público afetado é o Ministério Público, sendo sem sentido (salvo para gerar desequilíbrio processual e contaminar o processo com o sentimento de vingança) admitir-se a assistência. Do contrário, teríamos de admitir que o Ministério Público é negligente na tutela do patrimônio público, o que seria um contrassenso.

Noutra dimensão, não há que se confundir o assistente com o advogado que o representa. Assistente é a vítima, seu ascendente, descendente ou irmão, mas, em qualquer caso, necessita de advogado para postular em juízo (capacidade postulatória).

O interesse de agir, como explicado anteriormente, não pode ser pensado desde a ótica do processo civil. No processo penal, vigora o princípio da necessidade, ou seja, é o processo penal o caminho necessário para chegar-se à pena. Logo, não há que se questionar sobre o interesse, muito menos sob a ótica civilista da "necessidade e utilidade do provimento", pois ele é inerente à ação processual penal. No Ministério Público – tanto nos crimes de ação penal de sua iniciativa (pública) – como nos crimes de iniciativa privada, o interesse é inerente a quem tiver legitimidade para propor a ação, pois não há outra forma de obter e efetivar a punição.

Sem embargo, o assistente é uma parte secundária, que não dá o *starter* procedimental, e tampouco sua presença é necessária. O *ne procedat iudex officium* se realiza através da atividade do Ministério Público e não do assistente da acusação, pois o assistente somente poderá ingressar após a denúncia ter sido oferecida e admitida, não sendo ele o responsável pela invocação da tutela jurisdicional.

Então, o que justifica sua intervenção? Que interesse(s) lhe motiva(m)?

Deixando os frágeis argumentos teóricos de lado, como regra, a assistência da acusação é motivada por sentimento de vingança e/ou interesse econômico.

Bastante frágil é a alegação de que o assistente está interessado em "fazer (ou contribuir para a) justiça", pois que conceito de *justiça* é esse que somente se conforma com uma sentença condenatória? Falar em "sentença justa", nesse caso, é recorrer a um conceito vago, que oculta, no fundo, uma visão unilateral e vingativa, pois a tal "sentença justa" somente existe quando condenatória. Sim, porque ninguém se habilita como assistente para postular a absolvição do acusado...

Quanto ao *interesse econômico*, recordemos as explicações que fizemos ao tratar da "ação civil *ex delicti*" anteriormente. Há situações em que uma mesma ação ou omissão gera efeitos nos dois (civil ou penal) ou três campos (civil, penal e administrativo). O assistente ingressa no processo penal para buscar uma sentença penal condenatória que, além de fixar um valor mínimo a título de indenização para a vítima (art. 387, IV), com o trânsito em julgado, irá constituir um título executivo judicial na esfera cível, nos termos do art. 515, VI, do CPC.

Com a sentença penal condenatória, a vítima do delito ou seu representante legal poderá ajuizar ação de execução na jurisdição cível, buscando o pagamento do valor fixado na sentença penal a título de indenização (arts. 63[32], parágrafo único, c/c 387, IV, do CPP). Se a vítima entender ser insuficiente esse valor, poderá postular a liquidação do dano, obtendo com isso o restante devido. Não se pode esquecer que o art. 387, IV, determina que o juiz penal fixe o valor "mínimo", não impedindo que a vítima postule, no juízo cível, um valor maior, sem que se discuta mais a causa de pedir, mas apenas quanto deverá ser o complemento.

Antes de obter o título executivo, poderá o assistente, dentro do processo penal, buscar a indisponibilidade patrimonial do réu, por meio das medidas assecuratórias previstas no art. 125 e s. do CPP.

Esse interesse econômico também pode vir noutra dimensão: buscar uma sentença condenatória para ser utilizada na Justiça do Trabalho. Não raras vezes, o que busca o assistente é uma condenação penal que possa ser utilizada para justificar a despedida com justa causa, gerando profundos reflexos trabalhistas.

Outra discussão que brota nesse momento é a seguinte: pode o assistente da acusação recorrer postulando aumento da pena aplicada?

Se for defendida a existência de um interesse puramente econômico, não está o assistente autorizado a recorrer para pedir um aumento de pena, pois seu interesse se satisfaz com a constituição do título executivo que brota da sentença penal condenatória, independente do *quantum* de pena aplicada. Assim, o título executivo buscado estará constituído com uma condenação a 1 mês de pena ou a 20 anos, é irrelevante. Daí por que não cabe o recurso para mero aumento de pena.

Contudo, há quem entenda que o assistente é um auxiliar da acusação, buscando uma sentença "justa". Para os seguidores dessa corrente, admite-se que o assistente recorra – quando o Ministério Público não o fizer – para buscar a exasperação da pena. O argumento é o de que o assistente teria interesse na punição adequada e suficiente do réu, de modo que uma pena "baixa" não seria "justa".

Com vênia aos que assim pensam, não podemos concordar com essa posição. Entendemos que o assistente não pode recorrer para pleitear o aumento de pena, pois lhe falta interesse recursal.

---

32 Art. 63. Transitada em julgado a sentença condenatória, poderão promover-lhe a execução, no juízo cível, para o efeito da reparação do dano, o ofendido, seu representante legal ou seus herdeiros. Parágrafo único. Transitada em julgado a sentença condenatória, a execução poderá ser efetuada pelo valor fixado nos termos do inciso IV do *caput* do art. 387 deste Código sem prejuízo da liquidação para a apuração do dano efetivamente sofrido.

E nada impede que o assistente recorra apenas do valor indenizatório fixado na sentença penal. Com as alterações levadas a cabo pela Lei n. 11.719/2008, deverá o juiz criminal, na sentença condenatória, fixar um valor mínimo a título de indenização para a vítima. Desse valor, pode perfeitamente recorrer o assistente da acusação.

Feitas essas considerações, passemos às principais críticas feitas pela doutrina ao instituto da assistência.

A principal crítica que se faz à figura do assistente da acusação brota exatamente do interesse que lhe motiva: sentimento de vingança e interesse econômico privado.

O sentimento de vingança gera uma contaminação que em nada contribui para um processo penal equilibrado e ético. Essa afirmativa não significa qualquer menoscabo ou desprezo pela figura da vítima, todo o oposto. Apenas queremos chamar a atenção para o fato de que um processo penal com tal dose de contaminação é um grave retrocesso que dificulta a serena administração da justiça.

Noutra dimensão, o interesse econômico deve ser satisfeito com plenitude, mas não no processo penal. A mistura de pretensões (acusatória e indenizatória) gera uma grave confusão lógica e, principalmente, um hibridismo bastante perigoso e problemático, que pode conduzir a "condenações penais disfarçadas de absolvições fáticas", ou seja, condena-se alguém na esfera penal a uma pena irrisória (multa ou restritiva de direitos), muitas vezes por delitos insignificantes, pois no fundo o que se quer satisfazer é a pretensão indenizatória. Isso representa um desvirtuamento completo do sistema jurídico penal para a satisfação de algo que é completamente alheio a sua função. O processo penal não pode ser desvirtuado para ser utilizado a tais fins, por mais legítimos que sejam, pois o instrumento é inadequado.

Na expressão de BETTIOL[33], isso constitui a derrocada completa do processo penal, que deixa de ser portador de justiça para se converter em simples instrumento de tutela de interesses privados. Há que se colocar as coisas no seu devido lugar. GÓMEZ ORBANEJA[34] também, há muito tempo, apontava para o perigo da *privatización del proceso penal* que, segundo o autor, é completamente incompatível com sua verdadeira finalidade e com o próprio caráter estatal da pena.

---

[33] BETTIOL, Giuseppe. *Instituciones de Derecho Penal y Procesal*. Trad. Faustino Gutiérrez-Alviz y Conradi. Barcelona, Bosch, 1976. p. 285.

[34] GÓMEZ ORBANEJA. *Comentarios a la Ley de Enjuiciamiento Criminal*. Barcelona, Bosch, 1951. v. II, p. 231.

Mas isso não significa que a vítima deva ficar desamparada, senão que corresponde ao processo civil a efetiva missão de satisfazer seus interesses econômicos. Não o processo penal.

Por fim, poder-se-ia questionar ainda a (in)constitucionalidade do instituto, na medida em que o art. 129, I, da Constituição é categórico ao afirmar que compete ao Ministério Público promover "privativamente" a ação penal pública na forma da lei. A única exceção, também constitucional, ao poder privativo de promoção da ação penal pública, está no art. 5º, LIX, na chamada ação penal privada subsidiária (ou substitutiva) da pública, nos termos e na forma anteriormente explicada.

Logo, como não é possível assistente da acusação na ação penal de iniciativa privada (pois ele é o autor principal) e, na pública, a promoção é de atribuição "privativa" do Ministério Público, não estaria recepcionada pelo texto constitucional a figura do assistente da acusação, sendo ilegítima sua intervenção.

Apesar das críticas à figura do assistente da acusação, trata-se de intervenção admitida no sistema processual penal brasileiro pela maioria dos tribunais.

### 3.2. Corréu Não Pode Ser Assistente. Risco de Tumulto e Manipulação Processual

Determina o art. 270 do CPP que "o corréu no mesmo processo não poderá intervir como assistente do Ministério Público". Trata-se de uma regra necessária e lógica, para evitar a confusão processual de ter-se uma pessoa ocupando polos completamente antagônicos, de auxiliar da acusação e réu, ao mesmo tempo, pois isso gera evidentes riscos de manipulações e fraudes.

Para melhor compreensão, pensemos na seguinte situação: os réus Júlio, Fernando e Guilherme, após roubarem um banco, encontram-se num local ermo para fazer a repartição dos ganhos. Para obter um lucro maior, Júlio e Fernando agridem Guilherme até acreditarem tê-lo matado. Milagrosamente, ele sobrevive. Os processos pelo roubo e pela tentativa de homicídio são reunidos por força da conexão. Uma vez unificados, Guilherme poderá habilitar-se como assistente do Ministério Público?

Não, pois com a reunião dos processos ele é corréu (coautor do delito de roubo) e, portanto, incide a vedação do art. 270 do CPP.

Contudo, se a qualquer momento ele deixar de ser corréu (por extinção da punibilidade, absolvição definitiva etc.), cessa o impedimento e pode o agente recorrer como assistente não habilitado, por exemplo.

### 3.3. Momento de Ingresso do Assistente. Iniciativa Probatória. Pode o Assistente Arrolar Testemunhas?

Como o próprio nome indica, o assistente auxilia a acusação, logo, é pressuposto de sua intervenção a existência de uma acusação pública formalizada (denúncia). Assim, o pedido de habilitação como assistente somente pode ser feito após o recebimento da denúncia.

Ainda que com pouco rigor técnico, o art. 268 corrobora esse entendimento, ao afirmar que, "em todos os termos da ação pública, poderá intervir, como assistente do Ministério Público, o ofendido (...)". Na verdade, o assistente pode intervir no processo nascido do exercício de ação penal de iniciativa pública, e não na "ação". Não há intervenção na ação, mas no processo.

Mas isso não significa que a vítima não possa intervir na investigação preliminar, pois, recordando o teor do art. 14 do CPP, ela poderá requerer qualquer diligência, que será realizada, ou não, a critério da autoridade policial. Contudo, essa intervenção epidérmica não constitui "assistência da acusação".

Recebida a denúncia, poderá o ofendido requerer, através de advogado devidamente constituído (procuração), sua habilitação como assistente para ingressar no processo. Não está o assistente, assim, autorizado a recorrer da decisão que rejeita liminarmente a denúncia.

Já da decisão de absolvição sumária, art. 397, poderá o assistente recorrer, se assim não o fizer o Ministério Público. O recurso cabível no caso de absolvição sumária é o de apelação (como também o é no caso de absolvição sumária no rito do Tribunal do Júri, art. 416), com base no art. 593, II, do CPP.

Quando o assistente não for a vítima, mas sim o cônjuge, ascendente, descendente ou irmão (art. 268 c/c art. 261), além da procuração, deverá o pedido vir instruído do respectivo documento que comprove esse vínculo. O Ministério Público será ouvido previamente sobre a admissão do assistente (art. 272), mas o pedido somente será indeferido em caso de ilegitimidade ou falta de procuração.

Da decisão que admite ou não o assistente, não caberá recurso, determina o art. 273, mas poderá ser impetrado Mandado de Segurança, conforme o caso.

Mas, ingressando no processo, deve-se atentar para a expressão contida no art. 269, de que o assistente "receberá a causa no estado em que se achar". O que significa isso?

Significa que o assistente não pode pleitear a repetição ou pretender a realização de atos cujo momento processual já tenha passado. A intervenção do assistente é para os atos subsequentes ao seu ingresso, nunca antecedentes a ele. Nunca é retroativa.

Há que se ter muito cuidado com o art. 271, quando – por exemplo – autoriza o assistente a propor meios de prova.

Pode o assistente arrolar testemunhas?

Não. Como o assistente recebe o processo no estado em que se achar, e sua intervenção somente é possível após o recebimento da denúncia, não poderá arrolar testemunhas, pois o momento processual para realização desse ato já ocorreu (as testemunhas da acusação devem ser arroladas na denúncia).

Irrelevante, portanto, se o Ministério Público arrolou testemunhas em número inferior ao permitido, pois o problema não se situa na quantidade, mas sim na preclusão dessa via. Para tentar superar esse obstáculo procedimental, alguns autores recorrem a outro artifício: defendem a possibilidade de que o assistente arrole suas testemunhas e postule ao juiz que as ouça como "testemunhas do juízo", nos termos do art. 209 do CPP. Eis um caminho que nos parece igualmente equivocado, pois o art. 209 não resiste a uma filtragem constitucional, pois viola, claramente, as regras do sistema acusatório constitucionalmente assegurado. Situação completamente distinta ocorre com as testemunhas de plenário, nos crimes de competência do Tribunal do Júri. Nesse caso, as testemunhas que serão ouvidas no plenário de julgamento devem ser arroladas no prazo do art. 422. Ainda que o artigo em questão não diga, pensamos que a intimação deve ser estendida ao assistente, uma vez que, habilitado, é parte no processo. Contudo, o limite máximo de 5 testemunhas de plenário que pode arrolar a acusação não pode ser ultrapassado, de modo que ao assistente somente incumbe arrolar testemunhas se o MP não apresentar um rol completo.

Em suma: não pode o assistente da acusação arrolar testemunhas, exceto nos processos por crime de competência do Tribunal do Júri, em que poderá arrolar testemunhas de plenário, desde que, somadas ao rol do MP, não exceda o limite legal.

Sem embargo, poderá propor outros meios de prova e participar da produção, em juízo, da prova testemunhal, requerendo perguntas às testemunhas e vítimas. Ao assistente é permitido juntar documentos e postular perícias, sendo sempre ouvido, previamente, o Ministério Público.

E até quando poderá ser admitido o assistente?

Até o trânsito em julgado da decisão. É possível, assim, que o assistente venha ao processo apenas para recorrer, sendo tratado como "assistente não habilitado". A expressão *não habilitado* deve ser entendida como "não habilitado até a sentença", pois, mesmo nesse caso, seu ingresso deverá ser feito através de duas peças processuais: o pedido de habilitação como assistente, devidamente instruído com procuração (e a prova do parentesco ou matrimônio, se for o caso) a ser feito junto ao juízo *a quo*, e, em peça separada, o respectivo recurso interposto.

Em se tratando de processo por crime de competência do Tribunal do Júri, deve-se atentar para a regra do art. 430, segundo o qual a intervenção do assistente no plenário de julgamento deverá ser requerida com antecedência, pelo menos, de 5 (cinco) dias, salvo se já tiver sido admitido anteriormente. Essa é uma regra para o assistente que ingressa no processo apenas para intervir em plenário, pois, se já estava habilitado, não há necessidade desse requerimento.

### 3.4. Assistente Habilitado e Não Habilitado. Recursos que Pode Interpor. Prazo Recursal

O assistente da acusação deve sempre postular seu ingresso no processo, demonstrando sua legitimidade, para que possa intervir. A rigor, sempre haverá um pedido de habilitação, mesmo quando ele vem apenas para recorrer. Então, a expressão *assistente habilitado* serve para designar aquele que ingressa no processo até a prolação da sentença de primeiro grau. De outro lado, quando o ofendido ingressa após a prolação da sentença, como um terceiro interessado em recorrer, é considerado *assistente não habilitado*.

Quando o ofendido ingressa no curso do processo (assistente habilitado), passa a ser intimado de todos os atos, inclusive da sentença, pois recebe o tratamento de "parte". Os atos que pode o assistente praticar estão descritos no art. 271[35]:

É sempre importante destacar que o assistente intervém como parte secundária, auxiliando a acusação feita pelo Ministério Público, nunca agindo como parte principal ou opondo-se àquele. Há que se considerar, para além do disposto no art. 271, que existem limites à produção probatória pelo assistente, como enumera HASSAN CHOUKR[36]:

a) limitação probatória cabível às partes no processo, com a inadmissibilidade das provas ilícitas;

---

[35] Art. 271. Ao assistente será permitido propor meios de prova, requerer perguntas às testemunhas, aditar o libelo e os articulados, participar do debate oral e arrazoar os recursos interpostos pelo Ministério Público, ou por ele próprio, nos casos dos arts. 584, § 1º, e 598.
§ 1º O juiz, ouvido o Ministério Público, decidirá acerca da realização das provas propostas pelo assistente.
§ 2º O processo prosseguirá independentemente de nova intimação do assistente, quando este, intimado, deixar de comparecer a qualquer dos atos da instrução ou do julgamento, sem motivo de força maior devidamente comprovado.

[36] HASSAN CHOUKR, op. cit., p. 454.

b) compatibilidade do meio de prova requerido com o momento procedimental em que ele adentrou ao processo (pois ele recebe o processo no estado em que se encontra, sem possibilidade de repetição de atos ou postulação de prova fora do prazo estabelecido, como ocorre com a prova testemunhal);
c) concordância do Ministério Público.

No que tange aos recursos, a regra geral é: o assistente somente pode recorrer se o Ministério Público não o fizer, ou seja, sua atividade recursal é supletiva. Quando o Ministério Público recorre, o assistente poderá apenas arrazoar junto, conforme o tipo de recurso utilizado.

Mas o assistente somente pode recorrer da impronúncia e da sentença final?

Sim. Também pode, em caso de inércia do Ministério Público:

- recorrer em sentido estrito da decisão que declara a extinção da punibilidade pela prescrição ou outra causa (art. 581, VIII, c/c art. 584, § 2º);
- apelar, como assistente não habilitado, da decisão que absolve sumariamente o imputado (art. 397);
- apelar da sentença absolutória, condenatória (para majorar o valor da indenização fixado na sentença) ou declaratória de extinção da punibilidade, proferida por juiz singular;
- utilizar o recurso de embargos declaratórios, quando a decisão impugnada contiver obscuridade, ambiguidade, contradição ou omissão (arts. 382 e 619);
- ingressar com recurso especial e extraordinário, nos casos dos arts. 584, § 1º, e 598 do CPP, como define a Súmula 210 do STF[37].

Quanto ao prazo recursal, a regra geral é: o assistente habilitado é uma parte (ainda que secundária) e o prazo recursal será o mesmo do Ministério Público. Para tanto, há que se recordar que o assistente só recorre se o Ministério Público não o fizer, e seu prazo começa a correr após o encerramento do prazo concedido ao MP. Mas há que se considerar o seguinte:

- se o assistente é intimado antes do término do prazo recursal do MP, o seu prazo começará a correr imediatamente após o decurso do prazo concedido àquele;
- se o assistente é intimado após o término do prazo recursal do MP, o seu prazo começará a correr no primeiro dia útil subsequente.

---

[37] Noutra dimensão, a Súmula 208 do STF estabelece que "o assistente do Ministério Público não pode recorrer extraordinariamente de decisão concessiva de *habeas corpus*".

Completamente diverso é o tratamento concedido ao assistente não habilitado, que vem ao processo apenas para recorrer (art. 598[38] do CPP).

A primeira pergunta que surge é: por que o assistente não habilitado possui um prazo três vezes maior que aquele concedido às partes para apelar ou recorrer em sentido estrito?

Exatamente porque ele não é parte, não está no processo e não é intimado, o prazo para interposição do recurso (apelação ou recurso em sentido estrito) será maior. Detalhe importante: o prazo de 15 dias é para interposição. Uma vez interposto e admitido o recurso, o prazo para as razões será aquele definido no art. 600, em caso de apelação, ou no art. 588 para o recurso em sentido estrito.

Apenas para esclarecer, essa regra do prazo de 15 dias para interposição também se aplica ao assistente não habilitado que recorre em sentido estrito da decisão de impronúncia ou declaratória de extinção da punibilidade, pois o art. 584, § 1º, remete para a regra do art. 598.

E como se conta esse prazo, visto que o assistente não habilitado não é intimado?

Nos termos do disposto na Súmula 448 do STF, ou seja, começa a correr automaticamente após o transcurso do prazo do Ministério Público.

Em relação aos demais recursos, anteriormente apontados (embargos declaratórios, recurso especial e extraordinário), o assistente não habilitado deverá interpô-los nos seus respectivos prazos legais, sem qualquer diferença no tratamento dado às partes.

---

[38] Art. 598. Nos crimes de competência do Tribunal do Júri, ou do juiz singular, se da sentença não for interposta apelação pelo Ministério Público no prazo legal, o ofendido ou qualquer das pessoas enumeradas no art. 31, ainda que não se tenha habilitado como assistente, poderá interpor apelação, que não terá, porém, efeito suspensivo.
Parágrafo único. O prazo para interposição desse recurso será de 15 (quinze) dias e correrá do dia em que terminar o do Ministério Público.

# SÍNTESE DO CAPÍTULO

Aviso ao leitor: A compreensão da síntese exige a prévia leitura do capítulo!

- No processo intervêm três sujeitos (juiz, acusado e réu) e duas partes (acusador e acusado).
- A comunicação dos atos processuais está a serviço da eficácia do contraditório (primeiro momento, da informação) e do direito de defesa.
- Não existe contraditório com o juiz, mas contraditório assegurado pelo juiz.

1. CITAÇÃO (arts. 351 a 369): comunicação ao réu da existência de uma acusação, assegurando o contraditório (informação), para com isso criar as condições necessárias para eficácia do direito de defesa pessoal e técnica.

- A citação é feita através de mandado, cumprido por oficial de justiça, com os requisitos previstos nos arts. 352 e 357. Se residir em local diverso, será por carta precatória (arts. 353 e 354) ou rogatória (arts. 368 e 369).
- Citação do militar – arts. 358 e 221, § 2º (requisição à autoridade superior).
- Citação do funcionário público: art. 359 (notifica o chefe da repartição).
- Citação do réu preso: além da requisição para condução do preso, feita para o diretor do estabelecimento, é necessária a citação pessoal do réu. É nula a citação feita por edital de réu preso na mesma unidade (Súmula 351 do STF).

1.1. Citação real: feita por mandado, cumprido por meio de oficial de justiça, que comunica ao réu, pessoalmente.

1.2. Citação ficta: realizada através de edital e somente pode ser utilizada quando esgotadas todas as possibilidades de realizar-se a citação real.

1.3. Citação com hora certa: inserida pelo art. 362, tem seus requisitos legais previstos nos arts. 227 a 229 do CPC. Feita a citação com hora certa, será nomeado defensor dativo. Crítica: risco de ressuscitar a possibilidade de processo sem conhecimento do acusado. Sugestão: após a citação com hora certa, se o acusado não comparecer, fazer citação por edital e, se persistir a inatividade, aplicar o art. 366.

1.4. Inatividade do réu: Ausência e Não Comparecimento

- Inatividade Processual real – Ausência: gera a situação de ausência, onde o réu foi devidamente citado, mas não apresentou resposta à acusação, aplica-se o art. 367 c/c o art. 396-A, § 2º. Na ausência, réu foi encontrado e citado pessoalmente, mas depois não oferece resposta à acusação (ou não comparece na instrução) de forma injustificada. O processo continua com seu defensor constituído ou dativo sem que o réu seja novamente comunicado dos demais atos do processo. Estar presente no processo é um direito do réu, nunca um dever (exceto no caso de liberdade provisória em que foi imposta essa condição).

- Inatividade Processual Ficta – Não Comparecimento: Nesse caso, fracassaram todas as tentativas de citação real, não se encontrando o acusado, que é citado por edital e não comparece, aplica-se o art. 366, suspendendo o processo e a prescrição. Posição do STF: é constitucional a suspensão indefinida do processo e da prescrição. Posição do STJ: Súmula 415 considerando que a prescrição fica suspensa tomando como critério a pena máxima cominada, depois volta a fluir.
- Determinada a suspensão do processo e da prescrição, pode ser decretada a prisão preventiva, desde que presentes os requisitos autorizadores e a necessidade da medida. Não é uma nova hipótese de prisão preventiva e tampouco existe prisão cautelar obrigatória. A produção antecipada de provas é uma medida excepcional, pois coloca em risco o contraditório e o direito de defesa, ver Súmula 455 do STJ.

1.5. Inadequação do conceito de revelia no processo penal: é inadequado utilizar-se o termo revelia no processo penal, pois a inatividade do réu não conduz a nenhum tipo de sanção processual ou inversão de carga probatória, como no processo civil. No processo penal, não há distribuição de cargas probatórias, mas mera atribuição, ao acusador. A revelia ou contumácia são categorias processuais carregadas de conotação negativa, pejorativa, punitiva, inadequadas ao processo penal, na medida em que não existe a produção de seus efeitos. O não comparecimento do réu devidamente citado é uma mera ausência, que poderá acarretar a sua não intimação para os próximos atos, mas segue o dever de comunicação ao defensor (imprescindibilidade da defesa técnica, art. 261). Não gera qualquer inversão de carga probatória e tampouco uma tramitação do processo sem defesa.

## 2. NOTIFICAÇÃO E INTIMAÇÃO

Há muita confusão de conceitos e pouco rigor técnico no CPP.

- Notificação: é a comunicação da existência de uma acusação, gerando uma chance de oferecimento de defesa. Após a reforma de 2008, em que o réu é citado para apresentar resposta à acusação, estabeleceu-se uma confusão entre os conceitos de notificação e citação.
- Intimação: é a comunicação de determinado ato processual feita ao acusado, testemunha ou pessoa que deva tomar conhecimento do ato.

3. CONTAGEM DE PRAZO: art. 798, são contínuos e peremptórios, começando a correr da data do ato e não da juntada aos autos do mandado (Súmula 710 do STF). Prazos processuais se prorrogam quando terminarem em dias não úteis, ao contrário dos prazos decadenciais que não se prorrogam (como acontece com o direito de queixa ou representação).

4. ASSISTENTE DA ACUSAÇÃO: arts. 268 a 273. É uma parte contingente, secundária.

- Legitimidade: art. 268 c/c o art. 31.
- Interesse: predominantemente econômico, mas há quem admita que recorra para buscar aumento de pena. Pode recorrer para buscar aumento do valor indenizatório.
- Corréu: não pode ser assistente, risco de tumulto e manipulação processual, art. 270.
- Ingressa no processo após ter sido recebida a denúncia, no estado em que o feito se encontra (art. 269), não podendo pedir repetição de atos já realizados, e até o trânsito em julgado. Pode propor meios de provas e participar de vários atos do processo (art. 271). Poderá recorrer, mas deve-se atentar para a situação de estar ou não habilitado nos autos.
- Pode o assistente arrolar testemunhas? Entendemos que não, pois ingressa após o recebimento da denúncia, portanto, a via está preclusa. Tampouco se pode invocar o art. 209, pois além de inconstitucional, foi tacitamente revogado pelo art. 3º-A do CPP (infelizmente suspenso pela liminar do Min. FUX).

4.1. Assistente habilitado: está no processo, é parte secundária, será intimado das decisões e poderá recorrer em sentido estrito ou apelar no mesmo prazo das demais partes, ou seja, em 5 dias.

4.2. Assistente não habilitado: não se habilitou, não está no processo e, por isso, não é intimado dos atos e decisões. Vem apenas para recorrer (art. 598, parágrafo único). Terá o prazo de 15 dias para interpor o recurso em sentido estrito ou apelação. Contagem do prazo: Súmula 448 do STF.

Capítulo XI

# PRISÕES CAUTELARES E LIBERDADE PROVISÓRIA: A (IN)EFICÁCIA DA PRESUNÇÃO DE INOCÊNCIA

## 1. Presunção de Inocência e Prisões Cautelares: a Difícil Coexistência. A Inconstitucionalidade da Execução Antecipada da Pena

No Brasil, a presunção de inocência está expressamente consagrada no art. 5º, LVII, da Constituição, sendo o princípio reitor do processo penal e, em última análise, podemos verificar a qualidade de um sistema processual através do seu nível de observância (eficácia). É fruto da evolução civilizatória do processo penal. Parafraseando GOLDSCHMIDT, se o processo penal é o termômetro dos elementos autoritários ou democráticos de uma Constituição, a presunção de inocência é o ponto de maior tensão entre eles.

É um princípio fundamental de civilidade[1], fruto de uma opção protetora do indivíduo, ainda que para isso tenha-se que pagar o preço da impunidade de algum culpável, pois sem dúvida o maior interesse é que todos os inocentes, sem exceção, estejam protegidos. Essa opção ideológica (pois eleição de valor), tratando-se de prisões cautelares, é da maior relevância, pois decorre da consciência de que o

1 FERRAJOLI, Luigi. *Derecho y Razón* – teoría del garantismo penal. Trad. Perfecto Andrés Ibáñez; Alfonso Ruiz Miguel; Juan Carlos Bayón Mohino; Juan Terradillos Basoco e Rocío Cantarero Bandrés, 2. ed. Madrid, Trotta, 1997. p. 549.

preço a ser pago pela prisão prematura e desnecessária de alguém inocente (pois ainda não existe sentença definitiva) é altíssimo, ainda mais no medieval sistema carcerário brasileiro.

Como explicamos no início desta obra, no Capítulo II ao tratar dos princípios que regem o processo penal, a Presunção de Inocência deve ser compreendida em sua tríplice dimensão: norma de tratamento, norma probatória e norma de julgamento.

Para o estudo das prisões cautelares, importa a primeira dimensão: o dever de tratar o acusado como inocente até o trânsito em julgado da sentença penal condenatória.

Muito importante sublinhar que a presunção constitucional de inocência tem um marco claramente demarcado: **até o trânsito em julgado.** Neste ponto nosso texto constitucional supera os diplomas internacionais de direitos humanos e muitas constituições tidas como referência. Há uma afirmação explícita e inafastável de que o acusado é presumidamente inocente até o "trânsito em julgado da sentença penal condenatória". Mas também não é uma construção única, basta ler as Constituições italiana e portuguesa, que também asseguram a presunção de inocência até o trânsito em julgado[2].

No entanto, a Presunção de Inocência não é absoluta e pode ser relativizada pelo uso das prisões cautelares. O que permite a coexistência, além do requisito e fundamento cautelar, são os princípios que regem as medidas cautelares, que serão estudados a seguir. São eles que permitem a coexistência.

Então é importante compreender desde logo que se pode prender alguém, em qualquer fase ou momento do processo ou da investigação preliminar, inclusive em grau recursal, desde que exista uma "necessidade cautelar", isto é, o preenchimento do requisito e fundamento cautelar (art. 312).

**E quais são as prisões cautelares recepcionadas atualmente?** Prisão Preventiva e Prisão Temporária. A prisão em flagrante também costuma ser considerada "cautelar" por parte da doutrina tradicional. Divergimos neste ponto, por considerar a prisão em flagrante como "pré-cautelar", como explicaremos ao tratar dela. De qualquer forma, essas são as três modalidades de prisão que podem ocorrer antes do trânsito em julgado de uma sentença penal condenatória. **Não existem mais, após a reforma de 2011, a prisão decorrente da pronúncia e a prisão decorrente**

---

2 É o caso da Constituição italiana, de 1948, que no art. 27, comma 2º, assegura: "l'imputato non è considerato colpevole **sino alla condanna definitiva**". O mesmo conteúdo foi adotado pela Constituição Portuguesa, de 1974, no art. 32.2, que, entre as garantias do processo criminal, assegura: "Todo o arguido **se presume inocente até ao trânsito em julgado da sentença de condenação**, devendo ser julgado no mais curto prazo compatível com as garantias de defesa".

**da sentença penal condenatória recorrível.** Elas agora, como determinam os respectivos arts. 413, § 3º, e 387, § 1º, do CPP, **passam a ser tratadas como prisão preventiva** (não só porque somente podem ser decretadas se presentes o requisito e fundamento, mas também devem ser assim nominadas).

Após o trânsito em julgado, o que temos é uma prisão-pena, ou seja, a execução definitiva da sentença e o cumprimento da pena privativa de liberdade.

Tais conclusões brotam da redação do art. 283 do CPP:

> Art. 283. Ninguém poderá ser preso senão em flagrante delito ou por ordem escrita e fundamentada da autoridade judiciária competente, em decorrência de prisão cautelar ou em virtude de condenação criminal transitada em julgado.

**E a execução antecipada da pena, após o julgamento da segunda instância, mas antes do trânsito em julgado?**

**É inconstitucional**, pois não se reveste de caráter cautelar e não foi recepcionada pelo art. 283 do CPP, além de violar a presunção de inocência ao tratar alguém de forma análoga à de um condenado, antes do trânsito em julgado. Neste sentido, após uma oscilação de entendimento inaugurada pelo julgamento (errôneo) do HC 126.292 em 2016, o STF julgou procedentes as Ações Declaratórias de Constitucionalidade (ADC) 43, 44 e 54, em 2019, que tinham por objeto o art. 283 do CPP. Com isso, a execução antecipada não foi recepcionada pela Constituição.

Mas, considerando a polêmica em torno do tema, gostaríamos de destacar que[3]:

1. Não é correto afirmar que o sistema brasileiro adotou a presunção de não culpabilidade e não a presunção de inocência. Essa é uma concepção ultrapassada que desconsidera o disposto no art. 8.2 da CADH e faz uma leitura bastante reducionista do art. 5º, LVII, da CF. Ademais, a CF adota – expressamente – o trânsito em julgado como marco para a perda da presunção de inocência (cláusula pétrea).
2. É errado afirmar que alguém é considerado "culpado" após a decisão de segundo grau porque dela somente cabem recursos especial e extraordinário, que não permitem reexame de provas. Primeiramente há que se compreender que no Brasil adotamos a "culpabilidade normativa", ou seja, o conceito normativo de culpabilidade exige que somente se possa falar em (e tratar como) culpado após o transcurso inteiro do processo

[3] Para uma análise mais aprofundada, remetemos o leitor para as seguintes publicações eletrônicas: <http://www.conjur.com.br/2016-mar-04/limite-penal-fim-presuncao-inocencia-stf-nosso-juridico>; <http://www.academia.edu/25564572/Parecer_Presun%C3%A7%C3%A3o_de_Inoc%C3%AAncia_Do_conceito_de_tr%C3%A2nsito_em_julgado_da_senten%C3%A7a_penal_condenat%C3%B3ria>.

penal e sua finalização com a imutabilidade da condenação. E, mais, somente se pode afirmar que está "comprovada legalmente a culpa", como exige o art. 8.2 da Convenção Americana de Direitos Humanos, com o trânsito em julgado da decisão condenatória.

3. E o caráter "extraordinário" dos recursos? Em nada afeta, porque o caráter "extraordinário" desses recursos não altera ou influi no conceito de trânsito em julgado expressamente estabelecido como marco final do processo (culpabilidade normativa) e inicial para o "tratamento de culpado". A essa altura não preciso aqui explicar o que seja trânsito em julgado, coisa julgada formal e material, mas é comezinho e indiscutível que não se produz na pendência de (qualquer) recurso.
4. O STF é o guardião da Constituição, não seu dono e tampouco o criador do Direito Processual Penal ou de suas categorias jurídicas. É preciso compreender que os conceitos no processo penal têm fonte e história e não cabe que sejam manejados irrefletidamente (Geraldo Prado) ou distorcidos de forma autoritária e a "golpes de decisão". Há que se ter consciência disso, principalmente em tempos de decisionismo (sigo com STRECK) e ampliação dos espaços impróprios da discricionariedade judicial. O STF não pode "criar" um novo conceito de trânsito em julgado, numa postura solipsista e aspirando ser o marco zero de interpretação. Esse é um exemplo claro e inequívoco do que é dizer-qualquer-coisa-sobre-qualquer-coisa, de forma autoritária e antidemocrática.
5. E a ausência de efeito suspensivo desses recursos? Primeiramente não guarda qualquer relação de prejudicialidade com o conceito de trânsito em julgado (marco exigido pela Constituição para o fim da presunção de inocência). Em segundo lugar, é mais um civilismo fruto da equivocada adoção da teoria geral do processo, que desconsidera as categorias jurídicas próprias do processo penal e também a eficácia constitucional de proteção que inexiste no processo civil.
6. Inadequada invocação do direito comparado, desconsiderando as especificidades de cada sistema recursal e constitucional. Os países invocados no acórdão não admitem que se chegue, pela via recursal, além do segundo grau de jurisdição. O que se tem depois são ações de impugnação, com caráter rescisório, desconstitutivas da coisa julgada que já se operou. É uma estrutura completamente diferente. Para além disso, há uma diferença crucial e não citada: nossa Constituição prevê – ao contrário das invocadas – a presunção de inocência ATÉ o trânsito em julgado. Essa é uma especificidade que impede o paralelismo, uma distinção insuperável.

7. É falacioso o argumento de que o número de decisões modificadas em grau de recurso especial e extraordinário é insignificante. Os dados trazidos pelas defensorias públicas de SP, RJ e da União (quando do julgamento do HC 126.292 e das ADC's) mostram um índice altíssimo (em torno de 46%) de reversão de efeitos. Para compreender essa taxa de reversão é preciso ter um mínimo de "honestidade" metodológica, pois não se pode usar como argumento de busca apenas as palavras "recurso especial" e "absolvição"... É preciso considerar os agravos em REsp e RExt, os agravos regimentais, embargos declaratórios com efeitos infringentes e, principalmente, o imenso número de *habeas corpus* substitutivos. Além da absolvição, deve-se considerar outras decisões da maior relevância, como: redução da pena, mudança de regime, substituição da pena, anulação do processo, reconhecimento de ilicitude probatória, mudança da tipificação/desclassificação, enfim, vários outros resultados positivos e relevantes que se obtêm em sede de REsp e RExt e que mostram a imensa injustiça de submeter alguém a execução antecipada de uma pena que depois é significativamente afetada.
8. É, no mínimo, um grande paradoxo que o STF reconheça o "estado de coisas inconstitucional" (ADPF 347 MC/DF, Rel. Min. Marco Aurélio, julgado em 9/9/2015, Info 798) do sistema carcerário brasileiro e admita – desconsiderando o gravíssimo impacto carcerário – a execução antecipada da pena.
9. O que é preciso ser enfrentado é a demora jurisdicional. Esse é o ponto nevrálgico da questão e que não é resolvido pela execução antecipada. Os recursos especial e extraordinário continuarão demorando anos e anos para serem julgados, com a agravante de que alguém pode estar injustamente preso. Efetivamente existe um excesso de demanda da jurisdição do STJ, especialmente o que representa um sintoma do mau funcionamento das jurisdições de primeiro e segundo graus e uma atrofia da estrutura desse tribunal superior, que não dá conta de atender a um país de dimensões continentais como o nosso. Essa é a causa da demora nas decisões, que não será resolvida com a limitação da presunção de inocência imposta pelo STF. Os recursos especiais continuarão a demorar para serem julgados, pois a causa efetiva não foi atacada. A diferença é que agora teremos demora com prisão... E se, ao final, o REsp for provido e reduzida a pena, alterado o regime de cumprimento, anulada a decisão etc., o tempo indevidamente apropriado pelo Estado com essa prisão precoce e desnecessária, não será restituído jamais. Quem vai devolver o tempo de prisão indevidamente imposto?

10. Por fim, ainda que sucintamente, o discurso de "combate à impunidade" é um argumento falacioso. Em apertadíssima síntese, o papel do STF não é de corresponder às expectativas sociais criadas (se fosse assim, teria de admitir a tortura para obter a confissão, a pena de morte, a pena perpétua e outras atrocidades do estilo, de forte apelo popular, mas constitucionalmente impensáveis), mas sim de corresponder às expectativas jurídico-constitucionais, ou seja, atuar como guardião da CF e da eficácia dos direitos fundamentais, ainda que tenha que decidir de forma contramajoritária. Um dos primeiros deveres do STF é o de dizer "não" ao vilipêndio de garantias constitucionais, ainda que essa decisão seja completamente contrária à maioria.

E a execução antecipada da pena, após o julgamento pelo tribunal do júri (em primeiro grau, portanto), quando a pena aplicada for igual ou superior a 15 anos (art. 492, I, "e", do CPP)?

É igualmente inconstitucional, com a agravante de que se trata de execução antecipada em primeiro grau! Aplicam-se todas as críticas já feitas aqui. Voltaremos ao tema quando tratarmos do rito do tribunal do júri.

Muito sucintamente essas são as críticas que fazemos em relação à execução antecipada da pena.

## 2. Teoria das Prisões Cautelares

Como identificou J. GOLDSCHMIDT[4], grave problema existe no paralelismo entre processo civil e processo penal, principalmente quando são buscadas categorias e definições do processo civil e pretende-se sua aplicação automática no processo penal. Assim, vemos alguns conceitos erroneamente utilizados pelo senso comum teórico (e também jurisprudencial) em torno do requisito e fundamentos da prisão, bem como de seu objeto.

### 2.1. *Fumus Boni Iuris* e *Periculum in Mora*? A Impropriedade desses Termos. Categorias do Processo Penal: *Fumus Commissi Delicti* e *Periculum Libertatis*

As medidas cautelares de natureza processual penal buscam garantir o normal desenvolvimento do processo e, como consequência, a eficaz aplicação do poder de penar. São medidas destinadas à tutela do processo.

---

[4] GOLDSCHMIDT, James. *Problemas Jurídicos y Políticos del Proceso Penal*. Barcelona, Bosch, 1935. p. 8.

Filiamo-nos à corrente doutrinária[5] que defende seu caráter instrumental, em que "las medidas cautelares son, pues, actos que tienem por objeto garantizar el normal desarrollo del proceso y, por tanto, la eficaz aplicación del jus puniendi. Este concepto confiere a las medidas cautelares la nota de instrumentalidad, en cuanto son medios para alcanzar la doble finalidad arriba apuntada"[6].

Delimitado o objeto das medidas cautelares, é importante frisar nossa discordância[7] em relação à doutrina tradicional que, ao analisar o requisito e o fundamento das medidas cautelares, identifica-os com o *fumus boni iuris* e o *periculum in mora*, seguindo assim as lições de CALAMANDREI em sua célebre obra *Introduzione allo studio sistematico dei provedimenti cautelari*[8]. De destacar-se que o trabalho de CALAMANDREI é de excepcional qualidade e valia, mas não se podem transportar alguns de seus conceitos para o processo penal de forma imediata e impensada, como tem sido feito.

O equívoco consiste em buscar a aplicação literal da doutrina processual civil ao processo penal, exatamente em um ponto em que devemos respeitar as categorias jurídicas próprias do processo penal, pois não é possível tal analogia.

Constitui uma impropriedade jurídica (e semântica) afirmar que para a decretação de uma prisão cautelar é necessária a existência de *fumus boni iuris*. Como se pode afirmar que o delito é a "fumaça de bom direito"? Ora, o delito é a negação do direito, sua antítese!

No processo penal, o requisito para a decretação de uma medida coercitiva não é a probabilidade de existência do direito de acusação alegado, mas sim de um fato aparentemente punível. Logo, o correto é afirmar que o requisito para decretação de uma prisão cautelar é a existência do *fumus commissi delicti*, enquanto probabilidade da ocorrência de um delito (e não de um direito), ou, mais especificamente, na sistemática do CPP, a prova da existência do crime e indícios suficientes de autoria.

Seguindo a mesma linha de CALAMANDREI, a doutrina considera, equivocadamente, o *periculum in mora* como outro requisito das cautelares.

Em primeiro lugar, o *periculum* não é requisito das medidas cautelares, mas sim o seu fundamento.

---

5 Atualmente, pensamos ser esta a posição majoritária, avalizada pela melhor doutrina, seja na Espanha (Sara Aragoneses, Prieto-Castro, Herce Quemada, Fairen Guillen, entre outros) ou na Itália (Carnelutti, Calamandrei).

6 MARTINEZ, Sara Aragoneses et al. *Derecho Procesal Penal*. 2. ed. Madrid, Editorial Centro de Estudios Ramon Areces, 1996, p. 387.

7 No mesmo sentido, recomendamos a leitura de Roberto Delmanto Junior na obra *As Modalidades de Prisão Provisória e seu Prazo de Duração*. Rio de Janeiro, Renovar, 2003. p. 83 e 155.

8 Publicada originariamente em Padova, no ano de 1936.

Em segundo lugar, a confusão aqui vai mais longe, fruto de uma equivocada valoração do perigo decorrente da demora no sistema cautelar penal. Para CALAMANDREI[9], o *periculum in mora* é visto como o risco derivado do atraso inerente ao tempo que deve transcorrer até que recaia uma sentença definitiva no processo.

Tal conceito se ajusta perfeitamente às medidas cautelares reais, em que a demora na prestação jurisdicional possibilita a dilapidação do patrimônio do acusado. Sem embargo, nas medidas coercitivas pessoais, o risco assume outro caráter.

Aqui o fator determinante não é o tempo, mas a situação de perigo criada pela conduta do imputado. Fala-se, nesses casos, em risco de frustração da função punitiva (fuga) ou graves prejuízos ao processo, em virtude da ausência do acusado, ou no risco ao normal desenvolvimento do processo criado por sua conduta (em relação à coleta da prova).

O perigo não brota do lapso temporal entre o provimento cautelar e o definitivo. Não é o tempo que leva ao perecimento do objeto.

O risco no processo penal decorre da situação de liberdade do sujeito passivo. Basta afastar a conceituação puramente civilista para ver que o *periculum in mora* no processo penal assume o caráter de perigo ao normal desenvolvimento do processo (perigo de fuga, destruição da prova) em virtude do estado de liberdade do sujeito passivo.

Logo, o fundamento é um *periculum libertatis*, enquanto perigo que decorre do estado de liberdade do imputado.

É necessário abandonar a doutrina civilista de CALAMANDREI para buscar conceitos próprios e que satisfaçam plenamente as necessidades do processo penal, recordando, sempre, que as medidas cautelares são instrumentos a serviço do processo, para tutela da prova ou para garantir a presença da parte passiva[10].

## 2.2. Medidas Cautelares e Não Processo Cautelar

A sistemática do Código de Processo Penal não contempla a existência de "ação cautelar", até porque, no processo penal, inexiste um processo cautelar. Daí por que não concordamos com essa categorização (de ação cautelar penal) dada por alguma doutrina.

O processo penal pode ser de conhecimento ou de execução, inexistindo um verdadeiro processo penal cautelar. Logo, não havendo processo penal cautelar, não há que se falar de ação cautelar.

---

9 CALAMANDREI, Piero. *Introduzione allo Studio Sistematico dei Provedimenti Cautelari*. Pádova, CEDAM, 1936, p. 18.

10 Entre outros, é por esse motivo que a prisão preventiva para garantia da ordem pública ou da ordem econômica não possui natureza cautelar, sendo, portanto, substancialmente inconstitucional.

Essa questão foi muito bem tratada por TUCCI[11], que categoricamente refuta a possibilidade de uma *ação cautelar*, concebendo apenas ações cognitivas e executivas. O que se tem são "medidas cautelares penais", a serem tomadas no curso da investigação preliminar, do processo de conhecimento e até mesmo no processo de execução. As prisões cautelares, sequestros de bens, hipoteca legal e outras são meras medidas incidentais (ainda que na fase pré-processual, onde se cogitaria de um pseudocaráter preparatório), em que não há o exercício de uma ação específica, que gere um processo cautelar diferente do processo de conhecimento ou que possua uma ação penal autônoma.

Assim, não há que se falar em processo cautelar, mas em medidas cautelares.

### 2.3. Inexistência de um Poder Geral de Cautela. Ilegalidade das Medidas Cautelares Atípicas

Até o advento da Lei n. 12.403, de 4 de maio de 2011, o sistema cautelar brasileiro era, morfologicamente, bastante pobre, resumindo-se à prisão cautelar ou liberdade provisória. Diante disso, começaram a surgir decisões que, por exemplo, revogando uma prisão preventiva, impunham "condições" ao imputado, tais como entrega de passaporte, restrição de locomoção, dever de informar viagens etc. No mais das vezes, tais medidas vinham decretadas a título de "poder geral de cautela".

Sustentávamos, antes da Lei n. 12.403, de 4 de maio de 2011, a ilegalidade de tais medidas, por completa ausência de previsão legal.

A situação agora mudou em parte, pela consagração de medidas antes desconhecidas, mas a impossibilidade de medidas atípicas permanece.

No processo civil, explica CALAMANDREI[12], é reconhecido o poder geral de cautela (*potere cautelare generale*) confiado aos juízes, em virtude do qual eles podem, sempre, onde se manifeste a possibilidade de um dano que deriva do atraso de um procedimento principal, providenciar de modo preventivo a eliminar o perigo, utilizando a forma e o meio que considerem oportunos e apropriados ao caso. Significa dizer que o juiz cível possui amplo poder de lançar mão de medidas de cunho acautelatório, mesmo sendo atípicas as medidas, para efetivar a tutela cautelar. Tanto que o processo civil, além das medidas de antecipação da tutela, consagra um rol de medidas cautelares nominadas e a aceitação das medidas inominadas, em nome do poder geral de cautela.

Mas isso só é possível no processo civil.

No processo penal, não existem medidas cautelares inominadas e tampouco possui o juiz criminal um poder geral de cautela. No processo penal, forma é

[11] TUCCI, Rogério Lauria. *Teoria do Direito Processual Penal*. São Paulo, RT, 2002. p. 107.

[12] CALAMANDREI, Piero. *Introduzione allo Studio Sistematico dei Provedimenti Cautelari*, cit., p. 47.

garantia. Logo, não há espaço para "poderes gerais", pois todo poder é estritamente vinculado a limites e à forma legal. O processo penal é um instrumento limitador do poder punitivo estatal, de modo que ele somente pode ser exercido e legitimado a partir do estrito respeito às regras do devido processo. E, nesse contexto, o Princípio da Legalidade é fundante de todas as atividades desenvolvidas, posto que o *due process of law* estrutura-se a partir da legalidade e emana daí seu poder.

A forma processual é, ao mesmo tempo, limite de poder e garantia para o réu. É crucial para compreensão do tema o conceito de *fattispecie giuridica processuale*[13], isto é, o conceito de *tipicidade processual* e de *tipo processual*, pois *forma é garantia*. Isso mostra, novamente, a insustentabilidade de uma teoria unitária, infelizmente tão arraigada na doutrina e jurisprudência brasileiras, pois não existe conceito similar no processo civil.

Como todas as medidas cautelares (pessoais ou patrimoniais) implicam severas restrições na esfera dos direitos fundamentais do imputado, exigem estrita observância do princípio da legalidade e da tipicidade do ato processual por consequência. Não há a menor possibilidade de tolerar-se restrição de direitos fundamentais a partir de analogias, menos ainda com o processo civil, como é a construção dos tais "poderes gerais de cautela".

Toda e qualquer medida cautelar no processo penal somente pode ser utilizada quando prevista em lei (legalidade estrita) e observados seus requisitos legais no caso concreto.

Exatamente na linha que sempre sustentamos (inexistência de poder geral de cautela no processo penal), é preciso sublinhar a importante decisão proferida pelo Min. CELSO DE MELLO no HC 186.421/SC em 17 de julho de 2020, ao afirmar categoricamente a ilegalidade da conversão de ofício da prisão em flagrante em preventiva (trataremos disso a continuação) e ainda, refutando o argumento daqueles que insistem em assim agir, de que haveria um tal "poder geral de cautela", disse o Ministro "que inexiste, em nosso sistema jurídico, em matéria processual penal, o poder geral de cautela dos Juízes, notadamente em tema de privação e/ou de restrição da liberdade das pessoas, vedada, em consequência, em face dos postulados constitucionais da tipicidade processual e da legalidade estrita, a adoção, em detrimento do investigado, do acusado ou do réu, de provimentos cautelares inominados ou atípicos".

## 3. Principiologia das Prisões Cautelares

A base principiológica é estruturante e fundamental no estudo de qualquer instituto jurídico. Especificamente nessa matéria – prisões cautelares – são os

---

[13] Conceito que foi bem tratado por GIOVANNI CONSO, ao longo da obra *Il Concetto e le Specie D'Invalidità*: introduzione alla teoria dei vizi degli ati processuali penali. Milano, Dott. A. Giuffrè, 1972.

princípios que permitirão a coexistência de uma prisão sem sentença condenatória transitada em julgado com a garantia da presunção de inocência.

Vejamos as notas características dos princípios orientadores do sistema cautelar:

### 3.1. Jurisdicionalidade e Motivação

O princípio da jurisdicionalidade está intimamente relacionado com o *due process of law*. Como prevê o art. 5º, LIV, ninguém será (ou melhor, deveria ser) privado da liberdade ou de seus bens sem o devido processo legal. Portanto, para haver privação de liberdade, necessariamente deve preceder um processo (*nulla poena sine praevio iudicio*), isto é, a prisão só pode ser após o processo.

No Brasil, a jurisdicionalidade está consagrada no art. 5º, LXI, da CB, segundo o qual ninguém será preso senão em flagrante delito ou por ordem escrita e fundamentada de autoridade judiciária competente, salvo nos casos de crime militar. Assim, ninguém poderá ser preso por ordem de delegado de polícia, promotor ou qualquer outra autoridade que não a judiciária (juiz ou tribunal), com competência para tanto (ainda, art. 283)[14]. Eventual ilegalidade deverá ser remediada pela via do *habeas corpus*, nos termos do art. 648, III, do CPP.

No caso de prisão em flagrante, a comunicação ao juiz ocorre em dois momentos: imediatamente após a detenção e ao final da lavratura do auto de prisão em flagrante, quando então todas as peças são encaminhadas ao juiz.

A rigor, cotejando os princípios da jurisdicionalidade com a presunção de inocência, a prisão cautelar seria completamente inadmissível. Contudo, o pensamento liberal clássico buscou sempre justificar a prisão cautelar (e a violação de diversas garantias) a partir da "cruel necessidade". Assim, quando ela cumpre sua função instrumental-cautelar, seria tolerada, em nome da necessidade e da proporcionalidade; o problema está na banalização da medida.

Toda e qualquer prisão cautelar somente pode ser decretada por ordem judicial fundamentada. A prisão em flagrante é uma medida pré-cautelar, uma precária detenção, que pode ser feita por qualquer pessoa do povo ou autoridade policial. Neste caso, o controle jurisdicional se dá em momento imediatamente posterior, com o juiz homologando ou relaxando a prisão e, a continuação, decretando a prisão preventiva ou concedendo liberdade provisória.

---

[14] Art. 283. Ninguém poderá ser preso senão em flagrante delito ou por ordem escrita e fundamentada da autoridade judiciária competente, em decorrência de sentença condenatória transitada em julgado ou, no curso da investigação ou do processo, em virtude de prisão temporária ou prisão preventiva.

Todas as decisões judiciais devem obedecer ao dever constitucional genérico de fundamentação – art. 93, IX, da Constituição – e específico previsto na nova redação do art. 315 do CPP, que aumentou o nível de exigência de qualidade da decisão. Dada a importância do art. 315, e para evitar repetições, remetemos o leitor para o estudo que faremos sobre a prisão preventiva, a continuação, onde tratamos especificamente desse dispositivo legal e seu alcance. Por fim, chamamos a atenção para que, na perspectiva do sistema acusatório, está vedada a prisão decretada de ofício pelo juiz. Nesse sentido, ainda, o disposto no art. 282, § 2º:

> Art. 282, § 2º As medidas cautelares serão decretadas pelo juiz a requerimento das partes ou, quando no curso da investigação criminal, por representação da autoridade policial ou mediante requerimento do Ministério Público.

Ainda, na mesma perspectiva, está o art. 311 do CPP:

> Art. 311. Em qualquer fase da investigação policial ou do processo penal, caberá a prisão preventiva decretada pelo juiz, a requerimento do Ministério Público, do querelante ou do assistente, ou por representação da autoridade policial.

Portanto, necessariamente o juiz decide a partir do requerimento da parte acusadora ou, na investigação preliminar, mediante representação da autoridade policial ou pedido do MP. Jamais de ofício.

### 3.2. Contraditório

Falar em contraditório em sede de medida cautelar, há alguns anos, era motivo de severa crítica, senão uma heresia jurídica. Mas ele é perfeitamente possível e sempre reclamamos sua incidência. Obviamente, quando possível e compatível com a medida a ser tomada.

Nossa sugestão sempre foi de que o detido fosse desde logo conduzido ao juiz que determinou a prisão (a chamada audiência de custódia), para que, após ouvi-lo, decida fundamentadamente se mantém ou não a prisão cautelar. Através de um ato simples como esse, o contraditório realmente tem sua eficácia de "direito à audiência" e, provavelmente, se levado a sério, evitaria muitas prisões cautelares injustas e desnecessárias. Ou ainda, mesmo que a prisão se efetivasse, haveria um mínimo de humanidade no tratamento dispensado ao detido, na medida em que, ao menos, teria sido "ouvido pelo juiz". Não sem razão, o art. 8º.1 da CADH determina que "toda pessoa tem direito a ser ouvida, com as devidas garantias e dentro de um prazo razoável, por um juiz ou tribunal competente (...)".

O contraditório nas medidas cautelares está agora previsto no art. 282, § 3º:

> § 3º Ressalvados os casos de urgência ou de perigo de ineficácia da medida, o juiz, ao receber o pedido de medida cautelar, determinará a intimação da parte contrária, para se manifestar no prazo de 5 (cinco) dias, acompanhada de cópia do requerimento e das peças

necessárias, permanecendo os autos em juízo, e os casos de urgência ou de perigo deverão ser justificados e fundamentados em decisão que contenha elementos do caso concreto que justifiquem essa medida excepcional.

Importante passo em direção a eficácia do contraditório foi dado nesse artigo, na medida em que a regra agora é a intimação da defesa (ainda que a lei fale em "parte contrária", só poderá ser a defesa, por razões óbvias de que o MP não sofre medida cautelar) para manifestação prévia a decretação. Preferencialmente deveria o juiz das garantias realizar uma audiência oral e pública (cultura de audiência), ainda que o dispositivo fale em manifestação escrita. Portanto, o contraditório é a regra. Excepcionalmente poderá o juiz deixar de efetivar o contraditório nos "casos de urgência ou de perigo de ineficácia da medida", mas nessa hipótese deverá proferir uma decisão justificando e fundamentando – em elementos do caso concreto – essa excepcionalidade. É uma mudança muito relevante na lei e que deverá se refletir na postura dos juízes das garantias. Obviamente, poderá o juiz deixar de intimar o imputado quando a prisão preventiva estiver fundada, por exemplo, em risco de fuga, sob pena de ineficácia da medida. Mas o ideal é que o contraditório se dê no próximo momento, ou seja, que o juiz das garantias que decretou a prisão preventiva imediatamente realize a audiência de custódia (sustentamos sempre que a audiência de custódia serve para qualquer prisão cautelar e não apenas para o flagrante) para avaliação – em contraditório judicial – se estão presentes efetivamente o *fumus commissi delicti* e o *periculum libertatis*. Não vemos qualquer óbice a que isso ocorra no novel sistema vigente.

Importante destacar a exigência – para não realização do contraditório – de que a "urgência ou de perigo deverão ser justificados e fundamentados em decisão que contenha elementos do caso concreto que justifiquem essa medida excepcional". Portanto, decisão concretamente fundamentada não permite argumentos vagos, genéricos, formulários, aplicáveis a qualquer caso. É preciso uma fundamentação específica para o caso concreto e não uma retórica vaga, aplicável a qualquer situação.

Outro momento importante de eficácia do contraditório ocorre quando é pedida a substituição, cumulação ou mesmo revogação da medida cautelar diversa e a decretação da prisão preventiva.

A suspeita de descumprimento de quaisquer das condições impostas nas medidas cautelares diversas, previstas no art. 319, exigirá, como regra, o contraditório prévio a substituição, cumulação ou mesmo revogação da medida. É necessário agora, e perfeitamente possível, que o imputado possa contradizer eventual imputação de descumprimento das condições impostas antes que lhe seja decretada, por exemplo, uma grave prisão preventiva.

Por fim, a inobservância desta garantia constitucional (art. 5º, LV) acarretará, a nosso juízo, a nulidade da substituição, cumulação ou revogação da medida cautelar, remediável pela via do *habeas corpus*.

### 3.3. Provisionalidade e o Princípio da Atualidade do Perigo

Nas prisões cautelares, a provisionalidade é um princípio básico, pois são elas, acima de tudo, situacionais, na medida em que tutelam uma situação fática. Uma vez desaparecido o suporte fático legitimador da medida e corporificado no *fumus commissi delicti* e/ou no *periculum libertatis*, deve cessar a prisão. O desaparecimento de qualquer uma das "fumaças" impõe a imediata soltura do imputado, na medida em que é exigida a presença concomitante de ambas (requisito e fundamento) para manutenção da prisão.

O TEDH, atento a essa constante inobservância por parte de diversos Estados europeus, decidiu em algumas ocasiões (v.g., Caso Ringeisen) que a prisão cautelar era excessiva, não tanto por sua duração como um todo, senão pela manutenção da custódia cautelar após o desaparecimento das razões que a justificavam.

O desprezo pela provisionalidade, consagrada no art. 282, §§ 4º e 5º[15], conduz a uma prisão cautelar ilegal, não apenas pela falta de fundamento que a legitime, mas também por indevida apropriação do tempo do imputado.

Portanto, a prisão preventiva ou quaisquer das medidas alternativas poderão ser revogadas ou substituídas, a qualquer tempo, no curso do processo ou não, desde que desapareçam os motivos que as legitimam, bem como poderão ser novamente decretadas, desde que surja a necessidade (*periculum libertatis*).

Sublinhe-se que a provisionalidade adquire novos contornos com a pluralidade de medidas cautelares agora recepcionadas pelo sistema processual, de modo a permitir uma maior fluidez na lida, por parte do juiz, dessas várias medidas. Está autorizada a substituição de medidas por outras mais brandas ou mais graves, conforme a situação exigir, bem como cumulação ou mesmo revogação, no todo ou em parte.

Noutra dimensão, mas intimamente relacionada com a provisionalidade, está o "Princípio da Atualidade ou Contemporaneidade do Perigo". Para que uma

---

[15] Art. 282. (...)
(...)
§ 4º No caso de descumprimento de qualquer das obrigações impostas, o juiz, de ofício ou mediante requerimento do Ministério Público, de seu assistente ou do querelante, poderá substituir a medida, impor outra em cumulação, ou, em último caso decretar a prisão preventiva (art. 312, parágrafo único). (Observação: o art. 312, parágrafo único, foi revogado pela Lei n. 13.964 e agora essa disposição legal está contida no art. 312, § 1º).
§ 5º O juiz poderá revogar a medida cautelar ou substituí-la quando verificar a falta de motivo para que subsista, bem como voltar a decretá-la se sobrevierem razões que a justifiquem.

prisão preventiva seja decretada, é necessário que o *periculum libertatis* seja atual, presente, não passado e tampouco futuro e incerto. A "atualidade do perigo" é elemento fundante da natureza cautelar. Prisão preventiva é "situacional" (provisional), ou seja, tutela uma situação fática presente, um risco atual. No RHC 67.534/RJ, o Min. Sebastião Reis Junior afirma a necessidade de "atualidade e contemporaneidade dos fatos". No HC 126.815/MG, o Min. Marco Aurélio utilizou a necessidade de "análise atual do risco que funda a medida gravosa". Isso é o reconhecimento do Princípio da Atualidade do Perigo.

Recepcionando esse entendimento, a Lei n. 13.964/2019 estabeleceu que para decretação da prisão preventiva é necessário, art. 312, § 2º:

> § 2º A decisão que decretar a prisão preventiva deve ser motivada e fundamentada em receio de perigo e existência concreta de fatos novos ou contemporâneos que justifiquem a aplicação da medida adotada.

Importantíssima é, ainda, a determinação contida no art. 315 do CPP:

> Art. 315. A decisão que decretar, substituir ou denegar a prisão preventiva será sempre motivada e fundamentada.
>
> § 1º Na motivação da decretação da prisão preventiva ou de qualquer outra cautelar, o juiz deverá indicar concretamente a existência de fatos novos ou contemporâneos que justifiquem a aplicação da medida adotada.
>
> § 2º Não se considera fundamentada qualquer decisão judicial, seja ela interlocutória, sentença ou acórdão, que:
>
> I – limitar-se à indicação, à reprodução ou à paráfrase de ato normativo, sem explicar sua relação com a causa ou a questão decidida;
>
> II – empregar conceitos jurídicos indeterminados, sem explicar o motivo concreto de sua incidência no caso;
>
> III – invocar motivos que se prestariam a justificar qualquer outra decisão;
>
> IV – não enfrentar todos os argumentos deduzidos no processo capazes de, em tese, infirmar a conclusão adotada pelo julgador;
>
> V – limitar-se a invocar precedente ou enunciado de súmula, sem identificar seus fundamentos determinantes nem demonstrar que o caso sob julgamento se ajusta àqueles fundamentos;
>
> VI – deixar de seguir enunciado de súmula, jurisprudência ou precedente invocado pela parte, sem demonstrar a existência de distinção no caso em julgamento ou a superação do entendimento.

É imprescindível um juízo sério, desapaixonado e, acima de tudo, calcado na prova existente nos autos. A decisão que decreta a prisão preventiva deve conter uma fundamentação de qualidade e adequada ao caráter cautelar. Deve o juiz demonstrar, com base na prova trazida aos autos, a probabilidade e atualidade do *periculum libertatis*. Se não existe atualidade do risco, não existe *periculum libertatis* e a prisão preventiva é despida de fundamento. Nessa linha, o § 2º do art. 312 exige que para decretação da prisão preventiva o perigo (necessidade cautelar) deve ter existência concreta em fatos novos ou contemporâneos, que justifiquem a medida adotada.

Por fim, o art. 316 bem demonstra o caráter situacional da prisão preventiva, que poderá ser decretada, substituída e até voltar a ser decretada conforme exista ou não a necessidade cautelar. Nesse sentido:

> Art. 316. O juiz poderá, de ofício ou a pedido das partes, revogar a prisão preventiva se, no correr da investigação ou do processo, verificar a falta de motivo para que ela subsista, bem como novamente decretá-la, se sobrevierem razões que a justifiquem.

### 3.4. Provisoriedade: Falta de Fixação do Prazo Máximo de Duração e o Reexame Periódico Obrigatório

Distinto do princípio anterior, a provisoriedade está relacionada ao fator tempo, de modo que toda prisão cautelar deve(ria) ser temporária, de breve duração. Manifesta-se, assim, na curta duração que deve ter a prisão cautelar, até porque é apenas tutela de uma situação fática (provisionalidade) e não pode assumir contornos de pena antecipada.

Aqui reside um dos maiores problemas do sistema cautelar brasileiro: a indeterminação. Reina a absoluta indeterminação acerca da duração da prisão cautelar, pois em momento algum foi disciplinada essa questão. Excetuando-se a prisão temporária, cujo prazo máximo de duração está previsto em lei[16], a prisão preventiva segue sendo absolutamente indeterminada, podendo durar enquanto o juiz ou tribunal entender existir o *periculum libertatis*.

Ao longo da tramitação do PL 4208/2001, tentou-se fixar um prazo máximo de duração da prisão cautelar, inclusive sendo redigido o art. 315-A, que determinava que "a prisão preventiva terá duração máxima de 180 dias em cada grau de jurisdição, exceto quando o investigado ou acusado tiver dado causa à demora".

Infelizmente o dispositivo que pretendia fixar prazo máximo de duração da prisão preventiva acabou vetado na Lei n. 12.403, e um problema histórico não foi resolvido.

A jurisprudência tentou, sem grande sucesso, construir limites globais a partir da soma dos prazos que compõem o procedimento aplicável ao caso. Assim, resumidamente, se superados os tais 81 dias o imputado continuasse preso, e o procedimento (ordinário) não estivesse concluído (leia-se: sentença de 1º grau), haveria "excesso de prazo", remediável pela via do *habeas corpus* (art. 648, II). A liberdade, em tese, poderia ser restabelecida, permitindo-se a continuação do processo.

Algumas decisões até admitiram considerar o excesso de prazo de forma isolada, a partir da violação do limite estabelecido para a prática de algum ato

16 A prisão temporária está prevista na Lei n. 7.960/89 e determina que a segregação durará até 5 dias, prorrogáveis por igual período. Em se tratando de crime hediondo ou equiparado, a prisão temporária poderá durar até 30 dias, prorrogáveis por igual período, nos termos da Lei n. 8.072.

específico (ex.: a denúncia deverá ser oferecida no prazo máximo de 5 dias quando o imputado estiver preso, de modo que, superado esse limite sem a prática do ato, a prisão seria ilegal).

A Lei n. 11.719/2008 estabeleceu que no rito comum ordinário a audiência de instrução e julgamento deve ser realizada em, no máximo, 60 dias; sendo o rito sumário, esse prazo cai para 30 dias. No rito do Tribunal do Júri, a Lei n. 11.689/2008, alterando o art. 412, fixou o prazo de 90 dias para o encerramento da primeira fase.

São marcos que podem ser utilizados como indicativos de excesso de prazo em caso de prisão preventiva. Contudo, são prazos sem sanção, logo, com um grande risco de ineficácia.

Dessarte, concretamente, não existe nada em termos de limite temporal das prisões cautelares, impondo-se uma urgente discussão em torno da matéria, para que normativamente sejam estabelecidos prazos máximos de duração para as prisões cautelares, a partir dos quais a segregação seja absolutamente ilegal.

Enquanto isso não acontecer, os abusos continuam.

Quanto a Súmula 52 do STJ[17], ela infelizmente continua em vigor. Como já explicamos em outra oportunidade, em coautoria com GUSTAVO BADARÓ[18], a súmula cria um termo final anterior à prolação da sentença que é incompatível com o direito fundamental de ser julgado em um prazo razoável, fixado no art. 5º, LXXVIII, da Constituição.

Esse encurtamento do termo final, ou seja, a adoção de um termo *a quo* anterior ao julgamento em primeiro grau, é incompatível com o direito ao processo penal em prazo razoável, assegurado pelo art. 5º, inc. LXXVIII, da Constituição. O direito à "razoável duração do processo" não pode ser reduzido ao direito à "razoável duração da instrução". O término da instrução não põe fim ao processo, adverte BADARÓ. Encerrada a instrução, ainda poderão ser realizadas diligências complementares deferidas pelo juiz, memoriais substitutivos dos debates orais, e, finalmente, o prazo para a sentença.

No mesmo sentido, completamente superada está a Súmula 21 do STJ, cujo verbete é "*pronunciado o réu, fica superada a alegação do constrangimento ilegal da prisão por excesso de prazo da instrução*".

---

17 Súmula 52: "Encerrada a instrução criminal, fica superada a alegação de constrangimento ilegal por excesso de prazo".

18 BADARÓ, Gustavo Henrique; LOPES JR., Aury. *Direito ao Processo Penal no Prazo Razoável*. Rio de Janeiro, Lumen Juris, 2006. p. 110 e s.

Como sublinha BADARÓ[19], o procedimento do júri somente termina com o julgamento em plenário, e não com a decisão de pronúncia. Pronunciado o acusado, terá fim apenas a primeira fase do processo, mas não todo o processo. Não há por que excluir do cômputo do prazo razoável toda a segunda fase do procedimento do júri. Assim, o termo final do direito à razoável duração do processo, no procedimento do Júri, deverá ser o fim da sessão de julgamento pelo Tribunal Popular, sendo inadmissível (novamente) criar-se um termo final – para fins de análise do prazo razoável – antes da prolação da sentença.

É chegado o momento de serem canceladas as Súmulas 52 e 21 do STJ, pois incompatíveis com o direito fundamental de ser julgado em um prazo razoável.

Voltando ao problema brasileiro, com a reforma operada pela Lei n. 12.403/2011, perdeu-se uma grande oportunidade de resolver o problema da falta de definição em lei[20] da duração máxima da prisão cautelar e também da previsão de uma sanção processual em caso de excesso (imediata liberação do detido). O

---

19 Idem, ibidem, p. 113.

20 Na Espanha, o Tribunal Constitucional – STC n. 178/85 – definiu que a duração deve ser tão somente a que se considere indispensável para conseguir a finalidade pela qual foi decretada. No mesmo sentido também já tem decidido o Tribunal Europeu de Direitos Humanos nos casos Weinhoff (junho/68), Neumeister (junho/68), Bezicheri (out./85), entre outros. Para evitar abusos, o art. 17.4. da Constituição da Espanha dispõe que por lei irá se determinar o prazo máximo de duração da prisão provisória. O regramento do dispositivo constitucional encontra-se no art. 504 da LECrim (com a nova redação dada pela LO n. 13/2003), que disciplina o prazo máximo de duração dessa medida cautelar, levando-se em consideração a pena abstratamente cominada no tipo penal incriminador. Assim, a prisão cautelar poderá durar, no máximo, até 1 ano se a pena cominada for até 3 anos; até 2 anos, se a pena cominada for superior a 3 anos. É possível a prorrogação, em situações excepcionais, por mais 6 meses no primeiro caso e até 2 anos no segundo. Se o imputado for condenado e recorrer da sentença, a prisão cautelar poderá estender-se até o limite de metade da pena imposta. Interessante ainda que, se a prisão cautelar foi decretada para tutela da prova, não poderá durar mais do que 6 meses. Por fim, atento ao direito fundamental de ser julgado em um prazo razoável, o legislador espanhol alterou a redação do art. 507 para estabelecer que o recurso de apelação contra a decisão que decrete, prorrogue ou negue o pedido de prisão provisória deverá ser julgado no prazo máximo de 30 dias.
Na Alemanha – StPO § 121 –, a regra geral é a de que a prisão provisória não possa durar mais de 6 meses, salvo quando a especial dificuldade, a extensão da investigação ou outro motivo importante não permitam prolatar a sentença e justifiquem a manutenção da prisão. Em caso de prorrogação, se poderá encomendar ao Tribunal Superior do "Land" que faça um exame sobre a necessidade de manutenção da prisão no máximo a cada 3 meses (dever de revisar periodicamente). Em Portugal, o juiz tem a obrigação de revisar a cada 3 meses a medida cautelar decretada, verificando se ainda permanecem os motivos e pressupostos que a autorizaram – art. 213.1. Além disso, se passados 6 meses da prisão ainda não tiver sido iniciado o processo, com efetiva acusação, o imputado deverá ser colocado em liberdade, salvo situação de excepcional complexidade. Também como regra geral, o CPP português prevê que, se passados 18 meses sem sentença ou 2 anos sem trânsito em julgado, deve o acusado ser posto em liberdade, salvo se a gravidade do delito ou sua complexidade justificar a ampliação do prazo. Na Itália, o CPP utiliza o critério de quantidade da pena em abstrato para determinar o tempo máximo de duração da prisão cautelar e para isso existe uma grande variedade de prazos, conforme a gravidade do delito e a fase em que se encontra o processo. É importante ressalvar que o legislador italiano determinou que os prazos devem ser considerados independentes e autônomos para cada fase do processo. É óbvio que a duração fixada pode ser considerada, dependendo do caso, excessiva, mas ao menos existe um referencial normativo para orientar a questão e, até mesmo, definir o objeto da discussão. O que é inadmissível é a inexistência total de limites normativos, como sucede no sistema brasileiro.

limite aos excessos somente ocorrerá quando houver prazo com sanção. Do contrário, os abusos continuarão.

Por fim, há que se comemorar a inserção do dever de revisar, no máximo a cada 90 dias, as prisões preventivas decretadas, como determina o art. 316, parágrafo único do CPP (inserido pela Lei n. 13.964/2019):

> Art. 316. O juiz poderá, de ofício ou a pedido das partes, revogar a prisão preventiva se, no correr da investigação ou do processo, verificar a falta de motivo para que ela subsista, bem como novamente decretá-la, se sobrevierem razões que a justifiquem.
> Parágrafo único. Decretada a prisão preventiva, deverá o órgão emissor da decisão revisar a necessidade de sua manutenção a cada 90 (noventa) dias, mediante decisão fundamentada, de ofício, sob pena de tornar a prisão ilegal.

Grande evolução que evita que o juiz simplesmente "esqueça" do preso cautelar, bem como impõem o dever de verificar se persistem os motivos que autorizaram a prisão preventiva ou já desapareceram. Tal agir deverá ser de ofício, independente de pedido, até porque se trata de controle da legalidade do ato, um dever de ofício do juiz. Por fim, chamamos a atenção de que finalmente temos o dever de revisar periodicamente a medida e, também, de que esse é um prazo com sanção (não cumprido o prazo e o reexame, a prisão será considerada ilegal). Infelizmente, essa inovação acabou sendo soterrada pela decisão proferida no pelo STF no Caso André do Rap – HC 191.836/SP, onde se firmou o entendimento de que a inobservância do prazo de 90 dias "não implica automática revogação da prisão preventiva, devendo o juízo competente ser instado a reavaliar a legalidade e atualidade de seus fundamentos" (SL 1395 MC-Ref). Com isso, a inovação (prazo com sanção) virou letra morta.

### 3.5. Excepcionalidade

O art. 282, § 6º, é importante e consagra a prisão preventiva como último instrumento a ser utilizado, enfatizando a necessidade de análise sobre a adequação e suficiência das demais medidas cautelares. Diz o artigo:

> Art. 282, § 6º A prisão preventiva somente será determinada quando não for cabível a sua substituição por outra medida cautelar, observado o art. 319 deste Código, e o não cabimento da substituição por outra medida cautelar deverá ser justificado de forma fundamentada nos elementos presentes do caso concreto, de forma individualizada.

Portanto, a prisão preventiva pressupõe que se esgotem as possibilidades de substituição pelas medidas cautelares diversas e essa impossibilidade não é presumida, senão que exige uma fundamentação idônea, com fulcro em elementos presentes no caso concreto e de forma individualizada. Dessarte, não há espaço para argumentos vagos, genéricos ou formulários, exigindo-se uma análise individualizada e com base em elementos do caso concreto em questão.

Igualmente importante é o disposto no inciso II do art. 310, ao afirmar que a prisão em flagrante poderá ser convertida em preventiva quando presentes os requisitos legais e "se revelarem inadequadas ou insuficientes as medidas cautelares diversas da prisão".

Portanto, prisão preventiva somente quando inadequadas ou insuficientes as medidas cautelares diversas da prisão, aplicadas de forma isolada ou cumulativa.

Nessa linha, o art. 282, I, determina que as medidas cautelares devem atentar para a "necessidade para aplicação da lei penal, para a investigação ou a instrução criminal e, nos casos expressamente previstos, para evitar a prática de infrações penais".

O art. 282 menciona os princípios da "Necessidade" e da "Adequação" (no fundo, trata-se do Princípio da Proporcionalidade) das medidas cautelares (e não apenas da prisão cautelar), mas comete o primeiro tropeço ao remeter a um fundamento não consagrado na reforma, qual seja, o risco de reiteração (para evitar a prática de infrações penais).

O art. 312 mantém – infelizmente – os mesmos 4 fundamentos da prisão cautelar (garantia da ordem pública, da ordem econômica, da instrução e da aplicação da lei penal), e não consagra o "risco de reiteração" ao qual faz referência o art. 282. A expressão *para evitar a prática de infrações penais* é o chamado risco de reiteração, fundamento recepcionado em outros sistemas processuais (como explicaremos ao tratar da prisão preventiva), mas desconhecido pelo nosso (pois não aceitamos a manipulação discursiva feita em torno da prisão para garantia da ordem pública, com vistas a abranger uma causa [reiteração] que ali não pode estar).

Feita essa ressalva, continuemos.

Neste terreno, excepcionalidade, necessidade e proporcionalidade devem caminhar juntas.

Ademais, a excepcionalidade deve ser lida em conjunto com a presunção de inocência, constituindo um princípio fundamental de civilidade, fazendo com que as prisões cautelares sejam (efetivamente) a *ultima ratio* do sistema, reservadas para os casos mais graves, tendo em vista o elevadíssimo custo que representam. O grande problema é a massificação das cautelares, levando ao que FERRAJOLI denomina "crise e degeneração da prisão cautelar pelo mau uso".

No Brasil, as prisões cautelares estão excessivamente banalizadas, a ponto de primeiro se prender, para depois ir atrás do suporte probatório que legitime a medida. Ademais, está consagrado o absurdo primado das hipóteses sobre os fatos, pois se prende para investigar, quando, na verdade, primeiro se deveria investigar, diligenciar, para somente após prender, uma vez suficientemente demonstrados o *fumus commissi delicti* e o *periculum libertatis*.

Com razão, FERRAJOLI[21] afirma que a prisão cautelar é uma pena processual, em que primeiro se castiga e depois se processa, atuando com caráter de

[21] FERRAJOLI, Luigi. *Derecho y Razón*, cit., p. 776 e s.

prevenção geral e especial e retribuição. Ademais, diz o autor, se fosse verdade que elas não têm natureza punitiva, deveriam ser cumpridas em instituições penais especiais, com suficientes comodidades (uma boa residência) e não como é hoje, em que o preso cautelar está em situação pior do que a do preso definitivo (pois não tem regime semiaberto ou saídas temporárias)[22].

Infelizmente as prisões cautelares acabaram sendo inseridas na dinâmica da urgência, desempenhado um relevantíssimo efeito sedante da opinião pública pela ilusão de justiça instantânea. A dimensão simbólica de uma prisão imediata – que a cautelar proporciona – acaba sendo utilizada para construir uma (falsa) noção de "eficiência" do aparelho repressor estatal e da própria justiça. Com isso, o que foi concebido para ser "excepcional" torna-se um instrumento de uso comum e ordinário, desnaturando-o completamente. Nessa teratológica alquimia, sepulta-se a legitimidade das prisões cautelares.

Conclui-se, portanto, que o problema não é legislativo, mas cultural. É preciso romper com a cultura inquisitória e a banalização da prisão preventiva.

### 3.6. Proporcionalidade

Definido como o princípio dos princípios, a proporcionalidade[23] é o principal sustentáculo das prisões cautelares.

As medidas cautelares pessoais estão localizadas no ponto mais crítico do difícil equilíbrio entre dois interesses opostos, sobre os quais gira o processo penal: o respeito ao direito de liberdade e a eficácia na repressão dos delitos[24]. O Princípio da Proporcionalidade vai nortear a conduta do juiz frente ao caso concreto, pois

---

[22] Na lição de CARNELUTTI, "*as exigências do processo penal são de tal natureza que induzem a colocar o imputado em uma situação absolutamente análoga ao de condenado. É necessário algo mais para advertir que a prisão do imputado, junto com sua submissão, tem, sem embargo, um elevado custo? O custo se paga, desgraçadamente em moeda justiça, quando o imputado, em lugar de culpado, é inocente, e já sofreu, como inocente, uma medida análoga à pena; não se esqueça de que, se a prisão ajuda a impedir que o imputado realize manobras desonestas para criar falsas provas ou para destruir provas verdadeiras, mais de uma vez prejudica a justiça, porque, ao contrário, lhe impossibilita de buscar e de proporcionar provas úteis para que o juiz conheça a verdade. A prisão preventiva do imputado se assemelha a um daqueles remédios heroicos que devem ser ministrados pelo médico com suma prudência, porque podem curar o enfermo, mas também pode ocasionar-lhe um mal mais grave; quiçá uma comparação eficaz se possa fazer com a anestesia, e sobretudo com a anestesia geral, a qual é um meio indispensável para o cirurgião, mas ah se este abusa dela!*". CARNELUTTI, Francesco. *Lecciones sobre el Proceso Penal*, v. II. Buenos Aires, Bosch, 1950, p. 75.

[23] Dada sua relevância, o princípio da proporcionalidade exigiria um amplo estudo, que ultrapassa os limites do presente trabalho. Até mesmo a questão terminológica (proporcionalidade ou razoabilidade) já seria motivo de debate. Assim, para o leitor interessado, sugerimos que a leitura inicie pelos constitucionalistas (que muito têm se dedicado ao tema), especialmente de J. J. Gomes Canotilho (*Direito Constitucional e Teoria da Constituição*), e também de monografias específicas, como as obras *Por uma Teoria dos Princípios – O Princípio Constitucional da Razoabilidade*, de Fabio Corrêa Souza de Oliveira, e *O Princípio da Proporcionalidade e o Controle de Constitucionalidade das Leis Restritivas de Direitos Fundamentais*, de Suzana de Toledo Barros.

[24] MARTINEZ, Sara Aragoneses et al. Op. cit., p. 389.

deverá ponderar a gravidade da medida imposta com a finalidade pretendida, sem perder de vista a densidade do *fumus commissi delicti* e do *periculum libertatis*. Deverá valorar se esses elementos justificam a gravidade das consequências do ato e a estigmatização jurídica e social que irá sofrer o acusado. Jamais uma medida cautelar poderá se converter em uma pena antecipada, sob pena de flagrante violação à presunção de inocência.

Nesse sentido ainda, determina o art. 313, § 2º:

> § 2º Não será admitida a decretação da prisão preventiva com a finalidade de antecipação de cumprimento de pena ou como decorrência imediata de investigação criminal ou da apresentação ou recebimento de denúncia.

Portanto, jamais a prisão preventiva poderá representar uma antecipação no cumprimento da pena ou ser automática.

Ainda que tenham origens diferentes, razoabilidade (Estados Unidos) e proporcionalidade (Alemanha) guardam entre si uma relação de fungibilidade, como explica SOUZA DE OLIVEIRA[25], para quem o princípio pode ser classificado em razoabilidade interna e externa. A primeira diz respeito à lógica do ato em si mesmo, enquanto a segunda exige consonância com a Constituição. Divide o autor, ainda, em três subprincípios: adequação, necessidade e proporcionalidade em sentido estrito.

A adequação informa que a medida cautelar deve ser apta aos seus motivos e fins. Logo, se quaisquer das medidas previstas no art. 319 do CPP se apresentar igualmente apta e menos onerosa para o imputado, ela deve ser adotada, reservando a prisão para os casos graves, como *ultima ratio* do sistema. A adequação vem ainda prevista expressamente no art. 282, II, do CPP[26].

Assim, deve o juiz atentar para a necessidade do caso concreto, ponderando sempre, gravidade do crime e suas circunstâncias, bem como a situação pessoal do imputado, em cotejo com as diversas medidas cautelares que estão a seu dispor no art. 319 do CPP. Assim, deverá optar por aquela, ou aquelas, que melhor acautelem a situação, reservando sempre a prisão preventiva para situações extremas.

É uma típica *regra para o julgamento do juiz*.

Contudo, "condições pessoais do indiciado ou acusado" pode, se mal utilizado, abrir um perigoso espaço para um retrocesso ao direito penal do autor, com o

---

[25] SOUZA DE OLIVEIRA, Fábio Corrêa. *Por uma Teoria dos Princípios* – o princípio constitucional da razoabilidade. Rio de Janeiro, Lumen Juris, 2003. p. 321.

[26] Art. 282. (...)
(...)
II – adequação da medida à gravidade do crime, circunstâncias do fato e condições pessoais do indiciado ou acusado.

desvalor de "antecedentes", por exemplo, para adotar medidas mais graves, como a prisão preventiva. Com certeza, os adeptos do discurso punitivo e resistente às novas medidas alternativas utilizarão "as condições pessoais do indiciado" para determinar a prisão preventiva, infelizmente.

Dessarte, ainda que o juiz não deva desconsiderar as condições do caso concreto, há que se ter muito cuidado (especialmente pela via do controle da legalidade/necessidade da prisão, por parte dos tribunais) para não fazer um giro discursivo rumo ao superado direito penal do autor.

Ainda, atento à (tradicional falta de) proporcionalidade no uso da prisão preventiva, o art. 283, § 1º: "As medidas cautelares previstas neste Título não se aplicam à infração a que não for isolada, cumulativa ou alternativamente cominada pena privativa de liberdade".

Significa dizer que o juiz deve sempre atentar para a relação existente entre a eventual sanção cominada ao crime em tese praticado, e àquela imposta em sede de medida cautelar, para impedir que o imputado seja submetido a uma medida cautelar que se revele mais gravosa do que a sanção porventura aplicada ao final. É inadmissível submeter alguém a uma prisão cautelar quando a sanção penal aplicada não se constitui em pena privativa de liberdade.

E mais, deve ainda o juiz estar atento para evitar uma prisão cautelar em crimes praticados sem violência ou grave ameaça à pessoa, em que a eventual pena aplicada terá de ser, necessariamente, substituída por pena restritiva de direitos.

Neste sentido, certeiras são as palavras de BADARÓ[27], quando sintetiza que deverá haver uma *proporcionalidade entre a medida cautelar e a pena a ser aplicada. (...) O juiz deverá também verificar a probabilidade de que ao final se tenha que executar uma pena privativa de liberdade. (...) Se a prisão preventiva, ou qualquer outra prisão cautelar, for mais gravosa que a pena que se espera ser ao final imposta, não será dotada do caráter de instrumentalidade e acessoriedade inerentes à tutela cautelar. Mesmo no que diz respeito à provisoriedade, não se pode admitir que a medida provisória seja mais severa que a medida definitiva que a irá substituir e que ela deve preservar.*

A necessidade "preconiza que a medida não deve exceder o imprescindível para a realização do resultado que almeja"[28]. Relaciona-se, assim, com os princípios anteriores de provisoriedade e provisionalidade.

A proporcionalidade em sentido estrito significa o sopesamento dos bens em jogo, cabendo ao juiz utilizar a lógica da ponderação. De um lado, o imenso custo

---

27 BADARÓ, Gustavo Henrique. *Direito Processual Penal*. Rio de Janeiro, Elsevier, 2007. t. II, p. 150-152.

28 SOUZA DE OLIVEIRA, op. cit., p. 321.

de submeter alguém que é presumidamente inocente a uma pena de prisão, sem processo e sem sentença, e, de outro lado, a necessidade da prisão e os elementos probatórios existentes.

Deve-se considerar a imprescindível incidência do princípio da proporcionalidade – sempre conectado que está ao valor dignidade da pessoa humana – quando da aplicação da prisão cautelar.

Em suma, diante da polimorfologia do sistema cautelar e das diversas medidas alternativas previstas no art. 319, deverá o juiz agir com muita ponderação, lançando mão de medidas cautelares isoladas ou cumulativas e reservando a prisão preventiva como (verdadeira) última ferramenta do sistema.

Feitas essas considerações sobre a principiologia, vejamos agora as prisões cautelares (e a pré-cautelaridade do flagrante) em espécie.

## 4. Da Prisão em Flagrante. Medida de Natureza Pré-Cautelar. Análise das Espécies, Requisitos e Defeitos. Garantias Processuais e Constitucionais

### 4.1. Por que a Prisão em Flagrante Não Pode, por Si Só, Manter Alguém Preso? Compreendendo sua Pré-Cautelaridade

A doutrina brasileira costuma classificar a prisão em flagrante, prevista nos arts. 301 e seguintes do CPP, como medida cautelar. Trata-se de um equívoco, a nosso ver, que vem sendo repetido sem maior reflexão ao longo dos anos e que agora, com a reforma processual de 2011, precisa ser revisado.

Como explica CARNELUTTI[29], a noção de flagrância está diretamente relacionada a "la llama, que denota con certeza la combustión; cuando se ve la llama, es indudable que alguna cosa arde". Essa chama, que denota com certeza a existência de uma combustão, coincide com a possibilidade para uma pessoa de comprová-lo mediante a prova direta. Como sintetiza o mestre italiano: a flagrância não é outra coisa que a *visibilidade do delito*[30].

Na mesma linha é a advertência de CORDERO[31], no sentido de que o flagrante traz à mente a ideia de coisas percebidas enquanto ocorrem; no particípio, capta a sincronia fato-percepção, como uma qualidade do primeiro.

Essa certeza visual da prática do crime gera a obrigação para os órgãos públicos, e a faculdade para os particulares, de evitar a continuidade da ação delitiva, podendo, para tanto, deter o autor.

---

29 CARNELUTTI, Francesco. *Lecciones sobre el Proceso Penal*, cit., t. II, p. 77.

30 Idem, p. 78.

31 CORDERO, Franco. *Procedimiento Penal*. Trad. Jorge Gerrero. Bogotá, Temis, 2000. v. 1, p. 410.

E por que é dada essa permissão?

Exatamente porque existe a visibilidade do delito, o *fumus commissi delicti* é patente e inequívoco e, principalmente, porque essa detenção deverá ser submetida ao crivo judicial no prazo máximo de 24h, como determina o art. 306 do CPP[32].

Precisamente porque o flagrante é uma medida precária, mera detenção, que não está dirigida a garantir o resultado final do processo, é que pode ser praticado por um particular ou pela autoridade policial.

Com esse sistema, o legislador consagrou o caráter pré-cautelar da prisão em flagrante. Como explica BANACLOCHE PALAO[33], o flagrante – ou *la detención imputativa* – não é uma medida cautelar pessoal, mas sim pré-cautelar, no sentido de que não se dirige a garantir o resultado final do processo, mas apenas destina-se a colocar o detido à disposição do juiz para que adote ou não uma verdadeira medida cautelar. Por isso, o autor afirma que é uma medida independente, frisando o caráter instrumental e ao mesmo tempo autônomo do flagrante.

A instrumentalidade manifesta-se no fato de a prisão em flagrante ser um *strumenti dello strumento*[34] da prisão preventiva; ao passo que a autonomia explica as situações em que o flagrante não gera a prisão preventiva ou, nos demais casos, em que a prisão preventiva existe sem prévio flagrante.

Destaca o autor que a prisão em flagrante *en ningún caso se dirige a asegurar ni la eventual ejecución de la pena, ni tampoco la presencia del imputado en la fase decisoria del proceso.*

Não é diversa a lição de FERRAIOLI e DALIA[35]: *l'arresto in flagranza è una Misure Pre-Cautelari Personali.*

A prisão em flagrante está justificada nos casos excepcionais, de necessidade e urgência, indicados taxativamente no art. 302 do CPP e constitui uma forma de medida pré-cautelar pessoal que se distingue da verdadeira medida cautelar pela

---

32 Art. 306. A prisão de qualquer pessoa e o local onde se encontre serão comunicados imediatamente ao juiz competente, ao Ministério Público e à família do preso ou à pessoa por ele indicada.
§ 1º Em até 24 (vinte e quatro) horas após a realização da prisão, será encaminhado ao juiz competente o auto de prisão em flagrante e, caso o autuado não informe o nome de seu advogado, cópia integral para a Defensoria Pública.
§ 2º No mesmo prazo, será entregue ao preso, mediante recibo, a nota de culpa, assinada pela autoridade, com o motivo da prisão, o nome do condutor e os das testemunhas.

33 BANACLOCHE PALAO, Julio. *La Libertad Personal y sus Limitaciones*. Madrid, McGraw-Hill, 1996, p. 292.

34 Invocando aqui o consagrado conceito de "strumentalità qualificata", tão bem explicado por CALAMANDREI na obra *Introduzione allo Studio Sistematico dei Provvedimenti Cautelari*, cit., p. 22.

35 FERRAIOLI, Marzia e DALIA, Andrea Antonio. *Manuale di Diritto Processuale Penale*. Milano, CEDAM, 1997, p. 228 e s.

sua absoluta precariedade. Neste mesmo sentido, FERRAIOLI e DALIA afirmam que as medidas pré-cautelares são excepcionais, de *assoluta precarietà, che le connota come iniziative di brevissima durata*[36].

Tratando especificamente da prisão em flagrante a cargo da Polícia Judiciária, apontam que essa extensão do poder de iniciativa pré-cautelar significou a aceitação do risco de privação, temporária, da liberdade pessoal do cidadão por razão de ordem política. O instituto *fermo di polizia* marcou um pesado desequilíbrio na relação autoridade-liberdade e por isso deve ser analisado com sumo cuidado em um Estado Democrático de Direito como o nosso.

Ainda que utilize uma denominação diferente, a posição de CORDERO[37] é igual à nossa. Para o autor, a prisão em flagrante é uma "subcautela", na medida em que serve de prelúdio (*preludio subcautelar*) para eventuais medidas coativas pessoais, garantindo sua execução. Na essência, a compreensão do instituto é a mesma.

A prisão em flagrante é uma medida pré-cautelar, de natureza pessoal, cuja precariedade vem marcada pela possibilidade de ser adotada por particulares ou autoridade policial, e que somente está justificada pela brevidade de sua duração e o imperioso dever de análise judicial em até 24h, onde cumprirá ao juiz (na audiência de custódia) analisar sua legalidade e decidir sobre a manutenção da prisão (agora como preventiva) ou não.

Assim, o juiz, em até 24h após a efetiva prisão, deverá receber o auto de prisão em flagrante e decidir entre o relaxamento; conversão em prisão preventiva (desde que exista pedido, pois o art. 311 veda a decretação de ofício na fase pré-processual); decretação de outra medida cautelar alternativa à prisão preventiva; ou concessão da liberdade provisória com ou sem fiança.

Não é mais permitido manter-se alguém preso, além das 24h, sem uma decisão judicial fundamentada, decretando a prisão preventiva. E mais: essa prisão preventiva – luz do art. 311 – somente poderá ser decretada se houver um pedido (do Ministério Público ou autoridade policial).

---

36 A título de ilustração, vejamos a duração da prisão em flagrante em alguns outros países:
Na Espanha, o detido em flagrante deverá ser apresentado ao juiz no prazo máximo de 24h (art. 496 da LECrim), momento em que será convertida em *prisión provisional* ou será concedida a liberdade provisória. A lei processual alemã – StPO § 128 – determina que o detido deverá ser conduzido ao juiz do "Amtsgericht" em cuja jurisdição tenha ocorrido a detenção, de imediato ou quando muito no dia seguinte a detenção. Já o *Codice di Procedura Penale* italiano, art. 386.3, determina que a polícia deverá colocar o detido à disposição do Ministério Público o mais rápido possível ou no máximo em 24h, entregando junto o correspondente "atestado" policial. Por fim, em Portugal, o art. 254, "a", do CPP determina que no prazo máximo de 48h deverá ser efetivada a apresentação ao juiz, que decidirá sobre a prisão cautelar aplicável, após interrogar o detido e dar-lhe oportunidade de defesa (art. 28.1 da Constituição).

37 CORDERO, Franco. *Procedimiento Penal*, cit., p. 408.

Caso não esteja presente o *periculum libertatis* para justificar a prisão preventiva ou não sendo ela necessária e proporcional, deverá o juiz conceder a liberdade provisória, mediante fiança ou sem fiança, conforme o caso, e ainda, se necessário, cumular com uma ou mais medidas cautelares previstas no art. 319.

Qualquer que seja o caso, o que resulta absolutamente inadmissível é a simples manutenção da prisão em virtude da mera homologação da prisão em flagrante.

Logo, ninguém pode permanecer preso sob o fundamento "prisão em flagrante", pois esse não é um título judicial suficiente. A restrição da liberdade a título de prisão em flagrante não pode superar as 24h (prazo máximo para que o auto de prisão em flagrante seja enviado para o juiz competente, nos termos do art. 306, § 1º, do CPP).

Infelizmente na reforma de 2019/2020, foi ressuscitada uma medida flagrantemente inconstitucional: a prisão em flagrante que impede a concessão de liberdade provisória. Nessa linha, advertimos para o disposto no art. 310, § 2º:

> Art. 310, § 2º Se o juiz verificar que o agente é reincidente ou que integra organização criminosa armada ou milícia, ou que porta arma de fogo de uso restrito, deverá denegar a liberdade provisória, com ou sem medidas cautelares.

Com isso, o legislador ressuscita uma prisão em flagrante que mantém o agente preso sem a decretação da prisão preventiva, ao vedar (de forma inconstitucional) a concessão de liberdade provisória, quando o agente é reincidente, integra organização armada ou milícia (e a prova disso? considerando que estamos em sede de flagrante?) ou porta arma de fogo de uso restrito. Voltaremos ao tema ao tratar do art. 310 do CPP.

### 4.2. Espécies de Flagrante. Análise do Art. 302 do CPP

As situações de flagrância estão previstas no art. 302 do CPP:

> Art. 302. Considera-se em flagrante delito quem:
> I – está cometendo a infração penal;
> II – acaba de cometê-la;
> III – é perseguido, logo após, pela autoridade, pelo ofendido ou por qualquer pessoa, em situação que faça presumir ser autor da infração;
> IV – é encontrado, logo depois, com instrumentos, armas, objetos ou papéis que façam presumir ser ele autor da infração.

O flagrante do inciso I ocorre quando o agente é surpreendido cometendo o delito, significa dizer, praticando o verbo nuclear do tipo. Inclusive, a prisão nesse momento poderá, dependendo do caso, evitar a própria consumação. Como explica CARNELUTTI[38], a noção de flagrância está diretamente relacionada a *la lla-*

---

[38] CARNELUTTI, Francesco. *Lecciones sobre el Proceso Penal*, cit., t. II, p. 77.

*ma, que denota con certeza la combustión; cuando se ve la llama, es indudable que alguna cosa arde*. Coincide com a *possibilidade para uma pessoa de comprová-lo mediante a prova direta*. Como sintetiza o mestre italiano, a flagrância não é outra coisa que a *visibilidad del delito*[39].

Na mesma linha argumentativa, recordemos a expressão de CORDERO[40], no sentido de que o flagrante traz à mente a ideia de coisas percebidas enquanto ocorrem; no particípio, capta a sincronia fato-percepção, como uma qualidade do primeiro.

A prisão em flagrante, nesse caso, é detentora de maior credibilidade. Ocorre quando o agente é surpreendido durante o *iter criminis*, praticando a conduta descrita no tipo penal sem, contudo, tê-lo percorrido integralmente. É o caso em que o agente é preso enquanto "subtrai" a coisa alheia móvel (155 do CP), ou ainda, no crime de homicídio, está agredindo a vítima com a intenção de matá-la (ou seja, está praticando o verbo nuclear do art. 121 do CP) etc.

No inciso II, o agente é surpreendido quando acabou de cometer o delito, quando já cessou a prática do verbo nuclear do tipo penal. Mas, nesse caso, o delito ainda está crepitando (na expressão de Carnelutti), pois o agente cessou recentemente de praticar a conduta descrita no tipo penal. É considerado ainda um flagrante próprio, pois não há lapso temporal relevante entre a prática do crime (no sentido indicado pelo seu verbo nuclear) e a prisão. Dependendo da situação, o imediato socorro prestado à vítima ainda poderá evitar a consumação, mas diferencia-se da situação anterior na medida em que, aqui, ele já realizou a figura típica e a consumação já pode, inclusive, ter ocorrido.

As situações de flagrância previstas nos incisos III e IV são mais frágeis; daí por que a doutrina nacional denomina-as "quase-flagrante" ou "flagrante impróprio". Pensamos que essas denominações não são adequadas, na medida em que traduzem a ideia de que não são flagrantes. Dizer que é "quase" flagrante significa dizer que não é flagrante, e isso é um erro, pois na sistemática do CPP esses casos são flagrante delito. Da mesma forma o adjetivo "impróprio" traduz um antagonismo com aqueles que seriam os "próprios"; logo, a rigor, deveria ser utilizado no sentido de recusa, o que também não corresponde à sistemática adotada pelo CPP.

Contudo, em que pese nossa discordância, empregamos essas denominações por estarem consagradas na doutrina nacional. Esses flagrantes dos incisos III e IV são mais "fracos", mais frágeis sob o ponto de vista da legalidade. Isso é

---

39 Idem, ibidem, p. 78.

40 CORDERO, Franco. *Procedimiento Penal*, cit., v. 1, p. 410.

consequência do afastamento do núcleo imantador que é a realização do tipo penal, refletindo na fragilidade dos elementos que os legitimam, caso em que aumenta a possibilidade de serem afastados pelo juiz no momento em que recebe o auto de prisão em flagrante.

O inciso III do art. 302 consagra a possibilidade de prisão em flagrante quando o agente

> III – é perseguido, logo após, pela autoridade, pelo ofendido ou por qualquer pessoa, em situação que faça presumir ser autor da infração.

Exige-se a conjugação de 3 fatores:

1. perseguição (requisito de atividade);
2. logo após (requisito temporal);
3. situação que faça presumir a autoria (elemento circunstancial).

O conceito de *perseguição* pode ser extraído do art. 290 do CPP, especialmente das alíneas "a" e "b" do parágrafo primeiro[41].

Logo, a perseguição exige uma continuidade, em que perseguidor (autoridade policial, vítima ou qualquer pessoa) vá ao encalço do suspeito, ainda que nem sempre tenha o contato visual.

Deve-se considerar ainda a necessidade de que a perseguição inicie "logo após" o crime. Esse segundo requisito, temporal, deve ser interpretado de forma restritiva, sem que exista, contudo, um lapso definido na lei ou mesmo na jurisprudência. Exige-se um lapso mínimo, a ser verificado diante da complexidade do caso concreto, entre a prática do crime e o início da perseguição. Reforça esse entendimento o fato de que a "perseguição", na dimensão processual, somente é considerada quando há o contato visual inicial ou, ao menos, uma proximidade tal que permita à autoridade ir ao encalço do agente.

Elementar, portanto, que para a própria existência de uma "perseguição" com contato visual (ou quase) ela deve iniciar imediatamente após o delito. Não existirá uma verdadeira perseguição se a autoridade policial, por exemplo, chegar ao local do delito 1 hora depois do fato. Assim, "logo após" é um pequeno intervalo, um lapso exíguo entre a prática do crime e o início da perseguição.

---

[41] Art. 290. (...)
§ 1º Entender-se-á que o executor vai em perseguição do réu, quando:
*a)* tendo-o avistado, for perseguindo-o sem interrupção, embora depois o tenha perdido de vista;
*b)* sabendo, por indícios ou informações fidedignas, que o réu tenha passado, há pouco tempo, em tal ou qual direção, pelo lugar em que o procure, for no seu encalço.

Também não há que se confundir início com duração da perseguição. O dispositivo legal exige que a perseguição inicie logo após o fato, ainda que perdure por muitas horas. Isso pode ocorrer, por exemplo, em um crime de roubo a banco, em que, acionada, a polícia chega imediatamente ao local, ainda a tempo de sair em perseguição dos assaltantes. Essa perseguição, não raras vezes, envolve troca de veículos, novos reféns, cercos policiais etc., fazendo com que a efetiva prisão ocorra, por exemplo, 30 horas depois do fato. Ainda haverá prisão em flagrante nesse caso, pois a perseguição iniciou logo após o crime e durou ininterruptamente todas essas horas, culminando com a prisão dos agentes.

Em suma, para existir a prisão em flagrante desse inciso III, a perseguição deve iniciar poucos minutos após o fato, ainda que perdure por várias horas.

Por fim, o inciso exige que o perseguido seja preso em "situação que faça presumir ser autor da infração". A rigor, a disposição é substancialmente inconstitucional, pois à luz da presunção de inocência não se pode "presumir a autoria", senão que ela deve ser demonstrada e provada. Infelizmente, o controle da constitucionalidade das leis processuais penais é incipiente, muito aquém do necessário para um Código da década de 40. Assim, a nefasta presunção da autoria é extraída de elementos, como estar na posse dos objetos subtraídos, com a arma do crime, mediante reconhecimento da vítima etc.

A última situação de flagrância está prevista no art. 302, inciso IV:

> Art. 302. (...)
> IV – é encontrado, logo depois, com instrumentos, armas, objetos ou papéis que façam presumir ser ele autor da infração.

Esse é o flagrante mais fraco, mais frágil e difícil de se legitimar. Para sua ocorrência, exige-se a presença desses três elementos:

- encontrar (requisito de atividade);
- logo depois (requisito temporal);
- presunção de autoria (armas ou objetos do crime).

O primeiro requisito é que o agente seja "encontrado". Fazendo uma interpretação sistemática em relação aos incisos anteriores, pode-se afirmar que esse "encontrado" deve ser causal e não casual. É o encontrar de quem procurou, perseguiu e depois, perdendo o rastro, segue buscando o agente. Não se trata de um simples encontrar sem qualquer vinculação previamente estabelecida em relação ao delito.

Assim, não há prisão em flagrante quando o agente que acabou de subtrair um veículo é detido, por acaso, em barreira rotineira da polícia, ainda que esteja na posse do objeto furtado. Isso porque não existiu um encontrar de quem procurou (causal, portanto). Não significa que a conduta seja impunível, nada disso. O crime, em tese, existe. Apenas não há uma situação de flagrância para justificar a prisão com esse título.

Cuidado, nesse caso, para não incorrer na equivocada interpretação de que haveria crime (permanente) de receptação e que, portanto, haveria flagrância. Errado. A receptação efetivamente é um crime permanente e que justifica a incidência do art. 303 do CPP. Não existe crime de receptação quando o próprio autor do furto está na posse dos objetos subtraídos. A posse é o exaurimento impunível do crime de furto.

Quanto ao requisito temporal, ainda que a doutrina costume identificar as expressões "logo após" e "logo depois", no sentido de que representam pequenos intervalos, lapsos exíguos entre a prática do crime e o encontro (ou o início da perseguição, no caso do inciso III), pensamos que as situações são distintas. Realmente estão na mesma dimensão de exiguidade temporal. Contudo, para que exista a perseguição do inciso III, o espaço de tempo deve ser realmente breve, pois a própria perseguição exige o "sair no encalço" do agente, preferencialmente com contato visual. Logo, para que isso seja possível, o intervalo deve ser bastante exíguo.

Já o requisito temporal do inciso IV pode ser mais dilatado. Isso porque o ato de encontrar é substancialmente distinto do de perseguir. Para perseguir, há que se estar próximo. Já o encontrar permite um intervalo de tempo maior entre o crime e o encontro com o agente.

Basta pensar no seguinte exemplo: uma quadrilha rouba um estabelecimento comercial e foge. Para existir perseguição, a polícia deve chegar poucos minutos após a saída do estabelecimento, pois somente assim poderá efetivamente "perseguir", no sentido empregado pelo art. 290. Caso isso não seja possível, diante da demora com que a polícia chegou ao local do crime, passamos para a situação prevista no inciso IV, quando são montadas barreiras policiais nas saídas da cidade e vias de acesso àquele local onde o crime foi praticado, buscando encontrar os agentes.

Haverá prisão em flagrante se os autores do delito forem interceptados em uma barreira policial (encontrar causal), com as armas do crime e o dinheiro subtraído, ainda que isso ocorra muitas horas depois do crime. Daí por que, pensamos que a expressão *logo depois* representa um período mais elástico, que excede aquele necessário para que se configure o *logo após* do inciso III.

Por fim, sublinhamos que, não estando configuradas as situações anteriormente analisadas (e preenchidos os requisitos de cada uma), a prisão em flagrante é ilegal e deve ser imediatamente relaxada pela autoridade judiciária competente. Ainda que ilegal o flagrante, nada impede que seja postulada pelo Ministério Público a prisão preventiva (ou temporária, se for o caso), que poderá ser decretada pelo juiz (desde que preenchidos os requisitos a seguir analisados).

### 4.3. Flagrante em Crime Permanente. A Problemática do Flagrante nos Crimes Habituais

Além das situações de flagrância previstas no art. 302, deve-se atentar para o disposto no art. 303: "Nas infrações permanentes, entende-se o agente em flagrante delito enquanto não cessar a permanência".

Como explica ROXIN[42], delitos permanentes *são aqueles em que o crime não está concluído com a realização do tipo, senão que se mantém pela vontade delitiva do autor por tanto tempo como subsiste o estado antijurídico criado por ele mesmo*. E prossegue o autor, afirmando *que os crimes permanentes são, em sua maioria, delitos de mera atividade, mas também podem ser delitos de resultado, no caso em que um determinado resultado constantemente volte a realizar-se de novo, mantendo-se o estado antijurídico*.

CIRINO DOS SANTOS[43] esclarece que os *tipos permanentes não se completam na produção de determinados estados, porque a situação típica criada se prolonga no tempo conforme a vontade do autor, como o sequestro ou cárcere privado (art. 148), a violação de domicílio (art. 150), em que a consumação já ocorre com a realização da ação típica, mas permanece em estado de consumação enquanto dura a invasão da área protegida pelo tipo legal.*

São ainda exemplos de crimes permanentes a ocultação de cadáver (art. 211 do CP), receptação (na modalidade "ocultar", art. 180 do CP), ocultação de bens, direitos e valores (art. 1º da Lei n. 9.613/98), evasão de divisas (na forma da "manutenção" de depósitos não informados no exterior, art. 22, parágrafo único, da Lei n. 7.492/86) etc.

Em todos esses casos a consumação se prolonga no tempo, fazendo com que exista um estado de flagrância igualmente prolongado. Enquanto durar a permanência, pode o agente ser preso em flagrante delito, pois considera-se que o agente "está cometendo a infração penal", nos termos em que prevê o inciso I do art. 302.

Assim, a descoberta de um cadáver "ocultado", ou de bens e valores (no caso do delito de lavagem), autoriza a prisão em flagrante do agente, pois é como se o crime estivesse sendo praticado naquele momento.

Da mesma forma, enquanto o agente tiver em depósito ou guardar drogas para entregar a consumo ou fornecer (art. 33 da Lei n. 11.343/2006), haverá uma situação de flagrante permanente.

---

42 ROXIN, Claus. *Derecho Penal – Parte General*. Tradução da 2ª edição por Diego-Manuel Luzón Pena, Miguel Diaz y Garcia Conlledo e Javier de Vicente Remesal. Madrid, Civitas, 1997, p. 329.

43 CIRINO DOS SANTOS, Juarez. *Direito Penal* – Parte Geral. Rio de Janeiro, Lumen Juris, 2006. p. 112.

É importante recordar que o crime permanente estabelece uma relação com a questão da prisão em flagrante e, por consequência, com a própria busca domiciliar, anteriormente tratada. Isso porque, como já explicamos, enquanto o delito estiver ocorrendo (manter em depósito, guardar, ocultar etc.), poderá a autoridade policial proceder à busca, a qualquer hora do dia ou da noite, independentemente da existência de mandado judicial (art. 5º, XI, da Constituição).

Noutra dimensão, os crimes habituais exigem a prática reiterada e com habitualidade daquela conduta descrita no tipo. Como sublinha BITENCOURT[44], ao comentar o delito de curandeirismo (um exemplo claro de crime habitual), "a habitualidade é imprescindível para a caracterização do delito em qualquer de suas modalidades", devendo o agente agir com a "vontade consciente de praticar, reiteradamente, qualquer das condutas" descritas no tipo penal (no caso, art. 284 do CP). Outros exemplos de crimes habituais são a manutenção de casa de prostituição (art. 229 do CP) e o exercício ilegal da medicina (art. 282 do CP).

É possível a prisão em flagrante por crime habitual? A pergunta somente pode ser respondida a partir da compreensão da íntima relação que se estabelece entre flagrante e os conceitos jurídico-penais de tentativa e consumação. Somente podemos afirmar que alguém está cometendo um delito ou que acabou de cometê-lo recorrendo aos conceitos de tentativa e consumação do Direito Penal. Em outras palavras, é analisando o *iter criminis* que se verifica quando o agente inicia a prática do verbo nuclear do tipo e quando o realiza inteiramente. Isso é fundamental para o conceito de *flagrante delito*. Daí por que, a polêmica, antes de ser processual, é penal.

A maioria dos penalistas não aceita a tentativa de crime habitual. Nessa linha, BITENCOURT[45] explica que "é inadmissível a tentativa, em razão de a habitualidade ser característica dessa infração penal. Somente a prática reiterada de atos que, isoladamente, constituem indiferente penal, é que acaba configurando essa infração penal".

Logo, nessa linha de pensamento, é inviável definir-se quando o agente está cometendo a infração ou quando acabou de cometê-la, pois um ato isolado é um indiferente penal. Se a polícia surpreende alguém cometendo um ato de curandeirismo, isso é atípico e, portanto, não há flagrante delito. O crime somente existirá quando habitualmente ele exercer essa atividade.

---

44 BITENCOURT, Cezar Roberto. *Tratado de Direito Penal*. São Paulo, Saraiva, 2006, v. 4, p. 281.

45 Idem, ibidem, v. 4, p. 282.

Essa é a posição majoritária, no sentido de que não existe possibilidade de prisão em flagrante por crime habitual.

Contudo, deve-se ter presente a lição de ZAFFARONI e PIERANGELLI[46], que, em linha diversa, sustentam que o critério (da inadmissibilidade da tentativa) é válido quando se entende o crime habitual como delito constituído de uma pluralidade necessária de condutas repetidas. Porém, argumentam os autores, "não é aceitável conceber-se assim o crime habitual, porque não só não haveria tentativa senão sequer também haveria consumação. Quando estaria consumado o delito habitual? Na segunda, na terceira, na décima repetição da mesma conduta? Esta dificuldade levou a doutrina moderna a considerar o crime habitual como um tipo que contém um elemento subjetivo diferente do dolo – ou seja, o delito habitual ficaria consumado com o primeiro ato – mas que, além do dolo, exige a habitualidade como elemento do *animus* do autor".

Seguindo esse raciocínio, os autores posicionam-se no sentido de que haveria tentativa de curandeirismo na conduta de quem, havendo instalado um consultório médico – sem diploma e sem licença –, está examinando um paciente (ainda que sequer tenha receitado qualquer medicamento) e possui outros pacientes na sala de espera. Quando atender a todos, estaria consumado o delito, de modo que a interrupção do *iter criminis* nesse momento constituiria a tentativa do crime.

Aceitando-se essa tese, pode-se sustentar a legalidade da prisão em flagrante neste momento. Do contrário, a conduta seria atípica, e o flagrante, ilegal.

### 4.4. (I)Legalidade dos Flagrantes Forjado, Provocado, Preparado, Esperado e Protelado (ou Diferido). Conceitos e Distinções. Prisão em Flagrante e Crimes de Ação Penal de Iniciativa Privada e Pública Condicionada à Representação

O flagrante forjado existe quando é criada, forjada uma situação fática de flagrância delitiva para (tentar) legitimar a prisão. Cria-se uma situação de fato que é falsa. Exemplo típico é o enxerto de substâncias entorpecentes (ou armas) para, a partir dessa posse forjada, falsamente criada, realizar a prisão (em flagrante) do agente. É, portanto, um flagrante ilegal, até porque não existe crime.

O flagrante provocado também é ilegal e ocorre quando existe uma indução, um estímulo para que o agente cometa um delito exatamente para ser

[46] ZAFFARONI, Eugenio Raul; PIERANGELLI, José Henrique. *Da Tentativa*. 3. ed., São Paulo, RT, 1992. p. 59.

preso. Trata-se daquilo que o Direito Penal chama de *delito putativo por obra do agente provocador*. BITENCOURT[47] explica que isso não passa de uma cilada, uma encenação teatral, em que o agente é impelido à prática de um delito por um agente provocador, normalmente um policial ou alguém a seu serviço. É o clássico exemplo do policial que, se fazendo passar por usuário, induz alguém a vender-lhe a substância entorpecente para, a partir do resultado desse estímulo, realizar uma prisão em flagrante (que será ilegal). É uma provocação meticulosamente engendrada para fazer nascer em alguém a intenção, viciada, de praticar um delito, com o fim de prendê-lo.

Penalmente, considera-se que o agente não tem qualquer possibilidade de êxito, aplicando-se a regra do crime impossível, art. 17 do CP[48]:

É, portanto, ilegal o flagrante provocado.

O flagrante preparado é ilegal, pois também vinculado à existência de um crime impossível. Aqui não há indução ou provocação, senão que a preparação do flagrante é tão meticulosa e perfeita que em momento algum o bem jurídico tutelado é colocado em risco.

Aplica-se, nesse caso, o disposto na Súmula 145 do STF: *Não há crime, quando a preparação do flagrante pela polícia torna impossível a sua consumação*.

Noutra dimensão, o flagrante esperado exige muito cuidado e tem sua legalidade ou ilegalidade aferida no caso concreto, pois, dependendo da situação, estaremos diante de um crime impossível, aplicando-se o que dissemos no flagrante preparado e a incidência da Súmula 145 do STF.

Mas nem todo flagrante esperado é ilegal, pois nem sempre haverá crime impossível.

Assim, quando a polícia não induz ou instiga ninguém, apenas coloca-se em campana (vigilância) e logra prender o agressor ou ladrão, a prisão é válida e existe crime. É o que ocorre na maioria das vezes em que a polícia, de posse de uma informação, se oculta e espera até que o delito esteja ocorrendo para realizar a prisão. Não se trata de delito putativo ou de crime impossível. Exemplo recorrente é quando a polícia tem a informação de que esse ou aquele estabelecimento comercial ou bancário será alvo de um roubo e coloca-se em posição de vigilância discreta e logra surpreender os criminosos.

---

47 BITENCOURT, op. cit., v. 1, p. 409.

48 Art. 17. Não se pune a tentativa quando, por ineficácia absoluta do meio ou por absoluta impropriedade do objeto, é impossível consumar-se o crime.

Não há ineficácia absoluta do meio empregado ou absoluta impropriedade do objeto para falar-se em crime impossível. Existe o crime (inclusive, dependendo do caso, a atuação policial poderá impedir a consumação, havendo apenas tentativa) e a prisão em flagrante é perfeitamente válida.

Por fim, o flagrante protelado ou diferido (ação controlada na terminologia da Lei) está previsto nos arts. 8º e 9º da Lei n. 12.850/2013[49] e se aplica somente nos casos de organização criminosa:

Tal dispositivo somente pode ser aplicado aos casos de organização criminosa e autoriza a polícia a retardar sua intervenção (prisão em flagrante) para realizar-se em momento posterior (por isso, diferido), mais adequado sob o ponto de vista da persecução penal.

É uma autorização legal para que a prisão em flagrante seja retardada ou protelada para outro momento, que não aquele em que o agente está cometendo a infração penal, excepcionando, assim, as regras contidas nos arts. 301 e 302, I, do CPP.

Retarda-se a prisão em flagrante (a lei infelizmente não define limite temporal) para – por exemplo – uma semana depois da prática do crime. Com isso, a polícia mantém o suspeito sob monitoramento, para ter acesso aos demais membros da organização criminosa, bem como apurar a prática de outros delitos. No momento mais oportuno, realiza a prisão em flagrante de todos os agentes.

Por exemplo: diante de uma complexa organização criminosa que tem por objeto o roubo de cargas e posterior distribuição a uma rede de fornecedores, a polícia deixa de prender aqueles agentes que cometeram o roubo no momento em que o estão praticando, para, monitorando-os, descobrir o local em que a carga é escondida e o caminhão desmontado para ser vendido em um desmanche ilegal. De posse dessas informações, descobre ainda quem são os receptadores e, quando

---

[49] Art. 8º Consiste a ação controlada em retardar a intervenção policial ou administrativa relativa à ação praticada por organização criminosa ou a ela vinculada, desde que mantida sob observação e acompanhamento para que a medida legal se concretize no momento mais eficaz à formação de provas e obtenção de informações.

§ 1º O retardamento da intervenção policial ou administrativa será previamente comunicado ao juiz competente que, se for o caso, estabelecerá os seus limites e comunicará ao Ministério Público.

§ 2º A comunicação será sigilosamente distribuída de forma a não conter informações que possam indicar a operação a ser efetuada.

§ 3º Até o encerramento da diligência, o acesso aos autos será restrito ao juiz, ao Ministério Público e ao delegado de polícia, como forma de garantir o êxito das investigações.

§ 4º Ao término da diligência, elaborar-se-á auto circunstanciado acerca da ação controlada.

Art. 9º Se a ação controlada envolver transposição de fronteiras, o retardamento da intervenção policial ou administrativa somente poderá ocorrer com a cooperação das autoridades dos países que figurem como provável itinerário ou destino do investigado, de modo a reduzir os riscos de fuga e extravio do produto, objeto, instrumento ou proveito do crime.

tiver provas suficientes dos crimes e da estrutura da organização criminosa, realiza a prisão em flagrante de todos os agentes.

A rigor, não haveria prisão em flagrante daqueles que cometeram o roubo, pois passados muitos dias da sua ocorrência, sendo inaplicável qualquer dos incisos do art. 302. Contudo, diante da autorização contida no art. 2º, II, está legitimado o flagrante retardado ou protelado.

Trata-se, por outro lado, de uma situação bastante perigosa, sob o ponto de vista dos direitos e garantias individuais, pois abre a possibilidade de abusos e ilegalidades por parte da autoridade policial.

Daí por que se trata de medida excepcional e que deve ser objeto de rigoroso controle de legalidade por parte do Ministério Público e do juiz competente (que deverá fixar os limites temporais para essa ação controlada), bem como amplamente documentada (com filmagem, fotos e todos os meios que permitam controlar a legalidade da atuação policial). Havendo dúvida, deve o flagrante ser relaxado por ilegal, sem prejuízo de eventual prisão preventiva em caso de estarem presentes seus requisitos (que são completamente diversos daqueles que disciplinam a prisão em flagrante). Ao término da diligência, deverá ser elaborado um auto circunstanciado contendo toda a descrição da ação controlada.

Importante destacar a posição de BADARÓ[50], que, em linha diametralmente oposta, nega que o flagrante diferido ou retardado seja uma nova modalidade de prisão. Entende que "há, apenas, uma autorização legal para que a autoridade policial e seus agentes que, a princípio, teriam a obrigação de efetuar a prisão em flagrante (CPP, art. 310, 2ª parte), deixem de fazê-lo, com vistas a uma maior eficácia da investigação".

E, ainda, explica que, "obviamente, a autoridade policial, no momento posterior, quando descobrir os elementos mais relevantes, não poderá realizar a prisão em flagrante, pelo ato pretérito que foi tolerado com vista à eficácia da investigação".

Adotar a tese defendida por BADARÓ, que nos parece bastante razoável, ainda mais diante da nebulosidade e liquefação do conceito de *flagrante diferido*, bem como pela ausência de uma clara definição do limite temporal em que ele pode ocorrer, em nada prejudicaria a eficácia do sistema penal repressivo.

A autoridade policial está autorizada, apenas, a "deixar de proceder" naquele exato momento, para que possa obter maiores informações que deem um lastro probatório mais robusto para a investigação. Depois disso, o que deverá ser feito – em caso de necessidade demonstrada – é representar pela prisão temporária ou

---

50 BADARÓ, op. cit., p. 137-138.

preventiva. Com isso, o flagrante diferido não constitui uma nova modalidade de prisão, senão um instrumento-meio, com vistas à eficácia da investigação. A partir das informações obtidas pelo não agir da polícia naquele momento, instrumentaliza-se o posterior pedido de prisão temporária ou preventiva.

Mudando o enfoque, apenas para não deixar passar sem qualquer comentário, vejamos a problemática teórica em torno da prisão em flagrante por delito de ação penal de iniciativa privada e também quando a iniciativa é pública, mas condicionada à representação.

Trata-se de uma questão que, atualmente, reveste-se de pouca relevância prática, pois esses delitos, na sua imensa maioria (e a quase totalidade daqueles de iniciativa privada), são considerados de menor potencial ofensivo, abrangidos, portanto, pela Lei n. 9.099/95.

Determina o art. 69, parágrafo único, da Lei n. 9.099 que "ao autor do fato que, após a lavratura do termo (circunstanciado), for imediatamente encaminhado ao juizado ou assumir o compromisso de a ele comparecer, não se imporá prisão em flagrante (...)".

Logo, não existe prisão em flagrante em crime de menor potencial ofensivo, esvaziando a discussão (muito mais teórica do que prática) em torno dos crimes de ação penal de iniciativa privada ou pública condicionada à representação.

Excepcionalmente, diante de um crime de ação penal pública condicionada a representação, em que existe prisão em flagrante, obviamente não se aplica o prazo decadencial de 6 meses, devendo ela ser feita no prazo máximo de 24h que rege a confecção e conclusão do auto de prisão em flagrante. Se o inquérito tem início com o auto de prisão em flagrante e se esse mesmo inquérito não pode iniciar sem a representação (art. 5º, § 4º), é óbvio que ela tem de ser feita neste momento. Inclusive, pensamos que deve ser relaxada a prisão em flagrante caso não venha devidamente acompanhada da representação da vítima.

## 4.5. Síntese do Procedimento. Atos que Compõem o Auto de Prisão em Flagrante

Imediatamente após a detenção, deverá o preso ser apresentado à autoridade policial. A demora injustificada poderá constituir o crime de abuso de autoridade[51], (Lei n. 13.869/2019), em se tratando de agentes do Estado, ou, caso a

[51] Lei n. 13.869/2019:
Art. 12. Deixar injustificadamente de comunicar prisão em flagrante à autoridade judiciária no prazo legal:
Pena – detenção, de 6 (seis) meses a 2 (dois) anos, e multa.
Parágrafo único. Incorre na mesma pena quem:
I – deixa de comunicar, imediatamente, a execução de prisão temporária ou preventiva à autoridade

prisão tenha sido realizada por particular, estaremos diante, em tese, dos delitos de constrangimento ilegal (art. 146) ou sequestro e cárcere privado (art. 148), conforme o caso.

Apresentado o preso à autoridade policial, estabelece o art. 304 do CPP[52] que deverá esta ouvir o condutor, ou seja, aquele que realizou a prisão e conduziu o detido. Na continuação, ouvirá as testemunhas que presenciaram os fatos e/ou a prisão e, ao final, interrogará o preso. Tudo isso deverá ser formalizado e devidamente assinado pela autoridade e as respectivas pessoas que prestaram as declarações.

Não havendo testemunhas da infração, é claro que a manutenção da prisão em flagrante é muito mais problemática, mas isso não impede que, em tese, seja realizada. Determina o art. 304, § 2º, que, nesse caso, deverão assinar, pelo menos, duas pessoas que tenham testemunhado a apresentação do preso à autoridade. São, por assim dizer, meras testemunhas de apresentação, pois nada sabem do fato criminoso ou do ato da prisão.

Ao final, será ouvido o preso. Quanto ao seu interrogatório, aplica-se tudo o que já dissemos anteriormente, quando abordamos o "interrogatório" no capítulo das "Das Provas em Espécie".

Cumpre recordar, apenas, a imprescindível presença de defensor; que se lhe deve assegurar o direito de conversar reservadamente com o preso; o direito de silêncio; enfim, plena observância do disposto no art. 185 do CPP.

---

judiciária que a decretou;
II – deixa de comunicar, imediatamente, a prisão de qualquer pessoa e o local onde se encontra à sua família ou à pessoa por ela indicada;
III – deixa de entregar ao preso, no prazo de 24 (vinte e quatro) horas, a nota de culpa, assinada pela autoridade, com o motivo da prisão e os nomes do condutor e das testemunhas;
IV – prolonga a execução de pena privativa de liberdade, de prisão temporária, de prisão preventiva, de medida de segurança ou de internação, deixando, sem motivo justo e excepcionalíssimo, de executar o alvará de soltura imediatamente após recebido ou de promover a soltura do preso quando esgotado o prazo judicial ou legal.

52 Art. 304. Apresentado o preso à autoridade competente, ouvirá esta o condutor e colherá, desde logo, sua assinatura, entregando a este cópia do termo e recibo de entrega do preso. Em seguida, procederá à oitiva das testemunhas que o acompanharem e ao interrogatório do acusado sobre a imputação que lhe é feita, colhendo, após cada oitiva suas respectivas assinaturas, lavrando, a autoridade, afinal, o auto.
§ 1º Resultando das respostas fundada a suspeita contra o conduzido, a autoridade mandará recolhê-lo à prisão, exceto no caso de livrar-se solto ou de prestar fiança, e prosseguirá nos atos do inquérito ou processo, se para isso for competente; se não o for, enviará os autos à autoridade que o seja.
§ 2º A falta de testemunhas da infração não impedirá o auto de prisão em flagrante; mas, nesse caso, com o condutor, deverão assiná-lo pelo menos duas pessoas que hajam testemunhado a apresentação do preso à autoridade.
§ 3º Quando o acusado se recusar a assinar, não souber ou não puder fazê-lo, o auto de prisão em flagrante será assinado por duas testemunhas, que tenham ouvido sua leitura na presença deste.
§ 4º Da lavratura do auto de prisão em flagrante deverá constar a informação sobre a existência de filhos, respectivas idades e se possuem alguma deficiência e o nome e o contato de eventual responsável pelos cuidados dos filhos, indicado pela pessoa presa.

Quanto à possibilidade de o advogado, ao final, formular perguntas ao detido, ou seja, sobre a incidência ou não do art. 188 no interrogatório policial, não vemos qualquer empecilho. Inicialmente porque existe sim direito de defesa no inquérito policial (pessoal e técnica) e também contraditório (no seu primeiro momento, de informação). Claro que os níveis de eficácia desses direitos são muito menores do que aqueles alcançáveis no processo, isso é elementar. Como também é elementar que o art. 5º, LV, da Constituição deve ser realizado, potencializando-se o pouco de defesa e contraditório existentes.

Daí por que não vemos qualquer problema de ordem teórica ou prática em permitir que, ao final, o advogado faça perguntas para complementar o depoimento do preso. O interrogatório será reduzido a termo e assinado pelo imputado, seu advogado e, claro, pela autoridade policial.

Se o preso se recusar a assinar ou estiver impossibilitado de fazê-lo por qualquer motivo, o auto de prisão em flagrante será assinado por duas testemunhas de leitura, ou seja, que tenham assistido à leitura do depoimento do preso e demais peças na presença dele.

Ao final, será dada ao preso a nota de culpa, com o motivo da prisão, o nome do condutor e os das testemunhas, assinando ele o recibo respectivo. Caso se recuse a assinar esse recibo da nota de culpa, ou estiver impossibilitado de fazê-lo, novamente deverá o delegado lançar mão de duas testemunhas que assinem, comprovando a entrega.

Formalizado e finalizado assim o auto de prisão em flagrante, deverá ser imediatamente remetido ao juiz competente.

Destaque-se, por último, a nova redação do art. 322 do CPP, em que a autoridade policial poderá conceder fiança – imediatamente e antes de enviar o auto de prisão em flagrante para o juiz – nos casos de infração cuja pena privativa de liberdade máxima não seja superior a 4 (quatro) anos.

## 4.6. Garantias Constitucionais e Legalidade da Prisão em Flagrante. Análise do Art. 306 do CPP

Inicialmente, deve-se dar eficácia às seguintes garantias constitucionais – previstas no art. 5º da Constituição[53] – que vinculam a própria validade da prisão em flagrante, para além das regras processuais.

---

[53] Art. 5º (...)

LXI – ninguém será preso senão em flagrante delito ou por ordem escrita e fundamentada de autoridade judiciária competente, salvo nos casos de transgressão militar ou crime propriamente militar, definidos em lei;

LXII – a prisão de qualquer pessoa e o local onde se encontre serão comunicados imediatamente ao juiz competente e à família do preso ou à pessoa por ele indicada;

LXIII – o preso será informado de seus direitos, entre os quais o de permanecer calado, sendo-lhe as-

A regra do inciso LXI restringe a possibilidade de prisão a dois casos (excetuando os casos de transgressão militar ou crime propriamente militar):

- flagrante delito;
- ordem judicial escrita e fundamentada.

Com isso, sepultou-se a chamada "prisão para averiguações" e coisas do gênero, pois somente haverá prisão nos dois casos mencionados. Recordemos, ainda, que a prisão em flagrante é pré-cautelar e sua precariedade exige que o auto (de prisão em flagrante) seja encaminhado em até 24h para o juiz, que então, de forma escrita e fundamentada, irá enfrentar a possibilidade de concessão de liberdade provisória com ou sem aplicação de medidas cautelares diversas (arts. 310 c/c 319) ou, se necessário e houver pedido por parte do Ministério Público ou da polícia, decretará a prisão preventiva. Então, a manutenção da prisão (agora como preventiva) exigirá uma decisão escrita e fundamentada do juiz.

O inciso LXII impõe uma importante formalidade, que é a dupla comunicação da prisão, que deverá ser imediatamente levada ao conhecimento do juiz (das garantias) e também à família do preso (ou pessoa por ele indicada).

Além dessas garantias constitucionais, é muito importante o disposto no art. 306 do CPP[54], que, entre outros, impôs a necessidade de que:

- o juiz (das garantias) seja imediatamente comunicado da prisão (isso pode ser feito por telefone, *e-mail*, WhatsApp ou outra forma eficiente e imediata de comunicação) independente da hora e dia em que ocorrer, bem como ao Ministério Público e a pessoa indicada pelo preso;
- seja enviado ao juiz (das garantias), em até 24h[55] depois da prisão, o auto de prisão em flagrante completo;

---

segurada a assistência da família e de advogado;

LXIV – o preso tem direito à identificação dos responsáveis por sua prisão ou por seu interrogatório policial;

LXV – a prisão ilegal será imediatamente relaxada pela autoridade judiciária;

LXVI – ninguém será levado à prisão ou nela mantido, quando a lei admitir a liberdade provisória, com ou sem fiança.

54 Art. 306. A prisão de qualquer pessoa e o local onde se encontre serão comunicados imediatamente ao juiz competente, ao Ministério Público e à família do preso ou a pessoa por ele indicada.

§ 1º Em até 24h (vinte e quatro horas) após a realização da prisão, será encaminhado ao juiz competente o auto de prisão em flagrante e, caso o autuado não informe o nome de seu advogado, cópia integral para a Defensoria Pública.

§ 2º No mesmo prazo, será entregue ao preso, mediante recibo, a nota de culpa, assinada pela autoridade, com o motivo da prisão, o nome do condutor e o das testemunhas.

55 Não raras vezes, assiste-se nas novelas e seriados brasileiros a absurda afirmação de que 24h após o crime ninguém poderá ser preso em flagrante... Como bem lembra RANGEL (op. cit., p. 569), "é comum a expressão *fuja do flagrante e apareça 24 horas depois* (...)", no sentido de que esse lapso impediria a

- no mesmo prazo, caso o preso não indique um advogado que o acompanhe (não basta a mera indicação de nome, deverá estar efetivamente acompanhado), deverá ser enviada cópia integral para a defensoria pública.

A inobservância dessa regra conduz à ilegalidade da prisão em flagrante, cabendo ao juiz, quando receber os autos, e verificar que não houve a comunicação imediata (ao juiz plantonista, à família do preso e ao Ministério Público), deixar de homologar o auto de prisão em flagrante, relaxando a prisão por ilegalidade formal.

Igual postura deverá adotar quando verificar a inobservância do disposto nos incisos LXIII e LXIV, relaxando a prisão em flagrante por ilegalidade.

Menciona ainda o art. 306 que ao preso será dada "nota de culpa" nesse mesmo prazo máximo de 24h. A nota de culpa, explica ESPÍNOLA FILHO[56], é uma grande conquista para desterrar o antigo segredo com que se oprimia o indiciado. Tem como efeito tornar definido o motivo da prisão, dando notícia da causa determinante de tal medida, com a indicação dos elementos de acusação que a sustentam, referindo os nomes dos condutores e testemunhas, cujos depoimentos ampararam a realização do auto de prisão em flagrante.

Portanto, dois momentos devem ser rigidamente observados: a comunicação imediata da prisão ao juiz (e demais pessoas indicadas no art. 306), e a necessária conclusão do auto de prisão em flagrante, expedição da nota de culpa e o encaminhamento para a autoridade judiciária, em até 24h. Tudo isso sob pena de ilegalidade formal da prisão em flagrante e consequente relaxamento.

### 4.7. A Decisão Judicial sobre o Auto de Prisão em Flagrante. Aspectos Formais e Análise da Necessidade da Decretação da Prisão Preventiva. Ilegalidade da Conversão de Ofício

Recebendo o auto de prisão em flagrante, deverá o juiz proceder nos termos do art. 310:

> Art. 310. Após receber o auto de prisão em flagrante, no prazo máximo de até 24 (vinte e quatro) horas após a realização da prisão, o juiz deverá promover audiência de custódia

---

prisão em flagrante delito. Juridicamente, isso não existe. Uma pessoa pode ser presa, por exemplo, 72h depois do crime e ser flagrante delito, desde que ocorra a perseguição prevista no art. 302, III. Por outro lado, alguém pode ser encontrado 10h depois do crime e não ser uma situação de flagrante delito. Em suma, a crença popular é absolutamente infundada e decorre de uma má compreensão da antiga redação do art. 306. O que deve ser feito em 24h, sob pena de ilegalidade, é a formalização do auto de prisão em flagrante e seu devido encaminhamento à autoridade judiciária competente.

56 ESPÍNOLA FILHO, Eduardo. *Código de Processo Penal Brasileiro Anotado*. 5. ed. Rio de Janeiro, Editora Rio, 1976. v. 3, p. 359.

com a presença do acusado, seu advogado constituído ou membro da Defensoria Pública e o membro do Ministério Público, e, nessa audiência, o juiz deverá, fundamentadamente:

I – relaxar a prisão ilegal; ou

II – converter a prisão em flagrante em preventiva, quando presentes os requisitos constantes do art. 312 deste Código, e se revelarem inadequadas ou insuficientes as medidas cautelares diversas da prisão; ou

III – conceder liberdade provisória, com ou sem fiança.

§ 1º Se o juiz verificar, pelo auto de prisão em flagrante, que o agente praticou o fato em qualquer das condições constantes dos incisos I, II ou III do *caput* do art. 23 do Decreto-lei n. 2.848, de 7 de dezembro de 1940 (Código Penal), poderá, fundamentadamente, conceder ao acusado liberdade provisória, mediante termo de comparecimento obrigatório a todos os atos processuais, sob pena de revogação.

§ 2º Se o juiz verificar que o agente é reincidente ou que integra organização criminosa armada ou milícia, ou que porta arma de fogo de uso restrito, deverá denegar a liberdade provisória, com ou sem medidas cautelares.

§ 3º A autoridade que deu causa, sem motivação idônea, à não realização da audiência de custódia no prazo estabelecido no *caput* deste artigo responderá administrativa, civil e penalmente pela omissão.

§ 4º Transcorridas 24 (vinte e quatro) horas após o decurso do prazo estabelecido no *caput* deste artigo, a não realização de audiência de custódia sem motivação idônea ensejará também a ilegalidade da prisão, a ser relaxada pela autoridade competente, sem prejuízo da possibilidade de imediata decretação de prisão preventiva. (ARTIGO SUSPENSO PELA LIMINAR DO MIN. FUX)

Assim, o dispositivo estabelece a seguinte sistemática:

**1º Momento:** analisar o aspecto formal do auto de prisão em flagrante, bem como a legalidade ou ilegalidade do próprio flagrante, através da análise dos requisitos do art. 302 do CPP. Se legal, homologa; se ilegal (nos casos de flagrante forjado, provocado etc.), deverá relaxá-la.

**2º Momento:** homologando a prisão em flagrante, deverá, sempre, enfrentar a necessidade ou não da prisão preventiva (se houver pedido), a concessão da liberdade provisória com ou sem fiança e a eventual imposição de medida cautelar diversa.

No primeiro momento, o que faz o juiz é avaliar a situação de flagrância, se realmente ocorreu alguma das situações dos arts. 302 ou 303 anteriormente analisados, e ainda, se todo o procedimento para elaboração do auto de prisão em flagrante foi devidamente desenvolvido, especialmente no que tange à comunicação imediata da prisão ao juiz, a entrega da nota de culpa ao preso e a remessa ao juízo no prazo de 24 horas. É, em última análise, a fiscalização da efetivação do disposto no art. 306.

Superada a análise formal, vem o ponto mais importante: a decretação de alguma das medidas cautelares pessoais.

A "conversão" da prisão em flagrante em preventiva não é automática e tampouco despida de fundamentação. E mais, a fundamentação deverá apontar – além do *fumus commissi delicti* e o *periculum libertatis* – os motivos pelos quais o juiz entendeu inadequadas e insuficientes as medidas cautelares diversas do art. 319, cuja aplicação poderá ser isolada ou cumulativa.

Mas o ponto mais importante é: não pode haver conversão de ofício[57] da prisão em flagrante em preventiva (ou mesmo em prisão temporária). É imprescindível que exista a representação da autoridade policial ou o requerimento do Ministério Público. A "conversão" do flagrante em preventiva equivale à decretação da prisão preventiva. Portanto, à luz das regras constitucionais do sistema acusatório (*ne procedat iudex ex officio*) e da imposição de imparcialidade do juiz (juiz ator = parcial), não lhe incumbe "prender de ofício". Para evitar repetições, remetemos o leitor a tudo o que já dissemos, anteriormente, sobre essas duas garantias.

Além de violenta afronta ao sistema acusatório constitucional e convencional, é necessário atentar-se para o fato de que a Lei n. 13.964/2019 suprimiu a expressão "de ofício" que constava no art. 282, § 2º, e no art. 311, que agora determina: "*Art. 311. Em qualquer fase da investigação policial ou do processo penal, caberá a prisão preventiva decretada pelo juiz, de ofício, se no curso da ação penal, ou a requerimento do Ministério Público, do querelante ou do assistente, ou por representação da autoridade policial*".

Exatamente nessa linha vem a decisão do Min. CELSO DE MELLO no HC 186.421/SC, em 17/7/2020, que textualmente afirma que a nova redação "*vedou, de forma absoluta, a decretação da prisão preventiva sem o prévio 'requerimento das partes ou, quando no curso da investigação criminal, por representação da autoridade policial ou mediante requerimento do Ministério Público', não mais sendo lícito, portanto, com base no ordenamento jurídico vigente, a atuação 'ex officio' do Juízo processante em tema de privação cautelar da liberdade*".

E enfatiza o Ministro "*a significar que se tornou inviável a conversão, de ofício, da prisão em flagrante de qualquer pessoa em prisão preventiva, sendo necessária, por isso mesmo, anterior e formal provocação do Ministério Público, da autoridade policial ou, quando for o caso, do querelante ou do assistente do MP*".

---

57 Situação distinta, mas que poderá gerar alguma confusão com a nossa afirmação, está no *caput* do art. 316: "O juiz poderá, de ofício ou a pedido das partes, revogar a prisão preventiva se, no correr da investigação ou do processo, verificar a falta de motivo para que ela subsista, bem como novamente decretá-la, se sobrevierem razões que a justifiquem". O primeiro ponto é: para revogar a prisão preventiva ele pode agir de ofício, e o faz como garantidor da legalidade. Segundo ponto: então o juiz pode prender de ofício? Não, a situação prevista neste artigo não autoriza essa conclusão, pois não se trata de prisão decretada originariamente de ofício, senão de um imputado que está em liberdade e descumpre as medidas cautelares diversas ou sobrevierem razões que a justifiquem. Mas aqui ele não decreta originariamente, senão que "novamente" a decreta. O pedido originário foi feito, depois o imputado é solto e então descumpre os requisitos impostos e o juiz volta a decretá-la. De qualquer forma, o ideal é que o MP postule essa nova decretação para estrita observância do sistema acusatório e também para assegurar a estética de imparcialidade do julgador, como já explicamos anteriormente.

E conclui o Min. CELSO DE MELLO de forma acertada e precisa que: "*Em suma: tornou-se inadmissível, em face da superveniência da Lei n. 13.964 ('Lei Anticrime'), a conversão, 'ex officio', da prisão em flagrante em preventiva, pois a decretação dessa medida cautelar de ordem pessoal dependerá, sempre, do prévio e necessário requerimento do Ministério Público, do seu assistente ou do querelante (se for o caso), ou, ainda, de representação da autoridade policial na fase pré-processual da 'persecutio criminis', sendo certo, por tal razão, que, em tema de privação e/ou de restrição cautelar da liberdade, não mais subsiste, em nosso sistema processual penal, a possibilidade de atuação 'ex officio' do magistrado processante*" (grifos nossos).

Diante de um cenário tão claro de qual é o *standard* de legalidade da prisão cautelar, não é exagero considerar que, em tese, comete o crime de abuso de autoridade previsto no art. 9º da Lei n. 13.869/2019, o juiz que "converte" de ofício uma prisão em flagrante em prisão preventiva, na medida em que preenche os elementos do tipo penal: *Decretar medida de privação da liberdade em manifesta desconformidade com as hipóteses legais*. Pena – detenção, de 1 (um) a 4 (quatro) anos, e multa.

Portanto, não há nenhuma hipótese de decretação da prisão preventiva de ofício pelo juiz, sem pedido do MP ou representação da autoridade policial.

Feita essa importante ressalva, continuemos.

Havendo pedido expresso de decretação da preventiva, deverá o juiz analisar o requisito (*fumus commissi delicti*) e o fundamento (*periculum libertatis*).

O *fumus commissi delicti* não constitui o maior problema, na medida em que o próprio flagrante já é a visibilidade do delito, ou seja, já constitui a verossimilhança de autoria e materialidade necessárias neste momento.

O ponto nevrálgico é a avaliação da existência de *periculum libertatis*, ou seja, a demonstração da existência de um perigo que decorre do estado de liberdade do sujeito passivo, previsto no CPP como o risco para a ordem pública, ordem econômica, conveniência da instrução criminal ou para assegurar a aplicação da lei penal.

São conceitos que pretendem designar situações fáticas cuja proteção se faz necessária, constituindo, assim, o fundamento *periculum libertatis*, sem o qual nenhuma prisão preventiva poderá ser decretada. Tais situações, para a decretação da prisão, são alternativas e não cumulativas, de modo que basta uma delas para justificar-se a medida cautelar.

Qualquer que seja o fundamento da prisão, é imprescindível a existência de prova razoável do alegado *periculum libertatis*, ou seja, não bastam presunções ou ilações para a decretação da prisão preventiva. O perigo gerado pelo estado de liberdade do imputado deve ser real, com um suporte fático e probatório suficiente para legitimar tão gravosa medida.

Sem o *periculum libertatis*, a prisão preventiva ou qualquer outra medida cautelar (art. 319) não poderá ser decretada (ainda que se tenha a fumaça do crime).

Mas, mesmo que se tenha uma situação de perigo a ser cautelarmente tutelado, é imprescindível que o juiz o analise à luz dos princípios da necessidade, excepcionalidade e proporcionalidade, anteriormente explicados, se não existe medida cautelar diversa, que aplicada de forma isolada ou cumulativa, se revele adequada e suficiente para tutelar a situação de perigo.

Com a nova redação do art. 319 do CPP e a consagração de diversas medidas cautelares diversas da prisão preventiva, deverá o juiz verificar se o risco apontado não pode ser tutelado por alguma delas.

Assim, por exemplo, se o risco apontado é o de fuga do agente, poderá o juiz determinar, cumulativamente:

- pagamento de fiança;
- comparecimento periódico em juízo (até mesmo diariamente em situações excepcionais);
- e proibição de ausentar-se da comarca ou país com a respectiva entrega de passaporte (art. 319, IV c/c art. 320).

Da mesma forma, poderá determinar o pagamento de fiança e a submissão a monitoramento eletrônico, ou mesmo, monitoramento eletrônico com o dever de recolhimento domiciliar noturno (art. 319, V).

Enfim, um leque de opções está ao alcance do juiz para tutelar o risco de liberdade do imputado, devendo a prisão preventiva ser – efetivamente – reservada para situações de real excepcionalidade.

Noutra dimensão, prevê o art. 310, §1º, que se o juiz verificar pelo auto de prisão em flagrante que o preso praticou o fato nas condições constantes dos incisos I a III do *caput* do art. 23 do Código Penal (causas de exclusão da ilicitude), poderá fundamentadamente conceder ao acusado liberdade provisória mediante termo de comparecimento a todos os atos processuais sob pena de revogação. Não se pode exigir, para tanto, prova plena da excludente, mas apenas uma fumaça suficiente, sendo inclusive, neste momento, invocável o *in dubio pro reo*. Considerando que a prisão preventiva é medida extremamente grave e último instrumento a ser utilizado, havendo indícios mínimos de ter o agente cometido o delito em legítima defesa, por exemplo, não é necessária nem proporcional a prisão.

Tampouco pode ser decretada a prisão preventiva porque, por exemplo, a legítima defesa (ou qualquer outra excludente) "não restou suficientemente provada". Ao imputado não se lhe atribui qualquer carga probatória no processo penal, sendo descabida a exigência de que ele "prove" que agiu ao abrigo da excludente. Basta que exista a fumaça da excludente para enfraquecer a própria probabilidade da ocorrência de crime, sendo incompatível com a prisão cautelar, ainda que em sede de probabilidade todos esses elementos sejam objeto de análise e valoração por parte do juiz no momento de aplicar uma medida coercitiva de tamanha gravidade.

Atendendo às peculiaridades do caso e à necessidade, nada impede que o juiz conceda liberdade provisória, mediante termo de comparecimento a todos os atos do processo – como determina o dispositivo legal – e cumule com uma medida cautelar diversa, prevista no art. 319, como proibição de ausentar-se da comarca ou país, dever de comparecimento periódico etc.

**O art. 310,§ 2º, inserido na reforma trazida pela Lei n. 13.964/2019 é um grande retrocesso, além de ser – a nosso juízo – inconstitucional. Diz o dispositivo em tela:**

> § 2º Se o juiz verificar que o agente é reincidente ou que integra organização criminosa armada ou milícia, ou que porta arma de fogo de uso restrito, deverá denegar a liberdade provisória, com ou sem medidas cautelares.

Inicialmente é criticável o já conhecido *bis in idem* da reincidência, ou seja, a dupla (ou mais) punição pela mesma circunstância (reincidência) já tão criticada pela doutrina penal. Depois o artigo elege, *à la carte* e sem critério para justificar, determinadas condutas para proibir (inconstitucionalmente) a concessão de liberdade provisória. Inclusive, considerando que se trata de prisão em flagrante, dependendo do caso, é praticamente inviável já se ter uma prova suficiente de que o agente, por exemplo, é membro de uma organização criminosa ou milícia, para aplicar o dispositivo.

Mas o ponto nevrálgico do problema está na vedação de concessão de liberdade provisória, com ou sem medidas cautelares, pelos seguintes fundamentos:

– cria uma prisão em flagrante que se prolonga no tempo, violando a natureza pré-cautelar do flagrante;

– estabelece uma prisão (pré)cautelar obrigatória, sem necessidade cautelar e sem que se demonstre o *periculum libertatis*;

– viola toda principiologia cautelar, já analisada;

– por fim é flagrantemente inconstitucional, pois o STF já se manifestou nesse sentido em casos análogos (como na declaração de inconstitucionalidade do art. 2º da Lei n. 8.072 e casos posteriores).

O STF já afirmou e reafirmou que é inconstitucional as regras (como a constante na lei de drogas, mas também já o fez em relação a lei dos crimes hediondos e outras) que vedam a concessão de liberdade provisória, inclusive em decisão que teve repercussão geral reconhecida:

> Recurso extraordinário. 2. Constitucional. Processo Penal. Tráfico de drogas. Vedação legal de liberdade provisória. Interpretação dos incisos XLIII e LXVI do art. 5º da CF. 3. Reafirmação de jurisprudência. 4. Proposta de fixação da seguinte tese: É inconstitucional a expressão e liberdade provisória, constante do *caput* do art. 44 da Lei n.11.343/2006. 5. Negado provimento ao recurso extraordinário interposto pelo Ministério Público Federal. [RE 1.038.925 RG, Rel. Min. Gilmar Mendes, P, j. 18-8-2017, *DJe* de 19-9-2017, Tema 959.]

Como noticiado no *site*[58] do STF, "o Supremo Tribunal Federal (STF) reafirmou sua jurisprudência no sentido da inconstitucionalidade de regra prevista na Lei de Drogas (Lei n. 11.343/2006) que veda a concessão de liberdade provisória a presos acusados de tráfico. A decisão foi tomada pelo Plenário Virtual no Recurso Extraordinário (RE) 1038925, com repercussão geral reconhecida". Em maio de 2012, no julgamento do Habeas Corpus (HC) 104339, o Plenário do STF havia declarado, incidentalmente, a inconstitucionalidade da expressão "liberdade provisória" do artigo 44 da Lei de Drogas. Com isso, o Supremo passou a admitir prisão cautelar por tráfico apenas se verificado, no caso concreto, a presença de algum dos requisitos do artigo 312 do Código de Processo Penal (CPP). Desde então, essa decisão serve de parâmetro para o STF, mas não vinculava os demais tribunais. Com a reafirmação da jurisprudência com *status* de repercussão geral, esse entendimento deve ser aplicado pelas demais instâncias em casos análogos.

**Portanto, a vedação de concessão de liberdade provisória contida no art. 310 para certos tipos de crimes é claramente inconstitucional. Mas, apenas para esclarecer, isso não impede, obviamente, que uma prisão em flagrante exista e posteriormente seja decretada a prisão preventiva, mediante requerimento do MP ou representação da autoridade policial, desde que presentes os requisitos legais da prisão preventiva, que serão estudados a continuação.**

**Superada essa questão, sigamos, pois o art. 310 tem mais regras importantes:**

> § 3º A autoridade que deu causa, sem motivação idônea, à não realização da audiência de custódia no prazo estabelecido no *caput* deste artigo responderá administrativa, civil e penalmente pela omissão.

Esse parágrafo é muito importante para reafirmar a obrigatoriedade de realização da audiência de custódia no prazo de 24h, diante da injustificada resistência de alguns juízes. Então, a audiência de custódia é obrigatória e os juízes que não a

58 http://www.stf.jus.br/portal/cms/verNoticiaDetalhe.asp?idConteudo=354431.

realizarem, sem um motivo idôneo, poderão ser punidos penal e administrativamente, sem prejuízo de eventual responsabilidade civil pela manutenção de uma prisão ilegal e usurpação de um direito. Obviamente, se houver uma motivação idônea para justificar o atraso e até, excepcionalmente, a sua não realização, não há que se falar em punição. Mas o artigo veio em boa hora e só reforça o instituto da audiência de custódia.

Já o § 4º, que vinha na mesma linha de reforço da audiência de custódia, foi INFELIZMENTE SUSPENSO PELA LIMINAR DO MIN. FUX. Tem a seguinte redação:

> § 4º Transcorridas 24 (vinte e quatro) horas após o decurso do prazo estabelecido no *caput* deste artigo, a não realização de audiência de custódia sem motivação idônea ensejará também a ilegalidade da prisão, a ser relaxada pela autoridade competente, sem prejuízo da possibilidade de imediata decretação de prisão preventiva.

Era o estabelecimento daquilo que cobramos há mais de uma década: prazo razoável com sanção. De nada adianta fixar prazos para realização de atos por parte do juiz, por exemplo, sem que exista uma sanção, sob pena de absoluta ineficácia. Infelizmente o Min. Fux não compreendeu a importância da medida para efetivação do direito à audiência de custódia e suspendeu esse dispositivo. Não há que se falar em impunidade, na medida em que o próprio dispositivo abre a possibilidade de não cumprimento do prazo quando houver uma motivação idônea, o que é razoável e adequado. Ademais, ainda permitia que, inobstante o descumprimento do prazo sem motivação idônea, poderia ser decretada a prisão preventiva se houvesse necessidade cautelar. Portanto, mais um dispositivo suspenso por uma medida liminar absolutamente equivocada, que se espera seja logo cassada pelo STF.

### 4.8. A Audiência de Custódia

Na sistemática pré-convenção americana de Direitos Humanos, o preso em flagrante era conduzido à autoridade policial onde, formalizado o auto de prisão em flagrante, era encaminhado ao juiz, que decidia, nos termos do art. 310 do CPP, se homologava ou relaxava a prisão em flagrante (em caso de ilegalidade) e, à continuação, decidia sobre o pedido de prisão preventiva ou medida cautelar diversa (art. 319). Essa é a disciplina do CPP, como acabamos de ver.

A inovação agora é inserir, nesta fase, uma audiência, onde o preso seja – após a formalização do auto de prisão em flagrante feito pela autoridade policial – ouvido por um juiz, que decidirá nesta audiência se o flagrante será homologado ou não e, ato contínuo, se a prisão preventiva é necessária ou se é caso de aplicação das medidas cautelares diversas (art. 319).

Mas um detalhe: a audiência de custódia não se limita aos casos de prisão em flagrante, senão que terá aplicação em toda e qualquer prisão, detenção ou retenção (dicção do art. 7.5 da CADH), sendo, portanto, exigível na prisão temporária e também na prisão preventiva.

Essencialmente, a audiência de custódia humaniza o ato da prisão, permite um melhor controle da legalidade do flagrante e, principalmente, cria condições melhores para o juiz avaliar a situação e a necessidade ou não da prisão cautelar (inclusive temporária ou preventiva).

Também evita que o preso somente seja ouvido pelo juiz muitos meses (às vezes anos) depois de preso (na medida em que o interrogatório judicial é o último ato do procedimento). A audiência de custódia corrige de forma simples e eficiente a dicotomia gerada: o preso em flagrante será imediatamente conduzido à presença do juiz para ser ouvido, momento em que o juiz decidirá sobre as medidas previstas no art. 310. Trata-se de uma prática factível e perfeitamente realizável. O mesmo juiz plantonista que hoje recebe – a qualquer hora – os autos da prisão em flagrante e precisa analisá-los, fará uma rápida e simples audiência com o detido.

A iniciativa é muito importante e alinha-se com a necessária convencionalidade que deve guardar o processo penal brasileiro, adequando-se ao disposto no art. 7.5 da Convenção Americana de Direitos Humanos (CADH) que determina: "Toda pessoa presa detida ou retida deve ser conduzida, sem demora à presença de um juiz ou outra autoridade autorizada por lei a exercer funções judiciais e tem o direito de ser julgada em um prazo razoável ou de ser posta em liberdade, sem prejuízo de que prossiga o processo. Sua liberdade pode ser condicionada a garantias que assegurem o seu comparecimento em juízo".

Em diversos precedentes a Corte Interamericana de Direitos Humanos (CIDH) tem destacado que o controle judicial imediato – que proporciona a audiência de custódia – é um meio idôneo para evitar prisões arbitrárias e ilegais, pois corresponde ao julgador "garantir os direitos do detido, autorizar a adoção de medidas cautelares ou de coerção quando seja estritamente necessária, e procurar, em geral, que se trate o cidadão de maneira coerente com a presunção de inocência", conforme julgado no caso *Acosta Calderón contra Equador*. A Corte Interamericana entendeu que a mera comunicação da prisão ao juiz é insuficiente, na medida em que "o simples conhecimento por parte de um juiz de que uma pessoa está detida não satisfaz essa garantia, já que o detido deve comparecer pessoalmente e render sua declaração ante o juiz ou autoridade competente". Nesta linha, o art. 306 do Código do Processo Penal, que estabelece apenas a imediata comunicação ao juiz de que alguém foi detido, bem como a posterior remessa do auto de prisão em flagrante para homologação ou relaxamento, não é suficiente para dar conta do nível de exigência convencional. No *Caso Bayarri contra Argentina*, a CIDH afirmou que "o juiz deve ouvir pessoalmente o detido e valorar todas as explicações que este lhe proporcione, para decidir se procede à liberação ou manutenção da privação da liberdade" sob pena de "despojar de toda efetividade o controle judicial disposto no artigo 7.5. da Convenção".

A realização da audiência de custódia é direito subjetivo da pessoa presa, sendo imprescindível a sua realização sob pena de ilegalidade da prisão. Trata-se de imposição que decorre do art. 7.5 da Convenção Americana de Direitos Humanos, do art. 9.3 do Pacto Internacional sobre Direitos Civis e Políticos e da Resolução n. 213/2015 do CNJ, que finalmente vem recepcionada no CPP com o advento da Lei n. 13.964/2019, não podendo o magistrado deixar de realizá-la, ressalvada excepcionalidade idoneamente motivada (Recomendação CNJ n. 62/2020), sob pena de incorrer em tríplice responsabilidade.

Dessarte, como afirma o Min. CELSO DE MELLO no HC 186.421/SC (17/7/2020), "esta Corte, em diversos precedentes sobre questão idêntica à ora em exame, reconheceu a ocorrência de desrespeito à decisão proferida na ADPF 347-MC/DF, cujo julgamento, impregnado de eficácia vinculante, proclamou a obrigação da autoridade judiciária competente de promover audiência de custódia, tendo em vista o fato – juridicamente relevante – de que a realização desse ato constitui direito subjetivo da pessoa a quem se impôs prisão cautelar." Destaca ainda que o direito à audiência de custódia em caso de prisão em flagrante (mas nós sempre sustentamos que cabe Ação Cautelar (AC) em qualquer espécie de prisão cautelar) é exigível em qualquer caso, independentemente da motivação da prisão e da natureza do ato criminoso, mesmo que se trate de crime hediondo. O preso tem o direito de ser conduzido "sem demora" à presença da autoridade judiciária, para ser ouvido sobre as circunstâncias em que se realizou sua precisão e, ainda, examinar os aspectos de legalidade formal e material do autor de prisão em flagrante, nos termos do art. 310 do CPP. E conclui o Ministro, nesse tópico, afirmando "a essencialidade da audiência de custódia, considerados os fins a que se destina, que a ausência de sua realização provoca, entre outros efeitos, a ilegalidade da própria prisão em flagrante, com o consequente relaxamento da privação cautelar da liberdade da pessoa sob poder do Estado." (grifos nossos).

Portanto, na linha do disposto no art. 310, § 4º, o Min. CELSO DE MELLO reafirma categoricamente que a não realização da audiência de custódia, sem motivação idônea, acarreta a ilegalidade da prisão e seu necessário relaxamento.

Mas outras duas questões podem ser discutidas à luz do art. 7.5. A primeira é: o que se entende por "outra autoridade autorizada por lei a exercer funções judiciais"?

A intervenção da autoridade policial, do delegado, daria conta dessa exigência? E a segunda questão é: em quanto tempo deve se dar a apresentação do preso?

Vamos ao primeiro questionamento. A atuação da autoridade policial não tem suficiência convencional, até porque, o delegado de polícia, no modelo brasileiro, não tem propriamente "funções judiciais". É uma autoridade administrativa despida de poder jurisdicional ou função judicial. Em segundo lugar a própria CIDH já decidiu, em vários casos, que tal expressão deve ser interpretada em conjunto com o disposto no art. 8.1 da CADH, que determina que "toda pessoa terá o direito de ser ouvida, com as devidas garantias e dentro de um prazo razoável por um juiz ou tribunal competente, independente e imparcial". Com isso, descarta-se, de vez, a suficiência convencional da atuação do Delegado de Polícia no Brasil.

O segundo ponto que poderia suscitar alguma discussão diz respeito à expressão "sem demora". A apresentação do detido ao juiz deve ocorrer em quanto tempo? A CIDH já reconheceu a violação dessa garantia quando o detido foi apresentado quatro dias após a prisão (Caso *Chaparro Alvarez contra Equador*) ou cinco dias após (Caso *Cabrera Garcia y Montiel Flores contra México*). No Brasil, a tendência – inclusive no PLS 554/2011 – é seguir a tradição das 24 horas já consolidada no regramento legal da prisão em flagrante.

Resolvendo essas duas questões (autoridade competente e prazo), dispôs o art. 1º da Resolução 213 de 15/12/2015, do Conselho Nacional de Justiça, que toda pessoa presa em flagrante delito deverá ser apresentada em até 24 horas da comunicação do flagrante à autoridade judicial competente e ouvida sobre as circunstâncias em que se realizou sua prisão ou apreensão.

Determina ainda o art. 6º da Resolução 213 do CNJ que antes da apresentação da pessoa presa ao juiz, será assegurado seu atendimento prévio e reservado por advogado por ela constituído ou defensor público, sem a presença de agentes policiais, sendo esclarecidos por funcionário credenciado os motivos, fundamentos e ritos que versam sobre a audiência de custódia. Deverá ainda ser reservado local apropriado para esse atendimento prévio com o advogado ou defensor público.

Uma vez apresentado o preso ao juiz, ele será informado do direito de silêncio e assegurada será a entrevista prévia com defensor (particular ou público). Nessa "entrevista" (não é um interrogatório, portanto), não serão feitas ou admitidas perguntas que antecipem instrução própria de eventual processo de conhecimento. Nesse sentido, determina o art. 8º, VIII, da Resolução 213 do CNJ que o juiz (mas também acusação e defesa) deve se abster de formular perguntas com finalidade de produzir prova para a investigação ou ação penal relativas aos fatos objeto do auto de prisão em flagrante. Não se trata de interrogatório e não é uma audiência de instrução e julgamento, mas uma "entrevista" que se destina exclusivamente a discutir a "custódia", ou seja, a forma e condições em que foi realizada a prisão e, ao final, averiguar a medida cautelar diversa mais adequada ou, em último caso, a decretação da prisão preventiva.

Eis um ponto crucial da audiência de custódia: o contato pessoal do juiz com o detido. Uma medida fundamental em que, ao mesmo tempo, humaniza-se o ritual judiciário e criam-se as condições de possibilidade de uma análise acerca do *periculum libertatis*, bem como da suficiência e adequação das medidas cautelares diversas do art. 319 do CPP.

Determina o art. 8º da Resolução 213 do CNJ que a autoridade judicial "entrevistará" a pessoa presa, e não "interrogará". Existe uma clara distinção da natureza do ato que se reflete, por consequência, em uma limitação no nível de cognição do juiz acerca do caso penal. É importante não só que o juiz e demais atores judiciários tenham isso presente, mas também que o preso seja advertido da finalidade da audiência de custódia. Mesmo sendo uma "entrevista", deverá ser-lhe assegurado o direito de silêncio e também controlado o uso de algemas, nos termos do art. 8º, II, da Resolução e também da Súmula Vinculante n. 11 do STF. Deverá o juiz questionar as condições e circunstâncias em que ocorreu a prisão e também se foi dada ciência, ao preso, de seus direitos fundamentais, especialmente o direito de consultar-se com advogado ou defensor público, o de ser atendido por médico e o de comunicar-se com seus familiares. Existe uma preocupação muito grande com a questão da violência e da tortura, determinando a Resolução 213 do CNJ que o juiz indague ao preso sobre o tratamento recebido em todos os locais por onde passou antes da apresentação à audiência, questionando sobre a ocorrência de tortura e maus-tratos e adotando as providências cabíveis.

Nessa "entrevista" também deverá ser avaliada a possibilidade e adequação das medidas cautelares diversas (art. 319 do CPP), verificando a situação fática e as condições pessoais do preso, bem como – conforme art. 8º, X, da Resolução – "averiguar, por perguntas e visualmente, hipóteses de gravidez, existência de filhos ou dependentes sob cuidados da pessoa presa em flagrante delito, histórico de doença grave, incluídos os transtornos mentais e a dependência química, para analisar o cabimento de encaminhamento assistencial e da concessão da liberdade provisória, sem ou com a imposição de medida cautelar".

Importante frisar que essa entrevista não deve se prestar para análise do mérito (leia-se, autoria e materialidade), reservada para o interrogatório de eventual processo de conhecimento. A rigor, limita-se a verificar a legalidade da prisão em flagrante e a presença ou não dos requisitos da prisão preventiva, bem como permitir uma melhor análise da(s) medida(s) cautelar(es) diversa(s) adequada(s) ao caso, dando plenas condições de eficácia do art. 319 do CPP, atualmente restrito, na prática, à fiança. Infelizmente, como regra, os juízes não utilizam todo o potencial contido no art. 319 do CPP, muitas vezes até por falta de informação e conhecimento das circunstâncias do fato e do autor.

Contudo, em alguns casos, essa entrevista vai se situar numa tênue distinção entre forma e conteúdo. O problema surge quando o preso alegar a falta de *fumus commissi delicti*, ou seja, negar autoria ou existência do fato (inclusive atipicidade). Neste caso, suma cautela deverá ter o juiz para não invadir a seara reservada para o julgamento. Também pensamos que eventual contradição entre a versão apresentada pelo preso neste momento e aquela que futuramente venha a utilizar no interrogatório processual não pode ser usada em seu prejuízo. Em outras palavras, o ideal é que essa entrevista sequer viesse a integrar os autos do processo, para evitar uma errônea (des)valoração. Nesse sentido, melhor andou o PLS 554/2011 ao dispor que "a oitiva a que se refere o parágrafo anterior será registrada em autos apartados, não poderá ser utilizada como meio de prova contra o depoente e versará, exclusivamente, sobre a legalidade e necessidade da prisão; a prevenção da ocorrência de tortura ou de maus-tratos; e os direitos assegurados ao preso e ao acusado". A Resolução 213 do CNJ disciplinou de forma um pouco diferente, determinando no seu art. 8º, § 2º, que "a oitiva da pessoa presa será registrada, preferencialmente, em mídia, dispensando-se a formalização de termo de manifestação da pessoa presa ou do conteúdo das postulações das partes, e ficará arquivada na unidade responsável pela audiência de custódia". Dessa forma, na ata da audiência conterá apenas e de forma resumida a decisão do magistrado sobre a prisão preventiva ou concessão de liberdade provisória (com ou sem medidas cautelares diversas). Não deverá constar, nessa ata, o conteúdo da entrevista, que ficará arquivada em mídia na unidade responsável pela audiência de custódia, não ingressando, assim, nos autos do processo de conhecimento.

Feita a entrevista pelo juiz, caberá ao Ministério Público e, após, à defesa técnica, formularem reperguntas ao preso, sempre guardando compatibilidade com a natureza do ato e as limitações cognitivas inerentes. Assim como está vedado ao juiz, também está ao Ministério Público e à defesa pretender fazer incursões no mérito que extravasem os limites do objeto e finalidade da audiência de custódia.

Como determina o § 1º do art. 8º da Resolução 213 do CNJ, deverá o juiz indeferir as perguntas referentes ao mérito dos fatos que possam constituir eventual imputação. Finalizada a entrevista, poderão – Ministério Público e defesa – requerer: 1. O relaxamento da prisão em flagrante (em caso de ilegalidade); 2. Concessão de liberdade provisória sem ou com aplicação de medida cautelar diversa (art. 310 c/c art. 319 do CPP); 3. A adoção de outras medidas necessárias à preservação de direitos da pessoa presa; 4. Como *ultima ratio* do sistema, poderá o Ministério Público requerer a decretação da prisão preventiva (ou mesmo a prisão temporária, observados seus limites de incidência). É importante sublinhar, uma vez mais, que a prisão preventiva somente poderá ser decretada mediante pedido do Ministério Público (presente na audiência de custódia), jamais de ofício pelo juiz (até por vedação expressa do art. 311 do CPP). A tal "conversão de ofício" da prisão em flagrante em preventiva é uma burla de etiquetas, uma fraude processual, que viola frontalmente o art. 311 do CPP (e tudo o que se sabe sobre sistema acusatório e imparcialidade), e aqui acaba sendo – felizmente – sepultada, na medida em que o Ministério Público está na audiência. Se ele não pedir a prisão preventiva, jamais poderá o juiz decretá-la de ofício, por elementar.

A audiência de custódia representa um grande passo no sentido da evolução civilizatória do processo penal brasileiro e já chega com muito atraso, mas ainda assim sofre críticas injustas e infundadas. É também um instrumento importante para aferir a legalidade das prisões e dar eficácia ao art. 319 do CPP e às medidas cautelares diversas.

Mas uma última advertência: precisamos da implantação da audiência de custódia em todas as comarcas do Brasil (e não apenas nas capitais) sob pena de grave quebra de igualdade de tratamento; e também precisamos de uma Lei que discipline a matéria. Atualmente estamos vendo os Estados legislarem (violando a reserva da União para legislar em matéria processual penal) *à la carte*, ou seja, sem uniformidade. Trata-se de respeitar a reserva de lei.

Enfim, não há por que temer a audiência de custódia; ela vem para humanizar o processo penal e representa uma importantíssima evolução, além de ser uma imposição da Convenção Americana de Direitos Humanos que ao Brasil não é dado o poder de desprezar.

Por derradeiro, além do disposto no art. 310, § 4º que foi absurdamente suspenso por conta da liminar do Min. FUX e que fortalecia a importância e obrigatoriedade da audiência de custódia, sublinhamos que constitui crime de abuso de autoridade (Lei n. 13.869/2019, art. 9º):

> Art. 9º Decretar medida de privação da liberdade em manifesta desconformidade com as hipóteses legais.
> Pena – detenção, de 1 (um) a 4 (quatro) anos, e multa.
> Parágrafo único. Incorre na mesma pena a autoridade judiciária que, dentro de prazo razoável, deixar de:
> I – relaxar a prisão manifestamente ilegal;
> II – substituir a prisão preventiva por medida cautelar diversa ou de conceder liberdade provisória, quando manifestamente cabível;
> III – deferir liminar ou ordem de *habeas corpus*, quando manifestamente cabível.

### 4.9. A Separação dos Presos Provisórios e a Prisão em Flagrante de Militar (Art. 300, Parágrafo Único)

Estabelece o art. 300 que os presos provisórios deverão ficar separados daqueles que já estiverem definitivamente condenados. Não se trata de uma inovação, propriamente, mas sim de reforçar uma regra já existente desde 1984 na Lei de Execuções Penais e pouco observada. É uma tentativa de dar eficácia a uma norma "pré-existente" e que nunca funcionou. No fundo, deveríamos ter, realmente, casas prisionais distintas para presos cautelares e definitivamente condenados ou, no mínimo, alas e galerias completamente separadas, para reduzir o nível de violência e submissão e ainda, a negativa promiscuidade que se estabelece.

Mas uma regra importante está no art. 300, parágrafo único, que determina "O militar preso em flagrante delito, após a lavratura dos procedimentos legais, será recolhido a quartel da instituição a que pertencer, onde ficará preso à disposição das autoridades competentes".

Tendo em vista o gradativo esvaziamento da justiça militar nas últimas décadas, limitando-a ao julgamento dos crimes militares, praticados por militar nas situações do art. 9º do Código Penal Militar e ainda, exigindo a jurisprudência que seja demonstrado o "peculiar interesse militar"[59], pensamos que essa regra só pode encontrar sentido nesta perspectiva.

Entendemos que o militar deverá ser recolhido ao quartel tanto nos crimes militares como também nos crimes comuns. Quando o militar for preso em flagrante em razão de sua atividade (*propter oficium*), por crime de competência da justiça militar (como a situação do desertor e do insubmisso apontado no artigo), inequivocamente deverá ser recolhido ao quartel da instituição a que pertence.

Já nas situações de crimes comuns, o recolhimento ao quartel é necessário para assegurar a integridade física do militar. Colocar policiais militares em um estabelecimento penal comum é inviável.

### 4.10. Refletindo sobre a Necessidade do Processo ainda que Exista Prisão em Flagrante: Contaminação da Evidência, Alucinação e Ilusão de Certeza

Como já explicamos, o tempo e a aceleração norteiam nossas vidas e, por consequência, afetam o direito e nossa relação com ele. É inevitável a comparação – e insatisfação – da dinâmica social com o tempo do direito, conduzindo a

---

59 Sobre a competência da justiça militar estadual e federal, consulte-se o capítulo específico desta obra.

uma busca incessante por mecanismos de aceleração do tempo do processo, numa desesperada tentativa de aproximação com o imediatismo que vivemos.

Sempre que uma pessoa é surpreendida cometendo um delito (art. 302, I) ou quando acabou de cometê-lo (art. 302, II), existe o que se chama de *visibilidade*, ou seja, uma certeza visual que decorre da constatação direta. Os demais casos, incisos III e IV, são construções artificiais do processo penal e que, na realidade, estão fora do que realmente seja o "flagrante".

Imediatamente, a partir das imagens, o sujeito tem "certeza" de que aquela pessoa cometeu um delito. A partir disso, surge automaticamente uma questão: por que precisamos de um longo processo para discutir o que "já está provado"? Será que o flagrante não autorizaria um juízo imediato?

Partindo da premissa de que o flagrante é a "evidência", a questão é definir a necessidade ou não de buscar uma "verdade" no processo, ou ainda quais são os níveis de contaminação da evidência sobre a verdade.

A questão é complexa, mas foi muito bem apresentada por RUI CUNHA e FERNANDO GIL[60], para quem a evidência não basta para afirmação da verdade, ainda que exista uma proximidade fortíssima entre verdade e evidência.

A verdade (processual ou formal) necessita desprender-se da evidência para ser construída. Ela não é *dada* pela evidência, senão que terá de ser descoberta no curso do processo.

Como explica FERNANDO GIL[61], há na evidência um *excesso epistêmico*, diante da posição do sujeito em face do conhecimento. A "evidência significa agora presentificação do sentido e da verdade como autossuficientes e autoposicionando-se, como sugere a expressão *index sui*. Uma verdade índice de si mesma é excessiva por natureza".

Existe um claro caráter alucinatório na *evidência*, que conduz a um contágio dela sobre a *verdade*. Isso porque "a verdade evidente é vista com os olhos da mente, e não se pode dizer de outro modo. E a evidência contagia a verdade na medida em que o desprendimento da evidência que falava há um instante nunca pode ser completo – tal significaria que o sujeito deixaria de ser sujeito, que a primeira pessoa se transformaria na terceira pessoa"[62].

---

[60] Entrevista conduzida por RUI CUNHA MARTINS com FERNANDO GIL acerca dos Modos da Verdade. *Revista de História das Ideias*, Instituto de História e Teoria das Ideias da Faculdade de Letras da Universidade de Coimbra, v. 23, 2002, p. 15 e s.

[61] Idem, ibidem.

[62] Idem, ibidem.

A questão nuclear é que a *verdade* deve ser construída, não se constituindo apenas pela evidência. Deve desprender-se da *evidência*, relativizando-a e submetendo-a a certas exigências. A *verdade* exige certos critérios e a própria racionalidade critica a evidência pelo inerente caráter alucinatório e as *projeções imaginárias que são vividas na atualidade do conhecer*[63].

Há que distinguir, na esteira de RUI CUNHA e FERNANDO GIL[64], *verdade da evidência* e *verdade da prova*. A primeira, verdade da evidência, é alheia à ideia de processo, pois ela "constitui o que [se] chama o desdobramento do sentido na indicação da própria verdade, pondo-se por si".

Já a verdade da prova, mais adequada à verdade processual, necessita de dispositivos exteriores de avaliação e comprovação. Isso porque trabalha de modo não alucinatório.

Aqui está a questão fundamental, bem identificada pelos autores: o processo e a prova nele colhida servem para – de alguma maneira – corrigir esse caráter alucinatório da evidência. Logo, o processo é um instrumento de correção do caráter alucinatório da evidência.

Deve-se considerar, ainda, que a convicção, como o saber, é datada. Isso porque uma convicção, hoje, pode cair perfeitamente por terra amanhã, quando repousarmos um olhar mais tranquilo e distante do acontecimento e da imagem.

Para ter uma verdade processual, a evidência deve passar pelos filtros do processo, somente resistindo se conseguir provar que não é uma ilusão, uma fabricação ou uma alucinação. Por isso, o processo deve alcançar um alto grau de correção da alucinação inerente à evidência.

Maior cuidado deve-se ter, ainda, com a *evidência midiática*, ou seja, com as imagens captadas pelos meios de comunicação de um flagrante delito. Essa exige maior cuidado, porque a mídia como um todo e a imagem em específico possuem um imenso déficit de correção e, por isso, está muito mais próxima da evidência e da alucinação. Não há dúvida de que existe ainda um sobrecusto alucinatório derivado do filtro do cronista, que se interpõe entre o fato e o espectador, a manipulação de imagens e os naturais interesses econômicos aferidos nos indicadores de audiência.

FERNANDO GIL destaca ainda que a mídia está, com certeza, fora da verdade da prova. Não é apta a corrigir o caráter alucinatório da imagem gerada pela

---

63 A construção é de FERNANDO GIL, para quem "trata-se antes de uma projecção imaginária na evidência, vivida na actualidade do conhecer, e por isso falo de modo de doação – no presente".

64 Idem, ibidem.

evidência, senão que se contenta em excitar o afeto e a comover. Segundo o autor, "trata-se de uma patologia da pura retórica, não da argumentação dialética ou da demonstração"[65].

Em definitivo, não há que se iludir com a evidência e tampouco deixá-la contaminar excessivamente a verdade, que deve ser construída e buscada no processo, verdadeiro instrumento de correção da alucinação e da comoção.

Para os autores, o maior receio do garantismo é que o momento decisório (assentimento do juiz, onde ele aceita ou não as teses apresentadas) ocorra cedo demais, situando-se assim ao nível da respectiva temporalidade.

O garantismo seria assim um sistema de limite, de constrangimento à evidência, na medida em que a submete ao tempo do processo, com suas etapas de investigação, acusação, defesa e decisão. Isso serve para evitar os juízos imediatos, realizados ainda no calor da (irracional) emoção e contaminados pelo sentimento de vingança. Como conclui FERNANDO GIL, *a verdade não tem pedra de toque. Ou, se quiser, a sua única pedra de toque é a convicção não apressada*[66].

Por tudo isso, o flagrante não basta por si só. É necessário que seja devidamente provado no processo, segundo suas regras.

### 4.11. Relação de Prejudicialidade. Prestação de Socorro (Art. 301 da Lei n. 9.503/97) e Prisão em Flagrante

Até a entrada em vigor da Lei n. 12.403/2011, o art. 317 do CPP disciplinava a apresentação espontânea, fator impeditivo da prisão em flagrante (mas não de eventual prisão temporária ou preventiva). Isso porque se o réu se apresentasse espontaneamente à autoridade policial, narrando e reconhecendo a autoria de um fato criminoso (muitas vezes desconhecido pela própria polícia), não haveria motivo para lavrar-se o auto de prisão em flagrante.

Tratava-se de uma postura incompatível com a intenção de fugir ou ocultar-se, esvaziando os motivos da prisão em flagrante. É uma incompatibilidade genética.

Não obstante, com o advento da Lei n. 12.403/2011, os arts. 317 e 318 foram revogados e agora esses dispositivos disciplinam a prisão domiciliar.

Assim, o instituto da apresentação espontânea deixou, formalmente, de existir.

Mas, havendo uma situação fática na qual o imputado se apresenta espontaneamente à polícia, ainda que seja formalizada a prisão flagrante (desde que

65 Modos da Verdade. *Revista de História das Ideias*, p. 24.

66 FERNANDO GIL. Modos da Verdade. *Revista de História das Ideias*, 2002, p. 39.

exista uma das situações do art. 302 anteriormente explicadas), pensamos que tal circunstância deverá ser bem sopesada pelo juiz ao receber o auto de prisão em flagrante, nos termos do art. 310 do CPP. Ou seja, o fato de o imputado comparecer pessoalmente e espontaneamente à autoridade policial e reconhecer a prática de um crime recém-ocorrido, afasta completamente o *periculum libertatis*, esvaziando o cabimento de eventual prisão preventiva. No mesmo sentido, não vislumbramos sentido em decretar-se eventual prisão temporária.

Quanto às medidas cautelares diversas (art. 319), não podemos esquecer que são medidas substitutivas, alternativas à prisão preventiva. E se não cabe prisão preventiva, não há sentido – como regra – em decretar-se uma medida cautelar diversa.

Em síntese, há uma incompatibilidade genética entre a apresentação espontânea e a prisão cautelar.

Por fim, em se tratando de delito de trânsito, interessa-nos o disposto no art. 301 da Lei n. 9.503/97, que determina "ao condutor de veículo, nos casos de acidentes de trânsito de que resulte vítima, não se imporá a prisão em flagrante, nem se exigirá fiança, se prestar pronto e integral socorro àquela".

Trata-se de um estímulo para que as pessoas envolvidas em acidentes de trânsito prestem socorro à vítima, sem receio de serem presas por isso. É inteligente o dispositivo, até porque estamos diante de um crime culposo, onde sequer é possível a prisão preventiva (não existe prisão preventiva em crime culposo, pois exige o art. 313 que o delito seja doloso).

Ademais, a conduta do agente que presta socorro é (geneticamente) incompatível com o fundamento da existência da prisão em flagrante.

## 5. Da Prisão Preventiva. Do Senso Comum à Análise dos Defeitos Fisiológicos

### 5.1. Momentos da Prisão Preventiva. Quem Pode Postular seu Decreto. Ilegalidade da Prisão Preventiva Decretada de Ofício. Violação do Sistema Acusatório e da Garantia da Imparcialidade do Julgador

A prisão preventiva pode ser decretada no curso da investigação preliminar ou do processo, inclusive após a sentença condenatória recorrível. Ademais, mesmo na fase recursal, se houver necessidade real, poderá ser decretada a prisão preventiva (com fundamento na garantia da aplicação da lei penal).

A prisão preventiva somente pode ser decretada por juiz ou tribunal competente, em decisão fundamentada, a partir de prévio pedido expresso (requerimento) do Ministério Público ou mediante representação da autoridade policial. Estabelece ainda o art. 311 que caberá a prisão preventiva a partir de requerimento do querelante, o que pode induzir o leitor em erro. Não se pode esquecer do disposto no art. 313, I, ou seja, do não cabimento de prisão preventiva quando a pena for igual ou inferior a 4 anos. Portanto, incompatível com os crimes em que cabe ação penal privada (nos quais o apenamento é inferior ao exigido pelo art. 313, I).

Então que querelante é esse? Pensamos que só pode ser o querelante de ação penal privada subsidiária da pública (art. 29 do CPP), em que a situação do querelante é similar àquela ocupada pelo Ministério Público (que por inércia não está ali), podendo perfeitamente requerer a prisão preventiva, demonstrando seus fundamentos.

Nos termos do art. 311 e de toda estrutura acusatória prevista na Constituição, não cabe prisão preventiva decretada de ofício pelo juiz. Nestes termos:

> Art. 311. Em qualquer fase da investigação policial ou do processo penal, caberá a prisão preventiva decretada pelo juiz, a requerimento do Ministério Público, do querelante ou do assistente, ou por representação da autoridade policial.

Durante muito tempo, por conta da cultura inquisitória dominante, se admitiu que o juiz decretasse a prisão preventiva de ofício no curso do processo ou que convertesse a prisão em flagrante em preventiva, de ofício. O erro era duplo: primeiro permitir a atuação de ofício (juiz ator = ranço inquisitório), em franca violação do sistema acusatório; depois em não considerar que o ativismo judicial implica grave sacrifício da imparcialidade judicial, uma garantia que corresponde exatamente a essa posição de terceiro que o Estado ocupa no processo, por meio do juiz, atuando como órgão supraordenado às partes ativa e passiva. Mais do que isso, exige uma posição de *terzietà*[67], um estar alheio aos interesses das partes na causa, ou, na síntese de JACINTO COUTINHO[68], *não significa que ele está acima das partes, mas que está para além dos interesses delas.*

A imparcialidade do juiz fica evidentemente comprometida quando estamos diante de um juiz-instrutor (poderes investigatórios) ou, pior, quando ele assume uma postura inquisitória decretando – de ofício – a prisão preventiva. É um contraste que se estabelece entre a posição totalmente ativa e atuante do inquisidor, contrastando com a inércia que caracteriza o julgador. Um é sinônimo de atividade e o outro de inércia.

Assim, ao decretar uma prisão preventiva de ofício, assume o juiz uma postura incompatível com aquela exigida pelo sistema acusatório e, principalmente, com a estética de afastamento que garante a imparcialidade.

---

67 Para FERRAJOLI (*Derecho y Razón*, cit., p. 580), é a *ajenidad del juez a los intereses de las partes en causa.*

68 COUTINHO, Jacinto Nelson de Miranda. O Papel do Novo Juiz no Processo Penal. In: *Crítica à Teoria Geral do Direito Processual Penal*. Rio de Janeiro, Renovar, 2001. p. 11.

### 5.2. Requisito da Prisão Preventiva: *Fumus Commissi Delicti*. Juízo de Probabilidade de Tipicidade, Ilicitude e Culpabilidade

Iniciemos pelo art. 312:

> Art. 312. A prisão preventiva poderá ser decretada como garantia da ordem pública, da ordem econômica, por conveniência da instrução criminal ou para assegurar a aplicação da lei penal, quando houver prova da existência do crime e indício suficiente de autoria e de perigo gerado pelo estado de liberdade do imputado.
> § 1º A prisão preventiva também poderá ser decretada em caso de descumprimento de qualquer das obrigações impostas por força de outras medidas cautelares (art. 282, § 4º).
> § 2º A decisão que decretar a prisão preventiva deve ser motivada e fundamentada em receio de perigo e existência concreta de fatos novos ou contemporâneos que justifiquem a aplicação da medida adotada.

Partindo do art. 312, verifica-se que o *fumus commissi delicti* é o requisito da prisão preventiva, exigindo-se para sua decretação que existam "prova da existência do crime e indícios suficientes de autoria". Mas esse é um conceito por demais relevante para ficarmos apenas com a letra da lei, que pouco diz, exigindo uma interpretação sistemática e constitucional.

A fumaça da existência de um crime não significa juízo de certeza, mas de probabilidade razoável[69]. A prisão preventiva deve ter por base "la razonada atribución del hecho punible a una persona determinada"[70].

É, antes de tudo, uma prognose sobre a questão de fundo[71], uma metáfora que designa os sintomas de uma situação jurídica (no léxico goldschmidtiano).

O *fumus commissi delicti* exige a existência de sinais externos, com suporte fático real, extraídos dos atos de investigação levados a cabo, em que por meio de um raciocínio lógico, sério e desapaixonado, permita deduzir com maior ou menor veemência a comissão de um delito, cuja realização e consequências apresentam como responsável um sujeito concreto[72].

Para CARNELUTTI[73], quando se diz que para emitir um mandado de prisão é necessário que existam indícios suficientes de culpabilidade, "não se está dizendo nada". A proposição "indícios suficientes" não diz nada. Como questiona o

---

69 O Código de Processo Penal da Alemanha – StPO, § 112 – exige que a pessoa seja fundadamente suspeita do fato delitivo e que exista um motivo para a prisão. Isto é, suspeita bem fundada, alto grau de probabilidade de que o imputado tenha cometido o delito. Além disso, é necessário que existam, como fundamento da prisão: perigo de fuga, de ocultação da prova, gravidade do crime ou perigo de reiteração (GÓMEZ COLOMER, Juan-Luis. *El Proceso Penal Alemán – introducción y normas básicas*. Barcelona, Bosh, 1985. p. 106).

70 SENDRA, Vicente Gimeno et al. *Derecho Procesal Penal.* Madrid, Colex, 1996. p. 481.

71 CORDERO, Franco. *Procedimiento Penal*, cit., v. 1, p. 404.

72 ILLESCAS RUS, Angel-Vicente. Las Medidas Cautelares Personales en el Procedimiento Penal. *Revista de Derecho Procesal*, Madrid, n. 1, 1995. p. 66.

73 CARNELUTTI, Francesco. *Lecciones sobre el Proceso Penal*, cit., v. 2, p. 180.

mestre italiano, devem ser suficientes, isso é óbvio, mas para quê? Sem indícios suficientes, sequer uma acusação pode ser formulada. Qual é o valor das provas de culpabilidade exigido para que o imputado possa ser detido? Será aquele mesmo que é necessário para ser processado?

Para responder a essa indagação, deve-se distinguir entre juízo de probabilidade e juízo de possibilidade, posto que em sede de cautelar não se pode falar em juízo de certeza.

Seguindo a lição de CARNELUTTI[74], existe possibilidade em lugar de probabilidade quando as razões favoráveis ou contrárias à hipótese são equivalentes. O juízo de possibilidade prescinde da afirmação de um predomínio das razões positivas sobre as razões negativas ou vice-versa. Para o indiciamento, seria suficiente um juízo de possibilidade, posto que no curso do processo deve o Ministério Público provar de forma plena, robusta, a culpabilidade do réu. Já para a denúncia ou queixa ser recebida, entendemos que deve existir probabilidade do alegado. A sentença condenatória, ainda que seja um ato de convencimento do juiz, somente se legitima quando calcada em um alto grau de probabilidade. Caso contrário, a absolvição é imperativa.

Para a decretação de uma prisão preventiva (ou qualquer outra prisão cautelar), diante do altíssimo custo que significa, é necessário um juízo de probabilidade, um predomínio das razões positivas. Se a possibilidade basta para a imputação, não pode bastar para a prisão preventiva, pois o peso do processo agrava-se notavelmente sobre as costas do imputado.

A probabilidade significa a existência de uma fumaça densa, a verossimilhança (semelhante ao *vero*, verdadeiro) de todos os requisitos positivos e, por consequência, da inexistência de verossimilhança dos requisitos negativos do delito.

Interpretando as palavras de CARNELUTTI, requisitos positivos do delito significam prova de que a conduta é aparentemente típica, ilícita e culpável. Além disso, não podem existir requisitos negativos do delito, ou seja, não podem existir (no mesmo nível de aparência) causas de exclusão da ilicitude (legítima defesa, estado de necessidade etc.) ou de exclusão da culpabilidade (inexigibilidade de conduta diversa, erro de proibição etc.).

No mesmo sentido, CIRILO DE VARGAS[75] explica que, no momento da análise sobre o pedido de prisão preventiva, o juiz deve considerar que o crime

---

74 Idem, ibidem, p. 181-182.

75 CIRILO DE VARGAS, José. *Processo Penal e Direitos Fundamentais*. Belo Horizonte, Del Rey, 1992. p. 120.

é ação a que se juntam os atributos da tipicidade, da ilicitude e da culpabilidade. Logo, "não haverá prisão preventiva sem a prova desses três elementos: bastaria, no entanto, que o juiz se convencesse da inexistência do dolo, para não decretá-la".

Sem dúvida que a análise do elemento subjetivo do tipo é crucial, até porque sua ausência conduz à atipicidade da conduta (sem crime, não há que se falar em prisão preventiva) ou à desclassificação para o tipo culposo (e não cabe prisão preventiva por crime culposo). Logo, a análise do dolo é fundamental.

Dessarte, o primeiro ponto a ser demonstrado é a aparente tipicidade da conduta do autor. Esse ato deve amoldar-se perfeitamente a algum dos tipos previstos no Código Penal, mesmo que a prova não seja plena, pois o que se exige é a probabilidade e não a certeza. Em síntese, deverá o juiz analisar todos os elementos que integram o tipo penal, ou seja, conduta humana voluntária e dirigida a um fim, presença de dolo ou culpa, resultado, nexo causal e tipicidade.

Mas não basta a tipicidade, pois o conceito formal de crime exige a prática de um ato que, além de típico, seja também ilícito e culpável. Deve existir uma fumaça densa de que a conduta é aparentemente típica, aparentemente ilícita e aparentemente culpável.

É imprescindível que se demonstre que a conduta é provavelmente ilícita – por ausência de suas causas de justificação –, bem como a provável existência dos elementos que integram a culpabilidade penal (e a consequente ausência das causas de exclusão).

Mas, como sublinha CIRILO DE VARGAS[76], "se o fato não fosse típico por outra razão, estranha ao dolo, falharia a ilicitude (sem possibilidade da custódia preventiva) porque, em matéria criminal, a ilicitude é tipificada".

Especificamente no que se refere à ilicitude, não se pode olvidar do disposto no art. 314 do CPP, em que havendo fumaça de que o agente praticou o fato ao abrigo de uma causa de exclusão da ilicitude, não pode ser imposta a prisão preventiva (sem prejuízo da imposição de medidas cautelares diversas da prisão, art. 319). Basta que exista a fumaça da excludente para enfraquecer a própria probabilidade da ocorrência de crime, sendo incompatível com a prisão cautelar, ainda que em sede de probabilidade todos esses elementos sejam objeto de análise e valoração por parte do juiz no momento de aplicar uma medida coercitiva de tamanha gravidade.

76 Idem, ibidem, p. 120.

Para tanto, é necessário que o pedido venha acompanhado de um mínimo de provas – mas suficientes – para demonstrar a autoria e a materialidade do delito e que a decisão judicial seja fundamentada.

Concluindo, a prisão preventiva possui como requisito o *fumus commissi delicti*, ou seja, a probabilidade da ocorrência de um delito. Na sistemática do Código de Processo Penal (art. 312), é a *prova da existência do crime e indícios suficientes de autoria.*

Além do *fumus commissi delicti*, a prisão preventiva exige uma situação de perigo ao normal desenvolvimento do processo, representada pelo *periculum libertatis*, como veremos na continuação.

### 5.3. Fundamento da Prisão Preventiva: *Periculum Libertatis*. Análise a Partir do Senso Comum Doutrinário e Jurisprudencial

Analisaremos agora, à luz do senso comum doutrinário e jurisprudencial, as diferentes situações que constituem o *periculum libertatis*, sublinhando que nossa crítica será feita depois. Primeiro há que se construir, para depois desconstruir.

Retomando o art. 312 do CPP, lá encontramos que a prisão preventiva para "garantia da ordem pública, da ordem econômica, por conveniência da instrução criminal ou para assegurar a aplicação da lei penal, quando houver prova da existência do crime e indício suficiente de autoria e de perigo gerado pelo estado de liberdade do imputado".

São conceitos que pretendem designar situações fáticas cuja proteção se faz necessária, constituindo, assim, o fundamento *periculum libertatis*, sem o qual nenhuma prisão preventiva poderá ser decretada. Tais situações, para a decretação da prisão, são alternativas e não cumulativas, de modo que basta uma delas para justificar-se a medida cautelar.

Assim, pode-se considerar que o *periculum libertatis* é o perigo que decorre do estado de liberdade do sujeito passivo, previsto no CPP como o risco para a ordem pública, ordem econômica, conveniência da instrução criminal ou para assegurar a aplicação da lei penal. Além disso, esse perigo de ser atual, contemporâneo e não passado distante ou futuro.

Vejamos agora, resumidamente, cada uma das situações previstas no art. 312 do CPP:

a) **Garantia da ordem pública:** por ser um conceito vago, indeterminado, presta-se a qualquer *senhor*, diante de uma maleabilidade conceitual apavorante, como mostraremos no próximo item, destinado à crítica. Não sem razão, por sua vagueza e abertura, é o fundamento preferido, até porque ninguém sabe ao certo o que quer dizer... Nessa linha, é recorrente a definição de risco para ordem pública como sinônimo de "clamor público", de crime que gera um abalo social, uma comoção na comunidade, que perturba a sua "tranquilidade". Alguns, fazendo uma confusão de conceitos ainda mais grosseira, invocam a "gravidade" ou "brutalidade" do delito como fundamento da prisão preventiva. Também há quem recorra à "credibilidade das instituições" como fundamento legitimante da segregação, no sentido de que se não houver a prisão, o sistema de administração de justiça perderá credibilidade. A prisão seria um antídoto para a omissão do Poder Judiciário, Polícia e Ministério Público. É prender para reafirmar a "crença" no aparelho estatal repressor.

Quanto à prisão cautelar para garantia da integridade física do imputado, diante do risco de "linchamento", atualmente predomina o acertado entendimento de que é incabível. Prender alguém para assegurar sua segurança revela um paradoxo insuperável e insustentável. Por fim, há aqueles que justificam a prisão preventiva em nome da "credibilidade da justiça" (pois deixar solto o autor de um delito grave geraria um descrédito das instituições) e, ainda, no risco de reiteração de condutas criminosas. Esse último caso se daria quando ao agente fossem imputados diversos crimes, de modo que a prisão impediria que voltasse a delinquir. Com maior ou menor requinte, as definições para "garantia da ordem pública" não fogem muito disso.

b) **Garantia da ordem econômica:** tal fundamento foi inserido no art. 312 do CPP por força da Lei n. 8.884/94, Lei Antitruste, para o fim de tutelar o risco decorrente daquelas condutas que, levadas a cabo pelo agente, afetam a tranquilidade e harmonia da ordem econômica, seja pelo risco de reiteração de práticas que gerem perdas financeiras vultosas, seja por colocar em perigo a credibilidade e o funcionamento do sistema financeiro ou mesmo o mercado de ações e valores. Tal situação, além da crítica que faremos ao final, teve e tem pouquíssima utilização forense. A "magnitude da lesão", prevista no art. 30 da Lei n. 7.492, quando invocada, em geral o é para justificar o abalo social da garantia da ordem pública, vista no item anterior, e não para tutelar a ordem econômica.

c) **Conveniência da instrução criminal (tutela da prova):** é empregada quando houver risco efetivo para a instrução, ou seja, "conveniência" é um termo aberto e relacionado com ampla discricionariedade, incompatível com o instituto da prisão preventiva, pautada pela excepcionalidade, necessidade e proporcionalidade, sendo, portanto, um último instrumento a ser utilizado.

Feita essa ressalva, a prisão preventiva para tutela da prova é uma medida tipicamente cautelar, instrumental em relação ao (instrumento) processo. Aqui, o estado de liberdade do imputado coloca em risco a coleta da prova ou o normal desenvolvimento do processo, seja porque ele está destruindo documentos ou alterando o local do crime, seja porque está ameaçando, constrangendo ou subornando testemunhas, vítimas ou peritos.

Também se invoca esse fundamento quando o imputado ameaça ou intimida o juiz ou promotor do feito, tumultuando o regular andamento do processo. Por fim, não se justifica a prisão do imputado em nome da conveniência da instrução quando o que se pretende é prendê-lo para ser interrogado ou forçá-lo a participar de algum ato probatório (acareação, reconhecimento etc.). Isso porque, no primeiro caso (interrogatório), o sujeito passivo não é mais visto como um "objeto de prova", fazendo com que o interrogatório seja, essencialmente, um momento de defesa pessoal. Logo, absurdo prender-se alguém para assegurar o seu direito de defesa. No segundo caso, a prisão para obrigá-lo a participar de determinado ato probatório é também ilegal, pois viola o direito de silêncio e, principalmente, o *nemo tenetur se detegere*. Daí por que é incabível a prisão preventiva com esses fins, em que pese o emprego por parte de alguns.

d) **Assegurar a aplicação da lei penal:** em última análise, é a prisão para evitar que o imputado fuja, tornando inócua a sentença penal por impossibilidade de aplicação da pena cominada. O risco de fuga representa uma tutela tipicamente cautelar, pois busca resguardar a eficácia da sentença (e, portanto, do próprio processo). O risco de fuga não pode ser presumido; tem de estar fundado em circunstâncias concretas.

Não basta invocar a gravidade do delito ou a situação social favorável do réu. É importante o julgador controlar a "projeção" (mecanismo de defesa do ego) para evitar decisões descoladas da realidade fática e atentar para o que realmente está demonstrado nos autos.

Explicamos: é bastante comum que alguém, tomando conhecimento de determinado crime praticado por esse ou aquele agente, decida a partir da projeção, isto é, a partir da atribuição ao agente daquilo que está sentindo quando se coloca em situação similar. Logo, é comum juízes presumirem a fuga, pois, (in)conscientemente, estão se identificando (ficar-idem) com o imputado e, a partir disso, pensam da seguinte forma: se eu estivesse no lugar dele, tendo praticado esse crime e com as condições econômicas que tenho (ele tem), eu fugiria! Ora, por mais absurdo que isso pareça, é bastante comum e recorrente. A decisão é tomada a partir de ilações (e projeções) do juiz, sem qualquer vínculo com a realidade fática e probatória.

Por fim, sempre, qualquer que seja o fundamento da prisão, é imprescindível a existência de prova razoável do alegado *periculum libertatis*, ou seja, não bastam presunções ou ilações para a decretação da prisão preventiva. O perigo gerado pelo estado de liberdade do imputado deve ser real, com um suporte fático e probatório suficiente para legitimar tão gravosa medida.

Ademais, para comprovação disso, a decisão "que decretar a prisão preventiva deve ser motivada e fundamentada em receio de perigo e existência concreta de fatos novos ou contemporâneos que justifiquem a aplicação da medida adotada", determina o § 2º do art. 312.

Toda decisão determinando a prisão do sujeito passivo deve estar calcada em um fundado temor, jamais fruto de ilações ou criações fantasmagóricas de fuga (ou de qualquer dos outros perigos). Deve-se apresentar um fato claro, determinado, que justifique o *periculum libertatis*.

Como explicamos ao tratar do Princípio da Provisionalidade, o *periculum libertatis* deve ser atual. Deve ser observado o "Princípio da Atualidade do Perigo". Para que uma prisão preventiva seja decretada, é necessário que o *periculum libertatis* seja presente, não passado e tampouco futuro e incerto. A "atualidade do perigo" é elemento fundante da natureza cautelar. Prisão preventiva é "situacional" (provisional), ou seja, tutela uma situação fática presente, um risco atual. No RHC 67.534/RJ, o Min. Sebastião Reis Junior afirma a necessidade de "atualidade e contemporaneidade dos fatos". No HC 126.815/MG, o Min. Marco Aurélio utilizou a necessidade de "análise atual do risco que funda a medida gravosa". Com a Lei n. 13.964/2019, finalmente o Princípio da Atualidade e Concretude do Perigo veio consagrado nos arts. 312, § 2º, e 315, § 1º.

É imprescindível um juízo sério, desapaixonado e, acima de tudo, calcado na prova existente nos autos. A decisão que decreta a prisão preventiva deve conter uma fundamentação de qualidade e adequada ao caráter cautelar. Deve o juiz demonstrar, com base na prova trazida aos autos, a probabilidade e atualidade do *periculum libertatis*. Se não existe atualidade do risco, não existe *periculum libertatis* e a prisão preventiva é despida de fundamento.

Por fim, como bem explicou o Min. EROS GRAU, "a custódia cautelar voltada à garantia da ordem pública não pode, igualmente, ser decretada com esteio em mera suposição – vocábulo abundantemente usado na decisão que a decretou – de que o paciente obstruirá as investigações ou continuará delinquindo. Seria indispensável, também aí, a indicação de elementos concretos que demonstrassem, cabalmente, a necessidade da medida extrema"[77].

---

[77] Trecho extraído do voto proferido pelo Min. EROS GRAU no HC 95.009-4/SP, p. 29.

É imprescindível um juízo sério, desapaixonado e, acima de tudo, calcado na prova existente nos autos. A decisão que decreta a prisão preventiva deve conter um primor de fundamentação, não bastando a invocação genérica dos fundamentos legais. Deve o juiz demonstrar, com base na prova trazida aos autos, a probabilidade do *fumus commissi delicti* e do *periculum libertatis*.

Importante ainda recordar o art. 312, parágrafo primeiro, em que a prisão preventiva também poderá ser decretada em caso de descumprimento de qualquer das obrigações impostas por força de outras medidas cautelares (art. 319), nos termos do art. 282, § 4º, do CPP.

As medidas cautelares diversas, estabelecidas no art. 319, são importantes alternativas à prisão preventiva, mas pressupõem a observância de todas as condições estabelecidas.

Mas, por outro lado, mesmo em caso de descumprimento de alguma das condições decorrentes da medida cautelar diversa, é fundamental o juiz atentar para a proporcionalidade no momento da modificação/revogação, pois, dependendo do caso, a situação pode ser igualmente tutelada sem que se recorra a prisão preventiva. Daí por que deve sempre preferir a cumulação de medidas ou adoção de outra mais grave, reservando a prisão preventiva como *ultima ratio* do sistema.

## 5.4. Análise dos Arts. 313, 314, 315 e 316 do CPP. Casos em que a Prisão Preventiva Pode ou Não ser Decretada. A Necessidade de Fundamentação. O dever de revisão periódica

Além da existência do *fumus commissi delicti* e do *periculum libertatis*, a prisão preventiva somente poderá ser decretada nos crimes dolosos. Não existe possibilidade de prisão preventiva em crime culposo, ainda que se argumente em torno da existência de quaisquer dos requisitos do art. 312. Isso porque, para além do princípio da proporcionalidade, o art. 313 inicia por uma limitação estabelecida no inciso I: crime doloso punido com pena privativa de liberdade máxima superior a 4 (quatro) anos.

Viola qualquer senso mínimo de proporcionalidade ou necessidade, além do caráter excepcional da medida, a imposição de prisão preventiva em crime culposo.

Além do *fumus commissi delicti* e do *periculum libertatis*, deverá o juiz observar os limites de incidência da prisão preventiva, que estão enumerados no art. 313 do CPP e que serão agora analisados, um a um:

> Art. 313. Nos termos do art. 312 deste Código, será admitida a decretação da prisão preventiva:
>
> I – nos crimes dolosos punidos com pena privativa de liberdade máxima superior a 4 (quatro) anos;

COMENTÁRIO:

Não cabe prisão preventiva por crime culposo, em nenhuma hipótese. Sendo doloso, o critério de proporcionalidade vem demarcado pela lei: a pena máxima cominada deve ser superior a 4 anos. Isso dá margem, de plano, ao seguinte questionamento: e nos (muitos) tipos penais em que a pena máxima é igual a 4 anos (e não superior), como nos crimes de furto (art. 155), apropriação indébita (art. 168) e tantos outros? O dispositivo é claro e não dá margem para interpretação extensiva (sempre vedada em matéria penal).

Mas esse limite de pena do art. 313, I, não se aplica às medidas cautelares diversas, do art. 319.

Recordemos a seguinte regra:

- nos crimes dolosos cuja pena máxima é superior a 4 anos e exista *fumus commissi delicti* e *periculum libertatis,* poderão ser utilizadas as medidas cautelares diversas ou, se inadequadas e insuficientes, a prisão preventiva;
- nos crimes dolosos cuja pena máxima é igual ou inferior a 4 anos e exista *fumus commissi delicti* e *periculum libertatis*, somente poderá haver decretação de medida cautelar diversa;
- nos crimes dolosos cuja pena máxima é igual ou inferior a 4 anos, em que exista *fumus commissi delicti* e *periculum libertatis,* e exista uma das situações dos incisos II ou III do art. 313, poderá ser decretada medida cautelar diversa ou, excepcionalmente, a prisão preventiva (nestes casos, é imprescindível uma leitura sistêmica e, principalmente, à luz da proporcionalidade, como explicaremos ao tratar desses incisos na continuação).

Ademais, é importante sublinhar que o art. 313, I, do CPP apenas procurou estabelecer coerência e harmonia com o art. 44 do Código Penal. Com a Lei n. 9.714/98, a pena privativa de liberdade do réu condenado por crime cometido sem violência ou grave ameaça deve ser substituída por restritiva de direitos. Ora, se o réu, nestes casos, ainda que ao final do processo venha a ser condenado, não será submetido a prisão, como justificar uma prisão cautelar? Como legitimar uma prisão preventiva nos casos em que, ainda que condenado ao final, o réu não será preso?

Foi para resolver esse grave paradoxo que o art. 313, I, estabeleceu esse limite de pena. Portanto, nada de novo, apenas uma questão de sistematização e harmonização entre os Códigos Penal e Processual Penal.

Outra problemática se dará em relação ao concurso de crimes (por exemplo, furto e formação de quadrilha). Inclina-se a jurisprudência para uma solução similar àquela utilizada para definição da competência dos Juizados Especiais

Criminais ou o cabimento da suspensão condicional do processo, ou seja: deve incidir o aumento de pena decorrente do concurso material, formal ou crime continuado. Nesta linha, já sinalizam as Súmulas 723 do STF e 243 do STJ[78].

Ainda que os limites de pena sejam completamente distintos, os tribunais superiores já definiram a lógica a ser utilizada em situações similares, ou seja, no caso de concurso material de crimes, somam-se as penas máximas, e no concurso formal ou crime continuado, incide a causa de aumento no máximo e a de diminuição, no mínimo. Em qualquer caso, se a pena máxima obtida for superior a 4 anos, está cumprido este requisito.

Por derradeiro, recordemos que o art. 313 deve sempre ser conjugado com o art. 312, de modo que:

- ainda que tenha sido praticado um crime doloso com pena máxima superior a 4 anos, sem a presença do *fumus commissi delicti* e do *periculum libertatis*, não há que se falar em prisão preventiva;
- mesmo que exista *fumus commissi delicti* e *periculum libertatis* (art. 312), se o caso não se situar nos limites do art. 313, não caberá prisão preventiva.

**II – se tiver sido condenado por outro crime doloso, em sentença transitada em julgado, ressalvado o disposto no inciso I do *caput* do art. 64 do Decreto-lei n. 2.848, de 7 de dezembro de 1940 – Código Penal;**

COMENTÁRIO:

Trata-se da situação do réu reincidente em crime doloso. Infelizmente, optou o legislador em seguir na linha de máxima estigmatização do reincidente, em flagrante *bis in idem*. Autorizar uma prisão preventiva com base, exclusivamente, no fato de ser o réu ou indiciado reincidente é uma interpretação equivocada, até porque viola presunção de inocência (estabelece uma "presunção de culpabilidade" por ser reincidente), a proporcionalidade e a própria dignidade da pessoa humana. Ademais, não possui caráter cautelar e, por isso, é substancialmente inconstitucional a nosso ver.

Dessarte, pensamos que esse inciso, de forma isolada, não justifica a prisão preventiva.

**III – se o crime envolver violência doméstica e familiar contra a mulher, criança, adolescente, idoso, enfermo ou pessoa com deficiência, para garantir a execução das medidas protetivas de urgência.**

---

[78] SÚMULA 723 do STF: "Não se admite a suspensão condicional do processo por crime continuado, se a soma da pena mínima da infração mais grave com o aumento mínimo de um sexto for superior a um ano".
SÚMULA 243 do STJ: "O benefício da suspensão do processo não é aplicável em relação às infrações penais cometidas em concurso material, concurso formal ou continuidade delitiva, quando a pena mínima cominada, seja pelo somatório, seja pela incidência da majorante, ultrapassar o limite de um (01) ano".

COMENTÁRIO:

Esse inciso foi além da redação anterior, que havia sido inserido por força da Lei n. 11.340/2006, para incluir no caso de violência doméstica, além da mulher, a criança, o adolescente, o idoso, o enfermo ou qualquer pessoa com deficiência (mas sempre no contexto de coabitação da violência doméstica).

Cria o dispositivo uma espécie de vulnerabilidade doméstica, em que a prisão preventiva é usada para dar eficácia à medida protetiva aplicada.

Mas o artigo precisa ser lido com cuidado, ainda que as intenções de tutela sejam relevantes.

Em primeiro lugar, não criou o legislador um novo caso de prisão preventiva, ou seja, um novo *periculum libertatis*, pois, para isso ocorrer, a inserção deveria ter sido feita no art. 312, definindo claramente qual é o risco que se pretende tutelar.

O segundo aspecto a ser considerado é a péssima sistemática da Lei n. 11.340. O objeto jurídico tutelado é da maior importância (proteção da mulher), mas infelizmente a lei é tecnicamente mal elaborada, entre outros por misturar matéria penal e civil. A definição de violência doméstica e familiar contra a mulher, prevista no art. 7º da Lei, é de uma vagueza preocupante, com disposições genéricas, alternativas e ambíguas. Uma leitura apressada levaria à (errada) conclusão de que "qualquer conduta que configure ameaça, calúnia, difamação ou injúria" (art. 7º, V, da Lei n. 11.340) autorizaria a prisão preventiva pela incidência do art. 313, III, quando o juiz determinasse, por exemplo, a proibição de contato com a ofendida (art. 22, III, "b", da Lei n. 11.340). É preciso ter bom senso e prudência nesse terreno, para não deixar a vítima desprotegida mas também para não cair em punições desproporcionais[79].

No mesmo sentido, RANGEL[80] cita o exemplo da lesão corporal leve (art. 129, *caput* e § 9º, do CP), para apontar o equívoco da Lei. Infelizmente, por mais nobre que fosse a intenção de tutelar a mulher que sofre violência doméstica, a disciplina legal é péssima, estabelecendo-se obstáculos sistêmicos insuperáveis para que se cogite da possibilidade de uma prisão preventiva só com base nesse inciso.

Como regra, devemos estar diante de um crime doloso, cuja pena seja superior a quatro anos (adequação sistêmica ao inciso I).

---

79 Importante considerar, ainda, que o descumprimento de medidas protetivas passou a ser tipificado no art. 24-A:
"Art. 24-A. Descumprir decisão judicial que defere medidas protetivas de urgência previstas nesta Lei:
Pena – detenção, de 3 (três) meses a 2 (dois) anos.
§ 1º A configuração do crime independe da competência civil ou criminal do juiz que deferiu as medidas.
§ 2º Na hipótese de prisão em flagrante, apenas a autoridade judicial poderá conceder fiança.
§ 3º O disposto neste artigo não exclui a aplicação de outras sanções cabíveis."

80 RANGEL, Paulo. *Direito Processual Penal*. 6. ed. Rio de Janeiro, Lumen Juris, 2002. p. 618.

Pensamos que, quando muito, estando presentes o *fumus commissi delicti* e alguma das situações de *periculum libertatis* do art. 312, e sendo o crime doloso, o inciso em questão somente serviria para reforçar o pedido e a decisão. Mas, para tanto, deve-se analisar ainda qual foi a medida protetiva decretada, para verificar-se a adequação da prisão em relação a esse fim, bem como a proporcionalidade. Do contrário, incabível a prisão preventiva, a nosso juízo.

§ 1º Também será admitida a prisão preventiva quando houver dúvida sobre a identidade civil da pessoa ou quando esta não fornecer elementos suficientes para esclarecê-la, devendo o preso ser colocado imediatamente em liberdade após a identificação, salvo se outra hipótese recomendar a manutenção da medida.

COMENTÁRIO:

Para que seja decretada a prisão preventiva do imputado por haver dúvida em relação à identidade civil são imprescindíveis o *fumus commissi delicti e o periculum libertatis*. Mais do que isso, até por uma questão de proporcionalidade, pensamos ser necessária uma interpretação sistemática, à luz do inciso I do art. 313 (topograficamente situado antes, como orientador dos demais), para que se exija um crime doloso punido com pena privativa de liberdade máxima superior a 4 anos. Impensável decretar uma preventiva com base neste parágrafo único em caso de crime culposo, por exemplo. Da mesma forma, como regra, incabível para crimes de menor gravidade, em que sequer a preventiva seria possível.

Excepcionalmente, atendendo a necessidade do caso, poderia ser decretada essa prisão preventiva quando o agente fosse preso em flagrante por um delito de estelionato (com uso de identidade falsa), falsidade documental ou mesmo falsidade ideológica. São situações em que existe uma dúvida fundada sobre a identidade civil, até mesmo pelas características do delito perpetrado.

Também não se pode fazer uma leitura isolada do dispositivo, sob pena de incidir no erro de pensar estar autorizada uma *prisão preventiva para averiguações*, burlando, inclusive, os limites que a jurisprudência consagrou para impossibilitar a prisão temporária com base apenas (isoladamente) no inciso II do art. 1º da Lei n. 7.960. Vislumbramos, aqui, um terreno fértil para abusos.

O problema é que o *periculum libertatis*, no texto legal, acaba sendo reduzido a uma presunção de perigo decorrente da falta de identidade civil, devendo o imputado ser imediatamente colocado em liberdade após a identificação, exceto se outra medida cautelar for cabível e necessária.

Por tudo isso, pensamos que esse artigo deve ser interpretado em conjunto com o disposto na Lei n. 12.037/2009, que regulamentou a identificação criminal prevista no art. 5º, LVIII, da Constituição.

§ 2º Não será admitida a decretação da prisão preventiva com a finalidade de antecipação de cumprimento de pena ou como decorrência imediata de investigação criminal ou da apresentação ou recebimento de denúncia.

COMENTÁRIO:

O legislador se preocupou em deixar expresso que a prisão preventiva não pode ser usada como instrumento de antecipação de pena, devendo sempre estar comprovado seu caráter e fundamento cautelar. Tampouco pode ser uma decorrência automática, imediata, da investigação ou da apresentação ou recebimento da denúncia. É preciso sempre que se demonstre o *fumus comissi delicti* e o *periculum libertatis*.

Quanto ao art. 314, determina o Código de Processo Penal que:

Art. 314. A prisão preventiva em nenhum caso será decretada se o juiz verificar pelas provas constantes dos autos ter o agente praticado o fato nas condições previstas nos incisos I, II e III do *caput* do art. 23 do Código Penal.

Se houver prova razoável de que o agente tenha praticado o fato ao abrigo de uma causa de exclusão da ilicitude, tais como estado de necessidade, legítima defesa, estrito cumprimento do dever legal ou exercício regular de direito, não caberá a prisão preventiva, por ausência de fumaça de ilicitude na conduta.

Como explicamos anteriormente, não se exige uma prova plena da excludente, mas uma fumaça. Inclusive, diante da gravidade de uma prisão preventiva, pensamos que a dúvida deve beneficiar o réu também neste momento, incidindo sem problemas o *in dubio pro reo*.

Outra inovação da maior relevância, inserida pela Lei n. 13.964/2019, foi a nova redação do art. 315:

Art. 315. A decisão que decretar, substituir ou denegar a prisão preventiva será sempre motivada e fundamentada.

§ 1º Na motivação da decretação da prisão preventiva ou de qualquer outra cautelar, o juiz deverá indicar concretamente a existência de fatos novos ou contemporâneos que justifiquem a aplicação da medida adotada.

§ 2º Não se considera fundamentada qualquer decisão judicial, seja ela interlocutória, sentença ou acórdão, que:

I – limitar-se à indicação, à reprodução ou à paráfrase de ato normativo, sem explicar sua relação com a causa ou a questão decidida;

II – empregar conceitos jurídicos indeterminados, sem explicar o motivo concreto de sua incidência no caso;

III – invocar motivos que se prestariam a justificar qualquer outra decisão;

IV – não enfrentar todos os argumentos deduzidos no processo capazes de, em tese, infirmar a conclusão adotada pelo julgador;

V – limitar-se a invocar precedente ou enunciado de súmula, sem identificar seus fundamentos determinantes nem demonstrar que o caso sob julgamento se ajusta àqueles fundamentos;

VI – deixar de seguir enunciado de súmula, jurisprudência ou precedente invocado pela parte, sem demonstrar a existência de distinção no caso em julgamento ou a superação do entendimento.

Trata-se de ampliação do nível de exigência de qualidade da fundamentação necessária para decretação de uma prisão cautelar. Um grande avanço ao exigir uma fundamentação concreta, individualizada e com o reconhecimento de que haverá nulidade absoluta, na medida em que ao estabelecer que *não se considera fundamentada qualquer decisão judicial, seja ela interlocutória, sentença ou acórdão*, está o legislador afirmando a nulidade. Chamamos a atenção para o art. 315, § 2º e seus seis incisos.

O legislador busca vedar os decretos de prisão (ou outra medida cautelar) padronizados, genéricos e que não tenham uma qualidade decisória mínima. Nessa perspectiva, é nula a decisão, por falta de fundamentação suficiente e qualificada que simplesmente se refira a artigos de lei ou reproduza-os (caso da mera transcrição do art. 312) sem demonstrar sua incidência e aplicação no caso concreto (portanto, concretude e individualização do ato decisório).

O inciso II traz uma importante exigência: **não pode a decisão empregar "conceitos jurídicos indeterminados sem explicar o motivo concreto de sua incidência no caso"**. Essa é uma situação recorrente, v.g., quando o ato decisório simplesmente invoca a **"garantia da ordem pública"** sem explicar, de forma clara, concreta e vinculada ao caso em análise, no que consiste tal risco. A "garantia da ordem pública" é uma cláusula genérica, aberta e indeterminada, que sofre de uma anemia semântica e acaba sendo empregada em diferentes acepções (e daí a crítica a sua abertura de sentidos), como, por exemplo: sinônimo de clamor popular, opinião pública, risco de reiteração, risco para credibilidade das instituições, etc. Todas elas passíveis de veemente crítica, pois são estranhas à natureza cautelar, mas infelizmente aceitas por alguns tribunais. De qualquer forma, é preciso que o magistrado defina, claramente e à luz do caso concreto, qual o preenchimento de sentidos que está dando a tal "garantia da ordem pública", no que consiste esse *periculum libertatis*.

Na mesma linha vai o **risco para "aplicação da lei penal"**. Não pode ser abstratamente invocado, como se fosse um "coringa argumentativo" a servir em qualquer decisão. É preciso, dada sua vagueza, que o juiz fundamente concretamente à luz do caso e suas peculiaridades, indicando quais situações fáticas constituem o risco de fuga, como a renovação injustificada de passaporte, aquisição de passagens aéreas, interceptação de conversas que comprovem o ajuste para a fuga, enfim, elementos fáticos concretos, com suporte probatório suficiente (ainda que no plano da verossimilhança, mas é preciso indícios razoáveis, não mera ilação).

Não são raras ainda as decisões que **"invocam motivos que se prestariam a justificar qualquer outra decisão"**, especialmente quando se trata de investigação que recai sobre várias pessoas. O julgador constrói uma **fundamentação**

**padrão**, invocando motivos genéricos e perigos abstratos (gravidade do crime, risco – presumido – de reiteração, clamor popular, complexa organização criminosa, etc.), e acaba por simplesmente repetir em todos os decretos prisionais, sem individualizar o *periculum libertatis*. Sempre que se puder, por meio de um simples exercício mental, tomar a fundamentação empregada e universalizá-la, estamos diante de uma decisão nula, formulária.

Outra situação – que conduz à nulidade da decisão – é quando o juiz **não enfrenta todos os argumentos trazidos pela defesa** e, em tese, aptos a refutar a conclusão (decreto de prisão) do julgador. O juiz não pode ignorar a tese defensiva contrária ao decreto de prisão, em especial daqueles argumentos/provas que fulminam a base fática do *periculum libertatis*. É preciso enfrentá-los e refutá-los para que a prisão se sustente. Na mesma linha vem a argumentação defensiva de suficiência das medidas cautelares diversas do art. 319 do CPP. Incumbe ao juiz fundamentar a insuficiência e inadequação das medidas substitutivas para manutenção do decreto prisional, não podendo desconsiderar ou genericamente refutar. É preciso, como determina o dispositivo legal, o enfrentamento de todos os argumentos trazidos pela defesa e que, se acolhidos, forem incompatíveis com a prisão cautelar.

Quanto aos incisos V e VI, em geral não encontram aplicação na decisão (interlocutória) que decreta uma prisão cautelar, sendo mais comum sua exigência e incidência na sentença e no acórdão.

Contudo, não se afasta, se o caso concreto exigir, que a decisão seja considerada nula por simplesmente limitar a "*invocar precedente ou enunciado de súmula, sem identificar seus fundamentos determinantes nem demonstrar que o caso sob julgamento se ajusta àqueles fundamentos*".

Ou, ainda, quando a defesa invocar súmula, jurisprudência ou precedente, caberá ao juiz fundamentar o *distinguishing*, isto é, que o caso em questão é distinto, diferente daquele tratado pelo precedente, súmula ou jurisprudência, invocado. É preciso enfrentar e fundamentar a distinção que comprove a não incidência da argumentação trazida pela defesa, sob pena de nulidade.

Portanto, o art. 315 do CPP é da maior relevância e busca estabelecer um *standard* elevado de qualidade da fundamentação das decisões e, ao mesmo tempo, prestigia as partes e o contraditório.

Por fim, vejamos mais uma relevante alteração inserida pela Lei n. 13.964: o dever de revisar periodicamente a prisão preventiva no art. 316, parágrafo único.

> Art. 316. O juiz poderá, de ofício ou a pedido das partes, revogar a prisão preventiva se, no correr da investigação ou do processo, verificar a falta de motivo para que ela subsista, bem como novamente decretá-la, se sobrevierem razões que a justifiquem.

Parágrafo único. Decretada a prisão preventiva, deverá o órgão emissor da decisão revisar a necessidade de sua manutenção a cada 90 (noventa) dias, mediante decisão fundamentada, de ofício, sob pena de tornar a prisão ilegal.

O *caput* do artigo diz respeito ao Princípio da Provisionalidade, anteriormente tratado, no sentido de que a prisão preventiva é situacional, tutelando uma situação fática de perigo. A inovação diz respeito ao parágrafo único, que finalmente contempla o dever de revisar a prisão preventiva, periodicamente, a cada 90 dias. Infelizmente, seguimos sem um prazo máximo global de duração da prisão preventiva, como já explicamos ao tratar do Princípio da Provisoriedade.

O dever de revisar a medida é imperioso e a sanção está expressamente prevista na lei (a prisão preventiva passa a ser ilegal se não realizada), então é prazo com sanção e obrigatória observância. O problema maior é quando o processo está em fase recursal, pois, enquanto estiver em primeiro grau, compete ao juiz das garantias (até a fase do art. 399) ou ao juiz da instrução.

A quem compete a revisão periódica quando o processo estiver no tribunal? Pensamos que segue sendo de competência do juiz de primeiro grau, pois ele é o "órgão emissor da decisão" a que se refere o art. 316, parágrafo único. Contudo, é verdade que ele já esgotou sua jurisdição, de modo que o feito está afeto ao respectivo tribunal. Então, como sugere PAULO QUEIROZ[81], podemos tratar o tema na seguinte perspectiva: "em conclusão, temos que: a) a revisão dos fundamentos da prisão preventiva é imperiosa enquanto não passar em julgado a condenação; b) enquanto não for proferida a sentença, caberá ao juiz (ou relator nas ações penais originárias) fazer o reexame obrigatório; c) interposta apelação, competirá ao tribunal reapreciar a prisão; d) o tribunal poderá delegar essa função ao juiz que proferiu a sentença condenatória". Estamos de acordo com a proposta de QUEIROZ, destacando que o mais importante é: em grau recursal, ou o tribunal faz a revisão (relator) ou delega para que o juiz de primeiro grau o faça. O que não se deve admitir é a violação do imperativo legal, deixando de fazer o controle periódico da existência ou não da necessidade cautelar, da situacionalidade que a legitima, o que nos remete sempre para a base principiológica analisada anteriormente.

## 5.5. Análise Crítica do *Periculum Libertatis*. Resistindo à Banalização do Mal. Controle Judicial da (Substancial) Inconstitucionalidade da Prisão para Garantia da Ordem Pública e da Ordem Econômica. Defeito Genético

Como apontamos inicialmente, o *periculum libertatis* no sistema brasileiro está previsto no art. 312 do CPP, traduzindo uma das seguintes situações tuteláveis:

---

81 O artigo de Paulo QUEIROZ está disponível no *site*: <https://www.pauloqueiroz.net/sobre-a-revisao-obrigatoria-dos-fundamentos-da-preventiva/>. Acesso em: 3/7/2020.

- ordem pública;
- ordem econômica;
- instrução criminal;
- aplicação da lei penal.

Analisaremos agora os dois primeiros fundamentos (garantia da ordem pública e da ordem econômica) para demonstrar que – em que pese a reforma operada pela Lei n. 12.403/2011 – seguem sendo de discutível constitucionalidade.

Não sem razão, na redação original do PL 4.208/2001, o art. 312 tinha sido completamente modificado. Inclusive, no parecer do Relator, Deputado Ibrahim Abi-Ackel, era destacado que "são enunciadas com clareza as hipóteses de aplicação, descumprimento, revogação e substituição das medidas cautelares, fugindo desse modo o projeto das causas indeterminadas, como, no caso da prisão preventiva, *a garantia da ordem pública* e a *garantia da ordem econômica*, substituídas por definições precisas das circunstâncias que a justificam".

Infelizmente, ao longo da tramitação, foi aprovada Emenda Substitutiva Global que resgatou o texto original de 1941.

Os demais fundamentos (conveniência da instrução e garantia da aplicação da lei penal) são medidas verdadeiramente cautelares, mas cuja banalização e distorção de conceitos exigem limitações, como veremos no próximo tópico.

A primeira questão a ser enfrentada é: qual é o objeto da prisão cautelar? A resposta nos conduz ainda a sua finalidade e delimita, naturalmente, seu campo de incidência, pois a prisão cautelar é ilegítima quando afastada de seu objeto e finalidade, deixando de ser *cautelar*.

Nesse ponto, sim, podemos recorrer a CALAMANDREI[82], segundo o qual, nos procedimentos cautelares, mais do que o objetivo de aplicar o direito material, a finalidade imediata é assegurar a eficácia do procedimento definitivo (esse, sim, tornará efetivo o direito material).

Isso porque "a tutela cautelar é, quando comparada com o direito material, uma tutela mediata: mais que fazer justiça, serve para garantir o eficaz funcionamento da Justiça. Se todos os provimentos jurisdicionais são instrumentos do direito material que através deles se atua, nos provimentos cautelares encontra-se uma instrumentalidade qualificada, ou seja, elevada, por assim dizer, ao quadrado: esses são de fato, infalivelmente, um meio predisposto para melhor resultado do provimento definitivo, que, por sua vez, é um meio para a atuação do direito (material); são,

---

82 CALAMANDREI, Piero. *Introduzione allo Studio Sistematico dei Provvedimenti Cautelari*, cit., p. 21-22.

portanto, em relação à finalidade última da atividade jurisdicional, instrumentos do instrumento" (Tradução nossa).

Fica evidenciado, assim, que as medidas cautelares não se destinam a "fazer justiça", mas sim garantir o normal funcionamento da justiça através do respectivo processo (penal) de conhecimento. Logo, são instrumentos a serviço do instrumento processo; por isso, sua característica básica é a instrumentalidade qualificada ou ao quadrado.

É importante fixar esse conceito de *instrumentalidade qualificada*, pois só é cautelar aquela medida que se destinar a esse fim (servir ao processo de conhecimento). E somente o que for verdadeiramente cautelar é constitucional.

Com DELMANTO JUNIOR[83], "*acreditamos, igualmente, que a característica da instrumentalidade é ínsita à prisão cautelar na medida em que, para não se confundir com pena, só se justifica em função do bom andamento do processo penal e do resguardo da eficácia de eventual decreto condenatório*".

Nesse momento, evidencia-se que as prisões preventivas para garantia da ordem pública ou da ordem econômica não são cautelares e, portanto, são substancialmente inconstitucionais.

Trata-se de grave degeneração transformar uma medida processual em atividade tipicamente de polícia, utilizando-as indevidamente como medidas de *segurança pública*.

A prisão preventiva para garantia da ordem pública ou econômica nada tem a ver com os fins puramente cautelares e processuais que marcam e legitimam esses provimentos.

Grave problema encerra ainda a prisão para garantia da ordem pública, pois se trata de um conceito vago, impreciso, indeterminado e despido de qualquer referencial semântico. Sua origem remonta a Alemanha na década de 30, período em que o nazifascismo buscava exatamente isso: uma autorização geral e aberta para prender. Até hoje, ainda que de forma mais dissimulada, tem servido a diferentes senhores, adeptos dos discursos autoritários e utilitaristas, que tão "bem" sabem utilizar dessas cláusulas genéricas e indeterminadas do Direito para fazer valer seus atos prepotentes.

O Direito (especialmente o Penal) agindo em "nome do pai" e por mandato, explica MORAIS DA ROSA[84], opera na subjetividade humana, ditando a "lei"

---

83 DELMANTO JUNIOR, Roberto. *As Modalidades de Prisão Provisória e seu Prazo de Duração*. Rio de Janeiro, Renovar, 2003. p. 83.

84 MORAIS DA ROSA, Alexandre. *Decisão Penal*: a bricolage de significantes, Rio de Janeiro, Lumen Juris, 2006. p. 26.

como capaz de manter o laço social e ainda faz a utilitária promessa de "felicidade". A "palavra", nesse contexto, ganha um contorno transcendente, o qual é preenchido na cadeia de significância – e durante a história – por diversos significantes, dentre eles o divino, a razão, a força, o Direito (dos homens), todos vendidos como neutros e capazes de designar uma ordem reguladora de condutas baseadas em interditos, legitimando o uso da força para adequação do laço social. O problema é que, ainda com o autor, ao se remeter para um lugar idealizado de referência, indicado na origem por uma palavra, "configuram as máscaras inscritas no imaginário social que permitem o poder de seguir".

O art. 312 contém uma "anemia semântica", explica MORAIS DA ROSA[85], pois basta um pouco de conhecimento de estrutura linguística para construir artificialmente esses requisitos, cuja "falsificação" é inverificável. O grande problema é que, uma vez decretada a prisão, os argumentos "falsificados" pela construção linguística são inverificáveis e, portanto, irrefutáveis. Se alguém é preso porque o juiz aponta a existência de risco de fuga, uma vez efetivada a medida, desaparece o (pseudo)risco, sendo impossível refutar, pois o argumento construído (ou falsificado) desaparece.

Para além disso, o preenchimento semântico (dos requisitos) é completamente retórico.

O "clamor público", tão usado para fundamentar a prisão preventiva, acaba se confundindo com a opinião pública, ou melhor, com a opinião "publicada". Há que se atentar para uma interessante manobra feita rotineiramente: explora-se, midiaticamente, um determinado fato (uma das muitas "operações" com nomes sedutores, o que não deixa de ser uma interessante manobra de marketing policial), muitas vezes com proposital vazamento de informações, gravações telefônicas e outras provas colhidas, para colocar o fato na pauta pública de discussão (a conhecida teoria do agendamento).

Explorado midiaticamente, o pedido de prisão vem na continuação, sob o argumento da necessidade de tutela da ordem pública, pois existe um "clamor social" diante dos fatos...

Ou seja, constrói-se midiaticamente o pressuposto da posterior prisão cautelar. Na verdade, a situação fática apontada nunca existiu; trata-se de argumento forjado.

Como aponta SANGUINÉ[86], "quando se argumenta com razões de exemplaridade, de eficácia da prisão preventiva na luta contra a delinquência e para restabelecer o sentimento de confiança dos cidadãos no ordenamento jurídico,

---

85 Idem, ibidem, p. 139.

86 SANGUINÉ, Odone. A Inconstitucionalidade do Clamor Público como Fundamento da Prisão Preventiva. *Revista de Estudos Criminais*. Porto Alegre, Nota Dez, n. 10, p. 114.

aplacar o clamor público criado pelo delito etc. que evidentemente nada tem a ver com os fins puramente cautelares e processuais que oficialmente se atribuem à instituição, na realidade, se introduzem elementos estranhos à natureza cautelar e processual que oficialmente se atribuem à instituição, questionáveis tanto desde o ponto de vista jurídico-constitucional como da perspectiva político-criminal. Isso revela que a prisão preventiva cumpre funções reais (preventivas gerais e especiais) de pena antecipada incompatíveis com sua natureza".

Assume contornos de verdadeira pena antecipada (expressamente vedado pelo art. 313, § 2º), violando o devido processo legal e a presunção de inocência. SANGUINÉ[87] explica que a prisão preventiva para garantia da ordem pública (ou, ainda, o clamor público) acaba sendo utilizada com uma função de "prevenção geral, na medida em que o legislador pretende contribuir à segurança da sociedade, porém deste modo se está desvirtuando por completo o verdadeiro sentido e natureza da prisão provisória ao atribuir-lhe funções de prevenção que de nenhuma maneira está chamada a cumprir".

As funções de prevenção geral e especial e retribuição são exclusivas de uma pena, que supõe um processo judicial válido e uma sentença transitada em julgado. Jamais tais funções podem ser buscadas na via cautelar.

No mesmo sentido, DELMANTO JUNIOR[88] afirma que é indisfarçável que nesses casos "a prisão preventiva se distancia de seu caráter instrumental – de tutela do bom andamento do *processo* e da *eficácia* de seu resultado – ínsito a toda e qualquer *medida cautelar*, servindo de *inaceitável instrumento de justiça sumária*".

Em outros casos, a prisão para garantia da ordem pública atende a uma dupla natureza[89]: pena antecipada e medida de segurança, já que pretende isolar um sujeito supostamente perigoso.

É inconstitucional atribuir à prisão cautelar a função de controlar o alarma social, e, por mais respeitáveis que sejam os sentimentos de vingança, nem a prisão preventiva pode servir como pena antecipada e fins de prevenção, nem o Estado, enquanto reserva ética, pode assumir esse papel vingativo.

Também a ordem pública, ao ser confundida com o tal "clamor público", corre o risco da manipulação pelos meios de comunicação de massas, fazendo com que a dita opinião pública não passe de mera *opinião publicada*, com evidentes prejuízos para todos.

---

87 Idem, ibidem, p. 115.

88 DELMANTO JUNIOR, Roberto. *As Modalidades de Prisão Provisória e seu Prazo de Duração*, cit., p. 183.

89 SANGUINÉ, Odone. op. cit.

Obviamente que a prisão preventiva para garantia da ordem pública não é cautelar, pois não tutela o processo, sendo, portanto, flagrantemente inconstitucional, até porque, nessa matéria, é imprescindível a estrita observância ao princípio da legalidade e da taxatividade. Considerando a natureza dos direitos limitados (liberdade e presunção de inocência), é absolutamente inadmissível uma interpretação extensiva (*in malan partem*) que amplie o conceito de *cautelar* até o ponto de transformá-la em *medida de segurança pública*.

Também preocupante é a (inadequada) invocação do Princípio da Proporcionalidade, não raras vezes fazendo uma ginástica discursiva para aplicá-lo onde não tem legítimo cabimento. Neste tema, é lúcida a análise do Min. EROS GRAU, no voto proferido no HC 95.009-4/SP, p. 44 e s.[90].

Portanto, muita atenção para a manipulação discursiva feita em nome do Princípio da Proporcionalidade, infelizmente, a cada dia mais invocado, pois ele não se presta – legitimamente – a esses fins punitivistas.

Quanto à prisão para garantia da ordem econômica, igualmente criticável o fundamento. Se o objetivo é perseguir a especulação financeira, as transações fraudulentas, e coisas do gênero, o caminho passa pelas sanções à pessoa jurídica, o direito administrativo sancionador, as restrições comerciais, mas jamais pela intervenção penal, muito menos de uma prisão preventiva. É manifesta a inadequação da prisão para garantia da ordem econômica, pois já havia, no art. 30 da Lei n. 7.492, a previsão de decretação de prisão preventiva em "razão da magnitude da lesão causada". Mas, para além disso, em nada serviria a prisão para remediar

---

[90] Tenho criticado aqui – e o fiz ainda recentemente (ADPF 144) – a "banalização dos 'princípios' [entre aspas] da proporcionalidade e da razoabilidade, em especial do primeiro, concebido como um 'princípio' superior, aplicável a todo e qualquer caso concreto, o que conferiria ao Poder Judiciário a faculdade de 'corrigir' o legislador, invadindo a competência deste. O fato, no entanto, é que proporcionalidade e razoabilidade nem ao menos são princípios – porque não reproduzem as suas características –, porém postulados normativos, regras de interpretação/aplicação do direito". No caso de que ora cogitamos esse falso princípio estaria sendo vertido na máxima segundo a qual "não há direitos absolutos". E, tal como tem sido em nosso tempo pronunciada, dessa máxima se faz gazua apta a arrombar toda e qualquer garantia constitucional. Deveras, a cada direito que se alega o juiz responderá que esse direito existe, sim, mas não é absoluto, porquanto não se aplica ao caso. E assim se dá o esvaziamento do quanto construímos ao longo dos séculos para fazer, de súditos, cidadãos. Diante do inquisidor, não temos qualquer direito. Ou melhor, temos sim, vários, mas como nenhum deles é absoluto, nenhum é reconhecível na oportunidade em que deveria acudir-nos.
Primeiro essa gazua, em seguida despencando sobre todos, a pretexto da "necessária atividade persecutória do Estado", a "supremacia do interesse público sobre o individual". Essa premissa que se pretende prevaleça no Direito Administrativo – não obstante mesmo lá sujeita a debate, aqui impertinente – não tem lugar em matéria penal e processual penal. Esta Corte ensina (HC 80.263, relator Ministro ILMAR GALVÃO) que a interpretação sistemática da Constituição "leva à conclusão de que a Lei Maior impõe a prevalência do direito à liberdade em detrimento do direito de acusar". Essa é a proporcionalidade que se impõe em sede processual penal: em caso de conflito de preceitos, prevalece o garantidor da liberdade sobre o que fundamenta sua supressão. A nos afastarmos disso, retornaremos à barbárie (grifo nosso).

ou diminuir a lesão econômica. Muito mais útil seria o sequestro e a indisponibilidade dos bens[91], pois dessa forma melhor se poderia tutelar a ordem financeira e também amenizar as perdas econômicas. Da mesma forma, é inegável que, nesse tipo de crime, o "engessamento" patrimonial é o melhor instrumento para evitar a reiteração de condutas.

Com acerto, DELMANTO JUNIOR[92] aponta que "não resta dúvida de que nessas hipóteses a prisão provisória afasta-se, por completo, de sua natureza cautelar instrumental e/ou final, transformando-se em meio de prevenção especial e geral e, portanto, em punição antecipada, uma vez que uma medida cautelar jamais pode ter como finalidade a punição e a ressocialização do acusado para que não mais infrinja a lei penal, bem como o consequente desestímulo de outras pessoas ao cometimento de crimes semelhantes, fins exclusivos da sanção criminal".

Quando se tutelam situações de perigo cujo objeto não é a prova ou a efetividade do processo (risco de fuga), como sucede na tutela da ordem pública e econômica, a prisão cautelar se converte em medida de segurança. Como define CORDERO[93], "é uma metamorfose pouco feliz, pois a proteção dos interesses coletivos exige remédios *ad hoc*; os híbridos custam mais do que produzem".

Em suma, as prisões para garantia da ordem pública ou da ordem econômica possuem um defeito genético: não são cautelares. Portanto, substancialmente inconstitucionais.

### 5.6. Prisão para Garantia da Ordem Pública. O Falacioso Argumento da "Credibilidade (ou Fragilidade?) das Instituições". Risco de Reiteração. Crítica: Exercício de Vidência. Contraponto: Aceitação no Direito Comparado

Muitas vezes a prisão preventiva vem fundada na cláusula genérica "garantia da ordem pública", mas tendo como recheio uma argumentação sobre a necessidade da segregação para o "restabelecimento da credibilidade das instituições".

É uma falácia. Nem as instituições são tão frágeis a ponto de se verem ameaçadas por um delito, nem a prisão é um instrumento apto para esse fim, em caso de eventual necessidade de proteção. Para além disso, trata-se de uma função metaprocessual incompatível com a natureza cautelar da medida.

---

91 Também PACELLI DE OLIVEIRA, Eugênio. *Curso de Processo Penal*. Rio de Janeiro, Lumen Juris, 2008. p. 519.

92 DELMANTO JUNIOR, Roberto. *As Modalidades de Prisão Provisória e seu Prazo de Duração*, cit., p. 192.

93 CORDERO, Franco. *Procedimiento Penal*, cit., v. 1, p. 405.

Noutra dimensão, é preocupante – sob o ponto de vista das conquistas democráticas obtidas – que a crença nas instituições jurídicas dependa da prisão de pessoas. Quando os poderes públicos precisam lançar mão da prisão para legitimar-se, a doença é grave, e anuncia um grave retrocesso para o estado policialesco e autoritário, incompatível com o nível de civilidade alcançado.

No mais das vezes, esse discurso é sintoma de que estamos diante de um juiz "comprometido com a verdade", ou seja, alguém que, julgando-se do bem (e não se discutem as boas intenções), emprega uma cruzada contra os hereges, abandonando o que há de mais digno na magistratura, que é o papel de garantidor dos direitos fundamentais do imputado. Como muito bem destacou o Min. EROS GRAU[94], "o combate à criminalidade é missão típica e privativa da Administração **(não do Judiciário)**, seja através da polícia, como se lê nos incisos do artigo 144 da Constituição, quanto do Ministério Público, a quem compete, privativamente, promover a ação penal pública (artigo 129, I)" (grifo nosso).

No que tange à prisão preventiva em nome da ordem pública sob o argumento de *risco de reiteração de delitos*, está se atendendo não ao processo penal, mas sim a uma função de polícia do Estado, completamente alheia ao objeto e fundamento do processo penal.

Além de ser um diagnóstico absolutamente impossível de ser feito (salvo para os casos de vidência e bola de cristal), é flagrantemente inconstitucional, pois a única presunção que a Constituição permite é a de inocência e ela permanece intacta em relação a fatos futuros.

Recorda CARVALHO[95] que uma das principais distinções entre o sistema inquisitório e o acusatório (constitucional) se manifesta no que diz respeito à existência de *possibilidades de concreta refutação das hipóteses probatórias*.

A prisão para garantia da ordem pública sob o argumento de "perigo de reiteração" bem reflete o anseio mítico por um direito penal do futuro, que nos proteja do que pode (ou não) vir a ocorrer. Nem o direito penal, menos ainda o processo, está legitimado à pseudotutela do futuro (que é aberto, indeterminado, imprevisível). Além de inexistir um *periculosômetro* (tomando emprestada a expressão de ZAFFARONI), é um argumento inquisitório, pois irrefutável. Como provar que amanhã, se permanecer solto, não cometerei um crime? Uma prova

94 Trecho extraído do voto proferido pelo Min. EROS GRAU no HC 95.009-4/SP, p. 35.

95 CARVALHO, Salo de. *Pena e Garantias*: uma leitura do garantismo de Luigi Ferrajoli no Brasil. Rio de Janeiro, Lumen Juris, 2001, p. 199.

impossível de ser feita, tão impossível como a afirmação de que amanhã eu o praticarei. Trata-se de recusar exercícios de futurologia sem concretude alguma.

Feita a análise crítica, não se desconhece que – em situações (efetivamente) excepcionais – a prisão cautelar sob o argumento do "risco de reiteração" é admitida no direito comparado. Até por honestidade acadêmica, não podemos subtrair tal informação do leitor.

Nessa linha, o art. 503.2 da *Ley de Enjuiciamiento Criminal* (Espanha) admite a prisão, quando houver "motivos bastantes para crer responsável criminalmente a pessoa" e o delito tenha pena máxima igual ou superior a 2 anos. Para avaliar o risco de reiteração, deverá ponderar as circunstâncias do fato, a gravidade dos delitos que possam ser cometidos ou, ainda, quando as investigações apontarem que o imputado vem atuando em concurso com outra ou outras pessoas, de forma organizada para a comissão de fatos delitivos, ou realiza suas atividades delitivas com habitualidade.

Analisando a situação, ARAGONESES MARTINEZ[96] explica que a reforma da *Ley de Enjuiciamiento Criminal* (LECrim) ocorrida em 2003 suprimiu o "alarma social" e incorporou o "risco de reiteração delitiva" como causa da prisão cautelar. Interessante que essa mudança legislativa foi imposição da Sentença do Tribunal Constitucional n. 47/00 e, nessa decisão, o Tribunal especificou os *fins constitucionalmente legítimos* da prisão provisória e, entre eles, incluiu como causa a prisão para evitar a reiteração delitiva, mas sublinhou: não se deve fundamentar em risco genérico que o imputado possa cometer outros crimes, pois isso faria com que a prisão provisional respondesse a um fim punitivo ou de antecipação da pena. Isso seria inconstitucional.

Segue ainda ARAGONESES MARTINEZ explicando que a prisão para evitar a reiteração delitiva deve situar-se em um plano distinto, tanto que a LECrim se refere a esse risco em um apartado distinto, porque não tem finalidade cautelar, senão que constitui uma medida de segurança pré-delitiva (*medida de seguridad predelictual*).

O art. 274.c do *Codice di Procedura Penale* italiano admite a prisão cautelar quando, pela especificidade do fato e de suas circunstâncias, bem como pela personalidade da pessoa investigada, se possa deduzir (*desunta*) de comportamentos ou atos concretos ou dos antecedentes penais o concreto perigo de que o agente cometa grave delito com uso de arma ou de outra forma de violência pessoal, ou

---

96 ARAGONESES MARTINEZ, Sara; OLIVA SANTOS, Andrés; HINOJOSA SEGOVIA, Rafael e TOMÉ GARCIA, José Antonio. *Derecho Procesal Penal*. 8. ed., Madrid, Ramon Areces, 2007, p. 407.

crimes contra a ordem constitucional, ou delito de criminalidade organizada, ou da mesma espécie daquele que contra ele se procede. Nesse último caso – reiteração de crimes da mesma espécie –, a prisão somente pode ocorrer quando a pena máxima prevista para esses crimes não seja inferior a 4 anos.

O CPP português, no seu art. 204 – depois de enumerar um amplo rol de medidas alternativas à prisão, como também ocorre nos países anteriormente citados –, autoriza a prisão preventiva quando houver "perigo, em razão da natureza e das circunstâncias do crime ou da personalidade do arguido, de perturbação da ordem e da tranquilidade públicas ou de continuação da atividade criminosa".

O Código de Processo Penal alemão, StPO, no seu § 112a, autoriza a detenção quando houver fundados motivos de que o agente tenha cometido, repetida ou continuadamente, delitos graves (existe uma enumeração desses delitos na lei) e se existem fatos que possam fundamentar a existência do perigo de que, antes do processo, ele possa cometer mais delitos relevantes de mesma espécie ou continue com a prática do mesmo delito.

Em que pese essas considerações, pensamos que a excepcional e cruel necessidade deveria dar lugar não à prisão preventiva por risco de reiteração, mas há outras medidas restritivas aplicadas no âmbito da liberdade provisória, tais como monitoramento eletrônico, prisão domiciliar, ou proibição de permanência, de ausência ou de contatos (como previsto no art. 319).

## 5.7. Desconstruindo o Paradigma da (Cruel) Necessidade, Forjado pelo Pensamento Liberal Clássico. Alternativas à Prisão por "Conveniência da Instrução Criminal" e para o "Risco para Aplicação da Lei Penal"

Esclarecido que a prisão para garantia da ordem pública ou econômica não possui natureza cautelar e que, portanto, tem uma discutível constitucionalidade, cumpre agora analisar os fundamentos restantes: tutela da instrução criminal e da aplicação da lei penal.

Essas são verdadeiramente cautelares, na medida em que se destinam ao processo, a assegurar o regular e eficaz funcionamento do processo penal. A questão é saber se são realmente necessárias ou não.

O pensamento liberal clássico convive(u) com as prisões cautelares a partir de um argumento básico, verdadeira tábua de salvação: a cruel necessidade de tais medidas. Invocando o superado argumento de que os fins justificam os meios, contenta-se em considerar o meio como um fenômeno natural, que não precisa ser justificado, mas apenas explicado e, quando muito, delimitado.

Antes de seguir repetindo essas lições sem maior reflexão, devemos constantemente questionar: será que realmente é necessária a prisão cautelar? Com certeza, após uma análise séria e criteriosa, se não chegarmos a eliminar a base teórica até então vigente, ao menos diminuiremos em muito a incidência dessa verdadeira pena antecipada. Para tanto, vejamos alguns aspectos raramente enfrentados pelo senso comum teórico.

Inicialmente, devemos considerar que a tutela da prova não pode ser confundida com a de interrogar o imputado e obter sua confissão. Em primeiro lugar, porque numa visão acusatória (ou ao menos não inquisitiva...) do processo, o interrogatório é um direito de defesa e não serve para a acusação. Não serve para adquirir provas de culpabilidade. Ademais, a confissão não pode ser usada em seu prejuízo e, há muito, deixou de ser a prova plena; basta uma rápida leitura da exposição de motivos do CPP. É o momento de superar a culpa judaico-cristã que conduz ao "confessa e arrepende-te de teus pecados, para encontrar a salvação".

Para FERRAJOLI[97], a prisão cautelar pode ser perfeitamente substituída pela mera "detenção", ou seja, o traslado do sujeito passivo para ser colocado sob custódia do tribunal pelo tempo estritamente necessário para interrogá-lo e realizar as primeiras comprovações do fato, inclusive utilizando o incidente de produção antecipada de provas. Com isso, esse isolamento não duraria mais do que horas ou no máximo dias, mas jamais meses e anos e tampouco teria o impacto estigmatizante da prisão cautelar. O suspeito ficaria isolado por um breve período, até ser ouvido e realizadas as primeiras comprovações do fato, inclusive com produção antecipada em incidente.

Após ser ouvido e produzida essa prova, não há mais motivo para a segregação, até porque o suspeito não poderá – substancialmente – alterar mais nada. Mantê-lo preso representa apenas constrangimento e cerceamento de defesa, pois o detido tem suas possibilidades de defesa reduzidas ao extremo, inclusive permitindo que a acusação e a vítima possam – esses sim – manipular a prova. Ou, por acaso, o acusador público ou privado está imune a esse tipo de tentação? No sistema acusatório, o contraditório é essencial, e o combate livre e aberto, em igualdade de armas, cai por terra com o acusado preso. Sem falar que a prisão cautelar conduz a uma verdadeira "presunção de culpabilidade" extremamente prejudicial para o processo.

Também a tutela da prova deve caminhar no sentido de maior cientificidade da própria investigação e coleta de indícios. Quanto mais eficientes forem a polícia científica e as técnicas de recolhimento de provas, menor é o tempo necessário para a apuração do fato e menores são os riscos de manipulação ou destruição por parte do suspeito.

---

97 FERRAJOLI, Luigi. *Derecho y Razón*, cit., p. 776 e s.

No mesmo sentido, ARAGONESES MARTINEZ[98] aponta que a utilidade da prisão cautelar para tutela da prova *es menos convincente, ya que las fuentes de prueba podrían conservarse estableciendo medidas tendentes a su aseguramiento, o bien previendo la práctica anticipada de prueba*. Ou seja, não se justifica prender para colher a prova, senão que deve lançar-se mão de medidas de produção antecipada de provas e não da prisão preventiva. Inclusive, como destaca a autora, o Tribunal Constitucional espanhol, na STC n. 128/95, declarou que *en ningún caso puede perseguirse con la prisión provisional son fines de impulso de la instrucción sumarial, propiciando la obtención de pruebas, de declaraciones de los imputados etc.*

A essa altura, alguém pode estar se perguntando: mas essa não é a realidade brasileira, cuja atividade policial, na imensa maioria dos casos, não consegue superar o nível da coleta de depoimentos? Ora, até mesmo a coleta de depoimentos pode ser agilizada de forma bastante barata, com a filmagem e gravação, a partir das quais o risco de manipulação passa a ser mínimo. O que não se pode continuar admitindo é que tenhamos que arcar com os custos da incompetência estatal e a mais absoluta falta de interesse em realmente resolver o problema.

Quanto mais se analisa a questão, maior é o convencimento de que, na realidade, não existe necessidade, mas mera conveniência para o Estado, e, com isso, não pactuamos.

Outro argumento comumente empregado é o do "medo" da vítima e das testemunhas. O argumento anterior segue sendo invocado. Incumbe ao Estado as funções de segurança pública da vítima, das testemunhas e de todos nós. O processo penal não é o instrumento adequado, sob pena de sepultarmos o Estado Democrático de Direito e todas suas conquistas. Tampouco o Estado está realmente preocupado em proteger vítimas e testemunhas; basta verificar como funcionam os "programas de proteção" para constatar que o que se protege não é a *testemunha*, mas sim o *testemunho*. Sequer conseguem disfarçar que a visão utilitarista também se dirige a vítimas e testemunhas...

Também não é, como explicamos anteriormente, função da prisão cautelar a prevenção geral e especial. Essas são funções exclusivas da pena, aplicada após o processo.

Isso tudo sem falar na necessidade de que exista prova suficiente dessa situação. O *periculum libertatis* não se presume. Tampouco pode ser fruto de ilações fantasmagóricas ou transtornos persecutórios. Uma análise séria, que racionalize os medos, levará à conclusão de que na imensa maioria das prisões cautelares decretadas sob esse fundamento a prisão é ilegal, pois não existe a situação fática

---

98 ARAGONESES MARTINEZ, Sara et al. *Derecho Procesal Penal*, 8. ed., p. 406.

legitimante da intervenção penal.

Em suma, no que se refere à tutela da prova, existem outras formas e instrumentos que permitam sua coleta segura com um custo (social e para o imputado) infinitamente menor que o de uma prisão cautelar.

Inclusive, no que se refere ao risco para testemunhas e vítimas, uma boa alternativa é o disposto nos incisos II, III e V do art. 319, a saber, a proibição de acesso ou frequência a determinados lugares, a proibição de manter contato com pessoa determinada e o recolhimento domiciliar no período noturno e nos dias de folga.

Além disso, o monitoramento eletrônico, art. 319, IX, também resolveria o problema com um custo (social e econômico) infinitamente menor.

No que se refere à prisão cautelar para tutela da aplicação da lei penal, estamos diante de uma medida verdadeiramente cautelar. Novamente a questão é saber se realmente existe a *cruel necessidade* a legitimá-la.

Recordemos que é absolutamente inconcebível qualquer hipótese de presunção de fuga, até porque substancialmente inconstitucional frente à Presunção de Inocência. Toda decisão determinando a prisão do sujeito passivo deve estar calcada em um fundado temor, jamais fruto de ilações. Deve-se apresentar um fato claro, determinado, que justifique o receio de evasão do réu.

Infelizmente, muitos juízes olvidam-se disso e, com base em frágeis elementos, tomam essa decisão tão séria e estigmatizante. O risco deve apresentar-se como um fato claro, determinado, que justifique o medo de evasão do acusado. É imprescindível um juízo sério, desapaixonado e, acima de tudo, racional.

O *periculum libertatis* não pode assumir um caráter quantitativo. Ainda que seja inaceitável qualquer presunção de fuga, muitos sustentam que o perigo de evasão aumenta à medida que aumenta a gravidade do fato imputado, pois a futura pena a ser imposta será mais grave[99].

Outros preferem simplesmente invocar os rótulos, como "crime hediondo", "tráfico de substâncias entorpecentes", "crime organizado" etc., para decretarem prisões preventivas sem o menor fundamento ou demonstração da necessidade.

Pensamos, ainda, que tais rótulos também não justificam ou legitimam uma presunção de fuga, sequer a gravidade do fato. Qualquer que seja a situação, é imperativo que existam elementos concretos para justificar uma decisão de qualidade, um primor, de singular e extraordinária fundamentação[100].

---

99 SENDRA, Vicente Gimeno et al. Op. cit., p. 481.

100 Na doutrina espanhola, a partir das reiteradas decisões do Tribunal Constitucional, está consagrada a

Existem outras formas menos onerosas de assegurar a presença do acusado, proporcionais e adequadas à situação. Em caso de violação desses deveres, demonstrando a intenção de fugir, teríamos uma prova válida e suficiente para se falar em prisão decorrente do perigo de fuga. A presunção de inocência, como aponta CARNELUTTI[101], impõe ao juiz que presuma também a obediência do acusado ao chamamento do Estado e só em caso de quebra dessa presunção é que se pode falar em uma medida restritiva da liberdade.

Atualmente, com as facilidades de uma sociedade informatizada e internacionalmente integrada, com os atuais sistemas de vigilância, o risco de fuga fica bastante reduzido.

Dessarte, é imprescindível que o juiz saiba utilizar as medidas cautelares diversas, previstas no art. 319, especialmente aquelas constantes nos incisos I, IV, V e IX (comparecimento periódico em juízo, proibição de ausentar-se da comarca ou país, recolhimento domiciliar noturno e nos dias de folga e monitoração eletrônica).

Tais medidas cautelares diversas, aplicadas de forma isolada ou cumulativa, conforme a situação exija, podem muito bem atingir o mesmo escopo sem o imenso custo social e individual de uma prisão preventiva.

Na mesma linha, o uso das medidas assecuratórias, que engessam o patrimônio do imputado, muitas vezes com bloqueio de contas e aplicações, inviabiliza qualquer possibilidade de fuga, ainda mais quando essas medidas vão combinadas com aquelas enumeradas no parágrafo anterior. Nenhuma dúvida existe de que, sem uma boa disponibilidade financeira, as chances de uma fuga com êxito são mínimas.

A prisão preventiva e todas as demais cautelares inserem-se, perfeitamente, na *lógica do sofrimento*, bem tratada por SCHIETTI[102], segundo a qual a prisão cautelar é a possibilidade de impor imediatamente um mal, uma punição, exercer a violência contra quem praticou um delito, ou seja, é a reação violenta àquele que cometeu uma violência. É, nessa linha, importante que a pessoa sofra na própria carne pelo mal que fez.

Ainda que seja perfeitamente compreensível, como bem aponta o autor, é uma lógica perversa e completamente equivocada, que somente serve para gerar mais violência e degradação dos valores éticos mínimos para a coexistência social.

---

expressão *exquisita motivación*, sendo o adjetivo *exquisita* visto como de "calidad, de primor, de singular y extraordinaria fundamentación". Neste sentido: Angel-Vicente Illescas, op. cit., p. 75.

101 CARNELUTTI, Francesco. *Lecciones sobre el Proceso Penal*, cit., v. II, p. 71.

102 SCHIETTI MACHADO CRUZ, Rogério. *Prisão Cautelar* – dramas, princípios e alternativas. Rio de Janeiro, Lumen Juris, 2006. p. 8 e s.

## 5.8. Das Medidas Cautelares Diversas (ou Medidas Alternativas à Prisão Preventiva)

### 5.8.1. Requisito, Fundamento e Limites de Incidência das Medidas Cautelares Diversas

Importante sublinhar que não se trata de usar tais medidas quando *não* estiverem presentes os fundamentos da prisão preventiva. Infelizmente os juízes banalizaram as medidas cautelares diversas e deram a elas uma autonomia que não possuem. São medidas cautelares substitutivas e, portanto, exigem a presença do *fumus commissi delicti* e do *periculum libertatis*, não podendo, sem eles, serem impostas. Inclusive, se durante uma prisão preventiva desaparecer completamente o requisito e/ou fundamento, deve o agente ser libertado sem a imposição de qualquer medida alternativa. Em tese, se alguém foi preso, por exemplo, para tutela da prova, uma vez que essa foi colhida, deverá o juiz conceder a liberdade plena, pois desapareceu o fundamento da prisão preventiva.

A medida alternativa somente deverá ser utilizada quando cabível a prisão preventiva, mas, em razão da proporcionalidade, houver outra restrição menos onerosa que sirva para tutelar aquela situação.

São balizas para aplicação das medidas cautelares diversas:

- nos crimes dolosos cuja pena máxima é superior a 4 anos e exista *fumus commissi delicti* e *periculum libertatis*, poderão ser utilizadas as medidas cautelares diversas ou, se inadequadas e insuficientes, a prisão preventiva;
- nos crimes dolosos cuja pena máxima é igual ou inferior a 4 anos e exista *fumus commissi delicti* e *periculum libertatis*, somente poderá haver decretação de medida cautelar diversa;
- nos crimes dolosos cuja pena máxima é igual ou inferior a 4 anos, em que exista *fumus commissi delicti* e *periculum libertatis*, e exista uma das situações dos incisos II ou III do art. 313, poderá ser decretada medida cautelar diversa ou, excepcionalmente, a prisão preventiva.

As medidas cautelares diversas da prisão devem priorizar o caráter substitutivo, ou seja, como alternativas à prisão cautelar, reservando a prisão preventiva como último instrumento a ser utilizado. Logo ainda que as medidas cautelares possam ser aplicadas aos crimes cuja pena máxima seja inferior a 4 anos, elas representam significativa restrição da liberdade e não podem ser banalizadas. Em nome disso e da necessária proporcionalidade, a nosso juízo, é incabível qualquer das medidas cautelares diversas se, por exemplo, o crime for culposo.

Ainda que concebidas como medidas substitutivas da prisão preventiva, com o tempo as medidas cautelares diversas acabaram adquirindo o caráter de medidas autônomas, nos casos em que a pena máxima imposta ao delito é inferior a 4 anos. São situações em que não cabe a prisão preventiva e, portanto, as medidas cautelares diversas adquirem o *status* de medidas autônomas. **Inobstante muitos entenderem pela autonomia do art. 319 em relação à prisão preventiva (com o que não concordamos), não se pode esquecer que essas medidas cautelares diversas da prisão não deixam de ser "medidas cautelares" e, portanto, exigem, além do "*fumus comissi delicti*" e o "*periculum libertatis*", a observância da principiologia constitucional.**

Quanto ao limite de pena, ainda que se afaste a incidência do art. 313 (para aplicá-las a crimes cuja pena máxima é igual ou inferior a 4 anos) não se tem como fugir dos princípios da excepcionalidade e proporcionalidade que pautam a aplicação de toda e qualquer medida cautelar.

E quando pode ser empregada a medida cautelar diversa?

- a qualquer tempo, no curso da investigação ou do processo, quando se fizer necessária a medida de controle, evitando a prisão preventiva;
- a qualquer tempo, no curso da investigação ou do processo, como medida substitutiva à prisão preventiva já decretada e que se revele desproporcional ou desnecessária à luz da situação fática de perigo;
- aplicada juntamente com a liberdade provisória, no momento da homologação da prisão em flagrante pelo juiz, como medida alternativa à prisão preventiva e menos onerosa;

Mas cuidado: eventuais medidas alternativas não podem ser banalizadas e servir para aumentar a intervenção penal de forma injustificada. Tampouco podemos desprezar a gravidade das restrições que elas impõem.

Medidas como as de proibição de frequentar lugares, de permanecer, e similares, implicam verdadeira pena de "banimento", na medida em que impõem ao imputado severas restrições ao seu direito de circulação e até mesmo de relacionamento social. Portanto, não são medidas de pouca gravidade.

Último aspecto a ser observado é que as medidas cautelares diversas também estão submetidas aos princípios gerais das medidas cautelares, dentro do que lhes for aplicável, a saber:

- jurisdicionalidade e motivação;
- contraditório;
- provisionalidade;

- provisoriedade;
- excepcionalidade;
- proporcionalidade.

Para evitar repetições, remetemos o leitor ao que dissemos anteriormente sobre esses princípios, reforçando a importância de aplicá-los com a máxima eficácia possível, à luz da medida adotada no caso.

Novamente criticamos a falta de prazo máximo de duração das cautelares diversas, a exemplo da prisão preventiva, o que gerará graves abusos. Caberá ao juiz observar o caráter situacional e, quando não se fizer mais necessária (e/ou proporcional) a medida, substituí-la por outra menos onerosa ou mesmo revogá-la por inteiro.

### 5.8.2. Espécies de Medidas Cautelares Diversas

Vejamos agora cada uma das medidas cautelares diversas da prisão:

> Art. 319. São medidas cautelares diversas da prisão:
> I – comparecimento periódico em juízo, no prazo e nas condições fixadas pelo juiz, para informar e justificar atividades;

COMENTÁRIO:

O dever de comparecimento periódico em juízo é uma medida consagrada nos sistemas português (art. 198) e italiano (art. 282), com a diferença de que, em ambos, é possibilitada a apresentação na polícia judiciária e "il giudice fissa i giorni e le ore di presentazione tenendo conto dell'attività lavorativa e del luogo di abitazione dell'imputato".

Teria andado melhor o legislador se tivesse permitido ao juiz fixar dias e horas, conforme a jornada de trabalho do imputado, para não a prejudicar, admitindo a apresentação na polícia mais próxima de seu domicílio.

O modelo brasileiro optou pelo total controle judiciário da medida, desconsiderando a facilidade de aproveitar a estrutura policial (afinal, a polícia está em "todos" os lugares) e também a maior eficácia do controle.

Quanto à periodicidade, nos parece que a cautelar buscou inspiração na suspensão condicional do processo, estabelecida no art. 89 da Lei n. 9.099/95, com a diferença de ter deixado completamente em aberto a determinação da periodicidade. Portanto, poderá o juiz determinar o comparecimento mensal, semanal ou até mesmo, em situações extremas em que a necessidade de controle assim exija, que o imputado compareça diariamente no fórum. Evidentemente que o comparecimento diário é uma medida extremamente onerosa para o imputado e que deve ser utilizada em casos realmente extremos, muito próximos daqueles que justificariam uma prisão preventiva. Do contrário, como regra geral, o comparecimento deve ser mensal.

Esse comparecimento periódico também deve atentar para o horário da jornada de trabalho do imputado, de modo a não prejudicá-la. Toda medida cautelar deve pautar-se pela menor danosidade possível, inclusive no que tange à estigmatização social do imputado.

É uma medida que permite, a um só tempo, o controle da vida cotidiana e também certificar-se do paradeiro do imputado[103], servindo como instrumento para tutela da eficácia da aplicação da lei penal.

Chamamos a atenção para a distinção entre essa medida e o dever de comparecer a todos os atos do processo imposto na liberdade provisória do art. 310, § 1º.

Um é o dever de comparecer aos atos do processo e o outro, em juízo. O primeiro é para assegurar a presença do réu nos atos da instrução, numa antiga visão que negava ao réu o "direito de não ir". Também buscava, secundariamente, controlar o risco de fuga, mas de forma muito frágil. Agora, o que se busca é o controle da vida cotidiana do imputado, sem qualquer relação com a instrução processual. O foco é outro.

**II – proibição de acesso ou frequência a determinados lugares quando, por circunstâncias relacionadas ao fato, deva o indiciado ou acusado permanecer distante desses locais para evitar o risco de novas infrações;**

COMENTÁRIO:

A proibição de acesso ou frequência a determinados lugares, também de uso recorrente no direito estrangeiro, deve ser usada com muita prudência, pois não pode constituir uma "pena de banimento".

Diz-se, inclusive, que tem ela um objetivo visivelmente *profilático* ou *preventivo*, como define SCHIETTI[104], pois busca evitar que a frequência do réu a determinados lugares possa criar condições favoráveis para que o agente pratique novos delitos de mesma natureza (ou não).

É uma medida que encontrará ampla incidência em relação a imputados que, por exemplo, integrem torcidas organizadas e pratiquem atos violentos. Ou, ainda, que habitualmente envolvam-se em delitos em bares e boates ou mesmo em situações de violência doméstica.

---

103 SCHIETTI MACHADO CRUZ, Rogério. *Prisão Cautelar*: dramas, princípios e alternativas, cit., p. 151.

104 SCHIETTI MACHADO CRUZ, Rogério. *Prisão Cautelar*: dramas, princípios e alternativas, cit., p. 152.

A questão a saber é: terá o Estado condições e meios de fiscalizar o cumprimento desta medida?

Por fim, a medida nasce com um defeito genético: sua discutível cautelaridade e, portanto, constitucionalidade. Não se vislumbra tutela do processo ou de seu objeto, aproximando-se da problemática prisão preventiva para garantia da ordem pública, dado seu caráter de prevenção especial manifesto.

**III – proibição de manter contato com pessoa determinada quando, por circunstâncias relacionadas ao fato, deva o indiciado ou acusado dela permanecer distante;**

COMENTÁRIO:

A situação aqui é melhor circunscrita que a do inciso anterior, na medida em que a proibição tem um objeto de tutela mais claro: uma pessoa determinada, em regra a vítima, testemunha e até mesmo um coautor do crime, mas sempre alguém devidamente individualizado.

Neste ponto, é perfeitamente possível que a medida cumpra uma função cautelar de tutela da prova.

Inclusive a efetividade desta cautelar será mais concreta, na medida em que a própria pessoa protegida se encarregará de denunciar eventual descumprimento da ordem.

Espera-se, contudo, que os juízes tenham muita serenidade na avaliação de eventuais denúncias de descumprimento da medida, evitando decisões precipitadas que poderiam conduzir à prisão preventiva em flagrante violação da proporcionalidade e necessidade. Ademais, antes de revogá-la, deve-se preferir a cumulação com mais alguma das restrições do art. 319.

Por fim, por exemplo, se o imputado violar a proibição de contato e ameaçar a vítima, a prisão poderá ser decretada sob o esse fundamento (art. 282, § 4º, e 312, § 1º) e não pela prática do crime de ameaça (cujo limite de pena não autoriza).

**IV – proibição de ausentar-se da comarca quando a permanência seja conveniente ou necessária para a investigação ou instrução;**

COMENTÁRIO:

É medida de cautelaridade evidente, servindo assumidamente para tutela da prova e, por via reflexa, da própria eficácia da lei penal (risco de fuga).

A redação original era melhor, pois incluía "para evitar fuga", e não incluía a discricionariedade do "conveniente".

Na tramitação legislativa o texto foi piorado, pois se restringiu à tutela da prova, o que poderá ser objeto de profunda discussão em casos concretos, na medida em que, colhida a prova, desaparece a situação fática legitimadora. A proibição de ausentar-se da comarca ou país era muito mais adequada para tutela da eficácia da lei penal, minorando o risco de fuga e podendo ser cumulada, por exemplo, com o dever de comparecimento periódico do inciso I.

O erro de limitar-se, assumidamente, ao interesse probatório vai reduzir o campo de aplicação desta cautelar diversa.

Também não andou bem o legislador em incluir a "conveniência" da investigação ou instrução, na medida em que abre um amplo espaço para exercício impróprio da discricionariedade judicial. Melhor seria manter a redação original, que exigia a "necessidade" e não mera conveniência.

Incorre ainda no erro de se inserir na perspectiva de obrigar o réu a estar disponível para servir de "objeto de prova". Vai na contramão do direito de não produzir prova contra si mesmo (*privilege against self-incrimination*) e da tendência em reconhecer-se o "direito de não ir", inerente ao réu em processos penais democráticos, que não mais o veem como "objeto de prova", mas sim sujeito processual.

Não vislumbramos fundamento legal em obrigar o réu a permanecer na comarca ou país em nome da "conveniência ou necessidade para investigação ou instrução", na medida em que pode usar o direito de silêncio em relação a qualquer ato probatório (inclusive o reconhecimento pessoal).

Portanto, a medida seria melhor utilizada para minorar o risco de fuga e não para tutela da prova, cuja legitimidade é profundamente discutível, mas infelizmente não foi esse o texto final aprovado.

Por fim, poderá ser conciliada com o disposto no art. 320:

> Art. 320. A proibição de ausentar-se do país será comunicada pelo juiz às autoridades encarregadas de fiscalizar as saídas do território nacional, intimando-se o indiciado ou acusado para entregar o passaporte, no prazo de vinte e quatro horas.

Caberá ao juiz comunicar às autoridades encarregadas de fiscalizar as saídas do território nacional, intimando-se o imputado para entregar o passaporte no prazo de 24 horas. O descumprimento desta determinação será considerado como descumprimento da própria medida cautelar, cabendo, inclusive, a decretação da prisão preventiva.

**V – recolhimento domiciliar no período noturno e nos dias de folga quando o acusado tenha residência e trabalho fixos;**

COMENTÁRIO:

É uma medida cautelar que pode servir a diferentes fins, desde minorar o risco de fuga (ainda que com pouca eficácia), tutela da prova (já que o imputado ficará nos limites trabalho-domicílio) e até mesmo escopos metacautelares (e, por isso, censuráveis), como prevenção especial e geral.

Ainda que fundada no senso de responsabilidade e autodisciplina do imputado, a medida poderá vir cumulada com o monitoramento eletrônico, por exemplo, para assegurar-lhe a máxima eficácia. Da mesma forma, poderá ela ser chamada, como medida secundária, para reforçar os incisos I e II, por exemplo.

Em caso de cumulação de medidas cautelares diversas, deverá o juiz atentar para a proporcionalidade, evitando a excessiva gravosidade para o réu das restrições, mantendo-se nos limites da necessidade e proporcionalidade.

A medida é também diversa daquela prevista nos arts. 317 e 318. A prisão domiciliar decorre de motivos pessoais do agente, de natureza humanitária, diversa, portanto, da medida cautelar de recolhimento domiciliar previsto no art. 319, V.

A primeira, explica SCHIETTI[105], aproxima-se mais de uma espécie de prisão preventiva atenuada, impondo ao imputado o dever de manter-se dentro de sua residência (salvo autorização judicial); enquanto a segunda, é uma modalidade menos gravosa de manter alguém em regime de liberdade parcial, permitindo-lhe que trabalhe durante o dia, recolhendo-se ao domicílio apenas à noite ou nos períodos de folga.

**VI – suspensão do exercício de função pública ou de atividade de natureza econômica ou financeira quando houver justo receio de sua utilização para a prática de infrações penais;**

## COMENTÁRIO:

É medida extremamente gravosa e que deverá ser utilizada com suma prudência, sendo inclusive de discutível constitucionalidade. Não se tutela o processo ou seu objeto, aproximando-se tal medida a uma (ilegal) antecipação da função de prevenção especial da pena.

Pretende tutelar o risco de reiteração, não recepcionado expressamente na redação final do art. 312, mas constante no projeto originário (daí, talvez, a incongruência).

Terá como campo de aplicação os crimes econômicos e aqueles praticados por servidores públicos no exercício da função, ou seja, *propter officium*, sempre com vistas a impedir crimes futuros (perigosa futurologia...). Não se descarta a utilização nos crimes ambientais, como interdito de caráter preventivo.

Sempre deverá ser fundamentada a decisão que impõe tal medida, apontando especificamente no que consiste o receio de reiteração e não se admitindo decisões genéricas ou formulárias.

---

105 SCHIETTI MACHADO CRUZ, Rogério. *Prisão Cautelar*: dramas, princípios e alternativas, cit., p. 161.

Recordemos que o sistema cautelar brasileiro não consagra um prazo máximo de duração das medidas, conduzindo a resultados gravíssimos para o imputado, que se vê submetido, por prazo indeterminado, a severas restrições de direitos fundamentais. O inciso em tela bem evidencia o imenso problema desta indeterminação temporal, pois a suspensão do exercício de função pública e, mais grave ainda, da atividade de natureza econômica ou financeira, poderá representar uma antecipação de pena e, principalmente, a morte econômica de pessoas e empresas por um lento processo de asfixia.

Por tudo isso, pensamos que a medida é das mais gravosas e deve ser utilizada com extrema parcimônia.

**VII – internação provisória do acusado nas hipóteses de crimes praticados com violência ou grave ameaça, quando os peritos concluírem ser inimputável ou semi-imputável (art. 26 do Código Penal) e houver risco de reiteração;**

COMENTÁRIO:

Mais uma inovação sem similar no modelo atual, busca estabelecer uma espécie de *medida de segurança cautelar* para os casos de crime praticado com violência ou grave ameaça à pessoa por agente inimputável ou semi-imputável. Para tanto, exige-se:

- crime cometido com violência ou grave ameaça à pessoa;
- inimputabilidade ou semi-imputabilidade demonstrada por perícia;
- risco de reiteração criminosa.

Os requisitos são cumulativos e não alternativos. Os problemas desta medida são de diferentes ordens, a começar pela ausência de limitação de sua duração (mesmo erro existente na prisão preventiva), o que poderá gerar abusos.

O segundo inconveniente decorre desta "perícia" para demonstrar a inimputabilidade ou semi-imputabilidade, pelos riscos inerentes às avaliações psicológicas e, o mais grave, ao caráter retroativo com que é feita. Ou seja, os peritos dirão, hoje, se ao tempo da ação ou omissão o agente era inteiramente incapaz de entender o caráter ilícito do fato ou de determinar-se de acordo com esse entendimento. Não é aferir isso no estado psíquico atual, mas no passado, quando da prática do crime, o que constitui um imenso espaço impróprio para subjetividade do avaliador e, portanto, um grave risco.

Ademais, considerando a urgência inerente às cautelares, nem sempre haverá condições de se fazer um exame de insanidade como necessário e, com isso, acabaremos criando a situação do "inimputável provisório", para não dizer, do "louco temporário"... correndo o risco de depois, no exame definitivo, o diagnóstico ser diferente.

Pode-se pensar, por analogia, na perspectiva da Lei de Drogas (Lei n. 11.343), em que se faz o laudo de constatação provisório para aferir se uma substância é "aparentemente" entorpecente, com a finalidade de homologar a prisão em flagrante e até mesmo para o recebimento da denúncia, exigindo-se, no curso do processo, o laudo de constatação definitiva para permitir a condenação. Cria-se, no art. 319, VII, diante da urgência da medida cautelar, a possibilidade de um laudo de constatação provisória da inimputabilidade, apto a ensejar a internação provisória. Isso não está na lei, mas a situação de urgência poderá conduzir a esse cenário.

O problema, neste caso, reside no fato de que avaliação posterior não é objetiva (como no laudo toxicológico), mas sim completamente subjetiva e irrefutável, na medida em que se pretende avaliar a interioridade psíquica do agente, impossível de ser constatada ou demonstrada empiricamente. Revela-se a temida fundição do discurso jurídico com o da psiquiatria, gerando uma ditadura do modelo clínico com efeitos penais.

A situação é ainda mais preocupante se considerarmos as condições em que se encontram os manicômios judiciários, onde, não raras vezes, o acusado entra imputável e sai completamente louco...

Outrossim, não se pode desprezar a "estigmatização" e o "rótulo" de inimputável que o acusado recebe já neste laudo provisório, culminando por determinar e engessar seu futuro, posto que uma vez rotulado de "doente mental", dificilmente conseguirá se livrar deste estigma. Ainda mais se considerarmos que se está sempre no campo indeterminável e incontrolável das avaliações sobre a interioridade do agente, de modo que, ao ser novamente avaliado, já entrará com essa pecha de "doente" e será muito difícil reverter esse quadro aos olhos de um psiquiatra (já condicionado pelo laudo anterior, ainda que inconscientemente).

Em suma, é uma medida muito perigosa.

Em terceiro lugar, o dispositivo recorre à perigosa futurologia do "risco de reiteração", completamente subjetiva e impossível de ser aferida. Em última análise, a nosso juízo, pode representar um grave retrocesso essa internação provisória do inimputável ou semi-imputável, pois significa a aplicação de *medida de segurança cautelar*, fundada na "periculosidade" do agente. É interessante essa categoria de "louco temporário"... que deverá ter sua periculosidade aferida por algum "periculosômetro" (Zaffaroni)... É um retrocesso ao discurso criminológico de propensão ao delito, periculosidade, enfim, um reducionismo sociobiológico.

Devemos considerar que o semi-imputável também será submetido à internação cautelar em manicômio judiciário ou similar, quando, ao final se condenado não será internado. Recordemos que ao semi-imputável é permitida a redução da pena, de um a dois terços, sem internação. E, mais, poderá se beneficiar de um regime prisional menos gravoso em decorrência da redução da pena. Por tudo isso, deve atentar o magistrado para a necessária proporcionalidade entre a cautelar e a provável decisão definitiva para evitar excessos.

Noutra dimensão, a "internação provisória" não pode ser desconectada do sistema cautelar, de modo que, mesmo sendo inimputável o agente, é imprescindível a demonstração do *fumus commissi delicti* e do *periculum libertatis* (aqui, assumido como risco de reiteração) nos mesmos termos anteriormente expostos. Dessarte, não se pode desconsiderar o disposto no art. 314, de modo que o inimputável pode ter agido em legítima defesa ou estado de necessidade da mesma forma que alguém imputável e, por isso, não pode ser submetido à internação provisória (como não poderia ser submetido à prisão preventiva se imputável fosse).

A internação provisória é situacional, de modo que desaparecendo o suporte fático legitimador do perigo, deve o imputado ser colocado em liberdade. Na mesma linha, não pode ter uma duração indeterminada (em que pese a lacuna legal na definição dos prazos máximos de duração das medidas cautelares).

Por fim, chamamos atenção para outra lacuna no tratamento legal: não há distinção entre a inimputabilidade existente na época do fato e a superveniente, que se opera no curso do processo.

Em linhas gerais, o agente que ao tempo da ação ou omissão era inimputável ou semi-imputável, submete-se ao processo criminal onde ao final é julgado e submetido, se apurada sua responsabilidade penal, à medida de segurança (ou, se semi-imputável). É a chamada absolvição imprópria, art. 386, parágrafo único, inciso III, do CPP.

Na inimputabilidade superveniente, a doença mental somente se manifesta no curso do processo, ou seja, ao tempo da ação ou omissão, o agente era imputável. A inimputabilidade é posterior ao fato criminoso. Neste caso, determina o art. 152 do CPP que o processo criminal seja suspenso até que o acusado se restabeleça. O processo somente retomará seu curso se o acusado se restabelecer.

Aqui reside um grande problema, pois muitas doenças mentais não são passíveis de "cura", mas apenas "controláveis" em maior ou menor grau, com tratamento e uso de medicamentos. Logo, a rigor, o processo ficará indefinidamente suspenso.

Nestes casos, errou o legislador ao não conciliar a medida cautelar com os dois desdobramentos possíveis do processo principal e nos parece, por elementar, que não poderá existir uma internação "provisória-definitiva"...

Pensamos então, que uma vez suspenso o processo porque a doença mental é superveniente, deverá cessar a internação provisória. Como muito, em casos extremos, poderá o juiz adotar outra medida cautelar alternativa (monitoramento, dever de comparecimento, recolhimento domiciliar etc.) por mais um período de tempo, mas que também não poderá ser indeterminada.

**VIII – fiança, nas infrações que a admitem, para assegurar o comparecimento a atos do processo, evitar a obstrução do seu andamento ou em caso de resistência injustificada à ordem judicial;**

COMENTÁRIO:

O instituto da fiança será objeto de análise em tópico específico na continuação, para onde remetemos o leitor para evitar repetições.

IX – monitoração eletrônica.

COMENTÁRIO:

O monitoramento eletrônico é um dispositivo antigo, desenvolvido na década de 60 pelo psicólogo americano Robert Schwitzgebel, já com a finalidade de controle de pessoas envolvidas com crimes e consistia em um bloco de bateria e um transmissor, capaz de emitir sinal para um receptor. Em 1977, o juiz de Albuquerque, Novo México, Jack Love, inspirado por um episódio da série homem-aranha, convenceu um perito em eletrônica a desenvolver um dispositivo similar de monitoramento, tendo utilizado pela primeira vez em 1983, quando condenou o primeiro réu a usar o monitoramento eletrônico. No final da década de 80, o monitoramento já estava sendo utilizado por outros presos e popularizou-se na década de 90 (em que lá havia mais de 95.000 presos monitorados)[106].

A popularização do sistema de posicionamento global (GPS) barateou muito a tecnologia empregada, tornando-se amplamente acessível e de baixo custo. Atualmente é uma forma de controle empregada em vários países, tanto como instrumento de tutela cautelar, em qualquer fase da persecução criminal, como também na execução penal, auxiliando no controle do apenado nas diferentes fases do sistema progressivo de cumprimento da pena.

Neste novo dispositivo legal, consagra-se o monitoramento como medida cautelar, em que a possibilidade de vigilância ininterrupta serve como tutela para o risco de fuga e a prática de novas infrações. Ao permitir o permanente controle sob a circulação do acusado, também serve de útil instrumento para dar eficácia às demais medidas cautelares diversas, tais como a proibição de acesso ou frequência a determinados lugares, a proibição de ausentar-se da comarca ou país e o recolhimento domiciliar. Cumpre assim, diferentes dimensões de tutela cautelar.

---

106 MARIATH, Carlos Roberto. *Monitoramento Eletrônico*: liberdade vigiada, p. 4. Texto capturado em 14/04/2011 no *site* <http://portal.mj.gov.br/main.asp?View={57DC54E2-2F79-4121-9A55-F51C56355C47}>.

A cada dia a tecnologia aperfeiçoa o sistema de monitoramento por GPS, diminuindo o tamanho dos aparelhos e o incômodo por eles gerado ao estarem fixados no corpo do réu. Em que pese isso, é uma medida de controle extremo, que gera um grande controle sobre a intimidade do agente e que deve ser usada com seletividade por parte dos juízes.

A diminuição do tamanho dos aparelhos melhorou a portabilidade, mas ainda assim, por ser levado preso ao corpo (seja como pulseira, tornozeleira etc.), além do desconforto, dá uma visibilidade do estigma do processo penal e do controle social exercido.

O monitoramento eletrônico é uma medida cautelar alternativa, subordinada também ao *fumus commissi delicti* e, principalmente, à necessidade de controle que vem representada pelo *periculum libertatis*. Seu uso, por ser dos mais gravosos, deve ser reservado para situações em que efetivamente se faça necessário tal nível de controle e, em geral, vem associado ao emprego de outra medida cautelar diversa (como a proibição de ausentar-se da comarca, art. 319, IV).

Em geral é utilizado para tutela do risco de fuga, mas também poderá contribuir para a efetivação de outras medidas cautelares de tutela da prova, tais como a proibição de manter contato com pessoa determinada (exemplo típico da ameaça a testemunhas, vítima etc.), ou mesmo de tutela da ordem pública, quando concebida no viés de *risco de reiteração*.

Em suma, é um instrumento bastante útil de controle, mas que deve ser reservado para casos graves, como último passo antes da decretação da prisão preventiva, sob pena de sua banalização gerar um expansionismo ilegítimo de controle penal, com sérios riscos à liberdade individual e à própria dignidade da pessoa humana.

**§ 4º A fiança será aplicada de acordo com as disposições do Capítulo VI, deste Título, podendo ser cumulada com outras medidas cautelares.**

COMENTÁRIO:

Essa questão também será abordada quando do estudo da fiança, em tópico específico, na continuação.

## 5.9. Da Prisão (Cautelar) Domiciliar

Estabelecem os arts. 317 e 318[107] a prisão (cautelar) domiciliar , com caráter substitutivo em relação à prisão preventiva.

---

[107] Art. 317. A prisão domiciliar consiste no recolhimento do indiciado ou acusado em sua residência, só podendo dela ausentar-se com autorização judicial.

Art. 318. Poderá o juiz substituir a prisão preventiva pela domiciliar quando o agente for:

I – maior de 80 (oitenta) anos;

Por motivos pessoais do agente, de natureza humanitária, diversa, portanto, da medida cautelar de recolhimento domiciliar previsto no art. 319, V, que tem outra natureza, pois lá o agente tem liberdade para, durante o dia, exercer suas atividades profissionais, devendo recolher-se ao domicílio apenas no período noturno e nos dias de folga.

A demonstração da existência da situação fática autorizadora da prisão domiciliar poderá ser feita pela via documental (certidão de nascimento) ou perícia médica, conforme a especificidade do caso e do que se pretende comprovar.

A Lei n. 13.257/2016 ampliou o rol de cabimento da substituição para incluir as situações de gestante, mulher com filho de até 12 anos incompletos e homem, quando for o único responsável pelos cuidados do filho de até 12 anos incompletos. A tutela aqui está voltada para os cuidados que a criança exige e, no caso da gestante, da qualidade de vida dela e do feto. Não mais exige o dispositivo legal que a gestação seja de alto risco ou que esteja com mais de 7 meses. Basta a comprovação da gravidez para a substituição ser concedida. Trata-se de proteção de caráter humanitário e, em todos os casos, plenamente justificada, bastando a comprovação idônea da situação descrita no dispositivo legal.

De acordo com a Lei n. 13.769, de 2018, foi estabelecida a substituição da prisão preventiva por prisão domiciliar (sem prejuízo da aplicação de outras medidas cautelares diversas previstas no art. 319) da gestante ou que for mãe ou responsável por criança ou pessoas com deficiência, através da inserção dos arts. 318-A e 318-B, com a seguinte redação:

> Art. 318-A. A prisão preventiva imposta à mulher gestante ou que for mãe ou responsável por crianças ou pessoas com deficiência será substituída por prisão domiciliar, desde que:
> I – não tenha cometido crime com violência ou grave ameaça a pessoa;
> II – não tenha cometido o crime contra seu filho ou dependente.
> Art. 318-B. A substituição de que tratam os arts. 318 e 318-A poderá ser efetuada sem prejuízo da aplicação concomitante das medidas alternativas previstas no art. 319.

Dessa forma, o legislador disciplinou no art 318-A a substituição da prisão preventiva por prisão domiciliar da gestante ou responsável por criança ou pessoa com deficiência, que já estava prevista no art. 318, mas de forma genérica. Houve, assim, uma limitação do alcance da substituição, pois o art. 318-A impõe duas restrições que não existiam antes: que não seja crime cometido com violência ou

---

II – extremamente debilitado por motivo de doença grave;
III – imprescindível aos cuidados especiais de pessoa menor de 6 (seis) anos de idade ou com deficiência;
IV – gestante;
V – mulher com filho de até 12 (doze) anos de idade incompletos;
VI – homem, caso seja o único responsável pelos cuidados do filho de até 12 (doze) anos de idade incompletos.
Parágrafo único. Para a substituição, o juiz exigirá prova idônea dos requisitos estabelecidos neste artigo.

grave ameaça a pessoa; e que o crime não tenha sido cometido contra seu filho ou dependente. Além disso, abre expressamente a possibilidade no art. 318-B de que sejam cumuladas, com a prisão domiciliar, uma ou mais das medidas cautelares diversas, estabelecidas no art. 319 do CPP.

Atente-se, ainda, que o art. 318-A deve ser lido junto com o art. 318, respeitando os limites lá estabelecidos. Assim, são diferentes pessoas que podem obter o benefício da prisão domiciliar substitutiva da preventiva:

- mulher gestante (sem restrição de tempo de gestação);
- mãe de criança (filho de até 12 anos de idade incompletos, art. 318, V);
- mãe de pessoa com deficiência (não há limite de idade);
- responsável por criança (deve ser lido junto com o art. 318, III, ou seja, quando imprescindível aos cuidados especiais de pessoa menor de 6 anos de idade. Contudo, não vemos qualquer óbice a que esse inciso seja interpretado em analogia com o art. 318, V, de modo que o responsável por criança de até 12 anos de idade também obtenha a prisão domiciliar da mesma forma que a mãe da criança teria direito, pois desempenha papel similar);
- responsável por pessoa com deficiência (sem limite de idade, mas o art. 318, III, exige que seja 'imprescindível' aos cuidados especiais de pessoa com deficiência).

Em todos os casos, não se pode esquecer que essa substituição por prisão domiciliar só cabe se o crime for cometido sem violência ou grave ameaça a pessoa e não tenha sido cometido contra a criança ou a pessoa com deficiência.

Aproveitando o ensejo, cumpre recordar que a Lei n. 13.434/2016 também deu – finalmente – uma merecida tutela para a parturiente, ao incluir o parágrafo único no art. 292:

> Art. 292. (...)
> Parágrafo único. É vedado o uso de algemas em mulheres grávidas durante os atos médico-hospitalares preparatórios para a realização do parto e durante o trabalho de parto, bem como em mulheres durante o período de puerpério imediato.

Mais uma acertada e necessária tutela, de caráter humanitário, para a mulher grávida, antes, durante e também após o parto.

## 5.10. Decretação ou Manutenção da Prisão Preventiva quando da Sentença Penal Condenatória Recorrível ou da Decisão de Pronúncia

Recordemos que a prisão preventiva pode ser decretada em qualquer fase do inquérito ou do processo, inclusive em sede recursal, mantendo-se assim até a revogação, substituição ou o trânsito em julgado da sentença, quando, se condenatória, dará lugar à execução da pena. Nessa linha lógica, o art. 387 determina que:

Art. 387. O juiz, ao proferir sentença condenatória:
(...)
§ 1º O juiz decidirá, fundamentadamente, sobre a manutenção ou, se for o caso, a imposição de prisão preventiva ou de outra medida cautelar, sem prejuízo do conhecimento de apelação que vier a ser interposta. (*Incluído pela Lei n. 12.736/2012.*)
§ 2º O tempo de prisão provisória, de prisão administrativa ou de internação, no Brasil ou no estrangeiro, será computado para fins de determinação do regime inicial de pena privativa de liberdade. (*Incluído pela Lei n. 12.736/2012.*)

Assim, na sentença condenatória, o juiz deve, fundamentadamente, analisar a necessidade ou não de imposição/manutenção da prisão preventiva, seguindo a lógica do art. 312 (risco de fuga). É uma prisão cautelar e exige a demonstração do *periculum libertatis*, pois com a condenação o *fumus commissi delicti* está mais do que demonstrado. O que importa é a lógica cautelar desenhada pela prisão preventiva e seu art. 312. Portanto, nenhuma relevância tem o fato de o réu ser reincidente ou primário, pois o que legitima a prisão é sua natureza cautelar e a existência de *periculum libertatis* (aqui, risco de fuga). Assim, se o réu respondeu a todo o processo em liberdade, por ausência de necessidade da prisão preventiva, quando condenado, a tendência lógica é que recorra em liberdade. Mas poderá ser preso preventivamente nesse momento? Sim, desde que o juiz fundamente a necessidade da prisão preventiva e demonstre a existência de real e concreto risco de fuga (*periculum libertatis*).

Por outro lado, se o réu permaneceu preso ao longo de todo o processo (pois lhe foi decretada a prisão preventiva), quando condenado, a tendência lógica é que permaneça preso e assim exerça seu direito de recorrer, cabendo ao juiz fundamentar que perdura a necessidade da prisão e persiste o *periculum libertatis*. Não estamos dizendo que permanecer preso é algo obrigatório ou automático, senão que, se existiram motivos para ser decretada a prisão preventiva no curso do processo (ou até mesmo na fase de inquérito) e permanecer esse perigo/necessidade, a manutenção da prisão é decorrência natural. Ou, ainda, também é aceitável a substituição da prisão preventiva por outra medida cautelar, prevista no art. 319.

Mas o réu que estava preso poderá ser condenado e solto ou submetido a uma medida cautelar diversa? Sim, desde que desapareça ou seja minorada a situação de perigo. Por exemplo: se o réu foi preso preventivamente para tutela da prova, com a sentença (logo, já foi colhida a prova) desapareceu a situação de perigo que justificou a prisão preventiva, devendo o (agora) condenado ser solto ou submetido a uma medida cautelar diversa mais adequada.

Também pode ocorrer de a acusação imputar a prática de dois delitos, v.g., tráfico de substâncias entorpecentes (art. 33 da Lei n. 11.343) e associação para o tráfico (art. 35 da Lei n. 11.343), e requerer a decretação da prisão preventiva considerando a gravidade dos crimes e o risco de fuga. Na sentença, o réu é absolvido da primeira imputação (tráfico de drogas) e condenado pela segunda a uma pena de 3 anos, substituída por pena restritiva de direitos, nos termos do art. 44 do CP. É manifestamente desproporcional manter alguém preso preventivamente nessas condições. Assim, ainda que condenado, deverá recorrer em liberdade, cabendo ao juiz, na sentença, determinar a expedição do respectivo alvará de soltura ou, no mínimo, substituir a prisão preventiva por uma medida cautelar diversa menos gravosa.

No que se refere à Súmula 9 do STJ[108], também deve ser lida nessa sistemática. Diz a súmula: "A exigência da prisão provisória, para apelar, não ofende a garantia constitucional da presunção de inocência".

Em suma, para decidir se o réu poderá recorrer em liberdade ou não, deve-se analisar a situação à luz do sistema cautelar e da real necessidade que a fundamenta (*periculum libertatis*) e legitima, decretando-se ou revogando-se a prisão preventiva, conforme o caso, bem como lançando mão das medidas cautelares diversas adequadas, que poderão ser revogadas, aplicadas como substitutivas da prisão preventiva, de forma isolada ou cumulativa.

Não é demais recordar que se o réu for absolvido, deverá ser imediatamente colocado em liberdade, se preso preventivamente, ou ordenada a cessação das medidas cautelares diversas que estejam sendo aplicadas, nos termos do art. 386, parágrafo único, incisos I e II do CPP.

Por fim, destacamos que não mais se pode falar em deserção por fuga. Desconectados estão o direito de recorrer (do réu) e o poder de prender (do Estado), quando necessária a custódia cautelar, sendo inadmissível a decisão que não conhece da apelação sob o argumento de que o réu fugiu ou não se recolheu para apelar. Existe uma nítida separação entre o direito de defesa e do duplo grau de jurisdição e a eventual necessidade da prisão cautelar. O fato de o réu apelar e fugir (ou não se apresentar) em nada afeta o direito ao recurso e tampouco pode ser usado como argumento de "presunção de culpabilidade" por evidente inconstitucionalidade.

E a prisão preventiva em caso de decisão de pronúncia?

O regramento da prisão nesse momento processual está disciplinado pelo art. 413 do CPP[109] e insere-se na mesma perspectiva da discussão anterior. A prisão

---

108 A Súmula, além de reduzir excessivamente a complexidade, peca – mesmo para os preservacionistas – por uma grave falha: não prevê a necessidade de fundamentação que demonstre a necessidade da prisão à luz da sistemática cautelar do art. 312 do CPP.

109 Art. 413. O juiz, fundamentadamente, pronunciará o acusado, se convencido da materialidade do fato

quando da decisão de pronúncia não é obrigatória (como já o foi no passado), estando subordinada ao fundamento e requisito que norteiam as prisões cautelares, nos termos do art. 312 do CPP. Assim, nenhuma relevância tem o fato de o agente ser primário ou reincidente, senão que deverá o juiz fundamentar a necessidade da prisão cautelar demonstrando a existência do *fumus commissi delicti* e do *periculum libertatis*. Tudo o que dissemos no item anterior é inteiramente aplicável aqui, de modo que, havendo necessidade e preenchidos os requisitos legais, poderá o juiz determinar a prisão preventiva do réu pronunciado ou mantê-lo preso, se assim já se encontrar. Em qualquer caso, deverá fundamentar a decisão.

Da mesma forma, poderá manter, aplicar, substituir ou cumular as medidas cautelares diversas, previstas no art. 319 do CPP, conforme a necessidade do caso.

Não estando preenchidos os requisitos da prisão preventiva, deverá o réu permanecer em liberdade, com a aplicação de medida cautelar diversa ou não. Tudo dependerá da existência ou não do *fumus commissi delicti* e do *periculum libertatis*. No mesmo sentido situa-se a fiança, medida de contracautela aplicada em conjunto com a liberdade provisória e que será analisada na continuação.

## 6. Da Prisão Temporária

A prisão temporária não foi, diretamente, modificada pela Lei n. 12.403/2011, mas sublinhamos a importância do art. 282[110], que se aplica a qualquer medida cautelar, inclusive para a prisão temporária, embora prevista em lei apartada.

Significa o estabelecimento de novos parâmetros sobre os quais deve especial atenção o juiz ao decretar a prisão temporária: necessidade e adequação.

---

e da existência de indícios suficientes de autoria ou de participação.

§ 1º A fundamentação da pronúncia limitar-se-á à indicação da materialidade do fato e da existência de indícios suficientes de autoria ou de participação, devendo o juiz declarar o dispositivo legal em que julgar incurso o acusado e especificar as circunstâncias qualificadoras e as causas de aumento de pena.

§ 2º Se o crime for afiançável, o juiz arbitrará o valor da fiança para a concessão ou manutenção da liberdade provisória.

§ 3º O juiz decidirá, motivadamente, no caso de manutenção, revogação ou substituição da prisão ou medida restritiva de liberdade anteriormente decretada e, tratando-se de acusado solto, sobre a necessidade da decretação da prisão ou imposição de quaisquer das medidas previstas no Título IX do Livro I deste Código.

110 Art. 282. As medidas cautelares previstas neste Título deverão ser aplicadas observando-se a:
I – necessidade para aplicação da lei penal, para a investigação ou a instrução criminal e, nos casos expressamente previstos, para evitar a prática de infrações penais;
II – adequação da medida à gravidade do crime, circunstâncias do fato e condições pessoais do indiciado ou acusado.
(...).

Além de observar se a medida realmente é necessária para a investigação e a coleta dos elementos probatórios buscados, deve verificar se a prisão temporária é adequada à finalidade apontada pela autoridade policial. Em última análise, estamos tratando da proporcionalidade da prisão, que adquire especial relevância agora com o amplo rol de medidas cautelares diversas, previstas no art. 319.

Deve o juiz verificar, portanto, se os objetivos buscados não podem ser alcançados por meio de medidas cautelares diversas e menos gravosas para o investigado.

A prisão temporária está prevista na Lei n. 7.960/89 e nasce logo após a promulgação da Constituição de 1988, atendendo à imensa pressão da polícia judiciária brasileira, que teria ficado "enfraquecida" no novo contexto constitucional diante da perda de alguns importantes poderes, entre eles o de prender para "averiguações" ou "identificação" dos suspeitos. Há que se considerar que a cultura policial vigente naquele momento, em que prisões policiais e até a busca e apreensão eram feitas sem a intervenção jurisdicional, não concebia uma investigação policial sem que o suspeito estivesse completamente à disposição da polícia. A pobreza dos meios de investigação (da época) fazia com que o suspeito fosse o principal "objeto de prova". Daí por que o que representava um grande avanço democrático foi interpretado pelos policiais como uma castração de suas funções.

A pressão foi tão grande que o Presidente José Sarney cedeu e, em 21/12/1989, foi institucionalizada a prisão para averiguações, agora com o nome de "prisão temporária" (como se existisse prisão perpétua...).

Outro detalhe importante é que a prisão temporária possui um defeito genético: foi criada pela Medida Provisória n. 111, de 24 de novembro de 1989. O Poder Executivo, violando o disposto no art. 22, I, da Constituição, legislou sobre matéria processual penal e penal (pois criou um novo tipo penal na antiga e já revogada Lei n. 4.898, substituída agora pela Lei n. 13.869/2019), através de medida provisória, o que é manifestamente inconstitucional. A posterior conversão da medida em lei não sana o vício de origem[111].

Mas, como os juízes e tribunais brasileiros fizeram vista grossa para essa grave inconstitucionalidade, a lei segue vigendo.

Então, não se pode perder de vista que se trata de uma prisão cautelar para satisfazer o interesse da polícia, pois, sob o manto da "imprescindibilidade para as investigações do inquérito", o que se faz é permitir que a polícia disponha, como bem entender, do imputado. Inclusive, ao contrário da prisão preventiva, em que

[111] RANGEL, Paulo. *Direito Processual Penal*, cit., p. 640.

o sujeito passivo fica em estabelecimento prisional e, se a polícia quiser conduzi-lo para ser interrogado ou participar de algum ato de investigação, deverá necessariamente solicitar autorização para o juiz, a prisão temporária lhes dá plena autonomia, inclusive para que o detido fique preso na própria delegacia de polícia. Significa dizer que ele está 24h por dia à disposição de todo e qualquer tipo de pressão ou maus-tratos, especialmente das ardilosas promessas do estilo "confessa ou faz uma delação premiada que isso acaba".

A prisão temporária cria todas as condições necessárias para se transformar em uma prisão para tortura psicológica, pois o preso fica à disposição do inquisidor. É um importantíssimo instrumento na cultura inquisitória em que a confissão e a "colaboração" são incessantemente buscadas. Não se pode esquecer que a "verdade" esconde-se na alma do herege, sendo ele o principal "objeto" da investigação.

Daí por que todo cuidado é pouco quando se pretender utilizar esse tipo de prisão, cabendo aos juízes suma prudência e bastante comedimento ao lançar mão desse instituto, até porque a cultura inquisitória (de obter uma confissão a qualquer custo) ainda é dominante.

### 6.1. Duração da Prisão Temporária. Prazo com Sanção

Em que pese o defeito genético que contém, ao menos a prisão temporária está controlada no tempo. É a única prisão cautelar cujo prazo máximo de duração está previsto em lei. Mais importante, trata-se de prazo com sanção, ou seja, findo o limite de tempo fixado na lei, o imputado deve ser imediatamente posto em liberdade (art. 2º, § 7º, da Lei n. 7.960/89), sob pena de configurar-se o delito de abuso de autoridade (Lei n. 13.869/2019).

Vejamos agora os principais aspectos da prisão temporária.

Será decretada pelo juiz (garantia da jurisdicionalidade), mediante requerimento do Ministério Público ou representação da autoridade policial. Não poderá ser decretada de ofício pelo juiz.

Deverá sempre ser fundamentada a decisão, como determinam o art. 93, IX, da Constituição e o art. 2º, § 2º, da Lei n. 7.960, demonstrando a necessidade da prisão temporária e a presença do requisito e fundamentos que a legitimam.

Os prazos de sua duração são:

- até 5 dias, prorrogáveis por igual período em caso de extrema e comprovada necessidade;
- sendo crime hediondo, o prazo poderá ser de 30 dias, prorrogáveis por igual período, fazendo com que a prisão temporária possa durar até 60 dias. Essa possibilidade está prevista no art. 2º, § 4º, da Lei n. 8.072.

Nada impede que o imputado seja posto em liberdade antes desses prazos, pela própria autoridade policial (sem intervenção judicial), desde que não exista mais a necessidade da custódia, tendo em vista o interesse da investigação. Mas os prazos devem ser observados, sendo completamente ilegal, por exemplo, a decisão judicial que decreta a prisão temporária por 7 dias (pois excede o prazo e já antecipa uma prorrogação – de ofício! – que sequer foi pedida e muito menos demonstrada). O prazo é de até cinco dias. Depois disso, excepcionalmente, havendo pedido expresso e fundamentado da autoridade policial, poderá haver a prorrogação por mais 5 dias.

Noutro sentido, nenhum problema existe se o juiz fixar uma prisão temporária pelo prazo de 3 dias ou, sendo crime hediondo, por 15 dias (ainda que a Lei permita até 30 dias). O prazo fixado em Lei é o "máximo" permitido, sempre mirando a necessidade da investigação. Cumprida essa finalidade em período menor, deve o imputado ser imediatamente solto.

Então, o juiz pode, perfeitamente, fixar um limite menor, avaliando a "necessidade" apontada pela autoridade policial. Muitas vezes, havendo vários suspeitos, com residências em diferentes cidades, é pedida a prisão temporária junto com a busca e apreensão, sendo a primeira uma forma de garantir a eficácia da segunda. Não há motivo algum para que a prisão temporária, tomando o caso do crime hediondo, por exemplo, dure mais do que 5 dias. Logo, para evitar abusos, deverá o juiz fixar esse prazo, cabendo à autoridade policial pedir e demonstrar eventual necessidade de prorrogação.

Deve-se assegurar a possibilidade de pedido de prorrogação, em caso de extrema e comprovada necessidade, até o limite global previsto na Lei n. 7.960 (5 + 5 = 10 ou, ainda, se hediondo, 30 + 30 = 60), de modo que, se o pedido for de prisão temporária por 30 dias (crime hediondo) e o juiz fixar em 15 dias, a autoridade policial poderá postular a prorrogação até o limite global de 60 dias.

Em se tratando de crime hediondo, o melhor seria que os juízes fixassem um prazo de no máximo 15 dias (ou até menos). A prorrogação deveria vir através de pedido fundamentado, permitindo ao juiz fazer um novo controle da necessidade da prisão e coibindo eventuais excessos. Se estiver convencido da imprescindibilidade da prorrogação, que o faça por mais 15 dias. Convenhamos que 30 dias de prisão temporária é tempo mais do que suficiente para a medida cumprir o seu fim.

Inclusive, com o advento da Lei n. 12.403/2011 e a inserção de um rol de medidas diversas à prisão, pensamos que não se justifica uma prisão temporária por mais de 5 dias, posto que após esse prazo, poderá o juiz – mediante invocação ou de ofício – substituir essa prisão temporária por uma medida alternativa, que igualmente permita o controle sobre o risco de fuga ou para a prova, sem necessidade da prisão.

Em qualquer caso, deve-se considerar ainda que a prisão temporária poderá dar lugar, após o escoamento do seu prazo, a uma prisão preventiva (que, como visto, não possui prazo de duração). Contudo, em nenhuma hipótese, poderá ser decretada a prisão temporária quando já estiver concluído o inquérito policial ou mesmo persistir, se tiver sido decretada anteriormente, após a conclusão da investigação.

Chamamos a atenção, finalmente, para o disposto na Lei n. 13.869/2019:

> Art. 40. O art. 2º da Lei n. 7.960, de 21 de dezembro de 1989, passa a vigorar com a seguinte redação:
> Art. 2º ...
> § 4º-A O mandado de prisão conterá necessariamente o período de duração da prisão temporária estabelecido no *caput* deste artigo, bem como o dia em que o preso deverá ser libertado.
> § 7º Decorrido o prazo contido no mandado de prisão, a autoridade responsável pela custódia deverá, independentemente de nova ordem da autoridade judicial, pôr imediatamente o preso em liberdade, salvo se já tiver sido comunicada da prorrogação da prisão temporária ou da decretação da prisão preventiva.
> § 8º Inclui-se o dia do cumprimento do mandado de prisão no cômputo do prazo de prisão temporária.

## 6.2. Especificidade do Caráter Cautelar. Análise do *Fumus Commissi Delicti* e do *Periculum Libertatis*. Crítica à "Imprescindibilidade para as Investigações Policiais"

A prisão temporária possui uma cautelaridade voltada para a investigação preliminar e não para o processo. Não cabe prisão temporária (ou sua permanência) quando já tiver sido concluído o inquérito policial. Então, se já houver processo ou apenas tiver sido oferecida a denúncia, não pode permanecer a prisão temporária.

Trata-se de uma prisão finalisticamente dirigida à investigação e que não sobrevive no curso do processo penal por desaparecimento de seu fundamento. Encerrada a investigação preliminar, não se pode mais cogitar de prisão temporária.

Compreendido isso, para que seja decretada, são necessários *fumus commissi delicti* e *periculum libertatis*, nos seguintes termos:

O *fumus commissi delicti* está previsto no art. 1º, inciso III, exigindo que existam "fundadas razões, de acordo com qualquer prova admitida na legislação penal, de autoria ou participação do indiciado nos seguintes crimes". Na continuação, a Lei n. 7.960 enumera 14 crimes, que vão do homicídio doloso aos crimes contra o sistema financeiro. É um rol bastante amplo e abrangente e, importante frisar, taxativo. É pacífico que a prisão temporária por crime que não esteja previsto naquele rol do inciso III é completamente ilegal, devendo imediatamente ser relaxada. Assim, é ilegal a prisão temporária por homicídio culposo, estelionato, apropriação indébita, sonegação fiscal, falsidade documental etc.

Deve-se sublinhar que a prisão temporária dirige-se ao agente suspeito de autoria ou participação em um daqueles delitos, sendo absurda sua utilização para prisão de testemunha, vítima, ascendente, descendente, cônjuge etc. do suposto autor. Por mais bizarro que isso possa parecer, nesse país o rol de monstruosidades jurídicas é infindável, havendo notícias de prisão temporária de testemunha que não comparece na delegacia de polícia e até da mãe de traficante foragido, para forçar sua apresentação...

Não há que se olvidar que para a decretação da prisão já devem existir indícios razoáveis de autoria, não se admitindo que se prenda para então buscar elementos de autoria e materialidade.

O *periculum libertatis* acaba sendo distorcido na prisão temporária, para atender à imprescindibilidade para as investigações do inquérito. Daí por que não é a liberdade do imputado o gerador do perigo que se quer tutelar, senão que a investigação necessita da prisão ou, ainda, a liberdade é incompatível com o que necessita a investigação para esclarecer o fato.

Esse é, sem dúvida, o ponto mais problemático da prisão temporária[112]. Não se pode admitir que uma prisão seja imprescindível para investigar um fato. A polícia deve ter informações e condições técnicas para realizar a investigação preliminar sem depender da prisão do suspeito.

É importante não esquecer que o suspeito também está protegido pela presunção de inocência e, principalmente, pelo *nemo tenetur se detegere*, ou seja, não está ele obrigado a praticar nenhum ato de prova que lhe possa prejudicar. Daí por que eventual recusa em submeter-se a reconhecimentos, acareações, reconstituições

---

[112] Importante trazer à colação as sempre lúcidas palavras do Min. EROS GRAU, ainda que a citação seja longa, quando explica que:
(...) O controle difuso da constitucionalidade da prisão temporária deverá ser desenvolvido perquirindo-se necessidade e indispensabilidade da medida. Daí que a primeira indagação a ser feita no curso desse controle há de ser a seguinte: em que e no que o corpo do suspeito é necessário à investigação? Exclua-se desde logo a afirmação de que se prende para ouvir o detido. Pois a Constituição garante a qualquer um o direito de permanecer calado (art. 5º, n. LXIII) – e o temos afirmado aqui exaustivamente –, o que faz com que a resposta à inquirição investigatória consubstancie uma faculdade. Ora, não se prende alguém para que exerça uma faculdade! Sendo a privação da liberdade a mais grave das constrições que a alguém se pode impor, é imperioso que o paciente dessa coação tenha a sua disposição alternativa de evitá-la. Se a investigação reclama a oitiva do suspeito, que a tanto se o intime e lhe sejam feitas perguntas, respondendo-as o suspeito se quiser, sem necessidade de prisão.
31. Tampouco se pode acolher a prisão para impedir que provas sejam destruídas sem que o suspeito tenha dado qualquer motivo para que se afirme essa possibilidade. Na dicção do Ministro CELSO DE MELLO, para tanto é indispensável "base empírica idônea".
32. Não falta quem diga que a prisão temporária é, às vezes, a "única punição" que o suspeito sofre. Mas prisão cautelar não é pena, de sorte que a circunstância de ter sido ela o único constrangimento por ele suportado consubstanciará prova cabal de que, não tendo sido condenado, o acusado não merecia ser punido.
33. Pior ainda é o argumento da "agilização" da investigação. Pois antes de ser ágil é preciso que ela seja legal e necessária, inexistindo qualquer outra via para o seu curso (grifo nosso).

etc. deve ser respeitada, pois constitucionalmente garantida, jamais servindo de fundamento para a decretação da prisão temporária. Infelizmente, ainda existem juízes que decretam a prisão temporária porque o imputado "não está colaborando com as investigações"... Isso é um absurdo.

Assim, é ilegal a prisão temporária que, com fundamento na "imprescindibilidade para as investigações do inquérito policial", pretende disponibilizar o *corpo do suspeito* para que dele disponha a autoridade policial (obrigando-o a participar de reconhecimentos, reconstituições etc.)[113].

Há que se abandonar o ranço inquisitório, em que o juiz (inquisidor) dispunha do corpo do herege, para dele extrair a verdade real... O suspeito (e o acusado) tem o direito de silêncio e de não participar de qualquer ato probatório, logo, está logicamente autorizado a não comparecer (e, obviamente, a "não colaborar com as investigações"...).

Feita essa ressalva, vamos a outro questionamento recorrente: como deve ser a aplicação dos incisos do art. 1º?

Será que pode ser decretada a prisão temporária com base, apenas, no inciso I? E só com base no inciso II? E só no III?

Não.

Por culpa da péssima sistemática da Lei n. 7.960, a melhor interpretação é a seguinte:

Os incisos devem ser interpretados em conjunto, de modo que só pode haver prisão de alguém suspeito de ser autor ou partícipe de algum daqueles crimes (cujo rol é taxativo), e quando imprescindível para a investigação.

Logo, sempre deve estar presente o inciso III.

Da mesma forma, a necessidade da prisão está estampada no inciso I, de modo que a tal "imprescindibilidade para as investigações" não pode faltar.

Contudo, tanto o inciso I como o inciso III, de forma isolada, não justificam a prisão temporária, somente quando combinados.

O inciso II (indiciado sem residência fixa ou não fornecer elementos necessários para sua identificação) é completamente contingencial, ou seja, sozinho não autoriza a prisão temporária e sua combinação apenas com o inciso I ou apenas com o inciso III não justifica a prisão temporária. Mais do que isso, o inciso II acaba sendo absorvido pela "imprescindibilidade" do inciso I, sendo logicamente redundante.

---

113 No mesmo sentido, DELMANTO JUNIOR, *Inatividade no Processo Penal Brasileiro*. São Paulo, RT, 2004. p. 166.

Em suma: a prisão temporária somente poderá ser decretada quando estiverem presentes as situações previstas nos incisos III e I[114]. A situação descrita no inciso II apenas reforça o fundamento da prisão, logo, pode haver prisão temporária pela conjugação dos três incisos.

Todas as demais combinações não autorizam a prisão temporária.

**Por fim, chamamos a atenção para uma grave degeneração do instituto: prisões temporárias decretadas para "contornar" a vedação da condução coercitiva.**

Como explica STRECK[115], "juízes e membros do Ministério Público não podem fazer agir estratégico, isto é, não podem usar o Direito com desvio de finalidade. Agir estratégico é similar à *lawfare*". Quero dizer, em poucas palavras, que advogados podem e devem fazer agir estratégico. É de sua função. Já juízes e membros do MP devem *agir por princípios* (o Direito é o fórum do princípio, diz Dworkin), porque são agentes políticos do Estado. "No momento em que o STF decide, na ADPF 444, que a condução coercitiva é inconstitucional, não pode o Estado (seja o Poder Judiciário ou o MP) agir de forma disfarçada para driblar a proibição de condução coercitiva. Ou seja, o cidadão deve poder ter confiança nas instituições. Na impessoalidade que as caracteriza não há (ou não pode haver, pelo menos), 'surpresas'. Justamente por isso, ele, o cidadão, deve poder saber que, se não estiver em flagrante e não estiverem presentes os requisitos de prisão (temporária ou preventiva), *não pode ser preso*. Portanto, ninguém pode ser surpreendido por uma estratégia judicial, substituindo algo que já foi proibido por um outro modo de agir. (...) O Estado não pode driblar o direito que ele mesmo produziu. Também para isso existem os princípios: para controlar as razões substantivas no uso da maquinaria coercitiva estatal. A máquina não pode se voltar maliciosamente contra os administrados."[116]

Portanto, e diante da cristalina lição de STRECK, não cabe a decretação de prisão temporária com a finalidade de conduzir o imputado para ser ouvido. Só cabe prisão temporária nos estritos limites do previsto na Lei n. 7.960/89 e ainda é preciso sempre recordar que o imputado tem direito de silêncio e de não produzir prova contra si mesmo, de modo que não há qualquer motivo que justifique ou legitime sua condução ou prisão para ser ouvido (sem esquecer também que eventual confissão também não constitui prova plena de nada...).

---

114 No mesmo sentido, afirmando, inclusive, que o inciso II é redundante em relação ao inciso I, Marcellus POLASTRI LIMA, A *Tutela Cautelar no Processo Penal*. Rio de Janeiro, Lumen Juris, 2005, p. 246.

115 <https://www.conjur.com.br/2018-set-20/senso-incomum-stf-alerta-uso-estrategico-direito-juizes-promotores>.

116 <https://www.conjur.com.br/2018-set-20/senso-incomum-stf-alerta-uso-estrategico-direito-juizes-promotores>.

## 7. Prisão Especial. Especificidades da Forma de Cumprimento da Prisão Preventiva. Inexistência de Prisão Administrativa e Prisão Civil

A chamada "prisão especial" não é uma modalidade de prisão cautelar, senão um regime especial de cumprimento da prisão preventiva. Algumas pessoas, em razão do cargo ou função que ocupam, da qualificação profissional, ou mesmo pelo simples fato de terem exercido a função de jurado (ou, ainda, ser um cidadão inscrito no "Livro de Mérito"!), gozam da prerrogativa de serem recolhidas a locais distintos da prisão comum.

Antes de analisar o art. 295, sublinhamos que a prisão especial é uma forma de cumprimento que somente se aplica ao réu submetido à prisão cautelar. Após o trânsito em julgado, não existe prisão especial e o (agora) condenado será submetido ao regime ordinário de cumprimento da pena, conforme fixado na sentença.

Excepcionalmente, dispõe o art. 84 da Lei de Execuções Penais que o preso primário cumprirá pena em seção distinta daquela reservada para os reincidentes, e o preso que, ao tempo do fato, era funcionário da administração da justiça criminal ficará em dependência separada. Mas isso não é, propriamente, uma prisão especial, senão apenas uma separação de pessoas que, por óbvios motivos de segurança da sua integridade, precisam manter-se separadas.

Assim, prisão especial somente tem incidência enquanto não houver o trânsito em julgado da sentença penal condenatória.

Nessa linha, dispõe o art. 295 do CPP:

> Art. 295. Serão recolhidos a quartéis ou a prisão especial, à disposição da autoridade competente, quando sujeitos a prisão antes de condenação definitiva:
>
> I – os ministros de Estado;
>
> II – os governadores ou interventores de Estados ou Territórios, o prefeito do Distrito Federal, seus respectivos secretários, os prefeitos municipais, os vereadores e os chefes de Polícia;
>
> III – os membros do Parlamento Nacional, do Conselho de Economia Nacional e das Assembleias Legislativas dos Estados;
>
> IV – os cidadãos inscritos no "Livro de Mérito";
>
> V – os oficiais das Forças Armadas e os militares dos Estados, do Distrito Federal e dos Territórios;
>
> VI – os magistrados;
>
> VII – os diplomados por qualquer das faculdades superiores da República;
>
> VIII – os ministros de confissão religiosa;
>
> IX – os ministros do Tribunal de Contas;
>
> X – os cidadãos que já tiverem exercido efetivamente a função de jurado, salvo quando excluídos da lista por motivo de incapacidade para o exercício daquela função;
>
> XI – os delegados de polícia e os guardas-civis dos Estados e Territórios, ativos e inativos.
>
> § 1º A prisão especial, prevista neste Código ou em outras leis, consiste exclusivamente

> no recolhimento em local distinto da prisão comum.
>
> § 2º Não havendo estabelecimento específico para o preso especial, este será recolhido em cela distinta do mesmo estabelecimento.
>
> § 3º A cela especial poderá consistir em alojamento coletivo, atendidos os requisitos de salubridade do ambiente, pela concorrência dos fatores de aeração, insolação e condicionamento térmico adequados à existência humana.
>
> § 4º O preso especial não será transportado juntamente com o preso comum.
>
> § 5º Os demais direitos e deveres do preso especial serão os mesmos do preso comum.

Entre os casos de prisão especial, pode gerar alguma dúvida a alteração do art. 439, que agora possui a seguinte redação:

> Art. 439. O exercício efetivo da função de jurado constituirá serviço público relevante e estabelecerá presunção de idoneidade moral.

A inovação do artigo fica por conta da supressão da parte final, onde se lia "e assegurará prisão especial, em caso de crime comum, até o julgamento definitivo". A pergunta é: desapareceu a prisão especial para o jurado?

Pensamos que não, pois a redação do art. 295 não foi alterada e lá consta expressamente a prisão especial para o jurado.

O que provavelmente tenha ocorrido foi um vacilo do legislador, pois, até a véspera da votação do PL 4.208, havia um consenso sobre a extinção da prisão especial e, portanto, haveria uma modificação radical no art. 295. Nesta linha, também teria que ser alterado o art. 439 (para supressão da parte final). Ocorre que, na última hora, decidiu-se pela manutenção da prisão especial e o art. 295 ficou inalterado (e esqueceram do art. 439, que acabou sendo alterado).

Mas essa alteração não tem qualquer relevância, pois apenas disciplinava e reforçava a possibilidade de prisão especial para o jurado. Era uma duplicidade de regulamentação da matéria, que agora passa a ser disciplinada, apenas, pelo art. 295 do CPP.

Assim, pensamos que permanece a prisão especial em sua amplitude originária, inclusive para o jurado (que tenha exercido efetivamente a função).

Os casos de prisão especial não se esgotam nesse rol, havendo outras fontes normativas que a contemplam. Entre elas, destacamos o disposto no art. 7º, V, da Lei n. 8.906, que assegura ao advogado o direito de ser recolhido à sala de Estado Maior e comodidades dignas (a expressão *assim reconhecidas pela OAB* foi suspensa, liminarmente, pela ADIn 1127-8). Não havendo possibilidade de atender-se a essa exigência, deve, ao advogado, ser assegurado o direito à prisão domiciliar (essa garantia não foi afastada pela ADIn 1127-8).

Contudo, a questão não é tão simples.

A Lei n. 10.258/2001 afetou substancialmente a morfologia da prisão especial, na medida em que inseriu cinco novos parágrafos no art. 295, que acabaram por transformar a prisão especial em simples cela separada ou mesmo em "alojamento coletivo". Sem dúvida, essa alteração acabou por derrogar a Lei n. 5.256/67, que previa a substituição por prisão domiciliar caso não houvesse um estabelecimento adequado ao recolhimento dos presos especiais. No mínimo, esvaziou a aplicabilidade dessa Lei.

Os tribunais brasileiros têm decidido, sistematicamente, na esteira da jurisprudência do STJ, que ao preso especial – não havendo estabelecimento específico (e quase nunca há...) – estaria garantido, apenas, o direito de ser recolhido em cela distinta da prisão comum. Assim, bastaria uma cela individual ou mesmo uma galeria ou ala, onde somente estivessem "presos especiais" – tudo dentro de uma prisão comum – para que a garantia fosse satisfeita.

Quanto à prerrogativa do advogado, ainda que a oscilação jurisprudencial seja uma marca genética, o STF vem traçando um caminho diferenciado, que, como cita HASSAN CHOUKR[117], inicia no HC 88.702/SP, Rel. Min. CELSO DE MELLO, julgado em 19/9/2006, em que o STF decidiu que "constitui direito público subjetivo do advogado, decorrente da prerrogativa profissional, o seu recolhimento em sala de Estado-Maior, com instalações e comodidades condignas, até o trânsito em julgado de decisão penal condenatória e, em sua falta, na comarca, em prisão domiciliar. Com base nesse entendimento, a Turma, por considerar que não se aplica, aos advogados, a Lei n. 10.258/2001 (que alterou o art. 295 do CPP), eis que subsistente, quanto a esses profissionais, a prerrogativa inscrita no inciso V do art. 7º da Lei n. 8.906/94, deferiu *habeas corpus*, impetrado em favor de advogados recolhidos em cadeia pública estadual que não atendia ao dispositivo estatutário, tornando definitiva medida cautelar anteriormente concedida, a fim de assegurar-lhes, em face da comprovada ausência, no local, de sala de Estado-Maior, o direito ao recolhimento e permanência em prisão domiciliar até o trânsito em julgado da sentença condenatória contra eles proferida" (grifo nosso).

Mas a decisão paradigmática nesse tema somente veio com a Reclamação 4.535/ES, cujo Relator foi Min. SEPÚLVEDA PERTENCE, julgada pelo Tribunal Pleno em 7/5/2007[118].

---

[117] HASSAN CHOUKR, Fauzi. *Código de Processo Penal* – comentários consolidados e crítica jurisprudencial. Rio de Janeiro, Lumen Juris, 2005. p. 479.

[118] EMENTA:
I. Reclamação: alegação de afronta à autoridade da decisão plenária da ADIn 1127, 17/5/2006, red. p/ acórdão Ministro Ricardo Lewandowski: procedência.
1. Reputa-se declaratória de inconstitucionalidade a decisão que – embora sem o explicitar – afasta a incidência da norma ordinária pertinente à lide para decidi-la sob critérios diversos alegadamente extraídos da Constituição. 2. A decisão reclamada, fundada na inconstitucionalidade do art. 7, V, do Estatuto dos Advogados, indeferiu a transferência do reclamante – Advogado, preso preventivamente em

Importante ainda, nessa matéria, é o acórdão proferido da Reclamação n. 5.212, no qual o STF reafirmou esse entendimento. Sublinhamos ainda a importância do instrumento utilizado para assegurar essa prerrogativa, nas duas decisões – Reclamação, art. 102, I, "l", da Constituição – que constitui uma via célere e eficiente para garantir a autoridade das decisões proferidas pelo STF[119].

Assim, prevalece o entendimento do STF e aos advogados não se aplicam as restrições inseridas no art. 295 do CPP, de modo que ou ficam recolhidos à sala de Estado-Maior (cuja definição também é dada pelo acórdão do STF na Reclamação 4.535) ou, na sua falta, em regime de prisão domiciliar.

Encerrada discussão sobre a prisão especial, vejamos agora a chamada prisão administrativa.

Originariamente estava prevista no art. 319 do CPP, substancialmente modificado pela Lei n. 12.403/2011. Se, antes, afirmávamos que a prisão administrativa não havia sido recepcionada pela Constituição, agora, com mais razão. Nem existe mais no Código de Processo Penal.

---

cela da Polícia Federal, para sala de Estado Maior e, na falta desta, a concessão de prisão domiciliar. 3. No ponto, dissentiu do entendimento firmado pelo Supremo Tribunal Federal na ADIn 1127 (17/05/2006, red. p/ acórdão Ricardo Lewandowski), quando se julgou constitucional o art. 7º, V, do Estatuto dos Advogados, na parte em que determina o recolhimento dos advogados em sala de Estado Maior e, na sua falta, em prisão domiciliar. 4. Reclamação julgada procedente para que o reclamante seja recolhido em prisão domiciliar – cujo local deverá ser especificado pelo Juízo reclamado –, salvo eventual transferência para sala de Estado Maior.

II. "Sala de Estado-Maior" (L. 8.906, art. 7º, V): caracterização. Precedente: HC 81.632 (2ª T., 20/8/2002, Velloso, RTJ 184/640).

1. Por Estado-Maior se entende o grupo de oficiais que assessoram o Comandante de uma organização militar (Exército, Marinha, Aeronáutica, Corpo de Bombeiros e Polícia Militar); assim sendo, "sala de Estado-Maior" é o compartimento de qualquer unidade militar que, ainda que potencialmente, possa por eles ser utilizado para exercer suas funções. 2. A distinção que se deve fazer é que, enquanto uma "cela" tem como finalidade típica o aprisionamento de alguém – e, por isso, de regra contém grades –, uma "sala" apenas ocasionalmente é destinada para esse fim. 3. De outro lado, deve o local oferecer "instalações e comodidades condignas", ou seja, condições adequadas de higiene e segurança.

Decisão

O Tribunal, por unanimidade, julgou procedente a reclamação, nos termos do voto do Relator. Ausentes, justificadamente, a Senhora Ministra Ellen Gracie (Presidente) e o Senhor Ministro Carlos Britto. Votou o Presidente. Falou pelo reclamante o Dr. Ronildo Lopes do Nascimento. Presidiu o julgamento o Senhor Ministro Gilmar Mendes (Vice-Presidente). Plenário, 7/5/2007.

119 Reclamação. Advogado. Prerrogativa profissional de recolhimento em sala de Estado Maior. Afronta ao decidido no julgamento da ação direta de Inconstitucionalidade n. 1.127. No julgamento da Ação Direta de Inconstitucionalidade n. 1.127, este Supremo Tribunal reconheceu a constitucionalidade do art. 7º, inc. V, da Lei n. 8.906/94 (...), declarando, apenas, a inconstitucionalidade da expressão "assim reconhecidas pela OAB". É firme a jurisprudência deste Supremo Tribunal Federal no sentido de que há de ser deferida a prisão domiciliar aos advogados onde não exista na localidade sala com as características daquela prevista no art. 7º, inc. V, da Lei n. 8.906/94, enquanto não transitada em julgado a sentença penal condenatória. Precedentes. (Rcl 5.212, Rel. Min. Cármen Lúcia, j. 27/3/2008, *DJe* 30/5/2008).

Quanto à prisão civil, anteriormente prevista no art. 320, foi igualmente revogada pela Lei n. 12.403/2011 e não é mais regida pelo Código de Processo Penal.

Em suma: não existe mais prisão administrativa, e a prisão civil, decretada por juiz cível competente, somente tem lugar no caso de inadimplemento de obrigação alimentar, não sendo regida pelo CPP.

## 8. Liberdade Provisória. O Novo Regime Jurídico da Fiança

Com a nova redação do art. 319, foi estabelecido um sistema polimorfo, com um amplo regime de liberdade provisória, com diferentes níveis de vinculação ao processo, estabelecendo um escalonamento gradativo, em que no topo esteja a liberdade plena e, gradativamente, vai-se descendo, criando restrições à liberdade do réu no curso do processo através da imposição de medidas cautelares diversas, como o dever de comparecer periodicamente, pagar fiança, proibição de frequentar determinados lugares, obrigação de permanecer em outros nos horários estabelecidos, proibição de ausentar-se da comarca sem prévia autorização judicial, monitoramento eletrônico, recolhimento domiciliar noturno e, quando nada disso se mostrar suficiente e adequado, chega-se à *ultima ratio* do sistema: a prisão preventiva.

Dessa forma, a liberdade provisória é uma medida alternativa, de caráter substitutivo em relação à prisão preventiva, que fica efetivamente reservada para os casos graves, em que sua necessidade estaria legitimada.

### 8.1. Definindo Categorias: Relaxamento, Revogação da Prisão Cautelar e Concessão da Liberdade Provisória

Para compreensão dos conceitos, façamos desde logo as distinções devidas[120]:

1. **Relaxamento da prisão em flagrante ou preventiva:** é sinônimo de ilegalidade da prisão, aplicando-se tanto à prisão em flagrante como também à preventiva. Toda prisão cautelar ou pré-cautelar (flagrante) que não atenda aos requisitos legais anteriormente analisados é ilegal e deve ser imediatamente relaxada (art. 5º, LXV, da CF), com a consequente liberdade plena do agente. Assim, deve-se relaxar a prisão nos casos de flagrante forjado, provocado e preparado; prisão preventiva decretada por juiz incompetente ou de ofício; a prisão automática ou obrigatória para apelar ou em virtude da decisão de pronúncia; a prisão preventiva sem fundamentação; a

[120] No mesmo sentido, BADARÓ, *Direito Processual Penal*, cit., t. II, p. 164.

permanência de alguém preso a título de "prisão em flagrante" (pois se trata de medida pré-cautelar, como explicado anteriormente) etc. Também é caso de relaxamento quando a ilegalidade é posterior, como exemplifica BADARÓ[121], citando o excesso de prazo da prisão preventiva.

2. **Revogação da prisão preventiva ou da medida cautelar diversa:** a revogação ocorre quando não mais subsistem os motivos que legitimaram a segregação ou a restrição imposta por meio de medida cautelar diversa (art. 319). Está intimamente vinculada com a provisionalidade das medidas cautelares, ou seja, com a marca genética de serem elas "situacionais", na medida em que tutelam uma situação fática de perigo. Desaparecido o *periculum libertatis* que autorizou a prisão preventiva ou medida cautelar diversa, cessa o suporte fático que a legitima, devendo o juiz revogar a prisão ou medida cautelar e conceder a liberdade plena do agente. Assim, a revogação somente se opera em relação à prisão preventiva ou medida cautelar diversa, não incidindo na medida pré-cautelar da prisão em flagrante (em relação a ele, somente se fala em relaxamento ou concessão de liberdade provisória, conforme o caso). Contudo, homologado o flagrante e decretada a prisão preventiva, é cabível o pedido de revogação da prisão cautelar pelo desaparecimento do suporte fático apontado para sua decretação.
3. **Concessão de liberdade provisória com ou sem fiança:** disposta como uma medida cautelar (na verdade, uma contracautela), alternativa à prisão preventiva, nos termos do art. 310, III, do CPP. No sistema brasileiro, situa-se após a prisão em flagrante e antes da prisão preventiva, como medida impeditiva da prisão cautelar. Não é uma medida originária, senão substitutiva da prisão (em flagrante) já efetivada. É dela que iremos nos ocupar agora.

É a liberdade provisória uma forma de evitar que o agente preso em flagrante tenha sua detenção convertida em prisão preventiva. Daí por que, quando um juiz nega o pedido de liberdade provisória da defesa, homologa a prisão em flagrante e decreta a prisão preventiva atendendo o requerimento do Ministério Público, o *habeas corpus* impetrado será para obter a concessão de liberdade provisória (que deveria ter sido concedida antes, mas não o foi) e não para revogação da prisão preventiva; ou ainda para obter a substituição da prisão preventiva por uma medida cautelar diversa.

Quando a discussão situa-se em torno do art. 310, II, do CPP (e a conversão da prisão em flagrante em prisão preventiva) e o argumento é o de que nunca

---

121 BADARÓ, op. cit.

houve o risco previsto no art. 312 do CPP, o *habeas corpus* busca a liberdade provisória ilegalmente negada. Então, é caso de concessão de liberdade provisória.

E quando há prisão em flagrante, servindo de medida preparatória para a decretação da prisão preventiva, e, posteriormente, esse fundamento (*periculum libertatis*) desaparece, é caso de revogação ou de concessão de liberdade provisória?

É caso de revogação. O desaparecimento do suporte fático, da situação acautelatória que suporta a prisão preventiva (*periculum libertatis*), conduz à revogação da medida cautelar. Logo, desaparecido o risco de fuga, o clamor social ou o perigo para a coleta da prova (a instrução está encerrada, por exemplo), terá cabimento o pedido de revogação da prisão cautelar.

Da mesma forma, quando não existe prisão em flagrante e, com base na investigação preliminar e no pedido do Ministério Público, o juiz decreta a prisão preventiva, o *habeas corpus* interposto será para revogação da prisão e restabelecimento da liberdade plena.

Essa é uma distinção relevante e que, não raras vezes, costuma ser encoberta pelo confusionismo de conceitos. Há que se ter um mínimo de atenção às categorias processuais, principalmente diante do imbróglio normativo do CPP brasileiro.

Compreendido isso, evidencia-se que a liberdade provisória se estrutura diretamente sobre as bases da prisão em flagrante[122].

E, como explicamos anteriormente, a prisão em flagrante é pré-cautelar, preparatória de uma cautelar de verdade, como a prisão preventiva, de forma que a liberdade provisória insere-se em linha direta de colisão com ela, impedindo-a.

Mas e se a liberdade provisória vincula-se, diretamente, à prisão em flagrante, como explicar o art. 334 do CPP, quando afirma que "a fiança poderá ser prestada enquanto não transitar em julgado a sentença condenatória"?

Porque a fiança pode ser aplicada a qualquer tempo, como medida cautelar diversa, assim estabelecida no art. 319, VIII, do CPP.

Na sistemática do art. 319, a fiança adquire o *status* de medida autônoma da liberdade provisória e por isso pode ser aplicada em qualquer fase do processo.

## 8.2. Regime Jurídico da Liberdade Provisória

Com a Lei n. 12.403/2011, obteve-se um sistema cautelar polimorfo, com diferentes instrumentos e possibilidades jurídicas do tratamento do regime de liberdade provisória.

---

[122] PACELLI DE OLIVEIRA, Eugênio. *Regimes Constitucionais da Liberdade Provisória*. 2. ed. Rio de Janeiro, Lumen Juris, 2006. p. 79.

Sem olvidar que a liberdade provisória situa-se após a prisão em flagrante, como alternativa à prisão preventiva, pode ela ter o seguinte regime jurídico:

- liberdade provisória com fiança;
- liberdade provisória com fiança e outra(s) medida(s) cautelar(es) diversa(s) prevista(s) no art. 319 do CPP;
- liberdade provisória sem fiança, mas com a submissão à(s) medida(s) cautelar(es) diversa(s) prevista(s) no art. 319 do CPP;
- liberdade provisória sem fiança, mas com obrigação de comparecer a todos os atos do processo, quando o agente praticar o fato ao abrigo de uma causa de exclusão da ilicitude (art. 310, § 1º.).

A redação do art. 310[123] é muito clara neste ponto.

Comecemos pelo fim.

O § 1º tutela uma situação muito peculiar, em que o agente pratica o fato ao abrigo – ainda que aparente – de uma causa de exclusão da ilicitude, caso em que não cabe a prisão preventiva (art. 314). Será então concedida liberdade provisória (sem a exigência de fiança, note-se a diferença da redação do parágrafo em relação ao *caput*) mediante termo de comparecimento a todos os atos do processo. Essa é, neste caso específico, a única obrigação que pode ser imposta ao imputado.

---

[123] Art. 310. Após receber o auto de prisão em flagrante, no prazo máximo de até 24 (vinte e quatro) horas após a realização da prisão, o juiz deverá promover audiência de custódia com a presença do acusado, seu advogado constituído ou membro da Defensoria Pública e o membro do Ministério Público, e, nessa audiência, o juiz deverá, fundamentadamente:

I – relaxar a prisão ilegal; ou

II – converter a prisão em flagrante em preventiva, quando presentes os requisitos constantes do art. 312 deste Código, e se revelarem inadequadas ou insuficientes as medidas cautelares diversas da prisão; ou

III – conceder liberdade provisória, com ou sem fiança.

§ 1º Se o juiz verificar, pelo auto de prisão em flagrante, que o agente praticou o fato em qualquer das condições constantes dos incisos I, II ou III do *caput* do art. 23 do Decreto-lei n. 2.848, de 7 de dezembro de 1940 (Código Penal), poderá, fundamentadamente, conceder ao acusado liberdade provisória, mediante termo de comparecimento obrigatório a todos os atos processuais, sob pena de revogação.

§ 2º Se o juiz verificar que o agente é reincidente ou que integra organização criminosa armada ou milícia, ou que porta arma de fogo de uso restrito, deverá denegar a liberdade provisória, com ou sem medidas cautelares.

§ 3º A autoridade que deu causa, sem motivação idônea, à não realização da audiência de custódia no prazo estabelecido no *caput* deste artigo responderá administrativa, civil e penalmente pela omissão.

§ 4º Transcorridas 24 (vinte e quatro) horas após o decurso do prazo estabelecido no *caput* deste artigo, a não realização de audiência de custódia sem motivação idônea ensejará também a ilegalidade da prisão, a ser relaxada pela autoridade competente, sem prejuízo da possibilidade de imediata decretação de prisão preventiva. (ARTIGO SUSPENSO PELA LIMINAR DO MIN. FUX)

Analisemos agora o disposto no *caput* do art. 310.

Estando formalmente perfeita a prisão em flagrante, será homologada (do contrário, é caso de relaxamento), passando o juiz, na continuação, a verificar a necessidade da prisão preventiva ou a possibilidade de concessão de liberdade provisória, com ou sem fiança, cumulada ou não com alguma das medidas cautelares diversas do art. 319 do CPP.

Nesta linha, determina o art. 321 que, "ausentes os requisitos que autorizam a decretação da prisão preventiva, o juiz deverá conceder liberdade provisória, impondo, se for o caso, as medidas cautelares previstas no art. 319 deste Código e observados os critérios constantes do art. 282 deste Código".

Nesta perspectiva, poderá o juiz conceder:

a) liberdade provisória com fiança, cujo valor será fixado nos termos do art. 325 do CPP;

b) liberdade provisória com fiança e outra(s) medida(s) cautelar(es) diversa(s) prevista(s) no art. 319 do CPP, posto que a situação exige a maior restrição e controle da liberdade do réu;

c) liberdade provisória sem fiança, porque o réu não tem condições de pagá-la (art. 350), impondo-lhe as condições dos arts. 327 e 328 e ainda, se necessário, de medida cautelar diversa (isolada ou cumulada com outra medida), prevista no art. 319 do CPP.

Portanto, diante do rol de medidas cautelares diversas previstas no art. 319, amplas são as possibilidades de tutela, sem que seja necessário recorrer-se à prisão preventiva, até porque não se pode olvidar o disposto no art. 282, § 6º: A *prisão preventiva será determinada quando não for cabível a sua substituição por outra medida cautelar*.

Mais do que isso, o legislador de 2019 alterou o art. 282, § 6º, para exigir ainda que a decisão que nega a substituição da prisão preventiva pelas medidas cautelares diversas seja fundamentada e justificada com base nos elementos presentes do caso concreto, de forma individualizada. A essa exigência, soma-se o novo *standard* de qualidade das decisões estabelecido no art. 315, § 2º, que não pode ser esquecido.

Por fim, descumpridas quaisquer das condições impostas, poderá o juiz impor alguma medida cautelar diversa mais gravosa ou, em caso de real necessidade, decretar a prisão preventiva. Esse é o princípio da provisionalidade das medidas cautelares, anteriormente explicado e para onde remetemos o leitor para evitar repetições.

Mas, sublinhamos: **essa decisão pressupõem um pedido fundamentado por parte do Ministério Público (logo, não cabe ao juiz assim proceder de ofício) a ser apreciado em audiência, oral e em contraditório (exigência do contraditório feita pelo art. 282, § 3º).**

## 8.3. Da Fiança

A fiança é uma contracautela, uma garantia patrimonial, caução real, prestada pelo imputado e que se destina, inicialmente, ao pagamento das despesas processuais, multa e indenização, em caso de condenação, mas, também, como fator inibidor da fuga. Ou seja, é a fiança, considerando o elevado valor que pode atingir, um elemento inibidor, desestimulante, da fuga do imputado, garantindo, assim, a eficácia da aplicação da lei penal em caso de condenação. Guarda, por isso, uma relação de proporcionalidade em relação à gravidade do crime e também em relação às possibilidades econômicas do imputado.

Neste sentido, determina o art. 336:

> Art. 336. O dinheiro ou objetos dados como fiança servirão ao pagamento das custas, da indenização do dano, da prestação pecuniária e da multa, se o réu for condenado.
> Parágrafo único. Este dispositivo terá aplicação ainda no caso da prescrição depois da sentença condenatória.

Chama a atenção o disposto no parágrafo único do dispositivo, no sentido de que se o réu for condenado, mas tiver declarada extinta a punibilidade pela prescrição, a fiança prestada continuará respondendo pelas custas processuais e indenização pelo dano. O problema é que se houver prescrição da pretensão punitiva, não há "prestação pecuniária", "multa" ou indenização pelo dano (pois o dever de indenizar somente existe se a sentença for condenatória e, no caso, será declaratória da extinção da punibilidade), pois igualmente prescritas. A melhor interpretação é no sentido de que o parágrafo único somente pode ser aplicado no caso de prescrição da pretensão executória (prevista no *caput* do art. 110 do CP) e não no caso de prescrição da pretensão punitiva retroativa (art. 110, § 1º, do CP). Na prescrição da pretensão executória somente existe a perda do poder de executar a pena. Sem embargo, é preciso recordar que mesmo diante da prescrição da pretensão punitiva, pode subsistir a responsabilidade civil pelo dano causado, a ser buscada na esfera cível.

O instituto da fiança foi profundamente modificado na Reforma Processual de 2011, tendo agora um campo de atuação muito maior.

A fiança passa a ter duas dimensões de atuação:

- aplicada no momento da concessão da liberdade provisória – art. 310 – portanto, como condição imposta neste momento e vinculada à liberdade provisória;
- como medida cautelar diversa (art. 319).

Nos termos do art. 310, III, anteriormente analisado, o juiz, recebendo o auto de prisão em flagrante poderá – após sua homologação – decretar a prisão preventiva (se houver pedido) ou conceder liberdade provisória, com ou sem fiança. Obviamente, essa decisão tem que ser tomada em audiência de custódia, observando-se o que explicamos anteriormente ao tratar do tema.

Neste momento, tem uma característica mais clara de contracautela, para evitar a decretação da prisão preventiva e vinculada à concessão da liberdade provisória. Importante destacar que o art. 310 é expresso: conceder liberdade provisória com ou sem fiança.

Significa dizer que neste momento, é possível homologar o flagrante e conceder liberdade provisória sem fiança, pois não é a "afiançabilidade" condição *sine qua non* para a liberdade provisória.

E qual a relevância disso?

Para os crimes inafiançáveis. Evidencia-se que não existe prisão cautelar-obrigatória e que o flagrante "não prende por si só", como já explicado, de modo que, mesmo sendo o crime hediondo ou qualquer outro "inafiançável", poderá o juiz conceder liberdade provisória, sem fiança, e mediante a imposição de uma ou mais medidas cautelares diversas, conforme o caso.

Diante de um flagrante por crime inafiançável, não estando presente o *periculum libertatis* da prisão preventiva ou, ao menos, não em nível suficiente para exigir a prisão preventiva, poderá o juiz conceder a liberdade provisória sem fiança, mas com medidas cautelares alternativas com suficiência para tutelar a situação fática de perigo.

Ainda que não se imponha fiança, por ser inafiançável, poderá o juiz lançar mão do monitoramento eletrônico e da proibição de ausentar-se da comarca ou país, por exemplo.

O que não se pode tolerar é simplesmente manter alguém preso por ser o crime inafiançável. Não, isso não pode ocorrer, pois o sistema cautelar possui diversas alternativas para tutelar uma situação de perigo e não há possibilidade de execução antecipada de pena.

Superada essa questão, vejamos a fiança do art. 319, VIII, assim estabelecida:

> Art. 319. (...)
> VIII – fiança, nas infrações que a admitem, para assegurar o comparecimento a atos do processo, evitar a obstrução do seu andamento ou em caso de resistência injustificada à ordem judicial;
> (...)
> § 4º A fiança será aplicada de acordo com as disposições do Capítulo VI deste Título, podendo ser cumulada com outras medidas cautelares. (NR)

Situada no Capítulo das medidas cautelares diversas, essa fiança tem outra estrutura.

Poderá ser aplicada a qualquer momento, nos termos do art. 334, "a fiança poderá ser prestada enquanto não transitar em julgado a sentença condenatória".

Essa fiança poderá ser exigida, inclusive, como reforço da tutela cautelar, no momento da sentença condenatória, para garantir que o réu possa recorrer em liberdade diminuindo o risco de fuga (fator inibidor).

Como as demais medidas cautelares diversas, essa fiança pode ser aplicada de forma isolada ou cumulada com outra medida prevista no art. 319, e tem como função precípua assegurar o comparecimento a atos do processo, evitar obstrução do seu andamento ou em caso de resistência à ordem judicial. Nos dois primeiros casos, é manifesta a tutela do processo, seja pelo viés de tutela da prova, seja para assegurar a aplicação da lei penal.

Já a parte final do artigo foge a essa sistemática, tendo uma finalidade punitiva, ao exigir fiança de quem tenha resistido, de forma injustificada, à ordem judicial.

Primeiro ponto criticável é exatamente esse defeito genético, ou seja, onde está a cautelaridade desta medida?

Segundo aspecto é que o dispositivo parece criar uma terceira espécie de fiança, ou seja, temos a fiança aplicada junto com a liberdade provisória do art. 310, a fiança como medida cautelar diversa (art. 319, VIII, primeira parte) e uma fiança punitiva (art. 319, VIII, última parte). Mas tudo isso sem uma sistemática clara.

Terceiro problema é a vagueza do dispositivo. Pode-se exigir "fiança" em caso de descumprimento de qualquer ordem judicial? Se o réu é intimado para participar de um reconhecimento pessoal e não comparece, pode ser-lhe imposta essa fiança? Se não comparece na audiência de instrução, ainda que intimado, pode ser imposta a fiança? Dependendo da interpretação e da argumentação que se dê, sim, poderia ser imposta a fiança, o que nos parece, juridicamente, absurdo. Não só porque não existe cautelaridade alguma, mas também porque se presta – ao remeter para o adjetivo "injustificada" – a manipulações e interpretações autoritárias, que inclusive neguem o direito de silêncio do réu. O que será uma "resistência (in)justificada" à ordem judicial? Aquilo que o juiz que emitiu a ordem judicial disser que é, pois a ele também caberá decidir sobre a fiança...

Portanto, pensamos que essa fiança punitiva é de duvidosa constitucionalidade e deve ser usada, quando muito, para reforçar alguma medida cautelar imposta e descumprida, tendo sua aplicação restrita ao descumprimento de alguma das cautelares diversas deste art. 319.

### 8.4. Valor, Reforço, Dispensa, Destinação, Cassação, Quebramento e Perda da Fiança

Vejamos agora, sistematicamente, esses pontos:

### a) VALOR:

Fixada em salários mínimos, a fiança deve observar o binômio gravidade do delito e possibilidade econômica do agente, nos termos dos arts. 325 e 326 do CPP[124].

A Lei n. 12.403/2011 revitalizou a fiança e, principalmente, estabeleceu um vasto campo de aplicação e a possibilidade de fixação de valores elevados, suficientes para, à luz da gravidade do crime e das condições econômicas do imputado, minimizar os riscos de fuga. Valores elevados não apenas desestimulam a fuga, mas, principalmente, criam uma situação econômica completamente desfavorável, dificultando muito que o imputado tenha condições financeiras para fugir e se manter assim por longos períodos. Ademais, a fuga dará causa ao perdimento da integralidade do valor, como se verá a continuação.

Dessarte, ao mesmo tempo em que pode ser dispensada a fiança para aqueles imputados que não tiverem condições econômicas para suportá-la (art. 350), mas submetendo-os a outras medidas cautelares do art. 319 (e também dos arts. 327 e 328, conforme o caso), ou reduzida em até 2/3, também poderá ter o valor aumentado em até mil vezes. Com isso, em situações graves e se o imputado tiver excepcionais condições econômicas, a fiança poderia, em tese, ser fixada em 200.000 salários mínimos, ou seja, uma cifra astronômica. É claro que dificilmente se chegará a um valor desses, mas existe a possibilidade jurídica de fixar uma fiança em limites econômicos que realmente tenham relevância para o imputado, à luz da gravidade do crime e de sua riqueza.

Poderá consistir em depósito em dinheiro, pedras, objetos ou metais preciosos, títulos da dívida pública, federal, estadual ou municipal, ou em hipoteca inscrita em primeiro lugar (art. 330 do CPP).

### b) QUEM PODE CONCEDER:

A fiança, conforme as situações anteriormente explicadas, poderá ser imposta em qualquer fase da investigação ou do processo (até o trânsito em julgado),

---

124 Art. 325. O valor da fiança será fixado pela autoridade que a conceder nos seguintes limites:
(...)
I – de 1 (um) a 100 (cem) salários mínimos, quando se tratar de infração cuja pena privativa de liberdade, no grau máximo, não for superior a 4 (quatro) anos;
II – de 10 (dez) a 200 (duzentos) salários mínimos, quando o máximo da pena privativa de liberdade cominada for superior a 4 (quatro) anos.
§ 1º Se assim recomendar a situação econômica do preso, a fiança poderá ser:
I – dispensada, na forma do art. 350 deste Código;
II – reduzida até o máximo de 2/3 (dois terços); ou
III – aumentada em até 1.000 (mil) vezes.

tanto pela autoridade judicial como também policial. A fiança imposta pela polícia está limitada pelo art. 322[125].

O campo de aplicação da fiança policial está definido no art. 322, cabendo ao Delegado de Polícia fixá-la em qualquer crime cuja pena máxima não exceda 4 anos. Em caso de recusa ou demora injustificada por parte da autoridade policial em conceder a fiança, aplica-se o art. 335[126].

Havendo demora por parte da autoridade policial ou nos demais casos em que a pena máxima é superior a 4 anos, caberá ao imputado solicitá-la ao juiz ou ainda, mesmo que não solicite, deverá a autoridade judiciária se manifestar sobre ela, por força do art. 310 do CPP. Recordemos que a autoridade policial tem até 24h para formalizar o auto de prisão em flagrante e remeter para o juiz (arts. 310 e 306, § 1º). Recebendo o APF, o juiz deverá realizar em até 24h a audiência de custódia (art. 310, § 4º), sob pena de ilegalidade da prisão a ser, portanto, relaxada. Ainda que o art. 310, § 4º, esteja com sua eficácia suspensa pela Liminar do Min. FUX, o prazo de 24h da audiência de custódia está sendo observado (até porque é uma exigência que já estava na Resolução 213 do CNJ).

Portanto, antes do decurso do prazo do art. 335 deverá ser realizada a audiência de custódia e haver a manifestação do juiz sobre a fiança e demais medidas cautelares diversas.

### c) DISPENSA DE PAGAMENTO:

Se as condições econômicas do imputado forem desfavoráveis e ele não tiver condições de arcar com a fiança, o art. 350[127] autoriza o juiz a conceder a liberdade provisória sem o pagamento, mas subordinando as condições dos arts. 327 e 328. Além delas, poderá o juiz aplicar outras medidas cautelares diversas, previstas no art. 319, conforme a necessidade da situação.

---

[125] Art. 322. A autoridade policial somente poderá conceder fiança nos casos de infração cuja pena privativa de liberdade máxima não seja superior a 4 (quatro) anos.
Parágrafo único. Nos demais casos, a fiança será requerida ao juiz, que decidirá em 48 (quarenta e oito) horas.

[126] Art. 335. Recusando ou retardando a autoridade policial a concessão da fiança, o preso, ou alguém por ele, poderá prestá-la, mediante simples petição, perante o juiz competente, que decidirá em 48 (quarenta e oito) horas.

[127] Art. 350. Nos casos em que couber fiança, o juiz, verificando a situação econômica do preso, poderá conceder-lhe liberdade provisória, sujeitando-o às obrigações constantes dos arts. 327 e 328 deste Código e a outras medidas cautelares, se for o caso.
Parágrafo único. Se o beneficiado descumprir, sem motivo justo, qualquer das obrigações ou medidas impostas, aplicar-se-á o disposto no § 4º do art. 282 deste Código.

### d) REFORÇO:

Nos termos do art. 340 do CPP, será exigido o reforço da fiança, ou seja, um acréscimo a ser pago pelo imputado, quando:

- I. a autoridade tomar, por engano, fiança insuficiente;
- II. houver depreciação material ou perecimento dos bens caucionados;
- III. for inovada a classificação do delito, nos termos dos arts. 383 ou 384, para um crime mais grave.

São situações em que houve perda do valor econômico da fiança ou a verificação da sua insuficiência, mas sem que o imputado tenha dado causa a esse perecimento. Por esse motivo, oportuniza-se-lhe o reforço, mas se não for feito, acarretará a prisão e tornará a fiança sem efeito (art. 340, parágrafo único).

É claro que esse reforço deve observar a proporcionalidade e também o binômio gravidade do crime-possibilidade econômica do imputado, inclusive no que tange ao art. 350 (impossibilidade de pagamento).

### e) DESTINAÇÃO:

Se o réu for condenado e se apresentar para cumprir a pena imposta, ser-lhe-á devolvido o valor dado em garantia, abatendo-se o valor das custas, multa e indenização (aquela fixada na sentença penal). Se absolvido, a fiança é deixada sem efeito, devolvendo-lhe todos os valores. Neste sentido, é importante a leitura dos arts. 336 e 337[128].

Quanto ao parágrafo único do art. 336, repetimos a lição anterior, no sentido de que se o réu for condenado, mas tiver declarada extinta a punibilidade pela prescrição, a fiança prestada continuará respondendo pelas custas processuais e indenização pelo dano. Não vislumbramos como exigir "prestação pecuniária" e "multa", pois igualmente prescritas. O Estado perde o poder de punir, mas isso não isenta o réu das custas do processo e tampouco o exime da responsabilidade civil decorrente do delito. Portanto, no que tange ao dano, considerando que as esferas de responsabilidade civil e penal são distintas e que a declaração de extinção da punibilidade não afeta a pretensão indenizatória, está correta a previsão, mas responderá apenas pelo dano fixado na sentença penal (art. 387, IV).

---

[128] Art. 336. O dinheiro ou objetos dados como fiança servirão ao pagamento das custas, da indenização do dano, da prestação pecuniária e da multa, se o réu for condenado.
Parágrafo único. Este dispositivo terá aplicação ainda no caso da prescrição depois da sentença condenatória (art. 110 do Código Penal).
Art. 337. Se a fiança for declarada sem efeito ou passar em julgado sentença que houver absolvido o acusado ou declarada extinta a ação penal, o valor que a constituir, atualizado, será restituído sem desconto, salvo o disposto no parágrafo único do art. 336 deste Código.

### f) CASSAÇÃO:

Quando incabível a fiança, nos termos dos arts. 338 e 339, deverá a fiança ser cassada e os valores serem devolvidos integralmente ao réu. Não se impõe prisão automática pela cassação. A situação fática deve ser avaliada à luz do sistema cautelar e, se necessários e presentes o *fumus commissi delicti* e o *periculum libertatis*, poderá ser aplicada outra medida cautelar diversa, de forma isolada ou cumulativa e, em último caso, decretada a prisão preventiva.

### g) QUEBRAMENTO:

A fiança será considerada quebrada quando:

> Art. 341. Julgar-se-á quebrada a fiança quando o acusado:
> I – regularmente intimado para ato do processo, deixar de comparecer, sem motivo justo;
> II – deliberadamente praticar ato de obstrução ao andamento do processo;
> III – descumprir medida cautelar imposta cumulativamente com a fiança;
> IV – resistir injustificadamente a ordem judicial;
> V – praticar nova infração penal dolosa.

O quebramento da fiança acarretará perda de metade do valor e caberá ao juiz decidir sobre a imposição de outras medidas cautelares, ou, em último caso, decretar a prisão preventiva. Dada a gravidade do quebramento da fiança, deverá ser analisada com muita prudência pelo juiz, que decidirá observando os critérios de necessidade e adequação, reservando a prisão preventiva para situações extremas.

Inclusive, a abertura conceitual contida nos incisos do art. 341 exige interpretação restritiva, sob pena de cair-se no decisionismo autoritário. Ademais, os incisos IV e V podem se revelar claramente inconstitucionais, no caso concreto, por violar a presunção de inocência. A mera "prática de outra infração" não pode justificar o quebramento da fiança, pois manifesta seria a violação da presunção de inocência e, conforme o caso, inequívoca desproporcionalidade.

### h) CONSEQUÊNCIAS DO QUEBRAMENTO:

Conforme dispõe o art. 343:

> Art. 343. O quebramento injustificado da fiança importará na perda de metade do seu valor, cabendo ao juiz decidir sobre a imposição de outras medidas cautelares ou, se for o caso, a decretação da prisão preventiva.

Como explicado no item anterior, as consequência do quebramento da fiança são graves e deverá o juiz decidir, de forma fundamentada, sobre a imposição de outras medidas cautelares ou até mesmo, em casos graves, de prisão preventiva, sempre observando a necessidade e adequação da medida.

### i) PERDA:

Está prevista no art. 344, a saber:

Art. 344. Entender-se-á perdido, na totalidade, o valor da fiança, se, condenado, o acusado não se apresentar para o início do cumprimento da pena definitivamente imposta.

Como medida de contracautela, a fiança serve para vincular o imputado ao processo e seu resultado final, ou seja, a aplicação da lei penal em caso de condenação. Portanto, se o condenado não se apresentar para cumprir a pena, perderá o valor total da fiança e será preso.

### 8.5. Crimes Inafiançáveis e Situações de Inafiançabilidade. Ausência de Prisão Cautelar Obrigatória. Concessão de Liberdade Provisória sem Fiança e com Imposição de Medidas Cautelares Diversas

Ainda que a Constituição contenha um claro projeto penalizador, e nisso houve um retrocesso civilizatório, chegando ao extremo de resgatar a "inafiançabilidade", jamais nela foi contemplada a prisão cautelar obrigatória.

Mas, repetimos, jamais foi recepcionada a prisão cautelar obrigatória, até porque não seria cautelar, mas sim antecipação de pena, absolutamente incompatível com a presunção de inocência e todo rol o de direitos fundamentais, o que sem dúvida aumenta o rechaço à nova redação do art. 310, § 2º.

Novo paradoxo, agora com nuance constitucional: e se alguém for preso em flagrante por crime tido como inafiançável, caberá liberdade provisória?

Sim, elementar. Do contrário, haveria um duplo erro: dar ao flagrante um poder e alcance que ele não tem (pois não é uma medida cautelar, senão pré-cautelar e, portanto, precária); e, de outro lado, estabelecer um regime de prisão obrigatória não cautelar que o sistema não comporta.

Logo, deve o juiz analisar o disposto no art. 310, do CPP, e, se presentes o requisito e fundamento da prisão preventiva, decretá-la; ou, do contrário, conceder ao agente liberdade provisória sem fiança e, considerando a gravidade do fato, determinar a aplicação de uma ou mais medidas cautelares diversas, tais como, monitoramento eletrônico, restrição de circulação, proibição de afastar-se da comarca ou país etc.

Ademais, ainda que a Constituição efetivamente defina crimes inafiançáveis (art. 5º, XLIII), o próprio texto constitucional consagra a liberdade provisória sem fiança, no art. 5º, LXVI. E mais: a própria Constituição determina que ninguém será preso senão em caso de flagrante delito ou por ordem escrita e fundamentada de autoridade judiciária competente. Logo, a fundamentação implica demonstração de necessidade da medida, pois, se fosse obrigatória, seria um ato judicial automático, sem a necessidade de qualquer fundamentação. Isso sem falar na presunção de inocência, incompatível com qualquer espécie de prisão obrigatória, até porque sequer cautelar seria, mas sim uma verdadeira pena antecipada.

Deve-se considerar, assim, que o juízo de necessidade da prisão cautelar é concreto, pois implica análise de determinada situação fática, pois é da essência das prisões cautelares o caráter de medidas situacionais. O juízo de necessidade não admite uma valoração *a priori*, no sentido kantiano, de antes da experiência, senão que demanda uma verificação *in concreto*.

E, mais, fiança e liberdade provisória são institutos distintos, inclusive com a nova redação do art. 319, consagrou-se uma fiança autônoma, que pode ser aplicada até o trânsito em julgado.

Portanto, quando se veda a fiança não se proíbe, necessariamente, a concessão de liberdade provisória. Esse é o ponto nevrálgico da questão.

A inafiançabilidade gera, como consequências práticas:

- a impossibilidade de concessão de liberdade provisória com fiança por parte da autoridade policial;
- a liberdade provisória ficará sujeita à imposição de outras medidas cautelares diversas, art. 319, conforme a necessidade da situação.

No primeiro caso, a decisão sobre a concessão da liberdade provisória é exclusiva do juiz, nos termos do art. 310, a quem caberá impor as medidas cautelares alternativas necessárias e adequadas ao caso.

Em qualquer situação, a inafiançabilidade acaba por impor, para concessão da liberdade provisória, a submissão do imputado a uma ou mais medidas cautelares diversas, mais gravosas do que a fiança, entre aquelas previstas no art. 319 do CPP.

Ou seja, a inafiançabilidade veda apenas a concessão da liberdade provisória com fiança, mas não a liberdade provisória vinculada a medidas cautelares diversas, mais gravosas que o mero pagamento de fiança.

Compreendido isso, encontramos as situações de inafiançabilidade nos arts. 323 e 324 do CPP[129].

---

[129] Art. 323. Não será concedida fiança:
I – nos crimes de racismo;
II – nos crimes de tortura, tráfico ilícito de entorpecentes e drogas afins, terrorismo e nos definidos como crimes hediondos;
III – nos crimes cometidos por grupos armados, civis ou militares, contra a ordem constitucional e o Estado Democrático;
Art. 324. Não será, igualmente, concedida fiança:
I – aos que, no mesmo processo, tiverem quebrado fiança anteriormente concedida ou infringido, sem motivo justo, qualquer das obrigações a que se referem os arts. 327 e 328 deste Código;
II – em caso de prisão civil ou militar;
III – (revogado);
IV – quando presentes os motivos que autorizam a decretação da prisão preventiva (art. 312).

Com o advento da Lei n. 12.403/2011, operou-se mais uma reforma processual parcial, em que são aproveitados os artigos já existentes, sua divisão temática, e modificada apenas a redação. Por esse motivo, as situações de inafiançabilidade que deveriam estar no mesmo artigo acabam subdividas em dois, sem qualquer lógica sistêmica. Até a reforma de 2011, o art. 323 considerava fatores objetivos de inafiançabilidade e o art. 324, fatores subjetivos (inerentes ao agente). Agora, isso não foi completamente observado e o art. 324 mistura situações diversas.

No art. 323, vislumbramos situações em que a inafiançabilidade é objetiva, ou seja, toma como critério definidor a natureza do delito, seguindo o mandamento constitucional do art. 5º, incisos XLII, XLIII e XLIV, da Constituição.

Já o art. 324, I, é de natureza subjetiva, vedando a fiança ao imputado que, nesse mesmo processo em que ela foi concedida, a tenha quebrado anteriormente ou infringido as obrigações dos arts. 327 e 328. Significa dizer que o agente já tinha se beneficiado da liberdade provisória com fiança e, nos termos do art. 341:

a) regularmente intimado para ato do processo, deixou de comparecer, sem motivo justo;
b) deliberadamente praticou ato de obstrução ao andamento do processo;
c) descumpriu medida cautelar imposta cumulativamente com a fiança;
d) resistiu injustificadamente a ordem judicial;
e) praticou nova infração penal dolosa.

Nestes casos, ou será decretada a prisão preventiva ou será imposta uma medida cautelar mais gravosa, na medida em que o imputado não só descumpriu as condições impostas, mas também quebrou a confiança que lhe foi concedida.

A prisão civil do inciso II do art. 324 atende a outra finalidade, de caráter coercitivo, para forçar o agente a pagar os alimentos devidos. Portanto, a concessão de fiança seria completamente contrária à natureza desta prisão, pois geraria o paradoxo de o agente preferir pagar a fiança e continuar inadimplente com a prestação alimentar, por exemplo. Quanto à prisão do militar, seja ela disciplinar ou não, merece tratamento especial no Código Penal Militar e no Código de Processo Penal Militar, daí a ressalva, pois devem ser observados os regramentos lá constantes.

Por fim, o inciso IV deve ser contextualizado, no sentido de que, se presentes o requisito e fundamento da prisão preventiva e sendo ela necessária, não se concederá liberdade provisória com fiança. A necessidade da prisão preventiva é incompatível com a fiança, por elementar, pois são situações excludentes.

Dessarte, o fato de ser o crime inafiançável não acarreta, por si só, a prisão preventiva do agente. Sempre deverá o juiz verificar a necessidade da prisão preventiva no caso concreto, à luz de seus requisitos e fundamentos, sem olvidar que a prisão somente pode ser aplicada quando as medidas cautelares diversas não forem suficientes e adequadas.

Fiança e liberdade provisória são institutos distintos, de modo que, quando se veda a fiança não se proíbe, necessariamente, a concessão de liberdade provisória, que poderá ser concedida em conjunto com as medidas alternativas previstas no art. 319 do CPP.

### 8.6. Ilegalidade da Vedação à Concessão de Liberdade Provisória. Possibilidade em Crimes Hediondos e Equiparados. Nova Lei de Tóxicos, Estatuto do Desarmamento e Lei n. 9.613 (Lavagem de Dinheiro)

Com relação aos crimes hediondos, até o advento da Lei n. 11.464/2007, havia uma restrição legal à concessão de liberdade provisória insculpida no art. 2º, II, da Lei n. 8.072. Sempre houve divergência sobre a validade substancial de tal norma, havendo para nós uma flagrante inconstitucionalidade.

O acerto da posição doutrinária que sempre resistiu a essa absurda vedação de liberdade provisória previsto na hedionda Lei n. 8.072 finalmente veio reconhecido pela mudança legislativa – tardia, é verdade – da Lei n. 11.464.

Agora, tendo sido preso o agente em flagrante delito, pode ser concedida a liberdade provisória nos crimes hediondos, tortura, tráfico ilícito de substâncias entorpecentes e terrorismo. Isso não significa que não se possa lançar mão da prisão preventiva nesses casos. Nada disso. A prisão preventiva poderá ser decretada desde que presentes seus pressupostos (*fumus commissi delicti* e *periculum libertatis*) e a real necessidade; do contrário, deverá o juiz conceder liberdade provisória mediante submissão do imputado às medidas cautelares diversas, do art. 319, conforme o caso.

Também foi afetada a Lei n. 11.343, pois seu art. 44 (que vedava a liberdade provisória nos crimes previstos nos arts. 33, *caput* e § 1º, e 34 a 37) não mais subsiste diante da alteração legislativa contida na Lei n. 11.464.

Essa questão foi definitivamente resolvida no HC 104339/SP, Rel. Min. Gilmar Mendes, julgado em 10/5/2012. Finalmente o STF declarou, no dia 10 de maio de 2012, a inconstitucionalidade da expressão "liberdade provisória" (ou seja, a vedação de concessão) contida no art. 44 da Lei de Tóxicos. Corretamente entendeu o STF que o legislador não pode restringir o poder de o juiz analisar a possibilidade de conceder ou não a liberdade provisória. As discussões estabelecidas no julgamento evidenciaram que os ministros não admitem a possibilidade de uma lei vedar a concessão de liberdade provisória, retirando a análise do *periculum libertatis* das mãos do juiz. Segundo o relator, Min. Gilmar Mendes, a inconstitucionalidade da norma reside no fato de que ela estabelece um tipo de regime de prisão preventiva obrigatória, onde a liberdade seria exceção, em sentido oposto ao sistema de garantias da Constituição. Além disso, o Min. Celso de Mello ressaltou que regras como essas "transgridem o princípio da separação de Poderes". Para o ministro, o juiz tem o dever de aferir se estão presentes hipóteses que autorizam a liberdade. Lewandowski concordou com Celso e afirmou que o princípio da presunção de inocência e a obrigatoriedade de fundamentação das ordens de prisão pela autoridade competente impedem que a lei proíba, de saída, a análise de liberdade provisória. No julgamento, os ministros deixaram claro que não se trata de impedir a decretação da prisão provisória quando necessário, mas de não barrar a possibilidade de o juiz, que é quem está atento aos fatos específicos do processo, analisar se ela é ou não necessária. Em última análise, como sempre explicamos, a decretação ou não da prisão preventiva, em qualquer processo ou momento procedimental, depende exclusivamente do aferimento da "necessidade" da prisão, estimado pela conjugação do *fumus commissi delicti* e do *periculum libertatis*.

Com relação ao Estatuto do Desarmamento, Lei n. 10.826, o art. 21 foi declarado inconstitucional pela ADIn 3.112-1, em 2/5/2007 (acórdão publicado no *DJ* 26/10/2007).

Portanto, como já afirmávamos antes da ADIn 3.112-1, a proibição de concessão de fiança e liberdade provisória é flagrantemente inconstitucional, e o mesmo raciocínio deve ser aplicado a leis similares.

Por fim, nessa mesma linha argumentativa situa-se nosso rechaço à vedação de liberdade provisória estabelecida no art. 3º da Lei n. 9.613/98, que dispõe sobre os crimes de "lavagem" ou ocultação de bens, direitos e valores.

Trata-se de restrição legislativa substancialmente inconstitucional, pois limita a presunção de inocência através de um critério abstrato, genérico e antecipado, incompatível com a epistemologia do sistema de prisões cautelares. Em outras palavras, a presunção de inocência pode ser limitada, mas não de forma *a priori* (no sentido kantiano, ou seja, antes da experiência). Há que se operar dentro da epistemologia das prisões cautelares, fulcradas que estão na excepcionalidade e na concreta demonstração de seus pressupostos.

Assim, se mesmo antes do advento da Lei n. 11.464 já não se aceitava a vedação da concessão da liberdade provisória, agora reforçada está essa posição, que acrescenta um novo argumento: se cabe liberdade provisória para os crimes mais graves (como os hediondos e equiparados), como proibir sua concessão em relação a crimes menos graves (como aqueles previstos na Lei n. 9.613)?

Elementar que não cabe mais tal vedação.

E, mais, como sublinha GOMES[130], os institutos previstos na Lei n. 11.464 que sejam mais benéficos para o réu devem, por evidente, retroagir para beneficiá-lo.

Por fim, reforça nosso argumento o disposto no art. 282, § 6º, do CPP, que expressamente consagra a prisão preventiva como *ultima ratio* do sistema cautelar, oportunizando no art. 319, um rol de medidas alternativas a serem impostas pelo juiz conforme a necessidade do caso.

130 GOMES, Luiz Flávio. Liberdade Provisória e Progressão de Regime nos Crimes Hediondos: a nova Lei n. 11.464/2007. *Revista Magister de Direito Penal e Processual Penal*, abril/maio de 2007, p. 87.

Capítulo XII

# DAS MEDIDAS ASSECURATÓRIAS (OU DAS MEDIDAS CAUTELARES REAIS)

## 1. Explicações Iniciais

Denominadas no Código de Processo Penal "Medidas Assecuratórias", encontramos um conjunto de medidas cautelares reais, na medida em que buscam a tutela do processo (assegurando a prova) e, ainda, desempenham uma importante função de tutela do interesse econômico da vítima, resguardando bens para uma futura ação civil *ex delicti* (anteriormente explicada) e também do Estado, no que se refere à garantia do pagamento da pena pecuniária e custas processuais. É evidente, portanto, seu caráter cautelar.

No Brasil, durante muito tempo, as medidas assecuratórias permaneceram em profundo repouso, sem utilização, tornando-se ilustres desconhecidas nos foros criminais. Mas isso é passado e, nas últimas décadas, com a crescente expansão do direito penal econômico e tributário, as medidas assecuratórias estão na pauta do dia.

Na síntese de ARAGONESES MARTINEZ[1], as medidas cautelares reais pretendem, através da limitação da disponibilidade de bens, assegurar a execução dos pronunciamentos patrimoniais de qualquer classe que possa incluir a sentença,

---

1 ARAGONESES MARTINEZ, Sara; OLIVA SANTOS, Andrés; HINOJOSA SEGOVIA, Rafael; TOMÉ GARCIA, José Antonio. *Derecho Procesal Penal*. 8. ed. Madrid, Ramon Areces, 2007. p. 429.

não só à restituição de coisas, à reparação do dano e à indenização dos prejuízos, mas também o pagamento da multa e custas processuais.

O sistema processual penal contempla medidas cautelares pessoais (as prisões cautelares anteriormente estudadas, que restringem a liberdade pessoal do sujeito passivo) e também medidas cautelares reais ou patrimoniais, pois incidem sobre bens móveis e imóveis do imputado, gerando uma restrição da livre disposição de bens e valores, com vistas à constituição da prova e/ou ressarcimento dos prejuízos sofridos pela vítima do delito.

Existe, dependendo da medida, o atendimento de um duplo interesse: processual-probatório e patrimonial da vítima.

A busca e apreensão e a restituição de coisas apreendidas poderiam perfeitamente ser inseridas nesse rol, pois também servem ao processo (constituição da prova através da busca e apreensão), bem como ao interesse da vítima (a restituição do objeto direto do delito, devidamente apreendido). Contudo, não foi essa a sistemática adotada pelo Código de Processo Penal, que optou por situar a busca e apreensão no Título VII "Da Prova". Por esse motivo, a medida foi por nós abordada no capítulo onde estamos, as provas. Da mesma forma, eis que intimamente vinculada ao instituto da busca e da apreensão, lá abordamos a "restituição de coisas apreendidas".

Seguindo a sistemática do Código de Processo Penal, veremos agora as seguintes medidas assecuratórias:

a) sequestro de bens móveis;
b) sequestro de bens imóveis;
c) hipoteca legal de bens imóveis;
d) arresto prévio de bens imóveis;
e) arresto de bens móveis.

Como medidas cautelares que o são, não se afastam dos princípios anteriormente referidos, sendo aplicáveis aqui as garantias da jurisdicionalidade, provisionalidade, provisoriedade, excepcionalidade e proporcionalidade.

Também exigem, para sua decretação, a demonstração do *fumus commissi delicti* e do *periculum libertatis*, ainda que, por se tratarem de medidas patrimoniais, esses elementos adquiram um referencial conceitual um pouco distinto daquele que norteia o sistema das cautelares pessoais. Cada uma das medidas possui a sua especificidade, exigindo uma certa flexibilização dos conceitos a ponto de, por sua estreita relação com as medidas cautelares do Direito Processual Civil, não constituir uma impropriedade falar-se em *fumus boni iuris* e *periculum in mora*.

Mas, sublinhe-se, isso em nada conflita com a crítica que fizemos anteriormente a tais conceitos, pois, em se tratando de medida cautelar pessoal (leia-se prisões cautelares), é absolutamente inadequada a transmissão de categorias do processo civil. Contudo, nas medidas cautelares reais, por sua estreita vinculação com o interesse patrimonial a ser satisfeito na esfera cível, em sede de ação de indenização, por exemplo, a adoção dos conceitos *fumus boni iuris* e *periculum in mora* não constitui a mesma inadequação.

Inclusive, em relação ao *periculum in mora*, é ele ainda mais evidente, na medida em que o perigo não decorre do "estar em liberdade o agente", senão das possibilidades de deterioração dos bens móveis ou imóveis, alienações fraudulentas etc. Logo, efetivamente o perigo decorre da demora entre a medida cautelar e o provimento cível definitivo, fazendo com que o bem indisponibilizado corra risco de perecimento.

Nesse sentido, ARAGONESES MARTINEZ[2] explica que, como todo processo se desenvolve através de um procedimento, é indiscutível que desde seu início até sua conclusão haverá um período de tempo de duração indeterminada, que pode colocar em risco o êxito do processo de conhecimento ou de execução (cível), justificando em certos casos a restrição patrimonial.

Feitas essas ressalvas introdutórias, vejamos agora as medidas assecuratórias em espécie.

## 2. Do Sequestro de Bens Imóveis e Móveis

### 2.1. Requisito. Legitimidade. Procedimento. Embargos do Imputado e de Terceiro

O sequestro de bens é a primeira medida prevista no Código de Processo Penal e está regulada nos arts. 125 a 133.

Determina o art. 125 que "caberá o sequestro dos bens imóveis, adquiridos pelo indiciado com os proventos da infração, ainda que já tenham sido transferidos a terceiro".

O primeiro aspecto a ser destacado é que a medida somente incide sobre os bens imóveis ou móveis adquiridos com os proventos da infração. Não é uma restrição sobre todo o patrimônio do imputado, senão apenas daqueles bens que

2 ARAGONESES MARTINEZ, Sara; OLIVA SANTOS, Andrés; HINOJOSA SEGOVIA, Rafael; TOMÉ GARCIA, José Antonio. *Derecho Procesal Penal*. 8. ed., cit., p. 393.

foram comprados com as vantagens auferidas com o delito[3]. Logo, jamais poderá o sequestro recair sobre bens preexistentes, ou seja, adquiridos pelo imputado antes da prática do crime. Nesse caso, pode-se cogitar de hipoteca legal ou arresto (conforme o caso), como explicaremos na continuação, mas não em sequestro.

Na mesma linha, o sequestro dos bens móveis, previsto no art. 132, cuja medida somente poderá recair sobre os bens adquiridos com as vantagens ou proventos do crime.

Assim, quando alguém comete, por exemplo, um delito de estelionato e com o dinheiro obtido com a prática do crime adquire bens móveis ou imóveis, poderão eles ser objeto de sequestro, ficando indisponíveis até que a sentença transite em julgado e, se condenatória, serão leiloados.

Para sua decretação, exige o art. 126 do CPP *a existência de indícios veementes da proveniência ilícita dos bens.*

Trata-se de uma expressão *porosa*, como define HASSAN CHOUKR[4], que encontrará sentido naquilo que quiser lhe dar o julgador, com um imenso custo em termos de ineficácia de direitos fundamentais do réu. Infelizmente, nossa legislação está eivada de expressões abertas, "porosas", de conteúdo vago, impreciso e indeterminado, que servem a qualquer senhor...

Pensamos que se deve recorrer às lições anteriores, sobre o *fumus commissi delicti*, mas vinculado agora à origem dos bens, de modo que, para a decretação do sequestro, deve o autor do pedido (autoridade policial, Ministério Público ou assistente da acusação) demonstrar a fumaça, a probabilidade de que tenham eles sido adquiridos com os proventos do crime. Assim, é uma prova em dupla dimensão: demonstrar a verossimilhança de autoria e materialidade do delito imputado e ainda de que os bens foram adquiridos com os proventos dessa suposta infração penal.

Eis aqui mais um aspecto fundamental: incumbe ao requerente (acusador) demonstrar o nexo causal, ou seja, que os bens que se pretende sequestrar foram

---

3 BADARÓ (no artigo A Lei 11.435 de 28/12/2006 e o Novo Arresto no Código de Processo Penal, cit.) vai além, ao explicar que o sequestro somente poderá incidir sobre bens que tenham relação com o próprio crime objeto da investigação ou da ação penal. Diz o autor que "não se pode sequestrar bens que integrem o patrimônio ilícito do acusado, mas que tenham sido obtidos pela prática de um crime diverso daquele que é objeto do inquérito policial ou da ação penal em que se requereu a medida cautelar". Está certo BADARÓ, pois não pode a medida cautelar se afastar do princípio da especialidade, já explicado no estudo da "Prova Penal". Assim, não pode haver desvio causal na medida cautelar de sequestro, pois ele somente poderá incidir sobre os bens adquiridos com os proventos do crime objeto daquele processo.

4 HASSAN CHOUKR, Fauzi. *Código de Processo Penal* – comentários consolidados e crítica jurisprudencial. Rio de Janeiro, Lumen Juris, 2001. p. 278.

adquiridos com os proventos do crime. Do contrário, a medida é descabida. Infelizmente, assiste-se por vezes juízes decretando o sequestro dos bens imóveis do réu, atendendo a pedido do Ministério Público, sem atentar para o fato de que não foram eles adquiridos com os supostos ganhos do crime, pois preexistentes. Se o réu já os possuía antes da prática do delito, completamente descabido o sequestro. Dependendo do caso, poderá haver a hipoteca legal ou o arresto (art. 137 do CPP).

Mas não basta isso. Deve ser demonstrado o *periculum in mora* (aqui, sim, o fator tempo é o gerador do perigo de perecimento do objeto) por parte do requerente, bem como a necessidade da medida cautelar. Não se pode esquecer que estamos diante de grave medida cautelar, a exigir da observância dos princípios anteriormente referidos especialmente a excepcionalidade e proporcionalidade da medida. Em última análise, a "real necessidade" do sequestro deve ser demonstrada pelo requerente, jamais se admitindo que se presuma o perigo de perecimento do bem ou ainda que o réu irá fraudar a (futura) execução.

A cognição nesse momento é sumária, limitada a verossimilhança do alegado, mas isso não significa que se possa presumir, contra o réu, a origem ilícita dos bens ou que ele irá dilapidá-los em detrimento dos interesses patrimoniais da vítima. Deve o pedido vir instruído com um lastro probatório mínimo, mas suficiente, que dê conta – à luz do princípio da proporcionalidade e da presunção de inocência – do imenso constrangimento e prejuízos que gera, para o imputado, a indisponibilidade patrimonial.

Ao réu ou indiciado não se atribui qualquer carga probatória, até porque a proteção da presunção de inocência afasta a possibilidade processual de exigir-se-lhe que prove a origem lícita. A carga probatória é inteiramente do acusador. Contudo, é elementar que, se o período em que o bem foi adquirido antecede ao do ganho obtido com a infração ou ainda possui o imputado atividade lícita, cujos ganhos são compatíveis com o seu patrimônio, a medida não pode prosperar. Da mesma forma, deve-se ponderar o valor dos bens sequestrados e os ganhos supostamente obtidos com a atividade criminosa, pois deve haver a necessária proporcionalidade.

Quanto à legitimidade, o art. 127 autoriza o sequestro decretado de ofício, mediante requerimento do Ministério Público, do ofendido[5] (o que nos conduz a

---

5 Em tese, não afasta o Código de Processo Penal a possibilidade de o querelante pedir o sequestro dos bens do querelado. Contudo, os casos de ação penal de iniciativa privada são restritos e, em geral, para crimes de menor gravidade. Assim, à luz dos princípios da proporcionalidade e excepcionalidade das medidas cautelares, pensamos ser bastante difícil que se justifique o sequestro de bens nos delitos dessa natureza. Mas, se o caso concreto justificar, nada impede a adoção de medidas assecuratórias.

admitir que o assistente da acusação possa fazê-lo) ou representação da autoridade policial.

Como já explicamos à exaustão, pensamos ser substancialmente inconstitucional o sequestro decretado de ofício pelo juiz, pois é absolutamente incompatível com o sistema acusatório-constitucional. Ademais, viola a imparcialidade, princípio supremo do processo. Inadmissível, assim, o sequestro decretado pelo juiz, de ofício.

Quanto à representação da autoridade policial, pensamos que somente é admissível quando houver a concordância do Ministério Público, titular da ação penal de iniciativa pública.

O sequestro pode ser decretado tanto na fase pré-processual (ou seja, no curso do inquérito policial) como em qualquer fase do processo de conhecimento, inclusive após a sentença condenatória (mas antes do trânsito em julgado), desde que demonstrada sua necessidade.

O pedido de sequestro será processado no juízo criminal, em autos apartados, mas apenso ao processo (penal) principal. A medida somente poderá ser decretada pelo juiz criminal competente, de modo que, quando decretada antes da denúncia, gera prevenção. Quando decretada no curso do processo criminal, tramitará em autos apartados, mas vinculada ao processo criminal (principal).

Realizado o sequestro, se for de bens imóveis, será providenciado o respectivo registro na matrícula do bem, no Registro de Imóveis, nos termos do art. 167, I, 5, da Lei n. 6.015/73.

Quando o sequestro for de bens móveis, como carros, motos e caminhões, deverá ser feita a comunicação ao órgão de trânsito respectivo, para que conste a restrição no documento do veículo, evitando assim que terceiros de boa-fé venham a adquirir o bem gravado.

Como instrumento de defesa, poderá o imputado lançar mão dos "embargos", previstos no art. 130, I, do CPP, quando o fundamento da sua inconformidade for a origem lícita dos bens. Aqui, o instituto mostra a hibridez com que foi concebido, pois trata da questão como se processo civil fosse, prevendo "embargos" e prova, por parte do réu, de que os bens não foram adquiridos com os proventos da infração.

Uma leitura mais restritiva poderia conduzir à conclusão de que os embargos (do réu ou de terceiro) teriam a fundamentação vinculada, somente sendo conhecidos nos casos previstos no art. 130 (origem lícita quando os embargos forem do réu, ou terem sido adquiridos de boa-fé, quando opostos pelo terceiro adquirente).

Nada mais equivocado. Valem aqui as garantias da ampla defesa e do devido processo legal, art. 5º, LV e LIV, da Constituição, de modo que tanto o réu como o terceiro adquirente podem aduzir outros argumentos defensivos que ataquem o núcleo legitimante da medida assecuratória, seja na dimensão formal ou substancial.

Para esclarecer, há três tipos de embargos, como explica FEITOZA[6]:

a) embargos de terceiro senhor e possuidor[7], interposto por aquele que foi prejudicado pelo sequestro do bem e que pretende demonstrar que os bens sequestrados não têm qualquer relação com o acusado ou com a infração penal, pois recaíram sobre coisas pertencentes a terceiro estranho ao delito;
b) embargos do imputado (indiciado ou réu), previsto no art. 130, I, sob o fundamento de não terem os bens sido adquiridos com os proventos da infração, ou seja, demonstrando a ausência dessa vinculação causal, ou ainda qualquer outro fundamento que possa atacar a legalidade do sequestro;
c) embargos do terceiro de boa-fé: nesse caso, a argumentação do terceiro está vinculada à demonstração de que os bens foram adquiridos a título oneroso, pagando-se o preço de mercado e que, portanto, agiu de boa-fé, nos termos do art. 130, II, do CPP.

Importante sublinhar que não se aplica a proteção do bem de família quando o imóvel tiver sido adquirido com os proventos do crime. Nesse sentido, o art. 3º, VI, da Lei n. 8.009 excepciona a impenhorabilidade do bem de família quando o bem imóvel tiver *sido adquirido com produto de crime*, sonegando-lhe, assim, a proteção legal.

Não existe prazo definido no CPP para os embargos do réu ou de terceiros, o que gera, sem dúvida, uma perigosa lacuna. Assim, os embargos poderiam ser admitidos a qualquer tempo, inclusive depois da sentença penal condenatória, mas antes do trânsito em julgado.

Mais grave ainda é o disposto no parágrafo único do art. 130, quando determina que "não poderá ser pronunciada decisão nesses embargos antes de passar em julgado a sentença condenatória". Situação complicada, pois estabelece uma suspensão obrigatória dos embargos até o trânsito em julgado da sentença condenatória no processo de conhecimento. A jurisprudência, sem muito critério, tem amenizado um pouco o rigor desse dispositivo, mas não há um rumo bem definido nessa matéria.

---

6 FEITOZA PACHECO, Denílson. *Direito Processual Penal*. 3. ed. Niterói, Impetus, 2005. p. 1090.

7 A expressão é também empregada por TOURINHO FILHO, *Processo Penal*, v. 3, p. 32.

Concordamos com TOURINHO FILHO[8] quando sustenta que não se aplica a regra do art. 130 do CPP aos embargos de terceiro senhor e possuidor, ou seja, àquele terceiro completamente estranho ao delito, pois nesse caso os embargos devem ser julgados logo. Isso porque, em primeiro lugar, o parágrafo único do art. 130 guarda estreita relação com o *caput* e não com o art. 129 (onde estão previstos os embargos do terceiro senhor e possuidor); e, em segundo lugar, seria manifestamente injusto e desproporcional que perdurasse a constrição em relação a alguém que nada tem a ver com o crime.

A decisão que decreta o sequestro deve ser fundamentada e dela caberá recurso de apelação, nos termos do art. 593, II, do CPP. Essa apelação é para atacar a decisão que decretou o sequestro. Quando, na sentença, o juiz condena o réu e decreta o perdimento dos bens (efeito do sequestro), a apelação será única, para impugnar a condenação e também o perdimento dos bens.

Não se nega, ainda, a possibilidade de ser impetrado Mandado de Segurança para atacar a decisão que decreta o sequestro de bens (não a sentença condenatória), especialmente quando houver urgência ou manifesta ilegalidade do ato coator. Incabível, por outro lado, o uso de *habeas corpus*, pois não se trata de tutela da liberdade de locomoção.

Além do réu, também poderá o terceiro adquirente de boa-fé defender-se do sequestro que alcança o bem por ele adquirido. Trata-se de "embargos de terceiro", art. 130, II, do CPP, cabendo a ele fazer prova de sua boa-fé. Nada impede, ainda, que a esposa ou companheira do réu ingresse com embargos de terceiro para defesa de sua meação, especialmente quando aduza que o bem foi adquirido antes da prática do delito e com o esforço comum do casal.

O sequestro ficará sem efeito – será levantado – quando, decretado na fase pré-processual, não for oferecida a ação penal no prazo de 60 (sessenta) dias (art. 131, I, do CPP), contado da data em que a medida se efetivar, ou ainda se for julgada extinta a punibilidade ou absolvido o réu.

Considerando que se trata de medida restritiva de direitos fundamentais, a leitura tem de ser cautelosa, até porque é o poder punitivo que deve ser legitimado e estritamente regulado. Daí por que pensamos que o marco inicial para o cômputo dos 60 dias é a data em que se efetivou a medida. Não pode o imputado ficar à mercê das mazelas administrativas que se sucedem à decisão judicial (como a demora no registro de imóveis, por exemplo), ou mesmo nas mãos do Ministério

[8] TOURINHO FILHO, Fernando da Costa. *Processo Penal*, v. 3, p. 33.

Público (que a requereu), quando a ele competir a realização de algum ato com vistas à eficácia da decisão judicial.

Assim, o prazo de 60 dias para o oferecimento da denúncia (ou queixa), sob pena de levantamento do sequestro, deve ser contado da data em que se efetivou a medida. É ilógico fixar como marco inicial a intimação do Ministério Público (ou querelante), pois foi ele quem solicitou a medida, tendo assim, obviamente, plena ciência do que está ocorrendo. Ademais, não raras vezes, essa intimação nunca é realizada.

O pedido de sequestro feito no curso da investigação preliminar (muitas vezes cumulado com o de prisão preventiva ou temporária) também deve ser autuado em autos apartados. Contudo, nem sempre isso é feito e não raras vezes é postulada a "restituição" dos bens, como se a medida constritiva fosse de apreensão. Caberá à parte, diante da falha procedimental do juiz, requerer a regular autuação e, após, interpor os respectivos embargos (postulando o levantamento do sequestro), devendo o juiz decidir através de sentença da qual caberá recurso de apelação.

Quanto ao levantamento do sequestro por absolvição do réu, diz o art. 131, III, que somente ocorrerá após a sentença absolutória ter transitado em julgado.

Contudo, à luz do art. 596 do CPP, que impõe a imediata soltura do réu preso quando a sentença for absolutória, ainda que dela recorra o Ministério Público, pensamos que o levantamento do sequestro não pode ficar pendente do trânsito em julgado da sentença absolutória. A absolvição do réu impõe a sua imediata soltura, no sentido de que devem cessar todos os constrangimentos processuais até então impostos da prisão ao sequestro. Não é lógico que o réu, ao ser absolvido, seja imediatamente solto, mas permaneça com todos os seus bens indisponíveis. Ora, se foi absolvido, não existe sustentabilidade jurídica para manutenção da medida assecuratória.

Quanto aos embargos de terceiro, o sequestro será levantado quando, além dos dois casos anteriormente citados (não oferecimento da ação penal no prazo de 60 dias ou extinção da punibilidade/absolvição), ele prestar caução em valor suficiente para cobrir os efeitos da eventual sentença penal condenatória, nos termos do art. 91, II, "b", do Código Penal. Trata-se de verdadeira contracautela, em que o bem é liberado, mas o interessado deixa uma garantia equivalente em juízo.

Com o trânsito em julgado da sentença condenatória, os bens sequestrados serão leiloados para ressarcimento da vítima, bem como pagamento das custas processuais e eventual pena pecuniária.

Como adverte FEITOZA PACHECO[9], o leilão será feito no próprio juízo penal, ao contrário do que ocorre na hipoteca legal e no arresto, em que os autos da medida assecuratória são enviados para o juízo cível, onde tramita a ação civil *ex delicti*.

### 2.2. Distinção entre Sequestro de Bens Móveis e a Busca e Apreensão. A Confusa Redação do Art. 132 do CPP

Há que se fazer uma distinção muito importante entre o sequestro de bens móveis e a busca e apreensão.

Quando estivermos diante do objeto direto do crime, muitas vezes constituindo o próprio corpo de delito, a medida cabível será a (busca e posterior) apreensão do bem. Assim, o carro furtado ou roubado é apreendido, pois constitui objeto direto do crime.

Já aqueles bens adquiridos com os proventos da infração ou com os lucros dela obtidos serão objeto de sequestro e não de apreensão. Daí por que o carro comprado com o dinheiro obtido pelo tráfico de substâncias entorpecentes, o lucro do roubo ou furto etc., será sequestrado e não apreendido.

Contudo, quando com o ganho obtido pelo delito o agente adquire objetos que constituam a própria materialidade de outro crime, haverá apreensão, e não sequestro. Por exemplo: se com o dinheiro obtido na venda do automóvel roubado o imputado compra cocaína, a droga será apreendida, pois constitui o próprio corpo de (outro) delito.

Outra situação que deve ser considerada é quando os bens subtraídos, por exemplo, são modificados ou transformados, gerando bens diversos daqueles originariamente furtados ou roubados.

É o exemplo clássico do furto de joias que, após serem derretidas e transformadas, geram um novo bem. Essa nova coisa móvel será apreendida ou sequestrada? Será sequestrada, pois já não se trata do objeto direto do delito, senão de um novo bem, obtido a partir daquele. Não é a *res* originária, senão uma nova, obtida a partir da modificação ou transformação daquela.

Essa distinção explica a confusa redação do art. 132, que, em outras palavras, quer dizer que *caberá o sequestro dos bens móveis quando demonstrada sua proveniência ilícita, ou seja, tenham sido adquiridos com os proventos da infração, sendo incabível, portanto, a busca e apreensão* (essa é a medida regulada no Capítulo XI do Título VII, ou, mais claramente, nos arts. 240 e s.).

---

9 FEITOZA PACHECO, op. cit., p. 1091.

Só cabe sequestro quando não couber busca e apreensão e vice-versa, pois a primeira recai sobre o produto indireto (proventos do crime) e a segunda, sobre o produto direto (o próprio corpo de delito).

## 3. Hipoteca Legal e Arresto Prévio de Imóveis. Bens de Origem Lícita

A hipoteca legal de bens imóveis está prevista no art. 134 do CPP e difere, radicalmente, do sequestro de imóveis que acabamos de analisar. Isso porque o sequestro (arts. 125 a 133) somente poderá recair sobre os bens adquiridos com os proventos do crime, logo, de origem ilícita. Já a hipoteca legal situa-se noutra dimensão, pois conduz à constrição legal dos bens de origem lícita, diversa do crime.

Esse é um ponto fundamental para compreender a distinção dos institutos.

Aqui, essencialmente, o que se tutela é o interesse patrimonial da vítima que pretende, já no curso do processo criminal, garantir os efeitos patrimoniais da eventual sentença penal condenatória.

Para tanto, a parcela do patrimônio indisponibilizado tem origem lícita. Não são produto direto do crime e tampouco foram adquiridos com os proventos da infração. Visa assegurar a eficácia da ação civil *ex delicti*. Inclusive, tal medida tem plena aplicabilidade em relação a delitos que não geram ganho patrimonial algum ao réu. Exemplo típico é o homicídio (culposo ou doloso), em que o crime não gera nenhum ganho patrimonial para o réu, sendo descabido cogitar-se o sequestro de bens.

Nesse caso, o ascendente ou descendente da vítima poderá postular a indisponibilidade patrimonial do réu, através da hipoteca de seus bens imóveis, independente da origem que tenham.

Importa destacar que sequer a proteção legal do bem de família pode ser invocada, pois a própria Lei n. 8.009 afasta a impenhorabilidade em seu art. 3º, VI. Dispõe a Lei em tela que a impenhorabilidade não poderá ser arguida "por ter sido adquirida com produto de crime ou para execução de sentença penal condenatória a ressarcimento, indenização ou perdimento de bens".

Quanto à legitimidade, considerando que se atende a interesse patrimonial exclusivo da vítima, é mais restrita.

Prevê o art. 134 que a hipoteca legal poderá ser requerida pelo ofendido, mas, para isso, ele deverá ingressar no processo como assistente da acusação. Não há outra forma de, no curso de um processo cuja ação penal é de iniciativa pública, intervir o ofendido, senão através do instituto da assistência da acusação.

Elementar que, no caso de morte ou incapacidade do ofendido, o pedido poderá ser feito pelo cônjuge, ascendente, descendente ou irmão (analogia com o art. 31 do CPP). Mas não contempla o Código de Processo Penal a possibilidade de a hipoteca legal ser decretada de ofício pelo juiz ou mediante requerimento do Ministério Público ou representação da autoridade policial.

Então, como regra, a hipoteca legal (e também o arresto prévio) deverá ser postulada pelo ofendido, devidamente habilitado no processo como assistente da acusação.

Excepcionalmente, o art. 142 autoriza o Ministério Público a promover a hipoteca legal em dois casos:

a) quando houver interesse da Fazenda Pública (como ocorre, por exemplo, nos crimes de sonegação fiscal, apropriação de contribuições previdenciárias etc.);
b) ou quando houver efetiva demonstração de pobreza do ofendido e ele requerer a intervenção do Ministério Público para postular a hipoteca legal.

Nesse último caso (pobreza do ofendido), sem negar a legitimidade do Ministério Público, pensamos que tal tarefa deve incumbir à Defensoria Pública e que, somente quando ela não estiver estruturada naquela comarca, então justificada estaria a excepcional atuação do Ministério Público na tutela do interesse patrimonial privado do ofendido.

A hipoteca legal poderá ser requerida no curso da investigação preliminar em qualquer fase do processo de conhecimento. O art. 134 do CPP, na confusão que faz ao mencionar "indiciado" e "qualquer fase do processo", sinaliza a possibilidade de a medida incidir antes mesmo de iniciado o processo criminal (e, com mais razão, após seu início).

Tanto a hipoteca legal como também o arresto prévio de imóveis tramitarão em autos apartados, mas sempre vinculados ao processo criminal.

O arresto prévio à especialização e inscrição da hipoteca legal dos imóveis está previsto no art. 136 do CPP e constitui uma clara medida preparatória da hipoteca legal. Isso porque a hipoteca legal é um procedimento complexo, que demanda mais tempo. Em situações excepcionais, faz-se o arresto prévio de forma imediata e, no prazo de até 15 dias, deve a parte interessada promover a inscrição da hipoteca legal no Registro de Imóveis.

Nesse prazo, deverá ser ajuizado o pedido de inscrição e especialização da hipoteca, sob pena de revogação da medida. Contudo, ajuizado o pedido, a indisponibilidade do bem dura até que seja efetivada a inscrição da hipoteca legal.

De qualquer forma, essa medida preparatória restringe-se ao campo de incidência da hipoteca legal, ou seja, bens imóveis de origem lícita, desvinculados do delito.

Quanto ao procedimento, o assistente da acusação demonstra a existência do *fumus commissi delicti* (visto aqui como "certeza da infração e indícios suficientes de autoria"), indica os prejuízos sofridos, apontando valores, e individualiza o bem imóvel sobre o qual irá recair a hipoteca legal (art. 135).

Há que se observar o necessário contraditório e direito de defesa, abrindo-se a oportunidade de o réu oferecer defesa, especialmente para impugnar valores, avaliações e outros fatos impeditivos da pretensão indenizatória. Nesse sentido, estabelece o art. 135, § 3º, do CPP, o prazo de 2 dias, que correrá em cartório. Nada impede que, à luz da complexidade do caso, conceda o juiz um prazo maior, desde que em igualdade de condições, para ambas as partes.

Após, autorizará ou não a inscrição da hipoteca no Registro de Imóveis, medida indispensável para dar eficácia à constrição.

Poderá o réu, ainda, caucionar, oferecendo uma contracautela suficiente para evitar a hipoteca legal.

Absolvido o réu ou extinta a punibilidade, é cancelada a hipoteca legal. Se condenado, serão os autos remetidos ao juízo cível onde tramita a respectiva ação civil *ex delicti* para proceder-se à expropriação dos bens com vistas ao ressarcimento da vítima.

## 4. Arresto de Bens Móveis. Origem Lícita. Art. 137 do CPP

A última medida assecuratória prevista no Código de Processo Penal é o arresto de bens móveis, de origem lícita, diversa do crime. Ao contrário do sequestro de bens móveis, aqui os bens não foram adquiridos com os proventos da infração, senão que possuem origem diversa.

Dispõe o art. 137 que, se o imputado não possuir bens imóveis ou os possuir de valor insuficiente para dar conta do ressarcimento patrimonial da vítima, poderão ser arrestados os bens móveis, suscetíveis de penhora, nos termos em que é facultada a hipoteca legal dos imóveis.

Essa última expressão do art. 137 (nos termos em que é facultada a hipoteca legal dos imóveis) atrela a presente medida ao pressuposto de "origem lícita" dos bens móveis.

Tudo o que dissemos sobre legitimidade e o procedimento da hipoteca legal é aplicável ao arresto de bens móveis, que poderá ser postulado na investigação preliminar ou no curso do processo penal.

Para bem distinguir as medidas assecuratórias, vejamos o seguinte quadro:

Apreensão: recai sobre o objeto direto do crime, art. 240 do CPP.
Sequestro: bem móvel ou imóvel adquirido com os proventos do crime, arts. 125 a 133 do CPP.
Hipoteca Legal: bens imóveis de origem lícita e diversa do delito, arts. 134 e 135 do CPP.
Arresto Prévio de Imóveis: bens imóveis de origem lícita e diversa do delito. É preparatório da hipoteca legal (instrumentaliza a inscrição). Art. 136 do CPP.
Arresto Prévio de Móveis: bens móveis de origem lícita, tendo cabimento quando não houver bens imóveis para hipotecar ou forem insuficientes. Art. 137 do CPP.

Por fim, chamamos a atenção para o disposto no art. 144 A do CPP:

> Art. 144-A. O juiz determinará a alienação antecipada para preservação do valor dos bens sempre que estiverem sujeitos a qualquer grau de deterioração ou depreciação, ou quando houver dificuldade para sua manutenção.
>
> § 1º O leilão far-se-á preferencialmente por meio eletrônico.
>
> § 2º Os bens deverão ser vendidos pelo valor fixado na avaliação judicial ou por valor maior. Não alcançado o valor estipulado pela administração judicial, será realizado novo leilão, em até 10 (dez) dias contados da realização do primeiro, podendo os bens ser alienados por valor não inferior a 80% (oitenta por cento) do estipulado na avaliação judicial.
>
> § 3º O produto da alienação ficará depositado em conta vinculada ao juízo até a decisão final do processo, procedendo-se à sua conversão em renda para a União, Estado ou Distrito Federal, no caso de condenação, ou, no caso de absolvição, à sua devolução ao acusado.
>
> § 4º Quando a indisponibilidade recair sobre dinheiro, inclusive moeda estrangeira, títulos, valores mobiliários ou cheques emitidos como ordem de pagamento, o juízo determinará a conversão do numerário apreendido em moeda nacional corrente e o depósito das correspondentes quantias em conta judicial.
>
> § 5º No caso da alienação de veículos, embarcações ou aeronaves, o juiz ordenará à autoridade de trânsito ou ao equivalente órgão de registro e controle a expedição de certificado de registro e licenciamento em favor do arrematante, ficando este livre do pagamento de multas, encargos e tributos anteriores, sem prejuízo de execução fiscal em relação ao antigo proprietário.
>
> § 6º O valor dos títulos da dívida pública, das ações das sociedades e dos títulos de crédito negociáveis em bolsa será o da cotação oficial do dia, provada por certidão ou publicação no órgão oficial.

Adotou o legislador a possibilidade de alienação antecipada, a exemplo do que já existe na Lei de Tóxicos e outras leis especiais, tendo em vista o risco de perecimento diante da demora do processo. Tutela-se aqui o interesse do ofendido – seja ele particular ou ente público – para efetividade da medida reparatória e também para que a medida assecuratória atenda as demais finalidades inerentes (pagamento de custas, multa, pena pecuniária etc.) a sentença condenatória.

Contudo, é preciso cautela por parte do juiz, pois, em caso de absolvição ou mesmo desclassificação para um delito de menor gravidade, essa alienação antecipada pode representar um prejuízo grave e irreparável para o réu. Também é criticável a abertura conceitual do *caput*: "o juiz determinará a alienação antecipada para preservação do valor dos bens sempre que estiverem sujeitos a qualquer grau de deterioração ou depreciação, ou quando houver dificuldade para sua manutenção". Qualquer grau de deterioração ou depreciação é demasiado vago, criando uma situação jurídica bastante perigosa. É preciso muita cautela e ponderação por parte do julgador, pois sempre haverá "alguma" depreciação ou deterioração, bem como também haverá sempre alguma dificuldade para manutenção. Portanto, entendemos que a interpretação deve ser restritiva e somente em caso de risco real e concreto de grave deterioração ou perda significativa de valor é que poderá ser determinada a alienação antecipada. Em qualquer caso, deve ser ouvido previamente o acusado para que se manifeste e, eventualmente, ofereça outro bem de valor semelhante para substituição ou alternativa para evitar a venda.

## 5. Medidas Cautelares Reais: Demonstração da Necessidade e da Proporcionalidade. Problemática Não Enfrentada

Deixamos para o final deste capítulo uma questão fundamental e que não tem merecido a devida atenção por parte da doutrina e jurisprudência brasileira. Trata-se de considerar que as medidas assecuratórias são de natureza cautelar, portanto, submetidas à mesma lógica e, principalmente, exigência de "efetiva necessidade" como elemento legitimador da constrição patrimonial. Não há como pensar as medidas assecuratórias fora do sistema cautelar, ainda que existam algumas especificidades que, obviamente, as distinguem das medidas cautelares pessoais.

Nessa linha, verifica-se que em todas elas deve haver a demonstração do *fumus commissi delicti*, seja para comprovar que os bens foram adquiridos com os proventos do crime (sequestro de móveis e imóveis), ou para justificar a inscrição de hipoteca legal ou o arresto, através da demonstração do dano decorrente do crime. Assim, é inafastável que a demonstração de que existem indícios razoáveis de autoria e materialidade de um crime constitui o requisito básico de qualquer medida assecuratória.

Mas é no fundamento que reside a maior problemática.

Se nas prisões cautelares deve-se considerar o *periculum libertatis*, ou seja, o perigo decorrente do estado de liberdade do imputado, que justifica assim a necessidade da prisão, nas medidas assecuratórias o perigo adquire outros contornos, mais próximos do *periculum in mora* do Direito Processual Civil.

Isso porque as medidas assecuratórias têm por objeto um interesse indenizatório, patrimonial e nitidamente civil.

Nos casos de sequestro, em que a medida recai sobre os bens (móveis ou imóveis) adquiridos com os proventos da infração, o foco da atenção do julgador acaba sendo a prova da origem ilícita. Uma vez demonstrados o crime e o caminho percorrido até a aquisição dos bens, o *periculum* passa a ser secundário, impondo-se a indisponibilidade do patrimônio. O ponto nuclear a exigir o máximo de atenção é o *fumus commissi delicti*.

Distinta é a situação da hipoteca legal e do arresto, em que os bens são de origem diversa, lícita e completamente desvinculados do crime. É uma medida que incide sobre o patrimônio lícito do réu, que será indisponibilizado para assegurar o pagamento das custas, multa e a indenização (resultado da ação civil *ex delicti*). Aqui a situação é muito mais grave e o ponto nevrálgico é a demonstração do *periculum libertatis*. É claro que deve haver a fumaça da prática do crime, mas o ponto mais importante da decisão é a análise do perigo de dilapidação do patrimônio, o risco de frustração da pretensão indenizatória.

Esse ponto, pensamos, não tem merecido a devida atenção por parte dos juízes e tribunais.

Incumbe ao acusador demonstrar, efetivamente, o risco de dilapidação do patrimônio do imputado, com a intenção de fraudar o pagamento da indenização decorrente de eventual sentença condenatória. Essa prova, em geral, não é feita, e os juízes e tribunais, desprezando o imenso custo que representa tal medida, a decretam sem o necessário rigor na análise do *fumus commissi delicti* e do *periculum in mora*.

À luz da presunção de inocência, não se pode presumir que o imputado irá fraudar a responsabilidade civil decorrente do delito, como também não se pode presumir que vá fugir, para decretar a prisão preventiva. A presunção de inocência impõe que se presuma que o réu irá atender ao chamamento judicial e assumir sua eventual responsabilidade penal e civil. Cabe ao acusador ou ao assistente da acusação demonstrar efetivamente a necessidade da medida. Trata-se de prova suficiente para dar conta do imenso custo da cautelar, baseada em suporte fático real, não fruto de presunções ou ilações despidas de base probatória verossímil.

Além disso, recordando a principiologia cautelar, deve o interessado demonstrar que a medida é proporcional. Para tanto, o dano tem de ser real, concreto e permitir uma aferição, uma avaliação, ainda que provisória. Partindo dessa avaliação é que deverá o juiz atentar para a proporcionalidade que deve guardar o arresto ou hipoteca legal. É desproporcional arrestar e/ou hipotecar bens em valor superior àquele correspondente a sua eventual responsabilidade civil, custas e multa.

Atento a isso, BADARÓ[10] sublinha que a medida "não deve recair sobre todo o patrimônio, mas apenas sobre a parte dele que poderá vir a ser especializada, segundo a estimativa da responsabilidade e do valor dos imóveis sobre os quais incidirá a hipoteca legal. (...) Assim, para definir o que poderá ser arrestado, é necessário saber o que pode ser hipotecado. A hipoteca legal deverá incidir,

[10] BADARÓ, Gustavo Henrique. A Lei 11.435 de 28/12/2006 e o Novo Arresto no Código de Processo Penal, cit.

concretamente, sobre os bens na exata medida do que seja necessário para garantir a futura reparação do dano causado pelo delito. Poderá bastar um ou alguns bens. O ofendido ou o Ministério Público não poderá exorbitar, fazendo inscrever mais bens do que os necessários, cabendo a juiz verificar se o valor dos bens especializados não excede o valor estimado da responsabilidade" (grifo nosso).

A proporcionalidade impõe o sopesamento dos bens em jogo, cabendo ao juiz utilizar a *lógica da ponderação*. Não se pode, a partir de uma perigosa prognose de futura e incerta responsabilização civil, engessar o patrimônio do imputado, sem base probatória suficiente e necessária proporcionalidade, ainda mais se considerarmos que ele já está passando por uma situação bastante difícil, que é o de figurar como réu em processo penal.

Não se pode desmerecer o fato de que o imputado já passa por uma situação dificílima, muitas vezes agravada pelo bizarro espetáculo midiático montado em torno das estrondosas operações policiais, que conduz a perda de clientes, fechamento de linhas de crédito, perda do emprego, enfim, um empobrecimento generalizado do réu, fruto do estigma gerado pela investigação e o processo penal. Nesse contexto, as medidas assecuratórias revestem-se de uma gravidade ainda maior, pois lhe impedem de dispor de seu patrimônio, seja para alienar ou dar em garantia, impossibilitando-o de ter liquidez para a própria subsistência. Ainda que no final do processo criminal seja absolvido ou que os bens indisponibilizados sejam em valor muito superior a eventual responsabilidade civil, em nível de endividamento e de penúria, é, muitas vezes, irreversível.

Portanto, toda cautela é necessária no momento de utilizar as medidas assecuratórias, sublinhando-se a importância de prova do *fumus commissi delicti* e do *periculum in mora*, e não se admitindo presunções contra o réu. Deve ainda prevalecer a lógica da ponderação, para que a medida cautelar incida sobre a menor parcela necessária do patrimônio do imputado.

## 6. Restituição dos bens apreendidos. Perdimento e Confisco. Alterações trazidas pela Lei n. 13.964/2019

Questão intimamente relacionada com a apreensão de objetos (instituto da busca e apreensão anteriormente tratado no capítulo das provas) é sua posterior restituição ou perda. Dentro da lógica dos institutos, a restituição pode ser estudada logo após a apreensão e, a partir disso, rompemos com a estrutura do Código de Processo Penal e criamos o fio condutor entre o art. 240 e s., com a restituição, que está nos arts. 118 a 124 do CPP.

Como explicado anteriormente, ao longo da investigação preliminar, processo ou mesmo execução pode haver a apreensão de coisas que interessem à prova ou mesmo à vítima ou terceiro de boa-fé que tenha sido prejudicado pelo delito. Nesse tema, há que se cotejar o art. 118 do CPP com o art. 91 do Código Penal. Assim, o art. 118, lido a contrário senso, permite a restituição das coisas que não interessem mais ao processo. Mas essa regra deve ser lida em conjunto com o art. 91, II, do Código Penal[11].

Logo, duas variáveis iniciais devem ser ponderadas para que o objeto possa ou não ser restituído:

- o interesse para o processo, de cunho essencialmente probatório;
- a natureza da coisa, pois se for um instrumento cujo fabrico, alienação, uso, porte ou detenção constitua fato ilícito ou, ainda, noutra dimensão, quando for produto do crime ou proveito auferido com o delito, não haverá restituição.

A restituição pode ser pedida pelo terceiro de boa-fé ou até mesmo pelo imputado afetado pela apreensão, sem perder de vista a natureza da coisa e a necessidade probatória. Quando um carro, moto, carteira, telefone, ou qualquer objeto é furtado ou roubado, por exemplo, será ele objeto de apreensão (pois é objeto direto do crime, seu próprio corpo de delito). Devidamente documentada a apreensão e avaliado o bem (do valor econômico, pois relevante para a dosimetria da pena), poderá ele ser restituído à vítima, pois não há necessidade processual de permanecer constrangido e tampouco é um objeto cujo fabrico, alienação, uso, porte ou detenção constitua fato ilícito. Assume a restituição, nesse caso, uma eficácia reparadora do dano causado à vítima pelo delito.

Pode ocorrer que o bem apreendido seja algo cujo fabrico, alienação, uso, porte ou detenção constitua fato ilícito (como uma substância entorpecente), mas, se o imputado ou o terceiro afetado tiver uma autorização para possuir a substância (para fins de estudo, pesquisa, uso médico etc.), poderá ela ser restituída. É o que ocorre no furto do consultório de um médico, em que são subtraídos objetos e diversos medicamentos de venda restrita e uso controlado. Estando o

---

[11] Art. 91. São efeitos da condenação:
I – tornar certa a obrigação de indenizar o dano causado pelo crime;
II – a perda em favor da União, ressalvado o direito do lesado ou de terceiro de boa-fé:
*a)* dos instrumentos do crime, desde que consistam em coisas cujo fabrico, alienação, uso, porte ou detenção constitua fato ilícito;
*b)* do produto do crime ou de qualquer bem ou valor que constitua proveito auferido pelo agente com a prática do fato criminoso.

médico legitimado a possuir e armazenar tais medicamentos, uma vez apreendidos, poderão ser restituídos.

Em se tratando de apreensão relacionada a drogas e substâncias entorpecentes, regido pela Lei n. 11.343, chamamos atenção para o disposto no art. 243, *caput*, e seu parágrafo único da Constituição, cujo rigor deve ser reservado para os casos de tráfico de substâncias entorpecentes, de modo que o pequeno cultivo destinado ao uso não justifica a perda da propriedade imóvel. Deve haver um nexo com o delito de tráfico.

O parágrafo único contém uma abertura conceitual, ao definir que todo e qualquer bem de valor econômico (o que significa dizer qualquer coisa) apreendido em decorrência do tráfico ilícito de drogas será confiscado, mas isso não é automático e tampouco pode prescindir do devido processo. Ou seja, o confisco somente se efetiva após o devido processo penal, como efeito da sentença penal condenatória transitada em julgado.

Situação bastante comum é a do automóvel, ocupado por várias pessoas, em que uma delas transporta uma quantidade tal de substâncias entorpecentes, com a intenção de venda, que se constitui o delito de tráfico. O carro será apreendido e perdido em favor da União? Pensamos que deve ser feita uma interpretação restritiva do dispositivo, de modo que o bem (carro, moto, caminhão etc.), para ser confiscado, deve ser utilizado com o fim específico de praticar o delito de tráfico ilícito de entorpecentes. A utilização isolada do bem, sem uma destinação especial ou continuada, não justificaria o confisco.

Assim, não demonstrada essa especial destinação do bem, seu nexo instrumental de uso para consecução do delito, ou que tenha sido adquirido com recursos provenientes da atividade criminosa, não deveria ser caso de confisco. Sem embargo da nossa posição, precisamos advertir o leitor que o tema não é pacífico na jurisprudência, conforme se constata na ementa abaixo (caso com repercussão geral admitida no STF):

> RE 638.491: É possível o confisco de todo e qualquer bem de valor econômico apreendido em decorrência do tráfico de drogas, sem a necessidade de se perquirir a habitualidade, reiteração do uso do bem para tal finalidade, a sua modificação para dificultar a descoberta do local do acondicionamento da droga ou qualquer outro requisito além daqueles previstos expressamente no art. 243, parágrafo único, da Constituição Federal.

Nessa perspectiva, basta a apreensão em decorrência do tráfico, sem qualquer vinculação ou nexo direto com a atividade ilícita, para justificar o confisco.

Mudando o enfoque, quanto à arma apreendida (seja porque estava no local onde foi realizada a busca, seja porque foi utilizada no crime), algumas considerações devem ser feitas. Existem dois documentos distintos. O registro da arma permite a sua propriedade lícita, mas não sua utilização em vias públicas ou locais públicos. O uso fica restrito ao domicílio do agente. Já o porte pressupõe o registro e autoriza a pessoa a portar a arma junto ao corpo, no carro etc., em ambientes públicos. É o que autoriza a circulação do agente, armado, fora da residência.

Assim, pode ocorrer de alguém, que tenha o registro da arma, ser preso (e a arma apreendida) por portá-la em via pública sem a correspondente autorização (porte), ou, ainda, que a arma tenha sido apreendida porque foi utilizada na prática de um delito.

Em ambos os casos, a propriedade é lícita, e, portanto, quando não mais interessar ao processo, poderá ser restituída ao agente, ainda que ele tenha sido condenado. Trata-se de um instrumento do crime, mas cuja propriedade está legitimada pelo registro. Situação completamente diferente se daria caso a arma não fosse registrada, pois inviabilizada estaria a restituição.

O pedido de restituição, quando não houver dúvida sobre o direito de quem o fez, pois perfeitamente demonstrada a propriedade lícita, poderá ser concedido até mesmo pela autoridade policial. Sempre será, contudo, certificado nos autos do inquérito.

Do contrário, havendo a necessidade de uma cognição ou discussão mais apurada da questão, deverá o pedido ser feito à autoridade judiciária (ainda que na fase pré-processual), a quem, após a manifestação do Ministério Público, caberá a decisão. Não havendo mais a necessidade probatória e inexistindo dúvida sobre a legitimidade do proprietário, os bens poderão ser restituídos. Havendo dúvida, o pedido de restituição será processado em autos apartados, cabendo ao requerente, no prazo de 5 dias, demonstrar sua propriedade ou documentos que o autorizem a ter o objeto ou substância.

Quando a dúvida se estabelecer entre o terceiro de boa-fé e a vítima (reclamante) em torno de quem seja o verdadeiro dono, o juiz deverá remeter as partes para o juízo cível, como determina o art. 120, § 4º, do CPP, determinando que o bem fique depositado até a resolução da questão. Tratando-se de coisas facilmente deterioráveis ou perecíveis, serão elas avaliadas e vendidas em leilão público, depositando-se em juízo o valor apurado até que se defina quem é o legítimo proprietário.

Superada essa questão da restituição dos bens apreendidos, vejamos agora a importante alteração trazida pela Lei n. 13.964/2019, que alterou o disposto no art. 91-A do Código Penal:

Art. 91-A. Na hipótese de condenação por infrações às quais a lei comine pena máxima superior a 6 (seis) anos de reclusão, poderá ser decretada a perda, como produto ou proveito do crime, dos bens correspondentes à diferença entre o valor do patrimônio do condenado e aquele que seja compatível com o seu rendimento lícito.

§ 1º Para efeito da perda prevista no *caput* deste artigo, entende-se por patrimônio do condenado todos os bens:

I – de sua titularidade, ou em relação aos quais ele tenha o domínio e o benefício direto ou indireto, na data da infração penal ou recebidos posteriormente; e

II – transferidos a terceiros a título gratuito ou mediante contraprestação irrisória, a partir do início da atividade criminal.

§ 2º O condenado poderá demonstrar a inexistência da incompatibilidade ou a procedência lícita do patrimônio.

§ 3º A perda prevista neste artigo deverá ser requerida expressamente pelo Ministério Público, por ocasião do oferecimento da denúncia, com indicação da diferença apurada.

§ 4º Na sentença condenatória, o juiz deve declarar o valor da diferença apurada e especificar os bens cuja perda for decretada.

§ 5º Os instrumentos utilizados para a prática de crimes por organizações criminosas e milícias deverão ser declarados perdidos em favor da União ou do Estado, dependendo da Justiça onde tramita a ação penal, ainda que não ponham em perigo a segurança das pessoas, a moral ou a ordem pública, nem ofereçam sério risco de ser utilizados para o cometimento de novos crimes.

Trata-se de perdimento dos bens que decorre de uma presunção de enriquecimento ilícito (alguns denominam "perda alargada" ou "confisco alargado"), nos casos em que a condenação (a rigor transitada em julgado) por infrações cujo apenamento máximo (em abstrato) é superior a 6 anos de reclusão (não se trata de pena aplicada, mas sim de cominação abstrata do tipo penal). Necessariamente deve ser por crime que gere riqueza, pois o perdimento do produto (direto) ou proveito (bens adquiridos com o lucro ou ganho do crime) de bens que correspondam a diferença entre o valor do patrimônio descoberto do condenado e aquele que seja compatível com o seu rendimento lícito. Essa incompatibilidade de riquezas, entre o rendimento decorrente da atividade lícita e o volume patrimonial total do condenado, deve gerar uma diferença que permita presumir que decorre um enriquecimento ilícito, pois descoberto de uma causa que o justifique e legitime. A lei atribui ao condenado a carga probatória da procedência lícita, para afastar o perdimento (como o recebimento de uma herança, doação anterior ao crime, etc.).

Mas deixamos aqui consignada uma advertência: essa presunção de ilicitude e a atribuição de carga probatória à defesa é manifestamente incompatível com a presunção constitucional de inocência. Nesse sentido, precisa a lição de BOTTINI, no sentido de que "a nova regra inverte o *ônus da prova*, impondo ao condenado o dever de demonstrar a origem lícita de seus bens, quando o princípio da *presunção da inocência* impõe ao Estado a obrigação de provar fatos que justifiquem a intervenção estatal na liberdade e no patrimônio do réu. A inexistência de provas sobre a origem lícita ou ilícita dos bens do acusado deveria presumir sua legitimidade e não o contrário"[12]. Importante ainda, para comprovação dessa diferença patrimonial, que se realize uma perícia contábil e financeira apta a demonstrar o enriquecimento ilícito.

Por fim, o perdimento de bens e valores deve ser objeto de pedido expresso do MP, quando do oferecimento da denúncia, assegurando-se o contraditório e o direito de defesa no procedimento e, ao final, de uma decisão fundamentada do juiz. O parágrafo 5º não disciplina o enriquecimento ilícito, mas sim o perdimento dos instrumentos utilizados para a prática de crimes por organizações criminosas e milícias, como armas, carros, motos, etc., e até imóveis. Não se exige que tais bens tenham uma especial destinação criminosa, podendo haver uma utilização eventual.

Mas a Lei n. 13.964/2019 trouxe outras alterações legislativas relevantes, dirigidas a aumentar a eficácia das medidas assecuratórias, do destino dos bens e também do perdimento, com vistas a evitar a perda de valor ou perecimento em razão da demora da conclusão dos processos criminais. Nesta linha, trouxe ainda as seguintes inovações relevantes que comentaremos pontualmente:

> Art. 122. Sem prejuízo do disposto no art. 120, as coisas apreendidas serão alienadas nos termos do disposto no art. 133 deste Código.
> Parágrafo único. (Revogado).

COMENTÁRIO:

As coisas apreendidas poderão ser restituídas nos termos do art. 120, ou seja, quando cabível, porque não interessam ao processo e não constituem objetos ilícitos de *per si*. Não sendo esse o caso, aplica-se o art. 133, com a venda após o trânsito em julgado da sentença penal condenatória.

> Art. 124-A. Na hipótese de decretação de perdimento de obras de arte ou de outros bens de relevante valor cultural ou artístico, se o crime não tiver vítima determinada, poderá haver destinação dos bens a museus públicos.

COMENTÁRIO:

Havendo decretação de perdimento dessas obras, ao invés de alienar, poderá o juiz dar uma destinação cultural melhor, com o encaminhamento para museus públicos. Mas se houver uma vítima determinada deverá haver a alienação para ressarcimento dos prejuízos por ela sofridos.

> Art. 133. Transitada em julgado a sentença condenatória, o juiz, de ofício ou a requerimento do interessado ou do Ministério Público, determinará a avaliação e a venda dos bens em leilão público cujo perdimento tenha sido decretado.
> § 1º Do dinheiro apurado, será recolhido aos cofres públicos o que não couber ao lesado ou a terceiro de boa-fé.
> § 2º O valor apurado deverá ser recolhido ao Fundo Penitenciário Nacional, exceto se houver previsão diversa em lei especial.

---

12 https://www.conjur.com.br/2020-jan-06/direito-defesa-direito-penal-processo-penal-delacao-lei-anticrime.

COMENTÁRIO:

Decorrência natural do perdimento constante em sentença penal condenatória transitada em julgado é a alienação dos bens, para ressarcimento da vítima ou terceiro de boa-fé. A inovação está na destinação do restante (ou da totalidade em não havendo vítima a ser ressarcida) desse valor para – como regra geral – o Fundo Penitenciário Nacional.

Art. 133-A. O juiz poderá autorizar, constatado o interesse público, a utilização de bem sequestrado, apreendido ou sujeito a qualquer medida assecuratória pelos órgãos de segurança pública previstos no art. 144 da Constituição Federal, do sistema prisional, do sistema socioeducativo, da Força Nacional de Segurança Pública e do Instituto Geral de Perícia, para o desempenho de suas atividades.

§ 1º O órgão de segurança pública participante das ações de investigação ou repressão da infração penal que ensejou a constrição do bem terá prioridade na sua utilização.

§ 2º Fora das hipóteses anteriores, demonstrado o interesse público, o juiz poderá autorizar o uso do bem pelos demais órgãos públicos.

§ 3º Se o bem a que se refere o *caput* deste artigo for veículo, embarcação ou aeronave, o juiz ordenará à autoridade de trânsito ou ao órgão de registro e controle a expedição de certificado provisório de registro e licenciamento em favor do órgão público beneficiário, o qual estará isento do pagamento de multas, encargos e tributos anteriores à disponibilização do bem para a sua utilização, que deverão ser cobrados de seu responsável.

§ 4º Transitada em julgado a sentença penal condenatória com a decretação de perdimento dos bens, ressalvado o direito do lesado ou terceiro de boa-fé, o juiz poderá determinar a transferência definitiva da propriedade ao órgão público beneficiário ao qual foi custodiado o bem.

COMENTÁRIO:

Essa autorização para uso dos bens submetidos a medidas assecuratórias, por parte de órgãos públicos, antes do trânsito em julgado, já vinha sendo implantada em alguns Estados por meio de acordos com o Poder Judiciário, mas agora vem corretamente disciplinada no CPP. Trata-se de medida que visa evitar o perecimento e perda do valor dos bens pela demora do processo, que não raras vezes, quando do trânsito em julgado do perdimento, já tinha perdido completamente seu valor venal e possibilidade de utilização. Tal medida terá grande utilização em crimes de tráfico de drogas, contrabando, descaminho, corrupção e lavagem de dinheiro, por exemplo. Mas, se ao final do processo o réu for absolvido, será determinada a restituição do bem e, neste caso, poderá ele sofrer um grande prejuízo com o estado em que irá receber de volta seu veículo, avião ou embarcação por exemplo, dado o uso, não raras vezes descuidado e intenso, por parte de agentes públicos. Em tese, poderia inclusive buscar uma indenização junto ao Estado ou União, em que pese, na prática, revelar-se uma medida demorada e inócua. Por isso, a autorização para uso de bens antes do trânsito em julgado deve ser manejada com cautela e proporcionalidade por parte dos juízes, pois pode ser geradora de grandes prejuízos para o réu absolvido.

# SÍNTESE DOS CAPÍTULOS XI E XII



As PRISÕES CAUTELARES tencionam com a garantia da presunção de inocência expressamente consagrada no art. 5º, LVII, da Constituição, sendo o princípio reitor do processo penal e, em última análise, podemos verificar a qualidade de um sistema processual através do seu nível de observância (eficácia). É fruto da evolução civilizatória do processo penal. Contudo, as prisões cautelares são necessárias, em situações excepcionais e, por isso, a coexistência da presunção de inocência com as prisões cautelares é possível, mas exige estrita observância dos requisitos legais, da necessidade cautelar e da base principiológica.

Partindo do gênero "prisões cautelares", temos:

- **prisão em flagrante:** que a rigor é uma medida pré-cautelar, não uma cautelar propriamente dita, na medida em que é precária e preparatória de uma prisão temporária ou preventiva (verdadeiras prisões cautelares)
- **prisão temporária:** prevista na Lei n. 7.960/89
- **prisão preventiva:** prevista nos arts. 311 , 312 e s. do CPP

A **"execução antecipada da pena"**, seja após a decisão de segundo grau, como já admitiu o STF por algum tempo, ou após a decisão de primeiro grau do tribunal do júri (art. 492, I, "e'), não tem natureza cautelar. Não é uma prisão cautelar. E, por isso, entendemos que toda forma de execução antecipada da pena é incompatível com a presunção constitucional de inocência, sendo, portanto, inconstitucional.

É um erro usar as expressões *fumus boni iuris* e *periculum in mora* para se referir as prisões cautelares, porque são categorias e conceitos inerentes ao processo civil, completamente inadequados para o processo penal. O correto é *fumus commissi delicti* e *periculum libertatis*.

É criticável o chamado **"poder geral de cautela"**, na medida em que incompatível com a natureza do processo penal e os princípios de legalidade e taxatividade das medidas restritivas da liberdade. Somente as medidas cautelares expressamente previstas em lei podem ser admitidas, não cabendo ao juiz fixar medidas cautelares diversas daquelas estabelecidas nos arts. 319 e 320 do CPP.

**PRINCIPIOLOGIA DAS PRISÕES CAUTELARES:** são os princípios – e sua estrita observância – que permitem a coexistência da presunção de inocência com as prisões cautelares e medidas cautelares diversas.

- **Jurisdicionalidade e Motivação:** toda e qualquer prisão cautelar somente pode ser decretada por ordem judicial fundamentada. A prisão em flagrante é uma medida pré-cautelar, uma precária detenção, que pode ser feita por qualquer pessoa do povo ou autoridade policial e será submetida ao controle judicial posteriormente, na audiência de custódia.
- **Contraditório:** reforçado no art. 282, § 3º, é agora a regra, cabendo ao juiz oportunizar a manifestação da defesa antes da decretação da medida cautelar, exceto em caso de urgência ou perigo de ineficácia da medida, situações que deverão ser concretamente fundamentadas.
- **Provisionalidade e o Princípio da Atualidade do Perigo:** as prisões cautelares são situacionais, ou seja, tutelam uma situação fática de perigo que dever ser atual. Arts. 312, § 2º, 315 e 316.
- **Provisoriedade:** as prisões cautelares devem ter curta duração, serem efetivamente provisórias. Seria preciso definir o prazo máximo de duração (que não existe) para a prisão preventiva. Grande avanço foi o estabelecimento do dever de revisar periodicamente a medida, estabelecido no art. 316, § único.
- **Excepcionalidade:** a prisão preventiva deve ser a *ultima ratio* do sistema, reservada para casos graves em que realmente seja necessária. Antes de decretar a prisão preventiva, o juiz deve analisar e fundamentar porque não aplica as medidas cautelares diversas, previstas no art. 319 do CPP. Somente quando não for cabível a substituição, por se mostrarem inadequadas ou insuficientes as medidas cautelares diversas, é que se poderá cogitar o uso da prisão preventiva.
- **Proporcionalidade:** o juiz deverá ponderar a gravidade da medida imposta frente a densidade do *fumus commisssi delicti* e do *periculum libertatis*, para demonstrar o cabimento da prisão preventiva. A prisão deverá ainda ser adequada e necessária, aplicável apenas quando não forem suficientes as medidas cautelares diversas.

**PRISÃO EM FLAGRANTE:** é uma medida pré-cautelar, que necessariamente deverá ser levada em até 24h para o controle de legalidade por parte do juiz, na audiência de custódia. Não poderá prolongar-se além desse tempo, porque não prende por si só.

O flagrante remete a ideia de visibilidade do delito, de surpreender o agente durante ou logo após a sua prática. Está previsto nos arts. 302 e 303 (flagrante em crime permanente).

São ilegais, devendo ser relaxados, os casos de flagrante forjado, provocado ou preparado.

O preso em flagrante deverá ser imediatamente apresentado à autoridade policial, onde será lavrado o auto de prisão em flagrante, sendo encaminhado em até 24h para a audiência de custódia, onde será analisado à luz do art. 310 do CPP.

A **AUDIÊNCIA DE CUSTÓDIA** é uma imposição da CADH, está prevista no CPP e regulamentada pela Resolução n. 213 do CNJ. Entendemos que a audiência de custódia é necessária em todo e qualquer tipo de prisão cautelar ou pré-cautelar, mas a maioria dos juízes e tribunais vem realizando apenas em caso de prisão em flagrante.

**PRISÃO PREVENTIVA:** poderá ser decretada na fase de investigação ou no curso do processo, sempre que houver pedido do MP ou representação na autoridade policial, não podendo ser decretada de ofício pelo juiz.

**Requisito:** *fumus commissi delicti*, ou seja, nos termos do art. 312, exige a prova da existência do crime e indícios suficientes de autoria.

**Fundamento:** *periculum libertatis*, isto é, a real necessidade cautelar, representada pela necessidade de tutela da ordem pública, da ordem econômica, da prova ou da aplicação da lei penal. Esse perigo deve ser atual, contemporâneo. A prisão para garantia da ordem pública é criticada pela ausência de uma finalidade cautelar (tutela do processo) além da sua abertura conceitual, ou seja, é um conceito vago, impreciso e indeterminado, que serve como um coringa hermenêutico. Também a prisão para garantia da ordem econômica é criticada por não ter uma natureza cautelar penal e também pela vagueza conceitual. Já as prisões preventivas para tutela da prova e tutela da lei penal (risco de fuga) são cautelares, mas exigem sempre a demonstração de um suporte probatório real e concreto, não imaginário.

O art. 313 é um balizador fundamental da prisão preventiva, estabelecendo o limite de pena e as circunstâncias em que ela pode ser decretada. Ainda que exista *fumus comissi delicti* e *periculum libertatis*, sem o preenchimento o das condições do art. 313, a prisão preventiva não pode ser decretada.

Outra inovação importante trazida pela Lei n. 13.964/2019 foi o art. 315, que além de exigir que a decisão sobre a prisão preventiva seja motivada e fundamentada, passou a exigir uma maior qualidade das decisões através de uma série de vedações.

**MEDIDAS CAUTELARES DIVERSAS:** previstas no art. 319 (aplicadas de forma isolada ou cumulativa) e 320, são medidas substitutivas, alternativas à prisão preventiva e cuja análise de cabimento deve anteceder – sempre e de forma fundamentada – a decretação da prisão. Ainda que concebidas como medidas substitutivas da prisão preventiva, com o tempo as **medidas cautelares diversas acabaram adquirindo o caráter de medidas autônomas**, nos casos em que a pena máxima imposta ao delito é inferior a 4 anos. São situações em que não cabe a prisão preventiva e, portanto, as medidas cautelares diversas adquirem o *status* de medidas autônomas. ***Inobstante sua autonomia em relação à preventiva, não deixam de ser "medidas cautelares" e, portanto, exigem, além do "fumus comissi delicti" e o "periculum libertatis", a observância da principiologia constitucional.***

**DA PRISÃO TEMPORÁRIA:** prevista na Lei n. 7.960/1989, é uma prisão que somente pode ser decretada durante a investigação e tem prazo máximo de duração previsto na lei. Com relação aos incisos do art. 1º, o melhor entendimento é o de a prisão temporária somente pode ser decretada quando estiverem presentes as situações previstas nos incisos III e I, sendo o inciso II apenas um reforço na fundamentação (não justificando sua decretação de forma isolada).

**PRISÃO ESPECIAL:** não é uma modalidade de prisão cautelar, mas um regime especial de cumprimento da prisão preventiva e vigora até o trânsito em julgado. Os casos de aplicação estão dispostos no art. 295 do CPP.

**LIBERDADE PROVISÓRIA:** é uma medida alternativa à prisão preventiva, que se situa entre a prisão em flagrante e a decretação da prisão preventiva (após a decretação da prisão preventiva não se fala mais em liberdade provisória, mas em revogação ou substituição por medidas cautelares diversas). A liberdade provisória poderá vir cominada com fiança ou não, bem como também poderá ser cumulada com medidas cautelares diversas ou não, conforme o caso.

A vedação na lei de concessão de liberdade provisória já foi declarada inconstitucional pelo STF em outras leis, sendo um erro do legislador – na Lei n. 13.964/2019 – prever no art. 310, § 2º a proibição de sua concessão.

**FIANÇA:** é uma contracautela exigida para concessão da liberdade provisória, mas também pode ser uma medida cautelar diversa, nos termos do art. 319. O fato de um crime ser inafiançável não significa que a liberdade provisória não possa ser concedida, mas nesse caso caberá ao juiz (das garantias) fixar medidas cautelares diversas (mais gravosas). O valor da fiança será calculado com base no disposto nos arts. 325 e 326 do CPP. Poderá ser concedida pela autoridade policial quando a pena máxima não exceder a 4 anos, ou pelo juiz em qualquer caso (exceto quando estabelecida a inafiançabilidade). Poderá ser dispensado o pagamento de fiança nas situações do art. 350; determinado o reforço quando necessário (art. 340); cassada nos termos dos arts. 338 e 339; considerada quebrada nos casos do art. 341 gerando como consequência a perda de metade do valor (e a possível decretação de prisão preventiva), art. 343. Haverá o perdimento integral do valor da fiança (e a prisão do imputado), nos casos do art. 344.

**MEDIDAS ASSECURATÓRIAS:** são medidas cautelares de natureza patrimonial, que servem ao mesmo tempo para ressarcimento dos danos causados pelo crime, pagamento das despesas processuais e eventuais penas pecuniárias, mas também, dependendo do caso, como instrumento de tutela da prova. A busca e apreensão (e posterior restituição) é considerada pelo CPP um meio de obtenção de provas (está no título "Da prova" no CPP), mas guarda íntima relação com as medidas assecuratórias, dada sua natureza de tutela de bens. Na sistemática do código, são medidas assecuratórias: a) sequestro de bens móveis; b) sequestro de bens imóveis; c) hipoteca legal de bens imóveis; d) arresto prévio de bens imóveis; e) arresto de bens móveis.

Quanto ao cabimento, essas medidas podem ser resumidas no seguinte quadro:

**Apreensão:** recai sobre o objeto direto do crime, art. 240 do CPP.
**Sequestro:** bem móvel ou imóvel adquirido com os proventos do crime, arts. 125 a 133 do CPP.
**Hipoteca Legal:** bens imóveis de origem lícita e diversa do delito, arts. 134 e 135 do CPP.
**Arresto Prévio de Imóveis:** bens imóveis de origem lícita e diversa do delito. É preparatório da hipoteca legal (instrumentaliza a inscrição). Art. 136 do CPP.
**Arresto Prévio de Móveis:** bens móveis de origem lícita, tendo cabimento quando não houver bens imóveis para hipotecar ou forem insuficientes. Art. 137 do CPP.

Capítulo XIII

# MORFOLOGIA DOS PROCEDIMENTOS

## 1. Introdução: Sumária (Re)Cognição da Santa Trindade do Direito Processual Penal

Antes de iniciar o estudo da morfologia dos procedimentos[1] contemplados no sistema processual penal brasileiro (e não apenas no Código de Processo Penal), convém uma rápida recordação de que o Direito Processual Penal está erguido sobre o trinômio ação-jurisdição-processo, verdadeira Santa Trindade do Direito Processual.

No início desta obra tecemos considerações acerca das teorias da ação, concluindo que a ação processual penal é um direito potestativo de acusar (*ius ut procedatur*), público, autônomo, abstrato, mas conexo instrumentalmente ao caso penal.

Quanto à jurisdição, para além da concepção tradicional de *poder-dever*, pensamos que – no processo penal – reveste-se do caráter de direito fundamental, ou seja, a garantia da jurisdição. Isso também afeta a concepção de competência, que, além de limitá-la, cria condições de eficácia para a própria garantia da jurisdição (juiz natural e imparcial).

---

1 Expressão cunhada por CORDERO, Franco. *Procedimiento Penal*. Trad. Jorge Guerrero. Bogotá, Temis, 2000. v. 1, p. 332, e que tomamos emprestada para o estudo das formas ou espécies de procedimentos.

No que tange ao processo, é importante que o leitor tenha presente a densa discussão em torno da sua natureza jurídica (feita no início desta obra), especialmente no que se refere à polêmica BÜLOW-GOLDSCHMIDT, ou às respectivas teorias de processo como *relação jurídica* e processo como *situação jurídica*. Nesse tema, nos perfilamos ao lado de James Goldschmidt, diante das inadequações e insuficiências da tese de Bülow. Daí por que, em apertadíssima síntese, concebemos o processo penal como um conjunto de situações processuais dinâmicas, que dão origem a expectativas, perspectivas, chances, cargas e liberação de cargas, pelas quais as partes atravessam rumo a uma sentença favorável (ou desfavorável, conforme o aproveitamento das chances e liberação ou não de cargas e assunção de riscos).

Elementar que na concepção de processo, além dos fatores político-culturais, influi, definitivamente, o sistema (ou forma) adotado: acusatório ou inquisitório. Cada um dos sistemas processuais (inquisitório ou acusatório) desenha um tipo de processo penal, com inegável influência na morfologia dos procedimentos.

Na discussão em torno da função do processo, mantendo coerência com a posição por nós defendida, de que o objeto do processo penal é uma *pretensão acusatória* (construída desde a concepção de GUASP, GOLDSCHMIDT e GÓMEZ ORBANEJA, nunca na visão civilista de CARNELUTTI), estamos com GUASP e FAIREN GUILLEN, no sentido de que a função do processo penal é a *satisfação jurídica das pretensões e resistências*.

Não se nega, ainda, que o processo seja um complexo de atos, sucessivos e coordenados, tendentes a instrumentalizar o exercício da jurisdição, como sintetizou TUCCI[2]. Os conceitos não se excluem, senão que se completam.

Existem, assim, duas espécies de processo penal: processo penal de conhecimento e processo penal de execução (ou, simplesmente, execução penal). Negamos, como dito anteriormente, a existência de um processo penal cautelar, pois nosso sistema consagra apenas "medidas cautelares" inseridas no processo de conhecimento (e, dependendo da medida, podem ser adotadas na fase pré-processual ou mesmo na execução penal).

Feitas essas rápidas considerações, interessa-nos, agora, o estudo dos procedimentos.

Como adverte GIMENO SENDRA[3], ainda que processo e procedimento tenham uma raiz etimológica comum (*procedere*), são conceitos fundamentalmente distintos.

---

2 TUCCI, Rogério Lauria. *Teoria do Direito Processual Penal*. São Paulo, RT, 2002. p. 161.

3 GIMENO SENDRA, José Vicente. *Fundamentos del Derecho Procesal*. Madrid, Civitas, 1981. p. 180.

O primeiro (processo) remete à existência de uma pretensão acusatória deduzida em juízo, frente a um órgão jurisdicional, estabelecendo situações jurídico-processuais dinâmicas, que dão origem a expectativas, perspectivas, chances, cargas e liberação de cargas, pelas quais as partes atravessam rumo a uma sentença favorável (ou desfavorável, conforme o aproveitamento das chances e liberação ou não de cargas e assunção de riscos).

Noutra dimensão, por procedimento entende-se o lado formal da atuação judicial, o conjunto de normas reguladoras do processo ou ainda o caminho (*iter*) ou itinerário que percorrem a pretensão acusatória e a resistência defensiva, a fim de que obtenham a satisfação do órgão jurisdicional.

CORDERO[4] recorda que *rito* remonta ao sânscrito *ra* (ordenar, dirigir em ordem, computar), de onde vem o latim *reor* (pensar, crer, opinar, julgar), *ratio* (razão), *ratus* (pensado, calculado), ou o grego *reo* (cujo equivalente latino é fluo, fluir, correr), palavras que trazem à mente a ideia de evolução ou desenvolvimento conforme o prescrito, segundo uma forma.

Já o sufixo *mentum*, esclarece TUCCI[5], vem do grego *menos*, que "significa princípio de movimento, vida, força vital"; sendo *to* uma partícula expletiva. Dessarte, conclui o autor, exprime o ato em seu modo de fazer e na forma em que é feito, ou seja, como ato regularmente formalizado.

O processo penal admite distintas relações configuráveis entre os atos, fazendo com que o processo de conhecimento comporte diferentes ritos, em função da natureza do delito ou mesmo da pessoa envolvida (prerrogativa de função).

Há uma mecânica dos procedimentos[6], pois, ainda que todos iniciem com uma acusação e tenham como epílogo uma sentença, existem variações na ordem ou na forma dos atos que integram esse itinerário (*iter*). E a dinâmica do processo (melhor, das situações jurídicas que o constituem) estabelece uma temporalidade linear, irreversível, orientada ao futuro.

A regra é que o procedimento tenha um efeito progressivo, sendo o regressivo uma exceção reservada para atender à necessidade de *refazer o que foi feito com defeito*, ou seja, repetição por defeito processual sanável (veja-se, adiante, o conceito de *defeito sanável e insanável*).

Existe ainda um *nexo genético*[7], em que o ato posterior depende da prática de um antecedente, de modo que da acusação depende todo o processo, o debate

---

[4] CORDERO, Franco. *Procedimiento Penal*, cit., v. 1, p. 6.

[5] TUCCI, Rogério Lauria. *Teoria do Direito Processual Penal*, cit., p. 232.

[6] CORDERO, Franco. *Procedimiento Penal*, cit., v. 1, p. 328.

[7] Idem, ibidem.

(oral ou escrito) é o necessário prelúdio da sentença e, principalmente, os vícios do ato antecedente passam aos conseguintes. Tal compreensão, ainda que simples, nem sempre é alcançada, pois, como veremos ao estudar as nulidades, o princípio da contaminação não pode ser limitado da forma como a jurisprudência brasileira costuma fazê-lo.

## 2. Tentando Encontrar uma Ordem no Caos

O processo penal brasileiro é uma verdadeira colcha de retalhos, não só pela quantidade de leis especiais que orbitam em torno do núcleo codificado, senão porque o próprio Código é constantemente medicado (meros paliativos, diga-se de passagem) por reformas pontuais (geradoras de graves dicotomias que só fazem por aumentar a inconsistência sistêmica e a metástase). A falha está em não fazer uma anamnese séria do problema, que, uma vez compreendido, exigiria uma reforma global e completa: um novo Código de Processo Penal, regido pelo sistema acusatório e em conformidade com a Constituição.

No tocante aos procedimentos (ou ritos), mais do que polimorfo, o sistema processual brasileiro é caótico.

Para começar, o Código de Processo Penal brasileiro comete um erro primário, uma grave confusão entre processo e procedimento, designando no seu Livro II "Dos Processos em Espécie", e, na continuação, Título I "Do Processo Comum", Título II "Dos Processos Especiais" e Título III "Dos Processos de Competência do Supremo Tribunal Federal e dos Tribunais de Apelação".

Desde quando existe Processo Comum ou Processo Especial?

Desde nunca, com o perdão da resposta. Mais do que falta de técnica processual, é um erro injustificável misturar categorias como processo e procedimento.

Então, o que é "comum" ou "especial"? O procedimento, o rito. Não o processo, que somente pode ser de conhecimento ou de execução.

Partindo do art. 394 do CPP[8], podemos fazer o seguinte esquema:

---

[8] Art. 394. O procedimento será comum ou especial.
§ 1º O procedimento comum será ordinário, sumário ou sumaríssimo:
I – ordinário, quando tiver por objeto crime cuja sanção máxima cominada for igual ou superior a 4 (quatro) anos de pena privativa de liberdade;
II – sumário, quando tiver por objeto crime cuja sanção máxima cominada seja inferior a 4 (quatro) anos de pena privativa de liberdade;
III – sumaríssimo, para as infrações penais de menor potencial ofensivo, na forma da lei.
§ 2º Aplica-se a todos os processos o procedimento comum, salvo disposições em contrário deste Código ou de lei especial.

**RITO COMUM:**

1. **Ordinário:** crime cuja pena máxima cominada for igual ou superior a 4 anos e está disciplinado nos arts. 395 a 405 do CPP.
2. **Sumário:** crime cuja pena máxima cominada for inferior a 4 anos (e superior a 2, pois, se a pena máxima for igual ou inferior a 2 anos, segue-se o rito sumaríssimo) e está disciplinado nos arts. 531 a 538 do CPP.
3. **Sumaríssimo:** crime de menor potencial ofensivo (pena máxima igual ou inferior a 2 anos) está previsto no Código de Processo Penal, mas disciplinado na Lei n. 9.099/95 (a Lei n. 11.313/2006 apenas ampliou o conceito de *menor potencial ofensivo*), sendo o rito sumaríssimo (ou sumariíssimo, como define a Lei) disciplinado nos arts. 77 a 83, além dos institutos da composição dos danos civis, transação penal e suspensão condicional do processo (respectivamente arts. 74, 76 e 89 da Lei n. 9.099).

**RITO ESPECIAL:**

1. Dos crimes de responsabilidade dos funcionários públicos: art. 513 a 518 do CPP.
2. Dos crimes contra a honra: arts. 519 a 523 do CPP.
3. Dos crimes contra a propriedade imaterial: arts. 524 a 530-I do CPP e também a Lei n. 9.279/96.
4. Rito dos crimes da competência do júri: arts. 406 a 497 do CPP.

Fora do Código de Processo Penal, encontramos ainda, entre outros, os seguintes ritos especiais:

1. Crimes falimentares: Lei n. 11.101.
2. Tóxicos: Lei n. 11.343.
3. Competência originária dos Tribunais (Lei n. 8.658/93, que remete para a Lei n. 8.038).
4. Crimes Eleitorais (Lei n. 4.737/65).
5. Lavagem de Dinheiro (Lei n. 9.613) segue o rito ordinário, mas existem algumas peculiaridades previstas na referida Lei.

Diversos critérios orientam essa polimorfologia procedimental, entre eles:

- **Gravidade do crime:** aqui foi adotada a quantidade de pena aplicada, conforme acabamos de referir.
- **Natureza do delito:** partindo da natureza do bem jurídico tutelado, estabelece o processo penal um rito especial para os crimes dolosos contra a vida (arts. 406 a 497); tóxicos (Lei n. 11.343); honra (arts. 519 a 523); crimes falimentares (Lei n. 11.101), entre outros.

---

§ 3º Nos processos de competência do Tribunal do Júri, o procedimento observará as disposições estabelecidas nos arts. 406 a 497 deste Código.
§ 4º As disposições dos arts. 395 a 398 deste Código aplicam-se a todos os procedimentos penais de primeiro grau, ainda que não regulados neste Código.
§ 5º Aplicam-se subsidiariamente aos procedimentos especial, sumário e sumaríssimo as disposições do procedimento ordinário.

- **Qualidade do agente:** isso explica o rito especial para os crimes praticados por servidores públicos e também aquele desenhado pela Lei n. 8.038 para os que gozam de prerrogativa de função.

Além desses critérios, é imprescindível observar a seguinte regra: o rito comum é subsidiário. Ou seja, primeiro devemos observar se existe um rito especial para aquele tipo de crime, devendo ser adotado em caso de previsão legal. Somente quando não houver rito especial, então, por exclusão, será adotado o comum, que poderá ser ordinário, sumário ou sumaríssimo conforme a pena máxima fixada.

Por fim, há que se recordar que "forma é garantia", de modo que os procedimentos são indisponíveis e constituem uma verdadeira garantia do réu. Daí por que a regra deve ser a nulidade absoluta (melhor dizendo, um defeito sanável pela repetição de todo o processo) em caso de inobservância do procedimento adequado. Contudo, a jurisprudência brasileira tem relativizado (em quase tudo) as nulidades. Nessa linha, prevalece o entendimento de que, se for adotado o procedimento ordinário (quando mais amplo) em detrimento do especial, sem violação de competência prevista na Constituição e sem cercear a defesa, não haveria prejuízo para a defesa e nenhuma nulidade ocorreria.

Também se deve ter muita cautela em caso de conexão ou continência, pois, conforme estudado, além de modificar a competência, também afeta o rito a ser utilizado. Diante de crimes cujo julgamento é feito através de diferentes ritos, muita cautela deve ser adotada. Em geral, o rito ordinário é mais amplo e pode ser o utilizado, pois em nada prejudicaria as partes. Contudo, não pode haver a supressão de atos importantes ou mesmo a violação das regras da competência. Por exemplo: se alguém for acusado da prática de um crime doloso contra a vida, de competência do Tribunal do Júri, e ainda de um crime de roubo, por exemplo, o rito a ser adotado não poderá ser o ordinário. Isso porque a competência do Tribunal do Júri atrai o julgamento de todos os crimes para aquele rito.

Se um servidor público comete um delito funcional e gozar de prerrogativa de foro, o rito a ser adotado não é aquele especial dos arts. 513 e s. do CPP, mas sim o previsto na Lei n. 8.038, para os crimes de competência originária dos tribunais.

Enfim, cada caso deve ser analisado com suma cautela.

Vejamos agora a morfologia dos procedimentos mais importantes.

## 3. Análise da Morfologia dos Principais Procedimentos

Considerando os diversos ritos previstos no Código de Processo Penal e em leis especiais, bem como a falta de critérios para sua definição e, especialmente, a irrelevância da distinção entre ritos especiais e ordinários, optamos por analisar apenas os mais relevantes, deixando por último os procedimentos do Tribunal do Júri e o sumaríssimo do Juizado Especial Criminal.

Diante disso, vamos abordar a morfologia dos seguintes ritos, nessa ordem:

- Ordinário.
- Sumário.
- Dos Crimes de Responsabilidade Funcional.
- Dos Crimes Contra a Honra.
- Da Lei de Tóxicos.
- Rito Sumaríssimo dos Juizados Especiais Criminais.
- Dos crimes de Competência do Tribunal do Júri.

## 3.1. Rito Ordinário

### 3.1.1. Considerações Gerais. Morfologia. Quando Ocorre o Recebimento da Acusação? (ou a Mesóclise da Discórdia...)

O rito ordinário é destinado aos crimes cuja pena máxima cominada for igual ou superior a 4 anos de pena privativa de liberdade, estando previsto nos arts. 395 a 405 do CPP. Está estruturado da seguinte forma:

| 1 | 2 | 3 | 4 | 5 |
|---|---|---|---|---|
| Denúncia ou queixa | Juiz recebe ou rejeita liminarmente | Resposta à acusação | Juiz pode absolver sumariamente | Audiência de Instrução e Julgamento |

Uma dúvida que pode surgir, diante da dúbia redação dada pela Lei n. 11.719/2008, é em relação ao momento em que o juiz recebe a denúncia ou queixa, pois o art. 396 afirma que o juiz, se não rejeitar liminarmente a acusação, "recebê-la-á" e ordenará a citação do acusado para responder à acusação. Após essa resposta, o juiz pode absolver sumariamente o acusado ou, dando continuidade ao processo, designar dia e hora para audiência de instrução e julgamento. O problema é que o art. 399 menciona, novamente, o ato de receber a acusação, gerando uma dúvida:

Afinal, quando ocorre o recebimento da denúncia ou queixa?

A *mesóclise da discórdia* contida no art. 396 não constava no Projeto de Lei n. 4.207/2001 e gerou grande surpresa e decepção ao ser inserida às vésperas da promulgação da nova Lei. O projeto desenhava uma fase intermediária, há muito reclamada pelos processualistas, de modo que a admissão da acusação somente ocorreria após o oferecimento da defesa (o ideal seria uma audiência, regida pela oralidade). Era um juízo prévio de admissibilidade da acusação, para dar fim aos recebimentos automáticos de denúncias infundadas, inserindo um mínimo de contraditório nesse importante momento procedimental. Por isso, o art. 399 estabelece (aqui foi mantida a redação do Projeto de 2001) que "recebida a denúncia ou queixa...", demarcando que o recebimento da acusação deveria ocorrer no momento após a defesa escrita.

Mas, infelizmente, foi inserida no art. 396 a mesóclise "recebê-la-á" e manteve-se a redação do Projeto no que se refere ao art. 399, gerando uma dicotomia aparente (dois recebimentos?).

Com isso, o recebimento da denúncia é imediato e ocorre nos termos do art. 396. Esse é o marco interruptivo da prescrição e demarca o início do processo, que se completa com a citação válida do réu (art. 363). Tanto que o réu é citado nesse momento para apresentar sua resposta e, posteriormente, intimado para audiência de instrução (logo, intimado também para o interrogatório que lá será realizado). Ademais, a absolvição sumária (art. 397), em que pese recorrer àquilo que consideramos serem as condições da ação processual penal, pressupõe a existência do processo. Como absolver antes do início do processo? A absolvição (mesmo sumária) somente é possível após o recebimento da acusação. Antes desse recebimento da acusação, o que pode haver é rejeição, não absolvição. Quanto ao art. 399, nada mais faz do que remeter para o recebimento anterior, sendo a expressão *recebida* desnecessária. Mas, já que lá está, deve ser interpretada como uma remissão ao recebimento já realizado e não uma nova decisão.

Em suma, a *mesóclise da discórdia* demarca a manutenção do sistema de recebimento imediato da acusação, antes do oferecimento da resposta da defesa.

Superada essa questão, vejamos agora uma síntese dos atos mais importantes do rito ordinário:

1. **Denúncia ou queixa:** conforme o crime, a ação penal será de iniciativa pública ou privada, sendo exercida através de denúncia ou queixa. A acusação deverá preencher os requisitos do art. 41 do CPP, bem como estarem presentes as condições da ação, sob pena de rejeição liminar (art. 395). Se recebida, o juiz ordena a citação do acusado para responder à acusação, por escrito, no prazo de 10 dias.
2. **Rejeição liminar:** nos casos definidos no art. 395, poderá o juiz rejeitar liminarmente a acusação, como explicaremos a seguir.
3. **Resposta à acusação:** regularmente citado, deverá o réu apresentar "resposta à acusação", por escrito, no prazo de 10 dias. Trata-se de peça obrigatória, pois, se não apresentada, deverá o juiz nomear defensor para

oferecê-la. É o momento em que o imputado poderá arguir defeitos (ou nulidades, se preferirem a terminologia clássica) da denúncia ou queixa e alegar tudo o que interesse à sua defesa (ou, estrategicamente, deixar de aduzir agora questões que prefira reservar para os debates finais), juntar documentos, indicar suas provas, bem como arrolar testemunhas[9]. É nesse momento, mas em peça separada, que deverão ser opostas as exceções previstas no art. 95 do CPP. Voltamos a advertir que o § 2º do art. 396-A deve ser reservado para os casos em que a citação se deu pessoalmente (logo, inaplicável nos casos de citação por edital ou por hora certa). Assim, somente quando o réu for citado pessoalmente e não apresentar resposta à acusação, é que poderá o juiz nomear um defensor para realizar a defesa técnica e continuar a marcha do processo. Do contrário, deverá aplicar a regra do art. 366 do CPP, suspendendo o processo e a prescrição até que o réu seja encontrado.

4. **Absolvição Sumária:** após a resposta escrita, abre-se a possibilidade – art. 397 – de o juiz absolver sumariamente o réu, pondo fim ao processo, quando existir manifesta causa de exclusão da ilicitude ou culpabilidade (exceto a inimputabilidade, pois nesse caso o processo continuará seu curso), o fato narrado evidentemente não constituir crime (atipicidade) ou estiver extinta a punibilidade do agente (prescrição, decadência, ou outra causa prevista no art. 107 do CP ou lei extravagante). Explicaremos essa decisão na continuação.

### 3.1.2. Da Rejeição da Denúncia ou Queixa. Análise do Art. 395 do CPP. Da Absolvição Sumária. Art. 397 do CPP

Da decisão que recebe a denúncia ou queixa, como regra, não cabe recurso algum. Trata-se de grave lacuna (ou melhor, de uma opção autoritária de um Código de 1941) que desconsidera a lesividade e o gravame gerado pelo recebimento

---

[9] Recordando a regra geral do limite numérico: rito ordinário, 8 testemunhas; rito sumário, 5 testemunhas; para cada parte, não se computando as que não prestam compromisso e as referidas. Outro aspecto muito importante é o fato de o artigo em questão exigir que a defesa arrole suas testemunhas "requerendo sua intimação, quando necessário". Até a reforma, a regra era: testemunha arrolada deveria ser intimada, exceto se a parte, expressamente, dissesse que ela compareceria independente de intimação. Isso mudou? Uma leitura superficial conduziria à conclusão de que a defesa sempre deveria requerer expressamente a intimação, sob pena de comprometer-se a conduzir a testemunha. E se não fizer esse pedido e, no dia da audiência, ninguém comparecer, preclusa a via probatória? Pensamos que não. Isso porque, não apenas o direito à ampla defesa impede que um processo tramite nessas condições, senão porque o contraditório exige um tratamento igualitário. Se o Ministério Público não está obrigado a pedir a intimação das testemunhas, por que a defesa teria esse ônus? Logo, o tratamento igualitário conduz a que a regra siga sendo a mesma: testemunha arrolada por qualquer das partes deverá ser intimada, exceto se expressamente for dispensada a intimação.

de uma acusação, que trará, inegavelmente, um imenso rol de penas processuais (estigmatização social e jurídica, angústia e sofrimento psíquico, constrangimento inerente à submissão ao exercício do poder estatal etc.). Na falta de previsão legal de recurso, o imputado poderá ajuizar *habeas corpus* (que não é recurso, senão uma ação) para o trancamento do processo (e não da ação, como costumeiramente se afirma), desde que inequivocamente falte justa causa ou qualquer das condições da ação, nos termos do art. 648 do CPP. Há que se destacar que o *habeas corpus* é um instrumento de cognição sumária, limitada, não admitindo grandes incursões pelo caso penal ou dilação probatória, como explicaremos mais adiante ao tratar dessa ação constitucional. Contudo, seguindo a lógica do Código de Processo Penal de prever recurso para todas as decisões que de qualquer forma beneficiem o réu (o oposto não é verdadeiro, como vimos), quando a denúncia ou queixa for rejeitada ou o réu absolvido sumariamente, sempre caberá recurso.

Nos ritos comuns, oferecida a denúncia ou queixa, o art. 396 determina que poderá o juiz rejeitá-la liminarmente (antes mesmo de citar o acusado para oferecer resposta), quando (os casos estão definidos no art. 395):

> I – for manifestamente inepta;
> II – faltar pressuposto processual ou condição para o exercício da ação penal; ou
> III – faltar justa causa para o exercício da ação penal.

Vejamos agora cada um dos casos de rejeição liminar e, depois, de absolvição sumária.

#### 3.1.2.1. Rejeição. Inépcia da Denúncia ou Queixa

O inciso I (denúncia ou queixa inepta) deve ser lido juntamente com o art. 41 do CPP:

> Art. 41. A denúncia ou queixa conterá a exposição do fato criminoso, com todas as suas circunstâncias, a qualificação do acusado ou esclarecimentos pelos quais se possa identificá-lo, a classificação do crime e, quando necessário, o rol das testemunhas.

Mas, entre os elementos descritos no art. 41, nem todos conduzem rejeição da acusação. Assim, por exemplo, se faltar o rol de testemunhas do acusador em relação a um delito, cuja autoria e materialidade estão demonstradas por vasta prova documental, deverá a acusação ser recebida. Quanto à qualificação do acusado, deve-se considerá-la à luz da legitimidade passiva, de modo que, identificando o acusado, está cumprido o requisito.

Quanto à classificação do crime, pensamos ser um dado muito relevante, pois define os contornos jurídicos da acusação e pauta o trabalho da defesa. Isso porque não podemos mais a essa altura da complexidade que envolve a vida social, o ritual judiciário e a própria Administração da Justiça seguir com a ingênua crença de que "o réu se defende dos fatos narrados e não da tipificação legal". Voltaremos a essa questão quando tratarmos da "correlação entre acusação e sentença", no capítulo destinado ao estudo da "Decisão Penal".

Assim, entendemos que a denúncia ou queixa não deve ser recebida quando não contiver a classificação do crime ou, ainda, quando o contexto fático destoar completamente da tipificação feita pelo acusador.

Contudo, temos de advertir que predomina o entendimento (com o qual não concordamos) de que o juiz não está vinculado à classificação jurídica feita pelo acusador, podendo corrigi-la nos termos do art. 383 do CPP antes de proferir a sentença. Logo, ele recebe e, posteriormente, quando da sentença, corrige. Pensamos que a única forma de salvar essa posição seria admitir a aplicação do art. 383 já no momento do recebimento da denúncia, com o juiz dizendo claramente que "recebo a denúncia, mas não pelo delito previsto no art. X, senão pelo descrito no art. Y". Com isso, o processo seria instruído e a defesa estruturada a partir dessa definição jurídica do delito, evitando a surpresa e o claro cerceamento de uma nova classificação feita apenas quando da sentença. Para aplicação do art. 383 no momento da sentença, deveria se observar o contraditório, com abertura de prazo para manifestação da defesa. Infelizmente isso não é feito.

Sem dúvida, o ponto mais sensível na questão da inépcia diz respeito à "exposição do fato criminoso, com todas as suas circunstâncias". As consequências dessa exigência são importantes.

A começar pela necessidade de o acusador descrever "todas as circunstâncias", não apenas as que aumentem a pena, mas também aquelas que a diminuam, como a existência de tentativa, privilegiadora, crime continuado ou concurso formal. Em geral, isso não é observado com a devida seriedade.

Mas o problema mais grave situa-se nos casos penais complexos, que envolvem concurso de pessoas e de delitos, principalmente nos chamados crimes econômicos. Diante da natural dificuldade em circunscrever adequadamente qual ou quais condutas cada um dos agentes, de forma individualizada, praticou, recorrem alguns acusadores à chamada denúncia genérica.

A nosso juízo é inadmissível, mesmo nos crimes mais complexos. Incumbe à investigação preliminar esclarecer (ainda que em grau de verossimilhança) o fato delitivo, buscando individualizar as condutas de modo que a denúncia seja determinada e certa, no sentido da individualização das responsabilidades penais a serem apuradas no processo.

Contudo, por lealdade acadêmica, destacamos que a jurisprudência brasileira tem oscilado muito, predominando o entendimento de que, em situações excepcionais, diante da gravidade e complexidade objetiva (situação fática) e subjetiva (número de agentes) do fato, deve-se admitir a denúncia genérica, que não individualiza plenamente a conduta de cada agente, desde que não inviabilize o direito de defesa (eis aqui o problema...).

Mas, se a denúncia genérica pode(ria) ser admitida em casos complexos e excepcionais, a denúncia alternativa deve ser plenamente vedada, pois ela inequivocamente impossibilita a plenitude da defesa. Não há como se defender sem saber claramente do que. Constituiria ela numa imputação alternativa, do estilo, *requer-se a condenação pelo delito "x" ou, em não sendo provido, seja condenado então pelo delito* "y" (só falta dizer: ou por qualquer outra coisa, o que importa é condenar...).

No mesmo sentido (contrário à denúncia alternativa), NUCCI[10] explica que, se o "órgão acusatório está em dúvida quanto a determinado fato ou quanto à classificação que mereça, deve fazer sua opção antes do oferecimento, mas jamais apresentar ao juiz duas versões contra o mesmo réu, deixando que uma delas prevaleça ao final".

Ademais, não se pode esquecer que o MP dispõe da investigação preliminar (inquérito policial) para realizar todas as diligências e atos investigatórios necessários para sanar sua dúvida. É flagrante a desigualdade de armas em situações como esta, violando de morte o princípio do contraditório e, por consequência, da ampla defesa[11].

Para encerrar a questão em torno da denúncia alternativa, verdadeira metástase inquisitorial, concordamos com DUCLERC[12], quando sintetiza que: "acima das exigências do princípio da obrigatoriedade, está, sem dúvida, o princípio da ampla defesa, a impedir, segundo pensamos, que qualquer pessoa seja acusada senão por fatos certos, determinados e descritos de forma clara e objetiva pelo acusador".

Quanto à queixa, considerando o rol de delitos cuja perseguição é de iniciativa privada, dificilmente teríamos uma situação com tal complexidade objetiva e subjetiva que justificasse a queixa genérica. Menos ainda a alternativa. Daí por que a queixa tem de ser sempre certa e determinada, não se admitindo acusação privada de cunho genérico ou alternativo.

---

10 NUCCI, Guilherme de Souza. *Código de Processo Penal Comentado*, cit., p. 152.

11 Ainda assim, em sentido contrário ao nosso, admitindo a denúncia genérica, Afrânio SILVA JARDIM, *Direito Processual Penal*, cit., p. 121-122.

12 DUCLERC, Elmir. *Curso Básico de Direito Processual Penal*. Rio de Janeiro, Lumen Juris, 2006. v. 1, 2. ed., p. 203.

Caso seja rechaçada a possibilidade de denúncia (ou queixa) genérica ou alternativa, deve a acusação ser considerada inepta, proferindo o juiz uma decisão de rejeição, com base no art. 395, I, do CPP. Essa decisão não faz coisa julgada material, mas apenas formal, na medida em que não existe análise da questão de fundo. Diante dela, poderá o acusador:

- oferecer nova denúncia (ou queixa se for o caso, mas sem descuidar do prazo decadencial) descrevendo e individualizando claramente a(s) conduta(s) praticada(s) por cada agente;
- recorrer em sentido estrito, nos termos do art. 581, I, do CPP.

Por fim, esclarecemos que até o advento da Lei n. 11.719 havia uma divergência: muitos entendiam que a inobservância do disposto no art. 41 conduzia à decisão de não recebimento, cabendo recurso em sentido estrito (art. 581, I) ou o novo ajuizamento, desde que satisfeitos os requisitos. Outros não faziam distinção alguma em relação à rejeição, anteriormente prevista no art. 43.

Agora, não há mais espaço para a discussão: a decisão é de rejeição e cabível o recurso em sentido estrito (art. 581, I, do CPP).

**3.1.2.2.** Rejeição. Falta de Pressuposto Processual ou Condição da Ação

O inciso II remete ao nebuloso conceito de *pressuposto processual* e condições para o exercício da ação penal.

O problema dos pressupostos processuais é que, como bem apontou GOLDSCHMIDT, eles não representam pressupostos do processo, deixando, por sua vez, de condicionar o nascimento da relação jurídica processual para serem concebidos como pressupostos da decisão sobre o mérito. Enfim, refuta a teoria dos pressupostos processuais, posição com a qual concordamos, especialmente no processo penal. Também rechaçando o conceito de BÜLOW (que concebeu os pressupostos processuais no bojo da teoria do processo como relação jurídica), MANZINI[13] define como "concepto nebuloso y de expresión exótica".

De qualquer forma, para aqueles que admitem a teoria dos pressupostos processuais (o que não é o nosso caso), são eles (com alguma variação de autor para autor) divididos em *pressupostos de existência* (necessários para o nascimento da "relação processual") e de *validade* (necessários para o regular desenvolvimento do processo).

Os *pressupostos de existência* seriam: partes; juiz (devidamente investido); e demanda (no processo penal, uma acusação). Sem eles não haveria o nascimento da "relação" processual.

---

[13] *Tratado de Derecho Procesal Penal*. Barcelona, Ediciones Jurídicas Europa-América, 1951. v. 1, p. 117.

Já os chamados *pressupostos de validade* costumam ser apontados como: a necessidade de ter juiz competente; imparcial (ausência de causas de suspeição ou impedimento); capacidade para prática dos atos processuais; legitimidade postulatória; citação válida; e outros elementos cuja inobservância conduziria à nulidade do feito.

Não é necessário maior esforço para ver a imprestabilidade (especialmente para o processo penal) dos pressupostos de validade, na medida em que se (con) fundem com a teoria das nulidades dos atos processuais. Com razão AFRÂNIO JARDIM[14], quando afirma que "a rigor, inexistem os chamados pressupostos de validade do processo. O exame da questão há de ser deslocado para a eficácia dos diversos atos processuais, eficácia esta que depende mais da invalidação do que do próprio vício ou defeito destes atos". Significa dizer que não são "pressupostos", pois enquanto não forem desconstituídos seguem gerando efeitos. Ademais, ainda que reconhecida uma nulidade, não haverá – necessariamente – a nulidade do processo como um todo (*ab initio*). Como regra, anulam-se o ato e os derivados, mantendo-se o processo no seu todo, na medida em que "desconstitui-se uma microrrelação que pertencia ao feixe de relações menores que compõem a relação processual não se desfaz a relação jurídica processual como um todo"[15].

Na mesma linha, segundo BOSCHI[16], "parece-nos que é rigorosamente correto dizer que os pressupostos de validade terminam confundindo-se com as regras e princípios que dispõem sobre as nulidades".

Já os pressupostos processuais de existência (partes, juiz e acusação) são de nenhuma aplicabilidade prática. Mas, numa dimensão completamente irreal, não pode nascer um processo sem que exista um réu (?!), diante de um juiz devidamente investido (não confundir isso com incompetência, que é questão completamente diversa) e sem prévia acusação (imagine um juiz começando um processo de ofício ou formulando ele a acusação...).

Já as condições da ação (prática de fato aparentemente criminoso; punibilidade concreta; legitimidade de parte e justa causa) são fundamentais.

Como já explicamos no Capítulo V, intitulado "Ação processual penal – (re)pensando conceitos e condições da ação" (e aqueles conceitos devem estar sedimentados para compreensão das decisões de rejeição e absolvição sumária), a

[14] *Direito Processual Penal*, cit., p. 56-57.

[15] Idem, ibidem, p. 57.

[16] BOSCHI, José Antonio Paganella. Nulidades. In: BOSCHI, Marcus Vinicius (Org.). *Código de Processo Penal Comentado*. Porto Alegre, Livraria do Advogado, 2008. p. 445.

acusação deve possuir *fumus commissi delicti* (descrevendo um fato aparentemente criminoso, portando um mínimo de provas de tipicidade, ilicitude e culpabilidade); não pode ter operado alguma causa de extinção da punibilidade (art. 107 do Código Penal e em leis especiais); as partes ativa e passiva devem ser, aparentemente, legítimas; e, por fim, deve haver justa causa para o exercício da ação penal, vista como indícios razoáveis de autoria e materialidade, bem como permitir o controle processual do caráter fragmentário do Direito Penal.

Mas, ao lado destas, existem outras condições da ação, tais como:

a) poderes especiais e menção ao fato criminoso na procuração que outorga poderes para ajuizar queixa-crime, nos termos do art. 44 do CPP;
b) a entrada do agente no território nacional, nos casos de extraterritorialidade da lei penal, para atender à exigência contida no art. 7º do Código Penal;
c) o trânsito em julgado da sentença anulatória do casamento no crime do art. 236, parágrafo único, do CP.

Nesses casos, a denúncia ou queixa deverá ser rejeitada com base no art. 395, II, do CPP, mas não existe julgamento de mérito e, portanto, poderá a acusação ser novamente exercida, desde que satisfeita a condição (sem descuidar da decadência nos casos de representação ou de procuração com poderes especiais para a queixa), ou recorrer em sentido estrito (art. 581, I).

Caso a denúncia ou queixa tenha sido recebida e somente em momento posterior o juiz verificar a falta de alguma das condições da ação (especialmente as chamadas *condições de procedibilidade*, para nós apenas outras condições da ação), poderá haver a extinção do processo sem o julgamento do mérito. No mesmo sentido posiciona-se PACELLI[17], advertindo, ainda, que a não aceitação dessa construção teórica conduziria o juiz a ter de percorrer um caminho muito mais longo: teria de anular todos os atos, com base no art. 564, II, do CPP, inclusive a decisão de recebimento, para então rejeitar a acusação por ilegitimidade de parte (por exemplo).

Por fim, destacamos o disposto na Súmula 707 do STF, no sentido de que "constitui nulidade a falta de intimação do denunciado para oferecer contrarrazões ao recurso interposto da rejeição da denúncia, não a suprindo a nomeação de defensor dativo". Trata-se de antiga reivindicação e que finalmente foi considerada

---

[17] No mesmo sentido, é apontada a possibilidade de aplicação analógica do art. 267, IV, do CPC, Eugênio PACELLI DE OLIVEIRA, *Curso de Processo Penal*, cit., p. 169.

pelo STF para garantia da eficácia do contraditório e ampla defesa antes mesmo do nascimento do processo penal.

Também deve ser considerado que o acórdão que provê o recurso contra a rejeição da denúncia, recebendo-a, portanto, passa a ser o marco para fins de prescrição e duração do processo. Nesse sentido dispõe a Súmula 709 do STF, ressalvando o caso de nulidade da decisão de primeiro grau. E a ressalva é necessária porque, em sendo anulada a decisão, determinará o tribunal o retorno dos autos à comarca de origem para que nova decisão seja proferida no juízo *a quo*. Essa nova decisão passará a ser o marco interruptivo da prescrição.

#### 3.1.2.3. Rejeição. Falta de Justa Causa. Condição da Ação

O inciso III invoca o conceito de *justa causa*, a nosso ver já abrangido pelo inciso II. Contudo, a previsão legal, mais do que uma mera repetição, é importante para reforçar a importância da justa causa como condição da ação processual penal. Sepulta-se, de vez, qualquer discussão sobre a necessidade de o juiz analisar, quando do recebimento da acusação, se existe ou não justa causa.

Para evitar repetições inúteis, remetemos o leitor ao Capítulo V, onde explicamos as condições da ação, especialmente a justa causa.

Estando presente qualquer das situações previstas no art. 395, deverá o juiz rejeitar liminarmente a denúncia ou queixa, impedindo o nascimento do processo.

Da decisão de rejeição, por falta de justa causa, entendemos que caberá o recurso em sentido estrito, art. 581, I. Quando a rejeição por falta de justa causa tiver por fundamento a ausência de provas suficientes de autoria e materialidade, pensamos que essa decisão produzirá apenas coisa julgada formal. Havendo novos elementos, nada impede que a acusação seja novamente formulada.

#### 3.1.2.4. Da Absolvição Sumária. Art. 397 do CPP

Decisão diversa é a de absolvição sumária, que sempre pressupõe o recebimento da acusação e está prevista no art. 397:

> Art. 397. Após o cumprimento do disposto no art. 396-A, e parágrafos, deste Código, o juiz deverá absolver sumariamente o acusado quando verificar:
>
> I – a existência manifesta de causa excludente da ilicitude do fato;
>
> II – a existência manifesta de causa excludente da culpabilidade do agente, salvo inimputabilidade;
>
> III – que o fato narrado evidentemente não constitui crime; ou
>
> IV – extinta a punibilidade do agente.

Como se percebe da simples leitura, o artigo em questão acaba por arrolar duas condições da ação – que bem poderiam estar no art. 395 –, que se opera em momento posterior, quando a denúncia ou queixa já foi recebida.

Os quatro incisos do art. 397 nada mais fazem do que reproduzir duas condições da ação: prática de fato aparentemente criminoso e punibilidade concreta.

Os incisos I e II (causas de exclusão da ilicitude e culpabilidade) são meros desdobramentos da condição prevista no inciso III (fato narrado evidentemente não constituir crime). Já o inciso IV é a conhecida condição da "punibilidade concreta", prevista no antigo art. 43, II, do CPP.

E por que essas condições da ação estão no art. 397 como causas de absolvição sumária?

Porque são questões intimamente vinculadas ao mérito, ao elemento objetivo da pretensão acusatória, e dizem respeito a interesse da defesa, que, como regra, acabam sendo alegados (e demonstrados) depois, na resposta preliminar do art. 396-A. Dificilmente o juiz tem elementos para analisar a existência de uma causa de exclusão da ilicitude ou culpabilidade, mesmo que manifesta, quando do oferecimento da denúncia ou queixa (mas, se tiver, deverá rejeitá-la). Por outro lado, após a resposta da defesa, novos elementos podem ser trazidos ao feito, permitindo essa decisão.

No fundo, apenas se retirou um (pseudo)obstáculo a que o juiz rejeite a acusação, mesmo já a tendo recebido. Como a jurisprudência erroneamente não admitia esse tipo de decisão, abriu-se a possibilidade através da "absolvição sumária". Ademais, por serem questões vinculadas ao mérito e que, portanto, geram coisa julgada material, a absolvição sumária é uma decisão adequada para esse fim.

E qual será o recurso cabível dessa decisão?

Da decisão que absolve sumariamente ao réu caberá o recurso de apelação, previsto no art. 593, I, do CPP. Contudo, há uma importante ressalva: a decisão que "absolve sumariamente" por estar extinta a punibilidade é impugnável pela via do recurso em sentido estrito, art. 581, VIII, do CPP.

Existe uma impropriedade processual grave no art. 397, IV, pois a sentença que reconhece a extinção da punibilidade é uma decisão declaratória, não é uma sentença definitiva e, muito menos, absolutória. Há que se ter cuidado para não ser seduzido pela nomenclatura utilizada pelo legislador (absolvição), pois ela não tem o condão de alterar a natureza jurídica do ato.

Respondendo à pergunta inicial, a decisão que absolve sumariamente o réu com base no art. 397, incisos I, II e III, é impugnável por apelação, art. 593, I, do CPP. Já a decisão que declara a extinção da punibilidade e é impropriamente chamada de absolvição sumária, prevista no art. 397, IV, é impugnável pelo recurso em sentido estrito, art. 581, VIII, do CPP.

Advertimos, ainda, que as situações descritas no art. 397 do CPP já foram devidamente analisadas quando do estudo das condições da ação (Capítulo V), para onde remetemos o leitor.

Assim, a questão deve ser analisada da seguinte forma:

a) se a causa de exclusão da ilicitude ou culpabilidade estiver demonstrada no momento em que é oferecida a denúncia ou queixa, poderá o juiz rejeitá-la, com base no art. 395, II (falta uma condição da ação penal, qual seja, a prática de um fato aparentemente criminoso);
b) se o convencimento do juiz (sobre a existência da causa e exclusão da ilicitude ou da culpabilidade) somente for atingido após a resposta do acusado, o processo já terá completado a sua formação, eis que realizada a citação do acusado (art. 363 do CPP), proferindo o juiz a decisão de absolvição sumária (art. 397).

Situação recorrente e que pode gerar alguma dúvida é a seguinte: e se o juiz se convence, após a resposta à acusação, que falta justa causa para a ação, como deve proceder?

As condições da ação são analisadas no momento em que o juiz recebe a denúncia ou queixa, para recebê-la ou rejeitá-la. Uma vez recebida, abre-se a possibilidade de oferecimento da resposta à acusação, onde o réu poderá alegar todas as questões de fato e de direito que entender necessárias e pertinentes neste momento. Não raras vezes, demonstra, na resposta à acusação, a falta de justa causa (ou de ilegitimidade) da acusação. Considerando que esta condição da ação não está no rol das hipóteses de absolvição sumária do art. 397, estabelece-se a dúvida. As demais condições da ação (punibilidade concreta e exigência de fato aparentemente criminoso) autorizam, quando verificadas após o recebimento, a absolvição sumária. Mas a justa causa e a ilegitimidade não estão neste rol.

Durante muito tempo, antes da reforma processual de 2008, predominou o entendimento de que uma vez recebida a denúncia ou queixa, não mais poderia o juiz rever essa decisão. Era uma posição com a qual não concordávamos, mas que predominava. Após a reforma processual de 2008, pensamos que a solução deve tomar um novo rumo: poderá o juiz rever a decisão de recebimento à luz dos argumentos trazidos na resposta à acusação e rejeitá-la.

Sustentamos que o juiz poderá desconstituir o ato de recebimento, anulando-o, para, a seguir, proferir uma nova decisão, agora de rejeição liminar. Não existe preclusão *pro iudicato*, e nada impede que o juiz desconstitua seu ato e a seguir pratique aquele juridicamente mais adequado, até porque, se o ato foi feito com defeito, pode e deve ser refeito, regra básica do sistema de invalidades processuais[18].

Dessarte, nenhum óbice existe em o juiz revisar a decisão que recebeu a denúncia para, à luz dos argumentos e provas trazidos na resposta do réu, rejeitá-la.

---

[18] Nesse sentido, parece-nos muito acertada a decisão tomada pela 7ª Turma do TRF da 4ª Região, Rel. Des. Federal TAADAQUI HIROSE, no RSE 2009.71.02.000450-0, julgado em 26/5/2009, *DJ* 8/7/2009:
PENAL E PROCESSO PENAL. RECURSO EM SENTIDO ESTRITO. DENÚNCIA INICIALMENTE ADMITIDA À LUZ DO ART. 43 DO CPP. LEI 11.719/2008. REFORMA PROCESSUAL PENAL. PROCESSO EM CURSO. ARTIGOS 395 E 397 DO CPP. NOVA ANÁLISE DA JUSTA CAUSA APÓS A RESPOSTA PRELIMINAR. POSSIBILIDADE. REJEIÇÃO DA EXORDIAL ACUSATÓRIA. CABIMENTO.
1. Com o advento da Lei 11.719, de 20 de junho de 2008, o denunciado somente será submetido a *persecutio criminis in judicio* quando houver plausibilidade da acusação, a qual, vale dizer, deverá estar lastreada, ao menos, na prova da existência de infração penal, sob pena de constrangimento ilegal. 2. Nessa linha, a partir das alterações processuais produzidas pela aludida Lei, após o oferecimento da peça acusatória, não sendo caso de rejeição liminar (art. 395), cabe ao juiz propiciar a apresentação de resposta por escrito, oportunidade em que o denunciado poderá alegar tudo o que interesse à sua defesa (art. 396 e 396-A). Dessa forma, os fatos narrados na peça incoativa passam a ser examinados em cotejo com os argumentos apontados pela defesa (art. 397) para, somente assim, sob os auspícios do contraditório e da ampla defesa, aferir o julgador se, efetivamente, há justa causa para a ação penal, iniciando-a, se for o caso, com o recebimento da denúncia. 3. Portanto, não há mácula na decisão que, após a apresentação das respostas preliminares, realiza novo juízo de prelibação para, revendo decisão anterior, concluir pela ausência de justa causa ao exercício da ação penal. Até porque, inexiste utilidade no prosseguimento do feito quando não evidenciado um suporte probatório mínimo acerca da autoria e da materialidade delitivas atribuídas aos ora recorridos.
(TRF4, RSE 2009.71.02.000450-0, 7ª Turma, Relator Taadaqui Hirose, j. 26/5/2009, *DJ* 8/7/2009, grifamos).
E ainda, no mesmo sentido, também se posicionou o TRF da 1ª Região, no RSE 200838000151631, 3ª Turma, Rel. Des. Federal TOURINHO NETO, julgado em 15/2/2011:
PENAL. PROCESSO PENAL. NOVA SISTEMÁTICA PROCESSUAL PENAL. LEI 11.719/2008. IMPOSTO DE RENDA PESSOA FÍSICA. CRIME CONTRA A ORDEM TRIBUTÁRIA. LEI 8.137/90. SUSPENSÃO DA PRETENSÃO PUNITIVA. LEI 10.684/03, ART. 9º. FALSIDADE IDEOLÓGICA E USO DE DOCUMENTO FALSO. ARTS. 299 E 304 CP. ABSORÇÃO. DENÚNCIA. REJEIÇÃO.
1. A Lei 11.719/2008 inovou o processo penal ao introduzir a possibilidade de absolvição sumária do réu. Em sendo assim, tornou-se perfeitamente factível que o Juiz reveja a decisão pela qual recebeu a denúncia, para rejeitá-la em seguida, quando sua convicção é modificada por algum elemento trazido pela defesa em sua resposta escrita. (grifos nossos)
2. (...)
3. (...)
4. Não há justa causa para continuidade da presente persecução penal, pois o crime de uso e documento falso foi absorvido pelo delito tributário (Lei n. 8.137/90) e este teve suspensa a pretensão punitiva, nos termos do art. 9º, *caput* e § 1º, da Lei 10.684/03, em razão do parcelamento do crédito tributário.
5. Recurso em sentido estrito não provido.
(TRF1, RSE 200838000151631, 3ª Turma, Rel. Juiz Tourinho Neto, j. 15/2/2011, e-DJF1 28/2/2011, p. 64).

### 3.1.3. A Audiência de Instrução e Julgamento

Não sendo caso de rejeição ou de absolvição sumária, chegamos na audiência de instrução e julgamento, que deverá ser marcada no prazo de 60 dias (mas é um caso de prazo ineficiente, pois despido de sanção), nos termos dos arts. 399 e 400 do CPP.

Chamamos a atenção, especificamente em relação ao prazo, ao disposto no art. 394-A, no sentido de que "os processos que apurem a prática de crime hediondo terão prioridade de tramitação em todas as instâncias".

A audiência de instrução e julgamento é o principal ato do procedimento comum (ordinário ou sumário), pois é o momento da produção e coleta da prova, seja ela testemunhal, pericial ou documental e, ao final, proferida a decisão.

Partindo do princípio da identidade física do juiz (em que aquele que presidiu a coleta da prova deve ser o mesmo que ao final julgue, art. 399, § 2º), estabeleceu o legislador uma audiência onde toda a prova deve ser produzida. Essa aglutinação de atos funciona em muitos processos "simples", com um ou poucos réus e um número reduzido de testemunhas para serem ouvidas, mas é inviável em processos complexos, onde haverá uma pluralidade de audiências.

Para esse ato, serão as partes intimadas (logo, o réu é citado para apresentar resposta escrita e intimado para a instrução, onde será interrogado) e requisitado o acusado se estiver preso.

O art. 400 determina que nessa audiência sejam ouvidos, em primeiro lugar, a vítima, após, as testemunhas arroladas pela acusação e defesa (não pode haver inversão), eventuais esclarecimentos dos peritos, acareações e reconhecimento de pessoas e coisas, finalizando com o interrogatório.

No que tange à oitiva dos peritos (art. 400, § 2º, do CPP), deverão as partes requerer a oitiva com antecedência mínima de 10 dias da audiência de instrução e julgamento, nos termos do art. 159, § 5º, I, do CPP.

Quanto à prova testemunhal, em primeiro lugar, devem ser ouvidas as testemunhas arroladas pela acusação e, após, as testemunhas indicadas pela defesa. Como regra, a inversão dessa ordem gera ato processual defeituoso insanável, que conduz à nulidade, mas isso não se aplica quando a inversão decorrer da expedição e cumprimento de carta precatória ou rogatória.

Importante sublinhar que as testemunhas (8 para cada parte, não computadas as informantes e referidas) são arroladas pelas partes, mas não são "da parte", mas sim do *processo*. Isso é muito importante para evitar uma leitura equivocada do art. 401, § 2º, quando afirma que "a parte poderá desistir da inquirição de qualquer das testemunhas arroladas, ressalvado o disposto no art. 209 deste código". Mais do que a possibilidade de o juiz ouvir uma testemunha que a parte ou as partes tenham desistido, é fundamental não olvidar que o princípio do contraditório é inafastável.

Daí por que não deveria ser admitida uma desistência unilateral. Sendo a testemunha do processo (Princípio da Comunhão da Prova), poderá a outra parte insistir na sua oitiva, e assim deverá proceder o juiz. Mas, não havendo divergências, a desistência será acolhida e a testemunha não será ouvida.

É importante destacar que o interrogatório finalmente foi colocado em seu devido lugar: último ato da instrução. É neste momento que o réu poderá exercer sua autodefesa positiva ou negativa (direito de silêncio), sendo obrigatória a presença do defensor (ver arts. 185 a 196 do CPP). A oitiva de testemunhas por carta precatória ou rogatória não influi na ordem com que devem ser ouvidas as demais testemunhas (logo, não há inversão). Contudo, o interrogatório deve, efetivamente, ser o último ato. Dessa forma, não poderá ser realizado enquanto não retornarem todas as cartas precatórias expedidas.

Preocupante é a autorização contida no art. 405, § 2º, do CPP. O parágrafo primeiro estabelece que, "sempre que possível, o registro dos depoimentos do investigado, indiciado, ofendido e testemunhas será feito pelos meios ou recursos de gravação magnética, estenotipia, digital ou técnica similar, inclusive audiovisual, destinada a obter maior fidelidade das informações".

Até aqui, tudo bem, trata-se de inserir tecnologia no processo e tornar mais fidedigno o material colhido. O problema está no parágrafo segundo: *no caso de registro por meio audiovisual, será encaminhada às partes cópia do registro original, sem necessidade de transcrição.*

A inserção de tecnologia é bem-vinda, mas existem limites da administração da justiça e do ritual judiciário que devem ser respeitados. Se uma audiência é gravada (áudio e vídeo), isso não pode excluir a necessária transcrição. Os recursos não se excluem, senão que se complementam. Entregar, ao final da audiência, um CD é um grave erro, que causará grande prejuízo para todos. Quem (juiz, promotor, advogados de defesa ou assistentes da acusação) ficará horas e horas assistindo a depoimentos para elaborar memoriais ou mesmo um recurso de apelação? E o duplo grau de jurisdição, como fica? Que desembargador fará isso antes de julgar um recurso? Nenhum. Elementar que essa pseudoagilidade cobre um preço impagável. Dessarte, parece-nos que a transcrição é fundamental para assegurar o direito de defesa e do duplo grau de jurisdição.

A Lei n. 11.719/2008 desenhou um procedimento fundado na aglutinação de todos os atos de instrução numa mesma audiência. Essa regra, como dissemos no início, é aplicável em processos simples, mas inviável nos complexos, que demandarão várias audiências, seja pelo excessivo número de testemunhas ou porque, ao final da instrução, são postuladas e deferidas diligências. O art. 402 abre a possibilidade de as partes, diante da prova produzida, requererem diligências (perícias, oitiva de testemunhas referidas, juntada de documentos etc.) "cuja necessidade se origine de circunstâncias ou fatos apurados na instrução". Nesse caso, não haverá debate oral, mas sim alegações finais, por memorial, no prazo sucessivo de 5 dias, cabendo primeiro ao acusador apresentar suas alegações e após, sucessivamente (ou seja, sem nova intimação), a defesa ou defesas.

Os memoriais (ou alegações finais orais) constituem um momento crucial do processo, onde cada uma das partes fará uma minuciosa análise do material probatório e fará sua última manifestação no processo. Após elas, os autos irão conclusos para sentença do juiz. É a oportunidade de desenvolver as teses acusatória e defensiva, nas dimensões fáticas e jurídicas, buscando a captura psíquica do julgador. As alegações finais defensivas podem arguir questões preliminares e de mérito, fazendo, ao final, os respectivos pedidos.

Para a defesa, é uma peça de suma importância e sua falta conduz à necessidade de feitura do ato (recordando PONTES DE MIRANDA: o que falta não foi feito e, pois, não pode ter defeito, deve ser feito), ou seja, a sentença deve ser anulada e determinada a apresentação da defesa escrita, com a repetição do ato decisório. Na classificação tradicional, estamos diante de uma nulidade absoluta.

À acusação incumbe analisar a prova colhida, fundamentando a comprovação da autoria e da materialidade, ou, caso não tenham sido suficientemente demonstradas, postular a absolvição do réu.

Em se tratando de ação penal de iniciativa privada, é obrigatório o pedido expresso de condenação, sob pena de perempção, nos termos do art. 60, III, do CPP.

Deverá sempre a acusação apresentar primeiro sua peça, bem como o assistente, se houver, manifestando-se após a defesa. Caso seja juntado algum documento novo nessa fase, deverá o juiz oportunizar o contraditório, para que a outra parte se manifeste.

Quando, ao final da audiência de instrução, não for postulada nenhuma diligência ou forem denegados pelo juiz eventuais pedidos, segue-se o disposto no art. 403, com alegações finais orais pelo prazo de 20 minutos, respectivamente, pela acusação e defesa, prorrogáveis por mais 10 minutos, proferindo o juiz sentença na continuação.

Considerando a complexidade do caso ou o número excessivo de acusados, poderão as partes requerer que as alegações finais orais sejam substituídas por memoriais, que, uma vez deferidos pelo juiz, deverão ser apresentados no prazo de 5 dias (sucessivos, iniciando pela acusação). Nesse caso, deverá o juiz proferir sentença em 10 dias.

### 3.2. Rito Sumário

O rito sumário destina-se ao processamento dos crimes cuja sanção máxima cominada seja inferior a 4 anos de pena privativa de liberdade, estando disciplinado nos arts. 531 a 538 do CPP. Na verdade, pouco difere do rito ordinário, destacando-se a redução do prazo de realização da audiência de instrução e julgamento (que passa a ser realizada no prazo máximo de 30 dias, enquanto no ordinário o prazo é de 60 dias) e o número de testemunhas (limitado no rito sumário a 5, enquanto no ordinário é permitido arrolar até 8 testemunhas).

O art. 394, § 4º, do CPP, determina que as disposições dos arts. 395 a 398 (na verdade, art. 399, pois o art. 398 foi revogado) aplicam-se a todos os procedimentos penais de primeiro grau. Daí por que a morfologia do procedimento acaba sendo igual àquela existente no rito ordinário (para onde remetemos o leitor para evitar repetições), recordando:

| 1 | 2 | 3 | 4 | 5 |
|---|---|---|---|---|
| Denúncia ou queixa | Juiz recebe ou rejeita liminarmente | Resposta à acusação (art. 396) | Juiz pode absolver sumariamente (arts. 397 e 399) | Audiência de Instrução e Julgamento |

Determina o art. 531:

> Art. 531. Na audiência de instrução e julgamento, a ser realizada no prazo máximo de 30 (trinta) dias, proceder-se-á à tomada de declarações do ofendido, se possível, à inquirição das testemunhas arroladas pela acusação e pela defesa, nesta ordem, ressalvado o disposto no art. 222 deste Código, bem como aos esclarecimentos dos peritos, às acareações e ao reconhecimento de pessoas e coisas, interrogando-se, em seguida, o acusado e procedendo-se, finalmente, ao debate.

Nota-se a falta de previsão de pedido de diligências ao final da audiência, como ocorre no rito ordinário (art. 402), e também de substituição dos memoriais por debates orais, tudo numa tentativa de aceleração procedimental. A despeito disso, não vemos obstáculos a que esses atos sejam realizados quando, no caso concreto, a complexidade da prova e das circunstâncias fáticas assim o exigir. O argumento de que isso implicaria uma "ordinarização" do procedimento é, ao mesmo tempo, procedente, mas pífio. Isso porque, efetivamente, as distinções entre os ritos são epidérmicas, resumindo-se a mera aglutinação de atos. Logo, qualquer coisa implica ordinarização... de modo que a crítica é improcedente. O que não se pode tolerar é ainda mais atropelo.

Por fim, o rito sumário somente será utilizado quando não for cabível o sumaríssimo, previsto na Lei n. 9.099, portanto, nos crimes cuja pena máxima cominada for inferior a 4 anos e superior a 2, pois, se a pena máxima for igual ou inferior a 2 anos, segue-se o rito sumaríssimo dos Juizados Especiais Criminais.

### 3.3. Rito Especial: Crimes Praticados por Servidores Públicos contra a Administração em Geral

Estabelece o Código Penal, no Título XI, Capítulo I, os "crimes praticados por funcionário público contra a administração em geral", seguindo-se a tipificação das condutas nos arts. 312 a 327.

Para esses casos, estabelecia o Código de Processo Penal um rito especial, disposto nos arts. 513 a 518. O rito especial somente se aplica(va) aos crimes funcionais próprios. Sendo outro o crime praticado pelo servidor, o rito a ser seguido não será esse, sendo, portanto, inexigível a resposta preliminar prevista no art. 514 do CPP.

Mas a Lei n. 11.719/2008 alterou substancialmente os procedimentos, não tratando expressamente desse rito especial e criando uma dicotomia aparente na medida em que existe sobreposição de atos. Até a alteração legislativa de 2008, o procedimento era igual ao ordinário (antigo), com uma única especificidade digna de nota: a existência de uma defesa prévia. Antes de o juiz receber a denúncia (todos esses crimes são de ação penal de iniciativa pública incondicionada) ou eventual queixa substitutiva (em caso de inércia do MP), o juiz ordenava a notificação do acusado para que apresentasse uma resposta preliminar escrita, no prazo de 15 dias. Após a defesa escrita, decidia o juiz se recebia ou rejeitava a denúncia. Se recebida a acusação, seguia-se então o rito ordinário, conforme determina o art. 518 do CPP.

Verifica-se que o principal diferencial (resposta escrita antes do recebimento) acabou sendo incorporado ao novo rito ordinário. Então haverá duas respostas escritas? Não. Devemos harmonizar a sistemática antiga com a nova.

Pensamos que a solução vem dada pelo próprio art. 394, § 4º, que prevê:

> Art. 394. O procedimento será comum ou especial.
>
> (...)
>
> § 4º As disposições dos arts. 395 a 398 deste Código aplicam-se a todos os procedimentos penais de primeiro grau, ainda que não regulados neste Código.

Significa que houve uma ordinarização do procedimento especial, que agora seguirá integralmente o rito ordinário, com a seguinte morfologia:

| 1 | 2 | 3 | 4 | 5 |
|---|---|---|---|---|
| Denúncia ou queixa substitutiva | Juiz recebe ou rejeita liminarmente | Resposta à acusação | Juiz pode absolver sumariamente | Audiência de Instrução e Julgamento |

Contudo, advertirmos que a solução não é pacífica. Entre outros, GIACOMOLLI[19] sustenta que se deve seguir o rito especial e, após, o ordinário, como prevê o art. 518 do CPP, estabelecendo-se essa ritualística:

1. Denúncia.
2. Notificação do imputado para apresentar resposta preliminar.
3. Resposta preliminar da defesa, art. 514 do CPP.
4. Juiz decide se recebe ou rejeita a acusação.
5. Recebendo a denúncia, cita o réu para apresentar a resposta à acusação, nos termos do art. 396-A do CPP (ou seja, a defesa prevista para o rito ordinário).
6. Juiz decide se absolve sumariamente ou não (art. 397).
7. Não absolvendo, marca audiência de instrução e julgamento nos termos dos art. 399 e s. do CPP.

Não divergimos dessa posição, em que pese entendermos que a tendência seja a ordinarização, mas sem dúvida a proposta de mesclar os ritos, oportunizando duas defesas escritas (em momentos e com objetos distintos, pois a primeira busca a rejeição da acusação e a segunda, a absolvição sumária), é mais benigna para o réu e não acarretará qualquer nulidade na medida em que a atipicidade processual não traz consigo a violação de um princípio constitucional.

Superada essa questão, é importante, nesse procedimento, atentar para os seguintes aspectos:

1. O art. 513 determinava que o julgamento competia aos juízes de direito (ou juízes federais, se houver alguma das situações do art. 109 da Constituição), logo, não poderia haver julgamento por pretores ou pelo Juizado Especial Criminal. Pensamos que essa exigência permanece.

---

19 GIACOMOLLI, Nereu. *Reformas(?) do Processo Penal.* Rio de Janeiro, Lumen Juris, 2008. p. 63.

2. A resposta preliminar (no prazo de 15 dias) somente teria aplicação quando o crime praticado fosse afiançável. Essa era a lição até o advento da Lei n. 11.719. A partir dela, pensamos que sempre haverá resposta escrita, mas nos termos do art. 396.
3. Outra problemática foi criada pela Súmula 330 do STJ: "É desnecessária a resposta preliminar de que trata o artigo 514 do Código de Processo Penal na ação penal instruída por inquérito policial". Equivocadíssima a posição externada pela Súmula. O problema é antigo e já havia sido superado. Nasce de uma leitura míope do art. 513 do CPP, quando menciona que a denúncia será instruída com documentos ou justificação que façam presumir a existência do delito ou com declaração fundamentada da impossibilidade de apresentação de qualquer dessas provas. Significa, apenas, que a denúncia pode ser oferecida sem prévio inquérito policial (o que é óbvio, diante da facultatividade dele), desde que existam documentos que o supram. Historicamente, o art. 513 é um erro. Com inquérito ou sem ele, pensamos que a resposta preliminar (nos termos do art. 396) é necessária e constitui uma nulidade absoluta (defeito processual insanável) a supressão dessa garantia procedimental.
4. O art. 517 deve ser harmonizado com o novo rito ordinário, de modo que, antes da audiência de instrução e julgamento (e após a apresentação da resposta escrita), poderá o juiz absolver sumariamente o imputado, desde que presente alguma das situações do art. 397 do CPP. Pensamos que a decisão de "absolvição sumária" é um instituto que pode ser aplicado em qualquer procedimento, sem qualquer obstáculo.

No demais, remetemos o leitor ao que explicamos sobre o rito ordinário e a audiência de instrução e julgamento.

### 3.4. Rito Especial: Crimes contra a Honra

Ainda que o Capítulo III do Título II do Código de Processo Penal fale em "Do processo e do julgamento dos crimes de calúnia e injúria, de competência do juiz singular", é pacífico que também o delito de difamação segue o rito especial. Trata-se de um erro legislativo histórico que remonta à ausência, no Código Penal de 1890, do crime de difamação (era uma espécie de injúria). Foi uma falha do legislador processual operar na lógica do Código Penal de 1890 sem considerar que também tramitava, em paralelo, o projeto do Código Penal de 1940, que tripartia os crimes contra a honra em calúnia, injúria e difamação[20].

---

20 BADARÓ, Gustavo Henrique. *Direito Processual Penal*. Rio de Janeiro, Elsevier, 2007. t. II, p. 82. Também explica esse erro histórico TOURINHO FILHO, *Processo Penal*, v. 4, p. 147.

Outro aspecto superado é a menção à "competência do juiz singular", pois quando elaborado o CPP estava em vigor o Decreto n. 2.776/34, que previa o júri de imprensa para o julgamento dos crimes contra a honra praticados por meio de imprensa. Hoje não existe mais esse órgão julgador.

Deve-se atentar ainda para os seguintes aspectos:

1. Se o crime contra a honra for praticado através da imprensa, devemos recordar que a Lei n. 5.250/67 foi declarada inconstitucional pelo STF no julgamento da Arguição de Descumprimento de Preceito Fundamental 130-7 DF. Portanto, como regra, terá o mesmo julgamento que qualquer outro crime contra a honra, sendo a competência do JECrim, exceto se exceder o limite de pena.
2. Como regra, a competência para processar e julgar os crimes contra a honra será do Juizado Especial Criminal (pois a pena máxima é a do crime de calúnia e não supera 2 anos), seguindo o rito lá disposto; contudo, havendo concurso material entre calúnia e difamação e/ou injúria, será excedida a competência do JECrim, devendo o processo seguir o rito estabelecido nos arts. 519 e seguintes do CPP.
3. Quando o crime contra a honra tiver como ofendido o Presidente da República ou Chefe de Governo estrangeiro, a ação penal somente se procede mediante requisição do Ministro da Justiça (sendo que esta não está submetida ao prazo de 6 meses da representação).
4. Se o crime for contra a honra de servidor público (*propter officium*), aplica-se a Súmula 714 do STF (legitimidade concorrente, mediante queixa do ofendido ou denúncia do Ministério Público, mas a ação nesse caso é condicionada à representação).
5. O procedimento admite uma fase prévia de reconciliação, art. 520 do CPP, mas deverá ser realizada na presença de seus advogados (aqui é necessária uma redefinição teórica à luz do art. 133 da Constituição), implicando a extinção da punibilidade pela renúncia (na verdade, essa reconciliação situa-se entre a renúncia e o perdão, mas como não está prevista no art. 107 do Código Penal, para que acarrete a extinção da punibilidade, deve revestir-se de uma das duas formas).
6. Se o querelante, devidamente intimado, não comparecer (sem justificativa) na audiência de reconciliação, haverá perempção (art. 60, III, do CPP), salvo se estiver presente seu advogado, com procuração que contenha poderes especiais para renunciar ao direito de queixa, situação em que não poderá o querelante ser punido com a perempção.

7. Se a ausência for do querelado, será irrelevante, pois apenas denota sua intenção de não reconciliar, não se aplicando o disposto no art. 367 do CPP.
8. Quando o crime contra a honra for considerado de ação penal de iniciativa pública, não haverá essa fase prévia de reconciliação, pois indisponível a ação penal nesse caso; também não é possível a "retratação" da representação (quando, v.g., o crime é praticado contra a honra de servidor público), pois já oferecida a denúncia (art. 25 do CPP).
9. Prevê o art. 144 do CP o pedido de explicações, que é facultativo e será sempre prévio ao início do processo penal, com o intuito de esclarecer o conteúdo das alusões ou frases.
10. Quando, após as explicações, for oferecida a queixa, caberá ao juiz avaliar as justificativas apresentadas pelo (agora) querelado, na sentença.
11. A exceção da verdade é oponível nos crimes de calúnia (art. 138, § 3º, do CP) e difamação (nessa última figura, somente é admitida a *exceptio veritatis* quando o ofendido é servidor público, e a ofensa é relativa ao exercício de suas funções – art. 139, parágrafo único, do CP), devendo ser apresentada no prazo da resposta escrita à acusação, e, aconselha-se, em peça distinta, cabendo ao querelante a faculdade de "contestar" a exceção no prazo de 2 dias, podendo arrolar testemunhas (para completar o máximo legal) ou substituir aquelas arroladas na queixa.
12. A exceção da verdade não tramita em autos apartados, de modo que, oposta e admitida, será autuada no próprio processo e colhida a prova em conjunto, decidindo o juiz ao final sobre o caso penal narrado na queixa e também, nesse mesmo momento, sobre a exceção da verdade.
13. A exceção da verdade, no crime de difamação, pode ser fundada na "notoriedade do fato imputado", cabendo ao querelado essa prova.
14. Quando o crime for contra a honra de alguém que possua prerrogativa de função, oferecida exceção da verdade, deve ela ser encaminhada ao tribunal competente para o julgamento da vítima (querelante), conforme explicamos ao tratar da competência e analisar o disposto no art. 85 do CPP. Destacamos, contudo, que muitas dúvidas pairam sobre o processamento da exceção da verdade no tribunal, diante da lacuna legislativa. Pensamos que o melhor procedimento é a apresentação da exceção junto com a resposta à acusação, em primeiro grau. Obedecendo ao disposto no art. 523 do CPP, deve o juiz abrir vista para manifestação do querelante (contestação, diz a lei) no prazo de 2 dias, podendo arrolar testemunhas. Após, preenchidos os requisitos legais

de admissibilidade (cabimento legal da exceção da verdade e tempestividade), deverá o juiz *a quo* processar a exceção em autos apartados e enviá-los para o tribunal competente para o julgamento (em razão da prerrogativa de função da vítima). É importante destacar que a prova da exceção da verdade (inclusive a testemunhal) deverá ser produzida no tribunal e não no órgão de primeiro grau. Caberá ao tribunal o processamento e julgamento da exceção da verdade, incluindo a coleta da prova, até mesmo por imposição do princípio da identidade física do juiz, segundo o qual o órgão que assistir à coleta da prova deverá julgar (logo, incumbe ao tribunal providenciar a coleta da prova e posteriormente julgar a exceção).

15. Frustrada a audiência de reconciliação e recebida a queixa ou denúncia, seguirá o rito ordinário.

Sem perder de vista o que acabamos de explicar, vejamos agora a morfologia desse procedimento especial:

| 1 | 2 | 3 | 4 | 5 | 6 |
|---|---|---|---|---|---|
| Denúncia ou queixa | Audiência reconciliação | Juiz recebe ou rejeita liminarmente | Resposta à acusação | Juiz pode absolver sumariamente | Audiência de Instrução e Julgamento |

A especificidade fica por conta da audiência de reconciliação que, se exitosa, dará fim ao processo. Se inexitosa, deve-se observar integralmente o rito ordinário, com as possibilidades de rejeição liminar (art. 395), resposta escrita à acusação (art. 396), absolvição sumária (art. 397) e a audiência de instrução e julgamento.

### 3.5. Rito Especial da Lei de Tóxicos (Lei n. 11.343/2006)

Questão extremamente complexa envolve a chamada "Política Criminal de Drogas", bem como os tipos penais decorrentes da ideologia criminalizadora adotada no Brasil. Tais questões extravasam os limites do presente trabalho e não serão aqui abordadas. Nós nos limitaremos à análise do procedimento instituído pela Lei, sob o ponto de vista exclusivamente processual.

A nova Lei de Tóxicos, substituindo as anteriores (Leis n. 6.368/76 e 10.409/2002), estabelece uma série de diretrizes que afetam não apenas o procedimento, mas também a própria fase pré-processual (inquérito policial).

Quanto à morfologia do procedimento é (também) marcada pela aglutinação de atos, a ponto de a Lei desenhar um procedimento (em tese) composto de uma única audiência:

| 1 | 2 | 3 | 4 |
|---|---|---|---|
| Denúncia | Defesa prévia escrita | Decisão do juiz recebendo ou rejeitando | Audiência de Instrução e Julgamento (interrogatório, oitiva das testemunhas acusação/defesa, debate oral e sentença) |

É um procedimento similar ao ordinário e ao sumário, mas que foi legislativamente concebido antes da reforma de 2008, não tendo previsão da possibilidade de absolvição sumária e mantendo ainda o interrogatório como primeiro ato da instrução.

Por isso, sustentamos que a Lei n. 11.343 deve contemplar os novos institutos inseridos pela reforma processual de 2008, com possibilidade de absolvição sumária após a resposta à acusação (defesa escrita) e, principalmente, deslocando-se o interrogatório para o último ato da instrução. Tal adequação é necessária à luz do disposto no art. 394, §§ 4º e 5º, do CPP, que determinam aplicação dos novos dispositivos a todos os procedimentos de primeiro grau, ainda que não regulados pelo CPP.

Partindo do art. 48 da Lei n. 11.343, sublinhamos as seguintes especificidades:

1. Se o crime é aquele previsto no art. 28 ou no seu parágrafo primeiro (adquirir, guardar, tiver em depósito, transportar ou trouxer consigo, semear, cultivar ou colher, para consumo pessoal), eventual processo criminal será de competência do Juizado Especial Criminal, não havendo sequer prisão em flagrante (art. 48, § 2º)[21].
2. Quando o crime estiver previsto nos arts. 33 a 39 (excetuando-se os delitos dos arts. 33, § 3º, e 38, que serão de competência do JECrim), o rito adotado será o especial previsto nos arts. 48 e s. da Lei n. 11.343.
3. Para a prisão em flagrante, é necessário laudo de constatação da natureza e quantidade da droga, firmado por (1) perito oficial ou, na falta deste, por pessoa idônea (art. 50, § 1º).

---

[21] Como advertem RANGEL e BACILA (*Comentários Penais e Processuais Penais à Lei de Drogas*, Rio de Janeiro, Lumen Juris, 2007. p. 184), isso não impede, todavia, que o usuário/consumidor seja conduzido à presença da autoridade judicial (o que não é a regra, pois os juízes do JECrim não estão disponíveis 24h por dia, em todo o Brasil, para dar conta dessa demanda) ou policial, para verificação de sua responsabilidade penal, isto é, se o crime praticado é o previsto no art. 28 ou aquele descrito no art. 33, por exemplo.

4. O inquérito poderá durar até 90 dias, quando o indiciado estiver solto, e 30 dias, quando estiver preso; tais prazos podem ser duplicados[22] pelo juiz, mediante pedido justificado da autoridade policial.
5. Quando caracterizada a transnacionalidade do delito (aqueles previstos nos arts. 33 a 37), a competência será da Justiça Federal (art. 70 da Lei n. 11.343).
6. Em qualquer fase da persecução (tanto na fase preliminar como também no curso do processo), admite a lei a figura do "agente infiltrado" e do "flagrante diferido".
7. Concluído o inquérito e enviado os autos em juízo, terá o Ministério Público o prazo de 10 dias para requerer o arquivamento, requisitar diligências ou oferecer denúncia, arrolando até 5 testemunhas.
8. Será oportunizado prazo de 10 dias para defesa prévia por escrito, devendo neste ato serem arroladas as testemunhas de defesa, até o máximo de cinco. Após, decidirá o juiz no prazo de 5 dias se recebe ou rejeita a denúncia, ou determina diligências, exames e perícias.
9. Recebida a denúncia, designará o juiz audiência de instrução e julgamento, momento em que procederá ao interrogatório, inquirição das testemunhas de acusação, defesa, debate oral e sentença em audiência (ou no prazo de 10 dias).

Quanto ao laudo provisório, firmado por apenas um perito, nos termos do art. 50, § 1º, pensamos que poderá servir apenas para homologação do flagrante e recebimento da denúncia[23], jamais para legitimar uma sentença condenatória. Daí por que, no curso do processo, deverá ser elaborado um laudo definitivo, por perito oficial (ou duas pessoas idôneas, portadoras de diploma de curso superior), nos termos do art. 159 do CPP. Ainda que o art. 50, § 2º, disponha que o perito que elaborou o laudo provisório não está impedido de participar da elaboração do definitivo, pensamos que isso deve ser evitado na medida do possível, pois haverá uma tendência natural de simples repetição do já afirmado, podendo conduzir a

22 Ao prever a possibilidade de o inquérito policial perdurar por até 180 dias (!), consagra a lei a violação do direito de ser julgado em um prazo razoável. Recordemos que o fato de a lei interna prever um prazo não significa, automaticamente, a validade e a legitimidade da (de)mora. Deve o juiz ou tribunal proceder, no caso concreto, à necessária filtragem constitucional, verificando, à luz do art. 5º, LXXVIII, da Constituição, a (in)validade substancial do art. 51 da Lei n. 11.343.

23 RANGEL e BACILA (op. cit., p. 196) apontam que o laudo prévio (provisório) é uma *condição de procedibilidade* da ação penal nesses delitos, não podendo a denúncia ser recebida sem ele.

manutenção de um erro. Contudo, não se desconhece a validade do laudo definitivo feito pelo mesmo perito que elaborou o provisório.

Preocupante é o disposto no art. 52, parágrafo único, da Lei n. 11.343, ao permitir que o Ministério Público ofereça a denúncia e inicie-se o processo penal, enquanto diligências complementares são realizadas pela polícia judiciária. Mais grave do que consagrar a "instrução paralela", onde o processo tramita em juízo enquanto – simultaneamente – a polícia segue investigando (obviamente em sigilo e negado acesso e conhecimento por parte da defesa), é a possibilidade de o resultado dessas novas investigações ser encaminhado ao juízo competente e ingressar no processo até 3 (três) dias antes da audiência de instrução e julgamento.

Quanto à prisão cautelar, remetemos o leitor para o capítulo específico, sublinhando que o STF, no HC 104339/SP, Rel. Min. Gilmar Mendes, julgado em 10/5/2012, declarou a inconstitucionalidade da expressão "liberdade provisória" (ou seja, a vedação de concessão) contida no art. 44 da Lei de Tóxicos. Inclusive, a nosso sentir, além da flagrante inconstitucionalidade do pretendido regime de "prisão cautelar obrigatória", a alteração levada a cabo anteriormente através da Lei n. 11.464/2007, que modificou a Lei dos Crimes Hediondos (Lei n. 8.072), já havia resolvido o problema. Não existe prisão cautelar obrigatória e tudo dependerá da demonstração do *fumus commissi delicti* e do *periculum libertatis* anteriormente explicados.

Na dimensão patrimonial, a Lei demonstra bastante preocupação em estimular o uso das medidas assecuratórias nos arts. 60 a 64. Apenas complementamos com o disposto no art. 243 da Constituição, segundo o qual:

> Art. 243. As glebas de qualquer região do País onde forem localizadas culturas ilegais de plantas psicotrópicas serão imediatamente expropriadas e especificamente destinadas ao assentamento de colonos, para o cultivo de produtos alimentícios e medicamentosos, sem qualquer indenização ao proprietário e sem prejuízo de outras sanções previstas em lei.
> Parágrafo único. Todo e qualquer bem de valor econômico apreendido em decorrência do tráfico ilícito de entorpecentes e drogas afins será confiscado e reverterá em benefício de instituições e pessoal especializados no tratamento e recuperação de viciados e no aparelhamento e custeio de atividades de fiscalização, controle, prevenção e repressão do crime de tráfico dessas substâncias.

Conforme explicamos anteriormente (ao tratar da 'restituição das coisas apreendidas'), o parágrafo único contém uma abertura conceitual, ao definir que todo e qualquer bem de valor econômico (o que significa dizer qualquer coisa) apreendido em decorrência do tráfico ilícito de drogas será confiscado, mas isso não é automático e tampouco pode prescindir do devido processo. Ou seja, o confisco somente se efetiva após o devido processo penal, como efeito da sentença penal condenatória transitada em julgado. Quanto ao alcance de tal dispositivo, sustentamos que deve ser feita uma interpretação restritiva do dispositivo, de modo que o bem (carro, moto, caminhão etc.), para ser confiscado, deve ser utilizado com o fim específico de praticar o delito de tráfico ilícito de entorpecentes. A utilização isolada do bem, sem uma destinação especial ou continuada, não justificaria o confisco. Assim, não demonstrada essa especial destinação do bem, seu nexo instrumental de uso para consecução do delito, ou que tenha sido adquirido com recursos provenientes da atividade criminosa, não deveria ser caso de confisco.

Sem embargo da nossa posição, precisamos advertir o leitor que o tema não é pacífico na jurisprudência, conforme se constata na ementa abaixo (caso com repercussão geral admitida no STF):

> RE 638.491: É possível o confisco de todo e qualquer bem de valor econômico apreendido em decorrência do tráfico de drogas, sem a necessidade de se perquirir a habitualidade, reiteração do uso do bem para tal finalidade, a sua modificação para dificultar a descoberta do local do acondicionamento da droga ou qualquer outro requisito além daqueles previstos expressamente no art. 243, parágrafo único, da Constituição Federal.

Nessa perspectiva, basta a apreensão em decorrência do tráfico, sem qualquer vinculação ou nexo direto com a atividade ilícita, para justificar o confisco.

## 3.6. Os Juizados Especiais Criminais (JECrim) e o Rito Sumaríssimo da Lei n. 9.099

### 3.6.1. Competência dos Juizados Especiais Criminais Estaduais e Federais

Sem dúvida, a Lei n. 9.099/95 representou um marco no processo penal brasileiro, na medida em que, rompendo com a estrutura tradicional de solução dos conflitos, estabeleceu uma substancial mudança na ideologia até então vigente. A adoção de medidas despenalizadoras e descarcerizadoras marcou um novo paradigma no tratamento da violência. Mas, principalmente: marcou o ingresso do "espaço negocial" no processo penal brasileiro, que só tende a ampliar, basta acompanhar as propostas discutidas no âmbito da reforma do CPP.

A autorização constitucional para tal giro vem dada pelo art. 98, I, da Constituição, que previu a possibilidade de criação dos Juizados Especiais Criminais para julgamento das *infrações penais de menor potencial ofensivo*.

Mas a Lei n. 9.099/95 não inovou apenas na criação dos Juizados Especiais Criminais (JECrim). Junto com eles, outros institutos importantes foram inseridos no sistema processual penal brasileiro, como a composição dos danos civis, a transação penal e a suspensão condicional do processo, que serão abordados a seu tempo. Conforme determina o art. 62 da Lei n. 9.099/95, "o processo perante o Juizado Especial orientar-se-á pelos critérios da oralidade, simplicidade, informalidade, economia processual e celeridade, objetivando, sempre que possível, a reparação dos danos sofridos pela vítima e a aplicação de pena não privativa de liberdade".

Consideram-se *infrações penais de menor potencial ofensivo* as contravenções penais e os crimes a que a Lei comine pena máxima não superior a 2 anos, cumulada ou não com multa.

Quanto à competência do JECrim no âmbito federal, deverão ser observados dois critérios cumulativos:

- que o delito praticado seja de competência da justiça federal, logo, que se encaixe numa daquelas situações previstas no art. 109 da Constituição;
- que o crime tenha uma pena máxima não superior a dois anos ou seja apenado exclusivamente com multa.

Presentes esses dois requisitos, o caso penal deverá ser remetido ao JECrim federal; do contrário, é da justiça estadual.

É o que ocorre com delitos praticados em detrimento de bens, serviços ou interesses da União, entidade autárquica ou empresa pública ou qualquer crime praticado por ou contra servidor público federal no exercício de suas funções e cuja pena não seja superior a 2 anos, tais como: peculato culposo, art. 312, § 2º; prevaricação, art. 319; condescendência criminosa, art. 320; advocacia administrativa, art. 321; resistência, art. 329; desobediência, art. 330; desacato, art. 331, entre outros.

No seu parágrafo único, prevê a Lei que em caso de conexão (ou continência, se for o caso) entre um crime de competência do JECrim e outro, que por sua gravidade extrapole essa competência, haverá a reunião fora do JECrim, mas mantidas as possibilidades de transação penal e composição de danos em relação ao delito de menor potencial ofensivo.

Essa foi a mesma sistemática adotada, posteriormente, pela Lei n. 11.313/2006, que modificou o parágrafo único do art. 60 da Lei n. 9.099/95 para determinar que na reunião de processos, perante o juízo comum ou o Tribunal do Júri, decorrente da aplicação das regras de conexão e continência, observar-se-ão os institutos da transação penal e da composição dos danos civis.

Significa dizer, é importante que isso fique bem claro, que os institutos da transação penal e da composição dos danos civis não são privativos do JECrim, devendo ser aplicados em qualquer processo que tramite no juízo comum ou no Tribunal do Júri, sempre respeitado, é claro, o limite de pena máxima não superior a 2 anos. Igual tratamento é dado, desde sua origem, à suspensão condicional do processo (prevista no art. 89 da Lei n. 9.099), que poderá ser ofertada no JECrim ou fora dele.

Assim, por exemplo, havendo a conexão entre um crime de ameaça e outro de homicídio, haverá reunião para julgamento pelo Tribunal do Júri. Contudo, em relação ao delito de ameaça (art. 147), cuja pena máxima é inferior a 2 anos, deverá ser oportunizada a transação penal (ou, se fosse outro delito que comportasse, deveria ser permitida a composição dos danos).

O mesmo raciocínio aplica-se ao JECrim federal.

### 3.6.2. Limite de Pena e Competência do JECrim. Causas de Aumento e de Diminuição de Pena. Concurso de Crimes: Material, Formal e Continuado

E se o crime for tentado ou existir uma causa de aumento da pena que extrapole o limite da competência do JECrim? Como deve ser feito o controle do *quantum* de pena?

Considerando que o critério para definir a competência do JECrim é a quantidade de pena máxima cominada, assume grande relevância a existência de causas de aumento ou diminuição da pena (como a tentativa, por exemplo), bem como o concurso de crimes (material, formal ou continuidade delitiva). Agravantes e atenuantes não influem no conceito de *maior ou menor gravidade*, não incidindo, como sustenta GIACOMOLLI[24].

Iniciemos pelas causas de aumento ou diminuição de pena. Essas circunstâncias modificadoras podem estar previstas na parte geral ou especial do Código Penal e devem incidir para fins de aferição da menor potencialidade ofensiva do crime, e, como se busca a pena máxima (2 anos), o cálculo deve ser da seguinte forma:

a) incide a causa de aumento no máximo e a de diminuição no mínimo[25];
b) o resultado dessa operação deve ser uma pena máxima não superior a 2 anos, do contrário, extrapola a competência do JECrim.

Sendo o crime tentado, ainda que a pena máxima do tipo básico exceda 2 anos, se com a redução de 1/3 (redução mínima) ela ficar dentro do patamar do JECrim, deve lá ser julgado o crime. Isso porque, como explica BITENCOURT[26], não se pode ignorar que a tentativa é um tipo penal ampliado, um tipo penal aberto, um tipo penal incompleto, mas um tipo penal.

---

24 GIACOMOLLI, Nereu. *Juizados Especiais Criminais*. 2. ed. Porto Alegre, Livraria do Advogado, 2002. p. 45.

25 Em sentido contrário, GIACOMOLLI (*Juizados Especiais Criminais*, cit., p. 44) sustenta que deve ser feito o cálculo "de forma que mais favoreça o autor do fato, ou seja, aumentar em grau mínimo e diminuir no grau máximo". Isso porque, para o autor, "ainda não há elementos para se determinar o *quantum* de aumento ou de diminuição, o que dependeria de dilação probatória". Sustenta, ainda, que o cálculo inverso poderia gerar uma situação incongruente, na medida em que a desconsideração da baixa lesividade pode não se confirmar ao final.

26 BITENCOURT, Cezar Roberto. *Juizados Especiais Criminais Federais*, São Paulo, Saraiva, 2003, p. 70.

Havendo concurso de crimes, deve-se ter muito cuidado, tendo a jurisprudência inclinado-se pelo seguinte tratamento:

a) se o agente praticar dois ou mais crimes em concurso material, deve-se somar as penas máximas em abstrato;
b) sendo concurso formal ou crime continuado, deve-se considerar o maior aumento, sempre buscando a pena máxima.

Se, após essa operação, a pena permanecer no limite de 2 anos, a competência é do JECrim; do contrário, não. Esse raciocínio encontra abrigo nas Súmulas n. 723 do STF[27] e n. 243 do STJ[28], aplicadas por analogia, pois tratam da suspensão condicional do processo (por isso, fazem menção à pena mínima, quando aqui, para definição da competência do JECrim, utiliza-se a pena máxima).

Não se desconhece a divergência doutrinária em torno desse critério de definição da competência do JECrim (soma das penas e incidência das causas de aumento).

Se, de um lado, existe uma forte tendência jurisprudencial em aplicar as regras acima expostas, na doutrina a situação é diversa. Estamos com GIACOMOLLI, DUCLERC, KARAM, GRINOVER, MAGALHÃES GOMES FILHO, SCARANCE FERNANDES, GOMES, entre outros, no sentido de que:

a) no concurso material de crimes, analisa-se a pena de cada um deles de forma isolada;
b) sendo concurso formal ou crime continuado, despreza-se a causa de aumento, trabalhando somente com a pena do tipo mais grave.

Trata-se de seguir a lógica definida pelo legislador penal no art. 119 do CP, quando define o limite do poder punitivo de forma isolada, para cada crime. Assim, segundo o dispositivo em questão, "no caso de concurso de crimes, a extinção da punibilidade incidirá sobre a pena de cada um, isoladamente".

Mas, infelizmente, tem prevalecido o primeiro critério, reforçado pelas Súmulas n. 723 do STF e n. 243 do STJ.

Por fim, sublinhe-se que tal regra, da soma das penas, não deve ser utilizada na aplicação dos institutos da transação penal e da composição dos danos civis

[27] SÚMULA 723 do STF: "Não se admite a suspensão condicional do processo por crime continuado, se a soma da pena mínima da infração mais grave com o aumento mínimo de um sexto for superior a um ano".

[28] SÚMULA 243 do STJ: "O benefício da suspensão do processo não é aplicável em relação às infrações penais cometidas em concurso material, concurso formal ou continuidade delitiva, quando a pena mínima cominada, seja pelo somatório, seja pela incidência da majorante, ultrapassar o limite de um (01) ano".

realizados no JECrim ou fora dele. Essa variação de tratamento decorre da nova redação do art. 60, parágrafo único, da Lei n. 9.099, que dispôs o seguinte:

> Na reunião de processos, perante o juízo comum ou o tribunal do júri, decorrente da aplicação das regras de conexão e continência, observar-se-ão os institutos da transação penal e da composição dos danos civis.

Significa que, se alguém cometer um delito de lesão corporal leve (art. 129 do CP, pena de 3 meses a 1 ano) conexo com um delito de homicídio doloso (art. 121 do CP, pena de 6 a 20 anos), será julgado no Tribunal do Júri. Sem embargo, as penas devem ser isoladas para fins de incidência dos institutos da composição dos danos civis e, nesse caso, da transação penal, quando realizadas fora do JECrim. Logo, se aplicássemos a regra do concurso material, somando as penas, nenhum dos institutos teria possibilidade de incidência. Mas, diante da nova regra do parágrafo único do art. 60 da Lei n. 9.099, poderá perfeitamente ser oferecida a transação penal em relação ao crime de lesões leves.

Se o agente cometer os crimes de calúnia (art. 138 do CP, pena de 6 meses a 2 anos) em concurso material com o delito de injúria (art. 140 do CP, pena de 1 a 6 meses), a soma das penas excede o limite de competência do JECrim. Não obstante, de forma isolada, podem ser oferecidos os benefícios da transação penal e da composição dos danos civis.

### 3.6.3. Composição dos Danos Civis e suas Consequências

Atento à pretensão indenizatória da vítima, a Lei n. 9.099 instituiu a "composição dos danos civis" nos arts. 74 e 75, de modo que o acordo entre imputado e vítima, com vistas à reparação dos danos decorrentes do delito, gera um título executivo judicial. Essa decisão homologatória é, logicamente, irrecorrível, pois apenas chancela o acordo firmado, não havendo gravame para sustentar um interesse juridicamente tutelável de recorrer. Não obstante, pode haver embargos declaratórios, buscando o esclarecimento de obscuridade, ambiguidade, contradição ou omissão dessa decisão.

A composição dos danos civis poderá anteceder a fase processual ou ocorrer na audiência preliminar, situação em que deverão se fazer presentes a vítima e o réu, ambos acompanhados de advogado.

Seu principal efeito é acarretar a extinção da punibilidade pela renúncia do direito de queixa[29] ou de representação, impedindo a instauração do processo-crime

---

29 A Lei n. 9.099 não resolve o problema que pode ocorrer quando forem 2 ou mais os autores do delito e a composição ocorrer apenas em relação a um deles. CASTANHO DE CARVALHO e PRADO (*Lei dos Juizados Especiais Criminais Comentada e Anotada*. 4. ed. Rio de Janeiro, Lumen Juris, 2006.

ou acarretando sua extinção, caso seja feita na audiência preliminar. Mas, para isso, é imprescindível que o delito praticado, além de ter pena máxima igual ou inferior a 2 anos, seja de ação penal de iniciativa privada ou pública condicionada à representação, sendo inviável se o delito for de ação penal de iniciativa pública incondicionada.

Com a nova redação do parágrafo único do art. 60, a composição dos danos civis pode ser aplicada nos casos de reunião de processos por conexão ou continência, seja no Tribunal do Júri ou no juízo comum. Logo, não está mais adstrita ao JECrim.

Sendo a infração de ação penal de iniciativa privada ou pública condicionada, as partes poderão compor extrajudicialmente sobre o valor a ser pago, sem a necessidade de ser realizada em juízo para acarretar a extinção da punibilidade. Nesse caso, sendo depois realizada a audiência preliminar, qualquer meio de prova será admitido para comprovar a composição e acarretar a extinção do feito.

Caso não tenha ocorrido a composição extrajudicial, na audiência preliminar caberá ao Juiz (ou conciliador) buscar a composição dos danos, que, se exitosa, será homologada necessariamente pelo Juiz togado, para que, em sentença irrecorrível, adquira a eficácia de título executivo judicial, hábil a ensejar execução no Juízo Cível. Assim, teremos um duplo efeito: na justiça criminal, acarretará a extinção da punibilidade e, na justiça civil, adquirirá o *status* de título executivo judicial.

Não sendo possível o acordo, à vítima será dada a oportunidade de exercer o direito de representação ou queixa, sendo que, no primeiro caso, terá ainda o prazo de seis meses para fazê-lo, nos termos do art. 38 do CPP.

No caso de ser a ação penal de iniciativa privada, após a frustração da composição, a regra será a feitura da queixa (ainda que a Lei permita que seja feita oralmente, não é essa a prática forense, em que a imensa maioria das queixas são feitas por escrito), seguindo-se então o rito sumaríssimo.

---

p. 131) afirmam que, nesse caso, deve-se recorrer ao disposto no art. 49 do CPP, no sentido de que (em nome do princípio da indivisibilidade) a renúncia ao direito de queixa ou de representação em relação a um dos acusados a todos se estenderá. Significa dizer que a composição dos danos por parte de um dos acusados conduz à extinção da punibilidade (pela renúncia) de todos. Pensamos, ainda, que a mesma solução deve ser adotada em relação à ação penal pública condicionada à representação, operando-se a extinção da punibilidade de todos em caso de composição integral dos danos civis por parte de um dos réus. Mas chamamos a atenção para a falta de consenso nessa matéria, havendo autores (entre eles MAGALHÃES GOMES FILHO, SCARANCE FERNANDES, LUIZ FLÁVIO GOMES e PELLEGRINI GRINOVER, na obra coletiva *Juizados Especiais Criminais*, São Paulo, RT, 1995, p. 133) sustentando que a renúncia, e consequente extinção da punibilidade, somente opera em relação ao que transacionar. Quanto aos demais, poderá a vítima oferecer a queixa ou representar, exceto se a reparação dos danos sofridos pela vítima for integral, situação em que haverá renúncia tácita e extinção da punibilidade em relação a todos.

Como veremos, frustrada a conciliação, duas são as possibilidades:

- se o crime é de ação penal de iniciativa privada, poderá (ou não) a vítima oferecer a queixa-crime; se isso ocorrer, ainda é possível que em audiência seja oferecida a transação penal;
- se o crime é de ação penal de iniciativa pública condicionada à representação, a vítima poderá então representar (ou não), abrindo-se a possibilidade de o Ministério Público propor a transação penal ou, se não aceita ou inviável, oferecer a denúncia.

### 3.6.4. Transação Penal

A transação penal consistirá no oferecimento ao acusado, por parte do Ministério Público, de pena antecipada, de multa ou restritiva de direitos. Não há, ainda, oferecimento de denúncia.

Desde logo, sublinhamos que predomina o entendimento de que a transação penal é um direito subjetivo do réu[30], de modo que, preenchidos os requisitos legais, deve ser oportunizada ao acusado. Ao Ministério Público, como bem define PACELLI[31], a discricionariedade "é unicamente quanto à pena a ser proposta na transação; restritiva de direitos ou multa, nos termos do art. 76 da Lei n. 9.099/95" (grifo nosso).

O instituto também conduziu a uma relativização do princípio da obrigatoriedade da ação penal de iniciativa pública, pois permite certa ponderação por parte do Ministério Público. Não se trata de plena consagração dos princípios de oportunidade e conveniência na ação penal de iniciativa pública. Muito longe disso. É uma pequena relativização do dogma da obrigatoriedade, de modo que, preenchidos os requisitos legais, deverá o Ministério Público ofertar a transação penal. Dessa forma, é recorrente a afirmação de que se trata de uma discricionariedade regrada. Noutra dimensão, é um poder-dever.

Mas, como acabamos de afirmar, essa discricionariedade deve conviver com o direito público subjetivo do réu, de modo que, ao Ministério Público, incumbe apenas verificar se estão preenchidos os requisitos e negociar sobre a pena cabível, restritiva de direitos ou multa. Não lhe compete o poder de decidir sobre o cabimento ou não da transação.

---

30 Em sentido contrário, PRADO, Geraldo. *Elementos para uma Análise Crítica da Transação Penal*. Rio de Janeiro, Lumen Juris, 2003. p. 160 e s.

31 PACELLI DE OLIVEIRA, Eugênio. *Curso de Processo Penal*, 8. ed., p. 575.

Importante sublinhar, ainda, que a transação penal não é uma alternativa ao pedido de arquivamento, senão um instituto que somente terá aplicação quando houver *fumus commissi delicti* e o preenchimento das demais condições da ação processual penal.

Infelizmente, no lugar onde mais deveria se realizar a filtragem processual, com uma enxurrada de ações penais sendo rejeitadas, é exatamente onde menos se controlam as condições da ação (prática de fato aparentemente criminoso – *fumus commissi delicti*; punibilidade concreta; legitimidade de parte; justa causa).

O fato de o JECrim ter sua competência limitada às infrações penais de menor potencial ofensivo não dispensa a demonstração e análise das condições da ação, especialmente a exigência de demonstração da fumaça do crime e da justa causa. Ainda que se trate de crime de menor potencial ofensivo, deve-se verificar se há relevância jurídico-penal na conduta. Constatando-se ser a conduta insignificante sob ponto de vista jurídico-penal, deve a denúncia ou queixa ser rejeitada. Da mesma forma se não vier instruída com um mínimo de elementos probatórios da tipicidade, ilicitude e culpabilidade.

Em suma, as condições da ação também são exigidas no Juizado Especial Criminal, ainda que – em geral – os que lá atuam disso se tenham olvidado, ou assim façam parecer, pelo encobrimento gerado pelo utilitarismo estruturante do discurso da informalidade.

Voltando ao tema, a transação penal deverá ser "negociada"[32] com o autor do fato até que se chegue ou não a um consenso. Pela facilidade na exigibilidade e no cumprimento, a pena de multa tem sido a medida mais adotada, cabendo seu cálculo em dias-multa (o critério orientador deverá ser o binômio gravidade do fato – para fixar o número de dias – e possibilidade econômica do réu – para fixar o valor de cada dia-multa).

Os pressupostos legais permissivos são extraídos da leitura do art. 76 da Lei, que veda a transação penal quando ficar comprovado:

I – ter sido o autor da infração condenado, pela prática de crime, à pena privativa de liberdade, por sentença definitiva;

COMENTÁRIO:

Tratou o legislador de vetar a transação penal para o imputado reincidente, incidindo assim – infelizmente – no já consagrado *bis in idem* punitivo que reforça o estigma. Não impede quando a condenação anterior for por contravenção penal

[32] Apenas para sublinhar que essa (pseudo)negociação será objeto de crítica ao final deste tópico.

e tampouco diferenciou o legislador se o crime anterior é doloso ou culposo, nos parecendo claramente desproporcional o impedimento de transação penal quando a condenação anterior decorrer da prática de delito culposo.

II – ter sido o agente beneficiado anteriormente, no prazo de 5 (cinco) anos, pela aplicação de pena restritiva ou multa, nos termos deste artigo;

COMENTÁRIO:

Partindo do já conhecido lapso de 5 anos que demarca a reincidência (art. 64, I, do CP), busca a Lei n. 9.099 estabelecer uma espécie de período de prova, em que o agente somente poderá se beneficiar da transação penal uma vez a cada cinco anos. Nesse prazo de 5 anos, nada se exige do imputado, exceto o fato de que, veladamente, impõe-se um "não voltar a delinquir". Mas, se voltar, não poderá novamente transacionar.

III – não indicarem os antecedentes, a conduta social e a personalidade do agente, bem como os motivos e as circunstâncias, ser necessária e suficiente a adoção da medida.

COMENTÁRIOS:

Esse é, sem dúvida, o requisito mais problemático, de modo que, para melhor compreensão, vamos subdividi-lo:

a) Repetiu o legislador os critérios que orientam a fixação do regime de cumprimento, substituições e até de aplicação da pena, nos termos dos arts. 33, § 3º, 44, III, e 59, todos do Código Penal. Negar-se a transação penal pelo fato de ter o imputado maus antecedentes pode constituir uma violação da presunção de inocência. Isso porque, em relação ao fato anterior, ou o agente foi condenado e já transitou em julgado (será aplicado então o inciso I), ou não foi definitivamente condenado, de modo que vedar a transação penal sob esse argumento é violar a presunção constitucional de inocência.

b) No que se refere à "conduta social" e "personalidade do agente", a situação é igualmente problemática. Como já explicamos em outras ocasiões, ambos os critérios são abertos, indeterminados e refletem um superado direito penal do autor. O que é uma conduta social adequada? São os juízes capazes e estão legitimados a fazer um juízo dessa natureza? Quais os parâmetros utilizáveis? Como refutar esse (des)valor? Sob o argumento de "conduta social" inadequada ou desajustada, não estariam sendo feitas graves discriminações a partir da classe social, da conduta sexual ou mesmo praticando um velado racismo? Daí por que é inadmissível um juízo de desvalor a partir de critérios tão vagos e indeterminados.

c) Quanto à "personalidade", igualmente inviável tal juízo de (des)valor. Como já explicamos anteriormente, toda e qualquer avaliação sobre a personalidade de alguém é inquisitiva, visto estabelecer juízos sobre a interioridade do agente. Também é autoritária, devido às concepções naturalistas em relação ao sujeito autor do fato criminoso. Trata-se de efetivar-se o superadíssimo direito penal do autor, fruto da dificuldade em compreender o fenômeno da secularização e da cultura inquisitória que ainda dominam o processo penal brasileiro. O diagnóstico acerca da "personalidade" é praticamente impossível de ser feito (salvo para os casos de vidência e bola de cristal) e, não raras vezes, demonstra um psicologismo rasteiro e reducionista, até porque não possui o juiz conhecimento e condições de aferir a personalidade de alguém (existem mais de 50 definições diferentes sobre "personalidade"), menos ainda nessas condições. O diagnóstico da personalidade é extremamente complexo e envolve histórico familiar, entrevistas, avaliações, testes de percepção temática e até exames neurológicos, e isso é absolutamente impossível de ser constatado nessas condições. Não podemos admitir um juízo negativo sem fundamentação e base conceitual e metodológica. Em suma, o maior problema é o decisionismo, o verdadeiro autoritarismo que encerra uma decisão dessa natureza, que é substancialmente inconstitucional por grave violação dos direitos de defesa e contraditório, pois não há possibilidade de refutação das hipóteses decisórias. É um dado impossível de ser constatado empiricamente e tampouco demonstrável objetivamente para poder ser desvalorado.

Mas, se o imputado preencher todas essas condições e a proposta for efetivada, deverá o Juiz então homologar o acordo, cabendo apelação dessa decisão. Causa certa estranheza a previsão de recurso de uma decisão que na verdade apenas homologa um acordo que foi feito pelas partes. Onde fica o gravame necessário para o recurso? Pela lógica, incabível o recurso. Contudo, pode ocorrer de alguma das condições da transação ser excessivamente gravosa para o agente, de modo que ele aceita e recorre daquela parte do acordo que não lhe é razoável. Não há consenso sobre as condições da transação, mas para evitar a recusar e, portanto, preclusão dessa via consensual o agente aceita e recorre.

Por outro lado, não há previsão de recurso para o caso de não homologação da transação penal oferecida pelo MP e aceita pelo imputado. Situação difícil de suceder, pois o papel do juiz não é compatível com tal protagonismo, mas, se ocorrer, incumbirá às partes interessadas e cujo acordo foi desrespeitado pelo juiz lançar mão do Mandado de Segurança ou mesmo Correição Parcial. Não se descarta, ainda, que o sujeito passivo utilize o *habeas corpus*, pois a não homologação da transação penal (oferecida e aceita) poderá significar a submissão dele a um processo criminal que poderia ter sido evitado, sendo evidente a ilegalidade dessa coação.

Quanto à natureza dessa sentença, em que pese não ser condenatória, senão homologatória, possui eficácia executiva suficiente para constituir-se em um título executivo judicial, nos termos do art. 515, VI, do CPC.

A grande (e única) vantagem da transação penal é o fato de não gerar reincidência ou maus antecedentes, apenas servindo para impedir que o acusado seja novamente beneficiado no prazo de cinco anos. Não significa admissão de culpa ou assunção de responsabilidades.

Por fim, caso não exista consenso, não sendo possível a efetivação da transação penal, o feito seguirá o rito sumaríssimo, que será explicado adiante. Não olvidemos, ainda, que, com a nova redação do parágrafo único do art. 60[33], a transação penal pode ser aplicada nos casos de reunião de processos por conexão ou continência, seja no Tribunal do Júri ou no juízo comum. Logo, não está mais adstrita ao JECrim.

#### **3.6.4.1.** E se o Ministério Público Não Oferecer a Transação Penal?

Se o Ministério Público não oferecer a transação – quando cabível –, predominava o entendimento de que se deveria aplicar por analogia o art. 28[34] do CPP, remetendo-se ao Procurador-Geral[35].

O art. 28 foi significativamente alterado pela Lei n. 13.964/2019, como já explicamos ao tratar do inquérito policial. O problema é que tal dispositivo está com sua vigência suspensa pela decisão liminar do Min. FUX (também já explicada).

---

[33] Art. 60. (...)
*Parágrafo único. Na reunião de processos, perante o juízo comum ou tribunal do júri, decorrentes da aplicação das regras de conexão e continência, observar-se-ão os institutos da transação penal e da composição dos danos civis.*

[34] **Art. 28.** Se o órgão do Ministério Público, ao invés de apresentar a denúncia, requerer o arquivamento do inquérito policial ou de quaisquer peças de informação, o juiz, no caso de considerar improcedentes as razões invocadas, fará remessa do inquérito ou peças de informação ao procurador-geral, e este oferecerá a denúncia, designará outro órgão do Ministério Público para oferecê-la, ou insistirá no pedido de arquivamento, ao qual só então estará o juiz obrigado a atender.

[35] Súmula 696 do STF: *Reunidos os pressupostos legais permissivos da suspensão condicional do processo, mas se recusando o Promotor de Justiça a propô-la, o juiz, dissentindo, remeterá a questão ao Procurador-Geral, aplicando-se por analogia o art. 28 do Código de Processo Penal.*

Mas e quando viger a nova redação do art. 28[36]? Pensamos que poderá continuar sendo aplicado o art. 28, mas com sua nova sistemática, não mais o juiz enviando para o procurador-geral, mas sim com um pedido de revisão (prazo de 30 dias do conhecimento da recusa) por parte do imputado para o órgão revisor do MP. Não há intervenção do juiz nesse caso, senão um pedido de revisão da recusa do MP em oferecer a transação penal, para órgão colegiado revisor do próprio MP, que manterá a decisão do promotor/procurador da república ou designará outro membro da instituição para oferecer a transação penal.

Em que pese ser esse o entendimento que era prevalente antes da reforma e que arriscamos dizer que seguirá assim, não descartamos outra opção: o juiz oferecer a transação penal. Explicamos. Como se trata de direito público subjetivo do imputado, presentes os requisitos legais, ele tem direito aos benefícios da transação. Não se trata, sublinhe-se, de atribuir ao juiz um papel de autor, ou mesmo de juiz-ator, característica do sistema inquisitório e incompatível com o modelo constitucional-acusatório por nós defendido. Nada disso. A sistemática é outra. O imputado postula o reconhecimento de um direito (o direito à transação penal) que lhe está sendo negado pelo Ministério Público, e o juiz decide, mediante invocação. O papel do juiz aqui é o de garantidor da máxima eficácia do sistema de direitos do réu, ou seja, sua verdadeira missão constitucional.

Sabemos que essa posição será criticada, entre outros, pelo fato de não se compatibilizar com a dinâmica de funcionamento da justiça consensual. O argumento seria válido, se normal e legítimo fosse o funcionamento da justiça consensual desenhado pela Lei n. 9.099, mas não é esse o caso. O modelo possui graves degenerações e seu funcionamento está muito longe de ser considerado minimamente satisfatório. Os argumentos de "autonomia de vontade" e "consensualidade"[37], utilizados para criticar a "substituição" por parte do juiz da vontade do Ministério Público, mostram-se hoje absolutamente falaciosos e completamente descolados

---

[36] NOVA REDAÇÃO: "Art. 28. Ordenado o arquivamento do inquérito policial ou de quaisquer elementos informativos da mesma natureza, o órgão do Ministério Público comunicará à vítima, ao investigado e à autoridade policial e encaminhará os autos para a instância de revisão ministerial para fins de homologação, na forma da lei.

§ 1º Se a vítima, ou seu representante legal, não concordar com o arquivamento do inquérito policial, poderá, no prazo de 30 (trinta) dias do recebimento da comunicação, submeter a matéria à revisão da instância competente do órgão ministerial, conforme dispuser a respectiva lei orgânica.

§ 2º Nas ações penais relativas a crimes praticados em detrimento da União, Estados e Municípios, a revisão do arquivamento do inquérito policial poderá ser provocada pela chefia do órgão a quem couber a sua representação judicial.

[37] Expostos, entre outros, por PELLEGRINI GRINOVER et al., na obra coletiva *Juizados Especiais Criminais*, cit., p. 141 e s. Esses argumentos já nos seduziram, no passado, quando a Lei n. 9.099 entrou em vigor. Atualmente, com o desvelamento da falácia da justiça negociada, cuja crítica faremos ao final, esses argumentos ruíram completamente.

da realidade de funcionamento do JECrim. Para evitar delongas, remetemos o leitor para a crítica feita ao final desse tópico.

Por fim, igual problema existe no caso da suspensão condicional do processo, como veremos na continuação, já antecipando que a solução será a mesma.

### 3.6.4.2. Cabimento da Transação Penal em Ação Penal de Iniciativa Privada

Pode ser realizada a transação penal em delito de ação penal de iniciativa privada?

Uma primeira leitura do art. 76 aponta para uma resposta negativa, pois o dispositivo legal é claro ao falar que, "havendo representação ou tratando-se de ação penal pública incondicionada, não sendo caso de arquivamento, o Ministério Público poderá propor (...)".

Também é recorrente o argumento de que não poderia a vítima transacionar porque tal ato de disponibilidade parcial não se coadunaria com o papel de "substituto processual". Isso porque, para os autores que sustentam a existência de uma substituição processual na ação penal de iniciativa privada, o querelante, em nome próprio, exerceria a pretensão punitiva estatal, ou seja, demandaria em nome próprio um direito alheio (nos moldes do Direito Processual Civil).

Essa concepção encerra um erro muito mais grave, que é o de transmitir categorias do processo civil para o processo penal, sem dar-se conta de que no processo penal o acusador não exerce "pretensão punitiva" alguma, muito menos há substituição processual. O acusador (público ou privado) é titular do *ius ut procedatur*, ou seja, o poder de proceder contra alguém. Diverso é o poder punitivo, que está nas mãos do Estado-juiz e que somente pode ser efetivado após o pleno exercício da pretensão acusatória (e não punitiva).

Assim, não vemos obstáculo algum a que a transação penal se opere na ação penal de iniciativa privada, posição, aliás, que vem merecendo abrigo jurisprudencial nos últimos anos.

A jurisprudência atenuou o rigor do dispositivo e, atualmente, predomina o entendimento de que a transação penal poderá ser oferecida, inclusive, pelo Ministério Público (que intervém em todos os termos da ação penal de iniciativa privada, art. 45 do CPP). Apenas para sublinhar, a transação penal nos crimes de ação penal de iniciativa privada – se preenchidos os requisitos legais – poderá ser proposta pelo querelante, e, caso ele não o faça, será proposta pelo Ministério Público.

### 3.6.4.3. Descumprimento da Transação Penal

Muito se discutiu no passado as consequências do descumprimento, por parte do imputado, das condições estabelecidas na transação penal. Inicialmente a jurisprudência entendeu que não poderia haver reinício do processo, pois a decisão homologatória faria coisa julgada formal e material. Posteriormente, a partir do RHC 29.435, o STJ passou a admitir o oferecimento de denúncia e o prosseguimento da ação penal em caso de descumprimento dos termos da transação penal.

Atualmente, com o advento da Súmula Vinculante n. 35, a questão pacificou-se nos seguintes termos:

> **SÚMULA VINCULANTE n. 35:**
> A homologação da transação penal prevista no art. 76 da Lei n. 9.099/95 não faz coisa julgada material e, descumpridas suas cláusulas, retoma-se a situação anterior, possibilitando-se ao Ministério Público a continuidade da persecução penal mediante oferecimento de denúncia ou requisição de inquérito policial.

### 3.6.5. Suspensão Condicional do Processo

#### 3.6.5.1. Considerações Introdutórias sobre a Suspensão Condicional do Processo

Tendo em vista que a disciplina legal da suspensão condicional do processo está inteiramente contida no art. 89 da Lei n. 9.099/95, e que faremos constantes remissões ao texto legal, é necessário transcrevê-lo, integralmente, desde logo:

> Art. 89. Nos crimes em que a pena mínima cominada for igual ou inferior a 1 (um) ano, abrangidas ou não por esta Lei, o Ministério Público, ao oferecer a denúncia, poderá propor a suspensão do processo, por 2 (dois) a 4 (quatro) anos, desde que o acusado não esteja sendo processado ou não tenha sido condenado por outro crime, presentes os demais requisitos que autorizariam a suspensão condicional da pena (art. 77 do Código Penal).
> § 1º Aceita a proposta pelo acusado e seu defensor, na presença do juiz, este, recebendo a denúncia, poderá suspender o processo, submetendo o acusado a período de prova, sob as seguintes condições:
> I – reparação do dano, salvo impossibilidade de fazê-lo;
> II – proibição de frequentar determinados lugares;
> III – proibição de ausentar-se da comarca onde reside, sem autorização do juiz;
> IV – comparecimento pessoal e obrigatório a juízo, mensalmente, para informar e justificar suas atividades.
> § 2º O juiz poderá especificar outras condições a que fica subordinada a suspensão, desde que adequadas ao fato e à situação pessoal do acusado.
> § 3º A suspensão será revogada se, no curso do prazo, o beneficiário vier a ser processado por outro crime ou não efetuar, sem motivo justificado, a reparação do dano.
> § 4º A suspensão poderá ser revogada se o acusado vier a ser processado, no curso do prazo, por contravenção, ou descumprir qualquer outra condição imposta.
> § 5º Expirado o prazo sem revogação, o juiz declarará extinta a punibilidade.
> § 6º Não correrá a prescrição durante o prazo de suspensão do processo.
> § 7º Se o acusado não aceitar a proposta prevista neste artigo, o processo prosseguirá em seus ulteriores termos.

Inicialmente, se o acusado não aceitar a proposta de suspensão condicional do processo ou não for ela cabível, o processo seguirá o rito sumaríssimo definido nos arts. 77 e s.

Feita essa ressalva, vejamos o instituto.

Nos delitos em que a pena mínima cominada for igual ou inferior a um ano, o Ministério Público, ao oferecer a denúncia, poderá propor a suspensão do processo pelo período de dois a quatro anos, desde que preenchidas pelo acusado certas condições. Cumprido o período de provas, o Juiz declarará extintos a punibilidade e, por decorrência, o processo.

O presente instituto não se confunde com a suspensão condicional da pena, pois, naquela, há processo com sentença condenatória, ficando apenas a execução da pena privativa de liberdade suspensa por um período. Aqui, é o processo que fica suspenso, desde o início, logo, sem que exista uma sentença condenatória.

Durante o período de suspensão do processo, o réu ficará sujeito ao cumprimento de certas obrigações estabelecidas pelo Juiz, tais como de não se ausentar da comarca onde reside sem autorização, reparar o dano causado, comparecer mensalmente para justificar suas atividades e outras condições que lhe poderão ser estabelecidas. O não cumprimento das obrigações impostas não acarretará sua prisão, fazendo apenas com que o processo volte a tramitar a partir de onde parou.

Trata-se de ato bilateral, em que o Ministério Público oferece (por escrito e na denúncia, podendo ser em peça separada) e o réu, analisando as condições propostas, aceita ou não. Toda a transação deve ser feita em juízo e na presença do defensor do réu, ainda que de forma oral e sem formalidade.

A nosso ver, o Princípio da Indisponibilidade da Ação Penal Pública não foi fulminado ainda, mas foi mitigado. Nos moldes tradicionais, não poderia o Ministério Público dispor da ação penal, não podendo dela desistir, transigindo ou acordando. Ao Ministério Público, continua sendo vedada a desistência pura e simples da ação penal de iniciativa pública, como é possível ao querelante na perempção da ação penal privada ou o perdão. É a consagração do Princípio da Discricionariedade Regrada, estando sempre sujeita ao controle judicial.

É importante sublinhar que, presentes os pressupostos legais, não poderá o Ministério Público deixar de oferecer a suspensão condicional do processo, que poderá ser aceita ou não pelo réu. Não se pode esquecer que a medida insere-se na lógica do consenso, não apenas no sentido de que o réu não é obrigado a aceitar a proposta, mas também na perspectiva de que poderá negociar a duração e demais condições.

Ainda que o dispositivo legal mencione que o Ministério Público "poderá propor", isso não significa que seja uma faculdade do acusador. Como categoricamente afirma GIACOMOLLI[38], *presentes os pressupostos legais, a previsão abstrata se converte numa obrigatoriedade*. E, ainda que *presentes os requisitos legais, o acusador está obrigado a negociar a suspensão condicional do processo, devendo, nas infrações de médio potencial ofensivo, motivar sua negativa*. Não é, assim, disponível para o Ministério Público e tampouco pode transformar-se em instrumento de arbítrio.

E se, mesmo presentes os pressupostos legais, o Ministério Público não o fizer?

Voltamos ao mesmo ponto explicado anteriormente, quando analisamos a transação penal, ou seja: predominava o entendimento de que deveria o juiz aplicar o art. 28 do CPP, por analogia. Nesse sentido, novamente citamos a Súmula 696 do STF, cujo verbete é: *Reunidos os pressupostos legais permissivos da suspensão condicional do processo, mas se recusando o Promotor de Justiça a propô-la, o juiz, dissentindo, remeterá a questão ao Procurador-Geral, aplicando-se por analogia o art. 28 do Código de Processo Penal*.

O art. 28 foi significativamente alterado pela Lei n. 13.964/2019, como já explicamos ao tratar do inquérito policial. O problema é que tal dispositivo está com sua vigência suspensa pela decisão liminar do Min. FUX (também já explicada).

Mas e quando viger a nova redação do art. 28[39]? Pensamos que poderá continuar sendo aplicado o art. 28, mas com sua nova sistemática, não mais o juiz enviando para o procurador-geral, mas sim com um pedido de revisão (prazo de 30 dias do conhecimento da recusa) por parte do imputado para o órgão revisor do MP. Não há intervenção do juiz nesse caso, senão um pedido de revisão da recusa do MP em oferecer a suspensão condicional, para órgão colegiado revisor do próprio MP, que manterá a decisão do promotor/procurador da república ou designará outro membro da instituição para oferecer a suspensão condicional.

Em que pese ser esse o entendimento que era prevalente antes da reforma e que arriscamos dizer que seguirá assim, não descartamos outra opção: o juiz oferecer a suspensão condicional do processo. A aplicação do art. 28 (com sua nova redação) é uma solução excessivamente burocrática e fora da realidade diuturna

---

[38] GIACOMOLLI, Nereu. *Juizados Especiais Criminais*, cit., p. 192.

[39] NOVA REDAÇÃO: "Art. 28. Ordenado o arquivamento do inquérito policial ou de quaisquer elementos informativos da mesma natureza, o órgão do Ministério Público comunicará à vítima, ao investigado e à autoridade policial e encaminhará os autos para a instância de revisão ministerial para fins de homologação, na forma da lei.

§ 1º Se a vítima, ou seu representante legal, não concordar com o arquivamento do inquérito policial, poderá, no prazo de 30 (trinta) dias do recebimento da comunicação, submeter a matéria à revisão da instância competente do órgão ministerial, conforme dispuser a respectiva lei orgânica.

§ 2º Nas ações penais relativas a crimes praticados em detrimento da União, Estados e Municípios, a revisão do arquivamento do inquérito policial poderá ser provocada pela chefia do órgão a quem couber a sua representação judicial".

dos foros brasileiros. Ademais, atribui a última palavra ao próprio Ministério Público, retirando a eficácia do direito subjetivo do acusado. Dessarte, presentes os pressupostos legais e insistindo o Ministério Público na recusa em oferecer a suspensão condicional, pensamos que a melhor solução é permitir que o juiz[40] o faça, acolhendo o pedido do imputado, concedendo o direito postulado. Novamente afirmamos que o fato de atribuir-se ao juiz esse poder em nada viola o modelo constitucional-acusatório por nós defendido. A sistemática é outra. O imputado postula o reconhecimento de um direito (suspensão condicional do processo) que lhe está sendo negado pelo Ministério Público, e o juiz decide, mediante invocação. O papel do juiz aqui é o de garantidor da máxima eficácia do sistema de direitos do réu, ou seja, sua verdadeira missão constitucional.

Por fim, elementar que a suspensão condicional do processo não equivale a uma condenação e tampouco implica admissão de culpa. Insere-se na perspectiva negocial, sem qualquer juízo de desvalor sobre o mérito (caso penal) e, uma vez cumpridas as condições impostas, o processo é extinto como se nunca houvesse existido (não gerando, portanto, reincidência ou maus antecedentes).

A sentença que suspende o processo não implica admissão de culpa por parte do réu, tendo a natureza do *nolo contendere*, que consiste numa forma de defesa em que o acusado não contesta a imputação, mas não admite culpa nem proclama sua inocência[41].

### **3.6.5.2.** Alcance e Aplicação da Suspensão Condicional do Processo. Cabimento em Crimes de Ação Penal de Iniciativa Privada. Requisitos. Momento de Oferecimento

A suspensão condicional poderá ser proposta junto com a denúncia ou logo após esta, desde que concorram os seguintes elementos:

a) a pena mínima cominada seja igual ou inferior a um ano;
b) o delito seja da competência do Juizado Especial Criminal ou não;
c) o acusado não esteja sendo processado criminalmente;
d) não seja reincidente;
e) preencha os demais requisitos do art. 77 do Código Penal.

Para concessão da suspensão condicional do processo, é imprescindível que a pena mínima cominada seja igual ou inferior a um ano, sendo assim muito mais abrangente que a competência do Juizado Especial, cuja limitação é pena máxima

---

[40] No mesmo sentido GIACOMOLLI, *Juizados Especiais Criminais*, cit., p. 190, que sustenta a possibilidade de o juiz conceder a suspensão condicional (em caso de recusa injustificada do Ministério Público), mediante pedido da defesa ou mesmo de ofício (op. cit., p. 197).

[41] É a posição de GRINOVER, SCARANCE, MAGALHÃES e GOMES, op. cit., p. 191.

não superior a dois anos. A pena a ser considerada é em abstrato, não sendo possível fazer qualquer tipo de redução, como a tentativa, por exemplo. Aplica-se a todos os crimes de competência do Juizado, bem como àqueles que estão fora da sua jurisdição, como homicídio culposo, aborto provocado pela gestante, lesão corporal de natureza grave, furto, apropriação indébita, estelionato, receptação etc.

Duas súmulas devem ser recordadas, pois são importantes nesse momento:

> SÚMULA N. 243 do STJ:
> O benefício da suspensão do processo não é aplicável em relação às infrações penais cometidas em concurso material, concurso formal ou continuidade delitiva, quando a pena mínima cominada, seja pelo somatório, seja pela incidência da majorante, ultrapassar o limite de um (01) ano.

E ainda:

> SÚMULA N. 723 do STF:
> Não se admite a suspensão condicional do processo por crime continuado, se a soma da pena mínima da infração mais grave com o aumento mínimo de um sexto for superior a um ano.

Assim, havendo concurso de delitos, devem incidir os respectivos aumentos de pena para verificar-se o limite de aplicação da suspensão condicional (pena mínima igual ou inferior a 1 ano).

Noutra dimensão, é manifesta a autonomia da suspensão condicional do processo diante do Juizado Especial, pois será aplicada aos delitos cuja pena mínima seja igual ou inferior a um ano, "abrangidas ou não por essa Lei", independente do rito. Assim, por exemplo, tem plena aplicação na Justiça Eleitoral e os respectivos crimes eleitorais cuja pena mínima seja igual ou inferior a um ano. No que se refere à Justiça Militar, a suspensão condicional do processo foi, inicialmente, admitida. Contudo, a Lei n. 9.839/99 inseriu o art. 90-A, que expressamente determina que "as disposições desta Lei (refere-se à Lei n. 9.099) não se aplicam no âmbito da Justiça Militar". Logo, categórica a vedação, ainda que com ela não concordemos[42].

No que tange ao cabimento da suspensão condicional do processo em crimes cuja ação penal é de iniciativa privada, no início da vigência da Lei n. 9.099,

---

[42] Superada a confusão kelseniana de atribuir plena validade a toda norma existente, na medida em que se deve buscar, para além da validade formal, uma análise da sua validade substancial (filtragem constitucional), é perfeitamente discutível a (in)constitucionalidade dessa vedação, na medida em que restringe princípios e regras constitucionais (o juizado especial criminal e seus institutos, para os delitos de menor potencial ofensivo), excepcionando onde a Constituição não o faz. Tampouco pensamos que o argumento de que a estrutura e hierarquia militar seriam incompatíveis com os institutos da Lei n. 9.099 dê conta dessa manifesta incompatibilidade constitucional, ainda mais se ponderarmos os valores democráticos atualmente consagrados. Em última análise, nenhuma lei infraconstitucional pode subtrair-se à necessária conformidade constitucional e, a ela, o art. 90-A não resiste. Sobre o tema, consulte a acertada exposição de MARIA LUCIA KARAM, na obra *Juizados Especiais Criminais*, Rio de Janeiro, Lumen Juris, 2006.

houve muita resistência. A partir de uma interpretação meramente gramatical (o artigo fala, "o Ministério Público, ao oferecer a denúncia"), tanto a doutrina como a jurisprudência afastavam a suspensão condicional nesses casos. Contudo, a situação mudou, e, atualmente, predomina o entendimento de que é perfeitamente cabível a suspensão condicional do processo nos crimes de ação penal de iniciativa privada, sublinhando-se, todavia, que cabe ao querelante o oferecimento, pois é ele o titular do *ius ut procedatur*.

Ora, como bem adverte BADARÓ[43], é ilógico que a vítima possa renunciar (antes de exercer a acusação) e até perdoar (no curso do processo), mas não possa ofertar a suspensão condicional do processo. Não se justifica, à luz da estrutura em que se ergue a ação penal de iniciativa privada, que a vítima tenha apenas duas opções extremas: renúncia (ou perdão), abrindo mão de toda e qualquer resposta penal, ou, em outro extremo, levar o processo até o final e lutar pela condenação do réu. É compreensível e razoável que a vítima queira "alguma resposta penal" intermediária (e até consensual, ou menos litigiosa), tal como oferece a suspensão condicional do processo, em que o acusado fica obrigado ao cumprimento de determinadas condições a serem observadas no período de provas.

Mas e se o querelante, em que pese estarem presentes os requisitos legais, não oferecer a suspensão condicional do processo? Aqui a discussão persiste, pois não há como invocar o art. 28, pois ele só tem aplicação quando a omissão é do Ministério Público. Não havendo o oferecimento, mas presentes os requisitos legais, muitos autores defendem que nada pode ser feito. Mas pensamos diferente. Trata-se de um direito público subjetivo do réu, e se, injustificadamente, o querelante não propõe a suspensão condicional do processo, caberá ao juiz fazê-lo, atuando como garantidor da máxima eficácia do sistema de garantias. Não há nenhuma violação dos postulados do sistema acusatório (tão defendidos por nós) e tampouco qualquer contradição com as críticas que sempre fizemos em relação ao ativismo judicial (juiz-ator, com iniciativa probatória). É o juiz desempenhando seu papel constitucional de guardião dos direitos fundamentais do réu.

Em suma, é cabível a suspensão condicional do processo em crimes de ação penal de iniciativa privada, cabendo ao querelante o seu oferecimento. Contudo, se não for feita a proposta e estiverem presentes os requisitos legais, defendemos que caberá ao juiz fazê-lo.

Quanto aos demais requisitos, vejamos agora:

---

43 BADARÓ, Gustavo Henrique. *Direito Processual Penal*, cit., t. II, p. 121.

- que o acusado não esteja sendo processado criminalmente;
- não seja reincidente;
- preencha os demais requisitos do art. 77 do Código Penal.

O simples fato de estar sendo processado criminalmente (existência de outro processo) não pode, por si só, justificar uma recusa em ofertar e conceder a suspensão condicional. Há que se considerar, além da proporcionalidade, o postulado constitucional da presunção de inocência (art. 5º, LVII, da Constituição). Negar a suspensão condicional sob o argumento de que o réu responde a outro ou outros processos significa puni-lo antes do julgamento final. Viola, portanto, a presunção de inocência, na medida em que gera consequências negativas (juízo de desvalor) ao réu que ainda não teve seu caso penal definitivamente julgado.

A reincidência é outro fator que não pode ser considerado de forma isolada, pois implica um flagrante *bis in idem*. Ademais, não impede a concessão da suspensão condicional quando a condenação anterior foi a pena de multa (art. 77, § 1º, do CP) ou já tiver transcorrido mais de cinco anos em relação ao término do cumprimento da pena anterior (art. 64, I, do CP).

Por fim, requer a Lei n. 9.099 que o acusado preencha os demais requisitos do art. 77 do Código Penal[44].

Interessa-nos, essencialmente, o inciso II, que remete aos mesmos vetores do art. 59 do Código Penal (e que norteiam a dosimetria da pena), de modo que a culpabilidade, os antecedentes, a conduta social, a personalidade, os motivos e as circunstâncias devem ser ponderados à luz do caso concreto. A crítica é que esses são fatores que geram espaços impróprios de discricionariedade judicial, com alto risco, sendo aplicáveis aqui todas as críticas feitas em relação ao art. 59 do Código Penal.

Quanto ao momento de oferecimento da suspensão condicional do processo, o regular é que o seja quando do oferecimento da denúncia. Contudo, nada impede que seja oferecida no curso do processo, especialmente quando houver alguma forma de desclassificação que crie condições anteriormente inexistentes, não

[44] Art. 77. A execução da pena privativa de liberdade, não superior a 2 (dois) anos, poderá ser suspensa, por 2 (dois) a 4 (quatro) anos, desde que:
I – o condenado não seja reincidente em crime doloso;
II – a culpabilidade, os antecedentes, a conduta social e personalidade do agente, bem como os motivos e as circunstâncias autorizem a concessão do benefício;
III – não seja indicada ou cabível a substituição prevista no art. 44 deste Código.
§ 1º A condenação anterior a pena de multa não impede a concessão do benefício.
§ 2º (...).

sendo o art. 90 da Lei um argumento suficiente para limitar a aplicação do instituto. Na mesma linha, quando a sentença acolhe parcialmente a pretensão punitiva do MP, afastando os crimes mais graves que seriam obstáculo à suspensão condicional, deve essa ser ofertada. Exemplo típico é a acusação por dois ou mais delitos que, em razão do concurso, não permite a suspensão condicional, mas ao final do processo, o réu é absolvido de algum dos crimes inicialmente imputados, criando agora condições de ser oferecida a suspensão condicional.

Para dirimir qualquer dúvida sobre a possibilidade que acabamos de explicar, foi editada a Súmula 337 do STJ: "É cabível a suspensão condicional do processo na desclassificação do crime e na procedência parcial da pretensão punitiva". Voltaremos a essa questão na continuação.

Inclusive, caso a suspensão não seja ofertada (quando cabível), sobrevindo sentença condenatória, deverá o tribunal, recebendo o recurso, anular a sentença por manifesto cerceamento de defesa, devolvendo os autos à comarca de origem para que seja ofertada a suspensão. Se aceita, irá gerar seus efeitos. Caso o réu não aceite, nova decisão deverá ser proferida. Essa duplicidade é perfeitamente compreensível, pois o que não se pode tolerar é o desrespeito às regras do devido processo. Ademais, quando a defesa recorre alegando a nulidade da sentença pelo não oferecimento da suspensão condicional, não está ela obrigada a aceitar (com o provimento do recurso) "qualquer" proposta e quaisquer condições oferecidas. No mesmo sentido, PACELLI[45] afirma que "nada impedirá, em tese, que o réu, apelante, recue em seus propósitos iniciais (postos no recurso) e não aceite os termos da suspensão então formulada; afinal, uma coisa é recorrer, suscitando a nulidade pela ausência de proposta de suspensão, e outra, muito diferente, é a concordância com quaisquer que sejam as condições oferecidas".

Mas não precisa (e não deve) a defesa esperar a sentença para alegar em apelação a nulidade pelo não oferecimento da suspensão condicional do processo (na verdade, defeito insanável da sentença). E, mesmo quando postulada e negado o oferecimento, deverá a defesa atacar esse ato pela via do *habeas corpus* ou mesmo do Mandado de Segurança, conforme a fundamentação a ser utilizada. Quando o argumento for de nulidade pelo cerceamento de defesa (art. 648, VI, do CPP), configurando-se uma coação ilegal, viável o *habeas corpus*; mas nada impede que seja utilizado o Mandado de Segurança, cujo fundamento será a violação ao direito líquido e certo à concessão daquele direito subjetivo, bem como de ter o devido processo penal.

---

45 PACELLI DE OLIVEIRA, Eugênio. *Curso de Processo Penal*, cit., p. 528.

#### 3.6.5.3. Suspensão Condicional do Processo e a Desclassificação do Delito: Aplicando a Súmula 337 do STJ

Inicialmente, recordemos o enunciado da Súmula 337 do STJ: "É cabível a suspensão condicional do processo na desclassificação do crime e na procedência parcial da pretensão punitiva".

A Súmula veio para resolver um problema antigo, fruto de um duplo erro: acusações abusivas e recebimentos imotivados (praticamente automáticos) das acusações por parte dos juízes.

As acusações abusivas, aqui consideradas, são aquelas em que há um excesso do poder de acusar, cujos contornos acabam não se confirmando pela prova produzida no processo. Isso pode ocorrer tanto nas queixas-crimes como nas denúncias oferecidas pelo Ministério Público. Entre outros motivos, as acusações abusivas podem ser utilizadas para evitar o julgamento pelo Juizado Especial Criminal ou para impedir o benefício da suspensão condicional do processo. Esse abuso tanto pode ocorrer na manipulação dos fatos, como também na imputação de um tipo penal mais grave do que o correspondente à conduta praticada.

Recorrentes, por exemplo, são as queixas pelos delitos de injúria, difamação e calúnia, em concurso material, quando na verdade apenas um dos crimes efetivamente ocorreu. O excesso no poder de acusar serve para impedir a tramitação pelo rito sumaríssimo da Lei n. 9.099, bem como o oferecimento de transação penal ou suspensão condicional do processo.

Mas, sem dúvida, parte da responsabilidade também deve ser atribuída aos juízes que, burocraticamente, limitam-se a receber as acusações sem a devida análise e fundamentação. Se houvesse uma filtragem, ainda que mínima (pois o pleno conhecimento deve ser reservado para a sentença), muitas acusações infundadas já teriam ali o seu limite. Da mesma forma, a correção da tipificação já no momento de recebimento da acusação (ou seja, a incidência do art. 383 nesse momento), bem como o recebimento parcial da imputação, evitaria muitas (e graves) injustiças diárias.

Trata-se daquilo que GIACOMOLLI[46] denomina "necessidade de um iniciar ético do processo", dando fim aos recebimentos automáticos da acusação, de modo a permitir imediatamente a suspensão condicional do processo (cuja acusação tentou evitar com o abuso do poder de acusar).

Assim, se após a coleta da prova, no momento da sentença, evidencia-se a prática de apenas um dos crimes, deve o juiz verificar a possibilidade de que

---

[46] GIACOMOLLI, Nereu. Os Efeitos da Súmula 337 do STJ no Processo Penal. *Boletim do IBCCrim*, n. 186, maio/2008.

seja ofertada ao réu a suspensão condicional, como prevê a Súmula 337 do STJ. O enunciado nada mais faz do que recepcionar o entendimento doutrinário majoritário, de que havendo uma desclassificação do crime, onde a nova definição permita a suspensão condicional do processo, deve essa ser oferecida.

E isso pode ocorrer tanto em primeiro grau como no tribunal, em sede de recurso.

Em primeiro grau, a análise pelo juiz pode dar-se em dois momentos:

a) quando da admissão da denúncia ou queixa, caberá o recebimento parcial ou a correção da tipificação legal abusivamente feita pelo acusador, de modo a permitir o oferecimento da suspensão condicional do processo;
b) quando da sentença, o tratamento poderá variar conforme o caso. Se o réu foi acusado da prática de dois ou mais delitos, poderá o juiz absolvê-lo de um ou alguns deles e, se o delito residual comportar a suspensão condicional, deverá ela ser oferecida. Importante ressalvar que em relação ao delito residual, ao qual é possibilitada a suspensão condicional do processo, não poderá o juiz condenar o réu. Deverá limitar-se a fazer o juízo de tipicidade da conduta, sem analisar a ilicitude ou culpabilidade. Verificando que a tipicidade é diversa daquela constante da acusação, e cabível, portanto, a suspensão pela nova classificação jurídica do fato, deve o juiz proferir uma decisão interlocutória sujeita ao controle pela via da apelação residual (art. 593, II, do CPP)[47].

Nesse último caso, estamos diante de uma situação inédita no sistema brasileiro, uma *quebra do método clássico de proferir decisões*, como define GIACOMOLLI, pois a natureza jurídica da suspensão condicional não permite que a sentença seja condenatória ou absolutória. Não pode o juiz condenar o réu e então possibilitar a suspensão condicional, pois esse instituto não se compatibiliza com a sentença condenatória[48]. Não se trata de condenar e suspender a pena, senão de impedir a fixação da pena. Logo, suspensão condicional do processo e pena são institutos incompatíveis.

Por tudo isso, operando a desclassificação, deverá o juiz proferir uma decisão interlocutória, definindo o novo tipo penal aparentemente praticado, intimando

---

[47] No mesmo sentido, GIACOMOLLI, Os Efeitos da Súmula 337 do STJ no Processo Penal, cit.

[48] Concordamos com GIACOMOLLI, op. cit., quando afirma que se o magistrado enfrentar o mérito em situação em que é cabível a suspensão condicional do processo, o ato sentencial padece de vício insanável, em razão do cerceamento da ampla defesa e da quebra da presunção de inocência. Trata-se de uma nulidade absoluta, que pode ser conhecida – inclusive de ofício – a qualquer tempo.

o Ministério Público para que ofereça a suspensão condicional do processo.

Já em grau recursal, quando a desclassificação é realizada pelo tribunal, deve ser observado o seguinte:

a) para não haver supressão do grau de jurisdição, o tribunal, em operando a desclassificação do crime (ou absolvendo alguma das imputações, de modo que o crime residual seja passível de suspensão condicional do processo), deve remeter os autos para o juiz de primeiro grau intimar o Ministério Público para oferecer a suspensão condicional do processo;
b) tendo o réu sido absolvido em primeiro grau e, diante do recurso do Ministério Público, o tribunal vislumbra possibilidade de acolhimento, deverá proceder a definição do tipo penal cabível. Se o juízo de tipicidade provável apontar para um crime em que a suspensão condicional do processo é viável, deverá o tribunal determinar a remessa dos autos à origem (juízo *a quo*) para que lá seja oportunizada a suspensão. Se não aceita, os autos deverão retornar ao tribunal, para que continue no julgamento do recurso, analisando então o mérito;
c) no caso de o tribunal suspender o julgamento do recurso, para que em primeiro grau seja oferecida a suspensão condicional, a posterior revogação por descumprimento das condições faz com que os autos retornem ao tribunal *ad quem*, para que prossiga no julgamento do mérito do recurso.

#### **3.6.5.4.** O Período de Provas e o Cumprimento das Condições. Causas de Revogação da Suspensão Condicional do Processo

Sendo caso de concessão da suspensão condicional do processo, ofertada e aceita pelo réu, preenchidos os requisitos subjetivos, caberá ao Juiz declarar a suspensão, pelo período que foi objeto de negociação entre o Ministério Público e o réu (obviamente dentro do limite legal, que vai de dois a quatro anos), bem como as condições a serem cumpridas (igualmente negociadas nos limites legais).

Por se tratar de medida de caráter nitidamente transacional, o ideal é que o Ministério Público e o réu cheguem a um consenso sobre um período proporcional, cabendo ao juiz fiscalizar a transação para que o réu decida de forma consciente, compreendendo a natureza do ato e suas consequências.

O período mínimo da suspensão é de 2 anos e o máximo de 4 anos. A regra aqui é a da proporcionalidade entre o gravame decorrente da submissão ao período de provas e suas condições, em relação ao fato aparentemente criminoso. Ainda que a suspensão condicional não implique admissão de culpa e, portanto, não se equipare a uma condenação, é inegável que ela possui um caráter punitivo. Mesmo tendo um caráter negocial, representa um ônus a ser suportado (mediante sua aceitação, é claro) pelo imputado e deve guardar, portanto, proporcionalidade em relação ao fato e às condições pessoais do agente. A regra deve ser a suspensão pelo período mínimo de 2 anos. Partindo desse prazo, pode ser estabelecido, conforme o caso, um *quantum* superior, mas sem excessos. O prazo de 4 anos deve ser aplicado somente em situações excepcionalíssimas.

Para evitar um acordo excessivamente gravoso, a única solução é não fazê-lo, cuidando para que fiquem consignados os motivos da recusa, dando ênfase à desproporcionalidade entre o fato do autor e as condições propostas. Trata-se de decisão interlocutória mista de natureza não terminativa, pois encerra a fase de conciliação sem terminar com o processo. O recurso cabível será o de apelação, por se tratar de decisão com força de definitiva que não se encontra no rol taxativo dos casos de recurso em sentido estrito. A aplicação supletiva do Código de Processo Penal é imperativa. Acolhido o recurso, será dada chance de um acordo justo, proporcional.

Durante o período de provas, ficará o réu sujeito ao cumprimento de condições estabelecidas na decisão interlocutória que concedeu a suspensão, estando elas enumeradas, exemplificativamente, nos incisos do § 1º do art. 89[49] (inspirado que foi no *sursis*, art. 78, § 2º, do CP):

O § 2º constitui uma abertura para que outras condições sejam estabelecidas, mas sempre guardando adequação e proporcionalidade ao fato e às condições pessoais do acusado, sendo que obviamente são inadmissíveis as condições que violem a dignidade, imagem e honra do imputado. Também não se pode esquecer que a suspensão condicional do processo não é uma pena, e, portanto, não poderá ter esse caráter punitivo. Não raras vezes nos deparamos com situações em que a proposta era excessivamente onerosa, uma verdadeira pena sem processo. Nessa linha, nos parece absolutamente descabida a proposta de "prestação de serviços à comunidade" no período de provas. Ora, a PSC é uma "pena" restritiva de direitos e que somente tem lugar quando o réu é processado e, ao final, condenado. Não pode ser imposta em sede de suspensão condicional do processo por constituir uma pena sem processo, além de manifestamente desproporcional e desconectada dos fundamentos do instituto.

---

[49] Art. 89. (...)
§ 1º (...)
I – reparação do dano, salvo impossibilidade de fazê-lo;
II – proibição de frequentar determinados lugares;
III – proibição de ausentar-se da comarca onde reside, sem autorização do juiz;
IV – comparecimento pessoal e obrigatório a juízo, mensalmente, para informar e justificar suas atividades.
§ 2º O juiz poderá especificar outras condições a que fica subordinada a suspensão, desde que adequadas ao fato e à situação pessoal do acusado.

A condição de reparação do dano pode gerar problemas no final do período de provas, pois nem sempre é possível sua efetivação, especialmente quando depende da aceitação por parte da vítima. Em que pese a questão ser analisada à luz das especificidades de cada caso, deve-se ter como princípio básico de que basta a demonstração por parte do imputado de que "buscou efetivamente" realizar reparação do dano. Daí por que, quando se trata de reparar um dano patrimonial sofrido pela vítima, se houver consenso e quitação, a questão estará resolvida. Mas, o dever de reparar o dano não se confunde com a obrigação de aceitar uma exigência abusiva ou virar um instrumento de coação e excessos por parte da vítima. Se existe uma ação cível de cunho indenizatório tramitando, onde se discutem a responsabilidade civil e/ou o valor devido, não há obstáculo algum a que se considere cumprida a suspensão condicional do processo.

A proibição de frequentar determinados lugares, como as demais condições, deve ser imposta quando adequada e necessária. Pode ser um importante instrumento de controle de agentes que se envolvem em brigas de torcidas de futebol, praticam delitos leves em bares, boates e casas noturnas e coisas do gênero, onde a proibição de frequentar esses locais serve inclusive para prevenir infrações futuras, de mesma natureza, ali praticadas.

A proibição de ausentar-se da comarca onde reside, sem autorização do juiz, é uma medida bastante onerosa e que deve ser utilizada com prudência, para não equiparar o tratamento de quem não é culpado com aquele já condenado. Deverão ter o juiz (em que pese a medida ser ofertada pelo Ministério Público, trata-se de ato judicial, sendo a última palavra do juiz) e o Ministério Público um mínimo de bom senso e coerência, para considerar as condições pessoais do imputado e o nível de onerosidade que lhe está sendo imposta. Daí por que, por exemplo, se a atividade profissional exige que o imputado constantemente tenha que viajar, inclusive para o exterior, é completamente inadequado e descabido impor-lhe uma "proibição de ausentar-se da comarca sem autorização do juiz". Não se pode olvidar de que não estamos tratando com alguém condenado e que deva cumprir uma pena. A situação é completamente diversa. A suspensão condicional não pode inviabilizar a atividade profissional ou a vida pessoal do imputado.

Também a condição de comparecimento pessoal e obrigatório a juízo não precisa ser, obrigatoriamente, mensal. Nada impede que se estabeleça um lapso maior, diante das condições e especificidades do caso concreto. O comparecimento se dá em cartório, onde será feito o controle das apresentações, não havendo um dia determinado, senão que, pelo menos uma vez ao longo de cada mês, deverá o imputado comparecer no cartório ou secretaria da vara criminal respectiva.

Por fim, outras condições poderão ser impostas, desde que adequadas e proporcionais ao fato e às condições pessoais do imputado.

Cumpridas as condições impostas e superado o prazo fixado para o período de provas, deverá ser decretada a extinção da punibilidade, sem que gere o estigma de maus antecedentes ou da reincidência. Essa é uma das grandes vantagens da suspensão condicional, pois, cumprido o período de provas, o processo é extinto como se não tivesse existido.

Mas, no curso do período de provas, podem ocorrer situações fáticas que conduzam à revogação da suspensão condicional. Partindo do disposto nos §§ 3º e 4º do art. 89, pensamos que não pode haver revogação automática ou imotivada. Deverá haver uma decisão judicial devidamente fundamentada, devendo o juiz, sempre, conduzir a questão à luz da lógica da ponderação, isto é, a partir do princípio da proporcionalidade e, principalmente, do contraditório. É imprescindível ouvir o imputado antes de decidir pela revogação da suspensão condicional.

O simples fato de ser processado por outro crime não pode conduzir à revogação, não só porque representa uma grave violação da garantia da presunção de inocência, mas também porque pode ser uma medida desproporcional. No primeiro caso, o "estar sendo processado" não autoriza um tratamento estigmatizante a ponto de revogar a suspensão condicional antes mesmo de existir uma sentença transitada em julgado. Tal postura representa tratar um mero acusado como se culpado fosse, na medida em que se lhe impõem uma punição (revogação da suspensão condicional do outro processo) antes do julgamento definitivo. Também pode ser uma medida desproporcional, basta considerar o caso em que o novo delito é culposo. O art. 89 não faz qualquer distinção entre crime doloso ou culposo, mas a proporcionalidade no trato da questão conduz a que a revogação somente possa ser considerada quando o delito superveniente for doloso.

Quanto à revogação da suspensão pela não reparação do dano causado à vítima, deve-se considerar que:

- Ela somente tem lugar quando, no final do período de provas, o agente sem qualquer justificativa aceitável não cumpre a condição. A reparação do dano deve ser efetivada ao longo do período de provas, não havendo um prazo (dentro desse período) para tanto. Logo, há que se esperar até o final do período de provas e, caso não efetivada a reparação, pode o juiz revogá-la.
- Inexiste uma causa que justifique a não reparação do dano ou o motivo apresentado pelo réu não é considerado razoável pelo juiz. A

impossibilidade financeira arguida pelo réu deve vir instruída com elementos suficientes do nível de comprometimento patrimonial. É, pensamos, uma situação similar à inexigibilidade de conduta diversa nos crimes fiscais, em que não basta a mera alegação de crise financeira, tudo deve ser demonstrado e provado. Mas sem exageros. Deve o juiz ter um mínimo de sentido da realidade na qual vive grande parte da população brasileira, em que qualquer quantia, por mínima que seja, compromete definitivamente o orçamento doméstico. Recordemos, ainda, que se a questão estiver *sub judice*, ou seja, vítima e réu estiverem litigando judicialmente sobre os valores, não pode o juiz revogar a suspensão, pois existe uma causa que justifica a não reparação na esfera penal.

Quanto a mera acusação da prática de uma contravenção, pensamos que não poderá justificar uma revogação da suspensão, seja pela manifesta violação da presunção de inocência, seja pela desproporcionalidade.

Já em relação ao não cumprimento das demais condições impostas, vale o que dissemos anteriormente: deve haver uma ponderação séria e desapaixonada por parte do juiz. Se o réu apresentar uma justificativa razoável, à luz de suas condições pessoais e sociais (e não das condições do juiz...), não deverá haver a revogação da suspensão condicional do processo.

Dessarte, cumpridas todas as condições impostas e implementado o prazo determinado, será declarada extinta a punibilidade.

Por fim, chamamos a atenção para a seguinte situação: e se, após cumprido o período de provas, se descobrir que o imputado não cumpriu, efetivamente, as condições, como se deve proceder?

A posição do STF vem externada na AP 512 AgR/BA, Rel. Min. Ayres Britto, 15/3/2012, no sentido de que "o benefício da suspensão condicional do processo pode ser revogado mesmo após o período de prova, desde que motivado por fatos ocorridos até o seu término. Ao reafirmar essa orientação, o Plenário, por maioria, negou provimento a agravo regimental interposto de decisão proferida pelo Min. Ayres Britto, em sede de ação penal, da qual foi relator, que determinara a retomada da persecução penal contra deputado federal. Entendia descumprida uma das condições estabelecidas pela justiça eleitoral para a suspensão condicional do processo: o comparecimento mensal àquele juízo para informar e justificar suas atividades". Assim, entendeu o STF "que a melhor interpretação do art. 89, § 4º, da Lei n. 9.099/95 levaria à conclusão de que não haveria óbice a que o juiz decidisse após o final do período de prova. Reputou-se que, embora o instituto da suspensão condicional do processo constituísse importante medida despenalizadora – estabelecida por questões de política criminal, com o objetivo de possibilitar, em casos previamente especificados, que o processo não chegasse a iniciar-se –, o acusado não soubera se valer do favor legal que lhe fora conferido, sem demonstrar o necessário comprometimento, em claro menoscabo da justiça. Vencido o Min. Marco Aurélio, que provia o agravo regimental, por entender que, após o decurso do período de prova assinalado pelo juiz, não seria mais possível a revogação da suspensão condicional do processo" (AP 512 AgR/BA, Rel. Min. Ayres Britto, 15/3/2012).

Mas há um detalhe importante nesta decisão do STF: havia passado o período de provas, mas ainda não havia sido declarada a extinção da punibilidade do réu.

Isso permitiu a revogação da suspensão condicional do processo. Diferente seria a situação – a nosso entender e pelo que se depreende da leitura da decisão – se já houvesse declaração de extinção da punibilidade. Neste caso, extinta a punibilidade, nada mais se pode fazer. Ou seja, declarada extinta a punibilidade, extinta está e não mais se poderá proceder contra o imputado.

### 3.6.5.5. Procedimento no Juizado Especial Criminal

#### 3.6.5.5.1. Fase Preliminar. Alteração da Competência quando o Acusado Não É Encontrado. Demais Atos

Em que pese a competência do JECrim estar prevista no art. 98, I, da Constituição, a Lei n. 9.099 possui um curioso dispositivo que afasta a competência do JECrim quando o imputado não é encontrado para ser citado. Determina o art. 66, parágrafo único, que, "não encontrado o acusado para ser citado, o juiz encaminhará as peças existentes ao juízo comum para adoção do procedimento previsto em lei". Trata-se de uma causa de alteração da competência que tem por fundamento o fato de não ter sido o réu encontrado.

Quando o acusado não é encontrado para ser citado, determina o art. 366 do CPP que se faça a citação por edital, e, não comparecendo o acusado, nem constituindo defensor, ficam suspensos o processo e o curso do prazo prescricional. Situação diversa é a "ausência", prevista no art. 367 do CPP, em que o acusado é citado pessoalmente e não comparece. Nesse caso, o processo pode seguir seu curso sem a presença do réu.

Ambos os casos não podem ocorrer no JECrim e não sendo encontrado o réu para realização da citação real, não poderá o juiz do JECrim determinar a citação por edital. O processo deve ser redistribuído para que, no juízo comum, seja feita a citação por edital e, caso não compareça, seja determinada a suspensão do processo e da prescrição.

Pensamos que um pouco do rigor pode ser atenuado, pois mesmo que o art. 66 da Lei n. 9.099 fale em "não encontrado o acusado para ser citado (...)", o que denota claramente a procura para realização da citação real, há espaço para uma conduta diversa. Em outras palavras, não há nenhum empecilho (exceto a limitada redação do artigo) a que se faça, no JECrim, a citação por edital e, somente após o não comparecimento do acusado, sejam os autos remetidos para juízo comum. Isso porque, se o imputado comparece, é melhor que o processo tramite no JECrim, com aplicação de todos os seus institutos e o rito diferenciado[50].

Desta forma, a partir de uma leitura sistemática, não encontrado o acusado no processo sumaríssimo, este deve ser citado por edital, aplicando-se a regra do art. 366 do CPP nos processos de competência dos Juizados Especiais, porque o parágrafo único foi revogado implicitamente. Descabe, pois, declinar-se em favor do Juízo Comum.

Dessarte, voltando ao tema principal, somente quando o réu é encontrado ou comparece à audiência preliminar, o feito terá sua regular tramitação no JECrim.

Em relação aos delitos de menor potencial ofensivo, não há inquérito policial, devendo a autoridade, tão logo tenha conhecimento da ocorrência, lavrar termo circunstanciado, encaminhando-o ao Juizado, com o autor do fato e a vítima. Se o crime praticado for de ação penal de iniciativa pública incondicionada, a autoridade policial agirá de ofício ou mediante invocação, remetendo o termo circunstanciado ao Juizado.

Sendo o delito de ação penal de iniciativa pública condicionada à representação, será esta necessária para a feitura desse termo. Ocorre que tanto a notícia-crime como a representação não possuem forma rígida, servindo como tal qualquer manifestação da vítima que demonstre a intenção de ver apurado o fato. A nosso ver, a notícia-crime feita na polícia pela vítima, em crime de ação penal pública condicionada, serve apenas para autorizar a expedição do termo circunstanciado a ser remetido ao Juizado, não servindo para suprir a condição de procedibilidade, pois o art. 75 é claro ao determinar que, após a proposta inexitosa de composição civil, será dada a palavra ao ofendido para que este, querendo, exerça o direito de representação. Significa dizer que a representação deve ser feita, ou ao menos, ratificada em juízo.

A nossa preocupação se atém na redação da Lei, em confronto com a do art. 5º, § 4º, do Código de Processo Penal, pois não pode haver atividade policial

---

50 Sobre o tema, consulte: "Aplica-se o art. 366 do CPP nos Juizados Especiais Criminais?", escrito em coautoria com ALEXANDRE MORAIS DA ROSA e publicado no *Boletim do IBCCrim* n. 220, março de 2011, p. 13.

em delito de ação penal pública condicionada sem a manifestação da vítima. De outro lado, o próprio art. 75 oportuniza, após a inexitosa composição dos danos civis, que a vítima represente oralmente, deixando clara a ideia de que a autorização para a feitura do termo circunstanciado não supriu essa condição, mas, de qualquer modo, não pode a autoridade policial agir totalmente de ofício, tendo em vista a regra do CPP. Assim, entendemos que um ato não supre o outro nesse caso, pois a manifestação do ofendido na fase policial servirá exclusivamente para possibilitar a expedição do termo circunstanciado, sendo necessária a representação em juízo para que a ação penal inicie.

Se o delito praticado for de ação penal de iniciativa privada, caberá ao ofendido fazer a notícia do fato, requerendo a feitura do auto circunstanciado, até porque, de ofício, entendemos que a autoridade policial não poderá agir, em face do § 5º do art. 5º do CPP. Feito o auto, será este remetido ao Juizado, onde será oportunizada a composição civil, que, se efetivada, acarretará a extinção da punibilidade. Caso não exista ajuste em relação aos danos, deverá ser dada ao ofendido a possibilidade da feitura da queixa-crime oral, nos termos do art. 77, § 3º. Não há que se esquecer que atualmente predomina o entendimento de que a transação penal é cabível nesse tipo de ação penal, de modo que poderá ser oferecida e aceita antes de a queixa ser recebida. E ainda, após o recebimento da queixa, é possível a suspensão condicional do processo, conforme explicado anteriormente.

Com relação à prisão em flagrante, para além do disposto no parágrafo único do art. 69, não se pode esquecer que estamos diante de delito de menor potencial ofensivo, onde é incabível a prisão preventiva. Daí por que, mesmo que o flagrante fosse lavrado (o que a Lei pretende evitar), não cabe prisão preventiva (diante da pouca gravidade do fato), sendo sempre aplicável o disciplinado no art. 310, parágrafo único, do CPP.

A Lei n. 9.099 aumenta os casos de liberdade processual. Em relação ao flagrante, seguem-se as regras do art. 302, surgindo, ao lado do art. 310 do CPP, a possibilidade de conceder-se uma liberdade provisória mais ampla, ágil e menos gravosa para o réu, que será o compromisso de comparecer ao Juizado, sem pagamento de fiança. De modo algum se aumentou o rol de situações passíveis de prisão cautelar; pelo contrário, buscou-se ampliar a gama de opções que visam evitar a segregação. É uma medida claramente descarcerizadora[51].

Voltando ao procedimento, a realização imediata de audiência é uma utopia, sendo sempre aprazada a audiência preliminar, em que estarão presentes as partes

---

[51] GOMES, Luiz Flávio. *Suspensão Condicional do Processo Penal*: um novo modelo consensual de justiça criminal: Lei 9.099, de 26-9-95, São Paulo, Revista dos Tribunais, 1995. p. 88.

materiais, o Ministério Público e o Juiz. As partes deverão se fazer acompanhar de advogado ou ser-lhes-á nomeado um para o ato. Para essa audiência, as partes serão intimadas nos termos dos arts. 66, 67 e 68, com a observância dos princípios já referidos.

Nesse momento, caberá ao Juiz a importante tarefa de ouvir a vítima e o acusado, buscando dar às pessoas ali presentes a oportunidade de darem a sua versão dos fatos, sem a formalidade do interrogatório ou inquirição da vítima. Chama-se a atenção para esse ato porque, para as pessoas que ali comparecem, muitas pela primeira vez em um fórum, ele se reveste de grande expectativa e muitos conflitos podem ser resolvidos nesse momento.

É nessa audiência que poderá haver a simples conciliação entre as partes, a composição dos danos civis ou mesmo a transação penal, pondo fim ao procedimento.

Em síntese, a fase preliminar iniciará com o termo circunstanciado feito pela polícia e enviado para o JECrim ou até mesmo feito no Juizado, do qual decorrerá o aprazamento de uma audiência em que se buscará a composição civil, a feitura ou não da representação e a transação penal. Na maioria dos casos, o feito encontrará seu fim nessa audiência.

Frustrados os mecanismos de consenso, o feito prosseguirá seguindo o rito sumaríssimo.

**3.6.5.5.2.** Rito Sumaríssimo

O rito sumaríssimo necessariamente pressupõe a fase preliminar, na qual se esgotaram os mecanismos que buscam o consenso. Inexitosas todas as tentativas anteriormente explicadas.

Eis a morfologia do procedimento:

| 1 | 2 | 3 | 4 |
|---|---|---|---|
| Audiência preliminar (tentativa de conciliação, composição dos danos civis ou transação penal) | Denúncia ou queixa | Citação do réu | Audiência de instrução e julgamento (defesa oral, juiz recebe ou rejeita a acusação, oitiva da vítima, testemunhas de acusação e defesa, interrogatório, debate oral e sentença) |

Sendo a infração de ação penal de iniciativa pública, caberá ao Ministério Público oferecer sua denúncia, oralmente ou por escrito, o que costuma ser a regra, até porque, se for oral, deverá ser reduzida a termo. Se a ação penal for de iniciativa privada, a queixa-crime poderá ser proposta, sem esquecer que o prazo decadencial é de 6 meses (art. 38 do CPP).

Oferecida a denúncia ou queixa, será o réu citado para a audiência de instrução e julgamento. No mandado de citação deverá constar ainda a necessidade de fazer-se o réu acompanhar de advogado, bem como da prova testemunhal que pretende produzir. Caso alguma das testemunhas da defesa necessite ser intimada, deverá o defensor providenciar o requerimento cinco dias antes da realização dessa audiência.

Na audiência de instrução e julgamento, presentes as partes, deverá verificar o Juiz se já foi realizada a tentativa de conciliação e a transação penal. Caso não tenham sido ainda realizadas, deverá então propô-las. A rigor, isso não poderia ocorrer, em face da redação do art. 77, que pressupõe a frustração das tentativas de consenso.

Nos termos do art. 81 da Lei n. 9.099, aberta a audiência, deverá o juiz oportunizar que a defesa responda a acusação, oralmente. É o momento em que poderão ser arguidas quaisquer das causas de rejeição liminar (art. 395 do CPP) ou de absolvição sumária (art. 397 do CPP), pois nos termos do art. 394, § 5º, do CPP, aplicam-se ao procedimento sumaríssimo, subsidiariamente, as novas disposições do procedimento ordinário. Assim, poderá alegar a inépcia da inicial ou a falta de qualquer das condições da ação (ou seja, que o fato narrado, evidentemente, não constitui crime, que está extinta a punibilidade, há ilegitimidade de parte ou falta de justa causa).

Infelizmente, onde maior deveria ser o filtro processual para evitar acusações infundadas, é onde menos levam a sério as condições da ação processual penal. Muitos processos inúteis e ilegítimos poderiam ser evitados se os juízes efetivamente analisassem as condições da ação, mas não é essa a realidade forense.

O Juiz, em decisão fundamentada – art. 93, IX, da Constituição Federal – receberá ou rejeitará a denúncia ou queixa. Da decisão que rejeitar, caberá recurso de apelação, disciplinado no art. 82 da Lei n. 9.099. Da decisão que recebe a acusação, seguindo a mesma orientação do Código de Processo Penal, não cabe recurso, sendo o *habeas corpus* o único instrumento da defesa para trancar um processo infundado (e não trancar a ação penal).

Recebida a peça acusatória, iniciará o Juiz a instrução, ouvindo-se a vítima, as testemunhas arroladas pela acusação e, após, as testemunhas arroladas pela defesa. O interrogatório do réu é o último ato da instrução, e, após ele, será dada a palavra ao Ministério Público ou ao querelante, se for o caso, e, após, à defesa, para que se efetive o debate oral. A sentença, da qual se dispensa o relatório, será prolatada em audiência, sendo as partes imediatamente intimadas. Dessa decisão caberão embargos declaratórios e/ou apelação.

#### 3.6.5.5.3. Recursos e Execução

Como já foi mencionado, caberá recurso de apelação da decisão que homologa a transação penal (art. 76, § 5º); que rejeitar a denúncia ou queixa e, logicamente, da sentença final, que condenar ou absolver o réu. Em relação à decisão que negar a suspensão condicional do processo ou a transação penal, o recurso cabível é o de apelação, pois constitui decisões interlocutórias mistas, com força de definitivas.

Ciente da decisão, o Ministério Público, ou o querelante, se for o caso, e o réu terão o prazo único de 10 dias para, através de petição escrita, apelar. A Lei dispôs de forma diversa em relação ao prazo e à sistemática do recurso, não havendo os dois momentos (interposição+razões) que caracterizam o sistema do Código de Processo Penal. No JECrim, o prazo é único para interposição e juntada de razões. Para fundamentar suas razões ou contrarrazões, prevê o art. 82, § 3º, a possibilidade de as partes requererem a juntada da transcrição da gravação da fita magnética correspondente aos atos de instrução e julgamento.

Interposto o recurso, será a parte recorrida intimada para contra-arrazoar em igual prazo, para após ser a apelação remetida à Turma competente. As partes serão intimadas através da imprensa da data da sessão de julgamento.

Se a sentença contiver obscuridade, contradição, omissão ou dúvida, será possível a interposição de Embargos Declaratórios, por escrito ou oralmente, sendo nesse caso reduzidos a termo. O prazo será de 5 dias a contar da ciência da decisão. Ao contrário do Código de Processo Penal, ficaram as duas formas de Embargos Declaratórios disciplinadas no mesmo artigo. O prazo é de cinco dias e não de dois (como dispõe o CPP) e os Embargos Declaratórios interrompem o prazo para interposição de outro recurso (art. 83, § 1º), dada a modificação determinada pelo art. 1.066, do novo CPC.

Em relação à execução da pena, que será ou de multa ou a restritiva de direitos, a Lei é clara. A multa deverá ser paga na secretaria do Juizado, após a expedição da guia de recolhimento e a intimação do réu. Não paga a multa no prazo de 10 dias, deverá ser inscrita em dívida pública, nos termos do art. 51 do Código Penal.

Da decisão proferida pelas Turmas Recursais do JECrim, além da possibilidade de embargos declaratórios, como explicado, também é possível a interposição de Recurso Extraordinário para o STF, nos casos em que tem cabimento (art. 102, III, da CF).

Pela sistemática legal, estabeleceu-se um paradoxo curioso: da decisão da turma recursal caberá Recurso Extraordinário, mas não Recurso Especial. Nesse sentido, dispõe a Súmula 203 do STJ, a saber: *Não cabe recurso especial contra decisão proferida por órgão de segundo grau dos Juizados Especiais.*

E, ainda, a Súmula 640 do STF: *É cabível recurso extraordinário contra decisão proferida por juiz de primeiro grau nas causas de alçada, ou por turma recursal de juizado especial cível e criminal.*

A interposição do Recurso Extraordinário será endereçada ao Presidente da Turma Recursal, que fará o juízo de admissibilidade. Se não for conhecido, caberá Agravo em Recurso Extraordinário. Para evitar repetições, remetemos o leitor para o capítulo posterior, específico para os recursos, no qual explicamos mais detidamente essa matéria.

Por fim, mais uma questão muito discutida é a seguinte: quem julgará uma revisão criminal interposta contra decisão da Turma Recursal?

Existe uma imensa lacuna legal neste tema, agravada pela peculiar estrutura recursal dos Juizados Especiais Criminais. Pensamos que, respeitando a regra da hierarquia jurisdicional, onde a revisão criminal é sempre julgada por um órgão jurisdicional hierarquicamente superior àquele que proferiu a última decisão, sustentamos que a competência será do Supremo Tribunal Federal. Fortalece esse entendimento o fato de as Súmulas n. 203 do STJ e n. 640 do STF definirem que das decisões das turmas recursais somente será admitido recurso extraordinário para o STF. Logo, está sinalizado que o órgão superior será o STF e não o Tribunal de Justiça, Tribunal Regional Federal ou STJ. Tal conclusão pode gerar algum espanto inicial, mas é a mais coerente com o sistema recursal do Juizado Especial Criminal e sua estrutura jurisdicional. Mas o tema não é pacífico e encontramos julgados do próprio STF negando sua competência para julgar revisão criminal que não ataque seu próprio julgado[52].

### 3.7. Crítica ao Sistema de Justiça Negociada

Para além das vantagens aparentes, o Juizado Especial Criminal possui graves defeitos que não podem ser desconsiderados, até para que futuros ajustes venham a ser feitos.

É importante que se compreenda que a negociação no processo penal é sempre sensível, pois representa um afastamento do Estado-juiz das relações sociais, não atuando mais como interventor necessário, mas apenas assistindo de camarote o conflito. Portanto, é uma opção sempre perigosa. Ademais, significa uma inequívoca incursão do Ministério Público em uma área que deveria ser dominada pelo tribunal, que

---

52 "AGRAVO REGIMENTAL NA REVISÃO CRIMINAL. AUSÊNCIA DE COMPETÊNCIA DO SUPREMO TRIBUNAL FEDERAL. PRECEDENTES. AGRAVO AO QUAL SE NEGA PROVIMENTO. 1. O Supremo Tribunal Federal é competente apenas para processar e julgar revisão criminal quando a condenação tiver sido por ele proferida ou mantida no julgamento de ação penal originária, em recurso criminal ordinário ou em recurso extraordinário com conhecimento do mérito. Precedentes. 2. Com fundamento no art. 21, § 1º, do Regimento Interno do Supremo Tribunal Federal, deve o Relator negar seguimento à revisão criminal manifestamente inadmissível, improcedente ou contrária à jurisprudência dominante, embora sujeita a decisão a agravo regimental. 3. Agravo regimental ao qual se nega provimento" (STF, RvC 5448 AgR, Rel. Min. Cármen Lúcia, Tribunal Pleno, *DJe* 8/4/2016).

erroneamente limita-se a homologar o resultado do acordo entre o acusado e o promotor. Não sem razão, a doutrina afirma que o promotor é o juiz às portas do tribunal.

A lógica negocial, se banalizada, transforma o processo penal num mercado persa, no seu sentido mais depreciativo. Constitui, também, verdadeira expressão do movimento da lei e ordem, na medida em que contribui para a banalização do Direito Penal, fomentando a panpenalização e o simbolismo repressor.

A justiça negociada está atrelada à ideia de eficiência (viés economicista), de modo que as ações desenvolvidas devem ser eficientes, para com isso chegarmos ao "melhor" resultado. O resultado deve ser visto no contexto de exclusão (social e penal). O indivíduo já excluído socialmente (por isso desviante) deve ser objeto de uma ação efetiva para obter-se o (máximo e certo) apenamento, que corresponde à declaração de exclusão jurídica. Se acrescentarmos a esse quadro o fator tempo – tão importante no controle da produção, até porque o deus-mercado não pode esperar –, a eficiência passa a ser mais uma manifestação (senão sinônimo) de exclusão.

A tendência generalizada de implantar no processo penal amplas "zonas de consenso" também está sustentada, em síntese, por três argumentos básicos:

a) estar conforme os princípios do modelo acusatório;

b) resultar da adoção de um "processo penal de partes";

c) proporcionar celeridade na administração de justiça.

A tese de que as formas de acordo são um resultado lógico do "modelo acusatório" e do "processo de partes" é totalmente ideológica e mistificadora, como qualificou FERRAJOLI[53], para quem esse sistema é fruto de uma confusão entre o modelo teórico acusatório – que consiste unicamente na separação entre juiz e acusação, na igualdade entre acusação e defesa, na oralidade e publicidade do juízo – e as características concretas do sistema acusatório americano, algumas das quais, como a discricionariedade da ação penal e o acordo, não têm relação alguma com o modelo teórico.

O modelo acusatório exige – principalmente – que o juiz se mantenha alheio ao trabalho de investigação e passivo no recolhimento das provas, tanto de imputação como de descargo. A gestão/iniciativa probatória, no modelo acusatório, está nas mãos das partes; esse é o princípio fundante do sistema. Ademais, há a radical separação entre as funções de acusar/julgar; o processo deve ser (predominantemente) oral, público, com um procedimento contraditório e de trato

---

53 FERRAJOLI, Luigi. *Derecho y Razón* – teoría del garantismo penal. Trad. Perfecto Andrés Ibáñez; Al-fonso Ruiz Miguel; Juan Carlos Bayón Mohino; Juan Terradillos Basoco e Rocío Cantarero Bandrés. 2. ed. Madrid, Trotta, 1997. p. 747.

igualitário das partes (e não meros sujeitos). Com relação à prova, vigora o sistema do livre convencimento motivado e a sentença produz a eficácia de coisa julgada. A liberdade da parte passiva é a regra, sendo a prisão cautelar uma exceção. Assim é o sistema acusatório, não derivando dele a justiça negociada.

O pacto no processo penal é um perverso intercâmbio, que transforma a acusação em um instrumento de pressão, capaz de gerar autoacusações falsas, testemunhos caluniosos por conveniência, obstrucionismo ou prevaricações sobre a defesa, desigualdade de tratamento e insegurança. O furor negociador da acusação pode levar à perversão burocrática, em que a parte passiva não disposta ao "acordo" vê o processo penal transformar se em uma complexa e burocrática guerra. Tudo é mais difícil para quem não está disposto a 'negociar'. O panorama é ainda mais assustador quando, ao lado da acusação, está um juiz pouco disposto a levar o processo até o final, quiçá mais interessado que o próprio promotor em que aquilo acabe o mais rápido e com o menor trabalho possível. Quando as pautas estão cheias e o sistema passa a valorar mais o juiz pela sua produção quantitativa do que pela qualidade de suas decisões, o processo assume sua face mais nefasta e cruel. É a lógica do tempo curto atropelando as garantias fundamentais em nome de uma maior eficiência.

Em síntese, a justiça negociada não faz parte do modelo acusatório e tampouco pode ser considerada como uma exigência do processo penal de partes. Se não atentarmos para essas questões, ela pode se transformar em uma perigosa medida alternativa ao processo, sepultando as diversas garantias obtidas ao longo de séculos de injustiças[54].

Inobstante todas as críticas e os perigos que encerra, a ampliação dos espaços de consenso e a implementação da negociação no processo penal é uma tendência imparável e para a qual devemos estar preparados.

Não podemos pactuar com uma ampliação utilitarista do espaço de consenso, que encontra seu exemplo maior de distorção no modelo de *plea bargaining* americano, em que cerca de 90% dos casos penais são resolvidos através de acordo entre acusação e defesa. Significa dizer que 9 de cada 10 casos penais são resolvidos através de acordo, sem julgamento pleno e jurisdição efetiva. Não sem razão, os Estados Unidos é o país com a maior população carcerária do mundo, fruto da banalização de acordos conjugado com uma política punitivista. Esse é um extremo que precisa ser recusado. Por outro lado, atualmente, há um consenso de que nenhum sistema de administração de justiça penal consegue dar conta da demanda sem 'algum' espaço negocial para desafogá-lo.

---

[54] Para aprofundar essa análise crítica, sugerimos a leitura de nossa obra *Fundamentos do Processo Penal* – uma introdução crítica, publicada pela Editora Saraiva.

Explica FIGUEIREDO DIAS[55], deve-se dar passos decisivos na incrementação da justiça negocial e das "estruturas de consenso em detrimento de estruturas de conflito entre os sujeitos processuais; como forma de oferecer futuro a um processo penal dotado de 'eficiência funcionalmente orientada' indispensável à passagem da atual sobrecarga da justiça penal, sem menoscabo dos constitucionais adequados ao Estado de Direito".

A questão a saber é: qual o espaço negocial que estamos dispostos a implantar no Brasil, diante da nossa realidade processual e, principalmente, do nosso sistema carcerário e qual será o impacto? Que rumo será tomado? Caminharemos em direção ao modelo norte-americano da *plea bargaining*? Iremos na linha do sistema italiano do *patteggiamento*? O prático-forense alemão (cuja implantação evidenciou o conflito do *law in action* com o *law in books*)? Ampliaremos o tímido (mas crescente) modelo brasileiro introduzido pela Lei n. 9.099/95 (transação penal e suspensão condicional) até chegar na Lei n. 12.850/2013 e a colaboração premiada? Qual será o espaço negocial que iremos adotar e que limites? Qual o papel do juiz nesse sistema, mero homologador (norte-americano) ou mais intervencionista como no *patteggiamento* italiano?

Enfim, são muitas as questões que precisam ser ponderadas, mas nossa posição é: precisamos ampliar o espaço de consenso e os mecanismos de negociação da pena, através de lei clara e com limites demarcados (legalidade), que sirva para desafogar e agilizar a justiça criminal, mas sem representar a negação de jurisdição e das garantias processuais constitucionais. Um difícil equilíbrio, que precisa ser encontrado através de um amplo debate e estudo da nossa realidade e análise do impacto carcerário e processual que ela poderá gerar.

## 3.8. Rito dos Crimes da Competência do Tribunal do Júri

### 3.8.1. Competência e Morfologia do Procedimento

O Tribunal do Júri está previsto no art. 5º, XXXVIII, assegurando-se:

a) a plenitude de defesa;

b) o sigilo das votações;

c) a soberania dos veredictos;

d) a competência para o julgamento dos crimes dolosos contra a vida.

A disciplina legal do Tribunal do Júri está desenhada nos arts. 406 a 497 do CPP, tendo sido substancialmente alterada pela Lei n. 11.689/2008.

---

55 FIGUEIREDO DIAS, Jorge de. *Acordos sobre a Sentença em Processo Penal*. Conselho Distrital do Porto, Portugal, 2011, p. 16.

A competência do júri é assim muito bem definida no art. 74[56], § 1º, de forma taxativa e sem admitir analogias ou interpretação extensiva. Logo, não serão julgados no Tribunal do Júri os crimes de latrocínio, extorsão mediante sequestro e estupro com resultado morte, e demais crimes em que se produz o resultado morte, mas que não se inserem nos "crimes contra a vida". Essa competência originária não impede que o Tribunal do Júri julgue esses delitos ou qualquer outro (tráfico de drogas, porte ilegal de arma, roubo, latrocínio etc.), desde que seja conexo com um crime doloso contra a vida. Para evitar repetições, remetemos o leitor para o Capítulo X, onde tratamos da jurisdição e da competência.

Quanto à morfologia, o procedimento estrutura-se assim:

| Denúncia | Citação | Vista MP | Audiência oitiva | Decisão | Arrolar | Plenário |
|---|---|---|---|---|---|---|
| queixa | para | | do ofendido test. | pronúncia, | testemunhas | |
| subsidiária | apresentar | | acusação/defesa | impronúncia, | | |
| Juiz recebe | defesa | | peritos/acareações | absolvição | | |
| ou rejeita | escrita | | Interrogatório | sumária ou | | |
| | 10 dias | | debate oral | desclassificação | | |

### 3.8.2. O Procedimento Bifásico. Análise dos Atos

O procedimento do júri é claramente dividido em duas fases: instrução preliminar e julgamento em plenário.

A *instrução preliminar* não se confunde com a *investigação preliminar*, que é a fase pré-processual da qual o inquérito policial é a principal espécie. A instrução preliminar pressupõe o recebimento da denúncia ou queixa e, portanto, o nascimento do processo. Feita essa ressalva, compreende-se que a instrução preliminar é a fase compreendida entre o recebimento da denúncia ou queixa e a decisão de pronúncia (irrecorrível).

A segunda fase do rito se inicia com a confirmação da pronúncia e vai até a decisão proferida no julgamento realizado no plenário do Tribunal do Júri. Na

---

56 Art. 74. A competência pela natureza da infração será regulada pelas leis de organização judiciária, salvo a competência privativa do Tribunal do Júri.
§ 1º Compete ao Tribunal do Júri o julgamento dos crimes previstos nos arts. 121, §§ 1º e 2º, 122, parágrafo único, 123, 124, 125, 126 e 127 do Código Penal, consumados ou tentados.
§ 2º Se, iniciado o processo perante um juiz, houver desclassificação para infração da competência de outro, a este será remetido o processo, salvo se mais graduada for a jurisdição do primeiro, que, em tal caso, terá sua competência prorrogada.
§ 3º Se o juiz da pronúncia desclassificar a infração para outra atribuída à competência de juiz singular, observar-se-á o disposto no art. 410; mas, se a desclassificação for feita pelo próprio Tribunal do Júri, a seu presidente caberá proferir a sentença (art. 492, § 2º).

nova morfologia do procedimento do júri, a segunda fase ficou reduzida, praticamente, ao plenário. Antes dele, há um único momento procedimental relevante, que é a possibilidade de as partes arrolarem as testemunhas de plenário.

Essas duas fases ocorrem, essencialmente, pelo divisor de águas que se estabelece na decisão de pronúncia, impronúncia, absolvição sumária ou desclassificação. Tal decisão é tomada pelo juiz presidente do júri, ou seja, o juiz de direito (ou federal) titular daquela vara. Nesse momento, o juiz, após a coleta da prova na instrução, decide, em linhas gerais, se encaminha aquele caso penal para o julgamento pelo Tribunal do Júri (composto por 7 jurados).

Dessarte, na primeira fase, ainda não existem "jurados", sendo toda a prova colhida na presença do juiz presidente (togado), que, ao final, decide entre enviar o réu para julgamento pelo Tribunal do Júri (pronúncia) ou não (absolvição sumária, impronúncia ou desclassificação). Portanto, o processo pode findar nessa primeira fase, conforme a decisão do juiz (os detalhes de cada tipo de decisão serão analisados na continuação). A segunda fase somente se inicia se a decisão do juiz for de pronúncia, tem por ápice procedimental o plenário e finaliza com a decisão proferida pelos jurados.

**3.8.2.1.** Primeira Fase: Atos da Instrução Preliminar

Após o inquérito policial (que mesmo sendo facultativo, acaba se transformando em regra nesse tipo de delito), o Ministério Público poderá oferecer a denúncia no prazo legal de 5 dias, se o imputado estiver preso, ou de 15 dias se estiver em liberdade (art. 46 do CPP). Superado esse prazo sem manifestação do Ministério Público, configura-se a "inércia" autorizadora de que a vítima, ou quem tenha qualidade para representá-la, ajuíze a queixa-crime subsidiária, prevista no art. 29 do CPP. Há que se ter cuidado, especialmente os que iniciam o estudo do direito processual penal, para não pensar que o processo nos crimes contra a vida somente pode se iniciar por denúncia do MP. Claro que todos esses delitos são de ação penal de iniciativa pública incondicionada, mas nada impede que, em caso de inércia do MP (art. 29 do CPP), a vítima (em caso de tentativa, é claro), ou seu ascendente, descendente, cônjuge ou irmão (art. 31), possa ajuizar a queixa subsidiária.

Formulada a denúncia (ou queixa subsidiária), caberá ao juiz recebê-la ou rejeitá-la (nos casos do art. 395 do CPP). Recebendo, citará o acusado para oferecer defesa escrita no prazo de 10 dias[57], onde já deverá arrolar suas testemunhas (8

---

[57] Com razão, Jader MARQUES (*Tribunal do Júri* – considerações críticas à Lei 11.689/08. Porto Alegre, Livraria do Advogado, 2008. p. 37) convida à reflexão sobre o prazo de 10 dias para resposta, que é

testemunhas por réu), arguir todas as preliminares que entender cabível, juntar documentos e postular suas provas. Também é o momento de formular, em autos apartados, as exceções de incompetência, suspeição e demais enumeradas nos arts. 95 a 112 e já estudadas.

Essa defesa escrita é obrigatória, e não sendo oferecida deverá o juiz nomear um defensor dativo para fazê-la, sob pena de nulidade dos atos posteriores.

Feita a defesa escrita, será dada vista ao Ministério Público para manifestar-se sobre eventuais exceções e preliminares alegadas pela defesa, bem como tomar conhecimento de documentos e demais provas juntadas. Essa previsão de "vista", com a determinação de que "o juiz ouvirá o Ministério Público ou o querelante sobre preliminares e documentos, 5 (cinco) dias", gera uma possibilidade de *réplica*, desequilibradora, nesse caso, da estrutura dialética do processo. Com razão, MARQUES critica essa manifestação da acusação depois da defesa, trazendo à colação o julgamento proferido no HC 87.926/SP, Rel. Min Cezar Peluso, j. 20/2/2008, onde se assentou que a *sustentação oral do representante do Ministério Público, sobretudo quando seja recorrente único, deve sempre preceder à defesa, sob pena de nulidade do julgamento*.

Em última análise, o que se tutela em nome do contraditório e da ampla defesa é o direito de a defesa sempre falar após a acusação, ou seja, com verdadeira resistência ao ataque. Na estrutura vigente, o acusador formula sua imputação (ataque), a defesa se manifesta (resistência) e abre-se, erroneamente, a possibilidade de um novo ataque, agora, dirigido à defesa apresentada. Evidencia-se, assim, a violação ao disposto no art. 5º, LV, da Constituição.

É evidente que o Ministério Público tem o direito de se manifestar sobre eventuais documentos juntados nesta fase, mas para isso disporá de toda a instrução, podendo fazê-lo ao longo dela ou nos debates orais ao final realizados. O que não se pode admitir, adverte com acerto MARQUES[58], é a *ampliação do debate em torno das alegações da defesa, permitindo que a acusação tenha prazo para livre manifestação no momento exatamente anterior à ida dos autos para decisão sobre as provas. Na sistemática do direito processual penal, não é lícito à acusação falar depois da defesa, pois a violação dessa ordem importa quebra dos princípios constitucionais norteadores do devido processo legal, conforme referido pelos Ministros do Supremo Tribunal Federal.*

---

inferior ao de 15 dias concedido para a defesa preliminar no processo penal para o funcionário público e inferior ao prazo para a contestação no processo civil. Como aponta o autor, "a cada alteração dos Códigos Processuais perde-se a oportunidade de uma uniformização dos prazos, o que evitaria a enorme variedade existente nos diversos ramos do direito".

58 MARQUES, Jader. *Tribunal do Júri* – considerações críticas à Lei 11.689/08, cit., p. 45.

Em suma, duas opções:

a) o juiz, apresentada a resposta da defesa, designa a audiência de instrução (afastando, portanto, a aplicação do art. 409);

b) ou intima o Ministério Público, com a expressa advertência de que poderá se manifestar, exclusivamente, sobre a licitude/ilicitude dos documentos juntados.

Havendo ampliação do debate, por parte do acusador, sobre as alegações da defesa, tal peça deverá ser desentranhada dos autos.

Superado esse momento, deverá o juiz aprazar audiência de instrução, para oitiva das testemunhas arroladas pela acusação e defesa, bem como produzir as demais provas postuladas pelas partes.

A reforma pontual (Lei n. 11.689/2008) pretendeu dar mais "celeridade" ao procedimento do Tribunal do Júri, mas pecou pelo atropelo, além de criar perigosas condições para o utilitarismo processual, com o evidente sacrifício de direitos e garantias fundamentais. Na linha de nossa crítica inserem-se os parágrafos do art. 411, que estabelecem que as provas deverão ser produzidas em uma só audiência, abrindo-se a perigosa opção de o juiz indeferir aquelas provas que entender irrelevantes, impertinentes ou protelatórias. Além de abrir um perigoso e impróprio espaço para a discricionariedade judicial, comete o grave erro de permitir que o juiz subtraia dos jurados (os verdadeiramente competentes para o julgamento) a possibilidade de conhecer determinadas provas. Há que se ter presente a peculiaridade do júri, onde os destinatários finais da prova são os jurados e não o juiz. Daí por que, além de incompetente, é errôneo atribuir ao juiz o papel de filtro probatório, pois aquilo por ele considerado irrelevante, impertinente ou protelatório, pode ser muito relevante, muito pertinente e nada protelatório para os jurados. Outro erro foi prever debates orais em processos complexos como costumeiramente o são aqueles decorrentes dos crimes contra a vida.

Encerrando a equivocada linha procedimental adotada, o art. 412 estabelece que o "procedimento será concluído no prazo máximo de 90 (noventa) dias". Além de o prazo ser incompatível com a tramitação média desse tipo de processo, pecou o legislador por estabelecer um prazo sem sanção processual. Como já explicamos, de nada serve fixar um prazo se não houver previsão legal da respectiva sanção/punição em caso de descumprimento. É elementar que prazo sem sanção é igual a ineficácia do dispositivo. Quando muito, poderá servir para sinalizar um eventual excesso de prazo na prisão cautelar, mas, ainda assim, de forma casuística e bastante tímida.

Mas, feita essa rápida crítica, voltemos à audiência de instrução. Nesse momento deverão ser ouvidas a vítima (se possível, é claro), as testemunhas arroladas pela acusação e, após, pela defesa. Não poderá haver inversão nessa ordem, mas a jurisprudência já tem relativizado essa regra quando a defesa concorda com a inversão.

Ato contínuo, serão ouvidos os peritos, que prestarão os esclarecimentos acerca das eventuais provas periciais. Recordemos que a Lei n. 11.690/2008, alterando a disciplina legal da prova, estabeleceu que as perícias podem ser feitas por um único perito oficial ou por dois peritos nomeados, bem como passou a admitir a figura do assistente técnico.

E qual é o momento de postular a oitiva dos peritos?

As testemunhas devem ser arroladas, respectivamente, na denúncia ou queixa e na defesa escrita. Nesse momento, pode ocorrer que eventuais perícias não tenham sido realizadas ainda, se tornando inviável o pedido de esclarecimentos dos peritos. Nessa linha, o art. 411, § 1º, determina que os esclarecimentos dos peritos dependerão de prévio requerimento e de deferimento pelo juiz. Então, em que momento isso deve ocorrer?

Pensamos que a resposta vem dada pelo art. 159, § 5º[59], de modo que a oitiva do(s) perito(s) deve ser requerida com antecedência mínima de 10 dias da audiência de instrução e julgamento. Também nesse prazo podem ser apresentados quesitos ou questões a serem esclarecidos pelos peritos. Mas, pela lógica, uma opção exclui a outra, de modo que a parte postula a oitiva do perito ou que responda os quesitos/questões. Contudo, não se deve ignorar que, em casos complexos, pode ser necessário que os peritos esclareçam as próprias respostas dadas aos quesitos. Considerando o alto risco de cerceamento de defesa, bem como a competência dos jurados (e não do juiz) para o julgamento, não deve ser indeferido eventual pedido de oitiva do(s) perito(s).

Após a oitiva do(s) perito(s), serão feitas as eventuais acareações, nos termos dos arts. 229 e 230 do CPP.

Encerrando a instrução, é feito o interrogatório do(s) réu(s), constituindo, verdadeiramente, o *direito à última palavra*.

Ainda, nessa audiência, encerrada a instrução, poderá haver a *mutatio libelli*, prevista no art. 384, cabendo ao Ministério Público aditar a denúncia se houver

---

[59] Art. 159. (...)

§ 5º Durante o curso do processo judicial, é permitido às partes, quanto à perícia:

I – requerer a oitiva dos peritos para esclarecerem a prova ou para responderem a quesitos, desde que o mandado de intimação e os quesitos ou questões a serem esclarecidas sejam encaminhados com antecedência mínima de 10 (dez) dias, podendo apresentar as respostas em laudo complementar;

II – indicar assistentes técnicos que poderão apresentar pareceres em prazo a ser fixado pelo juiz ou ser inquiridos em audiência.

prova de um fato novo (como a consumação, no caso de homicídio tentado ou mesmo o surgimento de prova de uma qualificadora que não estava na denúncia) que conduza a nova definição jurídica do caso penal. Com o aditamento, interrompe-se essa audiência, pois deverá o juiz dar vista à defesa pelo prazo de 5 dias, oportunizando, ainda, que o Ministério Público e a defesa arrolem até 3 testemunhas. Deverá ser designada nova data para realização da oitiva dessas testemunhas e novo interrogatório do réu. É imprescindível a realização desse novo interrogatório (art. 384, § 2º), pois se deve oportunizar ao acusado refutar essa nova imputação.

Mas, não sendo caso de *mutatio libelli*, a instrução será encerrada, passando-se para os debates orais (20 minutos para cada parte, prorrogáveis por mais 10). Nada impede que o debate oral seja substituído por memorial, atendendo a complexidade do caso. A decisão será proferida pelo juiz nessa audiência ou em até 10 dias (art. 411, § 9º, do CPP).

Recordemos que a Lei n. 11.719/2008 recepcionou no art. 399, § 2º, o princípio da identidade física do juiz, de modo que aquele julgador que colher a prova e assistir aos debates deverá proferir a decisão de pronúncia, impronúncia, absolvição sumária ou desclassificação.

Vejamos agora essas 4 decisões possíveis de serem tomadas pelo juiz presidente nesse momento.

#### 3.8.2.1.1. Decisão de Pronúncia. Excesso de Linguagem. O Problemático *In Dubio Pro Societate*. Princípio da Correlação. Crime Conexo. Prisão Cautelar. Intimação da Pronúncia

A pronúncia, decisão interlocutória mista, está prevista no art. 413 do CPP:

> Art. 413. O juiz, fundamentadamente, pronunciará o acusado, se convencido da materialidade do fato e da existência de indícios suficientes de autoria ou de participação.
>
> § 1º A fundamentação da pronúncia limitar-se-á à indicação da materialidade do fato e da existência de indícios suficientes de autoria ou de participação, devendo o juiz declarar o dispositivo legal em que julgar incurso o acusado e especificar as circunstâncias qualificadoras e as causas de aumento de pena.
>
> § 2º Se o crime for afiançável, o juiz arbitrará o valor da fiança para a concessão ou manutenção da liberdade provisória.
>
> § 3º O juiz decidirá, motivadamente, no caso de manutenção, revogação ou substituição da prisão ou medida restritiva de liberdade anteriormente decretada e, tratando-se de acusado solto, sobre a necessidade da decretação da prisão ou imposição de quaisquer das medidas previstas no Título IX do Livro I deste Código.

A decisão de pronúncia marca o acolhimento provisório, por parte do juiz, da pretensão acusatória, determinando que o réu seja submetido ao julgamento do Tribunal do Júri. Preclusa a via recursal para impugnar a pronúncia, inicia-se a segunda fase (plenário). Trata-se de uma decisão interlocutória mista, não terminativa, que deve preencher os requisitos do art. 381 do CPP. O recurso cabível para atacar a decisão de pronúncia é o recurso em sentido estrito, previsto no art. 581, IV, do CPP.

É uma decisão que não produz coisa julgada material, na medida em que pode haver desclassificação para outro crime, quando do julgamento em plenário, pelos jurados. Faz, sim, coisa julgada formal, pois uma vez preclusa a via recursal, não poderá ser alterada (exceto quando houver circunstância fática superveniente que altere a classificação do crime, nos termos do art. 421, § 1º, do CPP).

Como explica ARAMIS NASSIF[60], a pronúncia é a decisão que apenas verifica a "admissibilidade da pretensão acusatória, tal como feito quando do recebimento da denúncia, mas, e não é demasia dizer, trata-se de verdadeiro *re-recebimento* da denúncia, agora qualificada pela instrução judicializada".

A pronúncia, com a extinção do libelo (antigo art. 417), assume um papel muito importante, pois demarca os limites da acusação a ser deduzida em plenário, devendo nela constar a narração do fato criminoso e as eventuais circunstâncias qualificadoras e causas de aumento constantes na denúncia (ou no eventual aditamento) ou queixa (subsidiária, em caso de inércia do Ministério Público).

Assim, as agravantes, atenuantes e causas especiais de diminuição da pena não são objeto da pronúncia, ficando reservadas para análise na sentença condenatória.

Como toda decisão judicial, deve ser fundamentada. Contudo, por se tratar de uma decisão provisória, em atípico procedimento bifásico, no qual o órgão competente para o julgamento é o Tribunal do Júri (e não o juiz presidente, que profere a pronúncia), a decisão é bastante peculiar. Não pode o juiz condenar previamente o réu, pois não é ele o competente para o julgamento. Por outro lado, especial cuidado deve ter o julgador na fundamentação, para não contaminar os jurados, que são facilmente influenciáveis pelas decisões proferidas por um juiz profissional e, mais ainda, por aquelas proferidas pelos tribunais.

Deve o juiz, como determina o § 1º do artigo anteriormente transcrito, limitar-se a indicar a existência do delito (materialidade) e a existência de "indícios suficientes" de autoria ou de participação. Não pode o juiz afirmar a autoria ou a materialidade (especialmente quando ela é negada pelo réu), sob pena de induzir ao prejulgamento por parte dos jurados. Deve restringir-se a fazer um juízo de verossimilhança[61].

---

60 NASSIF, Aramis. *O Novo Júri Brasileiro*. Porto Alegre, Livraria do Advogado, 2008. p. 56.

61 Tampouco deve o juiz presidente fazer referência aos atos de investigação, realizados no inquérito policial. Como já explicamos, é crucial compreender a distinção entre *atos de prova* e *atos de investigação*, para não mais incorrer no grave erro de invocar aquilo feito na fase pré-processual para justificar a pronúncia (ou qualquer outra decisão interlocutória proferida no curso do processo ou, ainda mais grave, na sentença final). Os atos de investigação esgotam sua eficácia probatória com a admissão da denúncia ou queixa, pois sua função é endoprocedimental.

Não é a pronúncia o momento para realização de juízos de certeza ou pleno convencimento. Nem deve o juiz externar suas "certezas", pois isso irá negativamente influenciar os jurados, afetando a necessária independência que devem ter para julgar o processo.

Mais do que em qualquer outra decisão, a linguagem empregada pelo juiz na pronúncia reveste-se da maior importância. Deve ela ser sóbria, comedida, sem excessos de adjetivação, sob pena de nulidade do ato decisório. Nesse sentido, entre outras decisões[62], citamos o HC 85.260/RJ, Relator Min. SEPÚLVEDA PERTENCE, julgado em 15/2/2005[63].

O que se busca é assegurar a máxima originalidade do julgamento feito pelos jurados, para que decidam com independência, minimizando a influência dos argumentos e juízos de (des)valor realizados pelo juiz presidente.

Ainda, nessa linha de preocupação, a Lei n. 11.689/2008 alterou completamente o rito do Tribunal do Júri, inserindo no art. 478 do CPP, a proibição, sob

---

[62] Conforme noticiou o STF, em 14/08/2007 (transcrevemos integralmente o trecho a seguir): A Segunda Turma deferiu, por unanimidade, o pedido de *Habeas Corpus* (HC) n. 88.514, requerido pela defesa de três réus de Santa Catarina, contra ato da juíza responsável pela sentença de pronúncia em processo de crime doloso (intencional) contra a vida. Para o ministro Celso de Mello, relator do HC, a magistrada se excedeu ao declarar "que o homicídio foi praticado pelos réus", desrespeitando os limites que devem pautar a atividade jurisdicional. No pedido de *habeas* consta que a magistrada declarou que "são veementes os indícios da autoria do delito e a um exame acurado das provas colhidas na instrução tudo demonstra serem os réus os autores do crime" e que "toda a prova converge no sentido de indicar que os réus ao dispararem contra a vítima, o fizeram de modo inesperado, colhendo-o desatento e subtraindo-lhe a oportunidade de defender-se, sendo, portanto inafastável a qualificadora de – surpresa, descrita na denúncia". De acordo com Celso de Mello, a jurisprudência do STF adverte que o magistrado, ao proferir a sentença de pronúncia, não deve convertê-la, de um mero juízo fundado de suspeita, em um inadmissível juízo de certeza, pois nesses casos "a eloquência acusatória de que se reveste o decreto de pronúncia, constitui claro exemplo de ofensa aos limites que juridicamente devem restringir a atuação processual do magistrado e dos tribunais no momento da prolação desse ato decisório que encerra no procedimento penal escalonado do júri a fase do *iuditio accusationis* [juízo de acusação]". O relator acrescentou que a juíza, "ao dar por comprovada existência de dolo intenso, certamente irá influir sobre o ânimo dos jurados, podendo até mesmo inibi-los, quando confrontados com a eventual alegação de negativa de autoria, sustentada pela defesa dos réus". Com o deferimento do *habeas* fica invalidada a pronúncia dos três réus e todos os atos a ela posteriores.

[63] EMENTA: Pronúncia: nulidade por excesso de "eloquência acusatória". 1. É inadmissível, conforme a jurisprudência consolidada do STF, a pronúncia cuja fundamentação extrapola a demonstração da concorrência dos seus pressupostos legais (CPrPen, art. 408) e assume, com afirmações apodíticas e minudência no cotejo analítico da prova, a versão acusatória ou rejeita peremptoriamente a da defesa (v.g., HC 68.606, 18/06/91, Celso, *RTJ* 136/1215; HC 69.133, 24/03/92, Celso, *RTJ* 140/917; HC 73.126, 27/02/96, Sanches, *DJ* 17/05/96; RHC 77.044, 26/05/98, Pertence, *DJ* 07/08/98). 2. O que reclama prova, no juízo da pronúncia, é a existência do crime; não, a autoria, para a qual basta a concorrência de indícios, que, portanto, o juiz deve cingir-se a indicar. 3. No caso, as expressões utilizadas pelo órgão prolator do acórdão confirmatório da sentença de pronúncia, no que concerne à autoria dos delitos, não se revelam compatíveis com a dupla exigência de sobriedade e de comedimento a que os magistrados e Tribunais, sob pena de ilegítima influência sobre o ânimo dos jurados, devem submeter-se quando praticam o ato culminante do *judicium accusationis* (*RT* 522/361).

pena de nulidade, de que as partes façam referência "à decisão de pronúncia" e "às decisões posteriores que julgaram admissível a acusação".

Com isso, pretende-se, essencialmente, evitar os excessos do juiz na pronúncia e, principalmente, o uso abusivo dessa decisão, no plenário, por parte do acusador. Essa prática, tão disseminada até então, gerava gravíssimos prejuízos para a defesa, pois a decisão de pronúncia e, principalmente, o acórdão confirmatório dela, eram utilizados pelos acusadores como "argumento de autoridade", induzindo os jurados a afirmarem a autoria e a materialidade e, por consequência, condenarem o réu.

Contudo, produz-se um completo paradoxo quando verificamos essa acertada preocupação com uso abusivo da decisão de pronúncia e, ao mesmo tempo, o disposto no art. 472, parágrafo único, do CPP, que determina a entrega aos jurados de cópia da pronúncia e decisões posteriores.

Ora, não se permite que acusador e defesa façam alusão à pronúncia, mas entrega-se cópia dela para os jurados!? E tem o jurado condições de compreender plenamente o que ali está? Nem sempre. E o pior, não podem as partes explicar-lhes a decisão! Um paradoxo absurdo, que só pode ser atenuado pela postura atenta e coerente do juiz presidente, explicando, de forma clara e cuidando ao máximo para não ser tendencioso, eventuais dúvidas que os jurados possam ter em relação à decisão de pronúncia. No mesmo sentido, NASSIF[64] critica que o legislativo reformador tenha deixado aberta a possibilidade de que o jurado possa "sofrer a influência da linguagem imoderada" da decisão, o que vai exigir "especial cuidado dos juízes no momento da pronunciação, sem perder de vista que, assim, está repristinada toda a jurisprudência anterior que coibia a linguagem abusiva".

Noutra dimensão, bastante problemático é o famigerado *in dubio pro societate*. Segundo a doutrina tradicional, neste momento decisório deve o juiz guiar-se pelo "interesse da sociedade" em ver o réu submetido ao Tribunal do Júri, de modo que, havendo dúvida sobre sua responsabilidade penal, deve ele ser pronunciado. LEAL[65] afirma que "ela se norteia pelo princípio do *in dubio pro societate*, ou seja, na dúvida, o juiz decide a favor da sociedade, declinando o julgamento ao júri". A jurisprudência brasileira está eivada de exemplos de aplicação do brocardo, não raras vezes chegando até a censurar aqueles (hereges) que ousam divergir do "pacífico entendimento"...

Pois bem, discordamos desse *pacífico entendimento*.

---

64 NASSIF, Aramis. *O Novo Júri Brasileiro*, cit., p. 58.

65 LEAL, Saulo Brum. *Júri Popular*. 4. ed. Porto Alegre, Livraria do Advogado, 2000. p. 31.

Questionamos, inicialmente, qual é a base constitucional do *in dubio pro societate*?

Nenhuma. Não existe[66].

Por maior que seja o esforço discursivo em torno da "soberania do júri", tal princípio não consegue dar conta dessa missão. Não há como aceitar tal expansão da "soberania" a ponto de negar a presunção constitucional de inocência. A soberania diz respeito à competência e limites ao poder de revisar as decisões do júri.

Não se pode admitir que os juízes pactuem com acusações infundadas, escondendo-se atrás de um princípio não recepcionado pela Constituição, para, burocraticamente, pronunciar réus, enviando-lhes para o Tribunal do Júri e desconsiderando o imenso risco que representa o julgamento nesse complexo ritual judiciário. Também é equivocado afirmar-se que, se não fosse assim, a pronúncia já seria a "condenação" do réu. A pronúncia é um juízo de probabilidade, não definitivo, até porque, após ela, quem efetivamente julgará são os jurados, ou seja, é outro julgamento a partir de outros elementos, essencialmente aqueles trazidos no debate em plenário. Portanto, a pronúncia não vincula o julgamento, e deve o juiz evitar o imenso risco de submeter alguém ao júri, quando não houver elementos probatórios suficientes (verossimilhança) de autoria e materialidade. A dúvida razoável não pode conduzir a pronúncia.

Para RANGEL[67] o princípio do *in dubio pro societate* "não é compatível com o Estado Democrático de Direito, onde a dúvida não pode autorizar uma acusação, colocando uma pessoa no banco dos réus. (...) O Ministério Público, como defensor da ordem jurídica e dos direitos individuais e sociais indisponíveis, não pode, com

---

[66] Nesse sentido, ainda que se refira a outro procedimento e momento procedimental, é importante trazer à colação a decisão proferida pelo STJ no HC 175.639-AC, Rel. Min. Maria Thereza de Assis Moura, julgado em 20/03/2012. Neste caso, "a denúncia foi parcialmente rejeitada pelo juiz singular quanto a alguns dos denunciados por crime de roubo circunstanciado e quadrilha, baseando a rejeição no fato de a denúncia ter sido amparada em delação posteriormente tida por viciada, o que caracteriza a fragilidade das provas e a falta de justa causa. O tribunal *a quo*, em sede recursal, determinou o recebimento da denúncia sob o argumento de que, havendo indícios de autoria e materialidade, mesmo na dúvida quanto à participação dos corréus deve vigorar o princípio *in dubio pro societate*. A Turma entendeu que tal princípio não possui amparo legal, nem decorre da lógica do sistema processual penal brasileiro, pois a sujeição ao juízo penal, por si só, já representa um gravame. Assim, é imperioso que haja razoável grau de convicção para a submissão do indivíduo aos rigores persecutórios, não devendo se iniciar uma ação penal carente de justa causa. Nesses termos, a Turma restabeleceu a decisão de primeiro grau. Precedentes citados do STF: HC 95.068, *DJe* 15/5/2009; HC 107.263, *DJe* 5/9/2011, e HC 90.094, *DJe* 6/8/2010; do STJ: HC 147.105-SP, *DJe* 15/3/2010, e HC 84.579-PI, *DJe* 31/5/2010 (HC 175.639-AC, Rel. Min. Maria Thereza de Assis Moura, julgado em 20/3/2012)" (grifos nossos).

[67] RANGEL, Paulo. *Direito Processual Penal*. 6. ed. Rio de Janeiro, Lumen Juris, 2002. p. 79.

base na dúvida, manchar a dignidade da pessoa humana e ameaçar a liberdade de locomoção com uma acusação penal". Com razão, RANGEL destaca que não há nenhum dispositivo legal que autorize esse chamado princípio do *in dubio pro societate*. O ônus da prova, já dissemos, é do Estado e não do investigado. Por derradeiro, enfrentando a questão na esfera do Tribunal do Júri, segue o autor explicando que, se há dúvida, *é porque o Ministério Público não logrou êxito na acusação que formulou em sua denúncia, sob o aspecto da autoria e materialidade, não sendo admissível que sua falência funcional seja resolvida em desfavor do acusado, mandando-o a júri, onde o sistema que impera, lamentavelmente, é o da íntima convicção. (...) A desculpa de que os jurados são soberanos não pode autorizar uma condenação com base na dúvida.*

Renato BRASILEIRO, refletindo também sobre a regra probatória no âmbito da pronúncia, afirma que: "em relação à materialidade do delito, deve haver prova plena de sua ocorrência, ou seja, deve o juiz ter certeza de que ocorreu um crime doloso contra a vida. Portanto, é inadmissível a pronúncia do acusado quando o juiz tiver dúvida em relação à existência material do crime, sendo descabida a invocação do *in dubio pro societate* na dúvida quanto à existência do crime"[68].

Nesse mesmo sentido AQUINO sustenta que a pronúncia exige "o pleno conhecimento do crime pelo Juiz, devendo haver sobre ela [materialidade] certeza, uma vez que a dúvida impõe a impronúncia"[69].

GUSTAVO BADARÓ[70], explica que o art. 409 (atual 413) estabelece um critério de certeza: "o juiz *se convencer* da existência do crime. Assim, se houver dúvida sobre se há ou não prova da existência do crime, o acusado deve ser impronunciado. Já com relação à autoria, o requisito legal não exige a certeza, mas sim a probabilidade da autoria delitiva: deve haver *indícios suficientes* de autoria. É claro que o juiz não precisa ter certeza ou *se convencer* da autoria. Mas se estiver em dúvida sobre se estão ou não presentes os indícios suficientes de autoria, deverá impronunciar o acusado, por não ter sido atendido o requisito legal. Aplica-se, pois, na pronúncia, o *in dubio pro reo*" (grifo nosso).

Em relação ao pensamento de Gustavo BADARÓ, é preciso fazer um esclarecimento. O autor está correto e opera em outra perspectiva, que comungamos: A discussão se situa na definição do *standard* probatório vigente nesta fase e a possibilidade de um rebaixamento do *standard*.

---

68 LIMA, Renato Brasileiro de. *Manual de Processo Penal*. 3. ed. Salvador, JusPodivm, 2015, p. 1.343.

69 AQUINO, Álvaro Antônio Sagulo Borges de. *A Função Garantidora da pronúncia*. Rio de Janeiro, Lumen Juris, 2004, p. 116.

70 BADARÓ, Gustavo Henrique. *Direito Processual Penal*, cit., t. II, p. 26.

O art. 413 exige:

– prova da materialidade;

– indícios razoáveis de autoria.

O juiz precisa estar "convencido da materialidade do fato". Isso nos remete a um nível de exigência probatória maior, no sentido de que deve estar provada a existência, não bastando indícios ou mesmo dúvida razoável. É o mesmo nível de exigência que se faz para uma sentença condenatória, de que é preciso prova forte, robusta e inequívoca da existência do fato. Havendo dúvida em relação à materialidade, aplica-se o *in dubio pro reo*.

Quanto a autoria ou materialidade, há um rebaixamento do nível de exigência probatória quando comparado com aquele necessário para uma sentença condenatória. O CPP exige "indícios suficientes de autoria ou de participação". Não é preciso "certeza", prova plena e cabal, mas, se não superar a dúvida, não pode haver pronúncia.

Existe um julgado muito importante do STF, HC 81.646, Rel. Min. SEPÚLVEDA PERTENCE, que endossa nosso entendimento, de que o *in dubio pro societate* não incide sobre a materialidade delitiva: na dúvida sobre a existência do crime de homicídio, deve-se encerrar o processo. Vejamos a ementa:

> 1. Não é questão de prova, mas de direito probatório – que comporta deslinde em *habeas corpus* –, a de saber se é admissível a pronúncia fundada em dúvida declarada com relação à existência material do crime. II. Pronúncia: inadmissibilidade: invocação descabida do *in dubio pro societate* na dúvida quanto à existência do crime. 2. O aforismo *in dubio pro societate* que – malgrado as críticas procedentes à sua consistência lógica, tem sido reputada adequada a exprimir a inexigibilidade de certeza da autoria do crime, para fundar a pronúncia – jamais vigorou no tocante à existência do próprio crime, em relação à qual se reclama esteja o juiz convencido. 3. O convencimento do juiz, exigido na lei, não é obviamente a convicção íntima do jurado, que os princípios repeliriam, mas convencimento fundado na prova: donde, a exigência – que aí cobre tanto a da existência do crime, quanto da ocorrência de indícios de autoria – de que o juiz decline, na decisão, "os motivos do seu convencimento". 4. Caso em que, à frustração da prova pericial – que concluiu pela impossibilidade de determinar a causa da morte investigada –, somou-se a contradição invencível entre a versão do acusado e a da irmã da vítima: consequente e confessada dúvida do juiz acerca da existência de homicídio, que, não

> obstante, pronunciou o réu sob o pálio da invocação do *in dubio pro societate*, descabido no ponto. 5. *Habeas corpus* deferido por falta de justa causa para a pronúncia. (HC 81646, Relator(a): Min. SEPÚLVEDA PERTENCE, Primeira Turma, julgado em 4/6/2002, *DJ* 9/8/2002 PP-00088 EMENT VOL-02077-01 PP-00076 RTJ VOL-00191-01 PP-00218)

Portanto, tal julgado vem ao encontro do nosso entendimento de que é necessário fazer uma distinção entre o nível de exigência probatória feita em relação a materialidade e a autoria.

Nos tribunais o rompimento das amarras culturais é mais lento, até por conta da força da ideologia autoritária consolidada em décadas de doutrina conservadora (e igualmente cravada no discurso autoritário). É preciso ler Ricardo Jacobsen Gloeckner e sua obra *Autoritarismo e Processo Penal* para compreender o que ele denomina de "uma genealogia das ideias autoritárias no processo penal brasileiro". Mas a cultura já está mudando. Nessa perspectiva, é acertada e louvável a decisão do STF no ARE 1.067.392, que enfrentou a questão e acolheu a nossa crítica ao "*in dubio pro societate*". Como disse o Min. Gilmar Mendes: "Ou seja, diante de um estado de dúvida, em que há preponderância de provas da não participação dos acusados nas agressões, o Tribunal optou por alterar a decisão de 1º grau e pronunciar os acusados. Percebe-se a lógica confusa e equivocada ocasionada pelo suposto princípio *in dubio pro societate*, que além de não encontrar qualquer amparo constitucional ou legal, acarreta o completo desvirtuamento das premissas racionais de valoração da prova. O princípio do *in dubio pro societate* desvirtua por completo o sistema bifásico do procedimento do júri brasileiro, esvaziando a função da decisão de pronúncia".

Para o Min. Celso de Mello, "se o juiz se convence de que há prova inquestionável em torno da materialidade e de que existem elementos probatórios que possam traduzir-se na presença de indícios suficientes de autoria ou participação, então nesta hipótese, legitimar-se-á a decisão de pronúncia (...). Considerado o nosso sistema constitucional e tendo em vista que ninguém se presume culpado, não se pode formular qualquer juízo que implique restrição à esfera jurídica do réu, especialmente nos casos em que o Ministério Público falha na satisfação do seu ônus probatório". E ainda, "em vez do estado de dúvida favorecer o acusado, isso faz parte do próprio modelo consagrado pela Constituição vigente a partir de 1988, é uma consequência *quo natural* ao Estado Democrático de Direito, mas longe de beneficiar o acusado, vem, na verdade, em seu detrimento. O estado de dúvida que eventualmente emerja de qualquer processo penal de conhecimento, ainda que sob o rito procedimental do júri, não pode autorizar a formulação contra o acusado de qualquer juízo que importe em restrição ao seu *status libertatis* e sua esfera jurídica.

Em nosso sistema jurídico, uma situação de dúvida razoável só pode beneficiar o acusado, jamais prejudicá-lo".

Também na mesma linha, o Min. Lewandowski ressaltou a distinção feita pelo Min. Celso de Mello de que a presunção de inocência tem assento constitucional enquanto o princípio *in dubio pro societate* seria, no máximo, um adágio forense.

Portanto, por qualquer ângulo que se olhe, o "*in dubio pro societate*" é de insustentável e de errônea (e desnecessária) invocação. Sigamos.

Quando da pronúncia, pode haver a exclusão de uma qualificadora ou causa de aumento da pena, conforme o contexto probatório. Se não existirem elementos suficientes para sustentar a qualificadora, poderá o juiz pronunciar pela figura simples, excluindo a qualificadora. Há quem, inclusive, veja a possibilidade de uma "impronúncia" da qualificadora, gerando uma *pronúncia imprópria*[71]. Isso porque, em que pese a desclassificação (da figura qualificada para o tipo simples), existe pronúncia.

Também há que se atentar para o fato de que, uma vez afastada a qualificadora, o que resta excluído é a "situação fática" e não o nome jurídico. Daí por que, uma vez afastada a qualificadora, mas pronunciado o réu, não pode o Ministério Público (ou querelante) postular a sua inclusão em plenário, sob o rótulo de "agravante". Isso ocorre porque muitas das qualificadoras nada mais são do que situações fáticas constitutivas de "agravantes". Logo, uma vez excluída a qualificadora, está afastada a situação fática, não podendo o Ministério Público "trocar o nome jurídico" para querer agora seu reconhecimento com o título de "agravante". Apenas para esclarecer, estamos falando em sustentar em plenário para que o juiz considere na sentença, pois não se quesita a existência de agravantes ou atenuantes.

No mesmo sentido, GIACOMOLLI[72] esclarece que "o afastamento da qualificadora na decisão de pronúncia impede a sustentação destas como agravantes, por já terem recebido um juízo negativo".

Superada essa questão e pronunciado o réu, deverá o juiz declarar o dispositivo *legal em que julgar incurso o acusado e especificar as circunstâncias qualificadoras e as causas de aumento de pena*. Além da tipificação da conduta, deverá o juiz decidir se também pronuncia a(s) qualificadora(s) e causas de aumento de pena.

Para tanto, além de prova razoável de sua existência, é fundamental observar-se o princípio da correlação entre acusação-sentença, de modo que somente

---

71 LEAL, Saulo Brum. *Júri Popular*, cit., p. 67.

72 GIACOMOLLI, Nereu. *Reformas(?) do Processo Penal*, cit., p. 92.

poderá haver uma decisão sobre qualificadora(s) e causas de aumento de pena se existir a respectiva acusação. Significa dizer que somente qualificadoras e causas de aumento que estejam descritas na denúncia (ou queixa substitutiva) ou tenham sido incluídas através de aditamento (art. 384) é que podem ser incluídas na pronúncia. Sem isso (estar na denúncia/queixa ou aditamento), é nula a decisão, por ser ela *ultra* (ou *extra*, conforme o caso) *petita*.

A pronúncia não examinará, adverte NASSIF[73], agravantes ou atenuantes, pois essas circunstâncias legais pressupõem a aplicação da pena e, portanto, o juízo condenatório, que não é realizado nessa fase. Ademais, não são elas objeto de quesitação, ainda que devam ser alegadas pelas partes em plenário, pois o art. 492, I, "b", do CPP estabelece que as agravantes e atenuantes (alegadas) serão consideradas quando da prolação da sentença.

Quanto às minorantes, devem elas ser alegadas em plenário pela defesa e serão quesitadas, como disciplina o art. 483, IV, do CPP.

Assim, no momento da pronúncia, poderá o juiz:

a) concordar com o fato narrado na denúncia e a classificação jurídica a ele atribuída, situação em que irá pronunciar o réu nesses termos;
b) sem modificar a descrição do fato contida na denúncia (não há fato novo, portanto), poderá atribuir-lhe uma definição jurídica diversa, nos termos do art. 418 c/c art. 383 do CPP, mesmo que isso signifique sujeitar o acusado a pena mais grave, mas a nova figura típica ainda é de competência do júri;
c) sem modificar a descrição do fato contida na denúncia, poderá atribuir-lhe uma definição jurídica diversa, nos termos do art. 418 c/c art. 383 do CPP, mesmo que signifique sujeitar o acusado a pena mais grave, mas dando lugar a uma nova figura típica que não é mais da competência do Tribunal do Júri (é a chamada desclassificação própria, prevista no art. 419), devendo os autos ser remetidos para o juiz competente (por exemplo, a desclassificação de homicídio para lesão corporal seguida de morte).

Importante é a leitura do art. 411, § 3º, que remete para o art. 384 do CPP. Assim, quando for cabível nova definição jurídica do fato, em consequência de prova existente nos autos, de elemento ou circunstância da infração, não contida na acusação, deverá o Ministério Público aditar a denúncia, ouvindo-se após a defesa. Não cabe mais ao juiz "invocar" a atuação do Ministério Público, como na

[73] NASSIF, Aramis. *O Novo Júri Brasileiro*, cit., p. 60.

antiga sistemática do art. 384 (antes da Lei n. 11.719/2008) e tampouco pronunciar por crime mais grave sem o necessário aditamento.

Ainda, nesse momento, é possível que o juiz verifique a existência de indícios de autoria ou participação de outras pessoas não incluídas na acusação, devendo pronunciar, impronunciar, absolver sumariamente ou desclassificar o acusado e determinar o retorno dos autos ao Ministério Público, para decidir sobre denunciar, pedir novas diligências ou o arquivamento das peças de informação. Como menciona o art. 417[74], que trata dessa matéria, é aplicável a cisão processual prevista no art. 80 do CPP, pois mesmo havendo continência, a diferença das dinâmicas procedimentais (entre um feito que já se encontra na fase de plenário e outro que irá iniciar) impede a reunião para processamento simultâneo. Pensamos que a mesma regra deve ser seguida quando for caso de conexão, isto é, com o surgimento de novos fatos delitivos conexos com aquele constante na denúncia.

O que fazer quando há mudança fática superveniente à pronúncia?

Deve-se utilizar o disposto no art. 421, § 1º, do CPP, com a remessa dos autos ao Ministério Público para que promova o aditamento. É o que ocorre, por exemplo, quando o réu é denunciado e pronunciado por tentativa de homicídio e a vítima, após a pronúncia, mas antes do plenário, vem a falecer em razão das lesões sofridas. Deve-se seguir a lógica do art. 384 do CPP, com o Ministério Público promovendo o aditamento, a defesa se manifestando e, após, deverá o juiz proferir uma nova decisão de pronúncia.

E quanto ao crime conexo?

Quando existe algum delito conexo ao crime doloso contra a vida, a regra é: pronunciado o crime de competência do júri, o conexo o seguirá. Jamais poderá o juiz pronunciar o réu pelo crime prevalente e condenar pelo crime conexo. Isso é pacífico que não pode ocorrer, pois seria uma usurpação ilegítima da competência do tribunal do júri. Também não é possível a desclassificação do conexo, pois os casos de desclassificação estão restritos ao crime prevalente em razão da fixação ou não da competência do júri.

---

[74] Com razão, GIACOMOLLI (*Reformas(?) do Processo Penal*, cit., p. 86) critica a matriz inquisitorial que informa o art. 417 do CPP, "ao permitir que o julgador, explicitamente, exerça a função institucional do Ministério Público, ofendendo o art. 129, I, da CF. É do Ministério Público a função de acusar, de exercer, privativamente, a ação processual penal pública. O aditamento é ato voluntário do acusador e ao magistrado é vedado exercer as funções da autoridade policial ou do Ministério Público, bem como adiantar seus veredictos". Concordamos que não cabe ao juiz "invocar" o Ministério Público para que adite ou faça nova acusação, senão que o órgão acusador, como parte que é, tem conhecimento de tudo o que ocorre no processo e deve agir na defesa de seu interesse processual. Noutra dimensão, regido pelo princípio da inércia, está o julgador. Quando subverte-se essa estrutura, na perspectiva do ativismo judicial, funda-se um processo inquisitório, incompatível com o modelo acusatório-constitucional.

Mas poderia o juiz, pronunciando o prevalente, impronunciar ou absolver sumariamente pelo crime conexo?

Até a 16ª edição dessa obra, seguíamos a corrente tradicional que afirmava que o crime conexo não é objeto da pronúncia, além dos estritos limites da declaração da conexidade. Ou seja, não faz o juiz uma valoração da prova da autoria e materialidade (como o faz em relação ao crime prevalente [doloso contra a vida]) do crime conexo. Limita-se a declarar sua conexidade e determinar o julgamento pelo júri, juntamente com o crime prevalente[75].

Contudo, a partir da 17ª edição, passamos a sustentar o seguinte: deve o juiz fazer um juízo igual de admissibilidade da acusação, quando da pronúncia, em relação ao crime conexo, nos termos do art. 413 do CPP.

É preciso que exista o prova da existência do crime conexo e indícios razoáveis de autoria para que ele seja objeto da pronúncia.

Para seguir o prevalente em caso de pronúncia, é preciso que existam os elementos probatórios exigidos pelo art. 413, pois a decisão penal que encerra a primeira fase do procedimento do Júri tem a essencial função de realizar um filtro de legalidade na acusação, decotando as imputações que não se revestirem de plausibilidade jurídica. Neste sentido, explica Paulo Rangel: "impronunciar o crime da competência do juiz singular, que foi atraído pelos crimes dolosos contra a vida e segue esse rito, é perfeitamente admissível"[76]. Nessa mesma linha, explica Távora, dizendo que o Juiz, na pronúncia, "examinará o suporte probatório dos crimes conexos"[77].

Portanto, pode haver impronúncia do crime conexo se o juiz não se convencer da materialidade do fato ou da existência de indícios suficientes de autoria ou de participação (art. 414), e também absolvição sumária, se o juiz estiver convencido de que – em relação ao conexo – estiver provada a inexistência do fato; provado que ele não é autor; o crime conexo não constituir infração penal; ou estiver demonstrada uma causa de isenção de pena ou exclusão do crime, tudo isso nos termos do art. 414 do CPP.

É insustentável a tese de que o conexo deve seguir sempre – cegamente e sem qualquer valoração – o crime prevalente. Imagine-se levar o réu a julgamento pelo júri por um crime de homicídio (presentes os requisitos da pronúncia em relação

---

75 Entre outros: NASSIF, Aramis. *O Novo Júri Brasileiro*, cit., p. 63.

76 RANGEL, Paulo. *Direito Processual Penal*. 24. ed. São Paulo, Atlas, 2016, p. 657.

77 TÁVORA, Nestor; ALENCAR, Rosmar Rodrigues. *Curso de direito processual penal*. 4. ed. Salvador, JusPodivm, 2010, p. 754.

a ele) e também por uma conduta manifestamente atípica ou sobre a qual está provada a presença de uma causa de exclusão da ilicitude ou mesmo que o réu não é o autor. Seria ilógico e irracional. Sem falar no imenso perigo de submeter alguém ao julgamento pelo júri por uma conduta que não preenche o *standard* probatório mínimo exigido pela pronúncia.

Enfim, pensamos que o conexo exige uma avaliação de preenchimento dos requisitos do art. 413 para que seja pronunciado com o prevalente. Não pode haver uma condenação neste momento, mas é possível haver impronúncia ou absolvição sumária (do conexo).

Quando houver desclassificação do crime prevalente para outro que não é de competência do Tribunal do Júri, o conexo também é redistribuído. Se impronunciado ou absolvido sumariamente em relação ao crime doloso contra a vida, o conexo é redistribuído para aquele juiz ou juizado competente para julgálo.

Encerrada a discussão sobre o crime conexo, sigamos.

Quanto à decretação ou revogação de prisão preventiva, remetemos o leitor para o capítulo da Prisão Cautelar, mas sublinhamos que o juiz deverá demonstrar a existência ou manutenção do *periculum libertatis*, bem como a insuficiência e inadequação das medidas cautelares diversas (art. 319). Somente em casos de real necessidade e como último instrumento, poderá ser decretada ou mantida a prisão preventiva.

Quanto à fiança, remetemos a toda explicação feita anteriormente, quando tratamos das medidas cautelares, mas desde logo sublinhamos sua perfeita aplicação neste momento.

A intimação da pronúncia deverá ser feita:

- pessoalmente ao acusado, ao defensor nomeado e ao Ministério Público;
- ao defensor constituído, ao querelante e ao assistente da acusação, a intimação será feita por nota de expediente, como determina o art. 370, § 1º, do CPP;
- não sendo encontrado o acusado que está em liberdade, a intimação será feita por edital.

Essa última providência, intimação por edital, visa – em conjunto com a possibilidade de o réu ser julgado sem estar presente na sessão do Tribunal do Júri (art. 457) – agilizar os julgamentos.

Por fim, chamamos a atenção para o disposto no art. 421:

> Art. 421. Preclusa a decisão de pronúncia, os autos serão encaminhados ao juiz presidente do Tribunal do Júri.

A questão a saber é: pode ser realizado o júri na pendência de recurso especial ou extraordinário da pronúncia?

Pensamos que o espaço de interpretação do dispositivo é bastante limitado e não há como sustentar se há "preclusão" na pendência do julgamento de recurso... Seria desconsiderar, hermeneuticamente, toda construção doutrinária e jurisprudencial existente, milhares de páginas escritas, e ter a pretensão de atribuir à "preclusão" um sentido novo, quase um (absurdo) marco zero de interpretação. Ora, se ainda há recurso pendente de julgamento, como falar que houve preclusão?

O argumento da falta de efeito suspensivo no recurso especial e extraordinário, além de constituir um errôneo civilismo da teoria geral do processo, tinha algum sentido antes da reforma processual de 2008. Mas não agora, com a nova redação. Não há preclusão da pronúncia na pendência de recurso, sendo irrelevante a questão "efeito recursal".

Em suma, pensamos que não pode ser aprazado o julgamento pelo tribunal do júri enquanto não houver preclusão, ou seja, enquanto não forem julgados os recursos interpostos.

Neste sentido andou muito bem a 5ª Câmara Criminal do Tribunal de Justiça do Estado do Rio de Janeiro, Rel. Des. Maria Helena Salcedo, no julgamento do HC 0030972-02.2010.8.19.0000:

> *HABEAS CORPUS*. Art. 121,§ 2º, III e V, do Código Penal. Alegação de existência de constrangimento ilegal, em razão de haver sido designado julgamento em plenário, sem preclusão da decisão de pronúncia. Existência de recurso interposto pela defesa perante o Supremo Tribunal Federal, pendente de julgamento de Agravo de Instrumento. Pedido de declaração de nulidade do ato que recebeu o libelo acusatório, bem como aqueles subsequentes, inclusive o de designação de sessão plenária de julgamento. Procedência. Nova redação conferida ao art. 421, do Código de Processo Penal, e que obsta o prosseguimento do feito. Concessão da ordem, para anular a decisão saneadora, que designou data para o plenário do tribunal do júri, devendo ser aguardado o trânsito em julgado do recurso defensivo interposto perante a corte constitucional, para, só após, se for o caso, haver designação de data para julgamento (grifos nossos).

Portanto, a preclusão da decisão de pronúncia pressupõe o esgotamento das vias recursais, sendo inviável designar-se data para julgamento enquanto não for julgado eventual recurso especial ou extraordinário.

**3.8.2.1.2.** Decisão de Impronúncia. Problemática Situação de Incerteza

A impronúncia é uma decisão terminativa, pois encerra o processo sem julgamento de mérito, sendo cabível o recurso de apelação, art. 593, II, do CPP. Está prevista no art. 414 do CPP:

> Art. 414. Não se convencendo da materialidade do fato ou da existência de indícios suficientes de autoria ou de participação, o juiz, fundamentadamente, impronunciará o acusado.
>
> Parágrafo único. Enquanto não ocorrer a extinção da punibilidade, poderá ser formulada nova denúncia ou queixa se houver prova nova.

A impronúncia é proferida quando, apesar da instrução, não lograr o acusador demonstrar a verossimilhança da tese acusatória, não havendo elementos suficientes de autoria e materialidade para a pronúncia. Está, assim, em posição completamente oposta em relação à pronúncia[78].

É, assim, uma decisão terminativa que encerra o processo sem julgamento de mérito, não havendo a produção de coisa julgada material, pois o processo pode ser reaberto a qualquer tempo, até a extinção da punibilidade, desde que surjam novas provas.

Tal decisão não significa que o réu esteja "absolvido", pois, em que pese não ser submetido ao Tribunal do Júri, não está completamente livre da imputação. Eis aqui o grande inconveniente da impronúncia: gera um estado de incerteza.

Ao não decidir nada em favor do réu, a impronúncia gera um estado de pendência, de incerteza e insegurança processual. O processo pode ser a qualquer momento reaberto, desde que exista prova nova. A situação somente é definitivamente resolvida quando houver a extinção da punibilidade, ou seja, a prescrição pela (maior) pena em abstrato, o que pode representar 20 anos de espera!

O problema reside assim na possibilidade, prevista no parágrafo único, de o processo ser reaberto a qualquer tempo, enquanto não estiver extinta a punibilidade, se surgirem novas provas. A impronúncia não resolve nada. Gera um angustiante e ilegal estado de "pendência", pois o réu não está nem absolvido, nem condenado. E, o que é pior, pode voltar a ser processado pelo mesmo fato a qualquer momento.

Concordamos com RANGEL[79], no sentido de que "tal decisão não espelha o que de efetivo se quer dentro de um Estado Democrático de Direito, ou seja, que as decisões judiciais ponham um fim aos litígios, decidindo-os de forma meritória, dando, aos acusados e à sociedade, segurança jurídica".

Trata-se de uma decisão substancialmente inconstitucional e que viola, quando de sua aplicação, a presunção de inocência. Se não há prova suficiente da existência do fato e/ou da autoria, para autorizar a pronúncia (e, recorde-se, nesse momento processual, vigora a presunção de inocência e o *in dubio pro reo*), a decisão deveria ser absolutória.

O que resulta, por evidente, inadmissível é colocar – como define RANGEL – o indivíduo no banco de reservas aguardando novas provas ou a extinção da punibilidade!

---

78 BADARÓ, Gustavo Henrique. *Direito Processual Penal*, cit., t. II, p. 29.

79 RANGEL, Paulo. *Direito Processual Penal*, 10. ed., p. 541.

A impronúncia remonta a uma racionalidade tipicamente inquisitória, em que o herege não deveria ser plenamente absolvido, senão que – como explica EYMERICH[80] – "o inquisidor tomará cuidado para não declarar em sua sentença de absolvição que o acusado é inocente ou isento, e sim esclarecer bastante que nada foi legitimamente provado contra ele; desta forma, se, mais tarde, trazido novamente diante do tribunal, for indiciado por causa de qualquer crime, possa ser condenado sem problemas, apesar da sentença de absolvição".

Entendemos assim que o estado de pendência e de indefinição gerado pela impronúncia cria um terceiro gênero não recepcionado pela Constituição, em que o réu não é nem inocente, nem está condenado definitivamente. É como se o Estado dissesse: ainda não tenho provas suficientes, mas um dia eu acho... (ou fabrico...); enquanto isso, fica esperando.

A questão também deve ser tratada à luz do direito de ser julgado em um prazo razoável. Não só o poder de acusar está condicionado no tempo, senão também que o réu tem o direito de ver seu caso julgado. A situação de incerteza prolonga a pena-processo por um período de tempo absurdamente dilatado (como será o da prescrição pela pena em abstrato nesses crimes), deixando o réu à disposição do Estado, em uma situação de eterna angústia e grave estigmatização social e jurídica. Retornando à lógica inquisitorial, a extinção da punibilidade tampouco resolve o grave problema criado, não só porque constitui uma absurda (de) mora jurisdicional, mas também porque não o absolve plenamente. Significa apenas que o "réu foi suficientemente torturado e nada se conseguiu provar contra ele", no mais puro estilo do *Directorium Inquisitorum*.

Aqui, outra não poderá ser a solução adotada: se não há prova suficiente para a pronúncia (ou desclassificação), o réu deve(ria) ser absolvido com base no art. 386 (cujo inciso irá depender da situação concreta). Não se descarta ainda, dependendo da prova produzida e da situação específica do processo, que o juiz absolva sumariamente, nos termos do art. 415. O que não se pode mais aceitar, pacificamente, é a impronúncia e o estado de incerteza que ela gera, especialmente quando é possível uma solução mais adequada.

Quanto ao crime conexo ao prevalente impronunciado, se não for de competência originária do júri, não poderá ser objeto de qualquer decisão. Deve ser redistribuído para o juiz singular competente ou para o Juizado Especial Criminal, quando se tratar de infração de menor potencial ofensivo.

A título de curiosidade doutrinária (pois o termo nunca foi consagrado no Código de Processo Penal), mencionamos a denominada decisão de despronúncia,

---

80 EYMERICH, Nicolau. *Manual dos Inquisidores*. Brasília, Rosa dos Tempos, 1993. p. 150-151.

explicada por ESPÍNOLA FILHO[81], como aquela tomada pelo tribunal que, julgando um recurso interposto contra a decisão de pronúncia, o acolhe e dá provimento, para o fim de impronunciar o réu. Assim, o tribunal desconstitui a decisão de pronúncia e profere outra, agora de impronúncia (art. 414). Existe, portanto, um "desfazimento" da pronúncia, por parte do tribunal, que anulando essa decisão, profere outra, de impronúncia. Mas nada impede que o próprio juiz prolator da pronúncia, em sede de retratação (possível, pois o recurso cabível da decisão de pronúncia é em sentido estrito, onde existe a possibilidade de o juiz se retratar), decida por acolher o recurso defensivo e impronunciar o réu (sem esquecer que dessa nova decisão, de impronúncia, caberá recurso de apelação). Daí o emprego do termo "despronúncia".

#### 3.8.2.1.3. Absolvição Sumária (Própria e Imprópria)

Iniciemos pelo art. 415 do CPP:

> Art. 415. O juiz, fundamentadamente, absolverá desde logo o acusado, quando:
> I – provada a inexistência do fato;
> II – provado não ser ele autor ou partícipe do fato;
> III – o fato não constituir infração penal;
> IV – demonstrada causa de isenção de pena ou de exclusão do crime.
> Parágrafo único. Não se aplica o disposto no inciso IV do *caput* deste artigo ao caso de inimputabilidade prevista no *caput* do art. 26 do Decreto-lei n. 2.848, de 7 de dezembro de 1940 – Código Penal, salvo quando esta for a única tese defensiva. (NR)

A absolvição sumária não é apenas uma decisão interlocutória, mas sim uma verdadeira sentença, com análise de mérito e que passou (com o advento da Lei n. 11.689/2008), exatamente por ter essas características, a ser impugnada pela via do recurso de apelação. Também, outra inovação relevante da referida lei foi a acertada extinção do *recurso ex officio* da sentença de absolvição sumária, pois era uma teratologia processual completa um juiz decidir e recorrer da decisão que ele próprio proferiu, sendo evidente sua ilegitimidade (pois não parte interessada para recorrer) e também a violação do sistema acusatório.

Também inovou a Lei n. 11.689, ao ampliar – acertadamente – os casos de absolvição sumária, antes limitadas às causas de exclusão da ilicitude ou culpabilidade.

Os incisos I e II iniciam pela exigência de estar "provado(a)" a inexistência do fato ou de que o réu não é autor ou partícipe do fato. Trata-se de situação que exige prova robusta, que conduza ao pleno convencimento do juiz de que o fato não existiu (em processo por homicídio consumado, produz-se prova cabal de que

---

[81] ESPÍNOLA FILHO, Eduardo. *Código de Processo Penal Brasileiro Anotado*. 5. ed. Rio de Janeiro, Editora Rio, 1976. v. IV, p. 263.

a vítima está viva, por exemplo) ou de que o réu não é autor ou partícipe. Não se confunde, portanto, com "não haver prova suficiente da autoria ou materialidade". A exigência é de convencimento e não de dúvida do magistrado.

Já o inciso III permite a absolvição sumária quando o fato narrado não constitui infração penal. Significa dizer que o fato é atípico. Quando a questão envolver causas de exclusão da ilicitude ou da culpabilidade, o fundamento da absolvição sumária é o inciso IV.

Quanto ao inciso IV, prevê a possibilidade de absolvição sumária quando estiver demonstrada a presença de qualquer causa de exclusão da ilicitude ou da culpabilidade, recordando que as causas de exclusão da ilicitude estão previstas no art. 23[82].

Quanto às causas de exclusão da culpabilidade (inimputabilidade, inexigibilidade de outra conduta, estado de necessidade exculpante, excesso de legítima defesa exculpante, descriminantes putativas, coação irresistível, obediência hierárquica e o erro de proibição), igualmente conduzem a absolvição sumária.

Precisamos sublinhar dois pontos:

No que tange à inimputabilidade, o parágrafo único do art. 415 faz uma importante distinção entre inimputável com tese defensiva e inimputável sem tese defensiva.

Quando o réu é inimputável nos termos do art. 26 do Código Penal (devidamente comprovado através do respectivo incidente, art. 149) e, em que pese isso, alega – por exemplo – que não é o autor ou partícipe, ou que o fato não existiu ou que agiu ao abrigo de uma causa de exclusão da ilicitude, deverá o juiz analisar o caso seguindo as regras normais de julgamento, ou seja, como se o réu fosse imputável e, portanto, possível a pronúncia, a impronúncia, a desclassificação ou mesmo a absolvição sumária (mas não fundada na inimputabilidade, senão nas causas previstas no art. 415). Aqui, se o réu for absolvido sumariamente porque agiu ao abrigo de uma causa de exclusão da ilicitude ou da culpabilidade, não há que se falar em aplicação de medida de segurança.

Assim, acertadamente, assegura-se ao inimputável o direito ao processo e ao julgamento, pois pode ele ser absolvido sumariamente porque agiu ao abrigo da legítima defesa, bem como ser impronunciado ou, ainda, ser submetido ao julgamento

---

82 Art. 23. Não há crime quando o agente pratica o fato:
I – em estado de necessidade;
II – em legítima defesa;
III – em estrito cumprimento de dever legal ou no exercício regular de direito.
Excesso punível
Parágrafo único. O agente, em qualquer das hipóteses deste artigo, responderá pelo excesso doloso ou culposo.

pelo Tribunal do Júri para que os jurados decidam sobre sua tese defensiva. Finalmente, se submetido a julgamento pelo Tribunal do Júri e for acolhida a tese acusatória, somente então deverá o juiz proferir uma sentença absolutória imprópria, absolvendo e aplicando a medida de segurança (art. 386, parágrafo único, inciso III).

Noutra dimensão, quando o réu alega, exclusivamente, que praticou o ato em razão de "doença mental ou desenvolvimento mental incompleto ou retardado", sendo, portanto, ao tempo da ação ou omissão, inteiramente incapaz de entender o caráter ilícito do fato ou de determinar-se de acordo com esse entendimento, deverá o juiz absolver sumariamente e aplicar medida de segurança (ou seja, uma absolvição sumária *imprópria*), seguindo o disposto no art. 386, parágrafo único, inciso III. Evidente que essa postura é censurável, pois não apenas subtrai o caso penal do julgamento do júri, como impõe uma medida de segurança (o que é, faticamente, até mais grave do que a pena privativa de liberdade) em evidente sentido de condenação. No mesmo sentido, NASSIF[83] critica tal decisão, na medida em que ela passa "efetivamente, por conclusão que, se não fosse a doença mental, seria de caráter condenatório. Com isso, tem-se a nítida impressão de que o juiz trai os limites que lhe são impostos na *judicium accusationis* e furta ao Conselho de Sentença a competência para o julgamento". Conclui o autor no sentido de que o dispositivo é substancialmente inconstitucional, pois afronta os princípios constitucionais da ampla defesa e do juiz natural (pois retira do júri a competência para o julgamento).

Superada essa questão, continuemos analisando a absolvição sumária.

Como na decisão de pronúncia, mas aqui com mais ênfase, o *in dubio pro societate* é amplamente invocado pelo senso comum teórico no que tange ao nível de exigência probatória. É lugar-comum a afirmativa de que a absolvição sumária é uma sentença que somente pode ter lugar quando a prova da excludente for "estreme de dúvidas"[84], "cabal" e "plena". Com isso, o que se faz é reduzir o campo de incidência da absolvição sumária a casos excepcionalíssimos, enviando a imensa maioria dos réus a julgamento pelo Tribunal do Júri.

Pensamos que novamente o *in dubio pro societate* deve ser afastado, cabendo aos juízes situarem a questão noutro nível de exigência probatória, mais próximo *do in dubio pro reo*, e da presunção de inocência, como defendemos anteriormente.

Advertimos da insuficiência dos argumentos daqueles que, defendendo o *in dubio pro societate*, aduzem que uma postura diversa, conduziria a que somente

[83] NASSIF, Aramis. *O Novo Júri Brasileiro*, cit., p. 71.

[84] Entre outros, LEAL, op. cit., p. 91.

houvesse júri com réu pré-condenado, ou seja, de que a aplicação do *in dubio pro reo* nessa fase faria com que os acusados que fossem pronunciados já estivessem previamente condenados, pois afastada a dúvida.

Não é verdade. A questão passa pelo sistema escalonado do processo penal, que pode ser progressivo ou regressivo de culpabilidade, sem qualquer problema. O suspeito indiciado hoje não é, necessariamente, o acusado de amanhã; nem o submetido a longa prisão preventiva será logicamente condenado. Também há que se considerar o "espaço-tempo" da decisão, ou seja, de um lado temos uma decisão proferida pelo juiz presidente a partir da prova colhida na primeira fase. Se ele entender que deve pronunciar, pois nem mesmo o *in dubio pro reo* autoriza a absolvição sumária (impronúncia ou desclassificação), em nada resta prejudicado ou influenciado o julgamento dos jurados, pois decidem a partir de outro contexto. No plenário, quem julga não é mais o mesmo juiz presidente e uma nova situação processual é gerada, a partir do debate e da prova eventualmente produzida naquele momento. Então, são outros julgadores decidindo a partir de outro cenário probatório, ou ainda, noutra situação jurídico-processual.

Pensamos que devem os juízes assumir uma postura mais responsável e menos burocrática na condução dos processos submetidos a esse rito, pois, inegavelmente, o júri representa um imenso risco para a administração da justiça. Se não se pode desconsiderar a soberania constitucional do júri, de um lado, não se pode, por outro, fechar os olhos para essa realidade. Mais grave ainda é não se dar conta de que o júri não é bem uma "garantia" do cidadão, senão uma imposição, pois o réu não pode escolher se quer ou não ser julgado por ele. Em suma, pensamos que os juízes devem exercer, a partir da presunção constitucional de inocência e do decorrente *in dubio pro reo*, um papel mais efetivo de filtro processual, evitando submeter alguém a esse tipo de julgamento quando a prova autoriza outra medida (como a absolvição sumária, impronúncia ou desclassificação).

Por fim, no que tange ao crime conexo que não é da competência originária do júri, sendo o réu absolvido sumariamente, deve ele ser redistribuído. Não pode o juiz, nesse momento, também absolver sumariamente ou condenar pelo crime conexo. Deve redistribuir para o juiz competente ou mesmo para o Juizado Especial Criminal, se for o caso.

#### 3.8.2.1.4. Desclassificação na Primeira Fase (Própria e Imprópria) e em Plenário

Desclassificar é dar ao fato uma definição jurídica diversa, tanto de um crime mais grave para outro menos grave, mas também no sentido inverso, pois "desclassificar", em termos processuais, não significa, necessariamente, sair de um crime mais grave para outro menos grave.

A desclassificação poderá ocorrer na primeira fase ou em plenário, conforme as respostas que os jurados derem aos quesitos.

Iniciaremos pela desclassificação feita pelo juiz presidente na primeira fase, que vem regulada pelos arts. 418 e 419 do CPP[85].

Finalizando a primeira fase, poderá o juiz concordar ou não com a classificação jurídica feita pelo Ministério Público aos fatos narrados na denúncia. Quando não existe modificação da descrição do fato (ou seja, não existe fato novo), a discussão limita-se à incidência dos arts. 418 e 383 do CPP. É o exemplo tradicional de réu denunciado por infanticídio e que é pronunciado por homicídio ou vice-versa. Nesse caso opera-se uma desclassificação para outro crime que continua sendo de competência do júri, de modo que o juiz desclassifica, mas pronuncia. Disso decorre a designação *desclassificação imprópria*.

Situação diversa é quando a desclassificação conduz a outra figura típica que não é de competência do júri. É o caso do réu denunciado por tentativa de homicídio e pronunciado por lesão corporal, um delito que não é da competência do júri. Diz-se, nesse caso, que há uma *desclassificação própria*.

Mas pode ocorrer que, no curso da instrução, surjam provas de elementares ou circunstâncias do crime não contidas na denúncia, situação em que os arts. 411, § 3º, e 384, do CPP, exigem que o Ministério Público promova o aditamento da denúncia, para inclusão dessa circunstância fática, pois não pode haver o pronunciamento judicial sem a consequente acusação, sob pena de nulidade da decisão (violação do princípio da correlação).

Quanto ao crime conexo, havendo desclassificação, ele sempre seguirá o crime prevalente. Assim, se houver desclassificação e pronúncia, o conexo também vai a julgamento pelo Tribunal do Júri. Já quando a desclassificação exclui da competência do júri, pois o novo crime não se subsume àqueles previstos no art. 74, § 3º, o conexo seguirá o principal. Não cabe, de modo algum, ao juiz presidente decidir sobre o crime conexo neste momento, pois não é competente para tanto.

Em suma, a desclassificação na primeira fase pode ser:

1. **Própria:** quando o juiz dá ao fato uma nova classificação jurídica, excluindo da competência do júri. Diz que o delito não é da competência

---

[85] Art. 418. O juiz poderá dar ao fato definição jurídica diversa da constante da acusação, embora o acusado fique sujeito a pena mais grave.
Art. 419. Quando o juiz se convencer, em discordância com a acusação, da existência de crime diverso dos referidos no § 1º do art. 74 deste Código e não for competente para o julgamento, remeterá os autos ao juiz que o seja.
Parágrafo único. Remetidos os autos do processo a outro juiz, à disposição deste ficará o acusado preso.

do júri e com isso remete para o juiz singular. Exemplo: desclassifica de tentativa para lesões corporais ou de homicídio doloso para culposo. O conexo segue o prevalente, logo, vai para o singular também, pois não cabe ao juiz presidente do júri julgar o conexo naquele momento. O recurso cabível para impugnar essa decisão é o recurso em sentido estrito, art. 581, II, porque ele conclui pela incompetência do júri.

2. **Imprópria:** quando o juiz desclassifica, mas o crime residual continua da competência do júri. Ele desclassifica, mas pronuncia. Exemplo: desclassifica de infanticídio para homicídio simples. Como o novo crime continua na esfera de competência do Tribunal do Júri, o juiz presidente desclassifica, mas pronuncia. O crime conexo segue o prevalente e também vai para o Tribunal do Júri. Dessa decisão (de pronúncia) caberá o recurso em sentido estrito, previsto no art. 581, IV.

No que diz respeito à desclassificação própria, o revogado art. 410 do CPP previa que o juiz que recebesse o processo deveria reabrir ao acusado o prazo para defesa e indicação de testemunhas. A nova redação do art. 419 do CPP silencia. Pensamos que o mais coerente é que seja reaberta a instrução, possibilitando-se às partes arrolarem testemunhas para que a prova seja colhida em relação a essa *nova imputação*, até porque, agora está consagrado o princípio da identidade física do juiz, sendo necessário que esse novo julgador colha a prova.

Também aqui o *in dubio pro societate* é costumeiramente invocado para não fazer uma desclassificação que beneficiasse o réu. Não concordamos e remetemos o leitor para os argumentos anteriormente externados sobre esse fato.

Quanto ao recurso cabível para impugnar a desclassificação feita na primeira fase, deve-se utilizar o recurso em sentido estrito, previsto no art. 581, II, pois estamos diante de decisão que conclui pela incompetência do Tribunal do Júri para o julgamento.

Já em plenário também pode haver desclassificação própria ou imprópria, gerada pela resposta dada pelos jurados aos quesitos.

Conforme a tese sustentada em plenário pela defesa, podem os jurados operar uma desclassificação, alterando inclusive a competência para o julgamento. Situação bastante comum é a tese de crime culposo (ou negativa de dolo, o que acaba dando no mesmo). Há que se ter sempre presente que a competência do Tribunal do Júri é para o julgamento dos crimes dolosos, tentados ou consumados, contra a vida. Se a resposta aos quesitos propostos negar que o agente tenha agido com dolo (direto e eventual, pois ambos devem ser quesitados), haverá uma desclassificação própria que conduzirá ao afastamento da competência do Tribunal do Júri.

Outra situação de desclassificação em plenário é quando os jurados negam o quesito relativo à tentativa, afastando assim sua competência para julgar o caso, cabendo ao juiz presidente proferir sentença, considerando ainda os institutos da Lei n. 9.099 se for cabível sua aplicação.

Já a desclassificação imprópria fica restrita aos casos em que é reconhecido o excesso culposo na excludente ou admitida a participação dolosamente distinta. A principal distinção em relação à desclassificação própria é que aqui os jurados afirmam qual é o tipo penal residual e, portanto, firmam a competência e podem julgar o crime conexo.

Noutra linha, na desclassificação própria os jurados não julgam o crime conexo, que deverá seguir o prevalente, competindo o julgamento ao juiz presidente e aplicando-se, no que couber, os institutos da Lei n. 9.099. O crime conexo segue o crime principal e, com a desclassificação (própria) do prevalente, não pode sequer ser objeto de quesitação ao conselho de sentença.

E, com a desclassificação própria, a pronúncia segue existindo como marco interruptivo da prescrição?

Durante muito tempo prevaleceu o entendimento de que, com a desclassificação própria, a pronúncia desapareceria como marco interruptivo da prescrição (pois na verdade o crime nunca foi da competência do Tribunal do Júri e, portanto, não deveria ter sido pronunciado). Mas, com a publicação da Súmula 191 do STJ, o entendimento passou a ser em sentido inverso, de que a pronúncia permanece como marco interruptivo da prescrição, em que pese a desclassificação feita em plenário.

#### 3.8.2.2. Segunda Fase: Da Preparação do Processo para Julgamento em Plenário. Relatório. Crítica a que "Qualquer Juiz" Presida o Feito. Alistamento dos Jurados

Com a preclusão da decisão de pronúncia, os autos serão encaminhados para o juiz presidente, que determinará a intimação do Ministério Público (ou do querelante se for caso de queixa-crime subsidiária) e da defesa, para que no prazo de 5 dias apresentem o rol de testemunhas de plenário, ou seja, daquelas testemunhas que serão ouvidas no plenário do Tribunal do Júri. Também poderão as partes juntar documentos e postular diligências, que devem ser realizadas antes da sessão de julgamento.

A acusação e cada um dos réus poderão arrolar até 5 (cinco) testemunhas de plenário, não importando se elas já foram ouvidas na primeira fase ou não. Como o próprio nome diz, são testemunhas "de plenário", portanto, não se admite a indicação de testemunhas para serem ouvidas em outra comarca, por carta precatória e, menos ainda, pode ser admitido o argumento de que esses depoimentos colhidos à distância seriam "lidos" em plenário, convertendo essa ginástica jurídica em "testemunhos de leitura em plenário". Primeiro, porque as testemunhas arroladas nesse momento são para serem ouvidas diante do conselho de sentença, para que os jurados diretamente tomem contato com o depoimento; em segundo lugar, a mera leitura desse depoimento viola, uma vez, os princípios da imediação e da oralidade, constitutivos da prova testemunhal.

Saneado o feito e realizadas as eventuais diligências postuladas, deverá o juiz elaborar um relatório escrito do processo, descrevendo todos os atos realizados até ali e determinar a inclusão do feito em pauta para julgamento pelo Tribunal do Júri. Como adverte NASSIF[86], esse relatório "não poderá conter-se de análise de prova e limitar-se-á a descrever, sinteticamente, as ocorrências no desenvolvimento do feito". Portanto, muita cautela deverá ter o juiz para não cometer excessos de linguagem ou fazer qualquer tipo de juízo de valor, para não induzir os jurados.

O que fazer diante de um relatório elaborado em termos inadequados?

O grande problema é que não existe previsão de juntada prévia à sessão de julgamento, impedindo, portanto, o controle pelas partes. Mas, por outro lado, nada impede que assim proceda o juiz, o que desde logo nos parece aconselhável. A conformidade do dispositivo à Constituição aconselha a que, em nome do contraditório, o juiz dê conhecimento às partes com suficiente antecedência em relação à data do julgamento. Se isso ocorrer, e o relatório não for elaborado em termos adequados, o Mandado de Segurança é o instrumento adequado para buscar o desentranhamento da peça e a elaboração de outra, adequada aos fins a que se dirige, que é o mero relato do *iter* procedimental.

Sendo o relatório apresentado somente no dia do julgamento, caberá à defesa ou acusação prejudicada pela peça protestar imediatamente, fazendo constar na ata dos trabalhos (art. 495) a alegação de nulidade, que será utilizada como argumento para o posterior recurso (preliminar de nulidade) em que se buscará a nulidade de todo o julgamento.

Mudando o enfoque, o art. 424 recepciona, infelizmente, um equivocado entendimento, já adotado em alguns Estados (nas respectivas leis de organização judiciária), de que um juiz (que não é o presidente do Tribunal do Júri) faça o preparo para julgamento e, dependendo da estrutura local, até mesmo decida pela pronúncia, remetendo o processo, após a preclusão dessa decisão, para o juiz presidente do Tribunal do Júri. Ora, isso é um grave erro. Elementar que não desconhecemos que os jurados são os competentes para proferir o julgamento, sendo eles os "juízes naturais", mas esse argumento não pode legitimar a que "qualquer" juiz faça toda a instrução! A garantia do juiz natural não se restringe à decisão tomada em plenário, e aqui reside o grave reducionismo daqueles que chancelam tal prática.

Parece-nos inegável que a garantia do juiz natural não nasce no plenário, mas muito antes, possuindo ainda uma dupla dimensão: de um lado, em relação ao

86 NASSIF, Aramis. *O Novo Júri Brasileiro*, cit., p. 79.

juiz presidente e, de outro, em relação ao Tribunal do Júri. Ou seja, não se pode desconsiderar a relevância das decisões de pronúncia, impronúncia, desclassificação ou absolvição sumária, pois elas efetivamente afetam gravemente o réu. Ali se decide, em muitos casos, a sorte (de ser absolvido sumariamente, impronunciado ou obter uma desclassificação própria) ou o azar de alguém (ser pronunciado e submetido ao ritual do júri, com todo o imenso risco que encerra).

Ademais, há que se considerar que a nova sistemática do Código de Processo Penal consagrou o princípio da identidade física do juiz, cuja redação do art. 399, § 2º, afirma que o juiz que presidiu a instrução deverá proferir a sentença. Ora, existe o direito do réu de que o juiz que colha a prova decida sobre uma eventual absolvição sumária ou impronúncia, que são decisões definitivas. E, mesmo se pronunciado, que o seja pelo juiz competente, que é o presidente do Tribunal do Júri e não qualquer juiz (ou juizado!)[87].

Igualmente inaceitável é permitir-se que um "juizado" colha toda a prova para que outro juiz (o presidente) simplesmente decida se pronuncia ou não o réu. Pior ainda é admitir que o tal juizado ainda decida pela pronúncia...

Em suma, entendemos que a competência constitucional do Tribunal do Júri, a garantia do juiz natural e o princípio da identidade física do juiz não admitem tal prática.

Quanto ao alistamento dos jurados, será feito nos termos dos arts. 425 e 426, destacando-se a proibição de que o cidadão que tenha integrado o conselho de sentença nos últimos 12 meses (ou seja, na lista anterior) seja incluído na lista geral. A função de tal proibição é ventilar o conselho de sentença e evitar a figura do "jurado profissional", que ano após ano participe dos julgamentos, pois isso vai de encontro com o próprio fundamento legitimante do júri: que pessoas do povo, sem os vícios e cacoetes do ritual judiciário, integrem o júri. O cidadão que sistematicamente participa dos júris pode se transformar num mal jurado, pois ele continua não tendo conhecimento de direito penal e processo penal, mas, pelas sucessivas participações, é levado a ter a falsa impressão de que conhece o suficiente (a ilusão de conhecimento). Também visa diminuir a contaminação pelas

---

[87] Nessa linha, equivocadíssima, a nosso sentir, a decisão abaixo, do Superior Tribunal de Justiça: "*HABEAS CORPUS*. CRIME DOLOSO CONTRA A VIDA PROCESSADO PELO JUIZADO DE VIOLÊNCIA DOMÉSTICA E FAMILIAR CONTRA A MULHER. NULIDADE. NÃO OCORRÊNCIA. LIBERDADE PROVISÓRIA. CRIME HEDIONDO. IMPOSSIBILIDADE. ORDEM DENEGADA.

Ressalvada a competência do Júri para julgamento de crime doloso contra a vida, seu processamento, até a fase de pronúncia, poderá ser pelo Juizado de Violência Doméstica e Familiar contra a Mulher, em atenção à Lei 11.340/06.

(...)

(HC 73.161/SC, 5ª Turma, Rel. Des. Jane Silva (convocada), j. 29/08/2007)".

constantes presenças nos julgamentos[88] e a proximidade que isso possa trazer em relação ao promotor e advogados que lá costumam atuar.

Parte da crítica que ao final faremos à instituição do júri, inicia-se na seleção dos jurados, pois aqui começa a ruir a tese de "instituição democrática", na medida em que – como regra – os jurados acabam por representar segmentos bem definidos da sociedade, como servidores públicos, aposentados, donas de casa, estudantes, enfim, aqueles cuja ocupação (ou ausência de) lhes permite perder um dia inteiro (ou mais) em um julgamento.

Nossa crítica não passou despercebida para MARQUES, que, mesmo defendendo a instituição (com muita qualidade técnica, registre-se), aponta que "a desvalorização da Instituição do Júri começa pela forma como os juízes fazem a seleção dos jurados, na medida em que há uma espécie de condescendência com as pessoas mais ocupadas, aquelas que ocupam cargos mais importantes, como os médicos, os diretores das grandes empresas, aqueles com situação social mais favorecida, empresários, celebridades etc. (...) culminando por vivificar a ideia (absurda) de que a tarefa de ser jurado deveria ficar reservada para pessoas que não tenham outra atividade mais importante ou, dito de outro modo, para aqueles que não têm outra coisa melhor para fazer na vida". Sem dúvida esse problema deve merecer atenção, para que o Tribunal do Júri efetivamente corresponda àquilo que dele se espera.

#### 3.8.2.2.1. Do Desaforamento e Reaforamento. Dilação Indevida e (De)Mora Jurisdicional. Pedido de Imediata Realização do Julgamento

Estabelece o art. 427[89] que o desaforamento é uma medida extrema (até porque representa uma violação da competência em razão do lugar), na qual o processo é (des)aforado, ou seja, retirado do seu foro, daquela comarca originariamente competente para julgá-lo, e encaminhado para julgamento em outro foro (comarca ou circunscrição judiciária, caso a competência seja da Justiça Federal).

---

88 No mesmo sentido, GIACOMOLLI, op. cit., p. 94.

89 Art. 427. Se o interesse da ordem pública o reclamar ou houver dúvida sobre a imparcialidade do júri ou a segurança pessoal do acusado, o Tribunal, a requerimento do Ministério Público, do assistente, do querelante ou do acusado ou mediante representação do juiz competente, poderá determinar o desaforamento do julgamento para outra comarca da mesma região, onde não existam aqueles motivos, preferindo-se as mais próximas.
§ 1º O pedido de desaforamento será distribuído imediatamente e terá preferência de julgamento na Câmara ou Turma competente.
§ 2º Sendo relevantes os motivos alegados, o relator poderá determinar, fundamentadamente, a suspensão do julgamento pelo júri.
§ 3º Será ouvido o juiz presidente, quando a medida não tiver sido por ele solicitada.
§ 4º Na pendência de recurso contra a decisão de pronúncia ou quando efetivado o julgamento, não se admitirá o pedido de desaforamento, salvo, nesta última hipótese, quanto a fato ocorrido durante ou após a realização de julgamento anulado.

São quatro as hipóteses de desaforamento:

a) **Interesse da ordem pública:** confunde-se com o já conhecido "interesse público", ou seja, uma fórmula genérica e indeterminada, que encontra seu referencial semântico naquilo que o juiz ou tribunal quiser. Inclusive, abrange a falta de segurança para o acusado, a demora indevida do art. 428 e até mesmo a imparcialidade (ou não existe um interesse de ordem pública sobre isso?). Ou seja, é uma cláusula guarda-chuva. Também aqui podem ser trazidas questões de clamor ou comoção social e até a inexistência de um local adequado para a realização do júri, seja por inexistência (comarcas pequenas) ou mesmo por impossibilidade temporária (obras, construção de novo foro etc.). Também não vemos impedimento de que, com base nesse fundamento, seja desaforado o julgamento quando houver fundado receio em relação à segurança dos jurados (e não apenas do réu, como menciona o dispositivo), seja por questões de arquitetura da sala de julgamento, ou mesmo por falta de policiamento suficiente para garantia da tranquilidade do julgamento.

b) **Dúvida sobre a imparcialidade do júri:** é uma causa importante, mas dificílima de ser comprovada e, portanto, admitida. Se a suspeição por quebra da imparcialidade de um juiz de direito ou federal, julgador perfeitamente individualizado, portanto, é rarissimamente reconhecida pelos tribunais (pelos mais diversos motivos, mas principalmente pelo sentimento corporativo e o protecionismo), imagine-se uma alegação genérica de quebra da imparcialidade de um grupo difuso de jurados. Não significa que o problema não exista, todo o oposto, senão que é de difícil comprovação. Em geral, tal situação decorre do mimetismo midiático, ou seja, o estado de alucinação coletiva (e contaminação psíquica, portanto) em decorrência do excesso de visibilidade e exploração dos meios de comunicação. O bizarro espetáculo midiático e a publicidade abusiva em torno de casos graves ou que envolva pessoas influentes ou personalidades públicas fazem com que exista fundado receio de que o eventual conselho de sentença formado não tenha condições de julgar o caso penal com suficiente tranquilidade, independência e estranhamento (ou alheamento, desde uma perspectiva de *terzietà*). Diante disso, proporcional à cautela que devem os tribunais ter ao julgar tal pedido, para evitar uma molesta banalização da medida, está a necessidade de ter sensibilidade e coragem para decidir pelo desaforamento quando houver uma dúvida razoável acerca da alegada imparcialidade. Também se deve considerar nessa rubrica o sentimento e prejulgamento gerado não pelo crime em si, mas pela pessoa sujeita ao julgamento, ou seja, como adverte ESPÍNOLA FILHO[90], há que se distinguir o sentimento de repulsa que em geral acompanha o crime, da animosidade existente contra a pessoa do réu (autorizadora do desaforamento).

c) **A segurança do réu exigir:** o risco de linchamento ou mesmo de que atentem contra a vida do imputado é um fator a ser considerado, seja pela falta de condições adequadas para a realização do júri com segurança, seja pela falta de policiamento suficiente na comarca.

d) **Comprovado excesso de serviço:** essa causa de desaforamento está prevista no art. 428 e vincula-se à eficácia do direito de ser julgado em um prazo razoável, previsto no art. 5º, LXXVIII, da Constituição Federal. Está previsto no art. 428 do CPP[91].

A nova sistemática do Tribunal do Júri, alinhada ao espírito de celeridade processual que marcou as reformas procedimentais, reduziu o prazo para o desaforamento por demora judicial, que era de 1 ano no revogado art. 424, parágrafo único (contado do recebimento do extinto libelo), para 6 meses. O comprovado excesso de serviço não mais justifica a (de)mora jurisdicional, pois não se pode confundir "comprovado excesso de serviço" com "justificada demora". O excesso comprovado não significa legítima dilação, estabelecendo o dispositivo uma solução processual para o interessado: retirar o processo daquele foro. Não se pode mais aceitar como causa de justificação a sobrecarga de trabalho do órgão jurisdicional, pois segundo já decidiu o Tribunal Europeu de Direitos Humanos, no caso Bucholz, é inconcebível TRANSFORMAR EM "DEVIDO" O "INDEVIDO" FUNCIONAMENTO DA JUSTIÇA. Por fim, ainda que não adote aqui a teoria dos 3 critérios, é claro que o réu não pode dar causa à demora e depois reclamar pela demora... ou seja, não pode se beneficiar da sua própria torpeza.

Estabeleceu ainda o dispositivo o pedido de "imediata realização do julgamento", que não configura desaforamento. É uma situação diversa e que merecia um tratamento em outro dispositivo, pois não diz respeito ao deslocamento do julgamento para outra comarca, senão, simplesmente, que o acusado seja imediatamente

---

90 ESPÍNOLA FILHO, Eduardo. *Código de Processo Penal Brasileiro Anotado*, cit., v. 4, p. 339.

91 Art. 428. O desaforamento também poderá ser determinado, em razão do comprovado excesso de serviço, ouvidos o juiz presidente e a parte contrária, se o julgamento não puder ser realizado no prazo de 6 (seis) meses, contado do trânsito em julgado da decisão de pronúncia.
§ 1º Para a contagem do prazo referido neste artigo, não se computará o tempo de adiamentos, diligências ou incidentes de interesse da defesa.
§ 2º Não havendo excesso de serviço ou existência de processos aguardando julgamento em quantidade que ultrapasse a possibilidade de apreciação pelo Tribunal do Júri, nas reuniões periódicas previstas para o exercício, o acusado poderá requerer ao Tribunal que determine a imediata realização do julgamento.

julgado diante da demora injustificada (pois não há excesso de serviço ou uma quantidade de processos aguardando julgamento que ultrapasse a possibilidade de apreciação pelo Tribunal do Júri nas reuniões previstas para o exercício).

Detalhe interessante, apontado por BORGES DE MENDONÇA[92], é que se o pedido de desaforamento for por excesso de serviço e dilação indevida (superior a 6 meses), conforme previsto no *caput* do dispositivo, o Tribunal, em não aceitando o argumento de excesso de serviço, poderá determinar a imediata realização do julgamento (§ 2º), ainda que isso não tenha sido solicitado expressamente. Ora, se o Tribunal pode, em nome da demora, tomar a medida mais grave, que é o desaforamento, nada impede que profira uma decisão determinando o imediato julgamento naquela comarca.

Passando para a análise do processamento do pedido de desaforamento, poderá a medida ser solicitada pelo Ministério Público, querelante (no caso de ação penal privada subsidiária), assistente da acusação, réu ou mesmo pelo juiz presidente, de ofício, diretamente ao Tribunal (de Justiça ou Regional Federal, conforme o caso), pois não compete tal decisão ao juiz de primeiro grau. Não há previsão de dilação probatória para demonstrar as causas arguidas no pedido de desaforamento, de modo que a prova deverá ser pré-constituída.

Quando o pedido não for realizado pela defesa, deverá ela, obrigatoriamente, ser ouvida, sob pena de nulidade da própria decisão que determinar o desaforamento. Nesse sentido, acertadamente está posta a Súmula 712 do STF:

> É nula a decisão que determina o desaforamento de processo da competência do Júri sem audiência da defesa.

Será ouvido o juiz da causa, exceto, é óbvio, quando dele partir o pedido, podendo o relator liminarmente suspender o julgamento pelo júri. Essa medida liminar, antecipatória da questão de fundo, deve ser utilizada sem a timidez infelizmente reinante nos tribunais brasileiros. De nada serve o desaforamento concedido após o julgamento.

Voltando ao § 4º, é acertada a vedação à admissibilidade do pedido de desaforamento enquanto não estiver preclusa (pendência de recurso) a decisão de pronúncia. Somente quando admitida a acusação e pronunciado o réu, sem recurso pendente, é que se poderá formular o pedido de desaforamento.

---

92 BORGES DE MENDONÇA, Andrey. *Nova Reforma do Código de Processo Penal*. São Paulo, Método, 2008. p. 48.

Noutra dimensão, infeliz é o restante da redação do § 4º, quando menciona "quando efetivado o julgamento, não se admitirá o pedido de desaforamento, salvo, nesta última hipótese, quanto a fato ocorrido durante ou após a realização de julgamento anulado".

Razão assiste ao artigo em algumas situações (segurança, interesse público e demora), mas esbarra no caso de *dúvida sobre a imparcialidade do júri*. Nessa situação, não existe a (espécie de) convalidação pregada. Reconhecendo o tribunal que havia dúvida sobre a imparcialidade dos jurados, há motivo mais do que suficiente para que o júri seja anulado. A situação aqui é análoga àquela prevista no art. 101 do CPP, devendo ser adotada a mesma postura: nulidade dos atos (no caso, do julgamento).

Voltando ao processamento, uma vez acolhido o pedido de desaforamento, prevê o dispositivo que, preferencialmente, o julgamento será transferido para uma comarca da mesma região, preferindo-se, entre elas, as mais próximas, o que, especialmente nos casos de dúvida sobre a imparcialidade dos jurados, pode não ser suficiente para a resolução do problema, pois não impõe o afastamento (estranhamento) necessário. Daí por que, se a decisão for pelo desaforamento, deve o tribunal adotar uma medida efetiva e não um mero paliativo despido de suficiente poder de distanciamento do foco do problema originador do pedido.

Inclusive, em casos extremos, se a competência for da Justiça Federal, não vislumbramos nenhum óbice a que o júri seja desaforado para outro Estado, desde que dentro da região de abrangência do respectivo Tribunal Regional Federal. Sendo a competência da justiça estadual, os limites do Tribunal de Justiça do Estado se impõem, diante da necessidade de que os atos decisórios tomados pelo juiz presidente e pelo próprio conselho de sentença sejam submetidos ao controle do respectivo órgão de segundo grau competente. Em sentido inverso, não há como o Tribunal de Justiça da Bahia, atendendo ao pedido do juiz de uma das varas do júri de Salvador, determinar o desaforamento para Porto Alegre, pois nenhuma ascensão e competência possui naquele Estado e sobre os juízes de lá. Não se desconhece que o poder da mídia e sua abrangência territorial fazem com que, em certos casos, o ideal seja um desaforamento para o exterior... mas isso tampouco é possível.

Dessarte, há que se ter presente os limites legais do desaforamento e ponderá-los à luz das necessidades do caso concreto, sem medo, contudo, de encaminhar o caso penal para comarca longínqua (o máximo possível, atendendo as limitações territoriais).

Por fim, o chamado *reaforamento* tem uma importância apenas teórica (para servir de questão-fora-da-realidade... cada vez mais comum nos concursos públicos), pois não se tem notícia da sua ocorrência com alguma frequência, ainda que mínima, o que não significa que nunca tenha ocorrido (talvez algum caso possa ser encontrado, numa arqueologia judiciária...). Uma vez desaforado o julgamento, em tese, seria possível um reaforamento, ou seja, um retorno ao foro de origem em decorrência do desaparecimento das circunstâncias que autorizaram o desaforamento, desde que isso ocorra, é óbvio, antes da realização do júri. Ainda que nunca tenha ocorrido, nem mesmo em tese é tranquila sua aceitação. Nessa linha, ESPÍNOLA FILHO[93] afirma que "definitivos são os efeitos do desaforamento, e, assim, se proscreve o reaforamento, mesmo quando, antes do julgamento, tenham desaparecidas as causas que o determinaram".

#### 3.8.2.2.2. Obrigatoriedade da Função de Jurado. Isenção. Alegação de Impedimento. Recusa de Participar e Ausência na Sessão. Serviço Alternativo. Problemática

O serviço do júri é obrigatório, determina o art. 436, sendo que nenhum cidadão poderá ser excluído dos trabalhos do júri, ou deixar de ser alistado, em razão de cor ou etnia, raça, credo, sexo, profissão, classe social ou econômica, origem ou grau de instrução[94].

Essa obrigatoriedade somente é mitigada pelas causas de isenção estabelecidas no art. 437 do CPP. Os nove primeiros incisos dizem respeito a funções públicas e atividades que por sua própria natureza são incompatíveis com o papel de jurado. O inciso X é uma válvula de escape, para atenuar o rigor da obrigatoriedade, cabendo ao juiz o poder de decidir conforme o caso e o impedimento apresentado.

A Lei n. 11.689 definiu os serviços alternativos àqueles cidadãos que, convocados para servir no júri, recusarem, alegando objeção de consciência. A disciplina legal regulamenta o disposto no art. 5º, VIII, da Constituição, que determina que "ninguém será privado de direitos por motivo de crença religiosa ou de convicção filosófica ou política, salvo se as invocar para eximir-se de obrigação legal a todos imposta e recusar-se a cumprir prestação alternativa, fixada em lei". Tal dispositivo deve ser lido de forma combinada com o art. 15, também da Constituição, que estabelece a perda ou suspensão dos direitos políticos daquele que se recusar a cumprir "obrigação a todos imposta ou prestação alternativa".

Com isso, a recusa em cumprir a obrigação como jurado, quando fundada em crença religiosa, filosófica ou política, não poderá dar lugar à perda ou suspensão

93 ESPÍNOLA FILHO, Eduardo. *Código de Processo Penal Brasileiro Anotado*, cit., v. 4, p. 342.

94 Pensamos, todavia, que "grau de instrução" pressupõe, logicamente, *alguma* instrução. Daí por que o analfabeto não poderá ser jurado, pois a *ausência* de instrução não lhe permitirá sequer ler o relatório feito pelo juiz, bem como as demais peças processuais e documentos apresentados, impossibilitando assim sua participação no julgamento.

de direitos políticos, mas sim ao estabelecimento de serviço alternativo. Contudo, o não cumprimento desse serviço alternativo autorizará a aplicação da sanção do art. 15 da Constituição.

O art. 438 atribui ao juiz fixar o serviço alternativo quando o convocado alegar um impedimento por convicção religiosa, filosófica ou política. A disciplina legal é vaga, deixando nas mãos do juiz definir a forma e a duração em que será prestado o serviço alternativo atendendo ao princípio da proporcionalidade e razoabilidade. Limita-se o § 1º do art. 438 do CPP a dizer que o serviço alternativo será o exercício, de caráter administrativo, assistencial, filantrópico ou mesmo produtivo, no Poder Judiciário, na Defensoria Pública, no Ministério Público ou em entidade conveniada para esse fim.

A previsão é interessante, mas faltou definir por quanto tempo será prestado esse serviço alternativo. Será por um dia, uma semana, um mês, enfim, quanto tempo durará o serviço alternativo? Pensamos que o serviço alternativo não poderá ser transformado numa punição implacável àquele que não aceita participar do Tribunal do Júri, mas a ausência de previsão de limites (como no direito penal, ou seja, pena mínima e máxima) abre um espaço impróprio para o abuso judicial.

Além da lacuna legal, no que tange à duração, a nova sistemática estabeleceu uma contradição: o convocado que injustificadamente se recusar a participar do júri será multado (o valor será de 1 a 10 salários mínimos, conforme as condições econômicas do jurado), e após pagar a multa será liberado; já aquele que alegar uma objeção de consciência e fundamentar sua recusa, deverá prestar um serviço alternativo. Assim, para o convocado com melhores condições econômicas, a simples recusa é mais benéfica do que ficar prestando serviços alternativos.

Essa mesma punição (multa, de 1 a 10 salários mínimos) será aplicada ao jurado que, sem causa legítima, deixar de comparecer à sessão ou retirar-se antes de ser dispensado pelo juiz presidente.

Por derradeiro, e mais grave, não vislumbramos possibilidade de aplicação (sem violação da Constituição) das punições previstas, especialmente da "suspensão de direitos políticos" enquanto não prestados os serviços impostos. Como admitir uma punição sem prévio processo? Esse é um obstáculo intransponível na sistemática legal, que prevê o dever de prestar um serviço (de forma genérica e com prazo indeterminado) e a pena de suspensão de direitos políticos sem a previsão de um prévio processo judicial. Ora, como admitir tão grave pena (suspensão de direitos políticos) sem prévio contraditório e defesa? E como fazer isso sem um devido processo?

Daí por que pensamos ser inconstitucional a punição, na medida em que viola as garantias inerentes ao devido processo.

#### 3.8.2.2.3. A Sessão do Tribunal do Júri. Constituição do Conselho de Sentença. Direito de Não Comparecer. Recusas e Cisão. Instrução em Plenário. Leitura de Peças e Proibições. Uso de Algemas. Debates

A organização da sessão do Tribunal do Júri é detalhadamente prevista no CPP, cabendo apenas mencionar alguns aspectos mais relevantes.

Na estrutura brasileira, o Tribunal do Júri é composto por um juiz togado, ou seja, um juiz de direito ou juiz federal, que presidirá os trabalhos, e mais 25 (vinte e cinco jurados) que participarão das sessões. Desses 25 jurados, serão sorteados, em cada julgamento, 7 pessoas para constituir o conselho de sentença, estando os demais dispensados pelo juiz presidente após a escolha.

As situações de impedimento estão enumeradas no art. 448, somando-se a elas as causas de impedimento, suspeição e as incompatibilidades previstas para os juízes togados. Ao lado delas, estão os casos em que os jurados estão proibidos de constituir o conselho de sentença (nos termos do art. 449).

Diante de uma situação dessas, caberá ao jurado decliná-la quando sorteado ou, ainda, poderá ser recusado por qualquer das partes de forma motivada (não se computando, portanto, no limite das recusas imotivadas).

Finalmente, está consagrado o *direito de não comparecer*, ou seja, o réu em liberdade, que foi devidamente intimado para a sessão do júri pode, sem qualquer prejuízo jurídico, não comparecer no seu julgamento (art. 457). No mesmo sentido dispõe o art. 457, § 2º, do CPP em relação ao réu preso, que poderá pedir a dispensa de comparecimento, tendo o legislador tomado a cautela de exigir que tal pedido seja subscrito pelo réu e seu defensor. A conjunção aditiva "e" não deixa dúvidas de que devem concorrer as duas assinaturas, para evitar futuras alegações de nulidade e também eventuais prejuízos para a defesa pessoal e/ou técnica, conforme o caso. De outra banda, quando o réu preso não for conduzido (não usou, portanto, o direito de não ir), o julgamento deverá ser adiado para evitar graves prejuízos para sua defesa.

O *direito de não comparecer* é uma decorrência lógica do direito de silêncio e do *nemo tenetur se detegere*, mas que infelizmente não vinha merecendo o devido respeito e tratamento. Indo além dessa conquista, estamos sustentando[95] que o

---

[95] No mesmo sentido, Jader MARQUES (*Tribunal do Júri* – considerações críticas à Lei 11.689/08, cit., p. 111) afirma que "se o réu, por sua vontade, pode deixar de ir ao julgamento em processo da competência do Tribunal do Júri, tal hipótese deve estender-se a todos os demais casos, sendo opcional

direito de não ir deve ser reconhecido, por analogia, em todo e qualquer ato processual ou pré-processual, não apenas no júri, mas especialmente na fase policial, em CPIs e também no próprio interrogatório judicial. Por que submeter alguém ao ritual degradante e humilhante de ser interrogado por uma CPI, ou mesmo de comparecer na delegacia de polícia ou fórum, quando irá utilizar o direito de silêncio? É, a nosso ver, insustentável a dicotomia estabelecida pelo senso comum teórico, quando afirmam que o réu ou imputado tem o direito de silêncio, mas não o direito de não ir. Isso é uma contradição total e uma punição ilegítima.

Na sessão de julgamento, deverá o juiz presidente verificar se a urna contém as cédulas dos 25 jurados sorteados e determinará que o escrivão proceda à chamada deles. Não é necessário que todos compareçam, pois com pelo menos 15 jurados, os trabalhos serão instalados e realizado o julgamento. Do contrário, serão sorteados tantos suplentes quantos necessários e designada nova data para a sessão.

Desses 25 jurados (ou no mínimo 15), serão extraídos os 7 que irão compor o conselho de sentença.

Uma vez sorteados, vige o princípio da incomunicabilidade entre os jurados e com outras pessoas, impedindo-se a manifestação de opinião sobre o processo, sob pena de exclusão do Conselho de sentença e multa.

A cada jurado sorteado, deverá o juiz ler seu nome, podendo a defesa e, depois dela, o Ministério Público, recusar o jurado sorteado. Duas são as espécies de recusa:

- recusa motivada (por suspeição, impedimento, incompatibilidade e proibição), sem qualquer limite numérico, cabendo ao juiz decidir no ato sobre a procedência ou não da alegação;
- recusa imotivada, limitada a 3 para cada parte. É uma recusa peremptória, sem necessidade de fundamentar o porquê de determinado jurado não ser admitido. No modelo brasileiro, não existe uma entrevista com os jurados, em que os advogados e promotores poderiam ter um contato maior com eles, buscando traçar o perfil social, econômico e mesmo psicológico (ainda que superficial, é claro). Então, no mais das vezes, a recusa é puramente instintiva.

Havendo dois ou mais réus, as recusas poderão ser feitas por um único defensor. O problema é quando cada réu, através de seu respectivo defensor, exerce o direito de recusa em descompasso com o corréu. Estabelece o art. 469, § 1º, que a separação dos

a presença do acusado aos atos processuais em quaisquer tipos de procedimentos, inclusive durante a investigação preliminar".

julgamentos somente ocorrerá se, em razão das recusas (não sincronizadas), não for obtido o número mínimo de 7 (sete) jurados para compor o conselho de sentença. Significa que se após o exercício de todas as recusas, houver um consenso em torno de sete jurados, haverá júri com os dois réus. Do contrário, opera-se a cisão.

É importante esclarecer, até para romper com a estrutura do pensamento forjado no modelo anterior, que havendo corréus, a recusa de qualquer deles exclui aquele jurado. Ou seja, jurado recusado por qualquer dos réus está fora do conselho de sentença. Isso, com certeza, irá gerar uma série de problemas (o chamado "estouro de urna"), na medida em que se tivermos apenas 15 jurados presentes e dois réus para serem julgados, o exercício do direito de recusa imotivada de cada um (3 para cada réu, logo, 6 na soma), deixará um universo de apenas 9 jurados. Se o Ministério Público também recusar 3 (outros) jurados, sobrarão apenas 6 pessoas, número insuficiente para formação do conselho de sentença.

Se, em razão das recusas (motivadas e/ou imotivadas), não houver o número mínimo para formação do conselho de sentença (7 jurados), o julgamento será adiado para o primeiro dia desimpedido, após sorteados os suplentes necessários.

Nesse caso, entendemos, haverá cisão e, na próxima reunião será julgado apenas um dos réus, preferencialmente aquele a quem foi atribuída a autoria do fato ou, em caso de coautoria, terá preferência de ser julgado o acusado que estiver preso (em caso de prisão de ambos, aquele que estiver há mais tempo preso e, permanecendo o empate, aquele que tiver sido pronunciado primeiro – valendo aqui, para desempate, aquele em que primeiro se operou a preclusão da decisão de pronúncia).

Mas, se houver o número mínimo de jurados, o Conselho de Sentença será formado, procedendo então ao juramento, através da fórmula estabelecida no art. 472. Trata-se de nada mais do que uma fórmula ritual, simbólica, em que os jurados prometem julgar com imparcialidade e decidir de acordo com sua consciência e os "ditames da justiça". É, de certo modo, um instrumento de captura psíquica, em que se busca fortalecer o compromisso dos jurados em julgar com a seriedade e comprometimento que a função exige.

Após, receberão os jurados cópias da pronúncia (e eventuais acórdãos posteriores que a confirmaram)[96] e o relatório elaborado pelo juiz, onde constará a

---

96 E aqui se estabelece um interessante paradoxo: os leigos recebem a decisão de pronúncia e acórdão confirmatório, mas as partes não podem fazer menção a esses atos no debate (art. 478). Logo, os leigos recebem algo que não compreendem, pois são decisões técnicas, e tampouco podem as partes explicar o que ali consta... Somos favoráveis à proibição da exploração, nos debates, da decisão de pronúncia e acórdãos posteriores, mas não achamos uma boa solução entregar essas decisões para os jurados. Bastava o relatório do juiz.

descrição dos principais atos do processo. Sobre o relatório, para evitar repetições, remetemos o leitor para o tópico anterior, quando tratamos "Da Preparação do Processo para Julgamento em Plenário" e da problemática que o envolve.

Inicia-se, então, "a instrução em plenário", disciplinada nos arts. 473 a 475, através da qual as partes tomarão as declarações da vítima (se possível e tiver sido arrolada), bem como das testemunhas de plenário arroladas pela acusação e defesa. Em relação à oitiva da vítima e demais testemunhas arroladas pela acusação, a inquirição deve ser feita, inicialmente, pelo Ministério Público e (eventual) assistente e, após, pela defesa. Já na oitiva das testemunhas arroladas pela defesa, cabe a ela formular as perguntas antes da acusação.

O papel do juiz presidente é completamente secundário, não tendo ele o protagonismo inquisitório do sistema anterior, no qual o juiz fazia a inquir(s)ição e, após, deixava "o que sobrasse" para as partes. Nessa linha, deve-se ter presente (ainda) o disposto no art. 212 do CPP, norma geral a orientar a produção da prova testemunhal.

Então o papel do juiz, mais do que nunca, é subsidiário. Sua principal missão é evitar a indução e eventuais constrangimentos que promotor e advogado de defesa venham a praticar em relação à testemunha.

Já os jurados, verdadeiros juízes do caso penal, poderão formular perguntas, através do juiz presidente, que exercerá o papel de mediador, para evitar que o jurado acabe deixando transparecer algum juízo de valor, externando sua posição sobre a responsabilidade penal do réu. Se isso acontecer, nada mais restará ao juiz do que dissolver o conselho de sentença e marcar novo júri (estando esse jurado impedido de atuar, por evidente).

Em plenário poderá ser realizada uma instrução plena, com oitiva de testemunhas, acareações, reconhecimento de pessoas e coisas e o esclarecimento dos peritos. Assim deveria funcionar o júri: prova produzida na frente dos jurados. Infelizmente a instrução em plenário é uma exceção. A regra é a patologia: prova produzida na primeira fase, diante do juiz presidente, e mera leitura de peças em plenário.

Quanto à leitura de peças, andou bem a reforma, pois somente permitiu a leitura das peças referentes às provas colhidas por carta precatória e às cautelares, antecipadas ou não repetíveis. Com isso, atenua-se o imenso enfado que era ouvir horas e horas de leitura de depoimentos, em geral, com resultados pífios, não em virtude da inutilidade probatória dos atos, senão em decorrência do erro metodológico. Ora, se a prova serve para a captura psíquica do julgador, nada mais inútil do que ficar horas e horas lendo peças. O que se conseguia com isso era um "desligamento" psíquico total...

Agora, com a restrição das peças passíveis de leitura, incumbe às partes, no tempo que possuem para o debate, ler e referir o que acharem necessário. Mas isso impõe uma boa estratégia e administração do tempo. Sem embargo, existem algumas peças que não podem ser objeto de leitura e tampouco de utilização nos debates orais, como a decisão de pronúncia (e posteriores, confirmatórias) e a determinação judicial do uso de algemas (art. 478). Também não podem ser lidos os documentos que não tiverem sido juntados com antecedência mínima de 3 dias úteis (art. 479).

Voltando à instrução, após a coleta da prova, será o acusado interrogado, se estiver presente, pois como vimos, é-lhe assegurado o *direito de não ir*. Mas, se estiver presente, será interrogado nos termos dos arts. 185 e s. do CPP, com a peculiaridade de que os jurados poderão formular perguntas por intermédio do juiz presidente.

O uso de algemas em plenário foi finalmente disciplinado no júri, pois ali, mais do que em qualquer outro julgamento, o fato de o réu estar algemado gerava um imenso prejuízo para a defesa. Para um jurado, a imagem do réu entrando e permanecendo algemado durante o julgamento, literalmente, valia mais do que mil palavras que pudesse a defesa proferir para tentar desfazer essa *estética de culpado*. Entrar algemado, no mais das vezes, é o mesmo que entrar condenado.

Por isso, o art. 474, § 3º, determina que:

> § 3º Não se permitirá o uso de algemas no acusado durante o período em que permanecer no plenário do júri, salvo se absolutamente necessário à ordem dos trabalhos, à segurança das testemunhas ou à garantia da integridade física dos presentes.

Assim, o uso de algemas passa a ser excepcionalíssimo e a decisão que determina a permanência do acusado algemado deve ser fundamentada, como determina a Súmula Vinculante n. 11 do STF[97].

Sublinhe-se que a Súmula Vinculante teve, como caso penal originário, o HC 91.952, no qual se anulou o julgamento pelo Tribunal do Júri de réu que permaneceu todo o tempo algemado, sem justificativa que legitimasse tal fato.

Concluída a instrução (o último ato será, sempre, o interrogatório do réu), iniciam-se os debates, cabendo inicialmente à acusação e, após, à defesa o tempo de 1 hora e 30 minutos para exporem suas teses. Após, concede-se o prazo de 1h de réplica (acusação) e outro tanto para tréplica (pela defesa). Importante destacar

---

97 Só é lícito o uso de algemas em caso de resistência e de fundado receio de fuga ou de perigo à integridade física própria ou alheia, por parte do preso ou de terceiros, justificada a excepcionalidade por escrito, sob pena de responsabilidade disciplinar, civil e penal do agente ou da autoridade e de nulidade da prisão ou do ato processual a que se refere, sem prejuízo da responsabilidade civil do Estado.

que predomina amplamente o entendimento de que a defesa somente poderá fazer uso da tréplica se houver réplica por parte do acusador. Do contrário, o júri se encerra com os debates iniciais, de 1h30min para cada parte. Sérios problemas terá o advogado de defesa se não for capaz de expor claramente suas teses na primeira fase dos debates, deixando o restante para a tréplica. Isso porque, se o acusador perceber essa falha e não optar por fazer a réplica, os debates serão encerrados e não haverá mais oportunidade para a defesa falar.

Contudo, em que pese ser majoritário o entendimento, questionamos: Por que não pode haver tréplica sem réplica? Qual a base legal desta "tradição" do júri brasileiro, de que somente haverá tréplica se o Ministério Público decidir ir para réplica? Deixar ao poder discricionário do acusador não é uma quebra da igualdade? Uma fragilização do contraditório? Não viola a garantia constitucional da "plenitude de defesa"? A despeito de majoritário entendimento em sentido diverso, pensamos que há uma violação inequívoca do devido processo.

Como explica MARQUES[98] – uma das poucas vozes a se levantar contra essa tradição –, é uma prática bastante frequente essa, de o acusador dispensar a réplica por entender que a defesa não teve êxito na exposição da tese, ou seja, há uma situação (indevida) de superioridade do acusador, incompatível com o atual estágio do processo penal, especialmente em um sistema regido pelo direito ao júri com plenitude de defesa. Prossegue o autor explicando que "não há justificativa para o acusador deter o poder de dizer o procedimento, em prejuízo da defesa, pois, no embate das teses, a acusação poderá usar da faculdade da réplica quando entender que isto é importante para a melhor apreensão da tese acusatória. A defesa, por outro lado, não dispõe da mesma prerrogativa. Com esta situação, o acusador sabe, desde o início do debate, como dirigir sua sustentação, pois pode contar ou não com a ampliação do tempo. A defesa, ao contrário, sempre deve estar preparada para atuar com menos tempo de exposição aos jurados, pois só pode contar com o período destinado à primeira manifestação, sendo temerário fazer o trabalho de Plenário já contando com o prosseguimento dos debates. O direito à tréplica depende da vontade de quem acusa? Por quê? É injustificada a concessão desta prerrogativa para o acusador, diante do princípio da paridade de armas que deve reger o processo penal e diante da possibilidade de manipulação antiética do tempo de debate. Caso a acusação esteja satisfeita, não há necessidade de fazer uso do tempo complementar de debate. A defesa, por outro lado, poderá sentir a necessidade de continuar a

---

[98] MARQUES, Jader. A Réplica e a Tréplica nos Debates do Tribunal do Júri. *Revista IOB de Direito Penal e Processual Penal*, n. 52, out./nov. 2008.

exposição da tese, não devendo ser impedida de utilizar o tempo para o esclarecimento de pontos ainda obscuros ou não explicados na primeira parte".

Feita essa ressalva, continuemos.

Existindo mais de um acusador (presença de assistente da acusação, por exemplo) ou mais de um defensor, deverão combinar entre si a distribuição do tempo, cabendo ao juiz, na falta de acordo, decidir pela divisão proporcional.

Esclarecemos[99] que havendo concurso de agentes, se forem julgados todos (ou mais de um deles) na mesma oportunidade, cada parte terá direito a mais uma hora, totalizando assim, duas horas e trinta minutos; a réplica e a tréplica sofrerão acréscimo do dobro do tempo previsto, perfazendo um total de duas horas para cada parte.

Voltamos a mencionar a proibição, sob pena de nulidade do julgamento, de que as partes nos debates façam referência:

> I – à decisão de pronúncia, às decisões posteriores que julgaram admissível a acusação ou à determinação do uso de algemas como argumento de autoridade que beneficiem ou prejudiquem o acusado;
> II – ao silêncio do acusado ou à ausência de interrogatório por falta de requerimento, em seu prejuízo.

Por fim, regulamentando os debates, o art. 480 determina que as partes e os jurados poderão, a qualquer momento, por meio do juiz presidente, pedir ao orador que indique a folha dos autos onde se encontra a peça lida ou citada. Isso pode ser feito através de "aparte" e visa garantir o controle da transparência e fidelidade da fundamentação exposta.

Os "apartes" integram a própria essência dos debates no tribunal do júri, mas quando empregados de forma abusiva ou mesmo deselegante, prejudicam o julgamento, na medida em que cerceiam a defesa ou a acusação, conforme o caso, devendo ser utilizados com prudência (pois, se mal empregados, podem acabar prejudicando quem o fez) e educação.

A nova sistemática legal traçou alguns limites até então inexistentes:

- a acusação, a defesa e os jurados poderão, a qualquer momento e por intermédio do juiz presidente, pedir ao orador que indique a folha dos autos onde se encontra a peça lida ou citada (art. 480);
- caberá ao juiz presidente conceder até 3 minutos para cada aparte requerido, que serão acrescidos ao tempo de quem estava com a palavra (art. 497, XII, do CPP).

---

99 Conforme explica NASSIF, op. cit., p. 122.

No primeiro caso, o simples pedido de indicação da folha dos autos onde se encontra a peça referida não é propriamente um aparte e, portanto, não gera acréscimo de tempo ao final.

Já os apartes propriamente ditos podem ser de duas espécies[100]:

- **consentidos pela parte:** neste caso, a intervenção é direta, sem a intermediação do juiz, tendo o orador consentido na manifestação. Neste caso, existe um consentimento do orador em relação à intervenção e não há que se falar em acréscimo de tempo ao final.
- **autorizados pelo juiz:** ocorre quando não há a concordância do orador em conceder a interrupção, cabendo ao juiz decidir sobre a pertinência ou não do aparte. Se considerar fundado o aparte, concederá a palavra à outra parte, controlando o tempo da exposição, pois ele não poderá exceder a 3 minutos. Neste caso, deverá acrescentar 3 minutos ao tempo do orador, ao final, por cada aparte autorizado.

Também poderão os jurados, sempre por intermédio do juiz presidente, solicitar que as partes esclareçam questões fáticas por eles alegadas, sempre tomando a cautela de não externar qualquer juízo de valor que demonstre prejulgamento ou a tendência de decidir desta ou daquela forma, pois vigora a incomunicabilidade dos jurados e o sigilo das votações.

A qualquer momento o(s) jurado(s) pode(m) ter acesso aos autos e aos instrumentos do crime, devendo solicitar ao juiz presidente.

Concluídos os debates, indagará o presidente se os jurados estão aptos a julgar ou se necessitam de algum esclarecimento. As dúvidas sobre questões fáticas (pois eles não decidem sobre questões jurídicas, ainda que, no mais das vezes, essa distinção seja bastante tênue) serão sanadas pelo juiz presidente, que deverá ter muita cautela nas explicações, para esclarecer sem induzir.

#### **3.8.2.2.4.** Juntada de Documentos para Utilização em Plenário. Antecedência Mínima. O Problema das Manobras e Surpresas

Ainda, durante o julgamento, não será permitida a leitura de documento (jornais, outros escritos, vídeos, gravações, fotografias, laudos, quadros, croquis ou qualquer outro meio assemelhado) que não tiver sido juntado aos autos com a antecedência mínima de 3 dias úteis, dando-se ciência à outra parte.

Tal medida é fundamental, para evitar a surpresa e consequente violação do contraditório (e direito de defesa, quando produzido pela acusação sem a ciência

---

100 No mesmo sentido, RANGEL, op. cit., p. 643.

prévia do réu). Não existe no júri brasileiro a possibilidade *hollywoodiana* de, no último momento do julgamento, surgir uma testemunha-chave ou um documento da maior relevância, que dê um giro total no caso...

Ainda que o CPP não esclareça, recomenda-se que o prazo de 3 dias úteis seja contado da efetiva ciência da parte contrária. Para evitar a surpresa – objetivo do dispositivo legal – não basta apenas juntar 3 dias úteis antes do júri, é importante assegurar que a parte contrária tenha – efetivamente – 3 dias úteis para analisar o documento. Inclusive, considerando a eventual complexidade e o volume de documentos juntados, por não haver "prazo razoável" para que a outra parte tenha ciência, conhecimento e possa estar pronta para o júri, caberá ao juiz, se instado, transferir o júri aprazado para evitar prejuízo ao contraditório.

E como deve proceder o juiz, quando for postulada a utilização em plenário de documento que não tenha sido juntado aos autos com a antecedência mínima de 3 dias?

Poderá ele consultar a parte adversa sobre a concordância (ou não) em que seja utilizado o documento?

Imaginemos a seguinte situação (bastante comum, diga-se de passagem): no momento dos debates a acusação (ou defesa, tanto faz) saca um documento novo (pode ser uma carta, uma certidão, fita de áudio ou vídeo, ou mesmo um laudo médico) e argumenta que não pôde juntar no prazo legal porque somente agora ele lhe chegou às mãos.

A outra parte assiste, surpresa, a tal cena, como também, curiosos, se põem os jurados. E o juiz, em momento de rara infelicidade, vira-se para a parte adversa, surpreendida, e pergunta-lhe: Doutor, alguma oposição a que seja utilizado tal documento?

Pronto, o problema(ão) está criado.

Se ele aceitar a utilização do documento novo, estará em situação de desvantagem, até porque, impossibilitado de fazer uma análise mais detida e acurada, e principalmente de fazer uma contraprova. A surpresa gera uma insuperável situação de desvantagem processual que poderá comprometer todo o julgamento.

Mas e se ele não aceitar? Estará resolvido o problema?

Claro que não, até agrava-se o quadro. A parte impossibilitada de produzir o documento lançará mão de uma arma muito mais poderosa (melhor até do que o próprio documento novo...): a curiosidade e o desejo dos jurados.

Bastará saber aguçar o desejo para obter um resultado muito melhor, até porque, fomentando a curiosidade e o desejo dos jurados, poderá fazer-lhes deslizar pelo imaginário... e aí a situação será muito melhor para ele (e a desvantagem para a outra parte, insuperável). Não é preciso mostrar o documento, basta um pouco de habilidade cênica e um mínimo de capacidade para induzir os jurados à abstração e ao campo do imaginário para obter um excelente resultado.

Como resolver essa situação?

Com um juiz bem preparado e firme, que imediatamente proíba a utilização do documento novo, com base no art. 479, sem deixar à parte adversa qualquer decisão, pois isso geraria um imenso prejuízo aos olhos dos jurados. Além disso, deve proibir, terminantemente, qualquer menção ou exploração do documento cuja juntada não se deu no prazo devido.

Também poderá o juiz, diante da relevância do documento para o processo, adotar um outro caminho, igualmente correto: dissolver o conselho de sentença, determinar a juntada do documento e vista para a outra parte. Após, marcará novo julgamento, em que, obviamente, não poderão funcionar os jurados que tiverem integrado esse conselho de sentença. Aplica-se, nesse caso, o disposto no art. 481 do CPP[101].

São as únicas opções que o juiz tem. Do contrário, em não procedendo assim, talvez não exista outra opção à parte surpreendida do que simplesmente abandonar o plenário... forçando um novo julgamento. Sim, pois se ficar e concordar, a surpresa lhe prejudicará de forma imensurável; se ficar e não concordar com a produção, a outra parte lançará mão do estímulo psíquico dos jurados, levando-os a imaginar o que não podem ver... com igualmente imensuráveis prejuízos. Então, não lhe resta outra alternativa: ir embora. Principalmente quando se trata do defensor que se vê surpreendido por tal manobra da acusação, não há outra forma de assegurar a máxima eficácia do direito de defesa do réu.

Elementar que essa é uma situação extremamente sensível, de altíssimo risco e grande responsabilidade, principalmente para o advogado. Além de eventuais problemas com o réu, terá ele que contar, no mais das vezes, com o apoio da OAB. Mas, com certeza, somente assim estará assegurando a eficácia do direito à ampla defesa.

É preocupante alguns debates jurisprudenciais que tentam salvar uma prática que deveria ter sido abolida na reforma de 2008: o uso, em plenário, por parte do MP, da decisão de pronúncia ou ao direito de silêncio. É evidente que constitui argumento de autoridade pelo simples fato de ser dito por uma autoridade. Não se

---

101 Art. 481. Se a verificação de qualquer fato, reconhecida como essencial para o julgamento da causa, não puder ser realizada imediatamente, o juiz presidente dissolverá o Conselho, ordenando a realização das diligências entendidas necessárias.
Parágrafo único. Se a diligência consistir na produção de prova pericial, o juiz presidente, desde logo, nomeará perito e formulará quesitos, facultando às partes também formulá-los e indicar assistentes técnicos, no prazo de 5 (cinco) dias.

pode esquecer que o jurado é leigo e o simbólico da autoridade do Ministério Público é evidente e inafastável. Ademais, não é avaliável posteriormente, em grau de recurso, o nível de prejuízo que tal manifestação gera, pois os desembargadores não são os jurados leigos e não estavam imersos naquela realidade para avaliar. É mais um exemplo do viés (erro) recognitivo, ou seja, a simplificação cognitiva que significa um desembargador analisar hoje, o ocorrido há meses atrás no plenário do júri, na cabeça do jurado leigo. O equívoco é evidente. Por isso, a leitura do art. 478 do CPP deve se pautar por um critério objetivo: o Ministério Público fez referência a (conteúdo, não apenas a existência da) pronúncia ou ao uso do direito de silêncio no plenário? Se a resposta for afirmativa, está violado o art. 478 e deve ser anulado o júri.

#### 3.8.2.2.5. Considerações sobre os Quesitos. Teses Defensivas. Desclassificação Própria e Imprópria

Concluídos os debates e feitos os esclarecimentos necessários, passa-se para o momento em que serão formuladas as perguntas e proferida a votação, decidindo-se o caso penal.

Com o advento da Lei n. 11.689/2008, a pronúncia (e decisões confirmatórias posteriores) passa a ser a principal fonte dos quesitos, agora substancialmente simplificados. As agravantes e atenuantes não serão objeto de quesitação, mas devem ser objeto do debate para que possam ser valoradas na eventual sentença condenatória.

Se alegada alguma agravante pela acusação ou atenuante pela defesa, caberá ao juiz presidente, em caso de condenação ou desclassificação, decidir sobre a incidência e a influência na dosimetria. Sublinhamos que não existe mais a obrigatoriedade de formular-se um quesito genérico, relativo à existência de atenuantes, como na sistemática antiga.

Como determina o art. 482 do CPP, somente podem ser quesitadas as matérias de fato, jamais conceitos jurídicos (como culpa, dolo, consumação, tentativa etc.), e as perguntas devem ser redigidas em proposições afirmativas, simples e distintas. A clareza e precisão das perguntas são fundamentais para a compreensão dos jurados, devendo ser anulado o julgamento cuja quesitação não siga essa regra.

Quanto à ordem dos quesitos, deve-se seguir o disposto no art. 483:

> Art. 483. Os quesitos serão formulados na seguinte ordem, indagando sobre:
> I – a materialidade do fato;
> II – a autoria ou participação;
> III – se o acusado deve ser absolvido;
> IV – se existe causa de diminuição de pena alegada pela defesa;
> V – se existe circunstância qualificadora ou causa de aumento de pena reconhecidas na pronúncia ou em decisões posteriores que julgaram admissível a acusação.

O primeiro quesito obrigatoriamente deverá versar sobre a materialidade do fato (que se confunde com a própria existência), da seguinte forma:

1º no dia tal, às tantas horas, na rua X, FULANO DE TAL foi atingido por disparos de arma de fogo, sofrendo as lesões descritas no auto de necropsia da fl. 10, que causaram a sua morte?

A resposta positiva de mais de 3 jurados (ou seja, no mínimo 4), para utilizar a fórmula do § 1º do art. 483, a esse quesito, afirma a existência do fato e autoriza a formulação dos demais quesitos.

A resposta negativa por parte de 4 jurados (ou mais) conduz à imediata absolvição do réu, encerrando-se a votação e o julgamento.

Quando a defesa alegar a inexistência do nexo causal[102] (art. 13, § 1º, do Código Penal), a questão poderá ser resolvida com a recusa a esse primeiro quesito, como também aqui será decidida a causa penal quando a tese defensiva for de inexistência do fato.

Afirmada a existência do fato, deve-se quesitar a autoria:

2º o réu MANÉ DE TAL desferiu os tiros referidos no quesito anterior?

Se a acusação for por participação, o quesito sofrerá a seguinte variação:

O réu MANÉ DE TAL concorreu para a morte da vítima desferindo tiros?

No que se refere à participação, reputamos nulo o chamado "quesito genérico", através do qual, sem individualizar-se a imputação, questiona-se se o réu "concorreu de qualquer modo" para o resultado. Trata-se de uma fórmula aberta e indeterminada, que causa gravíssimo cerceamento de defesa pela abrangência da imputação, além de violar o princípio da culpabilidade, pois não individualiza a conduta do réu. Um tal substancialismo inquisitório permite a condenação por qualquer fato, pois conduz a uma ampliação absurda da responsabilidade, para muito além dos limites do direito penal. Assim, sempre se deve individualizar a conduta e a forma de participação no crime, explicitando-se, por exemplo, se o réu participou desferindo tiros.

Também refutando o quesito da participação "de qualquer modo", GIACOMOLLI[103] adverte que é função da pronúncia individualizar a conduta específica de cada imputado e, sendo ela a fonte primária da quesitação, não pode o juiz, em plenário, fazer a formulação genérica.

---

102 Em sentido diverso, NASSIF (op. cit., p. 144) sugere que tal tese seja perguntada após o segundo quesito, ou seja, indaga-se sobre a materialidade e autoria e, após, sobre o nexo causal (apenas se for tese defensiva, do contrário, entende-se que o nexo foi reconhecido no primeiro quesito).

103 GIACOMOLLI, Nereu José. *Reformas (?) do Processo Penal*, cit., p. 102.

Dessarte, não se pode admitir que os jurados sejam questionados se o réu participou desferindo tiros e, diante da negativa, formular um novo quesito, perguntando se ele "concorreu de qualquer modo" para o crime, pois isso é o mesmo que fazer uma imputação vaga e genérica, além de induzir os jurados, pela insistência na tese acusatória. É quase como dizer: condenem por isso ou por aquilo, ou ainda, por qualquer outra coisa que vocês queiram... o que importa é condenar...

Feita esta ressalva, continuemos.

A resposta positiva por parte de 4 jurados (ou mais) implica o reconhecimento de que o réu é autor (coautor ou partícipe) do fato. A resposta negativa conduz à imediata absolvição. Daí por que, quando a tese defensiva for de negativa de autoria, por exemplo, o julgamento terá nesse quesito a possibilidade de acolhimento da tese defensiva (com a absolvição do réu) ou o afastamento. Contudo, é importante destacar: ainda que os jurados afirmem a autoria/participação (refutando a tese defensiva de negativa de autoria/participação), será imprescindível a feitura do quesito genérico da absolvição (o jurado absolve o acusado?) previsto no art. 483, § 2º. Logo, os jurados podem afastar a tese defensiva, mas absolver no quesito genérico. Mas se afirmarem a autoria e negarem o quesito genérico da absolvição, estará o réu condenado.

O terceiro quesito somente será formulado quando os jurados responderem afirmativamente aos dois anteriores (materialidade e autoria), sendo proposto da seguinte forma (como previsto no art. 483, § 2º):

3º O jurado absolve o acusado?

Esse quesito é a principal simplificação operada pela Lei n. 11.689/2008, pois ele engloba todas as teses defensivas (exceto a desclassificação, que será tratada na continuação), não mais havendo o desdobramento em diversos quesitos para decidir-se sobre a existência (ou não) da causa de exclusão da ilicitude ou culpabilidade eventualmente alegada. Agora, a tese defensiva é decidida neste terceiro quesito, sem que se formule uma ou mais perguntas sobre a legítima defesa, por exemplo, como no sistema anterior.

Apenas para reforçar o afirmado: mesmo que a defesa alegue que o réu agiu ao abrigo da legítima defesa e, alternativamente, que não lhe era exigível, naquelas circunstâncias, uma conduta diversa, deverá o juiz formular um único quesito: o jurado absolve o acusado? Apenas isso, nada mais.

Qualquer que seja a tese defensiva, abrangida ou não pelo 3º quesito, sempre deverá o juiz formular esse quesito genérico da absolvição. É, pois, um quesito obrigatório.

No STJ está pacificado que – independentemente da tese defensiva sustentada em plenário – é obrigatória a formulação do quesito genérico da absolvição após a afirmação da materialidade e autoria (entre outros, ver HCs 154.700/SP, 276.627/RJ e 350.895/RJ).

Superada essa questão, respondido de forma positiva por 4 ou mais jurados, está o réu absolvido dessa imputação. Se houver crime conexo, será quesitado na continuação. Do contrário, estará encerrado o julgamento.

Se os jurados responderem de forma negativa, estará condenado o réu, pois rechaçada sua tese defensiva. Passa-se, então, para a formulação dos quesitos relativos às eventuais causas de diminuição da pena, qualificadoras ou causas de aumento da pena.

Contudo, esse terceiro quesito não será formulado, nesse momento, quando a tese defensiva for no sentido da desclassificação, da ocorrência do crime na sua forma tentada ou havendo divergência sobre a tipificação. Assim estabelece o art. 483, §§ 4º e 5º:

> § 4º Sustentada a desclassificação da infração para outra de competência do juiz singular, será formulado quesito a respeito, para ser respondido após o 2º (segundo) ou 3º (terceiro) quesito, conforme o caso.
>
> § 5º Sustentada a tese de ocorrência do crime na sua forma tentada ou havendo divergência sobre a tipificação do delito, sendo este da competência do Tribunal do Júri, o juiz formulará quesito acerca destas questões, para ser respondido após o segundo quesito.

Bastante recorrente é a tese de crime culposo (ou negativa de dolo), sustentando que o agente não quis (nem assumiu o risco) de causar o resultado morte, sendo ele fruto de sua falta de cuidado objetivo (logo, crime culposo). A admissão por parte dos jurados dessa versão defensiva conduz à desclassificação própria, pois, recordemos, a competência do Tribunal do Júri é restrita aos crimes dolosos contra a vida, não lhes competindo julgar o delito de homicídio culposo.

Tal tese defensiva deve ser objeto de quesitação após os dois primeiros quesitos (materialidade a autoria) anteriormente explicados, sendo formulado o questionamento da seguinte forma:

> 3º o réu MANÉ DE TAL quis ou assumiu o risco de produzir a morte da vítima?

A tese de crime culposo somente é acolhida quando os jurados negam que o autor tenha agido com dolo, portanto, deve-se quesitar o dolo direto (quis o resultado?) e também o dolo eventual (assumiu o risco?). A resposta "sim" (por 4 ou mais jurados) a esses quesitos implica condenação pelo crime doloso (ou pelo menos, o afastamento dessa tese, cabendo a formulação dos quesitos relativos às demais, se houver).

Se os jurados responderem "não", haverá a desclassificação própria, cabendo ao juiz presidente continuar no julgamento e aplicar, se for o caso, os institutos da Lei n. 9.099.

Não se desconhece a histórica divergência teórica sobre esse quesito, havendo autores[104] que sustentam a seguinte fórmula para esse quesito:

3º o réu MANÉ DE TAL causou o resultado descrito no primeiro quesito de forma culposa, ou seja, não intencional?

Contudo, pensamos não ser a melhor forma, não só porque não abrange as duas modalidades de dolo (direto e eventual), como também é confusa, pois introduz um conceito jurídico (culpa) que é desconhecido pelos jurados, que não raras vezes confundem a culpa (elemento normativo do tipo) com a responsabilidade penal (ou a culpabilidade). São conceitos completamente diversos e cuja confusão poderá levar a um resultado absurdo. Por derradeiro, quesitar "culpa" esbarra na regra do art. 482 do CPP, que determina claramente que o "conselho de sentença será quesitado sobre matéria de fato". Logo, vedada está a quesitação de conceitos jurídicos, como o de "culpa".

Mas, é preciso advertir, há dois pontos bastante discutíveis quando a tese defensiva é de desclassificação: primeiro, deve ser feito o quesito genérico da absolvição? Em caso afirmativo, em que momento será formulado?

Vamos ao primeiro ponto: havendo desclassificação própria (por exemplo, os jurados negam o dolo direto e eventual), ainda assim deve ser feito o quesito da absolvição? Seguindo a lógica da competência do júri, se os jurados negarem o dolo (desclassificação) eles não são mais competentes para prosseguir no julgamento e, portanto, não poderiam responder ao quesito da absolvição (o jurado absolve o acusado?), por serem incompetentes para absolver ou condenar. Ademais, cria-se um novo problema: se eles responderem "não" ao quesito da absolvição, teremos que considerar o resultado do quesito anterior, ou seja, da desclassificação. Mas e se eles responderem afirmativamente, está o réu absolvido. Mas se os jurados desclassificaram, como poderiam absolver? É flagrante o paradoxo. Por fim, se eles absolverem, terão julgado e, portanto, seguirão competentes para julgamento do crime conexo? Ou vale a desclassificação operada no terceiro quesito (antes do genérico da absolvição) e o conexo vai para o juiz singular? Eis uma questão ainda sem resposta clara na doutrina ou jurisprudência e cuja solução é igualmente problemática.

Mas o tema está longe de qualquer paz conceitual.

Em sentido contrário, e essa é a nossa posição atual, pode-se argumentar que o quesito genérico da absolvição é obrigatório e sempre deverá ser feito em caso de

---

[104] Entre outros: GOMES, Luiz Flávio; CUNHA, Rogério Sanches; PINTO, Ronaldo Batista. *Comentários às Reformas do Código de Processo Penal e da Lei de Trânsito*. São Paulo, RT, 2008. p. 222.

resposta afirmativa aos dois primeiros (materialidade e autoria). É a grande inovação da reforma de 2008 e sua não formulação poderá conduzir à nulidade do julgamento (Súmula 156 do STF). No âmbito do STJ está pacificado: a formulação do quesito genérico é obrigatória, como já explicamos anteriormente. Não se pode retirar do acusado o direito de ser absolvido, por qualquer motivo, autorizado pelo quesito genérico da absolvição. No momento em que a reforma optou por reafirmar o julgamento por "íntima convição" (ainda que não concordemos), simplificando a quesitação das teses defensivas para um único quesito, bem como autorizando os jurados a absolverem inclusive "fora da prova" dos autos, tem-se que tal quesito é obrigatório e não pode o juiz subtrair da defesa a chance da absolvição.

Portanto entendemos que o quesito "o jurado absolve o acusado?" deve ser formulado ainda que tenham negado o dolo e desclassificado.

Surge um novo questionamento no desdobramento desse entendimento: e quando deverá ser formulado o quesito da desclassificação? Será ele o terceiro ou quarto quesito?

Encontramos duas posições:

a) Formula-se o quesito genérico da absolvição antes da tese defensiva de desclassificação: o problema é que neste caso os jurados ainda não firmaram a competência, pois não afirmaram a existência do dolo. Não poderia, portanto, absolver o acusado.

b) Formula-se o quesito genérico depois da tese da desclassificação: mas – voltando à problemática anterior – se os jurados desclassificaram, retiraram o caso penal da competência do júri e, portanto, não poderiam responder o quesito genérico da absolvição (até porque estariam absolvendo quando não mais possuem competência para isso). Logo, não se faria o quesito genérico da absolvição. O problema processual nasce neste ponto, pois não seria feito o quesito genérico da absolvição que é obrigatório.

Nossa sugestão é a de que se faça primeiro o quesito referente à desclassificação própria e, se desclassificarem, ainda assim seja elaborado o quesito obrigatório da absolvição. Se os jurados responderem "não" ao quesito genérico da absolvição, considera-se a desclassificação operada no quesito anterior. A vantagem é que não se deixa de formular um quesito que é obrigatório e ainda se permite que os jurados absolvam se quiserem (ou seja, podem negar a desclassificação e absolver ou desclassificar e absolver).

Quando for negada a desclassificação não há problema: sempre será formulado, a continuação, o quesito obrigatório da absolvição.

Interessante caso foi debatido no STJ, no REsp 1.736.439[105], j. 14/6/2018, da relatoria do Min. Sebastião Reis Jr., no qual se julgava uma acusação de tentativa de homicídio simples em face de duas pessoas. A defensoria sustentava duas teses: a principal era de absolvição por legítima defesa e a secundária de desclassificação de tentativa de homicídio para lesões corporais. O juiz quesitou primeiro a desclassificação (que foi acolhida) e depois fez o quesito obrigatório da absolvição (tendo os jurados acolhido a tese defensiva e votado pela absolvição). O MP recorreu alegando que, ao ter se operado a desclassificação, não poderia o juiz ter formulado o quesito da absolvição, pois o júri não seria mais competente para julgar. O TJ/AM acolheu parcialmente o recurso do MP e anulou o júri. A defesa levou o caso ao STJ, tendo o Min. Sebastião Reis Jr. (voto vencedor) afirmado "que a orientação consolidada nesta Corte é de que o quesito absolutório genérico – na hipótese da absolvição figurar como tese principal da defesa –, deve anteceder o desclassificatório, a fim de evitar violação do princípio da amplitude da defesa. (...) Nesse contexto, considerando a ordem correta de formulação dos quesitos (absolvição antes da desclassificação) e a apuração verificada no caso, entendo que deve ser restabelecida a sentença absolutória, uma vez que a resposta ao quesito absolutório genérico acabou por prejudicar o quesito desclassificatório. Ante o exposto, dou provimento ao recurso especial, a fim de restabelecer a sentença que absolveu o recorrente".

Outra causa de desclassificação própria é a "inexistência de tentativa", que nada mais representa do que uma negativa de dolo, sendo quesitada tal tese após os dois primeiros quesitos, da seguinte forma:

> 3º assim agindo, o réu MANÉ DE TAL deu início ao ato de matar a vítima, que não se consumou por circunstâncias alheais à sua vontade?

Se 4 ou mais jurados responderem "sim", estarão reconhecendo a figura tentada (dolosa, portanto), cabendo ao juiz prosseguir, formulando o quarto quesito, "o jurado absolve o acusado?", para finalizar o julgamento.

---

[105] RECURSO ESPECIAL N. 1.736.439 – AM (2018/0092202-6) RELATOR: MINISTRO SEBASTIÃO REIS JÚNIOR. EMENTA: RECURSO ESPECIAL. TRIBUNAL DO JÚRI. QUESITAÇÃO. DUAS TESES DEFENSIVAS: ABSOLVIÇÃO (PRIMÁRIA) E DESCLASSIFICAÇÃO (SUBSIDIÁRIA), SENDO QUE A SEGUNDA ANTECEDEU A PRIMEIRA NA ORDEM DE QUESITAÇÃO. RESPOSTA AFIRMATIVA DO CONSELHO DE SENTENÇA A AMBOS OS QUESTIONAMENTOS. ACÓRDÃO IMPUGNADO QUE CASSOU A SENTENÇA ABSOLUTÓRIA POR CONSIDERAR QUE A RESPOSTA AO PRIMEIRO QUESITO (DESCLASSIFICATÓRIO) TERIA AFASTADO A COMPETÊNCIA DO TRIBUNAL DO JÚRI. ABSOLVIÇÃO QUE DEVE ANTECEDER O QUESITO DESCLASSIFICATÓRIO, QUANDO FIGURAR COMO TESE PRIMÁRIA DA DEFESA. PRECEDENTE DO STJ. RESTABELECIMENTO DA ORDEM. ABSOLVIÇÃO DO RECORRENTE NOS TERMOS DA SENTENÇA. Recurso especial provido.

Apenas para que fique bem claro: SEMPRE deverá o juiz formular o quesito genérico da absolvição (o jurado absolve o acusado?) após o(s) quesito(s) referente(s) à desclassificação, pois os jurados ainda assim podem absolver o réu. Mesmo quando a tese defensiva é a desclassificação, se os jurados negarem o respectivo quesito, deve ser feito o quesito obrigatório da absolvição.

Em sentido diverso, se os jurados acolherem a tese defensiva e responderem "não" a esse terceiro quesito, estarão afastando sua competência, havendo assim a desclassificação própria. Caberá então ao juiz presidente julgar o feito, diante da desclassificação realizada.

Não se pode olvidar de que com a desclassificação própria (em qualquer de seus casos) o feito passará às mãos do juiz presidente, a quem competirá o julgamento do caso penal, e, se houver crime conexo que não seja doloso contra a vida (porque se for, será julgado pelo júri), também ao juiz presidente do Tribunal do Júri competirá o julgamento, aplicando-se, no que couber, os institutos da Lei n. 9.099. O crime conexo segue o crime principal e, com a desclassificação do prevalente, não pode sequer ser objeto de quesitação ao conselho de sentença.

A chamada desclassificação imprópria, operada em plenário, ocorre em dois casos: excesso culposo na excludente e participação dolosamente distinta.

No modelo antigo, quando os jurados eram quesitados sobre a legítima defesa, deveriam responder a uma série de perguntas, entre elas se o réu "usou moderadamente dos meios necessários" para repelir a injusta agressão. Nesse momento, se os jurados respondessem "não", estavam reconhecendo a existência do excesso. Quesitava-se então se o excesso foi doloso (antigo art. 484, III). Se dissessem "sim", estava o réu condenado pelo excesso doloso. Se a resposta majoritária fosse "não" (para o dolo direto e também o eventual) quesitava-se se o excesso foi culposo. Se dissessem "sim", ocorria a chamada desclassificação imprópria (a resposta "não" significava que o excesso era impunível, sendo o réu absolvido pela legítima defesa). A relevância da desclassificação imprópria era em relação ao crime conexo, pois se entendia que o júri havia firmado sua competência e, por conseguinte, deveria julgar o crime conexo (que seria objeto de quesitação).

Com a nova sistemática de quesitação implantada pela Lei n. 11.689/2008, o modelo foi substancialmente simplificado, não havendo mais a necessidade de desdobrar-se a legítima defesa em uma série de quesitos. Assim, a tese do excesso culposo é sempre subsidiária em relação à principal, da excludente. Devem-se elaborar os dois primeiros quesitos (materialidade e autoria) e, após, o terceiro quesito, genérico da defesa, "o jurado absolve o acusado?".

Mas, para que se fale em excesso da legítima defesa (seja ele doloso ou culposo), é fundamental que os jurados reconheçam ter existido a legítima defesa, ou seja, somente se pode falar em excesso se o agente inicialmente estava ao abrigo da excludente.

A nova sistemática legal, ao simplificar o sistema de quesitação como um todo, acabou por criar novas complicações pontuais. Entre elas, essa: como quesitar excesso na excludente se a excludente não é mais quesitada, havendo apenas o quesito genérico da absolvição?

Eis um problema sério.

Se o réu for absolvido, nada mais será perguntado e o julgamento está encerrado.

Mas, se negado quesito genérico da absolvição e alguma das partes sustentou em plenário a tese do excesso (seja ele culposo ou doloso), pensamos que a melhor solução será o juiz elaborar o seguinte quesito:

> 4º o réu MANÉ DE TAL excedeu, por imprudência, imperícia ou negligência, os limites da legítima defesa?

A resposta "sim" reconhece o excesso culposo e indica a prática do crime de homicídio culposo. Contudo, como os jurados não são competentes para julgar um crime culposo, haverá uma desclassificação imprópria, pois eles já indicaram qual é o tipo praticado. Com a desclassificação, caberá ao juiz presidente apenas condenar o réu pelo crime culposo apontado. A relevância prática da desclassificação imprópria é que os jurados firmam sua competência e, portanto, seguem competentes para julgar os eventuais crimes conexos. Essa é a principal distinção em relação à outra modalidade de desclassificação, pois:

- na desclassificação própria, o júri não firma sua competência e, por isso, não julga o crime conexo;
- na desclassificação imprópria, o júri define qual é o crime praticado (juízo positivo da tipicidade), firmando sua competência e, portanto, julga o crime conexo.

A resposta "não" significa que houve excesso doloso e assim deverá o réu responder pelo crime doloso resultante do excesso (como regra, sendo o resultado morte, será por homicídio doloso).

Portanto, não há necessidade de quesitar-se o excesso doloso, pois ele se dá por exclusão. Ou seja: a resposta "sim" desclassifica de forma imprópria, transferindo o julgamento para o juiz presidente; e, com a resposta "não", estará o réu condenado pelo crime doloso.

Quanto à desclassificação imprópria pelo reconhecimento de participação dolosamente distinta, ocorrerá quando, havendo concurso de agentes, um deles sustentar ter querido participar de crime menos grave. Serão formulados os dois primeiros quesitos (materialidade e participação) e também o terceiro quesito, genérico de defesa, "o jurado absolve o acusado?".

Somente se negado esse terceiro quesito (pois, se acolhido, o réu estará absolvido) é que deverá o juiz formular o 4º quesito, específico para a participação dolosamente distinta:

> 4º o réu MANÉ DE TAL quis participar de crime menos grave, qual seja, lesão corporal?

Se os jurados responderem "sim", haverá uma desclassificação imprópria, passando o julgamento para o juiz presidente, mas já com a afirmação do tipo penal praticado. Há desclassificação porque o júri não é competente para julgar originariamente um crime de lesão corporal. Contudo, por terem feito um juízo positivo de tipicidade, o júri segue competente para o julgamento de eventual crime conexo.

Se a resposta for "não", significa o afastamento da tese defensiva da participação dolosamente distinta e, portanto, a condenação do réu nos termos da acusação.

Continuando a análise dos quesitos, não sendo o réu absolvido e nem operada a desclassificação, está o réu condenado.

Passa-se então para a análise dos incisos IV e V do art. 483:

> Art. 483.
> (...)
> IV – se existe causa de diminuição de pena alegada pela defesa;
> V – se existe circunstância qualificadora ou causa de aumento de pena reconhecidas na pronúncia ou em decisões posteriores que julgaram admissível a acusação.

Na sistemática legal, uma vez condenado o réu, segue-se a quesitação, questionando a causa de diminuição de pena, se alegada pela defesa, é óbvio. No delito de homicídio, a figura privilegiada vem prevista no art. 121, § 1º, do Código Penal:

> § 1º Se o agente comete o crime impelido por motivo de relevante valor social ou moral, ou sob o domínio de violenta emoção, logo em seguida a injusta provocação da vítima, o juiz pode reduzir a pena de um sexto a um terço.

A causa de diminuição da pena deverá ser quesitada após a condenação do réu, ou seja, após afirmada a materialidade, autoria e rechaçadas as teses defensivas, nos seguintes termos:

> O réu MANÉ DA SILVA cometeu o crime sob o domínio de violenta emoção, logo em seguida a injusta provocação da vítima?

Se os jurados responderem "sim", caberá ao juiz, na dosimetria, fazer a respectiva diminuição da pena, sendo que o "pode reduzir a pena", constante no artigo, diz respeito ao *quantum* da redução, que poderá variar, conforme as circunstâncias do caso. Não poderá o juiz, uma vez reconhecida a causa de diminuição, deixar de levá-la em consideração.

Mas, se a resposta for "não", significa que os jurados afastaram a tese defensiva e a causa de diminuição da pena não poderá incidir na dosimetria.

Quanto às qualificadoras e/ou causas de aumento de pena, devem elas estar expressamente reconhecidas na pronúncia (ou decisões posteriores).

Recordemos ainda, que é possível a figura do homicídio qualificado-privilegiado, desde que a qualificadora seja de ordem objetiva (inviável, portanto, a concorrência da privilegiadora com as qualificadoras do motivo fútil ou torpe, por exemplo).

Advirta-se que uma vez afastada a qualificadora na pronúncia, o que resta excluído é a "situação fática", e não o nome jurídico. Daí por que, uma vez afastada a qualificadora, mas pronunciado o réu, não pode o Ministério Público (ou querelante), postular a sua inclusão em plenário, sob o rótulo de *agravante*. Isso ocorre porque muitas das qualificadoras nada mais são do que situações fáticas constitutivas de "agravantes". Logo, uma vez excluída a qualificadora, está afastada a situação fática, não podendo o Ministério Público "trocar o nome jurídico" para querer agora seu reconhecimento com o título de "agravante".

Quanto à forma de quesitar a qualificadora, vejamos alguns exemplos:

O réu MANÉ DA SILVA cometeu o crime por motivo torpe?
O réu MANÉ DA SILVA cometeu o crime por motivo fútil?
O réu MANÉ DA SILVA cometeu o crime à traição?
O réu MANÉ DA SILVA cometeu o crime usando de recurso que tornou impossível a defesa da vítima?

Acolhida a qualificadora por 4 ou mais jurados, deverá o juiz iniciar a dosimetria da pena pelos limites da figura qualificada (12 a 30 anos).

Por fim, havendo mais de um réu, as perguntas devem ser formuladas em séries distintas, uma para cada réu. A mesma sistemática deve ser adotada quando o réu é acusado de mais de um crime, mas sempre iniciando pelo prevalente, ou seja, aquele que é de competência originária do júri (crime doloso, tentado ou consumado, contra a vida). Isso porque é necessário que o júri firme a competência, julgando o crime prevalente (isto é, condenando ou absolvendo o réu), para só então poder julgar o crime conexo.

#### 3.8.2.2.6. Da Sentença Condenatória e Absolutória. Problemas em Torno dos Efeitos Civis. A Prisão Preventiva. A (Inconstitucional) Execução Antecipada da Pena Quando Igual ou Superior a 15 Anos

Todas as ocorrências do julgamento deverão constar na ata dos trabalhos, prevista nos arts. 494 a 496. Sublinhamos que todas as nulidades (seja na instrução em plenário, debates ou quesitação) deverão obrigatoriamente constar nessa ata da reunião, sob pena de, conforme o caso, preclusão. No que tange às nulidades dos quesitos, por se tratar de nulidade absoluta, não é imprescindível que o protesto conste em ata (ainda que isso seja recomendável), pois não há preclusão. Nesse sentido, importante a leitura do art. 564, parágrafo único, do CPP.

Finalizado o júri, caberá ao juiz presidente proferir a sentença, nos limites do que foi decidido pelo conselho de sentença, observando a regra geral do art. 381 do CPP, mas também o disposto nos arts. 492 e 493[106].

Assim, três são as possibilidades: condenação, absolvição e desclassificação. Vejamos agora os principais aspectos de cada uma.

Em caso de condenação do réu, caberá ao juiz realizar a dosimetria da pena, a partir das diretrizes do art. 59 do Código Penal e do art. 492 do CPP, fixando a pena-base e, na segunda fase, as atenuantes e agravantes. Recordemos que as atenuantes e agravantes não são quesitadas, mas sustentadas pelas partes nos debates. Portanto, não existe mais a necessidade de formulação do quesito genérico da presença de atenuantes, não tendo aplicação, neste ponto, a Súmula 156 do STF[107]. Já as causas de aumento e diminuição da pena serão quesitadas, nos termos do art. 483 do CPP, e, uma vez reconhecidas, devem ser consideradas pelo juiz na dosimetria.

Vejamos o disposto no art. 492:

> Art. 492. Em seguida, o presidente proferirá sentença que:
> I – no caso de condenação:
> a) fixará a pena-base;
> b) considerará as circunstâncias agravantes ou atenuantes alegadas nos debates;
> c) imporá os aumentos ou diminuições da pena, em atenção às causas admitidas pelo júri;
> d) observará as demais disposições do art. 387 deste Código;
> e) mandará o acusado recolher-se ou recomendá-lo-á à prisão em que se encontra, se presentes os requisitos da prisão preventiva, ou, no caso de condenação a uma pena igual ou superior a 15 (quinze) anos de reclusão, determinará a execução provisória das penas, com expedição do mandado de prisão, se for o caso, sem prejuízo do conhecimento de recursos que vierem a ser interpostos;
> f) estabelecerá os efeitos genéricos e específicos da condenação;
> II – no caso de absolvição:
> a) mandará colocar em liberdade o acusado se por outro motivo não estiver preso;
> b) revogará as medidas restritivas provisoriamente decretadas;
> c) imporá, se for o caso, a medida de segurança cabível.
> § 1º Se houver desclassificação da infração para outra, de competência do juiz singular, ao presidente do Tribunal do Júri caberá proferir sentença em seguida, aplicando-se, quando o delito resultante da nova tipificação for considerado pela lei como infração

---

[106] Art. 493. A sentença será lida em plenário pelo presidente antes de encerrada a sessão de instrução e julgamento.

[107] Súmula 156 do STF: *É absoluta a nulidade do julgamento, pelo júri, por falta de quesito obrigatório.*

penal de menor potencial ofensivo, o disposto nos arts. 69 e seguintes da Lei n. 9.099, de 26 de setembro de 1995.

§ 2º Em caso de desclassificação, o crime conexo que não seja doloso contra a vida será julgado pelo juiz presidente do Tribunal do Júri, aplicando-se, no que couber, o disposto no § 1º deste artigo.

§ 3º O presidente poderá, excepcionalmente, deixar de autorizar a execução provisória das penas de que trata a alínea "e" do inciso I do *caput* deste artigo, se houver questão substancial cuja resolução pelo tribunal ao qual competir o julgamento possa plausivelmente levar à revisão da condenação.

§ 4º A apelação interposta contra decisão condenatória do Tribunal do Júri a uma pena igual ou superior a 15 (quinze) anos de reclusão não terá efeito suspensivo.

§ 5º Excepcionalmente, poderá o tribunal atribuir efeito suspensivo à apelação de que trata o § 4º deste artigo, quando verificado cumulativamente que o recurso:

I – não tem propósito meramente protelatório; e

II – levanta questão substancial e que pode resultar em absolvição, anulação da sentença, novo julgamento ou redução da pena para patamar inferior a 15 (quinze) anos de reclusão.

§ 6º O pedido de concessão de efeito suspensivo poderá ser feito incidentemente na apelação ou por meio de petição em separado dirigida diretamente ao relator, instruída com cópias da sentença condenatória, das razões da apelação e de prova da tempestividade, das contrarrazões e das demais peças necessárias à compreensão da controvérsia.

A alínea "d" remete ao art. 387, o que seria razoável e lógico. O problema está na redação do art. 387, que, em seu inciso IV, determina que a sentença condenatória "fixará valor mínimo para reparação dos danos causados pela infração, considerando os prejuízos sofridos pelo ofendido". Como já explicamos, a fixação de valores a título indenizatório, na sentença penal condenatória, constitui uma errônea privatização do processo penal, misturando pretensões de diversas naturezas. O problema agrava-se no Tribunal do Júri, não só pela complexidade fática que geralmente envolve esses fatos, mas também pela própria especificidade do ritual judiciário ali estabelecido.

Como poderá o réu realizar uma defesa eficiente em plenário e ainda ocupar-se de fazer a "defesa cível", para evitar uma condenação a título indenizatório em valores excessivos e desproporcionais? Além de ser completamente inviável, há ainda um outro complicador: para quem deverá dirigir sua argumentação? Para o juiz ou para os jurados? Mas os jurados serão quesitados sobre valores indenizatórios?

Não, os jurados não decidem sobre isso. Então como conciliar uma defesa penal dirigida aos jurados e, no mesmo debate, sustentar questões patrimoniais para o juiz?

É absolutamente inviável. Ademais, pela complexidade que envolve a indenização em crimes contra a vida, não há condições processuais para, no processo penal, discuti-las com as mínimas condições probatórias e jurídicas. Pior ainda em plenário. Sem falar que, no júri, incumbe ao conselho de sentença a decisão e não há previsão de que eles decidam sobre a indenização e seu valor. Sequer quesitados são sobre o dever de indenizar.

Então, das duas, uma: ou aceitamos que o juiz fixe indevidamente um valor indenizatório em caso de sentença condenatória, sem as mínimas possibilidades de defesa e usurpando o poder decisório do conselho de sentença; ou simplesmente negamos validade substancial ao art. 387, IV, do CPP nos processos submetidos a julgamento pelo Tribunal do Júri. Ficamos com essa última opção, devendo o juiz limitar-se ao que foi decidido pelos jurados, sem fixar qualquer valor a título indenizatório.

Essa posição, de não fixar na sentença penal qualquer valor a título de indenização, de um lado, assegura o direito de defesa do réu e o respeito à soberania da decisão dos jurados, e, de outro, não impede que a vítima ou seu representante legal, munido da sentença penal condenatória transitada em julgado, promova a liquidação e execução cível.

Especial atenção merece o art. 492, I, "e", pois deverá o juiz, nesse momento em que profere a sentença condenatória, decidir sobre a manutenção da prisão preventiva decretada, soltura ou manutenção do estado de liberdade. Em última análise, decidir sobre o direito de o réu recorrer ou não em liberdade, recordando que não há que se falar em decretação da prisão preventiva ou manutenção dela em caso de absolvição, pois o recurso de apelação da sentença absolutória não tem efeito suspensivo, sendo imperativa a imediata soltura do réu preso ou sua manutenção em liberdade. O problema surge com a condenação.

O tema foi tratado no Capítulo II desta obra, quando analisamos a prisão cautelar e suas modalidades. Contudo, cumpre agora destacar o seguinte ponto:

E se o réu utilizar o direito de não ir ao júri, caberá a decretação da prisão preventiva para assegurar a aplicação da lei penal?

Pensamos que, como regra, não. Se o réu aguardou todo o julgamento em liberdade, pois inexistente o *periculum libertatis*, o decreto de prisão nesse momento constitui uma violação reflexa ou indireta do direito de não ir ao julgamento. Significa extrair do exercício do direito subjetivo do réu uma consequência negativa ilegítima. Dessarte, não pode o juiz decretar a prisão preventiva, neste momento, sob o argumento de que o réu, se permanecer solto, irá fugir e, portanto, frustrar a aplicação da lei penal. No fundo, o que está conduzindo a decisão do juiz é o fato de o réu não ter comparecido ao julgamento e, motivado até pela frustração do caráter "pedagógico" que ele supõe poder dar ao ritual judiciário, assim decide, para satisfazer o desejo punitivo recalcado. Há que se desvelar a retórica judicial para buscar, no discurso velado, o real motivo da prisão. Sendo a real motivação a pura ausência do réu no plenário, é absolutamente ilegal a prisão preventiva. O *periculum libertatis*, como explicado no Capítulo II, não pode ser presumido, deve ser efetivamente demonstrado. Tampouco pode ser fruto de ilações do juiz ou ter um caráter quase vingativo.

Acima de tudo, há que se compreender que o não comparecimento do réu é legítimo e, portanto, não faz nascer o *periculum libertatis*. Não se pode extrair de uma ausência autorizada uma presunção de risco para aplicação da lei penal (risco de fuga).

Mas sem dúvida o ponto mais problemático é a parte final da alínea "e", introduzida pela Lei n. 13.964/2019: a determinação de execução antecipada da pena, quando for igual ou superior a 15 anos.

Sem dúvida um grande erro do legislador, pois (resumidamente):

– viola a presunção constitucional de inocência, na medida em que trata o réu como culpado, executando antecipadamente sua pena, sem respeitar o marco constitucional do trânsito em julgado;

– se o STF já reconheceu ser inconstitucional a execução antecipada após a decisão de segundo grau, com muito mais razão é inconstitucional a execução antecipada após uma decisão de primeiro grau (o tribunal do júri é um órgão colegiado, mas integrante do primeiro grau de jurisdição);

– da decisão do júri cabe apelação em que podem ser amplamente discutidas questões formais e de mérito, inclusive com o tribunal avaliando se a decisão dos jurados encontrou ou não abrigo na prova, sendo um erro gigantesco autorizar a execução antecipada após essa primeira decisão;

– tanto a instituição do júri como a soberania dos jurados estão inseridos no rol de direitos e garantias individuais, não podendo servir de argumento para o sacrifício da liberdade do próprio réu;

– ao não se revestir de caráter cautelar, sem, portanto, analisar o *periculum libertatis* e a necessidade efetiva da prisão, se converte em uma prisão irracional, desproporcional e perigosíssima, dada a real possibilidade de reversão já em segundo grau (sem mencionar ainda a possibilidade de reversão em sede de recurso especial e extraordinário);

– a soberania dos jurados não é um argumento válido para justificar a execução antecipada, pois é um atributo que não serve como legitimador de prisão, mas sim como garantia de independência dos jurados;

– é incompatível com o disposto no art. 313, § 2º, que expressamente prevê que "não será admitida a decretação da prisão preventiva com a finalidade de antecipação de cumprimento de pena".

Na mesma linha, trazendo ainda outros argumentos, PAULO QUEIROZ[108] afirma que, "além de incoerente e ilógica, é claramente inconstitucional, visto

[108] O excelente texto de Paulo Queiroz, de onde extraímos apenas um trecho, é bem mais amplo, trazendo ainda uma análise importante da prisão preventiva. Recomendamos a leitura no sítio: https://www.pauloqueiroz.net/a-nova-prisao-preventiva-lei-n-13-964-2019/.

que: 1) ofende o princípio da presunção de inocência, segundo o qual ninguém será considerado culpado até o trânsito em julgado de sentença penal condenatória (CF, art. 5º, LVII), razão pela qual toda medida cautelar há de exigir cautelaridade, especialmente a prisão preventiva; 2)viola o princípio da isonomia, já que condenações por crimes análogos e mais graves (v.g., condenação a 30 anos de reclusão por latrocínio) não admitem tal exceção, razão pela qual a prisão preventiva exige sempre cautelaridade; 3)estabelece critérios facilmente manipuláveis e incompatíveis com o princípio da legalidade penal, notadamente a pena aplicada pelo juiz-presidente; 4)o só fato de o réu sofrer uma condenação mais ou menos grave não o faz mais ou menos culpado, já que a culpabilidade tem a ver com a prova produzida nos autos e com os critérios de valoração da prova, não com o quanto de pena aplicado; 5)a gravidade do crime é sempre uma condição necessária, mas nunca uma condição suficiente para a decretação e manutenção de prisão preventiva. Como é óbvio, a exceção está em manifesta contradição com o novo art. 313, § 2º, que diz: **Não será admitida a decretação da prisão preventiva com a finalidade de antecipação de cumprimento de pena.**"

Portanto, um grave erro a execução antecipada da pena.

Existe a possibilidade de o juiz presidente do tribunal do júri deixar de determinar a execução antecipada da pena, desde que vislumbre a possibilidade – diante de determinada questão do julgamento – de uma revisão do julgamento por parte do tribunal de justiça ou regional federal (conforme o caso). Trata-se, no fundo, de uma situação em que o juiz que presidiu o julgamento tem consciência de que aquele júri poderá ser anulado ou que os jurados proferiram uma decisão manifestamente contrária a prova dos autos (situação que não lhe compete impedir). De antemão ele vislumbra a probabilidade de êxito do futuro recurso defensivo (que inclusive poderá ser interposto em plenário) que demonstra o risco de uma execução antecipada daquela pena.

A segunda hipótese de atribuição de efeito suspensivo ao recurso defensivo e, portanto, de não efetivação da execução antecipada, é através de um pedido ao relator da apelação. Esse pedido poderá ser feito no corpo das razões da apelação (preliminar) ou em petição separada, autônoma. Deverá o relator avaliar, de forma cumulativa:

– que o recurso não seja meramente protelatório;

– traga como fundamento questões que possam resultar em "*absolvição, anulação da sentença, novo julgamento ou redução da pena para patamar inferior a 15 (quinze) anos de reclusão*".

Portanto, caberá ao apelante demonstrar a plausibilidade, a viabilidade dos fundamentos do recurso de apelação, nos termos do art. 593, III, se:

a) ocorrer nulidade posterior à pronúncia;
b) for a sentença do juiz-presidente contrária à lei expressa ou à decisão dos jurados;
c) houver erro ou injustiça no tocante à aplicação da pena ou da medida de segurança;
d) for a decisão dos jurados manifestamente contrária à prova dos autos.

Explicaremos a apelação das decisões do júri em tópico específico, ao tratar dos recursos em espécie, mas já antecipamos que no caso da alínea "a", a consequência do provimento da apelação é a remessa a novo júri; nos casos das alíneas "b" e "c", a consequência é que o próprio tribunal pode corrigir a sentença, sem a necessidade de novo júri; por fim, quando a decisão dos jurados for manifestamente contrária à prova dos autos, o tribunal, dando provimento ao recurso, encaminhará o réu a novo júri. Portanto, quando o relator vislumbrar a possibilidade (juízo de verossimilhança, não de certeza) de acolhimento da apelação para enviar réu a novo júri (letras "a" e "d") ou que a correção da sentença acarretará uma redução da pena para menos de 15 anos, poderá atribuir efeito suspensivo ao apelo, para que o réu aguarde o julgamento em liberdade.

Não se vislumbra, neste julgamento da apelação, a possibilidade de "absolvição" a que alude o § 5º, inciso II.

O grande inconveniente desse caminho (do pedido de atribuição de efeito suspensivo) é que o réu ficará preso no período que vai do término da sessão do júri até a apreciação do pedido pelo tribunal, em grau de apelação, o que poderá gerar uma prisão desnecessária e infundada por semanas.

Enfim, ainda que o legislador preveja hipóteses de concessão de efeito suspensivo que evite a execução antecipada da pena, a verdade é que isso é uma ilusão, mero paliativo, que dificilmente irão superar o furor punitivista e a postura burocrática de muitos julgadores, resultando na desnecessária e inconstitucional execução antecipada da pena aplicada em 1º grau de jurisdição. Sempre recordando, que se o réu representar algum perigo, a justificar a necessidade cautelar, poderá ser decretada a prisão preventiva. Então, estamos tratando de uma prisão sem qualquer fundamento cautelar, de *periculum libertatis*, que a justifique.

Sigamos na análise do art.

A alínea "f" (art. 492, I) determina ainda que o juiz, ao proferir a sentença condenatória, estabeleça os efeitos genéricos e específicos da condenação. Trata-se, com essa definição, de dar eficácia ao disposto nos arts. 91 e 92 do Código Penal. Conforme o caso, deverá o juiz fundamentar a perda dos instrumentos utilizados para a prática do delito (desde que sejam ilícitos por si próprios), bem como dos bens e valores auferidos com a prática do crime e, ainda, a perda do cargo, função ou mandato eletivo, a incapacidade para o exercício do pátrio poder e a inabilitação para dirigir veículos, quando utilizados como meio para a prática do crime.

No caso de absolvição, devemos recordar que, sendo afastada a tese defensiva e reconhecida a inimputabilidade do réu, deverá o juiz absolver e aplicar medida de segurança, proferindo uma *absolvição imprópria.*

Não sendo esse o caso, a sentença absolutória faz cessar toda e qualquer constrição que recaia sobre o acusado ou seu patrimônio, devendo ele ser imediatamente posto em liberdade e cessadas as medidas assecuratórias eventualmente decretadas.

Contudo, mais um dos problemas do Tribunal do Júri está na definição dos efeitos civis da sentença penal absolutória. Como os jurados não fundamentam suas decisões, a situação é bastante complicada, pois, como já explicamos, dependendo do fundamento, a absolvição criminal pode ou não fazer coisa julgada no cível.

Dessarte, o fato de os jurados não fundamentarem suas decisões complica muito o mister de definir os efeitos civis da sentença penal condenatória.

Pensamos que, diante da impossibilidade de saber, por exemplo, se os jurados estão absolvendo porque *está provada a inexistência do fato* ou porque *não há prova da existência do fato*, deve prevalecer o *in dubio pro reo*. A distinção nesses casos é tênue, mas gera efeitos civis completamente diversos e não há como sustentar essas duas teses com clara distinção. A defesa dirá que o fato não existiu e tudo se resolverá no primeiro quesito. Da mesma forma em relação à autoria. Na medida em que não há como precisar o conteúdo da decisão dos jurados, é razoável partir-se para uma interpretação mais benéfica[109] ao réu, seguindo toda a lógica do sistema penal (tanto no campo probatório, com o *in dubio pro reo*, mas também hermenêutico, com a vedação de analogia *in malam partem*). Mas, para que tudo isso funcione bem, é fundamental que os juízes, ao prolatarem as sentenças absolutórias, tenham essa questão presente, indicando assim o inciso correto.

Do contrário, infelizmente, abre-se a porta para a ação civil *ex delicti*, ainda que absolvido o réu.

Por fim, vejamos a desclassificação.

Com a desclassificação própria (em qualquer de seus casos), o feito passará às mãos do juiz presidente, a quem competirá o julgamento do caso penal (condenando ou absolvendo o réu) e, se houver crime conexo que não seja doloso contra

---

109 No mesmo sentido, RANGEL. *Direito Processual Penal*. 15. ed. Rio de Janeiro, Lumen Juris, 2008. p. 556.

a vida (porque se for, será julgado pelo júri), também ao juiz presidente do Tribunal do Júri competirá o julgamento, aplicando-se, no que couber, os institutos da Lei n. 9.099. O crime conexo segue o crime principal e, com a desclassificação do prevalente, não pode sequer ser objeto de quesitação ao conselho de sentença. Nesses casos, a sentença do juiz presidente segue a regra geral das sentenças penais, nos termos dos arts. 381 e 387, conforme o caso, sem perder de vista o disposto nos §§ 1º e 2º do art. 492.

Já na desclassificação imprópria, os jurados indicam qual é o tipo penal praticado, cabendo ao juiz presidente apenas condenar o réu pelo crime apontado. A relevância prática da desclassificação imprópria é que os jurados firmam sua competência e, portanto, seguem competentes para julgar os eventuais crimes conexos.

Em todos os casos, deve o juiz presidente atentar para o determinado no § 1º: quando o delito resultante da nova tipificação for considerado pela lei como infração penal de menor potencial ofensivo, deverá o juiz observar o disposto nos arts. 69 e seguintes da Lei n. 9.099, de 26 de setembro de 1995.

Por derradeiro, a sentença deverá sempre ser lida em plenário, pelo juiz presidente, antes de encerrada a sessão de julgamento.

### 3.9. Crítica ao Tribunal do Júri: da Falta de Fundamentação das Decisões à Negação da Jurisdição

Como explica FERRAJOLI[110], o Tribunal do Júri desempenhou um importante papel na superação do sistema inquisitório, tendo o pensamento liberal clássico assumido a defesa do modelo de juiz cidadão em contraste com os horrores da inquisição. Mas o tempo passa e os referenciais mudam. Para valorar a figura do juiz profissional, em confronto com a dos juízes leigos, não são adequados os critérios do século passado (ou melhor, retrasado), invocados com algum acerto naquele momento, mas completamente superados na atualidade.

Um dos graves problemas para a evolução de um determinado campo do saber é o repouso dogmático. Quando não se estuda mais e não se questiona as "verdades absolutas". O Tribunal do Júri é um dos temas em que a doutrina nacional desfruta de um longo repouso dogmático, pois há anos ninguém (ousa) questiona(r) mais sua necessidade e legitimidade.

É verdade que o Tribunal do Júri é cláusula pétrea da Constituição, art. 5º, XXXVIII, mas isso não desautoriza a crítica, pois o mesmo dispositivo consagra o júri, mas com a "organização que lhe der a lei". Ou seja, remete a disciplina de sua estrutura à

110 *Derecho y Razón*, cit., p. 577.

lei ordinária, permitindo uma ampla e substancial reforma (para além da realizada em 2008, destaque-se), desde que assegurados o sigilo das votações, a plenitude de defesa, a soberania dos veredictos e a competência para o julgamento dos crimes dolosos contra a vida. Abre-se, assim, um amplo espaço para reestruturá-lo (já que a extinção, pura e simples, como desejamos, dependeria de alteração na Constituição).

Para além de tais limites, importa aqui contribuir para a formação de uma visão crítica, fundamental para compreensão e aperfeiçoamento do júri.

Um dos primeiros argumentos invocados pelos defensores do júri é o de que se trata de uma instituição "democrática". Não se trata aqui de iniciar uma longuíssima discussão do que seja "democracia", mas com certeza o fato de sete jurados, aleatoriamente escolhidos, participarem de um julgamento é uma leitura bastante reducionista do que seja democracia. A tal "participação popular" é apenas um elemento dentro da complexa concepção de democracia, que, por si só, não funda absolutamente nada em termos de conceito.

Democracia é algo muito mais complexo para ser reduzido na sua dimensão meramente formal-representativa. Seu maior valor está na dimensão substancial, enquanto sistema político-cultural que valoriza o indivíduo em todo feixe de relações que ele mantém com o Estado e com outros indivíduos. É fortalecimento e valorização do débil (no processo penal, o réu), na dimensão substancial do conceito.

E o fortalecimento do indivíduo no processo penal se dá em duas dimensões: potencializando sua posição e condições de fala no processo penal, através de contraditório e ampla defesa (reais e efetivos), e na garantia de ser julgado por um juiz natural e em posição de alheamento (*terzietà*).

Noutra dimensão, aponta-se para a legitimidade dos jurados na medida em que são "eleitos", como se isso fosse suficiente. Ora, o que legitima a atuação dos juízes não é o fato de serem "eleitos" entre seus pares (democracia formal), mas sim a posição de garantidores da eficácia do sistema de garantias da Constituição (democracia substancial).

Ademais, de nada serve um juiz eleito se não lhe damos as garantias orgânicas da magistratura e exigimos que assuma sua função de garantidor.

Os jurados tampouco possuem a "representatividade democrática" necessária (ainda que se analisasse numa dimensão formal de democracia), na medida em que – por culpa do sistema de seleção adotado – são membros de segmentos bem definidos: funcionários públicos, aposentados, donas de casa, estudantes, enfim, não há uma representatividade com suficiência democrática.

Argumenta-se, ainda, em torno da independência dos jurados. Grave equívoco. Os jurados estão muito mais suscetíveis a pressões e influências políticas, econômicas e, principalmente, midiática, na medida em que carecem das garantias orgânicas da magistratura.

A independência, destaca FERRAJOLI, deve ser vista enquanto exterioridade ao sistema político e, num sentido mais geral, como a exterioridade a todo sistema de poderes.

A falta de profissionalismo, de estrutura psicológica, aliados ao mais completo desconhecimento do processo e de processo, são graves inconvenientes do Tribunal do Júri. Não se trata de idolatrar o juiz togado, muito longe disso, senão de compreender a questão a partir de um mínimo de seriedade científica, imprescindível para o desempenho do ato de julgar.

Os jurados carecem de conhecimento legal e dogmático mínimo para a realização dos diversos juízos axiológicos que envolvem a análise da norma penal e processual aplicável ao caso, bem como uma razoável valoração da prova. É o grave paradoxo apontado por FAIREN GUILLEN[111]: *un juez lego, ignorante de la Ley, no puede aplicar un texto de la Ley porque no la conoce.*

O próprio *ato decisório* exige uma prévia cognição e compreensão da complexidade jurídica, sendo inadmissível o empirismo rasteiro empregado pelo júri.

Outro grave problema refere-se ao aspecto probatório, espinha dorsal do processo penal. Na sistemática brasileira, a prova é colhida na primeira fase, diante do juiz presidente, mas na ausência dos jurados. Em plenário, até pode ser produzida alguma prova, mas a prática demonstra que essa é uma raríssima exceção.

A regra geral é a realização de mera leitura de peças, com acusação e defesa explorando a prova já produzida e subtraindo dos jurados a possibilidade do contato direto com testemunhas e outros meios de provas, e, como muito, haverá interrogatório no final (sem esquecer do necessário direito de *não comparecer* ou de comparecer e manter o direito de silêncio).

O julgamento resume-se a folhas mortas. Os jurados desconhecem o Direito e o próprio processo, na medida em que se limitam ao trazido pelo debate, ainda que, em tese, tenham acesso a "todo" o processo (como se esse processo fosse realmente de conhecimento dos jurados). Como mudar? Sumarizando (leia-se, limitação da cognição) a primeira fase, realmente enxugando essa instrução, inclusive com a limitação do número de testemunhas, apenas para justificar a decisão de pronunciar, absolver sumariamente ou desclassificar (a impronúncia, obviamente, tem que sumir, por substancialmente inconstitucional). O "grosso da prova" tem que ser produzido em plenário, na frente dos jurados. Aqui, é preciso mudar a lei

---

111 FAIREN GUILLEN, Víctor. *El Jurado*. Madrid, Marcial Pons, 1997. p. 57.

e, principalmente, a cultura. Elementar que isso terá um "custo", com júris durando dias, talvez até semanas. Mas é o preço a ser pago se efetivamente queremos um júri de qualidade. Obviamente que esse júri, a exemplo do que se vê em outros países em que a prova é produzida no plenário, irá durar dias, semanas até. Esse é o preço a ser pago para termos qualidade no julgamento. Inclusive, os jurados deveriam ser remunerados, pois deixam de exercer suas atividades profissionais e dedicam seu tempo à administração da justiça e precisam ser respeitados e valorizados pelo Estado. Não é o que se vê hoje, em que o jurado não é suficientemente valorizado pelo seu trabalho e dedicação.

Outra garantia fundamental que cai por terra no Tribunal do Júri é o direito de ser julgado a partir da prova judicializada. Em diversas oportunidades explicamos a distinção entre atos de investigação (realizados no inquérito policial) e atos de prova (produzidos em juízo, na fase processual), ressaltando a importância de que a valoração que encerra o julgamento recaia sobre os atos verdadeiramente de prova, devidamente judicializados e colhidos ao abrigo do contraditório e da ampla defesa.

A garantia da "originalidade"[112] da cognição exige que a prova seja produzida no plenário eu que os atos de investigação (da fase pré-processual) possuam eficácia interna à fase, para fundamentar as decisões interlocutórias tomadas no curso da investigação, não para serem usados no processo. Para tanto, defendemos a adoção do *sistema de exclusão física do inquérito policial*, buscando evitar a contaminação do julgador pelos atos (de investigação) praticados na fase inquisitória do inquérito policial (portanto, em segredo, sem defesa ou contraditório e não judicializado). Algo que está previsto na nova redação do art. 3º-C, § 3º e que infelizmente está suspenso pela decisão liminar do Min. FUX.

Especialmente no Tribunal do Júri isso é crucial, qualquer esperança de ser julgado a partir da prova judicializada cai por terra. Na medida em que não existe a exclusão física dos autos do inquérito e tampouco há vedação de que se utilize em plenário os elementos da fase inquisitorial (inclusive o julgamento pode travar-se exclusivamente em torno dos atos do inquérito policial), o réu pode ser condenado só com base nos meros atos de natureza inquisitória. Para completar o triste cenário, os jurados julgam por livre convencimento *imotivado*, sem qualquer distinção entre atos de investigação e atos de prova.

Por derradeiro, o jurado decide sem qualquer motivação, impedindo o controle da racionalidade da decisão judicial. Não se trata de gastar folhas e folhas para

---

112 O objetivo é a máxima *originalità* do processo penal, como explicam FERRAJOLI e DALIA na obra *Manuale di Diritto Processuale Penale*, Milano, CEDAM, 1997. p. 568 e s.

demonstrar erudição jurídica (e jurisprudencial) ou discutir obviedades. O mais importante é explicar o porquê da decisão, o que o levou a tal conclusão sobre a autoria e materialidade. A motivação sobre a matéria fática demonstra o saber que legitima o poder, pois a pena somente pode ser imposta a quem – racionalmente – pode ser considerado autor do fato criminoso imputado. Essa qualidade na aquisição do saber é condição essencial para legitimidade do atuar jurisdicional.

A decisão dos jurados no sistema atual é carecedora de motivação. Não há a menor justificação (fundamentação) para seus atos. Trata-se de puro arbítrio, no mais absoluto predomínio do poder sobre a razão. E poder sem razão é prepotência e não se legitima. Certamente até os jurados se sentiriam melhor e mais legitimados se pudessem fundamentar e expor as razões que os levaram de decidir de tal ou qual forma.

A situação é ainda mais grave se considerarmos que a liberdade de convencimento (imotivado) é tão ampla que permite o julgamento a partir de elementos que não estão no processo. A "íntima convicção", despida de qualquer fundamentação, permite a imensa monstruosidade jurídica de ser julgado a partir de qualquer elemento. Isso significa um retrocesso ao Direito Penal do autor, ao julgamento pela "cara", cor, opção sexual, religião, posição socioeconômica, aparência física, postura do réu durante o julgamento ou mesmo antes do julgamento, enfim, é imensurável o campo sobre o qual pode recair o juízo de (des)valor que o jurado faz em relação ao réu.

Ainda, como fica o duplo grau de jurisdição? Se não sei por que foi decidido dessa ou daquela forma, como recorrer? Vamos seguir "tentando" adivinhar a "decisão manifestamente contrária à prova dos autos"?

Como contornar esse gravíssimo problema da falta de motivação?

Criando um mecanismo de fundamentação. Inspirado no modelo espanhol, sugerimos a criação de um formulário simples, com perguntas diretas e estruturadas de modo a que – por meio das repostas – tenhamos um mínimo de demonstração dos elementos de convicção. Algo bastante simples por meio do qual o jurado, com suas palavras e de forma manuscrita, diga por que está decidindo desta ou daquela forma. Repetimos, um formulário simplificado para ser respondido pelos jurados ao final dos debates, em um tempo razoável, mantendo-se a incomunicabilidade do modelo brasileiro. Não seria desarrazoado termos um monitor e teclado para cada jurado (simples terminais), ligados a um computador administrado pelo juiz. Asseguramos ainda mais o sigilo das votações e otimizamos o julgamento. Simples, prático e perfeitamente exequível. Mas será um imenso avanço em termos de garantia da jurisdição e eficácia do direito ao duplo grau de jurisdição.

Alguém questionará: mas agora, com o quesito genérico da absolvição, qual a relevância da motivação? Segue plena, principalmente para controlar a sentença condenatória, que não pode ser contra a prova dos autos, pois não há um quesito "genérico da condenação" para autorizar uma decisão condenatória por qualquer motivo.

A supremacia do poder dos jurados chega ao extremo de permitir que eles decidam completamente fora da prova dos autos. Imaginemos um julgamento realizado no Tribunal do Júri, cuja decisão seja manifestamente contrária à prova dos autos (condenatória ou absolutória). Há recurso de apelação com base no art. 593, III, "d", do CPP, que, uma vez provido pelo Tribunal, conduz à realização de novo júri (consequência da aplicação da primeira parte do § 3º do art. 593). Esse "novo" júri será composto por outros jurados, mas como o espetáculo será realizado pelos mesmos "atores", em cima do mesmo "roteiro" e no mesmo cenário, a chance de o resultado final ser igual é imensa.

E, nesse "novo" júri, a decisão é igual à anteriormente prolatada e, portanto, novamente divorciada da prova dos autos. Duas decisões iguais, em manifesta dissociação com o contexto probatório.

Poderá haver então novo recurso, aduzindo que novamente os jurados decidiram contra a prova dos autos? Não, pois a última parte do § 3º do art. 593 veda expressamente essa possibilidade. Logo, se no segundo júri eles decidirem novamente contra a prova dos autos, não caberá recurso algum.

Os jurados podem então decidir completamente fora da prova dos autos sem que nada possa ser feito. Possuem o poder de tornar o quadrado, redondo, com plena tolerância dos Tribunais e do senso comum teórico, que se limitam a argumentar, fragilmente, com a tal "supremacia do júri", como se essa fosse uma "verdade absoluta", inquestionável e insuperável.

Interessante, ainda, como um dos principais pilares em comum do Direito Penal e do processo penal cai por terra sem quem ninguém o proteja. O *in dubio pro reo* é premissa hermenêutica inafastável do Direito Penal e, no campo processual, juntamente com a presunção de inocência, norteador da axiologia probatória. Ao mesmo tempo informa a interpretação da norma penal e a valoração da prova no campo processual.

Quando os jurados decidem pela condenação do réu por 4x3, está evidenciada a dúvida, em sentido processual. Significa dizer que existe apenas 57,14% de consenso, de convencimento. Questiona-se: alguém admite ir para a cadeia com 57,14% de convencimento? Elementar que não.

A sentença condenatória exige prova robusta, alto grau de probabilidade (de convencimento), algo incompatível com um julgamento por 4x3. Ou seja, ninguém poderia ser condenado por 4x3, mas isso ocorre diuturnamente no Tribunal do Júri, pois lá, como diz o jargão forense, o *in dubio pro reo* passa a ser lido pelos jurados como *in dubio* "pau" *no reo*...

Perdeu a Comissão, que levou a cabo a reforma do júri (Lei n. 11.689), uma grande chance de atenuar esse grave problema. Deveria ter alterado o número (mas não o fez, infelizmente) de jurados para:

- 9 jurados, com a exigência de votação mínima, para condenar, de 6 votos (logo, para absolver, vale 5x4);
- ou ainda, para 11 jurados, com no mínimo 7 jurados votando "sim" para haver condenação, de modo que, para absolver, pode ser 6 a 5.

Uma terceira solução para esse problema, talvez até mais adequada, foi proposta por MOREIRA DE OLIVEIRA[113], sem, contudo, ter merecido a atenção devida. Sugeriu o ilustre professor que o número de jurados passasse para 8, ou seja, um número par de integrantes que impediria soluções duvidosas como as que ocorrem atualmente, pois, "em caso de empate, teríamos a configuração da dúvida favorecedora da absolvição, pois argumentos acusatórios e defensivos não lograram obter maioria", utilizando-se aqui o art. 615, § 1º, do CPP por analogia. Com essa simples modificação sugerida pelo autor, "havendo oito jurados, alguém somente seria condenado se houvesse no mínimo dois votos de diferença, isto é, cinco contra três. Com isso se conferiria maior certeza e seriedade a uma solução condenatória, pois se reduziria a possibilidade de erro cometido por um só jurado".

Estamos plenamente de acordo: o número par de jurados (8) resolveria esse problema, pois a condenação somente ocorreria com uma diferença de, no mínimo, dois votos.

O aumento do número de jurados é imprescindível, não apenas para dar uma maior representatividade do corpo social no conselho de sentença, mas, principalmente, para a máxima eficácia do direito constitucional de defesa.

Mas não é apenas no plenário que o *in dubio pro reo* é abandonado. Ao final da primeira fase, o juiz presidente poderá tomar uma dessas quatro decisões: absolver sumariamente, desclassificar, impronunciar ou pronunciar. O problema não está na decisão em si, mas no princípio que irá orientar a valoração da prova nesse momento. A imensa maioria dos autores e tribunais segue repetindo que, nessa fase, à luz da "soberania do júri" (novamente o argumento de autoridade, mas completamente vazio de sentido), o juiz deve guiar-se pelo *in dubio pro societate*.

---

113 MOREIRA DE OLIVEIRA, Marco Aurélio Costa. O *Número Ímpar de Jurados*. Material original, gentilmente cedido pelo autor.

A pergunta é: qual a base constitucional desse "princípio"? Nenhuma, pois ele não foi recepcionado pela Constituição de 1988 e não pode coexistir com a única presunção constitucionalmente consagrada: a presunção de inocência e o *in dubio pro reo*.

Como já afirmamos anteriormente, por maior que seja o esforço discursivo em torno da "soberania do júri", tal princípio não consegue dar conta dessa missão. Não há como aceitar uma tal expansão da "soberania" a ponto de negar a presunção constitucional de inocência. A soberania diz respeito a competência e limites ao poder de revisar as decisões do júri. Nada tem a ver com carga probatória.

Também foi um erro, quando da reforma pontual, manter-se a decisão de impronúncia, que, como explicamos anteriormente, gera um estado de pendência, em que o réu não está condenado nem absolvido. É, como dissemos antes, substancialmente inconstitucional, por violar a presunção de inocência.

Por fim, deve ser enfrentada a questão da falibilidade, que também está presente nos julgamentos levados a cabo por juízes togados, o que é elementar. Contudo, não é necessário maior esforço para verificar que a margem de erro (injustiça) é infinitamente maior no julgamento realizado nesse contexto, em que a prova não é produzida na frente dos jurados, o tempo de debate é completamente insuficiente e sequer existe tempo para os jurados, com tranquilidade, analisarem os autos, as provas e decidirem. Seria importante também que se estabelecesse a possibilidade de tempo para que o jurado pudesse refletir afastado da pressão do plenário.

É preciso respeitar o 'direito de ser julgado em um prazo razoável'. Não se pode mais imaginar que, sem produção de prova em plenário (que é a regra) e limitando o debate a 1h30min, se está fazendo um julgamento justo. Esse tempo é absolutamente insuficiente. Ademais, no modelo brasileiro, há um desequilíbrio preocupante gerado pelo fato de que somente haverá tréplica se houver réplica. Então, o MP entra no júri sabendo se vai usar 1h30min ou 2h30min, pois ele decide se vai ou não para a réplica. E, se ele não usar o tempo da réplica, a defesa não tem tréplica. Então o advogado nunca sabe se terá que fazer a sua defesa em 1h30 ou terá mais uma hora decorrente da tréplica. Isso é um fator de imenso desequilíbrio, agravado pelo pouco tempo disposto na lei. Não se faz justiça sem respeitar a razoável duração do tempo para acusar e defender.

Enfim: o júri é uma cláusula pétrea da Constituição e uma instituição importante para a administração da justiça, mas precisa ser reformulado, repensado, pois estamos no século XXI e a estrutura do nosso júri segue no século XIX. O júri merece um procedimento e sistema de julgamento a sua altura, especialmente com a prova sendo inteiramente produzida em plenário, com uma duração muito maior e com o jurado fundamentando a decisão. Isso é o mínimo de respeito que o júri merece.

# SÍNTESE DO CAPÍTULO

**Aviso ao leitor:** A compreensão da síntese exige a prévia leitura do capítulo!

- Importância do trinômio ação-jurisdição-processo.
- Ação é um direito potestativo de acusar (*ius ut procedatur*), público, autônomo, abstrato, mas conexo instrumentalmente ao caso penal.
- Jurisdição, para além do poder-dever dizer o direito, é um direito fundamental, uma garantia de que ninguém será processado ou condenado senão pelo juiz natural e imparcial, dentro do devido processo.
- Sobre "processo", é importante recordar as três principais teorias já explicadas: processo como relação jurídica (Bülow); processo como situação jurídica (Goldschmidt) e processo como procedimento em contraditório (Fazzalari).
- O processo penal pode ser de conhecimento ou de execução, inexistindo um processo cautelar, senão meras medidas cautelares.
- Procedimento é o caminho ou itinerário, composto de uma sequência de atos previstos em lei, no qual cada um dos atos está ligado ao outro (nexo genético), sendo todos realizados em contraditório (Fazzalari) até o provimento final do juiz.
- O processo penal admite distintas relações configuráveis entre os atos, de modo que o processo de conhecimento comporta diferentes ritos (procedimentos). O rito poderá ser comum ou especial.
- Forma é garantia e limite de poder. Como regra, os procedimentos e sua estrutura são indisponíveis, sendo absoluta a nulidade por inobservância das regras procedimentais. A jurisprudência, contudo, tem admitido a adoção do procedimento ordinário ("ordinarização" procedimental) em detrimento de outro especial, por ser ele mais amplo, desde que não viole o direito de defesa e tampouco subtraia a competência constitucional (do Tribunal do Júri, por exemplo).
- São ritos comuns previstos no CPP: a) ordinário (crime cuja pena máxima seja igual ou superior a 4 anos, arts. 395 a 405); b) sumário (crimes cuja pena máxima seja inferior a 4 anos e superior a 2 anos, arts. 531 a 538); c) sumaríssimo (crimes de menor potencial ofensivo, pena máxima igual ou inferior a 2 anos, Lei n. 9.099/95).
- São ritos especiais previstos no CPP: a) responsabilidade dos funcionários públicos (arts. 513 a 518); b) crimes contra a honra (arts. 519 a 523); c) propriedade imaterial (arts. 524 a 530, I); d) Tribunal do Júri (arts. 406 a 497).
- Fora do Código de Processo Penal existem outros ritos especiais, para crimes falimentares (Lei n. 11.101), tóxicos (Lei n. 11.343), competência originária dos

tribunais (Lei n. 8.038), crimes eleitorais (Lei n. 4.737), lavagem de dinheiro (Lei n. 9.613), entre outros.

- Critérios utilizados para definição do procedimento: gravidade do crime, natureza do delito, qualidade do agente.

1. RITO ORDINÁRIO: previsto nos arts. 395 a 405. É destinado aos crimes cuja pena máxima cominada seja igual ou superior a 4 anos. Morfologia do procedimento:

| 1 | 2 | 3 | 4 | 5 |
|---|---|---|---|---|
| Denúncia ou queixa | Juiz recebe ou rejeita liminarmente | Resposta à acusação | Juiz pode absolver sumariamente | Audiência de instrução e julgamento |

- Denúncia ou queixa: prazo de 5 dias, réu preso, ou 15 dias, réu solto (art. 46); queixa prazo decadencial de 6 meses (art. 38). Devem estar presentes as condições da ação e também observar o art. 41 (sob pena de inépcia). Momento de arrolar testemunhas (até 8 por réu/fato, art. 401).
- Juiz recebe ou rejeita (art. 395).
- Rejeição da denúncia ou queixa: da decisão que recebe a denúncia ou queixa não cabe recurso; pode caber *habeas corpus* (que não é recurso) para trancamento do processo. A acusação será rejeitada nos casos do art. 395: a) Inépcia: nos casos do art. 41 (*a contrario sensu*), especialmente quando não houver a exposição clara e direta do fato criminoso com todas as suas circunstâncias, pois não se admite acusação genérica ou alternativa. Rejeitada a denúncia ou queixa, o recurso cabível é o RSE (art. 581, I); b) Falta de pressuposto processual ou condição da ação: a teoria dos pressupostos processuais não é de aceitação pacífica, mas, em sendo admitida, os pressupostos seriam de existência ou validade e sua ausência acarretaria a rejeição da acusação. Já as condições da ação (prática de fato aparentemente criminoso, punibilidade concreta, legitimidade de parte e justa causa) foram estudadas anteriormente e sua ausência acarreta a rejeição. O recurso cabível é o RSE, art. 581, I; c) Falta de justa causa: é um conceito já abrangido pelo inciso anterior, pois se trata de uma condição da ação, cuja falta acarreta a rejeição (recurso cabível, RSE, art. 581, I).
- Rejeição parcial: é ainda minoritária a corrente doutrinária que admite a rejeição parcial da denúncia ou queixa, aplicando o art. 383 no momento do recebimento. Seria para situações excepcionais, buscando ser corrigida a acusação abusiva desde o início, evitando um desenvolvimento procedimental defeituoso.
- Recebendo a denúncia ou queixa, será citado o réu para apresentar a resposta à acusação: prazo de 10 dias, art. 396-A. Momento de arrolar testemunhas (até 8 por réu/fato) e apresentar exceções. Essa defesa é imprescindível; se não for apresentada, será nomeado defensor dativo.
- Após a apresentação da resposta à acusação, os autos serão conclusos para o juiz decidir se é caso de absolvição sumária.

- Absolvição sumária: está prevista no art. 397 do CPP, e ocorre após o recebimento da denúncia ou queixa e da resposta à acusação. Os quatro incisos nada mais fazem do que criar desdobramentos de duas condições da ação (fato aparentemente criminoso e punibilidade concreta). São todas decisões de mérito, que atuam afastando a ilicitude ou a culpabilidade, ou negando a tipicidade. Da decisão que absolve sumariamente, nos casos dos incisos I, II e III, caberá recurso de apelação, art. 593, I, do CPP. Quando a absolvição sumária se fundar no inciso IV, o recurso cabível é o recurso em sentido estrito, art. 581, VIII.
- Justa causa: não está entre as causas de absolvição sumária. Caso seja reconhecida a falta de justa causa após a resposta à acusação, entendemos (mas não é pacífico) que o juiz pode desconstituir o recebimento e rejeitar a acusação, pois não existe preclusão para o juiz em relação à decisão de rejeição.
- Não sendo caso de absolvição sumária, será aprazada audiência de instrução e julgamento.
- Audiência de instrução e julgamento: a ser realizada no prazo de 60 dias (prazo sem sanção), será como regra uma audiência única, art. 400. Sequência de atos: Oitiva da vítima – testemunha de acusação – testemunha de defesa – peritos, acareações, reconhecimentos – interrogatório – diligências, art. 402 – debates orais ou memoriais – sentença.

2. RITO SUMÁRIO: crimes cuja pena máxima é inferior a 4 anos e superior a 2 anos (se for inferior a 2 anos, segue-se o rito sumaríssimo do JECrim). Arts. 531 a 538 do CPP.

- Difere do rito ordinário na redução do prazo máximo de realização da audiência de instrução e julgamento (30 dias, enquanto no ordinário é 60); no número de testemunhas (até 5 testemunhas) e pela inexistência das diligências do art. 402. Morfologia do rito:

| 1 | 2 | 3 | 4 | 5 |
|---|---|---|---|---|
| Denúncia ou queixa | Juiz recebe ou rejeita liminarmente | Resposta à acusação (art. 396) | Juiz pode absolver sumariamente (arts. 397 e 399) | Audiência de instrução e julgamento (art. 531) |

- Audiência de instrução e julgamento (art. 531): a ser realizada no prazo de 30 dias (prazo sem sanção), será como regra uma audiência única. Sequência de atos: Oitiva da vítima – testemunha de acusação – testemunha de defesa – peritos, acareações, reconhecimentos – interrogatório – debates orais ou memoriais – sentença.

3. RITO ESPECIAL Crimes praticados por servidores públicos contra a administração: Previsto nos arts. 513 a 518. Sustentamos a ordinarização do procedimento, mas há divergência e autores afirmando a existência de duas "respostas escritas à acusação" (arts. 514 + 396-A). Morfologia:

| 1 | 2 | 3 | 4 | 5 |
|---|---|---|---|---|
| Denúncia ou queixa | Juiz recebe ou rejeita liminarmente | Resposta à acusação | Juiz pode absolver sumariamente | Audiência de instrução e julgamento |

Outra corrente sustenta o seguinte:

| 1 | 2 | 3 | 4 | 5 | 6 | 7 |
|---|---|---|---|---|---|---|
| Denúncia | Notifica o acusado | Resposta preliminar Art. 514 | Juiz decide, recebe ou rejeita | Recebendo, cita para resposta à acusação Art. 396-A | Absolvição sumária? | Audiência de instrução e julgamento Art. 399 |

**Peculiaridades procedimentais:**

- julgamento por juiz de direito;
- sempre haverá resposta à acusação (problemática do art. 513 e da Súmula 330 do STJ), com inquérito ou sem ele, independentemente de ser afiançável ou não.

4. RITO ESPECIAL Crimes contra a honra: arts. 519 a 523.

Morfologia do procedimento: como regra, segue o rito sumaríssimo do JECrim (explicado adiante), mas, quando não for de competência do Juizado, seguirá o seguinte rito:

| 1 | 2 | 3 | 4 | 5 | 6 |
|---|---|---|---|---|---|
| Denúncia ou queixa | Audiência de reconciliação | Juiz recebe ou rejeita liminarmente | Resposta à acusação | Juiz pode absolver sumariamente | Audiência de instrução e julgamento |

**Peculiaridades Procedimentais:**

- além da calúnia e injúria, também se aplica à difamação;
- lei de imprensa foi declarada inconstitucional;
- como regra, os crimes contra a honra serão julgados no Juizado Especial Criminal (pois a pena máxima é inferior a 2 anos), exceto se houver concurso de crimes, em que a soma ou aumento das penas exceda o limite da competência do JECrim, situação em que será aplicado o rito especial dos arts. 519 a 523;
- se o crime for praticado contra a honra do Presidente da República, procede-se mediante requisição do Ministro da Justiça (não há prazo decadencial neste caso);
- aplica-se a Súmula 714 do STF quando o crime for contra a honra de servidor público no exercício das funções (*propter officium*), que estabelece ser a legitimidade concorrente (queixa ou representação);

- fase prévia de reconciliação (exceto se a ação penal for pública), art. 520, na presença dos advogados, gerando extinção da punibilidade pela renúncia, se exitosa;
- ausência do querelante pode acarretar perempção (art. 60, III), exceto se presente o advogado devidamente constituído;
- pedido de explicações, art. 144 do CP, é facultativo e será prévio ao exercício da ação penal;
- a exceção da verdade: cabe em relação à calúnia e difamação (quando o ofendido for servidor público). É apresentada no prazo da resposta à acusação. Quando oposta em relação à pessoa detentora de prerrogativa de função (querelante), deve a exceção ser encaminhada ao respectivo tribunal.

## 5. RITO ESPECIAL DA LEI DE TÓXICOS: Morfologia da Lei n. 11.343.

| 1 | 2 | 3 | 4 |
|---|---|---|---|
| Denúncia | Defesa prévia | Juiz recebe ou rejeita | Audiência de instrução e julgamento |

Problemática: Considerando que a Lei de Tóxicos é anterior à reforma de 2008, bem como o disposto no art. 394, §§ 4º e 5º, do CPP, estabeleceu-se uma problemática: seguir o rito da lei de tóxicos ou adequar à reforma de 2008? Entre as posições encontradas, adotamos a tese da necessidade de adequação à reforma, deslocando-se o interrogatório para o último ato da instrução e admitindo a absolvição sumária após a resposta à acusação.

**Peculiaridades procedimentais:**

- analisar a pena do tipo penal, pois pode ser de competência do JECrim (v.g., arts. 28, parágrafo único, 33, § 3º, 38 da Lei n. 11.343);
- laudo de constatação provisória firmado por um perito (suficiente para homologação do flagrante e recebimento da denúncia);
- laudo definitivo (imprescindível para condenação);
- quando caracterizada a transnacionalidade (internacionalidade) do delito, a competência é da justiça federal.

## 6. RITO SUMARÍSSIMO – LEI N. 9.099/95 – JUIZADOS ESPECIAIS CRIMINAIS

6.1. Competência do JECrim: infrações penais de menor potencial ofensivo = pena máxima não superior a 2 anos. Justiça estadual ou federal (desde que presente alguma situação do art. 109 da CF).

- Problemática no caso de concurso de crimes (formal, material ou continuado): Há duas posições:

a) aplicam-se por analogia as Súmulas n. 723 do STF e n. 243 do STJ: somam-se as penas máximas em caso de concurso material ou considera-se o maior aumento de pena em caso de concurso formal ou crime continuado;

b) analisam-se as penas de forma isolada: no concurso material não se somam as penas e despreza-se o aumento decorrente no concurso formal ou na continuidade delitiva. Aplica-se o art. 119 do CP e também a nova redação do art. 60, parágrafo único, da Lei n. 9.099.

6.2. Rito Sumaríssimo no JECrim:

| 1 | 2 | 3 | 4 |
|---|---|---|---|
| Audiência preliminar (tentativa de conciliação, composição dos danos civis ou transação penal) | Denúncia ou queixa | Citação do réu | Audiência de instrução e julgamento (defesa oral, juiz recebe ou rejeita a acusação, oitiva da vítima, testemunhas de acusação e defesa, interrogatório, debate oral e sentença) |

6.3. INSTITUTOS PROCESSUAIS:

6.3.1. Composição dos Danos Civis: arts. 74 e 75 da Lei n. 9.099, é possível no âmbito do JECrim ou fora dele (desde que a pena máxima seja igual ou inferior a 2 anos). Só cabe em ação penal de iniciativa privada ou pública condicionada à representação. O acordo pode ser feito extrajudicialmente ou na audiência preliminar. Acarreta a extinção da punibilidade pela renúncia ao direito de queixa ou de representação e gera um título executivo judicial. A nova redação do art. 60, parágrafo único, da Lei n. 9.099, permite a composição fora do JECrim, quando for adotado outro rito em razão da conexão ou continência (neste caso, será oferecida só em relação ao crime cuja pena máxima é igual ou inferior a 2 anos).

6.3.2. Transação Penal: art. 76 da Lei n. 9.099, é possível no âmbito do JECrim ou fora dele (desde que a pena máxima seja igual ou inferior a 2 anos). Ato bilateral, devendo ser aceita pela defesa.

- Com a nova redação do art. 60, parágrafo único, da Lei n. 9.099, permite-se a transação penal fora do JECrim, quando for adotado outro rito em razão da conexão ou continência (neste caso, será oferecida só em relação ao crime cuja pena máxima é igual ou inferior a 2 anos).
- É um direito público subjetivo do réu e consiste na aplicação antecipada de pena de multa ou restritiva de direitos.
- Pode ser oferecida uma vez a cada 5 anos. Não gera reincidência ou maus antecedentes.
- Caso o MP não ofereça (mas presentes os requisitos), parte da doutrina sustenta que deve ser aplicada a Súmula 696 do STF por analogia (art. 28 do CPP). Mas há divergências e nosso entendimento é de que poderá o juiz oferecer.
- Cabe transação penal na ação penal de iniciativa privada, inclusive pelo Ministério Público se o querelante se recusar a fazê-lo.

- Descumprida a transação penal, predomina o entendimento de que o Ministério Público poderá retomar o feito e oferecer denúncia.

6.3.3. Suspensão Condicional do Processo: art. 89 da Lei n. 9.099, é possível no âmbito do JECrim ou fora dele, desde que a pena mínima cominada seja igual ou inferior a 1 ano. É um ato bilateral, devendo haver aceitação do réu.

- Limite de pena (mínima igual ou inferior a 1 ano) e concurso de crimes (formal, material e continuidade): aplicam-se as Súmulas n. 243 do STJ e n. 723 do STF.
- Acarreta a suspensão do processo, por 2 a 4 anos, durante o qual deverá o réu cumprir determinadas condições, gerando a extinção da punibilidade ao final (não gera reincidência nem maus antecedentes).
- É direito público subjetivo do réu. Se preenchidas as condições, não for oferecida: Súmula 696 do STF (art. 28 do CPP). Mas nosso entendimento é de que poderá ser oferecida pelo juiz, visto que direito do acusado. Também tem cabimento nos crimes de ação penal privada.
- Súmula 337 do STJ: cabe suspensão condicional após a denúncia, quando houver desclassificação ou condenação parcial. Se isso acontecer em grau recursal, devem os autos voltar à origem, para oferecimento (sob pena de supressão de grau de jurisdição).
- Descumpridas as condições durante o período de provas, o processo retomará seu curso. Se após cumprido o período de provas (mas antes da extinção da punibilidade) se descobrir que não houve cumprimento das condições impostas, pode haver revogação da suspensão e retomada do processo.

6.4. RECURSOS:

- Da rejeição da denúncia ou queixa e da sentença: apelação no prazo de 10 dias (art. 82).
- Embargos de declaração: prazo de 5 dias (interrompe prazo da apelação).
- É possível Recurso Extraordinário para o STF, nos casos em que tem cabimento (art. 102, III, da CF), mas não cabe Recurso Especial (Súmulas n. 203 do STJ e n. 640 do STF).
- Revisão Criminal: será julgada pelo STF.

6.5. CRÍTICAS AO SISTEMA DE JUSTIÇA NEGOCIADA: Várias são as críticas feitas ao sistema de justiça negocial e também à estrutura e funcionamento dos Juizados Especiais Criminais e seus institutos.

## 7. RITO DOS CRIMES DA COMPETÊNCIA DO TRIBUNAL DO JÚRI

Previsão constitucional: art. 5º, XXXVIII, da CF, assegurando-se a plenitude de defesa, sigilo das votações, soberania dos veredictos e a competência para julgamento dos crimes dolosos contra a vida (tentados ou consumados – art. 74 do CPP).

### 7.1. MORFOLOGIA DO PROCEDIMENTO:

| 1 | 2 | 3 | 4 | 5 | 6 | 7 |
|---|---|---|---|---|---|---|
| Denúncia queixa subsidiária. Juiz recebe ou rejeita | Citação do réu para apresentar defesa escrita 10 dias | Vista MP | Audiência (oitiva do ofendido, testemunha de acusação e defesa, peritos/ acareações, interrogatório e debate oral) | Decisão pronúncia, impronúncia, absolvição sumária, ou desclassificação | Arrolar testemunhas | Plenário (sorteio jurados, oitiva vítima, test. acusação, defesa, interrogatório, debates* MP/Defesa, quesitação sentença) |

*Debates: 1h30min para acusação, igual tempo para defesa. Poderá haver réplica (1h) e tréplica (1h). Havendo dois ou mais réus, aumenta-se 1 hora no tempo da acusação e 1 hora no da defesa; réplica (2h) e tréplica (2h).

### 7.2. DECISÕES DE PRONÚNCIA, IMPRONÚNCIA, ABSOLVIÇÃO SUMÁRIA E DESCLASSIFICAÇÃO:

7.2.1. Pronúncia: art. 413, quando o juiz se convencer da materialidade e de indícios suficientes de autoria ou participação.

- É uma decisão interlocutória mista não terminativa, atacável pelo recurso em sentido estrito (art. 581, IV) que não faz coisa julgada material. Inclui qualificadoras e causas de aumento (não decide sobre agravantes, atenuantes ou causas de diminuição da pena).
- A linguagem empregada na decisão de pronúncia deverá ser sóbria, comedida e sem excessos, limitando-se a fazer um juízo de verossimilhança, para evitar a contaminação dos jurados.
- Não podem as partes, em plenário, fazer referência à decisão de pronúncia e posteriores, art. 478 do CPP. Mas os jurados recebem cópia da pronúncia (art. 472, parágrafo único).
- *In dubio pro societate*? É uma questão problemática, pois parte da doutrina ainda sustenta que na fase da pronúncia deve o juiz orientar-se por esse princípio, pronunciando o réu mesmo em caso de dúvida. Contudo, tal posição é criticável, pois não há suporte constitucional ou legal para o referido princípio, apenas para o *in dubio pro reo* que brota da presunção constitucional de inocência. O tema é controvertido.
- Pronúncia imprópria é quando o juiz pronuncia o réu pelo crime, mas "impronuncia" pela qualificadora.
- Afastada a qualificadora neste momento, não pode a mesma situação fática ser alegada em plenário para que o juiz considere na sentença a título de "agravante", pois o que se excluiu foi a "situação fática".

- Crime conexo: pronunciado o crime doloso contra a vida, deverá o juiz verificar se o crime conexo preenche os requisitos do art. 413. Pode haver impronúncia ou absolvição sumária do crime conexo. Não pode haver condenação ou desclassificação do crime conexo nesta fase.
- Preclusão da Pronúncia: art. 421, não pode ser realizado o júri na pendência de recurso, mesmo que ele não tenha efeito suspensivo.

7.2.2. Impronúncia: art. 414. Decisão terminativa que encerra o processo sem julgamento de mérito, porque o juiz não se convenceu da materialidade do fato ou da existência de indícios suficientes de autoria ou de participação, não havendo produção de coisa julgada material (poderá haver nova acusação enquanto não estiver extinta a punibilidade). Desta decisão caberá apelação (art. 416). É criticada (substancial inconstitucionalidade) porque gera um estado de pendência, de incerteza, de indefinição.

- Crime conexo: se não for de competência do júri, será redistribuído para o juízo competente. Não é objeto de decisão neste momento.
- Despronúncia: termo empregado por Espínola Filho para designar aquela tomada pelo tribunal que, julgando recurso interposto contra uma decisão de pronúncia, dá provimento para impronunciar o réu (seria uma desconstituição da decisão de pronúncia).

7.2.3. Absolvição Sumária: art. 415. Verdadeira sentença de mérito, que faz coisa julgada material, impugnável por apelação (art. 416).

- Entre os casos de absolvição sumária, problemática é a situação do "inimputável", art. 415, parágrafo único, devendo-se distinguir inimputável com tese defensiva e inimputável sem tese defensiva. No primeiro caso (com tese defensiva), deverá ser processualmente tratado como se imputável fosse, até a sentença. Logo, pode ser pronunciado, impronunciado, absolvido sumariamente (sem medida de segurança) ou desclassificado. Somente ao final, se acolhida a tese acusatória no plenário do júri, é que será proferida a sentença de absolvição imprópria (com medida de segurança). Diferente é o inimputável sem tese defensiva; neste caso, deverá o juiz absolver sumariamente e aplicar medida de segurança.
- *In dubio pro societate*: persiste a divergência doutrinária e jurisprudencial acerca da incidência deste "princípio"(?) no momento de aferir se é caso ou não de absolvição sumária. Como já explicado, pensamos que tal adágio latino não tem base constitucional e que se aplica o Princípio Constitucional da Presunção de Inocência (*in dubio pro reo*).
- Crime conexo: não pode ser julgado neste momento, devendo ser redistribuído (exceto se de competência do júri).

7.2.4. Desclassificação (Própria e Imprópria): arts. 418 e 419 do CPP. Desclassificar é dar ao fato uma definição jurídica diversa, podendo ocorrer na primeira fase ou em plenário. Na primeira fase:

- Desclassificação Própria: quando o juiz dá uma definição jurídica diversa que exclui da competência do júri (v.g., de tentativa para lesões, de doloso para culposo etc.). O processo é redistribuído e o conexo vai junto. Desta decisão caberá recurso em sentido estrito, art. 581, II.
- Desclassificação Imprópria: o crime residual continua sendo de competência do júri, ele desclassifica mas pronuncia. Exemplo: de infanticídio para homicídio simples. O conexo segue o prevalente (ou seja, vai para o júri). Desta decisão (que será de pronúncia), caberá recurso em sentido estrito, art. 581, IV.
- *In dubio pro societate*: persiste a divergência doutrinária e jurisprudencial anteriormente explicada.
- Desclassificação em Plenário: também pode ser própria ou imprópria, mas decorre da forma como os jurados respondem aos quesitos. É própria quando os jurados negam a tentativa ou negam o dolo (direto e eventual), afastando a competência do júri e cabendo ao juiz presidente proferir a decisão. O conexo segue o prevalente, sendo julgado pelo juiz presidente. Já na desclassificação imprópria, restrita aos casos de excesso culposo na excludente ou quando admitida a participação dolosamente distinta, entende-se que os jurados firmaram a competência e podem julgar o crime conexo.
- Desclassificação própria em plenário e prescrição: a pronúncia segue como marco interruptivo, ver Súmula 191 do STJ.

7.3. JULGAMENTO EM PLENÁRIO: na sessão de julgamento será feita a chamada dos 25 jurados, devendo comparecer no mínimo 15 jurados (arts. 462 a 464); serão sorteados 7 que irão compor o conselho de sentença.

- As partes podem fazer 3 recusas imotivadas (art. 468) e recusas motivadas sem limite (art. 471). Os jurados prestarão compromisso (art. 472) e receberão cópia da pronúncia e do relatório do processo (art. 472, parágrafo único).
- Instrução em plenário: oitiva vítima, testemunhas arroladas pela acusação, defesa, acareações, reconhecimentos de pessoas e coisas, leitura de peças (somente de prova colhida por carta precatória ou cautelares antecipadas, art. 473, § 3º) e, finalmente, o interrogatório do réu em plenário (direito de não comparecer, art. 457).
- Debates: 1h30min para acusação, igual tempo para defesa (art. 477). Havendo mais de um acusado, aumenta-se em 1h o tempo de acusação e defesa. Réplica em 1h e tréplica em igual tempo. Havendo mais de um acusado, duplica-se o tempo (2h) da réplica e tréplica.
- Não pode fazer referência nos debates: à decisão de pronúncia (e posteriores que a confirmaram); uso de algemas; silêncio do acusado no interrogatório ou ausência de interrogatório por falta de requerimento (art. 478).
- Leitura de documentos: devem ser juntados com antecedência mínima de 3 dias úteis. Não se admite "surpresa". Arts. 479 e 481.

- Quesitos: art. 483. Decisão: definida a partir de no mínimo 4 votos.

1º Materialidade: no dia tal, às tantas horas, na rua X, Fulano de Tal foi atingido por disparos de arma de fogo, sofrendo as lesões descritas no auto de necropsia da fl. 10, que causaram a sua morte? SIM: afirma a existência do fato. NÃO: absolve o réu (se essa for a tese defensiva, senão o juiz pode repetir o quesito, art. 490).

2º Autoria/Participação: o réu Mané de Tal desferiu os tiros referidos no quesito anterior? SIM: afirma autoria. NÃO: absolve o réu por negativa de autoria/participação (se essa for a tese defensiva, senão o juiz repete o quesito, art. 490).

3º Quesito genérico da absolvição: (é obrigatório, sob pena de nulidade absoluta, Súmula 156 do STF) O jurado absolve o acusado? SIM: está absolvido. NÃO: está condenado.

Se condenado, passa-se à formulação dos quesitos relativos às eventuais causas de diminuição da pena, qualificadoras ou causas de aumento da pena (art. 483, IV e V).

*TESE DEFENSIVA = DESCLASSIFICAÇÃO: Ver art. 483, §§ 4º e 5º.

* DESCLASSIFICAÇÃO PARA CRIME CULPOSO: não se quesita "culpa", pois é um conceito jurídico e o júri tampouco tem competência para julgar crime culposo. Quesita-se sobre o dolo direto e eventual, sendo que a recusa conduz à desclassificação (própria). Mas há divergências e autores sustentando a possibilidade de quesitar a culpa (imprudência, imperícia ou negligência).

- Após a quesitação, será proferida a sentença pelo juiz, condenatória ou absolutória, conforme o decidido pelos jurados, arts. 492 e 493.

Capítulo XIV

# DECISÕES JUDICIAIS E SUA (NECESSÁRIA) MOTIVAÇÃO. SUPERANDO O PARADIGMA CARTESIANO. PRINCÍPIO DA CORRELAÇÃO (CONGRUÊNCIA). COISA JULGADA

## 1. *Dikelogía: La Ciencia de La Justicia*

Iniciamos com essa homenagem a WERNER GOLDSCHMIDT, cuja obra *La Ciencia de La Justicia (Dikelogía)* escrita em 1958 (Madrid, editorial Aguilar), somente reeditada em 1986 (Buenos Aires, Depalma), serviu de inspiração para essa introdução, pois de forma muito peculiar, o filho de James Goldschmidt, genial processualista alemão, propõe um debate em torno da justiça, não só pela perspectiva axiológica, mas também axiosófica[1]. A justiça como tema de uma ciência própria (*dikelogía*) é uma proposta complexa, que parte de uma interessante afirmação: *La ciencia de la justicia es una ciencia nueva, que trata de un tema viejo; su denominación como "dikelogía" es un nombre viejo con sentido nuevo*[2].

Explica o autor que a palavra "*dikelogía*" pode ser encontrada na obra de Altusio, de 1617, que não a utiliza para o conceito de uma *ciência da justiça*, senão denomina assim uma enciclopédia do direito positivo. O jurisconsulto romano

---

[1] Explica o autor que, dentro da teoria dos valores, deve-se distinguir entre axiologia e axiosofia. A axiologia tem por objeto a estrutura formal do reino dos valores, a delimitação de cada valor, a relação entre os diversos valores, assim como as leis formais que governam cada valor. A axiosofia, em troca, enfoca os conteúdos dos valores. A axiologia é referida a valores; a axiosofia é estimativa. Op. cit., p. 18 e s.

[2] GOLDSCHMIDT, Werner. *La Ciencia de La Justicia (Dikelogía)*, Buenos Aires, Depalma, 1986, prólogo.

Ulpiano, na filosofia estoica, define justiça como a constante e perpétua vontade de dar a cada um o que é seu, contemplando nessa descrição de justiça o hábito volitivo e intelectual de valoração, estimando de modo positivo e negativo. Justiça é virtude e é valor. Mas também é um tema ético.

Partindo disso, Werner GOLDSCHMIDT desenha em sua obra as diferentes formas de "reparto", sem descuidar do princípio supremo da justiça: *el principio supremo de la justicia estatuye la libertad del desarrollo de la personalidad*. E ainda, *La justicia protege al individuo contra toda influencia que ponga en peligro su libertad de desarrollar su personalidad*[3]. Isso coloca o pensamento do autor (judeu) alemão, cuja família peregrinou pela Espanha fugindo da perseguição nazista, até o exílio definitivo na América do Sul, em íntima conexão com o humanismo e a tolerância, valores tão exaltados em sua obra. Esses princípios, aponta ARAGONESES ALONSO[4], tendem a construir um Estado Democrático de Direito *en el que se reconoce que la dignidad de la persona, los derechos inviolables que le son inherentes, el libre desarrollo de la pesonalidad, el respeto a la ley y a los derechos de los demás son fundamento del orden político y de la paz social.*

Não sem razão, ainda que com variações na fórmula, as principais constituições europeias asseguram o direito fundamental "al libre desarrollo de la personalidad". Sob sua inspiração (até pelo profícuo convívio), ARAGONESES ALONSO[5] afirma que *incluso tiene el Estado el deber de proteger al propio delincuente, pues esto también es una forma de garantizar el libre desarrollo de la personalidad, que es la función de la justicia.*

E por que a referência à *Diké*? Afinal, a deusa da justiça não é *Themis* (ou *Témis*)?

Na mitologia greco-romana, explica OST[6], *Zeus* sobrevive à ira de seu pai *Kronos* (Deus-tempo) graças à esperteza de *Reia*, sua mãe, que o esconde numa gruta para não ser devorado como seus irmãos, pois *Kronos*, após tomar o lugar de seu pai, tratou de fugir da profecia de que um de seus filhos o destronaria (como ele tinha feito anteriormente, cortando os testículos de seu pai com uma foice), tendo o cuidado de devorá-los assim que sua mulher *Reia* os punha no mundo. Dessa vez, para salvar a cria, *Reia* entrega ao esposo uma pedra envolta em faixas, para que ele a devore. Chegando à idade adulta, *Zeus* encabeçou uma revolta e pôs fim ao reino de *Kronos*, enviando-o para o Tártaro.

---

3 *La Ciencia de La Justicia – Dikelogía*, cit., p. 189.

4 ARAGONESES ALONSO, Pedro. *Proceso y Derecho Procesal*. 2. ed. Madrid, Edersa, 1997. p. 28.

5 *Instituciones de Derecho Procesal Penal*. 5. ed. Madrid, Editorial Rubí Artes Gráficas, 1984. p. 7 e s.

6 OST, François. *O Tempo do Direito*. Lisboa, Piaget, 1999. p. 9 e s.

As filhas de *Zeus* e *Témis* (também se encontra com a grafia *Têmis* ou *Themis*) chamavam-se *Thallô*, *Auxô* e *Carpô*, três nomes que evocam as ideias de germinar, crescer e fortificar. Mas, na vertente política, denominavam-se *Eunomia*, *Diké* e *Eiréné*, isto é, a disciplina, a justiça e a paz.

Como bem explica ALMEIDA PRADO[7], *Têmis* era uma deusa matriarcal (reflexo de uma época em que as mulheres eram depositárias da sabedoria da comunidade e os homens se entregavam à arte da guerra), filha de *Gaia* (Terra) e *Urano* (Céu), irmã das *Eríneas*, que também protegiam a ordem social. *Têmis* é a deusa da justiça divina, personificando a Lei e a organização do Universo. É uma matriz mitologêmica de onde partiram todas as deusas da Justiça.

Já *Diké* (ou Astreia), filha de *Zeus* e *Têmis*, irmã da verdade, é a justiça do caso concreto, a portadora do Direito, que ela traz do Olimpo para a Terra. Não sem razão, segue a autora, o ato de julgar se diz *dikazein*. *Diké* era simbolizada, no início, com uma balança na mão esquerda, à qual se adicionou, mais tarde, a espada. A venda nos olhos é muito posterior, para representar o caráter abstrato da justiça.

Assim, a deusa da justiça do caso concreto e, portanto, personificadora do julgar, é *Diké*. Daí por que mais um acerto na expressão *dikelogía*.

O ato de julgar, e todo o complexo ritual judiciário, não é algo que possa ser pensado – exclusivamente – desde o Direito, pois precisa dialogar, em igualdade de condições, com a Filosofia. Também não é um tema puramente filosófico, porque além de jurídico, é antropológico, pois nosso juiz é um ser-no-mundo, que jamais partirá de um *grau zero* de compreensão (ou significação), inserido que está na circularidade hermenêutica. Para além disso (muito além...), é o juiz um filho da flecha do tempo (dromologicamente pensada, com Virilio e outros), de uma sociedade em busca de valores (Prigogine e Morin). Une-se (ou funde-se) a essa liga científica, a psicanálise, pois, acima de tudo, estamos diante do *sentire* de um juiz-no-mundo, que precisa julgar outro *sujeito*, e o faz através da linguagem. Até mesmo a neurociência é chamada ao profícuo diálogo, pois não se pode mais insistir no "erro de Descartes", parafraseando António Damásio, e não há ponto final aqui, nem poderia haver...

Dessarte, ainda que dessas questões não se tenha ocupado (expressamente) Werner Goldschmidt, pensamos que a denominação *dikelogía* bem expressa a complexa "ciência da justiça" que se deve construir, pois não vem dada por nenhum manual ou tratado jurídico, filosófico, antropológico etc., senão que se situa

---

7 ALMEIDA PRADO, Lidia Reis. *O Juiz e a Emoção* – aspectos da lógica da decisão judicial. Campinas, Millennium, 2003. p. 124.

no entrelugar, no entreconceito, que somente pela via da interdisciplinaridade é possível alcançar-se um grau mínimo de compreensão. Nessa perspectiva deve ser pensado a ato decisório, pluridimensional e complexo, pois, melhor do que qualquer outro ato judicial, dá representatividade e realidade à justiça.

A função dessa breve introdução é o convite à reflexão e a salutar recusa ao monólogo científico (jurídico ou não), e aos excessivos reducionismos da complexidade, costumeiramente feitos nesse tema.

## 2. Controle da Racionalidade das Decisões e Legitimação do Poder

Para o controle da eficácia do contraditório e do direito de defesa, bem como de que existe prova suficiente para sepultar a presunção de inocência, é fundamental que as decisões judiciais (sentenças e decisões interlocutórias) estejam suficientemente motivadas. Só a fundamentação permite avaliar se a racionalidade da decisão predominou sobre o poder, premissa fundante de um processo penal democrático. Nesta linha, está expressamente consagrada no art. 93, IX, da CB.

No modelo constitucional não se admite nenhuma imposição de pena: sem que se produza a comissão de um delito; sem que ele esteja previamente tipificado por lei; sem que exista necessidade de sua proibição e punição; sem que os efeitos da conduta sejam lesivos para terceiros; sem o caráter exterior ou material da ação criminosa; sem a imputabilidade e culpabilidade do autor; e sem que tudo isso seja verificado por meio de uma prova empírica, levada pela acusação a um juiz imparcial em um processo público, contraditório, com amplitude de defesa e mediante um procedimento legalmente preestabelecido.

Explica FERRAJOLI que (...) *el modelo penal garantista equivale a un sistema de minimización del poder y de maximización del saber judicial, en cuanto condiciona la validez de las decisiones a la verdad, empírica y lógicamente controlable, de sus motivaciones*[8]. O juízo penal e toda a atividade jurisdicional é um *saber-poder*, uma combinação de conhecimento (*veritas*) e de decisão (*auctoritas*). Com esse entrelaçamento, quanto maior é o poder, menor é o saber, e vice-versa. No modelo ideal de jurisdição, tal como foi concebido por Montesquieu, o poder é "nulo". No modelo autoritarista – totalmente rechaçado na atualidade – o ponto nevrálgico está exatamente no oposto, ou seja, na predominância do *poder* sobre o *saber* e a quase eliminação das formas de controle da racionalidade.

---

8 FERRAJOLI, Luigi. *Derecho y Razón* – teoría del garantismo penal. 2. ed. Madrid, Trotta, 1997. p. 22 e s.

Nesse contexto, a fundamentação serve para o controle da racionalidade da decisão judicial. Não se trata de gastar folhas e folhas para demonstrar erudição jurídica (e jurisprudencial) ou discutir obviedades. O mais importante é explicar o porquê da decisão, o que o levou a tal conclusão sobre a autoria e materialidade. A motivação sobre a matéria fática demonstra o *saber* que legitima o *poder*, pois a pena somente pode ser imposta a quem – racionalmente – pode ser considerado autor do fato criminoso imputado.

Como define IBÁÑEZ[9], o *ius dicere* em matéria de direito punitivo deve ser uma *aplicação/explicação*: um exercício de poder fundado em um saber consistente por demonstradamente bem adquirido. Essa *qualidade* na aquisição do saber é condição essencial para legitimidade do atuar jurisdicional.

Quando se fala em racionalidade e razão, é importantíssimo destacar que concepção estamos dando à "deusa razão". Não se trata da *razão* no sentido cartesiano, que separa a mente do cérebro e do corpo, substanciando o "penso, logo existo", pilar de toda uma noção de superioridade da racionalidade e do sentimento consciente sobre a emoção. Isso sugere que pensar e ter consciência de pensar são os verdadeiros substratos de existir, pois Descartes via o ato de pensar como uma atividade separada do corpo, desvinculando a "coisa pensante" do "corpo não pensante"[10]. O erro está na "separação abissal entre o corpo e a mente"[11].

Essa racionalidade queremos transcender, na esteira de ANTÓNIO DAMÁSIO. Demonstrou o renomado neurologista na célebre obra O *Erro de Descartes*[12], após a observação de pacientes que tiveram removidas partes do cérebro responsáveis pelo sentimento e a emoção, que a racionalidade é incompleta, e resulta seriamente prejudicada, quando não existe nenhuma ligação com o sentimento.

Para o autor, o fenômeno é exatamente oposto àquele descrito por Descartes, na medida em que "existimos e depois pensamos e só pensamos na medida em que existimos, visto o pensamento ser, na verdade, causado por estruturas e operações do ser". É o erro de considerar, como muitos ainda o fazem, que a mente pode ser perfeitamente explicada em termos de fenômenos cerebrais, deixando de lado o resto do organismo e o meio ambiente físico e social. É a prática médica de tratar do corpo, sem se preocupar com as consequências psicológicas das doenças do

9 Idem, ibidem, p. 59.

10 DAMÁSIO, António. O *Erro de Descartes*. São Paulo, Companhia das Letras, 1996. p. 279.

11 Idem, ibidem, p. 280.

12 Por tudo, conferir ANTÓNIO DAMÁSIO, O *Erro de Descartes*, op. cit.

corpo, fechando os olhos, ainda, para o efeito inverso, dos conflitos psicológicos no corpo.

Não existe racionalidade sem sentimento, emoção, daí a importância de assumir a parcela inegável de subjetividade no ato decisório. Também isso contribui para desvelar a hipocrisia do discurso (paleo) positivista da "neutralidade do juiz", além de evidenciar que o enfoque legalista (paleopositivismo) não é outra coisa que um *mecanismo de defesa* que o julgador lança mão para não introjetar sua *sombra*[13].

Em síntese, o poder judicial somente está legitimado enquanto amparado por argumentos cognoscitivos seguros e válidos (não basta apenas boa argumentação), submetidos ao contraditório e refutáveis. A fundamentação das decisões é instrumento de controle da racionalidade e, principalmente, de limite ao poder, e nisso reside o núcleo da garantia.

Em última análise, é a motivação das decisões judiciais um dos principais instrumentos de controle do decisionismo e de proteção contra o juiz solipsista (STRECK), a seguir tratado.

## 2.1. Invalidade Substancial da Norma e o Controle Judicial

Com o advento da Constituição de 1988, muitos dispositivos do atual CPP não resistem à necessária passagem pelo filtro constitucional. Ou, para tanto, exigem um considerável esforço de adaptação do intérprete.

Recordando a lição de BOBBIO[14], com a constitucionalização dos direitos naturais, o tradicional conflito entre o direito positivo e o direito natural e entre o positivismo jurídico e o jus naturalismo perdeu grande parte do seu significado. O anterior contraste entre a lei positiva e a lei natural transformou-se em divergência entre o que o *direito é* e o que o *direito deve ser* no interior do ordenamento jurídico, ou ainda, nas palavras de FERRAJOLI, o conflito agora está centrado no binômio *efetividade* e *normatividade*, à luz da principiologia constitucional.

Mais do que nunca, o Código de Processo Penal exige uma constante adaptação e necessárias correções para que seus dispositivos possam ser aplicados. Nessa tarefa, é crucial o papel do Poder Judiciário. O juiz passa a assumir uma relevante função de *garantidor*, que não pode ficar inerte ante violações ou ameaças de lesão

---

[13] Cf. ALMEIDA PRADO, Lídia Reis. O *Juiz e a Emoção*, cit., p. 110. A expressão *sombra* está empregada no sentido de "lado esquecido, desvalorizado ou reprimido". Sobre o tema, consulte-se o que explicamos anteriormente no tópico "A toga e a figura humana do julgador no ritual judiciário: da dependência à patologia".

[14] No prólogo da obra de Ferrajoli, p. 17.

aos direitos fundamentais constitucionalmente consagrados, como no superado modelo positivista.

Nessa tarefa, o juiz não pode confundir *vigência* com *validade*, pois só assim poderá identificar a substancial invalidade de uma determinada lei processual, que não sobreviveu ao filtro constitucional (de validade).

Ensina FERRAJOLI[15] que o grande erro está em identificar os planos da *existência* (vigência) com o da *validade*. A simples vigência de uma norma, na dogmática tradicional, conduz à validade e isso é um grave equívoco.

Devemos analisar a validade sob dois aspectos: formal e substancial. As normas substanciais dizem respeito ao significado, à própria substância do direito. Aqui entram os princípios, como fator limitador e vinculante da atividade legislativa. Assim, uma norma que viola o princípio da jurisdicionalidade ou do contraditório, v.g., por mais que tenha validade formal ou vigência (existência), pode ser inválida e, como tal, suscetível de anulação, por confrontar uma norma substancial sobre sua produção.

Como explica FERRAJOLI[16], a existência de normas inválidas pode ser facilmente compreendida com a mera distinção entre duas dimensões:

a) regularidade ou legitimidade das normas: que se pode chamar de vigência ou existência, dizendo respeito à forma do ato normativo, e depende da conformidade ou correspondência com normas formais sobre sua produção;
b) validade propriamente dita: ou, em se tratando de leis, a "constitucionalidade", que, ao contrário, tem a ver com seu significado ou conteúdo, e que depende da coerência com as normas substanciais de sua produção.

São conceitos assimétricos e independentes entre si. A vigência guarda relação com a forma dos atos normativos; é uma questão de subsunção ou correspondência entre seus atos produtivos e as normas que regulam sua formação (legalidade do aspecto formal do processo legislativo).

A validade refere-se ao seu significado; é uma questão de coerência ou compatibilidade das normas produzidas com as de caráter substancial sobre sua produção.

FERRAJOLI[17] identifica duas classes de normas sobre a produção jurídica:

---

15 *Derechos y Garantías* – la ley del más débil. Madrid, Trotta, 1999. p. 21.

16 Idem, ibidem.

17 Idem, ibidem, p. 23.

1. **Formais:** condicionam a validade e também dão a dimensão formal da democracia política, pois se referem ao "quem" e ao "como" das decisões. São garantidas pelas normas que disciplinam as formas das decisões, assegurando com elas a expressão da vontade da maioria.
2. **Material:** refere-se à democracia substancial, posto que relacionada ao "que" não se pode decidir, ou deva ser decidido por qualquer maioria, e está garantida pelas normas substanciais, que regulam a substância e o significado das mesmas decisões, vinculando-as, sob pena de invalidade, ao respeito aos direitos fundamentais e demais princípios axiológicos estabelecidos pela Constituição.

Os direitos fundamentais configuram vínculos negativos, gerados pelos *direitos de liberdade*, que nenhuma maioria pode violar; e os vínculos positivos, gerados pelos direitos sociais, que nenhuma maioria pode deixar de satisfazer. Os direitos fundamentais são garantidos para todos e estão fora do campo de disponibilidade do mercado e da política, formando o que FERRAJOLI[18] classifica como *esfera do indecidível que* e do *indecidível que não*.

Com isso, ainda que sumariamente, definimos que a norma processual penal ou penal possui uma dimensão formal e outra substancial. A primeira significa a observância do regular processo legislativo de sua elaboração e lhe atribui, apenas, a vigência e validade formal.

No modelo constitucional, a validade da norma já não é um dogma associado à mera existência formal da lei, senão uma qualidade contingente da mesma, ligada à coerência de seus significados com a Constituição, coerência mais ou menos opinável e sempre remetida à valoração do juiz.

Interessa-nos, pois, sua dimensão substancial, verificando se ela, ainda que existente, possui, quando de sua aplicação, uma validade substancial, ou seja, se guarda coerência e estrita observância com os direitos e garantias fundamentais assegurados na Constituição e na Convenção Americana de Direitos Humanos.

Mais do que a filtragem constitucional, deve o juiz atentar para o controle da convencionalidade das leis ordinárias, ou seja, se o CPP, o CP ou qualquer lei ordinária não está em conflito com a Convenção Americana de Direitos Humanos. O controle judicial da convencionalidade, tão bem explicado por MAZZUOLI[19], pode se dar pela via difusa ou concentrada, merecendo especial atenção a via

[18] *Derechos y Garantías* – la ley del más débil, cit., p. 24.

[19] MAZZUOLI, Valerio de Oliveira. *O Controle Jurisdicional da Convencionalidade das Leis*. 3. ed. São Paulo, RT, 2013.

difusa, pois exigível de qualquer juiz ou tribunal. No RE 466.343/SP e no HC 87.585/TO, o STF firmou posição – por maioria apertada – determinando que a CADH tem valor "supralegal", ou seja, está situada acima das leis ordinárias, mas abaixo da Constituição. Contudo, estamos com Valerio MAZZUOLI e o Min. CELSO DE MELLO, que sustentam posição diversa, no sentido de que tal tratado tem índole e nível constitucional, por força do art. 5º, § 2º, da CF. Inobstante a divergência, coincidem as posições no sentido de que a CADH é um paradigma de controle da produção e aplicação normativa doméstica, incumbindo aos juízes e tribunais, ao aplicar o CPP (ou qualquer lei ordinária), verificar se está em conformidade com a Convenção Americana de Direitos Humanos, pois a Constituição não é mais o único referencial de controle das leis ordinárias.

Enfim, uma análise muito mais abrangente e que supera o mero legalismo. É nesse terreno que o jurista e o juiz devem trabalhar.

## 2.2. A Superação do Dogma da Completude Jurídica. Quem nos Protege da Bondade dos Bons?[20]

Verificada a vigência de uma norma (dimensão formal), cumpre indagar se ainda assim é possível haver lacunas e conflitos internos (dicotomias).

As antinomias e lacunas do sistema são perfeitamente possíveis e nisso reside seu maior mérito, pois uma perfeita coerência e plenitude só podem ocorrer em um Estado absoluto, onde qualquer norma existente é válida simplesmente porque foi produzida de acordo com as formas estabelecidas pelo ordenamento.

O dogma da completude jurídica está há muito superado. BOBBIO[21] ensina que a escola da exegese já foi abandonada e substituída pela escola científica. O caráter peculiar da escola da exegese é a admiração incondicional pela obra realizada pelo legislador através da codificação, uma confiança cega na suficiência das leis, a crença de que os códigos, uma vez promulgados, bastam-se completamente a si próprios, isto é, sem lacunas.

É a ilusão de que no sistema não há nada a acrescentar ou retirar e de que não existem conflitos. O dogma da completude cai por terra quando verificamos que o sistema está eivado de lacunas e de conflitos internos (antinomias).

---

20 Tomamos emprestada a enigmática pergunta de Agostinho Ramalho Marques Neto (O Poder Judiciário na Perspectiva da Sociedade Democrática: o juiz cidadão. *Revista da* ANAMATRA, São Paulo, n. 21, p. 30-50, 1994).

21 *Teoria do Ordenamento Jurídico*. Trad. Maria Celeste Cordeiro Leite dos Santos. Brasília, Polis, 1991. p. 119 e s.

A possibilidade do "direito inválido" ou "lacunoso" – a divergência entre normatividade e efetividade, entre o dever-ser e o ser do direito – é condição prévia tanto do Estado Constitucional de Direito quanto da própria dimensão substancial da democracia, bem como a superação do papel do juiz como mero aplicador da lei. O papel do juiz no processo penal constitucional é o de alguém que deve fazer a filtragem constitucional e eleger os significados válidos da norma e das versões trazidas pelas partes, fazendo constantemente juízos de valor.

Com propriedade, MORAIS DA ROSA[22] explica que "os *cavaleiros da prometida plenitude*, a partir dessas crenças, congregam em si o poder de dizer o que é bom para os demais mortais – neuróticos por excelência (pois precisam preencher sua *falta* com algo) –, surgindo daí um objeto de amor capaz de fazer amar ao chefe censurador, tido como necessário para o laço social. Portanto, o amor mantém a crença pela palavra do poder, a qual será objeto de amor".

Nessa linha, compreende-se que o objeto de amor (submissão e obediência), portanto, além da lei, passa pelo pai-tribunal e ainda, à *palavra autorizada*, lugar historicamente ocupado pelo senso comum teórico, não raras vezes autênticos *cavaleiros da prometida* (e desejada) *plenitude*.

Essa ambição (quase infantil) por "segurança" e "plenitude" contribui para a constituição do *juiz infalível* como substituto do pai, capaz de determinar com pleno acerto o que é justo e o que é injusto. Mas também, por outro lado, cria todas as condições necessárias para o desenvolvimento de patologias judiciais, pois empurra o juiz para o lugar de semideus, com a agravante da crença na "bondade dos bons".

Preciosa é a lição de MARQUES NETO[23], quando explica que "uma vez perguntei: quem nos protege da bondade dos bons? Do ponto de vista do cidadão comum, nada nos garante, *a priori*, que nas mãos do Juiz estamos em boas mãos, mesmo que essas mãos sejam boas".

É elementar que a administração da justiça não pode depender da *bondade*, do bom senso ou de qualquer outro tipo de abertura axiológica desse estilo para legitimar o exercício do poder. Novamente despontam as regras do devido processo como ponto crucial da discussão, especialmente no que tange à legitimação do poder exercido em tão complexo ritual.

---

22 MORAIS DA ROSA, Alexandre. *Decisão Penal: a bricolage de significantes*. Rio de Janeiro, Lumen Juris, 2006. p. 24.

23 MARQUES NETO, Agostinho Ramalho. O Poder Judiciário na Perspectiva da Sociedade Democrática: o juiz cidadão. *Revista da ANAMATRA*, São Paulo, n. 21, p. 30-50, 1994.

Defendendo a hermenêutica constitucional e a interpretação teoricamente demarcada, PEREIRA LEAL[24] sustenta que o *"decidir" não mais pode escorrer do cérebro de um julgador privilegiado que guardasse um sentir sapiente por juízos de justiça e segurança que só ele pudesse, com seus pares, aferir, induzir, ou deduzir, transmitir e aplicar*. Nessa linha, além da necessária conformidade constitucional, deve o juiz estrito respeito às regras do jogo (e aos valores em jogo), especialmente no processo penal, em que o *due process of law* adquire um valor inegociável.

O problema, aponta COUTINHO[25], é saber "o que é a bondade para ele. Um nazista tinha por decisão boa ordenar a morte de inocentes; e neste diapasão os exemplos multiplicam-se. Em um lugar tão vago, por outro lado, aparecem facilmente os conhecidos 'justiceiros', sempre lotados de 'bondade', em geral querendo o 'bem' dos condenados e, antes, o da sociedade. Em realidade, há aí puro narcisismo, gente lutando contra seus próprios fantasmas. Nada garante, então, que a 'sua bondade' responde à exigência de legitimidade que deve fluir do interesse da maioria. Neste momento, por elementar, é possível indagar, também aqui, dependendo da hipótese, 'quem nos salva da bondade dos bons?', na feliz conclusão, algures, de Agostinho Ramalho Marques Neto".

A situação é ainda mais grave quando compreendemos que a crença nas "leis racionais" e na "bondade do julgador" atinge seu ápice com teóricos vinculados ao verbo autoritário, como JAKOBS (e seu funcionalismo, direito penal do inimigo e outras construções teóricas), que fazem a perigosíssima viragem linguística e discursiva para deslocar a noção de bem jurídico para a "norma racional", criando um discurso que legitima a punição pela necessidade de manter/reforçar a confiança na lei e no sistema jurídico-penal. Cometem, assim, o gravíssimo erro (entre outros) de matar o caráter antropológico do Direito Penal, negando, ao mesmo tempo, a subjetividade e o *diferente*.

Como se não bastasse, geralmente esse discurso vem nos sedutores invólucros da "garantia da ordem pública", "supremacia do interesse coletivo" e outras fórmulas que nada mais fazem do que pegar carona na crença na bondade dos bons.

Resta questionar, sempre: bom para quê(quem)?

---

24 PEREIRA LEAL, Rosemiro. *Teoria Processual da Decisão Jurídica*. São Paulo, Landy, 2002. p. 14.

25 MIRANDA COUTINHO, Jacinto Nelson. Glosas ao "Verdade, Dúvida e Certeza" de Francesco Carnelutti, para os Operadores do Direito, In: *Anuário Ibero-Americano de Direitos Humanos*. Rio de Janeiro, Lumen Juris, 2002. p. 188.

### 2.3. À Guisa de Conclusões Provisórias: Rompendo o Paradigma Cartesiano e Assumindo a Subjetividade no Ato de Julgar, mas sem Cair no Decisionismo. A Preocupação com a Qualidade da Fudamentação das Decisões e o art. 315 do CPP

O juiz assume uma nova posição[26] no Estado Democrático de Direito, e a legitimidade de sua atuação não é política, mas constitucional, consubstanciada na função de proteção dos direitos fundamentais de todos e de cada um, ainda que para isso tenha de adotar uma posição contrária à opinião da maioria. Deve tutelar o indivíduo e reparar as injustiças cometidas e absolver, quando não existirem provas lícitas e suficientes.

Não há mais espaço para o juiz exegeta, paleopositivista e burocrata, fiel seguidor do *senso comum teórico dos juristas*[27]. E, acima de tudo, está superada a mera subsunção à lei penal ou processual penal: deve o juiz operar sobre a principiologia constitucional.

Dessarte, impõe-se uma postura mais corajosa por parte dos juízes e tribunais em matéria penal. Julgadores conscientes de que seu *poder* só está legitimado enquanto guardiões da eficácia do sistema de garantias previsto na Constituição.

Nessa linha, "em havendo leis (atos normativos *lato sensu*) incompatíveis com a principiologia constitucional, é tarefa do Poder Judiciário expungi-los do ordenamento ou, em determinados casos, efetuar a adaptação/correção de tais atos normativos, vivificando-os, tornando-os aptos a serem aplicados pelos operadores jurídicos"[28].

É chegado o momento de assumir a subjetividade – e, principalmente, os riscos a ela inerentes – e compreender, recordando as lições de ANTÓNIO

---

26 SILVA FRANCO, Alberto. O Juiz e o Modelo Garantista. *Doutrina do Instituto Brasileiro de Ciências Criminais*, disponível no *site* do Instituto (www.ibccrim.com.br) em março de 1998.

27 A expressão é de WARAT (apud STRECK) e bem retrata o conjunto de crenças e valores do discurso (manualístico) que impregna nossos tribunais. Valores e conceitos são repetidos ao longo de anos sem maior questionamento ou reflexão por parte dos operadores jurídicos, retratando um perigosíssimo conformismo. Exemplo típico dessa postura repetidora do "saber comum" é a paixão arrebatadora, por parte de alguns juízes, pelos repertórios de jurisprudência. Invocar a "jurisprudência pacífica", "reiteradas decisões de tal tribunal" etc., é considerado por eles como "fundamentação". Como explica STRECK, Lenio Luiz. (*Tribunal do Júri*. 3. ed. Porto Alegre, Livraria do Advogado, 1998. p. 51), "com esse tipo de procedimento, são ignorados o contexto histórico e social no qual estão inseridos os atores jurídicos (acusado, vítima, juiz, promotor, advogado etc.), bem como não se indaga (e tampouco se pesquisa) a circunstância da qual emergiu a ementa jurisprudencial utilizada. Afinal de contas, se a jurisprudência torrencialmente vem decidindo que..., ou a doutrina pacificamente entende que..., o que resta fazer? Consequência disso é que o processo de interpretação da lei passa a ser um jogo de cartas marcadas. Ainda se acredita na ficção da vontade do legislador, do espírito do legislador, da vontade da norma".

28 STRECK, Lenio Luiz. A Aplicação dos Princípios Constitucionais. *Escritos de Direito e Processo Penal em Homenagem ao Professor Paulo Cláudio Tovo*. Rio de Janeiro, Lumen Juris, 2002. p. 204.

DAMÁSIO, que a racionalidade é incompleta e resulta seriamente prejudicada quando não existe nenhuma ligação com o sentimento. O dualismo cartesiano separa a mente do cérebro e do corpo, substanciando o "penso, logo existo", pilar de toda uma noção de superioridade da racionalidade e do sentimento consciente sobre a emoção. O erro está na "separação abissal entre o corpo e a mente"[29]. É essa a racionalidade que queremos transcender, na esteira de ANTÓNIO DAMÁSIO e dos presentes estudos sobre neurociência (e também neuropsicanálise). Para o autor, o fenômeno é exatamente oposto àquele descrito por Descartes, na medida em que "existimos e depois pensamos e só pensamos na medida em que existimos, visto o pensamento ser, na verdade, causado por estruturas e operações do ser". O *penso, logo existo*, deve ser lido como: *existo (e sinto), logo penso*, num assumido anticartesianismo.

É a recusa a todo discurso científico (incluindo o mito da neutralidade etc.) baseado na separação entre emoção (*sentire*) e razão. É claro que o juiz é um ser-no-mundo, logo, sua compreensão sobre o caso penal (e a incidência da norma) é resultado de toda uma imensa complexidade que envolve os fatores subjetivos que afetam a sua própria percepção do mundo. Não existe possibilidade de um *ponto zero de compreensão*, diante da gama de valores, preconceitos, estigmas, "pré-juízos", aspectos subjetivos etc., que concorrem no ato de julgar, logo, sentir e eleger significados. Na feliz expressão de MORAIS DA ROSA[30], a sentença penal é consequência de uma verdadeira *bricolagem de significantes*, com toda a extensão que a expressão exige desde uma dimensão psicanalítica.

O primeiro passo já foi dado: superar o paradigma cartesiano e o mito da neutralidade (separação entre razão e emoção) que fundou o mito do juiz-razão, boca da lei.

Mas cuidado: não se pode reduzir a sentença a um mero ato de sentir. Para muito além dessa dimensão de subjetividade, estão os limites constitucionais e processuais para formação do convencimento do juiz e ainda o demarcado espaço interpretativo. Não se pode, jamais, adverte com muito acerto STRECK[31], permitir que o juiz possa *dizer qualquer coisa sobre qualquer coisa*, ou seja, há limites na formação da decisão e no espaço constitucional de interpretação.

---

[29] DAMÁSIO, António. O *Erro de Descartes*, cit., p. 280.

[30] Imprescindível a leitura da obra *Sentença Penal*: a bricolage de significantes, de ALEXANDRE MORAIS DA ROSA, publicada pela Editora Lumen Juris.

[31] Seria reducionismo citar alguma passagem pontual de Lenio STRECK, pois não daria a real dimensão do seu pensamento. Daí por que é imprescindível a leitura integral (entre outras) da obra O *que é Isto*: decido conforme a minha consciência? Porto Alegre, Livraria do Advogado.

Em alguns casos, a norma pode apresentar vários "significados", cabendo ao juiz proceder a uma *interpretação conforme a Constituição*, atendendo ao que CANOTILHO[32] chama de *princípio da prevalência da Constituição*, optando pelo sentido que apresente uma conformidade constitucional.

Como complemento a essa técnica interpretativa[33], pode ser utilizada a *declaração de inconstitucionalidade parcial sem redução de texto*, verdadeira *técnica de decisão judicial*[34], através da qual, diante de uma lei ou ato normativo, o intérprete (juiz ou tribunal) exclui alguma ou algumas de suas interpretações possíveis e que se revestem de substancial inconstitucionalidade. Isso ocorre a partir do que CANOTILHO[35] chama de "*espaço de decisão* (= espaço de interpretação) aberto a várias propostas interpretativas, umas em conformidade com a constituição e que devem ser preferidas, e outras em desconformidade com ela".

Evidencia-se, uma vez mais, a importância do papel assumido pelo julgador. A sujeição do juiz à lei – explica FERRAJOLI[36] – já não é, como no velho paradigma positivista, sujeição à letra da lei, qualquer que seja seu significado, mas sim uma *sujeição à lei enquanto válida*, isto é, conforme a Constituição.

Claro que tal eleição e atribuição de significados devem obedecer a certos limites, que vão dos limites da Constituição aos próprios limites semânticos e da reserva legal.

A questão perene passa a ser: assumir a subjetividade e superar o dogma da completude lógica, de um lado, e, de outro, não cair no outro extremo, no decisionismo, em que o juiz julgue como bem entender, com incontrolável discricionariedade.

Ou ainda "de que modo é possível construir um discurso capaz de dar conta de tais perplexidades, sem cair em decisionismos, ativismos judiciais e discricionariedades por parte dos juízes?"[37]

Essa é, verdadeiramente, uma questão perene para os hermeneutas: a busca incessante pelo equilíbrio entre os extremos.

---

32 CANOTILHO, José Joaquim Gomes. *Direito Constitucional*. 6. ed. Coimbra, Almedina, 1996, p. 229.

33 Sempre recordando que essa é uma obra assumidamente "introdutória" e que não tem por objeto o estudo de toda a complexa principiologia constitucional ou mesmo de hermenêutica.

34 MORAES, Alexandre. *Direito Constitucional*. 13. ed. São Paulo, Atlas, 2003, p. 47 e s.

35 CANOTILHO, José Joaquim Gomes. *Direito Constitucional*, cit., p. 230.

36 *Derechos y Garantías* – la ley del más débil, cit., p. 26.

37 STRECK, Lenio, na Apresentação da obra *Hermenêutica Constitucional*, de Laurence Tribe e Michael Dorf, publicada pela Editora Del Rey, 2007, p. XV.

Nessa mesma linha TRIBE e DORF[38], ao explicar "como não ler a Constituição", sinalizam a cautela que se deve ter na hermenêutica constitucional para não incorrer no erro de pensar que a Constituição é *simplesmente um espelho por meio do qual é possível enxergar aquilo que se tem vontade.*

Com os autores, compreendemos que não se pode usar o texto constitucional como pretexto para dizer aquilo que bem entendermos ou ainda para dizer aquilo de que gostaríamos muito que a Constituição dissesse, mas que ela não diz. Da mesma forma, há que se ter o mesmo cuidado na interpretação da legislação ordinária, para não olhá-la como um "espelho", a refletir a imagem que gostaríamos muito de ali ver. Uma coisa é o que a lei diz, a outra é aquilo que gostaríamos (muito) de que ela dissesse, mas não diz...

COUTINHO[39], atento ao problema, também explica que "a norma é produto da interpretação do intérprete", mas "a norma criada, porém, não pode dizer qualquer coisa, quiçá em uma bela conclusão metafísica. Há, todavia, de se ter um marco onde a assertiva não seja tão só retórica (...)".

Daí por que, como assevera o autor, *o que se delimita ao Poder Judiciário é a verificação da adequação possível, ou seja, se a norma criada pelo intérprete não escapa da regra e, assim, do raio de alcance da estrutura linguística do enunciado, das suas palavras*[40].

Isso não significa um retorno ao paleopositivismo e o amor incondicional à letra da lei. Nada disso. Há que se buscar na hermenêutica constitucional os instrumentos necessários para efetivar a filtragem constitucional, a conformidade da lei ordinária à Constituição, mas sem que isso descambe para o decisionismo ou o relativismo absurdo. É necessária muita maturidade científica para conseguir fazer o esforço honesto na leitura da Constituição (e da legislação ordinária, desde que filtrada, é claro) para chegar a uma interpretação que nem sempre é do nosso agrado, sem que isso signifique uma postura de ingênuo conformismo.

É inafastável que o juiz "elege" versões (entre os elementos fáticos apresentados) e o significado (justo) da norma. Não se pode esquecer que a "consciência plena é ilusória"[41], e que a influência do inconsciente do julgador, no momento

---

[38] TRIBE, Laurence e DORF, Michael. *Hermenêutica Constitucional*, Belo Horizonte, Del Rey, 2007. p. 3.

[39] COUTINHO, Jacinto Nelson. Dogmática Crítica e Limites Linguísticos da Lei. In: Jacinto Nelson de Miranda Coutinho e Martonio Mont'alverne Barreto Lima (Orgs.). *Diálogos Constitucionais*. Rio de Janeiro, Renovar, 2006, p. 225-232.

[40] COUTINHO, Jacinto Nelson. Dogmática Crítica e Limites Linguísticos da Lei, cit., p. 225-232.

[41] MORAIS DA ROSA, Alexandre. *Decisão Penal*: a bricolage de significantes, cit., p. 277.

do ato decisório, perpassa a decisão, e "não tem sentido manter uma venda nos olhos para fazer de conta que o problema não existe"[42].

Mas isso não autoriza o decisionismo, com o juiz dizendo o que bem entende da norma ou da prova (o *espelho*, de TRIBE e DORF), ou o juiz dizendo qualquer coisa sobre qualquer coisa (STRECK).

Somente está legitimado o convencimento judicial formado a partir do que está e ingressou legalmente no processo (significa dizer, com estrita observância das regras do *due process of law*, vedando-se, por primário, as provas ilícitas contra o réu e coisas do gênero), regido pelo sistema acusatório, devidamente evidenciado pela motivação da sentença (para permitir o controle pela via recursal).

Para não incidir no erro do decisionismo, insiste-se na estrita observância das regras do devido processo penal, fundantes da instrumentalidade constitucional. O respeito às regras do jogo e a necessária filtragem constitucional criam condições de possibilidade para o equilíbrio entre os dois extremos (paleopositivismo e decisionismo).

E, mais, não se pode – a partir da equivocada filosofia da consciência – deixar que a atribuição de sentido decorra unicamente da "cabeça do juiz", ou seja, não se pode depender apenas da "consciência" do julgador ou mesmo de um "livre" convencimento. Não pode ele decidir de acordo com a "sua" consciência e em completo desprezo – por exemplo – de toda produção dogmática e jurisprudencial em torno de determinado conceito jurídico. Imagine-se o absurdo da decisão que dissesse "não concordo com o sistema trifásico de aplicação da pena do art. 59 do CP e desenvolvi meu próprio critério". Típico decisionismo ilegal, que não raras vezes se vislumbra, com maior ou menor grau, em algumas decisões.

O sistema de administração da justiça não pode depender, exclusivamente, da consciência ou da bondade do julgador. Daí a importância dos limites do espaço decisório (interpretativo), que vem dado pela estrita observância das regras do devido processo penal e de toda a principiologia constitucional aplicável ao julgamento criminal.

A decisão tem que ser construída no processo penal, em contraditório, e demarcada pelo limite da legalidade (leia-se, respeito às regras do jogo). Não pode ser apenas um "decido conforme a minha consciência". Isso seria perfilar-se na superada dimensão da filosofia da consciência e avalizar um perigosíssimo e ilegal decisionismo.

---

42 COUTINHO, Jacinto Nelson. *A Lide e o Conteúdo do Processo Penal*. Curitiba, Juruá, 1989. p. 143.

PEREIRA LEAL[43], criticando a "escola instrumentalista" (especialmente Cândido Dinamarco), explica que não se pode mais colocar a jurisdição como centro do sistema (eis o erro), senão que se deve fazer uma opção pelo direito democrático, abandonando a ideia de ser o plano da "decisão" exclusivo do decididor (juiz), senão que a decisão deve ser construída como resultante vinculada à estrutura procedimental regida pelo *processo* constitucionalizado (sem esquecer que o autor se situa na linha de FAZZALARI, de que o processo é um procedimento em contraditório). Daí por que não se pode mais conceber o processo como um mero espaço de exercício de poder, de instrumento da jurisdição.

Conclui com precisão PEREIRA LEAL[44], que a legitimidade da decisão está no *procedimento para se tomar essa decisão*, se (con)fundindo procedimento e processo. Daí por que o devido processo penal (constitucional) adquire o *status* de garantia insuprimível, pois "nenhuma decisão seria constitucionalmente válida e eficaz se não preparada em *status* de *devido processo legal*, porquanto, uma vez produzida em âmbito de exclusivo juízo judicacional, não poderia se garantir em validade e eficácia pela discursiva condição estatal do direito democrático. A legitimidade da *decisão* só ocorre em fundamentos procedimentais processualizados, porque o PROCESSO como direito de primeira geração (instituição jurídica constituinte e constituída de produção de direitos subsequentes) é direito fundamental de eficiência autodeterminativa da comunidade jurídica que se fiscaliza, renova-se e se confirma, pelos princípios processuais discursivos da *isonomia*, *ampla defesa* e *contraditório*, ainda que nas estruturas procedimentais encaminhadoras das vontades jurídicas não sejam pretendidas resoluções de conflitos"[45].

Importante avanço veio com a Lei n. 13.964/2019 e a inserção do art. 315:

> Art. 315. A decisão que decretar, substituir ou denegar a prisão preventiva será sempre motivada e fundamentada.
>
> § 1º Na motivação da decretação da prisão preventiva ou de qualquer outra cautelar, o juiz deverá indicar concretamente a existência de fatos novos ou contemporâneos que justifiquem a aplicação da medida adotada.
>
> § 2º Não se considera fundamentada qualquer decisão judicial, seja ela interlocutória, sentença ou acórdão, que:
>
> I – limitar-se à indicação, à reprodução ou à paráfrase de ato normativo, sem explicar sua relação com a causa ou a questão decidida;
>
> II – empregar conceitos jurídicos indeterminados, sem explicar o motivo concreto de sua incidência no caso;
>
> III – invocar motivos que se prestariam a justificar qualquer outra decisão;
>
> IV – não enfrentar todos os argumentos deduzidos no processo capazes de, em tese, infirmar a conclusão adotada pelo julgador;

43 PEREIRA LEAL, op. cit., p. 68-69.

44 Idem, ibidem, p. 85.

45 Idem, ibidem, p. 124.

V – limitar-se a invocar precedente ou enunciado de súmula, sem identificar seus fundamentos determinantes nem demonstrar que o caso sob julgamento se ajusta àqueles fundamentos;
VI – deixar de seguir enunciado de súmula, jurisprudência ou precedente invocado pela parte, sem demonstrar a existência de distinção no caso em julgamento ou a superação do entendimento.

Ainda que o dispositivo esteja inserido no tratamento da prisão preventiva, é importante perceber que o §2º é muito mais abrangente, ao prever que *não se considera fundamentada qualquer decisão judicial, seja ela interlocutória, sentença ou acórdão*. Então, todas essas vedações, que exigem qualidade da decisão, ao não admitir que ela se limite a indicar artigos da lei ou precedentes, enunciados, sem fazer a adequação ao caso concreto; que empregue conceitos jurídicos vagos e indeterminados, sem relacionar com o fato concreto; a invocar motivos formulários, padronizados, que servem para "qualquer" decisão; que não enfrente os argumentos trazidos pelas partes e que se relacionem com a linha decisória adotada; ou, ainda, que deixe de seguir súmula, jurisprudência ou precedente invocado pela parte e que diga respeito ao caso em discussão, sem fazer o necessário *distinguishing*.

Trata-se de ampliação do nível de exigência de qualidade da fundamentação necessária para legitimar e dar validade a qualquer decisão judicial.

O legislador busca vedar as decisões formulárias, padronizadas, genéricas e que não tenham uma concretude e qualidade decisória mínima. Nessa perspectiva, é nula a decisão, por falta de fundamentação suficiente e qualificada, que simplesmente refere-se a artigos de lei ou os reproduz, sem demonstrar sua incidência e aplicação no caso concreto (portanto, concretude e individualização do ato decisório).

O inciso II traz uma importante exigência: **não pode a decisão empregar "conceitos jurídicos indeterminados sem explicar o motivo concreto de sua incidência no caso"**. Essa é uma situação recorrente, v.g., quando o ato decisório simplesmente invoca a **"gravidade do crime", "a perigosidade social do agente"** sem explicar, de forma clara, concreta e vinculada ao caso em análise, no que consiste tal gravidade ou periculosidade.

Não são raras ainda as decisões que **"invocam motivos que se prestariam a justificar qualquer outra decisão"**, especialmente quando se trata de investigação que recai sobre várias pessoas. O julgador constrói uma fundamentação padrão, invocando motivos genéricos e acaba por simplesmente repetir sem individualizar. Sempre que se puder, através de um simples exercício mental, tomar a fundamentação empregada e universalizá-la, estamos diante de uma decisão nula, formulária.

Outra situação – que conduz à nulidade da decisão – é quando o juiz **não enfrenta todos os argumentos trazidos pela defesa** e, em tese, aptos a refutar a conclusão (condenação) do julgador. O juiz não pode ignorar as teses defensivas (argumentos/provas) que, se acolhidas, impediram a condenação. Isso ocorre quando o magistrado, por exemplo, ignora completamente a prova testemunhal produzida pela defesa, que é capaz de infirmar a tese acusatória. O mesmo quando existe uma contraprova pericial, produzida pela defesa, que desconstrói a perícia oficial. O juiz obrigatoriamente precisa demonstrar o conhecimento da prova produzida pela defesa e por quais motivos não lhe deu credibilidade. Não basta simplesmente aderir à tese e prova produzida pela acusação e se silenciar em relação à contraprova, ainda que a repute frágil. É preciso, minimamente, fundamentar essa refutação, ela não é "tácita", lógica ou presumida.

Quanto aos incisos V e VI, ainda que contenham a ambição de inserir no processo penal um sistema de precedentes, com o qual não concordamos, na esteira de STRECK[46], sem dúvida representam um avanço no que tange a elevação do nível de qualidade das decisões judiciais. Nosso sistema jurídico, fundamentalmente distinto de um sistema *common law*, não cria condições de possibilidade para que o STJ e o STF se transformem em cortes de vértice e se vinculem ao um verdadeiro *stare decisis* (como lembra STRECK[47], nos recursos especial e extraordinário, são impugnações para o julgamento de "causas", não havendo uma autorização para formação de teses como comandos gerais e abstratos para resolução de casos repetitivos). Nem a Constituição alberga tal função aos tribunais superiores. Quando muito, se tem "tese" jurídica na decisão, e tese jurídica não é propriamente um precedente. Ademais – e aqui novamente é preciso rejeitar a teoria geral do processo e respeitar a complexa e diversa fenomenologia do processo penal –, o direito penal e o processo penal estão cravados no Princípio da Legalidade, na forma e nos limites ao exercício do poder previsto em "lei". A reserva de lei, para o direito penal/processo penal, é garantia insubstituível, não se admitindo a aproximação da atividade judicial à legislativa. Muito menos a substituição. Jamais, no processo penal, a jurisprudência pode ser equiparada à legislação, como fonte equivalente. Obviamente pode haver interpretação, enquanto demarcação de sentido e de limites semânticos, mas não criação de normas gerais vinculantes. Porém, essa discussão transborda os estreitos limites da nossa abordagem, cabendo apenas a ressalva.

O que importa referir é que, sem dúvida, seguindo a dicção do art. 315, o "precedente, súmula ou jurisprudência" invocado pela acusação ou defesa **desempenha uma relevante função argumentativa**, que faz nascer a **obrigatoriedade de**

---

46 Uma quatrologia de colunas para acesso fácil pode ser encontrada no seguinte *site*: <https://www.conjur.com.br/dl/anexo-senso-incomum.pdf>. Ainda na obra *Precedentes judiciais e hermenêutica: o sentido da vinculação no CPC/2015*, publicada pela Editora JusPodivm, Lenio Streck aprofunda a crítica à invocação de um sistema de precedentes no direito processual brasileiro e sua inadequação.

47 *Precedentes judiciais e hermenêutica*. Salvador, JusPodivm, p. 23.

**enfrentamento pelo juiz** sob pena de nulidade. Nessa perspectiva pensamos os incisos V e VI.

Portanto, é nula a decisão que simplesmente se limitar a "*invocar precedente ou enunciado de súmula, sem identificar seus fundamentos determinantes nem demonstrar que o caso sob julgamento se ajusta àqueles fundamentos*". É uma exigência de concretude da fundamentação, que não pode se limitar à invocação de precedente ou enunciado de súmula de forma genérica e vaga, sem demonstrar a incidência e acoplamento ao caso concreto em julgamento. Em sentido inverso, deve o juiz enfrentar os argumentos defensivos que invocarem súmula, jurisprudência ou precedente fazendo – para refutar – o *distinguishing*, isto é, a demonstração de que o caso em questão é distinto, diferente daquele tratado pelo precedente, súmula ou jurisprudência invocado. É preciso enfrentar e fundamentar a distinção que comprove a não incidência da argumentação trazida pela defesa, sob pena de nulidade.

Seria muito importante – inclusive pelo caráter pedagógico, de exemplo a ser seguido – que tal dispositivo fosse estritamente observado também pelos tribunais superiores (STJ e STF), que sistematicamente adotam decisões genéricas, com mera menção – por exemplo – às Súmulas 7 (STJ) e 279 (STF), para não admitir recursos especial e extraordinário. No mesmo sentido vão as genéricas invocações ao amplo rol de súmulas que constituem a chamada **"jurisprudência defensiva"** das cortes superiores, que são usadas sem qualquer concretude, ou seja, sem demonstração de sua concreta incidência no recurso em julgamento. Decisões que se limitam, no mais das vezes, a invocar a súmula, sem identificar seus fundamentos determinantes nem demonstrar que o caso sob julgamento se ajusta àqueles fundamentos, violando assim o disposto no art. 315, § 2º, V, do CPP.

Portanto, o art. 315 do CPP é da maior relevância e busca estabelecer um *standard* elevado de qualidade da fundamentação das decisões e, ao mesmo tempo, prestigia as partes e o contraditório ao ampliar o dever de enfrentamento, por parte do juiz, das especificidades do caso concreto.

Importante destacar ainda a nova redação do art. 564, V:

> Art. 564. A nulidade ocorrerá nos seguintes casos:
> (...)
> V – em decorrência de decisão carente de fundamentação. (Incluído pela Lei n. 13.964, de 2019)

Com isso o legislador reforça, claramente, o valor e a necessidade de uma fundamentação de qualidade, prevendo a nulidade do ato decisório carente de fundamentação (com aquela qualidade exigida pelo art. 315, § 2º, já analisada). É uma decorrência lógica da anulação da decisão, que já vinha sendo aplicada pelos tribunais (ainda que somente em casos extremos e com bastante timidez) e que agora ganha destaque com a nova redação dada pela Lei n. 13.964/2019.

Em suma: a decisão judicial somente é válida e eficaz quando "construída processualmente no espaço jurídico discursivo da condicionalidade estatal expressa na estrutura procedimental (devido processo legal) legitimadora de sua prolatação"[48].

Assim, o processo não deixa de ser um método, limitador e caminho necessário para a decisão. Há que se encontrar o entrelugar, onde se recuse a razão moderna e o dogmatismo oitocentista, mas também o relativismo cético tipicamente pós-moderno.

Pensamos que a legitimação da decisão se dá através da estrita observância das regras do devido processo. São essas regras que, estruturando o ritual judiciário, devem proteger do decisionismo e também do outro extremo, onde se situa o dogma da completude jurídica e o paleopositivismo.

## 3. Decisão Penal: Análise dos Aspectos Formais

Após uma sumária cognição da complexidade do ato decisório, vejamos agora o aspecto formal-dogmático, devidamente (re)significado pelo anteriormente exposto. Portanto, não há que se desconectarem as temáticas.

Tradicionalmente, no Brasil, a doutrina[49] costuma classificar os atos jurisdicionais nas seguintes categorias:

1. **Despachos de mero expediente:** são atos meramente ordenatórios, sem cunho decisório e que não causam prejuízo para acusação ou defesa, sendo, portanto, irrecorríveis. Nesta categoria entram os despachos de "junte-se", "intime-se", "dê-se vista" e congêneres.
2. **Decisões:**
   - **2.1. Interlocutórias simples:** pouco mais do que um despacho de mero expediente, já possui um mínimo de caráter decisório e gera gravame para uma das partes. Como regra, não cabe recurso dessa decisão, salvo expressa disposição legal, sem negar-se, contudo, a possibilidade de utilização das ações impugnativas, como *habeas corpus* e *mandado de segurança*, conforme o caso. São exemplos: decisão que recebe a denúncia ou queixa, indefere o pedido de habilitação como assistente da acusação etc.
   - **2.2. Interlocutórias mistas:** também consideradas como decisões com força de definitiva, possuem cunho decisório e geram gravame ou

48 PEREIRA LEAL, op. cit., p. 125.

49 Entre outros, TOURINHO FILHO, op. cit., v. 4, p. 239.

prejuízo para a parte atingida. Encerram o processo sem julgamento do mérito ou finalizam uma etapa do procedimento, por isso podem ser terminativas ou não. Como regra, não há produção de coisa julgada material e são atacáveis pela via do recurso em sentido estrito (mas há exceções, em que a lei prevê o recurso de apelação). Nessa categoria inserem-se as decisões de rejeição da denúncia ou queixa, pronúncia (não terminativa), impronúncia (decisão terminativa atacável pela apelação, art. 593, II, do CPP), desclassificação, a decisão que acolhe a exceção de coisa julgada ou litispendência etc.

3. **Sentenças:** as sentenças no processo penal poderão ter eficácia condenatória, absolutória (própria ou imprópria [absolve, mas aplica medida de segurança]) ou declaratória (da extinção da punibilidade). São atos jurisdicionais por excelência, com pleno cunho decisório e que geram prejuízo para a parte atingida. Como regra, o recurso cabível é o de apelação. São exemplos as sentenças penais condenatórias, absolutórias, a absolvição sumária (tanto nos procedimentos comuns, ordinário e sumário como também no rito do tribunal do júri, art. 415), e a declaratória da extinção da punibilidade pela concessão do perdão judicial ou prescrição (por exemplo).

Excetuando-se os despachos de mero expediente, as decisões e sentenças devem ser fundamentadas, sob pena de nulidade (art. 315, § 2º). As sentenças em geral são fundamentadas a contento, ainda que não se concorde com os termos e as premissas. O grande problema são as decisões interlocutórias (*inter locus*, no meio do caminho, no curso do procedimento), especialmente aquelas que implicam restrição de direitos e garantias fundamentais, tais como as decisões que decretam a busca e apreensão, a interceptação telefônica e a decretação da prisão cautelar. Nesses casos, impõe-se severo gravame a alguém sem, em grande parte dos casos, uma fundamentação suficiente para legitimar tal violência estatal. Ontologicamente, estar preso cautelarmente ou definitivamente é igual (quando não é mais grave a situação gerada pela prisão cautelar), mas substancialmente distintas são as decisões e, principalmente, a qualidade das decisões. Diariamente são geradas situações fáticas gravíssimas (como a prisão cautelar) com pífia fundamentação, e isso é inadmissível.

A sentença no processo penal é o ato jurisdicional por antonomásia, uma resolução judicial paradigmática, à qual se encaminha todo o processo[50]. So-

---

50 OLIVA SANTOS, Andrés et al. *Derecho Procesal Penal*, 8. ed., p. 547.

mente a sentença resolve, com plenitude, acerca do objeto do processo penal, que, como vimos anteriormente, é a pretensão acusatória (cujo elemento objetivo é o caso penal).

A sentença pode ser definida[51], ainda, como aquele ato jurisdicional que põe fim ao processo, pronunciando-se sobre os fatos que integram seu objeto e sobre a participação do imputado neles, impondo-se uma pena ou absolvendo-o, como manifestação do poder jurisdicional atribuída ao Estado.

O dever de fundamentar a sentença foi exposto no início deste capítulo, cabendo agora verificar a estrutura externa, como preceitua o art. 381[52]:

- **relatório:** em que são indicados os nomes das partes, devidamente identificadas, e a descrição objetiva dos acontecimentos do processo, em geral, remetendo para a morfologia do procedimento.
- **motivação:** ponto nevrálgico da sentença, em que o juiz deve analisar e enfrentar a totalidade (sob pena de nulidade) das teses acusatórias e defensivas, demonstrando os motivos que o levam a decidir dessa ou daquela forma. A motivação dá-se em duas dimensões: fática e jurídica. Na primeira, procede o juiz à valoração da prova e dos fatos, reservando para a segunda a fundamentação em torno das teses jurídicas adotadas e também o enfrentamento das teses jurídicas alegadas, mas refutadas. Por fim, sendo a sentença condenatória, deverá o juiz manifestar-se sobre a responsabilidade civil do réu, fixando o valor mínimo para reparação dos danos causados pela infração, considerando os prejuízos sofridos pelo ofendido.
- **dispositivo:** finalizando a sentença, é na parte dispositiva que se afirmará a absolvição, indicando o inciso do art. 386 aplicável ou, em caso de condenação, será feita a dosimetria da pena, à luz dos arts. 59 e 68 do CP e 387 do CPP.

A estrutura da sentença em três partes independe de ser ela condenatória ou absolutória, pois, em ambos os casos, deve conter o relatório, a motivação e o dispositivo. Claro que o dispositivo da sentença condenatória é mais complexo, na medida em que ali é realizada a dosimetria da pena, mas em ambas as espécies

---

51 ARMENTA DEU, Teresa. *Lecciones de Derecho Procesal Penal*. 3. ed., Madrid, Marcial Pons, 2007, p. 264.

52 Art. 381. A sentença conterá:
I – os nomes das partes ou, quando não possível, as indicações necessárias para identificá-las;
II – a exposição sucinta da acusação e da defesa;
III – a indicação dos motivos de fato e de direito em que se fundar a decisão;
IV – a indicação dos artigos de lei aplicados;
V – o dispositivo;
VI – a data e a assinatura do juiz.

de sentença, há dispositivo. Mesmo na sentença absolutória (e com mais razão na condenatória), deverá o juiz analisar todas as teses acusatórias e defensivas, sob pena de violar a regra da correlação e gerar uma sentença nula.

Analisaremos a seguir alguns aspectos da sentença condenatória, pois a absolutória tem por principal problemática os eventuais efeitos civis que dela ainda podem decorrer, anteriormente explicados.

Sendo a sentença condenatória, deverá observar o disposto no art. 387 do CPP. Quanto aos incisos I, II e III, devem ser lidos em conjunto com as regras estabelecidas no art. 59 e s. do Código Penal, que disciplinam a dosimetria da pena.

O inciso IV é uma inovação introduzida pela Lei n. 11.719/2008, que alterou a sistemática brasileira para permitir a cumulação da pretensão acusatória com outra, de natureza indenizatória. Nessa linha, o parágrafo único do art. 63 (nova redação, também modificado pela Lei n. 11.719) passou a estabelecer que "transitada em julgado a sentença condenatória, a execução poderá ser efetuada pelo valor fixado nos termos do inciso IV do *caput* do art. 387 deste Código sem prejuízo da liquidação para a apuração do dano efetivamente sofrido". Como decorrência dessas modificações, agora, na sentença penal condenatória, o juiz já deverá fixar um valor mínimo a título de indenização pelos prejuízos sofridos pela vítima, que não impede que ela postule, no cível, uma complementação.

Mas, para que o juiz penal possa fixar um valor mínimo para reparação dos danos na sentença, é fundamental que:

1. exista um pedido expresso na inicial acusatória de condenação do réu ao pagamento de um valor mínimo para reparação dos danos causados, sob pena de flagrante violação do princípio da correlação;
2. portanto, não poderá o juiz fixar um valor indenizatório se não houve pedido, sob pena de nulidade por incongruência da sentença;
3. a questão da reparação dos danos deve ser submetida ao contraditório e assegurada a ampla defesa do réu;
4. somente é cabível tal condenação em relação aos fatos ocorridos após a vigência da Lei n. 11.719/2008, sob pena de ilegal atribuição de efeito retroativo a uma lei penal mais grave (como explicado anteriormente, ao tratarmos da Lei Processual Penal no Tempo).

Não se pode esquecer, ainda, que a pretensão indenizatória é de natureza privada e exclusiva da vítima. Logo, como adverte GIACOMOLLI[53], a vítima tem plena disponibilidade, podendo manifestar interesse em que não seja arbitrado na

---

53 GIACOMOLLI, Nereu. *Reformas (?) do Processo Penal*. Rio de Janeiro, Lumen Juris, 2008. p. 111.

esfera criminal, pois já ingressou no juízo cível ou nele pretende discutir o *an debeatur e o quantum debeatur*. A indenização está na esfera de disponibilidade do interessado (cabendo, portanto, renúncia e transação), motivo por que ao magistrado é vedado arbitrar qualquer valor reparatório se houver manifestação nesse sentido.

O inciso V está revogado, pois não existe mais a aplicação "provisória" de interdições de direitos e medidas de segurança, desde a reforma da parte geral do Código Penal de 1984. Também o inciso VI ficou sem sentido, pois não existe mais essa previsão no art. 73 do Código Penal.

O parágrafo único, inserido pela Lei n. 11.719/2008, substitui o problemático art. 594 do CPP, disciplinando a manutenção ou imposição de prisão preventiva neste momento, sem qualquer prejuízo a que se conheça da apelação eventualmente interposta. Isso porque durante décadas se discutiu sobre o direito de apelar em liberdade e a eventual necessidade de recolher-se o réu à prisão para recorrer. Nos últimos anos a matéria já havia se pacificado, com a absoluta separação das questões, pois, de um lado, está a necessidade ou não da prisão cautelar e, de outro, completamente desconectado, o direito de recorrer.

Para evitar longas repetições, remetemos o leitor para nossos escritos anteriores sobre a prisão cautelar.

Por fim, chamamos a atenção para o disposto no § 2º: "O tempo de prisão provisória, de prisão administrativa ou de internação, no Brasil ou no estrangeiro, será computado para fins de determinação do regime inicial de pena privativa de liberdade".

Pensamos que o art. 387, § 2º, pode ser aplicado em sentença ou acórdão condenatório, quando, em virtude da prisão cautelar ou mesmo da execução antecipada da pena (após a decisão de 2º grau), o condenado cumpre uma quantidade de pena que gera o direito a outro regime mais benéfico.

## 4. Princípio da Congruência (ou Correlação) na Sentença Penal

### 4.1. A Imutabilidade da Pretensão Acusatória. Recordando o Objeto do Processo Penal

Além do estudo dos princípios constitucionais do contraditório, ampla defesa e também das regras do sistema acusatório (como veremos na continuação), a correlação vincula-se ao objeto do processo penal.

Como já explicamos no início desta obra, o objeto do processo penal é a pretensão acusatória (importante compreender esse conceito já explicado).

O exercício da pretensão acusatória (com todos os seus elementos) é a acusação, fundamental para se aferir se é a sentença (in)congruente no processo penal, pois é ela quem demarca os limites da decisão jurisdicional.

O objeto do processo penal é a pretensão acusatória, vista como a faculdade de solicitar a tutela jurisdicional, afirmando a existência de um delito, para ver ao final concretizado o poder punitivo estatal pelo juiz através de uma pena ou medida de segurança. O titular da pretensão acusatória será o Ministério Público ou o particular. Ao acusador (público ou privado) corresponde apenas o poder de invocação (acusação), pois o Estado é o titular soberano do poder de punir, que será exercido no processo penal através do juiz e não do Ministério Público (e muito menos do acusador privado).

A compreensão da complexa estrutura do objeto do processo penal é fundamental para o estudo do princípio ou regra da correlação, como também o é para a compreensão dos limites do sistema acusatório. Também demarca o campo de incidência da coisa julgada e da litispendência.

Seguindo a mesma linha de raciocínio, BADARÓ[54] é preciso ao explicar que o objeto do processo penal está ligado à imputação, que consiste na formulação da pretensão processual penal (conceito esse compatível com nossa posição), isto é, o fato enquadrável em um tipo penal, que se atribui a alguém e que deve permanecer imutável ao longo do processo, pois o objeto da sentença tem de ser o mesmo objeto da imputação. Assim, a sentença não pode ter em consideração algo diverso, ou que não faça parte da imputação.

A regra geral é a imutabilidade do objeto do processo penal.

Na mesma linha de pensamento, MALAN[55], relacionando *objeto* com *sistema processual*, afirmando que o processo de feição acusatória se caracteriza por ser *tendencialmente rígido, pois essa rigidez decorre da garantia da vinculação temática do juiz*. Desvela o autor uma importante relação entre a rigidez do objeto e o sistema acusatório, em que o juiz (espectador) não tem a gestão da prova e tampouco invade o elemento objetivo da pretensão para alterá-lo.

Além disso, a garantia da imparcialidade encontra condições de possibilidade de eficácia no sistema acusatório, mas, para tanto, é necessário que o juiz se abstenha de ampliar ou restringir a pretensão acusatória (modificação do objeto), julgando-a nos seus limites (o que não o impede, obviamente, de acolhê-la no todo ou em parte na sentença, diante da prova produzida).

Mas, como toda regra, há que se relativizá-la, e assim o faz o processo penal, através dos institutos da *emendatio libelli* e *mutatio libelli*, previstos nos arts. 383 e 384 do CPP.

---

54 BADARÓ, Gustavo Henrique. *Correlação entre Acusação e Sentença*. São Paulo, RT, 2001. p. 87.

55 MALAN, Diogo Rudge. *A Sentença Incongruente no Processo Penal*. Rio de Janeiro, Lumen Juris, 2003. p. 114.

Mas, e esse é o ponto nevrálgico, para realizar qualquer modificação é imprescindível observar-se os princípios da inércia (e sua vinculação ao sistema acusatório), da jurisdição, do direito de defesa e, principalmente, do contraditório, como veremos na continuação.

## 4.2. Princípio da Correlação ou Congruência: Princípios Informadores. A Importância do Contraditório e do Sistema Acusatório

Fazendo alguns ajustes (pois o autor estava se referindo ao processo civil), nos serve o conceito de ARAGONESES ALONSO[56]: *por congruência deve entender-se aquele princípio normativo dirigido a delimitar as faculdades resolutórias do órgão jurisdicional, pelo qual deve existir identidade entre a decisão e o debatido, oportunamente, pelas partes.*

No estudo da correlação, é fundamental a leitura conjugada com os princípios processuais do contraditório e ampla defesa, mas também com o que já explicamos acerca do sistema acusatório, pois vincula-se com o princípio da inércia da jurisdição (*ne procedat iudex ex officio*).

A regra da correlação ou congruência, somente tem razão de ser em um sistema acusatório, pois é um mecanismo que concretiza, na dinâmica do processo penal, os princípios constitucionais citados, especialmente o contraditório, que somente encontra condições de existência no sistema acusatório. Grande parte dos problemas em torno da correlação no sistema processual penal brasileiro decorrem do fato de nosso modelo ser (neo)inquisitório (infelizmente o art. 3º-A, que consagra expressamente a estrutura acusatória, está suspenso por força da medida liminar do Min FUX). A estrutura do CPP está alicerçada na matriz inquisitória, pois a gestão da prova está nas mãos do juiz (basta uma rápida leitura do art. 156 e tantos outros que conduzem ao ativismo judicial tipicamente inquisitório), mas, sempre devemos recordar, o modelo constitucional é acusatório. Diante desse conflito, não há outra opção a ser seguida que não a luta pela prevalência da Constituição e da filtragem constitucional.

Ainda, por imposição do sistema acusatório-constitucional, deve o juiz manter-se em inércia, só atuando quando invocado pelas partes e na medida da invocação. Como já explicamos, a inércia é fundante da jurisdição (*ne procedat iudex ex officio*) e ainda garantidora da eficácia do sistema acusatório, que, por sua vez, assegura o contraditório. Quando o juiz assume uma postura ativa, agindo de ofício na busca da prova, na decretação de medidas cautelares (como infelizmente autoriza o art. 156,

56 ARAGONESES ALONSO, Pedro. *Sentencias Congruentes. Pretensión, Oposición y Fallo*. Madrid, Aguilar, 1957, p. 87.

ainda que substancialmente inconstitucional revogado tacitamente pelo art. 3º-A), fulmina, numa só tacada, a estrutura acusatória, o contraditório, a ampla defesa e o princípio supremo do processo: a imparcialidade do julgador.

Como adverte BADARÓ[57], do *ne procedat iudex ex officio* deriva que o juiz não pode prover sem que haja um pedido e, como consequência, daí decorre outro princípio: o juiz não pode prover diversamente do que lhe foi pedido. A inércia da jurisdição é fundamental, pois sobre ela se estruturam diversos institutos do processo penal, além do próprio sistema acusatório-constitucional, de modo que a decisão desconectada do que foi objeto da imputação gera uma sentença incongruente.

Quanto ao contraditório, igualmente relacionado com o princípio da correlação, pois o binômio informação-reação deve pautar o campo decisório, não podendo o juiz decidir sobre questões que não foram debatidas pelas partes no processo. Crucial nesta questão é compreender que o contraditório deve incidir sobre as questões de fato e de direito, como bem aponta BADARÓ[58], não havendo mais espaço constitucional para continuarmos mutilando o contraditório em nome de uma equivocada leitura do adágio *narra mihi factum, dabo tibi ius*. Não há mais razão, no marco do processo penal constitucional, para aceitar-se a exclusão das questões de direito do princípio da correlação, havendo uma imperiosa necessidade de (re) ler-se o art. 383 – como explicaremos a seu tempo – com a consciência de que o contraditório[59] também sobre elas incide. Até porque essa lógica binária de questão de fato – questão de direito, na complexidade contemporânea, não é nada clara, ou seja, as questões se misturam e coexistem, não se excluem, sendo reducionismo operar-se na lógica binária. A distinção é tênue, senão inexistente.

Destacamos no conceito de ARAGONESES ALONSO, anteriormente citado, a necessidade de identidade entre a decisão e o que foi "debatido", pois, para além do que foi "pedido", há que se ter sempre presente o necessário contraditório e a defesa. Logo, é reducionismo pensar o princípio da correlação (ou congruência) no binômio acusação-sentença, pois não se pode admitir a decisão acerca de matéria não submetida ao contraditório. Portanto, os limites da decisão vêm demarcados por uma dupla dimensão: acusação e contraditório. Do

---

57 BADARÓ, Gustavo Henrique. *Correlação entre Acusação e Sentença*, cit., p. 37.

58 BADARÓ, Gustavo Henrique. *Correlação entre Acusação e Sentença*, cit., p. 32.

59 Neste sentido, o novo CPC tem um tratamento muito mais acorde com os postulados do contraditório. Como determina o art. 10 do novo CPC, "o juiz não pode decidir, em grau algum de jurisdição, com base em fundamento a respeito do qual não se tenha dado às partes oportunidade de se manifestar, ainda que se trate de matéria sobre a qual deva decidir de ofício". Eis uma regra básica e que deveria ser observada também no processo penal, inclusive em caso de *emendatio libeli*.

contraditório, nascem as condições de possibilidade do exercício do direito de defesa, outra regra de ouro a constituir o *due process of law*. Assim, quando falamos em "defesa", neste momento, não o fazemos no sentido estrito, de direito de defesa, distinto do contraditório, por suposto; mas sim no sentido mais amplo, do todo, integrando o contraditório e o direito de defesa.

Quanto ao direito de defesa, é obviamente atingido pela sentença incongruente, pois subtrai do réu a possibilidade de defender-se daquilo que foi objeto da decisão, mas que não estava na acusação. Essa surpresa gera um inegável estado de indefesa, com evidente prejuízo (para aqueles que ainda operam na lógica do prejuízo para decretação das nulidades processuais). O direito de defesa, ainda que distinto, mantém uma íntima correlação com o contraditório, devendo a acusação ser clara e individualizada para permitir a defesa. Mas de nada servem essas regras em torno da imputação, se o juiz modificar, no curso do processo, as questões de fato ou de direito gerando a surpresa e a situação de evidente cerceamento de defesa, pois o réu não se defendeu desse fato novo ou dessa nova qualificação jurídica, por exemplo. Apenas para não gerar confusão, explicamos que o direito de defesa é, obviamente, afetado pela sentença incongruente, mas a regra da correlação não se funda apenas sobre ele. Ou seja, não está a congruência ou correlação a serviço, exclusivamente, da defesa, mas também do contraditório e do sistema acusatório.

Como explica LEONE[60], o interrogatório também se destina a delimitar o âmbito da decisão do juiz, no sentido de que ele não pode pronunciar uma decisão sobre um fato diferente do imputado. Assim, a correção entre imputação e decisão se opera tanto no interior da instrução quanto nas relações que se estabelecem entre a instrução e o julgamento, e não apenas nessa segunda hipótese (julgamento, decisão). Isso é fundamental para compreender-se que a correlação já se faz valer no momento do interrogatório e ao longo de toda a instrução. A correlação na verdade não é apenas entre acusação e sentença, mas entre acusação, defesa, instrução e sentença.

É possível, assim, alterar-se a pretensão acusatória, especialmente seu elemento objetivo, mas desde que exista estrita observância do contraditório, para evitar surpresas e permitir a eficácia do direito de defesa. Dessarte, é evidente a incompatibilidade do contraditório e do sistema acusatório com o ativismo judicial, ou seja, com o juiz agindo de ofício nessa modificação da pretensão acusatória.

60 LEONE, Giovanni. *Tratado de Derecho Procesal Penal*. Buenos Aires, Ediciones Jurídicas Europa-América, 1963. v. 2, p. 252.

### 4.3. A Complexa Problemática da *Emendatio Libelli* – Art. 383 do CPP. Para além do Insuportável Reducionismo do Axioma *Narra Mihi Factum, Dabo Tibi Ius*. Rompendo os Grilhões Axiomáticos

Iniciemos pela leitura do art. 383, que estabelece a *emendatio libelli*:

> Art. 383. O juiz, sem modificar a descrição do fato contida na denúncia ou queixa, poderá atribuir-lhe definição jurídica diversa, ainda que, em consequência, tenha de aplicar pena mais grave.
>
> § 1º Se, em consequência de definição jurídica diversa, houver possibilidade de proposta de suspensão condicional do processo, o juiz procederá de acordo com o disposto na lei.
>
> § 2º Tratando-se de infração da competência de outro juízo, a este serão encaminhados os autos.

Primeiro aspecto a ser destacado é que a *emendatio libelli* não se ocupa de fatos novos, surgidos na instrução, mas sim de fatos que integram a acusação e que devem ser objeto de uma mutação na definição jurídica.

O segundo problema está na conjugação do conceito (descrição do) *fato* e a possibilidade de o juiz atribuir-lhe definição jurídica diversa.

Infelizmente, o *senso comum teórico* segue afirmando que o réu se defende dos fatos, de modo que a *emendatio libelli* seria uma mera correção na tipificação, que o juiz poderia fazer nos termos do art. 383 sem qualquer outra preocupação.

Em parte da doutrina nacional, infelizmente, é comum encontrarmos afirmações assim: "no processo penal, o réu se defende de fatos, sendo irrelevante a classificação jurídica constante na denúncia ou queixa. (...) Trata-se de aplicação pura do brocado *jura novit curia*, pois, se o juiz conhece o direito, basta narrar-lhe os fatos (*narra mihi factum dabo tibi ius*)"[61].

Tal postura peca por reducionismo da complexidade, ainda atrelada a uma concepção simplista do processo penal, incompatível com seu nível de evolução e dos cânones constitucionais contemporâneos.

Ademais, em muitos casos, a correção na tipificação legal decorre, na essência, do desvelamento de nova situação fática, como sói ocorrer, v.g., na mudança de crime doloso para culposo.

Infelizmente, temos de reconhecer que essa postura (de que não existe qualquer prejuízo para a defesa na mudança da definição jurídica) é a predominante nos tribunais brasileiros.

Mas o problema é muito mais sério e a crítica, fundamental.

61 CAPEZ, Fernando. *Curso de Processo Penal*. 13. ed. São Paulo, Saraiva, p. 424.

Analisando a necessária correlação entre acusação e sentença, SCARANCE FERNANDES[62], acertadamente, destaca que "na realidade, o acusado não se defende, como normalmente se afirma, somente do fato descrito, mas também da classificação a ele dada pelo órgão acusatório". MALAN[63], apontando a necessidade de qualificação jurídica do fato inserida no art. 41 do CPP (e a consequente inépcia da inicial pela ausência), conclui que "na contramão de remansosa jurisprudência, que o réu se defende tão somente de fatos, e sim de fatos qualificados juridicamente".

GIACOMOLLI[64] vai além da crítica, para afirmar categoricamente: não encontra suporte no devido processo legal o art. 383 do CPP.

Dessarte, não se pode mais fazer uma leitura superficial do art. 383 do CPP e, principalmente, desconectada da principiologia constitucional.

É elementar que o réu se defende do fato e, ao mesmo tempo, incumbe ao defensor, também, debruçar-se sobre os limites semânticos do tipo, possíveis causas de exclusão da tipicidade, ilicitude, culpabilidade, e em toda imensa complexidade que envolve a teoria do injusto penal. É óbvio que a defesa trabalha – com maior ou menor intensidade, dependendo do delito – nos limites da imputação penal, considerando a tipificação como a pedra angular em que irá desenvolver suas teses.

O conceito de *fato* para o Direito Penal e para o processo penal também é relevante, pois[65]:

- o fato para o direito processual penal confunde-se com o fato concreto, ou seja, aquele acontecimento da vida, real e indivisível;
- o fato para o Direito Penal relaciona-se com o tipo penal abstrato, ou seja, aquela descrição hipotética feita pelo legislador e que constitui o tipo penal.

Essa distinção será útil para analisar-se em que medida é possível a alteração do fato, sem que isso conduza a uma mutação da pretensão acusatória (objeto do processo penal).

A acusação (imputação) deve ser clara e individualizados os fatos e a participação de cada réu. Mas não podemos esquecer que a qualificação jurídica do fato

---

62 SCARANCE FERNANDES, Antonio. A Mudança do Fato ou da Classificação no Novo Procedimento do Júri. *Boletim do IBCCrim*, n. 188, julho/2008, p. 6.

63 MALAN, Diogo Rudge. *A Sentença Incongruente no Processo Penal*, cit., p. 178.

64 GIACOMOLLI, Nereu. *Reformas(?) do Processo Penal*, cit., p. 107.

65 BADARÓ, Gustavo Henrique. *Correlação entre Acusação e Sentença*, cit., p. 113.

também é elemento imprescindível da acusação, pois assim determina o art. 41 ao – categoricamente – exigir que a denúncia ou queixa contenha a exposição do fato criminoso, com todas as suas circunstâncias, a qualificação do acusado ou esclarecimentos pelos quais se possa identificá-lo, a classificação do crime e, quando necessário, o rol das testemunhas.

Com isso, evidencia-se que o *fato processual* é mais amplo que o *fato penal*, pois abrange o acontecimento naturalístico, com todas as suas circunstâncias e também a classificação do crime (exigência do art. 41); ou seja, fato processual = fato natural + fato penal.

A maior abrangência conceitual faz com que mudanças fáticas, irrelevantes para o Direito Penal, sejam totalmente relevantes para a definição do fato processual, exigindo cuidados para que se produza a mutação sem gerar uma sentença incongruente. A costumeiramente tratada como "mera correção da tipificação legal" não é tão inofensiva assim, pois modifica o fato penal e, por conseguinte, o fato processual.

Um dado acidental para o tipo penal, como a existência de uma agravante, por exemplo, é muito relevante para o fato processual, afetando diretamente o objeto do processo penal. Da mesma forma, elementos completamente irrelevantes para o Direito Penal podem ser da maior importância para o fato processual e a sentença; basta ver que, para o Direito Penal, é típica a conduta de matar alguém, pouco importando se com essa ou aquela arma, neste ou naquele dia ou local. Contudo, ninguém diria ser irrelevante, para a correlação acusação-sentença, o fato de a vítima ter morrido hoje ou um mês antes; no Rio de Janeiro ou em São Paulo; a tiros ou facadas...

Evidencia-se que tais alterações, ainda que irrelevantes para o fato penal, são de grande significado probatório, podendo sua prova representar a absolvição ou condenação do réu.

Essas são questões fáticas absolutamente determinantes na imputação, na produção da prova, no debate e na sentença. Enfim, para o contraditório e o próprio desfecho do processo.

Mais grave nos parece a situação quando a denúncia descreve, no bojo da acusação, vários fatos, mas não faz a devida capitulação legal de algum deles e, ainda assim, o juiz julga e condena o réu. Na verdade, estamos diante de uma denúncia inepta, pois não descreve o fato e faz a devida classificação do crime, como exige o art. 41, não cabendo a condenação em relação a ele.

Seguindo o estudo, se mudanças no fato processual podem ser irrelevantes para o direito penal, o sentido inverso não é verdadeiro.

Como explica BADARÓ[66], "a alteração do fato que se mostre relevante penalmente sempre o será para o processo penal, visto não ser possível condenar alguém sem que o fato concreto imputado apresente todos os elementos que abstratamente integram o tipo penal", salvo, é claro, "na hipótese de eliminação de um determinado dado fático que implique atipicidade relativa".

As chamadas "questões de direito" estão intimamente vinculadas ao fato penal e, portanto, estão abrangidas pelo conceito de *fato processual*, devendo o juiz, ainda que o art. 383 não exija, oportunizar às partes que se manifestem sobre a possibilidade (ou não) de uma modificação na qualificação jurídica.

No mesmo sentido, BADARÓ[67] é enfático: não há previsão legal em nosso ordenamento nesse sentido, mas o princípio do contraditório assim o exige.

MALAN também se posiciona nessa linha, advertindo que embora o art. 383 não determine expressamente, "deve-se abrir vista às partes para manifestação após a aplicação da *emendatio libelli*".

Ademais, não há que se esquecer que a distinção entre questões de fato e questões de direito é bastante tênue, chegando à inexistência em situações complexas.

Tampouco nos parece adequada a expressão *questões de direito* quando do que se trata é de crime; logo, a própria antítese do direito. Isso é mais um fruto da teoria geral do processo, equivocada por essência. Então, melhor é tratar da questão na dimensão de *fato penal* e *fato processual (penal)*, em que, como explicamos, alterações na dimensão material acarretam, inegavelmente, reflexos no campo processual[68].

66 BADARÓ, Gustavo Henrique. *Correlação entre Acusação e Sentença*, cit., p. 130.

67 BADARÓ, Gustavo Henrique. *Correlação entre Acusação e Sentença*, cit., p. 163.

68 Muito interessante, e inspirador, é o sistema espanhol, cujo art. 733 da LECrim (e art. 788.3, no *procedimiento abreviado*) chega ao extremo cuidado de disciplinar a fórmula a ser empregada pelo julgador:
"Artículo 733. Si juzgando por el resultado de las pruebas entendiere el Tribunal que el hecho justiciable ha sido calificado con manifiesto error, podrá el Presidente emplear la siguiente fórmula:
Sin que sea visto prejuzgar el fallo definitivo sobre la conclusiones de la acusación y la defensa, el Tribunal desea que el Fiscal y los defensores del procesado (o los defensores de las partes cuando fuesen varias) le ilustren acerca de si el hecho justiciable constituye el delito de ... o si existe la circunstancia eximente de responsabilidad a que se refiere el número ... del artículo ... del Código Penal.
Esta facultad excepcional, de que el Tribunal usará con moderación, no se extiende a las causas por delitos que sólo pueden perseguirse a instancia de parte, ni tampoco es aplicable a los errores que hayan podido cometerse en los escritos de calificación, así respecto de la apreciación de las circunstancias atenuantes y agravantes, como en cuanto a la partición de cada uno de los procesados en la ejecución del delito público, que sea materia de juicio.
Si el Fiscal o cualquiera de los defensores de las partes indicaren que no están suficientemente preparados para discutir la cuestión propuesta por el Presidente, se suspenderá la sesión hasta el siguiente día."
É o chamado *planteamiento de la tesis*, em que o tribunal manifesta a intenção de que as partes lhe ilustrem acerca da possibilidade de o fato constituir outro delito, diverso daquele constante na

Dessarte, ainda que o Código não exija, a Constituição o faz, existindo um "verdadeiro dever do juiz de provocar o prévio contraditório entre as partes, sobre qualquer questão que apresente relevância decisória, seja ela processual ou de mérito, de fato ou de direito, prejudicial ou preliminar. O desrespeito ao contraditório sobre as questões de direito expõe as partes ao perigo de uma sentença de surpresa"[69], e, como veremos, nula.

Problemas ainda podem surgir em relação à iniciativa da ação penal diante do novo tipo penal resultante da *emendatio libelli* (art. 383), nos seguintes termos:

a) Se a nova capitulação legal importar delito ação penal de iniciativa privada ou (pública) condicionada a representação, e já tiverem passados os 6 meses do prazo legal, haverá decadência. Não há que se falar em início do prazo decadencial, alegando que somente agora a vítima veio a saber quem era o autor. Aqui, não houve alteração do fato natural, sabendo a vítima, desde sempre, quem era o autor. O problema foi exclusivamente de tipificação legal e, como o prazo decadencial não se interrompe ou suspende (em nenhum caso), a decadência terá se operado. Não haverá outra decisão possível que não a declaratória da extinção da punibilidade.

b) Em sentido inverso, quando o processo inicia através de queixa-crime feita pelo ofendido e o juiz procede a *emendatio libelli*, resultando em um tipo penal cuja ação é de iniciativa pública, o processo originário deverá ser extinto por manifesta ilegitimidade ativa. Mas isso não impede que o Ministério Público ofereça denúncia (exceto se já tiver se operado a

---

imputação. Como explica OLIVA SANTOS (*Derecho Procesal Penal*, p. 556) "el planteamiento de las tesis suscita la oportunidad de defenderse y de debatir contradictoriamente aquello que, por no hallarse en las calificaciones, no se hubiera tenido ocasión de defender y debatir. Lo que se aduce en favor de la concreta postura aquí impugnada es nada menos que el denominado principio acusatorio". A preocupação é no sentido de que as partes possam trazer suas alegações para melhor ilustrar o julgador da situação jurídica, pois o que aqui se discute é exatamente a possibilidade de alteração na tipificação legal. Não há perda da imparcialidade por parte do juiz quando faz o questionamento (*planteamiento*), pois não há prejulgamento, senão apenas uma possibilidade ventilada, ou seja, um horizonte decisório desvelado e compartilhado honestamente com as partes através do contraditório. Pensamos que, na essência (não na plenitude), esse é um procedimento perfeitamente utilizável no sistema brasileiro, sem a necessidade de qualquer alteração legislativa. Ventilada a hipótese (de nova definição jurídica do fato) pelo juiz (ou tribunal, pois lá o julgamento em primeiro grau é colegiado), devem as partes se manifestar sobre a *hipótese ventilada*. Não está o juiz vinculado a essa nova classificação jurídica suscitada, podendo julgar nos estritos limites da pretensão acusatória originalmente formulada ou da nova tese. Em nome da máxima eficácia do contraditório, não se pode, inclusive, descartar a necessidade de eventual dilação probatória, conforme o caso, com provas e contraprovas sendo produzidas. Por outro lado, se mesmo com o *planteamiento* o Ministério Público insistir em manter a acusação nos termos originários, não cabe ao juiz modificar a tipificação legal. Somente assim haverá a máxima eficácia do contraditório e demais regras do devido processo penal.

69 BADARÓ, Gustavo Henrique. *Correlação entre Acusação e Sentença*, cit., p. 34.

prescrição, o que é muito pouco provável). Sendo a ação penal condicionada à representação, não há que se falar em decadência ou qualquer outro obstáculo ao exercício da acusação pelo Ministério Público. Isso porque, como explicamos ao tratar da ação processual penal, a representação é uma manifestação de vontade da vítima, despida de formalismo, que se contenta com a mera notícia-crime. Portanto, com muito mais razão, quando a vítima faz uma queixa-crime. Em outras palavras, a queixa-crime ajuizada no prazo legal supre a representação, cuja necessidade nasceu com a nova tipificação decorrente da *emendatio libelli*.

Mas deve-se ter muita cautela nessa matéria, pois a mera redução do fato na sentença, em razão da falta de provas de sua ocorrência, não gera uma sentença incongruente, pois existem casos de desclassificação que não exigem a *mutatio libelli*.

Explicamos: se não existe alteração do objeto, especificamente do elemento objetivo, pois a sentença se limitou a julgar o fato imputado, e apenas existem elementos que a instrução não comprovou a ocorrência, não há problemas.

Exemplos[70]:

1. Quando é imputada a prática de peculato a alguém e, no curso da instrução, comprova-se que o agente não é servidor público. Nesse caso, é perfeitamente possível ao juiz condenar o réu por apropriação indébita, independentemente de qualquer aditamento, exatamente porque não houve alteração do fato narrado na acusação.
2. A denúncia atribui a alguém a prática de um crime de roubo, pois teria subtraído para si determinada coisa alheia móvel, mediante violência ou grave ameaça. No curso da instrução comprova-se a autoria e a subtração, mas não logra a acusação demonstrar a ocorrência de violência ou grave ameaça. Nesse caso, está o juiz autorizado a condenar por furto, sem prévia manifestação das partes.

Em ambos os casos não houve, na sentença, decisão incongruente, mas apenas uma redução da imputação por ausência de provas. E, como o tipo penal era decomponível, possível a condenação por outro delito, pois o afastamento da elementar, por falta de prova, conduz a uma atipicidade relativa.

Para sintetizar:

a) existe alteração processual e penalmente relevante, situação em que o aditamento é imprescindível, nos termos do art. 384;

70 BADARÓ, Gustavo Henrique. *Correlação entre Acusação e Sentença*, cit., p. 136.

b) a alteração é apenas do fato processual, sendo penalmente irrelevantes as mutações, mas imprescindível a *mutatio libelli*;

c) não há alteração do fato processual (apenas na dimensão da tipificação legal), sendo aplicável a *emendatio libelli*, nos termos do art. 383 do CPP, mas com a exigência de contraditório prévio em relação às questões de direito.

Noutra dimensão, não há incongruência quando ao réu são imputados dois delitos e a sentença condena por um e absolve pelo outro. Assim, se ao réu é atribuída a prática dos crimes de sonegação fiscal e lavagem de dinheiro e, no curso da instrução não consegue o Ministério Público provar que o réu ocultou ou dissimulou a natureza, origem, localização, disposição, movimentação ou propriedade de bens, direitos ou valores provenientes da infração penal (art. 1º da Lei n. 9.613 com a nova redação dada pela Lei n. 12.683/2012), nenhum problema existe na sentença que condena pela sonegação fiscal e absolve pela lavagem de bens, direitos e valores.

Em suma:

Infelizmente ainda predomina o entendimento da "mera correção da tipificação" e, portanto, da aplicação literal do art. 383, sem uma análise aprofundada da questão e da necessária conformidade constitucional. Portanto, a exigência de contraditório aqui sustentada, ainda encontra muita resistência no senso comum teórico e jurisprudencial.

Mas, pensamos, o processo penal brasileiro não pode mais tolerar a aplicação acrítica do reducionismo contido nos axiomas *jura novit curia e narra mihi factum dabo tibi ius*, pois o fato processual abrange a qualificação jurídica e o réu não se defende apenas dos fatos, mas também da tipificação atribuída pelo acusador. A garantia do contraditório, art. 5º, LV, da Constituição, impõe a vedação da surpresa, pois incompatível com o direito à informação clara e determinada do caso penal em julgamento.

No que tange ao reducionista argumento de que se trata de "mera correção da tipificação", adverte GERALDO PRADO[71] que supor que o Ministério Público não saiba qualificar juridicamente os fatos apurados na investigação preliminar é estar em rota de colisão com a realidade. Ora, não se está lidando com um mero burocrata, tecnólogo de ensino médio. Todo o oposto. Ou então teremos de afirmar que ali estão profissionais incompetentes para a função, o que, obviamente, não é o caso.

---

[71] PRADO, Geraldo. *Sistema Acusatório*. A conformidade constitucional das leis processuais penais. 4. ed. Rio de Janeiro, Lumen Juris, 2006. p. 149.

Eventuais pontos de vista (desde uma perspectiva fática e/ou jurídica) diferentes são inevitáveis, mas para isso, deverá o juiz alterar a qualificação jurídica, ouvidos o acusador e o réu.

Ainda que a *mutatio libelli* não seja imprescindível nesses casos, pois não existe um fato novo, impõe-se que o juiz atente para a garantia do contraditório e, ainda, que dispense o aditamento, pelo menos oportunize às partes que se manifestem previamente sobre a possível (nova) tipificação legal atribuível aos fatos, ou, no mínimo, que tenham oportunizada vista para conhecimento e manifestação após a *emendatio libelli*.

Por tudo isso, um desses dois caminhos deve ser adotado:

a) consultar previamente as partes em nome do princípio constitucional do contraditório[72], em que as partes são convidadas a esclarecer o juiz sobre a possível reclassificação do fato;
b) ou, se não houver a consulta prévia, devem as partes ser intimadas após a *emendatio libelli*, para que, em nome do contraditório, conheçam e se manifestem sobre a nova classificação jurídica do fato.

Qualquer das duas possibilidades (em que pese sermos adeptos da primeira) ameniza ou evita a violação do contraditório.

O que não se pode mais fazer é a aplicação literal do art. 383, sem a necessária conformidade constitucional.

### 4.4. É Possível Aplicar o Art. 383 quando do Recebimento da Denúncia?

Iniciemos pelo questionamento de MALAN[73]: "é razoável que a parte acusadora possa impor à Defesa a sua tipificação, sem qualquer possibilidade de o juiz, mesmo discordando dela, se manifestar até o momento da sentença?".

Pensamos que isso não é razoável, sem desconsiderar que se trata de uma questão bastante complexa. A redação do art. 383 não veda expressamente, mas situa o instituto no Título destinado à sentença, o que, numa interpretação sistemática, conduziria a limitar sua aplicação a esse momento.

Por outro lado, uma correção *a priori* (literalmente, no sentido kantiano de *antes da experiência*) da imputação colocaria em risco a imparcialidade do julgador, na medida em que estaria fazendo um "pré-juízo" (com o consequente prejuízo) do caso penal e, ainda, afastando a eficácia da presunção de inocência. Com tudo isso, estamos de acordo.

---

72 Situação similar ao "planteamiento de la tesis" do sistema espanhol, anteriormente explicado.

73 MALAN, Diogo. A *Sentença Incongruente no Processo Penal*, cit., p. 189.

Contudo, há que se considerar que atualmente existe muito abuso do poder de acusar, aproximativo, aponta GIACOMOLLI[74], do fenômeno da *overcharging* do sistema de *common law* (acusação excessiva com a finalidade de obter uma vantagem processual, ou seja, um bom acordo). Sintoma disso é o acúmulo de casos em que, após a produção da prova, houve desclassificação ou improcedência da acusação.

Numa dimensão patológica, é cada vez mais comum vermos nos fóruns acusações visivelmente abusivas, com a clara intenção de estigmatizar. Muitas vezes, fazem verdadeiras manobras de ilusionismo jurídico para, por exemplo, denunciar por homicídio doloso (dolo eventual), qualificado (recurso que impossibilitou a defesa da vítima?!), o condutor de um automóvel que dirigia em velocidade excessiva ou estava embriagado, por exemplo. É elementar que estamos diante de um crime grave, mas jamais – nem por mágica acusatória – podemos transformar um homicídio culposo (culpa grave, consciente até se quiserem) em doloso e qualificado! Esse absurdo serve para quê(m)? Para criar o rótulo de crime hediondo, com toda a carga que isso representa. Sem falar no que representa o deslocamento de competência para o Tribunal do Júri, com o imenso risco que representa e constitui essa forma de administração da (in)justiça.

Em outras situações, para afastar do Juizado Especial e de seus institutos mais benéficos. Ou ainda, para desde logo criar a *imagem*, com todo significado psicanalítico que isso representa, em relação ao juiz.

É o que ocorre, ainda, na acusação por tráfico quando é evidente que se trata de posse para consumo; receptação dolosa quando é claramente culposa; ou ainda tipos qualificados em situações em que a qualificadora inequivocamente não é aplicável.

Portanto, ainda que não seja pacífico, sustentamos a possibilidade de aplicação do art. 383 no momento do recebimento da denúncia, com o natural contraditório em relação a essa nova classificação jurídica do fato, que já se dará na resposta à acusação. Inclusive, quanto mais cedo for aplicado o art. 383, melhor, adverte PRADO, pois só assim se garante a máxima eficácia do contraditório e da estrutura acusatória do sistema processual.

Além da rejeição parcial, perfeitamente possível, cabe ao juiz, em situações excepcionais como essas, em que está evidente o abuso acusatório, proferir uma decisão de "recebo parcialmente a denúncia, não pelo delito de homicídio doloso, mas sim de homicídio culposo", por exemplo. Da mesma forma, "recebo a denúncia, mas afasto desde logo a qualificadora por ausência de justa causa em relação a ela".

---

[74] GIACOMOLLI, Nereu. *Reformas(?) do Processo Penal*, cit., p. 67.

As condições da ação devem estar presentes em relação a todos os delitos imputados e, no caso de tipo penal qualificado, imprescindível a demonstração de *fumus commissi delicti* em relação à qualificadora. Sem isso, não se pode denunciar e tampouco o juiz receber.

No mesmo sentido, DUCLERC[75] analisa com muito acerto a problemática e, como nós, advertindo quanto aos riscos, reconhece, ainda, que "em alguns casos pode não haver exatamente uma tipificação equivocada, mas apenas a carência de justa causa para algumas circunstâncias ou elementares ou qualificadoras, que, uma vez afastadas, poderiam reduzir a acusação a um tipo subsidiário ou a forma simples de um tipo qualificado". Se na instrução, inclusive, for produzida a prova necessária para o tipo qualificado, nada impede que se faça o aditamento nos termos do art. 384. Assim, preferimos correr o risco de um aditamento para incluir uma circunstância ou elementar inicialmente afastada (pois naquele momento não existia o mínimo de provas exigido), do que trabalhar com o binário (reducionista) de receber como está ou rejeitar toda a acusação.

Em suma, em que pesem os argumentos expostos no início, contrários à aplicação do art. 383 do CPP quando do recebimento da denúncia, pensamos que nos casos e pelos fundamentos anteriormente expostos, há que se admitir tão excepcional medida, diante do custo imensamente maior de admitir-se uma acusação claramente abusiva.

### 4.5. *Mutatio Libelli* – Art. 384 do CPP. O Problema da Definição Jurídica mais Favorável ao Réu e a Ausência de Aditamento

Situação completamente diversa vem disciplinada no art. 384, denominada *mutatio libelli*, nos seguintes termos:

> Art. 384. Encerrada a instrução probatória, se entender cabível nova definição jurídica do fato, em consequência de prova existente nos autos de elemento ou circunstância da infração penal não contida na acusação, o Ministério Público deverá aditar a denúncia ou queixa, no prazo de 5 (cinco) dias, se em virtude desta houver sido instaurado o processo em crime de ação pública, reduzindo-se a termo o aditamento, quando feito oralmente.
>
> § 1º Não procedendo o órgão do Ministério Público ao aditamento, aplica-se o art. 28 deste Código.
>
> § 2º Ouvido o defensor do acusado no prazo de 5 (cinco) dias e admitido o aditamento, o juiz, a requerimento de qualquer das partes, designará dia e hora para continuação da audiência, com inquirição de testemunhas, novo interrogatório do acusado, realização de debates e julgamento.
>
> § 3º Aplicam-se as disposições dos §§ 1º e 2º do art. 383 ao *caput* deste artigo.

---

[75] DUCLERC, Elmir. *Curso Básico de Direito Processual Penal*. Rio de Janeiro, Lumen Juris, 2006. v. 1, 2. ed., p. 250.

**§ 4º Havendo aditamento, cada parte poderá arrolar até 3 (três) testemunhas, no prazo de 5 (cinco) dias, ficando o juiz, na sentença, adstrito aos termos do aditamento.**
**§ 5º Não recebido o aditamento, o processo prosseguirá.**

Com o advento da Lei n. 11.719/2008, houve uma profunda modificação na sistemática do art. 384 do CPP, especialmente na correção de um erro histórico que atribuía ao juiz a invocação do Ministério Público. Agora, corrigida essa falha, incumbe exclusivamente ao acusador proceder a *mutatio libelli*, em que pese a previsão contida no § 1º, de que o juiz poderá aplicar o art. 28, enviando o feito ao procurador-geral caso o promotor fique inerte.

A aplicação do art. 28 é bastante burocrática e não se revela, na prática, uma boa solução. Daí por que, dificilmente, será utilizada, até porque, são raríssimos os casos em que os juízes, ao receber o pedido de arquivamento, lançam mão do art. 28 do CPP. Para além disso, o parágrafo primeiro revela-se substancialmente inconstitucional, pois é manifesta a violação das regras do sistema acusatório com a utilização do art. 28 do CPP. No mesmo sentido, GIACOMOLLI[76] afirma que o art. 384, § 1º, do CPP não encontra suporte constitucional e há indevida utilização do art. 28 do CPP quando o magistrado o utiliza para fazer um alargamento da acusação.

Aqui é preciso repetir uma advertência: estamos mencionando a redação original do art. 28, não a nova redação dada pela Lei n. 13.964/2019, pois está suspensa pela medida liminar concedida pelo Min. FUX. Remetemos o leitor para o final do Capítulo IV, quando explicamos a aplicação do art. 28 antigo e da nova redação. Em síntese, já apontávamos para a incompatibilidade de o juiz – discordando do não aditamento por parte do MP – aplicar o (antigo) art. 28 e remeter os autos para o procurador geral de justiça, pois tal ativismo é incompatível com a matriz acusatória-constitucional. Agora, com a nova redação, acrescida do disposto no art. 3º-A (por enquanto também suspenso pela liminar do Min FUX), não vislumbramos nenhuma possibilidade de atuação judicial, pois o arquivamento não está mais sujeito ao controle do juiz. Dessarte, não havendo o aditamento por parte do MP, não há nada que possa (ou mesmo devesse) fazer o juiz. Ele deve julgar nos estritos limites da denúncia, respeitando o princípio da correlação. Sem embargo, a valer o novo art.28 do CPP, em que o controle do arquivamento (e aqui, do não aditamento) é feito no âmbito do MP, existe a possibilidade de uma aplicação por analogia, de modo a permitir que a vítima (sendo um crime com vítima determinada) recorra para a instância recursal do Ministério Público, pedindo o reexame da postura do promotor/procurador da república, de manter-se

76 GIACOMOLLI, Nereu. *Reformas(?) do Processo Penal*, cit., p. 108.

inerte e não promover o aditamento. Seria uma aplicação por analogia com o instituto do (novo) arquivamento. Mas nossa posição aqui é prospectiva e sujeita a alterações conforme a vigência ou não do novo art. 28 e o tratamento que venha a ser consolidado nos tribunais.

O campo de incidência do art. 384 é distinto daquele previsto para o art. 383, pois aqui existe um fato processual novo, ou seja, nenhuma dúvida ou discussão se estabelece em torno do binômio fato penal/fato processual ou, ainda, questões de fato e questões de direito.

A nova definição jurídica decorre da produção de prova de uma elementar ou circunstância não contida da acusação.

Recordemos que elementar é um dado essencial à figura típica, cuja ausência acarreta a atipicidade absoluta (não há crime, portanto) ou relativa. É relativa a atipicidade quando, pela ausência ou afastamento de uma elementar, ocorre a desclassificação para outra figura típica, como, por exemplo, o afastamento da elementar "funcionário público" na imputação de peculato-furto (art. 312 do CP), subsiste o delito de furto (art. 155).

Nesse caso específico, o afastamento dessa elementar contida na denúncia permite a condenação por furto, sem a necessidade de *mutatio libelli*, pois o fato está completamente descrito na denúncia e, simplesmente, há uma *emendatio libelli* (art. 383) sem necessidade de aditamento. Há apenas uma redução da imputação por ausência de provas, e, como o tipo penal era decomponível, possível a condenação por outro delito, pois o afastamento da elementar, por falta de prova, conduz a uma atipicidade relativa.

Já as circunstâncias são elementos acessórios, satelitários em relação ao tipo penal, afetando apenas a dosimetria da pena. É o caso das circunstâncias agravantes ou atenuantes, que, sem afetar a essência do delito, influem na aplicação da pena.

A *mutatio libelli* seria possível uma vez encerrada a instrução, mas algumas considerações devem ser feitas. Na nova sistemática estabelecida pela Lei n. 11.719/2008, a instrução é una, sendo toda feita em uma única audiência. Logo, é razoável que o aditamento ocorra após o encerramento dessa audiência, pois é da prova ali produzida que surge o fato novo. Contudo, se não for possível manter a unidade da instrução (o que é bastante comum), com diversas audiências sendo realizadas, não vemos nenhum impedimento a que o aditamento seja feito nesse interregno, antes do encerramento. Isso, inclusive, facilitaria a própria instrução.

A iniciativa é exclusiva do Ministério Público, e a queixa a que faz menção o artigo não é a originária, mas sim a queixa subsidiária (art. 29 do CPP), aquela situação excepcional em que o ofendido, em crime de ação penal de iniciativa pública, pode propor a queixa, diante da inércia do *parquet*. Mas a ação é de iniciativa pública e não perde esse *status*, de modo que o Ministério Público pode retomar a titularidade a qualquer momento, inclusive para fazer o aditamento.

O prazo para o aditamento é de 5 dias, teoricamente contados do encerramento da instrução. Contudo, nos novos ritos ordinário e sumário, não há condições para a concessão desse prazo, pois, encerrada a instrução, passa-se para os debates orais e sentença. Logo, no momento previsto pelo art. 402, ou seja, no final da audiência, o Ministério Público deverá requerer a abertura do prazo de 5 dias para oferecer o aditamento, sob pena de não mais poder fazê-lo.

Mas, feito o aditamento, será objeto de análise pelo juiz nos mesmos termos em que o é a denúncia, podendo ser recebido ou rejeitado nos termos do art. 395 do CPP. Nesse ato deverá o Ministério Público arrolar até 3 testemunhas.

O § 2º estabelece que "*ouvido o defensor do acusado no prazo de 5 (cinco) dias e admitido o aditamento, o juiz, a requerimento de qualquer das partes, designará dia e hora para continuação da audiência, com inquirição de testemunhas, novo interrogatório do acusado, realização de debates e julgamento*".

Em que pese a redação não ser das melhores, pensamos que o juiz deverá abrir o prazo de 5 dias para manifestação escrita da defesa e, somente após a resposta da defesa, decidir entre receber ou rejeitar o aditamento. Quando o Código diz "ouvido o defensor" e "admitido o aditamento", está afirmando que primeiro haverá a resposta da defesa e depois a decisão de recebimento e, somente se recebido, será designada a continuação da audiência, com a oitiva das testemunhas arroladas no aditamento e na defesa ao aditamento, bem como se procederá ao novo interrogatório do acusado, seguindo-se debates orais e julgamento.

Nota-se, claramente, uma preocupação em não violar o contraditório e o direito de defesa, regras cruciais nessa matéria.

Em relação à nova definição jurídica do fato, deverá estar o juiz atento para a possibilidade de suspensão condicional do processo ou redistribuição para outro juiz, em caso de alteração da competência. É o que pode ocorrer no caso de denúncia por latrocínio e, na instrução, surgirem fatos novos que indicam a prática de homicídio doloso, situação em que o feito será redistribuído para a respectiva vara do Tribunal do Júri.

E no caso de nova definição jurídica do fato que seja mais favorável ao réu, pode o Juiz decidir nessa linha sem prévio aditamento do Ministério Público?

É uma situação complexa e que surgiu com a nova redação do art. 384 (Lei n. 11.719/2008), que deixou inteiramente nas mãos do Ministério Público a *mutatio libelli*, aditando se quiser. Em relação ao sistema anterior, andou bem o legislador ao retirar do juiz a iniciativa de "invocar" o acusador para fazer o aditamento.

Contudo, pode surgir esse problema: e se a mutação do fato processual beneficia a defesa e o Ministério Público silencia, como deve proceder o juiz?

Por exemplo: o fato descreve uma receptação dolosa e a instrução traz novos elementos fáticos que afastam o dolo, mas permitem a punição a título culposo, pois demonstrado que o réu não sabia que eram objetos oriundos de crime, mas havia uma desproporção entre o valor e o preço, que lhe permitia atingir essa consciência.

Pode o juiz, por exemplo, condenar por receptação culposa sem prévio aditamento do MP?

Pensamos que não e, para isso, sugerimos as seguintes opções:

- diante da inércia do MP, o juiz aplica o art. 28 (solução com a qual não concordamos), nos termos do art. 384, § 1º; situação em que, com o aditamento, poderá julgar o crime culposo;
- não havendo o aditamento (e mantendo-se o juiz na sua posição, sem uma postura inquisitória), e afastada a figura dolosa pelo contexto probatório, deverá o juiz absolver o réu, pois não está demonstrada a tese acusatória.

Com certeza essa segunda posição irá gerar alguma perplexidade, mas é a única processualmente válida, pois condenar o imputado por crime culposo é proferir uma sentença incongruente, nula, portanto.

Como já explicado anteriormente, a regra da correlação não pode ser violada apenas porque, aparentemente, é mais benigna para o réu. Ela está a serviço do contraditório e do sistema acusatório, não podendo o juiz alterar, de ofício, a pretensão acusatória, sem grave sacrifício das regras do devido processo penal.

Evidencia-se a maior responsabilidade com que deve agir o Ministério Público, titular da pretensão acusatória, na nova sistemática, sob pena de ser ele o responsabilizado pelas eventuais reclamações de que essa decisão seria geradora de "impunidade". O que não se pode é violar as regras do devido processo para "sanar" a negligência e o despreparo do acusador.

Por fim, no estudo do art. 384, não se pode esquecer da Súmula 453 do STF, cujo teor é:

> Não se aplicam à segunda instância o art. 384 e parágrafo único do Código de Processo Penal, que possibilitam dar nova definição jurídica ao fato delituoso, em virtude de circunstância elementar não contida explícita ou implicitamente na denúncia ou queixa.

Mesmo tendo sido alterado, substancialmente, o art. 384, a Súmula pode continuar sendo aplicada, pois efetivamente não pode haver *mutatio libelli* em segundo grau, sob pena de supressão da jurisdição de primeiro grau. Ou seja, não há possibilidade de aditamento e inclusão de fato novo após a sentença, porque isso violaria todas as regras do devido processo penal, na medida em que geraria uma imputação e eventual condenação sem o prévio processo e sem a garantia do juiz natural. Na mesma linha, o art. 617 não recepciona a aplicação do art. 384 em grau recursal.

Infelizmente, predomina o entendimento de que o art. 383 pode ser aplicado em grau recursal sem qualquer restrição, opondo-se a tudo o que dissemos sobre a *emendatio libelli* e a necessidade de contraditório.

### 4.6. Mutações: de Crime Doloso para Culposo; Consumado para Tentado; Autor para Partícipe e Vice-Versa. Necessidade de *Mutatio Libelli*

Vejamos agora algumas modificações que costumam ocorrer no objeto do processo penal e a forma como devem ser tratadas.

As alterações feitas na imputação, em torno dos elementos subjetivo (dolo) e normativo (culpa) afetam a regra da correlação?

Pensamos que sim, pois, em regra, influem no campo processual-probatório, ou seja, ambos são objetos de descrição na acusação e exigem a produção de prova para sua confirmação/negação. A mutação da acusação de doloso para culposo, ou vice-versa, decorre de fatos apurados na instrução, ou seja, de circunstâncias fáticas das quais está o juiz autorizado a extrair uma decisão neste ou naquele sentido. A recusa ao decisionismo faz com que o juiz tenha de fundamentar sua decisão (pelo crime culposo ou doloso) em cima de prova produzida no processo e, ainda, refutável pelas partes (exigência do contraditório e do sistema acusatório).

A rigor, não cabe a modificação de tipo doloso para tipo culposo sem *mutatio libelli*, como vimos no exemplo anterior da receptação, ou, ao menos, a possibilidade de as partes previamente serem informadas dessa hipótese, para que se manifestem sobre a possível desclassificação.

Ainda que a desclassificação de crime doloso para culposo possa não representar prejuízo para a defesa, há que se ponderar dois aspectos:

Primeiro, o aparente "benefício" para o réu pode esvair-se se considerarmos que ele foi condenado por uma imputação diversa, da qual não se defendeu e, principalmente, deveria ter-se permitido defesa em relação ao próprio crime culposo. Não há porque conformar-se com essa (pseudo)vantagem se considerarmos que o réu tem o direito de se defender da imputação de crime culposo e dela ser absolvido. Talvez, se lhe tivesse sido oportunizada essa defesa, sequer por crime culposo teria sido condenado.

Há que se ter muito cuidado com o argumento de que toda desclassificação é mais benéfica para o réu e que, portanto, inexiste prejuízo, bem como de que a alteração de doloso para culposo é apenas correção da tipificação legal. Trata-se de elementos subjetivo e normativo do tipo, respectivamente, que implicam sim alteração da situação fática.

Neste sentido, é interessante e acertada a decisão proferida no REsp 1.388.440-ES, Rel. Min. Nefi Cordeiro, j. 5/3/2015, *DJe* 17/3/2015, que vem na mesma linha por nós sustentada, de que a desclassificação de crime doloso para culposo exige *mutatio libelli*[77].

Contudo o tema não é pacífico e existem diversos julgados em sentido diverso[78].

---

[77] Conforme noticiado no *Informativo do STJ*: DIREITO PROCESSUAL PENAL. *MUTATIO LIBELLI* E DESCLASSIFICAÇÃO DO TIPO PENAL DOLOSO PARA A FORMA CULPOSA DO CRIME. Quando na denúncia não houver descrição sequer implícita de circunstância elementar da modalidade culposa do tipo penal, o magistrado, ao proferir a sentença, não pode desclassificar a conduta dolosa do agente – assim descrita na denúncia – para a forma culposa do crime, sem a observância do regramento previsto no art. 384, *caput*, do CPP. Com efeito, o dolo direto é a vontade livre e consciente de realizar a conduta descrita no tipo penal. A culpa, por sua vez, decorre da violação ao dever objetivo de cuidado, causadora de perigo concreto ao bem jurídico tutelado. A par disso, frise-se que, segundo a doutrina, "no momento de se determinar se a conduta do autor se ajusta ao tipo de injusto culposo é necessário indagar, sob a perspectiva *ex ante*, se no momento da ação ou da omissão era possível, para qualquer pessoa no lugar do autor, identificar o risco proibido e ajustar a conduta ao cuidado devido (cognoscibilidade ou conhecimento do risco proibido e previsibilidade da produção do resultado típico)". Nesse passo, a prova a ser produzida pela defesa, no decorrer da instrução criminal, para comprovar a ausência do elemento subjetivo do injusto culposo ou doloso, é diversa. Assim, não descrevendo a denúncia sequer implicitamente o tipo culposo, a desclassificação da conduta dolosa para a culposa, ainda que represente aparente benefício à defesa, em razão de imposição de pena mais branda, deve observar a regra inserta no art. 384, *caput*, do CPP. Isso porque, após o advento da Lei 11.719/2008, qualquer alteração do conteúdo da acusação depende da participação ativa do Ministério Público, não mais se limitando a situações de imposição de pena mais grave, como previa a redação original do dispositivo. Portanto, o fato imputado ao réu na inicial acusatória, em especial a forma de cometimento do delito, da qual se infere o elemento subjetivo, deve guardar correspondência com aquele reconhecido na sentença, a teor do princípio da correlação entre acusação e sentença, corolário dos princípios do contraditório, da ampla defesa e acusatório (REsp 1.388.440-ES, Rel. Min. Nefi Cordeiro, j. 5/3/2015, *DJe* 17/3/2015).

[78] Por honestidade científica, citamos o entendimento diverso daquele por nós defendido (e com o qual não concordamos), mas sustentado pelo STF no RHC 85.623/SP, 1ª Turma, Rel. Min. CARLOS BRITTO, j. 7/6/2005:

"EMENTA: RECURSO ORDINÁRIO EM *HABEAS CORPUS*. RECORRENTE DENUNCIADA PELO CRIME DE PECULATO DOLOSO (*CAPUT* DO ART. 312 DO CP) E CONDENADA POR PECULATO CULPOSO (§ 2º DO ART. 312 DO CP). ALEGADA OCORRÊNCIA DE *MUTATIO LIBELLI* (ART. 384 DO CPP) E NÃO DE *EMENDATIO LIBELLI* (ART. 383 DO CPP). PRETENDIDA ABERTURA DE VISTA À DEFESA. AUSÊNCIA DE PREJUÍZO À CONDENADA.

Registra-se hipótese da *mutatio libelli* sempre que, durante a instrução criminal, restar evidenciada a prática de ilícito cujos dados elementares do tipo não foram descritos, nem sequer de modo implícito, na peça da denúncia. Em casos tais, é de se oportunizar aos acusados a impugnação também de novos dados factuais, em homenagem à garantia constitucional da ampla defesa. Ocorre *emendatio libelli* quando os fatos descritos na denúncia são iguais aos considerados na sentença, diferindo, apenas, a qualificação jurídica sobre eles incidente. Caso em que não se cogita de nova abertura de vista à defesa, pois o réu deve se defender dos fatos que lhe são imputados, e não das respectivas definições jurídicas. Inocorre *mutatio libelli* se os fatos narrados na denúncia (e contra as quais se defendeu a recorrente) são os mesmos considerados pela sentença condenatória, limitando-se a divergência ao elemento subjetivo do tipo (culpa × dolo). Não é de se anular ato que desclassifica a infração

Como explica OLIVA SANTOS[79], ainda que o resultado seja, em aparência, favorável ao acusado, o certo é que se lhe estaria condenando (com a mudança da tipificação) sem que tenha tido a oportunidade de opor-se. Ou seja, na essência, há violação do contraditório e cerceamento de defesa. Logo, há que se ter muita cautela nesse terreno e evitar reducionismos excessivos da problemática.

Em segundo lugar, porque o critério fundante da correlação não é o direito de defesa (ainda que seja muito importante), mas sim o contraditório, como bem se preocupou em explicar BADARÓ[80]. A regra da correlação é, antes de tudo, uma imposição do contraditório, para assegurar o direito de informação e participação das partes como fator legitimante da própria função jurisdicional. Basta recordar a síntese de FAZZALARI: processo como procedimento em contraditório, sendo a decisão construída neste espaço do contraditório pleno.

A tese defensiva é uma resistência à pretensão acusatória, não alterando, portanto, o objeto, mas com ele mantendo uma relação de oposição. Sem embargo, a tese defensiva determina a relevância ou irrelevância processual de um dado fático que integra o objeto do processo.

Na mudança de crime consumado para tentado e vice-versa, tampouco existe uma mera correção da tipificação legal, na medida em que estamos diante de situações fáticas completamente diversas, que inexoravelmente conduzem à alteração do fato processual e, portanto, do objeto do processo. Em qualquer dos casos, imperiosa é a observância do art. 384 do CPP, sem o que não poderá haver sentença condenatória[81].

BADARÓ[82] chama a atenção ainda para uma mudança que em geral passa despercebida pelos juízes e tribunais: a alteração de autor para partícipe e vice-versa.

---

imputada à acusada para lhe atribuir delito menos grave. Aplicação da parêmia *pas de nullité sans grief* (art. 563 do CPP). Recurso desprovido.

79 OLIVA SANTOS, Andres et al. *Derecho Procesal Penal*, cit., p. 562.

80 BADARÓ, Gustavo Henrique. *Correlação entre Acusação e Sentença*, cit., p. 125-127.

81 Em sentido diverso do nosso, mas que citamos para conhecimento do leitor:
EMENTA: Recurso ordinário em *habeas corpus*. Defesa de todos os réus feita pelos mesmos advogados. Cerceamento de defesa não configurado, diante da inexistência de antagonismo entre as versões dos corréus e pelo fato de, nas alegações finais, ter sido a conduta do recorrente analisada separadamente. Inocorrência de nulidade na ausência de reperguntas por parte da defesa, pois tal procedimento é faculdade processual da parte, não tendo o condão de macular o processo. Desistência das testemunhas de defesa que não implicou em qualquer vício, já que as alegações finais basearam-se, pormenorizadamente, na prova produzida. Sentença que condenou os réus por crime consumado e não tentado, como postulado na denúncia. Caso de *ementatio libelli* e não de *mutatio libelli*. Aplicação do art. 383 do CPP. Recurso ordinário improvido (RHC n. 8.0998/MS, 1ª Turma do STF, Rel. Ministra Ellen Gracie, j. 21/08/2001).

82 BADARÓ, Gustavo Henrique. *Correlação entre Acusação e Sentença*, cit., p. 220.

Ao contrário do senso comum, novamente não estamos diante de uma relação de menor-maior, ou menos-mais, senão de situações fáticas distintas. O fato de o réu ter sido denunciado como autor do delito e, posteriormente, condenado como partícipe, em nada representa uma vantagem ou situação processual legítima. É uma mudança que somente pode decorrer de alteração do fato processual, exigindo o procedimento previsto no art. 384 do CPP sob pena de julgamento *extra petita*.

Em suma: pensamos que o juiz não pode condenar o imputado, alterando as circunstâncias instrumentais, modais, temporais ou espaciais do delito, sem dar-lhe ampla possibilidade de defesa em relação a esse fato diverso daquele imputado inicialmente[83]. Mesmo que, aparentemente, a desclassificação de crime doloso para culposo, por exemplo, não gere prejuízo para o direito de defesa, essa leitura é superficial e desconsidera que o réu também tem o direito de se defender e (inclusive) ser absolvido da prática do crime culposo. Daí por que fundamental a *mutatio libelli*.

Situação completamente distinta ocorre quando há apenas uma redução da imputação por ausência de provas, e, sendo o tipo penal decomponível, possível a condenação por outro delito sem a necessidade de aditamento (não é caso de *mutatio libelli*), pois o afastamento da elementar, por falta de prova, conduz a uma atipicidade relativa.

De todas as formas, deve-se dar ouvido à advertência de MALAN[84]:

> Caso esteja em dúvida se o fato naturalístico sofreu ou não alteração, deve resolvê-la a favor da modificação, propiciando ao réu a maior amplitude defensiva possível, por injunção do princípio universal do *favor rei*.

E se o Ministério Público não fizer a *mutatio libelli*, como fica?

Voltamos à explicação dada no exemplo da receptação culposa: ou o juiz aplica o art. 28, nos termos do art. 384, § 1º; situação em que, com o aditamento, poderá julgar o crime culposo; ou, não havendo o aditamento (ou ainda, aplicado o art. 28, insiste o Ministério Público no não aditamento), e afastada a figura dolosa pelo contexto probatório, deverá o juiz absolver o réu, pois não está demonstrada a tese acusatória nos limites da pretensão acusatória. Particularmente, preferimos não utilizar o art. 384, § 1º por ser incompatível (que remete para o art. 28) com as regras do sistema acusatório. Ademais, a valer a nova redação do art. 28 dada pela Lei n. 13.964/2019, não há absolutamente nenhum espaço legal para uma intervenção (tipicamente inquisitória) do juiz neste momento.

---

83 BADARÓ, Gustavo Henrique. *Correlação entre Acusação e Sentença*, cit., p. 133.

84 MALAN, Diogo Rudge. *A Sentença Incongruente no Processo Penal*, cit., p. 110.

A regra da correlação é garantia de eficácia do contraditório e não pode ser violada apenas porque, aparentemente, é mais benigna para o réu. Ela está a serviço do contraditório e do sistema acusatório, não podendo o juiz alterar, de ofício, a pretensão acusatória, sem grave sacrifício das regras do devido processo penal.

### 4.7. As Sentenças Incongruentes. As Classes de Incongruência. Nulidade

Quando o juiz modifica o fato processual sem observar as regras anteriormente abordadas, estamos diante de uma sentença incongruente, cujas classes de incongruência[85] podem assim ser classificadas[86]:

a) **incongruência por *extra petita*:**
Quando o juiz julgar "fora" do que foi imputado ao réu, atua de ofício, violando o contraditório e o sistema acusatório. Dependendo do caso, poderá ainda haver a violação do direito de defesa, mas ele é contingencial em relação à configuração da nulidade. É uma sentença *extra petita* aquela em que o juiz, sem prévio aditamento do Ministério Público, altera o objeto do processo penal, ou, mais especificamente, diante de uma mudança do fato processual, não respeita o necessário contraditório e a regra do art. 384 do CPP. Um exemplo típico de sentença *extra petita* é a acusação por receptação dolosa e a condenação do réu por receptação culposa, sem prévio aditamento do MP. Observe-se que a relação não é de *menor a maior*, pois dolo e culpa não são dois níveis do mesmo elemento, senão conceitos completamente distintos e que alteram o fato processual. Não é mera alteração da tipificação, senão o reconhecimento de uma situação fática diversa daquela descrita na acusação.

b) **incongruência por *citra petita*:**
É quando a sentença fica aquém do que foi pedido, não havendo a necessária manifestação judicial acerca da integralidade da pretensão acusatória. O juiz, dentro do livre convencimento motivado, pode

85 ARAGONESES ALONSO, Pedro. *Sentencias Congruentes. Pretensión, Oposición y Fallo*, cit., p. 88 e s.

86 Não incluímos no processo penal a sentença *ultra petita* porque pensamos ser uma categoria inadequada, até porque, absorvida pela *extra petita*. Não há como o juiz julgar *ultra petita* sem decidir fora do que foi pedido, isto porque o "além do pedido" no processo penal significa uma mutação no fato processual, uma alteração fática. Um exemplo apontado pela doutrina como sendo de decisão *ultra petita* é o seguinte: a denúncia imputa ao réu a prática do delito de lesões corporais leves e o juiz, sem aditamento, procede à condenação por lesões corporais graves. Existe uma decisão "além do pedido"? Não, a decisão é diversa da imputação. Não se trata de uma relação de *minus-plus*, pois a lesão grave é um fato penal distinto. Não é apenas um "mais" sentença do que foi pedido, senão uma sentença fora do que foi pedido, que reconheceu uma alteração fática (lesão grave) sem o correspondente pedido.

condenar ou absolver o réu, de toda ou de parte da imputação, mas não pode deixar de julgar qualquer dos fatos alegados. É incongruente a sentença (*citra petita*) que condena o réu pela figura simples, sem justificar o afastamento da qualificadora. No mesmo erro incide o juiz que, diante de vários fatos imputados ao réu, condena (ou absolve) por apenas um ou alguns deles, sem julgar a totalidade da acusação. Essa violação da regra da correlação demonstra, novamente, que o instituto está – essencialmente – a serviço do contraditório e do sistema acusatório, pois a sentença será anulada ainda que não tenha ocorrido qualquer prejuízo para a defesa. Elementar que, para tanto, deverá haver recurso do órgão acusador.

A violação da regra da correlação conduz à nulidade absoluta, nos seguintes termos:

- quando a sentença é *citra petita*, o juiz julga menos do que deveria em relação à imputação, violando o disposto no art. 5º, LV, da Constituição e gerando a nulidade prevista no art. 564, III, "m", do CPP;
- no caso de sentença *extra petita*, o juiz julga fora da imputação, violando os arts. 5º, LV, e 129, I, da Constituição, causando a nulidade prevista no art. 564, III, "a", do CPP (pois está condenando sem denúncia em relação àquele fato).

Quanto à extensão da nulidade na sentença, em decorrência da violação da regra da correlação, há que se analisar caso a caso, pois nem sempre a nulidade será total. Isso porque, se vários são os fatos imputados, é perfeitamente possível que o juiz julgue alguns com plena correção e, por exemplo, apenas em relação a um dos fatos, decida *extra* ou *citra petita*. Nesse caso, a nulidade da sentença é parcial e restrita ao fato processual em que se operou a incongruência. Em qualquer caso, há que se verificar o nível de contaminação.

### 4.8. Pode(ria) o Juiz Condenar quando o Ministério Público Requerer a Absolvição? O Eterno Retorno ao Estudo do Objeto do Processo Penal e a Necessária Conformidade Constitucional. A Violação da Regra da Correlação

Questão recorrente ao se tratar da sentença penal condenatória é o disposto no art. 385 do CPP, que dispõe o seguinte:

> Art. 385. Nos crimes de ação pública, o juiz poderá proferir sentença condenatória, ainda que o Ministério Público tenha opinado pela absolvição, bem como reconhecer agravantes, embora nenhuma tenha sido alegada.

Partindo da construção dogmática do objeto do processo penal, com GOLDSCHMIDT, verificamos que (nos crimes de ação penal de iniciativa pública) o Estado realiza dois direitos distintos (acusar e punir) por meio de dois órgãos diferentes (Ministério Público e Julgador). Essa duplicidade do Estado (como acusador e julgador) é uma imposição do sistema acusatório (separação das tarefas de acusar e julgar).

O Ministério Público é o titular da pretensão acusatória, e, sem o seu pleno exercício, não se abre a possibilidade de o Estado exercer o *poder de punir*, visto que se trata de um poder condicionado. O poder punitivo estatal está condicionado à invocação feita pelo MP mediante o exercício da pretensão acusatória. Logo, o pedido de absolvição equivale ao não exercício da pretensão acusatória, isto é, o acusador está abrindo mão de proceder contra alguém.

Como consequência, não pode o juiz condenar, sob pena de exercer o poder punitivo sem a necessária invocação, no mais claro retrocesso ao modelo inquisitivo.

Então, recordando que GOLDSCHMIDT afirma que o poder judicial de condenar o culpado é um direito potestativo, no sentido de que necessita de uma sentença condenatória para que se possa aplicar a pena e, mais do que isso, é um poder condicionado à existência de uma acusação. Essa construção é inexorável, se realmente se quer efetivar o projeto acusatório da Constituição. Significa dizer: aqui está um elemento fundante do sistema acusatório.

Portanto, viola o sistema acusatório constitucional e também o art. 3º-A do CPP a regra prevista no art. 385 do CPP, que prevê a possibilidade de o juiz condenar ainda que o Ministério Público peça a absolvição. Também representa uma clara violação do Princípio da Necessidade do Processo Penal, fazendo com que a punição não esteja legitimada pela prévia e integral acusação, ou, melhor ainda, pleno exercício da pretensão acusatória.

Ademais, aponta PRADO[87], há violação da garantia do contraditório, pois esse direito fundamental é imperativo para validade da sentença. Como o juiz "não pode fundamentar sua decisão condenatória em provas ou argumentos que não tenham sido objeto de contraditório, é nula a sentença condenatória proferida quando a acusação opina pela absolvição. O fundamento da nulidade é a violação do contraditório (artigo 5º, inciso LV, da Constituição da República)" (grifo nosso).

Igualmente grave – e nula a sentença – é a previsão feita na última parte do art. 385 do CPP: poderá o juiz reconhecer agravantes, embora nenhuma tenha sido alegada na acusação. Aqui, sequer invocação existe. Menos ainda exercício integral da

87 PRADO, Geraldo. *Sistema Acusatório*, cit., p. 116-117.

pretensão acusatória para legitimar a punição. Pior ainda, está o juiz, literalmente, acusando de ofício para poder, ele mesmo, condenar. Ferido de morte está, ainda, o princípio constitucional do contraditório (art. 5º, LV, da Constituição da República).

Além disso, avocará um poder que ele, juiz, não tem e não deve ter. Ferido de morte está o sistema acusatório. Violado, ainda, o *princípio supremo do processo*[88]: *a imparcialidade*. Como consequência, fulminados estão a estrutura dialética do processo, a igualdade das partes, o contraditório etc.

Tampouco se pode defender o art. 385 invocando a mitológica *verdade real*, que já foi por nós suficientemente desconstruída, sendo desnecessário repetir os argumentos.

Dessa forma, pedida a absolvição pelo Ministério Público, necessariamente a sentença deve ser absolutória, pois na verdade o acusador está deixando de exercer sua pretensão acusatória, impossibilitando assim a efetivação do poder (condicionado) de penar.

Por último, a sentença que condena o réu e, de ofício, inclui agravantes não alegadas pelo Ministério Público, é nula, por incongruente.

Além de violar o sistema acusatório, o contraditório e o direito de defesa, a aplicação do art. 385 é absolutamente incompatível com a pretensão acusatória, objeto do processo penal. Está ainda em linha de colidência com o disposto no art. 41 do CPP, que, como vimos, determina que a denúncia deverá conter a exposição do fato criminoso com todas as suas circunstâncias. E o que são agravantes senão "circunstâncias" do delito?

Como se verá na continuação, a sentença que reconhece agravantes não alegadas pelo Ministério Público é *extra petita*, pois se descola da imputação para ir – de ofício – além da acusação, violando, numa só tacada, as regras da correlação, do contraditório e do sistema acusatório. Ademais, constitui uma modificação indevida do objeto do processo penal.

Diante da inércia da jurisdição – crucial para o sistema acusatório e a garantia da imparcialidade – decorrente do *ne procedat iudex ex officio*, não pode o juiz prover sem que haja um pedido e, como consequência, daí decorre outro princípio: o juiz não pode prover diversamente do que lhe foi pedido. A inclusão, por parte do juiz, de agravantes que não estavam na imputação representa uma indevida modificação no fato processual.

Portanto, inaplicável o art. 385 do CPP e, quando utilizado, conduz a uma grave nulidade da sentença.

---

88 A expressão é de ARAGONESES ALONSO, na obra *Proceso y Derecho Procesal*, cit., p. 127.

## 5. Coisa Julgada Formal e Material

Para o estudo da coisa julgada, vamos resgatar aqui algumas explicações feitas quando do estudo da exceção de coisa julgada, pedindo vênia pela necessária repetição.

Coisa julgada, em sentido literal, explica LEONE[89], significa *cosa sobre la cual ha recaído la decisión del juez, expresa, por tanto, una entidad pasada, fija, firme en el tiempo, a la cual corresponde en clave de actualidad la cosa que debe ser juzgada (por eso, algunos contraponen a la cosa juzgada, la cosa que debe ser juzgada)*.

Na essência, "coisa julgada" significa *decisão imutável e irrevogável; significa imutabilidade do mandamento que nasce da sentença*[90].

Para além disso, é uma garantia individual, prevista no art. 5º, XXXVI, da Constituição, estabelecida para assegurar o *ne bis in idem*, ou seja, a garantia de que ninguém será julgado novamente pelo mesmo fato. Também mereceu disciplina na Convenção Americana de Direitos Humanos, cujo art. 8.4 é categórico: *o acusado absolvido por sentença passada em julgado não poderá ser submetido a novo processo pelos mesmos fatos*.

Portanto, a coisa julgada atua em uma dupla dimensão: constitucional (como garantia individual) e processual (preclusão e imutabilidade da decisão). Em qualquer das duas dimensões, no processo penal (eis mais um fundamento da inadequação da teoria geral do processo) a coisa julgada está posta a serviço do réu, ou seja, uma garantia do cidadão submetido ao processo penal.

É a coisa julgada uma construção artificial do Direito, seja por exigência política ou de pacificação social, mas sempre um artifício a serviço do cidadão, evitando que seja novamente processado pelo mesmo fato em outro processo, ou seja, reexaminado no mesmo processo. COUTURE[91] explica que *la cosa juzgada es, en resumen, una exigencia política y no propiamente jurídica: no es de razón natural, sino de exigencia práctica*.

Daí por que, no processo penal, somente se permite a revisão criminal quando favorável ao réu, logo, o reexame relativizador da coisa julgada somente se opera *pro reo*.

Portanto, sublinhe-se: qualquer mitigação dos efeitos da coisa julgada somente pode ser feita em favor da defesa[92]. Por isso, somente a sentença penal ab-

---

[89] LEONE, Giovanni. *Tratado de Derecho Procesal Penal*. Buenos Aires, Ediciones Jurídicas Europa-América, 1963. v. 3, p. 320.

[90] Idem, ibidem, p. 321.

[91] COUTURE, Eduardo J. *Fundamentos del Derecho Procesal Civil*. 3. ed. Buenos Aires, Depalma, 1990, p. 407.

[92] DUCLERC, Elmir. *Direito Processual Penal*. Rio de Janeiro, Lumen Juris, 2008, p. 488.

solutória faz coisa "soberanamente" julgada, na medida em que a sentença condenatória pode ser, a qualquer momento, revista, através da revisão criminal.

Seguindo a clássica distinção, a coisa julgada poderá ser formal ou material, sendo que a segunda pressupõe a primeira.

Primeiramente a decisão é irrecorrível ou torna-se preclusa (coisa julgada formal) e, após, vem a imutabilidade da decisão, ou seja, a produção exterior de seus efeitos (coisa julgada material).

Quando não há análise e julgamento sobre o mérito (ou seja, sobre o fato processual ou caso penal), a decisão faz coisa julgada formal, mas não produz coisa julgada material, ou seja, é imutável no próprio processo (após a fluência do prazo sem a interposição de recurso, ou pela denegação do eventual recurso interposto, é claro), sem que exista a produção exterior de seus efeitos.

Por outro lado, quando há uma sentença de mérito, em que se julga efetivamente o caso penal, condenando ou absolvendo o réu, existe coisa julgada formal (no primeiro momento, imutabilidade interna ou endoprocedimental) e, após, produz-se a coisa julgada material, com a imutabilidade dos efeitos da sentença. Também as decisões declaratórias de extinção da punibilidade (prescrição, perdão etc.) produzem coisa julgada formal e material, fulminando o poder punitivo estatal e impedindo novo processo ou o seu reexame.

É a consagrada lição de LIEBMAN[93], de que a coisa julgada não é o efeito ou um efeito da sentença, mas uma qualidade e um modo de ser e de manifestar-se de seus efeitos. É algo que se agrega a tais efeitos para qualificá-los e reforçá-los em um sentido bem determinado. Não há que se confundir uma qualidade dos efeitos da sentença com um efeito autônomo dela, e nisto consiste a autoridade da coisa julgada, que se pode precisamente definir como a imutabilidade do mandamento proveniente da sentença. Não se identifica com a definitividade ou intangibilidade do ato que pronuncia o mandamento; é, em câmbio, uma qualidade especial, mais intensa e mais profunda, que afeta o ato e inclusive seu conteúdo, e o torna, desse modo, imutável, não só no seu aspecto formal, mas também dos efeitos desse mesmo ato.

Seguindo o autor, a coisa julgada formal e material pode ser pensada como os degraus da escada, ou seja, o primeiro degrau seria a produção da coisa julgada formal, dentro do processo, através da impossibilidade de novos recursos. Superado o primeiro degrau, pode a coisa julgada ser material, atingir o segundo degrau, nível em que os efeitos vinculatórios da decisão extrapolam os limites do processo

---

93 LIEBMAN, Enrico Tullio. *Efficacia ed Autorità della Sentenza*. Milano, 1962, p. 6 e s.

originário, impedindo novos processos penais sobre o mesmo caso (ou seja, tendo como objeto o mesmo fato natural e o mesmo réu), sendo assim imutável.

A coisa julgada serve para que um processo alcance uma certeza básica para o cumprimento: a irrevogabilidade (dimensão interna ou efeito intraprocessual), de um lado, e, de outro, a eficácia frente a eventuais discussões posteriores em torno do que foi resolvido no processo[94] (dimensão externa).

Explica ROXIN[95] que com os conceitos de coisa julgada formal e material são descritos os diferentes efeitos (melhor, qualidade) da sentença, sendo que a coisa julgada formal se refere a *inimpugnabilidad de una decisión en el marco del mismo proceso*, denominado, pelo autor, *efecto conclusivo*; ao passo que a coisa julgada material provoca que a causa definitivamente julgada não possa ser novamente objeto de outro procedimento, pois o direito de perseguir penalmente está esgotado (efeito impeditivo).

A coisa julgada no processo penal é peculiar, pois somente produz sua plenitude de efeitos (coisa soberanamente julgada) quando a sentença for absolutória ou declaratória de extinção da punibilidade, pois nesses casos não se admite revisão criminal contra o réu (ou *pro societate*), ainda que surjam (novas) provas cabais da autoria e materialidade[96].

Trata-se de uma opção democrática (fortalecimento do indivíduo) de cunho político-processual, de modo que, uma vez transitada em julgado a sentença penal absolutória, em nenhuma hipótese aquele réu poderá ser novamente acusado por aquele fato natural.

A coisa julgada no processo penal é, essencialmente, uma garantia do réu, somente atingindo máxima eficácia na sentença absolutória (ou declaratória de extinção da punibilidade).

Já a sentença condenatória, por ser passível de revisão criminal a qualquer tempo, inclusive após a morte do réu (art. 623 do CPP), jamais produzirá uma plena imutabilidade de seus efeitos.

Quando ocorre somente a coisa julgada formal, diz-se que houve preclusão; já o trânsito em julgado conduz à coisa julgada material, e somente se produz nos

---

94 ARMENTA DEU, Teresa. *Lecciones de Derecho Procesal Penal*, 3. ed. Madrid, Marcial Pons, 2007. p. 273.

95 ROXIN, Claus. *Derecho Procesal Penal*. Buenos Aires, Del Puerto, 2000. p. 434.

96 Partindo de uma premissa distinta, pois defende que o fenômeno da coisa julgada é idêntico, no processo civil e no processo penal, Ada PELLEGRINI GRINOVER (*Eficácia e Autoridade da Sentença Penal*, São Paulo, RT, 1978, p. 5-6) sustenta que não há diversidade ontológica da coisa julgada na sentença condenatória em relação à absolutória, senão apenas uma regulamentação diversa da rescindibilidade.

julgamentos de mérito. As decisões de natureza processual, como pronúncia, impronúncia ou, dependendo do caso, de rejeição da denúncia (art. 395 do CPP), por não implicarem análise de mérito, somente conduzem a coisa julgada formal, ou seja, mera preclusão das vias recursais.

### 5.1. Limites Objetivos e Subjetivos da Coisa Julgada

Os limites objetivos dizem respeito ao fato natural, objeto do processo e posterior sentença, não interessando a qualificação jurídica que receba. Como explica CORTÉS DOMÍNGUEZ[97], o princípio do *ne bis in idem* é uma exigência da liberdade individual que impede que os mesmos fatos sejam processados repetidamente, sendo indiferente que eles possam ser contemplados desde distintos ângulos penais, formais e tecnicamente distintos.

É importante ressaltar que, na coisa julgada, o foco é diferente da problemática vista na correlação. Lá, importava o conceito de *fato processual*, englobando o fato penal e o natural. Aqui, a situação é distinta, pois ainda que se possa falar em fato processual, o que realmente importa é o fato natural.

Para os limites da coisa julgada, interessa a complexidade fática decidida, independentemente da definição jurídica que receba, pois o que se busca é evitar que o réu seja acusado de um determinado fato, cuja definição jurídica foi recusada pelo juiz, que o absolveu no final.

Pode o acusador fazer uma nova acusação, tendo como objeto o mesmo fato natural, mas com diferente tipificação?

Não, pois existe coisa julgada. Assim, evidencia-se que a coisa julgada busca proteger o réu do *bis in idem*, ou seja, nova acusação pelo mesmo fato, ainda que diverso seja o nome jurídico a ele atribuído. Então, não existe contradição agora com a exposição anterior. Lá na correlação a situação é diversa.

Assim, recordemos que: fato processual = fato penal + fato natural. Mas, no estudo da coisa julgada, o ponto nevrálgico é o fato natural e o imputado.

Como decorrência, a coisa julgada proíbe que exista uma nova acusação em relação ao mesmo fato natural[98] (ainda que recebam diferentes nomes jurídicos, ou seja, ainda que a tipificação dada seja diversa em cada processo) e em face do mesmo imputado, que já foram objeto de processo anterior. Novamente, o que se busca é evitar um *bis in idem* (de processos e de punições em relação ao mesmo

---

97 Com MORENO CATENA e GIMENO SENDRA, na obra *Derecho Procesal Penal*, cit., p. 626.

98 Aquilo que MAIER (*Derecho Procesal Penal*, v. 1, p. 606) chama de *hecho como acontecimiento real*, circunscrito assim a um lugar e momento determinado.

fato). Dessarte, essa impossibilidade de que alguém venha a ser novamente processado pelo mesmo fato é considerado o efeito negativo da coisa julgada.

Noutra dimensão estão os limites subjetivos da coisa julgada.

Como explica GÓMEZ ORBANEJA, em posição compartilhada por ARAGONESES ALONSO[99], *a coisa julgada fica circunscrita, subjetivamente, pela identidade da pessoa do réu, e, objetivamente, pela identidade do fato.*

É importante compreender a vinculação entre os limites objetivos com os limites subjetivos da coisa julgada, que vêm dados pela identidade do imputado ou imputados. Ou seja, impossibilidade de novo processamento em relação ao mesmo fato e mesmo autor.

Como explica MAIER[100], para que a regra da coisa julgada funcione e produza *seu efeito impeditivo característico*, a imputação tem de ser idêntica, e isso somente ocorre quando tiver por objeto o mesmo comportamento atribuído à mesma pessoa. Assim, nada impede que outras pessoas sejam acusadas pelo mesmo fato (seja porque se demonstrou a participação ou coautoria, ou ainda porque o réu foi absolvido), ou ainda que o réu seja novamente processado por outros fatos criminosos praticados.

## 5.2. Algumas Questões em Torno da Abrangência dos Limites da Coisa Julgada. Circunstâncias e Elementares Não Contidas na Denúncia. O Problema do Concurso de Crimes. Concurso Formal, Material e Crime Continuado. Crime Habitual. Consumação Posterior do Crime Tentado

O efeito negativo da coisa julgada, a impedir uma nova acusação por aquele fato, está intimamente relacionado com o objeto do processo penal e representa uma continuação da imutabilidade do objeto do processo penal, como anteriormente explicamos, no princípio da correlação, mas possui uma abrangência maior, pois todo o fato deve ser imputado na acusação.

Não há que se esquecer que a ação penal de iniciativa pública rege-se pelo princípio da obrigatoriedade e indisponibilidade, não podendo o Ministério Público, por sua conveniência, deixar fatos de fora da denúncia. Como explica BADARÓ[101], "ao se julgar a imputação, ainda que todo o fato naturalístico não tenha sido imputado, a coisa julgada irá se formar sobre o acontecimento da vida em sua inteireza, o que impedirá a nova imputação sobre o mesmo fato".

---

99 GÓMEZ ORBANEJA, Emilio. *Derecho Procesal*, v. II, p. 313. ARAGONESES ALONSO, Pedro. *Instituciones de Derecho Procesal Penal*, cit., p. 317.

100 MAIER, Julio. *Derecho Procesal Penal*, cit., p. 606.

101 BADARÓ, Gustavo Henrique. *Correlação entre Acusação e Sentença*, cit., p. 152.

No mesmo sentido, PACELLI[102] trabalha com a "realidade histórica", para chegar à mesma conclusão, pois se está permitido ao Ministério Público fazer o aditamento da denúncia a qualquer tempo; não o fazendo, também serão alcançados pela coisa julgada os fatos não aditados, pois o que faz coisa julgada no juízo criminal é *fato tal como efetivamente realizado, independentemente do acerto ou equívoco na sua imputação.*

O afetado pela coisa julgada é o fato natural com todas as suas circunstâncias e/ou elementares, tenham sido ou não incluídas na acusação.

Daí por que se alguém é acusado de furto porque subtraiu determinada coisa alheia móvel de outrem e, no curso da instrução, surgem provas de que teria ocorrido o emprego de violência, deverá o Ministério Público realizar o aditamento, nos termos do art. 384. Mas, não o fazendo, estará essa elementar abrangida pela coisa julgada, não podendo haver nova acusação, ainda que pelo delito de roubo e tampouco uma nova ação penal em que se impute, apenas, a lesão corporal (não incluída no processo anterior). Essa elementar (violência) sempre integrou o fato natural e, por erro do Ministério Público, não foi objeto da acusação ou aditamento, mas isso não tem nenhuma relevância, pois em relação a ela também haverá imutabilidade.

Evidencia-se, uma vez mais, a responsabilidade que deve ter o acusador ao formular a imputação e fazer ou omitir o aditamento necessário.

Situação interessante ocorreu no julgamento, pelo STF, do HC 84.525/MG, Rel. Min. Carlos Velloso, j. 16/11/2004[103], em que entendeu o STF que não havia coisa julgada nesse caso, em que houve a extinção da punibilidade pela morte do autor do delito, com base em certidão de óbito falsa, permitindo-se assim fosse retomado o processo. Argumentou o ilustre relator que a decisão que reconheceu a extinção da punibilidade é meramente declaratória e, portanto, não poderia subsistir se o seu pressuposto fosse falso. Em última análise, o Supremo Tribunal

---

102 PACELLI DE OLIVEIRA, Eugênio. *Curso de Processo Penal*, 8. ed., p. 510.

103 EMENTA: PENAL. PROCESSUAL PENAL. *HABEAS CORPUS*. EXTINÇÃO DA PUNIBILIDADE AMPARADA EM CERTIDÃO DE ÓBITO FALSA. DECRETO QUE DETERMINA O DESARQUIVAMENTO DA AÇÃO PENAL. INOCORRÊNCIA DE REVISÃO *PRO SOCIETATE* E DE OFENSA À COISA JULGADA. FUNDAMENTAÇÃO. ART. 93, IX, DA CF.

I – A decisão que, com base em certidão de óbito falsa, julga extinta a punibilidade do réu pode ser revogada, dado que não gera coisa julgada em sentido estrito.

II – Nos colegiados, os votos que acompanham o posicionamento do relator, sem tecer novas considerações, entendem-se terem adotado a mesma fundamentação.

III – Acórdão devidamente fundamentado.

IV – H.C. indeferido.

fez uma opção: ponderou a garantia da coisa julgada, de um lado, e o fato de o réu estar se beneficiando de sua conduta ilícita, de outro, e optou pelo sacrifício da coisa julgada. Bastante perigosa, sem dúvida, essa relativização da garantia constitucional, que, esperamos, não seja banalizada, sob pena de esvaziamento de importante conquista democrática e até civilizatória.

Outros problemas podem surgir ainda em decorrência do concurso de delitos.

Quando há concurso formal, crime continuado ou concurso material, deve-se ter muita cautela na análise do fato natural e a eventual omissão da imputação.

Por exemplo: se Mané, mediante uma única ação, praticar dois ou mais crimes, nos termos do art. 70 do Código Penal, haverá continência (art. 77, II, do CPP), implicando julgamento simultâneo. Contudo, se por equívoco ou ausência de provas, for ele acusado por apenas um dos crimes e, após a sentença (tanto faz condenatória ou absolutória), forem descobertos os demais, em relação a eles poderá o réu ser novamente processado?

A solução é polêmica. Há quem defenda que sim, pois não há identidade de fatos naturais para constituição da coisa julgada. Se condenado, a unificação das penas ocorrerá na fase de execução penal, nos termos do art. 82 do CPP.

Contudo, pensamos que não.

O concurso formal (art. 70 do CP) ocorre quando o agente, mediante uma só ação ou omissão, pratica dois ou mais crimes, idênticos ou não, aplicando-se a mais grave das penas cabíveis, com o aumento de um sexto até a metade. Essa regra não se aplica se os crimes são dolosos e resultam de desígnios autônomos (haverá concurso material nesse caso). Trata-se, a exemplo da continuidade delitiva a seguir explicada, de uma ficção legal com vistas a beneficiar o réu, cuja desconsideração em sede da falta de proteção, pela via da coisa julgada, conduziria ao esvaziamento de toda legitimação penal construída. Assim, se mediante uma única ação culposa, Mané atropela 4 pessoas que caminhavam pela margem de uma rodovia, mas a denúncia descreve apenas 3 dos crimes, não poderá, após a sentença transitar em julgado, ser (novamente) processado em relação ao fato não abrangido pela denúncia[104]. Como explica CORDERO[105], deve o Ministério Público apresentar a acusação com o fato e todas as suas circunstâncias, ou seja, que aduza

104 Não se descarta que, no caso concreto, a coisa julgada não alcance o fato criminoso que não foi objeto de acusação, mas que se afigura como substancialmente mais grave do que aqueles apurados no processo originário, sob pena de se produzir flagrante desproporcionalidade. Ademais, é a pena do crime mais grave que norteia a dosimetria, de modo que, se ele não foi incluído no processo, não há como sustentar sua absorção no concurso formal.

105 CORDERO, Franco. *Procedimiento Penal*. Bogotá, Temis, 2000. v. II, p. 439.

tudo o que se pode apresentar. O sistema exclui processos parciais, como seriam os julgamentos distintos sobre delitos concorrentes em um só episódio (determinado pela conduta). Em síntese, *una vez el hecho es juzgado, todas sus circunstancias lo son igualmente*.

No mesmo sentido, ARMENTA DEU[106] é enfática: *parece claro que se no primeiro processo não se apreciou o concurso, apresentando-se a ação punível como subsumível apenas em um tipo penal, a coisa julgada protegerá de outro processo no qual se tipificam os fatos de forma distinta, mas em concurso com aquele*.

Situação igualmente difícil é a definição do alcance da coisa julgada no caso de continuidade delitiva. LEONE[107] faz uma distinção entre os delitos cometidos antes da persecução penal (incluindo a fase pré-processual) e que não foram objeto da acusação e sentença, mas que integraram aquela continuidade delitiva; e aquelas condutas praticadas após o agente ter conhecimento da atuação estatal (investigação ou processo). Em relação a esse último caso, afirma que se esgota o desígnio inicial ao que se vinculam os fatos deduzidos no processo. Ou seja, não há produção da coisa julgada em relação a eles.

Distinto é o cenário quando existem condutas praticadas no mesmo período de tempo abrangido pela continuidade, mas que não foram objeto da acusação. Assim, suponhamos que alguém seja condenado por furto continuado, por subtrair veículos, na mesma cidade, nos meses de janeiro, fevereiro, abril e junho de 2011. Após o trânsito em julgado da decisão, é oferecida denúncia referente a furto de veículos, nos meses de março e maio daquele mesmo ano (2011). Se esses fatos tivessem sido incluídos na denúncia anterior, teriam sido julgados da mesma forma, ou seja, como crime continuado. Estão abrangidos pela coisa julgada?

Pensamos que sim. A continuidade delitiva é uma unidade delitiva por ficção normativa, ou seja, nos termos do art. 71 do CP, aplica-se a pena de um só dos crimes (ainda que tenham sido várias as ações ou omissões, praticando assim dois ou mais crimes da mesma espécie), se idênticas, ou a mais grave, se diversas, aumentando-se a pena de um sexto a dois terços. Esse tratamento diferenciado e mais benigno ao réu é o que funda a existência do crime continuado, e não pode ser fraudado pelo simples argumento de que algum ou alguns dos fatos integrantes daquela cadeia fática não foram objeto da acusação. Ao acusador, tomando por base os mecanismos de investigação à disposição do Estado, incumbe oferecer a acusação por todas as condutas praticadas, até porque a ação penal é obrigatória e indivisível. Como

---

106 ARMENTA DEU, Teresa. *Lecciones de Derecho Procesal Penal*, cit., p. 275.

107 LEONE, Giovanni. *Tratado de Derecho Procesal Penal*, cit., p. 358 e s.

aponta LEONE[108], *si el delito continuado es un instituto inspirado en sentimientos de equidad a favor del reo, tendiente a evitar la aplicación del rigor del concurso, al dejarse independientes las dos acciones, se vendría a disolver la sustancia, el fundamento y la finalidad de él, y se caería en los excesos de la teoría anteriormente examinada.*

No mesmo sentido por nós defendido, mas indo além na dimensão temporal, ARMENTA DEU[109] sustenta que, no crime continuado, a coisa julgada abarca todos os comportamentos homogêneos, desde a primeira ação contemplada no primeiro processo até o momento preclusivo de aportação dos fatos nesse mesmo processo (ou seja, até a sentença).

Ainda, invocando as lições de GÓMEZ ORBANEJA, leciona CORTÉS DOMÍNGUEZ[110] que, desde o ponto de vista do Direito Processual e dos limites objetivos da coisa julgada, "deve-se sustentar que ela afeta não só todos os fatos que foram objeto da acusação e processo, senão também a todos aqueles realizados com anterioridade ao processo, ainda que não tiverem sido objeto da acusação e tivessem sido descobertos posteriormente".

Quanto ao crime habitual, em que sua constituição exige várias ações, com uma unidade substancial de fatos caracterizada pela habitualidade, há sim produção do efeito impeditivo da coisa julgada material. Isoladamente, os fatos são atípicos. Daí por que se alguém for acusado de exercício ilegal da medicina (art. 282 do CP), crime que exige a habitualidade para sua configuração e, após a sentença penal condenatória transitar em julgado, forem descobertos novos fatos ocorridos naquele mesmo período de tempo, não poderá ser o agente novamente acusado. O crime somente se configura se presente a habitualidade, de modo que os fatos posteriormente descobertos (mas ocorridos naquele mesmo período) estão abrangidos pela punição.

ARMENTA DEU[111] explica que, no crime habitual, considerando que são várias as ações que se castigam em uma unidade substancial de fato, a coisa julgada afeta todos os fatos que possam constituir objeto da habitualidade.

Também do crime habitual se ocupou LEONE[112], afirmando que as outras ações de mesma índole, descobertas posteriormente mas realizadas no mesmo período de tempo (e contra o mesmo sujeito passivo), ao constituir um fragmento do

---

108 LEONE, Giovanni. *Tratado de Derecho Procesal Penal*, cit., p. 362. Advertimos que essa é uma posição citada pelo autor, mas não é por ele adotada.

109 ARMENTA DEU, Teresa. *Lecciones de Derecho Procesal Penal*, cit., p. 275.

110 CORTÉS DOMINGUEZ, Valentin; MORENO CATENA, Victor e GIMENO SENDRA, Vicente. *Derecho Procesal Penal*. Madrid, Colex, 1996. p. 626.

111 ARMENTA DEU, Teresa. *Lecciones de Derecho Procesal Penal*, cit., p. 275.

112 LEONE, Giovanni. *Tratado de Derecho Procesal Penal*, cit., p. 353.

fato complexo julgado, não serão suscetíveis de novo julgamento. Mas, segue o autor, *en cabio, un hecho distinto (...) no hay razón para precluir el ejercicio de una nueva acción penal: así, si se descubriesen otras acciones (...) cometidas en tiempo más remoto y muy separadas cronológicamente del hecho juzgado.*

Assim, se após a sentença o réu vier novamente a praticar habitualmente a conduta descrita no tipo, esse novo conjunto de ações constituirá um novo crime não atingido pela coisa julgada. Também não está alcançado pela coisa julgada o exercício de outro conjunto de crimes, cometidos anteriormente e que, por si só, constituam um crime habitual.

Em suma, em linhas gerais, a eficácia da coisa julgada em relação aos crimes habituais recebe o mesmo tratamento da continuidade delitiva.

Completamente diferente é o tratamento em caso de concurso material, pois aqui não há que se falar em eficácia da coisa julgada. Poderá o réu ser novamente processado pelos fatos não incluídos na primeira acusação, pois completamente distintos.

Noutra dimensão, deve-se analisar se a coisa julgada impede novo processo quando houver a produção posterior de resultado mais grave. Por exemplo: se "A" for acusado de tentativa de homicídio, porque, em determinado local e data, desferiu tiros contra a vítima "B", não tendo o resultado morte se produzido por motivos alheios à sua vontade. Se a vítima morrer em decorrência dos ferimentos e o réu ainda não tiver sido julgado, deverá o Ministério Público promover o aditamento nos termos do art. 384 do CPP. Contudo, quando sobrevier sentença transitada em julgado, seja absolutória ou condenatória, pensamos que a coisa julgada impedirá novo processo. Haveria *bis in idem* submeter o réu a novo processo e a exceção de coisa julgada deve ser oferecida, pois há identidade substancial do fato natural e também do imputado.

Assim, deve ser reconhecido o efeito impeditivo inerente à coisa julgada material, pelos mesmos postulados de política processual que impedem revisão criminal *pro societate* (e, portanto, contra o réu). Do contrário, estaria sendo criada uma situação de pendência, em que, mesmo após o trânsito em julgado, o réu poderia, a qualquer tempo, voltar a ser processado – agora por delito consumado – em caso de morte da vítima.

Os mesmos fundamentos de necessária estabilidade das decisões e de que as situações penais tenham uma solução definitiva fazem com que a coisa julgada produzida em relação ao delito tentado impeça novo processo em caso de posterior consumação. Na mesma linha encontra-se, ainda, a imutabilidade da sentença absolutória nula. Como se verá ao tratar das nulidades, a sentença penal absolutória, mesmo que absolutamente nula, uma vez transitada em julgado, produz plenamente os efeitos da coisa julgada material, não mais podendo ser alterada.

Por fim, a coisa julgada poderá ser conhecida pelo juiz a qualquer tempo, extinguindo o feito com a sua comprovação. Não o sendo, a exceção poderá ser arguida pela parte passiva, no prazo da resposta à acusação, do art. 396-A (mas nada impede que o faça a qualquer tempo), sendo processada em autos apartados, nos termos dos arts. 111 c/c 396-A, § 1º, do CPP.

Da decisão que julgar procedente a exceção, caberá Recurso em Sentido Estrito, art. 581, III, do CPP. Em sendo reconhecida a coisa julgada de ofício pelo juiz, o recurso cabível será apelação, art. 593, II, do CPP. Sendo rejeitada a exceção de coisa julgada, não caberá recurso algum. Contudo, nada impede que a parte interessada alegue a coisa julgada na preliminar do recurso de apelação interposto contra a sentença condenatória proferida em primeiro grau.

## SÍNTESE DO CAPÍTULO



- *Dikelogía*, a ciência da justiça (Werner Goldschmidt), propõe um debate em torno da justiça nas perspectivas axiológica e axiosófica. Alude à deusa Diké, que na mitologia greco-romana é filha de Zeus e Themis, irmã da verdade, é a justiça do caso concreto, que ela traz do Olimpo para a Terra. Themis é a deusa da justiça divina, personificando a Lei e a organização do Universo, é uma matriz mitologênica de onde partiram todas as deusas da justiça.
- Motivação das decisões judiciais serve para controle da racionalidade das decisões judiciais e legitimação do poder exercido. O poder judicial somente está legitimado quando exercido conforme as regras do devido processo, enquanto amparado por argumentos cognoscitivos seguros e válidos, submetidos ao contraditório e refutáveis.
- Invalidade substancial da norma: superada a identificação dos planos da vigência (existência) com validade, distingue-se entre as dimensões de validade formal e material. Na dimensão formal, uma norma existe e é formalmente válida, quando observado o regular processo legislativo de sua elaboração. Mais relevante e encarregado aos juízes e tribunais, está o controle da validade material, ou seja, a verificação, quando de sua aplicação ao caso concreto, da conformidade constitucional. Significa verificar se, no momento da aplicação de determinada norma ao caso, não está sendo violado nenhum princípio constitucional ou mesmo a Convenção Americana de Direitos Humanos (também é imprescindível fazer um controle judicial da convencionalidade da lei).
- Superação do dogma da completude lógica e o risco do decisionismo: superada a concepção de que o sistema jurídico é completo e despido de lacunas e conflitos, bem como de que o simples fato de uma lei existir lhe outorgaria, automaticamente, plena validade, abandona-se a visão do "juiz boca da lei". Deve ser assumida a subjetividade no ato de julgar (superação do cartesianismo) abandonando a ingênua crença de que a decisão judicial é um puro ato de razão. O juiz deixa de ser visto como um simples "aplicador" da lei ao caso concreto, para assumir sua dimensão constitucional, de quem deve fazer a filtragem constitucional das leis e também eleger os significados válidos da norma, fazendo ainda o indispensável juízo de valor sobre as versões trazidas pelas partes ao processo. Por outro lado, não se pode cair no erro do decisionismo, ou seja, no outro extremo. Não se pode reduzir a sentença a um mero ato de "sentir", bem como tolerar que o juiz decida apenas

"conforme a sua consciência", pois isso conduziria à ditadura da subjetividade. O ato decisório deve ser construído em contraditório, segundo as regras do devido processo e vinculado à prova produzida, atentando ainda para o espaço constitucional de interpretação, os limites semânticos e o próprio princípio da legalidade. É a luta pela redução dos espaços impróprios da discricionariedade judicial, impedindo-se que o juiz diga "qualquer coisa sobre qualquer coisa" (Streck). O decisionismo é sinônimo de autoritarismo, de decisão ilegítima. Eis a questão perene para os hermeneutas: a busca incessante pelo equilíbrio entre os extremos.

1. ASPECTOS FORMAIS DA DECISÃO: os atos jurisdicionais podem ser classificados em: a) despachos de mero expediente, sem cunho decisório e irrecorríveis; b) decisões interlocutórias simples, com mínimo caráter decisório e, como regra, irrecorríveis; c) decisões interlocutórias mistas, com cunho decisório, encerrando o processo sem julgamento do mérito ou finalizando uma etapa do procedimento, em regra atacáveis pelo RSE (mas há exceções em que cabe apelação); d) sentenças, que podem ser absolutórias próprias ou impróprias (aplica medida de segurança), condenatórias ou declaratórias, sendo em regra impugnáveis pela apelação.

2. ESTRUTURA EXTERNA DA SENTENÇA: art. 381, estrutura-se em três partes: relatório, motivação e dispositivo. A sentença condenatória deve observar ainda o disposto no art. 387. Na sentença condenatória também pode ser fixado um valor indenizatório mínimo, desde que exista pedido e observância do contraditório.

3. PRINCÍPIO DA CORRELAÇÃO: intimamente relacionado com o princípio acusatório e para assegurar a imparcialidade do juiz e o pleno contraditório, o espaço decisório está demarcado pela acusação e seu pedido. O juiz não pode prover diversamente do que lhe foi pedido. A regra geral é a imutabilidade do objeto do processo penal, ou seja, da pretensão acusatória. Para realizar qualquer modificação devem ser observados os arts. 383 (*emendatio libelli*) e 384 (*mutatio libelli*). Predomina neste tema, o (a nosso ver, superado) brocardo "narra mihi factum, dabo tibi ius", segundo o qual, o réu se defende dos fatos aduzidos na acusação e não da capitulação jurídica. Essa posição é criticável, pois desconsidera que o réu também se defende da imputação jurídica, tanto que obrigatoriamente deve constar da denúncia ou queixa (art. 41).

* IMPORTANTE: neste tema é crucial compreender:

- fato natural = acontecimento da vida
- fato penal = tipo penal
- fato processual = fato natural + fato penal

3.1. *Emendatio Libelli*: art. 383. Neste caso, não existem fatos novos, mas sim uma mera correção da tipificação legal. Não há aditamento, agindo o juiz de ofício quando da sentença. Para os que defendem a tese de que o réu "se defende dos fatos", o juiz poderia atribuir uma definição jurídica diversa, ainda que, em consequência, tenha de aplicar uma pena mais grave.

O conceito de "fato processual" é imprescindível neste tema, evidenciando que sua amplitude conceitual faz com que eventuais mudanças fáticas, irrelevantes para o direito penal, sejam totalmente relevantes para a definição do fato processual, exigindo cuidados para que se produza a mutação sem gerar uma sentença incongruente. A costumeiramente tratada como "mera correção da tipificação legal" não é tão inofensiva assim, pois modifica o fato penal e, por conseguinte, o fato processual.

A crítica é feita em três dimensões: a) é reducionista e equivocada a visão de que o réu se defende somente dos fatos, pois a ampla defesa também se ocupa da tipificação legal, havendo flagrante cerceamento a posterior modificação feita somente na sentença; b) na maioria das situações em que se usa a *emendatio libelli*, não se trata de mera correção da tipificação, mas sim de desvelamento de nova situação fática a exigir aditamento e *mutatio libelli* (como sói ocorrer na mudança de crime doloso para culposo etc.); c) trata-se de instituto que não resiste a uma filtragem constitucional, pois viola as regras do devido processo penal, especialmente no que tange ao princípio acusatório, ampla defesa, contraditório e princípio da correlação.

- Mera redução da imputação por ausência de provas: quando o tipo penal é decomponível, o afastamento de uma elementar por falta de provas conduz a atipicidade relativa, estando o juiz autorizado a condenar ou absolver pelo crime residual sem necessidade de aditamento ou contraditório (pois já se efetivou). Exemplos: de roubo para furto; de peculato-furto para furto etc. Não se aplica essa regra na mudança doloso-culposo, pois não se trata de mera redução da imputação, senão desvelamento de nova situação fática que exige *mutatio libelli*.
- Conciliando a *emendatio libelli* com a Constituição: para isso, dois caminhos podem ser seguidos pelo juiz: a) consultar previamente as partes, em nome do princípio constitucional do contraditório, acerca da possível reclassificação do fato (a exemplo "del planteamiento de la tesis" do sistema espanhol); b) intimar as partes, após a *emendatio*, para que, em nome do contraditório, conheçam e se manifestem sobre a nova classificação jurídica do fato.

É claro que tais cautelas o aproximariam da *mutatio libelli* do art. 384, mas esse é um caminho inafastável diante das exigências do devido processo penal. Por isso, estamos alinhados com aqueles que pregam a extinção de tal instituto.

- É possível aplicar o art. 383 quando do recebimento da denúncia? Em que pese a divergência existente, pensamos que – excepcionalmente – e com vistas a corrigir uma acusação claramente abusiva, pode ser admitida a *emendatio* no início do processo.

3.2. *Mutatio Libelli*: art. 384. Ao contrário da situação anterior, agora existe um fato processual novo, houve a produção de prova de uma elementar ou circunstância não contida na acusação. É imprescindível o aditamento, feito no prazo de 5 dias, assegurando o contraditório e produção de novas provas (até 3 testemunhas e novo interrogatório).

- Problema: o art. 384, § 1º, prevê a aplicação do art. 28 quando não há aditamento e o juiz discorda. Tal dispositivo é criticado por violar o sistema acusatório, a inércia da jurisdição e a imparcialidade do julgador. Ademais, diante da nova redação dada ao art. 28 pela Lei n. 13.964/2019, não há qualquer possibilidade de intervenção judicial, pois o art. 28 consagra uma sistemática de arquivamento com controle do próprio Ministério Público.
- Nova definição jurídica do fato mais favorável ao réu e a inércia do MP: considerando que o aditamento é imprescindível, em caso de inércia do MP, será estabelecida uma situação complexa. É o que ocorre na mudança doloso-culposo. Não se trata de mera redução da imputação nem simples correção da tipificação. A condenação por crime culposo não é uma "vantagem" para o réu, pois ele não se defendeu desta nova imputação (violação do contraditório e ampla defesa). Exemplo: denúncia imputa a prática de receptação dolosa e a instrução demonstra novos elementos fáticos de conduta culposa. Não pode o juiz condenar por receptação culposa sem prévio aditamento (sentença nula por incongruência), devendo absolver o réu, porque não comprovada a tese acusatória.
- Súmula 453 do STF: não se aplica a *mutatio libelli* em segundo grau, sob pena de supressão de instância e violação do contraditório. Contudo, a *emendatio libelli* – mera correção da tipificação legal – tem sido admitida.
- Mutação de crime doloso para culposo; consumado para tentado; autor para partícipe: são situações em que pensamos ser imprescindível a *mutatio libelli* (com aditamento e contraditório) sob pena de incongruência (ainda que a decisão seja "aparentemente melhor para o réu"). Contudo, o tema não é pacífico e predominam os julgados no sentido de admitir *emendatio libelli* (sem aditamento e contraditório, portanto).
- Pode(ria) o juiz condenar quando o MP pedir absolvição? Em que pese a redação do art. 385, pensamos que ele é substancialmente inconstitucional por flagrante violação do princípio acusatório. Ademais, representaria uma inequívoca violação do princípio da correlação (condenação sem pedido) e da imparcialidade do juiz, além de ser incompatível com o objeto do processo penal (pretensão acusatória). O juiz não pode prover diversamente do que lhe foi pedido.

4. COISA JULGADA FORMAL E MATERIAL: a coisa julgada é uma garantia constitucional (art. 5º, XXXVI, da CF) e também processual, garantindo que ninguém será julgado novamente pelo mesmo fato (*ne bis in idem*). É a imutabilidade do mandamento proveniente da decisão, não é um efeito, mas uma qualidade e um modo de ser e de manifestar-se de seus efeitos. Somente haverá coisa julgada plena ou soberanamente julgada em relação à sentença penal absolutória ou declaratória de extinção da punibilidade, pois a condenatória pode ser modificada a qualquer tempo, mas em casos restritos, através da revisão criminal (arts. 621 e s.). A coisa julgada poderá ser formal ou material, sendo que a segunda pressupõe a primeira:

4.1. Coisa julgada formal: é o primeiro momento (ou degrau da escada), quando a decisão é irrecorrível ou torna-se preclusa (imutabilidade interna). Não há análise e julgamento do mérito (caso penal).

4.2. Coisa julgada material: pressupõe a formal, é o segundo degrau da escada. Há julgamento de mérito, havendo a produção exterior de seus efeitos, impedindo novos processos sobre o mesmo caso penal.

4.3. Limites objetivos e subjetivos: os limites objetivos dizem respeito ao fato natural, não interessando a qualificação jurídica que receba (não confundir com o fato processual, que orienta a correlação). Diz-se efeito negativo da coisa julgada a impossibilidade de alguém ser novamente processado pelo mesmo fato. Já os limites subjetivos dizem respeito à identidade do imputado. Assim, ambos os limites constituem a impossibilidade de novo processamento em relação ao mesmo fato e mesmo autor.

Capítulo XV

# ATOS PROCESSUAIS DEFEITUOSOS E A CRISE DA TEORIA DAS INVALIDADES (NULIDADES). A FORMA COMO GARANTIA

## 1. Introdução. Meras Irregularidades e Atos Inexistentes

Questão tormentosa para qualquer ator judiciário comprometido com a Constituição é o instituto das invalidades no processo penal, ou melhor, a prática de atos processuais defeituosos, cuja casuística dificulta sobremaneira o estabelecimento de uma estrutura teórica dotada de suficiência para dar conta de tamanha complexidade. Mais grave revela-se a situação quando cotejada com as absurdas relativizações diariamente feitas por tribunais e juízes, muitas vezes meros repetidores do senso comum teórico, calcados na equivocada premissa da teoria geral do processo.

Pior é a situação daqueles que partem da teoria do ato jurídico, ou seja, da matriz conceitual do direito material (Código Civil), o que se revela completamente descabido, até porque, no processo, a nulidade de um ato depende sempre de reconhecimento através de decisão judicial, o que não sucede no direito privado (em que o ato nulo não produz qualquer efeito, pois a ineficácia é automática). Não pensamos ser adequado estruturar uma teoria das invalidades processuais desde a analogia com a concepção do direito material, cuja dimensão estática estabelece uma absoluta e insuperável contradição com a dinâmica do processo, além de não incorporar a problemática da contaminação dos atos supervenientes. É uma permissão tão desfocada como aquela que, há mais de um século, concebia o processo como o direito material em movimento, sem reconhecer-lhe a inequívoca autonomia fenomenológica. Em suma, uma concepção completamente superada.

O Código de Processo Penal brasileiro em nada auxilia essa difícil missão, não só pelo baixo nível de conformidade constitucional desse diploma de 1941, mas principalmente pela falta de sistemática legal.

Não podemos deixar de (novamente) criticar o sistema de reformas pontuais no processo penal, pois a inconsistência sistêmica novamente se manifesta quando analisamos a teoria das invalidades processuais. Houve uma profunda reforma nos procedimentos, mas, por exemplo, manteve-se a redação originária do art. 564 e s. do CPP. E o Tribunal do Júri, cujo novo rito é completamente distinto do anterior, como é possível lidar com os (novos) problemas na superada estrutura legal vigente? Evidente a necessidade de uma urgente adequação.

Mas, tirando a inconsistência sistêmica gerada pelas reformas pontuais, essa não é uma prerrogativa do Direito brasileiro, pois existe atualmente uma *crisis del concetto d'invalidità*, afirma GIOVANNI CONSO[1], fruto de tudo aquilo a que acabamos de nos referir, e agravada pela dependência do tema às variações de humor da jurisprudência, que oscila ao vento dos movimentos repressivistas.

A jurisprudência brasileira nessa matéria é caótica, fruto de uma má sistemática legal e da indevida importação de categorias do processo civil, absolutamente inadequadas para o processo penal. Isso é fruto daquilo que BINDER chamou de "superficialização da teoria geral do processo, que costuma construir categorias comuns distantes das razões de política processual" e, acrescentamos, incompatíveis com a especificidade do processo penal, que exige respeito a suas categorias jurídicas próprias.

Também existe ainda uma grande oscilação do "humor" jurisprudencial, sensível que é aos influxos sociais e às pressões dos discursos repressivistas em voga.

Contribui para o caos a polissemia conceitual, que impede qualquer tentativa de paz dogmática em torno do tema. Em geral, a doutrina costuma adotar essas 4 categorias:

- meras irregularidades;
- nulidades relativas;
- nulidades absolutas;
- inexistência.

---

1 CONSO, Giovanni. *Il Concetto e le Specie D'Invalidità* – introduzione alla teoria dei vizi degli ati processuali penali. Milano, Dott. A. Giuffrè, 1972. p. 3 e s.

As irregularidades são concebidas como defeitos de mínima relevância para o processo, que em nada afetam a validade do ato. Os atos irregulares são aqueles em que o defeito não compromete a eficácia do princípio constitucional ou processual que ele tutela, sendo, portanto, uma mera irregularidade formal sem consequências relevantes. Igual tratamento deve ser dado aos atos de natureza contingencial, secundária e que não estão a serviço de um princípio processual/constitucional, senão que são meramente ordenatórios e despidos de maior significado. Diariamente ocorrem centenas de falhas materiais irrelevantes, como erros na grafia do nome do réu (que não impedem sua identificação) na comunicação dos atos processuais, denúncias oferecidas fora do prazo legal, juízes que não cumprem os prazos estabelecidos para a prática dos atos judiciais, e situações congêneres, que não maculam sua validade. Isso constitui uma mera irregularidade sem qualquer relevância para a situação processual.

Em um segundo patamar, estão os atos processuais realizados com defeito, em que o princípio constitucional ou processual tutelado é atingido. Aqui existe uma lesão principiológica que compromete a regularidade processual, dando lugar à discussão em torno do caráter absoluto ou relativo da nulidade (na doutrina tradicional), ou naquilo que chamamos de ato defeituoso sanável ou insanável. Considerando a complexidade dessas categorias, veremos na continuação, em tópicos específicos.

Noutro extremo, está o plano da "inexistência", teoricamente concebido como a "falta" (e não como "defeito", ainda que muitos confundam defeito com falta) de elemento essencial para o ato, que sequer permite que ele ingresse no mundo jurídico, ou, ainda, o suporte fático é insuficiente para que ele ingresse no mundo jurídico. São considerados "não atos", ou "fantasmas verbais" para CORDERO[2], em que não se discute a validade/invalidade, pois a inexistência constitui um problema que antecede qualquer consideração sobre o plano da validade[3]. Inclusive, o ato inexistente – em tese – prescinde de declaração judicial.

Se na dimensão teórica a inexistência possui alguma relevância, o mesmo não se pode dizer no dia a dia forense. Quando alguém viu uma "sentença" firmada por uma pessoa que não é juiz? Ou uma sentença sem dispositivo?

Trata-se de situações que habitam apenas o ambiente manualístico, sem qualquer dado de realidade. Mas, se for esse o caso, estamos diante de um ato inexistente... E, mais, é óbvio que o ato inexistente somente será assim considerado quando

---

2 CORDERO, Franco. *Procedimiento Penal*. Bogotá, Temis, 2000. v. II, p. 413.

3 GRINOVER, MAGALHÃES; SCARANCE, na obra *As Nulidades no Processo Penal*, 8. ed., p. 22.

houver uma manifestação judicial que o declare. Imagine alguém preso em decorrência de uma sentença juridicamente "inexistente", mas com "existência" suficiente para levá-lo ao cárcere, que resolve, por si só, sair da cadeia; afinal, o ato é inexistente... Ou, então, teremos de ter carcereiros com poderes mediúnicos, para, sem qualquer decisão judicial sobre o tema, atingir essa consciência por meio de contato com a deusa Diké... Esse é o problema do autismo jurídico: desconectar-se do mundo, para mergulhar nas suas categorias mágicas.

No passado, alguma discussão surgiu em torno da suposta inexistência dos atos praticados por juiz absolutamente incompetente. Atualmente a questão é, como não poderia deixar de ser, tratada no campo das invalidades processuais (ou, na doutrina tradicional, como nulidade absoluta). Em suma, pouca relevância prática existe no campo da inexistência.

Assim, seguindo a proposta desta obra, abordaremos a temática à luz do senso comum teórico e jurisprudencial (nulidade absoluta e relativa), fazendo, após, nossa crítica e sugestões, mas sem qualquer pretensão de completude, pois, mais do que em qualquer outro instituto do processo penal, aqui reina a casuística.

## 2. Nulidades Absolutas e Relativas. Construção dos Conceitos a Partir do Senso Comum Teórico e Jurisprudencial

### 2.1. Nulidades Absolutas. Definição

É recorrente a classificação das nulidades em absolutas e relativas, sendo as primeiras definidas como aquelas em que:

- ocorre uma violação de norma cogente, que tutela interesse público;
- ou existe a violação de princípio constitucional;
- pode ser declarada de ofício ou mediante invocação da parte interessada;
- o prejuízo e o não atingimento dos fins são presumidos;
- é insanável, não se convalida e tampouco é convalidada pela preclusão ou trânsito em julgado.

Com relação a esse último item, sublinhamos que a sentença condenatória, ainda que transitada em julgado, pode ser revisada a qualquer tempo; já a sentença absolutória transitada em julgado faz coisa soberanamente julgada, não podendo ser revisada, ainda que o processo seja nulo. Como adverte LEONE[4], *también las nulidades absolutas están sometidas a un límite temporal en orden a la deducibilidad y*

---

[4] LEONE, Giovanni. *Tratado de Derecho Procesal Penal.* Buenos Aires, Ediciones Jurídicas Europa-América, 1963. v. 1, p. 713-714.

*denunciabilidad de ellas y ese límite es la cosa juzgada. (...) La fuerza preclusiva de la cosa juzgada es indicada por algunos como una sanatoria general de la nulidad absoluta.*

Como regra das nulidades absolutas, a gravidade da atipicidade processual conduz à anulação do ato, independentemente de qualquer alegação da parte interessada, podendo ser reconhecida de ofício pelo juiz ou em qualquer grau de jurisdição. Sendo alegada pela parte, não necessita demonstração do prejuízo, pois manifesto ou presumido, como preferem alguns.

Os exemplos costumam conduzir à violação de princípios constitucionais, especialmente o direito de defesa e o contraditório. Nessa linha, é nulo o processo sem defensor; a ausência de alegações finais (ou dos debates orais); quando ocorre colidência de teses entre réus diferentes, mas com um mesmo advogado; a perícia feita por um único perito não oficial etc. Também entra no campo das nulidades absolutas a sentença (e todos os atos) proferida por juiz absolutamente incompetente, como vimos no estudo da competência.

## 2.2. Nulidades Relativas. Definição(?)

Quando o defeito do ato processual não for tão grave como no caso anterior, caberá à parte interessada postular o reconhecimento da nulidade e, segundo o senso comum arraigado, demonstrar o prejuízo processual sofrido. Ademais, se não alegar a nulidade no momento adequado, opera-se a convalidação pela preclusão.

LEONE[5] define as nulidades relativas como aquelas que só podem ser deduzidas pela parte que tenha interesse na observância da disposição violada, não sendo reconhecíveis de ofício e são sanáveis.

Em linhas gerais, define-se a nulidade relativa a partir dos seguintes aspectos:

- viola uma norma que tutela um interesse essencialmente da parte, ou seja, um interesse privado;
- não pode ser conhecida de ofício, dependendo da postulação da parte interessada;
- convalida com a preclusão;
- a parte deve demonstrar o prejuízo sofrido.

Nessa modalidade, segundo o senso comum teórico, não havendo a arguição no momento oportuno ou não havendo demonstração do efetivo prejuízo para a parte que o alegou, não haverá a nulidade do ato.

5 LEONE, Giovanni. *Tratado de Derecho Procesal Penal*, cit., p. 714.

É elementar que as nulidades relativas acabaram se transformando em um importante instrumento a serviço do utilitarismo e do punitivismo, pois é recorrente a manipulação discursiva para tratar como mera nulidade relativa àquilo que é, inequivocamente, uma nulidade absoluta. Ou seja, a categoria de nulidade relativa é uma fraude processual a serviço do punitivismo.

Já faremos a crítica.

### 2.3. A Superação da Estrutura Legal Vigente. Nulidades Cominadas e Não Cominadas. Arts. 564, 566 e 571 do CPP

A doutrina costuma dizer que o art. 564 é exemplificativo e que deve ser lido junto com o art. 572, que define as nulidades relativas (pois se consideram sanadas). Partindo disso, alguns autores[6] arriscam afirmar que existe nulidade absoluta nas situações descritas no art. 564, incisos I, II e III, letras "a", "b", "c", "e" (primeira parte), "f", "i", "j", "k", "l", "m", "n", "o", e "p"; e relativas àquelas previstas no art. 564, III, "d" e "e" (segunda parte), "g", e "h", e inciso IV.

Essa posição da doutrina clássica precisa ser revisada, não só pelo reforço constitucional do devido processo penal, mas também pelas posteriores alterações legislativas. Exemplo disso é a nova redação do art.564, V:

> Art. 564. A nulidade ocorrerá nos seguintes casos:
> (...)
> V – em decorrência de decisão carente de fundamentação. (Incluído pela Lei n. 13.964, de 2019)

Obviamente, essa nulidade é absoluta, pois viola ainda o art. 93, IX, da Constituição, não havendo espaço para se falar em nulidade relativa quando se viola uma norma constitucional e, como se não bastasse, existe uma nulidade de cominação expressa.

Dessarte, não concordamos com a posição doutrinária citada acima.

E, mais do que isso: pensamos que o art. 564 é, atualmente, imprestável para qualquer tentativa de definição precisa em termos de invalidade processual, além de incorrer no erro de pretender estabelecer um rol de nulidades cominadas. Como muito, serve de indicativo, a apontar atos que merecem uma atenção maior em relação ao risco de defeitos.

A jurisprudência muda constantemente de humor nessa matéria, sendo extremamente arriscado definir, *a priori*, os casos de nulidade absoluta ou relativa a partir da estrutura do CPP.

---

6 Entre outros, BADARÓ, op. cit., p. 181.

Advertimos, ainda, quanto ao erro cometido na redação do art. 564 (e de tantos outros...), dispositivo que se inicia afirmando que "a nulidade ocorrerá nos seguintes casos", como se a nulidade do ato fosse automática, pela mera adequação ao previsto na lei, o que não é verdade. Todo e qualquer ato defeituoso somente será elevado à categoria de "nulo" quando for verificada a violação do princípio por ele assegurado e não for passível de ser sanado pela repetição. Mas não basta isso: é necessária uma decisão judicial que reconheça a nulidade. Então, nulidade só existe após uma decisão judicial.

Outro erro diz respeito à inequívoca pretensão do CPP, de 1941, de estabelecer um rol de nulidades cominadas, que não é atenuado pela tentativa de alguma doutrina de salvá-lo, argumentando que o rol seria exemplificativo. Errado. Trata-se de uma clara tentativa de estabelecer um rol de nulidades cominadas.

A classificação das nulidades em cominadas e não cominadas é infeliz, pois incide no erro da presunção de completude e legalidade das normas processuais penais. Significa crer na possibilidade de uma definição *a priori* (antes da experiência) de algo que é essencialmente casuístico. Mas o pior é a possibilidade de fechar-se os olhos para situações de grave ilegalidade que, ao não estarem previstas na lei, permanecerão inalteradas no processo, comprometendo-o. Assim, contribui para a impossibilidade de taxatividade nessa matéria o fato de a teoria das nulidades estar umbilicalmente vinculada à oxigenação constitucional do processo penal. Não há como pensar um sistema de nulidade desconectado do sistema de garantias da Constituição, de modo que a simbiose é constante e incompatível com uma taxatividade na lei ordinária. Elementar, ainda, que a tipicidade do ato processual não se confunde com taxatividade das nulidades (ou nulidades cominadas).

O ponto nevrálgico nessa matéria é que nenhum defeito pode ser considerado sanável ou insanável sem uma análise concreta e à luz da principiologia constitucional. Daí por que qualquer tentativa de definição *a priori* é extremamente perigosa e reducionista. Isso, por si só, já fulmina a eficácia do art. 564 do CPP.

Existe ainda uma confusão de conceitos, em diversos momentos, como, por exemplo, no inciso II: nulidade por ilegitimidade de parte.

Ora, a ilegitimidade de parte ativa conduz a nulidade da peça acusatória, quando não a rejeição nos termos do art. 395, II, por falta de condição da ação (legitimidade). Já a ilegitimidade passiva, também condição da ação, igualmente conduz à rejeição, mas, em geral, confunde-se com o mérito (autoria do delito), sendo objeto de análise na sentença. Quando, ao final do processo, convence-se o juiz de que o réu não é o autor do fato, deverá proferir uma sentença absolutória e não anulatória. Isso demonstra o confusionismo que impera nessa matéria.

Por fim, diversas alíneas do inciso III ficaram completamente ilhadas com o passar dos anos e as sucessivas reformas, por exemplo:

- não existe mais processo penal iniciando por portaria ou auto de prisão em flagrante (alínea "a");
- a falta de exame de corpo de delito conduz à absolvição por ausência de materialidade e não propriamente uma nulidade (alínea "b");
- o maior de 18 anos é plenamente capaz, não existindo mais a figura do curador (alínea "c");
- não existe mais libelo ou contrariedade, bem como o Tribunal do Júri foi completamente reformado pela Lei n. 11.689, deixando sem sentido diversas alíneas desse inciso III.

Chamamos a atenção, ainda, para o art. 566, que revela um ranço inquisitório completamente superado, ao estabelecer a "verdade substancial" ou real, como critério para não reconhecimento da invalidade processual, quando se sabe da absoluta imprestabilidade jurídica e científica deste conceito.

Por fim, também o art. 571 ficou seriamente prejudicado pela Lei n. 11.719, que alterou substancialmente os procedimentos, eliminando a estrutura anterior, das alegações finais escritas dos arts. 406 e 500. Como apontamos anteriormente, as reformas pontuais geram esse tipo de incoerência sistêmica, além de criar uma colcha de retalhos em que, por exemplo, modificam-se substancialmente os ritos e não se altera a disciplina legal das invalidades. Isso só serve para agravar ainda mais as dificuldades que o tema apresenta.

## 2.4. Teoria do Prejuízo e Finalidade do Ato. Cláusulas Genéricas. Manipulação Discursiva. Crítica

Iniciemos pelo art. 563 do CPP:

> Art. 563. Nenhum ato será declarado nulo, se da nulidade não resultar prejuízo para a acusação ou para a defesa.

Desde uma perspectiva teórica, é correto afirmar-se que "as formas processuais representam tão somente um instrumento para a correta aplicação do direito; sendo assim, a desobediência às formalidades estabelecidas pelo legislador só deve conduzir ao reconhecimento da invalidade do ato quando a própria finalidade do ato pela qual a forma foi instituída estiver comprometida pelo vício"[7].

Considerando a instrumentalidade inerente ao processo, em que seus atos são meios e não fins em si mesmo, a cada dia tomam mais força os princípios do

[7] GRINOVER, MAGALHÃES; SCARANCE, *As Nulidades no Processo Penal*. 2. ed. São Paulo, Malheiros, 1992. p. 31.

prejuízo e do inatingimento dos atos, oriundo do processo civil. O ato só será decretado nulo se causar prejuízo e não atingir o fim previsto.

O problema está na manipulação feita em torno dessa concepção, por parte de quem julga, que encontra um terreno fértil para legitimar o que bem entender. Basta começar pelo seguinte questionamento: o que se entende por finalidade do ato? Nós pensamos que a finalidade do ato processual cuja lei prevê uma forma, é dar eficácia ao princípio constitucional que ali se efetiva. Logo, a forma é uma garantia de que haverá condições para a efetivação do princípio constitucional (nela contido).

Mas, é bastante comum encontrarmos decisões que, fazendo uma manipulação discursiva, partem da falaciosa premissa da verdade substancial (art. 566), por exemplo, para legitimar um ato defeituoso (cujo defeito impede a eficácia do princípio constitucional que está por detrás dele), sob esse argumento: o fim do processo é a verdade substancial (o que é isso?) e, portanto, ainda que defeituoso, o processo atingiu seu fim (que com certeza será uma sentença condenatória).

Muito preocupante são os juízes que pensam ter um "compromiso personal con la verdad"[8], muitas vezes guardiões da moral e dos bons costumes, que no fundo, crendo-se do bem (quem nos protege dessa bondade?), não passam de inquisidores. Nada mais fazem do que, com maior ou menor requinte retórico, operar na lógica de que os fins justificam os meios.

Quando se trabalha na dimensão de finalidade do ato ou do processo, deve-se considerar que não estamos diante de um conceito sobre o qual paire uma paz dogmática... Todo o oposto, trata-se de terreno de tensão constante, sofrendo forte influxo ideológico. Daí o perigo de lidar-se com categorias dessa natureza para distinguir nulidade absoluta ou relativa.

Quanto ao "prejuízo", ou melhor, à ausência dele, como critério para distinção entre nulidades absolutas e relativas, igualmente problemático e impreciso, gerando amplo espaço de manipulação. Não é um critério adequado, mas vejamos alguns aspectos.

O primeiro problema surge, novamente, na equivocada transmissão de categorias do processo civil para o processo penal. O fenômeno da relativização das nulidades (absolutas) do processo civil está sendo utilizado (e manipulado) para, no processo penal, negar-se eficácia ao sistema constitucional de garantias.

Ainda que não concordemos com a classificação dos atos defeituosos em nulidades absolutas e relativas, importa destacar que a relativização implica negação de eficácia aos princípios constitucionais do processo penal. A título de

---

8 A expressão é de BINDER, op. cit., p. 62.

ausência de prejuízo ou atingimento do fim, os tribunais brasileiros, diariamente, atropelam direitos e garantias fundamentais com uma postura utilitarista e que esconde, no fundo, uma manipulação discursiva.

Muitos são os julgados em que se invoca o pomposo (mas inadequado ao processo penal) *pas de nullité sans grief*, desprezando-se que a violação da forma processual implica grave lesão ao princípio constitucional que ela tutela, constituindo um defeito processual insanável (ou uma nulidade absoluta, se preferirem). O que importa é que a nulidade deve ser reconhecida, e determinada a ineficácia do ato.

Além da imprecisão em torno do que seja "prejuízo", há um agravamento no trato da questão no momento em que se exige que a parte prejudicada (geralmente a defesa, por evidente) faça prova dele. Como se faz essa prova? Ou, ainda, o que se entende por prejuízo? Somente a partir disso é que passamos para a dimensão mais problemática: como demonstrá-lo?

Não é necessário maior esforço para compreender que uma nulidade somente será absoluta se o julgador (juiz ou tribunal) quiser... e esse tipo de incerteza é absolutamente incompatível com o processo penal contemporâneo.

Acerca do princípio do prejuízo, inserto no art. 563 do CPP, é precisa a lição de COUTINHO[9], de que "prejuízo, em sendo um conceito indeterminado (como tantos outros dos quais está prenhe a nossa legislação processual penal), vai encontrar seu referencial semântico naquilo que entender o julgador; e aí não é difícil perceber, manuseando as compilações de julgados, que não raro expressam decisões teratológicas" (grifo nosso).

Pensamos que a premissa inicial é: no processo penal, forma é garantia. Se há um modelo ou uma forma prevista em lei, e que foi desrespeitado, o lógico é que tal atipicidade gere prejuízo, sob pena de se admitir que o legislador criou uma formalidade por puro amor à forma, despida de maior sentido. Nenhuma dúvida temos de que nas nulidades absolutas o prejuízo é evidente, sendo desnecessária qualquer demonstração de sua existência.

Ainda que não concordemos com essa distinção (nulidades absolutas e relativas), temos de reconhecer que ela é de uso recorrente e, portanto, com ela tentar lidar.

Partindo do que aí está, e, mais especificamente, da teoria do prejuízo, pensamos que há somente uma saída em conformidade com o sistema de garantias da Constituição: não incumbirá ao réu a carga probatória de um tal "prejuízo".

---

9 COUTINHO, Jacinto Nelson de Miranda. Introdução aos Princípios Gerais do Processo Penal Brasileiro. *Revista de Estudos Criminais*, Porto Alegre, Nota Dez Editora, n. 1, 2001, p. 44.

Ou seja, não é a parte que alega a nulidade que deverá "demonstrar" que o ato atípico lhe causou prejuízo, senão que o juiz, para manter a eficácia do ato, deverá expor as razões pelas quais a atipicidade não impediu que o ato atingisse a sua finalidade ou tenha sido devidamente sanado. Trata-se de uma "inversão de sinais", de liberação dessa carga probatória por parte da defesa (que nunca poderá tê-la), e atribuição ao juiz, que deverá demonstrar a devida convalidação do ato para legitimar sua validade e permanência no processo.

No mesmo sentido, precisa é a lição de BADARÓ[10], que começa corretamente afirmando que, *se há um modelo, ou uma forma prevista em lei, que foi desrespeitada, o normal é que tal atipicidade gere prejuízo, sob pena de se admitir que o legislador estabeleceu uma formalidade absolutamente inútil*.

Evidente que eventualmente, segue BADARÓ[11], a violação de uma forma pode não gerar prejuízo, mas *não é necessária a demonstração do prejuízo*, pois o correto é o inverso: *a eficácia do ato ficará na dependência da demonstração de que a atipicidade não causou prejuízo algum. Ou seja, não é a parte que alega a nulidade que deverá "demonstrar" que o ato atípico lhe causou prejuízo. Será o juiz que, para manter a eficácia do ato, deverá expor as razões pelas quais a atipicidade não impediu que o ato atingisse sua finalidade*.

Somente a partir dessa inversão de sinais é que a teoria do prejuízo poderá ser utilizada, sob pena de grave violação do sistema de garantias constitucionais que fundam o devido processo penal.

O que não se pode mais admitir, frise-se, é que atos processuais sejam praticados com evidente violação de princípios constitucionais, sem a necessária repetição (com vistas ao restabelecimento do princípio violado), e os tribunais chancelem tais ilegalidades fazendo uma manipulação discursiva em torno de uma categoria do processo civil, inadequadamente importada para o processo penal.

## 3. Análise a Partir das Categorias Jurídicas Próprias do Processo Penal e da Necessária Eficácia do Sistema de Garantias da Constituição

### 3.1. Crítica à Classificação em Nulidades Absolutas e Relativas

A morfologia das nulidades, subdividindo-as em nulidades absolutas e relativas, é inadequada para o processo penal na medida em que parte de uma matriz de direito material (civil) e a estrutura dos atos jurídicos. Na dimensão processual, a dinâmica da

10 BADARÓ, Gustavo Henrique. *Direito Processual Penal*. Rio de Janeiro, Elsevier, 2007. t. II, p. 189.

11 BADARÓ, Gustavo Henrique. *Direito Processual Penal*, cit., p. 190.

situação jurídica e, principalmente, dos valores em jogo não recomendam tal importação de categorias, principalmente porque vêm com uma dupla contaminação: de um lado, o direito civil e a estrutura dos atos jurídicos e, de outro, o direito processual civil, com suas especificidades distintas daquelas existentes no processo penal.

Em especial, a categoria das nulidades relativas, por exemplo, é imprestável para o processo penal, pois possui um gravíssimo vício de origem: nasce e se desenvolve no direito civil, com a teoria dos atos anuláveis e nulos, com uma incompatibilidade epistemológica insuperável. Depois, é transplantada para o processo civil, o que em nada atenua essa incompatibilidade.

Resta saber, como aplicar uma estrutura de nulidade (relativa) nascida e desenvolvida no âmbito do direito material civil, no processo penal?

Essa é uma pergunta que deve ser respondida por aqueles que defendem e, diariamente, deixam de reconhecer a invalidade de processos e de atos processuais, cometendo graves injustiças por legitimar atos ilícitos (sim, pois caminham lado a lado os campos do válido/inválido e lícito/ilícito), sob o pífio argumento de que se trata de uma nulidade relativa... Ou seja, puro argumento de autoridade, sem qualquer autoridade no argumento.

Outro grave problema dessa classificação é a pouca clareza e até confusão de conceitos. Por exemplo: afirmar que no processo penal existem formas que tutelam um interesse "da parte", "privado", é o erro de não compreender que no processo penal – especialmente em relação ao réu – todos os atos são definidos a partir de interesses públicos, pois estamos diante de formas que tutelam direitos fundamentais assegurados na Constituição e nos Tratados firmados pelo País. Não há espaço para essa frágil dicotomização público/privado. Aqui se lida com direitos fundamentais.

A distinção entre normas que tutelam interesse da parte e outras que dizem respeito a interesses públicos tropeça na desconsideração da especificidade do processo penal, em que não há espaço normativo privado. Erroneamente alguns pensam que as normas que tutelam o interesse do réu seriam uma dimensão "privada", para exigir demonstração de prejuízo. A proteção do réu é pública, porque públicos são os direitos e as garantias constitucionais que o tutelam.

Na mesma linha vai nossa crítica em relação ao argumento de que as chamadas nulidades "relativas" não podem ser conhecidas de ofício, pelo juiz. Errado. O juiz no processo penal atua como o garantidor da eficácia do sistema de garantias constitucionais, de modo que não só pode como deve, zelar pela forma/garantia. A qualquer momento, independentemente de postulação da defesa, ele pode verificar que determinado ato defeituoso lesa ou coloca em risco direito fundamental e determinar a repetição para sanar.

A teoria do prejuízo e o requintado *pas de nullité sans grief* só servem para agravar a crise do sistema de invalidades processuais, pois se alguma garantia existe na chamada nulidade absoluta, tudo cai por terra com a inadequada relativização operada diariamente pelos tribunais brasileiros.

Importante nos referirmos ao esvaziamento de sentidos do art. 564 do CPP. Para que serve? Ali estão defeitos sanáveis ou apenas insanáveis? Na doutrina tradicional, ali estão apenas nulidades relativas? Absolutas? Nenhuma das opções anteriores?

O art. 564 em nada contribui, até porque a categoria de nulidades cominadas está completamente superada.

Em suma, pensamos que a distinção entre nulidade absoluta/relativa é equivocada e que o sistema de invalidades processuais deve partir sempre da matriz constitucional, estruturando-se a partir do conceito de *ato processual defeituoso*, que poderá ser *sanável* ou *insanável*, sempre mirando a estrutura de garantias da Constituição.

Somente o ato defeituoso insanável dará lugar ao decreto judicial de nulidade e, por consequência, de ineficácia ou impossibilidade de valoração probatória. Portanto, na morfologia tradicional, o conceito de *nulidade relativa* tem pouca ou nenhuma prestabilidade, na medida em que somente as nulidades absolutas darão lugar à ineficácia do ato. Significa dizer que exclusivamente o ato defeituoso, em que houver efetiva lesão ao princípio constitucional que o funda, e, ainda, for impossível a repetição, será objeto de decisão judicial de nulidade e, por consequência, de ineficácia.

Evidencia-se, assim, que nulidade mesmo só existirá nos casos de atipicidade insanável e relevante. Por isso, pouco diz o conceito de *nulidade relativa*. O que importa é a conjunção dos conceitos de defeito e possibilidade/impossibilidade de saneamento pela repetição.

### 3.2. A Serviço de Quem Está o Sistema de Garantias da Constituição? A Tipicidade do Ato Processual. A Forma como Garantia. Convalidação (?). Nulidade Não É Sanção

Adequada é a afirmação de BINDER[12], de que *as formas são a garantia que assegura o cumprimento de um princípio determinado ou do conjunto deles*, sem esquecer de que o processo penal é um termômetro dos elementos autoritários ou democráticos da Constituição (GOLDSCHMIDT); logo, a eficácia das regras do devido

12 BINDER, Alberto B. *El Incumplimiento de las Formas Procesales*. Buenos Aires, Ad-Hoc, 2000. p. 56.

processo penal (e da própria Constituição, em última análise) está atrelada ao sistema de nulidades. Eis a importância e dimensão do tema.

Mas a serviço de quem está o sistema de garantias da Constituição?

Somente uma resposta adequada a essa pergunta permitirá compreender uma teoria das invalidades processuais construída a partir da matriz constitucional.

A forma processual é, ao mesmo tempo, limite de poder e garantia para o réu. Um sistema de invalidades somente pode ser construído a partir da consciência desse binômio (limitação do poder/garantia), pois são as duas forças em constante tensão no processo penal. O processo penal é um instrumento de limitação do poder punitivo do Estado, impondo severos limites ao exercício desse poder e também regras formais para o seu exercício. É a forma, um limite ao poder estatal. Mas, ao mesmo tempo, a forma é uma garantia para o imputado, em situação similar ao princípio da legalidade do direito penal.

O sistema de nulidades está a serviço do réu, pois o sistema de garantias constitucionais assim se estrutura, como mecanismo de tutela daquele submetido ao exercício do poder. A debilidade do réu no processo é estrutural e não econômica, como já explicamos anteriormente, pois não existem direitos fundamentais do Estado ou da sociedade em seu conjunto: esses são direitos individuais.

Nesse complexo ritual, como já falamos diversas vezes, o sistema de garantias da constituição é o núcleo imantador e legitimador de todas as atividades desenvolvidas, naquilo que concebemos como a instrumentalidade constitucional do processo penal; é dizer: um instrumento a serviço da máxima eficácia do sistema de garantias da Constituição.

Somente a compreensão dessa estrutura permite atingir a consciência de que o sistema de invalidades processuais funda-se na tutela do interesse processual do imputado. Toda a teoria dos atos defeituosos tem como objetivo nuclear assegurar o devido processo penal para o imputado.

O exercício da pretensão acusatória (*ius ut procedatur*), como direito potestativo, deve ser limitado e não garantido. O poder deve ser limitado e legitimado pela estrita observância das regras do processo. O sistema de garantias constitucionais está a serviço do imputado e da defesa, não da acusação. Não se trata de discurso de impunidade ou de "coitadismo", como algum reducionista de plantão poderá dizer, senão de uma complexa estrutura de poder onde, para punir, deve-se garantir.

Excepcionalmente, diante da inesgotável capacidade dos atores judiciários em produzir monstruosidades jurídicas nos processos, pode surgir alguma situação em que a violação de um princípio constitucional legitime o Ministério Público a buscar o reconhecimento da ineficácia do ato (nulidade). Imagine-se um processo em que ocorra uma grave violação do contraditório, não se intimando o acusador público para a audiência de instrução e julgamento. A prova é colhida, a defesa se manifesta ao final (não existe debate, mas monólogo, pois o promotor não está presente, eis que não intimado) e o juiz profere sentença. É manifesta a existência de um defeito insanável, que deverá dar lugar a uma decisão anulatória de todo o processo, com a necessária repetição dos atos (e desentranhamento daqueles feitos com defeito). Patologias judiciárias dessa natureza legitimam o Ministério Público a postular o reconhecimento da invalidade processual, mas sempre que houver a violação da base principiológica da Constituição.

Assimilada a base epistemológica da teoria da invalidade no processo penal, percebe-se que o conceito de *convalidação* como decorrência da preclusão é inadequado. Convalidação, como o "tornar válido pelo decurso do tempo", é um conceito inadequado para o processo penal, pois aqui não existe preclusão – no sentido civilista – para o réu, e, como o sistema de nulidades se estrutura a partir do sistema de garantias constitucionais, fundado, portanto, na tutela do interesse processual do imputado, o conceito perde sentido.

Mas, a convalidação pela prática de outros atos que, compensando o defeito, deram eficácia ao princípio constitucionalmente violado, isso pode ocorrer. Nesse caso, é melhor falar em saneamento, para não incorrer no erro conceitual anteriormente exposto. CORDERO[13], metaforicamente, aponta que o ato inválido é um "detrito", mas pode ser que mesmo assim ele sirva ao metabolismo jurídico, mediante algum saneamento. Em outras palavras, aquilo que faltou para que o ato defeituoso pudesse garantir a eficácia do princípio constitucional é obtido a partir da prática de outro ato que, sanando o anterior, restabelece a eficácia principiológica pretendida. Os exemplos são variados, mas pensemos na citação (pessoal) nula, por erro de endereço constante no mandado judicial. Se o processo se desenvolver assim mesmo, estaremos diante de um defeito que irá contaminar todos os demais atos do processo. Contudo, a citação pessoal inexitosa deu lugar à citação ficta, por edital, e, nesse caso, o imputado comparece. O ato anterior defeituoso foi sanado pela prática de outros atos, posteriores, que restabeleceram o princípio inicialmente lesado.

Em suma: convalidação vinculada à ideia de preclusão é inadequada para o processo penal; poderá haver, sim, o saneamento pela repetição ou prática de outros atos que supram a inicial lesão ao princípio constitucional.

Voltando à ideia central deste tópico, retomemos o seguinte: somente a compreensão dos valores em jogo e da complexidade do ritual judiciário no

---

13 CORDERO, Franco. *Procedimiento Penal*, cit., v. II, p. 410.

processo penal, bem como a serviço de quem está o sistema de garantias constitucionais, permitirá reconstruir a teoria da invalidade dos atos processuais.

Nessa linha, o art. 565, ao estabelecer o chamado *princípio do interesse*, deve ser repensado à luz do que explicamos, ou seja, o interesse tutelado é do imputado. Portanto, não cabe anular um processo por defeito, salvo se houver pedido da defesa ou isso for feito, em seu benefício, de ofício pelo Tribunal. Excepcionalmente, quando a violação de princípio constitucional afetar gravemente o acusador, estará legitimado o Ministério Público a pleitear o reconhecimento judicial da invalidade.

Compreendido isso, continuemos.

Importante no processo penal é a *fattispecie giuridica processuale* (CONSO), isto é, o conceito de *tipicidade processual* e de *tipo processual*, pois *forma é garantia*. Isso mostra a insustentabilidade de uma teoria unitária, infelizmente tão arraigada na doutrina e jurisprudência brasileiras, pois não existe conceito similar no processo civil.

Mas quando se fala em tipicidade processual, há que se fazer uma advertência: não estamos fazendo alusão ao sistema de nulidades cominadas ou taxatividade. Nada disso. O modelo de nulidades cominadas é equivocado porque pretende que a lei descreva todos os defeitos que devem ser tratados na dimensão de nulidade. Ou seja, seria nulo apenas aquilo que a lei previsse. Isso é um erro que desconsidera a casuística e a própria complexidade das situações processuais criadas. Não é disso que estamos falando ao tratar de tipicidade processual, mas sim do fato de que, se a norma descreve a forma como um determinado ato processual que deva ser praticado, a inobservância dessa forma conduz a um sinal de alerta, pois ali pode estar sendo violado um princípio que conduzirá à decretação de nulidade e ineficácia do ato.

Portanto, não é do adágio *pas de nullité sans texte* que estamos tratando.

Também é importante esclarecer, já de início, que nulidade não é sanção, pois, como explica CONSO, *la sanzione è un quid che si aggiunge come reazione ad un comportamento valutato sfavorevolmente, anzi vietato dall'ordinamento; è, più precisamente, l'effetto tipico che l'ordinamento ricollega all'integrazine degli schemi di illecito*[14].

A sanção é uma reação ao comportamento vedado pelo ordenamento; portanto, é um efeito. Já a nulidade conduz à "falta de efeito", ou seja, à ineficácia do ato. Logo, se pensarmos nulidade como sanção, isso pressupõe, necessariamente, a produção de um efeito. Mas não é esse o tratamento dado à nulidade, pois ela conduz à falta de efeito do ato. Portanto, pensar as nulidades como uma sanção seria o mesmo que afirmar ser um *efeito a falta de efeito*.

---

[14] CONSO, Giovanni. *Il Concetto e le Specie D'Invalidità* – introduzione alla teoria dei vizi degli ati processuali penali, cit., p. 63.

Daí por que ocorre um esvaziamento do conceito de *sanção* e, sobretudo, uma confusão entre dois planos formalmente diversos.

Na mesma linha, TOVO e MARQUES TOVO[15] afirmam que – ao contrário de grande parte da doutrina brasileira – nulidade não é sanção, pois nulidade/validade são qualidades do ato jurídico conforme ele se apresente perfeito ou não. Sanção, por outro lado, é consequência objetiva, nunca uma qualidade da coisa. Então, explicam os autores, não se pode chamar a nulidade de sanção, pois ela não é uma consequência objetiva. Consequência objetiva é a *ineficácia* do ato, de modo que a imperfeição jurídica (defeito) pode tornar o processo, no todo ou em parte, ineficaz.

Compreendido isso, continuemos.

A estrutura do sistema de nulidades está inexoravelmente relacionada ao grau de efetivação das regras do devido processo penal e do próprio sistema acusatório. Também é afetada pela compreensão que se tem acerca da função persuasiva da prova no processo penal, que volta a se relacionar com os sistemas processuais e a discussão sobre a "verdade", pois, se superarmos o mito da verdade e assumirmos a sentença como ato de convencimento do juiz, ainda mais cuidado com as formas processuais se deve ter.

De nada serve um sistema constitucional de garantias se, no processo penal, não se dá a tutela devida aos princípios constitucionais; isso significa dizer, a eficácia da proteção depende diretamente do sistema de nulidades.

Com isso, tem-se uma imediata percepção da complexidade que está por detrás do sistema de nulidades, muitas vezes olvidada em decisões e doutrinas restritas à superficialidade das categorias de nulidade absoluta e relativa, anteriormente expostas.

Cada um dos princípios anteriormente referidos encontra, no processo, uma forma que o garanta. A observância dessas formas não é um fim, mas um meio para assegurar o cumprimento dos princípios[16].

Acertada é a síntese de SCHMIDT[17]: não confundir formalismos despidos de significados com significados revestidos de forma.

---

[15] TOVO, Paulo Cláudio; MARQUES TOVO, João Batista. *Nulidades no Processo Penal Brasileiro*. Novo enfoque e comentário. Rio de Janeiro, Lumen Juris, 2008. p. 4-5.

[16] BINDER, Alberto. *El Incumplimiento de las Formas Procesales*, cit., p. 72.

[17] SCHMIDT, Ana Sofia. Resolução 05/02: Interrogatório on-line. *Boletim do IBCCrim*, n. 120, novembro/2002.

Nada de amor à forma, pela forma em si mesma, senão pelo que ela significa em termos de eficácia de direitos fundamentais, ou seja, existem significados que se revestem de formas processuais e que são da maior relevância.

Há que se entender que *el cumplimiento de esas formas no es de ninguna manera el fin, sino el medio para asegurar el cumplimiento de los principios*[18].

Desse modo, o sistema de invalidades processuais deve ser erguido a partir da Constituição, mais especificamente dos 5 princípios que fundam a instrumentalidade constitucional do processo penal:

1. Jurisdicionalidade.
2. Garantia do sistema acusatório.
3. Presunção de inocência.
4. Contraditório e ampla defesa.
5. Motivação das Decisões Judiciais.

Recordemos que todos esses princípios foram analisados no início desta obra, para onde remetemos o leitor, pois cada um deles possui um amplo espectro de função protetiva. Assim, a garantia da jurisdição abrange a imparcialidade do julgador, o direito ao juiz natural e também ao juiz competente, por exemplo. Já o sistema acusatório, intimamente relacionado que está com a garantia da jurisdição (e a imparcialidade do julgador), define o "lugar" em que deve estar o juiz na situação processual, vedando-se a iniciativa probatória, por exemplo, prevista no art. 156, I, do CPP. A presunção de inocência, como dever de tratamento que o é, não permite que o juiz atribua ao réu carga probatória, estando ainda intimamente vinculada ao *in dubio pro reo*. Contraditório e direito de defesa provavelmente são os princípios mais lesados pelos atos defeituosos, sendo amplíssimos seus campos de incidência. Por fim, a motivação das decisões, além de gerar a nulidade da sentença imotivada, também está a serviço do controle da própria legalidade da decisão.

Assim, o objetivo é restaurar o princípio afetado e não restabelecer a forma, por puro amor à forma. Quando um ato é realizado em desconformidade com o modelo legal, ele gera risco de ineficácia do princípio constitucional que naquela forma se efetiva, que deve ser aferida no caso concreto e, em caso de real lesão, deve a nulidade ser decretada, retirando-se os efeitos do ato defeituoso e repetindo-o, com vistas à eficácia do princípio lesado.

18 BINDER, op. cit., p. 72.

Então a forma processual garante o princípio constitucional. Quando, v.g., o Código de Processo Penal estabelece a "forma" do interrogatório, no art. 185[19] e seguintes, nada mais faz do que garantir a eficácia do direito constitucional de defesa, previsto no art. 5º, LV, da Constituição.

A nulidade serve assim para dar eficácia ao princípio contido naquela forma. Anula-se o ato, sacando-lhe os efeitos, para a seguir repeti-lo segundo a forma legal, mas sempre de modo a garantir a eficácia do princípio constitucional que está por detrás dele.

Não se pode esquecer de que a epistemologia da incerteza e o risco inerente ao processo fazem com que a única "segurança" possível seja aquela que brota do estrito respeito às regras do jogo (*il processo come giuoco* – CALAMANDREI), ou seja, a luta é pela eficácia do sistema de garantias da Constituição e pela observância das formas processuais que o assegura. Dessa premissa devemos pensar o sistema de invalidades processuais.

### 3.3. (Re)Pensando Categorias a Partir dos Conceitos de Ato Defeituoso Sanável ou Insanável. Sistema de Garantias Constitucionais. Quando o Feito com Defeito Tem de Ser Refeito

Os conceitos de validade/invalidade estão a indicar, desde um ponto de vista de oposição, um fenômeno que apresenta um duplo aspecto, explica CONSO[20]: *constatazione della corrispondenza o della non corrispondenza di un comportamento ad un modello da seguire; produzione o non produzione in seguito a tale comportamento degli effetti ricollegati dall'ordinamento al suddetto modello.*

Talvez seja melhor utilizar os conceitos de ato defeituoso sanável ou insanável, pois são *le due categorie fondamentali di atti imperfetti: atti insanabili e atti sanabili*[21].

Iniciemos por uma passagem genial de PONTES DE MIRANDA[22], que traça um verdadeiro *topoi* nessa matéria:

> Defeito não é falta. O que falta não foi feito. O que foi feito, mas tem defeito, existe. O que não foi feito não existe e, pois, não pode ter defeito. O que foi feito, para que falte, há, primeiro, de ser desfeito.

Primeiro ponto a ser destacado é a expressão *defeito*, exatamente para significar aquilo que foi *feito com defeito*, ou seja, (de)feito, com violação às regras do processo

---

19 Art. 185. O acusado que comparecer perante a autoridade judiciária, no curso do processo penal, será qualificado e interrogado na presença de seu defensor, constituído ou nomeado.

20 CONSO, Giovanni. *Il Concetto e le Specie D'Invalidità* – introduzione alla teoria dei vizi degli ati processuali penali, cit., p. 10.

21 Idem, ibidem, p. 39.

22 PONTES DE MIRANDA, Francisco Cavalcanti. *Tratado das Ações*. Campinas, Bookseller, 1999. v. IV, p. 42-43.

e em desacordo com o tipo processual penal. Marca ainda a separação entre os planos da existência e validade, pois defeito não é falta (inexistência), ou seja, falta é o que não foi feito; o que foi feito, não pode ser tratado como falta, pois existe.

*O nulo é a negação da validade; não é negação da existência. Mesmo porque se pressupôs o existente; tanto que nulo e não nulo existem*[23].

O ato inexistente não foi feito e, portanto, não pode ter defeito, pois defeito pressupõe ter sido feito, logo, existência. O ato inexistente (falta), para ter defeito, primeiro deve ser feito.

A essa regra deve-se incluir outra: o que foi feito com defeito, existe, e, pois, deve ser refeito.

Eis a premissa: a forma dos atos processuais serve à tutela de um princípio. Diante de um ato defeituoso, deve-se perquirir se a eficácia do princípio foi tolhida ou não, na medida em que o ato defeituoso pode, ainda assim, não violar o princípio constitucional que ele tutela. A questão aqui não se reduz ao costumeiramente tratado como "princípio do prejuízo", senão de ir ao princípio constitucional e verificar o nível de eficácia atingido.

Certo está BINDER[24] *debe quedar claro que la nulidad nunca se declara a favor de la ley, sino siempre para proteger un interés concreto, que ha sido dañado.* E esse interesse concreto que foi lesado é aferido pela interlocução com o princípio que a forma garante.

Importante sublinhar que não se devem utilizar, no processo penal, os critérios de "prejuízo" e "finalidade do ato" (ou instrumentalidade das formas) anteriormente criticados. O sistema rege-se por outro referencial: eficácia ou ineficácia do princípio constitucional que a forma tutela.

A discussão sobre a (in)suficiente eficácia do princípio deve pautar-se por duas regras:

1. na dúvida, sempre se deve operar a *favor rei*, ou seja, acolhendo a irresignação da defesa;
2. não havendo dúvida, mas sim divergência entre o alegado pela defesa e a interpretação dada pelo juiz, vale a regra da inversão de sinais: incumbe ao juiz fundamentar por que a atipicidade não impediu a eficácia do princípio constitucional tutelado.

---

23 Idem, ibidem, p. 43.

24 BINDER, Alberto. *El Incumplimiento de las Formas Procesales*, cit., p. 29.

E se o ato defeituoso prejudicou a eficácia do sistema de garantias da Constituição, o que deve ser feito? Ou seja: o que foi feito com defeito pode ser refeito? E, com a repetição, obtém-se a eficácia principiológica pretendida?

Duas possibilidades surgem:

a) o ato pode ser refeito sem defeito, sendo que isso é suficiente para obter-se a eficácia desejada do princípio constitucional violado;
b) a repetição não é possível ou não é suficiente para obter-se a eficácia principiológica desejada.

No primeiro caso, estamos diante de um defeito sanável. O ato deverá ser refeito com plena observância da tipicidade processual prevista, não sendo necessária a decretação da nulidade.

No segundo caso, o defeito é insanável, não havendo nada mais a ser feito para restabelecer a regularidade do processo, sendo a decretação da nulidade, com a respectiva ineficácia e desentranhamento das peças, o único caminho possível.

Com isso, verifica-se que a divisão em nulidades absolutas e relativas não é o melhor caminho, pois, na teoria dos atos defeituosos, o ponto crucial é o binômio:

- violação do princípio constitucional que a forma tutela;
- possibilidade ou não de saneamento pela repetição, sempre com vistas à eficácia do princípio nuclear.

A violação da forma do ato processual gera um ato defeituoso, e a grande questão é saber se esse defeito constitui a violação do princípio constitucional ali representado ou não. Se houver a violação, parte-se para uma segunda dimensão do problema: há possibilidade de saneamento pela repetição? Ou seja, há como restabelecer o princípio lesado? Se possível, deve ser refeito o ato, pois "o que foi feito com defeito, deve ser refeito".

Mas, e se não for possível sanar pela repetição? Então deve ser decretada a nulidade, com a retirada da eficácia do ato, inclusive com o desentranhamento das peças respectivas.

O descumprimento da principiologia que informa o sistema de garantias gera um defeito insanável, uma nulidade e, como consequência, a privação de seus efeitos.

Dessarte, somente ocorrerá uma nulidade quando tivermos um ato defeituoso insanável e que será, por essa razão, decretado nulo. Com a decretação da nulidade, deve-se, conforme o caso, decidir pela:

- privação dos efeitos;
- ou a proibição de valoração probatória.

Em qualquer dos dois casos, pensamos ser o desentranhamento uma medida imprescindível para a redução dos danos ao processo do ato defeituoso. Em caso de ato processual de natureza probatória, mais do que o desentranhamento da prova, deve-se "desentranhar o juiz". Como já explicamos anteriormente, há que se superar o reducionismo cartesiano para compreender que o juiz que teve contato com a prova ilícita ou com o ato processual defeituoso que gerou uma prova ilegítima (por violação de regra processual) não pode julgar, pois está contaminado. Sobre o tema, remetemos o leitor para o que dissemos sobre as provas ilícitas.

A nulidade assim é uma medida extrema, a *ultima ratio* na defesa do devido processo[25] penal, mas isto deve ser considerado com muita cautela, para não radicalizar o *principio di conservazione degli atti imperfetti* (CONSO) como tem sido feito, sem a determinação de sanar o sanável e decretar a nulidade em relação àquilo que for insanável.

Por derradeiro, não esqueçam: o sistema de invalidades processuais está a serviço do réu. Tipicidade processual é garantia do imputado, pois o poder estatal não precisa ser "garantido", senão controlado e limitado.

### 3.4. Princípio da Contaminação. Defeito por Derivação. A Indevida Redução da Complexidade. Arts. 573 e 567 do CPP

Estabelece o art. 573:

> Art. 573. Os atos, cuja nulidade não tiver sido sanada, na forma dos artigos anteriores, serão renovados ou retificados.
>
> § 1º A nulidade de um ato, uma vez declarada, causará a dos atos que dele diretamente dependam ou sejam consequência.
>
> § 2º O juiz que pronunciar a nulidade declarará os atos a que ela se estende.

Daqui se extrai o princípio da contaminação, bastante óbvio, mas objeto das leituras mais reducionistas que se possam imaginar, para fazer valer o utilitarismo processual e a matriz inquisitória do CPP.

Comecemos por FAZZALARI, que, dentro de sua concepção de processo como procedimento em contraditório, evidencia que o processo, tal como o procedimento, é identificado em função do ato final. Dessa forma, *uno dei requisiti (di validità e di efficacia) di quell'atto consiste, appunto, in ciò che esso sia l'epilogo di un regolare processo: talché il vizio, in cui s'incorra nel compimento di una delle attività preparatorie e che no sia riparato dall'ulteriore corso, finisce con l'inficiare, passando da un atto all'altro del processo, quello finale*[26].

---

[25] BINDER, Alberto. *El Incumplimiento de las Formas Procesales*, cit., p. 92.

[26] FAZZALARI, Elio. *Istituzioni di Diritto Processuale*. 8. ed., Padova, CEDAM, 1996. p. 90.

Ou seja, o vício no cumprimento de uma das atividades preparatórias, em que não seja reparado na continuação, no curso do processo, acaba contaminado pela ineficácia, passando de um ato a outro, até o ato final, pois um dos requisitos de validade e eficácia do ato final consiste em que ele seja o epílogo de um processo regular.

A compreensão da complexidade que envolve as diferentes situações processuais surgidas (GOLDSCHMIDT)[27] e da inegável vinculação e prejudicialidade entre elas evidencia o erro daqueles que pretendem limitar a contaminação dos atos anteriores em relação aos posteriores e, principalmente, ao ato final (sentença).

Todos os atos do procedimento visam ao provimento final, de modo que um ato inválido deverá ter sua eficácia neutralizada, como igualmente deverá ser neutralizada a eficácia do ato final (sentença) quando ele não tiver sido precedido da sequência de atos determinados pela lei, ou seja, aponta FAZZALARI[28]: *il regime di validità ed efficacia di ciascun atto del procedimento, e di quello finale, risente della regolarità o irregolarità dell'atto che lo precede, e influisce sulla validità e sull'efficacia dell'atto e degli atti, dipendenti, che seguono (quello finale compreso)*.

Na visão do autor, a validade e eficácia de cada ato do procedimento e, principalmente, daquele ato final (sentença) estão em relação de dependência quanto à regularidade ou irregularidade do ato que o precede e ainda influi sobre a validade e eficácia dos atos dependentes que o seguem, inclusive a sentença (ato final).

Recordando PEREIRA LEAL[29], legitimidade da decisão está no *procedimento para se tomar essa decisão*, se (con)fundindo procedimento e processo. Nessa linha, o devido processo penal (constitucional) adquire o *status* de garantia insuprimível, pois "nenhuma decisão seria constitucionalmente válida e eficaz se não preparada em *status* de *devido processo legal*, porquanto, uma vez produzida em âmbito de exclusivo juízo judicacional, não poderia se garantir em validade e eficácia pela discursiva condição estatal do direito democrático".

Não é diferente a posição de BOSCHI[30], quando afirma que cada procedi-

---

27 É importante destacar que a leitura conjunta de GOLDSCHMIDT com FAZZALARI é harmônica, pois são evidentes a influência do mestre alemão sobre o processualista italiano, crítico do "vecchio e inadatto cliché pandettistico del rapporto giuridico processuale " (op. cit., p. 75), e a construção que faz das "posições subjetivas" possíveis de serem extraídas ao longo do procedimento e ainda, por exemplo, na definição das categorias de "situação jurídica processual" e "situação jurídica substancial".

28 FAZZALARI, op. cit., p. 80.

29 PEREIRA LEAL, Rosemiro. *Teoria Processual da Decisão Jurídica*. São Paulo, Landy, 2002. p. 85.

30 BOSCHI, José Antonio Paganella. Nulidades. In: BOSCHI, Marcus Vinicius (Org.). *Código de Processo Penal Comentado*. Porto Alegre, Livraria do Advogado, 2008. p. 443.

mento é regido por termos e atos específicos, os quais, reunidos, dão *aquele sentido de totalidade, isto é, de harmonia entre as partes que formam o todo*, fazendo com que a validade do processo esteja sempre na dependência da tipicidade dos ritos procedimentais, expressão que indica respeito ao prazo, à forma e ao momento apropriado para a sua prática pelos sujeitos legitimados.

Nenhuma dúvida pode existir de que a violação às formas processuais estabelecidas pelo devido processo penal conduz, inexoravelmente, à repetição (refazer o feito com defeito) ou, em caso de defeito insanável, decretar-se a nulidade do ato decisório e do próprio processo.

Os atos processuais pressupõem que, durante o processo, venha a criar-se certa situação jurídica que somente pode constituir-se de forma válida se válidos foram os atos que a precederam, como condicionante será em relação aos atos que na sequência venham a precedê-los.

Infelizmente a jurisprudência brasileira é pródiga em pecar pela (excessiva) redução da complexidade da situação jurídica processual, valorando isoladamente os atos atípicos, sem considerar a vinculação de todos com o ato final, bem como a relação (inevitável, no mais das vezes) de prejudicialidade (pela contaminação) em relação aos que o seguem, inclusive o ato final (que todos miram), que é a sentença.

Por fim, se compreendida a complexidade da contaminação em relação à situação jurídica processual, podemos falar então do disposto no art. 567, que, como explicamos, deve ser lido à luz da Constituição. Diz o dispositivo:

> Art. 567. A incompetência do juízo anula somente os atos decisórios, devendo o processo, quando for declarada a nulidade, ser remetido ao juiz competente.

Quer dizer então que se o processo tramitar perante um juiz incompetente, uma vez reconhecida a incompetência pelo respectivo tribunal, será remetido a outro juiz (agora competente) e anulada apenas a sentença?

Claro que não.

Atualmente, consagrada que está a garantia do juiz natural e do devido processo legal, uma vez reconhecida a incompetência do juiz, deve ser anulado o ato decisório e, principalmente, todo o processo. A anulação deve ser *ab initio*. Não basta o juiz competente proferir uma nova sentença. A garantia da jurisdição (incluindo o juiz natural) e do devido processo impõe que todo processo e todos os seus atos sejam praticados na frente do juiz natural, competente e de forma válida. Essas garantias não nascem na sentença, mas no momento em que se inicia o processo, com o recebimento da acusação. Logo, desde o início, o réu tem a garantia de que todos os atos sejam praticados por um juiz competente. Não é a mera garantia de prolação da sentença, mas de jurisdição.

### 3.5. Atos Defeituosos no Inquérito Policial. Novamente a Excessiva Redução de Complexidade a Serviço da Cultura Inquisitória

É preciso que se compreenda, definitivamente, que em um processo penal democrático e constitucional, forma é garantia e limite de poder. À luz da legalidade processual, todo poder é condicionado e precisa ter seu espaço de exercício claramente demarcado. É uma decorrência lógica e inafastável da "tipicidade processual".

O inquérito policial, enquanto uma espécie de investigação preliminar, não foge a essa regra. Como explicamos na obra *Investigação Preliminar no Processo Penal*, existe uma responsabilidade ética do Estado pela condução de uma investigação e posterior julgamento, que deve ser fiel às normas legais vigentes em um país e conforme à Constituição.

O fato de o inquérito ter natureza administrativa não é um argumento válido, pois não o blinda contra as garantias processuais e constitucionais, na medida em que o próprio art. 5º, LV, da CF estende a incidência à fase de investigação. Ademais, o princípio do devido processo legal tem plena incidência em qualquer procedimento ou processo administrativo (ou por acaso o direito administrativo e os respectivos procedimentos não reconhecem nulidades?). Mais do que nunca, qualquer procedimento administrativo é pautado pela estrita legalidade dos atos da administração.

Sem falar que o papel do juiz das garantias é, essencialmente, de guardião da legalidade e da eficácia dos direitos e garantias fundamentais do imputado.

Também não se pode esquecer que, com base nos atos do inquérito, é possível retirar a liberdade (prisões cautelares) e os bens de uma pessoa (medida assecuratória), ou seja, com base nessa peça "meramente informativa" (como reducionistamente foi rotulada ao longo de décadas), podemos retirar o "eu" e "minhas circunstâncias" (Ortega y Gasset)...

Como destaca GLOECKNER[31], duas questões precisam ser respondidas:

a) Uma sentença pode ter como juízo de valoração ato administrativo nulo?
b) É admissível um ato jurídico, independentemente de sua natureza jurídica, estar imunizado ou blindado contra a declaração de invalidade jurídica?

---

31 GLOECKNER, Ricardo Jacobsen e LOPES JR., Aury. *Investigação Preliminar no Processo Penal*. São Paulo, Saraiva, 2014.

A resposta é, obviamente, negativa para as duas, impondo a conclusão de que uma sentença somente pode valorar atos administrativos válidos e que nenhum ato jurídico está imune ao filtro de legalidade. E, mais do que isso, um ato nulo/ilícito está submetido ao instituto da causalidade e da contaminação, de modo que vai contaminar os que dele derivarem, sendo evidente que a nulidade de um inquérito policial não apenas deverá ser reconhecida e declarada pelo magistrado, como também irá atingir a ação penal e consequente processo penal decorrente dessa invalidade originária.

Com a reforma de 2019/2020, foi adotada a exclusão física dos autos do inquérito, art. 3º-C, § 3º (**infelizmente com sua vigência suspensa, por força da medida liminar do Min. FUX já explicada**), mas ainda existem peças que serão juntadas e podem estar contaminadas por ilicitude probatória, por exemplo. Portanto, uma prova ilícita não repetível conservará sua ilicitude quando ingressar no processo e irá contaminar o ato decisório. É o caso de uma quebra de sigilo fiscal, telefônico, uma busca e apreensão, por exemplo, que viola seu regramento específico. É uma prova ilícita e que assim permanecerá. Apenas para esclarecer, não estamos dizendo que prova ilícita e nulidades são a mesma coisa. Nada disso. Ainda que pertençam ao mesmo gênero de atos ilícitos, são submetidas a regimes jurídicos diferenciados.

Não esqueçamos, ainda, que se os atos jurisdicionais – mais relevantes do que aqueles da investigação – são suscetíveis de controle de legalidade, como afastar a incidência da fiscalização de sua validade justamente naqueles atos mais precários, mais informais? É justamente nesse terreno que o controle deve ser mais efetivo e criterioso!

E tudo isso já deve ser feito no momento do recebimento da denúncia, mas se não ocorrer, o vício permanece vivo no curso do processo e pode/deve ser reconhecido a qualquer tempo (como toda e qualquer nulidade absoluta ou prova ilícita).

Diante de uma nulidade/ilicitude probatória do inquérito, que cenário se desenha?

a) O que foi feito com defeito, tem que ser refeito sem o defeito. Pode-se sanar pela repetição. Nesse caso, não há nulidade, diante do saneamento (por ser refeito sem defeito).

b) Não tem como ser refeito sem o defeito, situação mais comum. Nesse caso, deve-se lançar mão da proibição de valoração probatória ou privação dos efeitos do ato, com a respectiva exclusão física, bem como analisar a derivação e seu alcance. É aqui que a ilegalidade cobra um alto preço, pois a nulidade/ilicitude provavelmente vai contaminar a acusação (que nela se baseou), o recebimento da acusação e posterior processo que dela se originou, até a sentença e acórdãos... Depois de retirada toda a ilicitude e derivados, vai ser avaliado o que sobrou e se há suficiência (justa causa) para sustentar uma (nova) acusação. Eis a explicação para muitas decisões de tribunais superiores, que, reconhecendo a nulidade/ilicitude do inquérito, acabam por anular todo o processo, sentença e acórdão, fazendo com que o caso penal volte à estaca zero e, não raras vezes, seja definitivamente encerrado pela inexistência de provas lícitas suficientes para sustentar uma nova acusação. Em última análise, uma nulidade/ilicitude do inquérito pode colocar um processo inteiro no lixo, anulando-o *ab initio*.

Sendo assim, deve-se ter muito mais cuidado com a legalidade do material produzido e dos próprios atos do inquérito, pois, mais à frente, ele vai cobrar uma fatura probatória alta pelos desvios e ilegalidades praticadas. Basta, para isso, atentar para as inúmeras "operações" policiais que – muito tempo depois – já na fase processual caíram por terra diante do reconhecimento de nulidades/ilicitudes do inquérito policial, tais como busca e apreensão ilegal, quebra de sigilo de dados fiscais, telefônicos etc. sem estrita observância da legalidade. Ou seja, periodicamente vemos processos inteiros desabarem, feito "castelos de areia" atingidos por uma onda, por meio da decretação de nulidades/ilicitudes ocorridas no inquérito policial.

Por fim, é importante sublinhar a expressa recepção da categoria de "nulidade absoluta" no inquérito policial, feita pela Lei n. 13.245/2016, que alterou o art. 7º da Lei n. 8.906/94, onde se lê:

> Art. 7º São direitos do advogado:
> XXI – assistir a seus clientes investigados durante a apuração de infrações, sob pena de nulidade absoluta do respectivo interrogatório ou depoimento e, subsequentemente, de todos os elementos investigatórios e probatórios dele decorrentes ou derivados, direta ou indiretamente, podendo, inclusive, no curso da respectiva apuração:

É a consagração expressa, na lei, de que haverá nulidade absoluta quando o advogado for impedido de assistir o investigado durante o interrogatório, inclusive com previsão de contaminação dos atos subsequentes. Obviamente essa situação de nulidade não exclui diversas outras, como acabamos de explicar. Trata-se apenas de uma nulidade cominada, não um rol taxativo, até porque inviável uma pretensão de esgotamento das situações de nulidade. E, inacreditavelmente, ainda tem gente repetindo o mofado e superado chavão do senso comum teórico de que "não existem nulidades no inquérito" ou que "não contaminam o processo"...

# SÍNTESE DO CAPÍTULO

Aviso ao leitor: A compreensão da síntese exige a prévia leitura do capítulo!

1. CORRENTE TRADICIONAL: Partindo da (a nosso ver, equivocada) analogia com o processo civil, tradicionalmente a doutrina/jurisprudência brasileira tem classificado os atos processuais defeituosos nas seguintes categorias:

- Meras irregularidades: defeitos de mínima relevância, que em nada afetam a validade do ato.
- Nulidade relativa: viola uma norma que tutela um interesse essencialmente da parte, não pode ser conhecida de ofício, convalida com a preclusão (precisa ser alegada no primeiro momento procedimental), o interessado deverá demonstrar "prejuízo" (art. 563).
- Nulidade absoluta: violação de norma cogente que tutela interesse público ou princípio constitucional, pode ser declarada de ofício ou mediante invocação do interessado, o prejuízo é presumido, é insanável e não se convalida pela preclusão.
- Inexistência: é a "falta" e não o "defeito" de um ato, ou seja, é um não ato, quando o suporte fático é insuficiente para que ele ingresse no mundo jurídico.

2. CORRENTE CONSTITUCIONAL/PROCESSUAL PENAL: Partindo da necessária constitucionalização do direito processual penal e, principalmente, da recusa à teoria geral do processo e consequente observância das categorias jurídicas próprias do direito processual penal, vejamos como se estrutura a teoria das invalidades processuais.

- Premissa básica: forma é garantia. Se existe uma forma processual, é porque a tipicidade é uma garantia e a atipicidade, uma ilegalidade. As nulidades estão a serviço da eficácia do sistema de garantias da Constituição. A observância da forma não é um fim, mas um meio para assegurar o cumprimento dos princípios constitucionais.
- A teoria do "prejuízo" (*pas de nullité sans grief*): é uma errônea transmissão de categorias do processo civil. Trata-se de um conceito genérico, aberto e indeterminado, que vai encontrar referencial semântico naquilo que entender o julgador, albergando, assim, o risco do decisionismo. Ademais, atribuir ao réu a carga de demonstração do prejuízo é incompatível com o sistema de garantias da Constituição, colidindo com o devido processo penal.
- Teoria da Inversão de Sinais: ainda que não concordemos com a teoria do prejuízo, concordaríamos com sua aplicação desde que houvesse uma "inversão de sinais", ou seja, desincumbir o réu da carga probatória do prejuízo atribuindo-a ao juiz. Significa dizer que a eficácia do ato (nulo) ficará na dependência da demonstração

de que a atipicidade não causou prejuízo algum. Cabe ao juiz, para manter a eficácia do ato, expor as razões pelas quais a atipicidade não impediu que o ato atingisse sua finalidade (e não ao acusado).

- Convalidação e preclusão: o conceito de convalidação das nulidades relativas, como decorrência da preclusão, é inadequado para o processo penal, pois não se admite (à luz do interesse (sempre público) em jogo) que algo "se torne válido" pelo simples decurso de tempo. Noutra dimensão, poderá haver saneamento pela repetição ou prática de outros atos que supram a inicial lesão ao princípio constitucional.
- Crítica à classificação de nulidades absolutas e relativas: é uma distinção inadequada, que tem matriz no direito civil e na estrutura dos atos jurídicos, incompatível com o processo penal. A forma processual serve para dar eficácia aos direitos fundamentais e não atua no espaço normativo privado (direito civil/processual civil). A categoria "nulidade relativa" é inadequada para o processo penal, pois utiliza uma categoria (interesse) despida de significado.
- (Re)Pensando Categorias: Ato defeituoso sanável ou insanável. A forma dos atos processuais serve à tutela de um princípio constitucional. Diante de um ato defeituoso deve-se perquirir se a eficácia do princípio foi tolhida ou não. A divergência sobre a (in)eficácia violada deve ser resolvida através da teoria da inversão de sinais. Concluindo-se que houve a prática de um ato defeituoso, duas possibilidades surgem:

a) defeito sanável: o ato pode ser refeito sem defeito, resgatando a eficácia do princípio constitucional violado (resolve-se pela repetição);

b) defeito insanável: o ato não pode ser repetido ou isso não é suficiente para obter-se a eficácia principiológica, situação em que deverá ser decretada a nulidade, decidindo-se pela privação de efeitos do ato ou a proibição de valoração probatória, conforme o caso.

3. PRINCÍPIO DA CONTAMINAÇÃO: arts. 573 e 567. A nulidade de um ato, uma vez declarada, causará a dos atos que dele diretamente dependam ou sejam consequência. O problema está na aplicação excessivamente restritiva deste princípio. Sustentamos, com Fazzalari, que todos os atos do procedimento miram o provimento final (sentença) e estão geneticamente vinculados, de modo que existe uma relação de dependência quanto à regularidade ou irregularidade do ato que o precede e ainda influi sobre a eficácia dos atos que o seguem.

- Art. 567: à luz da garantia do juiz natural e do devido processo, o art. 567 tem que ser lido em conformidade com a Constituição, de modo que a incompetência do juiz, como regra, anula todo o processo e não apenas o ato decisório. Tratamos deste tema no capítulo da "Jurisdição e Competência", para onde remetemos o leitor.

4. ATOS DEFEITUOSOS NO INQUÉRITO POLICIAL: Constituiu reducionismo afirmar que os atos irregulares do inquérito não contaminam o processo. O próprio art. 7º da Lei n. 8.906/94 prevê expressamente a existência de nulidade absoluta no inquérito policial ou de qualquer investigação preliminar.

Capítulo XVI

# TEORIA DOS RECURSOS NO PROCESSO PENAL (OU AS REGRAS PARA O JUÍZO SOBRE O JUÍZO)

## 1. Introdução. Fundamentos, Conceitos e Natureza Jurídica

A partir do momento em que se estabelece o processo como um sistema heterônomo de reparto, com um terceiro imparcial como poderes decisórios, supraordenado às partes e, portanto, ocupando uma posição fundante da estrutura dialética (*actum trium personarum* – Búlgaro), nasce, como consequência lógica, a necessidade de permitir-se o reexame daquela decisão.

O fundamento do sistema recursal gira em torno de dois argumentos: falibilidade humana e inconformidade do prejudicado (até porque consciente da falibilidade do julgador).

A possibilidade de revisão das decisões surge, explica ZANOIDE DE MORAES[1], numa primeira aproximação, como forma de se melhorarem os provimentos jurisdicionais através de nova apreciação do problema inicialmente discutido.

Logo, o fundamento dos recursos passa, sintetiza HINOJOSA SEGOVIA[2], pelo reconhecimento da falibilidade humana, pois se considera que os juízes

---

1 ZANOIDE DE MORAES, Mauricio. *Interesse e Legitimação para Recorrer no Processo Penal Brasileiro*, São Paulo, RT, 2000. p. 26.

2 HINOJOSA SEGOVIA, Rafael et al. *Derecho Procesal Penal*. 2. ed. Madrid, Centro de Estudios Ramón Areces, 1996. p. 598.

podem errar ao aplicar ou interpretar a lei – processual ou material –, sendo conveniente (se não imprescindível) que as partes tenham a possibilidade de solicitar, no próprio processo, que a decisão proferida seja modificada, ou pelo mesmo órgão jurisdicional que a elaborou, ou por um órgão superior, colegiado e mais experiente, como garantia de uma melhor ponderação das questões.

Outro argumento importante é o da "ampliação da visibilidade" sobre o processo. Os recursos permitem uma visibilidade compartilhada, uma multiplicidade de olhares ao julgar, como bem destaca POZZEBON[3]. Essa ampliação de visibilidade também contribui para uma ampliação da legitimidade e reforça a confiabilidade das decisões.

E, principalmente, a existência dos recursos obedece a razões não de política legislativa, senão de índole constitucional, na medida em que representam desdobramentos do devido processo e do direito de defesa.

Quanto ao conceito[4], após analisar vários clássicos do processo penal, podemos extrair um conjunto de elementos comuns que contribuem para a compreensão do que sejam os recursos:

---

[3] POZZEBON, Fabrício Dreyer de Avila. A Ampliação da Visibilidade nos Julgamentos Criminais. In: *Criminologia e Sistemas Jurídicos Penais Contemporâneos*. 2. ed. Porto Alegre: EDIPUCRS, 2011, v. 2, p. 232 a 247.

[4] ARAGONESES ALONSO entende que recurso é *o ato de parte por meio do qual se solicita a modificação de uma resolução judicial que produziu um gravame ao recorrente no mesmo processo em que aquela foi ditada.*
LEONE define como um *remédio jurídico atribuído às partes (e em casos particulares a sujeitos que não tenham participado no processo com o caráter de parte) a fim de remover uma desvantagem proveniente de uma decisão judicial.*
CARNELUTTI, com a peculiar leitura do fenômeno processual que sempre o caracterizou, trata dos recursos na dimensão de *la crítica a la decisión*, explicando que, etimologicamente, criticar não significa outra coisa que *julgar, e o uso deste vocábulo tende a significar aquele juízo particular que tem por objeto outro juízo, isto é, o juízo sobre o juízo e, dessa maneira, um juízo elevado à segunda potência.*
Essa ideia de *juicio sobre el juicio* é muito interessante, desde que bem compreendida, pois quando o autor emprega a expressão *juízo (juicio)* o faz no sentido amplo de julgamento, ou seja, do conjunto de atos que integram o processo e o julgamento (sentido estrito), e não apenas na dimensão deste último. Assim, juízo não significa ato decisório, senão toda a matéria trazida ao processo e que compõe o "julgamento".
GOLDSCHMIDT sustenta que os recursos são os *meios jurídicos processuais concedidos às partes, aos afetados imediatamente pela resolução judicial, para impugnar uma resolução judicial que não é formalmente definitiva (ausência de coisa julgada formal), ante um tribunal superior (efeito devolutivo), e que suspendem os efeitos da coisa julgada (efeito suspensivo). Todo recurso supõe, como fundamento jurídico, a existência de um gravame (prejuízo) da parte, isto é, uma diferença injustificada, desfavorável para ela, entre sua pretensão (ou resistência) e o que foi concedido pela resolução que impugna.*
Preciso também é o conceito dado por DALIA e FERRAIOLI, de que *la impugnazione è il rimedio che, in casi tassativi, la legge accorda a determinati soggetti, per rimuovere gli effetti pregiudizievoli di un provvedimento giurisdizionale che ritengano ingiusto o illegittimo.*
Para finalizar essa rápida revisão conceitual, MANZINI define os recursos como *atividades processuais que determinam uma nova fase do mesmo procedimento através da qual se controla ou se renova o juízo anterior. (...) As impugnações determinam de ordinário a subdivisão do processo em graus: como consequência do julgamento de primeiro grau, podem seguir os juízos de segundo grau (apelação) e de terceiro grau (cassação).*

a) é ato de parte, portanto não é recurso a atividade de ofício do juiz (senão um mero reexame, completamente dispensável, a nosso ver);
b) a parte recorrente deve ter sofrido um gravame, um prejuízo;
c) é um direito que deve ser exercido no mesmo processo, ou seja, não instaura o recurso uma nova situação jurídico-processual, senão que constitui desdobramento ou nova fase do mesmo processo que gerou a decisão impugnada;
d) a decisão deve ser recorrível; portanto, não pode ter-se operado a coisa julgada (ainda que formal);
e) estabelece um julgamento sobre o julgamento (ou seja, o juízo sobre o juízo, de CARNELUTTI);
f) permite que outro órgão jurisdicional (superior, hierarquicamente) modifique a decisão, anulando-a, ou reformando-a, no todo ou em parte.

Assim, o conceito de *recurso* vincula-se à ideia de ser um meio processual através do qual a parte que sofreu o gravame solicita a modificação, no todo ou em parte, ou a anulação de uma decisão judicial ainda não transitada em julgado, no mesmo processo em que ela foi proferida. Excepcionalmente, o recurso pode não ser um ato de parte, senão do ofendido, que venha ao processo como assistente não habilitado, exclusivamente para recorrer. O que não se pode admitir é tratar como recurso – em sentido próprio – os chamados reexames necessários (no nosso sistema, ainda denominados recurso de ofício), previstos no art. 574 do CPP.

Quanto à natureza jurídica dos recursos, deve-se ter presente a distinção entre eles e as ações autônomas de impugnação (revisão criminal, *habeas corpus* e mandado de segurança), pois, ao contrário delas, os recursos não são "ações processuais penais", não instaurando uma nova situação jurídica processual. Os recursos são uma continuidade da pretensão acusatória ou da resistência defensiva, conforme a titularidade de quem o exerça. Assim, o recurso interposto pelo Ministério Público não instaura uma nova situação jurídica processual, um novo processo, senão que constitui uma continuidade do exercício da pretensão acusatória. Quanto à defesa, o recurso é um importante instrumento de resistência, na busca de uma sentença favorável. Isso porque é o processo um instrumento de satisfação jurídica de pretensões e resistências, de modo que, enquanto não houver o provimento jurisdicional definitivo (o trânsito em julgado), o que se tem é a utilização de instrumentos legais para obtenção da sentença favorável pretendida por cada uma das partes.

A própria etimologia do vocábulo "*recursus*" remete à noção de "retomar o curso", jamais à de "estabelecer um novo curso"[5].

---

[5] Em sentido diverso, GUASP e ARAGONESES ALONSO (*Derecho Procesal Civil*. Madrid, Civitas, 1998. t. II, p. 551-557) sustentam que os recursos instauram um novo processo, ou seja, que a

Em suma, o poder de recorrer é um desdobramento da pretensão acusatória (ou, para outros autores, do direito de ação) ou de defesa (resistência), não constituindo um *novum iudicium*, senão que se desenvolvem na mesma situação jurídica originária, isto é, um desdobramento do processo existente.

## 2. O Princípio do Duplo Grau de Jurisdição: Direito Fundamental? (In)Aplicabilidade nos Casos de Competência Originária dos Tribunais

O princípio do duplo grau de jurisdição traz, na sua essência, o direito fundamental de o prejudicado pela decisão poder submeter o caso penal a outro órgão jurisdicional, hierarquicamente superior na estrutura da administração da justiça.

Além de garantir a revisão da decisão de primeiro grau, também compreende a proibição de que o tribunal *ad quem*[6] conheça além daquilo que foi discutido em primeiro grau, ou seja, é um impedimento à supressão de instância[7].

---

impugnação processual é autônoma e se converte em um verdadeiro processo. Para os autores, mediante a impugnação processual o processo principal não é simplesmente continuado, senão que desaparece para deixar em seu lugar outro processo distinto, ainda que ligado ao anterior. A impugnação do processo não é uma continuação do processo principal por outros meios, visto que o processo de impugnação tem caráter autônomo, é um processo independente, com seu regime jurídico peculiar, isto é, com seus requisitos, procedimento e efeitos distintos das correspondentes categorias do processo a que se referem. Ainda que autônomo (um verdadeiro processo especial), guarda conexão com o principal. Em outra passagem, ao tratar da apelação, os autores afirmam, quanto à natureza jurídica, que *la apelación se afirma como verdadero recurso y, en consecuencia, como un proceso autónomo e independiente, no parte del proceso principal en que se produce la resolución recurrida. La doctrina dominante ve, no obstante, en el recurso de apelación una continuación del litigio primitivo, y trata de diferenciar, en este sentido, la apelación, como recurso, de las llamadas acciones impugnativas autónomas que rompen la unidad procesal. Mas esta configuración de los recursos como ingredientes del proceso principal de cuyos resutados se recurre no puede ser admitida, dada la diferencia de régimen jurídico entre unos y otros procesos, y, especialmente, dada la distinción de objeto que existe entre el proceso primitivo y el proceso de impugnación, en el que la pretensión no es la inicial, sino la subseguinte, que reclama la eliminación y sustitución de la resolución impugnada.*

E prosseguem explicando que se pode conceber a apelação (e demais recursos) não como uma repetição do processo anterior, senão como uma *revisión del mismo*, isto é, como uma depuração de seus resultados por métodos autônomos que levam, portanto, não a um novo juízo, senão a uma *revisio prioris instantiae*. Para esta concepção, na apelação não se reiteram os trâmites do processo principal, senão que se seguem outros distintos, que têm por objeto comprovar a exatitude ou inexatitude dos resultados obtidos no processo originário. Isto repercute, apontam ARAGONESES ALONSO e GUASP, no regime jurídico da apelação, visto que, para essa concepção revisora, a referência aos trâmites do processo primitivo não é uma pauta obrigatória, e somente se tem em vista o resultado que se trata precisamente de revisar. Por isso, em matéria de instrução e ordenação processual, não há aqui uma identificação, senão diferenciação, do processo recorrido e do recurso. Mas essa é uma posição isolada e com a qual não concordamos.

6 Para esclarecer aqueles que iniciam o estudo de Direito Processual Penal, chama-se de órgão ou juiz *a quo* para referir aquele que proferiu a decisão, e tribunal *ad quem* para o órgão jurisdicional superior, a quem compete o julgamento do recurso.

7 No mesmo sentido, GRINOVER, MAGALHÃES e SCARANCE, *Recursos no Processo Penal*, cit., p. 23.

Ainda que existam algumas bem-intencionadas tentativas de extraí-lo de outros princípios da Constituição (como o direito de defesa e o próprio devido processo), não foi o duplo grau expressamente consagrado pela Carta de 1988.

Mas essa discussão perdeu muito do seu fundamento com o art. 8.2, letra "h", da Convenção Americana de Direitos Humanos, que expressamente assegura o *direito de recorrer da sentença para juiz ou tribunal superior*.

Os direitos e as garantias previstos na CADH[8] passaram a integrar o rol dos direitos fundamentais, a teor do art. 5º, § 2º, da Constituição, sendo, portanto, autoaplicáveis (art. 5º, § 1º, da CF). Logo, nenhuma dúvida paira em torno da existência, no sistema brasileiro, do direito ao duplo grau de jurisdição. Recordemos, contudo, que a posição atual do STF sobre o tema (HC 87.585/TO) é a de que a CADH ingressa no sistema jurídico interno com *status* "supralegal", ou seja, acima das leis ordinárias, mas abaixo da Constituição.

Problema concreto surge nos crimes que, por decorrência da prerrogativa de função do agente, são julgados originariamente pelos tribunais. É o caso de um deputado estadual que cometa um delito de homicídio, que, como vimos no estudo da competência, será julgado pelo Tribunal de Justiça do respectivo Estado. Dessa decisão, poderá a parte prejudicada interpor apenas recurso especial (STJ) e/ou recurso extraordinário (STF), com uma série de restrições para sua admissibilidade e, principalmente, restrito(s) à discussão de matéria de direito. Não há mais espaço para discussão sobre o mérito ou mesmo a prova (não confundir com a discussão – permitida – sobre o regime legal da prova). E se o agente for um Ministro de Estado, cujo julgamento é originariamente atribuído ao Supremo Tribunal Federal (art. 102, I, "c", da Constituição), como se dará o duplo grau de jurisdição? Não haverá.

Há, nesses casos, um completo esvaziamento da garantia do duplo grau de jurisdição em benefício da prerrogativa funcional e do julgamento originário por um órgão colegiado. Mas isso é constitucional?

Prevalece o entendimento de que a Constituição não consagra expressamente o duplo grau de jurisdição, mas sim os casos em que haverá julgamento originário pelos tribunais, podendo haver, portanto, uma restrição à garantia que decorre da CADH (cujo caráter "supralegal" a coloca abaixo da Constituição). Ademais, ainda que o duplo grau fosse consagrado no texto constitucional, poderia haver a supressão ou limitação pelo próprio sistema constitucional.

---

8 O Brasil aderiu à Convenção Americana sobre Direitos Humanos (Pacto de São José da Costa Rica, de 22 de novembro de 1969) através do Decreto n. 678, de 6 de novembro de 1992.

FERREIRA MENDES[9] explica que o próprio modelo jurisdicional positivado na Constituição afasta a possibilidade de aplicação geral do princípio do duplo grau de jurisdição. Prossegue o autor, esclarecendo que "se a Constituição consagra a competência originária de determinado órgão judicial e não define o cabimento de recurso ordinário, não se pode cogitar de um direito ao duplo grau de jurisdição, seja por força de lei, seja por força do disposto em tratados e convenções internacionais".

Importante esclarecer, na lição acima, que quando o autor se refere ao não cabimento de recurso ordinário, está fazendo alusão à categoria *doutrinária* de recurso ordinário, ou seja, àqueles meios de impugnação que têm por objeto provocar um novo exame (total ou parcial) do caso penal, alcançando tanto as matérias de direito como também fáticas. Logo, quando o imputado é julgado originariamente por um tribunal, eventual recurso será "extraordinário", na medida em que os tribunais superiores somente podem entrar no exame da aplicação da norma jurídica efetuada pelo órgão inferior, ou seja, um juízo limitado ao aspecto jurídico da decisão impugnada. Sobre tais conceitos, remetemos o leitor ao próximo tópico, no qual analisaremos com mais profundidade.

Por fim, destacamos a tendência de fortalecer a decisão de primeiro grau, restringindo a matéria recursal às questões de direito, mas para que isso se implemente é imprescindível que um julgamento seja realizado por órgão colegiado já na instância originária. É o caso do modelo espanhol, em que os delitos graves são de competência, em primeiro grau, conforme o caso, da *Audiencia Provincial* ou da *Sala de lo Penal de la Audiencia Nacional*, ambos órgãos colegiados. Dessa decisão somente cabe recurso de Cassação, que está limitado ao exame unicamente da aplicação da norma jurídica, efetuada pelo órgão jurisdicional inferior (colegiado), de maneira a limitar o reexame ao aspecto jurídico da sentença impugnada[10].

ARMENTA DEU[11], em lição também aplicável ao nosso modelo, explica que as limitações à segunda instância são legítimas, desde o ponto de vista da adequação constitucional, pois a norma fundamental prescreve a revisibilidade das sentenças penais condenatórias, o que não significa, exatamente, a constitucionalização da segunda instância penal, pois dita exigência se satisfaz também mediante um recurso extraordinário (ou seja, limitado à discussão de matéria de direito), como o de cassação.

9 MENDES, Gilmar Ferreira; COELHO, Inocêncio Mártires; BRANCO, Paulo Gustavo Gonet. *Curso de Direito Constitucional*. 2. ed. São Paulo, Saraiva, 2008. p. 497.

10 ARAGONESES ALONSO, Pedro. *Instituciones de Derecho Procesal Penal*, cit., p. 529.

11 ARMENTA DEU, Teresa. *Lecciones de Derecho Procesal Penal*, p. 289.

Inclusive, a vigência dos princípios de imediação e oralidade é pilar fundamental do juízo penal, e a plena análise das questões fáticas em segundo grau gera uma indesejável condicionante, que é o fato de a prova ser praticada no julgamento de primeiro grau, com o órgão *ad quem* fazendo um juízo de apreciação mediata[12], ou seja, através de materiais escritos e sem o contato do julgador com a prova.

Em suma: havendo órgão colegiado em primeiro grau, pode existir restrição recursal; mas jamais restrição recursal com julgamento monocrático em primeiro grau (juiz singular).

## 3. Classificando os Recursos: Ordinários e Extraordinários; Totais e Parciais; Fundamentação Livre ou Vinculada; Verticais e Horizontais; Voluntários e Obrigatórios. Crítica ao Recurso "de Ofício"

Doutrinariamente, os recursos podem ser classificados em dois grandes grupos[13]:

- **Recursos ordinários:** são aqueles que têm por objeto provocar um novo exame (total ou parcial) do caso penal já decidido em primeira instância, por um órgão superior (*ad quem*), alcançando tanto as matérias de direito como também fáticas, com possibilidade de decisão sobre a determinação dos fatos, sua tipicidade, a prova, dosimetria da pena etc. Exemplo típico de recurso ordinário é a apelação, do art. 593 do CPP.
- **Recursos extraordinários:** onde os tribunais superiores entram no exame, unicamente, da aplicação da norma jurídica efetuada pelo órgão inferior, sendo assim um juízo limitado ao aspecto jurídico da decisão impugnada. Em última análise, limitam a discussão a questões de direito, expressamente previstas em lei. São exemplos o recurso especial (art. 105, III, da Constituição) e o recurso extraordinário (art. 102, III, da Constituição).

Citamos essa classificação porque consagrada na doutrina processual, mas preferimos não adotá-la para evitar confusões, especialmente para aqueles que iniciam o estudo, pois o sistema brasileiro prevê, como espécies, recursos com esses mesmos nomes. Assim, quando falarmos em recurso extraordinário, estaremos fazendo alusão àquele previsto no art. 102, inciso III, da Constituição, e por recurso ordinário, o previsto no art. 102, II, da Constituição.

Compreendido isso, sigamos.

---

12 Conforme ARMENTA DEU, op. cit., p. 290.

13 ARAGONESES ALONSO, Pedro. *Instituciones de Derecho Procesal Penal*, cit., p. 528.

Os recursos ainda podem ser classificados[14], tomando por base a extensão da matéria impugnada, em totais ou parciais:

- **recursos totais:** são aqueles em que a parte utiliza sua faculdade de impugnar toda a matéria permitida, ou seja, plena impugnação de todo o campo legalmente reexaminável. Exemplo típico é o recurso de apelação, total por excelência, pois permite ampla discussão sobre a matéria fática e jurídica, assim tendo procedido a parte.
- **recursos parciais:** nesse caso, a parte interessada utiliza de parte de sua faculdade de impugnação, ainda que a lei lhe permitisse ampla rediscussão de todas as questões decididas. Quando o réu é condenado, por exemplo, pela prática de um crime sem violência ou grave ameaça, a uma pena inferior a 4 anos, mas que não foi substituída (indevidamente) por pena restritiva de direitos, poderá apelar de toda ou de parte da decisão. Se optar por discutir, exclusivamente, a recusa por parte do juiz em substituir a pena, abrindo mão de buscar o reexame da prova e da própria condenação, estará fazendo um recurso parcial.

Quanto às restrições na fundamentação, os recursos podem ser de fundamentação livre ou vinculada:

- **recurso de fundamentação livre:** confunde-se com os recursos ordinários e totais, pois a lei não restringe a fundamentação a ser utilizada no recurso, permitindo assim que a parte recorra de todas as questões fáticas e de direito. Novamente é a apelação o melhor exemplo.
- **recurso de fundamentação vinculada:** em sentido oposto, aqui a própria lei limita a matéria que pode ser impugnada, definindo em que limites se deve dar a fundamentação. São exemplos o recurso em sentido estrito, em que a fundamentação fica vinculada à situação jurídica definida no inciso e os recursos extraordinário e especial, em que o fundamento do recurso fica restrito à matéria definida no dispositivo legal (por exemplo, no recurso especial, a interposição com base no art. 105, III, "a", limita a fundamentação à demonstração de que a decisão contrariou tratado ou lei federal, ou negou-lhe vigência, conforme o caso). Também são um recurso de fundamentação vinculada os embargos infringentes, em que a limitação vem dada não pela lei, mas pela matéria objeto do voto vencido. Ou seja, a fundamentação

[14] Cf. GRINOVER, MAGALHÃES; SCARANCE, *Recursos no Processo Penal*. 5. ed. São Paulo, RT, 2008. p. 31 e s.

dos embargos infringentes está limitada e circunscrita pelo voto vencido, não podendo ir além dele (ou melhor, do objeto da divergência).

Atendendo ao grau hierárquico, os recursos podem ser horizontais ou verticais[15]:

- **recursos horizontais:** são aqueles que se resolvem pelo mesmo órgão jurisdicional que proferiu a decisão recorrida, sendo, portanto, pouco eficazes por razões psicológicas facilmente compreensíveis. Exemplo de recurso horizontal são os embargos declaratórios, em que a decisão incumbe ao mesmo órgão que o proferiu. O recurso em sentido estrito é misto, na medida em que no primeiro momento ele é horizontal, permitindo que o juiz que proferiu a decisão se retrate (ou não), subindo em caso de manutenção da decisão proferida (vertical).
- **recursos verticais:** resolvem-se pelo Tribunal Superior àquele órgão jurisdicional que proferiu a decisão. São exemplos a apelação, recurso extraordinário, especial, embargos infringentes etc.

Alguma doutrina ainda classifica os recursos em voluntários e obrigatórios (ou de ofício). Voluntários são todos os recursos que dependem da manifestação da parte interessada, que poderá recorrer ou não, no todo ou em parte, da decisão. Excetuando os casos previstos no art. 574 (recursos obrigatórios), todos os demais são voluntários.

Os recursos obrigatórios, também chamados reexame necessário ou recursos de ofício, estão previstos no art. 574 do CPP, nos seguintes termos:

> Art. 574. Os recursos serão voluntários, excetuando-se os seguintes casos, em que deverão ser interpostos, de ofício, pelo juiz:
> I – da sentença que conceder *habeas corpus;*
> II – da que absolver desde logo o réu com fundamento na existência de circunstância que exclua o crime ou isente o réu de pena, nos termos do art. 411.

A esses dois casos deve-se acrescentar um terceiro, que é o recurso de ofício da decisão que concede a reabilitação, como determina o art. 746 do CPP.

Nesses casos, enquanto não houver o reexame da decisão pelo respectivo tribunal, não há o trânsito em julgado da decisão, sendo, portanto, uma *condição de eficácia da sentença*[16].

Vejamos agora a crítica aos chamados recursos de ofício.

---

15 Nesse sentido, GRINOVER, MAGALHÃES; SCARANCE, *Recursos no Processo Penal*, cit., p. 34.

16 MANZINI, Vincenzo. *Tratado de Derecho Procesal Penal*, cit., t. V, p. 11.

Inicialmente, recordemos que o conceito de *recurso* está vinculado à ideia de ser um remédio processual da parte que sofreu o gravame; portanto, juiz não é parte e tampouco sofre gravame por sua própria decisão. É manifesta a ilegitimidade e a falta de interesse do juiz em recorrer da decisão que ele mesmo proferiu. Ademais, sequer recurso pode ser considerado.

Interessante reparar, também, como funciona um Código de matriz nitidamente inquisitória e punitivista como o nosso: só existe recurso de ofício de decisões que beneficiam o réu.

Impressiona a escancarada forma de controle por parte dos órgãos jurisdicionais superiores das decisões proferidas em primeiro grau que beneficiem o imputado, pois é obrigatório submeter ao reexame do tribunal (enquanto isso não acontecer não há trânsito em julgado, recordemos) as decisões que concedem *habeas corpus* (mas não o são as que decretam a prisão temporária ou preventiva...), a que absolve sumariamente o réu (mas não há reexame necessário da decisão de pronúncia, nem da sentença condenatória) e a que concede a reabilitação.

Estamos diante de um ranço autoritário incompatível com o processo penal democrático, com a constitucional independência dos juízes e até mesmo com o contraditório (pois estabelece uma forma desigual de tratamento processual das partes).

Também constitui uma indevida incursão do juiz num campo que não lhe pertence, qual seja, da iniciativa acusatória. Se considerarmos o recurso como uma extensão do direito de ação ou a continuidade do exercício da pretensão acusatória, é manifesta a inconstitucionalidade do recurso de ofício, na medida em que incompatível com o art. 129, I, da Constituição. Incumbe privativamente ao Ministério Público promover a ação penal pública. Portanto, nessas decisões, o recurso (da mesma forma que a ação penal pública) é de iniciativa privativa do Ministério Público. Excepcionalmente poder-se-ia admitir que o assistente da acusação, em caso de inércia do Ministério Público, recorresse da decisão que absolve sumariamente o réu (das demais não há um interesse juridicamente tutelável), mas jamais que o faça o juiz, de ofício.

Em suma, a crítica ao recurso de ofício pode ser assim elaborada:

– **crítica genérica**: falta legitimidade e interesse ao juiz. Ademais, viola o sistema acusatório, pois é ativismo judicial contra o réu (já que é recurso obrigatório de decisões que o beneficiam, ou seja, é um controle em relação a tudo o que possa beneficiar o réu). Ademais, o art. 129, I, da Constituição atribui ao Ministério Público a titularidade exclusiva da ação penal pública, de modo que tal recurso depende de iniciativa do MP.

– **crítica específica** ao art. 574, II: houve revogação tácita pois:

a. O art. 411 não trata mais da absolvição sumária.

b. Os casos de absolvição sumária foram ampliados, haveria reexame necessário só nesses dois casos? Nos demais casos de absolvição sumária não? Não faz sentido.

c. A reforma de 2008 mudou o art. 411 para 415 e já estabeleceu, expressamente, no art. 416 que o recurso cabível é apelação. Logo, em 2008 muda e já estabelece expressamente que é apelação. Se o legislador quisesse manter o recurso de ofício, teria contemplado expressamente no art. 416 e modificado o art. 574, II.

Logo, temos como tacitamente revogado o art. 574, II, e substancialmente inconstitucionais os demais casos de recurso de ofício, por violação ao disposto no art. 129, I, da CF e da estrutura acusatória-constitucional do processo penal.

Contudo, a matéria não é pacífica, e os juízes continuam recorrendo de ofício nos casos dos arts. 574 e 746 do CPP, e os tribunais – com raras e meritórias exceções –, conhecendo e julgando[17].

Finalizando a análise das várias classificações possíveis aos recursos, esclarecemos que essas categorias podem se combinar, eis que não são excludentes, de modo que o recurso de apelação, por exemplo, será um recurso ordinário, total (ou parcial, se for o caso), de fundamentação livre, vertical e voluntário.

O recurso em sentido estrito (RSE) é uma forma de impugnação cujos casos de cabimento estão expressamente previstos em lei, havendo uma variação conforme a fundamentação legal apontada. Tomemos como exemplo o RSE interposto com base no art. 581, II (decisão que reconhecer a incompetência do juízo). É um recurso extraordinário (discute-se, apenas, a questão de direito), total (dentro da matéria submetida a reexame; não confundir com devolução de toda a matéria de um recurso ordinário), de fundamentação vinculada (discute-se apenas a (in)competência do juízo) e horizontal no primeiro momento, subindo para o respectivo tribunal em caso de manutenção da decisão (vertical).

## 4. Efeitos Devolutivo e Suspensivo. Conceitos e Crítica. Inadequação de Categorias diante dos Valores em Jogo no Processo Penal

Tradicionalmente, aos recursos no processo penal são atribuídos efeitos, nos moldes do processo civil, de caráter devolutivo e suspensivo.

---

17 RESP. ABSOLVIÇÃO. INIMPUTABILIDADE. REEXAME NECESSÁRIO. ACÓRDÃO QUE NÃO CONHECE DO RECURSO DE OFÍCIO. PROCEDIMENTO QUE NÃO FOI REVOGADO PELA CONSTITUIÇÃO DE 1988. O denominado recurso de ofício previsto no art. 574 do Código de Processo Penal, por ser mero procedimento para conferir o efeito da coisa julgada, e não recurso propriamente dito, não restou revogado pela nova ordem constitucional, que confere ao ministério público a titularidade exclusiva da ação penal pública. Recurso provido para cassar o acórdão recorrido e determinar o julgamento do mérito do recurso encaminhado *ex officio* (REsp 767.535/PA, Rel. Min. Maria Thereza de Assis Moura, 6ª Turma, julgado em 11/12/2009, *DJe* 1º/2/2010).

Não há que se desconsiderar que todo e qualquer recurso impede que a decisão faça coisa julgada formal (e, portanto, também material). Mas, além desse efeito impeditivo da coisa julgada, os recursos podem ter os seguintes efeitos:

1. **DEVOLUTIVO:** a interposição de um recurso, explica MANZINI[18], devolve total ou parcialmente o julgamento (*el juicio*) relativo a providência impugnada à competência funcional do juiz ou tribunal definido. Toda a impugnação produz o efeito devolutivo, mas este pode ser mais ou menos completo segundo o recurso se refira a toda decisão ou somente a alguma parte dela. Mas o efeito devolutivo tem algumas nuances que exigem uma subdivisão:
   - 1.1. **Interativos ou regressivos:** são aqueles recursos em que se atribui ao próprio juiz que ditou a decisão reexaminá-la, ou seja, regressa para o mesmo juiz. É o caso dos embargos declaratórios, em que incumbe ao juiz que proferiu a sentença (ou câmara/turma criminal em caso de acórdão) decidir novamente, esclarecendo a contradição, ambiguidade, obscuridade ou omissão. Não há, além dos embargos declaratórios, outro recurso com efeito regressivo.
   - 1.2. **Reiterativos ou devolutivos:** são os devolutivos propriamente ditos, que necessariamente devolvem o conhecimento da matéria para um tribunal *ad quem*, ou seja, para um órgão superior àquele que proferiu a decisão. Exemplo típico é o recurso de apelação, em que caberá ao tribunal reexaminar a decisão proferida pelo juiz de primeiro grau. Também possuem esse efeito os embargos infringentes, recurso ordinário, recurso extraordinário e recurso especial.
   - 1.3. **Misto:** nesse caso, há efeito duplo, pois permite que o juiz *a quo* possa reexaminar sua própria decisão e, caso a mantenha, o recurso será remetido para o tribunal *ad quem*. Ou seja, o recurso é regressivo no primeiro momento e, caso o juiz não reforme sua decisão, passa a ter o efeito devolutivo propriamente dito, com o recurso subindo para o tribunal *ad quem*. O recurso em sentido estrito é um exemplo desse efeito recursal. Também o agravo da execução, previsto no art. 197 da LEP, na medida em que (predomina o entendimento de que) seu processamento segue aquele previsto para o recurso em sentido estrito.

---

[18] GRINOVER, MAGALHÃES e SCARANCE sustentam que "dentro da matéria impugnada, são plenos os poderes instrutórios do tribunal, ainda que os códigos somente se refiram a eles para certos recursos (ex. art. 616, CPP). Saliente-se que nada disso importará em supressão do primeiro grau de jurisdição, uma vez que o juiz *a quo* decidiu a causa com base no material instrutório que entendeu suficiente" (*Recursos no Processo Penal*, cit., p. 53).

Mas, antes de verificarmos o efeito suspensivo, é importante compreender que o efeito devolutivo propriamente dito tem alguns limites e regras de extensão:

- Quanto à extensão: a devolução da matéria para o conhecimento do tribunal é limitada pela matéria impugnada pelo recorrente, ou, ainda, pela natureza do recurso (classificação dos recursos em ordinário ou extraordinário), sendo:
  a) **Total:** quando pode devolver o conhecimento de todas as questões discutidas no processo, como sucede no recurso de apelação.
  b) **Parcial:** nesse caso, a devolução da matéria está, como regra, limitada ao que foi alegado pela parte interessada. É o exemplo do recurso de apelação, em que a defesa impugna apenas um determinado aspecto da sentença, como pode ser a apelação em relação ao regime inicial de cumprimento. O tribunal só conhece dessa matéria. Mas há uma importante exceção à limitação da devolução: eventuais nulidades absolutas que beneficiem a defesa podem ser reconhecidas de ofício, ainda que ninguém as tenha alegado.
  c) **Recursos extraordinários:** nessas modalidades de recurso, a impugnação fica restrita a questões de direito, não havendo a devolução da análise da matéria fática. Além disso, tal modalidade de recurso possui uma fundamentação legal expressa, ou seja, somente cabe nos casos em que a lei o admitir. Exemplos: Recurso Extraordinário e Recurso Especial.

Ainda, no que tange ao efeito devolutivo, é importante o estudo do princípio *tantum devolutum quantum appellatum*, a seguir analisado e para onde remetemos o leitor.

2. **SUSPENSIVO:** por efeito suspensivo se entende aquele obstáculo legal a que a sentença proferida possa surtir todos os seus efeitos antes do trânsito em julgado. Tal efeito determina a impossibilidade de executar-se a resolução judicial recorrida. Como regra, os recursos proferidos contra a sentença penal condenatória devem ter efeito suspensivo, assegurando-se ao réu o direito de recorrer em liberdade e assim permanecer até o trânsito em julgado. Isso porque, no processo penal, a liberdade é a regra; e a prisão, uma exceção. Mas isso não impede a prisão do imputado nesse momento, pois, como veremos, bastará a existência fundamentada de *periculum libertatis* (art. 312) para que o réu seja preso. Já a apelação interposta contra a sentença penal absolutória nunca terá efeito suspensivo, pois como determina o art. 596:

A apelação da sentença absolutória não impedirá que o réu seja posto imediatamente em liberdade.

Em suma, o efeito suspensivo, como o próprio nome diz, suspende o mandamento contido na sentença, sendo que a regra é a manutenção do réu em liberdade. Daí por que, na sentença absolutória, deve o réu ser posto imediatamente em liberdade, ainda que exista recurso da acusação, pois esse recurso não terá efeito suspensivo, mas meramente devolutivo. Mas a ausência de efeito suspensivo não se manifesta apenas em relação à prisão cautelar, senão que atinge todas as medidas coercitivas que incidem sobre o réu ou seu patrimônio. Como consequência, a absolvição conduz ao levantamento de toda e qualquer medida assecuratória (sequestro, arresto ou hipoteca legal) e também à restituição dos bens apreendidos (exceto se, por sua natureza, sejam ilícitos por si mesmos). Em suma, os efeitos da absolvição são plenos e não são suspensos pela eventual apelação interposta pelo acusador.

Já o recurso contra a sentença condenatória remete à leitura do art. 387, § 1º, do CPP: " O juiz decidirá, fundamentadamente, sobre a manutenção ou, se for o caso, a imposição de prisão preventiva ou de outra medida cautelar, sem prejuízo do conhecimento de apelação que vier a ser interposta". Dessarte, deve o juiz analisar, nesse momento, a partir da lógica do sistema cautelar, ou seja, se houver "necessidade" demonstrada pelo *periculum libertatis* (nos termos do art. 312 do CPP), poderá o juiz determinar a prisão ou manter aquele que já se encontre preso. Nesse caso, não estará atribuindo efeito suspensivo ao recurso defensivo interposto contra a sentença penal condenatória.

Mas deve-se ter muito cuidado com o "efeito suspensivo", ou melhor, sua ausência, no caso de recurso contra decisão condenatória. Muito mais do que a categoria processual de "efeito recursal", o que está em jogo é a eficácia da garantia constitucional da presunção de inocência. E aqui reside nossa crítica, especialmente nos recursos Especial e Extraordinário, como veremos ao tratar dos recursos em espécie. Toda problemática sobre a execução antecipada da pena, após a decisão de 2º grau, trazida pela decisão proferida pelo STF no HC 126.292, será feita no próximo capítulo, na parte em que tratamos dos recursos especial e extraordinário.

## 5. Regras Específicas do Sistema Recursal

Compreendida a incidência dos Princípios do Processo Penal na fase recursal, vejamos agora as "regras" específicas do sistema recursal. Não é aqui o momento de fazer uma profunda análise entre Princípios e Regras[19], senão que, partindo do conceito de ÁVILA[20], concebemos as regras como *normas imediatamente descritivas, primariamente retrospectivas e com pretensão de decidibilidade e abrangência, para cuja aplicação se exige a avaliação da correspondência, sempre centrada na finalidade que lhes dá suporte ou nos princípios que lhes são axiologicamente sobrejacentes, entre a construção conceitual da descrição normativa e a construção conceitual dos fatos.*

O conceito de *regra recursal* é fundamental, na medida em que determina a adoção da conduta descrita sem perder de vista a fidelidade aos princípios do processo penal, anteriormente explicados, que são axiologicamente sobrejacentes, e sem olvidar da necessária manutenção de fidelidade em relação à finalidade desses mesmos princípios superiores. Ademais, essas regras são normas descritivas com pretensão de abrangência e decidibilidade, que exigem a correspondência da conduta praticada em relação à finalidade que lhes dá suporte.

Em última análise, nesse conjunto de regras, encontraremos verdadeiras *regras para o juízo do juiz*, ou seja, regras para o tribunal observar no momento do julgamento dos recursos.

## 5.1. Fungibilidade

A Fungibilidade está prevista no art. 579 do CPP, nos seguintes termos:

> Art. 579. Salvo a hipótese de má-fé, a parte não será prejudicada pela interposição de um recurso por outro.
> Parágrafo único. Se o juiz, desde logo, reconhecer a impropriedade do recurso interposto pela parte, mandará processá-lo de acordo com o rito do recurso cabível.

Significa que o sistema recursal permite que um recurso (errado) seja conhecido no lugar de outro (correto), a partir de uma noção de substitutividade de um recurso por outro. Mas esse princípio não legitima o conhecimento de qualquer recurso (errado) no lugar de outro, correto. Para isso, o art. 579 prevê que um recurso poderá ser conhecido por outro, desde que afastada a *má-fé* do recorrente.

O conceito de *má-fé* é aberto, indeterminado, permitindo ampla manipulação conceitual. Tampouco soluciona o problema invocar o "erro grosseiro" para caracterizar a má-fé, ou mesmo o "pacífico entendimento jurisprudencial" sobre o cabimento de determinado recurso, mas, em geral, é com base nesses dois fatores

---

19 Sobre o tema, entre outros, é imprescindível a leitura de ÁVILA, Humberto. *Teoria dos Princípios*: da definição à aplicação dos princípios jurídicos. 4. ed. São Paulo, Malheiros, 2005.

20 ÁVILA, Humberto. *Teoria dos Princípios*: da definição à aplicação dos princípios jurídicos, cit., p. 78.

(erro grosseiro e ausência de divergência jurisprudencial) que os tribunais pautam a aplicação da fungibilidade.

Em geral, tem-se admitido a fungibilidade entre Apelação e Recurso em Sentido Estrito, porque nem sempre os casos de interposição de um e outro permitem, sem sombra de dúvida, a escolha do recurso correto, mas, principalmente, porque é possível a interposição do recurso "errado", mas dentro do prazo de interposição do correto.

Esse é outro aspecto (costumeiramente invocado na jurisprudência) importante a ser considerado no momento de aplicar a regra da fungibilidade: ainda que o recurso seja errado, deve ser interposto com tempestividade em relação ao correto. Essa construção é um grande limitador da eficácia da fungibilidade, com a qual não concordamos, pois pensamos que não é razoável nem realista.

O normal é que a parte interponha o recurso que julgue ser o correto, no prazo que a lei lhe determina. Exigir outra conduta é ilógico, mas infelizmente é assim que muitos tribunais ainda tratam da matéria. Pensamos que a fungibilidade deve ter maior eficácia[21], afastando-se sua aplicação apenas quando – escancaradamente – a parte estiver usando um recurso manifestamente errado, para remediar a perda do prazo do recurso correto.

Entendemos que o art. 579 exige uma releitura, especialmente no que tange à "hipótese de má-fé". Tradicionalmente, afirmava-se que a má-fé era o erro grosseiro, o proceder doloso. E, principalmente, muitos exigiam, para invocação da fungibilidade, que o recurso "errado" fosse interposto no prazo do recurso "correto".

Ora, essa é uma limitação excessiva e até mesmo contraditória com o proceder honesto da parte. Quem acredita honestamente que é um recurso, quando na verdade é outro, orienta-se pelo prazo do recurso que crê ser o correto, por elementar! Portanto, além de o art. 579 não exigir a "interposição no prazo do recurso

[21] No mesmo sentido, GRINOVER, MAGALHÃES e SCARANCE (op. cit., p. 40) explicam que é exatamente neste caso, em que a parte interpõe o recurso impróprio dentro de seu prazo cabível, mas fora do previsto para a interposição do recurso cabível, que a regra da fungibilidade deveria ser aplicada. E continuam, afirmando que "entendemos que, para a subsistência do princípio, em sua inteireza, deveria haver aproveitamento do recurso impróprio, mesmo quando interposto fora do prazo do cabível, como hoje se entende para o processo civil. Mas o art. 579 CPP, que ainda exclui o princípio na hipótese de má-fé, impõe a manutenção de critérios antigos: parece, então, poder-se concluir que, se houver realmente incerteza quanto ao recurso adequado – seja pelo próprio sistema, seja por controvérsias doutrinárias ou jurisprudenciais –, o recurso impróprio pode ser aproveitado, mesmo se interposto fora do prazo do cabível. Mas se essa dúvida não existir, a interposição de um recurso por outro, dentro do prazo maior, será claro indício de má-fé".

correto" para aplicação da fungibilidade, a "má-fé" deve ser demonstrada e nunca presumida. Deve-se considerar o agir intencional, doloso, destinado a burlar o sistema recursal. O erro grosseiro é aquele que constitui um equívoco injustificável, fruto de um profundo desconhecimento das leis processuais e sobre uma questão que não exista qualquer dúvida interpretativa[22]. É uma afronta literal à lei e à dogmática processual consolidada. Em sentido diverso, quando não houver paz conceitual sob o cabimento de um recurso ou outro, a divergência deve operar "pró-recurso".

Por fim, com alguma boa vontade, é possível aplicar-se a fungibilidade nas ações de impugnação, com o mandado de segurança sendo conhecido como *habeas corpus* e vice-versa.

## 5.2. Unirrecorribilidade

Determina o art. 593, § 4º, do CPP, que

> quando cabível a apelação, não poderá ser usado o recurso em sentido estrito, ainda que somente de parte da decisão se recorra.

Significa dizer que a apelação absorve a matéria do recurso em sentido estrito, sendo mais abrangente que ele. Mais do que isso, a regra impõe que uma decisão seja impugnável por apenas um recurso.

Por exemplo: se uma sentença penal condena o réu a uma pena de 2 anos de reclusão e nega a suspensão condicional da pena. A parte interessada deverá interpor apenas o recurso de apelação, e não apelação + recurso em sentido estrito (pois da decisão que denega o *sursis*, em tese, cabe RSE, art. 581, XI).

Ainda que o recurso seja parcial, limitado a postular o reexame apenas da não concessão da suspensão condicional da pena, deverá o réu interpor apenas o recurso de apelação, e não recurso em sentido estrito. Trata-se de um recurso contra uma sentença condenatória, apelável, portanto. Ainda que a impugnação seja limitada a determinado aspecto da sentença, não deixa de ser um recurso contra uma sentença penal condenatória; logo, apelação (ainda que parcial, pois limitada a discutir apenas parte dela).

Em suma, a unirrecorribilidade tem por base o seguinte princípio: contra uma decisão, caberá apenas um recurso. Mas essa regra possui exceções, como por exemplo, o seguinte caso: um acórdão pode violar, simultaneamente, uma lei

---

22 BADARÓ, Gustavo Henrique Ivahy. O Agravo Cabível contra Decisão Denegatória de Recurso Especial e Extraordinário em uma Recente Decisão do STF e os Limites da Fungibilidade Recursal. *Boletim do IBCCrim*, n. 230, janeiro/2012, p. 2.

federal e também a Constituição. Nesse caso, para evitar a preclusão, deverá a parte interessada interpor, no mesmo prazo de 15 dias, os dois recursos (especial e extraordinário), ainda que o último fique sobrestado, aguardando o julgamento do primeiro. Outro exemplo é a interposição simultânea de embargos infringentes e recurso especial e/ou extraordinário quando houver decisão não unânime em relação ao mérito e unânime no que tange às preliminares. Voltaremos a esse tema ao tratar dos embargos infringentes.

### 5.3. Motivação dos Recursos

Todo e qualquer recurso deve ser fundamentado, expondo as questões de fato e/ou de direito que o sustentam. Mesmo a apelação, em que o art. 601 admite a subida com as razões ou sem elas, tem sido objeto de uma (re)leitura constitucional, de modo que, em nome da ampla defesa e do contraditório, os tribunais têm determinado o retorno dos autos à comarca de origem para que sejam apresentadas as razões, inclusive com a nomeação de defensor dativo para apresentá-las se não o fizer o constituído.

Além da ampla defesa, a ausência de razões também viola o contraditório, porque sem elas não tem a outra parte condições plenas de contra-arrazoar. Por isso, os tribunais ultimamente têm determinado que os autos baixem em diligências para que o defensor ofereça as razões ou seja nomeado um dativo para isso.

### 5.4. Proibição da *Reformatio in Pejus* e a Permissão da *Reformatio in Mellius*. Problemática em Relação aos Julgamentos Proferidos pelo Tribunal do Júri

No processo penal, está sempre permitida a reforma da decisão para melhorar a situação jurídica do réu, inclusive com o reconhecimento de ofício e a qualquer momento, de nulidades processuais que beneficiem o réu. Mas não pode o tribunal reconhecer nulidade contra o réu que não tenha sido arguida no recurso da acusação (Súmula 160 do STF).

Assim, diante de um recurso do Ministério Público (sem recurso da defesa), o tribunal pode acolher o pedido do MP, manter a decisão e denegar o pedido, ou ainda, de ofício, negar provimento ao pedido do MP e melhorar a situação jurídica do réu, ainda que ele não tenha recorrido.

Por outro lado, está vedada a reforma para pior, ou seja, diante de um recurso da defesa, não pode o tribunal piorar a situação jurídica do imputado. Portanto, diante de um exclusivo recurso da defesa, o tribunal pode dar provimento no todo ou em parte, ou manter intacta a decisão de primeiro grau. Em nenhuma hipótese pode piorar a situação do réu (exceto, é óbvio, se também houver recurso do acusador).

Nesse sentido, determina o art. 617 do CPP:

Art. 617. O tribunal, câmara ou turma atenderá nas suas decisões ao disposto nos arts. 383, 386 e 387[23], no que for aplicável, não podendo, porém, ser agravada a pena, quando somente o réu houver apelado da sentença.

Também está vedada a *reformatio in pejus* indireta, dissimulada, como pode ocorrer no seguinte caso: o juiz condena o réu a uma pena de 4 anos de reclusão por determinado delito. Em grau recursal, o tribunal, acolhendo a apelação da defesa, anula a sentença por ter-se baseado em prova ilícita, determinando o desentranhamento e a repetição do ato. Na nova sentença, o réu é condenado a uma pena de 5 anos de reclusão.

Trata-se de uma *reformatio in pejus* indireta, que conduzirá a nova nulidade da sentença. É indireta porque a piora na situação do réu não foi causada, diretamente, pelo tribunal, julgando o recurso. Mas, sem dúvida, o tratamento mais grave foi efeito do acolhimento do recurso da defesa.

Situação complexa surge na aplicação do princípio da *ne reformatio in pejus* nos julgamentos do Tribunal do Júri, pois também regidos pelo princípio da soberania dos julgamentos.

Tradicionalmente, a situação era tratada (inclusive por nós, em edições anteriores) da seguinte forma:

Supondo que o réu tenha sido condenado por homicídio simples a uma pena de 6 anos de reclusão. Inconformado, apela com base no art. 593, III, "d", do CPP. Provido o apelo, é submetido a novo julgamento pelo júri. Neste novo julgamento, poderia a pena ser superior à anterior (6 anos)? Não, pois isso constituiria uma *reformatio in pejus*. Logo, a segunda decisão seria nula, cabendo uma nova apelação, agora fundada na letra "b", devendo o tribunal *ad quem* retificar a pena para o patamar anterior.

Mas, no mesmo exemplo, poderia o réu – no novo júri – ser condenado por homicídio qualificado a uma pena de 12 anos? Sim, poderia, seria a resposta tradicional, pois não haveria *reformatio in pejus* indireta na medida em que se o réu foi pronunciado por homicídio qualificado e, no primeiro júri, é negada a qualificadora e condenado por homicídio simples, no novo júri, o julgamento é inteiramente repetido. Os novos jurados são soberanos para decidir. Portanto, como a qualificadora foi reconhecida na pronúncia, ela será novamente quesitada e os jurados podem reconhecê-la. Não haveria *reformatio in pejus*, pois o julgamento seria inteiramente repetido e os jurados soberanos na sua decisão.

---

23 Importante destacar que o dispositivo não faz alusão ao art. 384, pois está vedada a *mutatio libelli* em segundo grau, na medida em que implicaria supressão de um grau de jurisdição, além da violação do contraditório e da ampla defesa.

Mas esse entendimento deve ser revisado, principalmente após a decisão proferida pela 2ª Turma do STF no HC 89.544-1 (julgado em 14/4/2009)[24].

Segundo explica o Min. CEZAR PELUSO, no corpo do voto condutor que julgava situação similar àquela anteriormente narrada, "a proibição de reforma para pior, inspirada no art. 617 do Código de Processo Penal, não comporta exceção alguma que a convalide ou legitime, ainda quando indireta, tal como se caracterizou no caso. Se, de um lado, a Constituição da República, no art. 5º, inc. XXXVIII, letra 'c', proclama a instituição do júri e a soberania de seus veredictos, de outro assegura aos acusados em geral o contraditório e a ampla defesa, com os meios e recursos a ela inerentes (inc. LV do art. 5º)".

Para o relator, tais princípios são cláusulas elementares do devido processo e devem ser interpretados à luz do critério da chamada "concordância prática", de modo que no conflito de princípios deve ser adotada uma "solução que otimize a realização de todos eles, mas ao mesmo tempo não acarrete a negação de nenhum". Partindo da unidade orgânica e da integridade axiológica da Constituição, deve haver uma coexistência harmônica dos bens tutelados, sem predomínio teórico de uns sobre outros. Em suma, segundo o voto, "a regra constitucional da soberania dos veredictos em nada impede a incidência da vedação da *reformatio in peius* indireta, pois esta não lhe impõe àquela limitações de qualquer ordem, nem tampouco despoja os jurados da liberdade de julgar a pretensão punitiva, nos termos em que a formule a pronúncia".

Por todos esses argumentos, entendeu o STF por reformar a decisão, fixando a pena do paciente (que havia sido condenado pelo júri por homicídio doloso, tendo o juiz fixado a pena em 12 anos, regime fechado) em 6 anos (limite imposto pelo julgamento anterior, no qual havia o réu sido condenado por homicídio simples). Ou seja, manteve o STF a condenação pelo homicídio qualificado, mas fixou a pena igual àquela do julgamento anterior, para evitar a *reformatio in pejus* indireta.

---

[24] AÇÃO PENAL. Homicídio doloso. Tribunal do Júri. Três julgamentos da mesma causa. Reconhecimento da legítima defesa, com excesso, no segundo julgamento. Condenação do réu à pena de 6 (seis) anos de reclusão, em regime semiaberto. Interposição de recurso exclusivo da defesa. Provimento para cassar a decisão anterior. Condenação do réu, por homicídio qualificado, à pena de 12 (doze) anos de reclusão, em regime integralmente fechado, no terceiro julgamento. Aplicação de pena mais grave. Inadmissibilidade. *Reformatio in pejus* indireta. Caracterização. Reconhecimento de outros fatos ou circunstâncias não ventilados no julgamento anterior. Irrelevância. Violação consequente do justo processo da lei (*due process of law*), nas cláusulas do contraditório e da ampla defesa. Proibição compatível com a regra constitucional da soberania relativa dos veredictos. HC concedido para restabelecer a pena menor. Ofensa ao art. 5º, incs. LIV, LV e LVII, da CF. Inteligência dos arts. 617 e 626 do CPP. Anulados o julgamento pelo tribunal do júri e a correspondente sentença condenatória, transitada em julgado para a acusação, não pode o acusado, na renovação do julgamento, vir a ser condenado a pena maior do que a imposta na sentença anulada, ainda que com base em circunstância não ventilada no julgamento anterior.

No mesmo sentido vai a jurisprudência do STJ[25].

Concordamos integralmente com a decisão, mas parece-nos que o caminho percorrido na fundamentação é outro, melhor enfrentado por RABELO[26] em trabalho sobre o tema.

Parte RABELO da necessária constitucionalização do processo penal, sendo, portanto, inadequada a afirmação de que o princípio da *ne reformatio in pejus* seja infraconstitucional. Está-se diante de um princípio constitucional implícito, decorrente do princípio da ampla defesa e do devido processo legal (art. 5º, LV, da CB). Portanto, a resolução da questão, prossegue o autor, "não pode mais se dar com base no critério hierárquico – pois, agora, se está diante de dois princípios constitucionais fundamentais –, mas deve ser solucionada no âmbito da ponderação de princípios".

---

25 *HABEAS CORPUS*. HOMICÍDIO QUALIFICADO E OCULTAÇÃO DE CADÁVER. 1. CONDENAÇÃO PELO TRIBUNAL DO JÚRI. RECURSO EXCLUSIVO DA DEFESA. SEGUNDO JULGAMENTO. ABSOLVIÇÃO DO CRIME DE HOMICÍDIO. RECURSO EXCLUSIVO DA ACUSAÇÃO. DECISÃO DOS JURADOS CONTRÁRIA À PROVA DOS AUTOS. 2. TERCEIRO JULGAMENTO. CONDENAÇÃO PELOS DOIS TIPOS PENAIS. RECURSO DA DEFESA. VEDAÇÃO LEGAL A UM SEGUNDO RECURSO PELO MESMO FUNDAMENTO. 3. CONDENAÇÃO FINAL SUPERIOR À IMPOSTA NO PRIMEIRO JULGAMENTO. VIOLAÇÃO AO PRINCÍPIO DA *NON REFORMATIO IN PEJUS* INDIRETA. 4. ORDEM PARCIALMENTE CONCEDIDA. 1. Se o recurso interposto pela defesa apresenta a mesma alegação do que foi interposto pela acusação, já julgado e provido pelo Tribunal estadual – de que a sentença condenatória foi contrária à prova dos autos –, o último encontra óbice no art. 593, § 3º, do Código de Processo Penal, que veda a interposição de uma segunda apelação por igual motivo. Precedentes. 3. Havendo um primeiro julgamento (com recurso exclusivo da defesa) e um terceiro (com recurso exclusivo da acusação) e o Tribunal do Júri, em decisão soberana, condenar a paciente exatamente pelos mesmos tipos penais, o *quantum* da reprimenda deve respeitar os limites impostos na primeira condenação da qual somente a defesa recorreu, sob pena de configurar *reformatio in pejus* indireta. 4. Ordem parcialmente concedida (STJ, Rel. Min. Marco Aurélio Bellizze, 5ª Turma, julgado em 27/03/2012).
E, ainda:
*HABEAS CORPUS*. HOMICÍDIO QUALIFICADO. CONDENAÇÃO NO JÚRI POPULAR. APELAÇÃO. REDUÇÃO DA REPRIMENDA. NOVO JULGAMENTO. IMPOSIÇÃO DE SANÇÃO CORPORAL SUPERIOR. IMPOSSIBILIDADE. PRINCÍPIO QUE VEDA A *REFORMATIO IN PEJUS* INDIRETA. 1. Os princípios da plenitude de defesa e da soberania dos veredictos devem ser compatibilizados de modo que, em segundo julgamento, os jurados tenham liberdade de decidir a causa conforme suas convicções, sem que isso venha a agravar a situação do acusado, quando apenas este recorra. 2. Nesse contexto, ao proceder à dosimetria da pena, o Magistrado fica impedido de aplicar sanção superior ao primeiro julgamento, se o segundo foi provocado exclusivamente pela defesa. 3. No caso, em decorrência de protesto por novo júri (recurso à época existente), o Juiz presidente aplicou pena superior àquela alcançada no primeiro julgamento, o que contraria o princípio que veda a *reformatio in pejus* indireta. 4. Ordem concedida, com o intuito de determinar ao Juízo das execuções que proceda a novo cálculo de pena, considerando a sanção de 33 (trinta e três) anos, 7 (sete) meses e 6 (seis) dias de reclusão, a ser cumprida inicialmente no regime fechado (HC 205616/SP, Rel. Min. Og Fernandes, 6ª Turma, julgado em 12/6/2012, *DJe* 27/6/2012).

26 RABELO, Galvão. O Princípio da *Ne Reformatio in Pejus* Indireta nas Decisões do Tribunal do Júri. *Boletim do IBCCrim*, n. 203, outubro de 2009, p. 16-18.

E aqui está o diferencial da fundamentação. RABELO esclarece que não haveria necessidade de se falar em colisão de princípios constitucionais (como fez o STF na decisão analisada), senão uma *exegese contextualizada do princípio da soberania dos veredictos, situando seu círculo hermenêutico dentro de um contexto protetivo do acusado. Em outros termos, deve-se entender o princípio da soberania dos veredictos como garantia constitucional do acusado, e não dos jurados*[27].

Eis o melhor trato da questão. No momento em que o legislador constituinte situa o instituto do Tribunal do Júri na dimensão de direito fundamental da pessoa, não se pode desconectar deste círculo hermenêutico, de modo que todos os princípios e regras do tribunal do júri devem ser trabalhados no contexto de proteção dos direitos individuais do imputado, inclusive a soberania dos julgamentos e a garantia da *ne reformatio in pejus*. Do contrário, teria o legislador inserido apenas uma norma de competência (como o fez com a justiça militar, eleitoral, federal etc.) no capítulo que dispõe sobre o Poder Judiciário.

Obviamente, sendo o júri e todas suas regras instrumentos a serviço da eficácia do sistema de proteção da Constituição, não pode, qualquer delas, com a soberania das decisões, ser utilizada em seu prejuízo.

Por fim, conclui com acerto RABELO, "se o princípio da soberania dos veredictos fosse compreendido dessa maneira, por certo não haveria necessidade de se falar em sua colisão com o princípio da *ne reformatio in pejus*, nas hipóteses de cassação das decisões do tribunal do júri. O que ocorreria é a não incidência do princípio da soberania dos veredictos contra o acusado, uma vez que se trata de princípio-garantia do réu de crimes dolosos contra a vida". O resultado prático é o mesmo da decisão do STF, mas com fundamento teórico diverso e mais adequado, pensamos.

Destarte, o que deve ficar claro é: diante de recurso exclusivo da defesa, veda-se que no novo julgamento o resultado seja pior do que aquele proferido no julgamento anterior, independentemente de ter havido o reconhecimento de qualificadora anteriormente afastada.

## 5.5. *Tantum Devolutum Quantum Appellatum*

Em matéria recursal, vinculada ao efeito devolutivo está a regra do *tantum devolutum quantum appellatum*, que, em linhas gerais, significa que *tanto se devolve quanto se apela*, ou seja, ao tribunal é devolvido o conhecimento da matéria objeto do recurso.

É uma espécie de *correlação recursal*, mas que sofre muitas mitigações pelas especificidades do processo penal.

---

27 Idem, ibidem, p. 17.

Vincula-se aos limites do efeito devolutivo, mas que, no processo penal, encontra um campo limitado de incidência, pois deve ser pensado à luz da vedação da *reformatio in pejus* e da possibilidade da *reformatio in mellius*, o que faz com que acabe sendo bastante relativizado.

A devolução da matéria pela via do recurso está regida, essencialmente, pela vedação da *reformatio in pejus* e da possibilidade da *in mellius*.

Frente a um recurso exclusivo do MP, pode o tribunal acolhê-lo, para condenar o réu absolvido, aumentar sua pena etc. Mas também pode o tribunal absolver ou mesmo diminuir a pena, ainda que a defesa não tenha recorrido, até porque pode, a qualquer tempo, conceder *habeas corpus* de ofício.

Ou seja, o *tantum devolutum quantum appellatum* é, acima de tudo, uma limitação recursal ao acusador.

Também nos chamados recursos com fundamento vinculado, a devolução da matéria está limitada, como ocorre nos recursos especial e extraordinário, em que não pode o tribunal ir além da matéria contida no fundamento legal invocado. Mas, ainda nesses casos, devemos recordar que as nulidades (absolutas) podem ser conhecidas a qualquer tempo, ainda que a parte não alegue, e assim pode fazer o tribunal desde que a favor do réu (*ex officio*).

## 5.6. Irrecorribilidade dos Despachos de Mero Expediente e das Decisões Interlocutórias (Simples)

Afirmar que a regra é a irrecorribilidade das decisões interlocutórias, o que é recorrente na doutrina, é insuficiente, pois no modelo brasileiro mesmo as decisões interlocutórias são classificadas em simples ou mistas, sendo essas últimas recorríveis. Também peca por não incluir os despachos de mero expediente (efetivamente irrecorríveis). Por tudo isso, ampliamos a regra para refletir o seu conteúdo.

Os despachos de mero expediente são de caráter ordenatório, sem cunho decisório e que não causam gravame, sendo, portanto, irrecorríveis.

O problema está nas decisões interlocutórias simples, em que existe um mínimo de poder decisório e, muitas vezes, causam um gravame para a parte atingida. A irrecorribilidade dessas decisões é a regra, excetuando-se os casos expressamente previstos no art. 581 do CPP, ou seja, os casos em que há previsão de recurso em sentido estrito.

Logo, se determinada decisão interlocutória é irrecorrível, não há que se falar em preclusão, podendo a parte interessada alegar a questão no debate oral (final do procedimento) e como preliminar no recurso de apelação.

Situação distinta ocorre nos casos em que há recurso previsto para a decisão interlocutória, em que existe preclusão da matéria se não for interposto o recurso adequado e no prazo legal. Exemplos: se não recorro da decisão de pronúncia, não posso alegar um vício dela na apelação, depois do Tribunal do Júri.

Por outro lado, a decisão que recebe a denúncia ou queixa é irrecorrível. Logo, não há preclusão, podendo eventual inépcia ser alegada na resposta à acusação, nos debates orais e até como preliminar da apelação, em caso de sentença penal condenatória.

Para finalizar, é fundamental destacar que a regra da irrecorribilidade dos despachos de mero expediente e das decisões interlocutórias simples possui uma exceção: os embargos declaratórios.

Como explicaremos no próximo capítulo, ao tratarmos dos recursos em espécie, os embargos de declaração sempre podem ser interpostos, ainda que a decisão seja, em tese, irrecorrível. Isso porque às partes é assegurado o direito de compreender a decisão judicial e ver nela tratadas todas as questões ventiladas e que a originaram. Assim, à regra da irrecorribilidade, sempre se devem excepcionar os embargos declaratórios.

### 5.7. Complementaridade Recursal

Significa a possibilidade de complementação do recurso em razão de modificação superveniente na fundamentação da decisão. Como regra, o recurso é interposto e juntadas no prazo legal as razões que o fundamentam.

Contudo, imaginemos que de determinada sentença a defesa interponha o recurso de apelação, e o Ministério Público, no mesmo prazo, apresente embargos declaratórios. Se a defesa apresentar suas razões antes do julgamento dos embargos declaratórios e houver alguma mudança substancial na fundamentação ou mesmo na decisão (efeito modificativo), deverá ser-lhe oportunizado prazo para complementar suas razões diante das inovações surgidas.

Também não vislumbramos qualquer óbice à aceitação dos chamados *memoriais aditivos*, com caráter complementar, apresentados pela defesa junto ao tribunal. Nesse caso, após a apresentação do recurso, das razões e das contrarrazões, pode a defesa, antes do julgamento, apresentar memorial para cada desembargador ou ministro integrante da Câmara ou Turma que irá apreciar o recurso.

Nesse memorial, nada impede que sejam complementados ou acrescentados fundamentos jurídicos (ou fáticos, se for o caso, mas com base na prova dos autos). Não há violação do contraditório porque também o Ministério Público a ele terá acesso, com anterioridade ao julgamento, podendo na sua manifestação oral realizada na sessão de julgamento fazer o contraponto que entender necessário e cabível.

## 5.8. (In)Disponibilidade dos Recursos

Considerando que os recursos são uma continuidade da situação jurídico-processual, há que se fazer a análise da (in)disponibilidade dos recursos, para o acusador, à luz da natureza da ação processual penal.

Em se tratando de crime de ação processual penal de iniciativa privada, regida pela disponibilidade, o querelante poderá, a qualquer momento, desistir do recurso que haja interposto, arcando ele com as custas processuais, ou renunciar ao que ainda não interpôs.

Em sendo a ação penal de iniciativa pública, a situação é completamente distinta, incidindo no caso a regra contida no art. 576 do CPP, a saber:

> Art. 576. O Ministério Público não poderá desistir de recurso que haja interposto.

O Ministério Público não está obrigado a recorrer da decisão ou sentença, mas, se o fizer, não poderá desistir[28] do recurso, pois a ação penal é indisponível, como indisponível será o recurso. Quanto à renúncia (recordando que se renuncia ao que ainda não foi feito; desiste-se do que já foi feito), não poderá fazê-lo expressamente o Ministério Público, mas nada impede a renúncia tácita, pelo transcurso *in albis* do prazo recursal.

Quanto ao imputado, poderá haver a desistência do recurso, desde que seja um ato consensual do réu e de seu defensor. Havendo a desistência de um deles, sem a concordância do outro, deve prevalecer a ampla defesa, com a manutenção do recurso (até porque é vedada a *reformatio in pejus*).

Igual tratamento merece a renúncia. Assim, caso o defensor junte uma petição desistindo do recurso interposto, o mais seguro é providenciar a intimação pessoal do réu, para que se manifeste no prazo fixado. Havendo a concordância expressa, tem-se a desistência do recurso. Do contrário, deve seguir sua tramitação.

---

[28] Ainda que exista disposição expressa, entendemos que tal vedação está fadada ao abandono, não só pela tendência – cada vez mais forte – de flexibilização e até extinção dos princípios da obrigatoriedade e indisponibilidade da ação penal de iniciativa pública, mas também porque ilógico. Como adverte PAULO QUEIROZ (http://www.pauloqueiroz.net/pode-o-mp-desistir-de-recurso-ja-interposto/), "há aí uma contradição lógica insuperável: o recurso é voluntário, segundo a lei, mas, se interposto, não é passível de desistência. Ora, quem pode o mais (não recorrer), há, em princípio, de poder o menos (dele desistir)". Enfim, ainda que o dispositivo siga vigendo, pensamos que a tendência é pela superação de tal vedação.

Para finalizar, é importante o disposto na Súmula 705 do STF: *a renúncia do réu ao direito de apelação, manifestada sem a assistência do defensor, não impede o conhecimento da apelação por este interposta*.

E também na Súmula 708 do STF: *é nulo o julgamento da apelação se, após a manifestação nos autos da renúncia do único defensor, o réu não foi previamente intimado para constituir outro*.

### 5.9. Extensão Subjetiva dos Efeitos dos Recursos

Estabelece o art. 580 do CPP:

> Art. 580. No caso de concurso de agentes (Código Penal, art. 25)[29], a decisão do recurso interposto por um dos réus, se fundado em motivos que não sejam de caráter exclusivamente pessoal, aproveitará aos outros.

Muitos autores denominam *Efeito Extensivo dos Recursos*, mas na realidade não se trata propriamente de um "efeito"[30] dos recursos, senão de uma *extensão*, para outros réus que não recorreram (por isso, uma extensão subjetiva), dos *efeitos* dos recursos, ou seja, dos efeitos da decisão proferida no julgamento do recurso.

BADARÓ[31] explica que "não se trata de extensão do recurso, mas de extensão da decisão proferida no julgamento do recurso. Se houvesse extensão do recurso, o corréu que não recorreu seria intimado a apresentar razões, poderia fazer sustentação oral, recorrer da decisão proferida no julgamento do recurso, etc. Entretanto, nada disto ocorre".

Trata-se de uma situação excepcional, em que um réu não recorrente pode ser beneficiado pela decisão proferida no recurso interposto pelo corréu, desde que não diga respeito a circunstâncias de caráter pessoal.

Eis aqui mais uma regra que relativiza o *tantum devolutum quantum appellatum*, pois permite-se que o tribunal decida em relação a quem sequer recorreu (ou seja, nada se devolveu em relação àquele réu). Tal situação pode suceder, por exemplo, quando apenas um dos réus recorre da sentença condenatória e o tribunal, apreciando esse recurso, decide pela atipicidade da conduta por todos praticada. Trata-se de uma circunstância que não é de caráter pessoal, aproveitando a todos os que não recorreram, pois um mesmo fato não pode ser, como regra, atípico para um réu e típico para outro na mesma situação, mas que apenas não recorreu.

---

29 A referência diz respeito ao dispositivo original do Código Penal de 1940, tendo sido alterado com a reforma de 1984, mas mantida a redação no Código de Processo Penal. Assim, o dispositivo aludido é o atual art. 29 do Código Penal.

30 Nesse sentido, GRINOVER, MAGALHÃES e SCARANCE, op. cit., p. 57.

31 BADARÓ, Gustavo Henrique. *Direito Processual Penal*. Rio de Janeiro, Elsevier, 2007. t. II, p. 207.

Situação diversa é quando o tribunal reconhece, por exemplo, a atenuante da menoridade relativa do réu apelante, negada pela sentença. Trata-se de circunstância pessoal que não aproveita aos demais corréus (exceto se algum deles também for menor e não lhe tiver sido atenuada a pena).

Como explica MANZINI[32], convém prevenir a possibilidade de que, em um mesmo processo, a sentença adquira a autoridade de coisa julgada em relação a algum dos imputados e seja reformada ou anulada em relação a outros, sem que a diversidade de tratamento esteja justificada pela diferença das condições subjetivas desses mesmos imputados.

Convém destacar, ainda, que a extensão subjetiva jamais se dá quando o recurso é do acusador, ou seja, se o Ministério Público recorrer da decisão apenas em relação a um dos corréus, o acolhimento desse recurso não alcançará os demais que não foram, dele, objeto de impugnação.

Por fim, a regra da extensão subjetiva dos efeitos dos recursos também pode ser aplicada nas ações autônomas de impugnação, sendo costumeira sua invocação em sede de *habeas corpus*, mandado de segurança e mesmo na revisão criminal. Importa é manter a isonomia de tratamento jurídico para réus que estejam na mesma situação jurídico-processual, evitando decisões conflitantes e tutela injustamente diferenciada.

## 6. Interposição. Tempestividade. Preparo na Ação Penal de Iniciativa Privada. Deserção

Na análise específica de cada recurso, voltaremos a tratar dos detalhes da interposição e dos prazos recursais, cabendo, neste momento, fazer uma rápida introdução.

Como regra geral, os recursos são interpostos por escrito, em petição, mas, excepcionalmente, poderão ser feitos por termo nos autos. A regra contida no art. 578 (*O recurso será interposto por petição ou por termo nos autos, assinado pelo recorrente ou por seu representante*) permite que a parte prejudicada interponha, na própria audiência, ou em cartório, o recurso, mediante redução da manifestação oral à forma escrita (termo nos autos).

E por que a possibilidade de interposição por termo nos autos? Para facilitar o acesso das partes ao recurso de apelação (e também ao recurso em sentido estrito), especialmente da defesa técnica e do próprio réu. Imagine-se a situação de um

32 MANZINI, Vincenzo. *Tratado de Derecho Procesal Penal*, cit., t. V, p. 12.

réu preso e com defensor dativo. É muito importante a permissão legal de que o próprio réu interponha o recurso de apelação contra a sentença que o condenou, mas, para fazer isso, havia que se simplificar o modo de interposição. Por isso, é acertada a sistemática brasileira, em que o réu pode, ao ser intimado da sentença condenatória, escrever, de próprio punho: "desejo recorrer". Basta isso, ou qualquer manifestação nesse sentido. Inclusive, poderá o oficial de justiça questionar se o réu deseja apelar e, diante da resposta positiva, certificar no mandado. Basta isso. Tem-se como interposto o recurso. Deverá o juiz intimar o defensor (constituído ou dativo) para que apresente as razões no prazo legal, sob pena de, em não o fazendo, ser nomeado outro defensor para fazê-lo.

Como regra, a interposição por termo nos autos somente é possível nos recursos que possuem dois momentos distintos no seu processamento, ou seja, um de interposição e outro com as razões. São os casos da apelação e do recurso em sentido estrito, em que a parte possui o prazo de 5 dias para interposição e outro para apresentação das razões. Somente o primeiro momento poderá ser feito por termo nos autos, devendo a motivação ser apresentada em petição escrita juntada ao processo. Não há, assim, como se fazer a interposição por termo nos autos de um recurso extraordinário ou especial, pois se constituem em uma única peça (interposição + razões).

A tempestividade significa que o recurso foi interposto no prazo legal, ou seja, apresentado a tempo. Trata-se de um requisito fundamental, pois o recurso intempestivo não é sequer conhecido (admitido), muito menos apreciado.

Os prazos recursais são fatais e peremptórios, sendo sua contagem regida pelo art. 798 do CPP.

Em se tratando de sentença, a regra é que sejam intimados o réu e seu defensor, contando-se o prazo da última intimação, ou seja, da data em que o oficial de justiça assim certificar ter realizado o ato. É importante destacar que, no processo penal, os prazos contam-se a partir da realização da intimação, e não da juntada aos autos do respectivo mandado (como ocorre no processo civil).

Nessa matéria, interessam ainda as Súmulas 310 e 710 do STF[33], a saber, que esclarecem a matéria.

Importante esclarecer que, nos recursos em que o processamento se dá em dois momentos (apelação e recurso em sentido estrito), a tempestividade é aferida

---

[33] Súmula 310 do STF: *Quando a intimação tiver lugar na sexta-feira, ou a publicação com efeito de intimação for feita nesse dia, o prazo judicial terá início na segunda-feira imediata, salvo se não houver expediente, caso em que começará no primeiro dia útil que se seguir.*
Súmula 710 do STF: *No processo penal, contam-se os prazos da data da intimação, e não da juntada aos autos do mandado ou da carta precatória ou de ordem.*

pelo momento da interposição, sendo a apresentação fora do prazo legal das razões uma mera irregularidade.

Tampouco podemos esquecer que os membros da Defensoria Pública[34] dos Estados e da União possuem a (importante) prerrogativa de serem pessoalmente intimados de todos os atos do processo, inclusive no segundo grau, concedendo-lhes em dobro todos os prazos, incluindo os recursais. Trata-se de medida salutar e imprescindível para assegurar a ampla defesa daqueles que, além de serem clientes preferenciais do sistema penal (seletivo por excelência), não possuem condições econômicas para arcar com os custos de um defensor privado. Nos recursos de apelação e em sentido estrito, em que se concede um prazo para interposição e outro para apresentação das razões, a melhor leitura do dispositivo *suprarreferido* é aquela que concede o dobro do prazo em ambos os atos, ou seja, 10 dias para interposição e 16 dias para razões, no caso da apelação, e 10 dias para interposição e 4 dias para apresentação das razões no caso do recurso em sentido estrito.

E se o recurso for interposto antes de aberto o prazo recursal? É tempestivo e deve ser recebido. Nesse sentido, o art. 218, § 4º, do CPC preenche a lacuna do CPP ao determinar que "será considerado tempestivo o ato praticado antes do termo inicial do prazo".

Além de tempestivo, o recurso, nos crimes de ação penal de iniciativa privada, deverá ser previamente "preparado", ou seja, deverá o recorrente pagar as custas judiciais previstas para que ele possa ser julgado, sob pena de deserção.

Nesse tema, imprescindível a leitura do art. 806 do CPP[35].

O não pagamento das despesas recursais por parte do recorrente (seja querelante ou querelado) conduz à deserção do recurso interposto, ou seja, o recurso não será sequer conhecido. Trata-se de uma questão impeditiva do julgamento do recurso. A deserção, em última análise, é uma punição processual pelo não pagamento das custas legalmente devidas pelo recorrente. O recorrido, que irá

---

34 Importante consultar a Lei n. 7.871/89 e a Lei Complementar 80/1994 (arts. 44, I, e 128, I), que concedem prazo em dobro para os membros da Defensoria Pública dos Estados e da União.

35 Art. 806. Salvo o caso do art. 32, nas ações intentadas mediante queixa, nenhum ato ou diligência se realizará, sem que seja depositada em cartório a importância das custas.

§ 1º Igualmente, nenhum ato requerido no interesse da defesa será realizado, sem o prévio pagamento das custas, salvo se o acusado for pobre.

§ 2º A falta do pagamento das custas, nos prazos fixados em lei, ou marcados pelo juiz, importará renúncia à diligência requerida ou deserção do recurso interposto.

§ 3º A falta de qualquer prova ou diligência que deixe de realizar-se em virtude do não pagamento de custas não implicará a nulidade do processo, se a prova de pobreza do acusado só posteriormente foi feita (grifo nosso).

simplesmente contra-arrazoar o recurso interposto pela outra parte, não está submetido ao pagamento de qualquer importância.

Em que momento deverá ser feito o preparo?

O § 2º do art. 806 determina que o pagamento das custas deverá ser feito no prazo fixado em lei ou marcado pelo juiz. Especificamente no que tange ao preparo dos recursos, não há prazo fixado em lei. Portanto, deverá o juiz, recebendo a petição de interposição (ou termo nos autos), intimar o recorrente para recolher as custas e fixar um prazo (razoável) para tanto, sendo normalmente estabelecido o prazo de 5 dias. Ao contrário do que sustenta alguma doutrina (com a qual não concordamos), não existe lacuna alguma, sendo absolutamente inadequada qualquer analogia com o Código de Processo Civil nessa matéria. O Código de Processo Penal é claro: custas no prazo fixado em lei ou, na sua falta, no prazo marcado pelo juiz. Logo, em matéria recursal, cabe ao juiz fixar o prazo e determinar a intimação do recorrente para efetuar o recolhimento.

Não raras vezes, os juízes, por desconhecimento ou equívoco (até porque não existe preparo na ação penal de iniciativa pública, o que gera alguma confusão), recebem o recurso e determinam o seu processamento. Chegando no tribunal *ad quem*, constata-se a falta de preparo. É caso de deserção? Evidente que não. Deverá o relator baixar os autos em diligência, para que o juízo *a quo* intime o recorrente para recolher as custas e fixe um prazo razoável. Após, voltam os autos para continuar o julgamento do recurso.

Sendo a parte recorrente (querelante ou querelado) pobre, poderá pleitear a dispensa do pagamento das custas processuais (art. 32 do CPP), realizando assim todos os atos processuais e respectivos recursos, sem o pagamento de qualquer importância.

Deve ser lida, ainda, a Súmula 187 do STJ: "É deserto o recurso interposto para o Superior Tribunal de Justiça, quando o recorrente não recolhe, na origem, a importância das despesas de remessa e retorno dos autos".

Importante destacar que o preparo somente é exigível nos crimes de ação penal de iniciativa privada, não havendo pagamento de custas recursais nos casos de ação penal de iniciativa pública ou na ação penal privada subsidiária da pública. Recordemos que, nesse último caso (subsidiária), a ação penal é de iniciativa pública, não se transformando em privada e tampouco se submetendo ao regime de pagamento de custas dessa modalidade de ação penal.

Dessarte, a deserção é uma punição processual, nas ações penais de iniciativa privada, ao recorrente que não pagou as custas processuais e tampouco obteve o benefício da justiça gratuita.

Destacamos que antigamente havia outro caso de deserção, em caso de fuga, previsto no art. 595. Contudo, o art. 595 foi revogado.

Noutra dimensão, pensamos que a deserção pelo não pagamento de custas na ação penal de iniciativa privada é de discutível constitucionalidade, na medida em que limita o acesso ao duplo grau de jurisdição e, quando o recurso é do querelado (réu), restringe-se indevidamente o direito de defesa. Não conhecer de um recurso defensivo por não pagamento de custas processuais, no processo penal, é inadmissível.

Estabelece, ainda, um paradoxo em relação à ação penal de iniciativa pública, em que não há qualquer possibilidade de deserção, seja porque o recurso é da acusação (MP) ou da defesa. Logo, por que o réu, em crime de ação penal de iniciativa pública, pode recorrer sem pagar nada e, na ação penal de iniciativa privada, não? O direito de defesa e de acesso à jurisdição é igual. Qual o fundamento da deserção?

## 7. Requisitos Objetivos e Subjetivos dos Recursos. Crítica à Transposição das Condições da Ação e Pressupostos Processuais

Há alguma paz conceitual no sentido de que os recursos não estabelecem uma nova situação jurídica (ou relação jurídica, para os seguidores de Bülow), senão que constituem um desdobramento ou fase do próprio processo já existente. Não é nem poderia ser um novo processo ou um *novum iudicium*. É, como vimos, uma continuidade do exercício da pretensão acusatória ou da resistência defensiva, conforme o caso.

Diante disso, por que fazer a transposição das condições da ação para a fase recursal se não existe uma nova ação? Se os recursos não constituem um novo processo, e não existe o exercício de uma ação processual penal, como falar em condições da ação?

Da mesma forma que existem medidas cautelares, e não um processo cautelar, os recursos não constituem um novo processo, senão uma fase dentro do processo; logo, não há que se falar em condições da "ação". Recordemos que "ação" é um poder político constitucional de invocação do poder jurisdicional e que, uma vez exercido, dá lugar à jurisdição e ao processo. A ação se esgotou com o seu exercício e admissão. Depois disso, o que se tem é processo. Daí por que não existe trancamento da ação. O que se tranca é o processo. Então, como se falar em transposição das categorias da ação processual penal depois que já se tem até sentença?

A ação é a mesma que originou o processo, no qual os recursos estabelecem apenas uma nova fase. Logo, as condições da ação podem perfeitamente integrar o mérito recursal (que não se confunde com o mérito do processo), sendo objeto de discussão (na dimensão de preliminares) no recurso. Isso está correto. Mas não existe nova exigência de condições da ação, senão que apenas se permite revisar a decisão anterior sobre elas. A distinção é evidente. Uma coisa é permitir rediscutir a decisão que admitiu a acusação; outra, completamente diversa, é exigir novamente as condições da ação como pressuposto para a admissão do recurso.

A situação é agravada pela transposição das categorias do processo civil para o processo penal, agudizando a crise de conceitos. Como explicamos, é inadequada a importação das categorias "interesse" e "possibilidade jurídica do pedido" para o processo penal, na medida em que o interesse sucumbe diante dos fundamentos do princípio da necessidade. Contudo, na dimensão recursal, é correta a discussão em torno do *interesse*. Ou seja, como condição da ação, o *interesse* é um conceito inadequado, mas, como requisito dos recursos, perfeitamente aplicável, como veremos. Já em relação à *possibilidade jurídica do pedido*, não resiste a uma análise superficial, pois é evidente a impropriedade como condição da ação e, igualmente, como requisito dos recursos.

Sem qualquer pretensão de exaustão, vejamos o tratamento desta temática na doutrina estrangeira:

- ARMENTA DEU[36] utiliza a expressão *requisitos gerais* dos recursos, enumerando-os: competência funcional do órgão que conhece do recurso; legitimidade; gravame; que a decisão seja recorrível; e que o recurso seja tempestivo.
- HINOJOSA SEGOVIA[37] fala em *pressupostos dos recursos*, quais sejam: decisão recorrível; existência de gravame ou prejuízo; e inexistência de coisa julgada (*resolución no sea firme*).
- MANZINI[38] analisa as condições de tempo, modo, as renúncias e os efeitos recursais.
- ROXIN[39] aborda os pressupostos de admissibilidade dos recursos apenas na dúplice dimensão de legitimidade e gravame.

---

36 ARMENTA DEU, Teresa. *Lecciones de Derecho Procesal Penal*. 3. ed. Madrid, Marcial Pons, 2007. p. 279.

37 HINOJOSA SEGOVIA, Rafael et al. *Derecho Procesal Penal*, cit., p. 597.

38 MANZINI, Vincenzo. *Tratado de Derecho Procesal Penal*, cit., v. V, p. 40 e s.

39 ROXIN, Claus. *Derecho Procesal Penal*. Buenos Aires, Del Puerto, 2000. p. 447-448.

Partindo dessas considerações, preferimos situar a questão na dimensão de requisitos recursais, e não de condições ou pressupostos, pois não se trata de novo processo.

Dessarte, os requisitos dos recursos podem ser objetivos ou subjetivos:

1. **Requisitos objetivos:**
   a) cabimento e adequação;
   b) tempestividade;
   c) preparo (apenas nos casos em que a ação penal é de iniciativa privada).
2. **Requisitos subjetivos:**
   a) legitimidade;
   b) existência de um gravame (interesse).

Os requisitos de "cabimento" e "adequação" são distintos, como se verá, mas dada a íntima relação e interação entre eles nada impede que sejam analisados em conjunto, como preferimos.

O requisito (objetivo) primeiro de qualquer recurso é o seu cabimento, no sentido de pressupor a inexistência de uma decisão imutável e irrevogável. A existência de coisa julgada formal é um fator impeditivo da admissão de um recurso, na medida em que constitui o *efeito conclusivo* do processo (ROXIN). Portanto, um recurso somente é cabível se houver uma decisão recorrível.

Intimamente relacionada ao cabimento está a adequação, no sentido de ser eleito pela parte interessada o meio de impugnação adequado para atacar aquela decisão específica. Adequação assim é a compatibilidade entre a decisão proferida e o recurso interposto para impugná-la. Portanto, é manifestamente inadequado o recurso em sentido estrito que pretender impugnar uma sentença penal condenatória, por exemplo, pois recurso cabível e adequado é a apelação.

É na dimensão da adequação que incide o Princípio da Fungibilidade Recursal, relativizando-a, em casos excepcionais, conforme já explicado. Significa dizer que, excepcionalmente, pode ser aceito o recurso "inadequado", como se adequado fosse, desde que não exista erro grosseiro e seja respeitada a tempestividade do recurso correto.

Mas a adequação também abrange a regularidade formal da interposição dos recursos, de modo que não basta a correta eleição do recurso; deve a parte corretamente interpô-lo. Há que se observar estritamente a forma e os formalismos exigidos pela Lei para o recurso escolhido, sob pena de sequer ser conhecido. Assim, a faculdade disposta no art. 578 do CPP, que admite a interposição por petição ou termo nos autos e, não sabendo ou não podendo o réu assinar o nome, o termo será assinado por alguém, a seu rogo, na presença de duas testemunhas, só é aplicável aos recursos interpostos em primeiro grau. Não é correta a interposição de um recurso extraordinário, por exemplo, por termo nos autos, ou ainda (neste mesmo recurso) de uma mera petição de interposição sem a respectiva fundamentação.

Não será ainda conhecido o recurso, exceto nos casos de apelação e recurso em sentido estrito (em que a Lei expressamente prevê que as razões serão apresentadas num segundo momento), que não venha acompanhado de toda sua fundamentação. Significa dizer que a correta interposição somente se dará se todos os requisitos formais forem observados.

Em suma, a adequação vincula-se à eleição pela parte interessada do recurso correto, e também à correta interposição, para impugnar-se a decisão desfavorável.

Superada essa questão, o recurso deve ser tempestivo, ou seja, interposto no prazo legal.

Cada recurso tem a sua disciplina em relação à forma de interposição e ao prazo legal concedido para tanto. Nos recursos em que a interposição se dá num momento e a apresentação das razões em outro (como no caso da apelação e do recurso em sentido estrito), a tempestividade do recurso refere-se ao primeiro momento, ou seja, o da interposição, sendo uma mera irregularidade a apresentação extemporânea das razões.

Já nos demais recursos, em que no mesmo prazo e momento é feita a interposição e são apresentadas as razões, não há essa distinção. Exemplos são os embargos infringentes, recurso extraordinário, recurso especial etc.

Recordemos que os prazos processuais, nos termos do art. 798 do CPP, correm em cartório, sendo contínuos e peremptórios, não se interrompendo por férias, domingos ou feriados. Uma vez iniciada sua contagem, não serão interrompidos. Nesse cômputo, não se considera o dia da intimação, ou seja, exclui-se o dia em que se dá a comunicação do ato, começando a fluir no dia seguinte, se útil. Logo, se a intimação ocorreu numa sexta-feira, o prazo começa a correr na segunda-feira, e não no sábado. Da mesma forma, quando um prazo terminar no sábado, domingo ou feriado, será automaticamente prorrogado para o primeiro dia útil (art. 798, § 3º, do CPP).

É importante sublinhar que no processo penal os prazos contam-se da data da realização da intimação, ainda que diverso seja o momento da juntada do respectivo mandado. Ou seja, o prazo começa a fluir no primeiro dia útil após a efetivação da intimação (Súmula 710 do STF[40]), e não da juntada do mandado aos autos, como ocorre no processo civil.

---

[40] No processo penal, contam-se os prazos da data da intimação, e não da juntada aos autos do mandado ou carta precatória ou de ordem.

Nos casos em que a intimação da decisão é feita na pessoa do réu e também do seu defensor, os prazos contam-se do último ato, ou seja, da certificação da última intimação realizada. De qualquer forma, diante do caráter peremptório dos prazos processuais, especialmente em matéria recursal, não se devem correr riscos nem abusar da sorte. Para o advogado ou promotor diligente, todo prazo acaba um dia antes daquele estabelecido pela Lei...

Ademais, remetemos o leitor ao dito anteriormente, sobre a tempestividade e a intimação em matéria recursal.

A esses requisitos objetivos gerais há que se acrescentar o preparo, específico para os recursos nos processos instaurados a partir de ação penal de iniciativa privada. O pagamento das despesas recursais é um requisito cujo descumprimento conduz à deserção, como já explicado.

Ao lado dos requisitos objetivos acima explicados, deve-se analisar a presença dos requisitos subjetivos, a saber, legitimação e existência de um gravame.

A legitimação recursal é um pressuposto do interesse em impugnar, leciona ZANOIDE DE MORAES[41], pois não se pode conceber um interesse (recursal penal) que não possua, antes, uma pessoa que o porte.

Deve ser vista a partir da situação jurídica instaurada, em que se define quem ocupa a parte passiva e ativa. No polo passivo do processo penal está o acusado, ou seja, aquele sob o qual pende a acusação da prática de um fato delitivo. Já no polo ativo, a situação varia conforme a iniciativa atribuída pela Lei para o exercício da ação processual penal. Nos delitos de ação penal de iniciativa pública, a legitimidade é do Ministério Público, para formular a acusação e também para recorrer. Nos delitos de ação penal de iniciativa privada, a legitimidade ativa é da vítima ou de seu representante legal, estando ela igualmente legitimada para recorrer daquelas decisões que a prejudiquem. Portanto, os legitimados a recorrer são as partes ativa ou passiva do processo.

Mas, neste tema, é importante recordar a figura do assistente da acusação, pois ele também tem legitimidade para recorrer[42].

---

41 ZANOIDE DE MORAES, Mauricio. *Interesse e Legitimação para Recorrer no Processo Penal Brasileiro*, cit., p. 400.

42 Há que se considerar o seguinte:
se o assistente é intimado antes do término do prazo recursal do MP, o seu prazo começará a correr imediatamente após o decurso do prazo concedido àquele;
se o assistente é intimado após o término do prazo recursal do MP, o seu prazo começará a correr no primeiro dia útil subsequente.
Completamente diverso é o tratamento concedido ao *assistente não habilitado*, que vem ao processo apenas para recorrer, e, nos termos do art. 598 do CPP, possui o prazo de 15 dias para interpor o

O recorrente deve ainda ter interesse, ou seja, deve existir um gravame gerado pela decisão impugnada. Inspirados em GOLDSCHMIDT, entendemos que todo recurso supõe, como fundamento jurídico, a existência de um gravame (prejuízo) para a parte recorrente, isto é, uma diferença injustificada (na perspectiva de quem recorre, é claro), desfavorável para ela, entre sua pretensão (ou resistência, no caso do réu) e o que foi reconhecido e concedido na sentença impugnada. Cabe ao recorrente alegar o prejuízo para que o recurso seja conhecido e deve motivá-lo de forma legal para que seja fundado. Na análise da existência do gravame, deve-se atender à totalidade dos efeitos da decisão impugnada, incluindo os acessórios.

Na doutrina brasileira, tradicionalmente, a discussão situa-se no campo do interesse e, mais especificamente, no binômio *adequação* e *necessidade* ou *utilidade*. A "adequação", como já explicamos, é uma categoria autônoma, que não se confunde com o interesse, ainda que mantenha íntima relação e interação. Portanto, pode-se situar o interesse nos dois binômios: *interesse-necessidade* e *interesse-utilidade*[43].

Na primeira dimensão, o recurso deve figurar como um meio necessário para se alcançar o resultado esperado, ou seja, o interesse está na exigência de se lançar mão do recurso para atingir o resultado prático que o recorrente tem em vista[44]. Quanto ao interesse-utilidade, para os defensores dessa concepção, exige uma ótica antes "prospectiva" que "retrospectiva", no sentido de dar ênfase à utilidade concebida como o proveito que a futura decisão seja capaz de propiciar ao recorrente, e não apenas na dimensão retrospectiva, ou seja, no contraste entre a situação da sentença e a expectativa das partes[45].

Ademais, o *interesse "ad impugnare"* deve ser visto desde uma dimensão jurídica, e não psíquica ou moral, por exemplo, de modo que o gravame situa-se na dimensão de prejuízo jurídico, e não de um prejuízo de qualquer outra natureza.

Assim, por exemplo, a apelação interposta pela defesa em face de uma sentença absolutória pode ser conhecida ou não, conforme se demonstre um

---

recurso de apelação ou em sentido estrito. Em relação aos demais recursos, anteriormente apontados (embargos declaratórios, recurso especial e extraordinário), o assistente não habilitado deverá interpô-los nos seus respectivos prazos legais, sem qualquer diferença no tratamento dado às partes.

43 Esses conceitos de *interesse-adequação*, *interesse-utilidade* e *interesse-necessidade* foram objeto de percuciente análise e crítica por parte de ZANOIDE DE MORAES (*Interesse e Legitimação para Recorrer no Processo Penal Brasileiro*, cit.), que sem dúvida extrapolam os limites do presente trabalho. Constrói o autor um adequado conceito de *interesse recursal penal* no Capítulo III de sua obra que, sem dúvida, exige uma reflexão detida, e para onde remetemos o leitor que queira ou necessite aprofundar o estudo nesta temática.

44 GRINOVER, MAGALHÃES e SCARANCE, op. cit., p. 81.

45 Idem, ibidem, p. 83.

interesse juridicamente tutelável ou não. Se o apelo tem por fundamento a pretensão de modificação da capitulação legal da sentença absolutória para inibir os efeitos de uma ação civil *ex delicti*, estamos diante de um interesse manifesto. É o caso de o réu ter sido absolvido com base no art. 386, inciso II (não haver prova da existência do fato), que não impede a ação civil *ex delicti*, quando toda a resistência (defesa) foi no sentido de sustentar estar provada a inexistência do fato (inciso I do art. 386). Logo, o eventual acolhimento do recurso conduzirá a uma nova decisão que diminui o prejuízo (gravame) causado pela sentença.

Noutra dimensão, inexiste interesse na apelação de réu absolvido que pretende apenas o reconhecimento de alguma tese jurídica que em nada afeta os efeitos principais ou secundários da sentença. Tratar-se-ia de um recurso movido por outros interesses, que não aqueles juridicamente tutelados pelo sistema recursal, até porque não existe a demonstração de um gravame que possa ser – juridicamente – eliminado ou reduzido.

Trata-se do *pregiudizio che il titolare del potere di impugnare lamenta, in concreto, in relazione ad una pronuncia astrattamente impugnabile. È il pregiudizio che il soggetto lamenta a far scattare la molla dell'interesse all'esercizio, in concreto, della genérica potestà di impugnazione*[46].

Dessarte, o interesse está vinculado ao prejuízo, ao gravame, que o titular do poder de impugnar (íntima correlação com a legitimação) sofre no caso concreto. É o prejuízo a mola propulsora do interesse ao exercício do direito de recorrer. O poder de impugnar não é genérico ou incontrolável, senão o reconhecimento de um poder relacionado a um efetivo interesse no controle da decisão judicial.

## 8. Juízo de Admissibilidade e Juízo de Mérito

Em matéria recursal, estabelece-se um duplo juízo de admissão do recurso:

a) **juízo de admissibilidade ou de prelibação:** em que se analisam os requisitos objetivos e subjetivos dos recursos, ou seja, o atendimento às exigências legais para que o recurso seja conhecido ou não conhecido, significa, admitido ou não, sem análise, neste momento, do mérito;
b) **juízo de mérito recursal:** uma vez admitido o recurso, logo, pressupõe o conhecimento (admissão) no momento anterior, passa o tribunal *ad quem*

46 DALIA, Andrea Antonio; FERRAIOLI, Marzia. *Manuale di Diritto Processuale Penale*, cit., p. 668.

para a análise do seu objeto, ou seja, do mérito do recurso, em que poderá dar provimento ou negar provimento ao (pedido no) recurso.

Explica ZANOIDE DE MORAES[47] que nada mais natural que o julgador, ao apreciar o recurso interposto, primeiro analise algumas questões prévias e referentes ao procedimento e ao direito de impugnar, para, somente depois, julgar o mérito do recurso.

Assim, um recurso pode ser conhecido ou não conhecido e, somente se conhecido, provido ou desprovido (no todo ou em parte). Essa distinção é ainda relevante para definir qual decisão irá valer a partir desse momento, a do juízo *a quo* ou o acórdão do tribunal *ad quem*?

Quando o recurso não é conhecido, a decisão impugnada (proferida pelo juízo *a quo*) segue com plena eficácia; já quando o recurso é conhecido, essa nova decisão irá substituir a anterior. Ainda que desprovido o recurso, é a nova decisão proferida pelo juízo *ad quem* que passa a ter eficácia, definindo-se como marco para as próximas impugnações. Inclusive, em sede de posterior *habeas corpus*, a decisão proferida pelo juízo *ad quem*, que conheceu e proveu ou não o recurso, pautará a questão da competência.

Nenhuma dúvida existe de que o juízo de mérito é feito pelo tribunal *ad quem*, mas e o juízo de admissibilidade, onde é feito?

Inicialmente, no juízo *a quo*, onde é interposto o recurso.

Mas esse é um juízo (de admissibilidade) extremamente superficial e que não vincula o tribunal *ad quem*, ou seja, mesmo que o juízo *a quo* não conheça do recurso, poderá o tribunal conhecer e prover. Em sentido inverso, a admissão pelo juízo *a quo* não assegura que o recurso será conhecido pelo tribunal *ad quem*.

Como regra, deverá o juízo *a quo*, especialmente quando de primeiro grau, admitir e determinar a subida do recurso interposto. Excepcionalmente, quando o recurso for manifestamente:

a) incabível ou inadequado, como, por exemplo, o recurso que impugne um despacho de mero expediente ou uma decisão interlocutória simples irrecorrível;
b) ou intempestivo, como a apelação interposta no 6º dia após a última intimação;

---

47 ZANOIDE DE MORAES, Maurício. *Interesse e Legitimação para Recorrer no Processo Penal Brasileiro*, cit., p. 47.

c) ou for caso de deserção, pois, devidamente intimado, o recorrente não recolheu as custas necessárias (preparo, na ação penal de iniciativa privada);

d) ou interposto por parte ilegítima, como um terceiro que pretenda ingressar como assistente da acusação sem demonstrar o vínculo exigido pelo art. 268 do CPP;

e) ou for manifesta a falta de interesse recursal pela ausência de gravame.

Trata-se de um juízo superficial em torno dos requisitos objetivos (cabimento, adequação, tempestividade e preparo) e subjetivos (legitimidade e gravame). Havendo dúvida sobre essas situações, deverá o juiz determinar a subida do recurso, cabendo ao tribunal *ad quem* reexaminá-las, para conhecer ou não do recurso. Em nenhum caso poderá o juízo *a quo* fazer a análise e valoração do mérito do recurso. O juízo de mérito é exclusivo do tribunal *ad quem*.

Situação completamente diversa, na qual o juízo de admissibilidade feito no tribunal *a quo* é extremamente rígido, encontramos nos recursos especial e extraordinário, em que, como regra, os Tribunais de Justiça dos estados e os Tribunais Regionais federais fazem uma poderosa filtragem, dificultando ao máximo a subida dos recursos. Trata-se, para além das questões teóricas, de uma medida de política judiciária em que, em matéria penal, a regra é dificultar ao máximo o prosseguimento desses recursos, um verdadeiro filtro, diante da sobrecarga dos tribunais superiores. Mais interessante ainda é que muitas vezes existe uma clara preocupação em decidir sem prequestionar a matéria, para evitar-se o acesso aos Tribunais Superiores, e o mesmo tribunal que decide com essa preocupação é o que, a seguir, irá novamente colocar empecilho ao prosseguimento do recurso especial/extraordinário quando do juízo de (in)admissibilidade.

Infelizmente, ao invés de aumentar-se a capacidade desses tribunais para dar conta da demanda, limita-se o acesso a eles. Daí por que, atualmente, especialmente no que tange aos recursos da defesa (o tratamento é completamente diverso em se tratando de recurso do Ministério Público, basta pesquisar para constatar), a regra é o não prosseguimento, sendo o recurso de agravo a via de ataque à decisão que não admite o recurso especial ou extraordinário, como se verá em tópico específico.

## SÍNTESE DO CAPÍTULO

Aviso ao leitor: A compreensão da síntese exige a prévia leitura do capítulo!

1. CONCEITO DE RECURSO: meio processual através do qual a parte que sofreu um gravame postula a modificação, no todo ou em parte, ou a anulação, de uma decisão judicial ainda não transitada em julgado, no mesmo processo em que ela foi proferida.

2. NATUREZA JURÍDICA: o recurso é uma continuidade do processo, um retomar o curso, o desdobramento da pretensão acusatória ou da resistência (defesa) na mesma situação jurídica originária. É um desdobramento do processo existente e não um novo processo.

3. DUPLO GRAU DE JURISDIÇÃO E COMPETÊNCIA ORIGINÁRIA: o princípio do duplo grau assegura o direito de que o prejudicado pela decisão possa submetê-la à análise de outro órgão jurisdicional, hierarquicamente superior. Não foi expressamente consagrado pela Constituição, mas está no art. 8.2, *h*, da CADH (que, segundo o STF, tem *status* supralegal, ou seja, acima das leis ordinárias, mas abaixo da CF). Quando existe prerrogativa de função, há severas restrições a essa garantia. Contudo, predomina o entendimento de que a Constituição pode restringir a garantia do duplo grau de jurisdição e assim o faz, quando fixa os casos de julgamento originário pelos tribunais.

4. CLASSIFICAÇÃO DOS RECURSOS: existem diferentes formas e categorias para classificar os recursos, sendo as principais:

- recursos ordinários ou extraordinários: conforme permitam a discussão das questões de fato e direito ou apenas de direito;
- recursos totais ou parciais: conforme a extensão da matéria impugnada;
- recursos de fundamentação livre ou vinculada: atendendo a existência ou não de restrição legal da fundamentação do recurso;
- recursos horizontais ou verticais: segundo eles sejam julgados pelo mesmo órgão jurisdicional que proferiu a decisão ou por órgão superior;
- recursos voluntários ou obrigatórios: conforme dependam de manifestação da parte interessada ou exijam um reexame obrigatório (essa modalidade é criticável).

5. EFEITOS: devolutivo (regressivo, reiterativo ou misto) e suspensivo.

- Efeito devolutivo: atendendo ao *tantum devolutum quantum appellatum*, diz respeito ao quanto se devolve da matéria (total ou parcial) e a quem será devolvido o conhecimento (regressivo = mesmo órgão / reiterativo = tribunal *ad quem* / misto = regressivo no primeiro momento e reiterativo depois).

- Efeito suspensivo: determina a possibilidade ou impossibilidade de a decisão surtir todos os seus efeitos antes do trânsito em julgado. O recurso da sentença absolutória nunca terá efeito suspensivo. Já em relação à sentença condenatória, diz respeito ao direito de recorrer ou não em liberdade, estando a discussão fundida com as regras da prisão cautelar (especialmente a "necessidade" ou não da prisão preventiva). Diz respeito à eficácia ou ineficácia da presunção constitucional de inocência.

## 6. REGRAS DO SISTEMA RECURSAL:

- Fungibilidade: art. 579, possibilidade de um recurso (errado) ser conhecido no lugar de outro (correto). Substitutividade de um recurso por outro. Não será admitida a fungibilidade quando houver má-fé (erro grosseiro). Outra exigência: que o recurso errado seja interposto dentro do prazo do correto (essa exigência é criticável).
- Unirrecorribilidade: art. 593, § 4º, ou seja, que a apelação absorve a matéria do recurso em sentido estrito. Como regra, diante de uma decisão, somente caberá a interposição de um recurso (de cada vez). Exceção: recurso especial e recurso extraordinário, em que será simultânea.
- Motivação: assim como as decisões, os recursos têm de ser motivados, fundamentados.
- Proibição da *Reformatio in Pejus* e a permissão da *Reformatio in Mellius*: art. 617 e Súmula 160 do STF. Está vedada a reforma para pior, ou seja, diante de exclusivo recurso da defesa, não pode o tribunal piorar a situação jurídica do imputado. Por outro lado, sempre será permitida a reforma da decisão para melhorar a situação jurídica do réu, inclusive quando ele não recorre.

Problemática é a situação da *reformatio in pejus* indireta nos julgamentos pelo Tribunal do Júri, em que, diante de um recurso exclusivo da defesa e a submissão a novo julgamento, o resultado não pode ser pior do que o do primeiro júri, independentemente de ter havido o reconhecimento de qualificadora antes afastada.

- *Tantum devolutum quantum appellatum*: tanto se devolve quanto se apela. É uma limitação imposta pelo efeito devolutivo. Mas, diante da autorização da *reformatio in mellius*, esse princípio acaba sendo uma limitação recursal ao acusador.
- Irrecorribilidade dos despachos e das decisões interlocutórias simples: tais decisões não geram gravame e não contemplam recurso. Exceção: embargos declaratórios, que sempre têm cabimento diante de uma decisão (qualquer que seja) ou despacho, omissa, ambígua, contraditória ou obscura.
- Complementaridade Recursal: havendo modificação superveniente na fundamentação da decisão, pode haver a complementação das razões recursais. Tampouco existe óbice aos "memoriais aditivos", apresentados nos tribunais, para complementação da fundamentação jurídica ou mesmo fática (desde que a prova já esteja nos autos).

- (In)Disponibilidade dos Recursos: na ação penal pública, o MP não está obrigado a recorrer, mas, uma vez interposto o recurso, não pode dele desistir (art. 576). Na ação penal de iniciativa privada, o querelante poderá desistir a qualquer momento, pois disponível. Quanto ao recurso da defesa, recomenda-se que a desistência ou renúncia seja firmada pelo réu e seu defensor (Súmulas 705 e 708 do STF).
- Extensão Subjetiva dos Efeitos dos Recursos: art. 580. Significa a possibilidade de extensão dos efeitos da decisão favorável proferida no julgamento do recurso aos demais réus que não recorreram, mas em situação jurídica idêntica, desde que não se baseie em motivos de caráter pessoal (v.g., menoridade etc.).

## 7. INTERPOSIÇÃO. TEMPESTIVIDADE. PREPARO. DESERÇÃO:

- Interposição: pode ser por escrito em petição ou, quando a lei admite (apelação e RSE), por termo nos autos.
- Tempestividade: art. 798. Prazos fatais e peremptórios. Contagem: da data da intimação e não da juntada – Súmulas 310 e 710 do STF. Prazo em dobro para defensoria pública.
- Preparo: é o pagamento das custas recursais, somente exigível nas ações penais de iniciativa privada, sob pena de deserção (art. 806). Súmula 187 do STJ. Não existe mais deserção por fuga do réu que apelou.

## 8. REQUISITOS OBJETIVOS E SUBJETIVOS:

1. Requisitos objetivos: a) cabimento (decisão recorrível e inexistência de preclusão) e adequação (compatibilidade do recurso usado com a decisão atacada); b) tempestividade; c) preparo (apenas na ação penal privada).
2. Requisitos subjetivos: a) legitimidade (acusador, réu e assistente da acusação); b) existência de gravame/interesse recursal.

Capítulo XVII

# DOS RECURSOS NO PROCESSO PENAL: ESPÉCIES

## 1. Do Recurso em Sentido Estrito

O recurso em sentido estrito está destinado a impugnar determinadas decisões interlocutórias proferidas ao longo do processo penal, sendo uma figura desconhecida no direito comparado especialmente no que tange à peculiar designação. Inclusive, se aprovado o Projeto de Lei n. 4.206/2001, o recurso em sentido estrito será substituído pela figura do agravo, que poderá ser retido ou de instrumento.

Trata-se de uma forma de impugnação cujos casos de cabimento estão expressamente previstos em lei, podendo ser ordinário ou extraordinário, conforme a fundamentação legal apontada. Explicamos: no caso da decisão de pronúncia, o recurso em sentido estrito permite ampla discussão sobre toda a prova produzida, principalmente quando o pretendido é a impronúncia ou mesmo a absolvição sumária. Nesse caso, pode ser classificado como um recurso ordinário.

Diversa é a situação do recurso em sentido estrito interposto com base no art. 581, II (decisão que reconhece a incompetência do juízo). Nesse caso, estamos diante de um recurso extraordinário (discute-se, apenas, a questão de direito), de fundamentação vinculada (discute-se apenas a (in)competência do juízo) e horizontal no primeiro momento, subindo para o respectivo tribunal em caso de manutenção da decisão (vertical).

### 1.1. Requisitos Objetivos e Subjetivos do Recurso em Sentido Estrito

Buscando sistematizar a abordagem dos recursos em espécie, iniciemos pelo estudo dos requisitos recursais, objetivos e subjetivos, conforme categorias definidas no Capítulo anterior.

#### 1.1.1. Requisitos Objetivos: Cabimento, Adequação, Tempestividade e Preparo

##### 1.1.1.1. Cabimento e Adequação

Iniciando a análise dos requisitos objetivos, recordemos que o cabimento é a exigência de que inexista uma decisão imutável e irrevogável, ou seja, não se tenha operado a coisa julgada formal. Uma decisão é recorrível porque não preclusa, estando intimamente relacionada com a adequação, na medida em que – além de cabível – deve o recurso ser adequado.

Quanto à adequação, vista como a compatibilidade entre a decisão proferida e a impugnação eleita pela parte, o recurso em sentido estrito somente pode ser interposto nos casos taxativamente previstos no art. 581 do CPP, ou, excepcionalmente, em leis especiais. Na sistemática do CPP, o recurso em sentido estrito está limitado à impugnação das decisões previstas no art. 581, não se admitindo em outros casos, até porque a apelação do art. 593, II, é residual ao prever que caberá apelação das "decisões definitivas, ou com força de definitivas, proferidas por juiz singular nos casos não previstos no Capítulo anterior", ou seja, nos casos em que não couber recurso em sentido estrito.

Vejamos agora os casos em que o recurso em sentido estrito é o meio adequado para a impugnação, comentando-os brevemente, sem prejuízo da previsão contida em leis especiais:

**Art. 581. Caberá recurso, no sentido estrito, da decisão, despacho ou sentença:**

COMENTÁRIO:

O recurso em sentido estrito é, por excelência, um meio de impugnação das decisões interlocutórias, ou seja, das "decisões", cabendo excepcionalmente em relação às "sentenças" (como a que concede ou denega o *habeas corpus*). Contudo, é absolutamente inadequada a expressão *despacho*, contida no *caput* do art. 581, na medida em que os despachos são irrecorríveis.

**I – que não receber a denúncia ou a queixa;**

COMENTÁRIO:

A decisão que recebe a denúncia ou queixa é, como regra, irrecorrível (mas cabe *habeas corpus*, como se verá), mas diferente é a situação da decisão que "não receber" a denúncia ou queixa. Melhor teria andado o legislador se tivesse estabelecido a seguinte redação para esse inciso: "que rejeitar a denúncia ou queixa". O fato de o inciso utilizar a expressão *não receber* alimentou, por décadas, uma profunda discussão em torno da distinção entre as decisões de "rejeição" e "não recebimento". Atualmente, com a reforma processual de 2008, desapareceu essa polêmica, pois a nova redação do art. 395 do CPP abrange os anteriores casos de rejeição e não recebimento sob uma mesma disciplina: rejeição liminar.

Assim, caberá recurso em sentido estrito da decisão que rejeitar a denúncia ou queixa, nos termos do art. 395 do CPP, ou seja, quando a denúncia ou queixa:

I – for manifestamente inepta;

II – faltar pressuposto processual ou condição para o exercício da ação penal; ou

III – faltar justa causa para o exercício da ação penal.

Todos esses casos já foram explicados anteriormente.

Também é recorrível em sentido estrito a decisão que rejeitar o aditamento (próprio, real ou pessoal) feito no curso do processo, na medida em que equivale a uma nova acusação, apenas feita no mesmo processo em virtude de conexão ou continência, que impõe o julgamento simultâneo.

No que diz respeito ao aditamento impróprio, em que não se acrescenta fato novo ou sujeito, apenas se corrige alguma falha da denúncia, retificando dados relativos ao fato, não vemos possibilidade de recurso em sentido estrito, na medida em que a rejeição a essa correção não possui a mesma carga decisória daquela que rejeita a acusação.

Ou seja, a rejeição do aditamento será recorrível quando for similar a rejeição à denúncia e, para isso, o aditamento deve ser próprio, incluindo fatos novos ou novos réus ao processo. Ademais, a rejeição à mera correção de dados fáticos irrelevantes da denúncia não gera o necessário gravame para justificar o recurso.

II – que concluir pela incompetência do juízo;

COMENTÁRIO:

A decisão que concluir pela incompetência do juízo, proferida pelo próprio juiz, exceto nos autos da exceção de incompetência, ou mesmo a qualquer momento do procedimento, pelo juiz, de ofício ou a requerimento de qualquer das partes, será recorrível em sentido estrito (veja-se o disposto nos arts. 108 e 109 do CPP). Contudo, quando a decisão for proferida nos autos da exceção de incompetência, o fundamento legal do recurso em sentido estrito é o (próximo) inciso III, e não o presente. Aqui a incompetência é reconhecida pelo juiz nos autos do processo, com ou sem invocação das partes, mas sem que exista um incidente específico. No fundo, eventual equívoco em torno dos incisos II e III é absolutamente irrelevante, pois o recurso é o mesmo.

Também adequado o recurso em sentido estrito, fundado nesse inciso, para impugnar a decisão de desclassificação própria, proferida na primeira fase do procedimento do Tribunal do Júri, pelo juiz presidente. Trata-se de uma decisão que indiretamente conclui pela "incompetência do júri", subtraindo a matéria do seu julgamento. Cabível, assim, o recurso em sentido estrito.

III – que julgar procedentes as exceções, salvo a de suspeição;

COMENTÁRIO:

As exceções estão previstas no art. 95 e s. do CPP (litispendência, coisa julgada e ilegitimidade de parte) e já foram por nós comentadas, mas cumpre esclarecer que será admissível o recurso em sentido estrito para impugnar a decisão proferida pelo juízo de primeiro grau que acolher uma das exceções opostas, exceto, como expressamente prevê o inciso, a de suspeição (que será irrecorrível). Não se trata, por óbvio, da decisão proferida por tribunal que, conhecendo da exceção, acolhe-a. O recurso em sentido estrito somente tem cabimento quando utilizado para impugnar decisões de primeiro grau.

E se o juiz não acolhe a exceção de incompetência e, como consequência, afirma sua competência, qual o recurso cabível? Seria esse? Não, porque predomina o entendimento de que o rol do art. 581 é taxativo e a decisão que afirma a competência não seria recorrível. Caberá, contudo, *habeas corpus*, com fundamento no art. 648, III, pois a coação se funda na manutenção de um processo perante um juiz incompetente, que inclusive poderá gerar uma nulidade futura. Tal *writ* poderá pedir que liminarmente seja suspenso o processo e, no mérito, seja concedida a ordem para reconhecer a incompetência (relativa ou absoluta) do juiz.

IV – que pronunciar o réu;

COMENTÁRIO:

Até a reforma de 2008, o recurso em sentido estrito era utilizado para impugnar as decisões de pronúncia, impronúncia e absolvição sumária. Após o advento da Lei n. 11.689/2008, caberá recurso em sentido estrito apenas da decisão de pronúncia, proferida nos termos do art. 413 do CPP, isto é, quando o juiz admite a acusação porque convencido da materialidade do fato e da existência de indícios suficientes de autoria, encaminhando o réu a julgamento pelo Tribunal do Júri.

A pronúncia é uma decisão interlocutória mista, não terminativa, que encerra a primeira fase do rito do Tribunal do Júri.

Já a decisão de impronúncia (art. 414 do CPP) é terminativa, encerrando o processo sem julgamento de mérito e impugnável pela via da apelação, art. 593, II, do CPP.

A absolvição sumária (art. 415 do CPP) deixou, com a reforma de 2008, de ser impugnável pelo recurso em sentido estrito, estando revogado o inciso VI do art.

581 que a previa no rol de casos em que poderia ser utilizado esse recurso. E andou bem o legislador, pois a absolvição sumária é uma verdadeira sentença, com análise de mérito, e que inadequadamente estava sendo tratada como interlocutória mista. Com isso, passou a ser impugnada pela via da apelação.

Também foi extinto o recurso *ex officio* da sentença de absolvição sumária, cabendo apelação a ser interposta pela parte interessada na reforma da sentença.

V – que conceder, negar, arbitrar, cassar ou julgar inidônea a fiança, indeferir requerimento de prisão preventiva ou revogá-la, conceder liberdade provisória ou relaxar a prisão em flagrante;

COMENTÁRIO:

Trata-se, em todas as situações dispostas no inciso, de decisões interlocutórias simples, proferidas pelo juiz de primeiro grau, ao decidir sobre o *status libertatis* do imputado. A Lei n. 12.403 revigorou o instituto da fiança, agora com amplo espaço de utilização e plena aplicabilidade prática. Em geral, essa via de impugnação tem sido utilizada pelo Ministério Público para atacar a decisão que denega o pedido de prisão preventiva, revoga, concede liberdade provisória ou relaxa a prisão em flagrante. Para a defesa, as decisões que negam, cassam ou julgam inidônea a fiança, em geral, são atacadas por *habeas corpus*, não apenas porque costumam implicar a prisão cautelar do imputado, mas principalmente pela celeridade e a possibilidade de concessão de medida liminar que somente o *habeas corpus* possui.

~~VI – que absolver o réu, nos casos do art. 411;~~

(Revogado pela Lei n. 11.689, de 2008)

COMENTÁRIO:

Esse inciso foi revogado pela Lei n. 11.689, que instituiu o novo rito para os crimes de competência do Tribunal do Júri, estabelecendo que a decisão que absolve sumariamente o réu (art. 415 do CPP) é impugnável pela via da apelação, e não mais por recurso em sentido estrito. Trata-se de verdadeira sentença, com análise de mérito, que deve ser objeto de recurso de apelação. Ademais, a referida Lei extinguiu o recurso *ex officio* desta decisão.

VII – que julgar quebrada a fiança ou perdido o seu valor;

COMENTÁRIO:

A decisão proferida pelo juiz de primeiro grau que julgar quebrada a fiança ou perdido o seu valor é impugnável pelo recurso em sentido estrito, ainda que, na prática, a via do *habeas corpus* seja a escolhida, pois mais célere e eficaz. Inobstante, recordemos que a fiança será considerada quebrada quando o imputado, devidamente intimado para ato do inquérito ou do processo, não comparecer sem justificativa (arts. 327 e 341); não cumprir com as condições impostas no art. 328; e, finalmente, quando na vigência da fiança cometer outra infração (art. 341).

Como consequência do quebramento, o réu perderá metade do valor e será preso.

O perdimento do valor dado em garantia ocorre nos casos do art. 344, ou seja, quando o réu é condenado (definitivamente) e não se apresenta à prisão.

Em todos esses casos, a imposição da prisão do imputado conduz ao uso recorrente do *habeas corpus*, esvaziando a utilidade do recurso em sentido estrito nestes casos (ainda que perfeitamente cabível, compreenda-se).

**VIII – que decretar a prescrição ou julgar, por outro modo, extinta a punibilidade;**

COMENTÁRIO:

Trata-se de verdadeira decisão declaratória de extinção da punibilidade, cujos casos de ocorrência estão previstos no art. 107 do Código Penal (e também em leis esparsas). Como regra, esse recurso será utilizado pelo Ministério Público ou pelo assistente da acusação, pois considera-se que não há, para a defesa, uma gravame (interesse) que legitime sua utilização.

A absolvição sumária do art. 397 do CPP merece uma análise em separado, pois, como regra, é atacável pelo recurso de apelação, previsto no art. 593, I, do CPP. Contudo, há uma importante ressalva: a decisão que "absolve sumariamente" por estar extinta a punibilidade é impugnável pela via do Recurso em Sentido Estrito, art. 581, VIII, do CPP.

Existe uma impropriedade processual grave no art. 397, IV, pois a sentença que reconhece a extinção da punibilidade é uma decisão declaratória; não é uma sentença definitiva e, muito menos, absolutória. Há que se ter cuidado para não ser seduzido pela nomenclatura utilizada pelo legislador (absolvição), pois ela não tem o condão de alterar a natureza jurídica do ato.

Assim, a decisão que absolve sumariamente o réu com base no art. 397, incisos I, II e III, é impugnável por apelação, art. 593, I, do CPP.

Já a decisão que declara a extinção da punibilidade e é impropriamente chamada de *absolvição sumária*, prevista no art. 397, IV, é impugnável pelo recurso em sentido estrito, art. 581, VIII, do CPP.

Por fim, quando a decisão for proferida no curso da execução criminal, o recurso cabível é o agravo da execução, previsto no art. 197 da LEP.

**IX – que indeferir o pedido de reconhecimento da prescrição ou de outra causa extintiva da punibilidade;**

COMENTÁRIO:

É uma situação oposta à anterior, na medida em que, geralmente, é a defesa que postula o reconhecimento da prescrição ou de outra causa extintiva da punibilidade, que não é reconhecida pelo juiz de primeiro grau. Dessa decisão, é o recurso em sentido estrito o meio adequado para a impugnação.

X – que conceder ou negar a ordem de *habeas corpus*;

COMENTÁRIO:

Compreenda-se que, nesse caso, o *habeas corpus* foi impetrado em primeiro grau, geralmente para atacar ato coator emanado de autoridade policial (mas outros casos são possíveis, como se explicará na continuação, quando abordarmos o *writ*), e foi concedido ou negado. No primeiro caso, caberá ao Ministério Público manejar o recurso em sentido estrito, pois único interessado na reforma da decisão.

Já na denegação da ordem, poderá o interessado recorrer em sentido estrito ou, o que normalmente se faz, impetrar novo *habeas corpus*, agora para o órgão de segundo grau competente, tendo por base o ato coator emanado do juiz *a quo*.

XI – que conceder, negar ou revogar a suspensão condicional da pena;

COMENTÁRIO:

Nos dois primeiros casos (concessão ou denegação), a decisão poderá ser proferida no bojo da sentença penal condenatória ou na fase de execução penal. Neste último caso, o recurso adequado é o agravo da execução, previsto no art. 197 da LEP (Lei de Execuções Penais – Lei n. 7.210/84).

Já quando proferida no contexto de uma sentença condenatória, o recurso cabível é a apelação parcial, e não o recurso em sentido estrito, ainda que somente de parte da decisão se recorra (só da parte que concedeu ou negou a suspensão condicional da pena), como prevê o art. 593, § 4º, do CPP.

Por último, a decisão que revoga a suspensão condicional da pena é sempre proferida na fase de execução penal, sendo o agravo da execução a forma adequada de impugnação. Em suma, conclui-se que com o advento da Lei n. 7.210/84 o presente inciso perdeu sua eficácia.

XII – que conceder, negar ou revogar livramento condicional;

COMENTÁRIO:

Trata-se de decisão proferida no âmbito do processo de execução penal, impugnável pelo recurso de agravo, previsto no art. 197 da LEP. Assim, com o advento da Lei n. 7.210/84, o presente inciso perdeu completamente sua eficácia.

XIII – que anular o processo da instrução criminal, no todo ou em parte;

COMENTÁRIO:

Incumbe ao juiz, mais do que às partes, velar pela regularidade do processo, evitando a prática de atos defeituosos que possam acarretar uma futura decretação de nulidade ou mesmo que tenham que ser repetidos. Quando o juiz, de ofício ou mediante invocação de qualquer das partes, verificar que um determinado ato processual foi praticado com defeito e que essa violação da forma prejudicou a eficácia do princípio constitucional tutelado, deverá analisar se:

a) o ato pode ser refeito sem defeito, sendo que isso é suficiente para obter-se a eficácia desejada do princípio constitucional violado; ou,
b) a repetição não é possível ou não é suficiente para obter-se a eficácia principiológica desejada.

No primeiro caso, estamos diante de um defeito sanável. O ato deverá ser refeito com plena observância da tipicidade processual prevista, não sendo necessária a decretação da nulidade. No segundo caso, o defeito é insanável, não havendo nada mais a ser feito para restabelecer a regularidade do processo, sendo a decretação da nulidade, com a respectiva ineficácia e o desentranhamento das peças, o único caminho possível.

Essa distinção é fundamental, pois o recurso em sentido estrito somente poderá ser utilizado no segundo caso, quando efetivamente há a decretação da nulidade. A mera constatação da prática de um ato defeituoso, com a determinação de repetição – saneamento –, não é passível de recurso em sentido estrito. Quanto à extensão da contaminação, é irrelevante para fins recursais, pois a nulidade total ou parcial é igualmente impugnável. O caráter total ou parcial da anulação pode, por outro lado, constituir o próprio mérito do recurso, na medida em que a parte, por exemplo, sustentar que não houve a contaminação dos atos posteriores. Mas isso é a fundamentação do recurso, e não um requisito do recurso.

Por outro lado, é irrecorrível a decisão que não acolhe o pedido de decretação da nulidade ou mesmo de repetição do ato defeituoso. Nestes casos, duas opções se abrem ao interessado:

a) buscar, pela via do *habeas corpus*, o reconhecimento da nulidade pretendida no tribunal *ad quem*;
b) alegá-la, novamente, em sede de debates orais (ou memoriais) e, em caso de não acolhimento na sentença, suscitar a questão em preliminar do recurso de apelação.

Para complementar, remetemos o leitor à explicação que fizemos no Capítulo destinado aos "Atos Processuais Defeituosos".

**XIV – que incluir jurado na lista geral ou desta o excluir;**

COMENTÁRIO:

O alistamento dos jurados está previsto nos arts. 425 e 426 do CPP, sendo que a lista geral será publicada pela imprensa até o dia 10 de outubro de cada ano, e poderá ser alterada de ofício ou mediante reclamação de qualquer do povo ao juiz presidente até o dia 10 de novembro. Dessa decisão que incluir ou excluir jurado da lista geral, caberá recurso em sentido estrito, determinando o art. 586, parágrafo único, que o prazo da impugnação – apenas nesse caso – será de 20 dias, contado da data da publicação definitiva da lista de jurados (que ocorre até o dia 10 de novembro).

XV – que denegar a apelação ou a julgar deserta;

COMENTÁRIO:

Caberá recurso em sentido estrito em duas situações distintas, mas previstas no mesmo inciso:

a) **Decisão que denegar a apelação:** nesse caso, o juiz *a quo* não permitiu que a apelação subisse para o tribunal, ou seja, no juízo de admissibilidade feito em primeiro grau, entendeu o juiz ser a apelação descabida, inadequada, intempestiva, haver ilegitimidade da parte recorrente ou inexistir gravame. Significa dizer que, no juízo de admissibilidade do recurso de apelação, entendeu o juiz *a quo* não estar presente algum dos requisitos objetivos ou subjetivos do recurso. Dessa decisão – denegatória – poderá o recorrente utilizar o recurso em sentido estrito para postular, inicialmente no juízo *a quo*, a retratação da decisão, ou, em não o fazendo, que seja o recurso encaminhado ao tribunal *ad quem*, que reexaminará a decisão denegatória. É importante compreender que o tribunal reexaminará apenas o juízo de admissibilidade, reformando-o (e, por consequência, determinando a subida da apelação) ou mantendo-o. Não é feito um juízo sobre o mérito do recurso de apelação impedido de subir, mas apenas sobre a decisão que não o admitiu.

b) **Decisão que julgar deserta a apelação:** com a revogação do art. 595 do CPP, a deserção ficou restrita a ausência de preparo (pagamento das custas recursais). Em que pese alguma discussão a respeito, segue sendo aplicada. Portanto, caberá recurso em sentido estrito da decisão proferida pelo juiz de primeiro grau (*a quo*) que, em sede de juízo de admissibilidade, afirmar a inexistência do requisito objetivo do preparo. Nesse caso, como ocorre no item anterior, o tribunal *ad quem* limitar-se-á a reexaminar o juízo de inadmissibilidade feito pelo juiz de primeiro grau. Não há juízo sobre o mérito da apelação, mas apenas se ela deve subir para ser apreciada pelo tribunal ou não.

Mas, se o juízo *a quo*, além de não admitir a apelação, também obstar o prosseguimento do recurso em sentido estrito, além da correição parcial (se for manifesto o erro ou tumulto praticado pelo juiz), é possível a utilização da carta testemunhável, prevista no art. 639 do CPP.

XVI – que ordenar a suspensão do processo, em virtude de questão prejudicial;

COMENTÁRIO:

As questões prejudiciais vêm previstas nos arts. 92 e seguintes do CPP, não sendo de competência do juiz penal decidir sobre elas, mas apenas verificar o nível de prejudicialidade que elas têm em relação à decisão penal, bem como decidir pela suspensão do processo penal até que elas sejam resolvidas na esfera cível (tributária ou administrativa). São prejudiciais exatamente porque exigem uma decisão prévia. Para tanto, é necessário que a solução da controvérsia afete a própria decisão sobre a existência do crime. Cabe ao juiz analisar esse grau de prejudicialidade, que deve ser em torno de uma questão séria e fundada, sobre o estado civil das pessoas. Em última análise, a prova da existência do crime depende da solução, na esfera cível, dessa questão. Nisso reside sua prejudicialidade: na impossibilidade de uma correta decisão penal sem o prévio julgamento da questão.

O recurso em sentido estrito desse inciso XVI tem por objeto impugnar a decisão que determinou a suspensão do processo penal até que ela seja resolvida em outra esfera jurisdicional.

As questões prejudiciais podem ser divididas em obrigatórias e facultativas e foram tratadas anteriormente.

XVII – que decidir sobre a unificação de penas;

COMENTÁRIO:

Trata-se de decisão proferida no âmbito do processo de execução penal, impugnável pelo recurso de agravo, previsto no art. 197 da LEP. Assim, com o advento da Lei n. 7.210/84, o presente inciso perdeu completamente sua eficácia.

XVIII – que decidir o incidente de falsidade;

COMENTÁRIO:

Estabelece o art. 145 do CPP, e seguintes, que, sendo arguida por escrito a falsidade de um documento constante nos autos, deverá o juiz mandar autuar em apartado a impugnação, ouvindo a parte contrária, que no prazo de 48h oferecerá resposta. Reconhecida a falsidade documental por decisão irrecorrível, mandará o juiz desentranhá-la dos autos, remetendo a seguir para o Ministério Público tomar as medidas que entender cabíveis. Se não acolhida a alegação de falsidade do documento, permanecerá ele nos autos, surtindo todos os efeitos probatórios.

O recurso em sentido estrito é o meio de impugnação adequado para atacar a decisão proferida neste incidente, independentemente de sua natureza.

XIX – que decretar medida de segurança, depois de transitar a sentença em julgado;

XX – que impuser medida de segurança por transgressão de outra;

XXI – que mantiver ou substituir a medida de segurança, nos casos do art. 774;

XXII – que revogar a medida de segurança;

XXIII – que deixar de revogar a medida de segurança, nos casos em que a lei admita a revogação;

XXIV – que converter a multa em detenção ou em prisão simples.

COMENTÁRIO:

Trata-se de decisões proferidas no âmbito do processo de execução penal, impugnáveis pelo recurso de agravo, previsto no art. 197 da LEP. Assim, com o advento da Lei n. 7.210/84, os incisos acima perderam completamente sua eficácia. Em relação ao inciso XXIV, além de essa decisão ser proferida no curso da execução penal, o que já deslocaria o cabimento e a adequação para o agravo da LEP, o atual art. 51 do Código Penal não mais admite a conversão da multa (originária) em detenção ou prisão simples. Em síntese, o dispositivo legal perdeu completamente o sentido.

XXV – que recusar homologação à proposta de acordo de não persecução penal, previsto no art. 28-A.

COMENTÁRIO:

Esse inciso foi inserido pela Lei n. 13.964/2019 em decorrência da também recepção, por essa lei, do instituto do acordo de não persecução penal previsto no art. 28-A e anteriormente explicado no final do Capítulo IV desta obra.

A situação passível de recurso, tanto por parte do Ministério Público como também da defesa é aquele que recusa a homologação de um acordo de não persecução penal firmado pelas partes e submetida ao controle judicial de legalidade para homologação. Nos termos do art. 28-A, o juiz poderá não homologar o acordo:

Art. 28-A. Não sendo caso de arquivamento e tendo o investigado confessado formal e circunstancialmente a prática de infração penal sem violência ou grave ameaça e com pena mínima inferior a 4 (quatro) anos, o Ministério Público poderá propor acordo de não persecução penal, desde que necessário e suficiente para reprovação e prevenção do crime, mediante as seguintes condições ajustadas cumulativa e alternativamente:

(...)

§ 4º Para a homologação do acordo de não persecução penal, será realizada audiência na qual o juiz deverá verificar a sua voluntariedade, por meio da oitiva do investigado na presença do seu defensor, e sua legalidade.

§ 5º Se o juiz considerar inadequadas, insuficientes ou abusivas as condições dispostas no acordo de não persecução penal, devolverá os autos ao Ministério Público para que seja reformulada a proposta de acordo, com concordância do investigado e seu defensor.
(...)
§ 7º O juiz poderá recusar homologação à proposta que não atender aos requisitos legais ou quando não for realizada a adequação a que se refere o § 5º deste artigo.
§ 8º Recusada a homologação, o juiz devolverá os autos ao Ministério Público para a análise da necessidade de complementação das investigações ou o oferecimento da denúncia.
(...)

Portanto, quando o juiz recusar a homologação do acordo, deverá fundamentar nas hipóteses legais que justificam sua intervenção e controle, cabendo a qualquer das partes interessadas ou mesmo a ambas (MP e defesa) impugnar a não homologação através desse Recurso em Sentido Estrito.

**1.1.1.2.** Tempestividade e Preparo

Quanto ao requisito temporal, o recurso em sentido estrito deve observar os seguintes prazos:

- cinco dias para interposição, art. 586 do CPP;
- dois dias para apresentação das razões, art. 588 do CPP.

A essa regra devem-se acrescentar duas exceções:

- 20 dias para recorrer da decisão que incluir ou excluir jurado na lista geral, art. 581, XIV, do CPP;
- 15 dias para interposição (e 2 dias para razões), quando a impugnação é feita pelo assistente da acusação não habilitado, arts. 584, § 1º, c/c 598, parágrafo único, do CPP.

Como ocorre na apelação, o recurso em sentido estrito se desenvolve em dois momentos distintos, um para interposição (onde se afere a tempestividade) e outro para apresentação das razões, mas sublinhamos: a tempestividade é a exigência de interposição no prazo de 5 dias a contar da intimação da decisão. A apresentação das razões fora do prazo fixado (dois dias) é mera irregularidade que não prejudica a admissão do recurso.

O recurso em sentido estrito pode ser interposto por petição ou por termo nos autos (art. 578 do CPP), permitindo-se, assim, que a parte prejudicada interponha, na própria audiência ou em cartório, o recurso, mediante redução da manifestação oral à forma escrita (ou seja, termo nos autos).

Também é importante recordar a faculdade disposta na Lei n. 7.871/89 e a Lei Complementar 80/94 (arts. 44, I, e 128, I), que concede prazo em dobro para os membros da Defensoria Pública dos Estados e da União. Para evitar repetições, remetemos o leitor ao explicado anteriormente sobre "interposição, tempestividade e preparo".

Por fim, no que tange ao assistente da acusação, ele pode ser:

- habilitado nos autos: quando então será intimado de todos os atos e poderá recorrer, caso não o faça o Ministério Público, no prazo de 5 dias;
- não habilitado: situação em que, por não participar do processo, não será intimado das decisões, tendo por isso o prazo de 15 dias para interpor o recurso em sentido estrito (arts. 584, § 1º, c/c 598, parágrafo único, do CPP).

Mas o assistente, habilitado ou não, somente poderá recorrer em sentido estrito da decisão que "decretar a prescrição ou julgar, por outro modo, extinta a punibilidade", nos termos do art. 584, § 1º, c/c art. 581, VIII, do CPP, pois esta decisão impede a formação do título executivo que lhe move, conforme explicamos anteriormente, ao tratar do "assistente da acusação".

A outra hipótese prevista até a reforma processual de 2008 era para impugnar a decisão de impronúncia, que agora é passível de apelação, e não mais recurso em sentido estrito. Permanece a possibilidade de o assistente impugnar a decisão de impronúncia, mas agora sob a forma da apelação, como estudaremos a seguir.

Ademais, poderá o assistente (habilitado ou não) recorrer em sentido estrito na hipótese prevista no inciso XV, pois é natural que, podendo ele apelar, exista a possibilidade de recorrer em sentido estrito para impugnar a decisão que denegou a apelação. Não seria razoável lhe permitir recorrer e não lhe assegurar uma via para impugnar a decisão que não admitisse seu recurso[1].

Por fim, quanto ao preparo, recordemos que é um requisito somente exigível nos processos em que a ação penal é de iniciativa privada, cabendo ao recorrente pagar as custas recursais para que o recurso em sentido estrito seja julgado, sob pena de deserção. Como vimos anteriormente, o preparo deve ser feito (art. 806, § 2º, do CPP) no prazo fixado pelo juiz *a quo*. Cabe ao juízo de primeiro grau, recebendo a interposição do recurso, fixar o prazo para efetivação do preparo e determinar a intimação do recorrente para efetuar o recolhimento, sob pena de deserção.

### 1.1.2. Requisitos Subjetivos: Legitimação e Gravame

A legitimação para recorrer em sentido estrito segue a regra geral do art. 577, ou seja:

> Art. 577. O recurso poderá ser interposto pelo Ministério Público, ou pelo querelante, ou pelo réu, seu procurador ou seu defensor.

Ao lado deles, figura ainda o assistente da acusação, habilitado ou não, que poderá recorrer da decisão que decretar a prescrição ou julgar, por outro modo, extinta a punibilidade.

1 GRINOVER, MAGALHÃES e SCARANCE. *Recursos no Processo Penal*, cit., p. 184.

Quanto ao gravame, aplica-se, integralmente, tudo o que já foi dito na teoria geral dos recursos.

## 1.2. Efeitos do Recurso em Sentido Estrito

No que diz respeito ao efeito devolutivo, o recurso em sentido estrito caracteriza-se por ser misto, ou seja, há efeito duplo, pois permite que o juiz *a quo* possa reexaminar sua própria decisão e, caso a mantenha, o recurso será remetido para o tribunal *ad quem*.

É, portanto, um recurso de caráter regressivo no primeiro momento e, caso o juiz não reforme sua decisão, passa a ter o efeito devolutivo propriamente dito, com o recurso subindo para o tribunal *ad quem*.

Já em relação ao efeito suspensivo, deve-se analisar o regramento legal:

> Art. 584. Os recursos terão efeito suspensivo nos casos de perda da fiança, de concessão de livramento condicional[2] e dos ns. XV, XVII e XXIV do art. 581.
>
> § 1º (...)
>
> § 2º O recurso da pronúncia suspenderá tão somente o julgamento.
>
> § 3º O recurso do despacho que julgar quebrada a fiança suspenderá unicamente o efeito de perda da metade do seu valor.

Assim, suspendem-se os efeitos da decisão (uma vez interposto o recurso em sentido estrito e admitido pelo juiz *a quo*) que:

a) decretar a perda da fiança;
b) denegar a apelação;
c) julgar deserta a apelação.

O recurso em sentido estrito interposto contra a decisão de pronúncia suspenderá apenas o julgamento?

Pensamos que o art. 584, § 2º, deve ser lido à luz do disposto no art. 421 (cuja redação é posterior), que determina: "preclusa a decisão de pronúncia, os autos serão encaminhados ao juiz presidente do tribunal do júri".

Portanto, interposto o RSE da decisão de pronúncia, o feito deverá ser suspenso. E, o mais importante: da decisão proferida pelo Tribunal, se for interposto Recurso Especial ou Recurso Extraordinário, deve o feito permanecer suspenso. Isso porque, como determina o art. 421, somente após a preclusão da pronúncia, os autos serão enviados ao juiz presidente, para continuidade e posterior aprazamento do

2 Um detalhe importante: o art. 584 menciona que terá efeito suspensivo o RSE contra decisão que concede o livramento condicional. Recordemos que essa decisão é agora impugnável pelo Agravo em Execução (regido pela Lei de Execuções Penais) que não tem efeito suspensivo.

júri. E não se diga que o fato de o Recurso Especial e Extraordinário não ter "efeito suspensivo" levaria a conclusão diferente, pois isso seria um errôneo civilismo da teoria geral do processo. A nova redação do art. 421 do CPP exige a "preclusão" da decisão de pronúncia para a continuidade do feito, logo, é imprescindível o esgotamento das vias recursais. Não há como sustentar-se que "existe preclusão na pendência de recurso"...sob pena de pretender atribuir à "preclusão" um sentido completamente novo, um marco zero de interpretação, desconsiderando – hermeneuticamente – toda construção doutrinária e jurisprudencial existente. Processualmente, seria um absurdo.

Dando continuidade, o § 3º preceitua que o recurso da decisão (não é um despacho como diz o dispositivo) que julgar quebrada a fiança suspenderá, apenas, o efeito de perda da metade do seu valor. Ou seja, não suspende o mais importante, que é o mandamento de prisão. Daí por que, juntamente com o recurso em sentido estrito, deverá a defesa buscar no *habeas corpus* a pretendida manutenção do estado de liberdade.

Quanto ao art. 585, perdeu completamente o sentido com a nova redação dada ao art. 413, §§ 2º e 3º, do CPP, bem como pelos fundamentos já expostos no Capítulo destinado às prisões cautelares.

### 1.3. Aspectos Relevantes do Procedimento. Efeitos

Uma vez interposto (por petição ou termo nos autos), o recurso em sentido estrito poderá subir nos próprios autos ou por instrumento, conforme prevê o art. 583 do CPP:

> Art. 583. Subirão nos próprios autos os recursos:
> I – quando interpostos de ofício;
> II – nos casos do art. 581, I, III, IV, VI, VIII e X;
> III – quando o recurso não prejudicar o andamento do processo.
> Parágrafo único. O recurso da pronúncia subirá em traslado, quando, havendo dois ou mais réus, qualquer deles se conformar com a decisão ou todos não tiverem sido ainda intimados da pronúncia.

Quanto ao inciso I, remetemos o leitor à crítica feita à falta de legitimidade e interesse, bem como à não recepção do recurso de ofício pela Constituição Federal.

O inciso II afirma que subirá nos próprios autos o recurso em sentido estrito que impugnar as seguintes decisões:

a) que não receber a denúncia ou a queixa;
b) que julgar procedentes as exceções, salvo a de suspeição;
c) que pronunciar o réu, exceto se houver dois ou mais acusados e qualquer deles se conformar com a decisão, ou todos não tiverem sido intimados

da pronúncia, casos em que subirá por instrumento para não prejudicar a tramitação do feito e até o julgamento pelo júri daquele(s) réu(s) que se conformar(em) com a pronúncia;

d) o inciso VI foi revogado pela Lei n. 11.689/2008, pois agora a sentença de absolvição sumária é atacável pela apelação, e não mais pelo recurso em sentido estrito;

e) que decretar a prescrição ou julgar, por outro modo, extinta a punibilidade;

f) que conceder ou negar a ordem de *habeas corpus*.

O inciso III abre a possibilidade de que outras decisões impugnáveis pelo recurso em sentido estrito possam também subir nos próprios autos, desde que não prejudique o andamento do processo.

Nos demais casos, em que o recurso subirá por instrumento, deverá a parte recorrente indicar as peças do processo que pretenda traslado, ou seja, quais petições e decisões entende necessário fotocopiar para formar os autos que subirão ao tribunal com o recurso. Existem peças que a parte indica e outras que são necessárias, como determina o art. 587, parágrafo único, do CPP. São peças obrigatórias:

a) a decisão recorrida;

b) a certidão da intimação da parte recorrente (para aferir a tempestividade do recurso);

c) e, obviamente, o termo de interposição, caso não seja interposto por petição.

Além das obrigatórias e das indicadas pelas partes, poderá o juiz determinar que integrem o instrumento todas as peças que julgar necessárias (art. 589).

A petição de interposição e as razões são peças que logicamente sempre integrarão o instrumento, da mesma forma que as contrarrazões do recorrido. Na prática, o instrumento não é preparado pelo cartório ou secretaria, como estabelece o CPP, e tampouco adianta o recorrente apenas indicar as peças. Diante da institucionalizada "falta" (de recursos materiais, humanos, de boa vontade etc.), deverá o interessado pegar os autos em carga e providenciar todas as cópias, já as anexando às razões do recurso, sob pena de ver sua impugnação amargar meses parada na prateleira do cartório.

Interposto tempestivamente o recurso em sentido estrito, apresentadas as razões e formado o instrumento, com a resposta do recorrido ou sem ela (sendo o réu, deverá o juiz nomear defensor dativo para apresentá-la, em nome da eficácia da ampla defesa), os autos serão conclusos ao juiz que proferiu a decisão (efeito regressivo), para que a mantenha ou reforme. Neste sentido estabelece o art. 589 do CPP:

Art. 589. Com a resposta do recorrido ou sem ela, será o recurso concluso ao juiz, que, dentro de dois dias, reformará ou sustentará o seu despacho, mandando instruir o recurso com os traslados que lhe parecerem necessários.

Parágrafo único. Se o juiz reformar o despacho recorrido, a parte contrária, por simples petição, poderá recorrer da nova decisão, se couber recurso, não sendo mais lícito ao juiz modificá-la. Neste caso, independentemente de novos arrazoados, subirá o recurso nos próprios autos ou em traslado.

Exige atenção a sistemática do parágrafo único, pois se o juiz se retratar e reformar a decisão impugnada haverá uma inversão do gravame, cabendo à parte até então não prejudicada (mas que com a retratação o foi) recorrer dessa nova decisão, por simples petição, não sendo mais lícito ao juiz modificá-la. Nesse caso, sem qualquer complemento da fundamentação das partes, o recurso subirá, nos próprios autos ou em traslado, conforme o caso.

Essa "simples petição" é uma peculiar forma de recorrer da nova decisão, devendo a parte ali já fazer a fundamentação que julgar necessária, pois não haverá outra oportunidade. E qual o prazo para que a parte agora prejudicada apresente essa simples petição? O CPP não define, mas é lógico dar-se o mesmo tratamento dispensado ao recurso, ou seja, 5 dias. Essa simples petição deve ser apresentada em até 5 dias da data em que a parte prejudicada for intimada da retratação do juiz.

Mas o ponto nevrálgico dessa sistemática é o seguinte: esse novo "recurso", por simples petição, somente terá cabimento se a nova decisão for recorrível. Do contrário, não cabe a impugnação.

Vejamos o seguinte exemplo: o réu é denunciado pelo delito de sonegação fiscal (art. 1º da Lei n. 8.137/90) e o juiz rejeita a acusação por falta de condição da ação (punibilidade concreta), nos termos do art. 395, II, do CPP, visto que a Receita Federal informou que o imputado parcelou o débito (Lei n. 10.684). Inconformado, o Ministério Público Federal interpõe recurso em sentido estrito, art. 581, I, do CPP, alegando – em síntese – que o parcelamento autoriza apenas a suspensão do processo penal, mas não a rejeição da denúncia, pois não há o pagamento integral para que exista a extinção da punibilidade. Em sede de retratação, o juiz acolhe o recurso do Ministério Público e recebe a denúncia. Nesse momento opera-se uma inversão de gravame, e nasce para o réu um interesse recursal inexistente até então.

Pergunta-se: poderá o imputado, por simples petição, recorrer dessa nova decisão, conforme disposto no art. 589, parágrafo único?

Não. A nova decisão é irrecorrível. Não se admite recurso em sentido estrito (apelação ou qualquer outro recurso) da decisão que recebe a denúncia.

Nada impede, porém, que o imputado impetre *habeas corpus* buscando o trancamento do processo (ou ao menos sua suspensão). Mas recurso não cabe.

Por fim, importante ainda, nesta temática, a Súmula 707 do STF, "constitui nulidade a falta de intimação do denunciado para oferecer contrarrazões ao recurso interposto da rejeição da denúncia, não a suprindo a nomeação de defensor dativo".

Trata-se de exigência da maior importância, na medida em que somente assim irá se assegurar a eficácia do contraditório.

## 2. Do Recurso de Apelação

Na visão de DALIA e FERRAIOLI[3], *l'appello è il mezzo di impugnazione ordinário che consente ad un giudice di grado superiore di rivedere, in forma "critica", il giudizio pronunciato dal giudice di primo grado.*

É um meio de impugnação ordinário por excelência (podendo ser total ou parcial), que autoriza um órgão jurisdicional de grau superior a revisar, de forma crítica, o julgamento realizado em primeiro grau.

O "revisar de forma crítica" deve ser compreendido na mesma perspectiva de CARNELUTTI, anteriormente referida, de que os recursos são "la crítica a la decisión", posto que, etimologicamente, criticar não significa outra coisa que *julgar, e o uso deste vocábulo tende a significar aquele juízo particular que tem por objeto outro juízo, isto é, o juízo sobre o juízo e, dessa maneira, um juízo elevado à segunda potência.*

Essa ideia de "*juicio sobre el juicio*" é muito interessante, pois quando o autor emprega a expressão *juízo* (*juicio*) o faz no sentido amplo de julgamento, ou seja, do conjunto de atos que integram o processo e o julgamento (sentido estrito), e não apenas na dimensão deste último. Assim, juízo não significa ato decisório, senão toda a matéria trazida ao processo e que compõe o "julgamento".

Trata-se de uma concepção adequadíssima ao recurso de apelação, pois a apelação instaura o segundo grau, permitindo um nova fase de conhecimento do mérito, naquilo que FAZZALARI chama de "princípio do duplo grau de cognição do mérito" (*doppio grado di cognizione di merito*)[4], pois ao juízo da apelação podem ser devolvidas as mesmas questões feitas, *hinc et inde*, em primeiro grau (efeito devolutivo do apelo), mas não podem ser feitas demandas novas (vedação de *mutatio libelli* em segundo grau).

---

[3] DALIA, Andrea Antonio; FERRAIOLI, Marzia. *Manuale di Diritto Processuale Penale*. Milano, CEDAM, 1997. p. 685.

[4] FAZZALARI, Elio. *Istituzioni di Diritto Processuale*. 8. ed. Padova, CEDAM, 1996. p. 154.

É a apelação um recurso ordinário, total ou parcial, conforme o caso, de fundamentação livre, vertical e voluntário, que se destina a impugnar uma decisão de primeiro grau, devolvendo ao tribunal *ad quem* o poder de revisar integralmente o julgamento (em sentido amplo, e não apenas de decisão) feito pelo juiz *a quo*.

## 2.1. Requisitos Objetivos e Subjetivos da Apelação

Seguindo a mesma sistemática de abordagem anteriormente feita, iniciemos o estudo da apelação a partir de seus requisitos objetivos e, após, subjetivos.

### 2.1.1. Requisitos Objetivos e Subjetivos

#### 2.1.1.1. Cabimento e Adequação

O cabimento, como visto, é a exigência de que inexista uma decisão imutável e irrevogável, ou seja, não se tenha operado a coisa julgada formal. Uma decisão é apelável porque não preclusa.

Já a adequação, vista como a correção do meio de impugnação eleito pela parte interessada, também abrange a regularidade formal da interposição do recurso. Assim, iniciemos pelas regras atinentes à "interposição" do recurso de apelação, para, na continuação, analisar os casos em que é cabível o apelo.

A apelação pode ser interposta de duas formas:

a) termo nos autos;

b) ou por petição.

É a mesma sistemática anteriormente explicada no recurso em sentido estrito, somente autorizada porque a apelação (como o RSE) é um recurso que possui dois momentos distintos: o primeiro é o da interposição (que poderá ser por petição ou termo nos autos) e, após o recebimento, abre-se então a possibilidade de apresentação das razões que fundamentam o apelo.

O recurso de apelação encontra no art. 593 do CPP a previsão legal das hipóteses de cabimento, que serão comentadas uma a uma, para facilitar a compreensão:

**Art. 593. Caberá apelação no prazo de 5 (cinco) dias:**

COMENTÁRIO:

Esse prazo de 5 dias refere-se à interposição e é com base nele que se afirma ou não a tempestividade do recurso. Como se verá na continuação, esse prazo poderá ser de 15 dias quando o recorrente for o assistente da acusação não habilitado.

I – das sentenças definitivas de condenação ou absolvição proferidas por juiz singular;

COMENTÁRIO:

O recurso de apelação é uma forma de impugnação das decisões de primeiro grau, que poderão ser proferidas pelo juiz singular ou pelo juiz-presidente do Tribunal do Júri. O inciso I dirige-se às sentenças de condenação, absolvição, absolvição imprópria (que absolve e aplica medida de segurança) e absolvição sumária do rito do Tribunal do Júri (art. 415 do CPP).

Já a absolvição sumária do art. 397 do CPP merece uma análise em separado, pois, como regra, é atacável pelo recurso de apelação, previsto no art. 593, I, do CPP. Contudo, há uma importante ressalva: a decisão que "absolve sumariamente" por estar extinta a punibilidade é impugnável pela via do Recurso em Sentido Estrito, art. 581, VIII, do CPP.

Existe uma impropriedade processual grave no art. 397, IV, pois a sentença que reconhece a extinção da punibilidade é uma decisão declaratória; não é uma sentença definitiva e, muito menos, absolutória. Há que se ter cuidado para não ser seduzido pela nomenclatura utilizada pelo legislador (absolvição), pois ela não tem o condão de alterar a natureza jurídica do ato.

Assim, a decisão que absolve sumariamente o réu com base no art. 397, incisos I, II e III, é impugnável por apelação, art. 593, I, do CPP.

Já a decisão que declara a extinção da punibilidade e é impropriamente chamada de *absolvição sumária*, prevista no art. 397, IV, é impugnável pelo recurso em sentido estrito, art. 581, VIII, do CPP.

Sendo caso de recurso em sentido estrito, mas a parte interpôs apelação, considerando que o prazo de interposição é o mesmo, pensamos ser perfeitamente invocável o princípio da fungibilidade anteriormente explicado.

Superada essa questão, advertimos ao iniciante no estudo do processo penal que a expressão *sentença definitiva* não significa trânsito em julgado, pois a apelação pressupõe, para seu cabimento, a inexistência de coisa julgada formal. Portanto, por sentença definitiva compreenda-se a sentença não transitada em julgado que ponha fim ao processo com julgamento de mérito, diferenciando-se, assim, das decisões interlocutórias.

Por fim, não se pode esquecer da regra contida no art. 593, § 4º: "*Quando cabível a apelação, não poderá ser usado o recurso em sentido estrito, ainda que somente de parte da decisão se recorra*". Assim, se no bojo de uma sentença condenatória for negado o *sursis*, e o réu pretender recorrer apenas deste ponto da sentença, o recurso cabível é a apelação parcial, e não o recurso em sentido estrito do art. 581, XI, pois ainda que exista expressa previsão no art. 581 estamos diante de uma sentença condenatória, e não de uma decisão interlocutória. Importa, pois, a natureza do ato decisório neste tema. Mesmo que a parte impugnada da sentença seja isoladamente considerada passível de recurso em sentido estrito, não se pode esquecer que o ato decisório, como um todo, constitui uma sentença condenatória, apelável, portanto.

II – das decisões definitivas, ou com força de definitivas, proferidas por juiz singular nos casos não previstos no Capítulo anterior;

COMENTÁRIO:

Neste inciso II abre-se a cláusula geral da apelação, fazendo com que os casos de recurso em sentido estrito sejam taxativos, e, aquilo que lá não estiver previsto, encontra abrigo neste inciso II do art. 593. A peculiar estrutura legislativa brasileira fez com que a apelação acabasse se transformando num recurso residual em relação ao recurso em sentido estrito, na medida em que expressamente estabelece que caberá apelação "nos casos não previstos no Capítulo anterior".

E o que se entende por decisão definitiva ou com força de definitiva? Sem dúvida mais uma criação do confuso sistema legislativo brasileiro...

Leciona-se que tais decisões correspondem àquelas que têm cunho decisório e geram gravame ou prejuízo para a parte atingida, encerrando o processo sem julgamento do mérito ou finalizando uma etapa do procedimento. Por isso podem ser terminativas ou não. Como regra, não há produção de coisa julgada material e são atacáveis pela via do recurso em sentido estrito, sendo a apelação residual, ou seja, quando a decisão definitiva, ou com força de definitiva, for proferida por juiz singular nos casos não previstos no Capítulo anterior.

Interessam-nos as decisões interlocutórias mistas, que não integram o rol do art. 581, em que o recurso cabível será a apelação (residual) do art. 593, II, do CPP.

São exemplos de decisões interlocutórias mistas (ou seja, decisões definitivas ou com força de definitiva) proferidas por juiz singular, impugnáveis pela apelação do art. 593, II:

a) decisão que decreta a perempção, em qualquer dos casos do art. 60 do CPP;
b) impronúncia;
c) decisão proferida em sede de medidas assecuratórias, tais como as que decretam o sequestro de bens, hipoteca legal, arresto, indeferem o pedido de levantamento da medida assecuratória etc.

Em suma, esse inciso prevê uma apelação residual em relação aos casos atacáveis ordinariamente por recurso em sentido estrito, quando estivermos diante de uma decisão interlocutória mista – decisão definitiva ou com força de definitiva – que encerre o processo sem julgamento do mérito, finalize uma etapa do procedimento ou finalize um procedimento apartado, como as medidas assecuratórias, por exemplo.

III – das decisões do Tribunal do Júri, quando:

COMENTÁRIO:

Desde logo, deve-se atentar que o inciso III, e suas alíneas, dirige-se, exclusivamente, às decisões proferidas pelo Tribunal do Júri, não sendo aplicável às decisões proferidas por juiz singular. É uma fundamentação exclusiva do apelo contra a decisão do Tribunal do Júri.

A apelação às decisões proferidas pelo Tribunal do Júri é "vinculada", ou seja, deve a parte indicar, já na petição de interposição, qual é o fundamento legal do recurso, ou seja, em que alínea ou alíneas se funda o recurso. Esse critério também irá definir o efeito devolutivo da apelação, ou seja, o *tantum devolutum quantum appellatum*.

Nesse tema, é importante o disposto na Súmula 713 do STF:

O efeito devolutivo da apelação contra decisões do júri é adstrito aos fundamentos da sua interposição.

Significa dizer que se a apelação foi interposta indicando o art. 593, III, "a", ainda que na fundamentação seja alegado que a decisão dos jurados foi manifestamente contrária à prova dos autos (alínea "d"), o tribunal deverá limitar-se a prover ou não o pedido de nulidade.

Mas pensamos que essa regra deve ser relativizada[5], principalmente quando a situação for inversa, ou seja, interposição com base na alínea "d" e, na fundamentação do recurso, houver uma preliminar de nulidade ocorrida em plenário. Nesse caso, considerando que os defeitos insanáveis (nulidades absolutas) não precluem e que podem ser conhecidos até mesmo de ofício, e a qualquer momento, deve o tribunal decidir pela decretação de nulidade, se for o caso.

Outra manobra processual comumente utilizada por advogados e promotores é indicar, na interposição, as quatro alíneas deste inciso, deixando o campo aberto para, nas razões, circunscrever o apelo a uma, duas ou mesmo às três

[5] *HABEAS CORPUS*. HOMICÍDIO QUALIFICADO. TRIBUNAL DO JÚRI. SENTENÇA CONDENATÓRIA. APELAÇÃO. AUSÊNCIA DE INDICAÇÃO DAS ALÍNEAS QUE FUNDAMENTAM

fundamentações legais. Nenhuma irregularidade há nisso, ainda que não seja de boa técnica processual. Mas, sem dúvida, às vezes a situação é complexa e o exíguo prazo de interposição está por findar, de modo que é melhor lançar mão de um apelo amplo – ainda que não seja de boa técnica processual – que assegure o direito de recorrer sem restrições. Os limites da devolução serão dados, nesse caso, pelas razões, e não pela petição de interposição.

a) ocorrer nulidade posterior à pronúncia;

COMENTÁRIO:

Como vimos anteriormente, ao examinar a morfologia dos procedimentos, a decisão de pronúncia, uma vez preclusa, encerra a primeira fase do rito do Tribunal do Júri. Todas as nulidades (atos processuais defeituosos) que ocorrerem até a pronúncia devem ser arguidas no debate oral que as antecede. E, se o defeito surgir na decisão de pronúncia, o recurso a ser utilizado é o recurso em sentido estrito, com base no art. 581, IV, do CPP, e não a apelação aqui estudada.

O apelo fundado nesta alínea "a" tem por base os atos defeituosos praticados após a preclusão da decisão de pronúncia e, mais comumente, em plenário. Considerando que a segunda fase se resume à preparação do julgamento e ao plenário, o principal campo de incidência das nulidades acaba sendo o momento do julgamento em plenário. Entre outros, citamos os seguintes casos mais comuns de nulidade (sobre esses temas, remetemos o leitor para o anteriormente explicado sobre o rito dos crimes de competência do Tribunal do Júri):

- a juntada de documentos fora do prazo estipulado no art. 479;
- participação de jurado impedido;
- inversão da ordem de oitiva das testemunhas de plenário;

---

O RECURSO. MERA IRREGULARIDADE. SUPRIMENTO NAS RAZÕES RECURSAIS. SÚMULA 713/STF. 1. É consabido que a apelação interposta contra decisão proferida pelo Tribunal do Júri tem caráter restritivo, sendo inviável a atribuição de amplo efeito devolutivo próprio do recurso de apelação contra decisão proferida pelo juízo singular (art. 593, I, do CPP). 2. Configura mera irregularidade a falta de indicação dos dispositivos legais em que se apoia o termo da apelação interposta pela defesa contra decisão do Tribunal do Júri. Não há empecilho no conhecimento do recurso, desde que nas razões se encontrem os fundamentos que ensejaram o apelo e as pretensões da parte estejam perfeitamente delineadas (precedentes do STJ e do STF). 3. No caso, a defesa, no momento da interposição da apelação, conquanto não tenha indicado expressamente as alíneas, requereu a apresentação das razões com base no art. 600, § 4º, do Código de Processo Penal e, após ser intimada, apresentou tempestivamente as razões, das quais fez constar expressamente os limites em que interposto o recurso. Daí por que não comporta a invocação da Súmula 713/STF como justificativa para não se conhecer, na origem, da apelação. 4. Ordem concedida para determinar que o Tribunal *a quo* conheça da apelação interposta em favor do paciente, julgando-a como entender de direito (HC 149966/RS, Rel. Min. Sebastião Reis Júnior, 6ª Turma, julgado em 18/10/2012, *DJe* 19/11/2012).

- produção, em plenário, de prova ilícita;
- uso injustificado de algemas durante o julgamento;
- referências, durante os debates, à decisão de pronúncia ou posteriores, que julgaram admissível a acusação;
- referências, durante os debates, ao silêncio do acusado, em seu prejuízo;
- e, o mais recorrente: defeitos na formulação dos quesitos.

Havendo a prática de um ato defeituoso no plenário, deverá a parte prejudicada fazer constar na ata do julgamento a descrição pormenorizada do ocorrido, sob pena de não conseguir, em grau recursal, o reconhecimento da invalidade. Mais do que uma mera "preclusão", como equivocadamente a questão costuma ser tratada, a inércia do interessado inviabiliza a demonstração em grau recursal da existência do ato defeituoso. Considerando que nos debates, como o próprio nome indica, impera a oralidade, é imprescindível que sejam reduzidas a escrito, na ata do julgamento, todas as nulidades ocorridas, para que uma vez consignadas criem condições de possibilidade do recurso. Eventualmente, se o ato defeituoso for documentado de outra forma, que não através da ata de julgamento, o recurso poderá ser conhecido e provido (ou não).

Excepcionalmente, poderá ser reconhecido o defeito insanável ocorrido antes da pronúncia, desde que se trate de grave violação à garantia constitucional e, portanto, não sujeito ao regime da preclusão (categoria com a qual não concordamos, conforme explicado anteriormente ao tratarmos dos atos defeituosos, mas ainda de uso recorrente pelos tribunais brasileiros). Nesse sentido, BADARÓ[6] sustenta que as nulidades absolutas anteriores à pronúncia também poderão ser alegadas pelo acusado e reconhecidas pelo tribunal *ad quem*, no julgamento da apelação, não havendo que se cogitar de sanatória pela preclusão do direito de alegá-las.

Se o tribunal *ad quem* der provimento ao apelo, deverá determinar a repetição do julgamento, pois, como explicamos anteriormente, se o ato foi feito com defeito, deve ser refeito. Portanto, repetição do ato e, se foi anterior ao julgamento, deve ele também ser repetido, pois contaminado.

**b) for a sentença do juiz-presidente contrária à lei expressa ou à decisão dos jurados;**

COMENTÁRIO:

Há que se compreender que no rito dos crimes de competência do Tribunal do Júri o julgamento é feito pelos jurados, que decidem o caso penal, cabendo ao juiz, apenas, realizar a dosimetria da pena em caso de condenação.

6 BADARÓ, Gustavo Henrique. *Direito Processual Penal*. Rio de Janeiro, Elsevier, 2007. t. II, p. 218.

Neste momento, pode a sentença do juiz-presidente incorrer em dois tipos de *error in judicando*:

- decidir contra lei expressa;
- ou decidir de forma contrária à decisão dos jurados.

O *decidir contra lei expressa* deve ser compreendido numa dimensão, de erro grave e primário na aplicação da lei penal ou processual penal (nos casos de desclassificação) ao caso penal. Situa-se no campo do decisionismo ilegítimo, da decisão arbitrária. São exemplos de decisões contra lei expressa, apeláveis com base neste fundamento legal:

a) a sentença substitui a pena aplicada pelo homicídio doloso por prestação de serviços à comunidade em desacordo com os limites do art. 44 do CP;
b) fixar o regime fechado para o réu primário condenado a uma pena inferior a 8 anos;
c) decidir sobre o crime conexo sem submetê-lo a julgamento pelo júri;
d) quesitar sobre o crime conexo (de competência não originária do júri) logo após uma desclassificação própria;
e) não quesitar o crime conexo após uma desclassificação imprópria etc.

Eventualmente, a discussão em torno do regime de cumprimento da pena erroneamente fixado pode gerar dúvida sobre a incidência da alínea "b" ou "c". Não vislumbramos qualquer obstáculo a que o recurso seja conhecido e julgado, pois realmente o limite – nessa matéria – nem sempre é tão claro, sendo por isso perfeitamente aplicável o princípio da fungibilidade recursal.

No segundo caso, a sentença do juiz-presidente está em conflito com a decisão proferida pelos jurados, ou seja, não observa os limites dados pela decisão dos jurados ao responderem os quesitos. É uma peculiar espécie de incongruência. Ainda que, como longamente explicado anteriormente, a congruência ou correlação se estabeleça entre acusação-sentença, não vemos qualquer obstáculo a que se desenhe uma regra de congruência/correlação entre decisão do júri e sentença do juiz-presidente, pois também teremos sentenças *citra, extra ou ultra petita*. No Tribunal do Júri, a decisão dos jurados demarca o espaço decisório do juiz-presidente, de modo que a sentença incongruente é nula, pois viola o disposto no art. 5º, XXXVIII, da Constituição, que assegura a soberania dos veredictos e a competência do júri para o julgamento dos crimes dolosos contra a vida.

São alguns exemplos de sentença incongruente:

a) os jurados absolvem o réu e o juiz profere uma sentença condenatória, fixando a pena, e vice-versa;
b) o júri condena por homicídio qualificado e o juiz realiza a dosimetria considerando a pena do homicídio simples;
c) o júri reconhece uma privilegiadora e o juiz não faz a respectiva redução da pena;
d) os jurados acolhem a tese defensiva de desclassificação de homicídio doloso para culposo e o juiz condena o réu por homicídio doloso;
e) os jurados acolhem a tese de crime tentado, e o juiz profere sentença condenatória por crime consumado etc.

Situação completamente distinta sucede quando em plenário ocorre uma desclassificação própria, anteriormente explicada, em que os jurados negam a competência do júri para realizar o julgamento, passando todo o poder decisório para o juiz-presidente. Igual situação, ainda que com reflexos distintos em relação ao crime conexo, também se opera na desclassificação imprópria. Em ambos os casos, a decisão é proferida pelo juiz-presidente e o recurso cabível será a apelação do art. 593, I, e não a deste inciso III, pois estamos diante de uma sentença condenatória ou absolutória proferida por juiz singular.

Acolhendo o apelo fundado nesta alínea "b", deverá o tribunal *ad quem* proceder à retificação da sentença, sem necessidade de repetição do julgamento. Neste sentido determina o art. 593, § 1º, do CPP[7].

É um defeito que pode ser sanado pelo órgão de segundo grau sem que a nulidade precise ser reconhecida e anulado o julgamento, bastando a retificação. Tampouco existe violação à soberania das decisões do júri, pois o tribunal está retificando um erro do juiz, e não modificando a decisão dos jurados. Inclusive, na segunda hipótese, o que o tribunal faz é exatamente o oposto: corrigir a sentença incongruente do juiz, que não respeitou os limites da decisão do júri.

**c) houver erro ou injustiça no tocante à aplicação da pena ou da medida de segurança;**

COMENTÁRIO:

Nesta alínea, o campo do apelo está circunscrito aos defeitos na aplicação da pena ou da medida de segurança. A sentença é congruente, mas existe um defeito na dosimetria da pena.

---

7 Art. 593. (...)
§ 1º Se a sentença do juiz-presidente for contrária à lei expressa ou divergir das respostas dos jurados aos quesitos, o tribunal *ad quem* fará a devida retificação.

Duas são as dimensões:

a) **Erro na aplicação da pena:** trata-se de aplicação incorreta da pena ou defeitos na utilização do sistema trifásico empregado para a dosimetria da pena. Por erro na aplicação da pena, entende-se a violação das regras atinentes à realização da dosimetria e fixação da pena, como por exemplo: redução da pena pela incidência de atenuantes para limites inferiores ao mínimo legal, na segunda fase[8]; tendo os jurados reconhecido uma qualificadora, iniciar a dosimetria pela pena do homicídio simples; enfim, toda e qualquer inobservância das regras contidas nos arts. 59, 67 e 68 do CP. Esse erro também poderá ser material, ou seja, matemático, fruto de somas ou diminuições equivocadas da pena.

b) **Injustiça na aplicação da pena:** a expressão empregada pelo legislador é genérica e imprecisa, inadequada até. O que se entende por injusta aplicação da pena? Das diversas respostas possíveis, extrai-se um denominador comum: a subjetividade. Sem pretender resolver o problema da abertura conceitual, pensamos que a aplicação de uma pena desproporcional é a face mais visível e evidente da "injusta aplicação da pena". Nesse universo de sentidos, pensamos que talvez o lugar-comum seja a "desproporcionalidade" na aplicação da pena. Mas essa desproporcionalidade não decorre de falha aritmética do juiz, como no caso anterior, mas sim da desproporcionalidade na ponderação das circunstâncias do crime. O problema aqui está na perspectiva axiológica. É, por exemplo, injusta a pena em que o juiz inicia a fixação da pena-base pelo termo médio, sem que as circunstâncias judiciais do art. 59 do CP sejam inteiramente desfavoráveis ao réu. A desproporcionalidade é evidente. Da mesma forma, é desproporcional a incidência de uma causa de aumento no seu limite máximo, sem que existam circunstâncias concretas que autorizem o exasperamento.

   Por fim, a discussão sobre a existência ou não de prova sobre a agravante ou atenuante, aplicada ou afastada, situa-se nesta alínea, ou seja, "injustiça na aplicação da pena". Não estamos fazendo referência apenas ao "quantum" da incidência, mas sim à prova da existência ou não da própria agravante ou atenuante. Toda essa discussão situa-se nesta alínea, pois diz respeito à aplicação da pena.

---

8 Ainda que sejamos favoráveis à possibilidade de redução da pena, na segunda fase, abaixo do mínimo, essa é uma posição isolada. Prevalece, nesse tema, o entendimento da Súmula 231 do STJ, cuja ementa é: *A incidência da circunstância atenuante não pode conduzir à redução da pena abaixo do mínimo legal.*

Toda essa argumentação emprega-se, com as devidas adequações, no caso da medida de segurança errônea ou injustamente aplicada.

Se o tribunal der provimento à impugnação fundada nesta alínea "c", retificará a aplicação da pena ou da medida de segurança, sem que o julgamento pelo Tribunal do Júri seja renovado.

Por derradeiro, advertimos que a discussão sobre a existência ou não da qualificadora pacificou-se no sentido de aplicação da alínea "d", a seguir tratada. Antigamente entendia-se que a apelação, cujo objeto fosse a discussão sobre a existência/inexistência de provas da qualificadora, deveria ser proposta com base nesta letra "c", pois diria respeito apenas à "injustiça na aplicação da pena". Atualmente, prevalece o entendimento de que o fundamento desta apelação deve ser a letra "d", pois a qualificadora é elementar do crime (é um tipo novo, nova pena etc.), e não uma mera circunstância de aumento da pena.

E qual é a relevância desta problemática? Imensa, pois:

a) nos termos do § 2º do art. 593, a apelação com fundamento no *n. III*, "c", *deste artigo, o tribunal* ad quem, *se lhe der provimento, retificará a aplicação da pena ou da medida de segurança;*
b) situação completamente diversa ocorre quando a apelação é interposta com base no n. III, "d", deste artigo (decisão dos jurados manifestamente contrária à prova dos autos), pois nesse caso, se o tribunal der provimento ao recurso, sujeitará o réu a novo julgamento.

Assim, prevalece atualmente o entendimento de que o apelo que tiver como fundamento a incidência ou não de qualificadora deverá ser interposto e julgado com base na alínea "d", renovando-se o júri em caso de provimento.

**d) for a decisão dos jurados manifestamente contrária à prova dos autos.**

COMENTÁRIO:

Com a nova sistemática do Tribunal do Júri e, principalmente, a inserção do quesito genérico da absolvição (obrigatório), estabeleceu-se um novo problema. Será que ainda tem cabimento a apelação por ser a decisão manifestamente contrária à prova quando o réu é absolvido ou condenado com base na votação do quesito "o jurado absolve o acusado?".

Já há quem sustente a inaplicabilidade do art. 593, III, "d", diante da nova sistemática do júri, sob o argumento de que esse quesito genérico permite que o jurado, mais do que antes, exerça uma plena e livre convicção no ato de julgar, podendo absolver por qualquer motivo, tal como piedade ou compaixão. Trata-se de permitir-lhe absolver por suas próprias razões, mesmo que elas não encontrem amparo na prova objetivamente produzida nos autos. Como sintetiza REZENDE[9], não há decisão absolutória calcada no terceiro quesito que seja manifestamente contrária à prova dos autos, já que ela não reflete a resposta a um quesito de fato, mas sim a vontade livre dos jurados, sem mais qualquer compromisso (pela nova sistemática legal) com a prova produzida no processo.

Precisamos considerar que o recurso com base na letra "d" deve seguir sendo admitido contra a decisão condenatória (a impossibilidade seria só em relação a sua utilização para impugnar a decisão absolutória). Isso porque, com a inserção do quesito genérico da absolvição, o réu pode ser legitimamente absolvido por qualquer motivo, inclusive metajurídico. Portanto, uma vez absolvido, não poderia ser conhecido o recurso do MP com base na letra "d", na medida em que está autorizada a absolvição "manifestamente contra a prova dos autos". Como dito, com o quesito genérico da absolvição, os jurados podem decidir com base em qualquer elemento ou critério.

Contudo, segue com plena aplicação o recurso fundado na letra "d" quando a sentença é condenatória. Isso porque não existe um "quesito genérico da condenação" (nem poderia existir, por elementar). Para condenar, estão os jurados adstritos e vinculados à prova dos autos, de modo que a condenação "manifestamente contrária à prova dos autos" pode e deve ser impugnada com base no art. 593, III, "d". É regra elementar do devido processo penal. Sublinhe-se: o que a reforma de 2008 inseriu foi um quesito genérico para absolver por qualquer motivo, não para condenar. Portanto, a sentença condenatória somente pode ser admitida quando amparada pela prova.

No STJ está pacificado que – independentemente da tese defensiva sustentada em plenário – é obrigatória a formulação do quesito genérico da absolvição após a afirmação da materialidade e autoria (entre outros, ver HCs 154.700/SP e 276.627 do STJ).

Mas existe outra questão da maior importância: o cabimento ou não do recurso de apelação da acusação, com base na letra "d", quando absolvido o réu nesse terceiro quesito.

---

9 REZENDE, Guilherme Madi. Júri: decisão absolutória e recurso da acusação por manifesta contrariedade à prova dos autos – descabimento. *Boletim do IBCCrim*, n. 207, fevereiro de 2010, p. 14.

No STJ existem três linhas decisórias[10], até o ano de 2017, que estão claramente postas na decisão proferida no HC 350.895/RJ, relator para o acórdão foi o Min. Sebastião Reis Jr:

1ª Posição do Min. Nefi Cordeiro (também posta no HC 288.054/SP), no sentido de que o jurado não tem o poder de absolver fora das hipóteses legais, não permitindo a absolvição por clemência ou qualquer outro motivo fora da prova dos autos. Assim, caberia recurso do MP quando a absolvição se fundamentar no 3º quesito sem amparo no conjunto probatório. A reforma de 2008 não teria ampliado as hipóteses de absolvição.

2ª Posição dos Ministros Schietti Cruz e Saldanha Palheiro, manifestadas no HC 350.895/RJ: para quem os jurados podem absolver por qualquer motivo, mesmo de forma desvinculada da prova dos autos. Nessa linha, incabível recurso do MP com base na letra "d", exatamente porque se está autorizada a absolvição por qualquer motivo, não pode a decisão ser cassada, em observância ainda do princípio da soberania das decisões do júri. Mas, é importante sublinhar, o Min. Schietti acertadamente explica que a apelação do art. 593, III, "d", segue tendo aplicação em diversos outros casos, em que o MP poderá recorrer e o tribunal de apelação verificar se a decisão encontra ou não respaldo probatório[11]. De qualquer forma, para não alongar, recomenda-se a leitura do voto do Min. Schietti Cruz no referido julgamento, dada excelente musculatura teórica e argumentativa.

3ª Posição adotada pela maioria da 6ª Turma (Min. Sebastião, Maria Thereza e Néfi) no HC 350.895/RJ, que tenta conciliar as duas posições anteriores, afirmando que o quesito é obrigatório e está autorizada a absolvição por qualquer motivo (inclusive por "clemência", como preferiu chamar o STJ), mas, por outro lado, paradoxalmente admite o recurso de apelação por parte do MP com

---

[10] Baseamo-nos no excelente texto de Guilherme Madi Rezende, publicado no *Boletim do IBCCrim* n. 296, julho de 2017.

[11] Diz o Ministro Schietti: "Exemplos diversos poderiam ser dados, de decisões manifestamente contrárias à prova dos autos, relativamente a: autoria ou participação do réu no crime (art. 483, II), causa de diminuição de pena alegada pela defesa (art. 483, § 3º, I), circunstância qualificadora ou causa de aumento de pena reconhecida na pronúncia ou em decisões posteriores que julgaram admissível a acusação (art. 483, § 3º, II), desclassificação da infração para outra de competência do juiz singular (art. 483, § 4º), ou sobre ser tentado ou consumado o crime ou sobre o preciso tipo penal em que se subsumiu a conduta do acusado (art. 483, § 5º)". Portanto, conclui o Ministro, "se a resposta for SIM ao quesito do art. 483, III, *d*, do CPP – por fatores diversos (desnecessidade da pena, inexigibilidade de conduta diversa, falta de provas, clemência etc.) –, o jurado não só não precisa, como, em verdade, não pode explicar o motivo pelo qual votou. Destarte, por conclusão lógica, na hipótese de absolvição do réu pelo Conselho de Sentença do Tribunal do Júri, no terceiro quesito obrigatório estabelecido no art. 483, III, *d*, do Código de Processo Penal, é inviável a inferência pela Corte revisora de que a decisão dos jurados é manifestamente contrária à prova dos autos".

base na letra "d". O voto condutor do Min. Sebastião foi, em suma, no sentido de que está autorizada a absolvição por clemência mas também cabe apelação do MP com fulcro na letra "d", na medida em que mesmo a absolvição feita no quesito genérico pode ser controlada em grau recursal. Sustentou o Ministro que o tribunal de apelação pode fazer o controle acerca do respaldo fático-probatório da decisão de clemência, para mandar o réu a novo júri quando a decisão absolutória for desprovida de elementos fáticos que a autorizem. A posição é, nas palavras de Rezende[12], "uma tentativa infeliz de conciliar entendimentos completamente divergentes dos Ministros. Cada qual desses entendimentos guarda coerência intrínseca; a decisão conciliatória, todavia, não". É uma solução ilógica para o problema, pois: ou se admite que a absolvição por qualquer motivo com base no quesito genérico (e, portanto, inclusive contra a prova dos autos) e não cabe apelação do MP por ser a "decisão manifestamente contra a prova dos autos"; ou não se admite a absolvição por qualquer motivo e fora da prova dos autos e, portanto, preserva-se o recurso do MP com base na letra "d". A incoerência está em buscar conciliar as duas posições que são inconciliáveis para afirmar que os jurados estão legitimados a absolver por qualquer motivo, mesmo fora da prova dos autos, e, ao mesmo tempo, permitir que o MP recorra por ser essa decisão "manifestamente fora da prova dos autos". A incongruência é manifesta. Acrescente-se ao problema o fato de os jurados decidirem por íntima convicção, sem qualquer fundamentação e soberanamente, de modo que a própria subjetividade intrínseca à "clemência" não é passível de controle em grau recursal.

Portanto, a problemática está criada no âmbito do STJ.

**Mas no STF já existe uma decisão paradigmática no sentido de que NÃO cabe o recurso da acusação, com base na alínea "d", quando o réu é absolvido no quesito genérico.**

No RHC 117.076/PR (posição reafirmada no HC 185.068 MC/SP), o Min. Celso de Mello, na mesma linha do entendimento do Min. Schietti, suspendeu liminarmente o novo júri, porque "revelar-se-ia, aparentemente, inadmissível, por incongruente com a recente reforma introduzida no procedimento penal do júri, o controle judicial das decisões absolutórias proferidas pelo Tribunal do Júri com fundamento no art. 483, III e § 2º, do CPP, quer pelo fato, pragmaticamente relevante, de que os fundamentos efetivamente acolhidos pelo Conselho de Sentença restariam desconhecidos, quer pelo fato, não menos importante, de que a fundamentação adotada pelos jurados poderia, ao menos virtualmente, extrapolar os próprios limites da razão jurídica".

---

12 REZENDE, Guilherme Madi. Jurisprudência anotada. *Boletim do IBCCrim*, n. 296, julho de 2017.

No mérito, o HC foi concedido, confirmando a liminar. Assim ficou a ementa:

EMENTA: Recurso ordinário em "habeas corpus". Tribunal do Júri. Quesito genérico de absolvição (art. 483, inciso III, e respectivo § 2º, do CPP). Interposição, pelo Ministério Público, do recurso de apelação previsto no art. 593, inciso III, alínea "d", do CPP. Descabimento. Doutrina. Jurisprudência. Recurso ordinário provido. – A previsão normativa do quesito genérico de absolvição no procedimento penal do júri (CPP, art. 483, III, e respectivo § 2º), formulada com o objetivo de conferir preeminência à plenitude de defesa, à soberania do pronunciamento do Conselho de Sentença e ao postulado da liberdade de íntima convicção dos jurados, legitima a possibilidade de os jurados – que não estão vinculados a critérios de legalidade estrita – absolverem o réu segundo razões de índole eminentemente subjetiva ou de natureza destacadamente metajurídica, como, p. ex., o juízo de clemência, ou de equidade, ou de caráter humanitário, eis que o sistema de íntima convicção dos jurados não os submete ao acervo probatório produzido ao longo do processo penal de conhecimento, inclusive à prova testemunhal realizada perante o próprio plenário do júri. Doutrina e jurisprudência. – Isso significa, portanto, que a apelação do Ministério Público, fundada em alegado conflito da deliberação absolutória com a prova dos autos (CPP, art. 593, III, "d"), caso admitida fosse, implicaria frontal transgressão aos princípios constitucionais da soberania dos veredictos do Conselho de Sentença, da plenitude de defesa do acusado e do modelo de íntima convicção dos jurados, que não estão obrigados – ao contrário do que se impõe aos magistrados togados (CF, art. 93, IX) – a decidir de forma necessariamente motivada, mesmo porque lhes é assegurado, como expressiva garantia de ordem constitucional, "o sigilo das votações" (CF, art. 5º, XXXVIII, "b"), daí resultando a incognoscibilidade da apelação interposta pelo "Parquet". Magistério doutrinário e jurisprudencial.

Tal decisão é da maior relevância e também muito nos honrou ao citar nossas lições e adotar nosso entendimento no sentido de que não cabe mais, após a reforma de 2008, o recurso de apelação por parte da acusação, com base no art. 593, III, "d", quando a absolvição se der com base no quesito genérico (o jurado absolve o acusado?), na medida em que os jurados estão livres para absolver por qualquer motivo, inclusive clemência, mesmo desconectado da prova.

Apenas um esclarecimento: ainda que entendamos, na linha da decisão do STF anteriormente citada, que não cabe recurso da acusação com base na letra "d", quando o réu é absolvido com base no quesito genérico, é preciso reconhecer e advertir que o tema não é pacífico e que talvez ainda tarde alguns anos para que os tribunais inferiores assimilem o entendimento do Min. Celso de Mello. Por esse motivo, seguimos analisando o tema de forma ampla, inclusive com a eventual aceitação do recurso da acusação.

Mas tal entendimento não se aplica ao recurso defensivo, como explicado, pois não está autorizada a condenação fora da prova dos autos. Portanto, quando o réu for condenado, pode a defesa apelar com base no art. 593, III, "d", argumentando que a condenação é contrária a prova dos autos.

Por último, apenas para esclarecer, a problemática foi em torno da (im)possibilidade do recurso da acusação com base na alínea "d", permanecendo intactas as possibilidades de apelação com fulcro nas alíneas "a", "b" ou "c". Em relação aos demais casos de apelação, não há qualquer restrição.

Feita essa ressalva em relação à admissibilidade ou não do dispositivo, vamos analisá-lo mais detidamente, pois segue tendo ampla aplicação para defesa.

Trata-se do fundamento que permite a impugnação das decisões absolutórias do Tribunal do Júri, estabelecendo a discussão sobre a (in)adequação da decisão em relação ao contexto probatório.

É a única possibilidade de buscar-se, em grau recursal, um reexame do caso penal decidido em primeira instância, como um verdadeiro recurso ordinário, pois as alíneas anteriores restringem a discussão, unicamente, à aplicação da norma jurídica.

Mas um novo problema surge: o dogma da soberania das decisões do júri. Isso faz com que o espaço decisório do tribunal *ad quem* seja reduzido, a ponto de a jurisprudência brasileira pautar-se pela manutenção do resultado do julgamento, somente acolhendo o apelo quando a decisão for absolutamente dissociada da prova, sem a menor base probatória.

Nesse sentido, GRINOVER, MAGALHÃES e SCARANCE[13] lecionam que "é constante a afirmação de que a decisão manifestamente contrária à prova dos autos é aquela inteiramente destituída de qualquer apoio no processo, completamente divorciada dos elementos probatórios, que não encontra, enfim, amparo em nenhuma versão resultante da prova".

Recordemos que, quando a irresignação disser respeito à decisão do júri que reconheceu uma qualificadora ou negou sua ocorrência, o apelo terá por fundamento esta letra "d", devendo a parte interessada demonstrar que a decisão dos jurados acerca da qualificadora era manifestamente contrária à prova dos autos.

Pode-se argumentar, ainda, que o legislador empregou a expressão (decisão) *manifestamente* contrária à prova dos autos para definir o nível de ilegitimidade exigido para que a decisão do júri seja desconstituída. Não basta que a decisão seja "apenas" contrária à prova dos autos; ela deve ser, evidentemente, inequivocamente contrária à prova.

A soberania das decisões do júri impede que o tribunal *ad quem* considere que os jurados não optaram pela melhor decisão, entre as duas possíveis. Não lhe cabe fazer esse controle. Apenas quando uma decisão não for, desde uma perspectiva probatória, possível, é que está o tribunal autorizado a cassar a decisão do júri, determinando a realização de um novo julgamento.

Essas são as definições e concepções pacíficas na doutrina e jurisprudência brasileira sobre a alínea "d".

Vejamos agora o outro lado da moeda...

---

13 Op. cit., p. 123.

Consultando os vastos repertórios jurisprudenciais disponíveis sobre o tema, é impressionante o discurso que lhes permeia, especialmente quando se trata de apelação defensiva, em que o réu foi condenado com base em frágeis provas, mas nem assim se dá provimento à impugnação. Nesses julgamentos, o nível de exigência para acolher o apelo beira as raias do absurdo, pois se exige uma decisão a tal ponto desconectada do processo, que somente em situações surreais isso ocorreria.

Considerando que o processo, por essência, apresenta duas versões antagônicas, sempre haverá como sustentar a existência de "alguma" prova para legitimar a decisão, especialmente quando condenatória. Convenhamos que uma decisão, efetivamente, sem nenhum amparo probatório não habita o campo real do processo, até porque, se não houvesse nenhum suporte probatório à tese acusatória, por exemplo, o processo jamais teria nascido. E, se admitida a denúncia, ou seria o réu absolvido sumariamente ou impronunciado.

Ainda que não se queira reconhecer, esse conjunto de fatores cria uma situação ambígua, nebulosa, com amplo espaço de imprópria discricionariedade decisória por parte do tribunal *ad quem*, deixando as partes à mercê de um novo decisionismo, agora disfarçado. É elementar que sempre haverá um mínimo de provas, para qualquer lado que se queira olhar. E, para reduzir o problema, estão os princípios que regem as provas, especialmente o *in dubio pro reo*, a exigir, para condenar, que a prova deve ser robusta, com alto grau de verossimilhança. Do contrário, a absolvição se impõe. Mas no Tribunal do Júri as coisas não funcionam assim; primeiro porque os jurados julgam por íntima (e arbitrária) convicção, não fundamentando sequer, e, após, em grau recursal, porque se abre a possibilidade de o tribunal decidir como bem entender, bastando usar uma boa retórica para legitimar sua decisão. E nem é preciso tanto exercício argumentativo assim; basta recorrer ao dogma da supremacia do júri e da exigência de uma decisão "manifestamente" contrária à prova dos autos e negar provimento ao recurso. E, quando o tribunal quiser prover o apelo, afirma que a decisão é (na sua visão) "manifestamente" contrária à prova dos autos e submete o réu a novo julgamento. A abertura da fórmula legal permite ao tribunal decidir como bem entender; basta um mínimo de manipulação discursiva.

Neste tema, remetemos o leitor para o tópico "*standard* probatório", abordado no capítulo da teoria da prova. Lá explicamos que a sentença condenatória somente pode ser admitida quando baseada em prova sólida, robusta, que supere a dúvida razoável, com alto grau de probabilidade e verossimilhança. É neste marco de *standard* probatório que o tribunal também deve se basear para decidir se acolhe ou não o recurso.

Tudo isso evidencia, uma vez mais, a problemática estrutura do júri brasileiro, pois não efetiva a garantia constitucional do *in dubio pro reo* contida na presunção constitucional de inocência[14]. No Tribunal do Júri, o réu pode ser condenado a partir de uma prova frágil e ilhada no contexto probatório, e seu recurso não será admitido, mesmo com uma prova amplamente favorável à sua tese defensiva, pois a decisão dos jurados não é absolutamente desconectada da prova dos autos. Aqui, abandona-se a exigência de prova plena e cabal para a condenação, pois uma frágil prova da tese acusatória justifica a manutenção da condenação, contrariando tudo que o processo penal democrático ergueu.

Quanto ao argumento da "soberania das decisões do júri", invocado como dogma absoluto pelos passionais defensores do júri, deve-se fazer um importante questionamento: e o igualmente fundamental direito à presunção de inocência? Como resolver esse conflito?

Não é pretensão desta obra fazer um estudo sobre a *colisão em sentido amplo ou em sentido estrito de direitos fundamentais*, mas essa questão sequer é ventilada pelos tribunais e pela doutrina processual penal brasileira nesse tema. Primeiro, deve-se reconhecer o problema e a impossibilidade de um tratamento reducionista como tem sido dado até então, para, após, buscar a solução desse conflito (aparente?), que nos parece passa pelo estudo das diferentes propostas que orbitam em torno do Princípio da Unidade da Constituição. Neste sentido, MENDES[15] leciona que *as normas constitucionais devem ser vistas não como normas isoladas, mas como preceitos integrados num sistema unitário de regras e princípios, que é instituído na e pela própria* Constituição.

Partindo disso, diferentes "soluções" são propostas pelos constitucionalistas[16], sendo as principais aquelas que sustentam, em síntese, o estabelecimento de uma *hierarquia de direitos fundamentais*, passando pela *precedência dos valores relativos às pessoas sobre os valores de índole material*, o recurso à *concordância prática* até

---

14 Interessante é o tratamento dado pelo art. 846 bis "c" da LECrim (*Ley de Enjuiciamiento Criminal* espanhola), que prevê na alínea "e" o seguinte fundamento para apelação das decisões proferidas pelo Tribunal do Júri (Tribunal del jurado):
e) que se hubiese vulnerado el derecho a la presunción de inocencia porque, atendida la prueba practicada en un juicio, carece de toda base razonable la condena impuesta.
Trata-se de um recurso exclusivo da defesa e, portanto, somente pode ser interposto quando a sentença seja condenatória. Como explica CORTÉS DOMÍNGUEZ (et al., *Derecho Procesal Penal*, p. 665), é uma possibilidade de o tribunal revisar a valoração da prova realizada pelos jurados, de natureza fiscalizadora não tanto do resultado valoratório da prova, senão da utilização deste resultado para impor a pena. Em outras palavras, segue o autor, se do resultado valoratório se deduz a inocência e não a culpabilidade, estamos diante de um caso típico de aplicação deste recurso, pois a conclusão que se extrai desta valoração da prova não é razoável.

15 MENDES, Gilmar Ferreira; COELHO, Inocêncio Mártires e BRANCO, Paulo Gustavo Gonet. *Curso de Direito Constitucional*. 2. ed. São Paulo, Saraiva, 2008. p. 114.

16 Uma síntese, com a respectiva crítica, é fornecida por MENDES, na obra anteriormente citada, p. 343-346.

chegar à posição adotada pela Corte Constitucional alemã do *estabelecimento de uma ponderação de bens tendo em vista o caso concreto*, isto é, uma recusa à fixação *a priori* de uma hierarquia precisa entre direitos individuais e outros constitucionalmente consagrados. A ponderação deve ser feita a partir das circunstâncias do caso (penal) concreto.

Importa-nos, mais do que apontar "soluções", alertar para o problema, que sequer é ventilado, voltamos a dizer, pelo senso comum teórico e jurisprudencial brasileiro. O que não se pode continuar fazendo é fechar os olhos para o conflito entre a soberania do júri e a presunção de inocência do réu (sem falar na ampla defesa, devido processo, fundamentação das decisões etc.). Tampouco se pode aceitar o reducionista argumento da "prevalência" (sem limites?) da soberania do júri, que não encontra nenhum fundamento de hermenêutica constitucional que o legitime.

Em suma, essa sistemática recursal, somada à estrutura do Tribunal do Júri brasileiro, cria um terreno fértil para uma patológica administração da justiça.

Feita essa rápida crítica, continuemos.

Mas se o recurso interposto com base na letra "d" for provido, qual será a consequência? A resposta vem dada pelo art. 593, § 3º, do CPP[17].

Portanto, provido o recurso com esse fundamento, será desconstituída a decisão, determinando-se a realização de um novo julgamento pelo Tribunal do Júri, com outros jurados, é óbvio. Neste sentido, é acertado o enunciado contido na Súmula 206 do STF:

> É nulo o julgamento ulterior pelo júri com a participação de jurado que funcionou em julgamento anterior do mesmo processo.

Nesse novo júri, nenhum dos jurados anteriores poderá novamente compor o conselho de sentença, pois se pretende a máxima originalidade do julgamento e imparcialidade dos julgadores.

Supondo que o réu tenha sido condenado por homicídio simples a uma pena de 6 anos de reclusão, inconformado, apela com base no art. 593, III, "d", do CPP. Provido o apelo, é submetido a novo julgamento pelo júri. Nesse novo julgamento, pode ocorrer o seguinte:

a) é novamente condenado;
b) há uma desclassificação (desde que seja essa uma tese da defesa);
c) ou é absolvido.

---

17 Art. 593. § 3º Se a apelação se fundar no n. III, *d*, deste artigo, e o tribunal *ad quem* se convencer de que a decisão dos jurados é manifestamente contrária à prova dos autos, dar-lhe-á provimento para sujeitar o réu a novo julgamento; não se admite, porém, pelo mesmo motivo, segunda apelação.

Se o réu for novamente condenado, pode a pena ser superior à anterior (6 anos)? Não, pois isso constituiria uma *reformatio in pejus*. Logo, a segunda decisão seria nula, cabendo uma nova apelação, agora fundada na letra "b", devendo o tribunal *ad quem* retificar a pena para o patamar anterior.

Ainda, no mesmo exemplo, poderia o réu – no novo júri – ser condenado por homicídio qualificado a uma pena de 12 anos? Cuidado com este caso, pois poderá ser interpretado como *reformatio in pejus*, principalmente após a decisão proferida pelo STF no HC 89544-1. Para evitar longa repetição, remetemos o leitor para o Capítulo anterior, quando explicamos as "Regras Específicas do Sistema Recursal", e a "Proibição da *Reformatio in Pejus*".

E se o réu for absolvido ou desclassificada a infração, poderá o Ministério Público apelar, com base nesta letra "d", argumentando que essa nova decisão é manifestamente contrária à prova dos autos?

Antes de responder, vejamos novamente o que diz o art. 593, § 3º, com especial atenção à última parte do dispositivo:

O ponto nevrálgico resume-se, então, à seguinte pergunta: o que significa "mesmo motivo" a que alude o art. 593, § 3º?

Depois de muito vacilo jurisprudencial, pacificou-se o correto entendimento de que a expressão *mesmo motivo* significa novo recurso com base na letra "d". Ou seja, mesmo motivo é utilizar duas vezes a mesma fundamentação legal do recurso (alínea "d").

É irrelevante a tese defensiva sustentada. Assim, se no primeiro júri o réu alega que agiu em legítima defesa e foi absolvido, mas o Ministério Público, inconformado, apela com base nesta letra "d". Provido o recurso, é o réu submetido a novo julgamento, em que é novamente absolvido, mas agora com uma tese de inexigibilidade de conduta diversa. Pode o Ministério Público novamente recorrer, com base na letra "d", argumentando que a nova decisão é – mais até do que a anterior – manifestamente contrária à prova dos autos? Não, pois não se admite segunda apelação pelo mesmo motivo.

Ademais, como o réu é absolvido com base no quesito genérico (o jurado absolve o acusado?), não há como identificar sequer se a tese sustentada foi acolhida ou se a absolvição ocorreu por outro motivo.

E se o réu é absolvido, o Ministério Público apela, com base na letra "d", e o tribunal acolhe o pedido, determinando a realização de novo júri, ocasião em que o réu é condenado. Pode a defesa apelar, com base na alínea "d", argumentando que essa nova decisão é manifestamente contrária à prova dos autos e que não incide o impedimento contido no § 3º, pois é a primeira vez que o réu recorre com este fundamento?

Não. O dispositivo impede uma segunda apelação com base nesse fundamento, independentemente de quem tenha recorrido. Ademais, existe um obstáculo lógico: como, julgando um mesmo caso penal, ambas as decisões (absolutória e condenatória) podem ser manifestamente contrárias à prova dos autos? Ou ainda: que prova é essa que não autoriza absolver ou condenar? Como uma mesma prova pode ser completamente incompatível com a absolvição e a condenação ao mesmo tempo? A questão aqui é de lógica probatória.

Em suma:

1. Júri absolve – MP recorre com base na letra "d" – novo júri – réu novamente absolvido – MP pode apelar com base na letra "d"? Não, pois não se admite segunda apelação pelo mesmo motivo.
2. Júri absolve – MP recorre com base na letra "d"– novo júri – réu é condenado – pode a defesa recorrer com base na letra "d"? Não. É ilógico que a mesma prova seja manifestamente contrária à decisão absolutória e condenatória.
3. Júri condena – defesa recorre com base na letra "d" – novo júri – réu novamente condenado – cabe nova apelação com base na letra "d"? Não, pois não se admite segunda apelação pelo mesmo motivo.
4. Júri condena – defesa recorre com base na letra "d" – novo júri – réu absolvido – cabe apelação por parte do MP, com base na letra "d"? Não, é ilógico.

Apenas um esclarecimento: ainda que entendamos, na linha da decisão do STF anteriormente citada, que não cabe recurso da acusação com base na letra "d", quando o réu é absolvido com base no quesito genérico, é preciso reconhecer e advertir que o tema não é pacífico e que talvez ainda tarde alguns anos para que os tribunais inferiores assimilem o entendimento do Min. Celso de Mello. Por esse motivo, seguimos analisando o tema de forma ampla, inclusive com a eventual aceitação do recurso da acusação, como no exemplo citado acima.

Nada impede, portanto, que, após o novo júri, a defesa ou a acusação apelem, desde que o façam com base nas letras "a", "b" ou "c". Não com fundamento na letra "d". A restrição à segunda apelação existe somente em relação à letra "d".

Para finalizar, recordemos (mais) um grave paradoxo que a estrutura do júri brasileiro estabelece: como alegar que a decisão dos jurados é manifestamente contrária à prova dos autos se não temos a mais remota ideia dos motivos que levaram os sete profanos a julgar dessa forma?

A absoluta falta de fundamentação do ato decisório faz com que o ato de recorrer seja um exercício quase mediúnico... sem falar que a decisão, no mais das vezes, sequer tem por base a prova. Negar isso é desconhecer que a "íntima convicção", despida de qualquer fundamentação, permite a imensa monstruosidade jurídica de ser julgado a partir de qualquer elemento. Isso significa um retrocesso ao Direito Penal do autor, ao julgamento pela "cara", cor, opção sexual, religião, posição socioeconômica, aparência física, postura do réu durante o julgamento ou mesmo antes do julgamento, enfim, é imensurável o campo sobre o qual pode recair o juízo de (des)valor que o jurado faz em relação ao réu. E, tudo isso, sem qualquer fundamentação.

Mais grave ainda é a autorização legal – como já explicamos ao tratar do júri – para que os jurados decidam completamente fora da prova dos autos. Imaginemos um julgamento realizado no Tribunal do Júri cuja decisão seja manifestamente contrária à prova dos autos (condenatória ou absolutória). Há recurso de apelação com base no art. 593, III, "d", do CPP, que, uma vez provido pelo Tribunal, conduz à realização de novo júri (consequência da aplicação da primeira parte do § 3º do art. 593). Esse "novo" júri será composto por outros jurados, mas como o espetáculo será realizado pelos mesmos "atores", em cima do mesmo "roteiro" e no mesmo cenário, a chance de o resultado final ser igual é imensa.

E, nesse "novo" júri, a decisão é igual à anteriormente prolatada e, portanto, novamente divorciada da prova dos autos. Duas decisões iguais, em manifesta dissociação com o contexto probatório.

Poderá haver então novo recurso, aduzindo que novamente os jurados decidiram contra a prova dos autos? Não, pois a última parte do § 3º do art. 593 veda expressamente essa possibilidade. Logo, se no segundo júri eles decidirem novamente contra a prova dos autos, não caberá recurso algum. Assim, os jurados podem decidir completamente fora da prova dos autos sem que nada possa ser feito. Eles têm o poder de tornar o quadrado, redondo, com plena tolerância dos Tribunais e do senso comum teórico, que se limitam a argumentar, fragilmente, com a tal "supremacia do júri", como se essa fosse uma "verdade absoluta", inquestionável e insuperável.

#### 2.1.1.2. Tempestividade. Legitimidade. Gravame. Preparo. Processamento da Apelação

A tempestividade do recurso de apelação se verifica pela petição de interposição ou do dia em que for feita a manifestação oral certificada nos autos (termo). A juntada extemporânea das razões é considerada mera irregularidade. Importa é a interposição tempestiva.

O prazo para interposição da apelação é de 5 dias, sem esquecer que o prazo é em dobro para os membros da Defensoria Pública (consulte-se a Lei n. 7.871/89 e a Lei Complementar 80/94, arts. 44, I, e 128, I, que concedem prazo em dobro para os membros da Defensoria Pública dos Estados e da União).

Quanto à legitimidade, estão autorizados a interpor a apelação: o Ministério Público ou querelante (na ação penal de iniciativa privada), o réu ou seu defensor (art. 577), e o assistente da acusação.

Recordemos, ainda, a figura do assistente da acusação, cuja legitimidade para recorrer está consagrada no art. 598 do CPP[18], que pode ser:

- habilitado nos autos: quando então será intimado de todos os atos e poderá recorrer, caso não o faça o Ministério Público, no prazo de 5 dias;
- não habilitado: situação em que, por não participar do processo, não será intimado das decisões, tendo por isso o prazo de 15 dias para apelar (art. 598, parágrafo único, do CPP).

E como se faz a contagem desse prazo do assistente?

Nos termos da Súmula 448 do STF, que determina o seguinte: *o prazo para o assistente recorrer, supletivamente, começa a correr imediatamente após o transcurso do prazo do Ministério Público*.

Partindo dessa regra, diferentes situações podem ocorrer:

a) se o assistente (habilitado) é intimado antes do término do prazo recursal do MP, o seu prazo começará a correr imediatamente após o decurso do prazo concedido àquele;

b) se o assistente (habilitado) é intimado após o término do prazo recursal do MP, o seu prazo começará a correr no primeiro dia útil subsequente à intimação;

c) se o assistente não está habilitado, ele não é intimado da sentença, e terá o prazo de 15 dias para interpor a apelação, contados do dia em que terminar o prazo do Ministério Público.

Outros aspectos importantes da figura do "assistente da acusação" já foram abordados anteriormente, quando explicamos as regras gerais dos recursos, para onde remetemos o leitor a fim de evitar repetições.

Além da legitimidade, outro requisito recursal é a existência de gravame, ou seja, a parte recorrente deverá ter interesse recursal, conforme já explicado no

---

[18] Art. 598. Nos crimes de competência do Tribunal do Júri, ou do juiz singular, se da sentença não for interposta apelação pelo Ministério Público no prazo legal, o ofendido ou qualquer das pessoas enumeradas no art. 31, ainda que não se tenha habilitado como assistente, poderá interpor apelação, que não terá, porém, efeito suspensivo.
Parágrafo único. O prazo para interposição desse recurso será de quinze dias e correrá do dia em que terminar o do Ministério Público.

Capítulo anterior e para onde remetemos o leitor. Também se recorde a discussão em torno do interesse recursal do assistente para apelar de uma sentença condenatória, buscando o aumento da pena, em que sustentamos a falta de interesse recursal nesse caso.

Antes de analisarmos o processamento da apelação, vejamos a questão do preparo. Como também já foi explicado, além de tempestiva, a apelação, nos crimes de ação penal de iniciativa privada, deverá ser previamente "preparada", ou seja, deverá o recorrente pagar as custas judiciais previstas para que a impugnação possa ser conhecida e julgada, sob pena de deserção. Importante destacar que o preparo somente é exigível nos crimes de ação penal de iniciativa privada, não havendo pagamento de custas recursais nos casos de ação penal de iniciativa pública ou na ação penal privada subsidiária da pública. Recordemos que, nesse último caso (subsidiária), a ação penal é de iniciativa pública, não se transformando em privada e tampouco se submetendo ao regime de pagamento de custas desta modalidade de ação penal.

Vejamos agora alguns aspectos do processamento da apelação.

Uma vez interposto o recurso de apelação, deverá o juiz a quo fazer o juízo de admissibilidade, anteriormente explicado, recebendo ou não o recurso. Se não admitir o apelo, esta decisão será impugnável pelo recurso em sentido estrito, art. 581, XV, também já comentado.

Admitido o apelo, segue-se o disposto no art. 600, devendo o juiz determinar a intimação do recorrente (se for o réu, na pessoa do seu defensor constituído ou dativo), para que no prazo de 8 dias apresente a fundamentação do recurso, ou seja, as razões recursais.

A exceção feita às contravenções foi tacitamente revogada, na medida em que todas as contravenções são julgadas no Juizado Especial Criminal, que dispõe de regra própria em matéria recursal, pois a Lei n. 9.099 prevê o recurso de apelação com o prazo único de 10 dias.

Recordemos, pois isso já foi explicado no Capítulo anterior, que a apelação poderá ser total ou parcial, ou seja, impugnar toda a sentença ou apenas parte dela. Nesse sentido dispõe o art. 599 do CPP.

No § 1º, concede-se o prazo de 3 dias para o assistente arrazoar após o Ministério Público. Aqui a situação é diferente daquela anteriormente explicada, pois não se trata de recurso interposto pelo assistente, senão de apelo apresentado pelo Ministério Público. Neste caso, em que o MP recorre, o assistente não pode recorrer, mas apenas arrazoar junto, ou seja, apresentar razões recursais complementares àquelas apresentadas pelo Ministério Público. Quando a apelação for de decisão proferida pelo Tribunal do Júri (art. 593, III), recordemos que as razões do assistente ficam limitadas ao fundamento legal eleito pelo Ministério Público quando da interposição, ou seja, a alínea definida na petição ou termo de interposição.

O § 2º destina-se à ação penal (de iniciativa) privada, em que o Ministério Público acompanha toda a tramitação, e a quem caberá "intervir em todos os termos subsequentes do processo", como define o art. 45 do CPP.

A questão do "prazo comum", prevista no § 3º, é objeto de crítica, pois quando são vários réus essa sistemática implica um sério inconveniente, que é a impossibilidade de carga dos autos, que ficarão em cartório, mas, principalmente, quebra o tratamento igualitário entre acusador e réu(s). De qualquer forma, infelizmente prevalece o entendimento da aplicação literal do dispositivo.

O § 4º é de grande importância e utilidade prática. Poderá o apelante interpor o recurso e, nesta petição, declarar que irá apresentar suas razões no tribunal *ad quem*. Distribuído o apelo, caberá ao relator do feito, recebendo os autos, determinar a intimação do recorrente para que lá apresente sua fundamentação no prazo legal (o mesmo prazo de 8 dias anteriormente comentado).

Trata-se de faculdade somente oferecida ao réu (ou querelado) e ao querelante (ação penal de iniciativa privada). Não está autorizado o Ministério Público a apresentar razões na superior instância, até porque não está legitimado e capacitado o promotor (de primeiro grau) a atuar perante tribunais.

E qual a vantagem de arrazoar no tribunal? Além de dispor de mais tempo para preparar as razões, a principal vantagem é saber quem irá julgar o apelo, ou ainda, com "quem se está falando". É muito importante apresentar as razões já sabendo quem será o relator e em que câmara ou turma será julgado o recurso, pois esse é um ponto fundamental quando se tem presente a função persuasória da atividade das partes em relação ao julgador. Para isso, é fundamental conhecer o perfil dos julgadores, como decide aquela câmara ou turma, que precedentes existem sobre as questões debatidas etc.

Merece atenção o disposto no art. 601, que prevê a possibilidade de a apelação subir para o tribunal *ad quem* com as razões ou sem elas. Essa sistemática cumpriu uma importante missão, que foi a de criar a possibilidade de o réu preso (ou solto, mas especialmente ao preso), ao ser intimado da sentença, escrever no verso "quero apelar", ou qualquer outra manifestação inequívoca de sua vontade de recorrer. Basta isso para que o recurso seja interposto. Eis uma forma de interposição por termo nos autos.

A partir disso, era o defensor intimado para apresentar razões e, em muitos casos, ele não o fazia. O recurso prosseguia sem as razões e devolvia integralmente a matéria ao tribunal *ad quem*.

Mas, após a Constituição, e especialmente nos últimos anos, o art. 601 tem sido objeto de uma correta (re)leitura constitucional, de modo que, em nome da ampla defesa e do contraditório, os tribunais têm determinado o retorno dos autos à comarca de origem para que sejam apresentadas as razões, inclusive com a nomeação de defensor dativo para apresentá-las se não o fizer o constituído.

Além da ampla defesa, a ausência de razões também viola o contraditório, porque sem elas não tem a outra parte condições plenas de contra-arrazoar. Por isso, os tribunais ultimamente têm determinado que os autos baixem em diligências para que o defensor ofereça as razões ou seja nomeado um dativo para isso.

Essa é, sem dúvida, uma medida acertada, que melhor conforma o dispositivo à Constituição.

E o Ministério Público pode interpor o recurso e não apresentar as razões? Evidente que não. Pensamos que essa situação é inconcebível, pois viola, ao mesmo tempo, a regra recursal da "Motivação dos Recursos" e também o contraditório e o direito de defesa, pois como contra-arrazoar um recurso sem razões?

Diante de tal situação, a primeira opção é o tribunal *ad quem*, recebendo o apelo sem as razões do acusador, devolver os autos à comarca de origem para que seja pessoalmente intimado o representante do *parquet* para apresentar suas razões. Após isso, entendemos que, em respeito à ampla defesa e ao contraditório, deverá à defesa ser novamente oportunizada a apresentação de contrarrazões, mesmo que já o tenha feito, pois somente agora poderá efetivamente rebater as razões do recurso. Por esse motivo, é inadmissível processar-se o recurso sem razões e, com o parecer do Ministério Público de segundo grau, considerar-se "sanada a falha". Errado, isso produz inadmissível cerceamento de defesa e violação do contraditório.

Outra opção, mais adequada, pensamos, é o tribunal não conhecer do recurso interposto pelo Ministério Público sem razões, por violação da regra da "motivação dos recursos", do contraditório e do direito de defesa. Ademais, não está demonstrado o interesse recursal, na medida em que inexiste fundamentação hábil a evidenciar o gravame. A solução assim é o não conhecimento do recurso da acusação despido de fundamentação.

Não concordamos com tese sustentada por algum setor da doutrina no sentido de que haveria uma "desistência" por parte do promotor/procurador que não apresentasse as razões recursais. Essa posição, ainda que sedutora, esbarra nos princípios da obrigatoriedade e indisponibilidade, inerentes à ação penal de iniciativa pública, e consubstanciados, expressamente, no art. 576 do CPP. Não vislumbramos argumentos que justifiquem uma tal ginástica hermenêutica para negar vigência a tais princípios, nem ao dispositivo apontado. Daí por que tampouco vemos necessidade de tal construção, na medida em que caberá ao tribunal não conhecer do recurso, como explicamos no parágrafo anterior.

Por fim, uma dúvida que pode surgir é: podem ser juntados documentos novos nas razões e/ou contrarrazões do apelo?

TOURINHO FILHO não vê qualquer óbice, ressalvando que, se os documentos forem juntados nas contrarrazões, deverá o juiz determinar que o apelante se manifeste sobre eles. Quando apresentados pelo apelante, o recorrido terá acesso, naturalmente, quando lhe for dada vista para contrarrazões.

Somos obrigados a concordar, até porque o art. 616 do CPP (infelizmente) permite alguns poderes instrutórios ao tribunal *ad quem*. Contudo, manifestamos a preocupação com a estrita observância do contraditório e advertimos para o grave risco de supressão de instância, pois é inegável que a juntada de novas provas após a sentença constitui uma subtração de elementos probatórios do juiz *a quo*.

## 2.2. Efeitos Devolutivo e Suspensivo. O Direito de Apelar em Liberdade

A apelação sempre terá efeito devolutivo propriamente dito (ou reiterativo), na medida em que necessariamente devolve o conhecimento da matéria para um tribunal *ad quem*, ou seja, para um órgão superior àquele que proferiu a decisão. É tipicamente um "juízo sobre o juízo", recordando a expressão de CARNELUTTI, em que caberá ao tribunal reexaminar no todo ou em parte (conforme a apelação seja total ou parcial, a critério do recorrente) a decisão proferida pelo juiz de primeiro grau.

A regra do *tantum devolutum quantum appellatum* define que ao tribunal é devolvido o conhecimento da matéria objeto do recurso. Mas essa regra tem um campo limitado de incidência, pois deve ser pensado à luz da vedação da *reformatio in pejus* e da possibilidade da *reformatio in mellius*, o que faz com que acabe sendo bastante relativizado.

A devolução da matéria pela via do recurso está regida, essencialmente, pela vedação da *reformatio in pejus* e da possibilidade da *in mellius*. Frente a um recurso exclusivo do MP, pode o tribunal acolhê-lo, para condenar o réu absolvido, aumentar sua pena etc. Mas também pode o tribunal absolver ou mesmo diminuir a pena, ainda que a defesa não tenha recorrido, até porque pode, a qualquer tempo, conceder *habeas corpus* de ofício. Por isso, afirmamos que o *tantum devolutum quantum appellatum* é, acima de tudo, uma limitação recursal ao acusador.

Não se olvide, ainda, que, nos casos do art. 593, III, a extensão da devolução está delineada pela alínea indicada na petição de interposição, conforme explicado. Também recordemos que as nulidades absolutas (defeito insanável) podem ser conhecidas a qualquer momento, em qualquer grau de jurisdição, independentemente de invocação.

Por fim, há casos em que, mesmo sendo o recurso parcial (extensão), a modificação da parte impugnada conduz, necessária e logicamente, à revisão de outras matérias decididas na sentença. Quando, por exemplo, o réu recorre exclusivamente da pena aplicada na sentença condenatória, postulando a redução, o tribunal, em acolhendo esta impugnação e dependendo do quanto da diminuição, estará obrigado a revisar também o regime de cumprimento da pena ou a possibilidade de substituição (art. 44 do CP), mesmo que nada disso tenha sido impugnado.

Outra situação interessante sucede quando o réu é condenado por dois delitos, interpõe a apelação requerendo a absolvição de ambos, e o tribunal dá parcial provimento, absolvendo-o de um deles. Diante do delito residual, dependendo da pena cominada no tipo, e preenchidos os demais requisitos do art. 89 da Lei n. 9.099/95, poderá ser caso de aplicação da Súmula 337 do STJ, com a remessa dos autos para o juiz de primeiro grau intimar o Ministério Público para oferecer a suspensão condicional do processo. Tudo isso independente de qualquer pedido na apelação. É uma extensão necessária do efeito devolutivo.

No que se refere ao chamado efeito suspensivo, trata-se de um obstáculo a que a sentença possa produzir todos os seus efeitos antes que o recurso seja julgado, afetando, diretamente, o estado de liberdade do réu.

A apelação interposta contra a sentença penal absolutória nunca terá efeito suspensivo, pois como determina o art. 596:

> A apelação da sentença absolutória não impedirá que o réu seja posto imediatamente em liberdade.

É importante que o dispositivo seja lido em conformidade com a Constituição, e não restritivamente, como eventualmente ainda insistem alguns tribunais. A sentença absolutória restabelece – na sua totalidade – o *status libertatis* do acusado, não apenas no sentido de assegurar a sua liberdade de ir, vir e ficar, mas também na esfera da liberdade pessoal em sentido amplo, em toda a extensão atingida pelo processo. Portanto, diante de uma sentença absolutória, além da imediata determinação de restabelecimento da liberdade do réu eventualmente submetido à prisão cautelar, devem cessar também todas as medidas assecuratórias ou patrimoniais determinadas no curso do processo penal, pois implicam restrição da sua esfera de liberdade pessoal.

Essa posição foi recepcionada pela reforma processual penal de 2008, cuja nova redação do art. 386, especialmente seu parágrafo único, determina a cessação das medidas cautelares.

Logo, está mais do que evidente que, com a absolvição, além da imediata concessão de liberdade ao réu, devem cessar as medidas assecuratórias, sendo, portanto, ilegal a manutenção – v.g. – do sequestro sobre bens do acusado absolvido, pois não cabe efeito suspensivo do mandamento libertatório contido na sentença. Portanto, absolvido o réu, devem cessar todas as medidas restritivas de natureza pessoal ou patrimonial que tenham sido decretadas, e a apelação interposta pela acusação não terá o condão de suspender esse mandado liberatório contido na sentença (decorrência da ausência de efeito suspensivo, art. 596).

Quanto ao disposto no parágrafo único do art. 596, tem-se como revogado, pois a reforma da parte geral do Código Penal, levada a cabo em 1984, extinguiu a "medida de segurança provisória".

Noutra dimensão, em caso de sentença condenatória (art. 387), o apelo poderá ter efeito suspensivo ou não; melhor dizendo, poderá ao réu ser assegurado o direito de apelar em liberdade ou não. Sobre o tema, para evitar repetições, remetemos o leitor para o capítulo das Prisões Cautelares, em que analisamos essa problemática.

Para finalizar, ainda que não seja propriamente um "efeito recursal", é pertinente sublinhar a possibilidade da "extensão subjetiva dos efeitos da apelação", nos termos do art. 580 do CPP, com vistas a permitir o aproveitamento da decisão proferida no recurso interposto por um dos réus – desde que fundado em motivos que não sejam de caráter exclusivamente pessoal – aos outros corréus (pressupondo a existência de concurso de agentes, é claro). Mas tal extensão não poderá ocorrer quando o recurso é do Ministério Público, pois seu apelo ficará limitado ao réu objeto da impugnação. Seria inconcebível, por exemplo, que um corréu absolvido e que não tenha tido sua parte da decisão impugnada na apelação viesse a ser, posteriormente, condenado por "extensão". Seria o mesmo que condenar alguém que não foi objeto de uma acusação formal.

## 3. Embargos Infringentes e Embargos de Nulidade

O Capítulo V do Código de Processo Penal é intitulado "Do Processo e do Julgamento dos Recursos em Sentido Estrito (e do agravo na execução, por seguir o mesmo procedimento do RSE) e das Apelações, nos Tribunais de Apelação", definindo claramente que as regras a seguir tratadas dizem respeito ao julgamento – apenas – destas duas espécies de impugnações. Neste contexto, prevê o art. 609:

> Art. 609. Os recursos, apelações e embargos serão julgados pelos Tribunais de Justiça, câmaras ou turmas criminais, de acordo com a competência estabelecida nas leis de organização judiciária.
>
> Parágrafo único. Quando não for unânime a decisão de segunda instância, desfavorável ao réu, admitem-se embargos infringentes e de nulidade, que poderão ser opostos dentro de 10 (dez) dias, a contar da publicação de acórdão, na forma do art. 613. Se o desacordo for parcial, os embargos serão restritos à matéria objeto de divergência.

Esse é o entendimento, ainda majoritário, de que os Embargos Infringentes somente têm cabimento na decisão não unânime destes recursos mencionados (apelação, recurso em sentido estrito e agravo da execução por extensão).

Não obstante, pensamos que essa é uma posição bastante restritiva e que parte de um argumento pobre, que é o nome dado pelo CPP ao capítulo (DO PROCESSO E DO JULGAMENTO DOS RECURSOS EM SENTIDO ESTRITO E DAS APELAÇÕES, NOS TRIBUNAIS DE APELAÇÃO), que já possui erros na sua própria redação, ao mencionar "do processo" quando o correto é "do procedimento", evidenciando a falta de critério e de respeito às categorias processuais. Ademais, faz referência aos "tribunais de apelação", uma nomenclatura e classificação completamente superada. Inclusive, o próprio STF aceitou os embargos infringentes na AP. 470 (Mensalão), mostrando assim a possibilidade de superação dessa leitura restritiva. Dessarte, acrescentando ainda a necessidade de máxima eficácia do direito de defesa, do acesso ao duplo grau de jurisdição (direito ao recurso) e, principalmente, da diminuição do risco de uma sentença injusta (gestão do erro judiciário), pensamos que é viável a admissão de embargos infringentes nos demais recursos e, inclusive, em relação as ações autônomas de impugnação, como o *habeas corpus* e a revisão criminal, desde que respeitado o campo de admissibilidade (recurso exclusivo da defesa, diante de uma decisão não unânime desfavorável ao réu).

Feita essa ressalva de nossa posição, sigamos.

Interessa-nos, conforme destacado, o disposto no parágrafo único do art. 609, pois ali se encerra toda a disciplina existente sobre os recursos de Embargos Infringentes e de Nulidade, conforme o caso.

Iniciemos pela nomenclatura utilizada pelo Código: embargos infringentes e de nulidade. São dois recursos (atente-se para a conjunção aditiva "e") com o mesmo tratamento legal e sistemática de processamento, mas com uma distinção de conteúdo e também em relação às consequências de eventual acolhimento:

a) nos embargos infringentes, o voto vencido tem por objeto da divergência uma questão de fundo, de mérito, que poderá levar à absolvição, redução da pena, substituição por outra pena etc.;

b) nos embargos de nulidade, o voto vencido diverge em relação a questões exclusivamente processuais, ou seja, às condições da ação, ou mesmo às nulidades processuais, tendo como consequência, se acolhidos, a nulidade da sentença ou mesmo de todo o processo.

É uma diferença que se situa na distinção forma-conteúdo, ou seja, preliminares e mérito, mas também no que tange às consequências do acolhimento, pois, no primeiro caso, a decisão atacada é anulada e, no segundo, procede-se à sua revisão, no todo ou em parte, sem anulá-la.

Logo, quando o objeto da divergência se situar numa questão de fundo, como a absolvição do réu ou a redução da pena, em que o voto vencido decidia neste sentido, caberão embargos infringentes. Já quando o voto vencido for no sentido de acolher uma preliminar de nulidade ou de incompetência do juízo, por exemplo, caberão embargos de nulidade.

Mas os tribunais brasileiros nunca tiveram maior rigor no tratamento desses dois recursos, equiparando-os para todos os fins, numa espécie de "fungibilidade institucionalizada" e automatizada.

Em nome disso, os defensores empregam os "embargos infringentes" para todos os fins, e os tribunais não cobram qualquer rigor conceitual. Na doutrina, é comum sustentar-se que a dualidade de recursos é meramente aparente e que o recurso é um só, sendo que a distinção não possui maior significação prática[19].

Ainda que não concordemos com a tese de que o recurso seja um só, ou de que a distinção seja "meramente" de nomenclatura, importa é que o recurso seja conhecido e julgado. Portanto, até pela clara incidência do princípio da fungibilidade, o recurso deve ser conhecido e apreciado, desde que preenchidos os demais requisitos, é óbvio, independentemente do nome que se lhe dê.

Antes de analisar os requisitos recursais, esclarecemos que os embargos serão sempre julgados por um órgão jurisdicional superior àquele que proferiu a decisão, ainda que isso ocorra dentro do mesmo tribunal. Logo, as apelações, recursos em sentido estrito ou agravos em execução serão julgados pelas Câmaras Criminais (na justiça estadual) ou nas Turmas Criminais (justiça federal). Dessa decisão não unânime, favorável à defesa, caberão embargos (infringentes ou de nulidade, conforme o caso) para o órgão jurisdicional superior, a saber, os Grupos Criminais (Tribunais de Justiça dos Estados) ou Seção Criminal (no âmbito dos Tribunais Regionais Federais). Como regra, os Regimentos Internos dos Tribunais preveem

---

19 GRINOVER, MAGALHÃES e SCARANCE, *Recursos no Processo Penal*, cit., p. 215.

que o relator dos embargos não seja o mesmo relator da apelação ou recurso em sentido estrito, o que nos parece imprescindível, sob pena de grave violação da imparcialidade do órgão julgador.

### 3.1. Requisitos Objetivos e Subjetivos

Recordando que os requisitos objetivos são cabimento e adequação; tempestividade; preparo (apenas nos casos em que a ação penal é de iniciativa privada) e que os requisitos subjetivos são legitimidade e existência de um gravame (interesse), vejamos essas categorias à luz dos embargos infringentes e de nulidade.

No que tange ao cabimento, dois aspectos são fundamentais para compreensão desta impugnação:

1º é um recurso que somente tem cabimento para impugnar uma decisão não unânime proferida por tribunal no julgamento de uma apelação, recurso em sentido estrito ou agravo em execução;

2º é um recurso exclusivo da defesa, pois exige uma decisão não unânime desfavorável ao réu, ou seja, há um voto divergente a favor da tese defensiva (no todo ou em parte).

Assim, incabíveis os embargos infringentes e de nulidade da decisão não unânime proferida por turmas recursais reunidas, ainda que julgando a apelação de uma decisão dos Juizados Especiais Criminais. As turmas recursais não são consideradas "tribunais", ou seja, órgãos de segundo grau, na acepção utilizada pelo Código de Processo Penal[20].

A decisão deve ser proferida no julgamento de apelação ou recurso em sentido estrito, não cabendo embargos infringentes e de nulidade, portanto, das decisões não unânimes proferidas no julgamento de *habeas corpus*, embargos declaratórios, revisão criminal etc. Quanto ao agravo em execução, trata-se de recurso que segue o mesmo processamento do recurso em sentido estrito, havendo, inclusive, muitas decisões anteriormente atacáveis pelo RSE e que, com o advento da LEP, passaram a ser impugnáveis pelo agravo previsto no art. 197 da Lei n. 7.210/84. Por esse motivo, sustentamos a possibilidade dos embargos da decisão não unânime desfavorável ao réu, proferida no julgamento de um agravo em execução penal.

---

20 No mesmo sentido, RANGEL, Paulo. *Direito Processual Penal*. 6. ed. Rio de Janeiro, Lumen Juris, 2002, p. 788; BADARÓ, *Direito Processual Penal*, t. II, cit., p. 246; GRINOVER, MAGALHÃES e SCARANCE, op. cit., p. 217.

A divergência se dá na "decisão", e não na fundamentação. Se no julgamento de uma apelação dois desembargadores mantiverem a condenação com base em determinada prova e o terceiro divergir na valoração probatória, mas igualmente condenar, apenas com base noutros elementos, não há que se falar em embargos infringentes. Da mesma forma, analisando-se uma preliminar de nulidade contida na apelação defensiva, dois julgadores a afastarem por inexistência de lesão ao direito fundamental ali efetivado, e o terceiro a rechaçar, invocando o princípio da instrumentalidade das formas, são descabidos os embargos de nulidade.

Importa é a divergência que implique diferença na decisão, como ocorre no julgamento em que:

a) dois desembargadores mantêm a sentença condenatória e o terceiro absolve o réu;
b) dois denegam a preliminar de nulidade e o terceiro a acolhe, para anular a sentença;
c) dois não conhecem a apelação, por intempestiva, e o terceiro desembargador, entendendo tempestivamente interposto, conhece do recurso;
d) dois julgadores mantêm a pena interposta (ou aumentam, se o recurso foi do Ministério Público) e o terceiro vota pelo redimensionamento da dosimetria, diminuindo a pena aplicada.

Nesses casos, há uma divergência "na decisão", que comporta os embargos infringentes ou de nulidade, conforme a situação concreta. Deve-se atentar, ainda, que com a reforma processual de 2008 cabe ao juiz, na sentença condenatória, fixar o valor da indenização a ser paga pelo réu. Portanto, em grau recursal, ainda que mantida a condenação penal, são perfeitamente possíveis os embargos infringentes quando o voto vencido for favorável ao réu, no sentido de diminuir o valor da indenização. Trata-se de embargos infringentes cujo objeto estará circunscrito, exclusivamente, ao *quantum* da indenização, pois esta é a divergência decisória existente.

Além de cabível, o recuso deve ser adequadamente interposto, ou seja, por petição, não se admitindo a interposição por termo nos autos na medida em que as razões já devem acompanhar a interposição.

O prazo de interposição dos embargos infringentes e também dos embargos de nulidade é de 10 dias, contados da publicação do acórdão através do órgão oficial. Esse prazo é único, para interposição e razões. Não há, nessa via impugnativa, os dois momentos anteriormente vistos na apelação e no recurso em sentido estrito, em que a parte interpunha o recurso no prazo de 5 dias e depois era intimada para apresentação das razões. Aqui, nos embargos, tudo ocorre no mesmo momento e no mesmo prazo de 10 dias, não se conhecendo do recurso interposto sem razões. Tampouco existe possibilidade de arrazoar no tribunal, até porque já se está no tribunal.

Quanto ao preparo, como já explicado, é exigível nos processos iniciados por ação penal de iniciativa privada, havendo deserção pelo não pagamento das custas recursais. Contudo, em se tratando de embargos infringentes e de nulidade, prevalece o entendimento de que não é necessário preparo, bastando aquele feito para a apelação. Isso porque se trata de um desdobramento da apelação, somente possível em razão da ausência de unanimidade na decisão. Nesse sentido, por exemplo, dispõe o art. 261 do Regimento Interno do TRF da 3ª Região. Mas, advertimos, deve sempre ser consultado o Regimento Interno do respectivo tribunal, pois essa matéria não está disciplinada no Código de Processo Penal.

No que tange à legitimidade, é exclusiva da defesa. Não devem ser conhecidos os embargos infringentes ou de nulidade interpostos pelo Ministério Público ou pelo assistente da acusação, pois são partes ilegítimas – *ex vi legis* – para utilizar esse recurso, que é privativo da defesa. Há quem sustente a possibilidade de o Ministério Público recorrer a favor do réu, o que nos parece uma situação anômala e extraordinária, injustificável no processo penal de cunho acusatório. Mas, se realmente for em benefício do réu – desde que o defensor fique omisso – e a gravidade da situação exigir, em tese, não há obstáculos em ser conhecido o recurso. Mas apenas em casos extraordinários e quando, inequivocamente, o que se busca é fazer valer um voto vencido realmente favorável ao imputado.

Por fim, quanto ao gravame, está diretamente relacionado à existência de um voto divergente "favorável" à defesa. Decorre do interesse do réu em fazer valer, no órgão superior, a decisão minoritária que lhe era favorável, no todo ou em parte.

Portanto, existe interesse recursal ainda que o voto vencido acolha uma pequena parcela do pedido da defesa, ou seja, ainda que mínima a vantagem jurídica que aquele provimento possa lhe ocasionar, como pode ser uma pequena redução da pena privativa de liberdade, da pena de multa aplicada, mudança de regime e até mesmo uma ínfima diminuição do valor indenizatório fixado na sentença condenatória proferida pelo juiz *a quo*. Importa aqui é a existência de uma vantagem jurídica, de uma melhoria da situação jurídica do réu, que o voto vencido poderia lhe proporcionar.

### 3.2. O Problema da Divergência Parcial. Interposição Simultânea do Recurso Especial e Extraordinário?

Imaginemos a seguinte situação: O tribunal por 3 x 0 decide no sentido de desacolher a preliminar arguida (prova ilícita, nulidade etc.), e, no mérito, por 2 x 1, nega provimento ao apelo (o voto vencido absolvia o réu). Como deverá proceder a defesa? Deverá o réu interpor os embargos infringentes em relação à questão de mérito, decidida de forma não unânime, para tentar fazer valer o voto vencido no sentido da absolvição. É fundamental esgotar todas as questões antes de ingressar com os recursos especial/extraordinário.

E quanto à preliminar de nulidade, denegada à unanimidade? Deverá interpor o recurso especial e/ou extraordinário (conforme a fundamentação e o caso concreto) no prazo de 15 dias (da publicação do acórdão), ou poderá aguardar a decisão dos embargos infringentes, para então utilizar esses recursos?

O Código de Processo Penal é completamente omisso nesta matéria, dando causa à existência de duas correntes (o que gera uma imensa insegurança jurídica):

- STJ (e os TRFs): a interposição deve ser sucessiva, nos termos do art. 498 do CPC (antigo), que determina que o prazo dos recursos especial e extraordinário somente começará a correr após o julgamento dos embargos infringentes. Essa é a posição que nos parece mais acertada, mas está calcada na aplicação analógica do antigo CPC.
- STF (e muitos TJs): entendem que a interposição deve ser simultânea, sob pena de preclusão. Negam a incidência do art. 498 do antigo CPC. Dessa forma, intimado do acórdão, começa a correr o prazo de 10 dias para os Embargos Infringentes e 15 dias para recurso especial e/ou extraordinário em relação às preliminares refutadas à unanimidade.

Essa posição nos parece ilógica até, pois não houve o esgotamento das vias recursais ordinárias (ainda cabem embargos infringentes) e também pode haver completa modificação da decisão caso os embargos sejam acolhidos.

Mas e agora, com a extinção dos embargos infringentes no "new" CPC e o desaparecimento do art. 498, como ficará? Infelizmente pensamos que tenderá a prevalecer a posição do STF e da interposição simultânea, mas precisamos esperar a consolidação da jurisprudência. Por segurança, é melhor interpor simultaneamente e, após o julgamento dos embargos infringentes, ratificar a interposição do REsp/RExt, por petição, no prazo de 15 dias. Mas, diante do cenário incerto, aconselhamos a ficar atento ao entendimento dos tribunais.

### 3.3. Efeitos Devolutivo e Suspensivo

No que se refere à extensão, é um recurso limitado ao ponto da divergência, nem mais, nem menos. Portanto, a fundamentação está vinculada à divergência.

O efeito é devolutivo, propriamente dito, incumbindo ao órgão jurisdicional superior o julgamento da impugnação, sem possibilidade de reexame pelo mesmo colegiado. Na justiça estadual, os embargos serão julgados pelo Grupo Criminal do respectivo Tribunal de Justiça; na Justiça Federal, pela Seção Criminal do Tribunal Regional Federal correspondente.

O fato de os mesmos desembargadores integrantes da Câmara ou Turma Criminal integrarem o órgão colegiado superior (Grupo ou Seção), e a possibilidade de modificarem suas posições, não atribui aos embargos o efeito regressivo. Isso porque não há a devolução da matéria para o mesmo órgão, tampouco a possibilidade de "retratação" pelo mesmo julgador. Estamos diante de um novo órgão jurisdicional, hierarquicamente superior, cuja composição é distinta e mais ampla que o colegiado que proferiu a decisão impugnada.

Como regra, o Grupo Criminal é a reunião de duas Câmaras Criminais, entre elas, aquela de onde foi emanada a decisão. No âmbito dos Tribunais Regionais Federais, cada Seção Criminal é composta pelos desembargadores federais de duas Turmas Criminais, sendo uma delas aquela onde a decisão não unânime foi proferida. Portanto, são órgãos distintos e com uma composição, um colegiado, mais amplo. Portanto, não há efeito "regressivo", mas sim devolutivo propriamente dito ou reiterativo, para um órgão *ad quem*.

Advertimos que essa estrutura que acabamos de explicar poderá sofrer alterações de tribunal para tribunal, na medida em que se trata de organização interna. Por isso, sugerimos, sempre, que seja consultado o respectivo Regimento Interno do Tribunal e também, se houver, o Código de Organização Judiciária (COJE).

A extensão da matéria devolvida é limitada ao objeto da divergência, que poderá ser exclusivamente jurídico no caso dos embargos de nulidade, ou fático-probatório, em se tratando de embargos infringentes. Importa frisar que de nada adiantará uma ampla fundamentação da defesa acerca de questões que não foram objeto da divergência, pois o julgamento ficará adstrito aos limites da divergência contidos no voto vencido.

Quanto ao efeito suspensivo: como regra o réu tem o direito de recorrer em liberdade e, mesmo que se adote o entendimento do HC 126.292 do STF (possibilidade de execução antecipada da pena após a decisão de segundo grau), com o qual não concordamos, tem prevalecido o entendimento de que, na pendência de embargos infringentes ou de nulidade, não houve o esgotamento da jurisdição de segundo grau. Por isso, incabível a execução antecipada da pena.

Por fim, perfeitamente possível a extensão subjetiva dos efeitos do recurso, nos termos do art. 580 do CPP, conforme anteriormente explicado. Se dois réus forem condenados pela prática de determinada conduta e, no julgamento da apelação (de ambos ou de apenas um deles), há um voto vencido que os absolvia, por atipicidade da conduta, mesmo que apenas um dos réus interponha os embargos infringentes, se acolhido, aproveitará a todos. Estaremos diante de uma circunstância que não é de caráter pessoal, aproveitando a todos os que não recorreram, pois um mesmo fato não pode ser, como regra, atípico para um réu e típico para outro na mesma situação. Aplicável, assim, o art. 580 do CPP.

## 4. Embargos Declaratórios

A garantia da jurisdição e, principalmente, da motivação das decisões judiciais não se contenta com "qualquer" decisão ou com a presença de "qualquer" juiz. Como vimos ao longo desta obra, em diversas oportunidades, importa a qualidade da jurisdição e a qualidade da decisão. Portanto, o ato decisório deve revestir-se de qualidades mínimas para ser legítimo. Entre elas, estão, obviamente, a clareza, a coerência, a lógica e a exaustividade da decisão.

A decisão deve ser passível de ser compreendida, por elementar, sob pena de tornar-se um mero rebusqueio inútil de teses jurídicas sem nenhum valor ou utilidade. Da mesma forma que a acusação deve ser clara, coerente e lógica, sob pena de inépcia e rejeição liminar, a decisão deve revestir-se desses mesmos atributos (infelizmente para o direito processual não existem sentenças ineptas). A exaustividade da decisão significa que é dever do juiz analisar e decidir acerca de todas as teses acusatórias e defensivas, acolhendo-as ou não, mas sempre enfrentando e fundamentando cada uma, sob pena de omissão e, dependendo da gravidade, gerar um ato defeituoso insanável (nulo, portanto).

Os embargos declaratórios servem para impugnar o ato decisório que não cumpra esses requisitos mínimos, permitindo que o juiz esclareça e até supra eventuais omissões. Mais do que isso, são os embargos declaratórios instrumentos a serviço da eficácia da garantia da motivação das decisões judiciais, pois as partes têm o direito fundamental de saber o que o juiz decidiu, como e por quê.

O Código de Processo Penal estabelece o recurso de embargos declaratórios com uma fundamentação legal diversa, conforme se trate de embargos de decisão de primeiro grau, ou acórdão proferido por tribunal. No fundo, o recurso é o mesmo.

É importante esclarecer que o juiz, ao proferir uma sentença, esgota sua jurisdição. Somente com o advento de um recurso que tenha efeito regressivo se lhe oportuniza reexaminá-la. Essa é uma das características básicas dos embargos declaratórios. Contudo, eventuais erros materiais da sentença, meras correções, podem ser feitos pelo juiz ou tribunal independente da interposição dos embargos declaratórios, mas em caráter excepcional e sem que representem um reexame ou nova decisão. Não há que se confundir a excepcional faculdade de corrigir erros materiais com o poder de refazer a sentença.

Para impugnar as decisões proferidas por juiz singular (primeiro grau, portanto), utiliza-se o art. 382 do CPP.

Em se tratando de acórdãos proferidos por tribunais, os embargos declaratórios estão previstos nos arts. 619 e 620 do CPP.

A rigor, os embargos de declaração servem apenas para que o órgão julgador declare, esclareça a decisão, não para que ele volte a decidir, retrate-se ou modifique o decidido (ainda que isso possa, excepcionalmente, acontecer, como se verá a seguir).

Vejamos agora os requisitos recursais e os efeitos que essa impugnação pode ter.

### 4.1. Requisitos Objetivos e Subjetivos

Partindo da estrutura recursal de requisitos objetivos (cabimento e adequação; tempestividade; e preparo) e subjetivos (legitimidade e existência de um gravame), vejamos essas categorias à luz dos embargos declaratórios.

Quanto ao cabimento, os embargos de declaração servirão para impugnar:

a) um ato decisório judicial, seja ele sentença, decisão interlocutória, ou acórdão, mesmo que irrecorrível;
b) que tal ato decisório contenha uma *obscuridade, ambiguidade, contradição ou omissão.*

Todo ato judicial que tenha um caráter decisório, ainda que mínimo, é passível de embargos declaratórios, mesmo que seja considerado "irrecorrível", como sucede com as decisões interlocutórias simples. Pode parecer contraditório dizer "decisão irrecorrível" mas impugnável por embargos de declaração, mas não o é. A garantia constitucional da motivação das decisões judiciais e a própria legitimidade do exercício do poder jurisdicional no curso do processo penal impõem a clareza e possibilidade de compreensão dessas decisões, sejam elas recorríveis ou não. O que está em discussão é o direito das partes de saberem o *que* e *por que* tal ou qual decisão foi tomada.

Portanto, toda e qualquer decisão, ainda que dita "irrecorrível", pode ser objeto de embargos declaratórios. Não se concebe a possibilidade de qualquer ato jurisdicional incompreensível, independentemente de sua natureza.

Mas, para tanto, é necessário que essa decisão contenha:

a) *obscuridade*: no sentido de ser difícil de entender, confusa, enigmática, vaga[21];
b) *ambiguidade*: é aquela decisão que se pode tomar em mais de um sentido, é equívoca, indeterminada, imprecisa ou incerta[22];
c) *contradição*: é a decisão que contém um conflito de ideias, uma dicotomia, uma incompatibilidade entre as teses expostas ou entre as teses e o dispositivo. Contraditório aqui é empregado no sentido de ilogicidade da própria decisão, em que a fundamentação não conduz à conclusão ou a fundamentação é incompatível em si mesma;
d) *ou omissão*: trata-se da "falta" juridicamente relevante, ou seja, a falta de enfrentamento de todas as teses acusatórias ou defensivas, sejam fáticas ou jurídicas, ou ainda, de valoração da prova produzida no processo. Nas decisões interlocutórias proferidas no curso da instrução, a omissão pode existir em relação aos pedidos de diligências e provas postulados pelas partes e não decididos pelo juiz.

Nem sempre existe um limite claro entre esses conceitos, devendo ser evitado o excessivo formalismo e preciosismo.

Excepcionalmente, como veremos na continuação, os embargos de declaração poderão ser utilizados para fins de prequestionamento da matéria a ser impugnada pela via do recurso especial ou extraordinário, principalmente quando a decisão for omissa no enfrentamento da violação de norma constitucional ou federal, ou negativa de vigência, como se verá a seu tempo.

Os embargos de declaração devem ser opostos por escrito, com as razões inclusas, em que a parte demonstre o ponto a ser aclarado.

A exceção a essa regra fica por conta dos Juizados Especiais Criminais, em que o art. 83 da Lei n. 9.099/95 possibilita a interposição dos embargos declaratórios oralmente ou por escrito e também amplia o prazo, que será de 5 dias, interrompendo – conforme a disciplina prevista pelo novo CPC (art. 1.066, que modificou o art. 50 da Lei n. 9.099/95) – a contagem de prazo para interposição do recurso superveniente. Anteriormente, na vigência do Código de Processo Civil de 1973,

---

21 Socorremo-nos do *Novo Dicionário Aurélio da Língua Portuguesa*, 3. ed., 2004.

22 Idem.

os embargos declaratórios no JECrim suspendiam o prazo para novos recursos; com a vigência do novo CPC, eles passam a interromper o prazo.

Como regra, o prazo é de 2 (dois) dias, tanto para os embargos interpostos contra decisão de primeiro grau, como também junto aos tribunais. Esse prazo é contado da data da intimação do despacho ou decisão, para os embargos apresentados em primeiro grau, ou da publicação do acórdão, quando interpostos nos tribunais. Excepcionalmente, como visto, no âmbito dos Juizados Especiais Criminais, esse prazo é de 5 dias.

Como regra, não existe preparo para os embargos declaratórios, mesmo sendo a ação penal de iniciativa privada, mas é sempre aconselhável consultar-se o Regimento Interno do respectivo tribunal e o Código de Organização Judiciária, já que o Código de Processo Penal é omisso nesta matéria.

No que tange aos requisitos subjetivos, estão legitimados a embargar o Ministério Público, assistente da acusação, o querelante e o réu (ou querelado).

O gravame é inerente ao fato de se ter uma manifestação jurisdicional ambígua, obscura, contraditória ou omissa. Não há prejuízo mais evidente do que estar submetido a uma decisão incompreensível ou incompleta. O interesse recursal está vinculado à (in)eficácia da garantia da motivação das decisões judiciais.

## 4.2. Efeitos Devolutivo, Suspensivo e Modificativo (Infringentes)

Os embargos declaratórios têm efeito interativo ou regressivo, pois atribuem ao próprio juiz ou tribunal, que ditou a decisão, o poder de reexaminá-la, ou seja, regressa para o mesmo órgão decisório. Incumbe ao juiz que proferiu a sentença (ou câmara/turma criminal em caso de acórdão) decidir novamente, esclarecendo a contradição, ambiguidade, obscuridade ou omissão. Como regra, não há uma modificação na decisão, mas apenas a declaração de seu conteúdo incompreensível.

Por esse motivo, em tese, nada impede que existam embargos declaratórios sucessivos, ou seja, interpostos mais de uma vez em relação à mesma decisão. Excepcionalmente, em casos complexos, pode ser que a nova decisão ainda não esclareça completamente os pontos omissos, obscuros, ambíguos ou contraditórios, cabendo, portanto, a renovação dos embargos declaratórios. Mas essa é uma situação excepcional.

Quanto ao efeito suspensivo, na verdade os embargos declaratórios interrompem o prazo para interposição de qualquer outro recurso, desde que a decisão seja recorrível, é claro. Não se trata de suspender, mas sim de interromper o prazo dos demais recursos, na medida em que deverá fluir por inteiro. Neste ponto, após longa divergência doutrinária, a questão pacificou-se no sentido da aplicação analógica do art. 1.026 do CPC (diante da omissão do CPP), com a interrupção dos prazos recursais. Essa regra também se aplica aos embargos no JECrim com a entrada em vigor do atual CPC e o disposto no art. 1.066.

Ainda que os embargos não sejam conhecidos ou providos, tem-se como interrompido o prazo de qualquer outro recurso que vise impugnar aquela decisão. Existe, contudo, uma tendência em punir o litigante de má-fé, que interponha sucessivos embargos descabidos e protelatórios. Neste sentido, o art. 1.026, §§ 2º e 3º, do CPC prevê punições para a reiteração de embargos manifestamente protelatórios e, neste caso, pode o tribunal entender que não haverá interrupção do prazo recursal.

Destacamos que a Lei n. 13.964/2019 alterou a redação do art. 116 do CP, que disciplina as causas impeditivas da prescrição. Portanto, a prescrição não corre na pendência de embargos de declaração ou de recursos aos tribunais superiores (recurso especial, extraordinário, respectivos agravos, agravo regimental, embargos de divergência, etc.), "quando inadmissíveis". É como se não corresse a prescrição enquanto se aguarda o julgamento de – por exemplo – um agravo em recurso especial que ao final venha a ser inadmitido. Tecnicamente, recurso não admitido é o mesmo que não conhecimento. Portanto, se conhecido e negado provimento, deverá ser computado o tempo de tramitação no prazo prescricional. De qualquer forma, apenas ao final do julgamento do recurso no STJ ou STF é que se poderá saber se houve ou não a prescrição, pois o cômputo desse tempo dependerá da decisão final. No mesmo sentido, BOTTINI[23] sustenta que "nesses casos, o prazo de prescrição somente *seguirá correndo* se estes recursos forem *admitidos*, ou seja, se os requisitos previstos em lei para sua utilização forem respeitados (como prazo para interposição, legitimidade, existência de interesse processual, de objeto a ser questionado, etc.). Caso o recurso seja *inadmitido*, ou seja, não conhecido, não apreciado, por falta destes requisitos, todo o tempo gasto com essa análise será desconsiderado para fins de prescrição. É como se esse tempo não tivesse passado para o cálculo da prescrição".

Em se tratando de Juizado Especial Criminal, o art. 83 da Lei n. 9.099/95 foi modificado pelo art. 1.066 do CPC, mantendo-se o prazo de 5 dias para interposição, mas interrompendo o prazo para os recursos sucessivos (antes suspendia o prazo).

---

23 <https://www.conjur.com.br/2020-jan-06/direito-defesa-direito-penal-processo-penal-delacao-lei-anticrime>.

Ainda na dimensão de "efeito recursal", muito interessante são os efeitos infringentes ou modificativos que podem adquirir os embargos de declaração, ainda que sem previsão legal. Os embargos declaratórios não têm uma função "modificativa", mas meramente esclarecedora, declarando o conteúdo não compreendido da decisão. Excepcionalmente, quando há grave omissão ou contradição, o esclarecimento conduz, inexoravelmente, à modificação da decisão, caracterizando assim os efeitos modificativos ou infringentes.

Trata-se de uma modificação da decisão por imposição lógica, como sucede, por exemplo, na sentença condenatória que fixa a pena em 2 anos de detenção, por um delito cometido sem violência ou grave ameaça, e determina a expedição de mandado de prisão, por negar o direito de apelar em liberdade. O réu, antes da apelação, interpõe embargos declaratórios, alegando uma grave omissão: o não enfrentamento da possibilidade de substituição da pena, nos termos do art. 44 do CP. O juiz, acolhendo o pedido, declara o ponto omisso e, com isso, modifica substancialmente a sentença, na medida em que substitui a pena privativa de liberdade por uma pena restritiva de direitos. Ainda, diante da nova decisão, reconhece o direito de o réu apelar em liberdade, pois manifestamente desproporcional decretar-se a prisão preventiva diante de uma sentença que determinou a prestação de serviços à comunidade.

Mas há casos em que a modificação é mais profunda, especialmente quando há contradição entre a fundamentação e a decisão, ou grave omissão, em que a decisão dos embargos de declaração acaba por modificar completamente a natureza da sentença. Imagine-se uma decisão que, na fundamentação e análise da prova, afirme a autoria e materialidade, tomando o caminho da condenação. Contudo, inexplicavelmente, o dispositivo absolve o réu. O Ministério Público apresenta embargos de declaração apontando a grave contradição entre a fundamentação e o dispositivo. Se acolhidos os embargos, haverá, claramente, efeitos modificativos ou infringentes, pois o juiz deverá refazer o dispositivo, com a respectiva dosimetria e proferindo uma sentença condenatória.

Como regra, uma vez interpostos os embargos de declaração, não há contraditório, ou seja, não há manifestação da outra parte, apenas do juiz.

Contudo, quando houver possibilidade de radical modificação na decisão (efeitos modificativos ou infringentes), que possa, inclusive, inverter o gravame (como no exemplo anterior), é aconselhável que o juiz determine a intimação da parte contrária (que poderá ser afetada pela nova decisão proferida) para que apresente contrarrazões[24]. Trata-se de uma medida salutar, com vistas a dar eficácia ao contraditório e que em nada prejudica a celeridade do recurso e do processo. Neste sentido, determina o art. 1.023, § 2º, do CPC que “o juiz intimará o embargado para, querendo, manifestar-se no prazo de 5 dias, sobre os embargos opostos, caso seu eventual acolhimento implique a modificação da decisão embargada”.

Inclusive, em caso de sentença, se uma das partes interpõe os embargos declaratórios e a outra não recorre (pois satisfeita com o decidido), havendo modificação da decisão, pela admissão dos embargos, nasce o direito de recorrer da outra parte, a partir dessa decisão (nova). Nesse caso, os efeitos modificativos dos embargos fazem com que a parte inicialmente não sucumbente passe a sê-lo, nascendo ali seu interesse recursal. O prazo para eventuais recursos dessa nova decisão nasce com a intimação. Ou seja: a interrupção do prazo recursal operada com a interposição dos embargos declaratórios a todas as partes aproveita, e não apenas ao que embargou. Isso decorre, inclusive, da possibilidade de uma inversão do gravame em decorrência dos efeitos modificativos. E, caso já tenha a parte recorrido, com a inversão do gravame, deverá ser-lhe oportunizado novo prazo para razões, em nome da regra da complementaridade dos recursos. No mesmo sentido vem a nova redação do art. 1.024, § 4º, do CPC.

Em suma, os efeitos modificativos são excepcionais e exigem especial atenção com a eficácia do contraditório diante da possibilidade de inversão do gravame.

## 5. Do Agravo em Execução Penal

Verificada no curso do processo a efetiva existência do delito e proferida sentença penal condenatória, inicia-se a execução penal, em que o poder estatal de penar será levado a cabo. Com o trânsito em julgado da sentença penal condenatória, está constituído o título executivo. Contudo, o problema não está terminado; ao contrário, inicia-se mais uma problemática fase do já doloroso processo penal, definida por CARNELUTTI[25] como *expiación de la pena*, considerado como o *conjunto de atos processuais que se verificam depois de haver passado em julgado a sentença condenatória.*

No art. 2º da LEP encontramos a determinação de que a jurisdição será exercida no processo de execução pelos juízes e tribunais da justiça ordinária. Na

---

[24] No mesmo sentido, entre outros, GRINOVER, MAGALHÃES e SCARANCE, *Recursos no Processo Penal*, cit., p. 232.

[25] CARNELUTTI, Francesco. *Lecciones sobre el Proceso Penal*. Trad. Santiago Sentís Melendo. Buenos Aires, EJEA, 1950. v. 4, p. 191.

continuação, o art. 3º estabelece que ao condenado serão assegurados todos os direitos não atingidos pela sentença ou pela lei, o que nos leva a invocar, na Constituição, a garantia do *due process of law*, consagrada no art. 5º, LIV.

Caberá ao juiz, também, estar atento para *eliminar os abusos durante este processo e pronto para resolver as controvérsias sobre a execução do julgado, seus limites e possibilidades, e a respeito da tutela dos inúmeros interesses jurídicos do condenado*[26].

Mas a garantia da jurisdição na execução penal não estaria completa se as decisões proferidas nos diversos incidentes lá existentes fossem inatacáveis. Significa dizer, ainda, que mesmo em sede de execução criminal há que se garantir o duplo grau de jurisdição.

Nessa linha, a Lei de Execuções Penais (LEP), Lei n. 7.210/84, prevê no seu art. 197 o seguinte: "Das decisões proferidas pelo juiz caberá recurso de agravo, sem efeito suspensivo".

Infelizmente, a isso se resume a disciplina legal do agravo em execução penal.

Após alguma oscilação jurisprudencial, pacificou-se, corretamente, o entendimento de que esse agravo deverá seguir o processamento do recurso em sentido estrito, anteriormente estudado, e previsto nos arts. 581 a 592 do CPP. A postura é correta, na medida em que os incidentes da execução penal são resolvidos por meio de decisões interlocutórias, sendo o recurso em sentido estrito a impugnação mais adequada.

Vejamos agora os requisitos recursais objetivos e subjetivos.

## 5.1. Requisitos Objetivos e Subjetivos

Iniciando-se pelos requisitos objetivos de cabimento e adequação, cumpre explicar que o agravo em execução destina-se a impugnar as decisões interlocutórias tomadas no curso da execução criminal, como por exemplo:

- a que nega ou concede a progressão de regime;
- determina a regressão de regime;
- concede ou denega o pedido de livramento condicional;
- a que homologa um Procedimento Administrativo Disciplinar e determina a regressão de regime ou perda dos dias remidos;
- que nega o pedido de saídas temporárias;
- concede ou denega o pedido de indulto, comutação, remição etc.

---

[26] PRADO, Geraldo. *Sistema Acusatório. A Conformidade Constitucional das Leis Penais*. 2. ed. Rio de Janeiro, Lumen Juris, 2001. p. 270.

Ao contrário do que ocorre no recurso em sentido estrito, não há um rol taxativo de decisões impugnáveis pela via do agravo em execução, importando a existência de uma decisão interlocutória que gere um gravame para o réu ou da qual discorde o Ministério Público. Em linhas gerais, os incidentes da execução criminal devem ser objeto de uma decisão jurisdicional, e esta decisão poderá ser impugnada pela via do agravo.

Esse recurso poderá ser interposto por petição ou por termo nos autos (art. 578 do CPP), permitindo-se, assim, que a parte prejudicada interponha, na própria audiência ou em cartório, o recurso, mediante redução da manifestação oral à forma escrita (ou seja, termo nos autos). Mas, diante da realidade da execução penal, a interposição por termo nos autos dificilmente ocorre. A regra é a interposição por petição.

No que diz respeito à tempestividade, o agravo é regido pelos seguintes prazos:

- 5 dias para interposição, art. 586 do CPP;
- 2 dias para apresentação das razões, art. 588 do CPP.

Como ocorre com o recurso em sentido estrito, o agravo em execução se desenvolve em dois momentos distintos, um para interposição (em que se afere a tempestividade) e outro para apresentação das razões, mas sublinhamos: a tempestividade é a exigência de interposição no prazo de 5 dias a contar da intimação da decisão. A apresentação das razões fora do prazo fixado (2 dias) é mera irregularidade que não prejudica a admissão do recurso.

Também é importante recordar que o prazo é em dobro para os membros da Defensoria Pública (consulte-se a Lei n. 7.871/89 e a Lei Complementar 80/94, arts. 44, I, e 128, I, que concedem prazo em dobro para os membros da Defensoria Pública dos Estados e da União). Para evitar repetições, remetemos o leitor ao explicado anteriormente sobre "interposição, tempestividade e preparo".

Não há que se falar em preparo no agravo em execução, não apenas porque inexiste previsão legal sobre as custas deste recurso, mas também porque já se esgotou o processo de conhecimento (em que, se iniciado pela ação penal de iniciativa privada, obrigaria ao pagamento das custas). Em sede de execução criminal, não há que se falar em custas "processuais" ou recursais.

Ingressando nos requisitos recursais subjetivos, cumpre esclarecer que a legitimação para agravar é do Ministério Público, defensor ou apenado, até porque, na execução, atribui-se ao preso a capacidade de postular em juízo (o que constitui um absurdo, na medida em que o correto é ter-se um serviço de defensoria pública suficientemente forte e bem estruturado, para acabar com essa falácia de que na execução *todos são advogados do apenado*... quando na verdade ninguém o é).

Quanto ao interesse recursal, está vinculado à existência de um gravame, um prejuízo jurídico decorrente da denegação de um pedido ou mesmo do estabelecimento de uma situação mais gravosa, como pode ser a regressão de regime ou a perda dos dias remidos em virtude de um PAD (procedimento administrativo disciplinar).

### 5.2. Aspectos Procedimentais. Formação do Instrumento e Efeito Regressivo

O agravo em execução subirá por instrumento, devendo a parte recorrente indicar as peças do Processo de Execução Criminal (PEC) que pretenda traslado, ou seja, quais petições e decisões entende necessário fotocopiar para formar os autos que subirão ao tribunal com o recurso. Existem peças que a parte indica e outras que são necessárias, como determina o art. 587, parágrafo único, do CPP. São peças obrigatórias:

a) a decisão recorrida;
b) a certidão da intimação da parte recorrente (para aferir a tempestividade do recurso);
c) e, obviamente, o termo de interposição, caso não seja interposto por petição.

Além das obrigatórias e das indicadas pelas partes, poderá o juiz determinar que integrem o instrumento todas as peças que julgar necessárias (art. 589). A petição de interposição e as razões são peças que logicamente sempre integrarão o instrumento, da mesma forma que as contrarrazões do recorrido. Na prática, o instrumento não é preparado pelo cartório ou secretaria, como estabelece o CPP, e tampouco adianta o recorrente apenas indicar as peças. Diante da institucionalizada "falta" (de recursos materiais, humanos, de boa vontade etc.), deverá o interessado pegar os autos em carga e providenciar todas as cópias, já as anexando às razões do recurso, sob pena de ver sua impugnação amargar meses parada na prateleira do cartório.

Interposto tempestivamente o agravo em execução, apresentadas as razões e formado o instrumento, com a resposta do recorrido ou sem ela (sendo o apenado, deverá o juiz nomear defensor dativo para apresentá-la, em nome da eficácia da ampla defesa), os autos serão conclusos ao juiz que proferiu a decisão (efeito regressivo), para que a mantenha ou reforme. Nesse sentido é o que estabelece o art. 589 do CPP.

Exige atenção a sistemática do parágrafo único, pois, se o juiz da execução se retratar e reformar a decisão impugnada, haverá uma inversão do gravame, cabendo à parte até então não prejudicada (mas que com a retratação o foi) recorrer dessa nova decisão, por simples petição, não sendo mais lícito ao juiz modificá-la. Nesse caso, sem qualquer complemento da fundamentação das partes, o recurso subirá, nos próprios autos ou em traslado, conforme o caso.

Essa "simples petição" é uma peculiar forma de recorrer da nova decisão, devendo a parte ali já fazer a fundamentação que julgar necessária, pois não haverá outra oportunidade. E qual o prazo para que a parte agora prejudicada apresente essa simples petição? O CPP não define, mas é lógico dar-se o mesmo tratamento dispensado ao recurso, ou seja, 5 dias. Essa simples petição deve ser apresentada em até 5 dias da data em que a parte prejudicada for intimada da retratação do juiz.

Ao contrário do que ocorre no recurso em sentido estrito, em que a "simples petição" somente será possível se a nova decisão for recorrível, no agravo esse problema não existe. Isso porque não há um rol taxativo de decisões impugnáveis pelo agravo em execução, diversamente da sistemática do RSE. Portanto, havendo retratação, sempre será possível que a parte prejudicada recorra dessa nova decisão por simples petição.

### 5.3. Efeito Devolutivo e Suspensivo

O agravo em execução criminal tem efeito misto, ou seja, regressivo no primeiro momento (devolução ao juiz *a quo*), e devolutivo propriamente dito no segundo momento, quando o juiz não exerce o juízo de retratação e o agravo é remetido ao tribunal *ad quem*.

O fato de o agravo não ter efeito suspensivo faz com que, muitas vezes, seja interposto *habeas corpus*, para evitar ou sanar a grave coação ilegal que o apenado sofre ou pode vir a sofrer. Isso porque, em geral, os incidentes da execução giram em torno da possibilidade ou não de progressão, regressão, livramento condicional, obtenção de indulto, comutação, unificação de penas etc., ou seja, questões diretamente ligadas ao estado de liberdade (ou ausência de) do apenado, cuja urgência não é compatível com um recurso despido de efeito suspensivo.

Mas alguns tribunais, muitas vezes alheios à realidade medieval do sistema carcerário brasileiro, adotando uma postura formalista e burocrática, não conhecem do *habeas corpus* diante da existência de recurso específico (agravo). Daí por que especialmente a defesa se vê compelida a lançar mão dos dois instrumentos, de forma simultânea: *habeas corpus* e agravo em execução. Se o primeiro for conhecido, e quem sabe até a liminar concedida, esvazia o objeto do segundo. Do contrário, em não sendo conhecido o *writ*, o agravo já está tramitando, diminuindo o tempo de espera do apenado por uma decisão.

## 6. Da Carta Testemunhável

De origem lusitana, como explicam GRINOVER, MAGALHÃES e SCARANCE[27], a carta testemunhável remonta ao tempo do Império e servia para evitar que os juízes se ocultassem para não receber os recursos ou determinassem ao escrivão que não lhes desse andamento. Nestes casos, o recorrente comparecia em cartório, acompanhado de duas testemunhas, "e relatava o que estava sucedendo ao escrivão, manifestando sua intenção de recorrer. Caso o escrivão admitisse a veracidade dos fatos narrados, fornecendo atestado a respeito, o problema ficava solucionado. Em caso de relutância do escrivão, o recorrente comparecia ao tribunal com as duas testemunhas".

Sem dúvida um instrumento processual bastante curioso, não apenas no nome, mas que atualmente tem pouca utilidade prática e revela-se bastante anacrônico, desconectado da realidade do processo penal e da administração da justiça contemporânea.

Mas ainda está em vigor, sendo disciplinado nos arts. 639 a 646 do CPP. Iniciemos pelo art. 639:

> Art. 639. Dar-se-á carta testemunhável:
> I – da decisão que denegar o recurso;
> II – da que, admitindo embora o recurso, obstar à sua expedição e seguimento para o juízo *ad quem*.

Eis os casos em que a carta testemunhável tem cabimento, servindo, basicamente, para permitir que o recurso seja finalmente enviado ao tribunal *ad quem*, seguindo lá sua tramitação.

Mas qual ou quais recursos? Apenas o recurso em sentido estrito e o agravo em execução.

Isso porque a carta testemunhável é um recurso subsidiário, somente podendo ser utilizado se não houver um recurso específico para a decisão denegatória. Por exemplo: em se tratando de apelação, a denegação é impugnável por recurso em sentido estrito (art. 581, XV); sendo denegada a subida de recurso especial ou extraordinário, caberá agravo de instrumento a seguir explicado.

No que se refere à forma de interposição, está disciplinado no art. 640 do CPP.

27 *Recursos no Processo Penal*, cit., p. 209.

Ainda que não seja dito, entendemos que a carta testemunhável deverá ser requerida ao escrivão por escrito (logo, petição dirigida ao escrivão, e não ao juiz), no prazo de 2 dias (ainda que o dispositivo estabeleça 48h, os prazos não são contados em horas, portanto, vale a regra dos 2 dias), indicando as peças (formação do instrumento). Esse prazo é contado da data da intimação da decisão que denegou o recurso ou obstou o seu seguimento.

Quanto à legitimidade, está vinculada àquela necessária para a interposição do recurso originário, para o qual foi denegado o prosseguimento, logo, Ministério Público, assistente da acusação ou o defensor do imputado.

Quanto ao interesse, está vinculado à existência do gravame inerente ao fato de a parte ser prejudicada pelo não prosseguimento de seu recurso, independentemente do motivo indicado pelo juiz.

Não há que se falar em preparo para a carta testemunhável, até porque é um recurso destinado a levar ao órgão *ad quem* o conhecimento de uma decisão que denegou um outro recurso. Assim, eventuais custas recursais, se existentes, dizem respeito ao recurso originário, cujo prosseguimento foi denegado.

O procedimento segue nos termos do art. 641.

Assim, feita a petição e indicadas as peças, deverá o escrivão ou secretário do tribunal, no prazo de 5 dias, entregar o instrumento ao recorrente. A menção que o dispositivo legal faz ao recurso extraordinário perdeu sentido com a nova disciplina estabelecida pela Lei n. 8.038.

Como o art. 643 remete para os arts. 588 a 592 do CPP, o procedimento a ser seguido será o mesmo do recurso em sentido estrito, ou seja, deverá o recorrente apresentar razões no prazo de 2 dias, após intima-se o recorrido para contrarrazões no mesmo prazo, indo os autos conclusos para que o juiz se retrate (e receba o recurso, determinando sua subida) ou mantenha sua decisão. Neste último caso, sobe o instrumento.

Nesse último caso, estabelece o art. 644 que o *tribunal, câmara ou turma a que competir o julgamento da carta, se desta tomar conhecimento, mandará processar o recurso, ou, se estiver suficientemente instruída, decidirá logo.*

Com isso, o tribunal *ad quem* poderá desde logo decidir o mérito do recurso que teve seu prosseguimento denegado.

Por fim, a carta testemunhável tem efeito devolutivo misto (regressivo no primeiro momento e devolutivo propriamente dito no segundo) e não terá efeito suspensivo por expressa vedação do art. 646 do CPP.

## 7. Dos Recursos Especial e Extraordinário

Antes de iniciar o estudo, é importante fazer uma advertência: com a vigência do novo CPC, os arts. 26 a 29 da Lei n. 8.038/90 – que disciplinam ambos os recursos – foram revogados, e a matéria passa a ser tratada dentro do CPC (arts. 1.029 a 1.041).

Os recursos especial e extraordinário são meios de impugnação de natureza extraordinária, na medida em que – respectivamente – o Superior Tribunal de Justiça (STJ) e o Supremo Tribunal Federal (STF) não reexaminam todo o julgamento, senão que se limitam ao aspecto jurídico da decisão impugnada, ou seja, à discussão das questões de direito expressamente previstas em lei. São, por isso, recursos de fundamentação vinculada, posto que a matéria discutida fica limitada àqueles expressamente previstos na Constituição.

Quanto à discussão em torno da prova, ou seja, de questões de fato, em ambos os recursos isso está vedado. Assim dispõem as Súmulas 07 do STJ e 279 do STF:

> SÚMULA 07 do STJ: A pretensão de simples reexame de prova não enseja recurso especial.
> SÚMULA 279 do STF: Para simples reexame de prova não cabe recurso extraordinário.

Mas essa limitação deve ser bem compreendida, pois o que se veda é a rediscussão da axiologia da prova em relação ao caso penal, mas não o regime legal das provas. Portanto, a violação de regras processuais atinentes à prova, dos princípios das provas, a utilização de prova ilícita, a prova ilícita por derivação, a atribuição de carga probatória ao réu, enfim, as questões legais acerca da prova, são passíveis de recurso especial. O que ambas as Súmulas vedam é o "simples" reexame da prova, o que não impede, portanto, a discussão sobre a qualificação jurídica dos fatos, ou seja, o juízo de tipicidade realizado pelo tribunal *a quo* no caso concreto. A discussão situa-se na incidência ou não da norma penal no caso em julgamento, a interpretação dada e os limites semânticos do tipo. É claro que a prova (questão de fato) é o pano de fundo da discussão, mas não o objeto dela. Portanto, admissível o recurso especial. Exemplo dessa situação se dá no recurso especial do acórdão que manteve a pronúncia por homicídio doloso (eventual) em um crime de trânsito, quando a tese defensiva é de crime culposo (REsp 765.593/RS, *DJ* 19/12/2005 e REsp 705.416/SC). A distinção entre questão de fato e questão de direito, nesse caso, é bastante tênue, pois não há como circunscrever a discussão ao conceito jurídico de dolo e culpa sem incursionar na prova do fato.

Mas é preciso sublinhar: ambas as Súmulas são criticáveis, pois recorrem a uma distinção entre *questões de fato* e *questões de direito* que não se sustenta. Não tão cartesiana, todo o oposto: trata-se de uma distinção tênue, senão inexistente. No fundo, constitui mais um instrumento de exercício do decisionismo, tão criticado aqui, por ampliar excessiva e ilegitimamente o espaço de discricionariedade judicial, prestando-se a que os tribunais superiores conheçam ou não de recursos a partir de critérios subjetivos e não controláveis.

No mesmo sentido, ROSSI[28] cita as Súmulas 7 do Superior Tribunal de Justiça e 279/456 do STF como meios para "uma atuação absolutamente discricionária dos ministros relatores e turmas dessas cortes, ora as aplicam sem qualquer cerimônia, ora ultrapassam tais óbices 'intransponíveis', apreciando casos por vezes idênticos".

Partindo da clássica crítica feita por Castanheira Neves – de que toda questão de fato é sempre uma questão de direito e vice-versa, pois o direito é parte integrante do próprio caso; *quando o jurista pensa o fato, pensa-o como matéria do direito, quando pensa o direito, pensa-o como forma destinada ao fato* – STRECK[29] explica que i) tal cisão "é uma decorrência da velha subsunção e do silogismo – portanto, inadequada em termos paradigmáticos; ii) a partir da filosofia, mostrando a impossibilidade de separar ser e ente (sempre chamei a isso de cisão metafísica de caráter ontoteológico); iii) sob outro ângulo, Friedrich Müller mostrou a impossibilidade de cindir texto e norma".

Na mesma linha, ROSSI[30] adverte que "não existe a mínima hipótese de cisão entre *questão de fato* e *questão de direito*, como hodiernamente insistimos em sustentar, construindo e incentivando reformas processuais cujos textos reconhecem como padrão decisório unicamente *questões de direito*, desgarradas do conjunto fático da qual emerge. Sustentar essa cisão é ignorar que toda *questão jurídica* compreende, necessariamente, questão de *fato* e de *direito* que se entrelaçam em um todo. Portanto, é inimaginável a pretendida dissensão".

É evidente que o direito existe para tutela de situações fáticas, que a partir da sua incidência acabam sendo juridicizadas. O direito toma para si o fato, que, portanto, para ter relevância jurídica (nosso ponto de interesse em tema recursal), não pode mais prescindir do direito. É incindível a íntima relação e interação que se estabelece. Castanheira Neves, explica ROSSI, "é categórico em afirmar que, da questão de direito não é possível prescindir-se da solidária influência da questão

---

28 <https://www.conjur.com.br/2018-mar-24/diario-classe-questao-fato-direito-estamos-presos-paradigma>.

29 <https://www.conjur.com.br/2018-mar-22/senso-incomum-segundo-grau-esgota-questao-fato-butao-assim>.

30 <https://www.conjur.com.br/2018-mar-24/diario-classe-questao-fato-direito-estamos-presos-paradigma>.

de fato. Ou, numa formulação bem mais expressiva para dizer a verdade, o "puro fato" e o "puro direito" não se encontram nunca na vida jurídica: "O facto não tem existência senão a partir do momento em que se torna matéria de aplicação do direito, o direito não tem interesse senão no momento em que se trata de aplicar o facto; pelo que, quando o jurista pensa o facto, pensa-o como matéria do direito, quando pensa o direito, pensa-o como forma destinada ao facto".

Não é preciso maior esforço para compreender que a dicotomia entre 'questão de fato e questão de direito' não se sustenta, servindo apenas como elemento estruturante de uma jurisprudência defensiva que se presta ao exercício do decisionismo e dos espaços impróprios de discricionariedade judicial. Mas, infelizmente as Súmulas estão aí e seguem vigendo.

Mudando o enfoque, ambos os recursos destinam-se a impugnar as decisões proferidas em única (nos casos de competência originária dos tribunais) ou última instância, constituindo-se em *ultima ratio* do sistema recursal que sempre pressupõem o exaurimento das vias recursais ordinárias. Neste sentido, está na Súmula 281 do STF.

Tal exigência serve para ambos os recursos, pois também o especial não tem cabimento quando a matéria não tiver esgotado os recursos ordinários.

Considerando que os recursos especial e extraordinário têm diversos pontos em comum, faremos uma análise conjunta, destacando, quando necessário, as especificidades de cada um deles.

## 7.1. Requisitos Objetivos e Subjetivos

O cabimento e a adequação dos recursos especial e extraordinário são distintos, sendo necessária uma análise – ainda que sumária – de cada caso a partir da disciplina constitucional da matéria.

Iniciemos pelo recurso especial e, após, o extraordinário.

### 7.1.1. Cabimento e Adequação no Recurso Especial

O recurso especial tem seus casos de cabimento expressamente previstos no art. 105, III, da Constituição, a saber:

> III – julgar, em recurso especial, as causas decididas, em única ou última instância, pelos Tribunais Regionais Federais ou pelos tribunais dos Estados, do Distrito Federal e Territórios, quando a decisão recorrida:

COMENTÁRIO:

O recurso especial será julgado pelo Superior Tribunal de Justiça após uma decisão em única ou última instância pelos tribunais de justiça dos Estados, do Distrito Federal e Territórios ou dos tribunais regionais federais. O julgamento em única instância a que se refere o dispositivo diz respeito aos casos em que esses tribunais têm competência originária, porque o réu possui prerrogativa de função (ou existe a reunião em razão da conexão ou continência). Nesses casos, da decisão tomada pelo tribunal caberá apenas recurso especial (ou extraordinário, conforme o caso). Já a menção feita pelo dispositivo à decisão em última instância significa que o processo foi julgado em primeiro grau e, após, foram esgotados todos os recursos ordinários (apelação, embargos infringentes e de nulidade, embargos declaratórios etc.). Decisão em última instância pressupõe o esgotamento de todos os recursos no respectivo Tribunal (Estadual ou Regional Federal), pois só então se abre a possibilidade do recurso especial.

Sublinhe-se, por fim, o disposto na Súmula 203 do STJ: *Não cabe recurso especial contra decisão proferida por órgão de segundo grau dos Juizados Especiais*.

É uma situação diversa daquela estabelecida para o recurso extraordinário, em que a Súmula 640 do STF dispõe que *é cabível recurso extraordinário contra decisão proferida por juiz de primeiro grau nas causas de alçada, ou por turma recursal de juizado especial cível e criminal.*

a) contrariar tratado ou lei federal, ou negar-lhes vigência;

COMENTÁRIO:

O primeiro caso de cabimento de recurso especial dá-se quando a decisão do tribunal *a quo* for contrária a algum tratado internacional ou lei federal (Código Penal, Código de Processo Penal, Lei de Execuções Penais etc.), ou, ainda, negar-lhes vigência, no sentido de não aplicar dispositivo legal previsto em lei federal ou tratado. Dessarte, é o recurso especial um instrumento de tutela e controle da aplicação da legislação infraconstitucional, ao passo que a tutela da Constituição corresponde ao Supremo Tribunal Federal.

É recorrente a interposição de recurso especial por não observância ou não aplicação (o que significa negar vigência) de formas processuais, ou seja, a prática de atos judiciais ao longo do processo que são contrários às regras procedimentais ou probatórias. Isso se equipara à negativa de vigência de lei federal. Se a defesa, por exemplo, arguir a existência de um defeito insanável em sede de preliminar de apelação, postulando o reconhecimento da nulidade, e o tribunal não der provimento a esse pedido, em tese, poderá ingressar com recurso especial, discutindo exclusivamente essa questão jurídica (violação de norma federal ou negativa de vigência, conforme o caso).

Em última análise, não foi devidamente observada a legislação infraconstitucional ou a disciplina contida em tratados internacionais no momento da aplicação do direito ao caso concreto.

Contudo, não se pode desconsiderar o que dissemos anteriormente sobre o ato decisório e a eleição de significados da norma, bem como a inevitável interpretação da lei que deve ser feita neste momento.

Daí por que a contrariedade à lei federal ou tratado internacional acaba por ser uma questão hermenêutica e, mais do que isso, de conformidade ou não entre a interpretação e aplicação feita pelo tribunal *a quo* em relação à posição adotada pelo Superior Tribunal de Justiça. Razão assiste a PACELLI[31] quando afirma que "a contrariedade à lei federal termina por se revelar, então, apenas como uma *contrariedade ao entendimento que tem o Superior Tribunal de Justiça* sobre o conteúdo de determinada norma legal".

Quanto aos tratados internacionais de direitos humanos, uma ressalva deve ser feita.

Quando ratificados, gozam de evidente prevalência sobre a legislação ordinária, pois, como explica MENDES[32], não se pode negar "que a reforma também acabou por ressaltar o caráter especial dos tratados de direitos humanos em relação aos demais tratados de reciprocidade entre os Estados pactuantes, conferindo-lhes lugar privilegiado no ordenamento jurídico".

Portanto, tratado devidamente aprovado nos termos do art. 5º, § 3º, da Constituição tem *status* de emenda constitucional, sendo objeto de recurso extraordinário junto ao STF.

Superada essa questão, subsiste outra problemática: e os tratados de direitos humanos, mais especificamente a Convenção Americana de Direitos Humanos, que é anterior à Emenda Constitucional 45, quando for violada, será objeto de recurso especial (STJ) ou extraordinário (STF)?

A questão é polêmica e novamente nos remete para a discussão acerca da receptividade da CADH. No RE 466.343/SP e no HC 87.585/TO, o STF firmou posição – por maioria apertada – que a CADH tem valor "supralegal", ou seja, está situada acima das leis ordinárias, mas abaixo da Constituição. Contudo, estamos com VALERIO MAZZUOLI e o Min. CELSO DE MELLO, que sustentam posição diversa, no sentido de que tal tratado tem índole e nível constitucional, por força do art. 5º, § 2º, da CF. Inobstante a divergência, coincidem as posições no sentido de que a CADH é um paradigma de controle da produção e aplicação normativa doméstica, estando acima das leis ordinárias cujo controle de validade está a cargo do STJ. Portanto, sustentamos que a decisão que viole normas e

---

31 PACELLI DE OLIVEIRA, Eugênio. *Curso de Processo Penal*. Rio de Janeiro, Lumen Juris, 2008. p. 720.

32 MENDES, COELHO e BRANCO, *Curso de Direito Constitucional*, cit., p. 696.

princípios contidos na Convenção Americana de Direitos Humanos deve ser impugnada através do recurso extraordinário junto ao STF.

b) julgar válido ato de governo local contestado em face de lei federal;

COMENTÁRIO:

Não vislumbramos aplicação no processo penal desse dispositivo, mas, se for o caso, é o controle pela via do recurso especial de uma decisão que considerar válido um ato do poder executivo (governo local) sobre o qual exista uma divergência de interpretação no confronto com a disciplina contida em uma lei federal.

c) dar à lei federal interpretação divergente da que lhe haja atribuído outro tribunal.

COMENTÁRIO:

Nesse caso, um Tribunal (Estadual ou Regional Federal) diverge da interpretação dada por outro Tribunal (Estadual ou Regional Federal) em relação a um mesmo dispositivo legal. Não se dá essa hipótese de cabimento quando a divergência é interna, ou seja, dentro do mesmo tribunal. Nesta linha estabelece a Súmula 13 do STJ:

> A divergência entre julgados do mesmo Tribunal não enseja recurso especial.

Portanto, a divergência deve estabelecer-se entre tribunais distintos, sendo irrelevante se estaduais ou regionais federais. Não se trata de divergência de teses jurídicas ou de fundamentação, mas de decisão. Importa é a decisão que, ao aplicar a lei federal, gera a divergência.

Exercerá o Superior Tribunal de Justiça a tutela da legislação infraconstitucional, uniformizando a divergência jurisprudencial em torno de uma lei federal. Novamente o que se tem é uma problemática de natureza hermenêutica, em que dois tribunais dão, a uma mesma lei federal, diferentes interpretações e aplicações ou de não aplicação. Caberá ao STJ a última palavra, sinalizando o sentido a ser dado à norma, pondo fim à divergência jurisprudencial.

Neste sentido, vejamos a Súmula 83 do STJ:

> Não se conhece do recurso especial pela divergência quando a orientação do Tribunal se firmou no mesmo sentido da decisão recorrida.

O art. 1.029, § 1º, do CPC determina que "quando o recurso fundar-se em dissídio jurisprudencial, o recorrente fará prova da divergência com a certidão, cópia ou citação do repositório de jurisprudência, oficial ou credenciado, inclusive em mídia eletrônica, em que houver sido publicado o acórdão divergente, ou ainda com a reprodução de julgado disponível na rede mundial de computadores, com indicação da respectiva fonte, devendo-se, em qualquer caso, mencionar as circunstâncias que identifiquem ou assemelhem os casos confrontados". Isso é imprescindível, sob pena de não conhecimento do recurso.

Como já decidido (e exigido) inúmeras vezes pelo STJ, deve haver a "demonstração analítica" da divergência, cabendo ao recorrente explicitar e analisar de forma clara a decisão recorrida e a(s) decisão(ões) divergente(s), demonstrando que foi dada uma solução diferente para duas situações jurídicas idênticas. Não basta citar as decisões, é imprescindível analisar e demonstrar a divergência. Os acórdãos citados para explicitar a divergência devem ter sido proferidos por outros tribunais de justiça ou regionais federais, bem como pelo próprio STJ ou mesmo pelo STF. Deve o recorrente ainda atentar para a "atualidade" da decisão citada na divergência, pois a discussão já pode ter sido pacificada em sentido diverso.

Seguindo, o parágrafo terceiro determina que tanto o STJ como o STF poderão desconsiderar vício formal de recurso tempestivo ou determinar sua correção, desde que não o reputem grave. Uma vez mais dependemos da "bondade dos bons", ou seja, abre-se mais uma brecha para decisionismo. O que é vício formal não grave? Aquilo que o tribunal assim reputar.

### 7.1.2. Cabimento e Adequação no Recurso Extraordinário

O recurso extraordinário tem seus casos de cabimento expressamente previstos no art. 102, III, da Constituição, a saber:

**III – julgar, mediante recurso extraordinário, as causas decididas em única ou última instância, quando a decisão recorrida:**

COMENTÁRIO:

O recurso extraordinário será julgado pelo Supremo Tribunal Federal após uma decisão em única ou última instância pelos tribunais de justiça dos Estados, do Distrito Federal e Territórios ou dos tribunais regionais federais, e ainda após o julgamento do recurso especial por parte do STJ (se cabível).

O julgamento em única instância a que se refere o dispositivo diz respeito aos casos em que esses tribunais (estaduais ou regionais federais) ou o Superior Tribunal de Justiça têm competência originária, porque o réu possui prerrogativa de função (ou existe a reunião em razão da conexão ou continência).

Já a menção feita pelo dispositivo à decisão em última instância significa que o processo foi julgado em primeiro grau e, após, foram esgotados todos os recursos ordinários (apelação, embargos infringentes e de nulidade, embargos declaratórios etc.) e também o recurso especial, se cabível. Decisão em última instância pressupõe o esgotamento de todos os recursos no respectivo Tribunal (Estadual ou Regional Federal) ou STJ, pois só então se abre a possibilidade do recurso extraordinário.

Quanto às decisões das turmas recursais do Juizado Especial Criminal, a Súmula 640 do STF dispõe que *é cabível recurso extraordinário contra decisão proferida por juiz de primeiro grau nas causas de alçada, ou por turma recursal de juizado especial cível e criminal.*

Ao contrário do recurso especial, que exige *causas decididas, em única ou última instância, pelos Tribunais Regionais Federais ou pelos tribunais dos Estados, do Distrito Federal e Territórios*, o recurso extraordinário não menciona "tribunais", permitindo assim a interpretação dada pela Súmula mencionada (do cabimento em relação à decisão proferida por turma recursal).

É possível, ainda, que um mesmo acórdão viole normas infraconstitucionais e também constitucionais, devendo ser interpostos ambos (especial e extraordinário), simultaneamente. Nesse caso, será julgado primeiro o recurso especial, ficando o extraordinário sobrestado e, caso não seja prejudicado, será julgado após a decisão proferida pelo STJ no recurso especial (art. 1.031 do CPC).

a) contrariar dispositivo desta Constituição;

COMENTÁRIO:

Um dos fundamentos mais utilizados na interposição do recurso extraordinário é exatamente este, o de que a decisão do tribunal *a quo* é contrária a dispositivo constitucional, mais especificamente a princípio constitucional aplicável ao direito processual penal e penal. Exerce o recurso extraordinário a função de tutela e controle da aplicação da Constituição.

Um obstáculo ao conhecimento do recurso extraordinário é o fato de o Supremo Tribunal Federal ter posição firmada no sentido de que a contrariedade ao dispositivo constitucional deve ser clara, uma ofensa direta e frontal, não ensejando o recurso extraordinário uma contrariedade reflexa[33].

Como bem apontou o Min. CEZAR PELUSO no AI-AgR 208.260/PA, *DJe* 1º/2/2008, "não se admite recurso extraordinário que teria por objeto alegação de ofensa que, irradiando-se de má interpretação, aplicação, ou, até, inobservância de normas infraconstitucionais, seria apenas indireta à Constituição da República".

---

33 GRINOVER, MAGALHÃES e SCARANCE, *Recursos no Processo Penal*, cit., p. 271.

Se, antes de se violar uma norma constitucional, há o descumprimento direto de um dispositivo infraconstitucional, a tendência é a discussão encerrar-se em sede de recurso especial, principalmente quando a ofensa à Constituição é reflexa ou decorre da interpretação de princípio constitucional.

Por esse motivo, muitos recursos extraordinários fundados na alegação de nulidade por violação de princípio constitucional (contraditório, ampla defesa etc.) sequer são conhecidos, pois antes da violação constitucional opera-se o descumprimento (ou não) de uma norma infraconstitucional, como o Código de Processo Penal, por exemplo. A discussão acaba por esgotar-se no âmbito do recurso especial, sem que sequer tenha seguimento o recurso extraordinário. Outro exemplo é a discussão sobre prova ilícita.

Até a reforma de 2008, a ilegalidade da prova ilícita estava exclusivamente prevista no art. 5º, LVI, da Constituição, ensejando recurso extraordinário por violação direta e frontal à Constituição. Contudo, após a reforma de 2008, a disciplina da prova ilícita foi inserida no Código de Processo Penal, mais especificamente no art. 157 do CPP. Portanto, a partir de então, a discussão sobre a ilicitude ou não da prova, e demais problemáticas em torno deste tema, será sempre objeto de recurso especial, pois antes da (alegada) violação da norma constitucional existe o obstáculo da discussão no âmbito da norma federal, a ser feito pelo STJ.

Mas o que é uma ofensa direta e frontal à Constituição? Quando uma decisão é contrária à Constituição?

Pode-se escrever um tratado de hermenêutica constitucional sobre essa questão, mas em se tratando de recurso extraordinário devemos ser mais pragmáticos (ou realistas, se preferirem). Quando há um Tribunal Constitucional, e a ele se pretende ascender pela via recursal, o que realmente importa são os "cases", a jurisprudência construída por aquele tribunal na interpretação da Constituição e na definição de seus limites de incidência. Em última análise, conscientes do aparente reducionismo (e da tristeza) que isso possa conter, *a Constituição diz o que o Supremo Tribunal Federal disser que ela diz...*

Mas o novo CPC trouxe uma inovação importantíssima no seu art. 1.033: *se o Supremo Tribunal Federal considerar como reflexa a ofensa à Constituição afirmada no recurso extraordinário, por pressupor a revisão da interpretação de lei federal ou de tratado, remetê-lo-á ao Superior Tribunal de Justiça para julgamento como recurso especial.*

Em sentido inverso, o art. 1.032 determina que se o relator, no STJ, entender que o recurso especial versa sobre questão constitucional, deverá conceder o prazo de 15 dias para que o recorrente demonstre a existência de repercussão geral e se manifeste sobre a questão constitucional. Depois, será o recurso remetido ao STF, para julgamento ou devolução ao STJ caso a corte constitucional entenda de forma diferente e não admita o recurso.

Ambos os artigos buscam "salvar" o recurso interposto e evitar a chamada "jurisprudência defensiva", ou seja, a situação em que um tribunal diz que a competência é do outro e nenhum dos dois julga. Talvez com essas duas inovações diminuam os casos em que existe um "jogo de empurra": o STF não conhece do recurso extraordinário porque entende que a violação à Constituição é reflexa; e o STJ não julga o recurso especial por entender que o tema extrapola a dimensão da lei infraconstitucional... Ademais, é sabido que muitas matérias penais e processuais penais (especialmente) situam-se no entrelugar, ou seja, são simultaneamente passíveis de análise sob a ótica da principiologia constitucional e também sob a perspectiva infraconstitucional (CPP). Mais do que isso, a distinção entre ofensa direta e ofensa reflexa à Constituição é tênue e, ainda, discursivamente manipulável. Novamente, esperamos que os dispositivos encontrem eficácia e efetividade no STF e no STJ, para reduzir os espaços impróprios da discricionariedade judicial e do decisionismo, em nome de uma tutela jurisdicional realmente efetiva.

Por fim, aqui deve ser retomada a discussão sobre o recurso cabível em caso de decisão que viola tratado internacional de direitos humanos, especialmente a Convenção Americana de Direitos Humanos.

A decisão que viola a CADH deve ser impugnada pelo recurso extraordinário, e não pelo recurso especial, pois diante do disposto nos §§ 2º e 3º do art. 5º da Constituição tem natureza materialmente constitucional, embora formalmente suas normas não sejam constitucionais, por não terem sido aprovadas pelo *quorum* previsto para as emendas constitucionais. De qualquer forma, do ponto de vista do conflito de normas, é de se destacar que toda e qualquer norma infraconstitucional que está em confronto com a CADH será destituída de eficácia, posto que inconstitucional. Mesmo que se entenda que os tratados estão acima da legislação infraconstitucional, mas não gozam de *status* de norma constitucional (supralegal), parece evidente que o controle não pode mais ser feito pelo STJ através de recurso especial, mas apenas pelo Supremo Tribunal Federal.

Para evitar repetições, remetemos o leitor para a explicação anteriormente feita no recurso especial.

Portanto, sustentamos que a decisão que viole normas e princípios contidos na Convenção Americana de Direitos Humanos deve ser impugnada através do recurso extraordinário.

**b) declarar a inconstitucionalidade de tratado ou lei federal;**

COMENTÁRIO:

É missão precípua do STF a tutela da Constituição e, portanto, o controle sobre as decisões judiciais emanadas pelos demais tribunais que declararem a inconstitucionalidade de tratado ou lei federal. Sempre que algum Tribunal de Justiça, regional federal ou mesmo o STJ, declarar a inconstitucionalidade de uma lei federal, é cabível o controle por parte do STF, pela via do recurso extraordinário.

O controle direto da constitucionalidade é privativo do STF, mas todos os tribunais e juízes podem fazer o controle difuso, no julgamento de um caso penal. No que se refere aos tribunais, não se pode esquecer do art. 97 da Constituição[34].

Mas nem sempre essa regra é observada, até porque os recursos de hermenêutica constitucional são amplíssimos, permitindo que quem os saiba manejar disponha de um vasto espaço de argumentação para realizar a filtragem constitucional, tergiversando a chamada reserva de plenário.

Para amenizar isso, o STF editou a Súmula Vinculante n. 10, que assim dispõe:

> Viola a cláusula de reserva de plenário (CF, art. 97) a decisão de órgão fracionário de tribunal que, embora não declare expressamente a inconstitucionalidade de Lei ou ato normativo do poder público, afasta a sua incidência, no todo ou em parte.

Dessarte, a decisão de qualquer órgão fracionado (Câmara, Grupo, Turma ou Seção Criminal) de tribunal que declare a inconstitucionalidade de uma lei federal sem observar o disposto no art. 97 e na Súmula Vinculante n. 10 abre a possibilidade de *Reclamação* diretamente para o STF. É recorrente que órgãos fracionados de tribunais, fazendo interessantes construções hermenêuticas, afastem a incidência de dispositivos federais a partir da substancial inconstitucionalidade, declaração de inconstitucionalidade parcial sem redução de texto e outros recursos, especialmente de institutos como a reincidência, o assistente da acusação, e outros. Em geral, essas decisões não fazem uma declaração de inconstitucionalidade de forma expressa, mas afastam a incidência, não aplicando uma lei federal, argumentando em torno da inconstitucionalidade.

Em suma:

- havendo a declaração de inconstitucionalidade de lei ou tratado, pelos tribunais, nos termos do art. 97 da CF, caberá recurso extraordinário;
- quando um órgão fracionado negar vigência à lei federal, sem observar a reserva de plenário do art. 97 da CF, caberá *Reclamação,* art. 102, I, "l", da Constituição, diretamente ao STF.

**c) julgar válida lei ou ato de governo local contestado em face desta Constituição.**

---

[34] Art. 97. Somente pelo voto da maioria absoluta de seus membros ou dos membros do respectivo órgão especial poderão os tribunais declarar a inconstitucionalidade de lei ou ato normativo do Poder Público.

COMENTÁRIO:

A declaração de constitucionalidade de lei local em face da Constituição é submetida a controle pelo STF, pela via do recurso extraordinário. Mas não vislumbramos aplicação desta alínea na esfera penal, diante da competência privativa da União para legislar sobre matéria penal e processual penal, art. 22, I, da Constituição.

d) julgar válida lei local contestada em face de lei federal.

COMENTÁRIO:

Vale o mesmo argumento da alínea anterior.

### 7.1.3. Demais Requisitos Recursais: Tempestividade, Preparo, Legitimidade e Interesse Recursal (Gravame)

Ambos os recursos, especial e extraordinário, devem ser interpostos, por petição, no prazo de 15 dias, já devidamente instruídos com as razões.

Interposto o recurso, será aberto o prazo de 15 dias para contrarrazões (art. 1.030 do CPC). Sendo interpostos simultaneamente os recursos especial e extraordinário, e admitidos, serão enviados ao STJ e, após o julgamento do recurso especial, se não tiver esvaziado o objeto do recurso extraordinário, será então enviado ao STF (art. 1.031, § 1º, do CPC).

Em se tratando de ação penal de iniciativa privada, é exigido o preparo, tanto para o recurso especial quanto para o extraordinário, exceto se a parte recorrente obteve a dispensa do pagamento das custas (art. 32 do CPP). Neste sentido, recordemos a Súmula 187 do STJ: "É deserto o recurso interposto para o Superior Tribunal de Justiça, quando o recorrente não recolhe, na origem, a importância das despesas de remessa e retorno dos autos".

Importante destacar que o preparo somente é exigível nos crimes de ação penal de iniciativa privada, não havendo pagamento de custas recursais nos casos de ação penal de iniciativa pública ou na ação penal privada subsidiária da pública. Recordemos que, nesse último caso (subsidiária), a ação penal é de iniciativa pública, não se transformando em privada e tampouco se submetendo ao regime de pagamento de custas desta modalidade de ação penal.

Assim, não se efetivando o pagamento das custas recursais, haverá a deserção, ou seja, uma punição processual que impedirá que o recurso seja sequer conhecido.

Em relação à legitimidade, ambos os recursos podem ser interpostos pelo Ministério Público, querelante, assistente da acusação (nos casos dos arts. 584, § 1º, e 598 do CPP) ou pelo réu (através de seu defensor).

Por fim, quanto ao interesse recursal, o gravame, deve-se atender à totalidade dos efeitos da decisão impugnada, incluindo os acessórios, de modo que o recurso é o caminho necessário para que a parte atinja o resultado desejado. Especificamente em relação aos recursos especial e extraordinário, por serem meios extraordinários de impugnação, o interesse é *ex vi legis*, ou seja, decorre da (simples) violação por parte da decisão a lei federal, tratado ou à Constituição. Significa dizer que o prejuízo é inerente à violação em si mesma, ou seja, é evidente, manifesto, presumido até. O fato de a decisão ser contrária à lei federal, tratado ou à Constituição já constitui o gravame que dá corpo ao interesse *ad impugnare*. Nada mais é necessário ser demonstrado pelo recorrente em relação a esse requisito recursal.

Destacamos que a Lei n. 13.964/2019 alterou a redação do art. 116 do CP, que disciplina as causas impeditivas da prescrição. Portanto, a prescrição não corre na pendência de embargos de declaração ou de recursos aos tribunais superiores (recurso especial, extraordinário, respectivos agravos, agravo regimental, embargos de divergência, etc.), "quando inadmissíveis". É como se não corresse a prescrição enquanto se aguarda o julgamento de – por exemplo – um agravo em recurso especial que ao final venha a ser inadmitido. Tecnicamente, recurso não admitido é o mesmo que não conhecimento. Portanto, se conhecido e negado provimento, deverá ser computado o tempo de tramitação no prazo prescricional. De qualquer forma, apenas ao final do julgamento do recurso no STJ ou STF é que se poderá saber se houve ou não a prescrição, pois o cômputo desse tempo dependerá da decisão final. No mesmo sentido, BOTTINI[35] sustenta que "nesses casos, o prazo de prescrição somente *seguirá correndo* se estes recursos forem *admitidos*, ou seja, se os requisitos previstos em lei para sua utilização forem respeitados (como prazo para interposição, legitimidade, existência de interesse processual, de objeto a ser questionado, etc.). Caso o recurso seja *inadmitido*, ou seja, não conhecido, não apreciado, por falta destes requisitos, todo o tempo gasto com essa análise será desconsiderado para fins de prescrição. É como se esse tempo não tivesse passado para o cálculo da prescrição".

### 7.2. A Exigência do Prequestionamento

Um requisito recursal específico dos meios de impugnação ora analisado é o prequestionamento, sem o qual eles sequer são conhecidos. Considerando que os recursos especial e extraordinário não se destinam ao "exame" originário de questões, senão ao reexame das questões jurídicas já arguidas pelas partes, é imprescindível que o recorrente já as tenha previamente ventilado.

35 <https://www.conjur.com.br/2020-jan-06/direito-defesa-direito-penal-processo-penal-delacao-lei-anticrime>.

Equívoco bastante comum nesta temática é afirmar-se que basta a "parte" interessada prequestionar a matéria. Na realidade, o recorrente ventila, suscita a problemática, mas o prequestionamento é feito pelo Tribunal no acórdão. MORAES[36] explica que a configuração do prequestionamento pressupõe o debate e a decisão prévios sobre o tema jurídico versado no recurso. Portanto, é imprescindível que o tribunal *a quo* tenha se manifestado sobre a questão constitucional ou federal, emitindo um juízo de valor sobre o tema.

Prossegue ainda o autor[37], fazendo um importante esclarecimento na relação destes recursos com os embargos declaratórios (com finalidade de prequestionamento), apontando duas hipóteses possíveis:

1ª houve o prequestionamento, a arguição pela parte, porém o acórdão do tribunal recorrido não analisou a questão constitucional ou federal levantada, havendo a necessidade dos embargos declaratórios para que se esgotem os meios ordinários de análise dessa questão;

2ª quando a violação à norma constitucional ou federal surgir no próprio acórdão da Corte recorrida, situação em que a parte prejudicada deverá interpor embargos declaratórios para, de forma inicial, começar o debate sobre a questão constitucional ou federal violada.

Existe, assim, uma necessidade de debate e decisão prévios, sobre as respectivas violações, nos recursos especial e extraordinário. Compreenda-se, ademais, que, quando se afirma que os recursos especial e extraordinário pressupõem o esgotamento das vias ordinárias de impugnação, significa o *esgotamento do debate sobre a questão constitucional ou federal*.

Neste sentido, afirma a Súmula 211 do STJ: "Inadmissível recurso especial quanto à questão que, a despeito da oposição de embargos declaratórios, não foi apreciada pelo Tribunal *a quo*".

Não é suficiente que a parte ventile, portanto, a violação da norma constitucional ou federal: a questão deve ter sido decidida pelo tribunal *a quo*, e, caso isso não seja feito, deve a parte interpor os embargos declaratórios para forçar a manifestação sobre a violação alegada. Neste tema é interessante o disposto no art. 1.025 do CPC:

> Art. 1.025. Consideram-se incluídos no acórdão os elementos que o embargante suscitou, para fins de pré-questionamento, ainda que os embargos de declaração sejam inadmitidos ou rejeitados, caso o tribunal superior considere existentes erro, omissão, contradição ou obscuridade.

36 MORAES, Alexandre de. *Constituição do Brasil Interpretada*. São Paulo, Atlas, 2002. p. 1401.

37 Idem, ibidem.

Tal disposição vem para tentar corrigir uma prática bastante comum nos tribunais: não mencionar no acórdão os dispositivos legais problematizados e, com isso, fazer todo o possível para não enfrentar questões que possam dar causa a recurso especial ou extraordinário. Diante da costumeira omissão, via-se a parte obrigada a ingressar com embargos declaratórios para forçar uma manifestação expressa sobre os dispositivos legais ou constitucionais violados ou cuja vigência foi negada pela não incidência no caso, sendo que os embargos também não eram conhecidos e tampouco enfrentada a matéria. Com isso, criavam-se diversos obstáculos ao acesso aos tribunais superiores. O presente dispositivo busca atenuar essa situação, na medida em que uma vez interpostos os embargos, ainda que o tribunal não admita ou rejeite o recurso, os elementos suscitados a título de prequestionamento serão considerados incluídos no acórdão.

Também é importante que a parte prejudicada por uma decisão judicial, desde o primeiro momento, suscite a violação da norma federal ou constitucional, induzindo à manifestação do juiz ou tribunal.

O prequestionamento pode ainda ser classificado em:

- **EXPLÍCITO:** quando o acórdão recorrido expressamente, claramente, enfrenta a questão federal ou constitucional arguida;
- **IMPLÍCITO:** quando o tribunal recorrido decide sem enfrentar claramente, expressamente, a questão federal ou constitucional ventilada. Nesse caso, muitas vezes, o tribunal *a quo* dilui a problemática ao longo da fundamentação, sem enfrentamento expresso. Infelizmente, isso tem sido usado por muitos tribunais para dificultar ou mesmo impedir que a decisão seja impugnável pelos recursos especial ou extraordinário.

Ainda que sujeito a oscilações de humor, a jurisprudência do STF tem indicado que a Corte só admite o prequestionamento explícito[38].

Já no STJ, diversos são os acórdãos que admitem o prequestionamento implícito, denotando um pouco mais de flexibilidade que o STF nesta questão.

Em termos práticos, supondo que a decisão de primeiro grau viole a Constituição e ou a lei federal, deverá a parte postular, já na apelação, que caso seja mantida a decisão estarão sendo violados os artigos tais e tais, a respeito dos quais fica requerida a expressa manifestação para fins de prequestionamento.

---

38 Mas há acórdãos admitindo o prequestionamento implícito: "Recurso extraordinário e prequestionamento. O prequestionamento para o RE não reclama que o preceito constitucional invocado pelo recorrente tenha sido explicitamente referido pelo acórdão, mas é necessário que este tenha versado inequivocamente a matéria objeto da norma que nele se contenha, o que ocorreu no caso" (AI 297.742-AgR, Rel. Min. Sepúlveda Pertence, j. 25/06/2007, *DJ* 10/08/2007).

Quando o recorrente é a outra parte, deve-se atentar para as contrarrazões, onde o recorrido deve argumentar que caso a sentença seja alterada serão violados tais e tais artigos, sobre os quais se requer a manifestação do tribunal.

Em qualquer dos casos acima, quando não há manifestação do tribunal, deve a parte interpor embargos declaratórios para assegurar o prequestionamento, ou seja, o esgotamento das vias impugnativas.

E se o interesse recursal nascer apenas do acórdão? Suponhamos que ao longo do processo tudo tenha tramitado em ordem. A sentença não viola a lei federal ou a Constituição, portanto, não há que se falar em prequestionamento, até porque a parte ainda não tem recurso especial ou extraordinário. Mas e se o interesse nasce do acórdão, que julgando a apelação viola uma lei federal ou a Constituição? Nesse caso, deverá a parte prejudicada ingressar com embargos declaratórios para explicitar o prequestionamento e forçar a manifestação.

### 7.3. A Demonstração da Repercussão Geral no Recurso Extraordinário. Reprodução em Múltiplos Feitos

Por força da Emenda Constitucional 45, foi alterado o art. 102, § 3º, da Constituição, que passou a exigir que

> no recurso extraordinário o recorrente deverá demonstrar a repercussão geral das questões constitucionais discutidas no caso, nos termos da lei, a fim de que o tribunal examine a admissão do recurso, somente podendo recusá-la pela manifestação de dois terços de seus membros.

Também foi editada a Emenda Regimental n. 21, de 30 de abril de 2007, para definir no plano interno a análise e julgamento.

A exigência da repercussão geral, conforme informa o próprio STF[39], tem as seguintes finalidades:

a) firmar o papel do STF como Corte Constitucional, e não como instância recursal;
b) ensejar que o STF só analise questões relevantes para a ordem constitucional, cuja solução extrapole o interesse subjetivo das partes;
c) fazer com que o STF decida uma única vez cada questão constitucional, não se pronunciando em outros processos com idêntica matéria.

Trata-se de um eficiente instrumento de *filtragem* para redução da demanda, posto que é um requisito de admissibilidade de todos os recursos extraordinários,

---

[39] Conforme documento do Gabinete Extraordinário de Assuntos Institucionais do STF, disponível no *site* <www.stf.jus.br>, de onde foram extraídas diversas informações aqui transcritas.

inclusive em matéria penal, sem o qual a impugnação sequer é admitida.

Como afirmou a Ministra Ellen Gracie, na questão de ordem em Ação Cautelar (AC 2177), decidida em 12/11/2008, a repercussão geral foi criada "para que a Casa não fosse mais obrigada a se manifestar centenas de vezes sobre a mesma matéria, a repercussão geral possibilitou, após a inclusão do feito no Plenário Virtual, tanto o sobrestamento dos demais processos que versem sobre aquele tema como a aplicação pelos tribunais *a quo* da decisão emanada do Supremo Tribunal Federal aos demais recursos".

A "repercussão geral" deve ser demonstrada através de uma preliminar formal, cabendo a verificação da sua existência – concorrentemente – ao tribunal *a quo* e ao STF, mas a análise da repercussão geral é de competência exclusiva do STF.

No Agravo de Instrumento n. 664.567, o Relator Min. Sepúlveda Pertence suscitou questão de ordem ao Plenário do STF sobre a aplicação da repercussão geral em matéria criminal e também a possibilidade de o tribunal de origem fazer o juízo de admissibilidade com base neste requisito.

À unanimidade, o STF entendeu que a exigência da preliminar formal e fundamentada sobre a repercussão geral vale para os recursos extraordinários contra decisões cuja intimação tenha ocorrido a partir da data de publicação da Emenda Regimental n. 21, qual seja, 3 de maio de 2007. Os demais recursos, cuja intimação tenha ocorrido antes desta data, não se submetem ao requisito da repercussão geral e continuam sendo decididos normalmente, como até então. Ao tribunal de origem cumpre verificar apenas a existência de preliminar formal de repercussão geral, posto que a análise desta é de competência exclusiva do STF.

Ainda, na referida decisão, afirmou o STF:

> (...)
> 6. Nem há falar em uma imanente repercussão geral de todo recurso extraordinário em matéria criminal, porque em jogo, de regra, a liberdade de locomoção: o RE busca preservar a autoridade e a uniformidade da inteligência da Constituição, o que se reforça com a necessidade de repercussão geral das questões constitucionais nele versadas, assim entendidas aquelas que "ultrapassem os interesses subjetivos da causa" (C.Pr.Civil, art. 543-A, § 1º, incluído pela L. 11.418/06).
> 7. Para obviar a ameaça ou lesão à liberdade de locomoção – por remotas que sejam –, há sempre a garantia constitucional do *habeas corpus* (CF, art. 5º, LXVIII).

Na questão de ordem em Ação Cautelar (AC 2.177), decidida em 12/11/2008, o STF, por maioria de votos, entendeu "que compete ao tribunal onde foi interposto o RE conhecer e julgar ação cautelar, podendo conferir efeito suspensivo, quando for reconhecida repercussão geral sobre a questão e sobrestado recurso extraordinário admitido ou não na origem. Por consequência, o STF considerou-se incompetente para analisar a matéria e determinou a devolução dos autos ao STJ, vencidos os ministros Marco Aurélio e Cármen Lúcia Antunes Rocha.

Anteriormente, para a concessão de efeito suspensivo pela Suprema Corte, era necessário que o recurso extraordinário fosse admitido ou que o agravo de instrumento fosse provido no caso de juízo negativo de admissibilidade. Sobre o tema, o Supremo editou as Súmulas 634 e 635".

Mas, como frisou a relatora, Ministra Ellen Gracie, "considerou de extrema relevância que o Supremo reafirme o seu posicionamento nas Súmulas 634 e 635 quanto à competência de todos os tribunais e turmas recursais de origem para analisar pedidos cautelares decorrentes da interposição de recursos extraordinários 'mesmo após o sobrestamento introduzido pelo artigo 543-B, parágrafo 1º, do CPC e pelo artigo 328-A do Regimento Interno do STF'".

E advertiu: "Estamos ainda construindo o instituto da repercussão geral. É um instituto novo que vai nos causar surpresas aqui e ali com fatos novos, demandas e necessidades das partes que irão surgindo, de modo que essa construção jurisprudencial nos permite nesta hipótese avançarmos um pouco mais e sinalizarmos qual é a orientação do Tribunal nessa matéria", disse a relatora. Ela lembrou que, uma vez reconhecida a repercussão geral, a competência cautelar é sempre do tribunal de origem.

O atual CPC, ao incorporar o Recurso Extraordinário, disciplinou a repercussão geral no art. 1.035:

> Art. 1.035. O Supremo Tribunal Federal, em decisão irrecorrível, não conhecerá do recurso extraordinário quando a questão constitucional nele versada não tiver repercussão geral, nos termos deste artigo.
>
> § 1º Para efeito de repercussão geral, será considerada a existência ou não de questões relevantes do ponto de vista econômico, político, social ou jurídico que ultrapassem os interesses subjetivos do processo.
>
> § 2º O recorrente deverá demonstrar a existência de repercussão geral para apreciação exclusiva pelo Supremo Tribunal Federal.
>
> § 3º Haverá repercussão geral sempre que o recurso impugnar acórdão que:
> I – contrarie súmula ou jurisprudência dominante do Supremo Tribunal Federal;
> II – (Revogado).
> III – tenha reconhecido a inconstitucionalidade de tratado ou de lei federal, nos termos do art. 97 da Constituição Federal.
>
> § 4º O relator poderá admitir, na análise da repercussão geral, a manifestação de terceiros, subscrita por procurador habilitado, nos termos do Regimento Interno do Supremo Tribunal Federal.
>
> § 5º Reconhecida a repercussão geral, o relator no Supremo Tribunal Federal determinará a suspensão do processamento de todos os processos pendentes, individuais ou coletivos, que versem sobre a questão e tramitem no território nacional.
>
> § 6º O interessado pode requerer, ao presidente ou ao vice-presidente do tribunal de origem, que exclua da decisão de sobrestamento e inadmita o recurso extraordinário que tenha sido interposto intempestivamente, tendo o recorrente o prazo de 5 (cinco) dias para manifestar-se sobre esse requerimento.
>
> § 7º Da decisão que indeferir o requerimento referido no § 6º ou que aplicar entendimento firmado em regime de repercussão geral ou em julgamento de recursos repetitivos ca-

berá agravo interno.

§ 8º Negada a repercussão geral, o presidente ou o vice-presidente do tribunal de origem negará seguimento aos recursos extraordinários sobrestados na origem que versem sobre matéria idêntica.

§ 9º O recurso que tiver a repercussão geral reconhecida deverá ser julgado no prazo de 1 (um) ano e terá preferência sobre os demais feitos, ressalvados os que envolvam réu preso e os pedidos de *habeas corpus*.

§ 10. (Revogado).

§ 11. A súmula da decisão sobre a repercussão geral constará de ata, que será publicada no diário oficial e valerá como acórdão.

Importante sublinhar que sempre haverá repercussão geral quando o recurso impugnar decisão contrária à súmula ou jurisprudência dominante no Supremo Tribunal Federal, acórdão proferido em julgamento de casos repetitivos ou tiver reconhecido a inconstitucionalidade de tratado ou lei federal.

A repercussão geral deve ser formulada através de preliminar, demonstrando o recorrente, de forma clara e analítica, a transcendência individual da questão e sua relevância jurídica, ou a ocorrência da situação descrita no § 3º do art. 1.035. Em última análise, nesse caso, a carga é de demonstrar a contrariedade, e não a repercussão, que será presumida.

Se a Turma admitir a existência da repercussão geral por no mínimo 4 votos, ficará dispensada a remessa do recurso ao plenário, cabendo à Turma proceder ao julgamento do recurso extraordinário (analisando as demais condições de admissibilidade e o mérito recursal). Se for negada a repercussão geral[40], o recurso não será admitido e a decisão valerá para todos os recursos sobre matéria idêntica, que serão indeferidos liminarmente, salvo se o STF decidir por revisar sua posição sobre a questão.

Se for reconhecida a repercussão geral, o relator determinará a suspensão de todos os processos pendentes de julgamento que tenham o mesmo objeto. Em matéria penal, dada a difusão de teses defensivas, pensamos que essa suspensão somente terá efeito após a decisão de segundo grau, quando então a questão jurídica fica circunscrita e individualizada. Mas isso será objeto de análise pelo relator. Mas, até para evitar que se perpetue a "suspensão" dos demais feitos, determina o § 9º que o recurso que tiver a repercussão geral reconhecida, deve ser julgado no prazo de um ano, sob pena de, em não o sendo, cessar a suspensão dos demais processos ou recursos, para que retomem seu seguimento.

---

40 Como adverte MENDES (op. cit., p. 960), há a necessidade da manifestação expressa de, pelo menos, 8 (oito) ministros, recusando a repercussão geral, para que seja reputada a sua inexistência (art. 102, § 3º, da Constituição).

A última palavra sobre repercussão geral é do STF, sendo recomendado um estudo dos casos em que ela já foi admitida ou negada. Para tanto, recomendamos a pesquisa do tema diretamente no *site* do STF: <http://www.stf.jus.br/portal/jurisprudenciaRepercussao/listarRepercussaoGeral.asp>.

Por fim, do art. 1.036 a 1.041 do CPC é disciplinado o julgamento dos recursos extraordinário e especial repetitivos, ou seja, quando existe uma multiplicidade de recursos extraordinários ou especiais com fundamento em idêntica questão de direito. Caberá à presidência do tribunal de justiça ou regional federal a seleção de 2 ou mais recursos (especial ou extraordinário) que versem sobre a mesma questão jurídica para exame pelo STJ ou STF, conforme o caso. Os demais recursos serão represados no tribunal de origem até o julgamento dos selecionados (até o limite de um ano). Decididos os recursos selecionados, os demais que versem sobre o mesmo tema serão objeto do mesmo tratamento, aplicando-se a tese firmada.

## 7.4. Efeito Devolutivo e Suspensivo

Ambos os recursos possuem efeito reiterativo ou devolutivo propriamente dito, eis que devolvem o conhecimento da matéria para um tribunal *ad quem*, superior àquele que proferiu a decisão. Contudo, tais recursos não possuem "efeito suspensivo", o que levou – por equivocado tratamento da matéria na esfera penal – a que durante décadas houvesse uma ilegal e absurda execução antecipada da pena, em flagrante violação da presunção de inocência. Em 2009, o STF corrige essa distorção e reconhece a inconstitucionalidade da "execução antecipada da pena" no HC 94.408, Relator Min. Eros Grau, julgado em 10/2/2009, e também no HC 95.059/2009. Com isso, reafirmou-se a presunção de inocência e a regra do direito de recorrer em liberdade até o trânsito em julgado, exceto se houvesse *periculum libertatis* e fosse decretada a prisão preventiva.

Contudo, um novo reverso na história da presunção de inocência viria a ocorrer em 2016, quando julgado o HC 126.292, Rel. Min. Teori Zavascki: o STF mudaria de entendimento ao afirmar a possibilidade de execução antecipada da pena após a decisão de segundo grau. No referido julgamento, por 7 votos a 4, o plenário mudou a jurisprudência da corte e afirmou a possibilidade de execução da pena após a decisão condenatória confirmada em segunda instância, de forma automática e sem caráter cautelar (ou seja, mesmo não havendo *periculum libertatis*).

Após muita discussão, finalmente em novembro de 2019 o STF julgou procedentes as Ações Declaratórias de Constitucionalidade (ADC) 43, 44 e 54, declarando a constitucionalidade do art. 283 do CPP e, com isso, voltou a não recepcionar a execução antecipada da pena. Portanto, exceto se houver uma prisão preventiva decretada, a regra é que o réu possa recorrer em liberdade (inclusive em sede de recurso especial e extraordinário) até o trânsito em julgado. Para evitar repetições, remetemos o leitor para o capítulo XI – Prisões Cautelares –, onde tratamos dessa questão. Portanto, se não houver um fundamento cautelar a justificar a decretação da prisão preventiva, a regra é o réu recorrer (tanto REsp como Rext) em liberdade e assim permanecer até o trânsito em julgado.

Mas, e se houver algum risco de prisão (ou for efetivamente decretada) quando da interposição do recurso especial ou extraordinário, qual é o instrumento processual adequado para assegurar-se o direito de aguardar o julgamento do recurso em liberdade?

A disciplina está no art. 1.029 do CPC, a saber:

> Art. 1.029. O recurso extraordinário e o recurso especial, nos casos previstos na Constituição Federal, serão interpostos perante o presidente ou o vice-presidente do tribunal recorrido, em petições distintas que conterão: (...)
>
> § 5º O pedido de concessão de efeito suspensivo a recurso extraordinário ou a recurso especial poderá ser formulado por requerimento dirigido:
>
> I – ao tribunal superior respectivo, no período compreendido entre a publicação da decisão de admissão do recurso e sua distribuição, ficando o relator designado para seu exame prevento para julgá-lo;
>
> II – ao relator, se já distribuído o recurso;
>
> III – ao presidente ou ao vice-presidente do tribunal recorrido, no período compreendido entre a interposição do recurso e a publicação da decisão de admissão do recurso, assim como no caso de o recurso ter sido sobrestado, nos termos do art. 1.037.

Então, poderá o acusado peticionar requerendo a atribuição de efeito suspensivo ao RExt ou REsp, atentando para o endereçamento dessa petição conforme o estágio em que se encontrar a tramitação do recurso interposto.

Não afastamos a possibilidade de, caso negado efeito suspensivo postulado, que o acusado interponha ***habeas corpus*** no STJ, caso negado o efeito no TJ ou TRF; e no STF se a negativa fora dada no âmbito do STJ.

### 7.5. Do Agravo em Recurso Especial e em Recurso Extraordinário

Como explicado, os diversos requisitos dos recursos especial e extraordinário são duplamente valorados, primeiro no juízo de pré-admissibilidade feito no tribunal *a quo* e, se admitido, novamente são analisados no respectivo Tribunal (STJ ou STF). Para a decisão que não admite (denega a subida) os recursos, feita pelo tribunal de origem, caberá Agravo de Instrumento, sendo denominado *agravo em recurso especial e agravo em recurso extraordinário*, conforme a espécie de recurso que teve sua subida denegada.

Esse agravo se destina a permitir o processamento, a subida do recurso especial ou extraordinário barrado no juízo de pré-admissibilidade feito no tribunal de origem, que não poderá negar seguimento ao agravo. Nesse sentido, determina a Súmula 727 do STF: *Não pode o magistrado deixar de encaminhar ao Supremo Tribunal Federal o agravo de instrumento interposto da decisão que não admite recurso extraordinário, ainda que referente a causa instaurada no âmbito dos Juizados Especiais*. Tem cabimento, portanto, para impugnar a decisão denegatória do recurso especial ou extraordinário feito pela Presidência do tribunal *a quo*, devendo ser interposto por petição e subindo nos próprios autos.

Ambos os agravos estão disciplinados no art. 1.042 do CPC:

> Art. 1.042. Cabe agravo contra decisão do presidente ou do vice-presidente do tribunal recorrido que inadmitir recurso extraordinário ou recurso especial, salvo quando fundada na aplicação de entendimento firmado em regime de repercussão geral ou em julgamento de recursos repetitivos. (...)
>
> § 2º A petição de agravo será dirigida ao presidente ou ao vice-presidente do tribunal de origem e independe do pagamento de custas e despesas postais, aplicando-se a ela o regime de repercussão geral e de recursos repetitivos, inclusive quanto à possibilidade de sobrestamento e do juízo de retratação.
>
> § 3º O agravado será intimado, de imediato, para oferecer resposta no prazo de 15 (quinze) dias.
>
> § 4º Após o prazo de resposta, não havendo retratação, o agravo será remetido ao tribunal superior competente.
>
> § 5º O agravo poderá ser julgado, conforme o caso, conjuntamente com o recurso especial ou extraordinário, assegurada, neste caso, sustentação oral, observando-se, ainda, o disposto no regimento interno do tribunal respectivo.
>
> § 6º Na hipótese de interposição conjunta de recursos extraordinário e especial, o agravante deverá interpor um agravo para cada recurso não admitido.
>
> § 7º Havendo apenas um agravo, o recurso será remetido ao tribunal competente, e, havendo interposição conjunta, os autos serão remetidos ao Superior Tribunal de Justiça.
>
> § 8º Concluído o julgamento do agravo pelo Superior Tribunal de Justiça e, se for o caso, do recurso especial, independentemente de pedido, os autos serão remetidos ao Supremo Tribunal Federal para apreciação do agravo a ele dirigido, salvo se estiver prejudicado.

Além dessa disciplina legal, é importante verificar as Resoluções 450 e 451 do STF, pois ainda que publicadas antes do novo CPC, seguem vigendo e também disciplinam a tramitação desses agravos. No âmbito do STJ, remete-se para a Resolução 7/2010, que criou a classe processual de *agravo em recurso especial*.

Questão problemática é: qual é o prazo para interposição?

O CPC disciplina que a resposta (contrarrazões) do agravo deverá ser feita no prazo de 15 dias, logo, igual tratamento deve ser dado para a interposição. Da mesma forma, determina o art. 1.003, § 5º, do CPC que o prazo será de 15 dias. Assim, pelo CPC, o prazo de interposição do agravo é de 15 dias. Essa é a leitura que nos parece ser a mais correta diante da literalidade dos dispositivos. Ademais, os arts. 26

a 29 da Lei n. 8.038/90 foram expressamente revogados, não restando mais, na referida Lei, qualquer disciplina acerca do REsp, RExt e respectivos agravos.

Contudo, ainda não foi revogada a Súmula 699 do STF (que dispunha sobre o prazo de 5 dias para interposição), gerando uma situação de risco. Por isso, sugerimos máxima cautela até que os tribunais superiores uniformizem o entendimento.

Explicamos nossa preocupação. Quando houve a modificação do art. 544 do CPC anterior (pela Lei n. 12.322/2010), estabelecendo o prazo de 10 dias para o agravo em REsp/RExt, criou-se uma situação de total perplexidade: o STF e o STJ seguiram entendendo que o prazo era de 5 dias, nos termos da Súmula 699 do STF. Mesmo diante do texto expresso da Lei, centenas, talvez milhares de agravos foram considerados intempestivos por conta desse conflito entre a lei e os tribunais superiores, gerando um imenso prejuízo para os interessados. Assim, por conta dessa insegurança e perplexidade gerada no passado, nossa sugestão é: até que a Súmula 699 do STF seja revogada (e deveria o ser, na nossa opinião) e exista a aplicação pacífica do novo CPC, sugerimos – por garantia – que o Agravo em REsp/RExt seja interposto no prazo de 5 dias[41], em que pese não ser esse o nosso entendimento, pois sustentamos a aplicação do disposto no art. 1.042 do CPC.

O agravo tem efeito devolutivo misto, havendo a possiblidade de retratação, como já explicado anteriormente ao tratar do efeito devolutivo. A retratação implica a admissibilidade do REsp ou RExt com a consequente subida do recurso ao respectivo tribunal. Mas, em sendo mantida a decisão, o agravo será remetido ao tribunal superior competente. Já no tribunal *ad quem*, o agravo, uma vez distribuído, poderá ser objeto de decisão monocrática, isto é, pelo relator sem levar ao órgão colegiado, que desde logo poderá não conhecer do agravo, quando, por exemplo, a decisão impugnada estiver fundada na aplicação de entendimento firmado em regime de repercussão geral ou em julgamento de recursos repetitivos. O juízo de inadmissibilidade, neste caso, é em relação ao agravo, e não ao recurso extraordinário ou especial, que será analisado a seguir. Desta decisão caberá Agravo Regimental (art. 258 e 259 do RISTJ e art. 317 do RISTF) no prazo de 5 dias, requerendo-se que a matéria seja levada ao órgão colegiado para confirmação ou reforma da decisão monocrática. O agravo regimental admite juízo de retratação (efeito devolutivo misto), podendo o prolator da decisão reconsiderá-la; se não o fizer, submete o agravo ao órgão colegiado.

---

41 Esse é o entendimento – ao menos por enquanto – do STJ nos seguintes agravos em recurso especial: AREsp 753.853, 609.549, 962.171, 955.393, entre outros. No STF destacamos a decisão proferida no ARE 986.656/SP, que reafirmou o prazo de 5 dias.

No que tange ao efeito suspensivo, assim como os recursos especial e extraordinário, não o terá o agravo de instrumento. Contudo, não se afasta a possibilidade de ser feito um pedido de atribuição de efeito suspensivo, nos termos do art. 1.029, § 5º, do CPC, anteriormente explicado.

Por fim, recordemos que a Lei n. 13.964/2019 alterou a redação do art. 116 do CP, que disciplina as causas impeditivas da prescrição. Portanto, a prescrição não corre na pendência de embargos de declaração ou de recursos aos tribunais superiores (recurso especial, extraordinário, respectivos agravos, agravo regimental, embargos de divergência, etc.), "quando inadmissíveis". É como se não corresse a prescrição enquanto se aguarda o julgamento de – por exemplo – um agravo em recurso especial que ao final venha a ser inadmitido. Tecnicamente, recurso não admitido é o mesmo que não conhecimento. Portanto, se conhecido e negado provimento, deverá ser computado o tempo de tramitação no prazo prescricional. De qualquer forma, apenas ao final do julgamento do recurso no STJ ou STF é que se poderá saber se houve ou não a prescrição, pois o cômputo desse tempo dependerá da decisão final.

# SÍNTESE DO CAPÍTULO

Aviso Ao leitor: A compreensão da síntese exige a prévia leitura do capítulo!

1. RECURSO EM SENTIDO ESTRITO: arts. 581-592

1.1. REQUISITOS OBJETIVOS:

- Cabimento e adequação: tem cabimento nos casos previstos no art. 581, cujo rol é taxativo. Os incisos XVII, XIX, XX, XXI, XXII, XXIII e XXIV perderam eficácia com o advento da LEP. Interposição por petição ou termo nos autos.
- Tempestividade: 5 dias para interposição (art. 586) e 2 dias para razões (art. 588). Assistente: 5 dias habilitado – 15 dias não habilitado.
- Preparo: tem cabimento nas ações penais privadas (art. 806).

1.2. REQUISITOS SUBJETIVOS: Legitimidade (art. 577) e gravame/prejuízo.

1.3. EFEITOS: efeito devolutivo misto (regressivo e depois reiterativo ou devolutivo propriamente dito). Efeito suspensivo nos casos previstos: art. 584.

1.4. ASPECTOS DO PROCEDIMENTO: pode subir nos próprios autos (art. 583) ou por instrumento (demais casos), sendo que o instrumento deverá conter as peças obrigatórias (art. 587, parágrafo único) e as indicadas pelas partes e o juiz (art. 589).

2. APELAÇÃO: arts. 593-603.

2.1. REQUISITOS OBJETIVOS:

- Cabimento e adequação: pode ser interposta por petição ou termo nos autos, nos casos previstos no art. 593.
- Art. 593, II: é residual em relação à taxatividade do RSE, cabendo em relação às decisões interlocutórias mistas não abrangidas pelo art. 581.
- Art. 593, III: o inciso III dirige-se exclusivamente às decisões proferidas pelo Tribunal do Júri. Nas alíneas "a" e "d", se acolhido o recurso, a consequência será a realização de novo júri.

  Nas alíneas "b" e "c", acolhendo o recurso, o tribunal faz a retificação se enviar a novo júri.
- Art. 593, § 3º: decisão manifestamente contrária à prova dos autos é aquela completamente dissociada da prova dos autos, sem qualquer apoio no processo. O que se entende por "mesmo motivo"? Significa novo recurso com base na letra "d", sendo irrelevante a tese sustentada.

  Quanto ao cabimento do recurso de apelação, por parte do acusador, com base no art. 593, III, *d*, quando o réu é absolvido no quesito genérico da absolvição, existe uma divisão no STJ e uma importante decisão do STF no sentido do não cabimento.
- Tempestividade: 5 dias para interposição (art. 593) e 8 dias para razões. Assistente: 5 dias habilitado – 15 dias não habilitado.

- Preparo: exige-se nas ações penais privadas.

2.2. REQUISITOS SUBJETIVOS: legitimidade (art. 577) e gravame/prejuízo.

2.3. EFEITOS: devolutivo (total ou parcial) e suspensivo (apelação de sentença absolutória nunca tem efeito suspensivo, art. 596). Quanto ao direito de recorrer em liberdade, art. 387, § 1º, deve ser analisado à luz do sistema cautelar e das regras da prisão preventiva (arts. 311 e s.).

3. EMBARGOS INFRINGENTES E EMBARGOS DE NULIDADE: art. 609, parágrafo único:

- Embargos Infringentes: voto vencido tem por objeto da divergência uma questão de mérito.
- Embargos de Nulidade: voto vencido tem por objeto divergência sobre questão processual.

3.1. REQUISITOS OBJETIVOS:

- Cabimento: contra decisão não unânime proferida por tribunal no julgamento de apelação, RSE ou agravo em execução. É recurso exclusivo da defesa. Está limitado ao objeto da divergência, demarcado pelos limites do voto vencido.
- Adequação: deve ser interposto por petição acompanhada das razões, circunscritas ao objeto da divergência.
- Tempestividade: prazo de 10 dias, único para interposição e razões.
- Preparo: predomina entendimento de que não é necessário, nem mesmo nas ações penais privadas, bastando o preparo feito para a apelação.

3.2. REQUISITOS SUBJETIVOS: é um recurso exclusivo da defesa. Quanto ao gravame, deve haver um voto divergente favorável à defesa que represente uma vantagem jurídica, se acolhido.

3.3. EFEITOS:

- Devolutivo: devolve a discussão nos limites do voto vencido.
- Suspensivo: ainda que se aceite a execução antecipada da pena (HC 126.292 do STF, com o qual não concordamos), na pendência do julgamento dos embargos ainda não terá ocorrido o esgotamento da jurisdição de segundo grau, sendo inviável a decretação da prisão. Em relação a outros recursos (REsp e RExt), o mais recomendado é a interposição simultânea dos embargos infringentes e do REsp/RExt, conforme o caso (ausência de efeito suspensivo ou interruptivo do prazo). Mas a matéria não é pacífica.

4. EMBARGOS DECLARATÓRIOS:

4.1. REQUISITOS OBJETIVOS:

- Cabimento: Podem ser utilizados em relação a qualquer decisão, inclusive interlocutória ou despacho, desde que contenha omissão, obscuridade, contradição ou ambiguidade. Arts. 382 (decisões de 1º grau), 619 e 620 (decisões de tribunais).

Excepcionalmente podem ter efeitos modificativos e podem ser utilizados para fins de prequestionamento nos recursos especial e extraordinário.

- Adequação: interpostos por petição contendo as razões.
- Tempestividade: 2 dias. No JECrim: 5 dias (art. 83 da Lei n. 9.099/95).
- Preparo: não se exige.

4.2. REQUISITOS SUBJETIVOS: estão legitimadas as partes ativa, passiva e assistente da acusação. O interesse recursal vincula-se à (in)eficácia da garantia da motivação das decisões.

4.3. EFEITOS: possuem efeito regressivo (devolvendo para o mesmo órgão prolator). Excepcionalmente poderão ter efeitos modificativos ou infringentes.

Como regra, interrompem o prazo para interposição de outros recursos (art. 1.026 do CPC). Advertência: JECrim, ver art. 1.066 do novo CPC. Assim: conforme determina o CPC, há interrupção do prazo para novos recursos.

5. AGRAVO EM EXECUÇÃO PENAL: art. 197 da LEP. Segue o mesmo procedimento e requisitos do RSE.

5.1. REQUISITOS OBJETIVOS:

- Cabimento: decisões interlocutórias tomadas no curso da execução criminal.
- Adequação: pode ser interposto por petição ou termo nos autos.
- Tempestividade: 5 dias para interposição e 2 dias para razões.
- Preparo: não se exige.

5.2. REQUISITOS SUBJETIVOS: estão legitimados o MP, defensor ou réu. O gravame decorre do prejuízo pela concessão ou denegação do pedido feito na execução penal.

5.3. EFEITOS: efeito devolutivo misto (regressivo e depois reiterativo ou devolutivo propriamente dito). Não possui efeito suspensivo.

6. CARTA TESTEMUNHÁVEL: arts. 639 a 646.

6.1. REQUISITOS OBJETIVOS:

- Cabimento: impugnar a decisão que denegou o prosseguimento a recurso em sentido estrito ou agravo em execução, ou obstaculizou sua subida.
- Adequação: recurso interposto por petição.
- Tempestividade: 2 dias.
- Preparo: não se exige.

6.2. REQUISITOS SUBJETIVOS: legitimidade vinculada àquela necessária para interposição do recurso originário a que foi denegado o prosseguimento. Interesse: gravame pelo não prosseguimento do recurso.

6.3. EFEITOS: devolutivo misto.

## 7. RECURSO ESPECIAL E EXTRAORDINÁRIO

| | Recurso Especial | Recurso Extraordinário |
|---|---|---|
| Órgão julgador | Superior Tribunal de Justiça | Supremo Tribunal Federal |
| Cabimento | Art. 105, III, da Constituição: | Art. 102, III, da Constituição: |
| Cabimento | – julgar, em recurso especial, as causas decididas, em única ou última instância, pelos Tribunais Regionais Federais ou pelos tribunais dos Estados, do Distrito Federal e Territórios, quando a decisão recorrida (ver Súmula 203 do STJ):<br>a) contrariar tratado ou lei federal, ou negar-lhes vigência;<br>b) julgar válido ato de governo local contestado em face de lei federal (inaplicável na esfera penal);<br>c) der a lei federal interpretação divergente da que lhe haja atribuído outro tribunal (Súmulas 13 e 83 do STJ). | – julgar, mediante recurso extraordinário, as causas decididas em única ou última instância, quando a decisão recorrida (ver Súmulas 281 e 640 do STF):<br>a) contrariar dispositivo desta Constituição (a ofensa tem que ser "direta", se antes violar o CPP não cabe RE);<br>b) declarar a inconstitucionalidade de tratado ou lei federal (ver Súmula Vinculante n. 10);<br>c) julgar válidos lei ou ato de governo local contestados em face desta Constituição;<br>d) julgar válida lei local contestada em face de lei federal. |
| Objeto | Tutela da Legislação Infraconstitucional. | Tutela da Constituição. Violação da CADH: RExt. |
| Disciplina Legal | Arts. 1.029 a 1.041 do CPC e Regimento Interno do Superior Tribunal de Justiça. | Arts. 1.029 a 1.041 do CPC e Regimento Interno do Supremo Tribunal Federal. |
| Prazo de interposição | 15 dias – art. 1.030 do CPC. | 15 dias – art. 1.030 do CPC. |
| Prequestionamento | Há decisões aceitando o prequestionamento implícito. Importância do art. 1.025 do CPC. | É exigido prequestionamento explícito, como regra (Súmula 211). Ver art. 1.025 do CPC. |
| Repercussão Geral | Não é exigida. | É exigida a demonstração através de preliminar formal (art. 102, § 3º, da CB c/c art. 1.035 do CPC). |

| | | |
|---|---|---|
| Possibilidade de reexame de fato ou prova? | Não é permitido. Súmula 7 do STJ. | Não é permitido. Súmula 279 do STF. |
| Exaurimento da via recursal ordinária? | Devem ser esgotados os recursos ordinários. | Devem ser esgotados os recursos ordinários. |
| Juízo de admissibilidade | Permanece o sistema de dupla filtragem, primeiramente no tribunal de origem (*a quo*) e, se admitido o recurso, novo exame é feito no STJ. | Permanece o sistema de dupla filtragem, primeiramente no tribunal de origem (*a quo*) e, se admitido o recurso, novo exame é feito no STF. |
| Legitimidade | Ministério Público, assistente da acusação, querelante e o réu. | Ministério Público, assistente da acusação, querelante e o réu. |
| Preparo | Exige-se preparo. Súmula 187 do STJ. | Exige-se preparo. |
| Efeitos | Devolutivo propriamente dito.<br>Ausência de efeito suspensivo: Art. 1.029 do CPC autoriza pedido de concessão de efeito suspensivo por simples petição (pensamos que é cabível HC quando for para assegurar o direito de recorrer em liberdade). | Devolutivo propriamente dito.<br>Ausência de efeito suspensivo: Art. 1.029 do CPC autoriza pedido de concessão de efeito suspensivo por simples petição (pensamos que é cabível HC quando for para assegurar o direito de recorrer em liberdade). |
| Recurso contra a decisão que nega seguimento | Agravo em Recurso Especial (art. 1.042 do CPC).<br>Prazo: 15 dias<br>Nossa sugestão: 5 dias até que a Súmula 699 seja revogada. | Agravo em Recurso Extraordinário (art. 1.042 do CPC). Prazo: 15 dias.<br>Nossa sugestão: 5 dias até que a Súmula 699 seja revogada. |

Capítulo XVIII

# AÇÕES DE IMPUGNAÇÃO: REVISÃO CRIMINAL. *HABEAS CORPUS*. MANDADO DE SEGURANÇA

Após a sumária análise dos recursos no processo penal, vejamos agora as chamadas ações de impugnação, que não constituem recursos, senão ações autônomas com diferentes finalidades e campos de atuação.

A revisão criminal e o *habeas corpus* estão erroneamente posicionados na estrutura do Código de Processo Penal no Título II (Dos recursos em geral), mas isso não significa que sejam recursos. Como veremos, são ações de impugnação, não se subordinam aos requisitos recursais anteriormente analisados e tampouco exigem uma decisão não transitada em julgado, como nos recursos, na medida em que podem atacar, até mesmo, uma sentença com trânsito em julgado formal e material.

Feita a ressalva, vejamos as ações de impugnação.

## 1. Revisão Criminal

A revisão criminal, ainda que tratada pelo Código de Processo Penal juntamente com os recursos, é uma ação de impugnação, de competência originária dos tribunais, não é recurso. É um típico caso de *equivocada organização topográfica*, como define CORDERO[1].

1 CORDERO, Franco. *Procedimiento Penal*. Bogotá, Temis, 2000. v. 2, p. 447.

Trata-se de um meio extraordinário de impugnação, não submetida a prazos, que se destina a rescindir uma sentença transitada em julgado, exercendo por vezes papel similar ao de uma ação de anulação, ou constitutiva negativa no léxico ponteano, sem se ver obstaculizada pela coisa julgada.

CORTÉS DOMÍNGUEZ[2], tratando "del proceso de revisión" do sistema espanhol, equivalente a nossa revisão criminal, define como *uma ação independente que dá lugar a um processo cuja finalidade é rescindir sentenças condenatórias transitadas em julgado e injustas*.

A revisão criminal situa-se numa linha de tensão entre a "segurança jurídica" instituída pela imutabilidade da coisa julgada e a necessidade de desconstituí-la em nome do valor justiça. Se de um lado estão os fundamentos jurídicos, políticos e sociais da coisa julgada, de outro está a necessidade de relativização deste mito em nome das exigências da liberdade individual.

Em última análise, sublinha CORTÉS DOMÍNGUEZ[3] com acerto, o legislador se viu obrigado a solucionar o terrível problema que supõe considerar que um mecanismo como o da coisa julgada, que está pensado como meio de segurança apto a conseguir a justiça, pode, em outras ocasiões, ser um elemento que proporcione situações clamorosamente injustas.

Por tudo isso, a revisão criminal é uma medida excepcional, cujos casos de cabimento estão expressamente previstos em lei.

### 1.1. Cabimento. Análise do Art. 621 do CPP

Vejamos agora as situações previstas no art. 621 do CPP, esclarecendo que a revisão criminal pode ser proposta para desconstituir sentenças de juízes singulares ou do Tribunal do Júri, bem como acórdãos proferidos pelos tribunais.

Durante muito tempo se discutiu o cabimento da revisão criminal em relação às decisões proferidas pelo Tribunal do Júri, diante da soberania desta decisão, mas atualmente a questão corretamente se pacificou no sentido da plena possibilidade da revisão criminal.

A revisão pode ter como objeto uma sentença condenatória (ou absolutória imprópria) ou acórdão condenatório (ou absolutório impróprio), isso porque, quando o réu é absolvido em primeiro grau e o Ministério Público apela, sendo acolhido o recurso, a decisão condenatória objeto da revisão criminal é o acórdão proferido pelo tribunal, e não a sentença (absolutória) do juiz.

---

2 CORTÉS DOMÍNGUEZ, Valentín; MORENO CATENA, Victor; GIMENO SENDRA, Vicente. *Derecho Procesal Penal*. Madrid, Colex, 1996. p. 692.

3 Idem, ibidem.

**Art. 621. A revisão dos processos findos será admitida:**

COMENTÁRIO:

A expressão *processos findos* deve ser interpretada no sentido de existência de uma sentença ou acórdão penal condenatório transitado em julgado. São dois os pressupostos da revisão criminal:

- existência de uma sentença penal condenatória ou absolutória imprópria (art. 386, parágrafo único, III, do CPP);
- e que esta sentença tenha transitado em julgado.

A sentença a qual se pretende revisar deve ser condenatória ou absolutória imprópria, aquela em que se aplica medida de segurança ao réu inimputável, que inegavelmente possui um caráter "condenatório". Inclusive, a situação gerada pela medida de segurança é, em geral, mais grave até do que a daquele submetido à pena privativa de liberdade, diante da situação de incerteza e indeterminação inerente à medida de segurança. Tampouco existe progressão de regime, trabalho externo etc.

Mas não se admite a revisão criminal quando a sentença é absolutória, propriamente dita, ou absolvição sumária, não havendo um interesse juridicamente tutelável nestes casos, ainda que se argumente em torno da "mudança do fundamento da absolvição". A excepcionalidade da revisão criminal faz com que os casos em que ela é admitida sejam taxativamente previstos, sem possibilidade de ampliação deste rol (no qual não se encaixam as situações de absolvição).

Contribui ainda para essa exegese o disposto no art. 625, § 1º, do CPP, de que *o requerimento será instruído com a certidão de haver passado em julgado a sentença condenatória e com as peças necessárias à comprovação dos fatos arguidos*.

O modelo brasileiro não admite a chamada revisão criminal *pro societate*, ou seja, a revisão das sentenças absolutórias, o que constituiria uma autêntica *reformatio in pejus*.

**I – quando a sentença condenatória for contrária ao texto expresso da lei penal ou à evidência dos autos;**

COMENTÁRIO:

São duas as situações previstas aqui, em que a sentença condenatória (ou absolutória imprópria) é contrária:

**a) Ao texto expresso da lei penal:** o que significa uma contrariedade em relação à lei penal, mas também processual penal, à Constituição ou qualquer outro ato normativo que tenha sido empregado como fundamento da sentença condenatória (como as leis completivas empregadas na aplicação de uma lei penal em branco, portarias etc.). Incorre no mesmo fundamento a sentença penal que incidir em erro na subsunção dos fatos à lei penal, ou seja, na tipificação legal, como pode ser a condenação por peculato de alguém que não era funcionário público[4].

Ademais, nulidades absolutas também podem ser conhecidas na revisão criminal por imposição do art. 626 do CPP, que, ao permitir ao tribunal "anular" a sentença ou acórdão, está reconhecendo expressamente a existência de mais de uma causa para sua impetração. Portanto, é possível a revisão criminal sob o argumento de nulidade, pois significa dizer que a decisão judicial é contrária ao texto expresso da lei e com esse fundamento deve ser ajuizada. Não se pode esquecer que o art. 626 estabelece que *julgando procedente a revisão, o tribunal poderá alterar a classificação da infração, absolver o réu, modificar a pena ou anular o processo*. Portanto, é a existência de nulidade um fundamento jurídico válido para a revisão criminal.

A revisão criminal com base neste fundamento – decisão contrária a texto expresso de lei – situa-se, acima de tudo, na dimensão de conflito hermenêutico, na qual o que se discute é a eleição dos significados da norma e o sentido a ela dado pelo juiz (ou tribunal, quando se trata de acórdão condenatório) que proferiu a decisão em relação aos julgadores da revisão criminal. Há, portanto, uma *reabertura da discussão quanto à mais adequada interpretação do direito*[5] *naquele caso penal em julgamento*.

Questão interessante é a (im)possibilidade de revisão criminal por ser a decisão contrária ao novo entendimento jurisprudencial mais benigno.

Longe de ser pacífico o entendimento, concordamos com essa possibilidade, desde que a mudança seja efetiva e em relação a entendimento jurisprudencial pacífico e relevante. Significa dizer uma mudança efetiva de entendimento, um rompimento de paradigma, algo similar ao que ocorreu, por exemplo, em relação à inconstitucionalidade do regime integralmente fechado para os crimes hediondos.

Assim como a nova lei penal mais benigna tem efeito retroativo, a mudança radical no entendimento jurisprudencial, que beneficie o réu, também deve ter o mesmo efeito, sendo cabível a revisão criminal para sua obtenção. Nesta linha, há uma interessante decisão proferida pelo 4º Grupo Criminal do TJ/RS, na

---

4 BADARÓ, Gustavo. *Direito Processual Penal*. Rio de Janeiro, Elsevier, 2007. t. II, p. 299.

5 PACELLI DE OLIVEIRA, Eugênio. *Curso de Processo Penal*, 8. ed., cit., p. 731.

RevCrim 70 002 052 959, Rel. Des. Tupinambá Pinto de Azevedo, julgado em 27/4/2001, que reconheceu a retroatividade da decisão penal mais benigna[6].

Na mesma linha, GIACOMOLLI[7] argumenta que "a aplicação da jurisprudência mais favorável, nas mesmas hipóteses da incidência da *lex mitior*, inclui-se na limitação do *ius puniendi* pois, ao jurisdicionado, não se pode retirar a confiança de que receberá dos magistrados uma igualdade de tratamento diante da mesma situação fática. Proibir a retroatividade da jurisprudência, como afirmou Hassemer, suporia a paralisação de sua função de recriação da lei, observando-se 'situações em que a comunidade jurídica tem um conhecimento maior do conteúdo da jurisprudência penal que da lei penal, confiando em sua aplicação'".

Mas essa construção ainda goza de pouca aceitação.

**b) À evidência dos autos:** atuando na dimensão da contrariedade entre a decisão condenatória e o contexto probatório. Aqui, a reabertura da discussão situa-se na dimensão probatória, e não apenas jurídica, como no caso anterior. Ainda que o senso comum teórico e jurisprudencial costume afirmar que a contrariedade deve ser "frontal", completamente divorciada dos elementos probatórios do processo, para evitar uma nova valoração da prova enfraquecendo o livre convencimento do juiz, pensamos que a questão exige uma leitura mais ampla.

O ato de julgar, como visto em capítulos anteriores desta obra, é bastante complexo e impregnado de subjetividade incompatível com a tradicional visão cartesiana. Portanto, quando o tribunal julga uma revisão criminal, está, inexoravelmente, revalorando a prova e comparando-a com a decisão do juiz. E, neste momento, é ingenuidade desconsiderar que cada desembargador acaba (re)julgando o caso penal e se não concordar com a valoração feita pelo juiz bastará uma boa retórica para transformar uma divergência de *sentire* em uma "contrariedade frontal entre a sentença e o contexto probatório".

Não vemos como negar que neste momento ocorre, verdadeiramente, um *juízo sobre o juízo do juiz*, de modo que o tribunal julgador da revisão criminal acaba por reavaliar o caso penal. Seria patológico que um desembargador, ao julgar uma revisão criminal, dissesse: eu não vejo prova suficiente para condenar e teria absolvido, mas, como existe "alguma" prova a amparar a tese acusatória (até porque,

---

6 Sobre o tema, entre outros, recomenda-se a leitura de Tupinambá Pinto de AZEVEDO, Retroatividade *Erga Omnes* da Decisão Penal Benigna. In: *Escritos de Direito e Processo Penal em Homenagem ao Prof. Paulo Cláudio Tovo*. Rio de Janeiro, Lumen Juris, 2001.

7 GIACOMOLLI, Nereu. A *Irretroatividade da Lei n. 11.464/07*: requisitos temporais à progressão de regime nos "crimes hediondos". Disponível no *site* <www.giacomolli.com>.

sempre existe "alguma" prova, sob pena de a denúncia nem ser recebida...), tenho que manter a (injusta) condenação... Ora, isso seria um contrassenso.

Contribui para a posição tradicional, com raras exceções, o famigerado "*in dubio pro societate*", com a equivocada exigência de que o réu deve fazer prova integral do fato modificativo sem que a revisão seja acolhida quando a questão não superar o campo da dúvida. Essa problemática costuma aparecer quando o fundamento da revisão situa-se na dimensão probatória ("evidência dos autos", "novas provas de inocência", "depoimentos, exames ou documentos comprovadamente falsos" etc.).

Nesses casos, cumpre perguntar:

a) Onde está a previsão constitucional do tal "*in dubio pro societate*"?
b) Em que fase do processo (e com base em que) o réu perde a proteção constitucional?
c) Como justificar que no momento da decisão (seja ela pelo juiz ou tribunal) a dúvida conduza inexoravelmente à absolvição, mas essa mesma dúvida, quando surgir apenas em sede de revisão criminal, não autoriza a absolvição?
d) E se quando da decisão de primeiro grau (ou mesmo em grau recursal, mas antes do trânsito em julgado) existir um contexto probatório que permita afastar a dúvida e alcançar um alto grau de probabilidade autorizador da condenação, mas, depois do trânsito em julgado, surgir uma prova nova "x", que gere uma dúvida (em relação ao suporte probatório existente), por que devemos afastar o *in dubio pro reo*?
e) Como justificar que essa prova, se tivesse sido conhecida quando da sentença, implicaria absolvição, mas agora, porque estamos numa revisão criminal, ela não mais serve para absolver?

Em suma, nossa posição é a de que a sentença condenatória só pode manter-se quando não houver uma dúvida fundada, seja pela prova existente nos autos, seja pelo surgimento de novas provas. Logo, o *in dubio pro reo* é um critério pragmático para solução da incerteza processual, qualquer que seja a fase do processo em que ocorra! O sistema probatório fundado a partir da presunção constitucional de inocência não admite nenhuma exceção procedimental, inversão de ônus probatório ou frágeis construções inquisitoriais do estilo *in dubio pro societate*.

Portanto, ainda que tradicionalmente somente a sentença condenatória frontalmente contrária à evidência dos autos seja passível de ser revisada, pensamos que o processo penal democrático e conforme à Constituição não mais admite tal reducionismo.

II – quando a sentença condenatória se fundar em depoimentos, exames ou documentos comprovadamente falsos;

COMENTÁRIO:

É uma situação típica de *caso judicial penalmente viciado*[8], *ou seja, a decisão acerca do caso penal está contaminada, pois se baseou em depoimentos, exames ou documentos falsos (portanto, o vício é de natureza penal, na medida em que essas falsidades constituem crimes autônomos). Essa prova penalmente viciada acaba por contaminar a sentença, que deve ser rescindida.*

Similar fundamento prevê, entre outras legislações, a *Ley de Enjuiciamiento Criminal* espanhola, cujo art. 954.3 estabelece como caso de *revisión* a "condenação fundada em provas obtidas mediante delito cuja prática se comprove posteriormente, mediante sentença irrecorrível". No modelo brasileiro, o legislador empregou a expressão *comprovadamente falsos*, dando maior flexibilidade, na medida em que não exige que o crime de falsidade tenha sido criminalmente punido. Claro que, se isto tiver ocorrido, maior probabilidade de êxito terá a revisão.

A comprovação do falso poderá ser feita no curso da própria revisão criminal, ainda que os tribunais brasileiros, em geral, não admitam uma cognição plenária no curso desta ação, exigindo uma prova pré-constituída.

Mas a falsidade poderá ser feita através da ação declaratória da falsidade documental, na esfera cível e, eventualmente, pela via da produção antecipada da prova (fundada nos arts. 381-383 do CPC), mas distribuída e julgada numa vara criminal.

Deve-se atentar, ainda, para a exigência de a sentença condenatória *se fundar em* (depoimentos, exames ou documentos comprovadamente falsos), definindo a necessidade de demonstração do nexo causal, isto é, de que a prova falsa serviu de fundamento para a sentença condenatória. A questão é bastante complexa, como explicamos anteriormente ao tratar da contaminação da prova ilícita, de modo que a jurisprudência, cartesianamente – a nosso ver –, tem tratado do nexo causal. É elementar que a falsidade completamente periférica e irrelevante em termos probatórios não vai justificar a revisão criminal. Mas, por outro lado, também não se pode cair no relativismo extremo, em que uma boa manipulação discursiva sempre vai dizer que "excluindo mentalmente a prova falsa, ainda subsistem elementos para condenar". Porque, querendo, sempre sobrará prova para condenar; basta uma boa retórica.

---

8 CORDERO, Franco. *Procedimiento Penal*, cit., v. II, p. 449.

Portanto, não se pode exigir que a sentença gire exclusivamente em torno da prova falsa, até porque, em geral, isso não ocorre, na medida em que os juízes analisam o "contexto probatório". Basta que a prova falsa tenha relevância no julgamento do caso penal para que, a nosso ver, deva ser acolhida a revisão. Não precisa ser a prova decisiva, basta que tenha relevância, que influa razoavelmente na decisão, para que o vício deva ser reconhecido.

Mas, infelizmente, aqui, estamos diante de mais um espaço discursivo manipulável.

Por fim, esclarecemos[9] que a sentença que se baseou em prova ilícita será impugnável pela revisão criminal fundada no inciso I, pois a sentença é contrária a texto expresso da lei.

**III – quando, após a sentença, se descobrirem novas provas de inocência do condenado ou de circunstância que determine ou autorize diminuição especial da pena.**

COMENTÁRIO:

Sobre o conceito de *novas provas*, esclarece CORDERO[10]: *são novas porque não haviam sido introduzidas no processo, sejam preexistentes ou supervenientes; também consideramos novas as provas as que tenham sido aduzidas, mas que tenha ficado de fora da decisão, como às vezes ocorre*.

Portanto, numa interpretação mais ampla, o conceito de *novas provas* não pode ficar limitado àquelas desconhecidas e que surgiram depois do processo. Também é considerada "prova nova" a preexistente não introduzida no processo ou mesmo aquela que ingressou nos autos, mas que não foi valorada.

Ademais, o conceito de *novas provas* está a abarcar o *fato novo*, na medida em que esse fato novo se processualize através de uma atividade probatória e com isso influa decisivamente no julgamento.

Essa prova nova não precisa, necessariamente, ser apta a produzir a absolvição, havendo a possibilidade de ela influir na redução da pena aplicada.

E como se judicializa essa prova nova? Em tese é possível fazê-lo no curso da revisão, ainda que os tribunais não costumem ter "boa vontade" em produzir essa prova, de modo que o melhor caminho é produzir judicialmente essa prova em primeiro grau, através da produção antecipada da prova, prevista nos arts. 381-383 do CPC, distribuída (sem prevenção) entre as varas criminais da comarca onde se pretende sua produção.

---

9 Na esteira de BADARÓ (op. cit., p. 300) e também de GRINOVER, MAGALHÃES e SCARANCE, *Recursos no Processo Penal*, cit., p. 319.

10 CORDERO, Franco. *Procedimiento Penal*, cit., v. II, p. 448.

Por fim, prevalece o entendimento de que a prova nova "deve ter valor decisivo, não bastando aquela que só debilite a prova do processo revidendo ou que cause dúvida no espírito dos julgadores"[11].

Como já explicado anteriormente, não concordamos com esta posição, que infelizmente ainda tem como equivocada premissa (assumida ou não) o não recepcionado *in dubio pro societate*, de modo a exigir uma prova cabal produzida pelo réu de sua inocência. A incompatibilidade constitucional e mesmo democrática de tal posição é evidente. Entendemos que se a prova nova for apta a gerar uma dúvida razoável, à luz do *in dubio pro reo* (que segue valendo), o acolhimento da revisão é imperativo. Não incumbe ao réu, em nenhum momento e em nenhuma fase, ter de provar cabalmente sua inocência, senão que a dúvida razoável sempre o beneficia, por inafastável epistemologia do processo penal.

## 1.2. Prazo. Legitimidade. Procedimento

No que diz respeito ao prazo para interposição da revisão criminal, determina o art. 622, "a revisão poderá ser requerida em qualquer tempo, antes da extinção da pena ou após".

Portanto, não há prazo para interposição da revisão criminal.

A revisão pode ser postulada durante o cumprimento da pena ou até mesmo após o seu término, ou seja, após a extinção da pena. Contudo, há que se atentar para a impossibilidade de revisão criminal quando há extinção da punibilidade antes da sentença, pois nesse caso não existe uma sentença penal condenatória para ser revisada. Portanto, se no curso do processo é extinta a punibilidade pela prescrição (ou qualquer outra causa), a decisão proferida é declaratória da extinção da punibilidade e não condenatória. Inviável a revisão criminal nesse caso.

A restrição contida no parágrafo único deve ser vista com atenção, pois o que não se admite é uma repetição da mesma ação, ou seja, o mesmo réu, fazendo o mesmo pedido de revisão do mesmo caso penal. Portanto, onde houver uma alteração em torno destes elementos, estaremos diante de uma nova ação, sendo incabível a restrição do parágrafo único. Da mesma forma, não se aplica a restrição quando o pedido estiver fundado em novas provas.

Em relação à legitimidade, prevê o art. 623 que a revisão criminal poderá ser pedida pelo ***próprio réu ou por procurador legalmente habilitado ou, no caso de morte do réu, pelo cônjuge, ascendente, descendente ou irmão***.

---

11 Entre outros, GRINOVER, MAGALHÃES e SCARANCE, op. cit., p. 321.

Sobre a possibilidade de o Ministério Público interpor a revisão criminal, para além da polêmica doutrinária e jurisprudencial existente, pensamos ser uma patologia processual. Não se discutem aqui os nobres motivos que podem motivar um promotor ou procurador a ingressar com a revisão criminal, senão que, desde uma compreensão da estrutura dialética do processo (*actum trium personarum*) e do que seja um sistema acusatório, é uma distorção total. Não vislumbramos como possa uma parte artificialmente criada para ser o contraditor natural do sujeito passivo (recordemos sempre do absurdo de falar-se de uma *parte-imparcial* no processo penal) ter legitimidade para a ação de revisão criminal, a favor do réu, para desconstituir uma sentença penal condenatória que somente se produziu porque houve uma acusação (levada a cabo pelo mesmo Ministério Público, uno e indivisível). Não é necessário maior esforço para ver a manifesta ilegitimidade do Ministério Público. Ainda que se argumente em torno da miserável condição econômica do réu, nada justifica.

O que sim deve ser feito é fortalecer-se a defensoria pública. Aqui está o ponto nevrálgico da questão: para tutela do réu, deve-se fortalecer o seu lugar de fala, potencializar a sua condição de obtenção da tutela jurisdicional, e não sacrificar o sistema acusatório e a própria estrutura dialética do processo, legitimando *que o acusador o defenda...*

A nosso juízo, é manifesta a ilegitimidade do Ministério Público para ingressar com a revisão criminal.

Antes de analisar o procedimento, é necessário esclarecer que a competência para o julgamento da revisão criminal é sempre dos tribunais, mais especificamente do próprio tribunal que proferiu a última decisão naquele processo, mas sempre por outro órgão. Assim, podem ocorrer as seguintes situações:

a) O réu é condenado e da sentença não há recurso, transitando em julgado. A revisão criminal será julgada pelo respectivo Tribunal de Justiça ou Tribunal Regional Federal (Justiça Federal) que seria competente para o julgamento de uma eventual apelação.
b) O réu é condenado e apela, tendo o tribunal mantido a condenação. Com o trânsito em julgado, a revisão criminal será ajuizada no mesmo tribunal que julgou a apelação, mas pelo Grupo Criminal (TJ) ou Seção Criminal (TRF), e não pela Câmara ou Turma Criminal que julgou a apelação.
c) O réu é absolvido, tendo o Ministério Público apelado. O tribunal acolhe o recurso e condena o réu. Com o trânsito em julgado, a revisão criminal será distribuída no mesmo tribunal que proferiu o acórdão condenatório (mas para outro órgão).

d) A revisão criminal será julgada no STF ou no STJ, quando buscar a desconstituição das decisões proferidas por esses tribunais. Mas cuidado: o fato de ter havido RESP ou REXT não significa que a revisão será para o STJ ou o STF. Isso só ocorrerá quando o fundamento da revisão criminal coincidir com aquele discutido em sede de recurso extraordinário ou especial, porque nesse caso a decisão sobre a matéria revisada foi decidida por eles. Portanto, quando o objeto do recurso especial (não acolhido), por exemplo, foi a alegação de que a decisão violou lei federal, e a revisão criminal está fundada na existência de novas provas da inocência do réu, a competência para o julgamento será do Tribunal de Justiça ou Tribunal Regional Federal que julgou a apelação (ou seja, quem por último se manifestou sobre o caso penal [mérito]).

Mas, nesta matéria, além do art. 624 do CPP, é fundamental consultar o Regimento Interno do respectivo tribunal, pois lá também se encontram regras da organização interna que afetam a competência.

E quem julgará uma revisão criminal interposta contra decisão da Turma Recursal?

Existe uma imensa lacuna legal neste tema, agravada pela peculiar estrutura recursal dos Juizados Especiais Criminais. Respeitando a regra da hierarquia jurisdicional, onde a revisão criminal é sempre julgada por um órgão jurisdicional hierarquicamente superior àquele que proferiu a última decisão, sustentamos que a competência será do Supremo Tribunal Federal. Fortalece esse entendimento o fato de as Súmulas n. 203 do STJ e n. 640 do STF definirem que das decisões das Turmas Recursais somente será admitido recurso extraordinário para o STF. Mas o tema não é pacífico. Encontramos julgados do próprio STF no sentido de que só cabe revisão criminal na corte suprema quando a matéria já tiver sido decidida pelo STF anteriormente – ou seja, contra a própria decisão do STF[12].

---

12 "AGRAVO REGIMENTAL NA REVISÃO CRIMINAL. AUSÊNCIA DE COMPETÊNCIA DO SUPREMO TRIBUNAL FEDERAL. PRECEDENTES. AGRAVO AO QUAL SE NEGA PROVIMENTO. 1. O Supremo Tribunal Federal é competente apenas para processar e julgar revisão criminal quando a condenação tiver sido por ele proferida ou mantida no julgamento de ação penal originária, em recurso criminal ordinário ou em recurso extraordinário com conhecimento do mérito. Precedentes. 2. Com fundamento no art. 21, § 1º, do Regimento Interno do Supremo Tribunal Federal, deve o Relator negar seguimento à revisão criminal manifestamente inadmissível, improcedente ou contrária à jurisprudência dominante, embora sujeita a decisão a agravo regimental. 3. Agravo regimental ao qual se nega provimento" (STF, RvC 5448 AgR, Rel. Min. Cármen Lúcia, Tribunal Pleno, *DJe* 08/04/2016). O mesmo em RT 564/399 – RvC 5.338/SP, Rel. Min. CELSO DE MELLO – RvC 5.344/RS, Rel. Min. CELSO DE MELLO – RvC 5.352/RS, Rel. Min. CELSO DE MELLO – RvC 5.386/RS, Rel. Min. NELSON JOBIM – RvC 5.390/RJ, Rel. Min. AYRES BRITTO – RvC 5.401/BA, Rel. Min. CEZAR PELUSO – RvC 5.419/RS, Rel. Min. CÁRMEN LÚCIA – RvC 5.426/DF, Rel. Min. DIAS TOFFOLI).

Em qualquer caso, determina o art. 625 que a revisão criminal não poderá ter como relator o mesmo (relator) que anteriormente tenha atuado no julgamento da apelação ou outro recurso.

Importante, neste ponto, é a leitura do art. 625 do CPP.

A revisão criminal deve ser instruída com a certidão de haver passado em julgado a sentença condenatória e com as peças necessárias para a comprovação do alegado. Sugere-se, sempre, que seja anexada cópia integral do processo ou que se solicite o apensamento dos autos originais, pois isso é fundamental para o julgamento da revisão.

Não sendo anexada cópia do processo, o relator poderá determinar o apensamento dos autos originais, mas é claro que isso gera um atraso no julgamento que pode ser evitado pela parte.

Não há que se falar em "efeito devolutivo ou suspensivo", pois revisão criminal não é recurso. Obviamente, estando o réu em liberdade, não é necessário recolher-se à prisão para ingressar com a revisão.

Em situações excepcionais, estando o réu preso e sendo fortes os elementos contidos na inicial, poderá o relator conceder *habeas corpus* de ofício (art. 654, § 2º), para que o condenado aguarde em liberdade o julgamento da revisão criminal.

Noutra dimensão, também já se admitiu a conversão de *habeas corpus* em revisão criminal, na medida em que o *writ* pretendia desconstituir uma sentença transitada em julgado e exigia uma cognição ampla, que excedia os limites do *habeas corpus*. Neste sentido consulte-se o REsp 158.028, Rel. Min. Luiz Vicente Cernicchiaro, j. 19/3/1998, em que se lê que "a fungibilidade dos recursos é admissível. Resulta da natureza instrumental do processo. Nada impede, outrossim, uma ação ser escolhida como outra. O HC é uma ação constitucionalizada: visa a fazer cessar ou impedir que ocorra ofensa ao direito de liberdade. A revisão criminal também é ação, não obstante a colocação no CPP".

### 1.3. Limites da Decisão Proferida na Revisão Criminal. Da Indenização

Acolhida a revisão criminal, o tribunal poderá:

> **Art. 626.** Julgando procedente a revisão, o tribunal poderá alterar a classificação da infração, absolver o réu, modificar a pena ou anular o processo.
> **Parágrafo único.** De qualquer maneira, não poderá ser agravada a pena imposta pela decisão revista.
> **Art. 627.** A absolvição implicará o restabelecimento de todos os direitos perdidos em virtude da condenação, devendo o tribunal, se for caso, impor a medida de segurança cabível.

Considerando que a revisão criminal é uma ação de impugnação de caráter excepcional, somente admissível em favor do réu, nada impede que se produza uma decisão *ultra petita*, ou seja, não se aplicam aqui os rigores do princípio da congruência anteriormente estudado, de modo que o tribunal pode absolver o réu ainda que o pedido tenha sido de anulação do processo ou apenas uma diminuição da pena.

O único limite intransponível é o da vedação da *reformatio in pejus*, contido no parágrafo único do art. 626, de modo que em nenhuma hipótese poderá ser agravada a situação jurídica do autor.

Quando a decisão for de anulação, o *feito com defeito deverá ser refeito*, de modo que o processo (a extensão dependerá da contaminação) terá nova tramitação e decisão. Não poderá, esta nova decisão, ser mais grave que a anterior, sob pena de constituir uma *reformatio in pejus* indireta. Deve-se considerar também a possível ocorrência da prescrição, pois a sentença condenatória desaparece como marco interruptivo e, dependendo da contaminação, até o recebimento da denúncia poderá ser desconstituído.

Por "alterar a classificação da infração" entenda-se a aplicação do art. 383 do CPP, ou seja, a *emendatio libelli*, uma mera correção da tipificação legal desde que não seja prejudicial à defesa (vedação da *reformatio in pejus*).

Situação mais complexa diz respeito à *mutatio libelli*, art. 384 do CPP, na medida em que implicaria alteração da situação fática contida na acusação. Ao contrário do sustentado em edições anteriores, estamos revisando nossa posição no sentido da impossibilidade de aplicação da *mutatio libelli* em sede de revisão criminal. Não se pode admitir a inclusão de fatos novos após a sentença, nem mesmo pela via do aditamento (como aditar após a sentença?), pois em qualquer situação seria evidente a supressão de instância e, principalmente, a violação do contraditório (e, no segundo momento, do direito de defesa). Sedutora pode ser a proposta de *mutatio libelli* a "favor do réu", mas entendemos ser agora igualmente inadmissível, não só por violar o contraditório e o direito de defesa, mas também o próprio sistema acusatório, na medida em que o tribunal estaria assumindo indevidamente o comando da pretensão acusatória.

Destarte, se o tribunal, ao conhecer a revisão criminal, verificar a necessidade de dar ao fato uma definição jurídica diversa, em decorrência da prova existente nos autos de elemento ou circunstância não contida na acusação (e, portanto, não valorada e decidida na sentença), não haverá alternativa: deverá absolver o réu. E, repetimos, ainda que aparentemente a *mutatio libelli* seja "a favor do réu" (como ocorre, v.g., na desclassificação de crime doloso para culposo), pois é um pseudobenefício, enganoso portanto, posto que alberga uma grave violação do contraditório e demais princípios do devido processo penal. É, portanto, uma condenação ilegítima ainda.

Para melhor compreensão da questão, evitando molestas repetições, remetemos o leitor para as lições anteriores sobre a decisão penal, em que tratamos da Correlação e da complexa problemática em torno da *emendatio libelli* e da *mutatio libelli*.

Por fim, invocável neste tema a Súmula 453 do STF: *não se aplicam à segunda instância o art. 384 e parágrafo único do Código de Processo Penal, que possibilitam dar nova definição jurídica ao fato delituoso, em virtude de circunstância elementar não contida explícita ou implicitamente na denúncia ou queixa.*

A Súmula 453, além de ser aplicável à revisão criminal, segue em vigor, pois plenamente compatível com a nova redação dada ao art. 384 pela Reforma Processual de 2008.

Nenhum óbice existe para que o tribunal possa *alterar a classificação da infração, absolver o réu, modificar a pena ou anular o processo* nas decisões proferidas pelo Tribunal do Júri, de modo que a soberania das decisões do júri deve ceder diante do interesse maior de corrigir uma decisão injusta. Esclarecemos que o tribunal, julgando a revisão, poderá absolver o autor sem a necessidade de novo júri, que somente ocorrerá quando houver a anulação do processo, em que todo ou parte do processo deverá ser repetido.

Denegado o pedido de revisão, poderá o condenado interpor embargos declaratórios, recurso especial e extraordinário (se cabíveis). Poderá, em caso de decisão denegatória não unânime, interpor embargos infringentes? Não, pois os embargos infringentes somente têm cabimento nas decisões não unânimes proferidas no julgamento de apelação e recurso em sentido estrito.

Por fim, havendo pedido expresso na revisão criminal, o tribunal, acolhendo--a, poderá reconhecer o direito a uma indenização pelos prejuízos sofridos, como estabelece o art. 630.

A responsabilidade do Estado é objetiva, como define o art. 37, § 6º, da Constituição, sendo (também) indenizável o erro judiciário, como estabelece o art. 5º, LXXV.

Como explica MENDES[13], a responsabilidade objetiva do Estado exige três requisitos para sua configuração:

- ação atribuível ao Estado;
- dano causado a terceiro;
- nexo de causalidade entre eles.

Como ocorre em outras atividades do Estado, em que às vezes o conceito de *nexo causal* é alargado ao extremo, gerando uma banalização e indevida aplicação da teoria da responsabilidade objetiva, a situação aqui exige uma análise à luz do caso concreto.

13 MENDES, Gilmar Ferreira; COELHO, Inocêncio Mártires; BRANCO, Paulo Gustavo Gonet. *Curso de Direito Constitucional.* 2. ed. São Paulo, Saraiva, 2008. p. 845.

A ação danosa atribuível ao Estado decorre do ato decisório, pois é ele o gerador da condenação, que, por si só, já representa um dano. O nexo causal, nesta situação, é menos problemático.

Neste contexto, o § 2º do art. 630 não foi recepcionado pela Constituição, não se justificando mais a exclusão da responsabilidade naqueles casos.

O fato de a ação penal ser de iniciativa privada não exime a responsabilidade do Estado, pois o ato danoso é a decisão proferida pelo juiz, ou seja, a responsabilidade decorre não da acusação, mas pelo julgamento errôneo.

Quanto ao disposto na alínea "a" (*se o erro ou a injustiça da condenação proceder de ato ou falta imputável ao próprio impetrante, como a confissão ou a ocultação de prova em seu poder*), a situação pode ser mais complexa, até porque há entendimentos divergentes em torno dos limites da responsabilidade objetiva do Estado, mormente quando o fato danoso decorre de culpa ou dolo da própria vítima (nesse caso, o réu no processo), constituindo-se a culpa exclusiva da vítima uma causa de exclusão da responsabilidade do Estado.

Em relação à confissão, por exemplo, permanece íntegra a responsabilidade do Estado, até porque, a confissão não é prova plena da responsabilidade penal e não autoriza, por si só, a condenação, de modo que, nesse caso, não haverá culpa exclusiva do réu.

Em suma, a questão da responsabilidade (objetiva) do Estado está atrelada à existência de um erro na administração da justiça, devendo ser analisada caso a caso, não mais se justificando a exclusão – *a priori* – das hipóteses previstas na alínea "a".

## 2. *Habeas Corpus*

### 2.1. Antecedentes Históricos no Brasil e Considerações Iniciais

Desde o ponto de vista da ciência do direito, como explica PONTES DE MIRANDA[14], o remédio jurídico-processual – como direito constitucional – havia chegado depois, quando já existia a pretensão e o direito à liberdade física. No Brasil, antes do *habeas corpus* existia o interdito de *libero homine exhibiendo*, que alcançava a reparação do constrangimento ilegal da liberdade física.

O *habeas corpus* foi introduzido no sistema jurídico brasileiro[15] a partir do modelo inglês, em 1832[16], no "Código de Processo Criminal", que em seu art. 340

---

14 *História e Prática do Habeas-Corpus*. 4. ed. Rio de Janeiro, Borsoi, 1961. p. 23.

15 Sobre a história do *habeas corpus*, não só no Brasil mas também na Inglaterra e Estados Unidos, consulte-se magistral obra de PONTES DE MIRANDA, *História e Prática do Habeas-Corpus*.

16 Explica PONTES DE MIRANDA, *História e Prática do Habeas-Corpus*, cit., p. 128, que o *habeas corpus* é uma pretensão, ação e remédio. A pretensão existe desde 1830 (prevista no Código Criminal, arts. 183-188). A ação e o remédio, desde 1832, no "Código de Processo Criminal".

previa que: "Todo cidadão que considere que ele ou outra pessoa sofre uma prisão ou constrangimento ilegal em sua liberdade tem o direito a solicitar uma ordem de *habeas corpus* em seu favor". Na Constituição de 1891 o *habeas corpus* foi consagrado como um instrumento processual de fundamental importância para a proteção da liberdade de locomoção ambulatória. Desde então, vem sendo mantido em todas as Constituições.

Inicialmente no Brasil existia o *habeas corpus* "liberatório" para proteger a liberdade de locomoção (*jus manendi, ambulandi, eundi, viniendi ultro citroque*). Em 1871 (Lei n. 2.033/1871), foi alterada a Lei Processual de 1832 e introduzido o *habeas corpus* preventivo para os casos em que o cidadão estivesse ameaçado (na iminência) de sofrer uma restrição ilegal em sua liberdade. Era a consagração do *habeas corpus preventivo* (sequer consagrado na Inglaterra)[17].

Como explica PONTES DE MIRANDA[18], *habeas corpus* eram as palavras iniciais da fórmula do mandado que o Tribunal concedia, dirigido aos que tivessem em seu poder a guarda do *corpo* do detido. O mandamento era: Toma (*habeas* vem de *habeo, habere*, que significa exibir, trazer, tomar etc.) o *corpo* do detido e venha submeter o homem e o caso ao Tribunal.

Tal é a importância do instrumento, não só no plano jurídico-processual, como também no campo social, que PONTES DE MIRANDA[19] afirmava, já em 1916, que o *writ* possuía uma extraordinária função *coordenadora e legalizante*, que contribuía de forma decisiva para o desenvolvimento social e político do País, impedindo inclusive a exploração da classe social baixa pelo coronelismo, que para isso contava com o auxílio da polícia e das autoridades políticas.

Atualmente, o *habeas corpus* está previsto no art. 5º, LXVIII, da CF:

> conceder-se-á *habeas corpus* sempre que alguém sofrer ou se achar ameaçado de sofrer violência ou coação em sua liberdade de locomoção, por ilegalidade ou abuso de poder.

Também está contemplado no Código de Processo Penal, arts. 647 e seguintes.

## 2.2. Natureza Jurídica e a Problemática em Torno da Limitação da Cognição

O *habeas corpus* brasileiro está previsto no CPP no "Livro III" destinado às nulidades e aos recursos em geral. Sua posição na estrutura da Lei – como recurso – constitui mais um típico caso de *equivocada organização topográfica*, como define CORDERO[20].

---

17 TOURINHO FILHO, Fernando da Costa. *Processo Penal*, cit., p. 403.

18 *História e Prática do "Habeas-Corpus"*, cit., p. 21.

19 *História e Prática do Habeas-Corpus*, cit., p. 176.

20 CORDERO, Franco. *Procedimiento Penal*, cit., v. 2, p. 447.

Compreendido o erro do legislador, consideramos o *habeas corpus* como uma ação autônoma de impugnação, de natureza mandamental e com *status* constitucional.

Deve-se defini-la como uma ação, e não como um recurso, e mais especificamente como uma ação mandamental, ou um *remédio processual mandamental (remedial mandatory writ)* como prefere PONTES DE MIRANDA[21]. Tal ação está potenciada pela Constituição, e se encaminha a obter um mandado dirigido a outro órgão do Estado, por meio da sentença judicial[22]. Convém salientar que, quando dizemos que tem "força mandamental" predominante, não estamos excluindo as demais "cargas" da sentença (declaratória, constitutiva, condenatória e executiva), senão que evidenciamos o predomínio do mandamento sobre todas as demais.

Trata-se de uma ação de procedimento sumário, pois a cognição é limitada.

Questão bastante relevante em sede de HC é a "impossibilidade de dilação probatória", argumento usado de forma recorrente pelos tribunais para não conhecer do *writ* que exija ampla discussão probatória. Esse argumento tem sido, inclusive, distorcido de modo a ser um dos principais filtros obstaculizadores do conhecimento do HC nos tribunais brasileiros. Até certo ponto, o argumento está correto, pois se trata de uma ação de cognição sumária, que não permite dilação ou ampla discussão probatória.

Mas, por outro lado, não se pode confundir dilação probatória com análise da prova (pré-constituída). A sumarização da cognição impede que se pretenda produzir prova em sede de *habeas corpus* ou mesmo obter uma decisão que exija a mesma profundidade da cognição do processo de conhecimento (ou seja, aquela necessária para se alcançar a sentença de mérito). O que não se pode é pretender o exaurimento da análise probatória nos estritos limites do HC.

Noutra dimensão, é perfeitamente possível a análise da prova pré-constituída, independente da complexidade da questão. O fato de ser o processo complexo, constituído por vários volumes e milhares de páginas, não é obstáculo ao conhecimento do HC. Se para se demonstrar a ilegalidade de uma interceptação telefônica, por exemplo, e por conseguinte a nulidade da prova for necessário analisar e valorar centenas de conversas, milhares de páginas, deve o HC ser conhecido e provido (ou desprovido) conforme o caso. A complexidade das teses jurídicas discutidas e a consequente análise de documentos ou provas já constituídas não são obstáculos para o HC.

---

21 *História e Prática do Habeas-Corpus*, cit., p. 328 e s.

22 Como explica J. GOLDSCHMIDT ao definir a ação mandamental em sua obra *Derecho Procesal Civil*, p. 113.

Da mesma forma, quando se pretende o trancamento do processo (e não da ação, como já explicado) por falta de justa causa (ou outra condição da ação), está permitida a ampla análise e valoração da prova já constituída nos autos. Não há que se confundir sumariedade na cognição com superficialidade da discussão. O HC não permite que se produza prova ou se faça uma cognição plenária, exauriente, com juízo de fundo, da questão. Mas, de modo algum, significa que somente questões epidérmicas ou de superficialidade formal possam ser objeto do *writ*.

No mesmo sentido, sustenta FISCHER[23] que é de suma importância "não se confundir a possibilidade-obrigatoriedade da análise das provas (pré-constituídas) que embasam eventual pleito de *habeas corpus* com a – aí sim inaceitável – dilação probatória na sumária sede de cognição do *writ*. Significa que, se houver provas fora de dúvidas cuja análise – mesmo que detalhada, complexa – seja essencial para o acolhimento da pretensão (liminar ou final) objeto do *habeas corpus*, deve o Poder Judiciário incursionar nos seus exames para exarar conclusões – positivas ou negativas – acerca da pretensão defensiva".

Existe a possibilidade de uma "medida liminar" (*in limine litis*), construída jurisprudencialmente, com natureza cautelar e que possibilita ao juiz uma intervenção imediata, baseada na verossimilhança da ilegalidade do ato e no perigo derivado do dano inerente à demora da prestação jurisdicional ordinária. A medida liminar, tanto no *habeas corpus preventivo* como no *liberatório ou sucessivo*, está incluída entre as tutelas (*provvedimento*) cautelares que CALAMANDREI[24] classificou como antecipatórias da decisão final (*anticipazioni di provvedimento definitivo*). Para isso, poder-se-ão utilizar os modernos meios de comunicação, como o telefone, fax e e-mail.

O *writ* – e a expressão inglesa significa exatamente um mandamento judicial[25] – pode ser interposto contra ato de um particular, autoridade pública, policial, Ministério Público, juiz, tribunal e inclusive contra sentença transitada em julgado em que não é possível utilizar-se qualquer recurso. Para isso, é imprescindível que se ofenda ilegalmente o direito de liberdade. Em definitivo, o *habeas corpus* no Brasil pode ser utilizado como instrumento de *collateral attack*.

---

23 FISCHER, Douglas. *Recursos, Habeas Corpus e Mandado de Segurança no Processo Penal*. 2. ed. Porto Alegre, Verbo Jurídico, 2009. p. 255.

24 *Introduzione allo Studio Sistematico dei Provedimenti Cautelari*. Padova, CEDAM, 1936. p. 38. Também GRINOVER, A Tutela Preventiva das Liberdades: Habeas-Corpus e Mandado de Segurança. *Revista AJURIS*, n. 22, p. 114.

25 Como explica PONTES DE MIRANDA (*História e Prática do Habeas-Corpus*, cit., p. 329), evidente que os juristas ingleses não conheciam a classificação quinária de constante quinze das ações e sentenças, mas sua terminologia e precisão em falar em *mandatory remedies* demonstra que já lhes chamava a atenção a força mandamental de certas sentenças.

Atendido seu objeto e especiais características, a doutrina costuma denominá-lo "remédio heroico", destinado a garantir o direito fundamental à liberdade individual. Quando se destina a atacar uma ilegalidade já consumada, um constrangimento ilegal já praticado, denomina-se *habeas corpus liberatório* (sua função é de liberar). Também é possível utilizar-se ainda que a detenção ou o constrangimento não haja sido praticado, em uma situação de iminência ou ameaça. Nesse caso, denomina-se *habeas corpus preventivo*.

## 2.3. Objeto

O art. 647 demonstra o alcance da medida ao determinar que será concedido *habeas corpus* "sempre que alguém sofra ou se encontre na iminência de sofrer violência ou coação ilegal em sua liberdade de ir e vir, salvo nos casos de punição disciplinar" (militar).

A única restrição da lei é com relação às punições disciplinares impostas pelas forças armadas; entretanto, isso atualmente já vem sofrendo uma certa flexibilização (em que pese a redação do art. 142, § 2º, da Constituição). O Supremo Tribunal Federal e o Superior Tribunal de Justiça já vêm decidindo em diversos casos que é possível o uso do *writ* contra punições disciplinares. Nesse caso o julgador deverá analisar todos os aspectos formais da medida, pois se trata de um ato administrativo sujeito ao controle judicial.

O *habeas corpus* brasileiro é uma ação de natureza mandamental com *status* constitucional, que cumpre com plena eficácia sua função de proteção da liberdade de locomoção dos cidadãos frente aos atos abusivos do Estado, em suas mais diversas formas, inclusive contra atos jurisdicionais e coisa julgada. A efetiva defesa dos direitos individuais é um dos pilares para a existência do Estado de Direito, e para isso é imprescindível que existam instrumentos processuais de fácil acesso, realmente céleres e eficazes.

Nunca é demais sublinhar que o processo penal e o *habeas corpus* em especial são instrumentos a serviço da máxima eficácia dos direitos e garantias fundamentais do indivíduo submetido ao poder estatal. A forma aqui é garantia, mas garantia do indivíduo.

Daí por que é censurável o *formalismo às avessas* apregoado por muitos juízes e tribunais para cercear a eficácia e o alcance do *habeas corpus*, quando deveria ser todo o oposto. É preocupante o desprezo com que, muitas vezes, os tribunais lidam com o *tempo do outro*, tardando semanas (quando não meses) em decidir sobre a liberdade alheia, como se o tempo intramuros não fosse demasiado doloroso e cruel; assusta quando nos deparamos com julgadores que afirmam "ter por princípio não conceder liminares" (!!) ou, ainda, que "sempre pede informações para estabelecer um contraditório com o juiz da causa" (como se isso existisse!); quando se opera uma verdadeira inversão probatória, exigindo que o réu (preso!) faça prova (ou melhor, alivie a carga probatória do Ministério Público, ao arrepio da presunção de inocência). Enfim, há que se ter plena consciência da função, do alcance e do papel que o *habeas corpus* desempenha em um Estado Democrático de Direito, para não tolerar retrocessos civilizatórios como, infelizmente, às vezes ocorre.

Vejamos na continuação algumas coações ilegais amparáveis pelo *habeas corpus*.

## 2.4. Cabimento – Análise dos Arts. 647 e 648 do CPP. *Habeas Corpus* Preventivo e Liberatório

Para facilitar a compreensão, vejamos os casos em que tem cabimento o *habeas corpus*, seguindo a sistemática do Código de Processo Penal:

> Art. 647. Dar-se-á *habeas corpus* sempre que alguém sofrer ou se achar na iminência de sofrer violência ou coação ilegal na sua liberdade de ir e vir, salvo nos casos de punição disciplinar.

COMENTÁRIO:

A ação destina-se a garantir o direito fundamental à liberdade individual de ir e vir (liberdade deambulatória). Quando se destina a atacar uma ilegalidade já consumada, um constrangimento ilegal já praticado, denomina-se *habeas corpus liberatório* (sua função é de liberar da coação ilegal). Mas o *writ* também pode ser empregado para evitar a violência ou coação ilegal em uma situação de iminência ou ameaça. Nesse caso, denomina-se *habeas corpus preventivo*.

É importante sublinhar que a jurisprudência prevalente (inclusive no STF) é no sentido de que não terá seguimento o *habeas corpus* quando a coação ilegal não afetar diretamente a liberdade de ir e vir. Neste sentido, entre outros, estão as Súmulas 693 e 695 do STF.

Portanto, ainda que as eventuais especificidades do caso concreto levem o tribunal julgador a conhecer do *writ* sem um risco direto à liberdade – o que reputamos um acerto –, é importante, na medida do possível, demonstrar que a coação ilegal afeta a liberdade deambulatória, sem interpretar isoladamente os incisos do art. 648.

No mesmo sentido, MENDES[26] esclarece ainda que o STF tem admitido o *habeas corpus* nos casos de quebra de sigilo fiscal e bancário, quando seu destino é o de fazer prova em procedimento penal, pois referidas quebras de sigilo têm a possibilidade de resultar em constrangimento à liberdade do investigado.

---

26 MENDES, Gilmar Ferreira; COELHO, Inocêncio Mártires; BRANCO, Paulo Gustavo Gonet. *Curso de Direito Constitucional*, cit., p. 525.

Art. 648. A coação considerar-se-á ilegal:
I – quando não houver justa causa;

COMENTÁRIO:

A coação é ilegal quando não possui um suporte jurídico legitimante, quando não tem um motivo, um amparo legal. É o caso de uma prisão realizada sem ordem judicial e sem uma situação de flagrância; quando é determinada a condução para extração compulsória de material genético do réu etc. Também se considera ausente a justa causa quando é decretada a prisão cautelar sem suficiente *fumus commissi delicti* ou *periculum libertatis*, que devem estar suficientemente demonstrados para justificar a medida.

Radical mudança no sistema cautelar ocorreu com a Lei n. 12.403/2011, anteriormente comentada (quando tratamos da prisão preventiva e liberdade provisória) e para onde remetemos o leitor, pois são conceitos fundamentais para o estudo do *habeas corpus*.

O novo regime jurídico da prisão processual, principalmente o alargamento dos casos de fiança e o estabelecimento de um amplo rol de medidas cautelares diversas (art. 319), deu margem a novas postulações. Entre elas está a desnecessidade ou desproporcionalidade da prisão preventiva decretada, em que, pela via do *habeas corpus*, pode-se postular sua substituição por uma ou mais medidas cautelares diversas (art. 319).

Recordemos que a prisão preventiva é a *ultima ratio* do sistema, somente sendo utilizável quando não for cabível a sua substituição por outra medida cautelar (art. 282, § 6º, c/c art. 319).

Em caso de prisão em flagrante, a nova redação do art. 310 consagra seu caráter pré-cautelar, onde o flagrante "não prende por si só", rompendo assim com uma equivocadíssima prática judicial. Neste ponto, remetemos o leitor para o capítulo das prisões cautelares.

Portanto, o juiz, para manter a prisão, deverá decretar a prisão preventiva e fundamentar. Mais do que isso, deverá demonstrar a inadequação e insuficiência das medidas cautelares diversas.

Noutra dimensão, também é possível a impetração de *habeas corpus* quando o juiz decretar uma medida cautelar diversa e não fundamentar a existência de *fumus commissi delicti* e *periculum libertatis*.

E aqui reside um problema crucial: está havendo uma banalização e automatização na aplicação das medidas cautelares diversas, sem qualquer fundamentação acerca da necessidade da restrição da liberdade.

Toda e qualquer medida cautelar, seja ela uma prisão preventiva ou uma medida cautelar diversa (art. 319), exige a demonstração da sua necessidade, ou seja, do *periculum libertatis* do art. 312. Não existe medida cautelar obrigatória, automática ou desconectada da real necessidade da limitação imposta.

Não apenas a prisão cautelar constitui um constrangimento, mas também a existência de inquérito policial e, com mais evidência, de um processo penal em face de alguém (imputado), de modo que tais violências devem estar legitimadas, deve haver uma causa legal que justifique.

Partindo da antítese, PONTES DE MIRANDA[27] explica que a *justa causa* significa a existência de uma norma jurídica que determina uma sanção contra a liberdade deambulatória. É uma causa que, segundo o Direito, seria suficiente para que a coação não seja ilegal. Se não existe o suporte fático – *tatbestand* – para a incidência da norma jurídica de direito penal ou privado (prisão civil por dívida alimentar), não há justa causa. Também o suporte fático contido na imputação ou ação penal que justifica o ato deve estar amparado por uma prova razoável.

Dessarte, quando absolutamente infundado o processo (ou o inquérito), pois a conduta é manifestamente atípica, está evidenciada uma causa de justificação, está extinta a punibilidade pela prescrição ou qualquer outra causa, por exemplo, há uma coação ilegal que pode ser sanada pela via do *habeas corpus*, geralmente utilizado para o trancamento (do processo, não da ação!).

Em definitivo, como assinala ESPÍNOLA FILHO[28], a coação para ser legal exige certos requisitos, e sua ausência constitui a ilegalidade. Conforme a ilegalidade, o *habeas corpus* terá uma determinada eficácia (concessão de liberdade, trancamento do processo, reconhecimento do direito a prisão especial, anulação de um ato processual etc.).

Destaque-se, por fim, que o *writ* é uma ação que constitui um processo de cognição sumária, limitada[29] portanto, em que não se permite uma ampla e plena discussão sobre a ilegalidade, devendo ela ser evidente, comprovada por prova pré-constituída.

Por esse motivo, salvo situações excepcionais, é inútil argumentar em torno da ausência de *fumus commissi delicti* para a prisão cautelar, por exemplo, pois a discussão sobre serem ou não suficientes os indícios de autoria e materialidade

---

27 *História e Prática do Habeas Corpus*, cit., p. 468 e s.

28 *Código de Processo Penal Brasileiro Anotado*. 5. ed. Rio de Janeiro, Editora Rio, 1976. v. VII, p. 171 e s.

29 Mas é claro que há um espaço conceitual que permite a discricionariedade judicial, e, se o tribunal quiser, conhece *habeas corpus* normalmente fulminados por demandar uma discussão mais profunda.

exige, como regra, uma incursão no contexto fático probatório, inviável nos limites da cognição do *habeas corpus*.

**II – quando alguém estiver preso por mais tempo do que determina a lei;**

COMENTÁRIO:

O excesso de prazo das prisões cautelares sempre foi um tema recorrente em matéria de *habeas corpus*. Pensamos, contudo, que a questão assume uma nova dimensão com a inovação introduzida no art. 5º, LXXVIII, da Constituição. Daí por que a temática deve ser lida à luz de nossa exposição anterior sobre o "direito de ser julgado em um prazo razoável", cujos conceitos são fundamentais neste momento e para onde remetemos o leitor. Também abordamos amplamente essa temática nos capítulos anteriores, quando discorremos sobre as prisões cautelares, de modo que agora nossa exposição será bastante breve.

A (de)mora na prestação jurisdicional constitui um dos mais antigos problemas da administração da justiça. O núcleo do problema da (de)mora, como bem identificou o Tribunal Supremo da Espanha na STS 4.519[30], está em que, quando se julga além do prazo razoável, independentemente da causa da demora, se está julgando um homem completamente distinto daquele que praticou o delito, em toda complexa rede de relações familiares e sociais em que ele está inserido, e, por isso, a pena não cumpre suas funções de prevenção específica e retribuição (muito menos da falaciosa "reinserção social"). Sem falar no imensurável custo de uma prisão cautelar indevida ou excessivamente longa.

Como explicamos anteriormente, a doutrina dos três critérios é um referencial recorrente neste terreno, cujos três fatores analisados são: complexidade do caso; a atividade processual do interessado (imputado); a conduta das autoridades judiciárias.

Em síntese, o art. 5º, LXXVIII, da Constituição – incluído pela Emenda Constitucional 45 – adotou a doutrina do não prazo, fazendo como que exista uma indefinição de critérios e conceitos. Nessa vagueza, cremos que quatro deverão ser os referenciais adotados pelos Tribunais brasileiros, a exemplo do que já acontece nos TEDH e na CADH:

30 "Es indudable y resulta obvio que cuando se juzga más allá de un plazo razonable (cualquiera que sea la causa de la demora) se está juzgando a un hombre distinto en sus circunstancias personales, familiares y sociales, por lo que la pena no cumple, ni puede cumplir con exactitud las funciones de ejemplaridad y de reinserción social del culpable, que son fines justificantes de la sanción, como con fina sensibilidad dice la Sentencia de 26.6.1992" apud PEDRAZ PENALVA, Ernesto. El Derecho a un Proceso sin Dilaciones Indebidas. In: COLOMER, Juan-Luis Gómez; CUSSAC, José-Luis González (Coords.). *La Reforma de la Justicia Penal*. Publicações da Universitat Jaume I, 1997. p. 387.

- complexidade do caso;
- atividade processual do interessado (imputado), que obviamente não poderá se beneficiar de sua própria demora;
- a conduta das autoridades judiciárias como um todo (polícia, Ministério Público, juízes, servidores etc.);
- princípio da proporcionalidade.

Com relação às prisões cautelares, imprescindível ponderar-se a duração da prisão cautelar em relação à natureza do delito, à pena fixada e à provável pena a ser aplicada em caso de condenação.

Infelizmente esse foi um dos graves problemas não resolvidos pela Lei n. 12.403/2011. Continuamos sem a definição legal do prazo máximo de duração da prisão preventiva, e isso é inadmissível.

Em suma, pensamos que a questão do excesso de prazo da prisão cautelar deve, em sede de *habeas corpus*, inserir-se na perspectiva da violação do direito de ser julgado em um prazo razoável a partir dos aspectos anteriormente analisados. Ademais, ainda que não esteja cautelarmente preso o réu (ou já tenha sido solto), pensamos que o *habeas corpus* possa ser utilizado como instrumento processual capaz de dar eficácia ao direito fundamental previsto no art. 5º, LXXVIII, da Constituição, buscando, através dele, um *mandamento* expedido pelo Tribunal para que o julgador originário cesse imediatamente a dilação indevida (ou estabelecendo um prazo exíguo para que assim proceda diante da inexistência, no sistema brasileiro, de uma solução processual extintiva).

Dessa forma, fica evidente que a dilação indevida, nas suas diferentes dimensões, constitui um constrangimento ilegal atacável pela via do *writ*.

III – quando quem ordenar a coação não tiver competência para fazê-lo;

COMENTÁRIO:

A prisão cautelar deve ser decretada por ordem judicial emanada de um juiz natural e competente, sob pena de grave ilegalidade. Da mesma forma, o processo penal e todas as diferentes coações realizadas no seu curso somente estão legitimados quando estivermos diante de um juiz competente. Assim, é ilegal a prisão preventiva decretada por um juiz estadual quando a competência para o julgamento do processo (e a decisão sobre a prisão, por evidente) é atribuída à justiça federal.

A competência aqui se emprega no sentido estrito, ou seja, relacionado à autoridade judiciária, e não policial ou administrativa, que não possuem "competência", mas atribuições. Portanto, nenhuma ilegalidade existe na prisão em flagrante realizada pela Polícia Federal, por exemplo, em um crime de competência da justiça estadual (até porque a prisão em flagrante pode ser realizada por qualquer pessoa) e vice-versa.

IV – quando houver cessado o motivo que autorizou a coação;

COMENTÁRIO:

A coação ilegal, seja ela prisão cautelar ou outra forma de exercício do poder estatal, deve estar legitimada juridicamente e, para isso, deve haver um suporte fático que preencha os requisitos legais. Deve haver uma situação fática que legitime a coação. Portanto, uma vez desaparecido esse suporte fático, cessa o motivo que autorizou e legitimou a coação.

Campo tradicional de utilização de HC com esse fundamento é o das prisões cautelares, que, como explicado anteriormente, são situacionais. Significa dizer que o *periculum libertatis* consubstancia-se numa situação fática de perigo, que, desaparecida, retira o suporte legitimante da prisão. Portanto, quando alguém está preso preventivamente sob o fundamento de "risco para a instrução criminal", uma vez colhida a prova, desapareceu a situação fática legitimadora da prisão, sendo ilegal a coação a partir de então.

Na mesma linha, quando o *periculum libertatis* enfraquece, é perfeitamente possível a substituição da prisão preventiva por uma medida cautelar diversa (art. 319), pois houve uma alteração do suporte fático legitimante.

Ademais, recordemos que a prisão preventiva exige a demonstração da inadequação ou insuficiência das medidas cautelares diversas. Qualquer alteração fática superveniente que inverta essa equação autoriza o pedido de substituição da prisão por uma medida cautelar diversa.

V – quando não for alguém admitido a prestar fiança, nos casos em que a lei a autoriza;

COMENTÁRIO:

O instituto da fiança já foi explicado anteriormente, sendo desnecessária qualquer repetição. Como, atualmente, a fiança possui um campo bastante amplo de incidência, com valores substancialmente elevados (podendo chegar a 200 mil salários mínimos), o que poderá ocorrer é o arbitramento de um valor excessivo, impagável pelo imputado na sua situação econômica.

Assim, pensamos que esse dispositivo deve ter uma leitura alargada, tendo cabimento o HC no caso em que não é oferecida a fiança (e cabível), mas também nos casos em que o valor arbitrado é excessivo, equivalendo-se ao não oferecimento.

Pensamos que toda e qualquer medida cautelar diversa deve ter "condições de possibilidade" de ser cumprida. Do contrário, não atende sua missão e equipara-se a uma recusa imotivada. Portanto, uma fiança de valor desproporcional, impossível de ser cumprida pelo imputado, equipara-se a uma recusa injustificada em concedê-la. Ou seja, uma flagrante ilegalidade sanável pela via do HC, cabendo ao tribunal readequá-la a patamares razoáveis.

**VI – quando o processo for manifestamente nulo;**

COMENTÁRIO:

A prática de atos processuais defeituosos retira a legitimidade do exercício do poder estatal, pois forma é garantia e requisito de legalidade da coação. Como as invalidades processuais já foram tratadas em capítulo anterior, para evitar repetições, para lá remetemos o leitor. Partimos então da compreensão dos conceitos anteriormente estabelecidos para apontar o HC como uma ação destinada a reconhecer a nulidade e seus efeitos decorrentes.

A invalidade processual pode surgir no curso do processo e ser imediatamente impugnada pelo *writ*, ou mesmo após o trânsito em julgado, na medida em que sendo o defeito insanável (nulidade absoluta) não há que se falar em preclusão ou convalidação, podendo ser interposto o HC a qualquer tempo.

A expressão *manifestamente nulo* é apontada pelo senso comum teórico como indicativo de que a nulidade deve ser evidente, clara, inequívoca, até porque a cognição sumária do HC não permitiria qualquer dilação probatória.

Vemos essa posição com alguma reserva, até porque a discussão acerca dos atos processuais defeituosos está situada na dimensão jurídica, de violação da tipicidade do ato processual, que não demanda qualquer produção de prova, ou seja, demonstração de complexa situação fática.

Trata-se de problemática em torno do princípio da legalidade, da conformidade do ato praticado com o modelo legal estabelecido e a eficácia ou ineficácia do princípio constitucional ali efetivado (ou não, em caso de defeito). O que se percebe, infelizmente, é uma manipulação em torno da expressão *manifestamente*, que está a indicar a existência de um defeito insanável, para tergiversar uma complexa discussão teórica, e não fática.

A complexidade jurídica da questão posta não justifica a denegação do HC, pois o que está vedado é a plena cognição sobre os fatos, uma dilação probatória (sobre fatos, é elementar), e nunca o enfrentamento de teses jurídicas, por mais complexas e profundas que sejam.

Por fim, o feito com defeito deve ser refeito, assim dispondo o art. 652 do CPP:

Art. 652. Se o *habeas corpus* for concedido em virtude de nulidade do processo, este será renovado.
(...)
VII – quando extinta a punibilidade.

COMENTÁRIO:

As causas de extinção da punibilidade estão previstas no art. 107 do CP e em leis especiais. Quando presentes, retiram o poder punitivo do Estado, e, como decorrência do princípio da necessidade, não havendo poder punitivo a ser reconhecido na sentença, não está legitimada qualquer atuação estatal, seja a abertura de inquérito policial, exercício da acusação, desenvolvimento do processo, prisão cautelar, medidas cautelares etc.

Dessarte, quando já estiver em curso a coação, o HC liberatório é o instrumento adequado para o trancamento do inquérito ou do processo (não se esqueça de que não existe trancamento de ação penal...), com a consequente liberação do paciente de toda e qualquer restrição que esteja sofrendo, inclusive patrimonial (medidas assecuratórias).

### 2.4.1. O *Habeas Corpus* como Instrumento de *Collateral Attack*

O alcance do *writ* não só se limita aos casos de prisão, pois também pode ser utilizado como instrumento para o *collateral attack*, possibilitando que seja uma via alternativa de ataque aos atos judiciais, e inclusive contra a sentença transitada em julgado.

Tanto pode ser utilizado no inquérito policial como também na instrução. A primeira decisão judicial que pode ser atacada pelo *habeas corpus* é a que recebe a ação penal, seja ela denúncia (em caso de ação penal pública, cujo titular é o Ministério Público) ou queixa-crime (delitos de ação penal privada em que o titular é o ofendido).

Assim, pode o *habeas corpus* ser utilizado para "trancar" o processo (e não a ação), mas em casos excepcionais, em que é facilmente constatável a ausência das condições da ação (recordando: prática de fato aparentemente criminoso; punibilidade concreta; legitimidade e justa causa), sem que se possa pretender uma ampla discussão probatória, pois a cognição aqui é sumária. A previsão legal de tal medida encontra-se no art. 648, I, do CPP, pois não existe uma "justa causa" – genericamente considerada – para o processo nesses casos.

Sem embargo, existem no processo penal outros atos que, inclusive sem determinar a prisão do acusado, podem ser considerados como coação ilegal. É o caso de uma decisão judicial de intervenção corporal em que se viola um direito fundamental do acusado (veja-se o que dissemos anteriormente sobre o direito de silêncio e os limites para as intervenções corporais); quando se opera a prescrição em meio ao processo e o juiz não determina sua extinção; quando, não obstante a existência de uma nulidade absoluta, o processo segue tramitando etc.

Não se pode confundir a limitação da cognição do HC, em que não se admite a dilação probatória, com a discussão sobre a legalidade de uma prova (perfeitamente admissível em sede de HC). Nessa linha, a discussão sobre a licitude ou ilicitude de uma prova pode ser objeto de *habeas corpus*; inclusive é recorrente o uso para discussão dos limites da interceptação telefônica. Interessante decisão foi proferida pela 6ª Turma do Superior Tribunal de Justiça, no HC 138.301, Rel. Min. Og Fernandes, através da qual se determinou que o Tribunal de Justiça de Minas Gerais analisasse a alegação de nulidade de interceptação telefônica apresentada pela defesa de um homem preso cautelarmente. O ministro Og Fernandes afirmou que "há constrangimento ilegal no acórdão do TJ-MG, uma vez que o mérito da legalidade da quebra do sigilo telefônico não foi analisado. Além disso, no caso concreto, observou o ministro, a prisão cautelar do paciente justificaria o uso do *habeas corpus*. (...) O TJMG negou a ordem entendendo que não seria o meio apropriado para análise da questão". Como disse o Min. Og Fernandes, "a análise da legalidade da quebra do sigilo era válida através desse instrumento". Assim, em que pese haver uma clara tendência por parte dos tribunais em restringir o campo de incidência do HC, é perfeitamente possível a discussão sobre o regime legal da prova produzida no processo através do *writ*.

Deve-se destacar que pela via do *habeas corpus* se pode inclusive realizar o controle difuso da constitucionalidade[31] de uma norma. Com o *habeas corpus* pode ser exercido o controle indireto, é dizer, arguir e obter a declaração de inconstitucionalidade de uma norma, ante qualquer juiz. Os juízes de primeiro grau podem conhecer da alegação de inconstitucionalidade pela via de exceção, através de uma alegação da defesa (recordemos que para os tribunais deve ser observada a reserva de plenário, prevista no art. 97 da CF/88, segundo o qual "somente pelo voto da maioria absoluta de seus membros ou dos membros do respectivo órgão especial poderão os tribunais declarar a inconstitucionalidade de lei ou ato normativo do Poder Público").

Mas todo esse alcance do *habeas corpus* vem sendo, paulatinamente, combatido pelos tribunais superiores, que, abarrotados de *writs*, estão gradativamente cerceando seu alcance e utilização. São cada dia mais comuns decisões que não conhecem do *habeas corpus* substitutivo de recurso especial ou extraordinário.

---

31 Também, sobre o tema, PONTES DE MIRANDA, *História e Prática do "Habeas-Corpus"*, cit., p. 490.

Existe uma forte tendência de limitar o *habeas corpus* aos casos em que realmente há restrição da liberdade individual, não o conhecendo quando substitutivo recursal.

### 2.4.2. O *Habeas Corpus* contra Ato de Particular

É possível a utilização do *writ* contra ato de particular, seja pessoa física ou jurídica (é evidente que eventual responsabilidade penal pela ilegalidade recairá sobre as pessoas físicas, responsáveis pela empresa). O ponto nevrálgico está em definir os casos em que se deve simplesmente chamar a polícia e quando deve ser interposto o *habeas corpus*.

Situações assim podem ocorrer nos casos de restrições de liberdade realizadas por seitas religiosas; estabelecimentos hospitalares (não concedendo "alta" do paciente até que a conta seja paga); internações de doentes mentais ou de dependentes químicos em clínicas contra sua vontade; internações de idosos, contra sua vontade, por parte da família, em clínicas geriátricas etc.[32].

São situações em que a ilegalidade da detenção nem sempre é evidente, a ponto de bastar a intervenção policial. Na explicação de ORTELLS RAMOS[33]: "si el acto de privación o restricción de la libertad carece de toda apariencia de legalidad el medio de protección indicado no es el *habeas corpus*, sino la autotutela y las actuaciones de los poderes públicos en caso de delito (art. 13 LECrim: dar protección a los perjudicados)".

Nos casos em que não se pode fazer um juízo apriorístico sobre a ilegalidade do ato, a ponto de a intervenção policial ser suficiente, o *writ* constitucional será o instrumento adequado.

Mas isso nos conduz a outro problema: o *habeas corpus* é uma ação que instaura um processo de cognição sumária. Existe uma limitação na cognição que exige o emprego das técnicas de sumarização horizontal e vertical, impedindo o

---

32 Nesse sentido, há interessante decisão do STJ: "CONSTITUCIONAL. PROCESSUAL PENAL. CONSTRANGIMENTO ILEGAL. RESTRIÇÃO AO DIREITO DE LOCOMOÇÃO. ATO DE PARTICULAR. *HABEAS CORPUS*. ADMISSIBILIDADE. – O *HABEAS CORPUS* É AÇÃO CONSTITUCIONAL DESTINADA A GARANTIR O DIREITO DE LOCOMOÇÃO, EM FACE DE AMEAÇA OU DE EFETIVA VIOLAÇÃO POR ILEGALIDADE OU ABUSO DE PODER. DO TEOR DA CLÁUSULA CONSTITUCIONAL PERTINENTE (ART. 5º, LXVIII) EXSURGE O ENTENDIMENTO NO SENTIDO DE ADMITIR-SE O USO DA GARANTIA INCLUSIVE NA HIPÓTESE EM QUE A ILEGALIDADE PROVENHA DE ATO DE PARTICULAR, NÃO SE EXIGINDO QUE O CONSTRANGIMENTO SEJA EXERCIDO POR AGENTE DO PODER PÚBLICO. RECURSO ORDINÁRIO PROVIDO" (RHC 4120/RJ, Rel. Min. Anselmo Santiago, Rel. p/ Acórdão Min. Vicente Leal, 6ª Turma, julgado em 29/04/1996, *DJ* 17/06/1996, p. 21517).

33 ORTELLS RAMOS, Manuel et al. *Derecho Jurisdiccional* – proceso penal. Barcelona, Bosh, 1996. p. 451.

julgador de fazer uma ampla análise da questão fática (plano horizontal – prova do fato) e jurídica (plano vertical).

Daí por que, em se tratando de internações compulsórias de incapazes, dependentes químicos e situações similares, a discussão acerca da legalidade do ato pode exigir uma ampla cognição e produção de prova, não sendo o *habeas corpus* o instrumento processual adequado.

Sem embargo, obviamente não há mais espaço para regras absolutas e, em situações extremas, pode-se admitir o *writ*, especialmente quando:

a) as condições em que estiver o detido sejam desumanas, colocando em risco sua integridade (situação em que se poderá, inclusive, apurar eventual prática de outro delito);
b) em que pese a sumariedade do *habeas corpus*, possa o juiz ou tribunal se convencer da ilegalidade da detenção. Significa dizer que, não obstante a limitação probatória, a prova produzida baste para o convencimento do julgador.

Nos demais casos, em que é exigida uma ampla discussão e análise da prova, o *writ* não é a via adequada, cabendo ao interessado buscar na esfera cível alguma outra medida (até mesmo cautelar, reservando a tutela exauriente para a ação principal) processual.

### 2.4.3. *Habeas Corpus* Preventivo

A utilização mais recorrente do *habeas corpus* é para atacar um ato ilegal já praticado ou que está em curso, sendo realizado, cujos efeitos são atuais. Mas, desde a Constituição de 1891, o sistema brasileiro consagra o *habeas corpus preventivo* como uma medida que busca evitar a prática iminente de uma coação ilegal.

Como explica CALAMANDREI[34], na tutela jurisdicional *preventiva*, o interesse não surge do dano, senão *dal pericolo di un danno giuridico*. A tutela não atua *a posteriori* do dano, como produto da lesão ao direito, senão que se opera *a priori*, para evitar o dano que possa derivar da lesão a um direito, quando existe uma ameaça ainda não realizada. Existe, portanto, interesse juridicamente tutelável antes da lesão ao direito, pelo simples fato de que a lesão seja previsível, próxima e provável. Para isso está o *habeas corpus preventivo*.

O art. 647 do CPP prevê que a ação possa ser utilizada sempre que alguém sofra ou se encontre na iminência de sofrer uma violência ou coação ilegal. No

34 *Introduzione allo Studio Sistematico dei Provvedimienti Cautelari*, cit., p. 16 e s.

mesmo sentido, o art. 5º, LXVIII, da Constituição estabelece que: "conceder-se-á *habeas corpus* sempre que alguém sofrer ou se achar ameaçado de sofrer violência ou coação em sua liberdade de locomoção, por ilegalidade ou abuso de poder".

A iminência do constrangimento ilegal deve ser valorada em grau de probabilidade, um juízo de verossimilhança, não se podendo exigir "certeza", pois esta somente será possível com a consumação do ato que se pretende evitar.

Acolhido o *habeas corpus* preventivo, será emitido um mandamento judicial de *salvo-conduto*[35], dirigido à autoridade apontada como provável autora da ilegalidade, para que não pratique o ato coator ou a conduta ilegal. Em última análise, o *habeas corpus* preventivo atua no momento imediatamente anterior à efetivação da coação ilegal, protegendo o paciente e impedindo que a ilegalidade se produza.

Como explica MANZINI[36], o *salvo-conduto* tem sua origem no período da inquisição, para facilitar a apresentação do imputado (*quod tuto possit venire ad se praesentandum*)[37], e valia por um certo tempo, mas também podia ser concedido por tempo indeterminado. Garantia ao beneficiado a vida, liberdade e a disposição de seus bens, sendo sua concessão subordinada à condição *quod non vagetur per plateas el loca publica, quia sic dignitas Magistratus et iustitiae exigere videtur*[38].

No modelo brasileiro, o HC preventivo não goza de disciplina legal (está previsto, mas não disciplinado), não havendo clara definição de limites e duração do salvo-conduto. Infelizmente, é de difícil obtenção, até porque os tribunais em regra são bastante comedidos, "econômicos" quanto à concessão de medidas de proteção da liberdade individual. Ainda mais na dimensão preventiva.

Um exemplo típico de utilização do *habeas corpus* preventivo é contra ato coator praticado em CPI (Comissão Parlamentar de Inquérito), pois, não raras vezes, réus em processo criminal são intimados a depor como informantes ou testemunhas em CPI que busca apurar os mesmos fatos pelos quais ele já responde a processo criminal ou é investigado em inquérito policial. Uma vez circunscrita sua posição de imputado, não pode ser ouvido como testemunha ou informante, pois essa é uma manobra ilegal para subtrair-lhe os direitos inerentes à posição de sujeito passivo, entre eles, o direito de silêncio e de estar acompanhado de advogado. Em diversas oportunidades já foram realizadas manobras circenses em

---

35 Do latim – *salvus conductos*.

36 *Tratado de Derecho Procesal Penal*, Barcelona, Ediciones Jurídicas Europa-América, 1951. v. I, p. 63. Especialmente na nota de rodapé n. 199.

37 Que todos possam vir com segurança para se apresentar.

38 De que não ande vagando por praças e lugares públicos, pois assim entende exigir a dignidade do magistrado e da Justiça.

Assembleias Legislativas e mesmo no Congresso Nacional, com a prisão em flagrante de réus que utilizaram o direito de silêncio, em flagrante ilegalidade e afronta ao direito constitucional de silêncio. Para evitar tais espetáculos, o *habeas corpus preventivo* apresenta-se como instrumento processual adequado para assegurar tais direitos e também o de não ser preso (!) pelo crime de desobediência no caso de exercer o direito de silêncio.

Quanto à competência para julgar o HC, a regra é a seguinte:

- CPI instaurada em Assembleia Legislativa, o *writ* será interposto no Tribunal de Justiça do respectivo Estado;
- CPI instaurada no âmbito do Congresso Nacional, a competência para julgamento é do STF.

Importante compreender que o *habeas corpus* é o remédio adequado porque se pretende a tutela de direito fundamental do réu, cuja violação conduzirá à restrição ilegal de sua liberdade. Se a pretensão fosse apenas de fazer valer alguma prerrogativa funcional do advogado (como ter acesso aos autos, por exemplo) assegurada na Lei n. 8.906, a via correta é o Mandado de Segurança.

### 2.5. Competência. Legitimidade. Procedimento

O *habeas corpus* é sempre postulado a uma autoridade judiciária superior, com poder para desconstituir o ato coator tido como ilegal. É interposto em órgão hierarquicamente superior ao responsável pelo constrangimento ilegal, havendo assim, no que tange à competência para o processamento do HC, a observância, além da territorialidade, do princípio da hierarquia[39].

Em algumas situações, é difícil precisar quem é a autoridade coatora e quem é apenas o executor da ordem. Nestes casos, existe uma regra básica, de fundamental importância: nenhum *habeas corpus* será denegado por ter sido impetrado frente a autoridade judiciária incompetente. Estabelece o art. 649, que "o juiz ou o tribunal, dentro dos limites da sua jurisdição, fará passar imediatamente a ordem impetrada, nos casos em que tenha cabimento, seja qual for a autoridade coatora".

Com isso, os juízes e tribunais têm o "dever de corrigir o endereçamento" do *writ* que, por erro, tenha sido distribuído para a autoridade competente.

Aos juízes (estaduais ou federais, conforme o caso) incumbe o julgamento do HC que tenha como coator um particular, autoridade policial ou administrativa e demais agentes submetidos à jurisdição de primeiro grau.

---

[39] PONTES DE MIRANDA, Francisco C. *História e Prática do Habeas-Corpus*, cit., p. 502.

Destaque-se que, quando a ação é impetrada em primeiro grau, o art. 574, I, do CPP prevê a necessidade de recurso de ofício da sentença que conceder o *habeas corpus*, mas não daquela que o denegar. Para evitar repetições, remetemos o leitor para o capítulo anterior, quando tratamos dos recursos e fizemos uma crítica ao recurso de ofício, pois, entre outros argumentos, são manifestas a ilegitimidade e a falta de interesse recursal.

Para desconstituir um ato ou decisão proferida por juiz, o HC deverá ser impetrado no Tribunal de Justiça ou Tribunal Regional Federal, conforme seja um juiz de direito ou juiz federal, e assim sucessivamente, para o Superior Tribunal de Justiça e Supremo Tribunal Federal.

O STF somente julga o *habeas corpus* nos casos de sua competência originária (prerrogativa de função) ou quando o ato coator emanar de um Tribunal Superior (STJ, TSE, STM e TST)[40].

Na dimensão dos Juizados Especiais Criminais, a situação sempre foi problemática. Quando o coator é o juiz atuante no juizado, o HC será julgado pela respectiva turma recursal. Contudo, a situação é diferente quando o ato coator emana de turma recursal (Juizado Especial Criminal), em que o tema suscita controvérsias.

De um lado encontramos a Súmula 690 do STF, a saber:

> Compete originariamente ao Supremo Tribunal Federal o julgamento de *habeas corpus* contra decisão de turma recursal de juizados especiais criminais.

Com isso, o HC seria julgado diretamente no STF, num verdadeiro salto na organização escalonada do Poder Judiciário.

Mas, após a edição da Súmula, que segue vigendo, houve oscilação jurisprudencial relevante[41].

---

[40] Após o advento da EC n. 22/1999, não mais compete ao Supremo Tribunal Federal processar e julgar, originariamente, *habeas corpus* impetrado contra ato emanado de Tribunal que não se qualifica, constitucionalmente, como Tribunal Superior. A locução constitucional "Tribunais Superiores" abrange, na organização judiciária brasileira, apenas o Tribunal Superior Eleitoral, o Superior Tribunal de Justiça, o Tribunal Superior do Trabalho e o Superior Tribunal Militar (HC 85.838-ED, Rel. Min. Celso de Mello, j. 31/5/2005, *DJ* 23/9/2005). No mesmo sentido: HC 88.132, Rel. Min. Sepúlveda Pertence, j. 4/4/2006, *DJ* 2/6/2006.

[41] HC contra Ato de Turma Recursal e TJ
Aplicando a recente orientação firmada pelo Plenário no julgamento do HC 86834/SP (j. em 23.8.2006, v. Informativo 437), no sentido de que compete aos tribunais de justiça processar e julgar *habeas corpus* impetrado contra ato de turma recursal de juizado especial criminal, a Turma, resolvendo questão de ordem, tornou sem efeito o início do julgamento e determinou a remessa dos autos ao Tribunal de Justiça do Distrito Federal e Territórios. Trata-se, na espécie, de *writ* impetrado contra decisão de turma recursal que mantivera a condenação do paciente pela prática do delito de porte ilegal de arma (Lei n. 9.437/97, art. 10, *caput*), cuja pena-base fora majorada em razão da existência de inquéritos e ações penais em curso. HC 86.009 QO/DF, Rel. Min. Carlos Britto, j. 29/8/2006.

Assim, ao que tudo indica, caminhamos no sentido da superação da Súmula 690, de modo que o HC impetrado contra ato da turma recursal seja julgado no respectivo Tribunal de Justiça do Estado (ou Tribunal Regional Federal se a decisão é de turma recursal de JEC federal).

E se a autoridade coatora for um Promotor de Justiça ou Procurador da República, a quem competirá o julgamento do *habeas corpus*? Ao respectivo tribunal ao qual estas autoridades estão sob jurisdição, ou seja, o Tribunal de Justiça ou o Tribunal Regional Federal, conforme o caso. A competência para o julgamento do HC deve considerar também a que tribunal está submetida a autoridade coatora, ou ainda, que tribunal julga eventual crime praticado pela autoridade coatora. No caso dos membros do Ministério Público, estão submetidos ao julgamento pelo respectivo tribunal, cabendo também a esse tribunal, portanto, o julgamento do *writ*.

Quanto à legitimidade, o *habeas corpus* poderá ser interposto por qualquer pessoa, em seu próprio benefício ou de terceiro. Também poderá fazê-lo o Ministério Público e, obviamente, o advogado do paciente (não sendo necessária procuração). O HC é um atributo da personalidade, em que qualquer pessoa, independentemente de habilitação, capacidade política, civil, processual, sexo, idade, nacionalidade e, inclusive, estado mental, pode utilizar. Não se faz qualquer limitação, nem aquelas necessárias para atuar no processo em geral (*legitimación ad causam y ad processum*) ou capacidade civil.

Mas, e a *pessoa jurídica*, pode figurar como paciente da coação ilegal, quando lhe é imputada a prática de um crime ambiental? Poderá ser impetrante nesse caso?

Ainda existe certa resistência por parte da jurisprudência nacional em admitir que a pessoa jurídica possa ser paciente/impetrante em *habeas corpus*, pelo fato de não sofrer coação em sua liberdade de locomoção.

---

Ainda, importante decisão em sentido diverso do disposto na Súmula 690: COMPETÊNCIA – *HABEAS CORPUS* – DEFINIÇÃO. A competência para o julgamento do *habeas corpus* é definida pelos envolvidos – paciente e impetrante. COMPETÊNCIA – *HABEAS CORPUS* – ATO DE TURMA RECURSAL. Estando os integrantes das turmas recursais dos juizados especiais submetidos, nos crimes comuns e nos de responsabilidade, à jurisdição do tribunal de justiça ou do tribunal regional federal, incumbe a cada qual, conforme o caso, julgar os *habeas* impetrados contra ato que tenham praticado. COMPETÊNCIA – *HABEAS CORPUS* – LIMINAR. Uma vez ocorrida a declinação da competência, cumpre preservar o quadro decisório decorrente do deferimento de medida acauteladora, ficando a manutenção, ou não, a critério do órgão competente (HC 86834, Rel. Min. Marco Aurélio, Tribunal Pleno, julgado em 23/8/2006, *DJ* 9/3/2007 PP-00026 EMENT VOL-02267-02 PP-00242 RJSP v. 55, n. 354, 2007, p. 175-184 LEXSTF v. 29, n. 341, 2007, p. 350-365).

Contudo, esse entendimento deve ser revisado, pois é completamente inadequado às novas situações jurídico-penais criadas pela Lei n. 9.605/98.

O primeiro aspecto a ser considerado é que a teoria da dupla imputação – segundo a qual *é viável a responsabilidade penal da pessoa jurídica em crimes ambientais desde que haja a imputação simultânea do ente moral e da pessoa física que atua em seu nome ou em seu benefício, uma vez que "não se pode compreender a responsabilização do ente moral dissociada da atuação de uma pessoa física, que age com elemento subjetivo próprio"* (REsp 564.960/SC, 5ª Turma, Rel. Min. Gilson Dipp, *DJ* 13/6/2005).

Portanto, se poderia o HC ser interposto somente em nome da pessoa física corré, para, em sendo concedida a ordem, requerer posteriormente a extensão de seus efeitos à pessoa jurídica, nada mais coerente do que – por uma questão de efetividade – autorizá-la desde logo a figurar como impetrante e/ou paciente.

Noutra dimensão, é absolutamente ilógico admitir que a pessoa jurídica figure no polo passivo de uma ação penal e, ao mesmo tempo, negar-lhe legitimidade para utilizar o *habeas corpus* como instrumento processual destinado a fazer cessar uma coação ilegal (*collateral attack*).

Por que teria a pessoa jurídica que suportar o ônus de um processo penal nulo ou inútil? Pode ser ré, mas não está legitimada a resistir a uma imputação ilegal? É flagrante a incongruência e a inadequação da tese que nega à pessoa jurídica legitimidade para impetração do *habeas corpus*.

Com muito acerto, no HC 92.921/BA, o Ministro Ricardo Lewandowski afirma que o sistema penal *não está plenamente aparelhado para reconhecer a responsabilidade penal da pessoal jurídica...* pois *inexistem instrumentos legislativos, estudos doutrinários ou precedentes jurisprudenciais, aptos a colocá-la em prática, sobretudo de modo consentâneo com as garantias do processo penal*.

E prossegue o Ministro Ricardo Lewandowski afirmando que *entendo viável a interposição de* habeas corpus *para sanar eventual ilegalidade ou abuso de poder originados de ação penal em que figure no polo passivo pessoa jurídica, sobretudo tendo em conta a falta de adequação do sistema processual à nova realidade apresentada pela criminalização das ações praticadas por tais entes*.

Em outras palavras, a *responsabilidade penal da pessoa jurídica, para ser aplicada, exige alargamento de alguns conceitos tradicionalmente empregados na seara criminal, a exemplo da culpabilidade, estendendo-se a elas também as medidas assecuratórias, como o* habeas corpus.

Portanto, em sendo a pessoa jurídica ré em processo-crime está, a nosso sentir, plenamente autorizada a impetrar HC ou figurar como paciente em *writ* interposto por outra pessoa.

Superada essa questão, prossigamos.

Os juízes e tribunais podem, de ofício, conceder HC quando verificarem, no curso de um processo, que alguém sofre ou está na iminência de sofrer uma coação ilegal. Neste sentido estabelece o art. 654 do CPP.

A petição deverá ser distribuída em 3 vias, uma original e duas cópias. Uma cópia será enviada para a autoridade coatora, para o pedido de informações, e a outra servirá de protocolo do impetrante.

Endereçada sempre ao órgão superior àquele apontado como coator, como veremos na continuação, a petição do *habeas corpus* deve indicar claramente:

- **Paciente:** quem sofre o ato coator ou está na iminência de sofrê-lo;
- **Impetrante:** quando quem impetra o HC é outra pessoa que não o paciente;
- **Autoridade coatora:** é a autoridade que determinou a prática do ato ilegal;
- **Impetrado(a):** é a autoridade para a qual foi distribuído o HC, seja juiz ou tribunal;
- **Detentor:** é a pessoa que detém o paciente, quando distinta da autoridade coatora, podendo ser o Diretor do Presídio ou estabelecimento prisional onde o paciente está preso.

A petição deverá descrever a situação fática e apontar no que consiste a ilegalidade da coação, ou seja, os fundamentos jurídicos que amparam o *habeas corpus*. Quando interposto por advogado, exige-se que a inicial siga os requisitos mínimos de clareza e fundamentação de qualquer peça processual, devendo ser instruída com cópia integral do processo ou, ao menos, das principais peças. É recomendável que o *habeas corpus* seja bem instruído, para dar celeridade ao julgamento.

Diverso é o tratamento do *writ* interposto pelo próprio paciente, geralmente preso, em que são relativizados os requisitos formais em nome do interesse na tutela da liberdade individual. Além de certa relativização das formas, se a petição não contiver os requisitos necessários o juiz ou tribunal deverá, segundo o art. 662, determinar que o impetrante a complemente.

Recebido o HC, deverá a autoridade manifestar-se sobre o pedido de liminar.

O pedido de informações, uma prática disseminada em primeiro grau e também nos tribunais, está previsto no art. 662, mas algumas considerações devem ser feitas:

a) o pedido de informações está previsto para o HC julgado em tribunais, sendo descabido para a ação de competência dos juízes de primeiro grau;

b) o pedido de informações deve ser formulado "se necessário", portanto, a regra é que o HC que preencha os requisitos do art. 654 seja despachado sem a manifestação do juiz coator;

c) quando o *writ* vier instruído com cópia integral do processo e preencher os requisitos formais, não há "necessidade" alguma do pedido de informações.

Portanto, a praxe judiciária de não se manifestar sobre o pedido de liminar antes que venham as "informações da autoridade coatora" é causa de uma indevida dilação, ilegítima e arbitrária, que prolonga a submissão do paciente ao constrangimento ilegal impugnado. Eventuais "informações", de caráter meramente complementar, não podem prejudicar a célere tramitação que o HC exige.

O pedido de informações, como a expressão evidencia, é um relato objetivo e circunstanciado do estado do processo. Por elementar, não existe "contraditório com o juiz" (o que seria um completo absurdo processual), nem deve a autoridade coatora fazer uma "defesa" do seu ato. Juiz não é parte, não havendo "contraditório" ou possibilidade de manifestação que extrapole os estreitos limites da prestação objetiva das informações solicitadas.

Quando o *habeas corpus* é de competência dos juízes de primeiro grau, o procedimento está previsto no art. 656.

A apresentação imediata do preso ao juiz é uma medida salutar, além de, como lembra PONTES DE MIRANDA[42], relacionar-se com o próprio nome da ação, que iniciava pela fórmula "trazer o corpo". Deveria ser uma regra para o *writ* que tramita em primeiro grau.

O Código de Processo Penal não prevê a intervenção do Ministério Público e, como adverte PONTES DE MIRANDA[43], quaisquer diligências que ao juiz pareçam inúteis ou supérfluas devem ser dispensadas, inclusive a oitiva do Ministério Público, para não retardar a decisão. Nos tribunais, a intervenção do MP costuma ser disciplinada nos regimentos internos e não deve, como sói ocorrer, ser uma causa de atraso no julgamento do *habeas corpus*.

Infelizmente, quando negada a liminar, o *habeas corpus* costuma ter uma tramitação demasiadamente lenta nos tribunais brasileiros, pois se aguardam as informações, depois os autos vão para manifestação do Ministério Público e, como, via de regra, as Câmaras e Turmas Criminais reúnem-se apenas uma vez por semana (ou a cada duas semanas em alguns casos), a demora na manifestação

---

42 *História e Prática do "Habeas-Corpus"*, cit., p. 516.

43 Idem, ibidem, p. 519.

do *parquet* pode representar uma demora de semanas no julgamento. Se considerarmos que o MP também se manifesta na sessão, quando finalmente é julgado o *writ*, há uma inútil duplicidade, contribuidora para a indevida dilação no julgamento.

A situação foi agravada pela emissão da Súmula 691 do STF, que pretende impedir novo HC ajuizado após a denegação de medida liminar em *habeas corpus*. Negada uma liminar, a valer a Súmula, não caberia novo HC para outro tribunal enquanto não fosse julgado o mérito no tribunal de origem.

Infelizmente, a aplicação da Súmula tem feito com que, diariamente, os impetrantes e pacientes de *habeas corpus* sofram com a demora no julgamento do mérito e o impedimento de buscar, no Tribunal Superior, o reconhecimento da ilegalidade. Ainda que alguma relativização ao rigor da Súmula já tenha sido feita, a regra é sua aplicação.

A situação gerada é bastante problemática e não é raro que o paciente tenha que ajuizar um novo *habeas corpus* no Tribunal Superior, não para ver reconhecida a ilegalidade a que está sendo submetido, mas apenas para obter um peculiar mandamento: a ordem de que o tribunal de origem julgue, sem mais demora, o mérito do HC originário, que, após a denegação da liminar, aguarda meses, às vezes anos para ser julgado. Só assim o impetrante poderá prosseguir, ingressando com novo HC no Tribunal Superior[44].

A Súmula continua em vigor, ainda que seu rigor tenha sido atenuado, pelo STF, nos casos em que a ilegalidade é flagrante[45].

Retomando a análise do procedimento, há dois momentos decisórios:

---

[44] *Habeas corpus*. *Writ* impetrado no Superior Tribunal de Justiça. Demora no julgamento. Direito à razoável duração do processo. Natureza mesma do *habeas corpus*. Primazia sobre qualquer outra ação. Ordem concedida. O *habeas corpus* é a via processual que tutela especificamente a liberdade de locomoção, bem jurídico mais fortemente protegido por uma dada ação constitucional. O direito a razoável duração do processo, do ângulo do indivíduo, transmuta-se em tradicional garantia de acesso eficaz ao Poder Judiciário. Direito, esse, a que corresponde o dever estatal de julgar. No *habeas corpus*, o dever de decidir se marca por um tônus de presteza máxima. Assiste ao Supremo Tribunal Federal determinar aos Tribunais Superiores o julgamento de mérito de *habeas corpus*, se entender irrazoável a demora no julgamento. Isso, é claro, sempre que o impetrante se desincumbir do seu dever processual de pré-constituir a prova de que se encontra padecente de "violência ou coação em sua liberdade de locomoção, por ilegalidade ou abuso de poder" (inciso LXVIII do art. 5º da Constituição Federal). Ordem concedida para que a autoridade impetrada apresente em mesa, na primeira sessão da Turma em que oficia, o *writ* ali ajuizado (HC 91.041, Rel. p/ o ac. Min. Carlos Britto, j. 5/6/2007, *DJ* 17/8/2007).

[45] Necessário temperamento da Súmula 691 deste Supremo, para que não se negue a aplicação do art. 5º, inc. XXXV, da Constituição da República. Não se há negar jurisdição ao que reclama prestação do Poder Judiciário, menos ainda deste Supremo Tribunal, quando se afigure ilegalidade flagrante (HC 89.681, Rel. Min. Cármen Lúcia, j. 21/11/2006, *DJ* 2/2/2007).

a) Decisão sobre a concessão ou não da medida liminar (in limine litis): impetrado e recebido o *habeas corpus*, o juiz ou tribunal competente analisará a verossimilhança da fundamentação fática e jurídica da ação, e, se houver pedido, decidirá acerca da medida liminar postulada. Trata-se de uma decisão interlocutória de natureza cautelar, em que devem ser demonstrados o *fumus boni iuris* e o *periculum in mora*[46] do alegado. Advertimos, contudo, que é recorrente a denegação da liminar quando ela se confundir com o mérito do *habeas corpus*, sob o argumento de que não há cautelaridade, mas antecipação de tutela (é o caso do pedido liminar de liberdade e, no mérito, a procedência do HC e igual pedido de liberdade). A concessão ou denegação da medida liminar postulada pelo juiz ou relator (quando o *habeas corpus* tramita em tribunais) não encerra a ação, pois ainda haverá uma manifestação sobre o mérito, em que a liminar poderá ser concedida (quando negada inicialmente), mantida (quando concedida) ou cassada (foi concedida, mas no mérito, ao ser julgado o *habeas corpus*, é cassada e é negado provimento ao pedido).
b) Decisão final (sentença ou acórdão): concedida ou não a medida liminar (ou não postulada), após as informações e manifestação do Ministério Público, deverá o juiz proferir sentença ou o tribunal julgar o *habeas corpus*, que será levado em mesa pelo relator para julgamento pelo órgão colegiado. Nesse julgamento, poderá ser acolhido o pedido ou denegado, no todo ou em parte. Quando houver sido concedida a medida liminar, será ela confirmada ou cassada, conforme a sentença seja de procedência ou não. A eficácia preponderante da sentença de procedência é mandamental[47].

No julgamento do *habeas corpus* pelos tribunais, está permitida a sustentação oral pelo impetrante, mas um sério obstáculo da *praxis* judiciária é o fato de não haver intimação da data da sessão de julgamento, sob o argumento de que a urgência exige que a ação seja "levada em mesa" sem ser incluída na pauta de julgamento. Isso acarreta sérios prejuízos para o impetrante e o paciente, na medida em que impede o acompanhamento e a sustentação oral na sessão de julgamento. Ainda que o cerceamento de defesa e a violação do contraditório (na dimensão do direito à informação e comunicação dos atos processuais) sejam evidentes, essa prática é recorrente e (infelizmente) tolerada.

---

46 Essas categorias são adequadas para fundamentar o pedido de liminar em *habeas corpus*, pois é evidente sua natureza cautelar, similar aqui ao processo civil. Não há, portanto, nenhuma contradição com a crítica que fizemos anteriormente ao tratar da prisão cautelar, em que se deve argumentar em torno do *fumus commissi delicti* e do *periculum libertatis*.

47 PONTES DE MIRANDA, Francisco C. *História e Prática do Habeas-Corpus*, cit., p. 531.

Contudo, já há decisões anulando o julgamento de *habeas corpus* quando, havendo pedido expresso de sustentação oral (e, portanto, de intimação da data da sessão), a sessão é realizada sem prévia comunicação ao impetrante[48].

Mas, em sentido oposto, argumenta-se a ausência de nulidade com base na Súmula 431 do STF, que assim dispõe: *É nulo o julgamento de recurso criminal, na segunda instância, sem prévia intimação, ou publicação da pauta, salvo em* habeas corpus.

Pensamos que a Súmula deve ser revisada e que o melhor entendimento é pela necessidade de intimação da data do julgamento, especialmente quando o impetrante manifestar o desejo de proferir sustentação oral.

## 2.6. Recurso Ordinário Constitucional em *Habeas Corpus*

O recurso ordinário é um meio de impugnar as decisões denegatórias ou de não conhecimento do *habeas corpus*, sendo julgado:

- pelo STF quando a decisão denegatória ou de não conhecimento é proferida, em única instância, pelo STJ, nos termos do art. 102, II, "a", da Constituição;
- pelo STJ quando a decisão denegatória ou de não conhecimento do *habeas corpus* for proferida em única ou última instância, pelos tribunais de justiça ou tribunais regionais federais, conforme estabelece o art. 105, II, "a", da Constituição.

Há uma sutil diferença na definição da competência: no STF, a competência é para julgar o recurso ordinário quando o *habeas corpus* foi denegado em "única instância" pelo STJ. Ou seja, é um caso em que a competência originária para julgamento do HC é do STJ, como, por exemplo, o *writ* interposto por um agente público com prerrogativa de função (art. 105, I, "a", da Constituição).

Já o STJ julga o recurso ordinário quando o *habeas corpus* foi denegado pelo Tribunal de Justiça ou Tribunal Regional Federal em única (prerrogativa de

---

48 *HABEAS CORPUS*. SUSTENTAÇÃO ORAL. INTIMAÇÃO. NULIDADE.
Trata-se de *habeas corpus* substitutivo de recurso ordinário em que se alega, entre outras coisas, a falta de intimação do impetrante para a sustentação oral, embora o pedido se encontrasse expresso nos autos. Assim, deveria ser nulo o acórdão que manteve a instauração de ação penal em desfavor dos ora pacientes. A Turma concedeu a ordem ao entendimento de que, havendo o pedido de sustentação oral, é imprescindível seja dada ciência ao impetrante da data em que será colocado o feito em mesa para julgamento, ressaltando que a referida ciência pode ser feita até por meio de informação disponibilizada no sistema informatizado de acompanhamento processual. Precedentes citados do STF: HC 92.290/SP, *DJ* 30/11/2007; HC 93.101/SP, *DJ* 22/02/2008; do STJ: HC 88.869/MG, *DJ* 03/12/2007 (HC 93.557/AM, Rel. Min. Arnaldo Esteves Lima, j. 19/02/2008).

função) ou última instância (logo, pode ser um HC contra ato coator de juiz, por exemplo).

Isso conduz a outro detalhe importante: se a decisão denegatória é do Tribunal de Justiça ou Tribunal Regional Federal, cabe recurso ordinário para o STJ. Mas, se ao invés de interpor o recurso ordinário, é impetrado um novo *habeas corpus* no STJ não é caso de julgamento em "única instância", portanto não caberá recurso ordinário para o STF, pois não está contemplado. Caberá – se for o caso – recurso extraordinário para o STF. Ainda, no mesmo caso, se da decisão denegatória proferida pelo Tribunal de Justiça ou Regional Federal for apresentado o recurso ordinário, uma vez negado provimento ao recurso (pelo STJ), caberá apenas, se for o caso, recurso extraordinário. Mas não se descarta a impetração de novo HC, tendo em vista que o STJ passa a ser o coator.

A Constituição apenas prevê o cabimento do recurso e a competência para julgá-lo. O processamento está disposto na Lei n. 8.038/90, nos arts. 30 a 32[49], pois tais dispositivos não foram revogados pelo novo CPC (art. 1.072, IV, do CPC).

O prazo de interposição é de 5 dias, devendo as razões acompanhar o recurso. Antiga divergência sobre o prazo acabou resolvida pela Súmula 319 do STF:

> O prazo do recurso ordinário para o Supremo Tribunal Federal, em "habeas corpus" ou mandado de segurança, é de cinco dias.

Como já apontado, mas é importante reforçar, somente tem cabimento das decisões denegatórias de HC, abrangendo também as decisões de não conhecimento.

No que tange à legitimidade, é um recurso exclusivo da defesa, devendo ser interposto pelo paciente através de seu advogado. Ainda que o *writ* possa ser interposto por qualquer pessoa, o recurso ordinário deverá ser subscrito por advogado. Contudo, como já decidido pelo STF no HC 86.307-8, não há necessidade de procuração, até porque o *writ* não a exige.

---

[49] Art. 30. O recurso ordinário para o Superior Tribunal de Justiça, das decisões denegatórias de *Habeas Corpus*, proferidas pelos Tribunais Regionais Federais ou pelos Tribunais dos Estados e do Distrito Federal, será interposto no prazo de 5 (cinco) dias, com as razões do pedido de reforma.

Art. 31. Distribuído o recurso, a Secretaria, imediatamente, fará os autos com vista ao Ministério Público, pelo prazo de 2 (dois) dias.

Parágrafo único. Conclusos os autos ao relator, este submeterá o feito a julgamento independentemente de pauta.

Art. 32. Será aplicado, no que couber, ao processo e julgamento do recurso, o disposto com relação ao pedido originário de *Habeas Corpus*.

Em relação ao preparo, é inexigível, pois não há pagamento de custas, mormente por ser um recurso da denegação de *habeas corpus*, uma ação constitucional sem custo.

Não há que se confundir o recurso ordinário constitucional com os recursos especial e extraordinário, de modo que não se exige prequestionamento ou a demonstração da repercussão geral. Nada disso é exigido no recurso ordinário.

Deverá ser interposto por escrito e o efeito é devolutivo, mas limitado à matéria ventilada no *habeas corpus*.

Quanto ao procedimento, em síntese:

- **No STJ:** diante de uma decisão denegatória do *habeas corpus* no TRF ou TJ, o recurso ordinário é interposto no prazo de 5 dias, petição acompanhada das razões, no tribunal de origem. Admitido, é enviado ao STJ, onde é distribuído e designado relator, que dará vista ao MP e, após, será pautado para julgamento no qual caberá sustentação oral.
- **STF:** quando interposto no STF, será dirigido ao Presidente do Tribunal que proferiu a decisão, no prazo de 5 dias, com as razões. Admitido no tribunal de origem (se nega prosseguimento, cabe agravo regimental), subirá o recurso ordinário com o HC anexo. Distribuído no STF, será designado relator, que dará vista ao MP e, após, será levado a julgamento pela Turma, cabendo sustentação oral.

A ausência de efeito suspensivo, bem como a tramitação mais lenta (eis que um recurso), faz com que o Recurso Ordinário imponha um grande ônus para o acusado preso. Por isso, durante muito tempo, esteve jogado ao ostracismo, sendo substituído pela interposição de novo HC. Mas, nos últimos anos, tem se fortalecido o entendimento – especialmente no STJ – de não conhecer de HC substitutivo de Recurso Ordinário. Trata-se de um movimento de filtragem jurisdicional diante da avalanche de HCs diariamente interpostos no STJ. Por tal motivo, destacamos que atualmente tem predominado essa postura de não admitir HC substitutivo de Recurso Ordinário. Não sem razão, na prática forense, é comum ver-se – após a denegação do HC por um TJ ou TRF – a interposição de Recurso Ordinário (para atender o rigor formal do STJ) e também novo HC (argumentando a urgência diante da existência de prisão, na esperança de que o *writ* seja conhecido e provido).

Já no STF, a situação começa a mudar, com as restrições em torno da impetração de HC substitutivo sendo relativizadas. Mas a situação ainda é polêmica e, além de gerar insegurança, cria um terreno fértil para o decisionismo.

## 3. Mandado de Segurança em Matéria Penal

### 3.1. Considerações Prévias

O mandado de segurança é um instrumento processual sem similar nos demais países. Como disse ALCALÁ-ZAMORA Y CASTILLO[50], *es un tema cien por cien brasileño, acaso, entre los de índole jurídica, el más brasileño de todos*.

Concebido como instrumento processual – ação, e não recurso – destinado a proteger os interesses do indivíduo contra as ilegalidades praticadas pelos agentes públicos. Como explica CIRILO DE VARGAS[51], com a república, foram muitas as tentativas de introduzir um instrumento capaz de reparar ou impedir os abusos administrativos, sem obter êxito. Somente com a Constituição de 1934, sob a influência da Revolução de 1930, foi contemplado o instrumento processual-constitucional. A Constituição de 1937 não o recepcionou, ainda que se tivesse mantido na legislação ordinária. A partir da Carta de 1946, o mandado de segurança sempre foi recepcionado expressamente pelas Constituições brasileiras.

Atualmente, está previsto no art. 5º, LXIX, da Constituição, e regulamentado pela Lei n. 12.016, de 7 de agosto de 2009[52].

Situa-se, portanto, na lacuna deixada pelo *habeas corpus*, na tutela de direito líquido e certo, sem vincular-se à existência de uma restrição de liberdade, quando o responsável pela ilegalidade for uma autoridade pública.

Ao estudioso atento, chama a atenção o nome jurídico, mais especificamente o primeiro substantivo, como bem questionado por ALCALÁ-ZAMORA Y CASTILLO[53]: Por que "mandado", e não ação?

Porque o legislador brasileiro pretendeu reforçar a ideia de *imperatividade*, pois, na concepção tão bem explorada por PONTES DE MIRANDA, é uma típica ação de mandamento.

---

50 El Mandato de Seguridad Brasileño Visto por un Extranjero. In: *Estudios de Teoría General e Historia del Proceso*. México, UNAM, 1974. t. II, p. 637 e s.

51 CIRILO DE VARGAS, Juarez; CIRILLO DE VARGAS, José. *Processo Penal e Direitos Fundamentais*. Belo Horizonte, Del Rey, 1992. p. 271.

52 Art. 1º Conceder-se-á mandado de segurança para proteger direito líquido e certo, não amparado por *habeas corpus* ou *habeas data*, sempre que, ilegalmente ou com abuso de poder, qualquer pessoa física ou jurídica sofrer violação ou houver justo receio de sofrê-la por parte de autoridade, seja de que categoria for e sejam quais forem as funções que exerça.

53 El Mandato de Seguridad Brasileño Visto por un Extranjero, cit., t. II, p. 642 e s. O autor, no entanto, não aceita a classificação de ação de mandamento.

Atendendo à finalidade que é chamado a satisfazer, no mandado de segurança, importa mais a ordem (fazer ou não fazer) e o correlativo acatamento, que a argumentação que a ela conduza ou mesmo o convencimento dos destinatários[54].

### 3.2. Natureza Jurídica

É uma ação mandamental, um *mandamus*, com *status* constitucional, que se encaminha a obter uma ordem judicial dirigida a outro órgão do Estado, por meio de uma sentença[55].

O mandado de segurança, desde a perspectiva de utilização no processo penal, amplia a esfera de proteção não alcançada pelo *habeas corpus*, constituindo-se um instrumento processual-constitucional, colocado à disposição de toda pessoa física ou jurídica, para proteção de um direito individual (ou coletivo), mas que não esteja protegido por *habeas corpus* ou *habeas data*, que foi lesado ou ameaçado de lesão por um ato de autoridade, independentemente de sua categoria ou função. Além da previsão constitucional, está disciplinado, especialmente, na Lei n. 12.016/2009.

Para o processo penal, é uma ação destinada à tutela de direito subjetivo individual, por meio de um mandamento (por isso é denominado de *mandamus*) judicial, que tem por objetivo impedir ou corrigir a ilegalidade. Em linhas gerais, invalida o ato ou omissão ilegal da autoridade pública ou suprime seus efeitos.

Quando se dirige contra um ato judicial, apesar de assumir contornos de uma via de impugnação com função de recurso, trata-se de uma ação autônoma de impugnação[56].

Para PONTES DE MIRANDA[57], o mandado de segurança é uma ação e remédio jurídico-processual para a proteção de qualquer direito, de origem constitucional ou legal, patrimonial ou não, que não seja objeto de tutela pelo remédio jurídico-processual do *habeas corpus*.

Acolhida a ação e instaurado o processo, terá cognição sumária e rito especial.

Predomina o entendimento de que é uma ação civil, ainda que distribuída numa vara criminal para impugnar um ato afeto ao processo penal, seguindo o procedimento e o sistema recursal do processo civil.

---

54 Idem, ibidem, p. 644.

55 Como explica J. GOLDSCHMIDT ao definir "la acción de mandamiento" na obra *Derecho Procesal Civil*. Barcelona, Labor, 1936. p. 113.

56 GRINOVER, Ada Pellegrini. Mandado de Segurança Contra Ato Jurisdicional Penal. In: *O Processo em Evolução*. Rio de Janeiro, Forense, 1996. p. 289.

57 *Comentários a Constituição de 1967*, t. V, p. 355 e s. Apud CIRILO DE VARGAS, op. cit., p. 272.

O mandado de segurança admite uma decisão liminar (*initio litis*), de natureza cautelar (*anticipazioni di provvedimento definitivo*), que exige, para sua concessão, a demonstração de *fumus boni iuris* e *periculum in mora*[58].

Deve o autor demonstrar a verossimilhança do direito líquido e certo violado pelo ato da autoridade e o perigo de um dano grave e irreparável (ou de difícil reparação) que pode surgir com a demora na prestação da tutela jurisdicional.

O mandado de segurança também admite a figura "preventiva", com base no interesse que decorre *dal pericolo di un danno giuridico*, nos mesmos moldes anteriormente explicados no *habeas corpus*.

### 3.3. Objeto e Cabimento. Direito Líquido e Certo

O objeto do *mandamus* são os atos (ações ou omissões) ilegais do poder público e seus agentes, que prejudiquem ou atentem contra um direito líquido e certo, que não seja sanável pelo *habeas corpus* ou *habeas data*. Por isso, seu campo de aplicação é determinado por exclusão[59], nos termos do art. 5º:

> Art. 5º Não se concederá mandado de segurança quando se tratar:
> I – de ato do qual caiba recurso administrativo com efeito suspensivo, independentemente de caução;
> II – de decisão judicial da qual caiba recurso com efeito suspensivo;
> III – de decisão judicial transitada em julgado.

A Lei n. 12.016/2009 incorporou a consolidada orientação jurisprudencial no sentido da impossibilidade de mandado de segurança contra ato administrativo de que caiba recurso administrativo com efeito suspensivo, independentemente de caução, pois se entende que nesse caso há um meio próprio e efetivo de impugnação. Também não se admite mandado de segurança contra ato judicial do qual caiba recurso com efeito suspensivo, apto a impedir a ilegalidade. A vedação do mandado de segurança contra lei em tese não foi incorporada ao texto da Lei n. 12.016, mas pensamos que seguirá sendo invocada pelos tribunais brasileiros, pois se considera inepta para provocar lesão a direito líquido e certo, em observância à Súmula 266 do STF (enquanto estiver em vigor).

---

58 Por se tratar de uma ação de natureza civil e não penal, justifica-se a adoção das categorias *fumus boni iuris* e *periculum in mora*, até porque efetivamente o que se deve demonstrar neste momento é a fumaça de bom direito e o risco de lesão a esse direito, decorrentes da demora na prestação do provimento definitivo. O que não se pode é operar nesta lógica ao tratar das prisões cautelares, pois, nesse caso, tais categorias são imprestáveis.

59 GRINOVER, Mandado de Segurança contra Ato Jurisdicional Penal, cit., p. 287.

Tampouco se admite o *mandamus* contra decisão transitada em julgado, situação a ser remediada pela revisão criminal ou até mesmo pelo *habeas corpus*. Com essa vedação expressa, fulmina-se a pretensão (desde sempre infundada) de se criar, pela via do MS, uma possibilidade de revisão criminal *pro societate*[60].

Por ato de autoridade[61] se entende toda manifestação por ação ou omissão do poder público, ou de quem atua em seu nome por delegação de poder, que no exercício de suas funções cause uma lesão ilegal a um direito individual. A ação se dirige contra o mandante, a autoridade com poder decisório, que ocupa uma posição superior na hierarquia de mando, ou aquela que tenha praticado o ato impugnado – executante. Neste sentido, é importante a disposição contida no art. 6º, § 3º, da Lei n. 12.016/2009:

A definição da autoridade coatora é fundamental para a definição da competência para o julgamento do mandado de segurança.

Ainda que cabível, em tese, contra ato de particular no exercício de atividade delegada, em matéria penal, o mandado de segurança costuma ser utilizado contra atos da polícia judiciária, juízes ou tribunais e membros do Ministério Público. Sem embargo, prevê o art. 1º, § 1º, da Lei n. 12.016 que:

> § 1º Equiparam-se às autoridades, para os efeitos desta Lei, os representantes ou órgãos de partidos políticos e os administradores de entidades autárquicas, bem como os dirigentes de pessoas jurídicas ou as pessoas naturais no exercício de atribuições do poder público, somente no que disser respeito a essas atribuições.

Seguindo o entendimento consolidado na jurisprudência, a Lei n. 12.016 admite o *mandamus* contra ato judicial, pois configura ato de autoridade, desde que não exista um recurso específico para impugnação ou não possua ele efeito suspensivo. Assim, ainda que já viesse sendo minorada, pensamos não ter mais eficácia a Súmula 267 do STF, pois inegavelmente cabe o mandado de segurança contra o ato jurisdicional ilegal não amparado por recurso com efeito suspensivo.

---

60 Mas, é importante advertir, cresce a pressão para que futuras reformas – pontuais ou não – do CPP contemplem a possibilidade de revisão criminal *pro societate* em alguns casos. Neste sentido, destacamos a proposta de inclusão dos seguintes incisos no art. 621 do CPP (PL 4.206/2001):
"Art. 621 (...)
V – se verificar que foi dada por prevaricação, concussão ou corrupção do juiz ou com participação de membro do Ministério Público ou Autoridade Policial de forma a influenciar na decisão;
V – quando proferida por juiz impedido ou absolutamente incompetente;
IV – quando a absolvição fundar-se em prova comprovadamente falsa, enquanto não extinta a punibilidade".

61 Conforme LOPES MEIRELLES, *Mandado de Segurança, Ação Popular, Ação Civil Pública, Mandado de Injunção, Habeas Data.* 13. ed. São Paulo, RT, 1991. p. 10 e s.

Além da ausência de efeito suspensivo, para o cabimento do mandado de segurança é necessário que o ato jurisdicional contenha manifesta ilegalidade ou abuso de poder, a ofender direito líquido e certo, apurável sem necessidade de dilação probatória[62].

Questão interessante é: pode o Ministério Público buscar, através do mandado de segurança, a atribuição de efeito suspensivo em recurso que não o contempla? Situação comum na execução penal, em que o Ministério Público não concorda com a decisão do juiz da execução penal que reconhece algum direito ao apenado (progressão de regime, livramento condicional etc.) e interpõe Agravo em Execução penal (que só tem efeito devolutivo) e mandado de segurança para obter a concessão de efeito suspensivo (e com isso obstar os efeitos práticos do direito reconhecido). Cabe esse mandando de segurança? Não. Não pode o MP buscar pela via do MS atribuição de um efeito recursal não contemplado em lei. Nesse sentido a Súmula 604 do STJ:

> **Súmula 604** – O mandado de segurança não se presta para atribuir efeito suspensivo a recurso criminal interposto pelo Ministério Público.

E por que a Súmula alcança exclusivamente o Ministério Público? Porque a defesa tem o HC como ação adequada para assegurar a liberdade do imputado/condenado.

Ainda no que se refere ao cabimento, os tribunais brasileiros vêm gradativamente limitando o uso do HC para situações em que há risco efetivo para a liberdade de ir e vir, cabendo o mandado de segurança em relação aos demais casos. Exemplo típico é a negativa por parte da autoridade policial em conceder vista ao advogado dos autos do inquérito policial. Durante muito tempo o *habeas corpus* foi utilizado para esse fim. Atualmente, predomina o entendimento – acertadamente – de que se trata de violação de direito líquido e certo a ser tutelada pelo mandado de segurança, até porque não se trata de lesão ao direito de ir e vir.

Contudo, é importante sublinhar, sustentamos a possibilidade do Mandado de Segurança nesse caso em nome da maior eficácia e celeridade da prestação jurisdicional, pois, com o advento da Súmula Vinculante n. 14 do STF, a recusa em dar vista e amplo acesso ao inquérito policial, a rigor, dá causa à Reclamação, prevista no art. 102, I, "l", da Constituição, a ser ajuizada diretamente no STF. Então, para que fique claro: a recusa por parte da autoridade policial ou judicial

62 GRINOVER, MAGALHÃES e SCARANCE. *Recursos no Processo Penal*, cit., p. 398.

em dar acesso ao advogado dos autos do inquérito permite Reclamação diretamente no STF; contudo, tendo em vista as dificuldades que isso pode encerrar no caso concreto, é perfeitamente viável a utilização do Mandado de Segurança, inclusive com a invocação da Súmula Vinculante n. 14, e que terá imensa possibilidade de êxito imediato. O que sim não nos parece correto é utilizar o *habeas corpus*, pelas razões já expostas.

Outros casos de cabimento do mandado de segurança, a título de ilustração, são:

a) negativa da autoridade policial em realizar diligências solicitadas pelo indiciado, nos termos do art. 14 do CPP;
b) da decisão que indefere o pedido de habilitação como assistente da acusação;
c) nas medidas assecuratórias de sequestro e arresto de bens;
d) para atacar a decisão que indefere o pedido de restituição de bem apreendido etc.

Para a tutela das prerrogativas funcionais do advogado, asseguradas na Lei n. 8.906, o instrumento adequado é o mandado de segurança, pois representa a violação de direito líquido e certo. Da mesma forma, cabe o mandado de segurança contra ato de CPI (Comissão Parlamentar de Inquérito) que não respeita as prerrogativas funcionais de advogado.

Por outro lado, quando o que se busca é a garantia do direito de silêncio (autodefesa negativa) do imputado, costumeiramente violado no âmbito das CPIs, o caminho a ser seguido é o do *habeas corpus*. Para evitar repetições, remetemos o leitor para o tópico anterior, onde tratamos do HC.

Mudando o enfoque, a expressão *direito líquido e certo* significa o direito que se apresenta manifesto em sua existência, delimitado em sua extensão e apto a ser exercido no momento da interposição do *mandamus*. É o direito evidente, claro, cuja existência é patente e está amparado por lei, devendo estar presentes todos os requisitos e condições necessárias para seu exercício, sem que existam causas suspensivas ou condições não cumpridas[63].

Na dimensão processual, explica GRINOVER[64], a expressão deve ser entendida como um direito que possa ser comprovado por forma documental, que se possa demonstrar de forma apriorística, sem dilação probatória (até porque não existe instrução). Exige, portanto, prova pré-constituída.

---

63 LOPES MEIRELLES, Hely. *Mandado de Segurança, Ação Popular, Ação Civil Pública, Mandado de Injunção, "Habeas Data"*, cit., p. 13 e s.

64 GRINOVER, Ada Pellegrini. Mandado de Segurança contra Ato Jurisdicional Penal, cit., p. 286.

Através do mandado de segurança, também se pode exercer o controle difuso da constitucionalidade de uma lei, da mesma forma e com os mesmos fundamentos do controle exercido por meio do *habeas corpus* anteriormente explicado.

### 3.4. Legitimidade Ativa e Passiva. Competência

A legitimação ativa será do impetrante, titular do direito violado, que pode ser uma pessoa física ou jurídica (não se pode esquecer a possibilidade de uma pessoa jurídica sofrer a prática de um ato coator, no bojo de investigação ou processo criminal por crime ambiental), e, à diferença do *habeas corpus*, o mandado de segurança segue a regra geral de capacidade e legitimidade das ações civis, exigindo a assistência de advogado, com procuração, para sua impetração.

O Ministério Público, parte ativa e titular da ação penal de iniciativa pública, poderá impetrar mandado de segurança na defesa de sua pretensão acusatória. Inclusive, tendo em vista que o *habeas corpus* é um instrumento de uso exclusivo da defesa, o mandado de segurança é um importante instrumento processual para que o Ministério Público possa impugnar decisões judiciais contrárias a seu interesse e que não possuam recurso com efeito suspensivo, quando há manifesta ilegalidade violadora de direito líquido e certo.

Sendo impetrado o mandado de segurança pelo MP, é obrigatória a intervenção do réu, como determina a Súmula 701 do STF[65].

Já na legitimidade passiva – o impetrado – é a autoridade que pratica o ato impugnado ou da qual emane a ordem para sua prática (art. 6º, § 3º, da Lei n. 12.016). Tendo em vista a complexidade da estrutura administrativa do Estado, conforme o caso, o erro no endereçamento da ação não deve conduzir à imediata denegação da petição. Atendendo à necessidade de eficácia da tutela dos direitos individuais, bem como de obter a tutela jurisdicional pretendida, entendemos recomendável que o juiz ou tribunal corrija e determine a remessa ao órgão competente.

É importante destacar que não se admite mandado de segurança contra ato de particular, ao contrário do *habeas corpus*, como visto anteriormente.

Quanto à competência, será definida segundo a categoria da autoridade pública em face da qual se interpõe o mandado de segurança. Trata-se de um

---

65 **Súmula 701-STF:** No mandado de segurança impetrado pelo Ministério Público contra decisão proferida em processo penal, é obrigatória a citação do réu como litisconsorte passivo.

sistema escalonado, no qual o *mandamus* deve ser interposto junto ao juiz ou tribunal competente para julgar os atos daquela autoridade. É um sistema similar àquele anteriormente explicado no *habeas corpus*.

Em linhas gerais, ato coator da autoridade policial estadual, mandado de segurança impetrado para o juiz de direito; ato da polícia federal, competência do juiz federal; ato coator de juiz de direito ou federal, competência do Tribunal de Justiça e Tribunal Regional Federal respectivos, e, destes, para o STJ e após, STF.

### 3.5. Breves Considerações sobre o Procedimento

O procedimento é de cognição sumária e não existe instrução probatória, por isso o direito deve ser certo, patente e determinado. A prova dos fatos e do direito deve ser pré-constituída e a petição deverá ser instruída com todos os documentos necessários para comprovar o direito e a ilegalidade alegados, devendo ser subscrita por advogado devidamente constituído.

Se o impetrante necessitar de documentos que estejam em poder da autoridade coatora, poderá solicitar ao juiz ou tribunal que, na própria notificação para que preste informações, conste a determinação de apresentação desse documento em original ou cópia autêntica. Quando outra for a autoridade detentora do documento, poderá o juiz ordenar, preliminarmente, por ofício, a exibição do documento cópia autêntica no prazo de 10 dias (art. 6º, § 1º).

O exercício da ação de mandado de segurança está submetido ao prazo decadencial de 120 dias, contados da data em que o sujeito tomar conhecimento oficial do ato ilegal (art. 23 da Lei n. 12.016).

O Supremo Tribunal Federal consolidou o entendimento da constitucionalidade deste prazo através da Súmula 632, a saber:

> É constitucional lei que fixa o prazo de decadência para a impetração de mandado de segurança.

A inicial deverá indicar a autoridade coatora, descrever os fatos e a fundamentação jurídica, demonstrando o direito líquido e certo violado e de que forma se deu esta violação. Deve ser apresentada em duas vias (além daquela destinada ao protocolo), ambas instruídas com os documentos que acompanham o *mandamus*. A inicial deverá preencher os requisitos exigidos pelo CPC e também indicar, além da autoridade coatora, a pessoa jurídica que esta integra, à qual se acha vinculada ou da qual exerce atribuições, conforme o caso.

Ao contrário do *habeas corpus*, o mandado de segurança tem valor da causa (será o valor de alçada) e paga custas processuais, exceto em caso de assistência judiciária gratuita, mas não há condenação ao pagamento de honorários advocatícios (mas isso não impede a condenação por litigância de má-fé).

Recebido o mandado de segurança e não sendo caso de indeferimento imediato (art. 10), o juiz determinará (art. 7º):

> I – que se notifique o coator do conteúdo da petição inicial, enviando-lhe a segunda via apresentada com as cópias dos documentos, a fim de que, no prazo de 10 (dez) dias, preste as informações;
> II – que se dê ciência do feito ao órgão de representação judicial da pessoa jurídica interessada, enviando-lhe cópia da inicial sem documentos, para que, querendo, ingresse no feito;
> III – que se suspenda o ato que deu motivo ao pedido, quando houver fundamento relevante e do ato impugnado puder resultar a ineficácia da medida, caso seja finalmente deferida, sendo facultado exigir do impetrante caução, fiança ou depósito, com o objetivo de assegurar o ressarcimento à pessoa jurídica.

As informações a serem prestadas no mandado de segurança são similares àquelas existentes no *habeas corpus*, devendo ser feitas de forma clara e objetiva, fornecendo os documentos que julgue necessários para demonstração da legalidade do ato, pois não existe posterior atividade probatória.

Neste mesmo momento inicial, *initio litis*, deverá o juiz se manifestar sobre eventual pedido de medida liminar, que tem natureza cautelar e está submetida à demonstração do *fumus boni iuris* e do *periculum in mora*.

A medida liminar consiste em um mandamento judicial para que a autoridade pratique um determinado ato (quando a coação for por omissão) ou cesse a atividade ilegal, e terá validade até a sentença que julgar o mérito do mandado de segurança.

Contudo, como qualquer medida liminar, poderá ser cassada a qualquer momento, pois é medida provisional por excelência, através de decisão judicial fundamentada.

Sendo denegada a liminar postulada, o processo seguirá seu curso, com as informações e posterior julgamento do mérito na sentença.

Se com as informações vierem documentos novos, em nome do contraditório deverá o juiz dar vista para que o impetrante se manifeste.

Estabelece ainda o art. 8º que será decretada a perempção ou caducidade da medida liminar *ex officio* ou a requerimento do Ministério Público quando, concedida a medida, o impetrante criar obstáculo ao normal andamento do processo ou deixar de promover, por mais de 3 (três) dias úteis, os atos e as diligências que lhe cumprirem. Evitam-se, com isso, eventuais medidas protelatórias que visem à perpetuação da medida liminar.

O Ministério Público será ouvido, mas terá o prazo improrrogável de 10 dias para manifestação, sob pena de, em não o fazendo, os autos irem conclusos para o juiz decidir. Significa dizer que, com ou sem o parecer do Ministério Público, deverá o juiz proferir sentença em até 30 dias.

A sentença poderá acolher o pedido ou denegá-lo, devendo cassar a liminar eventualmente concedida (caso a sentença negue provimento ao pedido) ou confirmá-la (com a procedência).

Sendo interposto em tribunal, a decisão sobre a liminar caberá ao relator, que após as informações submeterá o mandado de segurança a julgamento pelo órgão colegiado.

Por ser considerado uma ação de natureza civil, o sistema recursal será aquele previsto no Código de Processo Civil, de modo que, concedida ou denegada a liminar, caberá agravo de instrumento – nos termos do art. 1.015 do CPC – ou o agravo interno, quando o mandado de segurança for interposto no tribunal e a decisão (que concede ou denega) for do relator (arts. 1.021 e s. do CPC).

Da sentença que concede ou denega a segurança caberá apelação, sendo que, concedida a segurança, a sentença estará sujeita obrigatoriamente ao duplo grau de jurisdição (reexame necessário da matéria).

Sendo o mandado de segurança julgado em tribunal, desta decisão – se denegatória – caberá recurso ordinário (art. 105, II, "a", da Constituição) para o STJ e, conforme o caso, recurso ordinário para o STF (art. 102, II, "a", da Constituição). O prazo para interposição deste recurso é de 15 dias (e não 5 dias como no *habeas corpus*). O recurso ordinário está agora disciplinado nos arts. 1.027 e 1.028 do CPC.

Quando acolhido o mandado de segurança, não caberá recurso ordinário, mas apenas recursos especial e extraordinário, desde que preenchidos os requisitos legais.

Alterada a situação fática, poderá ser interposto novo mandado de segurança.

## SÍNTESE DO CAPÍTULO



1. REVISÃO CRIMINAL: é uma ação de impugnação, de natureza desconstitutiva, não submetida a prazos e que se destina a rescindir uma sentença transitada em julgado, estando prevista nos arts. 621 a 631.

1.1. CABIMENTO: contra acórdão ou sentença condenatória ou absolutória imprópria, com trânsito em julgado, nos casos previstos no art. 621:

a) contrária ao texto expresso da lei penal, processual penal ou da Constituição;

b) contrária à prova dos autos, contrariedade frontal, completamente divorciada do contexto probatório (polêmica aplicação do *in dubio pro societate*);

c) decisão que se fundar em depoimentos, exames ou documentos comprovadamente falsos, sendo que esta prova deve ser pré-constituída (pode ser usada a produção antecipada da prova, arts. 381 e s. do CPC).

d) quando após a sentença se descobrirem novas provas de inocência ou circunstância que autorize a diminuição da pena, sendo que essa "prova nova" pode ser tanto a que surgiu após o processo, como também a preexistente que não ingressou nos autos (excepcionalmente pode ser uma prova que estava no processo, mas não foi valorada na decisão). Pode ser utilizada a produção antecipada da prova para coleta. É polêmica a aplicação do *in dubio pro societate*.

1.2. PRAZO. LEGITIMIDADE. PROCEDIMENTO. LIMITES

- Prazo: art. 622, não tem prazo para interposição, podendo ser feita até mesmo após o cumprimento integral da pena ou a morte do réu (art. 623).
- Legitimidade: art. 623 – próprio réu, seu defensor, ou em caso de morte, pelo cônjuge, ascendente, descendente ou irmão.
- Competência: órgão jurisdicional hierarquicamente superior àquele que proferiu a decisão.
- Limites: arts. 626-627. Acolhendo (vedada a *reformatio in pejus*), poderá o tribunal alterar a classificação do crime, absolver o réu, reduzir a pena ou anular o processo, inclusive nos julgamentos proferidos pelo Tribunal do Júri. É possível requerer o reconhecimento do direito a indenização (art. 630).

2. *HABEAS CORPUS*: Art. 5º, LXVIII, da CF e arts. 647 a 667.

- É uma ação autônoma de impugnação, de natureza mandamental e com *status* constitucional. Possui procedimento sumário e cognição limitada (impossibilidade de dilação probatória, mas está autorizada a análise de prova pré-constituída independentemente da complexidade da questão jurídica tratada).

- Pode ser preventivo ou liberatório.

2.1. CABIMENTO: arts. 647 a 648.

a) quando não houver justa causa para a prisão (ou ação penal): não houver suficiente *fumus commissi delicti* ou *periculum libertatis* para justificar a prisão. Excepcionalmente o HC pode ser usado para trancar o processo (e não a ação), quando manifestamente não houver condição da ação penal (ver as condições da ação anteriormente explicadas);

b) excesso de prazo da prisão cautelar: problemática da falta de prazo máximo de duração da prisão preventiva (prazo–sanção = ineficácia);

c) prisão cautelar decretada por autoridade incompetente;

d) quando houver cessado o motivo que autorizou a coação: desaparecimento do *periculum libertatis*, ou da situação fática que justificava a prisão preventiva;

e) quando não for concedida fiança, nos casos em que a lei autoriza;

f) processo manifestamente nulo: neste caso o objeto do HC não é uma prisão ilegal, mas um processo ilegal, onde se busca o reconhecimento da ilicitude (de uma prova, por exemplo) ou nulidade de ato. Típica utilização do HC como instrumento de ataque processual (*collateral attack*), que não se restringe aos casos de prisão ilegal;

g) quando estiver extinta a punibilidade, cabendo o HC inclusive para trancamento de inquérito policial ou processo penal.

- Admite-se HC contra ato de particular quando a ilegalidade da restrição da liberdade não for manifesta a ponto de autorizar a imediata intervenção policial.

2.2. COMPETÊNCIA. LEGITIMIDADE. PROCEDIMENTO

- O HC é sempre impetrado a uma autoridade judiciária superior, com poder para desconstituir o ato coator (Princípio da hierarquia).
- Dever de corrigir o endereçamento: art. 649.
- Juizados Especiais Criminais: Súmula 690 do STF, competência do STF. Mas há divergências e julgados no sentido de ser competente o TJ ou TRF conforme o caso.
- Autoridade Coatora for Promotor ou Procurador da República: competência do TJ ou TRF.
- Legitimidade para interpor: qualquer pessoa, em seu benefício ou de terceiro, sem restrições.
- Pessoa Jurídica pode impetrar? Há divergência, havendo julgados admitindo somente Mandado de Segurança. Contudo, como já decidido pelo STF, entendemos que, se a pessoa jurídica pode ser acusada pela prática de um crime ambiental, poderá utilizar o HC como instrumento de ataque processual.

- Os juízes e tribunais podem conceder HC de ofício – art. 654, § 2º.
- Momentos decisórios: a) decisão liminar (observar a restrição do uso de HC contra liminar, Súmula 691 do STF); b) decisão final.

2.3. RECURSO ORDINÁRIO EM *HABEAS CORPUS*: arts. 102, II, "a", e 105, II, "a", da CF e Lei n. 8.038, arts. 30 a 32.

- Destinado a impugnar decisões denegatórias ou de não conhecimento do HC.
- Prazo: 5 dias – Súmula 319 do STF.
- Legitimidade: recurso exclusivo da defesa.
- Preparo: não se exige.
- Efeito: devolutivo, não tem efeito suspensivo.
- Problemática: tendência jurisprudencial (STJ) de não conhecimento do HC substitutivo de recurso ordinário.

3. MANDADO DE SEGURANÇA: Art. 5º, LXIX, da CF e Lei n. 12.016/2009.

- Trata-se de uma ação autônoma de impugnação, de natureza mandamental, para proteção de direito líquido e certo, não amparado por *habeas corpus* ou *habeas data*.
- Segue rito especial e tem cognição sumária, exigindo prova pré-constituída.
- Ato de autoridade: toda manifestação, ação ou omissão do poder público que cause lesão ilegal a um direito fundamental.
- Direito líquido e certo: é aquele manifesto, evidente, cuja existência é patente e está amparado por lei. Que pode ser comprovado sem dilação probatória.
- Legitimidade ativa: titular do direito violado, defesa ou acusação (MP), podendo ser uma pessoa física ou jurídica (exemplo do crime ambiental).
- Legitimidade passiva: autoridade coatora, não se admite contra ato de particular.
- Competência: deve ser interposto perante a autoridade judiciária com competência para desconstituir o ato coator (princípio da hierarquia).
- Prazo: o MS está submetido ao prazo decadencial de 120 dias (Súmula 632 do STF).
- Tem valor da causa (de alçada) e paga custas, exceto se concedida assistência judiciária gratuita.
- Tem dois momentos decisórios (liminar e mérito), seguindo o sistema recursal do direito processual civil (CPC).